2009 年

财政规章制度选编

（上）

山东省财政厅 编

经 济 科 学 出 版 社

图书在版编目（CIP）数据

2009年财政规章制度选编/山东省财政厅编．—北京：经济科学出版社，2010.4
ISBN 978－7－5058－9163－0

Ⅰ.①2… Ⅱ.①山… Ⅲ.①地方财政—财政制度—汇编—山东省—2009②地方财政—财政管理—法规—汇编—山东省—2009 Ⅳ.F812.752

中国版本图书馆CIP数据核字（2010）第043080号

责任编辑：吕 萍 于海汛
责任校对：徐领弟
版式设计：代小卫
技术编辑：邱 天

2009年财政规章制度选编（上、下）
山东省财政厅 编
经济科学出版社出版、发行 新华书店经销
社址：北京市海淀区阜成路甲28号 邮编：100142
总编部电话：88191217 发行部电话：88191540
网址：www.esp.com.cn
电子邮件：esp@esp.com.cn
济南文振印刷厂印装
880×1230 16开 121.5印张 3830000字
2010年4月第1版 2010年4月第1次印刷
印数：00001—16200册
ISBN 978－7－5058－9163－0 定价：79.00元
（图书出现印装问题，本社负责调换）

目　录

一、综合管理类

二、税政管理类

三、预算管理类

四、国库管理类

五、行政政法财务类

六、教科文财务类

七、经济建设财务类

八、农业财务类

九、社会保障类

十、企业财务类

十一、金融与国际合作类

十二、基层财政管理类

十三、会计管理类

十四、行政事业资产类

十五、投资评审类

十六、注册会计师管理类

十七、政府采购监督管理类

十八、农村综合改革类

一、

综合管理类

省财政厅 省物价局关于停止征收部分行政事业性收费的通知

2009 年 1 月 21 日 鲁财综〔2009〕10 号

省委各部委，省政府各部门、各直属机构，各高等院校，各市财政局、物价局：

为进一步减轻企业和社会负担，优化经济环境，支持经济发展，经省政府研究决定，自 2009 年 2 月 1 日起，停止征收 18 项中央立项的行政事业性收费项目（见附件）。现将有关事项通知如下：

一、项目停止征收后，相关部门和单位应按规定，到原核发《收费许可证》的物价部门办理《收费许可证》变更或注销手续，并到原发放财政票据的财政部门办理票据核销手续。对本次停止征收的收费项目，2009 年 2 月 1 日前收取的收费资金，仍按原规定渠道，通过“山东省非税收入征收管理系统”，全部上缴财政，任何单位和个人不得截留、挪用和坐收坐支。

二、各级财政部门要按照“分级负担、规范管理”的原则，对相关部门和单位依法履行行政管理职能或核发证照等需要的经费，给予必要保障，确保各项工作正常运转。同时，对不履行行政管理职能、未发生征收额的，不纳入财政保障范围。

三、各级要以这次清理收费项目为契机，进一步完善制度，加强非税收入管理，深化“收支两条线”改革，全面提高非税收入征管的精细化、规范化和科学化水平，为促进全省经济平稳较快发展做出更大贡献。

附件：山东省停止征收的行政事业性收费项目

附件：

山东省停止征收的行政事业性收费项目

（共 18 项）

教育部门（1 项）：

学历及文凭认证费

统计部门（1 项）：

统计人员岗位培训费

农业部门（4 项）：

1. 农药登记费
2. 新兽药审批费
3. 已生产兽药品种注册登记费
4. 检验检测费

（1）进口兽药检验

（2）出口兽药检验

卫生部门（1项）：

疫情处理费

税务部门（1项）：

税务登记证工本费

质检部门（2项）：

1. 产品质量监督检验收费
(1) 一般劳动防护用品检验
2. 计量收费
(1) 社会公用计量标准证书
(2) 计量考评员证书、计量检定员证书
(3) 计量标准考核证书
(4) 计量授权证书
(5) 制造和修理计量器具许可证证书
(6) 国内计量器具新产品型式批准证书

体育部门（1项）：

外国团体来华登山注册费

林业部门（3项）：

1. 林权证工本费
2. 林权勘测费
3. 植物新品种保护权收费

旅游部门（1项）：

入境签证费

宗教部门（1项）：

清真食品认证费

贸促会（1项）：

认证费
商品注册认证

新闻出版（1项）：

计算机软件著作权合同登记费

省财政厅转发《财政部关于公布2008年全国政府性基金项目目录的通知》的通知

2009年3月13日　鲁财综〔2009〕19号

省政府各部门、各直属机构，省属各大企业，各高等院校，各市财政局：

现将《财政部关于公布2008年全国政府性基金项目目录的通知》（财综〔2009〕12号，以下简称《基金目录》）转发给你们，并结合我省实际，提出以下意见，请一并贯彻执行。

一、政府性基金由国务院或财政部批准征收，其他部门和各级地方政府均无权审批。有关部门征收未列入《基金目录》或2009年1月1日后未经批准的政府性基金项目，公民、法人和其他社会组织有权拒绝缴纳。各级各部门要严格按照《基金目录》所列项目和标准，做好基金的征缴工作，既不得违规征收，也不得随意减免。

二、政府性基金属于政府非税收入，应全额缴入国库，纳入政府性基金预算管理。此次公布的政府性基金项目中，属于新增、调整项目且影响年度收支预算的，各级应及时作出相应调整，确保基金预算科学合理。

三、对2009年1月1日后新设立的政府性基金项目，统一按照国务院或财政部文件规定执行。此前有关规定与本通知不一致的，均以本通知为准。

附件：财政部关于公布2008年全国政府性基金项目目录的通知

附件：

财政部关于公布2008年全国政府性基金项目目录的通知

2009年2月12日　财综〔2009〕12号

国务院各部委、各直属机构，各省、自治区、直辖市、计划单列市财政厅（局），新疆生产建设兵团财务局，各中央管理企业：

为加强政府性基金管理，促进依法行政，根据有关法律、行政法规以及国务院或财政部新增、调整、取消政府性基金的相关规定，现公布《2008年全国政府性基金项目目录》（以下简称《基金目录》），并就有关事项通知如下：

一、《基金目录》中所列政府性基金项目为截至2008年12月31日，按规定程序经国务院或财政部批准的向社会征收的全国政府性基金项目（包括资金、附加、专项收费，下同），各项政府性基金的具体征收范围、征收标准、资金管理方式、征收期限等，应严格按照《基金目录》中注明的有关文件规定执行。2009年1月1日以后，新增、调整、取消政府性基金等政策，应严格按照国务院或财政部相关文件规定执行。

二、根据《财政部　国家发展改革委　交通运输部　监察部　审计署关于公布取消公路养路费等涉及交通和车辆收费项目的通知》（财综〔2008〕84号）规定，从2009年1月1日起，在全国范围内统一取消公路客货运附加费（包括客运站场建设费、公路客运设施建设专用基金、公路货运发展建设基金、客货运输设施建设基金、客票附加费、货物附加费、公路客运附加费、公路货运附加费、客运车辆公路基础设施建设费、货运车辆公路基础设施建设费）和水运客货运附加费。海南省征收的燃油附加费改为高等级公路车辆通行附加费。

三、根据《国家计委 财政部关于全面整顿住房建设收费取消部分收费项目的通知》（计价格〔2001〕585号）和《财政部关于城市基础设施配套费性质的批复》（财综函〔2002〕3号）的有关规定，将城市基础设施配套费作为政府性基金管理。

四、根据《国务院关于完善大中型水库移民后期扶持政策的意见》（国发〔2006〕17号）规定，设立小型水库移民扶助基金。

附件：2008年全国政府性基金项目目录

附件：

2008年全国政府性基金项目目录

序号	项目名称	征收依据	资金管理方式	征收期限
1	农网还贷资金	国务院批准，财企〔2001〕820号，财综〔2007〕3号	缴入中央和地方国库	随一省一贷体制全面建立相应取消
2	三峡工程建设基金	国办发〔1993〕34号，财企〔2002〕651号，财企〔2003〕155号	缴入中央国库	待三峡工程完工时取消
3	新型墙体材料专项基金	国发〔1992〕66号，财综〔2007〕3号，财综〔2007〕77号	缴入地方国库	
4	港口建设费	国发〔1985〕124号，交财发〔1993〕456号，财综〔2007〕3号	缴入中央国库	
5	民航机场管理建设费	国阅〔1991〕144号，国办发〔1995〕57号，财综字〔1999〕147号，财规〔2000〕28号，财综〔2004〕51号，财综〔2007〕3号，财综〔2007〕78号	缴入中央国库	执行至2010年12月31日
6	民航基础设施建设基金	国发〔2002〕6号，财综〔2004〕38号，财会〔2004〕8号	缴入中央国库	
7	铁路建设基金	国发〔1992〕37号，财工字〔1996〕371号，财综〔2007〕3号	缴入中央国库	
8	铁路建设附加费（福建）	国发〔1998〕17号，财综〔2001〕26号，财综〔2007〕3号	缴入地方省级国库	执行至2010年12月31日
9	国家蚕丝绸发展风险基金	国阅〔1996〕151号，国茧协〔1997〕11号，财综〔2004〕40号，财综〔2007〕3号	缴入中央国库	
10	散装水泥专项资金	国函〔1997〕8号，财综〔2002〕23号，财综〔2007〕3号	缴入地方国库	
11	中央对外贸易发展基金	国函〔1996〕17号，财综〔2007〕3号	缴入中央国库	随出口配额限制和出口配额招标制度终止相应取消
12	育林基金	《森林法》，财事字〔1972〕250号，经重〔1988〕122号，林财字〔1991〕74号，（91）财农字第333号、（93）财农字第144号	缴入中央和地方国库	在法律未作调整的情况下继续保留
12－1	集体育林和更改基金	同上，四川省林财〔1986〕20号	缴入地方国库	同上
12－2	国有育林和更改基金	同上，四川省林财〔1986〕20号	缴入地方国库	同上
12－3	维简费	（93）财农字第144号	缴入地方国库	同上
12－4	林业维简费	（93）财农字第144号，黔府办〔1989〕39号	缴入地方国库	同上
13	林业基金（山西）	《森林法》，财综函〔2003〕1号	缴入地方国库	同上
14	森林植被恢复费	《森林法》，财综〔2002〕73号	缴入中央和地方国库	同上
15	水利建设基金	国发〔1997〕7号，财综字〔1998〕117～145号	缴入中央和地方国库	执行至2010年12月31日

续表

序号	项目名称	征收依据	资金管理方式	征收期限
16	大中型水库移民后期扶持基金	国发〔2006〕17号，财综〔2006〕29号，监察部、人事部、财政部令第13号	缴入中央国库	
17	大中型水库库区基金（青海、广东、重庆、四川、吉林、山西、河北、陕西、甘肃、江西、安徽、湖北、湖南、贵州、海南、福建、广西、辽宁、云南）	国发〔2006〕17号，则综〔2007〕26号，财综〔2008〕17号，财综〔2008〕29号、30号、31号、32号、33号、34号、35号，财综〔2008〕64号、65号、66号、67号、68号，财综〔2008〕85号、86号、87号、88号、89号、90号	缴入中央和地方国库	
18	三峡水库库区基金	国务院令第299号，国发〔2006〕17号，财综〔2007〕69号	缴入中央国库	
19	南水北调工程基金（北京、天津、河北、江苏、山东、河南）	国函〔2002〕17号，国办发〔2004〕86号	缴入中央国库	根据工程建设情况确定
20	新菜地开发建设基金	《土地法》，《国家建设征用土地条例》，〔1985〕农（土）字第11号	缴入地方国库	在法律未作调整的情况下继续保留
21	城市公用事业附加	（64）财预王字第380号，（78）财预26号，（78）建发城584号，财综〔2007〕3号	缴入地方国库	
22	文化事业建设费	国发〔1996〕37号，财税字〔1997〕95号，国办发〔2006〕43号	缴入中央和地方国库	
23	国家电影事业发展专项资金	国办发〔2006〕43号，财教〔2006〕115号	缴入中央和地方国库	
24	城市教育费附加	《教育法》，国务院令第60号，国发〔1986〕50号，国发明电〔1994〕2号、23号，〔1992〕财预字第111号	缴入中央和地方国库	在法律未作调整的情况下继续保留
25	地方教育附加（辽宁、安徽、福建、四川、江苏、广西、宁夏、贵州、青海、河北、山东、浙江、内蒙古、云南、黑龙江、湖南、湖北）	《教育法》，财综函〔2003〕2号、9号、10号、12号、13号、14号、15号、16号、18号，财综〔2001〕58号，财综〔2004〕73号，财综函〔2005〕33号，财综函〔2006〕9号，财综〔2006〕2号、61号，财综函〔2007〕45号，财综函〔2008〕7号	缴入地方国库	同上
26	地方教育基金（北京、江苏）	《教育法》，财综函〔2002〕31号，财综函〔2003〕12号	缴入地方国库	同上
27	旅游发展基金	国发〔1995〕57号，旅办发〔1991〕124号，财外字〔1996〕396号，财行〔2001〕24号，财综〔2006〕3号	缴入中央国库	执行至2010年12月31日
28	残疾人就业保障金	《残疾人保障法》，财综字〔1995〕5号、财综〔2001〕16号	缴入地方国库	在法律未作调整的情况下继续保留
29	煤炭可持续发展基金（山西）	国函〔2006〕52号，财综函〔2007〕3号，发改办能源〔2007〕1805号，晋财煤〔2007〕8号	缴入地方国库	
30	水资源补偿费（山西）	国务院批准，计基础〔2001〕349号，财综〔2001〕62号，财综〔2007〕3号，财办综〔2009〕5号	缴入地方国库	执行至2010年12月31日
31	电源基地建设基金（山西）	国务院批准，计价管〔1997〕440号，财综〔2002〕33号，财综〔2007〕3号	缴入地方国库	执行至2010年12月31日
32	高等级公路车辆通行附加费（海南）	财综〔2008〕84号	缴入地方国库	
33	城市基础设施配套费	计价格〔2001〕585号，财综函〔2002〕3号	缴入地方国库	
34	小型水库移民扶助基金	国发〔2006〕17号	缴入地方国库	

省财政厅　省发展和改革委员会　省物价局　省交通厅　省监察厅　省审计厅转发《财政部　国家发展改革委　交通运输部　监察部　审计署关于公布取消公路养路费等涉及交通和车辆收费项目的通知》的通知

2009年3月16日　鲁财综〔2009〕20号

各市财政局、发展改革委、物价局、交通局、公路局、监察局、审计局：

现将《财政部　国家发展改革委　交通运输部　监察部　审计署关于公布取消公路养路费等涉及交通和车辆收费项目的通知》（财综〔2008〕84号）转发给你们，并提出以下意见，请遵照执行。

一、各市、各有关部门要认真贯彻落实国家五部委文件精神，从2009年1月1日起，全面统一取消公路养路费（包括路港建设费）、航道养护费、公路运输管理费、公路客货运附加费、水路运输管理费、水运客货运附加费等六项收费。对取消的项目在2008年已提前预收的，由原征收机构按规定做好清理退费工作。任何地方、部门、单位和个人不得以任何理由、任何名义继续收取或变相收取明令取消的各项收费。

二、要切实做好2008年度欠缴、漏缴公路养路费等六项收费的清缴工作。对补缴的各项收费，要按照原规定渠道全额上缴国库或财政专户。清缴公路养路费等六项收费时，可继续使用2008年度有关财政票据。

三、交通部门清缴和清退收费工作应在6月底前全部结束，并由省交通厅负责统一到省财政厅办理有关财政票据缴销手续。

四、有关部门和执收单位要按规定到原核发《收费许可证》的价格主管部门，办理《收费许可证》变更或注销手续，规范收费行为，完善收费公示制度。

五、各市、各有关部门要高度重视，密切配合，加强协作，确保有关政策落实到位。工作中发现问题要及时处理，重大问题要及时向上级有关部门报告。

附件：财政部　国家发展改革委　交通运输部　监察部　审计署关于公布取消公路养路费等涉及交通和车辆收费项目的通知

附件：

财政部　国家发展改革委　交通运输部　监察部　审计署关于公布取消公路养路费等涉及交通和车辆收费项目的通知

2008年12月22日　财综〔2008〕84号

国务院各部委、各直属机构，各省、自治区、直辖市、计划单列市财政厅（局）、发展改革委、物价局、交通厅（局、委）、监察厅（局、委）、审计厅（局），上海市城乡建设与交通委员会，天津市市政公路管理局，新疆生产建设兵团财务局、发展改革委、物价局、交通局、监察局、审计局：

根据《国务院关于实施成品油价格和税费改革的通知》（国发〔2008〕37号）规定，现将取消公路养路费等涉及交通和车辆收费项目有关事项通知如下：

一、自2009年1月1日起，在全国范围内统一取消公路养路费、航道养护费、公路运输管理费、公路客货运附加费、水路运输管理费、水运客货运附加费。

海南省征收的燃油附加费改为高等级公路车辆通行附加费，具体征收办法由海南省制定，并报财政部、国家发展改革委、交通运输部备案。

二、交通规费征稽机构已预征的2009年度或因政策等原因需要退还的上述交通和车辆收费，要予以全额清退。其中，属于中央收入的收费，由交通运输部所属征稽机构负责清退；属于地方收入的收费，具体清退办法按照各省、自治区、直辖市规定执行。

三、出租汽车企业向出租汽车司机收取的承包费（“份钱”）或管理费中包含上述交通和车辆收费的，要相应核减。

四、交通规费征稽机构要按照现行政策规定，继续做好2008年12月份交通和车辆收费征收以及欠缴、漏缴交通和车辆收费的清理工作，确保应征不漏。有关征收和清缴收入要按照财政部门规定渠道全额上缴国库或财政专户。交通规费征稽机构在2009年及以后年度清理欠缴、漏缴交通和车辆收费时，可继续使用2008年度有关财政票据。

五、清缴和清退收费工作结束后，交通规费征稽机构应按规定到原核发《收费许可证》的价格主管部门办理《收费许可证》注销手续，并到原核发财政票据的财政部门办理票据缴销手续。

六、各地要逐步有序取消政府还贷二级公路（含二级公路上的桥梁、隧道，下同）车辆通行费。对确定取消的政府还贷二级公路车辆通行费收费站点，要及时向社会公布具体位置和名称，接受社会监督。

七、今后除国家法律、行政法规和国务院规定外，任何地方、部门和单位均不得设立新的与公路、水路、城市道路维护建设以及机动车辆、船舶管理有关的行政事业性收费和政府性基金项目。各地区、各有关部门违反国家行政事业性收费、政府性基金审批管理规定，越权出台与公路、水路、城市道路维护建设以及机动车辆、船舶管理有关的收费基金项目均一律取消。

八、各地区、各有关部门和单位要严格执行本通知规定，认真落实公布取消的交通和车辆收费项目，不得以任何理由直接或变相拖延甚至拒绝执行。对不按规定取消或继续非法设立收费项目的，一律将其非法所得没收上缴中央国库，并追究有关人员的责任。

省财政厅关于同意调整23选5游戏规则的批复

2009年4月20日　鲁财综〔2009〕26号

省福利彩票发行中心：

你中心关于中国福利彩票“齐鲁风采·群英会”游戏的发行实施方案（鲁彩发〔2009〕20号）收悉。经研究，现批复如下：

根据财政部《关于调整山东省电脑福利彩票23选5游戏规则的通知》（财办综〔2009〕26号）精神，同意你中心自2009年4月26日起，开通销售“齐鲁风采·群英会”游戏（即调整后的23选5游戏）。

你中心要严格按照批准的承销细则（见附件），认真准备，周密组织，切实加强风险控制管理，并按要求及时向社会发布公告（注明财政部和我厅的批准文件名称及文号），确保销售活动顺利进行。销售投注站数量应控制在2700台，原则上不得在福彩、体彩双机店销售。销售活动开始后，你中心应于每月10日前，将按规定比例提取的彩票公益金和发行费扣除销售点代销费后，及时足额上缴省级财政专户。

附件：中国福利彩票“齐鲁风采·群英会”游戏山东省承销细则

附件：

中国福利彩票“齐鲁风采·群英会”游戏山东省承销细则

第一章 总 则

第一条 为加强对中国福利彩票“齐鲁风采·群英会”游戏的发行与销售管理，根据财政部《彩票发行与销售管理暂行规定》（财综〔2002〕13号）、《中国福利彩票发行与销售管理暂行规定》（民办发〔1998〕12号）、《关于调整山东省电脑福利彩票23选5游戏规则的通知》（财办综〔2009〕26号）和《关于调整山东省电脑福利彩票23选5游戏规则的批复》（中彩复字〔2009〕4号）等规定，制定本细则。

第二条 中国福利彩票“齐鲁风采·群英会”游戏（即山东省电脑福利彩票23选5游戏，以下简称“群英会”）经中国福利彩票发行管理中心（以下简称“中福彩中心”）统一组织发行，由山东省福利彩票发行中心（以下简称“省中心”）在所辖区域内承销。

第三条 “群英会”采用计算机网络系统发行，在山东省电脑福利彩票投注站销售，定期开奖。

第四条 “群英会”实行自愿购买，凡购票者均被视为同意并遵守本细则。

第五条 不得向未成年人销售彩票或兑付奖金。

第二章 投 注

第六条 “群英会”采用按位次选择投注号码快速开奖电脑彩票游戏，即从23位齐鲁古代名将（以1~23个号码代表）中选择1~10位（用代码表示）进行投注，一组1~3位号码（代码）的排列或1~10位号码的组合称为一注，每注金额人民币2元。可以进行加倍投注，每注最高倍数为50倍。

第七条 “群英会”投注方式分为顺选投注、围选投注和任选投注。

顺选投注：是指从号码1~23中任意选择1~3个号码的唯一排列作为一注投注号码进行顺选对奖的投注方式，分为顺一到顺三；

围选投注：是指从号码1~23中任意选择1~4个号码的任意组合作为一注投注号码进行围选对奖的投注方式，分为围一到围四；

任选投注：是指从号码1~23中任意选择1~10个号码的任意组合作为一注投注号码进行任选对奖的投注方式，分为任一到任十。

第八条 “群英会”按期销售，投注号码当期有效。每15分钟开奖一期，期号按照销售日期顺序编排。每个销售日的9点到17点，20点到22点销售。

第九条 “群英会”可在山东省福利彩票发行中心设置并开通“群英会”游戏的电脑彩票投注站投注。投注者可选择机选号码投注或者自选号码投注。机选号码投注即由投注机随机产生投注号码进行投注，自选号码投注即将投注者选定的号码输入投注机进行投注。

第十条 “群英会”采取有纸化投注，投注号码经投注机打印出对奖凭证，交投注者保存，此对奖凭证即为“群英会”彩票。电话、手机等电子化投注规则另行规定。

第十一条 “群英会”当期每组号码的投注注数，根据市场情况限量销售，限号规则报山东省财政厅核准，由山东省福利彩票发行中心根据实际情况确定具体限额。

第三章 设 奖

第十二条 “群英会”按当期销售额的59%、13%和28%分别计提返奖奖金、发行经费和公益金。返奖奖金中，当期奖金占58%，调节基金占1%。

第十三条 “群英会”采用固定奖金设奖，按所设奖金等级兑奖。具体设奖如下：

（一）顺选奖：

顺一奖：单注奖金固定为26元；

顺二奖：单注奖金固定为590元；

顺三奖：单注奖金固定为12 300元。

（二）围选奖：

围一奖：单注奖金固定为25元；

围二奖：单注奖金固定为300元；

围三奖：单注奖金固定为2 000元；

围四奖：单注奖金固定为10 000元。

（三）任选奖：

任一奖：单注奖金固定为5元；

任二奖：单注奖金固定为30元；

任三中三奖：单注奖金固定为100元；

任三中二奖：单注奖金固定为5元；

任四中四奖：单注奖金固定为1 000元；

任四中三奖：单注奖金固定为30元；

任五中五奖：单注奖金固定为10 000元；

任五中四奖：单注奖金固定为150元；

任五中三奖：单注奖金固定为10元；

任六奖：单注奖金固定为6 500元；

任七奖：单注奖金固定为1 800元；

任八奖：单注奖金固定为680元；

任九奖：单注奖金固定为300元；

任十奖：单注奖金固定为150元。

第十四条 “群英会”设置奖池和调节基金。奖池资金由当期返奖奖金与实际中出奖金的差额组成。当期实际中出奖金小于当期计提返奖奖金时，余额进入奖池；当期实际中出奖金超过当期计提返奖奖金时，差额由奖池资金补足。当奖池资金总额不足时，由调节基金补足，调节基金不足时，用发行经费垫支。调节基金包括按销售总额1%提取部分、弃奖奖金、逾期未退票的票款。调节基金用于支付不可预见的奖金支出风险，以及设立特别奖。省中心动用调节基金设立特别奖，需报省财政厅审核批准。

第四章　开　奖

第十五条 “群英会”采用专用电子开奖设备开奖，每期开出一组5个号码，并按照开出先后顺序，以第一位到第五位排列作为当期中奖号码。

第十六条 “群英会”每隔15分钟开奖一期，开奖号码通过与数据中心连接的视频设备显示。

第十七条 每期开奖统计数据以当期山东省福利彩票发行中心数据中心收到的销售有效数据为准。

第十八条 每期开奖后，将当期开奖公告通过投注站终端机及时向社会公布。

第五章　中　奖

第十九条 “群英会”根据投注方式、投注号码与开奖号码相符情况，确定相应中奖资格：

（一）顺选奖：

顺一奖：顺一投注的一位号码与当期开出的第一个中奖号码相同即中奖；

顺二奖：顺二投注的两位号码与当期开出的前两个中奖号码及其顺序相同即中奖；

顺三奖：顺三投注的三位号码与当期开出的前三个中奖号码及其顺序相同即中奖。

（二）围选奖：

围一奖：围一投注的一个号码与当期开出的第一个中奖号码相同即中奖；

围二奖：围二投注的两个号码与当期开出的前两个中奖号码相符（顺序不限）即中奖；

围三奖：围三投注的三个号码与当期开出的前三个中奖号码相符（顺序不限）即中奖；

围四奖：围四投注的四个号码与当期开出的前四个中奖号码相符（顺序不限）即中奖。

（三）任选奖：

任一奖：任一投注的一个号码与当期开出的五个中奖号码中的任意一个相符即中奖；

任二奖：任二投注的两个号码与当期开出的五个中奖号码中的任意两个相符即中奖；

任三中三奖：任三投注的三个号码与当期开出的五个中奖号码中的任意三个相符即中奖；

任三中二奖：任三投注的三个号码中的任意两个号码与当期开出的五个中奖号码中的任意两个相符即中奖；

任四中四奖：任四投注的四个号码与当期开出的五个中奖号码中的任意四个相符即中奖；

任四中三奖：任四投注的四个号码中的任意三个号码与当期开出的五个中奖号码中的任意三个相符即中奖；

任五中五奖：任五投注的五个号码与当期开出的五个中奖号码相符即中奖；

任五中四奖：任五投注的五个号码中的任意四个号码与当期开出的五个中奖号码中的任意四个相符即中奖；

任五中三奖：任五投注的五个号码中的任意三个号码与当期开出的五个中奖号码中的任意三个相符即中奖；

任六奖：任六投注六个号码中的任意五个与当期开出的五个中奖号码相符即中奖；

任七奖：任七投注七个号码中的任意五个与当期开出的五个中奖号码相符即中奖；

任八奖：任八投注八个号码中的任意五个与当期开出的五个中奖号码相符即中奖；

任九奖：任九投注九个号码中的任意五个与当期开出的五个中奖号码相符即中奖；

任十奖：任十投注十个号码中的任意五个与当期开出的五个中奖号码相符即中奖。

第六章　兑　奖

第二十条　“群英会”兑奖当期有效。每期开奖次日起30天（含30天）为兑奖有效期，逾期未兑奖者视为弃奖，弃奖奖金进入调节基金。

第二十一条　中奖彩票是唯一兑奖凭证。中奖彩票因玷污、损坏等原因而不能正确识别的，不能兑奖。

第二十二条　单张彩票中奖金额在5 000元以下（含5 000元）的中奖者，可在投注站兑奖；单张彩票中奖金额在5 000元以上的中奖者，须持中奖彩票和本人有效身份证件，到购票所在市福利彩票销售管理中心兑奖；单张彩票中奖金额在50万元以上（含50万元）的中奖者，须持中奖彩票和本人有效身份证件，到省福利彩票发行中心兑奖。

第二十三条　兑奖机构有权查验中奖者的中奖彩票及有效身份证件，兑奖者应予以配合。

第二十四条　凡伪造、涂改中奖彩票冒领奖金者，送交司法机关追究法律责任。

第七章　附　　则

第二十五条　本细则解释权属山东省福利彩票发行中心。

第二十六条　本细则自发布之日起施行。

省财政厅　省公安厅关于征收居民身份证工本费使用财政票据有关问题的通知

2009年4月24日　鲁财综〔2009〕27号

各市财政局、公安局：

为进一步加强全省第二代居民身份证（以下简称居民身份证）发放管理工作，确保居民身份证工本费及时足额征缴入库，现就征收居民身份证工本费使用财政票据有关问题通知如下：

一、为方便群众缴费，简化办证手续，自2009年5月1日起，各级公安部门在征收居民身份证工本费时，统一使用省财政厅印制的面值20元的“山东省非税收入定额票据”。

二、“山东省非税收入定额票据”由省公安厅统一向省财政厅购领，并根据收费资金上缴情况，向各市公安部门发放票据。市以下各级公安部门票据领购工作，由各市公安部门负责。各市、县（市、区）财政部门不得向本级公安部门发放面值20元的“山东省非税收入定额票据”。

三、各级公安部门要建立财政票据管理台账，对征收居民身份证工本费使用的财政票据进行专门登记。各级征收的居民身份证工本费，必须及时足额上缴省级国库。

四、各市公安部门应在每季度第一个月15日前，向省公安厅领购财政票据，同时申报下季度票据使用计划。在领购财政票据时，按照“验旧购新”的原则，提交已使用的票据存根。

五、济南市、青岛市征收居民身份证工本费使用财政票据问题，仍按原规定执行。

省财政厅　省劳动和社会保障厅关于启用山东省社会保险费专用收款票据（网上缴费专用）的通知

2009年4月17日　鲁财综〔2009〕34号

各市财政局、劳动和社会保障局：

为适应社会保险费网上缴款的需要，进一步做好社会保险资金征缴工作，经研究，决定自2009年4月1日起，启用“山东省社会保险费专用收款票据（网上缴费专用）”。现将有关事项通知如下：

一、“山东省社会保险费专用收款票据（网上缴费专用）”一式二联，票面顶部中间位置套印“财政票据监制章·山东省·财政部监制”椭圆形印章。

二、凡实行网上缴费的市，应按季度向省财政厅申报该票据使用计划，认真做好票据购领、发放、核销以及监管等工作。

三、各级财政、劳动和社会保障部门要加强对“山东省社会保险费专用收款票据（网上缴费专用）”使用情况的监督检查，对违反规定的，将按照《财政违法行为处罚处分条例》（国务院令第427号）等有关规定进行严肃处理。

附件：山东省社会保险费专用票据（网上缴费专用）票样

附件：

山东省社会保险费专用收款票据

流水号：　　　　　　　　　　　　　　　　　　　　NO：120000000000

缴款单位：　　　　　　　　　　　经济类别：　　　　　　　　　　单位：元

收费项目	起始年月	终止年月	人数	单位缴纳额	个人缴纳额	滞纳金	利息	合计金额
基本养老保险费								
基本医疗保险费								
失业保险费								
工伤保险费								
生育保险费								
人民币合计（大写）：						¥		

收款单位（章）：　　财务复核人：　　业务复核人：　　操作员：　　开据时间：

票样

第一联：收据

山东省财政厅监制·山东银宝科技发展有限公司印制

山东省社会保险费专用收款票据

流水号：　　　　　　　　　　　　　　　　　　　　NO：120000000000

缴款单位：　　　　　　　　　　　经济类别：　　　　　　　　　　单位：元

收费项目	起始年月	终止年月	人数	单位缴纳额	个人缴纳额	滞纳金	利息	合计金额
基本养老保险费								
基本医疗保险费								
失业保险费								
工伤保险费								
生育保险费								
人民币合计（大写）：						¥		

收款单位（章）：　　财务复核人：　　业务复核人：　　操作员：　　开据时间：

票样

第二联：存根

山东省财政厅监制·山东银宝科技发展有限公司印制

省财政厅　省国土资源厅转发《财政部　国土资源部关于同意将集体企业原划拨土地处置收入用于支付关闭破产或改制集体企业职工安置费用的批复》的通知

2009年4月28日　鲁财综〔2009〕35号

各市财政局、国土资源局：

现将《财政部　国土资源部关于同意将集体企业原划拨土地处置收入用于支付关闭破产或改制集体企业职工安置费用的批复》（财综〔2009〕14号）转发给你们，请遵照执行。

附件：财政部　国土资源部关于同意将集体企业原划拨土地处置收入用于支付关闭破产或改制集体企业职业安置费用的批复

附件：

财政部　国土资源部关于同意将集体企业原划拨土地处置收入用于支付关闭破产或改制集体企业职业安置费用的批复

2009 年 2 月 23 日　财综〔2009〕14 号

黑龙江省财政厅、国土资源厅：

你们报来的《关于国有土地使用权出让收入使用范围有关政策的请示》（黑财综〔2008〕58 号）收悉。经请示国务院同意，现批复如下：

一、根据《国务院办公厅关于规范国有土地使用权出让收支管理的通知》（国办发〔2006〕100 号）、《国务院关于同意东北地区厂办大集体改革试点工作指导意见的批复》（国函〔2005〕88 号）有关规定，同意将目前国有土地出让收入可用于支付破产、改制国有企业和关闭、破产“厂办大集体”职工安置费用的政策扩展至集体企业，允许黑龙江省哈尔滨市集体企业原划拨土地处置收入用于支付关闭、破产或改制集体企业职工安置费用。

二、关闭、破产集体企业涉及的原划拨土地由当地人民政府依法收回，并按照《国土资源部关于印发〈招标拍卖挂牌出让国有土地使用权规范〉（试行）和〈协议出让国有土地使用权规范〉（试行）的通知》（国土资发〔2006〕114 号）的规定予以出让或者租赁，出让价款、租赁收入全额缴入地方国库，纳入基金预算管理，由当地人民政府财政部门按照土地出让收支管理的规定，统筹安排用于相关企业职工安置费用。

三、改制集体企业涉及的原划拨土地，可采取出让、租赁或者转让方式处置，并按照国土资发〔2006〕114 号文件的规定办理有偿用地手续。原划拨土地的出让价款和租赁收入，以及受让方或者原土地使用者按规定补缴的土地价款，均全额缴入地方国库，纳入基金预算管理，由地方财政部门统筹安排用于相关企业职工安置费用。

四、你省国土资源厅要会同财政厅抓紧研究明确在以转让方式处置集体企业原划拨土地时，关于受让方或者原土地使用者补缴土地价款的核定办法，报国土资源部、财政部备案。

此复。

省财政厅　省教育厅关于进一步规范全省广播电视大学系统非税收入管理的通知

2009 年 4 月 27 日　鲁财综〔2009〕36 号

各市财政局、教育局：

为进一步规范全省广播电视大学（以下简称“电大”）系统非税收入管理，深化“收支两条线”改革，根据《财政部关于加强政府非税收入管理的通知》（财综〔2004〕53 号）要求，现就规范电大系统非税收入管理问题通知如下：

一、进一步明确电大系统非税收入管理范围

电大系统非税收入是指各级电大按规定征收的行政事业性收费、国有资源（资产）有偿使用收入等各项政府非税收入。其中，省级电大执收的非税收入包括：高等学校学费、高等学校学费（开放教育），高

等学校住宿费，电大开放教育注册建档费，函大、电大、夜大及短训班培训费，电大视听生考试和高等教育学历文凭考试考务费，普通话水平测试费，电大大中专考务管理费，计算机应用能力培训费，保险中介人资格考试考务费，事业单位国有资产出租收入，事业单位国有资产处置收入，以及其他国有资产（资源）有偿使用收入。市级电大执收的非税收入包括：高等学校学费、高等学校学费（开放教育），高等学校住宿费，电大开放教育注册建档费，电大大中专考务管理费，计算机应用能力培训费，事业单位国有资产出租收入，事业单位国有资产处置收入，以及其他国有资产（资源）有偿使用收入。

二、严格实行“票款分离”，进一步规范征缴管理

（一）规范征缴程序。按照非税收入“票款分离”管理规定，各级电大在执收前，应到同级财政部门申请各项非税收入项目编码。在执收非税收入时，应向缴款人开具省财政厅统一印制的“山东省非税收入缴款书”。根据代收银行加盖收讫章的“山东省非税收入缴款书”，向缴款人提供“山东省非税收入收款收据”。对非税收入征缴情况，要按月与同级财政部门进行核对。

（二）规范财政票据使用管理。“山东省非税收入缴款书”是电大系统征缴非税收入时，向缴款人（单位）出具的唯一合法财政票据。要按照《山东省财政票据管理暂行办法》（鲁财综〔2008〕54号）规定，切实加强财政票据管理。各级电大要指定专人负责财政票据的领购、保管、发放、登记和销毁等工作。严禁使用已公告作废的财政票据，以及其他不符合规定的票据征收非税收入。

三、按照“收支两条线”规定，切实规范资金管理

各级电大执收的非税收入，要严格落实“收支两条线”规定，统一纳入财政管理。未经批准，任何单位和个人不得随意减免非税收入。

（一）省级电大非税收入由学校财务部门统一收取，按照国家有关规定及时足额上缴省级财政专户或国库。

（二）各级市电大征收的非税收入，要按照国家有关规定及时足额征缴入库（户），属于有分成比例的收费项目，要区分不同类别，认真执行有关分成政策。

1. 市电大直属班收取高等学校学费（开放教育）时，按省电大30%（含中央电大）、市电大直属班70%的比例在年度中预缴；县（市、区）电大收取高等学校学费（开放教育）时，按省电大30%（含中央电大）、市电大13%、县（市、区）电大57%的比例年度中预缴，年终按各学科、专业的学分、人数实际数统算应缴数，并对已预缴的学费多退少补。

2. 电大开放教育注册建档费100%上缴省电大（含中央电大）。

3. 市电大直属班收取电大大中专考务管理费时，按省电大75%（含中央电大）、市电大直属班25%的比例分成；县（市、区）电大收取电大大中专考务管理费时，按省电大75%（含中央电大）、市电大12%、县（市、区）电大13%的比例分成。

各级电大要严格执行财政部门有关资金账户管理规定，严禁设立非税收入过渡账户，所有非税收入一律通过“山东省非税收入征收管理系统”征缴。省电大要加强对本系统的非税收入执收人员和票据管理人员业务培训，认真学习财经法规和非税收入管理政策，严格依法征收。各级财政和教育部门要加强政策指导，及时解决征缴过程中遇到的问题，确保各项工作顺利进行。

省财政厅　省建设厅关于新型墙体材料专项基金征管有关问题的通知

2009 年 5 月 25 日　鲁财综〔2009〕43 号

各市财政局、建设局（建委）：

根据《山东省新型墙体材料专项基金征收使用管理实施办法》（鲁财综〔2008〕53 号）有关规定，新型墙体材料专项基金从 2008 年 9 月 1 日起，统一纳入国库结算，取消新型墙体材料专项基金预缴款。为做好相关政策衔接工作，现就有关问题通知如下：

一、关于新型墙体材料专项基金预缴款的划转问题

凡目前仍在各级财政专户管理的新型墙体材料专项基金预缴款，应于 2009 年 5 月 31 日前，统一使用“新型墙体材料专项基金”项目和“山东省非税收入缴款书”，通过“山东省非税收入征收管理系统”划转至相应级次国库，省级按鲁财综〔2008〕53 号文件规定分成。省建设厅负责与各市墙体材料专项基金管理机构进行结算，多退少补。

二、关于新型墙体材料专项基金的返还确认问题

凡建设单位在 2008 年 9 月 1 日前缴纳新型墙体材料专项基金预缴款，并且建设工程在 2010 年底前申请查验的，可按照原政策规定进行结算，所需返还资金从新型墙体材料专项基金中列支。对 2008 年 9 月 1 日前已经缴纳新型墙体材料专项基金预缴款，至 2010 年底尚未申请查验的建设工程，按鲁财综〔2008〕53 号文件规定进行结算。凡 2008 年 9 月 1 日后开工的建设工程，其新型墙体材料专项基金的收缴、返还、结算等，均按照鲁财综〔2008〕53 号文件规定执行。

三、关于补缴省级新型墙体材料专项基金问题

部分市、县（市、区）2008 年及以前年度欠缴省级的新型墙体材料专项基金，应于 2009 年 5 月 31 日前足额上缴省级国库。省建设厅将根据各市、县（市、区）欠缴情况，向有关地方建设部门开具“山东省非税收入缴款书”，将欠缴资金通过“山东省非税收入征收管理系统”直接催缴至省级国库。

省财政厅　省国土资源厅转发《财政部　国土资源部关于调整部分地区新增建设用地土地有偿使用费征收等别的通知》的通知

2009 年 5 月 21 日　鲁财综〔2009〕44 号

各市财政局、国土资源局：

现将《财政部　国土资源部关于调整部分地区新增建设用地土地有偿使用费征收等别的通知》（财综

〔2009〕24号），转发给你们，请遵照执行。

附件：财政部　国土资源部关于调整部分地区新增建设用地土地有偿使用费征收等别的通知

附件：

财政部　国土资源部关于调整部分地区新增建设用地土地有偿使用费征收等别的通知

2009年4月22日　财综〔2009〕24号

各省、自治区、直辖市、计划单列市财政厅（局）、国土资源厅（局），新疆生产建设兵团财务局、国土资源局：

2002年，国家制定的新增建设用地土地有偿使用费征收等别，对于抑制建设用地快速增长发挥了积极作用。但是，随着各地经济社会的发展变化，部分地区新增建设用地土地有偿使用费征收等别已不尽合理。为保障新增建设用地土地有偿使用费的征收等别与各地实际情况相适应，决定对部分地区的新增建设用地土地有偿使用费征收等别进行调整，现就有关事宜通知如下：

一、从2009年5月1日（含）起，各地依法获得批准的新增建设用地，均统一按照本通知附件规定的《新增建设用地土地有偿使用费征收等别》计征新增建设用地土地有偿使用费，《财政部　国土资源部　中国人民银行关于调整新增建设用地土地有偿使用费政策等问题的通知》（财综〔2006〕48号）附件2同时废止。

二、新增建设用地土地有偿使用费征收等别调整后，每个征收等别对应的新增建设用地土地有偿使用费征收标准保持不变，仍继续按照财综〔2006〕48号文件附件1规定执行。

附件：新增建设用地土地有偿使用费征收等别

附件：

新增建设用地土地有偿使用费征收等别

一等：

上海：长宁区　虹口区　黄浦区　静安区　卢湾区　普陀区　徐汇区　杨浦区　闸北区

二等：

北京：朝阳区　崇文区　东城区　丰台区　海淀区　石景山区　西城区　宣武区

上海：浦东新区

三等：

广东：广州市（白云区　海珠区　荔湾区　萝岗区　天河区　越秀区）深圳市（福田区　罗湖区　南山区　盐田区）

四等：

天津：和平区　河东区　河西区　河北区　红桥区　南开区

河北：石家庄市（长安区　桥东区　桥西区　新华区　裕华区）

辽宁：大连市（甘井子区　沙河口区　西岗区　中山区）沈阳市（大东区　东陵区　和平区　皇姑区　沈河区　铁西区　于洪区）

江苏：常州市（天宁区　钟楼区）南京市（白下区　鼓楼区　建邺区　秦淮区　下关区　玄武区

雨花台区）苏州市（沧浪区　虎丘区　金阊区　平江区）无锡市（北塘区　滨湖区　崇安区　南长区）

浙江：杭州市（滨江区　拱墅区　江干区　上城区　西湖区　下城区）宁波市（海曙区　江东区　江北区）

福建：福州市（仓山区　鼓楼区　晋安区　台江区）厦门市（海沧区　湖里区　思明区　集美区）

山东：济南市（市中区　历下区　槐荫区　天桥区）青岛市（市南区　市北区　四方区　崂山区　李沧区）

湖北：武汉市（汉阳区　洪山区　江岸区　江汉区　硚口区　青山区　武昌区）

湖南：长沙市（芙蓉区　开福区　天心区　雨花区　岳麓区）

广东：汕头市（金平区　龙湖区）珠海市（金湾区　香洲区）深圳市宝安区

重庆：江北区　九龙坡区　南岸区　沙坪坝区　渝中区

四川：成都市（成华区　锦江区　金牛区　青羊区　武侯区）

五等：

北京：通州区

天津：塘沽区

河北：唐山市（路北区　路南区）

山西：太原市（万柏林区　杏花岭区　迎泽区）

吉林：长春市（朝阳区　二道区　宽城区　绿园区　南关区）

黑龙江：哈尔滨市（道里区　道外区　南岗区　香坊区）

江苏：徐州市（鼓楼区　云龙区）南通市（崇川区　港闸区）

安徽：合肥市（包河区　庐阳区　蜀山区　瑶海区）

江西：南昌市（东湖区　西湖区　青山湖区　青云谱区）

河南：郑州市（二七区　管城回族区　惠济区　金水区　中原区）

广东：东莞市　佛山市禅城区　惠州市惠城区　中山市　深圳市龙岗区　广州市黄埔区

广西：南宁市（江南区　良庆区　青秀区　西乡塘区　兴宁区）

重庆：大渡口区

云南：昆明市（官渡区　盘龙区　五华区）

陕西：西安市（灞桥区　碑林区　莲湖区　未央区　新城区　雁塔区）

六等：

北京：大兴区　昌平区　顺义区

天津：津南区　西青区

河北：保定市（北市区　南市区　新市区）邯郸市（丛台区　邯山区　复兴区）

内蒙古：包头市（昆都仑区　青山区）

辽宁：大连市（金州区　旅顺口区）盘锦市（兴隆台区　双台子区）鞍山市（立山区　千山区　铁东区　铁西区）

吉林：吉林市（船营区　龙潭区　昌邑区　丰满区）

黑龙江：大庆市萨尔图区

上海：嘉定区　宝山区　闵行区

江苏：常州市（戚墅堰区　新北区）江阴市　昆山市　南京市栖霞区　苏州市（吴中区　相城区）扬州市（维扬区　广陵区）镇江市（京口区　润州区）张家港市

浙江：温州市（龙湾区　鹿城区　瓯海区）

安徽：马鞍山市（花山区　金家庄区　雨山区）芜湖市（镜湖区　鸠江区　弋江区）

福建：福州市马尾区

山东：潍坊市（潍城区　奎文区）烟台市芝罘区　淄博市（临淄区　张店区　淄川区）济南市历城区

河南：洛阳市（瀍河回族区　涧西区　老城区　洛龙区　西工区）

湖北：黄石市（黄石港区　西塞山区）武汉市东西湖区　襄樊市（襄城区　樊城区）

湖南：衡阳市（石鼓区　雁峰区　蒸湘区　珠晖区）湘潭市（岳塘区　雨湖区）

广东：佛山市（南海区　顺德区）广州市（番禺区　南沙区）江门市（江海区　蓬江区）汕头市濠江区　湛江市（赤坎区　霞山区　麻章区）

广西：柳州市（城中区　柳北区　柳南区　鱼峰区）

海南：海口市（龙华区　秀英区）

云南：昆明市西山区

贵州：贵阳市（南明区　小河区　云岩区）

甘肃：兰州市（安宁区　城关区　七里河区　西固区）

新疆：乌鲁木齐市（沙依巴克区　水磨沟区　头屯河区　天山区　新市区）

七等：

北京：门头沟区　房山区

天津：东丽区　大港区　北辰区　汉沽区

河北：秦皇岛市（海港区　山海关区　北戴河区）唐山市开平区

山西：太原市（晋源区　小店区　尖草坪区）长治市（城区　郊区）阳泉市（城区　郊区）

内蒙古：呼和浩特市（回民区　赛罕区　新城区　玉泉区）包头市东河区

辽宁：丹东市（元宝区　振安区　振兴区）锦州市（古塔区　凌河区　太和区）辽阳市（白塔区　太子河区　文圣区）营口市（老边区　西市区　站前区）沈阳市（沈北新区　苏家屯区）抚顺市（东洲区　顺城区　新抚区　望花区）本溪市（平山区　溪湖区　明山区）

黑龙江：牡丹江市（爱民区　东安区　西安区　阳明区）

上海：南汇区　松江区　金山区

江苏：连云港市新浦区　泰州市（海陵区　高港区）南京市　江宁区　无锡市（锡山区　惠山区）宜兴市　吴江市　常熟市

浙江：嘉兴市（南湖区　秀洲区）绍兴市越城区　台州市（黄岩区　椒江区　路桥区）杭州市萧山区　宁波市（北仑区　镇海区）湖州市（南浔区　吴兴区）

安徽：淮南市（大通区　田家庵区）淮北市（相山区　烈山区）铜陵市（郊区　狮子山区　铜官山区）

福建：泉州市（鲤城区　丰泽区）漳州市芗城区　厦门市（同安区　翔安区）

江西：九江市浔阳区

山东：威海市环翠区

河南：安阳市（北关区　龙安区　文峰区　殷都区）平顶山市（新华区　卫东区　湛河区）

湖北：荆州市（沙市区　荆州区）宜昌市（西陵区　伍家岗区　点军区　猇亭区）

湖南：岳阳市岳阳楼区　株洲市（荷塘区　芦淞区　石峰区　天元区）

广东：潮州市湘桥区　茂名市（茂南区　茂港区）佛山市三水区　韶关市（武江区　浈江区）阳江市江城区　肇庆市端州区　广州市花都区　湛江市坡头区

广西：桂林市（叠彩区　七星区　象山区　秀峰区）

重庆：渝北区　巴南区

八等：

北京：怀柔区

天津：武清区

河北：沧州市（新华区　运河区）承德市双桥区　衡水市桃城区　廊坊市（安次区　广阳区）邢台市（桥东区　桥西区）张家口市（桥东区　桥西区）唐山市丰润区

山西：大同市（城区　南郊区）

内蒙古：包头市九原区

辽宁：朝阳市（龙城区　双塔区）阜新市（海州区　太平区　细河区）铁岭市银州区　辽阳市宏伟区　葫芦岛市（连山区　龙港区）

吉林：四平市（铁东区　铁西区）延吉市

黑龙江：哈尔滨市（平房区　松北区）佳木斯市（东风区　郊区　前进区　向阳区）

上海：奉贤区　青浦区

江苏：淮安市（清河区　清浦区）常州市武进区　连云港市海州区　太仓市

浙江：杭州市余杭区　宁波市鄞州区　义乌市

安徽：安庆市（大观区　宜秀区　迎江区）蚌埠市（蚌山区　淮上区　龙子湖区　禹会区）芜湖市三山区

福建：福清市　晋江市　石狮市　泉州市洛江区　漳州市龙文区

江西：赣州市章贡区

山东：济宁市（任城区　市中区）临沂市兰山区　枣庄市市中区　青岛市（黄岛区　城阳区）泰安市（岱岳区　泰山区）烟台市莱山区　淄博市（博山区　周村区）

河南：焦作市（解放区　山阳区）开封市（鼓楼区　金明区　龙亭区　顺河回族区　禹王台区）

湖北：十堰市（茅箭区　张湾区）

湖南：常德市武陵区

广东：汕头市（潮南区　潮阳区　澄海区）河源市源城区　惠州市惠阳区　揭阳市榕城区　开平市　梅州市梅江区　清远市清城区　汕尾市城区　台山市　增城市　普宁市　肇庆市鼎湖区　珠海市斗门区　江门市新会区

海南：三亚市　海口市（美兰区　琼山区）

贵州：遵义市（红花岗区　汇川区）

云南：玉溪市红塔区

青海：西宁市（城北区　城东区　城西区　城中区）

宁夏：银川市（金凤区　西夏区　兴庆区）

新疆：克拉玛依市克拉玛依区

九等：

北京：密云县　平谷区　延庆县

天津：宝坻区　蓟县　静海县

河北：鹿泉市　唐山市（古冶区　丰南区）张家口市宣化区　承德市双滦区

山西：临汾市尧都区　晋中市榆次区　晋城市城区

辽宁：海城市　瓦房店市　营口市鲅鱼圈区

吉林：长春市双阳区　辽源市（龙山区　西安区）松原市宁江区　通化市（东昌区　二道江区）

黑龙江省：齐齐哈尔市（建华区　龙沙区　铁锋区）鸡西市鸡冠区

上海：崇明县

江苏：南京市（六合区　浦口区）丹阳市　海门市　靖江市　溧阳市　如皋市　泰兴市　通州市　盐城市亭湖区　扬中市　徐州市泉山区　连云港市连云区　启东市　金坛市

浙江：慈溪市　绍兴县　余姚市　舟山市（定海区　普陀区）诸暨市

福建：龙岩市新罗区　莆田市（城厢区　涵江区　荔城区）三明市（梅列区　三元区）

江西：南昌市湾里区　景德镇市（昌江区　珠山区）萍乡市安源区　新余市渝水区　宜春市袁州区　九江市庐山区

山东：滨州市滨城区　德州市德城区　菏泽市牡丹区　莱芜市莱城区　聊城市东昌府区　龙口市　日

照市东港区　荣成市　文登市　东营市东营区　烟台市（福山区　牟平区）潍坊市坊子区

河南：漯河市源汇区　南阳市（宛城区　卧龙区）新乡市（红旗区　牧野区　卫滨区）

湖北：鄂州市鄂城区　荆门市掇刀区　潜江市　仙桃市　武汉市江夏区

湖南：常德市鼎城区　郴州市（北湖区　苏仙区）娄底市娄星区　邵阳市（北塔区　大祥区　双清区）永州市冷水滩区　岳阳市云溪区　衡阳市南岳区

广东：从化市　恩平市　佛山市高明区　高要市　鹤山市　惠东县　廉江市　罗定市　云浮市云城区

广西：北海市（海城区　银海区）桂林市雁山区

重庆：北碚区

四川：德阳市旌阳区　绵阳市（涪城区　游仙区）

贵州：贵阳市（花溪区　乌当区　白云区）

陕西：宝鸡市（金台区　渭滨区）铜川市（王益区　印台区）

新疆：石河子市

十等：

天津：宁河县

河北：藁城市　迁安市　三河市　辛集市　正定县　涿州市　石家庄市井陉矿区

山西：侯马市　运城市盐湖区　阳泉市矿区　朔州市朔城区

内蒙古：赤峰市红山区　乌海市（海勃湾区　海南区　乌达区）

辽宁：大石桥市　盖州市　普兰店市　庄河市　本溪市南芬区　铁岭市清河区

吉林：白城市洮北区　白山市八道江区　敦化市　公主岭市　梅河口市　图们市

黑龙江：哈尔滨市（阿城区　呼兰区）黑河市爱辉区　双城市　双鸭山市（宝山区　尖山区　岭东区　四方台区）绥芬河市　伊春市伊春区　大庆市（红岗区　龙凤区　让胡路区）鹤岗市（东山区　工农区　南山区　向阳区　兴安区　兴山区）

江苏：东台市　江都市　姜堰市　仪征市　徐州市（贾汪区　九里区）镇江市丹徒区　淮安市楚州区　扬州市邗江区

浙江：东阳市　富阳市　海宁市　乐清市　丽水市莲都区　临海市　衢州市柯城区　瑞安市　上虞市　温岭市　永康市　金华市（金东区　婺城区）玉环县

安徽：亳州市谯城区　滁州市（南谯区　琅琊区）肥东县　肥西县　阜阳市（颍东区　颍泉区　颍州区）宁国市　宣城市宣州区

福建：长乐市　龙海市　南安市　南平市延平区　永安市　泉州市泉港区

江西：丰城市　贵溪市　上饶市信州区　鹰潭市月湖区　吉安市（吉州区　青原区）

山东：即墨市　胶州市　寿光市　招远市　邹城市　莱芜市钢城区　临沂市（河东区　罗庄区）日照市岚山区　潍坊市寒亭区　莱州市

河南：鹤壁市（淇滨区　山城区）濮阳市华龙区　三门峡市湖滨区　许昌市魏都区　商丘市（梁园区　睢阳区）

湖北：黄冈市黄州区　随州市曾都区　孝感市孝南区　武汉市蔡甸区　黄石市（铁山区　下陆区）鄂州市华容区　荆门市东宝区

湖南：长沙县　怀化市鹤城区　浏阳市　张家界市永定区　岳阳市君山区　益阳市（赫山区　资阳区）永州市零陵区

广东：博罗县　潮安县　电白县　佛冈县　高州市　海丰县　化州市　揭东县　乐昌市　雷州市　连州市　陆丰市　南澳县　南雄市　韶关市曲江区　四会市　吴川市　信宜市　阳春市　英德市

广西：武鸣县　南宁市邕宁区　玉林市玉州区　防城港市（防城区　港口区）北海市铁山港区　梧州市（万秀区　蝶山区　长洲区）

海南：儋州市　琼海市

四川：成都市（龙泉驿区　新都区　温江区　青白江区）乐山市（沙湾区　市中区）泸州市江阳区　内江市市中区　攀枝花市（东区　仁和区）宜宾市翠屏区　自贡市（大安区　自流井区）双流县　郫县

贵州：六盘水市钟山区

云南：昆明市东川区　曲靖市麒麟区

西藏：拉萨市城关区

陕西：渭南市临渭区　咸阳市（秦都区　渭城区）西安市（长安区　临潼区　阎良区）汉中市汉台区

甘肃：嘉峪关市　天水市秦州区　兰州市红古区

宁夏：石嘴山市大武口区

十一等：

河北：霸州市　定州市　高碑店市　邯郸县　黄骅市　任丘市　武安市　新乐市　遵化市　邯郸市峰峰矿区　张家口市下花园区

山西：介休市　孝义市　忻州市忻府区　原平市　大同市（矿区　新荣区）吕梁市离石区　清徐县

内蒙古：呼伦贝尔市海拉尔区　满洲里市　赤峰市（松山区　元宝山区）鄂尔多斯市东胜区　通辽市科尔沁区

辽宁：北票市　灯塔市　东港市　凤城市　开原市　凌海市　凌源市　调兵山市　新民市　兴城市　本溪满族自治县　阜新市（清河门区　新邱区）辽阳市弓长岭区　葫芦岛市南票区　辽中县　铁岭县　大洼县

吉林：和龙市　桦甸市　珲春市　集安市　蛟河市　九台市　临江市　龙井市　磐石市　舒兰市　榆树市

黑龙江：海林市　七台河市（茄子河区　桃山区　新兴区）五常市　鸡西市滴道区　尚志市　绥化市北林区　肇东市

江苏：宝应县　大丰市　高淳县　高邮市　海安县　句容市　溧水县　邳州市　如东县　宿迁市宿城区　新沂市　兴化市

浙江：嘉善县　临安市　桐乡市

安徽：长丰县　巢湖市居巢区　黄山市（徽州区　屯溪区）六安市（金安区　裕安区）宿州市埇桥区　淮北市杜集区　繁昌县　芜湖县

福建：惠安县　连江县　闽侯县　宁德市蕉城区　莆田市秀屿区

江西：抚州市临川区　乐平市　萍乡市湘东区

山东：安丘市　昌邑市　肥城市　胶南市　莱西市　莱阳市　蓬莱市　平度市　青州市　曲阜市　乳山市　滕州市　新泰市　兖州市　章丘市　诸城市　枣庄市（薛城区　峄城区）

河南：济源市　信阳市（平桥区　狮河区）驻马店市驿城区　郑州市上街区　洛阳市吉利区　焦作市（马村区　中站区）新乡市凤泉区　鹤壁市鹤山区

湖北：赤壁市　大冶市　洪湖市　老河口市　麻城市　石首市　松滋市　武穴市　咸宁市咸安区　宜城市　应城市　襄樊市襄阳区　枣阳市　钟祥市　武汉市（汉南区　黄陂区　新洲区）鄂州市梁子湖区　天门市

湖南：耒阳市　醴陵市　临湘市　汨罗市　湘乡市　沅江市　张家界市武陵源区　宁乡县

广东：德庆县　封开县　怀集县　惠来县　揭西县　连平县　龙门县　梅县　清新县　饶平县　遂溪县　新丰县　新兴县　兴宁市　徐闻县　阳东县　阳西县　云安县

广西：贵港市（港北区　港南区　覃塘区）钦州市（钦北区　钦南区）

海南：澄迈县　东方市　万宁市　文昌市

重庆：涪陵区　万州区　江津区

四川：达州市通川区　都江堰市　南充市（高坪区　顺庆区）彭州市　遂宁市船山区　内江市东兴区

贵州：安顺市西秀区

云南：安宁市

陕西：安康市汉滨区　韩城市　延安市宝塔区

甘肃：白银市白银区　天水市麦积区　金昌市金川区

新疆：乌鲁木齐市（米东区　达坂城区）库尔勒市

十二等：

河北：安国市　泊头市　沧县　大厂回族自治县　抚宁县　高邑县　河间市　冀州市　定兴县　晋州市　井陉县　乐亭县　蠡县　卢龙县　栾城县　滦南县　滦县　迁西县　青县　清河县　沙河市　深州市　唐海县　香河县　徐水县　永年县　玉田县　承德市鹰手营子矿区

山西：长治县　汾阳市　高平市　古交市　河津市　怀仁县　霍州市　灵石县　潞城市　平定县　永济市　朔州市平鲁区

内蒙古：巴彦淖尔市临河区　牙克石市　扎兰屯市　乌兰察布市集宁区　乌兰浩特市

辽宁：北镇市　朝阳县　抚顺县　阜新蒙古族自治县　辽阳县　盘山县　绥中县　长海县

吉林：安图县　白山市江源区　长白朝鲜族自治县　大安市　德惠市　东丰县　东辽县　抚松县　辉南县　梨树县　柳河县　农安县前郭尔罗斯蒙古族自治县　双辽市　洮南市　通化县　汪清县　永吉县

黑龙江：宁安市　大庆市大同区　齐齐哈尔市（昂昂溪区　富拉尔基区　梅里斯达斡尔族区）鸡西市（城子河区　恒山区　梨树区麻山区）伊春市（南岔区　汤旺河区　西林区）密山市　海伦市　庆安县

江苏：东海县　赣榆县　洪泽县　建湖县　金湖县　沛县　射阳县　铜山县　盐城市盐都区　淮安市淮阴区

浙江：德清县　奉化市　海盐县　建德市　平湖市　嵊州市　桐庐县　新昌县　象山县　兰溪市　平阳县

安徽：池州市贵池区　当涂县　绩溪县　泾县　舒城县　桐城市铜陵县　淮南市（八公山区　潘集区　谢家集区）

福建：福安市　福鼎市　建瓯市　罗源县　闽清县　南靖县　沙县　邵武市　武夷山市　云霄县　漳平市　漳浦县　诏安县

江西：安福县　德兴市　高安市　进贤县　芦溪县　南昌县　南康市　瑞昌市　泰和县　樟树市

山东：济南市长清区　长岛县　高密市　海阳市　临清市　栖霞市　枣庄市（山亭区　台儿庄区）桓台县　邹平县

河南：安阳县　长葛市　登封市　邓州市　巩义市　辉县市　林州市　灵宝市　孟州市　沁阳市　荥阳市　汝州市　卫辉市　舞钢市　项城市　新密市　新乡县　新郑市　许昌县　偃师市　漯河市（郾城区　召陵区）义马市　永城市　禹州市　中牟县　周口市川汇区　平顶山市石龙区　太康县

湖北：安陆市　当阳市　恩施市　广水市　汉川市　宜都市　枝江市　宜昌市夷陵区　丹江口市　沙洋县　江陵县

湖南：安仁县　安乡县　常宁市　桂阳县　汉寿县　衡东县　衡南县　衡山县　衡阳县　华容县　津市市　冷水江市　澧县　涟源市　临澧县　临武县　南县　祁东县　祁阳县　韶山市　邵东县　邵阳县　石门县　双峰县　桃江县　桃源县　望城县　武冈市　湘潭县　湘阴县　新邵县　攸县　岳阳县　株洲县　资兴市　吉首市

广东：大埔县　东源县　丰顺县　广宁县　和平县　蕉岭县　连南瑶族自治县　连山壮族瑶族自治县　龙川县　陆河县　平远县　仁化县　始兴县　翁源县　五华县　阳山县　郁南县　紫金县　乳源瑶族自治县

广西：百色市右江区　东兴市　合山市　河池市金城江区　贺州市八步区　临桂县　柳江县　来宾市兴宾区　容县　昭平县　钟山县

海南：陵水黎族自治县

重庆：合川区　永川区　双桥区　万盛区　长寿区　璧山县

四川：崇州市　广安市广安区　广汉市　绵竹市　邛崃市　什邡市　攀枝花市西区　自贡市（贡井区　沿滩区）泸州市（龙马潭区　纳溪区）乐山市五通桥区　金堂县　大邑县　蒲江县　江油市　南充市嘉陵区　广元市利州区　新津县　峨眉山市　彭山县　资阳市雁江区　眉山市东坡区

贵州：都匀市　凯里市　清镇市　铜仁市　兴义市

云南：大理市　个旧市　石林彝族自治县　丽江市古城区　昭通市昭阳区　河口瑶族自治县

西藏：日喀则市

陕西：华县　华阴市　黄陵县　洛川县　潼关县　兴平市　榆林市榆阳区　铜川市耀州区　咸阳市杨凌区

甘肃：成县　临夏市　永登县　武威市凉州区　陇南市武都区　白银市平川区

宁夏：灵武市

新疆：克拉玛依市（白碱滩区　独山子区　乌尔禾区）乌鲁木齐县　喀什市　阿克苏市　哈密市　昌吉市　伊宁市

十三等：

河北：安平县　柏乡县　昌黎县　磁县　大城县　东光县　高阳县　固安县　故城县　怀来县　景县　临城县　灵寿县　满城县　南宫市　宁晋县　清苑县　容城县　深泽县　肃宁县　唐县　望都县　文安县　吴桥县　献县　兴隆县　邢台县　雄县　宣化县　阳原县　易县　元氏县　枣强县　赵县

山西：长子县　代县　定襄县　繁峙县　河曲县　洪洞县　壶关县　稷山县　绛县　交城县　黎城县　临猗县　陵川县　柳林县　宁武县　平陆县　平顺县　平遥县　蒲县　祁县　沁水县　曲沃县　芮城县　山阴县　寿阳县　太谷县　文水县　闻喜县　五台县　乡宁县　襄汾县　襄垣县　新绛县　阳城县　翼城县　应县　盂县　垣曲县　泽州县　中阳县　左云县

内蒙古：额尔古纳市　根河市　包头市白云鄂博矿区　锡林浩特市

辽宁：昌图县　法库县　黑山县　桓仁满族自治县　建昌县　建平县　喀喇沁左翼蒙古族自治县　康平县　宽甸满族自治县　清原满族自治县　台安县　西丰县　新宾满族自治县　岫岩满族自治县　义县　彰武县

吉林：靖宇县　伊通满族自治县

黑龙江：巴彦县　勃利县　方正县　鸡东县　林口县　穆棱市　讷河市　通河县　延寿县　肇源县　肇州县　齐齐哈尔市碾子山区　伊春市（翠峦区　带岭区　红星区　金山屯区　美溪区　上甘岭区　新青区　五营区　乌马河区　乌伊岭区　友好区）宾县　北安市　铁力市　五大连池市　富锦市　虎林市　安达市

江苏：滨海县　丰县　阜宁县　灌南县　灌云县　涟水县　沭阳县　宿迁市宿豫区　睢宁县　响水县　盱眙县　泗洪县　泗阳县

浙江：安吉县　苍南县　长兴县　龙游县　宁海县　永嘉县　嵊泗县　衢州市衢江区　江山市　青田县

安徽：砀山县　东至县　凤台县　广德县　和县　霍邱县　霍山县　界首市　金寨县　庐江县　明光市　南陵县　祁门县　青阳县　石台县　寿县　濉溪县　天长市　涡阳县　无为县　歙县　萧县　黄山市黄山区　含山县

福建：安溪县　长泰县　东山县　古田县　建阳市　将乐县　平潭县　上杭县　顺昌县　霞浦县　仙游县　永春县　永定县　永泰县　尤溪县

江西：大余县　分宜县　广丰县　吉水县　九江县　宁都县　上栗县　上饶县　万安县　万年县　新建县　永丰县　永修县　余江县　瑞金市　井冈山市　吉安县　峡江县　新干县

山东：博兴县　曹县　昌乐县　东阿县　东明县　费县　高青县　高唐县　济阳县　嘉祥县　金乡县　莒县　乐陵市　梁山县　临朐县　临邑县　陵县　宁阳县　平邑县　平阴县　平原县　齐河县　郯城县　微山县　汶上县　阳谷县　沂源县　鱼台县　禹城市　郓城县　东营市河口区

河南：宝丰县　博爱县　长垣县　方城县　淮阳县　潢川县　临颍县　鹿邑县　孟津县　内乡县　濮阳县　淇县　清丰县　汝南县　陕县　遂平县　汤阴县　唐河县　通许县　尉氏县　西平县　新安县　新野县　修武县　鄢陵县　延津县　镇平县　浚县

湖北：保康县　长阳土家族自治县　崇阳县　大悟县　公安县　谷城县　红安县　黄梅县　嘉鱼县　监利县　京山县　利川市　南漳县　蕲春县　团风县　浠水县　孝昌县　远安县　云梦县　郧县　秭归县

湖南：安化县　茶陵县　辰溪县　慈利县　东安县　洞口县　洪江市　会同县　嘉禾县　靖州苗族侗族自治县　蓝山县　隆回县　麻阳苗族自治县　宁远县　平江县　绥宁县　新化县　新宁县　新田县　溆浦县　炎陵县　宜章县　永兴县　芷江侗族自治县　中方县　道县　沅陵县

广西：博白县　富川瑶族自治县　荔浦县　灵川县　陆川县　南丹县　平果县　平乐县　全州县　上思县　田阳县　兴安县　阳朔县　宜州市　岑溪市　北流市　合浦县　田东县　崇左市江州区

海南：保亭黎族苗族自治县　乐东黎族自治县　屯昌县　昌江黎族自治县　定安县　临高县

重庆：南川区　黔江区

四川：安县　长宁县　达县　大竹县　富顺县　高县　珙县　简阳市　江安县　筠连县　阆中市　泸县　米易县　南溪县　仁寿县　荣县　三台县　射洪县　万源市　宜宾县　雅安市雨城区　巴中市巴州区　广元市（朝天区　元坝区）遂宁市安居区　夹江县　西昌市

贵州：毕节市　赤水市　贵定县　开阳县　龙里县　仁怀市　息烽县　修文县　遵义县

云南：保山市隆阳区　呈贡县　澄江县　江川县　晋宁县　景洪市　开远市　潞西市　水富县　普洱市思茅区　通海县　宜良县　楚雄市

陕西：安塞县　白水县　城固县　大荔县　府谷县　富平县　富县　甘泉县　高陵县　横山县　户县　黄龙县　佳县　靖边县　米脂县　清涧县　三原县　子长县　子洲县　神木县　绥德县　吴堡县　吴起县　延长县　宜川县　志丹县　商洛市商州区

甘肃：定西市安定区　皋兰县　合水县　合作市　徽县　两当县　宁县　平凉市崆峒区　庆城县　文县　庆阳市西峰区　榆中县　张掖市甘州区　敦煌市　酒泉市肃州区　玉门市

宁夏：贺兰县　石嘴山市惠农区　平罗县　永宁县　青铜峡市　吴忠市利通区　中卫市沙坡头区

新疆：五家渠市　吐鲁番市　阜康市　奎屯市　阿勒泰市　塔城市　乌苏市

十四等：

河北：安新县　博野县　成安县　承德县　赤城县　大名县　肥乡县　阜城县　阜平县　馆陶县　广平县　广宗县　海兴县　怀安县　鸡泽县　巨鹿县　宽城满族自治县　涞水县　涞源县　临西县　临漳县　隆化县　隆尧县　滦平县　孟村回族自治县　内丘县　南和县　南皮县　平泉县　平山县　平乡县　青龙满族自治县　邱县　曲阳县　曲周县　饶阳县　任县　涉县　顺平县　万全县　威县　蔚县　魏县　无极县　武强县　武邑县　新河县　行唐县　盐山县　永清县　赞皇县　涿鹿县

山西：保德县　方山县　汾西县　古县　广灵县　和顺县　浑源县　交口县　静乐县　岢岚县　岚县　临县　灵丘县　娄烦县　偏关县　沁县　沁源县　神池县　石楼县　屯留县　万荣县　五寨县　武乡县　昔阳县　夏县　兴县　阳高县　阳曲县　右玉县　榆社县　左权县　大同县

内蒙古：阿尔山市　阿荣旗　敖汉旗　巴林左旗　达拉特旗　鄂伦春自治旗　鄂温克族自治旗　二连浩特市　丰镇市　杭锦后旗　霍林郭勒市　科尔沁左翼后旗　林西县　莫力达瓦达斡尔族自治旗　宁城县　土默特右旗　土默特左旗　翁牛特旗　乌拉特前旗　五原县　包头市石拐区　托克托县　伊金霍洛旗　准格尔旗　西乌珠穆沁旗

吉林：长岭县　扶余县　乾安县

黑龙江：宝清县　抚远县　富裕县　集贤县　克东县　克山县　兰西县　萝北县　明水县　木兰县　嫩江县　绥滨县　塔河县　汤原县　友谊县　大兴安岭加格达奇　依兰县　同江市　望奎县

浙江：常山县　淳安县　岱山县　洞头县　缙云县　景宁畲族自治县　开化县　磐安县　浦江县　庆元县　三门县　松阳县　遂昌县　泰顺县　天台县　文成县　武义县　仙居县　云和县　龙泉市

安徽：枞阳县　定远县　凤阳县　阜南县　固镇县　怀宁县　怀远县　旌德县　来安县　郎溪县　利辛县　临泉县　灵璧县　蒙城县　潜山县　全椒县　泗县　宿松县　太和县　太湖县　望江县　五河县　休宁县　黟县　颍上县

福建：大田县　德化县　华安县　连城县　平和县　浦城县　泰宁县

江西：安义县　安远县　鄱阳县　崇仁县　德安县　定南县　东乡县　浮梁县　赣县　横峰县　会昌县　金溪县　靖安县　莲花县　龙南县　南城县　铅山县　上高县　上犹县　石城县　遂川县　万载县　武宁县　婺源县　信丰县　兴国县　修水县　寻乌县　弋阳县　永新县　于都县　玉山县　资溪县

山东：单县　广饶县　垦利县　利津县　蒙阴县　武城县　沂南县　沂水县　商河县　茌平县　宁津县　莒南县　临沭县　泗水县　东平县　定陶县　惠民县

河南：范县　封丘县　扶沟县　固始县　光山县　滑县　淮滨县　获嘉县　开封县　兰考县　鲁山县　栾川县　罗山县　泌阳县　民权县　南乐县　南召县　杞县　确山县　商城县　上蔡县　社旗县　沈丘县　渑池县　桐柏县　温县　武陟县　舞阳县　西华县　西峡县　淅川县　襄城县　叶县　伊川县　原阳县　正阳县　商水县

湖北：巴东县　房县　建始县　来凤县　罗田县　通城县　五峰土家族自治县　兴山县　阳新县　英山县　竹山县

湖南：保靖县　城步苗族自治县　凤凰县　古丈县　桂东县　花垣县　江华瑶族自治县　江永县　龙山县　泸溪县　汝城县　桑植县　双牌县　通道侗族自治县　新晃侗族自治县　永顺县

广西：宾阳县　大化瑶族自治县　扶绥县　横县　金秀瑶族自治县　乐业县　灵山县　凌云县　隆林各族自治县　鹿寨县　蒙山县　浦北县　田林县　西林县　兴业县　柳城县　苍梧县　藤县　平南县　桂平市

海南：五指山市　白沙黎族自治县　琼中黎族自治县

重庆：大足县　垫江县　丰都县　奉节县　开县　梁平县　綦江县　荣昌县　铜梁县　潼南县　巫山县　武隆县　云阳县　忠县

四川：安岳县　北川羌族自治县　大英县　丹棱县　德昌县　古蔺县　汉源县　合江县　洪雅县　华蓥市　会理县　犍为县　剑阁县　井研县　九寨沟县　开江县　康定县　乐至县　邻水县　隆昌县　芦山县　泸定县　罗江县　马边彝族自治县　茂县　冕宁县　名山县　沐川县　南部县　南江县　蓬安县　蓬溪县　平昌县　平武县　屏山县　青川县　青神县　渠县　天全县　通江县　旺苍县　威远县　汶川县　武胜县　西充县　兴文县　叙永县　宣汉县　盐边县　盐亭县　仪陇县　营山县　岳池县　中江县　资中县　梓潼县　乐山市金口河区　苍溪县　宝兴县　石棉县　荥经县

贵州：独山县　福泉市　金沙县　荔波县　平坝县　施秉县　桐梓县　玉屏侗族自治县　镇远县

云南：宾川县　大姚县　洱源县　富民县　富源县　华宁县　会泽县　建水县　景东彝族自治县　兰坪白族普米族自治县　临沧市临翔区　陆良县　禄丰县　禄劝彝族苗族自治县　绿春县　罗平县　马龙县　勐海县　勐腊县　弥渡县　弥勒县　牟定县　南华县　宁洱哈尼族彝族自治县　师宗县　双柏县　嵩明县　绥江县　腾冲县　文山县　武定县　祥云县　新平彝族傣族自治县　宣威市　寻甸回族彝族自治县　姚安县　易门县　永仁县　元江哈尼族彝族傣族自治县　元谋县　沾益县　玉龙纳西族自治县　峨山彝族自治县　屏边苗族自治县　瑞丽市　石屏县　蒙自县

陕西：澄城县　定边县　凤县　凤翔县　扶风县　汉阴县　合阳县　泾阳县　蓝田县　礼泉县　略阳县　眉县　勉县　南郑县　平利县　岐山县　商南县　石泉县　太白县　武功县　西乡县　旬阳县　延川县　镇安县　周至县　柞水县　宝鸡市陈仓区

甘肃：瓜州县　崇信县　宕昌县　迭部县　甘谷县　广河县　华池县　华亭县　环县　会宁县　金塔县　泾川县　景泰县　靖远县　康乐县　康县　礼县　临洮县　灵台县　碌曲县　玛曲县　民勤县　山丹县　肃北蒙古族自治县　天祝藏族自治县　武山县　西和县　夏河县　永昌县　永靖县　镇原县　正宁县　卓尼县　阿克塞哈萨克族自治县

青海：大通回族土族自治县　德令哈市　格尔木市　互助土族自治县　湟中县　乐都县　民和回族

土族自治县　平安县

宁夏：固原市原州区　中宁县

新疆：阿瓦提县　巴楚县　博湖县　察布查尔锡伯自治县　额敏县　富蕴县　伽师县　和静县　和硕县　吉木萨尔县　麦盖提县　沙雅县　疏附县　疏勒县　尉犁县　温宿县　叶城县　伊宁县　英吉沙县　岳普湖县　阿拉尔市　图木舒克市　莎车县　泽普县　和田市　库车县　鄯善县　托克逊县　阿图什市　博乐市　呼图壁县　精河县　玛纳斯县　轮台县　焉耆回族自治县　霍城县　新源县　沙湾县

十五等：

河北：崇礼县　沽源县　康保县　尚义县　张北县　丰宁满族自治县　围场满族蒙古族自治县

山西：天镇县　安泽县　大宁县　浮山县　吉县　隰县　永和县

内蒙古：阿巴嘎旗　阿拉善右旗　阿拉善左旗　阿鲁科尔沁旗　巴林右旗　察哈尔右翼后旗　察哈尔右翼前旗　察哈尔右翼中旗　陈巴尔虎旗　达尔罕茂明安联合旗　磴口县　东乌珠穆沁旗　多伦县　额济纳旗　鄂托克旗　鄂托克前旗　固阳县　杭锦旗　和林格尔县　化德县　喀喇沁旗　开鲁县　科尔沁右翼前旗　科尔沁右翼中旗　科尔沁左翼中旗　克什克腾旗　库伦旗　凉城县　奈曼旗　清水河县　商都县　四子王旗　苏尼特右旗　苏尼特左旗　太仆寺旗　突泉县　乌拉特后旗　乌拉特中旗　乌审旗　武川县　镶黄旗　新巴尔虎右旗　新巴尔虎左旗　兴和县　扎赉特旗　扎鲁特旗　正蓝旗　正镶白旗　卓资县

吉林：通榆县　镇赉县

黑龙江：拜泉县　东宁县　杜尔伯特蒙古族自治县　甘南县　呼玛县　桦川县　桦南县　嘉荫县　林甸县　龙江县　漠河县　青冈县　饶河县　绥棱县　孙吴县　泰来县　逊克县　依安县

安徽：岳西县

福建：长汀县　光泽县　建宁县　明溪县　宁化县　屏南县　清流县　寿宁县　松溪县　武平县　柘荣县　政和县　周宁县

江西：崇义县　都昌县　奉新县　广昌县　湖口县　乐安县　黎川县　南丰县　彭泽县　全南县　铜鼓县　星子县　宜丰县　宜黄县　余干县

山东：苍山县　成武县　冠县　巨野县　鄄城县　庆云县　无棣县　五莲县　夏津县　莘县　阳信县　沾化县

河南：郸城县　郏县　卢氏县　洛宁县　内黄县　宁陵县　平舆县　汝阳县　嵩县　睢县　台前县　息县　夏邑县　新蔡县　新县　宜阳县　虞城县　柘城县

湖北：鹤峰县　神农架林区　通山县　咸丰县　宣恩县　郧西县　竹溪县

广西：巴马瑶族自治县　大新县　德保县　东兰县　都安瑶族自治县　凤山县　恭城瑶族自治县　灌阳县　环江毛南族自治县　靖西县　龙胜各族自治县　龙州县　隆安县　罗城仫佬族自治县　马山县　那坡县　宁明县　凭祥市　融安县　融水苗族自治县　三江侗族自治县　上林县　天等县　天峨县　武宣县　象州县　忻城县　永福县　资源县

重庆：城口县　彭水苗族土家族自治县　石柱土家族自治县　巫溪县　秀山土家族苗族自治县　酉阳土家族苗族自治县

四川：阿坝县　白玉县　丹巴县　道孚县　稻城县　得荣县　德格县　峨边彝族自治县　甘孜县　黑水县　红原县　会东县　金川县　金阳县　九龙县　雷波县　理塘县　理县　炉霍县　美姑县　木里藏族自治县　宁南县　普格县　壤塘县　若尔盖县　色达县　石渠县　松潘县　喜德县　乡城县　小金县　新龙县　雅江县　盐源县　越西县　昭觉县　巴塘县　布拖县　甘洛县　马尔康县

贵州：安龙县　册亨县　岑巩县　长顺县　从江县　大方县　丹寨县　道真仡佬族苗族自治县　德江县　凤冈县　关岭布依族苗族自治县　赫章县　黄平县　惠水县　剑河县　江口县　锦屏县　雷山县　黎平县　六枝特区　罗甸县　麻江县　湄潭县　纳雍县　盘县　平塘县　普安县　普定县　黔西县　晴隆县　榕江县　三都水族自治县　三穗县　石阡县　水城县　思南县　松桃苗族自治县　绥阳县　台江县　天柱县　万山特区　望谟县　威宁彝族回族苗族自治县　瓮安县　务川仡佬族苗族自治县　习水县　兴仁县

沿河土家族自治县　印江土家族苗族自治县　余庆县　贞丰县　镇宁布依族苗族自治县　正安县　织金县　紫云苗族布依族自治县

云南：沧源佤族自治县　昌宁县　大关县　德钦县　凤庆县　福贡县　富宁县　耿马傣族佤族自治县　贡山独龙族怒族自治县　广南县　鹤庆县　红河县　华坪县　剑川县　江城哈尼族彝族自治县　金平苗族瑶族傣族自治县　景谷傣族彝族自治县　澜沧拉祜族自治县　梁河县　龙陵县　陇川县　泸水县　泸西县　鲁甸县　麻栗坡县　马关县　孟连傣族拉祜族佤族自治县　墨江哈尼族自治县　南涧彝族自治县　宁蒗彝族自治县　巧家县　丘北县　施甸县　双江拉祜族佤族布朗族傣族自治县　威信县　巍山彝族回族自治县　维西傈僳族自治县　西畴县　西盟佤族自治县　盐津县　砚山县　漾濞彝族自治县　彝良县　盈江县　永德县　永平县　永善县　永胜县　元阳县　云龙县　云县　镇康县　镇雄县　镇沅彝族哈尼族拉祜族自治县　香格里拉县

西藏：安多县　昂仁县　八宿县　巴青县　白朗县　班戈县　比如县　边坝县　波密县　察雅县　察隅县　昌都县　措美县　措勤县　错那县　达孜县　当雄县　丁青县　定结县　定日县　堆龙德庆县　噶尔县　改则县　岗巴县　革吉县　工布江达县　贡嘎县　贡觉县　吉隆县　加查县　嘉黎县　江达县　江孜县　康马县　拉孜县　朗县　浪卡子县　类乌齐县　林芝县　林周县　隆子县　洛隆县　洛扎县　芒康县　米林县　墨脱县　墨竹工卡县　那曲县　乃东县　南木林县　尼玛县　尼木县　聂拉木县　聂荣县　普兰县　琼结县　曲水县　曲松县　仁布县　日土县　萨嘎县　萨迦县　桑日县　申扎县　索县　谢通门县　亚东县　札达县　扎囊县　仲巴县　左贡县

陕西：白河县　彬县　长武县　淳化县　丹凤县　佛坪县　岚皋县　麟游县　留坝县　陇县　洛南县　宁强县　宁陕县　蒲城县　千阳县　乾县　山阳县　旬邑县　洋县　宜君县　永寿县　镇巴县　镇坪县　紫阳县

甘肃：东乡族自治县　高台县　古浪县　和政县　积石山保安族东乡族撒拉族自治县　静宁县　临潭县　临夏县　临泽县　陇西县　民乐县　岷县　秦安县　肃南裕固族自治县　通渭县　渭源县　张家川回族自治县　漳县　清水县　舟曲县　庄浪县

青海：班玛县　称多县　达日县　都兰县　甘德县　刚察县　共和县　贵德县　贵南县　海晏县　河南蒙古族自治县　化隆回族自治县　湟源县　尖扎县　久治县　玛多县　玛沁县　门源回族自治县　祁连县　曲麻莱县　天峻县　同德县　同仁县　乌兰县　囊谦县　兴海县循化撒拉族自治县　玉树县　杂多县　泽库县　治多县

宁夏：海原县　泾源县　隆德县　彭阳县　同心县　西吉县　盐池县

新疆：阿合奇县　阿克陶县　巴里坤哈萨克自治县　拜城县　昭苏县　布尔津县　策勒县　福海县　巩留县　哈巴河县　和布克赛尔蒙古自治县　和田县　吉木乃县　柯坪县　洛浦县　民丰县　墨玉县　木垒哈萨克自治县　尼勒克县　皮山县　奇台县　且末县　青河县　若羌县　塔什库尔干塔吉克自治县　特克斯县　托里县　温泉县　乌恰县　乌什县　新和县　伊吾县　于田县　裕民县

省财政厅　省物价局转发《财政部　国家发展改革委关于招标师职业水平考试收费有关问题的通知》的通知

2009年6月5日　鲁财综〔2009〕49号

省人事厅，各市财政局、物价局：

现将《财政部　国家发展改革委关于招标师职业水平考试收费有关问题的通知》（财综〔2009〕10号）转发给你们，并结合我省实际提出以下意见，请一并贯彻执行。

一、人事部门向参加招标师职业水平考试的考生收取的考试费和考务费，均属政府非税收入，应全额纳入财政预算。其中，考试费缴入地方国库，考务费缴入中央国库。

二、各级征收考试费和考务费，应落实“收支两条线”管理规定，使用省财政厅统一印制的“山东省非税收入缴款书”，通过“山东省非税收入征收管理系统”，全额缴入财政。考试费实行省、市两级分成，分成比例由省财政厅另行制定。考务费由省人事厅与人力资源和社会保障部考试中心另行结算上缴。

三、考务费征收标准按照国家发展改革委、财政部发改价格〔2009〕633号文件规定执行。考试费征收标准由省物价局、省财政厅另行制定。

四、人事部门对考试成绩合格者颁发职业水平证书时，不得收取证书工本费。

五、人事部门要严格按照本通知的规定收取考试费和考试考务费，不得擅自增设收费项目、扩大收费范围，并自觉接受财政、价格、审计部门的监督检查。

附件：财政部　国家发展改革委关于招标师职业水平考试收费有关问题的通知

附件：

财政部　国家发展改革委关于招标师职业水平考试收费有关问题的通知

2009年2月6日　财综〔2009〕10号

人力资源社会保障部，各省、自治区、直辖市财政厅（局）、发展改革委、物价局：

原人事部《关于申报招标师职业水平考试收费标准的函》（国人部函〔2007〕272号）收悉。经研究，现将招标师职业水平考试收费事项通知如下：

一、为保证招标师职业水平考试工作的顺利开展，同意各省、自治区、直辖市人事部门向考生收取招标师职业水平考试费，由人力资源社会保障部所属人事考试中心向各省、自治区、直辖市人事部门收取考务费。

二、上述考试、考务费的收费标准由国家发展改革委、财政部另行制定。

三、收费单位应到指定的价格主管部门办理收费许可证，并按财务隶属关系分别使用财政部和省级财政部门统一印制的财政票据。

四、人力资源社会保障部所属人事考试中心收取的考务费，应全额上缴中央国库，纳入中央财政预算管理。具体缴库办法按照《财政部关于确认人事部收入收缴管理制度改革试点有关事宜的通知》（财库〔2003〕121号）有关规定执行。各省、自治区、直辖市人事部门收取的招标师职业水平考试费，应全额上缴省级国库，纳入省级财政预算管理，具体缴库办法按照省级财政部门的规定执行。上述考务、考试费收入在“政府收支分类科目”列第103类“非税收入”04款“行政事业性收费收入”50项“人力资源和社会保障行政事业性收费收入”04目“考试考务费”。支出由同级财政部门按照其履行职能的需要核定。

五、收费单位应严格按照批准的收费项目和标准执行，不得自行增设收费项目和提高收费标准，并自觉接受财政、价格、审计部门的监督检查。

省财政厅　省物价局转发《财政部　国家发展改革委关于同意设立投资建设项目管理师职业水平考试收费项目等有关问题的通知》的通知

2009 年 6 月 5 日　鲁财综〔2009〕50 号

省人事厅，各市财政局、物价局：

现将《财政部　国家发展改革委关于同意设立投资建设项目管理师职业水平考试收费项目等有关问题的通知》（财综〔2006〕22 号）转发给你们，并提出以下意见，请一并贯彻执行。

一、人事部门向参加投资建设项目管理师职业水平考试的考生收取的考试费和考务费，属于政府非税收入，应全额纳入财政预算。其中，考务费缴入中央国库，考试费缴入地方国库。

二、人事部门在征收考试费和考务费时，应落实“收支两条线”管理规定，使用省财政厅统一印制的“山东省非税收入缴款书”，通过山东省非税收入征收管理系统，全额缴入财政。考试费实行省、市两级分成，分成比例由省财政厅另行制定。考务费由省人事厅与人力资源和社会保障部考试中心另行结算上缴。

三、投资建设项目管理师职业水平考试考务费征收标准按照国家发展改革委、财政部发改价格〔2006〕1577 号文件规定执行。考试费征收标准由省物价局、省财政厅另行制定。

四、人事部门对考试成绩合格者颁发职业水平证书时，不得收取证书工本费。

五、人事部门要严格按照本通知规定收取考试费和考务费，不得擅自增设收费项目、扩大收费范围，并自觉接受财政、价格、审计部门的监督检查。

附件：财政部　国家发展改革委关于同意设立投资建设项目管理师职业水平考试收费项目等有关问题的通知

附件：

财政部　国家发展改革委关于同意设立投资建设项目管理师职业水平考试收费项目等有关问题的通知

2006 年 6 月 23 日　财综〔2006〕22 号

人事部，各省、自治区、直辖市财政厅（局）、发展改革委、物价局：

人事部《关于申报投资建设项目管理师职业水平考试收费标准的函》（国人部函〔2005〕111 号）收悉。根据财政部、国家发展改革委联合发布的《行政事业性收费项目审批管理暂行办法》（财综〔2004〕100 号）的有关规定，经研究，现就有关事宜通知如下：

一、为保证投资建设项目管理师职业水平考试的顺利进行，同意人事部考试中心在举办投资建设项目管理师职业水平考试时，向各地人事部门收取投资建设项目管理师职业水平考务费（简称考务费）；负责组织考试的各地人事部门向考生收取投资建设项目管理师职业水平考试费（简称考试费）。对考试成绩合格者颁发职业水平证书时，不得收取证书工本费。

二、上述收费项目的具体收费标准由国家发展改革委、财政部另行制定。

三、人事部考试中心收取考务费以及地方人事部门收取考试费，应按规定到指定的价格主管部门办理收费许可证。

四、按照《国务院办公厅转发财政部关于深化收支两条线改革进一步加强财政管理意见的通知》（国办发〔2001〕93号）规定，人事部以及地方人事部门收取的考务费和考试费，应当全额上缴同级国库，实行“收支两条线”管理，即人事部考试中心收取考务费的缴库方式及使用的账户、票据等，按照《财政部关于确认人事部收入收缴管理制度改革试点有关事宜的通知》（财库〔2003〕121号）执行，列政府预算收支科目“一般预算收入”第42类“行政事业性收费”第4235款“人事行政性事业性收费”，支出由财政部按照履行职责需要核拨；地方人事部门收取的考试费的缴库方式，按照地方财政部门的相关规定执行，支出由同级财政部门通过预算核拨。

五、各收费单位要严格按照本通知的规定收取考试费和考务费，不得擅自扩大收费范围、增设收费项目，并自觉接受财政、价格、审计部门的监督检查。

省财政厅关于职业技能鉴定费征缴管理有关问题的通知

2009年6月25日　鲁财综〔2009〕52号

各市财政局，省人力资源和社会保障厅：

为保证全省职业技能鉴定工作的有序开展，顺利推进国家职业资格认证制度，根据国家和省有关规定，现就职业技能鉴定费征缴管理有关问题通知如下：

一、职业技能鉴定费的征收

经省、市人力资源和社会保障（劳动保障）部门批准的职业技能鉴定机构，在开展职业技能鉴定工作时，向被鉴定者统一收取“职业技能鉴定费”。“职业技能鉴定费”属于行政事业性收费，要按照“收支两条线”规定，纳入财政管理。

二、职业技能鉴定费的分成

省级行政事业单位和省属企业所属鉴定所（站）收取的职业技能鉴定费，按照规定征收标准的18%上缴省职业技能鉴定中心。

各市行政事业单位和市属企业所属鉴定所（站），以及各县（市、区）职业技能鉴定中心收取的职业技能鉴定费，按照规定收费标准的6%上缴省职业技能鉴定中心，收费标准的12%上缴市职业技能鉴定中心。

各市职业技能鉴定中心直接收取的职业技能鉴定费，按照规定收费标准的6%上缴省职业技能鉴定中心。

三、职业技能鉴定费的征缴管理

各级行政事业单位所属鉴定所（站）和各县（市、区）鉴定中心征收职业技能鉴定费时，应向被鉴定单位（或个人）开具“山东省非税收入缴款书”，由被鉴定单位（或个人）到财政指定的代收银行缴款，通过“山东省非税收入征收管理系统”上缴财政。鉴定所（站、中心）根据代收银行加盖收讫章的“山东省非税收入缴款书”，向被鉴定单位（或个人）提供“山东省非税收入缴款书”收据联。

企业所属职业技能鉴定所（站）收取的职业技能鉴定费按照规定比例应上缴省、市鉴定中心的部分，由省、市职业技能鉴定中心向鉴定所（站）开具“山东省非税收入缴款书”，鉴定所（站）到财政指定的代收银行缴款，通过“山东省非税收入征收管理系统”上缴财政。

省、市职业技能鉴定中心收取的职业技能鉴定费及其分成资金，应使用“山东省非税收入缴款书”，通过“山东省非税收入征收管理系统”上缴同级财政。

本通知自2009年1月1日起执行。

省财政厅关于取消土地有偿使用收入专用票据的通知

2009年6月25日　鲁财综〔2009〕53号

各市财政局：

根据省财政厅、国土资源厅、中国人民银行济南分行《关于印发〈山东省国有土地使用权出让收支管理办法〉的通知》（鲁财综〔2007〕29号）规定，各级在征收土地出让收入时，统一使用“山东省非税收入缴款书”，通过“山东省非税收入征收管理系统”，全额缴入同级国库。为此，决定自即日起，不再使用“土地有偿使用收入专用票据”征收土地出让收入，取消并停止使用“土地有偿使用收入专用票据”。

各市要认真做好“土地有偿使用收入专用票据”清理工作。尚未发放的专用票据要予以封存；已发放未使用的专用票据，要督促领购单位全部缴回。各市要对封存、缴回的专用票据清理登记，集中销毁。

省财政厅　省住房和城乡建设厅关于印发《农村住房建设与危房改造“以奖代补”资金管理暂行办法》的通知

2009年6月15日　鲁财综〔2009〕54号

各市财政局、建设局：

为加快推进全省农村住房建设与危房改造工作，根据省政府《关于推进农村住房建设与危房改造的意见》（鲁政发〔2009〕17号），我们研究制定了《农村住房建设与危房改造“以奖代补”资金管理暂行办法》，现予印发，请遵照执行。

附件：农村住房建设与危房改造“以奖代补”资金管理暂行办法

附件：

农村住房建设与危房改造“以奖代补”资金管理暂行办法

第一章　总　　则

第一条　为加强和规范农村住房建设与危房改造“以奖代补”资金管理，提高资金使用效益，根据省政府《关于推进农村住房建设与危房改造的意见》（鲁政发〔2009〕17号）和财政专项资金管理有关规定，制定本办法。

第二条 本办法所称农村住房建设与危房改造“以奖代补”资金，是指由省财政设立并安排用于支持各地开展农村住房建设与危房改造工作的专项资金（以下简称“省级奖补资金”）。

第三条 省级奖补资金坚持“以奖代补、先干后补、引导投入、重点倾斜”的分配原则，鼓励各地多渠道筹措资金，加快推进农村住房建设和危房改造。

第二章 资金分配

第四条 省级奖补资金时间暂定三年，专项用于各市开展农村住房建设与危房改造实施工作的奖励性补助。

第五条 省级奖补资金的分配，综合考虑农房建设户数、危房改造户数、财政困难程度等因素，给予奖励性补助，重点向中西部地区倾斜。

（一）农房建设户数、危房改造户数、各市财政困难程度，所占权重分别为30%、30%、40%。

（二）计算公式：分市年度省级奖补资金数额＝年度省级奖补资金总额×〔（该市年度农房建设户数/$\sum$各市年度农房建设户数）×30%＋（该市年度危房改造户数/$\sum$各市年度危房改造户数）×30%＋（该市财政困难程度系数/$\sum$各市财政困难程度系数）×40%〕

（三）各项因素说明：

农房建设户数、危房改造户数，是指按省政府下达任务，各市当年实际完成的农房建设、危房改造户数。

各市财政困难程度系数，由省财政按照各市财力状况进行计算确定。

第六条 各市财政部门会同建设部门，按规定报送《年度农村住房建设与危房改造情况统计表》（见附件），附详细情况说明，经省财政厅驻各市财政检查办事处核实后，加盖部门公章，于每年2月底前，分别报送省财政厅、省建设厅。

第三章 资金拨付与管理

第七条 省财政厅根据各市报送的情况，计算省级奖补资金。同时，考核各市基础管理工作情况，适当调整，分配给各市。

第八条 按照“专项管理，专账核算，专款专用，跟踪问效”的原则，切实加强省级奖补资金管理，确保资金安全、高效。

第九条 各级要将省级奖补资金纳入当地农村住房建设与危房改造资金统一管理，并严格按照规定用途使用，专项用于农村住房建设与危房改造相关的支出，包括资金、实物补助和贴息，不得用于其他开支。省级奖补资金的拨付，按照财政国库管理制度的有关规定执行。资金如有结余，可结转下年度继续安排使用。

第四章 资金监督检查

第十条 各市财政部门要加强对省级奖补资金使用情况的监管，对建设过程中各个环节的资金使用情况，建立事前、事中、事后全过程监督机制，跟踪问效，确保资金安全，切实提高资金使用效益。

第十一条 省财政厅将会同省有关部门，对各市资金使用情况进行检查。对发现的违规问题，除追回资金、取消以后年度奖补资格外，将按照《财政违法行为处罚处分条例》（国务院令第427号）的规定，严肃处理。

第五章 附 则

第十二条 各市根据本办法，结合当地实际，制定具体实施细则，并报省财政厅备案。

第十三条 本办法由省财政厅负责解释。

第十四条 本办法自发布之日起施行。

附件：××年度农村住房建设与危房改造情况统计表

附件：

××年度农村住房建设与危房改造情况统计表

编报单位：

项目 / 年度	农房建设				危房改造		
	目标任务（户数）	实际完成（户数）		实际投资（万元）	目标任务（户数）	实际完成（户数）	实际投资（万元）
		小计	其中：整村改造迁建数				
2009 年							
2010 年							
2011 年							
合计							

财政部门：（盖章） 建设部门：（盖章） 省财政厅驻市财政检查办事处：（盖章）

说明：农房建设、危房改造目标及年度，按省下达给各市的任务数和时间填写。

省财政厅 省国土资源厅 省住房和城乡建设厅关于印发《村庄“腾空地”整理复垦专项资金管理暂行办法》的通知

2009 年 6 月 16 日 鲁财综〔2009〕55 号

各市财政局、国土资源局、建设局：

根据省政府《关于推进农村住房建设与危房改造的意见》（鲁政发〔2009〕17 号），为加强村庄“腾空地”整理复垦专项资金管理，提高资金使用效益，按照国家和省有关规定，结合我省实际，我们制定了《村庄“腾空地”整理复垦专项资金管理暂行办法》，现予印发，请遵照执行。

附件：村庄“腾空地”整理复垦专项资金管理暂行办法

附件：

村庄“腾空地”整理复垦专项资金管理暂行办法

第一章 总 则

第一条 根据省政府《关于推进农村住房建设与危房改造的意见》（鲁政发〔2009〕17 号），为加强和规范村庄“腾空地”整理复垦专项资金的使用与管理，提高资金使用效益，按照国家和省有关规定，结合我省实际，制定本办法。

第二条 省财政设立村庄“腾空地”整理复垦专项资金（以下简称“专项资金”），时间暂定三年，对已列入农村住房建设与危房改造规划的村庄“腾空地”整理复垦项目给予支持。

第三条 村庄“腾空地”整理复垦项目（以下简称“项目”），是指对旧村改造、整村迁建、合村并点等腾空土地进行整治，以进一步提高农村土地利用率，加快推进农村住房建设与危房改造。

第四条 专项资金的分配坚持“规划先行、引导投入、专款专用、注重效益”的原则。

第二章 资金申报和分配

第五条 专项资金申报条件：

（一）项目应符合农村住房建设与危房改造规划和年度计划、土地利用总体规划、土地开发整理规划、县域村镇体系等相关规划；

（二）经市国土资源部门和财政部门根据有关规定批准立项，且项目资料齐全、真实、合理、合规；

（三）项目权属清楚，无纠纷；

（四）当地政府和农民群众积极性高，有资金配套的项目优先安排。

第六条 专项资金申报材料：

（一）申报文件。各市按规定向省财政厅、省国土资源厅、省建设厅分别报送资金申请的正式文件及申报表（见附件）。文件内容包括：农房建设与危房改造规划、腾空地整治规模、新增耕地面积、新增效益、腾空村庄个数、搬迁户数、投资规模及资金来源等基本情况。

（二）项目资料。内容包括：腾空地项目涉及的县、乡、村名称、位置及区域基本现状；项目类型、规模，规划设计及图件（标注复垦整治位置的土地利用现状图及反映该建设用地的最新影像资料）、投资估算、资金筹措方式，市国土资源部门和财政部门组织的专家论证意见等。

（三）证明材料。项目已纳入所在地农村住房建设与危房改造规划的证明材料；立项批文；符合相关规划的资料等。

各市上报材料须经省财政厅驻有关市财政检查办事处核实并盖章。

第七条 按照“谁主管、谁负责”的原则，县级负责项目申报及组织实施等工作；市级负责制定项目管理办法和专项资金管理实施细则，项目立项、项目规划设计及预算编制、项目投资预算评审、竣工财务决算和审计、项目竣工验收，对省下达的专项资金落实到项目，切实做好专项资金和项目实施的监督管理工作；省级负责资金分配和检查指导项目实施、资金管理以及项目抽验等工作。

第八条 专项资金预算一经批复，必须严格执行。确需调整的，应报请市财政部门批准。未经批准，不得擅自变更。

第三章 资金管理和监督

第九条 专项资金的使用，坚持“专项管理、专账核算、专款专用、跟踪问效”的原则，确保资金安全、高效。

第十条 专项资金主要用于组织项目实施、管理等支出。不得用于平衡预算，不得用于人员开支以及购养车辆等经费开支。

第十一条 各级财政、国土资源等部门要对项目各个环节的资金使用情况进行跟踪问效，加强监督检查，确保资金安全，切实提高资金使用效益。

第十二条 建立专项资金管理考评机制。每年各市要向省财政厅、省国土资源厅、省建设厅分别报送项目进展及专项资金使用情况，省财政厅将会同有关部门适时进行检查。对工作成效突出的，在下年度安排专项资金时，予以倾斜。对虚报项目、截留、挪用、挤占资金等问题，一经发现，追回相关资金，取消以后年度专项资金分配资格，并按照《财政违法行为处罚处分条例》（国务院令第427号）的有关规定，进行严肃处理。

第四章　附　　则

第十三条　各市要根据本办法，结合当地实际，制定具体实施细则，并报省财政厅备案。

第十四条　本办法由省财政厅负责解释。

第十五条　本办法自发布之日起施行。

附件：村庄“腾空地”整理复垦专项资金申报表

附件：

村庄“腾空地”整理复垦专项资金申报表

编报单位：

市、县	项目所在地	农房建设规划批准文号	项目立项文件文号	整治规模（公顷）	新增耕地（公顷）	新增效益（万元）	腾空村庄（个数）	搬迁户数（户）	投资规模及资金来源（万元）				
									合计	申报省投资	市投资	县投资	其他投资

财政部门：（盖章）　　国土资源部门：（盖章）　　建设部门：（盖章）　　省财政厅驻市财政检查办事处：（盖章）

省财政厅转发《财政部关于修订〈中央廉租住房保障专项补助资金实施办法〉的通知》的通知

2009年7月6日　鲁财综〔2009〕56号

各市财政局：

现将《财政部关于修订〈中央廉租住房保障专项补助资金实施办法〉的通知》（财综〔2008〕48号）转发给你们，请认真贯彻执行。

附件：财政部关于修订《中央廉租住房保障专项补助资金实施办法》的通知

附件：

财政部关于修订《中央廉租住房保障专项补助资金实施办法》的通知

2008年6月26日　财综〔2008〕48号

有关省、自治区、直辖市财政厅（局），新疆生产建设兵团财务局：

根据城市廉租住房保障工作的新情况、新要求，为支持中西部财政困难地区及新疆生产建设兵团做好城市廉租住房保障工作，加强中央廉租住房保障专项补助资金管理，提高财政资金使用效益，经商住房城乡建设部、民政部同意，我部对《中央廉租住房保障专项补助资金实施办法》（财综〔2007〕57号）进行了修订，现印发给你们，请遵照执行。

附件：中央廉租住房保障专项补助资金实施办法

附件：

中央廉租住房保障专项补助资金实施办法

第一章　总　　则

第一条　根据《国务院关于解决城市低收入家庭住房困难的若干意见》（国发〔2007〕24号）的规定，为支持中西部财政困难地区做好城市廉租住房保障工作，将党中央、国务院对城市低收入家庭住房困难问题的关怀落到实处，加强中央廉租住房保障专项补助资金管理，提高财政资金使用效益，制定本办法。

第二条　本办法所称中央廉租住房保障专项补助资金，是指由中央财政设立的用于补助中西部财政困难地区（以下简称财政困难地区）及新疆生产建设兵团廉租住房保障工作的专项资金。

第三条　中央廉租住房保障专项补助资金按照公开、公平、公正、透明的原则分配给财政困难地区及新疆生产建设兵团。

第四条　中央廉租住房保障专项补助资金根据财政困难地区和新疆生产建设兵团廉租住房保障工作进展情况适时调整。

第二章　分配与计算

第五条　中央廉租住房保障专项补助资金主要用于补助财政困难地区及新疆生产建设兵团开展廉租住房保障工作中的租赁补贴开支，用于租赁补贴开支后仍有结余的，可以用于弥补购买、改建、租赁廉租住房支出，但不得用于新建廉租住房支出。

第六条　中央廉租住房保障专项补助资金按照有关地区的财政困难程度、上年度1月1日起到12月31日止（以下简称上年度）廉租住房保障工作进展情况等因素以及相应的权重，计算分配给财政困难地区及新疆生产建设兵团。

（一）财政困难程度与上年度廉租住房保障工作进展情况，权重各占40%和60%。其中，上年度廉租住房保障工作进展情况，以上年度廉租住房保障租赁补贴户数、实物配租户数以及上年度廉租住房保障实际支出金额为考核因素，其权重各占30%、20%、10%。

（二）财政困难程度参照财政部一般转移支付测算的财政困难程度系数确定。上年度廉租住房保障租赁补贴户数、实物配租户数以及上年度廉租住房保障实际支出金额，以财政困难地区有关省、自治区、直辖市财政部门和新疆生产建设兵团财务局会同廉租住房行政主管部门、民政部门每年上报财政部、住房城乡建设部、民政部的数据，以及住房城乡建设部每年向社会定期公布的财政困难地区和新疆生产建设兵团上年度廉租住房保障相关统计数据为准。

第七条 中央廉租住房保障专项补助资金分配财政困难地区及新疆生产建设兵团的计算公式：

某地区或兵团分配廉租住房保障专项补助资金额＝[（该地区或兵团上年度财政困难程度系数÷财政困难地区及兵团上年度财政困难程度系数之和×40%）＋（该地区或兵团上年度廉租住房保障租赁补贴户数÷财政困难地区及兵团上年度廉租住房保障租赁补贴户数之和×30%）＋（该地区或兵团上年度廉租住房保障实物配租户数÷财政困难地区及兵团上年度廉租住房保障实物配租户数之和×20%）＋（该地区或兵团上年度廉租住房保障实际支出金额÷财政困难地区及兵团上年度廉租住房保障实际支出金额之和×10%）]×年度中央廉租住房保障专项补助资金总额。

第八条 每年2月28日之前，财政困难地区的有关省、自治区、直辖市财政部门及新疆生产建设兵团财务局应当会同廉租住房行政主管部门、民政部门，按照规定将本地区或兵团上年度廉租住房保障户数、廉租住房保障方式以及廉租住房保障资金支出等相关资料加盖部门印章、附文字说明后，提交财政部驻相关省、自治区、直辖市财政监察专员办事处审核认定，并于3月31日之前，向财政部、住房城乡建设部、民政部报送。具体报送资料详见《______省（自治区、直辖市、新疆兵团）______年廉租住房保障情况表》（附表1）和《______省（自治区、直辖市、新疆兵团）______年廉租住房保障计划表》（附表2）。

第九条 财政部驻相关省、自治区、直辖市财政监察专员办事处审核认定时，应当确保实地抽查审核达到一定比例，如果抽查审核剔除比率较高的，应当及时商相关地区省级财政部门及兵团财务局将申报材料退回，重新调整数据后再报，同时，财政部驻相关省、自治区、直辖市财政监察专员办事处应当将抽查审核结果以书面及附表形式上报财政部。财政部驻相关省、自治区、直辖市财政监察专员办事处的具体审核操作规程由财政部另行制定。

第三章　拨付与使用

第十条 中央廉租住房保障专项补助资金，由财政部商住房城乡建设部根据财政困难地区以及新疆生产建设兵团上年度廉租住房保障状况，按照统一计算公式，计算分配给财政困难地区及新疆生产建设兵团，并于每年4月30日之前一次统一下达有关省、自治区、直辖市财政部门以及新疆生产建设兵团财务局。

第十一条 财政困难地区的有关省、自治区、直辖市财政部门以及新疆生产建设兵团财务局收到中央财政下达的中央廉租住房保障专项补助资金数额后，应当参照中央财政的分配方案，于每年5月31日前一次下达已经实施廉租住房保障工作的市、县财政部门或师、团场，并将下达文件同时抄送财政部驻当地财政监察专员办事处。市、县财政部门或师、团场收到中央廉租住房保障专项补助资金后，应当与其他各项廉租住房保障资金一起，按照规定用于市、县或师、团场廉租住房保障开支。

第十二条 财政困难地区的有关省、自治区、直辖市财政部门和新疆生产建设兵团财务局，以及市、县财政部门或师、团场，应当对中央廉租住房保障专项补助资金实行专项管理、分账核算，并严格按照规定用途使用，不得截留、挤占、挪作他用，也不得用于平衡本级预算。中央廉租住房保障专项补助资金的拨付，按照财政国库管理制度的有关规定执行。中央廉租住房保障专项补助资金若有结余，可结转下年度安排使用。

第十三条 市、县财政部门或师、团场安排使用中央廉租住房保障专项补助资金时，填列《2009年政府收支分类科目》208类“社会保障和就业”19款“廉租住房支出”科目。

第四章 监督管理

第十四条 财政困难地区的有关省、自治区、直辖市财政部门以及新疆生产建设兵团财务局要确保将中央廉租住房保障专项补助资金及时拨付到市、县财政部门或师、团场。市、县财政部门或师、团场必须确保中央廉租住房保障专项补助资金按照规定用途使用。对于违反规定，骗取中央廉租住房保障专项补助资金，不按规定分配使用中央廉租住房保障专项补助资金的，中央财政将相应扣减下一年度分配该地区或兵团的中央廉租住房保障专项补助资金数额。同时，要按照《财政违法行为处罚处分条例》（国务院令第427号）的规定进行处理，并依法追究有关责任人员的行政责任。

第十五条 财政部驻相关省、自治区、直辖市财政监察专员办事处对中央廉租住房保障专项补助资金申报基础数据的真实性、补助资金分配使用情况开展监督检查，保障中央廉租住房保障专项补助资金按照规定用途使用。财政困难地区的有关省、自治区、直辖市财政部门以及新疆生产建设兵团财务局也要加强对市、县或师、团场中央廉租住房保障专项补助资金使用情况的监督检查，杜绝挤占、挪用等违法违纪行为的发生。

第十六条 每年年度终了，财政困难地区的有关省、自治区、直辖市财政部门以及新疆生产建设兵团财务局应当汇总本地区或兵团上年度中央廉租住房保障专项补助资金收支和结余情况，于每年3月31日之前随同上年度廉租住房保障情况等相关资料一并报送财政部备案。具体详见《____省（自治区、直辖市、新疆兵团）______年中央廉租住房保障专项补助资金收支情况表》（附表3）。

第五章 附 则

第十七条 中央廉租住房保障专项补助资金原则上按照本办法第二章规定计算和分配。如遇发生重大自然灾害等特殊情况，中央廉租住房保障专项补助资金分配时可以适当向受灾地区倾斜。

第十八条 本办法自2009年1月1日起实施，2007年财政部印发的《中央廉租住房保障专项补助资金实施办法》（财综〔2007〕57号）同时废止。

第十九条 本办法由财政部负责解释。

第二十条 财政困难地区的有关省、自治区、直辖市财政部门以及新疆生产建设兵团财务局，可以根据本办法，结合各地实际，制定具体实施办法，并报财政部备案。

省财政厅 省老龄工作委员会办公室关于印发《实施“彩霞”工程 推进居家养老服务省级财政专项彩票公益金管理使用（暂行）办法》的通知

2009年7月13日 鲁财综〔2009〕61号

各市财政局、老龄办：

现将《实施“彩霞”工程 推进居家养老服务省级财政专项彩票公益金管理使用（暂行）办法》印发给你们，请遵照执行。执行中发现的问题，请及时报告省财政厅、省老龄办。

附件：实施“彩霞”工程 推进居家养老服务省级财政专项彩票公益金管理使用（暂行）办法

附件：

实施“彩霞”工程　推进居家养老服务省级财政专项彩票公益金管理使用（暂行）办法

为贯彻落实省政府办公厅《关于加快发展养老服务业的意见》（鲁政办发〔2008〕25号）和省老龄办等11部门《关于大力发展居家养老服务的意见》（鲁老办发〔2008〕42号）精神，加强对实施“彩霞”工程、推进居家养老服务省级财政专项彩票公益金的使用管理，促进我省城乡居家养老服务业发展，特制定本办法。

一、资助原则

（一）坚持政府主导、社会参与和市场推动的原则。在政府主导下，采取以奖代补等多种形式，鼓励和引导社会和个人参与，积极推行民办公助、公办民营等多样化发展模式，运用市场运作机制，促进居家养老服务业的发展。

（二）坚持整合资源、协调配合和统筹推进的原则。以城乡社区为依托，以居家养老服务机构为基本单位，按照就近、方便、经济的原则，支持依托区域服务设施，整合基层各类公共服务资源，努力构建政府主导、涉老部门协同，以家庭为基础、社区为依托、社会参与的工作格局。

（三）坚持公开、公正和公平竞争的原则。明确资助条件，严格评审标准，建立优胜劣汰、公平竞争、以点带面的良性发展机制。

二、目标要求

着眼老年人居家养老服务需求，按照建立“需求主导，家院互融”的全方位居家养老模式的要求，发挥以点带面、示范引导作用，发动社会各界力量，整合各类社会资源，搭建居家养老服务平台和支持系统，培育壮大一批具有日间托管、医疗保健、文化娱乐等功能的居家养老服务机构，为老年人提供多种专业化居家养老服务，发挥其示范、服务、辐射功能，扩大我省居家养老服务的范围，提高专业化服务水平，逐步形成覆盖城乡、满足不同需求的居家养老照护服务网络。

三、资助范围和条件

（一）资助范围

经主管部门批准设立的下列机构可纳入补贴范围：居家养老服务机构；提供居家养老服务的老年公寓；提供居家养老服务的家政服务机构；居家养老服务信息化平台建设。

（二）基本条件

1. 属于补贴范围的居家养老服务机构应具备下列基本条件：

（1）正式开业1年以上，常年服务对象（指居家老年人，下同）400户或600人以上；

（2）为服务对象提供送餐、卫生清洁、料理家务、康复护理、疾病陪护、紧急救援、精神慰藉、文化生活等规范化的服务；

（3）各项规章制度健全，管理、运营状况良好；

（4）管理和服务人员持证上岗（指持有老年护理、家政服务等相关职业的学历证书或职业资格证书）；

（5）自开业起没有与服务对象及其亲属发生纠纷、没有发生与服务有关的事故。

2. 属于补贴范围的居家养老服务信息化平台基础设施建设项目应具备下列条件：

（1）经主管部门批准设立并正常运营5年以上，固定用户500户以上，基础设施需要更新的；

（2）经主管部门批准设立并正常运营2年以上，固定用户500户以上，需扩大规模且配套资金确有保障的；

（3）经主管部门批准筹建，设计容量1 000户以上，配套资金确有保障的。

四、项目申报和评审

各市拟申报的养老服务机构和居家养老服务信息化平台基础设施项目，须经市财政投资评审机构评审。每年确定扶持的居家养老机构和居家养老服务信息化平台基础设施项目数量，由省老龄办和省财政厅根据当年安排资金数和各市老年人口数计算确定。

具体程序：凡符合本办法规定条件的居家养老服务机构，可填写《山东省居家养老服务项目申报表》（见附件），由市老龄办、市财政局根据省分配名额及市财政投资评审机构评审意见确定，报省老龄办、省财政厅。省里根据各市上报情况，经省财政投资评审机构评审复核后，确定扶持对象，并一次性拨付补贴资金。各市在省财政扶持的基础上，可制定相应政策措施，进一步加大扶持力度。

五、资金使用范围

省级财政专项彩票公益金扶持的补贴资金，主要用于降低被补贴单位的运营成本和服务价格、改善工作条件、归还贷款利息、适当提高一线服务人员的待遇等；居家养老服务信息化平台基础设施项目，专项用于购买居家养老服务信息化平台建设所需的服务器、计算机等相关设备，不得挪作他用。

各级财政部门要加强补贴资金的监管，确保专款专用，提高使用效益，充分发挥其对居家养老服务发展的促进作用。

六、其他事项

（一）年度补贴项目完成后，省财政厅、省老龄办联合发文公布补贴单位，并在相关媒体上公布。

（二）各市评审办法由市财政局、市老龄办协商制定。

（三）同一单位享受补贴政策最多连续两年，第二年享受补贴时占本年度名额，且需经过与上年同样的评审程序。

附件：山东省居家养老服务项目申报表

附件：

山东省居家养老服务项目申报表

机构名称		法人代表姓 名		地址及邮编	
联系电话		注册资金（万元）		行业主管部门批准文号	
开业时间（年、月）		服务老人数（户数）		收费标准（元/小时）	
业绩简介					
市财政局意见	年 月 日				
市老龄办意见	年 月 日				

省财政厅　省民政厅　省体育局转发《财政部　民政部　国家体育总局关于贯彻落实〈彩票管理条例〉的通知》的通知

2009年7月20日　鲁财综〔2009〕64号

各市财政局、民政局、体育局，省福利彩票发行中心、体育彩票管理中心：

现将《财政部、民政部、国家体育总局关于贯彻落实（彩票管理条例）的通知》（财综〔2009〕39号）转发给你们，并结合我省实际提出如下意见，请一并贯彻落实：

一、认真组织学习，吃透《彩票管理条例》（以下简称《条例》）精神。《条例》是新中国第一部系统规范彩票管理工作的行政法规，标志着我国彩票事业发展步入了有法可依、规范管理的新阶段。《条例》在彩票管理体制、彩票发行和销售、彩票开奖和兑奖、彩票资金管理等多方面实现了重大突破，对于指导我省彩票管理和规范彩票市场具有重要意义。各级财政、民政、体育部门和彩票销售机构，要把学习贯彻《条例》作为当前的首要任务，摆到重要议事日程，通过举办讲座、座谈会、培训班、知识竞赛等多种方式，认真组织学习，把握精神实质，切实把《条例》领会好、贯彻好。各级彩票销售机构要在网页和相关协作媒体上，开辟宣传《条例》专题或专栏，并通过彩票销售网点等多种途径，大张旗鼓地宣传《条例》。要加强调查研究，及时发现和解决《条例》贯彻落实中遇到的新情况、新问题，推动我省彩票市场持续平稳健康发展。

二、建立健全制度，规范彩票管理。《条例》确立了财政、民政、体育部门和彩票销售机构的各自职责。各级各有关部门和彩票销售机构一定要增强责任感和使命感，充分认识、切实履行好《条例》赋予的职责，以贯彻实施《条例》为契机，抓紧完善相关彩票管理制度。根据《条例》和财政部、民政部及国家体育总局即将下发的《彩票管理条例实施细则》，省财政厅、省民政厅、省体育局将进一步健全相关管理制度。一是研究制定《山东省〈贯彻彩票管理条例〉实施办法》，进一步细化和落实《条例》的各项规定和要求；二是修订完善《山东省彩票公益金管理使用暂行办法》；三是根据职责分工和管理权限，分别修订其他相关管理制度。各级也要认真清理现行彩票管理制度和政策，对与《条例》、《实施细则》和相关管理制度规定不符的，要尽快予以废止，确保新的彩票管理制度统一实施、落实到位。各彩票销售机构要及时修订彩票发行销售、开奖兑奖等相关环节的内部规定和操作程序，切实按照本通知精神，做好政策调整的衔接工作，确保《条例》规定的措施和要求落到实处，确保彩票发行销售的安全平稳运行。

三、加强协调配合，建立健全彩票管理长效机制。建立健全彩票监管机制，是提高彩票管理水平的重要保障。各级要进一步完善措施，积极建立事前、事中、事后全过程监管，以及日常监管和技术监管相结合的监管机制。一是尽快建立彩票管理工作会商机制和彩票市场形势分析会议制度。省里已借鉴中央的做法，建立了彩票管理工作会商机制和彩票市场形势分析会议制度。各级也要建立相应的工作机制和会议制度。二是研究建立打击非法彩票工作长效机制。按照疏堵结合、综合治理的原则，积极配合公安机关和工商行政管理机关，有针对性地开展专项打击行动，为彩票市场健康发展创造良好的外部环境。三是积极研究建立彩票管理信息技术支撑平台。为及时掌握彩票发行销售情况和资金流动情况，提高应对彩票市场变化的能力，省财政部门正着手研究建立彩票发行、销售和资金管理信息系统，省级彩票销售机构要给予大力支持。各级也要充分利用现代科技平台，进一步完善监管手段，切实解决监管技术性障碍，提高彩票监管能力和水平。

各地在贯彻《条例》过程中遇到的情况和问题，请及时报告省财政厅、省民政厅和省体育局。

附件：财政部　民政部　国家体育总局关于贯彻落实《彩票管理条例》的通知

附件：

财政部　民政部　国家体育总局关于贯彻落实《彩票管理条例》的通知

2009年6月22日　财综〔2009〕39号

各省、自治区、直辖市财政厅（局）、民政厅（局）、体育局，中国福利彩票发行管理中心，国家体育总局体育彩票管理中心：

《彩票管理条例》（国务院令第554号，以下简称《条例》）已于2009年5月4日公布，将于2009年7月1日起施行。这是我国彩票事业发展中的一件大事，对加强彩票管理，规范彩票市场发展，维护彩票市场秩序，促进社会公益事业发展，具有十分重要的意义。为贯彻落实《条例》，促进彩票事业健康发展，现就有关事项通知如下：

一、充分认识贯彻落实《条例》的重要意义

《条例》是我国1987年发行彩票以来第一部全面、系统规范彩票管理的专门性行政法规，对彩票管理体制、彩票发行和销售、彩票开奖和兑奖、彩票资金管理以及彩票违法行为的法律责任等作了明确规定。制定并施行《条例》，是我国彩票管理法制化、规范化的重要标志，是加强彩票管理、规范彩票市场发展的重要举措，是维护彩票参与者合法权益、提升国家彩票公信力的重要保障。

各级财政、民政、体育部门，以及彩票发行机构、彩票销售机构，要从深入学习实践科学发展观、构建社会主义和谐社会、支持社会公益事业发展的高度，充分认识贯彻落实《条例》的重要意义，加强对贯彻落实《条例》的组织领导，认真学习和准确把握《条例》的精神实质和基本内容，切实增强贯彻落实《条例》的自觉性和责任感，确保《条例》顺利实施。

二、抓紧制定完善《条例》配套管理制度

制定完善《条例》配套管理制度是贯彻落实《条例》的重要工作，是依法加强彩票管理和组织彩票发行销售的制度保障。各级财政、民政、体育部门，以及彩票发行机构、彩票销售机构，要按照《条例》规定，尽快制定相关配套管理制度，对与《条例》规定不相符合或者需要进一步完善的，要在认真梳理现行彩票管理制度的基础上，抓紧修订或者废止。

财政部、民政部、国家体育总局将尽快制定《彩票管理条例实施细则》，并根据《条例》的规定制定彩票设备和技术服务标准、彩票品种审批管理等办法，修订彩票发行与销售管理、彩票机构财务管理以及彩票公益金管理等方面的制度规定。各省、自治区、直辖市财政、民政、体育部门也要根据职责分工，及时制定、修订本行政区域内相关管理制度，细化和落实《条例》的各项规定和要求。彩票发行机构、彩票销售机构要按照《条例》规定，尽快修订完善彩票发行销售、开奖兑奖等相关环节的内部规定和操作规程，把《条例》规定的各项制度、措施和要求落到实处。

三、认真做好相关政策调整的衔接工作

为了加强彩票设备和技术服务采购、彩票代销管理，保障彩票参与者的合法权益，充分体现彩票的公益性，《条例》对彩票发行机构、彩票销售机构的采购行为、彩票代销行为、彩票中奖者兑奖和逾期未兑奖的奖金处置作了统一规定。根据《条例》规定，各级财政、民政、体育部门，以及彩票发行机构、彩票销售机构要认真做好以下政策调整的衔接工作，确保彩票的发行销售安全平稳运行。

（一）2009年7月1日前开奖的彩票品种，彩票中奖者应当按照财政部批准的游戏规则规定兑奖，逾

期末兑奖奖金的处置按现行彩票管理制度规定执行。2009 年 7 月 1 日当天及以后开奖的彩票品种，彩票中奖者应当自开奖之日起 60 个自然日内兑奖，兑奖期限的最后一天若遇国家法定节假日则顺延至节假日结束后的第一个工作日，兑奖事宜办理时间为彩票销售机构的工作时间；逾期未兑奖的奖金纳入彩票公益金，按国务院批准的彩票公益金分配政策执行。

（二）自 2009 年 7 月 1 日起，彩票发行机构、彩票销售机构应当依照政府采购法律、行政法规的规定，采购符合标准的彩票设备和技术服务。彩票设备和技术服务的标准应当按照财政部、民政部、国家体育总局制定公布的统一标准执行；统一标准公布前，彩票发行机构、彩票销售机构可暂按现行标准和已签订的合同（协议）执行。

（三）自 2009 年 7 月 1 日起，彩票发行机构、彩票销售机构与彩票代销者签订彩票代销合同，应当使用民政部、国家体育总局制定公布的代销合同示范文本；代销合同示范文本公布前，可暂使用现有合同（协议）文本。

（四）自 2009 年 7 月 1 日起，彩票发行机构、彩票销售机构应当为彩票代销者配置彩票投注专用设备，彩票代销者不得转借、出租、出售彩票投注专用设备。2009 年 7 月 1 日前，彩票销售机构与彩票代销者签订的彩票代销合同（协议）对彩票投注专用设备的使用和管理有约定的，暂按照合同（协议）的约定执行；没有约定的，彩票销售机构应当按照《条例》规定进行清理和调整。

（五）各省、自治区、直辖市民政、体育部门要认真对彩票代销者的销售情况进行检查，对彩票代销者委托他人代销彩票的，要按照《条例》的规定限期责令改正，并予以处罚；逾期不改正的，应当责成彩票发行机构、彩票销售机构解除与彩票代销者签订的彩票代销合同（协议）。

（六）彩票发行机构、彩票销售机构要按照《条例》和本通知规定，尽快调整彩票销售系统及参数设置，认真做好账务处理和财务核算工作；要将《条例》施行后的有关变动情况尽快通知所有销售站点负责人及工作人员，并及时告知社会公众。

四、建立健全彩票管理工作机制

为了依法履行《条例》赋予财政、民政、体育部门的彩票管理职责，各级财政、民政、体育部门应当尽快建立健全彩票管理工作机制，积极加强沟通和协作，确保彩票管理工作做到统一、协调、有效，共同促进彩票事业健康发展。

各级财政、民政、体育部门要建立健全彩票管理的信息沟通机制和定期会商制度，有计划地稳妥开展《条例》的培训和宣传报道，密切跟踪分析彩票市场发展形势，认真研究加强彩票管理、促进彩票市场发展的政策措施，确保彩票市场安全运行和平稳健康发展；要加强对彩票发行机构、彩票销售机构的业务指导和管理，督促彩票发行机构、彩票销售机构按照《条例》的规定组织彩票发行销售，进一步强化彩票发行销售风险控制和安全管理，切实履行彩票发行销售的社会责任，为彩票事业健康发展营造良好环境；要加大对彩票市场的监管力度，依法严肃查处违反《条例》的行为，维护彩票参与者的合法权益；要积极配合同级公安机关、工商行政管理机关按照《条例》规定，严厉打击非法彩票活动，切实维护彩票市场正常秩序。

各地在贯彻落实《条例》过程中遇到的情况和问题，请及时向财政部、民政部和国家体育总局报告。

省财政厅　省物价局转发《财政部　国家发展改革委关于物业管理师资格考试收费等问题的通知》的通知

2009 年 7 月 23 日　鲁财综〔2009〕65 号

省人力资源和社会保障厅、住房和城乡建设厅，各市财政局、物价局：

现将《财政部　国家发展改革委关于物业管理师资格考试收费等问题的通知》（财综〔2009〕7 号）

转发给你们，并根据原人事部、建设部《物业管理师资格考试实施办法》相关规定和省人力资源和社会保障厅、住房和城乡建设厅《关于将物业管理师资格考试收费许可证核发给省人力资源和社会保障厅的函》（鲁人社函〔2009〕2号）有关要求，对物业管理师资格考试有关问题提出如下意见，请一并贯彻执行。

一、人力资源和社会保障部门向参加物业管理师考试的考生收取的考试费和考务费，属于政府非税收入，应按照“收支两条线”规定，全额纳入财政预算管理。其中，考务费缴入中央国库，考试费缴入地方国库。

二、人力资源和社会保障部门在收取考试费和考务费时，应使用省财政厅统一印制的“山东省非税收入缴款书”，通过“山东省非税收入征收管理系统”全额缴入财政。考试费实行省、市两级分成，分成比例由省财政厅另行制定。考务费由省人力资源和社会保障厅与人力资源和社会保障部考试中心另行结算上缴。

三、物业管理师考务费收费标准按照《国家发展改革委　财政部关于物业管理师资格考试收费标准及有关问题的通知》（发改价格〔2009〕767号）规定执行。考试费收费标准由省物价局会同省财政厅另行制定。

四、省住房和城乡建设厅执业资格注册中心对物业管理师资格进行注册审批，属于行政许可事项，不得向申请注册人员收取物业管理师资格注册费。

五、收费单位应严格按照批准的收费项目和收费标准执行，不得擅自增加收费项目，提高收费标准，并自觉接受财政、物价和审计部门的监督检查。

附件：财政部　国家发展改革委关于物业管理师资格考试收费等问题的通知

附件：

财政部　国家发展改革委关于物业管理师资格考试收费等问题的通知

2009年2月2日　财综〔2009〕7号

住房城乡建设部：

你部《关于申请批准物业管理师资格考试与注册收费的函》（建综函〔2007〕160号）收悉。经研究，现将物业管理师资格考试收费等问题通知如下：

一、同意你部在组织物业管理师资格考试时，由你部所属执业资格注册中心向各省、自治区、直辖市建设主管部门收取考务费，用于命题、试卷印制和运送、评卷等支出；由各省、自治区、直辖市建设主管部门向考生收取物业管理师资格考试费，用于组织报名、租用考场、聘请监考人员以及上缴执业资格注册中心的考务费等支出。

二、上述考试、考务费的收费标准由国家发展改革委、财政部另行制定。

三、你部对物业管理师资格进行注册审批，属于行政许可事项，向申请注册的人员收取注册费缺乏法律、行政法规依据，因此，不宜收取物业管理师资格注册费。

四、收费单位应到指定的价格主管部门办理收费许可证，并按财务隶属关系分别使用财政部和省级财政部门统一印制的票据。

五、你部执业资格注册中心收取的考务费，应全额上缴中央国库，纳入中央财政预算管理。具体缴库办法按照《财政部关于确认建设部收入收缴管理制度改革试点有关事宜的通知》（财库〔2002〕50号）和《财政部关于确认建设部注册土木工程师（岩土）和房地产经纪人执业资格考试费等新增收入项目纳入收入收缴改革试点范围有关事宜的通知》（财库〔2003〕14号）有关规定执行。各省、自治区、直辖市建设主管部门收取的物业管理师资格考试费，应全额上缴省级国库，纳入省级财政预算管理，具体缴库办法按照省级财政部门的规定执行。上述考务、考试费收入在“政府收支分类科目”列第103类“非税收入”04款“行政事业性收费收入”33项“建设行政事业性收费收入”10目“考试考务费”。支出由同级财政部门按照其履行职能的需要核定。

六、收费单位应严格按照批准的收费项目和标准执行，不得自行增设收费项目和提高收费标准，并自觉接受财政、价格、审计部门的监督检查。

省财政厅 省国土资源厅转发财政部、国土资源部《关于开展中央分成新增建设用地土地有偿使用费稽查工作的通知》的通知

2009年8月31日 鲁财综〔2009〕81号

各市财政局、国土资源局：

现将《财政部 国土资源部关于开展中央分成新增建设用地土地有偿使用费稽查工作的通知》（财办建〔2009〕101号）转发给你们，请按照通知要求和稽查内容尽快组织开展自查工作，并认真总结建立完善项目和资金管理的经验做法，形成翔实的自查报告。同时，要做好国家随机抽查的相关准备工作。各市要于8月底前将自查报告分别上报省财政厅、省国土资源厅。

附件：财政部 国土资源部关于开展中央分成新增建设用地土地有偿使用费稽查工作的通知

附件：

财政部 国土资源部关于开展中央分成新增建设用地土地有偿使用费稽查工作的通知

2009年8月4日 财办建〔2009〕101号

内蒙古、吉林、黑龙江、安徽、江西、山东、湖北、四川、重庆、广西、广东省（自治区、直辖市）财政厅（局）、国土资源厅（局）：

为加强中央分成新增建设用地土地有偿使用费（以下简称新增费）的分配、使用和管理，根据《关于调整中央分成的新增建设用地土地有偿使用费分配方式的通知》（财建〔2007〕84号）、《中央分成新增建设用地土地有偿使用费稽查暂行办法》（财建〔2008〕30号）等有关要求，财政部、国土资源部决定对部分省（自治区、直辖市）2007~2008年中央分成新增费的分配、使用情况开展专项稽查。现将有关事宜通知如下：

一、稽查对象

省、市、县各级财政、国土资源管理部门，项目承担单位及其他相关单位。

二、稽查内容

（一）中央分成新增费分配情况。稽查新增费分配使用方向、预算下达情况；落实到项目情况。

（二）中央分成新增费使用情况。稽查新增费管理制度的建立和执行情况；项目资金到位及支付情况；

预算执行情况；资金支出标准、财务核算、项目竣工决算及结余资金处置等。

（三）项目管理情况。稽查项目法人制、招投标制、公告制、合同制、监理制等执行情况；项目区农民意愿和权属调整情况；项目归档资料的收集、整理、保管、使用情况等。

（四）项目实施情况。稽查项目立项、实施方案编制审核情况；项目承担单位、施工单位、监理单位的管理和控制情况；土地严整工程、灌溉与排水工程等年度计划任务完成和工程质量情况；新增耕地面积完成情况；施工过程质量记录情况；项目区群众对施工质量的意见以及项目竣工验收情况。

（五）项目后期管护。稽查项目建成后建设工程的使用运行情况，工程移交与管护责任落实情况。

三、组织方式

（一）各省自查。由省级财政、国土资源管理部门组织，按照稽查内容对中央分成新增费管理情况进行自查，并形成自查工作报告。

（二）稽查组重点抽查。财政部经济建设司、国土资源部财务司委托有关机构组成稽查工作组对有关省（区、市）开展重点抽查，通过听取汇报、查看项目、随机抽检内业资料等方式进行。具体包括：

1. 分别听取省级财政、国土资源部门自查工作报告，核查新增费历年分配文件。根据资金分配和项目立项批准文件，选择确定稽查项目。稽查项目原则上每省不少于3个。

2. 实施内业稽查。查阅项目财务报告、会计账簿、会计凭证及工程建设资料，质询被稽查单位有关人员。

3. 开展外业稽查。稽查组实地勘察项目建设地点、规模和施工进度，抽验项目工程数量和质量，走访项目区群众，调查群众意愿。

4. 反馈稽查意见。稽查组形成反馈材料，与被稽查单位交换意见。

四、时间安排

（一）自查阶段（2009年8月31日前）。

被稽查省（区、市）的省级财政、国土资源管理部门按照本通知要求，结合本地实际制定具体实施方案，部署自查工作。

（二）稽查阶段（2009年9月1日~2009年9月20日）。

稽查组分赴被稽查省（区、市）开展稽查工作，形成分省（区、市）稽查工作报告。

（三）总结阶段（2009年9月30日前）。

召开稽查工作汇报会，分析、汇总有关数据和成果，撰写稽查工作总结报告。

五、有关要求

（一）各省级财政、国土资源管理部门要认真做好自查工作，落实各部门及人员责任，总结自查工作中行之有效的做法，建立完善本省稽查工作机制。

（二）全面总结2007~2008年中央分成新增费的分配使用情况，认真准备自查工作报告，并填列《××省（自治区、直辖市）中央分成新增建设用地土地有偿使用费基本情况统计表》。

（三）积极协调相关单位做好配合工作，及时提供相关资料，确保此次稽查工作顺利开展并取得实效。

附件：××省（自治区、直辖市）中央分成新增建设用地土地有偿使用费基本情况统计表

附件：

表1

××省（自治区、直辖市）中央分成新增建设用地土地有偿使用费基本情况统计表

单位：万元

指标／年份	中央按因素法分配新增费资金分配使用情况																				重大项目资金分配情况						
	省级分配新增费情况						市级分配新增费情况						县级分配新增费情况					中央分配新增费支出			中央下达工程预算指标	省级配套资金	其他投入	实际拨付	实际支出	资金结余	
	收到中央下达预算指标	中央分配新增费分配情况				结余	收到省级下达预算指标	中央分配新增费分配情况				结余	收到省、市级下达预算指标	中央分配新增费分配情况			结余	项目支出		其他支出							其中：中央资金结余
		按因素法分配	按项目分解下达	按其他方式分配	其他			按因素法分配	按项目分解下达	按其他方式分配	其他			按项目分解下达	按其他方式分配	其他		实际拨付	实际支出								
甲	1	2	3	4	5	6	7	8	9	10	11	12	13	14	15	16	17	18	19	20	21	22	23	24	25	26	27
2007																											
2008																											
合计																											

注：实际拨付指下达项目预算的单位拨付到项目承担单位的资金；实际支出指项目承担单位的实际支出。

表2

年份	指标	项目状态				建设规模（公顷）		新增耕地（公顷）		土地平整工程				农田水利工程				田间道路工程				其他工程			
										投资（万元）		工程量（万方）		投资（万元）		灌溉面积（公顷）		投资（万元）		工程量（公里）		投资（万元）		其中：植树植草（公顷）	
		项目总数（个）	未开工（个）	在建（个）	验收（个）	计划数	完成数	计划数	完成数	计划数	完成数	计划数	完成数	计划数	完成数	计划数	完成数	计划数	完成数	计划数	完成数	计划数	完成数	计划数	完成数
甲		1	2	3	4	5	6	7	8	9	10	11	12	13	14	15	16	17	18	19	20	21	22	23	24
2007	中央按因素分配资金实施项目																								
	国家投资重大工程																								
2008	中央按因素分配资金实施项目																								
	国家投资重大工程																								
合计																									

注：国家投资重大工程指吉林西部土地开发整理重大工程和三峡库区移土培肥工程和配套坡改梯项目。

省财政厅　省物价局关于特种设备检验检测收费有关问题的批复

2009年9月7日　鲁财综〔2009〕85号

省质量技术监督局：

你局关于设立山东省特种设备检验检测收费项目的文件（鲁质监计〔2009〕205号）收悉。经研究，现就有关问题批复如下：

一、根据《特种设备安全监察条例》（国务院令第373号）和《山东省特种设备安全监察条例》和财政部、国家发展改革委《行政事业性收费项目审批管理暂行办法》（财综〔2004〕100号）有关规定，同意你局下属的特种设备检验研究院及15个分院、济南市锅炉压力容器检验研究所、济南市特种设备检测所、青岛市锅炉压力容器检验所、青岛市特种设备检测所等国家核准的法定检验检测机构（以下简称特种设备检验检测机构）在开展法定特种设备检验检测时，向特种设备生产、使用单位收取特种设备检验检测费。

二、法定特种设备检验检测包括如下项目

（一）对锅炉、压力容器（含气瓶）、压力管道元件、起重机械产品、大型游乐设施制造监督检验；

（二）对锅炉、压力容器（含气瓶）、压力管道、电梯、起重机械、客运索道、大型游乐设施和场（厂）内专用机动车辆安装、改造、维修监督检验；

（三）对锅炉、压力容器（含气瓶）、压力管道、电梯、起重机械、客运索道、大型游乐设施、场（厂）内专用机动车辆、锅炉水（介）质、安全阀、阀门、限速器、防坠安全器定期检验；

（四）对压力管道元件、起重机械、起重量限制器、制动器、起升高度限制器、力矩限制器、缓冲器、防坠安全器型式试验。具体项目详见附表。

按照规程、安全技术规范的规定，对特种设备检验检测时，根据需要可使用无损检测（射线、超声波、磁粉、渗透、涡流、声发射）、理化检测、应力检测方法。

三、特种设备检验检测费的收费标准由省物价局、省财政厅另行制定。

四、特种设备检验检测费属于政府非税收入，应落实“收支两条线”管理规定，使用省财政厅统一印制的“山东省非税收入缴款书”，通过“山东省非税收入征收管理系统”全额缴入省级国库。济南市、青岛市质量技术监督局收取的特种设备检验检测费，分别缴入市级国库。

五、特种设备检验检测机构在上述法定检验检测项目之外，开展与特种设备有关的商业性自愿委托技术服务收取的费用，属于经营服务性收费，其税后收入为技术监督部门国有资产有偿使用收入，应使用“山东省非税收入缴款书”，通过“山东省非税收入征收管理系统”全额缴入省级财政。济南市、青岛市质量技术监督局国有资产有偿使用收入分别缴入市级财政。

六、特种设备检验检测机构要严格按照上述规定执收特种设备检验检测费，不得擅自增设收费项目，扩大收费范围，并自觉接受财政、物价、审计部门和社会的监督。

附件：山东省特种设备检验收费目录

附件：

山东省特种设备检验收费目录

代码	种　类	类　别	品　种	监督检验		定期检验	型式试验
				制造检验	安装改造维修检验		
1000	锅炉						
1100		承压蒸汽锅炉					
1110			电站锅炉	√	√	√	
1120			工业锅炉	√	√	√	
1130			生活锅炉	√	√	√	
1200		承压热水锅炉		√	√	√	
1300		有机热载体锅炉					
1310			有机热载体气相炉	√	√	√	
1320			有机热载体液相炉	√	√	√	
B100		锅炉部件					
B210			封头	√			
B110			锅筒	√			
B120			集箱	√			
B130			锅炉过热器	√			
B140			锅炉再热器	√			
B150			锅炉省煤器	√			
B160			锅炉膜式水冷壁	√			
C100		锅炉材料					
C110			锅炉用钢板	√			
C120			锅炉用钢管	√			
C130			特种设备用焊接材料				
2000	压力容器						
2100		固定式压力容器					
2110			超高压容器	√	√	√	
2120			高压容器	√	√	√	
2130			第三类中压容器	√	√	√	
2140			第三类低压容器	√	√	√	
2150			第二类中压容器	√	√	√	
2160			第二类低压容器	√	√	√	
2170			第一类压力容器	√	√	√	√
2200		移动式压力容器					
2210			铁路罐车	√		√	
2220			汽车罐车	√		√	
2230			长管拖车	√	√	√	
2240			罐式集装箱	√		√	
2300		气瓶					
2310			无缝气瓶	√		√	
2320			焊接气瓶	√		√	
2330			液化石油气钢瓶	√		√	
2340			溶解乙炔气瓶	√		√	
2350			车用气瓶	√	√	√	
2360			低温绝热气瓶	√	√	√	

续表

代码	种 类	类 别	品 种	监督检验		定期检验	型式试验
				制造检验	安装改造维修检验		
2370			缠绕气瓶	√	√	√	
2380			非重复充装气瓶	√	√	√	
23T0			特种气瓶	√	√	√	
2400		氧舱					
2410			医用氧舱	√	√	√	
2420			高气压舱	√			
2430			再压舱	√			
2440			高海拔试验舱	√			
2450			潜水钟	√			
B200		压力容器部件					
B210			封头	√			
C200		压力容器材料					
C210			压力容器用钢板				
C230			气瓶用钢板				
C240			气瓶用钢管				
8000	压力管道						
8100		长输（油气）管道					
8110			输油管道		√	√	
8120			输气管道		√	√	
8200		公用管道					
8210			燃气管道		√	√	
8220			热力管道		√	√	
8300		工业管道					
8310			工艺管道		√	√	
8320			动力管道		√	√	
8330			制冷管道		√	√	
7000	压力管道元件						
7100		压力管道管子					
7110			无缝钢管	√			√
7120			焊接钢管	√			√
7130			有色金属管	√			√
7140			铸铁管	√			√
71F0			非金属材料管	√			√
7200		压力管道管件					
7210			无缝管件	√			√
7220			有缝管件	√			√
7230			锻制管件	√			√
7240			铸造管件	√			√
7250			汇管	√			√
7260			过滤器	√			√
72F0			非金属材料管件	√			√
7300		阀门					
7310			安全阀	√			√
7320			调压阀	√			√

续表

代码	种 类	类 别	品 种	监督检验		定期检验	型式试验
				制造检验	安装改造维修检验		
7330			调节阀	√			√
7340			闸阀	√			√
7350			球阀	√			√
7360			蝶阀	√			√
7370			截止阀	√			√
7380			止回阀	√			√
7390			疏水阀	√			√
73A0			隔膜阀	√			√
73F0			非金属材料阀门	√			√
73T0			特种阀门	√			√
7400		法兰					
7410			钢制法兰	√			
74F0			非金属材料法兰	√			
7500		补偿器					
7510			金属波纹膨胀节	√			
75T0			特种型式金属膨胀节	√			
75F0			非金属材料膨胀节	√			
7520			金属波纹管	√			
7600		压力管道支承件					
7610			支架	√			
7620			吊架	√			
7700		压力管道密封元件					
7710			金属密封元件	√			
77F0			非金属密封元件	√			
7720			紧固件	√			
7T00		压力管道特种元件					
7T10			防腐管道元件	√			
7T20			阻火器	√			
7TZ0			元件组合装置	√			
C800		压力管道材料					
C810			压力管道用钢板				
3000	电梯						
3100		乘客电梯					
3110			曳引式客梯		√	√	
3120			强制式客梯		√	√	
3130			无机房客梯		√	√	
3140			消防电梯		√	√	
3150			观光电梯		√	√	
3160			防爆客梯		√	√	
3170			病床电梯		√	√	
3200		载货电梯					
3210			曳引式货梯		√	√	
3220			强制式货梯		√	√	
3230			无机房货梯		√	√	

续表

代码	种 类	类 别	品 种	监督检验		定期检验	型式试验
				制造检验	安装改造维修检验		
3240			汽车电梯		√	√	
3250			防爆货梯		√	√	
3300		液压电梯					
3310			液压客梯		√	√	
3320			防爆液压客梯		√	√	
3330			液压货梯		√	√	
3340			防爆液压货梯		√	√	
3400		杂物电梯			√	√	
3500		自动扶梯			√	√	
3600		自动人行道			√	√	
B300		电梯部件					
B310			绳头组合				
B320			电梯导轨				
B330			电梯耐火层门				
B340			电梯玻璃门				
B350			电梯玻璃轿壁				
B360			电梯液压泵站				
B370			杂物电梯驱动主机				
B380			自动扶梯梯级				
B390			自动人行道踏板				
B3A0			梯级踏板链				
B3B0			自动扶梯自动人行道驱动主机				
B3C0			自动扶梯自动人行道滚轮				
B3D0			自动扶梯自动人行道扶手带				
B3E0			自动扶梯自动人行道控制屏				
4000	起重机械						
4100		桥式起重机					
4110			通用桥式起重机	√	√	√	√
4120			电站桥式起重机	√	√	√	√
4130			防爆桥式起重机	√	√	√	√
4140			绝缘桥式起重机	√	√	√	√
4150			冶金桥式起重机	√	√	√	√
4160			架桥机	√	√	√	√
4170			电动单梁起重机	√	√	√	√
4180			电动单梁悬挂起重机	√	√	√	√
4190			电动葫芦桥式起重机	√	√	√	√
41A0			防爆梁式起重机	√	√	√	√
4200		门式起重机					
4210			通用门式起重机	√	√	√	√
4220			水电站门式起重机	√	√	√	√

续表

代码	种类	类别	品种	监督检验		定期检验	型式试验
				制造检验	安装改造维修检验		
4230			轨道式集装箱门式起重机	√	√	√	√
4240			万能杠件拼装式龙门起重机	√	√	√	√
4250			岸边集装箱起重机	√	√	√	√
4260			造船门式起重机	√	√	√	√
4270			电动葫芦门式起重机	√	√	√	√
4280			装卸桥	√	√	√	√
4300		塔式起重机					
4310			普通塔式起重机	√	√	√	√
4320			电站塔式起重机	√	√	√	√
4330			塔式皮带布料机	√	√	√	
4400		流动式起重机					
4410			轮胎起重机		√	√	
4420			履带起重机		√	√	
4430			全路面起重机		√	√	
4440			集装箱正面吊运起重机		√	√	
4450			集装箱侧面吊运起重机		√	√	
4460			集装箱跨运车		√	√	
4470			轮胎式集装箱门式起重机		√	√	
4480			汽车起重机		√	√	
4490			随车起重机		√	√	
4600		铁路起重机					
4610			蒸汽铁路起重机		√	√	
4620			内燃铁路起重机		√	√	
4630			电力铁路起重机		√	√	
4700		门座起重机					
4710			港口门座起重机	√	√	√	√
4720			船厂门座起重机	√	√	√	√
4730			带斗门座式起重机	√	√	√	√
4740			电站门座起重机	√	√	√	√
4750			港口台架起重机	√	√	√	√
4760			固定式起重机	√	√	√	√
4770			液压折臂起重机	√	√	√	√
4800		升降机					
4810			曲线施工升降机	√	√	√	√
4820			锅炉炉膛检修平台	√	√	√	√
4830			钢索式液压提升装置	√	√	√	√
4840			电站提滑模装置	√	√	√	√
4850			升船机	√	√	√	√
4860			施工升降机	√	√	√	√

续表

代码	种类	类别	品种	监督检验		定期检验	型式试验
				制造检验	安装改造维修检验		
4870			简易升降机	√	√	√	√
4880			升降作业平台	√	√	√	√
4890			高空作业车	√	√	√	√
4900		缆索起重机					
4910			固定式缆索起重机		√	√	
4920			摇摆式缆索起重机		√	√	
4930			平移式缆索起重机		√	√	
4940			辐射式缆索起重机		√	√	
4A00		桅杆起重机					
4A10			固定式桅杆起重机		√	√	√
4A20			移动式桅杆起重机		√	√	√
4B00		旋臂式起重机					
4B10			柱式旋臂式起重机		√	√	
4B20			壁式旋臂式起重机		√	√	
4B30			平衡悬臂式起重机		√	√	
4C00		轻小型起重设备					
4C10			输变电施工用抱杆		√	√	
4C20			电站牵张设备		√	√	
4C30			内燃平衡重式叉车		√	√	
4C40			蓄电池平衡重式叉车		√	√	
4C50			内燃侧面叉车		√	√	
4C60			插腿式叉车		√	√	
4C70			前移式叉车		√	√	
4C80			三向堆垛叉车		√	√	
4C90			托盘堆垛车		√	√	
4CA0			防爆叉车		√	√	
4CB0			钢丝绳电动葫芦		√	√	
4CC0			防爆钢丝绳电动葫芦		√	√	
4CD0			环链电动葫芦		√	√	
4CE0			气动葫芦		√	√	
4CF0			防爆气动葫芦		√	√	
4CG0			带式电动葫芦		√	√	
4D00		机械式停车设备					
4D10			升降横移类机械式停车设备		√	√	
4D20			垂直循环类机械式停车设备		√	√	
4D30			多层循环类机械式停车设备		√	√	
4D40			平面移动类机械式停车设备		√	√	
4D50			巷道堆垛类机械式停车设备		√	√	

续表

代码	种类	类别	品种	监督检验		定期检验	型式试验
				制造检验	安装改造维修检验		
4D60			水平循环类机械式停车设备		√	√	
4D70			垂直升降类机械式停车设备		√	√	
4D80			简易升降类机械式停车设备		√	√	
4D90			汽车专用升降机类停车设备		√	√	
9000	客运索道						
9100		客运架空索道					
9110			往复式客运架空索道		√	√	
9120			循环式客运架空索道		√	√	
9200		客运缆车					
9210			往复式客运缆车		√	√	
9220			循环式客运缆车		√	√	
9300		客运拖牵索道					
9310			低位客运拖牵索道		√	√	
9320			高位客运拖牵索道		√	√	
B900		客运索道部件					
B100			客运索道驱动迂回装置				
B200			客运索道抱索器				
B210			客运索道运载工具				
B220			客运索道托压索轮组				
6000	大型游乐设施						
6100		观览车类					
6110			观览车系列		√	√	
6120			飞毯系列		√	√	
6130			太空船系列		√	√	
6140			摩天环车		√	√	
6150			海盗船系列		√	√	
6160			组合式观览车系列		√	√	
6200		滑行车类					
6210			单车滑行车系列		√	√	
6220			多车滑行车系列		√	√	
6230			滑道系列		√	√	
6240			激流勇进		√	√	
6250			弯月飞车系列		√	√	
6260			组合式滑行车系列		√	√	
6300		架空游览车类					
6310			电力单轨列车系列		√	√	
6320			电力双轨列车系列		√	√	
6330			组合式架空游览车系统		√	√	

续表

代码	种类	类别	品种	监督检验		定期检验	型式试验
				制造检验	安装改造维修检验		
6340			脚踏车系列		√	√	
6400		陀螺类					
6410			陀螺系列		√	√	
6420			组合式陀螺系列		√	√	
6500		飞行塔类					
6510			旋转飞椅系列		√	√	
6520			青蛙跳系列		√	√	
6530			探空飞梭系列		√	√	
6540			观览塔系列		√	√	
6550			组合式飞行塔系列		√	√	
6600		转马类					
6610			转马系列		√	√	
6620			荷花杯系列		√	√	
6630			滚摆舱系列		√	√	
6640			爱情快车系列		√	√	
6650			组合式转马系列		√	√	
6700		自控飞机类					
6710			自控飞机系列		√	√	
6720			章鱼系列		√	√	
6730			组合式自控飞机系列		√	√	
6800		赛车类					
6810			场地赛车系列		√	√	
6820			越野赛车系列		√	√	
6830			组合式赛车系列		√	√	
6900		小火车类					
6910			内燃机驱动小火车		√	√	
6920			电力驱动小火车		√	√	
6A00		碰碰车类					
6A10			碰碰车系列		√	√	
6B00		电池车类					
6B10			电池车系列		√	√	
6C00		观光车类					
6C10			内燃观光车系列		√	√	
6C20			蓄电池观光车系列		√	√	
6D00		水上游乐设施					
6D10			峡谷漂流系列		√	√	
6D20			水滑梯系列		√	√	
6D30			造浪机系列		√	√	
6D40			碰碰船系列		√	√	
6D50			水上自行车系列		√	√	
6D60			组合式水上游乐设施		√	√	
6E00		无动力游乐设施					
6E10			高空蹦极系列		√	√	

续表

代码	种类	类别	品种	监督检验		定期检验	型式试验
				制造检验	安装改造维修检验		
6E20			弹射蹦极系列		√	√	
6E30			小蹦极系列		√	√	
6E40			滑索系列		√	√	
6E50			空中飞人系列		√	√	
6E60			系留式观光气球系列		√	√	
6E70			组合式无动力游乐设施		√	√	
B600		游乐设施部件					
B610			蹦极绳				
F000	安全附件及安全保护装置						
7310			安全阀				
F110			水位表				
F120			水位控制报警装置				
F130			压力控制报警装置				
F140			温度控制报警装置				
F150			燃烧连锁保护装置				
F210			液位计				
F220			爆破片				
F230			紧急切断阀				
F240			过流保护装置				
F250			快开门连锁保护装置				
F260			气瓶瓶阀				
F270			气瓶减压阀				
F280			液位限制阀				
F2A0			氧舱测氧仪				
F710			超压限制装置				
F720			测压调压装置				
F730			检漏装置				
F740			阴极保护装置				
F310			限速器			√	
F320			安全钳				
F330			缓冲器				√
F340			电梯门锁装置				
F350			电梯轿厢上行超速保护装置				
F360			含有电子元件的电梯安全电路				
F370			电梯限速切断阀				
F380			电梯控制柜				
F390			曳引机				
F410			起重机械起重量限制器				√

续表

代码	种类	类别	品种	监督检验		定期检验	型式试验
				制造检验	安装改造维修检验		
F420			起重机械起重力矩限制器				√
F430			起重机械起升高度限制器				√
F440			起重机械防坠安全器				√
F450			起重机械制动器				√
F610			游乐设施安全压杆				

注：√为具有的检验品种。

省财政厅　省水利厅关于进一步规范全省水利系统非税收入管理的通知

2009年10月9日　鲁财综〔2009〕88号

各市财政局、水利局：

为深化“收支两条线”管理改革，进一步规范全省水利系统非税收入征缴管理，提高科学化精细化管理水平，根据《财政部关于加强政府非税收入管理的通知》（财综〔2004〕53号）要求，现就水利系统非税收入管理有关问题通知如下。

一、进一步明确非税收入管理范围

水利系统征缴的非税收入包括：行政事业性收费、国有资源有偿使用收入、国有资产有偿使用收入、罚没收入、捐赠收入、主管部门集中收入。

（一）水利系统行政事业性收费。指水利部门根据法律、法规、规章等有关规定，依照规定程序批准，按照规定的项目、标准向党政机关、企事业单位、其他组织和个人等依法收取的费用。主要包括：水资源费、河道采砂管理费、河道工程维护管理费、占用农业灌溉水源及灌排工程设施补偿费、水土流失防治费、水土保持设施补偿费、水工程占用补偿费、注册土木工程师（水利水电工程）执业资格专业考试考务费、梁济运河堤防行驶车辆养护费、临沂郯城土山拦河桥闸养护费、沂山水库大坝堤坝养护费、微山韩庄闸车辆通行费、微山二级坝车辆通行费、济南市狼猫山水库堤坝养护费。

（二）水利系统国有资源有偿使用收入。指水利部门及所属单位利用占有的各种形态的自然资源、公共资源向社会提供经营服务、公共服务、准公共服务以及其他有偿服务取得的收入；利用政府信誉、政府权力向社会提供公共服务和准公共服务取得的收入；以及出让国有资源使用权取得的收入等。主要包括：利用刊物、网站等各类宣传工具开展有偿服务活动取得的收入；利用人力资源、资质、技术与知识资源等开展技术咨询、技术服务以及其他有偿服务取得的收入；利用政府权力开展强制性行业培训、行业服务等取得的收入；利用政府信誉开展对外服务、对外合作取得的收入；闲置场地出租、出让取得的收入；各种场地、建筑物空间广告权出租、出让收入；财政拨款单位依法取得的经营收入；以及其他国有资源有偿使用收入等。

（三）水利系统国有资产有偿使用收入。指水利部门及所属单位将所占有的各种形态的固定资产、无形资产出租、出售、出让、转让以及投资等取得的收入。主要包括：房屋、建筑物及其附属设施出租、出让、处置收入；机械设备、专用仪器、车辆等施工、办公用固定资产出租、出让、处置收入；固定资产、无形资产和现金、债券、股权等资产直接对外投资取得的收入；应缴财政资金产生的利息收入；以及其他非经营性国有资产出租、出让、处置收入等。

（四）水利系统罚没收入。指各级水利部门依据法律、法规和规章，对公民、法人或者其他组织实施行政处罚所取得的罚款、没收的现金收入以及没收的物品变价收入。

（五）水利系统以政府名义接受的捐赠收入。指各级水利部门及所属单位接受的非定向捐赠货币收入。

（六）水利系统主管部门集中收入。指水利部门经同级财政部门批准，利用行政权力集中的所属单位的收入。

各级水利部门要对机关及所属单位的各项收入进行全面梳理，凡属于上述非税收入管理范围的，都要按照“收支两条线”管理规定和“票款分离”要求，全额纳入财政管理，不得以任何理由截留、挪用或坐收坐支。

二、进一步规范非税收入征缴管理

（一）规范征缴程序。各级水利部门在依法收取行政事业性收费、国有资源有偿使用收入、国有资产有偿使用收入、罚没收入、捐赠收入以及其他属于非税收入管理范围的收入时，应首先到同级财政部门申请非税收入项目编码，然后向缴款人开具省财政厅统一印制的“山东省非税收入缴款书”；根据代收银行加盖收讫章的“山东省非税收入缴款书”，向缴款人提供“山东省非税收入收款收据”，登记非税收入辅助账簿，对收费情况按月及时与财政部门进行核对。

（二）规范财政票据管理和使用。各级水利部门要根据《山东省财政票据管理暂行办法》（鲁财综〔2008〕54号）的要求，对财政票据实行严格管理。一是设置非税收入票据管理台账，指定专人负责票据领购、保管、发放、登记和销毁等工作。二是规范财政票据使用。“山东省非税收入缴款书”是水利系统征收非税收入时向缴款人（单位）出具的唯一合法财政票据，各级水利部门要严格按照有关规定管理使用。财政票据填写必须内容完整，字迹工整，印章齐全。严禁使用“山东省行政事业单位资金往来结算收据”、作废票据以及其他不符合规定的票据收取非税收入。三是强化财政票据内部缴销管理。票据管理人员要按照财政部门要求领购财政票据，定期（月或季）组织清查和盘点，及时与财政部门进行对账，确保财政票据领购、发放、使用、结余对应一致，财政票据使用数量、票据存根与缴入财政的非税收入数额对应一致。四是认真清理已停止使用的空白旧版财政票据和超过保管期限的票据存根，及时登记造册，按规定报财政部门批准后销毁。

（三）规范非税收入资金管理。一是切实加强非税收入征收管理。对国家和省依法设立的非税收入项目，各地不得随意取消或停止征收，也不得随意提高或降低征收标准。各级水利部门要严格按照规定的范围和标准及时足额征收各项政府非税收入，确保应收尽收。未经同级财政部门批准，各级水利部门及所属单位不得随意减免应缴相应级次的非税收入。对应征不征或未足额征收的，必要时上级水利部门可以直接征收并缴入同级财政。二是严格非税收入账户管理。各级水利部门必须严格按照《行政事业单位银行结算账户管理暂行规定》（鲁财库〔2003〕19号）设立和使用资金账户，严禁擅自设立非税收入过渡账户，严禁把单位基本账户和其他账户作为过渡账户使用。三是严格执行非税收入“票款分离”征缴制度。各级水利部门征收的非税收入，必须直接通过“山东省非税收入征收管理系统”缴入财政，通过征管系统实现非税收入的自动分成。对未通过非税收入征管系统上缴的各类非税收入，各级财政部门要拒绝接受，并责成相关水利部门通过非税收入征管系统缴纳。四是严格实行综合预算管理。要按照部门预算改革要求，将非税收入统一纳入预算管理体系，实行全口径预算管理。各级水利部门和个人不得截留、坐支、挤占和挪用非税收入。

三、加强协调配合，切实做好水利系统非税收入征缴工作

各级财政和水利部门要高度重视，加强协调配合，切实做好水利部门非税收入征缴管理工作。各级财政部门要增强服务意识，对水利部门非税收入征缴和财政票据管理相关工作给予积极指导，主动协调代收银行，帮助水利部门及时解决征缴工作中遇到的问题。水利部门要加强与当地财政部门的工作衔接与配合，做好系

统内非税收入征管人员和票据管理人员的业务培训，认真学习财经法规和非税收入管理政策、制度，确保非税收入按规定及时足额征缴，严禁滞留、挤占和挪用。省财政厅和省水利厅将进一步加强对全省水利系统非税收入征缴管理情况的监督检查，对违反非税收入管理规定的行为，严格按照国家有关法律法规进行处理。各级水利部门对非税收入征缴、银行代收、票据使用方面存在的问题和相关建议，应及时向财政部门反映。

省财政厅　省农业厅关于进一步规范全省农业系统非税收入管理的通知

2009 年 10 月 14 日　鲁财综〔2009〕89 号

各市财政局、农业局、农机局（办）、畜牧局：

为深化“收支两条线”改革，进一步规范非税收入征缴管理，提高科学化精细化管理水平，根据《财政部关于加强政府非税收入管理的通知》（财综〔2004〕53 号）要求，现就全省农业系统非税收入管理有关问题通知如下：

一、进一步明确非税收入管理范围

农业系统征缴的非税收入包括：行政事业性收费、政府性基金、国有资源有偿使用收入、国有资产有偿使用收入、罚没收入、以政府名义接受的捐赠收入、主管部门集中收入。

（一）农业系统行政事业性收费。指农业部门根据法律、法规、规章等有关规定，依照规定程序批准，按照规定的项目、标准向党政机关、企事业单位、其他组织和个人依法收取的费用。主要包括：国内植物检疫费、畜禽及畜禽产品检疫费、农药实验费、检验检测费、农机监理费、农机产品测试检验费、海事调解费、农科院研究生院研究生培养费、人力资源开发中心工人技术等级考核或职业技能鉴定费、农业转基因生物安全评价费、《联合收割机牌证》工本费、农作物种子检验收费、农村土地承包经营权证工本费以及《兽药典》、《兽药规范》和兽药专业标准收载品种生产审批费、学校学费、环境监测服务费。

（二）农业系统政府性基金。指农业部门根据法律、行政法规和中共中央、国务院有关文件规定，为支持某项公共事业发展，向公民、法人和其他组织无偿征收的具有专项用途的财政资金。主要包括：新菜地开发建设基金。

（三）农业系统国有资源有偿使用收入。指农业部门及所属单位利用占有的各种形态的自然资源、公共资源向社会提供公共服务、准公共服务、经营服务以及其他有偿服务取得的收入；利用政府信誉、政府权力向社会提供公共服务和准公共服务取得的收入；以及出让国有资源使用权取得的收入等。主要包括：利用刊物、网站、影视等各类宣传工具开展有偿服务活动取得的收入；利用人力资源、资质、技术与知识资源等开展技术咨询、技术服务以及其他有偿服务取得的收入；利用政府权力开展强制性行业培训、行业检测与试验、行业鉴（认）定以及其他有偿服务等取得的收入；利用政府信誉开展对外服务、对外合作取得的收入；闲置场地出租、出让取得的收入；各种场地、建筑物空间广告权出租、出让收入；财政拨款单位依法取得的经营收入；以及其他国有资源有偿使用收入等。

（四）农业系统国有资产有偿使用收入。指农业部门及所属单位将所占有的各种形态的固定资产、无形资产出租、出售、出让、转让以及投资等取得的收入。主要包括：房屋、建筑物及其附属设施出租、出让、处置收入；农业展览摊位、专用检验检测仪器、试验田（场）、车辆等固定资产出租、出让、处置收入；固定资产、无形资产和现金、债券、股权等资产直接对外投资取得的收入；应缴财政资金产生的利息收入；其他非经营性国有资产出租、出让、处置收入。

（五）农业系统罚没收入。指农业部门依据法律、法规和规章，对公民、法人或者其他组织实施行政处罚所取得的罚款、没收的现金收入以及没收的物品变价收入。

（六）农业系统以政府名义接受的捐赠收入。指农业部门及所属单位接受的非定向捐赠货币收入。

（七）农业系统主管部门集中收入。指农业部门经同级财政部门批准，利用行政权力集中的所属单位的收入。

各级农业部门要对机关及所属单位的各项收入进行全面梳理，凡属于上述非税收入管理范围的，都要按照“收支两条线”管理规定和“票款分离”要求，全额纳入财政管理，不得以任何理由截留、挪用或坐收坐支。

二、进一步规范非税收入征缴管理

（一）规范征缴程序。各级农业部门在依法收取行政事业性收费、政府性基金、国有资源有偿使用收入、国有资产有偿使用收入、罚没收入、以政府名义接受的捐赠收入、主管部门集中收入以及其他属于非税收入管理范围的收入时，应首先到同级财政部门申请非税收入项目编码，然后向缴款人开具省财政厅统一印制的“山东省非税收入缴款书”；根据代收银行加盖收讫章的“山东省非税收入缴款书”，向缴款人提供“山东省非税收入收款收据”，登记非税收入辅助账簿，对非税收入收缴情况按月及时与财政部门进行核对。

（二）规范财政票据管理和使用。各级农业部门要根据《山东省财政票据管理暂行办法》（鲁财综〔2008〕54号）的要求，对财政票据实行严格管理。一是设置财政票据管理台账，指定专人负责票据领购、保管、发放、登记和销毁等工作。二是规范财政票据使用。“山东省非税收入缴款书”是农业系统征收非税收入时向缴款人（单位）出具的唯一合法财政票据，各级农业部门要严格按照有关规定管理使用。财政票据填写必须内容完整，字迹工整，印章齐全。严禁使用“山东省行政事业单位资金往来结算收据”、作废票据以及其他不符合规定的票据收取非税收入。三是强化财政票据内部缴销管理。票据管理人员要按照财政部门要求领购财政票据，定期（月或季）组织清查和盘点，及时与财政部门进行对账，确保财政票据领购、发放、使用、结余对应一致，财政票据使用数量、票据存根与缴入财政的非税收入数额对应一致。四是认真清理已停止使用的空白旧版财政票据和超过保管期限的票据存根，及时登记造册，按规定报财政部门批准后销毁。

（三）规范非税收入资金管理。一是切实加强非税收入征收管理。对国家和省依法设立的非税收入项目，不得随意取消或停止征收，也不得随意提高或降低征收标准。各级农业部门要严格按照规定的范围和标准及时足额征收各项政府非税收入，确保应收尽收。未经省财政厅、省级农业有关部门批准，任何单位和个人不得随意减免非税收入。对应征未征或未足额征收的，必要时上级农业部门可以直接征收并缴入财政。二是严格非税收入账户管理。各级农业部门必须严格按照《行政事业单位银行结算账户管理暂行规定》（鲁财库〔2003〕19号）设立和使用资金账户，严禁设立非税收入过渡账户，严禁把单位基本账户和其他账户作为过渡账户使用。三是严格执行非税收入“票款分离”征缴制度。各级农业部门征收的非税收入，必须直接通过“山东省非税收入征收管理系统”缴入财政，通过征管系统实现非税收入的自动分成。对未通过非税收入征管系统上缴的各类非税收入，各级财政部门要拒绝接受，并责成相关农业部门通过非税收入征管系统缴纳。四是严格实行综合预算管理。要按照部门预算改革要求，将非税收入统一纳入预算管理体系，实行全口径预算管理。各级农业部门和个人不得截留、坐支、挤占和挪用非税收入。

三、加强协调配合，切实做好农业系统非税收入征缴工作

各级财政和农业部门要高度重视，切实加强农业部门非税收入征缴管理。各级财政部门要增强服务意识，对农业部门非税收入征缴和财政票据管理相关工作给予积极指导，主动协调代收银行，帮助农业部门及时解决征缴工作中遇到的困难。农业部门要加强与当地财政部门的工作衔接与配合，加强系统内非税收入征管人员和票据管理人员的业务培训，认真学习财经法规和非税收入管理政策、制度，确保非税收入按规定及时足额征缴，严禁滞留、挤占和挪用。省里将进一步加强对全省农业系统非税收入征缴管理情况的

监督检查，对违反非税收入管理规定的行为，严格按照国家有关法律法规进行处理。各级农业部门对非税收入征缴、银行代收、票据使用方面存在的问题和相关建议，应及时向财政部门反映。

省财政厅 省住房和城乡建设厅关于进一步规范住房和城乡建设系统非税收入管理的通知

2009年10月20日 鲁财综〔2009〕93号

各市财政局、建委（建设局）：

为进一步深化“收支两条线”管理改革，规范全省住房和城乡建设系统非税收入征缴管理，提高科学化精细化管理水平，根据《财政部关于加强政府非税收入管理的通知》（财综〔2004〕53号）要求，现就我省住房和城乡建设系统非税收入管理有关问题通知如下。

一、进一步明确非税收入管理范围

全省住房和城乡建设系统非税收入包括：行政事业性收费、政府性基金、国有资源有偿使用收入、国有资产有偿使用收入、罚没收入、以政府名义接受的捐赠收入、主管部门集中收入。

（一）行政事业性收费。指住房和城乡建设部门根据法律、法规、规章等有关规定，依照规定程序批准，按照规定的项目、标准向党政机关、企事业单位、其他组织和个人等依法收取的费用（住房和城乡建设部门的行政事业性收费项目见附件）。

（二）政府性基金。指住房和城乡建设部门根据法律、行政法规和中共中央、国务院有关文件规定，为支持某项公共事业发展，向公民、法人和其他组织无偿征收的具有专项用途的财政资金。主要包括新型墙体材料专项基金、城市公用事业附加、城市基础设施配套费、建设部门所属学校收费等。

（三）国有资源有偿使用收入。指住房和城乡建设部门及所属事业单位利用占有的各种形态的自然资源、公共资源向社会提供经营服务、公共服务、准公共服务以及其他有偿服务取得的收入；利用政府信誉、政府权力向社会提供公共服务和准公共服务取得的收入；以及出让国有资源使用权取得的收入等。主要包括：利用杂志、网站等各类宣传媒体开展有偿服务活动取得的收入；利用人力资源、资质、技术与知识资源等开展技术咨询、资料和图纸设计审查、勘测检验、工程监理、工程审查验收和其他有偿服务取得的收入；利用政府权力开展强制性行业培训和行业服务取得的收入；利用政府信誉开展对外服务、对外合作取得的收入；闲置场地出租、出让取得的收入；各种场地、建筑物空间广告权出租、出让收入；其他国有资源有偿使用收入。

（四）国有资产有偿使用收入。指住房和城乡建设部门及所属事业单位将所占有的各种形态的固定资产、无形资产出租、出售、出让、转让以及投资等取得的收入。主要包括：房屋、建筑物及其附属设施出租、出让、处置收入；机械设备、专用仪器、车辆等施工、办公用固定资产出租、出让、处置收入；固定资产、无形资产和现金、债券、股权等资产直接对外投资取得的收入；利用政府投资建设的城市道路和公共场地设置停车泊位取得的收入；转让城市基础设施开发权、使用权、冠名权、广告权、特许经营权等取得的收入；应缴财政资金产生的利息收入；其他非经营性国有资产有偿使用收入。

（五）罚没收入。指住房和城乡建设部门依据法律、法规和规章，对公民、法人或者其他组织违反建设法律规定的行为实施处罚所取得的罚款、没收的现金收入以及没收物品的变价收入。

（六）以政府名义接受的捐赠收入。指住房和城乡建设部门及所属事业单位接受的非定向捐赠货币收入。

（七）主管部门集中收入。指住房和城乡建设部门经同级财政部门批准，利用行政权力集中的所属单位的收入。

各级住房和城乡建设部门要对机关及所属单位的各项收入进行全面梳理，凡属于上述政府非税收入管理范围的，都要按照“收支两条线”管理规定和“票款分离”要求，全额纳入财政管理，不得以任何理由将应纳入财政管理的政府非税收入截留、挪用或坐收坐支。

二、进一步规范非税收入征缴管理

（一）规范征缴程序。各级住房和城乡建设部门在依法收取各类政府非税收入时，应首先到同级财政部门申请非税收入项目编码，然后向缴款人开具省财政厅统一印制的“山东省非税收入缴款书”；并根据代收银行加盖收讫章的“山东省非税收入缴款书”，向缴款人提供“山东省非税收入收款收据”，登记非税收入辅助账簿，对收费情况按月及时与财政部门进行核对。

（二）规范财政票据管理和使用。各级住房和城乡建设部门要根据《山东省财政票据管理暂行办法》（鲁财综〔2008〕54 号）要求，对财政票据实行严格管理。一是设置非税收入票据管理台账，指定专人负责票据领购、保管、发放、登记和销毁等工作。二是规范财政票据使用。“山东省非税收入缴款书”是建设系统征收非税收入时向缴款人（单位）出具的唯一合法财政票据，各级住房和城乡建设部门要严格按照有关规定管理使用。财政票据填写必须内容完整，字迹工整，印章齐全。严禁使用“山东省行政事业单位资金往来结算收据”、作废票据以及其他不符合规定的票据收取非税收入。三是强化财政票据内部缴销管理。票据管理人员要按照财政部门要求领购财政票据，定期（月或季）组织清查和盘点，及时与财政部门进行对账，确保财政票据领购、发放、使用、结余对应一致，财政票据使用数量、票据存根与缴入财政的非税收入数额对应一致。四是认真清理已停止使用的空白旧版财政票据和超过保管期限的票据存根，及时登记造册，按规定报财政部门批准后销毁。

（三）规范非税收入资金管理。一是切实加强非税收入征收管理。对国家和省依法设立的非税收入项目，不得随意取消或停止征收，也不得随意提高或降低征收标准。各级住房和城乡建设部门要严格按照规定的范围和标准及时足额征收各项政府非税收入，确保应收尽收。未经同级财政部门批准，各级住房和城乡建设部门及所属单位不得随意减免应缴相应级次的非税收入。对应征不征或未足额征收的，必要时上级住房和城乡建设部门可以直接征收并缴入上级财政。二是严格非税收入账户管理。各级住房和城乡建设部门必须严格按照《行政事业单位银行结算账户管理暂行规定》（鲁财库〔2003〕19 号）设立和使用资金账户，严禁擅自设立非税收入过渡账户，严禁把单位基本账户和其他账户作为过渡账户使用。三是严格执行非税收入“票款分离”征缴制度。各级住房和城乡建设部门征收的非税收入，必须直接通过“山东省非税收入征收管理系统”缴入财政，通过征管系统实现非税收入的自动分成。对未通过非税收入征管系统上缴的各类非税收入，各级财政部门要拒绝接收，并责成相关住房和城乡建设部门通过非税收入征管系统缴纳。四是严格实行综合预算管理。要按照部门预算改革要求，将非税收入统一纳入预算管理体系，实行全口径预算管理。各级住房和城乡建设部门和个人不得截留、坐支、挤占和挪用非税收入。

三、加强协调配合，切实做好建设系统非税收入征缴工作

各级财政与住房和城乡建设部门要高度重视，切实做好住房和城乡建设部门非税收入征缴管理工作。各级财政部门要增强服务意识，对住房和城乡建设部门非税收入征缴和财政票据管理相关工作给予积极指导，主动协调代收银行，帮助住房和城乡建设部门及时解决征缴工作中遇到的困难。住房和城乡建设部门要加强与当地财政部门的工作衔接与配合，加强系统内非税收入征管人员和票据管理人员的业务培训，认真学习财经法规和非税收入管理政策，确保非税收入按规定及时足额征缴，严禁滞压、挤占和挪用。省财政厅与省住房和城乡建设厅将加强对全省住房和城乡建设系统非税收入征缴管理情况的监督检查，对违反非税收入管理规定的行为，严格按照国家有关法律法规进行处理。各级住房和城乡建设部门对非税收入征缴、银行代收、票据使用方面存在的问题和相关建议，请及时向财政部门反映。

附件：住房和城乡建设部门行政事业性收费项目表

附件：

住房和城乡建设部门行政事业性收费项目表

中央项目	管理方式	收费及资金管理文件依据	备注
1. 房屋所有权登记费	缴入地方国库	财预字〔1994〕37号，发改价格〔2008〕924号	
2. 城市房屋安全鉴定费	缴入地方国库	价费字〔1992〕179号，财预〔2000〕127号	
3. 城市排水设施有偿使用费	缴入地方国库	价费字〔1993〕181号，财预〔2000〕127号	
4. 城市污水处理费	缴入地方财政专户	财综字〔1997〕111号，国发〔2000〕36号，计价格〔1999〕1192号，计价格〔2002〕515号	限事业单位征收
5. 城市道路占用挖掘费	缴入地方国库	建城〔1993〕410号，财预〔2003〕470号	
6. 白蚁防治费	缴入地方国库	价费字〔1992〕179号，财预〔2002〕584号	
7. 考试考务费			
（1）注册土木工程师（岩土）执业资格考试报名费	缴入地方国库	计价格〔2002〕2546号	
（2）房地产经纪人执业资格考试报名费	缴入地方国库	计价格〔2002〕2546号	
（3）注册土木工程师（岩土）执业资格考试费	缴入中央和地方国库	计价格〔2002〕2546号	
（4）房地产经纪人执业资格考试费	缴入中央和地方国库	计价格〔2002〕2546号	
（5）注册建造师执业资格考试考务费	缴入中央国库	财综〔2007〕35号，发改价格〔2007〕1467号，鲁财综〔2007〕98号	
（6）注册建造师执业资格考试费	缴入地方国库	财综〔2007〕35号，发改价格〔2007〕1467号，鲁财综〔2007〕98号	
（7）注册化工工程师执业资格基础考试考务费	缴入中央国库	发改价格〔2005〕747号，发改价格〔2009〕1003号	
（8）注册化工工程师执业资格考试（包括基础考试和专业考试）费	缴入地方国库	发改价格〔2005〕747号，发改价格〔2009〕1003号	
（9）注册公用设备工程师执业资格基础考试考务费	缴入中央国库	发改价格〔2005〕747号，发改价格〔2009〕1003号	
（10）注册公用设备工程师执业资格考试（包括基础考试和专业考试）费	缴入地方国库	发改价格〔2005〕747号，发改价格〔2009〕1003号	
（11）注册土木工程师（港口与航道工程）执业资格基础考试考务费	缴入中央国库	发改价格〔2005〕747号，财综〔2007〕23号	
（12）注册土木工程师（港口与航道工程）执业资格考试（包括基础考试和专业考试）费	缴入地方国库	发改价格〔2005〕747号，财综〔2007〕23号	
（13）注册电气工程师执业资格基础考试考务费	缴入中央国库	发改价格〔2005〕747号	
（14）注册电气工程师执业资格考试（包括基础考试与专业考试）费	缴入地方国库	发改价格〔2005〕747号	
（15）注册环保工程师执业资格基础考试考务费	缴入中央国库	财综〔2006〕37号，发改价格〔2007〕551号，鲁财综〔2007〕88号	
（16）注册环保工程师执业资格考试（包括基础考试和专业考试）费	缴入地方国库	财综〔2006〕37号，发改价格〔2007〕551号，鲁财综〔2007〕88号	
（17）注册土木工程师（水利水电工程）执业资格基础考试考务费	缴入中央国库	财综〔2006〕37号，发改价格〔2007〕551号，鲁财综〔2007〕88号	
（18）注册土木工程师（水利水电工程）执业资格考试（包括基础考试和专业考试）费	缴入地方国库	财综〔2006〕37号，发改价格〔2007〕551号，鲁财综〔2007〕88号	
8. 保存人事关系档案收费	缴入中央国库	财综〔2002〕68号，财预〔2003〕470号	
省级项目	管理方式	收费及资金管理文件依据	备注
9. 城市环境卫生费	缴入财政专户	鲁价费发〔1998〕383号，鲁建城发〔1996〕350号，鲁价费发〔2002〕264号	
10. 委托拆迁费	缴入财政专户	山东省城市房屋拆迁管理条例	

续表

省级项目	管理方式	收费及资金管理文件依据	备注
11. 城市房地产综合开发管理费	缴入财政专户	鲁建发〔1998〕44号，鲁价费发〔2001〕301号，省人大《山东省城市房地产开发经营管理条例》，鲁价费发〔2002〕176号	在综合开发费中按一定比例提取，不直接向开发商收取
12. 建设执业资格教育培训费	缴入财政专户	鲁财综字〔1999〕35号，鲁价费发〔2000〕155号	
13. 城市绿化补偿费	缴入财政专户	鲁财综〔2002〕26号，鲁财综〔2004〕81号，鲁财综〔2006〕20号	
(1) 易地补建绿地的代建费			
(2) 临时占用城市绿地补偿费			
(3) 树木补偿费和代植费			
14. 专业技术职务评审费	缴入财政专户	鲁价费发〔2000〕235号，鲁价涉字〔1994〕第70号	借用人事部门项目

省财政厅　省物价局关于发布2008年山东省行政事业性收费项目目录的通知

2009年11月13日　鲁财综〔2009〕95号

各市财政局、物价局，省直各部门，省属各企业：

根据财政部、国家发展改革委《关于印发2008年全国性及中央部门和单位行政事业性收费项目目录的通知》（财综〔2009〕46号），结合2008年省级财政、物价部门批准设立、取消行政事业性收费项目等情况，在《2007年山东省行政事业性收费项目目录》的基础上，我们编制了《2008年山东省行政事业性收费项目目录》（见附件，以下简称《收费目录》），现予公布，并就有关事项通知如下：

一、此次公布的《收费目录》中的行政事业性收费项目，为截止到2008年12月31日仍在执行的国家和省级批准的行政事业性收费项目。收费项目的征收范围、征收标准及资金管理方式等，分别按照《收费目录》中注明的文件规定执行。凡未列入《收费目录》而以行政事业性收费名义征收的收费项目，公民、法人和其他社会组织可以拒绝缴纳。

二、根据省财政厅、省物价局《关于公布取消74项行政事业性收费项目的通知》（鲁财综〔2008〕83号）规定，"全省收费执收人员岗位培训费"等74项省级批准立项的行政事业性收费项目，自2009年1月1日起取消，不再编入《收费目录》。

三、根据省财政厅、省物价局《关于停止征收部分行政事业性收费的通知》（鲁财综〔2009〕10号）规定，对2009年2月1日以后停止征收的"统计人员岗位培训费"等18项中央立项的行政事业性收费项目，在《收费目录》有关项目备注中，均注明"停止征收"字样。

四、2009年1月1日以后新增的行政事业性收费项目，按照现行法律、法规、规章，国务院或财政部、国家发展改革委有关文件，以及省政府或省财政厅、省物价局有关文件规定执行。

五、经省级财政部门批准可由多个部门使用的收费项目，如"专业技术职务评审费"、"职业技能鉴定费"等，仅列入财政部门首次批准立项的执收部门中。

六、根据《财政部关于公布2008年全国政府性基金项目目录的通知》（财综〔2009〕12号）规定，作为政府性基金管理的"城市基础设施配套费"，不再编入《收费目录》。

七、各级财政、物价部门要切实加强行政事业性收费管理，对未列入《收费目录》的收费项目，财政部门不得编入山东省非税收入征收管理系统项目数据库，物价部门不得核发《收费许可证》。要强化收费公示制度，严格依法收费，提高规范化管理水平，为经济社会发展创造良好环境。

附件：2008年山东省行政事业性收费项目目录

附件：

2008年山东省行政事业性收费项目目录

序号	部门	收费项目	管理方式	收费及资金管理文件依据	备注
一	外交	中央项目			
		1. 护照费	缴入中央国库		
		（1）护照		价费字〔1992〕198号，计价格〔1999〕466号，财预〔2000〕127号	
		（2）护照加急		价费字〔1992〕198号，计价格〔1999〕466号，财预〔2003〕470号	
		2. 认证费	缴入中央国库		
		（1）认证		价费字〔1992〕198号，计价格〔1999〕466号，财预〔2000〕127号	
		（2）认证加急		价费字〔1992〕198号，计价格〔1999〕466号，财预〔2003〕470号	
		3. 签证费			
		（1）驻外使馆为外国公民办理签证	缴入中央国库	价费字〔1992〕198号，财预〔2000〕127号	
		（2）代办外国签证（限于国家机关）	缴入中央和地方财政专户	价费字〔1992〕198号，计价格〔1999〕466号，财综〔2003〕45号	
		（3）代办外国签证加急（限于国家机关）	缴入中央和地方财政专户	同上	
		（4）代填外国签证申请表（限于国家机关）	缴入中央和地方财政专户	同上	
		4. 驻外使领馆公证翻译费	缴入中央国库	价费字〔1992〕198号，财预〔2003〕470号	
		5. 代发电报收费	缴入中央国库	财综字〔1997〕123号，计价费〔1997〕1687号，财预〔2003〕470号	
二	发展改革	中央项目			
		6. 非刑事案件财物价格鉴定费	缴入中央和地方国库	财综〔2004〕56号	
三	物价	省级项目			
		7. 收费年度审验费	缴入财政专户	鲁价费发〔1997〕252号	限各市征收
		8. 价格鉴证费	缴入财政专户	鲁财综〔2001〕62号	
四	教育	中央项目			
		9. 普通高中学费	缴入中央和地方财政专户	教财〔1996〕101号，教财〔2003〕4号	
		（1）学费			
		（2）择校费			
		10. 普通高中住宿费	缴入中央和地方财政专户	同上	
		11. 中等职业学校学费	缴入中央和地方财政专户	同上	
		12. 中等职业学校住宿费	缴入中央和地方财政专户	同上	
		13. 高等学校学费	缴入中央和地方财政专户	教财〔1996〕101号，教财〔2003〕4号，计价格〔2002〕838号，计价格〔2002〕665号，发改价格〔2005〕2528号，教财〔2006〕2号	
		14. 高等学校住宿费	缴入中央和地方财政专户	教财〔1996〕101号，教财〔2003〕4号，教财〔2006〕2号	
		15. 高等学校委托培养费	缴入中央和地方财政专户	教财〔2006〕2号	
		16. 函大、电大、夜大及短训班培训费	缴入中央和地方财政专户	价费字〔1992〕367号	

续表

序号	部门	收费项目	管理方式	收费及资金管理文件依据	备注
		17. 中小学阅读图书评审费	缴入中央国库	财综〔2001〕79 号，计价格〔2002〕732 号，财预〔2003〕470 号	
		18. 考试考务费			
		（1）高等教育自学考试费	缴入地方财政专户	价费字〔1992〕367 号，发改价格〔2003〕2161 号	
		（2）高等教育自学考试考务费	缴入中央财政专户	价费字〔1992〕367 号，发改价格〔2003〕2161 号	
		（3）商务管理和金融管理专业自学考试费	缴入地方财政专户	财综〔1999〕110 号，发改价格〔2003〕2161 号	
		（4）商务管理和金融管理专业自学考试考务费	缴入中央财政专户	财综〔1999〕110 号，发改价格〔2003〕2161 号	
		（5）全国公共英语等级考试费	缴入地方财政专户	同上	
		（6）全国公共英语等级考试考务费	缴入中央财政专户	同上	
		（7）剑桥少儿英语考试费	缴入地方财政专户	同上	
		（8）剑桥少儿英语考试考务费	缴入中央财政专户	同上	
		（9）全国计算机应用技术证书考试费	缴入地方财政专户	同上	
		（10）全国计算机应用技术证书考试考务费	缴入中央财政专户	同上	
		（11）在职人员攻读专业学位考试报名考务费	缴入中央和地方财政专户	计价格〔2001〕1226 号，发改价格〔2004〕2839 号	
		（12）高考（含成人高考）考试费	缴入地方财政专户	价费字〔1992〕367 号，发改价格〔2003〕2161 号，发改价格〔2005〕1245 号	
		（13）高考（含成人高考）考试考务费	缴入中央财政专户	价费字〔1992〕367 号，发改价格〔2003〕2161 号，发改价格〔2005〕1245 号	
		（14）研究生招生考试费	缴入地方财政专户	教财〔1992〕42 号，财综字〔1995〕16 号，发改价格〔2003〕2161 号，鲁财综〔2006〕58 号	
		（15）研究生招生考试考务费	缴入中央财政专户	教财〔1992〕42 号，财综字〔1995〕16 号，发改价格〔2003〕2161 号，鲁财综〔2006〕58 号	
		（16）大学英语四、六级考试费	缴入地方财政专户	价费字〔1992〕367 号，发改价格〔2005〕1245 号，发改价格〔2008〕3699 号	
		（17）大学英语四、六级考试考务费	缴入中央财政专户	价费字〔1992〕367 号，发改价格〔2005〕1245 号，发改价格〔2008〕3699 号	
		（18）电大视听生考试和高等教育学历文凭考试费	缴入地方财政专户	发改价格〔2003〕2161 号	
		（19）电大视听生考试和高等教育学历文凭考试考务费	缴入中央财政专户	发改价格〔2003〕2161 号	
		（20）CIT 模块报告考核费	缴入中央和地方财政专户	同上	
		（21）CIT 资格审查费	缴入中央和地方财政专户	同上	
		（22）全国外语水平考试费	缴入地方财政专户	同上	
		（23）全国外语水平考试考务费	缴入中央财政专户	同上	

续表

序号	部门	收费项目	管理方式	收费及资金管理文件依据	备注
		（24）专科起点本科入学考试费	缴入地方财政专户	同上	不得收取面试费、试讲费等其他收费
		（25）专科起点本科入学考试考务费	缴入中央财政专户	同上	
		（26）成人高等职教考试费	缴入地方财政专户	同上	
		（27）成人高等职教考试考务费	缴入中央财政专户	同上	
		（28）计算机等级考试费	缴入地方财政专户	同上	
		（29）计算机等级考试考务费	缴入中央财政专户	同上	
		（30）同等学历人员申请硕士学位水平全国统一考试报名费	缴入中央和地方财政专户	计价格〔2000〕545号	
		（31）全国网络统考考试费	缴入中央国库	财综〔2006〕4号，财综〔2008〕69号	
		（32）教师资格考试费	缴入地方国库	财综〔2006〕34号，发改价格〔2006〕2221号	
		（33）普通话水平测试费	缴入中央和地方国库	财综〔2003〕53号，发改价格〔2003〕2160号	
		省级项目			
		19. 普通高中学生学业水平考试费	缴入财政专户	鲁教招字〔1992〕3号，鲁价涉发〔1996〕177号，鲁财综〔2005〕10号	
		（1）普通高中学生水平考试考籍管理，水平考试合格审定费			
		（2）普通高中学生学业水平考试报名费			
		20. 政府投资的幼儿园保育、管理、杂费及代办费	缴入财政专户	鲁价涉字〔1994〕143号，鲁价费发〔1998〕352号，鲁价费发〔2002〕249号，鲁价费函〔2003〕146号	
		21. 艺术（业余）考级收费	缴入财政专户	鲁价涉发〔1994〕148号，鲁价费发（1998）337号	
		22. 普通高校非计算机专业计算机等级考试报名考务费	缴入财政专户	鲁价费发〔1996〕291号	
		23.《中学信息技术等级证书》考试费	缴入财政专户	鲁财综〔2002〕8号，鲁价费发〔2002〕124号，鲁价费函〔2004〕111号，鲁价费发〔2007〕158号	
		24. 中考招生报名考务费	缴入财政专户	鲁价涉发〔1996〕207号，鲁价费发〔2004〕182号	
		25. 普通中专招生报名考务费	缴入财政专户	鲁招委字〔1996〕16号，鲁价费发〔2004〕182号	
		26. 电大大中专考务管理费	缴入财政专户	（88）鲁价涉字171号	
		27. 公办高中择校费	缴入财政专户	国办发〔2001〕23号，鲁价费发〔2004〕140号	
		28. 中小学住宿费	缴入财政专户	鲁政办发〔2000〕69号，鲁价费发〔2001〕311号，鲁教监字〔2008〕5号	
		29. 计算机等级考试收费	缴入财政专户	鲁价涉发〔1996〕206号，鲁价涉发〔1995〕267号	限各级自考办收取
		30. 计算机应用能力等级考核报名考务费	缴入财政专户	鲁价涉发〔1995〕267号	限省计算机应用能力考核办公室收取

续表

序号	部门	收费项目	管理方式	收费及资金管理文件依据	备注
		31. 教育科研成果评审费	缴入财政专户	鲁财综字〔2000〕33 号，鲁价费发〔1997〕14 号	限省教育科学研究所收取
		32. 高职高专英语应用能力考试报名费	缴入财政专户	鲁价费发〔2005〕106 号	
		33. 成人高等教育本科毕业生学士学位外语报名考试费	缴入财政专户	鲁财综〔2005〕9 号，鲁价费发〔2005〕52 号	
		34. 飞行技术专业体检费	缴入财政专户	鲁财综〔2006〕5 号，鲁价费发〔2006〕251 号	限滨州学院收取
		35. 电大开放教育注册建档费	缴入财政专户	鲁价费函〔2006〕74 号	
		36. 高考数学、理科综合科目网上阅卷模拟实验考试报名考试费	缴入财政专户	鲁财综〔2008〕15 号	限 2008 年征收
五	公安	中央项目			
		37. 证照费			
		（1）外国人证件费		价费字〔1992〕240 号，财预字〔1994〕37 号，公通字〔2000〕99 号	
		①准予停留章	缴入地方国库	公通字〔1996〕89 号	
		②居留许可	缴入中央和地方国库	财综〔2004〕60 号，发改价格〔2004〕2230 号	
		③永久居留申请	缴入中央和地方国库	财综〔2004〕32 号，发改价格〔2004〕1267 号	
		④永久居留证（含丢失补领、损坏换发）	缴入中央国库	同上	
		⑤出入境证	缴入地方国库	公通字〔1996〕89 号	
		⑥旅行证（含延期）	缴入地方国库	同上	
		⑦准迁证	缴入地方国库		
		（2）公民出入境证件费		价费字〔1992〕240 号，价费字〔1993〕164 号，财预字〔1994〕37 号，公通字〔2000〕99 号	
		①护照（含加页、核定、加注、延期）	缴入中央和地方国库	计价格〔2000〕293 号	
		②出入境通行证	缴入中央和地方国库	财综〔2008〕9 号，鲁财综〔2008〕50 号	
		③往来(含前往)港澳通行证(含签注)	缴入中央和地方国库	计价格〔2002〕1097 号，发改价格〔2005〕77 号	
		④台湾居民往来大陆通行证（含签注）	缴入中央和地方国库	价费字〔1993〕164 号，计价格〔2001〕1835 号，发改价格〔2004〕334 号，财综〔2005〕58 号，发改价格〔2005〕1460 号	
		⑤台湾同胞定居证	缴入地方国库	价费字〔1993〕164 号，发改价格〔2004〕2839 号	
		⑥华侨回国定居证	缴入地方国库	同上	
		⑦大陆居民往来台湾通行证（含签注）	缴入中央和地方国库	价费字〔1993〕164 号，计价格〔2001〕1835 号	
		（3）户籍管理证件工本费	缴入地方国库	价费字〔1992〕240 号，财预字〔1994〕37 号	

续表

序号	部门	收费项目	管理方式	收费及资金管理文件依据	备注
		①户口簿			
		②户口迁移证件			
		（4）居民身份证工本费	缴入地方国库	价费字〔1992〕240号，计价格〔1995〕873号，计价格〔1997〕1485号，财预字〔1994〕37号，发改价格〔2003〕2322号，财综〔2004〕8号，财综〔2007〕34号	
		（5）机动车号牌工本费	缴入地方国库	价费字〔1992〕240号，财预字〔1994〕37号，计价格〔1994〕783号，发改价格〔2004〕2831号	
		①号牌（含临时）			
		②号牌专用固封装置			
		③号牌架			
		（6）机动车行驶证工本费	缴入地方国库	价费字〔1992〕240号，财预字〔1994〕37号，计价格〔1994〕783号，发改价格〔2004〕2831号	
		（7）机动车登记证书工本费	缴入地方国库	财综〔2001〕67号，计价格〔2001〕1979号，发改价格〔2004〕2831号	
		（8）驾驶证工本费	缴入地方国库	价费字〔1992〕240号，财预字〔1994〕37号，发改价格〔2004〕2831号	
		（9）临时入境机动车号牌和行驶证工本费	缴入地方国库	财综〔2008〕36号，发改价格〔2008〕1575号，鲁财综〔2008〕49号	
		（10）临时机动车驾驶许可工本费	缴入地方国库	财综〔2008〕36号，发改价格〔2008〕1575号，鲁财综〔2008〕49号	
		38. 外国人签证费	缴入中央和地方国库	价费字〔1992〕240号，财预字〔1994〕37号，公通字〔2000〕99号，计价格〔2003〕392号	
		39. 中国国籍申请手续费（含证书费）	缴入地方国库	价费字〔1992〕240号，公通字〔1996〕89号，财预字〔1994〕37号，公通字〔2000〕99号	
		40. 口岸以外边防检查监护费	缴入中央国库	价费字〔1992〕240号，财预字〔1994〕37号，计价格〔2001〕523号	
		41. 往来港澳小型船舶查验簿收费	缴入中央国库	价费字〔1992〕240号，财预字〔1994〕37号	
		42. 机动车安全技术检验费	缴入地方国库	价费字〔1992〕240号，财预字〔1994〕37号，发改价格〔2004〕2831号	
		43. 机动车抵押登记费	缴入地方国库	财综〔2001〕67号，计价格〔2001〕1979号	
		44. 驾驶许可考试费	缴入地方国库	同上	
		45. 菲律宾船员检查费	缴入中央国库	财综〔2006〕28号	
		省级项目			
		46. 机动车驾驶员安全教育培训费	缴入国库	鲁价费发〔2000〕21号	
		47. 道路清障费（除违章车辆外）	缴入国库	鲁价费发〔1999〕264号	鲁政发〔2003〕5号文件取消对清障车辆的看管费
		48. 机动车驾驶员管理信息卡工本费	缴入国库	鲁政办发〔1999〕6号，鲁信办字〔1999〕15号，鲁价费发〔2000〕44号	

续表

序号	部门	收费项目	管理方式	收费及资金管理文件依据	备注
		49. 门楼牌工本费	缴入国库	鲁财综字〔2000〕42 号，鲁价费发〔2000〕178 号，鲁价费发〔2006〕223 号	
		50. 公安系统非刑事案件法医鉴定费	缴入国库	(1993) 鲁价涉字第 47 号，鲁价费发〔2004〕31 号，鲁价费发〔2006〕202 号	
		51. 乘机临时身份证工本费	缴入国库	鲁财综〔2007〕37 号	
		52. 机场控制区域通行证工本费	缴入国库	鲁财综〔2007〕37 号，鲁财综〔2008〕83 号	
		53. 体能测试费、面试费	缴入财政专户	鲁财综〔2006〕35 号，鲁价费发〔2006〕145 号	限山东司法警官职业学院和山东警察学院收取
		54. 养犬管理服务费	缴入国库	鲁财综〔2007〕27 号	限济南市征收
六	监察	中央项目			
		55. 培训费	缴入中央国库	财综〔2003〕43 号，发改价格〔2006〕2616 号	
		56. 住宿费	缴入中央国库	同上	
		57. 资料工本费	缴入中央国库	同上	
七	民政	中央项目			
		58. 婚姻登记证书工本费	缴入地方国库	价费字〔1992〕249 号，财预字〔1994〕37 号，计价格〔2001〕523 号	
		59. 收养登记费	缴入地方国库	价费字〔1992〕349 号，财预字〔1994〕37 号，计价格〔2001〕523 号	
		60. 殡葬收费	缴入地方财政专户	价费字〔1992〕249 号	
		61. 学费	缴入中央和地方国库	财综〔2004〕4 号	
		62. 住宿费	缴入中央国库	同上	
		省级项目			
		63. 退役士兵安置任务有偿转移费	缴入财政专户	鲁财综〔2002〕65 号，鲁价费函〔2002〕135 号	
八	司法	中央项目			
		64. 外国律师事务所办事处申请手续费	缴入中央国库	价费字〔1992〕618 号，财综〔2003〕29 号	
		65. 外国律师事务所办事处年检费	缴入中央国库	价费字〔1992〕618 号，财综〔2003〕29 号	
		66. 公证费（限于行政机关）	缴入中央和地方国库	计价费〔1997〕285 号，计价费〔1998〕814 号，财预〔2003〕470 号	
		67. 考试考务费			
		（1）司法考试考务费	缴入中央财政专户	财综〔2002〕6 号，计价格〔2002〕154 号	
		（2）司法考试费	缴入地方财政专户	财综〔2002〕6 号，计价格〔2002〕154 号	
		68. 涉外、涉港澳台公证书工本费	缴入中央财政专户	财综〔2000〕2 号，计价格〔2001〕1541 号，计价格〔2002〕1347 号	
		省级项目			
		69. 体能测试费、面试费	缴入财政专户	鲁财综〔2006〕35 号，鲁价费发〔2006〕145 号	限山东司法警官职业学院和山东警察学院收取

续表

序号	部门	收费项目	管理方式	收费及资金管理文件依据	备注
九	财政	中央项目			
		70. 收费票据工本费	缴入中央和地方国库	计价格〔2001〕604号，财预〔2002〕584号，鲁价费函〔2004〕12号，鲁财综〔2008〕74号	
		71. 考试考务费			
		（1）注册会计师考试考务费	缴入中央国库	计价格〔2001〕527号，财预〔2002〕584号	
		（2）注册会计师考试报名费	缴入地方国库	计价格〔2001〕527号，财预〔2002〕584号	
		（3）会计专业技术资格考试考务费	缴入中央国库	计价格〔2000〕1567号，财预〔2002〕584号	
		（4）会计专业技术资格考试费	缴入地方国库	计价格〔2000〕1567号，财预〔2002〕584号	
		（5）会计从业资格考试费	缴入地方国库	计价格〔2002〕1575号	
		（6）注册资产评估师执业资格珠宝评估专业考试费	缴入中央国库	发改价格〔2008〕2021号	
		省级项目			
		72. 高级会计师考试报名考务费	缴入财政专户	鲁价费发〔2001〕217号	
		73. 会计人员继续教育收费	缴入财政专户	鲁价费发〔2002〕246号	
		74. 珠算技术鉴定费	缴入财政专户	鲁价涉字〔1994〕第68号，鲁价费发〔2002〕247号	
十	人力资源和社会保障	中央项目			
		75. 职业技能鉴定费	缴入中央和地方国库	财综函〔2001〕4号，财综〔2004〕65号	
		76. 保存人事关系及档案收费	缴入中央和地方国库	价费字〔1992〕253号，财预〔2003〕470号	
		77. 考试考务费			
		（1）专业技术人员计算机应用能力考试考务费	缴入中央国库	计价格〔2001〕1969号，财预〔2002〕584号	
		（2）专业技术人员计算机能力考试费	缴入地方国库	计价格〔2001〕1969号，财预〔2002〕584号	
		（3）价格鉴证师执业资格考试考务费	缴入中央国库	财综字〔2000〕27号，财预〔2002〕584号，发改价格〔2004〕1108号	
		（4）价格鉴证师执业资格考试费	缴入地方国库	财综字〔2000〕27号，财预〔2002〕584号，发改价格〔2004〕1108号	
		（5）注册城市规划师资格考试考务费	缴入中央国库	财综字〔2000〕27号，财预〔2002〕584号，计价格〔2000〕546号	
		（6）注册城市规划师资格考试费	缴入地方国库	财综字〔2000〕27号，财预〔2002〕584号，计价格〔2000〕546号	
		（7）质量专业技术人员职业资格考试考务费	缴入中央国库	计价格〔2001〕1969号，财预〔2002〕584号	
		（8）质量专业技术人员职业资格考试费	缴入地方国库	计价格〔2001〕1969号，财预〔2002〕584号	
		（9）专业技术人员职称外语等级考试考务费	缴入中央国库	财预〔2002〕584号，发改价格〔2004〕1108号	

续表

序号	部门	收费项目	管理方式	收费及资金管理文件依据	备注
		（10）专业技术人员职称外语等级考试费	缴入地方国库	同上	
		（11）经济专业技术资格考试考务费	缴入中央国库	同上	
		（12）经济专业技术资格考试费	缴入地方国库	同上	
		（13）执业药师、执业中药师资格考试考务费	缴入中央国库	同上	
		（14）执业药师、执业中药师资格考试费	缴入地方国库	同上	
		（15）监理工程师、造价工程师执业资格考试考务费	缴入中央国库	同上	
		（16）监理工程师、造价工程师执业资格考试费	缴入地方国库	同上	
		（17）注册资产评估师执业资格考试考务费	缴入中央国库	同上	
		（18）注册资产评估师执业资格考试费	缴入地方国库	同上	
		（19）企业法律顾问执业资格考试考务费	缴入中央国库	同上	
		（20）企业法律顾问执业资格考试费	缴入地方国库	同上	
		（21）注册税务师执业资格考试考务费	缴入中央国库	同上	
		（22）注册税务师执业资格考试费	缴入地方国库	同上	
		（23）国际商务师执业资格考试考务费	缴入中央国库	同上	
		（24）国际商务师执业资格考试费	缴入地方国库	同上	
		（25）初级、中级出版专业技术人员职业资格考试考务费	缴入中央国库	计价格〔2002〕1698 号，财预〔2002〕584 号	
		（26）初级、中级出版专业技术人员职业资格考试费	缴入地方国库	计价格〔2002〕1698 号，财预〔2002〕584 号	
		（27）注册咨询工程师（投资）执业资格考试考务费	缴入中央国库	计价格〔2002〕1698 号，财预〔2002〕584 号	
		（28）注册咨询工程师（投资）执业资格考试费	缴入地方国库	计价格〔2002〕1698 号，财预〔2002〕584 号	
		（29）土地登记代理人员职业资格考试考务费	缴入中央国库	发改价格〔2004〕1108 号	
		（30）土地登记代理人员职业资格考试费	缴入地方国库	发改价格〔2004〕1108 号	
		（31）注册安全工程师执业资格考试考务费	缴入中央国库	发改价格〔2007〕2016 号	

续表

序号	部门	收费项目	管理方式	收费及资金管理文件依据	备注
		（32）注册安全工程师执业资格考试费	缴入地方国库	发改价格〔2007〕2016号	
		（33）注册设备监理师执业资格考试考务费	缴入中央国库	发改价格〔2007〕2016号	
		（34）注册设备监理师执业资格考试费	缴入地方国库	发改价格〔2007〕2016号	
		（35）投资建设项目管理师职业水平考试考务费	缴入中央国库	财综〔2006〕22号，发改价格〔2008〕2666号	
		（36）投资建设项目管理师职业水平考试费	缴入地方国库	财综〔2006〕22号，发改价格〔2008〕2666号	
		（37）外销员从业资格考试考务费	缴入中央国库	发改价格〔2004〕1108号	
		（38）外销员从业资格考试费	缴入地方国库	发改价格〔2004〕1108号	
		（39）注册化工工程师执业资格考试（包括基础考试和专业考试）费	缴入地方国库	发改价格〔2005〕747号，发改价格〔2009〕1003号	
		（40）注册公用设备工程师执业资格考试（包括基础考试和专业考试）费	缴入地方国库	发改价格〔2005〕747号，发改价格〔2009〕1003号	
		（41）注册土木工程师（港口与航道工程）执业资格考试（包括基础考试和专业考试）费	缴入地方国库	发改价格〔2005〕747号，发改价格〔2009〕1003号	
		（42）注册电气工程师执业资格考试（包括基础考试与专业考试）费	缴入地方国库	发改价格〔2005〕747号，发改价格〔2009〕1003号	
		（43）环境影响评价工程师职业资格考试费	缴入地方国库	财综〔2007〕41号，发改价格〔2007〕1925号	
		（44）助理社会工作师职业水平考试考务费	缴入中央国库	财综〔2007〕61号，发改价格〔2008〕278号，鲁财综〔2008〕33号	
		（45）助理社会工作师职业水平考试费	缴入地方国库	财综〔2007〕61号，发改价格〔2008〕278号，鲁财综〔2008〕33号	
		（46）社会工作师职业水平考试考务费	缴入中央国库	财综〔2007〕61号，发改价格〔2008〕278号，鲁财综〔2008〕33号	
		（47）社会工作师职业水平考试费	缴入地方国库	财综〔2007〕61号，发改价格〔2008〕278号，鲁财综〔2008〕33号	
		省级项目			
		78. 考试报名考务费			
		（1）国家公务员录用考试	缴入财政专户	鲁价涉发〔1995〕269号，鲁价费发〔2004〕56号，鲁价费发〔2004〕196号	
		（2）职称外语等级考试	缴入财政专户	鲁价费发〔1999〕53号，鲁价费发〔2004〕196号	
		（3）执业（职业）资格考试（除涉及人身健康、生命财产安全外）	缴入财政专户	鲁价费发〔1999〕53号，鲁价费发〔2004〕196号	

续表

序号	部门	收费项目	管理方式	收费及资金管理文件依据	备注
		（4）专业技术资格考试	缴入财政专户	鲁价费发〔1999〕53号，鲁价费发〔2004〕196号	
		（5）机关事业单位技术工人等级考核	缴入财政专户	鲁价涉发〔1995〕300号，鲁价费发〔1999〕53号	
		79. 专业技术职务评审费	缴入财政专户	鲁价涉字〔1994〕第70号，鲁价费发〔2000〕235号	
		80. 机关事业单位工作人员劳动能力鉴定费	缴入财政专户	鲁财综〔2005〕44号，鲁价费发〔2005〕163号	
		81. 转业军官培训费	缴入财政专户	鲁财综〔2007〕6号，鲁价费发〔2007〕171号	
		82. 事业单位招聘人员报名考试考务费	缴入财政专户	鲁财综〔2007〕111号，鲁价费函〔2008〕13号	
		83. 企业伤病职工劳动能力鉴定费	缴入财政专户	鲁价涉发〔1994〕181号	
		84. 职业技能培训、考核及鉴定费	缴入财政专户	鲁财综字〔1996〕44号，鲁价涉发〔1996〕208号，鲁价费发〔2001〕80号	
		85. 就业训练费	缴入财政专户	鲁价涉发〔1995〕124号	
		86. 社会保障IC卡	缴入财政专户	鲁财综〔2006〕1号，鲁价费发〔2006〕74号	
十一	国土资源	中央项目			
		87. 石油（天然气）勘查、开采登记费（包括证书费）	缴入中央国库	价费字〔1992〕184号，财预〔2000〕127号	
		88. 矿产资源补偿费	缴入中央和地方国库	国务院第150号令	
		89. 矿产资源勘查登记费	缴入中央和地方国库	价费字〔1992〕251号	
		90. 采矿登记收费	缴入中央和地方国库	价费字〔1992〕251号	
		91. 土地复垦费	缴入地方国库	《土地管理法》	
		92. 土地闲置费	缴入地方国库	《土地管理法》，财预〔2002〕584号	
		93. 土地登记费	缴入地方国库	国土（籍）字〔1990〕93号，财预〔2000〕127号	
		94. 征（土）地管理费	缴入地方国库	价费字〔1992〕597号，计价格〔2001〕585号，鲁财综〔2007〕97号	
		95. 耕地开垦费	缴入地方国库	《土地管理法》，财预〔2002〕584号	
		96. 地质成果资料费	缴入地方国库	价费字〔1992〕251号，财预〔2003〕470号	
		97. 考试考务费			
		（1）土地评估师考试考务费	缴入中央国库	发改价格〔2005〕147号	
		（2）土地评估师考试费	缴入地方国库	发改价格〔2005〕147号	
十二	住房城乡建设	中央项目			
		98. 房屋所有权登记费	缴入地方国库	财预字〔1994〕37号，发改价格〔2008〕924号	
		99. 城市房屋安全鉴定费	缴入地方国库	价费字〔1992〕179号，财预〔2000〕127号	
		100. 城市排水设施有偿使用费	缴入地方国库	价费字〔1993〕181号，财预〔2000〕127号	
		101. 城市污水处理费	缴入地方财政专户	财综字〔1997〕111号，国发〔2000〕36号，计价格〔1999〕1192号，计价格〔2002〕515号	限事业单位征收
		102. 城市道路占用挖掘费	缴入地方国库	建城〔1993〕410号，财预〔2003〕470号	

续表

序号	部门	收费项目	管理方式	收费及资金管理文件依据	备注
		103. 白蚁防治费	缴入地方国库	价费字〔1992〕179号，财预〔2002〕584号	
		104. 考试考务费			
		（1）注册土木工程师（岩土）执业资格考试报名费	缴入地方国库	计价格〔2002〕2546号	
		（2）房地产经纪人执业资格考试报名费	缴入地方国库	同上	
		（3）注册土木工程师（岩土）执业资格考试费	缴入中央和地方国库	同上	
		（4）房地产经纪人执业资格考试费	缴入中央和地方国库	同上	
		（5）注册建造师执业资格考试考务费	缴入中央国库	财综〔2007〕35号，发改价格〔2007〕1467号，鲁财综〔2007〕98号	
		（6）注册建造师执业资格考试费	缴入地方国库	财综〔2007〕35号，发改价格〔2007〕1467号，鲁财综〔2007〕98号	
		（7）注册化工工程师执业资格基础考试考务费	缴入中央国库	发改价格〔2005〕747号，发改价格〔2009〕1003号	
		（8）注册化工工程师执业资格考试（包括基础考试和专业考试）费	缴入地方国库	发改价格〔2005〕747号，发改价格〔2009〕1003号	
		（9）注册公用设备工程师执业资格基础考试考务费	缴入中央国库	发改价格〔2005〕747号，发改价格〔2009〕1003号	
		（10）注册公用设备工程师执业资格考试（包括基础考试和专业考试）费	缴入地方国库	发改价格〔2005〕747号，发改价格〔2009〕1003号	
		（11）注册土木工程师（港口与航道工程）执业资格基础考试考务费	缴入中央国库	发改价格〔2005〕747号，财综〔2007〕23号	
		（12）注册土木工程师（港口与航道工程）执业资格考试（包括基础考试和专业考试）费	缴入地方国库	发改价格〔2005〕747号，财综〔2007〕23号	
		（13）注册电气工程师执业资格基础考试考务费	缴入中央国库	发改价格〔2005〕747号	
		（14）注册电气工程师执业资格考试（包括基础考试与专业考试）费	缴入地方国库	发改价格〔2005〕747号	
		（15）注册环保工程师执业资格基础考试考务费	缴入中央国库	财综〔2006〕37号，发改价格〔2007〕551号，鲁财综〔2007〕88号	
		（16）注册环保工程师执业资格考试（包括基础考试和专业考试）费	缴入地方国库	财综〔2006〕37号，发改价格〔2007〕551号，鲁财综〔2007〕88号	
		（17）注册土木工程师（水利水电工程）执业资格基础考试考务费	缴入中央国库	财综〔2006〕37号，发改价格〔2007〕551号，鲁财综〔2007〕88号	

续表

序号	部门	收费项目	管理方式	收费及资金管理文件依据	备注
		（18）注册土木工程师（水利水电工程）执业资格考试（包括基础考试和专业考试）费	缴入地方国库	财综〔2006〕37号，发改价格〔2007〕551号，鲁财综〔2007〕88号	
		105. 保存人事关系档案收费	缴入中央国库	财综〔2002〕68号，财预〔2003〕470号	
		省级项目			
		106. 城市环境卫生费	缴入财政专户	鲁价费发〔1998〕383号，鲁建城发〔1996〕350号，鲁价费发〔2002〕264号	
		107. 委托拆迁费	缴入财政专户	山东省城市房屋拆迁管理条例	
		108. 城市房地产综合开发管理费	缴入财政专户	鲁建发〔1998〕44号，鲁价费发〔2001〕301号，省人大《山东省城市房地产开发经营管理条例》，鲁价费发〔2002〕176号	在综合开发费中按一定比例提取，不直接向开发商收取
		109. 建设执业资格教育培训费	缴入财政专户	鲁财综字〔1999〕35号，鲁价费发〔2000〕155号	
		110. 城市绿化补偿费	缴入财政专户	鲁财综〔2002〕26号，鲁财综〔2004〕81号，鲁财综〔2006〕20号	
		（1）易地补建绿地的代建费			
		（2）临时占用城市绿地补偿费			
		（3）树木补偿费和代植费			
十三	铁道	中央项目			
		111. 考试考务费			
		（1）铁道行业职业技能鉴定考试考务费	缴入中央国库	计价格〔2002〕435号，财预〔2003〕470号	
		（2）铁道行业职业技能鉴定考试费	缴入中央国库	同上	
		（3）会计从业资格考试费	缴入中央国库	计价格〔2002〕1575号	
		省级项目			
		112. 护路联防费	缴入财政专户	省政府办公厅鲁政办发〔1993〕48号，鲁价费发〔2005〕115号	
		113. 铁路货场有偿使用费	缴入财政专户	鲁政字〔2007〕184号	限枣庄征收
十四	交通	中央项目			
		114. 车辆通行费	缴入地方财政专户	交公路发〔1994〕686号，《收费公路条例》，鲁财综〔2008〕5号	限政府还贷公路
		115. 船舶港务费	缴入中央和地方财政专户	价费字〔1992〕191号，交财发〔1997〕93号	
		116. 船舶登记费	缴入中央和地方财政专户	价费字〔1992〕191号，交财发〔1997〕93号，财预〔2003〕470号，财预〔2003〕559号	
		117. 船舶证明签证费	缴入中央和地方财政专户	同上	
		118. 船舶申请安全检查复查费	缴入中央和地方财政专户	同上	
		119. 油污水化验费	缴入中央和地方财政专户	价费字〔1992〕191号，财预〔2003〕470号，财预〔2003〕559号	
		120. 海事调解费	缴入中央和地方财政专户	价费字〔1992〕191号，财预〔2003〕470号，财预〔2003〕559号，发改价格〔2004〕2839号	

续表

序号	部门	收费项目	管理方式	收费及资金管理文件依据	备注
		121. 浮油回收费	缴入中央和地方财政专户	价费字〔1992〕191号，财预〔2003〕470号，财预〔2003〕559号	
		122. 海岸电台无线电电报电话费（含船舶电信业务岸台费）	缴入中央和地方财政专户	价费字〔1992〕191号，财预〔2003〕470号，财预〔2003〕559号，交财发〔1993〕379号，财综〔2004〕62号	
		123. 船舶及船用产品设施检验费	缴入中央和地方财政专户	价费字〔1993〕17号，财综〔2003〕81号	
		124. 特种船舶和水上水下工程护航费	缴入中央和地方财政专户	价费字〔1992〕191号，财预〔2003〕470号，财预〔2003〕559号，发改价格〔2004〕2839号	
		125. 长江干线船舶引航收费	缴入中央国库	财综〔2007〕60号，发改价格〔2008〕12号	
		（1）引航费			
		（2）移泊费			
		（3）交通费			
		126. 考试考务费			
		（1）引航员考试费	缴入中央和地方财政专户	计价格〔2001〕2717号，财预〔2003〕470号，财预〔2003〕559号	
		（2）磁罗经校正员考试费	缴入中央和地方财政专户	同上	
		（3）验船师考试费	缴入中央和地方财政专户	同上	
		（4）船员适任证书考试（含海船及内河船员）费	缴入中央和地方财政专户	同上	
		（5）注册土木工程师（港口与航道工程）执业资格专业考试考务费	缴入中央国库	发改价格〔2005〕747号，财综〔2007〕23号，发改价格〔2009〕1003号	
		（6）交通行业特有职业技能资格鉴定（考核）考试考务费	缴入中央国库	财综〔2006〕36号，发改价格〔2007〕301号	
		（7）交通行业特有职业技能资格鉴定（考核）考试费	缴入地方国库	财综〔2006〕36号，发改价格〔2007〕301号	
		省级项目			
		127. 公路附属设施损坏赔偿费	缴入财政专户	鲁价费发〔2000〕96号	
		128. 公路占用补偿费	缴入财政专户	鲁价费发〔2000〕96号	
		129. 高速公路路产损坏赔偿费	缴入财政专户	鲁价涉发〔1994〕313号，鲁交计〔1996〕41号，鲁价费发〔2000〕172号	
		130. 内河船闸过闸费	缴入财政专户	鲁交财〔1996〕2号，鲁价费发〔2001〕235号	
		131. 证书工本费	缴入财政专户		
		（1）《航行签证簿》工本费	缴入财政专户	鲁价涉发〔1995〕115号	
		（2）《船舶进出口报告单》工本费	缴入财政专户	鲁价涉发〔1995〕115号	
		（3）《汽车客货运单据》工本费	缴入财政专户	鲁财综〔2002〕28号	
		132. 济宁白马河航道养护费	缴入财政专户	鲁财综〔2004〕49号，鲁价费发〔2004〕142号	限济宁市执行

续表

序号	部门	收费项目	管理方式	收费及资金管理文件依据	备注
十五	工业和信息化				
		133. 电子工程概预算人员培训费	缴入中央国库	发改价格〔2004〕36 号	
		134. 卫星转发器信道费	缴入中央国库	邮部联〔1991〕736 号	
		135. 无线电频率占用费	缴入中央和地方国库	计价费〔1998〕218 号，财建〔2002〕640 号，发改价格〔2003〕2300 号，发改价格〔2005〕2812 号，发改价格〔2007〕3643 号	
		136. 无线电设备检测费	缴入地方国库	计价费〔1998〕218 号	
		137. 进网许可标志工本费	缴入中央国库	财综〔2002〕37 号，发改价格〔2003〕477 号	
		138. 考试考务费			
		（1）电子行业特有工种职业技能鉴定考试考务费	缴入中央国库	发改价格〔2004〕425 号	
		（2）电子行业特有工种职业技能鉴定考试费	缴入地方国库	发改价格〔2004〕425 号	
		（3）计算机软件专业技术资格和水平考试考务费	缴入中央国库	发改价格〔2003〕2148 号	
		（4）计算机软件专业技术资格和水平考试费	缴入地方国库	发改价格〔2003〕2148 号	
		139. 电信网码号资源占用费	缴入中央国库	信部联清〔2004〕517 号	
十六	水利	中央项目			
		140. 水资源费	缴入地方国库	价费字〔1992〕181 号，财预字〔1994〕37 号，财综〔2003〕89 号，财综〔2008〕79 号	
		141. 河道采砂管理费	缴入中央和地方国库	价费字〔1992〕181 号，财预字〔1994〕37 号	
		142. 河道工程修建维护管理费	缴入地方国库	同上，财预〔2000〕127 号，财综〔2003〕89 号	
		143. 占用农业灌溉水源及设施补偿费	缴入中央和地方国库	水政资〔1995〕457 号	
		144. 水土流失防治费	缴入地方国库	财预〔2002〕584 号，财综〔2003〕89 号	
		145. 水土保持设施补偿费	缴入地方国库	财预〔2002〕584 号	
		146. 长江河道砂石资源费	缴入中央和地方国库	财综〔2003〕69 号，发改价格〔2006〕2073 号	
		147. 注册土木工程师（水利水电工程）执业资格专业考试考务费	缴入中央国库	财综〔2006〕37 号，发改价格〔2007〕551 号	
		省级项目			
		148. 梁济运河堤防行驶车辆养护费	缴入财政专户	鲁财综〔2001〕72 号，鲁价费发〔2002〕6 号	
		149. 临沂郯城土山拦河桥闸养护费	缴入财政专户	鲁财综〔2002〕48 号，鲁价费发〔2002〕228 号	

续表

序号	部门	收费项目	管理方式	收费及资金管理文件依据	备注
		150. 沂山水库大坝堤坝养护费	缴入财政专户	鲁财综〔2004〕66号，鲁价费发〔2004〕206号	
		151. 微山韩庄闸车辆通行费	缴入财政专户	鲁价费发〔2001〕356号	
		152. 微山二级坝车辆通行费	缴入财政专户	鲁价费发〔2001〕356号	
		153. 水工程占用补偿费	缴入财政专户	鲁财综〔2006〕6号，鲁价费发〔2006〕192号，鲁财综〔2006〕87号	
		154. 济南市狼猫山水库堤坝养护费	缴入财政专户	鲁财综〔2007〕36号，鲁价费发〔2007〕207号	
十七	农业	中央项目			
		155. 植物新品种保护权收费	缴入中央国库	财综字〔1998〕160号，财预〔2000〕127号，发改价格〔2007〕1968号	
		156. 国内植物检疫费	缴入中央和地方国库	价费字〔1992〕452号，财预〔2002〕584号	
		157. 畜禽及畜禽产品检疫费	缴入中央和地方国库	价费字〔1992〕452号，计价格〔1994〕400号，财预〔2003〕2353号，财预〔2002〕584号，财综〔2008〕78号	
		158. 农药登记费	缴入中央和地方国库	价费字〔1992〕452号，计价费〔1996〕1718号，计价格〔2001〕523号，财预〔2000〕127号	停止征收
		159. 农药实验费	缴入中央财政专户	价费字〔1992〕452号	
		160. 新兽药审批费	缴入中央和地方国库	价费字〔1992〕452号，财预〔2000〕127号	停止征收
		161. 进口兽药注册登记审批、发证收费	缴入中央国库	价费字〔1992〕452号，财预〔2002〕584号	
		162.《进口兽药许可证》审批费	缴入中央国库	同上	
		163.《兽药典》、《兽药规范》和兽药专业标准收载品种生产审批费	缴入中央和地方国库	价费字〔1992〕452号，财预〔2002〕584号	
		164. 已生产兽药品种注册登记费	缴入中央和地方国库	同上	停止征收
		165. 检验检测费			
		（1）新饲料添加剂质量复核检验	缴入中央财政专户	价费字〔1992〕452号	
		（2）进口饲料添加剂质量复核检验	缴入中央财政专户	同上	
		（3）饲料及饲料添加剂委托检验	缴入中央财政专户	同上	
		（4）进口兽药质量标准复核检验	缴入中央财政专户	价费字〔1992〕452号	
		（5）进口兽药检验	缴入中央财政专户	同上	停止征收
		（6）出口兽药检验	缴入中央和地方财政专户	同上	停止征收
		（7）新兽药质量复核检验	缴入中央和地方财政专户	同上	
		（8）兽药委托检验	缴入中央和地方财政专户	同上	
		（9）农作物委托检验	缴入地方财政专户	价费字〔1992〕452号	
		（10）农机产品测试检验	缴入中央和地方国库	发改价格〔2006〕194号，发改价格〔2008〕2976号	
		（11）农业转基因生物检测	缴入中央国库	财综〔2002〕64号，发改价格〔2007〕3704号，财综〔2008〕76号	
		166. 农机监理费（含"九二"式拖拉机牌证费）	缴入地方国库	价费字〔1992〕452号，计价格〔1994〕400号，（94）财预字第37号，发改价格〔2003〕2353号，发改价格〔2004〕2831号	

续表

序号	部门	收费项目	管理方式	收费及资金管理文件依据	备注
		（1）拖拉机号牌（含号牌架、固封装置）			
		（2）拖拉机行驶证（含临时）			
		（3）登记证			
		（4）驾驶证			
		（5）安全技术检验			
		（6）驾驶许可考试			
		167. 海事调解费	缴入中央和地方财政专户	价费字〔1992〕452 号，发改价格〔2003〕2353 号	
		168. 人力资源开发中心收费	缴入中央财政专户	财综字〔1999〕127 号，计价格〔1999〕2197 号	
		（1）人事档案使用费			
		（2）人事档案保管费			
		169. 农科院研究生院研究生培养费	缴入中央财政专户	计办价格〔2000〕1017 号	
		170. 人力资源开发中心工人技术等级考核或职业技能鉴定费	缴入中央财政专户	价费字〔1992〕452 号，计价格〔2001〕523 号，财预〔2002〕584 号	
		171. 农业转基因生物安全评价费	缴入中央国库	财综〔2002〕64 号，发改价格〔2007〕3704 号	
		省级项目			
		172.《联合收割机牌证》工本费	缴入国库	鲁财综字〔2000〕50 号，鲁价费发〔2000〕205 号	
		173. 农作物种子检验收费	缴入财政专户	〔1992〕鲁价涉字第 404 号	
		174. 农村土地承包经营权证工本费	缴入国库	鲁财综〔2006〕10 号，鲁价费发〔2006〕118 号，鲁财综〔2007〕11 号	
十八	商务	中央项目			
		175. 证照费	缴入中央国库		
		（1）装船证费		价费字〔1992〕401 号，财预字〔1994〕37 号	
		（2）手工制品证书费		同上	
		（3）纺织品原产地证明书费		同上	
十九	文化	中央项目			
		176. 摄影师预备资格考试费	缴入中央和地方国库	计办价格〔2001〕925 号，财预〔2003〕470 号	
		177. 音像制品防伪标识费	缴入中央国库	财综〔2006〕15 号，发改价格〔2006〕1034 号	
二十	卫生	中央项目			
		178. 卫生监测费	缴入地方国库	价费字〔1992〕314 号，财预〔2000〕127 号，财预〔2003〕470 号，国办发〔2002〕57 号，财综〔2008〕47 号	
		179. 卫生质量检验费	缴入地方国库	价费字〔1992〕314 号，财预〔2000〕127 号，财预〔2003〕470 号，财综函〔2004〕11 号，国办发〔2002〕57 号，财综〔2008〕47 号	

续表

序号	部门	收费项目	管理方式	收费及资金管理文件依据	备注
		180. 预防性体检费	缴入地方国库	价费字〔1992〕314号，财预〔2000〕127号，国办发〔2002〕57号，财预〔2003〕470号，财综〔2008〕47号	
		181. 预防接种劳务费	缴入地方国库	同上	
		182. 委托性卫生防疫服务费	缴入地方国库	价费字〔1992〕314号，财预〔2000〕127号，财预〔2003〕470号	
		183. 疫情处理费	缴入地方国库	价费字〔1992〕314号，财预〔2000〕127号，财预〔2003〕470号	停止征收
		184. 医疗事故鉴定费	缴入中央和地方国库	价费字〔1992〕314号，财预〔2003〕470号，财综〔2003〕27号，发改价格〔2007〕2749号	
		185. 预防接种异常反应鉴定费	缴入地方国库	财综〔2008〕70号，发改价格〔2008〕3295号，鲁财综〔2008〕75号	
		186. 考试考务费			
		（1）卫生专业技术资格考试费	缴入中央和地方国库	计价格〔2001〕2043号，财预〔2002〕584号	
		（2）医师资格考试费	缴入中央和地方国库	财综字〔1999〕176号，计价格〔1999〕2267号，财预〔2002〕584号	
		（3）医学博士外语考试费	缴入中央和地方国库	财综〔2003〕79号，发改价格〔2007〕2749号	
		省级项目			
		187. 妇幼保健档案信息IC卡工本费	缴入财政专户	鲁财综〔2002〕7号、鲁价费函〔2002〕172号，鲁价费函〔2004〕65号，鲁财综〔2008〕37号	
二十一	人口和计划生育	中央项目			
		188. 社会抚养费	缴入地方国库	财规〔2000〕29号，财预〔2000〕127号，国务院令第357号	
		省级项目			
		189. 计划生育技术服务费	缴入国库	计生委鲁价费发〔1998〕322号	
二十二	审计	中央项目			
		190. 考试考务费			
		（1）审计专业技术资格考试考务费	缴入中央和地方国库	计价格〔2002〕97号，财预〔2002〕584号	
		（2）审计专业技术资格考试费	缴入中央和地方国库	计价格〔2002〕97号，财预〔2002〕584号	
		（3）国际注册内部审计师考试报名费	缴入地方国库	财综字〔1999〕144号，计价格〔2000〕323号，计价格〔2002〕1941号，财预〔2002〕584号，财综函〔2007〕55号	
		（4）国际注册内部审计师考试考务费	缴入中央和地方国库	财综字〔1999〕144号，计价格〔2000〕323号，计价格〔2002〕1941号，财预〔2002〕584号，财综函〔2007〕55号	
二十三	人防办	中央项目			
		191. 防空地下室易地建设费	缴入中央和地方国库	中发〔2001〕9号，计价格〔2000〕474号，财预〔2002〕584号	
		省级项目			
		192. 人防工程建设费	缴入财政专户	鲁价费发〔2006〕220号	

续表

序号	部门	收费项目	管理方式	收费及资金管理文件依据	备注
二十四	法院	中央项目			
		193. 诉讼费	缴入中央和地方国库	财预〔2002〕9 号，财行〔2003〕275 号，《诉讼费用交纳办法》	
二十五	中直管理局（含团中央）	中央项目			
		194. 工人培训考核费	缴入中央国库	财综〔2001〕92 号，财预〔2003〕470 号	
		195. 机要交通文件（物件）传递费	缴入中央国库	财综〔2002〕46 号，计价格〔2003〕35 号	
		196. 会计从业资格考试费	缴入中央国库	计价格〔2002〕1575 号，财预〔2002〕584 号	
		197. 中央团校培训收费			
		（1）培训费	缴入中央国库	财综〔2003〕64 号，发改价格〔2004〕52 号	
		（2）住宿费	缴入中央国库	同上	
		（3）学费	缴入中央国库	同上	
二十六	中央党校	中央项目			
		198. 函授学院办学收费	缴入中央财政专户	计办价格〔2000〕906 号	
		（1）入学报名费		同上	
		（2）学费		同上	
		（3）毕业证工本费		同上	
		（4）教材费		发改价格〔2003〕1011 号	
		199. 研究生收费	缴入中央财政专户		
		（1）委托培养在职研究生学费		发改价格〔2003〕1011 号	
		（2）研究生报名考试费		发改价格〔2005〕2238 号	
		（3）研究生住宿费		发改价格〔2005〕2238 号	
		200. 短期培训进修费	缴入中央财政专户	发改价格〔2003〕1011 号	
二十七	国资委	中央项目			
		201. 考试考务费			
		（1）注册电气工程师执业资格专业考试考务费	缴入中央国库	发改价格〔2005〕747 号，发改价格〔2009〕1003 号	
		（2）注册化工工程师执业资格专业考试考务费	缴入中央国库	发改价格〔2005〕747 号，发改价格〔2009〕1003 号	
		（3）注册公用设备工程师执业资格专业考试考务费	缴入中央国库	发改价格〔2005〕747 号，发改价格〔2009〕1003 号	
		（4）管理咨询师职业水平考试考务费	缴入中央国库	财综〔2007〕18 号，发改价格〔2007〕787 号、鲁财综〔2007〕129 号	
		（5）管理咨询师职业水平考试费	缴入地方国库	财综〔2007〕18 号，发改价格〔2007〕787 号、鲁财综〔2007〕129 号	

续表

序号	部门	收费项目	管理方式	收费及资金管理文件依据	备注
二十八	海关	中央项目			
		202. 海关监管手续费	缴入中央国库	价费字〔1992〕293 号，计价格〔1999〕1707 号，财预字〔1994〕37 号，财文字〔1996〕227 号	
		（1）海关监管区域外货物监管 （2）行李物品监管			
		203. 施封锁成本费	缴入中央国库	价费字〔1992〕293 号，财预字〔1994〕37 号，财文字〔1996〕227 号，计价费〔1997〕84 号	
		204. 进口货物滞报金	缴入中央国库	价费字〔1992〕293 号，财预字〔1994〕37 号，海关总署令第 128 号	
		205. 知识产权海关保护备案费	缴入中央国库	财综字〔1996〕68 号，计价费〔1996〕1594 号，计价格〔1999〕1707 号	
		206. ATA 单证册调整费	缴入中央国库	财综字〔1996〕68 号，计价费〔1996〕1594 号	
		207. 报关员培训考试发证费	缴入中央国库	价费字〔1992〕293 号，财预〔2002〕9 号	
		208. 货物行李物品保管费	缴入中央国库	价费字〔1992〕293 号，计价费〔1997〕84 号，计价格〔1999〕1707 号，财预〔2002〕9 号	
二十九	税务	中央项目			
		209. 证照费	缴入中央和地方国库		
		（1）税务登记证工本费		价费字〔1992〕111 号，财预字〔1994〕37 号，计价费〔1998〕1077 号，国办发〔2002〕57 号，国办发〔2004〕10 号，财综〔2008〕47 号	停止征收
		（2）税务发票工本费		价费字〔1992〕111 号，财预字〔1994〕37 号	
三十	工商	中央项目			
		210. 企业注册登记费	缴入中央和地方国库	价费字〔1992〕414 号，财预字〔1994〕37 号，计价格〔1999〕1707 号，发改价格〔2004〕2839 号，计价费〔1998〕1077 号，国办发〔2004〕10 号	
		（1）开业注册登记			
		（2）变更登记			
		（3）年度检验			
		（4）补（换）证照及领取执照副本			
		211. 个体工商户注册登记费	缴入中央和地方国库	价费字〔1992〕414 号，财预字〔1994〕37 号，计物价〔1993〕1744 号，国办发〔2004〕10 号，财综〔2008〕47 号	
		（1）开业登记			
		（2）变更登记			
		（3）补（换）发营业执照			
		（4）营业执照副本			
		212. 商标注册收费	缴入中央国库	价费字〔1992〕414 号，财预字〔1994〕37 号，财综字〔1995〕88 号，计价格〔1995〕2404 号，计价费〔1998〕1077 号，发改价格〔2008〕2579 号	

续表

序号	部门	收费项目	管理方式	收费及资金管理文件依据	备注
		（1）受理商标注册			
		（2）补发商标注册证			
		（3）受理转让注册商标			
		（4）受理商标续展注册			
		（5）受理续展注册迟延			
		（6）受理商标评审			
		（7）受理立体商标注册		财综〔2004〕11 号	
		（8）受理颜色组合商标注册		财综〔2004〕11 号	
		（9）商标评审延期			
		（10）商标变更			
		（11）出具商标证明			
		（12）受理集体商标注册			
		（13）受理证明商标注册			
		（14）商标异议			
		（15）撤销商标			
		（16）受理驰名商标认定			
		（17）商标使用许可合同备案			
		省级项目			
		213. 著名商标评审费、公告费	缴入地方国库	鲁财综〔2001〕21 号，鲁价费发〔2002〕79 号	
三十一	质检	中央项目			
		214. 产品质量监督检验收费			
		（1）产品质量监督检验（含核发工业产品生产许可证的产品质量检验）	缴入中央和地方财政专户	价费字〔1992〕496 号，计价格〔1996〕1500 号，发改价格〔2003〕1793 号，国质检科〔2008〕481 号	
		（2）客运索道运营审查检验和定期检验	缴入中央和地方国库	财综〔2001〕10 号，财预〔2003〕470 号	
		（3）压力管道安装审查检验和定期检验	缴入中央和地方国库	财综〔2001〕10 号，财预〔2003〕470 号	
		（4）压力管道元件制造审查检验	缴入中央和地方国库	财综〔2001〕10 号，财预〔2003〕470 号	
		（5）特种劳动防护用品检验	缴入中央和地方国库	价费字〔1992〕268 号，财预〔2003〕470 号	
		（6）一般劳动防护用品检验	缴入中央和地方国库	价费字〔1992〕268 号，财预〔2003〕470 号	停止征收
		（7）锅炉、压力容器检验	缴入中央和地方国库	价费字〔1992〕268 号，财预〔2003〕470 号	
		215. 考试考务费			
		（1）棉花质量检验师执业资格考试费	缴入中央国库	财综〔2001〕32 号，财预〔2002〕584 号，发改价格〔2003〕378 号	

续表

序号	部门	收费项目	管理方式	收费及资金管理文件依据	备注
		（2）珠宝玉石质量检验师执业资格考试报名费	缴入中央国库	计价格〔2002〕1346号	
		（3）珠宝玉石质量检验师执业资格考试费	缴入中央国库	计价格〔2002〕1346号	
		216. 工业产品生产许可证收费（含审查费）	缴入中央国库和地方国库	价费字〔1992〕127号，价费字〔1992〕268号，价费字〔1992〕317号，价费字〔1993〕135号，计物价〔1993〕2182号，计价格〔1994〕238号，计价格〔1994〕507号，计价格〔1995〕99号，计价格〔1995〕339号，计价格〔1995〕1029号，计价格〔1999〕1707号，财预字〔1994〕37号，计价格〔1996〕1500号，财预〔2000〕127号，财综〔2001〕10号，财综〔2002〕19号，发改价格〔2003〕1793号，财综〔2006〕69号、鲁财综〔2007〕50号	
		217. 计量收费		财综〔2001〕72号，财预〔2002〕584号，发改价格〔2008〕74号	
		（1）国际法制计量组织计量器具型式批准	缴入中央国库		
		（2）国际法制计量组织计量器具定型鉴定	缴入中央国库		
		（3）进口计量器具正式型式批准	缴入中央国库		
		（4）进口计量器具临时型式批准	缴入中央国库		
		（5）进口计量器具定型鉴定	缴入中央国库		
		（6）计量标准考核	缴入中央和地方国库		
		（7）计量授权考核	缴入中央和地方国库		
		（8）社会公用计量标准证书	缴入中央和地方国库		停止征收
		（9）标准物质定级证书	缴入中央和地方国库		
		（10）计量考评员、计量检定员考核	缴入中央和地方国库		
		（11）计量考评员证书、计量检定员证书	缴入中央和地方国库		停止征收
		（12）计量标准考核证书	缴入中央和地方国库		停止征收
		（13）计量授权证书	缴入中央和地方国库		停止征收
		（14）制造和修理计量器具许可证证书	缴入中央和地方国库		停止征收
		（15）制造计量器具许可证	缴入中央和地方国库		
		（16）修理计量器具许可证	缴入中央和地方国库		
		（17）国内计量器具新产品型式批准证书	缴入中央和地方国库		停止征收
		（18）国内计量器具新产品定型鉴定和样机试验	缴入中央和地方国库		
		（19）国内计量器具新产品标准物质定级鉴定审查	缴入中央和地方国库		
		（20）计量认证合格证书	缴入中央和地方国库		

续表

序号	部门	收费项目	管理方式	收费及资金管理文件依据	备注
		（21）计量认证	缴入中央和地方国库		
		（22）计量检定	缴入中央和地方国库	计价格〔2002〕1512 号，发改价格〔2004〕1687 号，发改价格〔2008〕74 号	
		218. 组织机构代码证书收费	缴入中央和地方国库	财预〔2002〕584 号，财综〔2003〕66 号，发改价格〔2003〕82 号	
		219. 出入境检验检疫收费	缴入中央国库	发改价格〔2003〕2357 号，财综函〔2007〕2 号，财综〔2007〕54 号，发改价格〔2007〕2216 号	
		（1）货物及运输工具检验检疫	缴入中央国库		
		（2）货物及运输工具鉴定业务	缴入中央国库		
		（3）法定预防接种，监测体检	缴入中央国库		
		（4）安全监测及特殊检验项目	缴入中央国库		
		（5）考核注册、签发证（单）、查验审核	缴入中央国库		
		（6）其他	缴入中央国库		
		220. 实验室检验项目、鉴定收费	缴入中央国库	同上	
		（1）动植物实验室检验项目			
		（2）商品定型试验			
		（3）农副土产食品类实验室检验项目			
		（4）畜产品类实验室检验项目			
		（5）化工、金属材料，矿产品类实验室检验项目			
		（6）纺织品类实验室检验项目			
		（7）轻工类实验室检验项目			
		（8）电器类实验室检验项目			
		（9）机械产品实验室检验项目			
		（10）包装类实验室检验项目			
		（11）其他鉴定业务			
		221. 检疫处理等业务收费（限于出入境检验检疫机构收取）	缴入中央国库	同上	
		（1）检疫处理			
		（2）非法定预防接种、监测体检			
		（3）动物免疫接种			
		222. 滞纳金	缴入中央国库	同上	
		223. 设备监理单位资格评审费	缴入中央国库	财综〔2006〕62 号，发改价格〔2007〕2210 号	
		省级项目			

续表

序号	部门	收费项目	管理方式	收费及资金管理文件依据	备注
		224. 医用CT机、核磁共振机检定费	缴入财政专户	鲁价费发〔2001〕199号	限省计量科研所收取
		225. 计量器具修理费	缴入财政专户	鲁技监量发〔1994〕042号	
		226.《棉花品级实物标准》工本费	缴入财政专户	鲁财综〔2002〕94号，鲁价费发〔2003〕180号	
		227. 特种设备检验费	缴入财政专户	鲁价费发〔2000〕208号	
三十二	环保	中央项目			
		228. 进口废物环境保护审查登记费	缴入中央国库	财综〔2001〕15号，计价格〔1999〕467号，财综〔2007〕80号，发改价格〔2008〕702号	
		229. 核安全技术审评费	缴入中央国库	财综〔2001〕21号，财综〔2003〕87号，发改价格〔2003〕2352号	
		230. 排污收费	缴入中央和地方国库	财综〔2003〕38号，国务院令第369号，四部委令第31号	
		（1）污水排污			
		（2）废气排污			
		（3）固体废物及危险废物排污			
		（4）噪声超标排污			
		231. 化学品进口登记费	缴入中央国库	计价格〔1994〕702号，财预〔2002〕9号	
		232. 城市放射性废物送贮费	缴入地方国库	价费字〔1992〕178号，财预〔2002〕584号	
		233. 环境监测服务费	缴入中央和地方国库	价费字〔1992〕178号，财预〔2002〕9号	
		234. 考试考务费			
		（1）注册环保工程师执业资格专业考试考务费	缴入中央国库	财综〔2006〕37号，发改价格〔2007〕551号	
		（2）注册核安全工程师职业资格考试费	缴入中央国库	财综〔2007〕41号，发改价格〔2007〕1925号	
		（3）环境影响评价工程师职业资格考试考务费	缴入中央国库	财综〔2007〕41号，发改价格〔2007〕1925号	
		省级项目			
		235. 煤炭含硫量分析测定费	缴入国库	鲁财综字〔1999〕55号，鲁价费发〔2000〕34号	限济南市执行
		236. 石油勘探开发排污费	缴入国库	鲁政办发〔1995〕84号，鲁价涉发〔1995〕288号	
三十三	民航	中央项目			
		237. 民用航空器国籍登记费	缴入中央国库	财综〔2002〕54号，发改价格〔2004〕90号，发改价格〔2007〕475号	
		238. 民用航空器权利登记费	缴入中央国库	同上	
		239. 民航从业人员考试费	缴入中央国库	同上	
		240. 航空业务权补偿费	缴入中央国库	同上	
		241. 适航审查费	缴入中央国库	同上	

续表

序号	部门	收费项目	管理方式	收费及资金管理文件依据	备注
三十四	广播电影电视	中央项目			
		242. 考试考务费			
		（1）全国广播电视新闻采编人员、播音员、主持人资格考试考务费	缴入中央国库	财综〔2005〕33 号，财综〔2008〕37 号，发改价格〔2008〕1539 号，鲁财综〔2008〕46 号	
		（2）全国广播电视新闻采编人员、播音员、主持人资格考试费	缴入地方国库	财综〔2005〕33 号，财综〔2008〕37 号，发改价格〔2008〕1539 号，鲁财综〔2008〕46 号	
		省级项目			
		243. 有线电视终端用户收视维护费	缴入财政专户	〔1992〕鲁广厅联字 1 号，鲁价费发〔1995〕145 号	
		244. 有线电视入网费	缴入财政专户	〔1992〕鲁广厅联字 1 号	
		245. 有线电视建设费	缴入财政专户	〔1992〕鲁广厅联字 1 号	
		246. 有线电视会议收费	缴入财政专户	鲁价涉发〔1994〕142 号	
三十五	新闻出版	中央项目			
		247. 计算机软件著作权登记费	缴入中央国库	价费字〔1992〕112 号，财综〔2004〕80 号，财预〔2003〕470 号，发改价格〔2004〕2839 号，发改价格〔2004〕3004 号	停止征收
		省级项目			
		248. 著作权登记费	缴入财政专户	《山东省著作权保护条例》，鲁价费发〔1998〕147 号	
		249. 作品鉴定费	缴入财政专户	鲁价费发〔1998〕147 号	
三十六	体育	中央项目			
		250. 外国团体来华登山注册费	缴入中央和地方财政专户	价费字〔1992〕207 号，财综〔2004〕7 号	停止征收
		251. 兴奋剂检测费	缴入中央财政专户	价费字〔1992〕207 号，财综〔2008〕59 号，发改价格〔2008〕2361 号	
		252. 运动员或运动团体注册费	缴入中央国库	财综〔2001〕39 号，计价格〔2002〕2632 号，财预〔2003〕470 号，发改价格〔2005〕87 号	
		253. 俱乐部运动员转会手续费	缴入中央国库	同上	
		254. 段位考评认定费	缴入中央和地方国库	财综〔2001〕39 号，计价格〔2002〕2632 号，财预〔2003〕470 号，财综〔2004〕28 号，发改价格〔2005〕87 号	
		255. 车手等级认定费	缴入中央财政专户	财综〔2001〕39 号，计价格〔2002〕2632 号，发改价格〔2005〕87 号	
		256. 比赛报名费	缴入中央国库	财综〔2001〕39 号，计价格〔2002〕2632 号，财预〔2003〕470 号，发改价格〔2005〕87 号	
		257. 考试考务费			
		（1）体育特殊专业招生考试费	缴入地方财政专户	计价格〔2000〕1553 号	
		（2）体育特殊专业招生考试考务费	缴入中央财政专户	计价格〔2000〕1553 号	
		258. 运动马匹注册费	缴入中央国库	财综〔2007〕43 号，发改价格〔2007〕1923 号	

续表

序号	部门	收费项目	管理方式	收费及资金管理文件依据	备注
三十七	统计	中央项目			
		259. 考试考务费			
		（1）统计专业技术资格考试考务费	缴入中央国库	计价格〔2002〕964号，财预〔2002〕584号	
		（2）统计专业技术资格考试费	缴入地方国库	计价格〔2002〕964号，财预〔2002〕584号	
		260. 统计人员岗位培训费	缴入中央和地方财政专户	财规〔2000〕45号	停止征收
三十八	林业	中央项目			
		261. 野生动植物进出口管理费	缴入中央国库	价费字〔1992〕196号，计价格〔2000〕1004号，财综字〔2000〕75号，财预〔2000〕127号	
		262. 森林植物检疫费	缴入地方国库	价费字〔1992〕196号，财预〔2000〕127号	
		263. 绿化费	缴入地方国库	价费字〔1992〕196号，财预〔2000〕127号	
		264. 陆生野生动物资源保护管理费	缴入中央和地方国库	林护字〔1992〕72号，计价格〔1999〕1707号，计价费〔1997〕2500号，财预〔2000〕127号，计价格〔2002〕599号	
		265. 林权勘测费	缴入中央和地方国库	财综〔2001〕43号，计价格〔2001〕1998号	停止征收
		266. 植物新品种保护权收费	缴入中央国库	财综字〔1998〕160号，财预〔2000〕127号，发改价格〔2007〕1968号	停止征收
		267. 林权证工本费	缴入中央和地方国库	财综〔2001〕43号，计价格〔2001〕1998号	停止征收
		省级项目			
		268. 林木种子检验费	缴入财政专户	〔1993〕鲁价涉字第124号	
三十九	食品药品监督	中央项目			
		269. 进口药品注册审批费	缴入中央国库	计价格〔1995〕340号，财综字〔1999〕5号，财预〔2000〕127号	
		270. GMP认证费	缴入中央和地方国库	价费字〔1992〕534号，财预〔2000〕127号，财综〔2003〕83号，发改价格〔2004〕59号	
		271. GSP认证费	缴入地方国库	财综〔2003〕83号，发改价格〔2004〕59号	
		272. 已生产药品登记费	缴入地方国库	计价格〔1995〕340号，财综字〔1999〕5号，财预〔2002〕584号	
		273. 药品行政保护费	缴入中央国库	价费字〔1993〕143号，《药品行政保护条例》及细则	
		274. 生产药典、标准品种审批费	缴入地方国库	财预〔2000〕127号，计价格〔1995〕340号	
		275. 中药品种保护费	缴入中央和地方国库	价费字〔1993〕178号，财综字〔1999〕5号，财预〔2000〕127号	
		276. 新药审批费	缴入中央和地方国库	财综字〔1999〕5号，计价格〔1995〕340号，财预〔2000〕127号	
		277. 新药开发评审费	缴入中央国库	价费字〔1992〕534号，财预〔2003〕470号	
		278. 药品检验费	缴入中央和地方财政专户	发改价格〔2003〕213号	
		279. 医疗器械、制药机械检验费	缴入地方财政专户	价费字〔1992〕534号	
		280. 登记费			
		（1）麻醉药品进出口许可证登记费	缴入中央国库	计价格〔1995〕340号，财预〔2002〕584号	

续表

序号	部门	收费项目	管理方式	收费及资金管理文件依据	备注
		（2）精神药物进出口许可证登记费	缴入中央国库	同上	
四十	知识产权	中央项目			
		281. 专利收费	缴入中央国库	财预〔2000〕127 号，计价格〔2000〕2441 号，计价格〔2002〕185 号，发改价格〔2004〕452 号，发改价格〔2005〕2097 号	
		282. 专利代理人资格考试报名考务费	缴入中央国库	价费字〔1992〕332 号，财预〔2002〕584 号	
		283. 集成电路布图设计保护收费	缴入中央国库	财综〔2002〕79 号，发改价格〔2003〕85 号	
		（1）布图设计登记			
		（2）布图设计登记复审请求			
		（3）著录事项变更手续			
		（4）延长期限请求			
		（5）恢复布图设计登记权利请求			
		（6）非自愿许可使用布图设计请求			
		（7）非自愿许可使用布图设计支付报酬裁决			
四十一	旅游	中央项目			
		284. 入境签证费	缴入地方国库	价费字〔1992〕132 号，财预字〔1994〕37 号	停止征收
		285. 证照费			
		（1）星级标牌（含星级证书费）	缴入中央国库	价费字〔1992〕132 号，财预〔2003〕470 号	
		（2）A 级旅游景区标牌（含证书）	缴入中央国库	财综〔2005〕50 号，发改价格〔2006〕83 号	
		（3）工农业旅游示范点标牌（含证书）	缴入中央国库	财综〔2005〕50 号，发改价格〔2006〕83 号	
		286. 考试考务费			
		（1）导游人员资格考试费	缴入地方国库	财综〔2006〕31 号，发改价格〔2006〕2051 号，鲁财综〔2006〕55 号	
		（2）中、高级导游人员等级考核费	缴入地方国库	财综〔2006〕31 号，发改价格〔2006〕2051 号，鲁财综〔2006〕55 号	
		（3）中、高级导游人员等级考核考务费	缴入中央国库	财综〔2006〕31 号，发改价格〔2006〕2051 号，鲁财综〔2006〕55 号	
		（4）特级导游人员等级考核费	缴入中央国库	财综〔2006〕31 号，发改价格〔2006〕2051 号，鲁财综〔2006〕55 号	
		省级项目			
		287. 导游员资格、等级考试报名考务费	缴入财政专户	鲁价费发〔2007〕141 号	
		288. 旅行社经理资格考试报名考务费	缴入财政专户	鲁价费发〔2003〕182 号	
四十二	宗教	中央项目			
		289. 清真食品认证费	缴入中央国库	财综字〔2000〕60 号，计价格〔2000〕1174 号，财预〔2002〕584 号	停止征收
四十三	国管局	中央项目			
		290. 考试考务费			

续表

序号	部门	收费项目	管理方式	收费及资金管理文件依据	备注
		（1）会计从业资格考试费	缴入中央国库	财综字〔1999〕4号，计价格〔1999〕465号，计价格〔2002〕1575号，财预〔2002〕584号	
		（2）工人技术等级鉴定考核费	缴入中央国库	发改价格〔2003〕1447号	
四十四	港澳办	中央项目			
		291. 往来香港澳门特别行政区通行证工本费及签注费	缴入中央国库	财综〔2004〕14号	
		292. 派驻香港澳门身份证工本费	缴入中央国库	同上	
四十五	银监会	中央项目			
		293. 机构监管费	缴入中央国库	财综〔2004〕35号，财综〔2004〕61号，发改价格〔2004〕1663号，财综〔2007〕66号，发改价格〔2007〕3626号	
		294. 业务监管费	缴入中央国库	同上	
四十六	证监会（含协会）	中央项目			
		295. 证券市场监管费	缴入中央国库	财综字〔1995〕146号，财预〔2002〕584号，财库〔2002〕46号，发改价格〔2006〕2437号	
		（1）证券交易监管			
		（2）机构监管			
		296. 期货市场监管费	缴入中央国库	同上	
		297. 证券、期货从业人员资格报名考试费	缴入中央国库	财综字〔1999〕143号，计价格〔2000〕1371号，财库〔2002〕46号，财预〔2002〕584号，财综〔2004〕91号	
四十七	保监会	中央项目			
		298. 保险业务监管费	缴入中央国库	财综字〔1999〕123号，财综〔2001〕86号，财预〔2002〕584号，发改价格〔2008〕3136号	
		299. 考试考务费	缴入中央国库		
		（1）精算师资格考试费		财规〔2000〕37号，计价格〔2000〕2313号，财预〔2002〕584号，发改价格〔2005〕366号	
		（2）保险中介人资格考试费		财规〔2000〕37号，计价格〔2000〕2313号，财预〔2002〕584号	
四十八	烟草	中央项目			
		300. 烟草制品及原辅材料检验费	缴入地方国库	价费字〔1992〕187号，财预〔2003〕470号	
四十九	外专局	中央项目			
		301. 考试考务费			
		（1）出国培训备选人员外语考试考务费	缴入中央国库	财综〔2002〕83号，财预〔2003〕470号，发改价格〔2004〕672号	

续表

序号	部门	收费项目	管理方式	收费及资金管理文件依据	备注
		（2）出国培训备选人员外语考试费	缴入地方国库	财综〔2002〕83号，财预〔2003〕470号，发改价格〔2004〕672号	
五十	海洋与渔业	中央项目			
		302. 海洋废弃物收费	缴入中央和地方国库	财预〔2002〕584号，发改价格〔2005〕2648号，发改价格〔2008〕1927号	
		（1）倾倒			
		（2）海洋废弃物检测			
		303. 海洋工程污水排污费	缴入中央国库	财综〔2003〕2号，四部委令第31号	
		304. 水生野生动物资源保护费	缴入中央和地方国库	财综字〔1999〕102号，计价格〔2000〕393号，财预〔2002〕584号	
		305. 渔业资源增殖保护费	缴入中央和地方国库	价费字〔1992〕452号，计价格〔1994〕400号，财预〔2000〕127号	
		306. 渔业船舶登记或变更登记费	缴入中央和地方国库	价费字〔1992〕452号，计价费〔1997〕1148号，财预〔2002〕584号	
		（1）国籍证书			
		（2）登记证书			
		307. 渔业船舶和船用产品检验费	缴入中央和地方财政专户	价费字〔1992〕452号，计价格〔1994〕400号，计价格〔2000〕559号，发改价格〔2003〕2353号	
		308. 海洋渔业船舶船员考试费	缴入中央和地方国库	价费字〔1992〕452号，计价格〔2001〕523号，财预〔2002〕584号	
		省级项目			
		309. 浅海滩涂资源费	缴入财政专户	1992年省政府第39号令（1992年11月16日发布）	
		310. 渔港费收	缴入财政专户	鲁渔港监字〔1994〕第1号	
		311. 渔业环境监测费	缴入财政专户	鲁财综〔2006〕82号	限青岛市征收
		312. 水产品质量检测费	缴入财政专户	鲁财综〔2006〕82号	限青岛市征收
五十一	测绘	中央项目			
		313. 测绘成果成图资料收费	缴入中央和地方国库	价费字〔1992〕176号	
		314. 测绘产品质量监督检验费	缴入中央和地方国库	同上	
		315. 测绘仪器检测收费	缴入中央和地方国库	同上	
五十二	档案	中央项目			
		316. 档案收费	缴入中央和地方国库	价费字〔1992〕130号，财预〔2003〕470号	
		317. 科学技术档案信息资源收费	缴入中央和地方国库	同上	
		省级项目			
		318. 档案干部继续教育收费	缴入财政专户	鲁价涉字〔1992〕第201号	
五十三	保密	中央项目			
		319. 保密证表包装材料费	缴入中央和地方国库	国保〔1991〕48号，财预〔2003〕470号	
五十四	外文局	中央项目			
		320. 考试考务费			

续表

序号	部门	收费项目	管理方式	收费及资金管理文件依据	备注
		（1）翻译专业资格（水平）考试考务费	缴入中央国库	发改价格〔2006〕2308号	
		（2）翻译专业资格（水平）考试费	缴入地方国库	发改价格〔2006〕2308号	
五十五	贸促会	中央项目			
		321. 证照费	缴入中央财政专户		
		（1）货物原产地证明书费		价费字〔1992〕236号，发改价格〔2004〕2839号	
		（2）不可抗拒力证明书费		价费字〔1992〕236号	
		（3）ATA单证册收费		财综字〔1995〕162号，计价费〔1996〕378号	
		322. 认证费	缴入中央财政专户	价费字〔1992〕236号	
		（1）商标注册认证			停止征收
		（2）对外经济贸易文件认证		计价格〔1999〕1165号	
		（3）对外经济贸易单证认证			
		323. 仲裁费	缴入中央财政专户	国函〔1988〕89号，国函〔1988〕90号，价费字〔1992〕236号	
		（1）对外经济贸易仲裁			
		（2）海事仲裁			
		324. 涉外（台）经济贸易争议调解费	缴入中央财政专户	价费字〔1992〕236号	
五十六	仲裁委	中央项目			
		325. 仲裁收费	缴入中央和地方财政专户	国函〔1988〕89号，国办发〔1995〕44号	
		（1）案件受理			
		（2）案件处理			
五十七	红十字会	中央项目			
		326. 造血干细胞配型费	缴入中央国库	财综〔2007〕73号，发改价格〔2008〕305号，红总函〔2008〕14号	
五十八	各有关部门	中央项目			
		327. 政府信息公开收费	缴入中央或地方国库	财综〔2008〕44号，发改价格〔2008〕1828号、鲁财综〔2008〕51号	
		（1）检索费			
		（2）复制费			
		（3）邮寄费			

续表

序号	部门	收费项目	管理方式	收费及资金管理文件依据	备注
五十九	油区管理	省级项目			
		328. 落地原油管理费	缴入国库	鲁政办发〔1996〕44号、鲁政办字〔2002〕77号	
		329. 原油管理费	缴入财政专户	鲁政办发〔1996〕44号、鲁政办字〔2002〕77号	
		330. 油地联合开发和石油公司原油管理费	缴入财政专户	鲁政办发〔1996〕44号、鲁政办字〔2002〕77号	
		331. 清罐污油管理费	缴入国库	鲁政办发〔1996〕44号、鲁政办字〔2002〕77号	
		332. 油田物资运输检查费	缴入财政专户	鲁政办发〔1996〕44号、鲁政办字〔2002〕77号	
		333. 工农工作协调费	缴入财政专户	鲁政办发〔1996〕44号、鲁政办字〔2002〕77号	
六十	组织	省级项目			
		334. 选调生报名考务费	缴入财政专户	鲁财综〔2007〕7号 鲁价费发〔2007〕48号、鲁财综〔2007〕21号	
六十一	政府采购	省级项目			
		335. 政府采购文件工本费	缴入财政专户	鲁财综〔2006〕92号 鲁价费发〔2007〕126号 鲁财综〔2008〕42号	
六十二	老年大学	省级项目			
		336. 省老年大学省直学区学费	缴入财政专户	鲁价费发〔2008〕29号	
		337. 青岛市老年大学学费	缴入财政专户	鲁财综〔2006〕57号，鲁价费函〔2006〕124号	
六十三	残联	省级项目			
		338. 残疾儿童保育费、管理费、康复训练费	缴入财政专户	鲁财综〔2006〕79号	限青岛市征收

注：1. 收费项目截止日期为2008年12月31日。
2. 各类质量检验费均按国家项目执行。
3.《收费目录》中的“证照费”为一级收费项目，包括有关部门和单位收取的各类证书工本费、证照工本费等子项目。

省财政厅　省林业局关于进一步规范全省林业系统非税收入管理的通知

2009年11月25日　鲁财综〔2009〕101号

各市财政局、林业局：

为深化“收支两条线”改革，进一步规范非税收入征缴管理，提高科学化精细化管理水平，根据《财政部关于加强政府非税收入管理的通知》（财综〔2004〕53号）要求，现就全省林业系统非税收入管理有关问题通知如下：

一、进一步明确非税收入管理范围

林业系统征缴的非税收入包括：行政事业性收费、政府性基金、国有资源有偿使用收入、国有资产有偿使用收入、罚没收入、以政府名义接受的捐赠收入。

（一）林业系统行政事业性收费。指林业部门根据法律、法规、规章等有关规定，依照规定程序批准，按照规定的项目、标准向党政机关、企事业单位、其他组织和个人依法收取的费用。主要包括野生动植物进出口管理费、森林植物检疫费、绿化费、陆生野生动物资源保护管理费、林木种子检验费。

（二）林业系统政府性基金。指林业部门根据法律、行政法规和中共中央、国务院有关文件规定，为支持某项公共事业发展，向公民、法人和其他组织无偿征收的具有专项用途的财政资金。主要包括育林基金、森林植被恢复费。

（三）林业系统国有资源有偿使用收入。指林业部门及所属单位利用占有的各种形态的自然资源、公共资源向社会提供公共服务、准公共服务、经营服务以及其他有偿服务取得的收入；利用政府信誉、政府权力向社会提供公共服务和准公共服务取得的收入；以及出让国有资源使用权取得的收入等。主要包括：利用刊物、网站等各类宣传工具开展有偿服务活动取得的收入；利用人力资源、资质、技术与知识资源等开展技术咨询、技术服务以及其他有偿服务取得的收入；利用政府权力开展强制性行业培训、行业服务、树木品种审定、苗圃评审等取得的收入；利用政府信誉开展对外服务、对外合作取得的收入；闲置场地出租、出让取得的收入；各种场地、建筑物空间广告权出租、出让收入；财政拨款单位依法取得的经营收入；国有林场土地有偿使用形成的收入、政府划拨土地收回产生的补偿收入；以及其他国有资源有偿使用收入等。

（四）林业系统国有资产有偿使用收入。指林业部门及所属单位将所占有的各种形态的固定资产、无形资产出租、出售、出让、转让以及投资等取得的收入。主要包括：房屋、建筑物及其附属设施出租、出让、处置收入；机械设备、专用仪器、车辆等施工、办公用固定资产出租、出让、处置收入；固定资产、无形资产和现金、债券、股权等资产直接对外投资取得的收入；应缴财政资金产生的利息收入；以及其他非经营性国有资产出租、出让、处置收入等。

（五）林业系统罚没收入。指林业部门依据法律、法规和规章，对公民、法人或者其他组织实施行政处罚所取得的罚款、没收的现金收入以及没收的物品变价收入。

（六）林业系统以政府名义接受的捐赠收入。指林业部门及所属单位接受的非定向捐赠货币收入。

各级林业部门要对机关及所属单位的各项收入进行全面梳理，凡属于上述非税收入管理范围的，都要按照“收支两条线”管理规定和“票款分离”要求，全额纳入财政管理，不得以任何理由截留、挪用或坐收坐支。

二、进一步规范非税收入征缴管理

（一）规范征缴程序。各级林业部门在依法收取行政事业性收费、政府性基金、国有资源有偿使用收入、国有资产有偿使用收入、罚没收入、以政府名义接受的捐赠收入以及其他属于非税收入管理范围的收入时，应首先到同级财政部门申请非税收入项目编码，然后向缴款人开具省财政厅统一印制的“山东省非税收入缴款书”；根据代收银行加盖收讫章的“山东省非税收入缴款书”，向缴款人提供“山东省非税收入收款收据”，登记非税收入辅助账簿，对非税收入收缴情况按月及时与财政部门进行核对。

（二）规范财政票据管理和使用。各级林业部门要根据《山东省财政票据管理暂行办法》（鲁财综〔2008〕54号）的要求，对财政票据实行严格管理。一是设置财政票据管理台账，指定专人负责票据领购、保管、发放、登记和销毁等工作。二是规范财政票据使用。“山东省非税收入缴款书”是林业系统征收非税收入时向缴款人（单位）出具的唯一合法财政票据，各级林业部门要严格按照有关规定管理使用。财政票据填写必须内容完整，字迹工整，印章齐全。严禁使用“山东省行政事业单位资金往来结算收据”、作废票据以及其他不符合规定的票据收取非税收入。三是强化财政票据内部缴销管理。票据管理人员要按照财政部门要求领购财政票据，定期（月或季）组织清查和盘点，及时与财政部门进行对账，确保财政票据领购、发放、使用、结余对应一致，财政票据使用数量、票据存根与缴入财政的非税收入数额对应一致。四是认真清理已停止使用的空白旧版财政票据和超过保管期限的票据存根，及时登记造册，按规定报财政部门批准后销毁。

（三）规范非税收入资金管理。一是切实加强非税收入征收管理。对国家和省依法设立的非税收入项目，各地不得随意取消或停止征收，也不得随意提高或降低征收标准。各级林业部门要严格按照规定的范围和标准及时足额征收各项政府非税收入，确保应收尽收。未经省财政厅、林业局批准，任何单位和个人不得随意减免非税收入。对应征未征或未足额征收的，必要时上级林业部门可以直接征收并缴入财政。二是严格非税收入账户管理。各级林业部门必须严格按照《行政事业单位银行结算账户管理暂行规定》（鲁财库〔2003〕19号）设立和使用资金账户，严禁设立非税收入过渡账户，严禁把单位基本账户和其他账户作为过渡账户使用。三是严格执行非税收入“票款分离”征缴制度。各级林业部门征收的非税收入，必须直接通过“山东省非税收入征收管理系统”缴入财政，通过征管系统实现非税收入的自动分成。对未通过非税收入征管系统上缴的各类非税收入，各级财政部门要拒绝接受，并责成相关林业部门通过非税收入征管系统缴纳。四是严格实行综合预算管理。要按照部门预算改革要求，将非税收入统一纳入预算管理体系，实行全口径预算管理。各级林业部门和个人不得截留、坐支、挤占和挪用非税收入。

三、加强协调配合，切实做好林业系统非税收入征缴工作

各级财政和林业部门要高度重视，切实加强林业部门非税收入征缴管理。各级财政部门要增强服务意识，对林业部门非税收入征缴和财政票据管理相关工作给予积极指导，主动协调代收银行，帮助林业部门及时解决征缴工作中遇到的困难。林业部门要加强与当地财政部门的工作衔接与配合，加强系统内非税收入征管人员和票据管理人员的业务培训，认真学习财经法规和非税收入管理政策、制度，确保非税收入按规定及时足额征缴，严禁滞留、挤占和挪用。省财政厅、省林业局将进一步加强对全省林业系统非税收入征缴管理情况的监督检查，对违反非税收入管理规定的行为，严格按照国家有关法律法规进行处理。各级林业部门对非税收入征缴、银行代收、票据使用方面存在的问题和相关建议，应及时向财政部门反映。

省财政厅　省国土资源厅关于进一步规范全省国土资源系统非税收入管理的通知

2009年12月10日　鲁财综〔2009〕105号

各市财政局、国土资源局：

为进一步深化“收支两条线”管理改革，规范全省国土资源系统非税收入征缴管理，提高科学化精细化管理水平，根据《财政部关于加强政府非税收入管理的通知》（财综〔2004〕53号）要求，现就国土资源系统非税收入管理有关问题通知如下。

一、进一步明确非税收入管理范围

全省国土资源系统非税收入包括：行政事业性收费、政府性基金、国有资源有偿使用收入、国有资产有偿使用收入、罚没收入、以政府名义接受的捐赠收入、主管部门集中收入。

（一）国土资源系统行政事业性收费。指国土资源部门根据法律、法规、规章等有关规定，依照规定程序批准，按照规定的项目、标准向党政机关、企事业单位、其他组织和个人等依法收取的费用。主要包括石油（天然气）勘查、开采登记费（包括证书费）、矿产资源补偿费、矿产资源勘查登记费、采矿登记收费、土地复垦费、土地闲置费、土地登记费、征（土）地管理费、耕地开垦费、地质成果资料费、土地评估师考试考务费、土地评估师考试费、测绘成果成图资料收费、测绘产品质量监督检验费、测绘仪器检测收费及测绘行业特有工种职业技能鉴定山东站借用的职业技能鉴定费等。

（二）国土资源系统政府性基金。指国土资源部门根据法律、行政法规和中共中央、国务院有关文件规定，为支持某项公共事业发展，向公民、法人和其他组织无偿征收的具有专项用途的财政资金。主要包括国有土地使用权出让金、国有土地收益基金、农业土地开发资金、新增建设用地土地有偿使用费、新菜地开发基金等。

（三）国土资源系统国有资源有偿使用收入。指国土资源部门及所属单位利用占有的各种形态的自然资源、公共资源向社会提供经营服务、公共服务、准公共服务以及其他有偿服务取得的收入；利用政府信誉、政府权力向社会提供公共服务和准公共服务取得的收入；以及出租、出让、转让国有资源使用权取得的收入等。主要包括：土地使用权出租、出让、转让等有偿使用收入；探矿权、采矿权使用费及价款等有偿出让使用收入；利用杂志、影视制品、网站等各类宣传媒体开展有偿服务活动取得的收入；利用人力资源、资质、技术与知识资源等开展技术咨询、技术服务、地况评估与分析、地矿勘测（察）勘探和其他有偿服务取得的收入；利用政府权力开展强制性行业培训和行业服务取得的收入；利用政府信誉或单位职责开展对外服务、对外合作取得的收入；闲置场地、矿区出租、出让取得的收入；各种场地、建筑物空间广告权出租、出让收入；其他国有资源有偿使用收入。

（四）国土资源系统国有资产有偿使用收入。指国土资源部门及所属单位将所占有的各种形态的固定资产、无形资产出租、出售、出让、转让以及投资等取得的收入。主要包括：房屋、建筑物及其附属设施出租、出让、处置收入；机械设备、专用仪器、勘测（探）设施、车辆等施工、办公用固定资产出租、出让、处置收入；固定资产、无形资产和现金、债券、股权等资产直接对外投资取得的收入；应缴财政资金产生的利息收入；其他非经营性国有资产有偿使用收入。

（五）国土资源系统罚没收入。指国土资源部门依据法律、法规和规章，对公民、法人或者其他组织违反国土资源法律规定的行为实施处罚所取得的罚款、没收的现金收入以及没收的物品变价收入。

（六）国土资源系统以政府名义接受的捐赠收入。指国土资源部门及所属事业单位接受的非定向捐赠货币收入。

（七）国土资源系统主管部门集中收入。指国土资源部门经同级财政部门批准，利用行政权力集中的所属单位的收入。

各级国土资源部门要对机关及所属单位的各项收入进行全面梳理，凡属于上述范围的，都要按照“收支两条线”管理规定和“票款分离”要求，全额纳入财政管理，不得以任何理由截留、挪用或坐收坐支。

二、进一步规范非税收入征缴管理

（一）规范征缴程序。各级国土资源部门在依法收取各类政府非税收入时，应首先到同级财政部门申请非税收入项目编码，然后向缴款人开具省财政厅统一印制的“山东省非税收入缴款书”；并根据代收银行加盖收讫章的“山东省非税收入缴款书”，向缴款人提供“山东省非税收入收款收据”，登记非税收入辅助账簿，对收费情况按月及时与财政部门进行核对。

（二）规范财政票据管理和使用。各级国土资源部门要根据《山东省财政票据管理暂行办法》（鲁财综〔2008〕54号）要求，对财政票据实行严格管理。一是设置非税收入票据管理台账，指定专人负责票据领购、保管、发放、登记和销毁等工作。二是规范财政票据使用。“山东省非税收入缴款书”是国土资源系统征收非税收入时向缴款人（单位）出具的唯一合法财政票据，各级国土资源部门要严格按照有关规定管理使用。财政票据填写必须内容完整、字迹工整、印章齐全。严禁使用“山东省行政事业单位资金往来结算收据”、作废票据以及其他不符合规定的票据收取非税收入。三是强化财政票据内部缴销管理。票据管理人员要按照财政部门要求领购财政票据，定期（月或季）组织清查和盘点，及时与财政部门进行对账，确保财政票据领购、发放、使用、结余对应一致，财政票据使用数量、票据存根与缴入财政的非税收入数额对应一致。四是认真清理已停止使用的空白旧版财政票据和超过保管期限的票据存根，及时登记造册，按规定报财政部门批准后销毁。

（三）规范非税收入资金管理。一是切实加强非税收入征收管理。对国家和省依法设立的非税收入项目，不得随意取消或停止征收，也不得随意提高或降低征收标准。各级国土资源部门要严格按照规定的范围和标准及时足额征收各项政府非税收入，确保应收尽收。未经同级财政部门批准，各级国土资源部门及所属单位不得随意减免属于本级的非税收入。对应征不征或未足额征收的非税收入，上级国土资源部门可以直接征收并缴入上级财政。二是严格非税收入账户管理。各级国土资源部门及所属单位必须严格按照《行政事业单位银行结算账户管理暂行规定》（鲁财库〔2003〕19号）设立和使用资金账户，严禁擅自设立非税收入过渡账户，严禁把单位基本账户和其他账户作为过渡账户使用。三是严格执行非税收入“票款分离”征缴制度。各级国土资源部门征收的非税收入，必须直接通过“山东省非税收入征收管理系统”缴入财政，通过征管系统实现自动分成。对未通过非税收入征管系统上缴的各类非税收入，各级财政部门要拒绝接受，并责成相关国土资源部门通过非税收入征管系统缴纳。四是严格实行综合预算管理。各级财政部门要按照部门预算改革要求，将非税收入统一纳入预算管理体系，实行全口径预算管理。各级国土资源部门和个人不得截留、坐支、挤占和挪用非税收入。

三、加强协调配合，切实做好国土资源系统非税收入征缴工作

各级国土资源部门要高度重视，切实做好非税收入征缴管理工作。各级财政部门要增强服务意识，对国土资源部门非税收入征缴和财政票据管理相关工作给予积极指导，主动协调代收银行，帮助国土资源部门及时解决征缴工作中遇到的困难。国土资源部门要加强与当地财政部门的工作衔接与配合，加强系统内非税收入征管人员和票据管理人员的业务培训，认真学习财经法规和非税收入管理政策，确保非税收入按规定及时足额征缴，严禁滞压、挤占和挪用。省财政厅与省国土资源厅将加强对全省国土资源系统非税收

入征缴管理情况的监督检查，对违反非税收入管理规定的行为，严格按照国家有关法律法规进行处理。各级国土资源部门对非税收入征缴、银行代收、票据使用方面存在的问题和相关建议，要及时向财政部门反映。

省财政厅关于调整国有资源（资产）有偿使用收入和以政府名义接受的捐赠收入管理方式的通知

2009年12月14日　鲁财综〔2009〕106号

各市财政局，各省财政直接管理县（市）财政局：

为进一步规范非税收入管理，根据财政部规定和省政府要求，决定从2010年1月1日起，将国有资源（资产）有偿使用收入和以政府名义接受的捐赠收入的管理方式予以调整。现将有关事项通知如下：

一、国有资源（资产）有偿使用收入全部纳入国库管理。省财政厅将于2010年1月1日把非税收入征管系统中财政专户管理的国有资源（资产）有偿使用收入（目录附后）全部调整为国库管理，相应各项收入的征收范围、分成比例、项目编码、执收编码不变。

二、从2010年1月1日起，以政府名义接受的捐赠收入的管理方式由现在的财政专户管理调整为专户和国库两种管理方式

（一）除慈善总会、红十字会、希望工程、基金会等各类社会慈善机构和幼儿园（以下简称“五类单位”）外的行政事业单位以政府名义接受的捐赠收入，继续使用征管系统中现有的“86690——国外捐赠收入”和“86700——国内捐赠收入”项目编码，全部纳入国库管理，并由省财政厅统一调整，各市、省直管县（市）财政部门不再重新上报业务单。

（二）在征管系统中增设财政专户管理的项目编码“86701——国内捐赠收入”、“86691——国外捐赠收入”，仅供“五类单位”接受捐赠收入时，根据实际情况申请使用。

（三）在征管系统中增设财政专户管理的项目编码“86702——汶川地震捐赠收入”，供各类单位在收取专门面向汶川地震的捐赠收入时申请使用。

三、认真做好调整管理方式后的相关工作衔接。此次非税收入管理方式调整涉及部门较多，各市和省直管县（市）财政部门要高度重视，一是耐心做好政策宣传和解释工作；二是妥善处理好2010年部门预算调整和审批工作；三是严格审查接受捐赠收入的单位性质，对“五类单位”目前使用“86690——国外捐赠收入”和“86700——国内捐赠收入”接受捐赠收入的，各市和省直管县（市）财政部门应在2009年12月31日前，使用新的项目编码重新申报非税收入执收编码业务单。

附件：由财政专户管理调整为国库管理的国有资源（资产）有偿使用收入项目目录

附件：

由财政专户管理调整为国库管理的国有资源（资产）有偿使用收入项目目录

86556——行政单位国有资产出租收入

86557——行政单位国有资产处置收入

86558——事业单位国有资产出租收入
86559——事业单位国有资产处置收入
86560——其他非经营性国有资产收入
86660——财政专户存款利息收入
86670——有价证券利息收入
86680——其他利息收入
86610——出租车经营权有偿出让和转让收入
86611——城市公共交通线路经营权有偿使用收入
86612——汽车号牌使用权有偿使用收入
86617——户外公共空间广告权有偿使用收入
86618——占用国家无线电频率资源取得的广告收入
86619——自备井水费价差收入
86620——其他国有资源有偿使用收入
84023——渔业资源损失赔偿费
86613——城市道路冠名权有偿使用收入
86614——国家所属风景名胜区内特许经营权有偿出让收入
86615——国家所属风景名胜区门票收入
86616——政府投资建设停车泊位收入
86630——专项储备物资销售收入
86640——其他国有资产有偿使用收入

省财政厅　省国土资源厅转发《财政部　国土资源部关于加强土地整治相关资金使用管理有关问题的通知》的通知

2009 年 12 月 18 日　鲁财综〔2009〕114 号

各市财政局、国土资源管理局：

现将《财政部、国土资源部关于加强土地整治相关资金使用管理有关问题的通知》（财建〔2009〕625 号）转发给你们，并提出以下意见，请一并遵照执行。

一、提高认识，增强资金管理的自觉性。近年来，我省土地资金规模逐年增加，土地整治规模越来越大，管理工作量和复杂程度大大提高。个别地方在资金管理中还存在项目预算管理不规范，项目资金未实行专账核算、挤占挪用项目资金、资金使用效率不高等问题。因此，各级财政、国土资源管理部门必须高度重视，按照科学发展观的要求，从统筹城乡发展、保证粮食安全的战略高度，进一步提高对加强土地整治相关资金管理重要性的认识，切实把依法管理、规范管理的理念贯穿资金管理始终，建立有效的土地整治项目资金管理制度和运行机制，进一步完善措施，努力提高土地整治资金使用效率，充分发挥资金效益，真正管好用好资金。

二、规范管理，切实提高资金使用效益。各级财政、国土部门要进一步强化土地整治资金预算管理，严格按照资金预算管理规定，科学、合理编制项目资金收支预算，加强预算执行的约束力，严格按规定用途安排使用土地整治有关资金，防止挤占、挪用、骗取资金等问题发生，切实提高预算管理的严肃性。要规范项目资金管理程序，从项目立项到验收各个环节必须做到项目投资、项目预算评审、项目预算批复和执行、项目资金拨付、项目竣工决算审查管理“五规范”。要建立健全项目资金管理专账核算制，所有土地整治项目资金必须实行专账核算；严格土地整治项目成本核算，严禁将项目外支出列入项目成本，严禁截留、挪用、私存项目资金，严禁未直接组织项目实施和管理从项目资金中提取管理费。要严格执行项目资金请拨款制度，把好工程和资金关口，资金要按工程进度和质量分期拨款，严禁无故拖延或长期滞留项目资金，确保资金及时足额到位，项目工程高质量顺利实施。同时，各级财政部门要牵头做好项目竣工决算审计管理工作，按照财政资金投资评审规定，认真组织实施好竣工项目工程结算审查、竣工财务决算审计工作，不断提高资金管理的效能和水平。

三、强化监管，确保土地整治资金安全。各级财政、国土资源管理部门要加强资金使用监管，进一步加大土地整治项目和资金的监督检查力度，建立健全项目及资金监管的长效机制，充分借助审计、财政投资评审、财政监督检查、社会中介等力量，将监督检查贯穿于项目立项、审批、实施、验收等各个环节，确保投向正确、确保资金安全、确保符合国家规定要求。今后，省财政、国土部门将依据《山东省省级土地开发整理复垦项目资金财政监督暂行办法》（鲁财综〔2005〕92号）和《山东省新增建设用地土地有偿使用费稽查暂行办法的通知》（鲁财综〔2008〕69号）等规定，对各市土地整治相关资金管理使用情况进行专项检查。同时，建立检查结果与土地资金分配联动机制，分配项目资金实行奖优罚劣。对发现有违法、违规行为的，将根据《财政违法行为处罚处分条例》（国务院令第427号）和《山东省财政监督办法》（山东省人民政府令第109号）等有关法律法规进行严肃处理。

附件：财政部　国土资源部关于加强土地整治相关资金使用管理有关问题的通知

附件：

财政部　国土资源部关于加强土地整治相关资金使用管理有关问题的通知

2009年9月30日　财建〔2009〕625号

各省、自治区、直辖市、计划单列市财政厅（局）、国土资源厅（局），新疆生产建设兵团财务局、国土资源局：

近年来，各级财政、国土资源部门根据《土地管理法》及其配套法规要求，通过健全机制、完善制度、强化监督等措施，加强对耕地开垦费、新增建设用地土地有偿使用费、土地复垦费和用于农业土地开发的土地出让收入的管理，取得了明显成效。但在上述资金使用管理过程中，还存在一些亟待解决的问题。为进一步加强土地整治相关资金管理，切实提高资金使用效益，现将有关事项通知如下：

一、统一思想，充分认识加强土地整治相关资金管理的重要意义

加强土地整治相关资金管理，是确保耕地总量不减少、质量有提高和保障国家粮食安全的重要手段，是促进全面建设小康社会和社会主义新农村建设的重要抓手，也是落实科学发展观、推动区域协调可持续发展的重要体现。为此，地方各级财政、国土资源部门要从讲政治和经济社会发展战略高度，进一步统一思想，提高认识，建立健全土地整治相关资金使用管理办法，严格执行各项管理制度，切实抓好资金分配、使用和监督管理各个环节的工作。

二、规范管理，严格审核土地整治项目支出预算

地方各级财政、国土资源部门要切实加强土地整治项目预算管理。地方各级国土资源部门要认真做好土地整治项目的可行性研究、规划设计、预算编制以及项目实施的监督检查、竣工验收等工作；各级财政部门要认真做好土地整治项目预算的审核下达、资金拨付以及监督管理工作。

省级财政、国土资源部门要认真组织并督促落实土地整治项目预算实施和管理工作。同时，建立健全

设计规范、内容全面、关系明晰的土地整治相关资金统计报表体系，建立有效的资金收支逐级报告制度，为科学安排资金、加强资金监管提供可靠的数据支撑。

三、统筹安排，提高土地整治相关资金使用效率和效益

（一）充分发挥规划控制作用，合理引导资金投向。各地要严格按照土地利用总体规划的要求，充分考虑水资源和生态环境等因素影响，制定本地区农村土地整治规划，资金的安排使用要符合规划的要求。同时，加大对补充耕地任务重的地区和粮食主产区的投入力度，确保土地整治相关资金向补充耕地任务重的地区和粮食主产区、主产县倾斜。为进一步提高资金使用效益，从2010年起，财政部、国土资源部将结合农村土地整治规划和年度补充耕地计划调整和完善中央分成新增费的分配和使用。

（二）严格控制资金支出范围，减少资金闲置和结余。各地要严格按照土地整治相关资金的支出范围规范使用，严禁挤占、挪用和擅自扩大支出范围。对于耕地后备资源短缺的地区，省级财政、国土资源部门应及时完善土地整治相关资金分配使用管理办法，实现资金量与工作量的平衡，确保土地整治相关资金有效使用。同时，要简化项目申报程序，提高资金运行效率。

（三）突出工作重点，充分发挥资金组合效力和规模效益。各地要按照《财政部　国土资源部关于中央分成的新增建设用地土地有偿使用费分配使用及管理有关事项的通知》（财建〔2009〕286号）要求，结合国家确定的土地整理复垦开发重大项目、“万村土地整治”示范工程等重点任务，将中央分配和地方留成的新增建设用地土地有偿使用费、耕地开垦费、土地复垦费和用于农业土地开发的土地出让收入集中安排，努力提高资金的规模效益。

四、加强监督，促进土地整治相关资金管理规范化、精细化

省级财政、国土资源部门要按照《中央分成新增建设用地土地有偿使用费稽查暂行办法》（财建〔2008〕30号）等的要求，抓紧制定和完善本地区土地整治相关资金使用监管制度，加强对资金使用的监督检查和绩效考评。要强化事前和事中监督，促进监督与管理的有机融合，充分调动各级财政、国土资源部门的监管力量，建立部门联动的监督检查机制，加大监督检查力度。要自觉接受审计、纪检、监察等部门的监督。

财政部、国土资源部将积极探索建立土地整治相关资金使用管理奖惩机制，对使用管理效果明显的地区，在分配新增建设用地土地有偿使用费额度中给予适当奖励；对使用管理不到位、资金结存额度大的地区，相应扣减新增建设用地土地有偿使用费资金分配额度。同时，财政部、国土资源部将择机对本通知的落实情况开展专项检查，加大对各种违法、违规行为的处罚力度，以严肃各项纪律，确保土地整治相关资金使用的规范化、精细化。

省财政厅　省环境保护厅关于进一步规范全省环境保护系统非税收入管理的通知

2009年12月18日　鲁财综〔2009〕115号

各市财政局、环境保护局：

为进一步深化“收支两条线”管理改革，规范全省环境保护系统非税收入征缴管理，提高精细化管理水平，根据《财政部关于加强政府非税收入管理的通知》（财综〔2004〕53号）要求，现就环境保护系统非税收入管理有关问题通知如下：

一、进一步明确非税收入管理范围

全省环境保护系统非税收入包括：行政事业性收费、国有资源有偿使用收入、国有资产有偿使用收入、罚没收入、以政府名义接受的捐赠收入、主管部门集中收入。

（一）环境保护系统行政事业性收费。指环境保护部门根据法律、法规、规章等有关规定，依照规定程序批准，按照规定的项目、标准向党政机关、企事业单位、社会团体、其他组织和个人等依法收取的费用。主要包括进口废物环境保护审查登记费、核安全技术审评费、排污费、化学品进口登记费、城市放射性废物送贮费、环境监测服务费、注册环境保护工程师执业资格专业考试考务费、注册核安全工程师职业资格考试费、环境影响评价工程师职业资格考务费、煤炭含硫量分析、石油勘探开发排污费、环境保护部门所属学校收取的中等职业学校学费、中等职业学校住宿费等。

（二）环境保护系统国有资源有偿使用收入。指环境保护部门及所属单位利用占有的各种形态的自然资源、公共资源向社会提供经营服务、公共服务、准公共服务以及其他有偿服务取得的收入；利用政府信誉、政府权力向社会提供公共服务和准公共服务取得的收入；以及出让国有资源使用权取得的收入等。主要包括：利用刊物、电视（影）、网站等各类宣传媒体开展有偿服务活动取得的收入；利用人力资源、资质、技术与知识资源等开展技术咨询、环境保护资料（设计）审查、环境保护等级评审（定）、环境保护范围内的检（勘）测检验、环境工程审查验收和其他有偿服务取得的收入；利用政府权力开展强制性行业培训和行业服务取得的收入；利用政府信誉开展对外服务、对外合作取得的收入；闲置场地出租、出让取得的收入；各种场地、建筑物空间广告权出租、出让收入；其他国有资源有偿使用收入。

（三）环境保护系统国有资产有偿使用收入。指环境保护部门及所属单位将所占有的各种形态的固定资产、无形资产出租、出售、出让、转让以及投资等取得的收入。主要包括：房屋、建筑物及其附属设施出租、出让、处置收入；车辆、专用环境保护设施（仪器、试剂、容器等）等办公或专用固定资产出租、出让、处置收入；固定资产、无形资产和现金、债券、股权等资产直接对外投资取得的收入；应缴财政资金产生的利息收入；其他非经营性国有资产有偿使用收入。

（四）环境保护系统罚没收入。指环境保护部门依据法律、法规和规章，对公民、法人或者其他组织违反环境保护法律规定的行为实施处罚所取得的罚款、没收的现金收入以及没收的物品变价收入。

（五）环境保护系统以政府名义接受的捐赠收入。指环境保护部门及所属单位接受的非定向捐赠货币收入。

（六）环境保护系统主管部门集中收入。指环境保护部门经同级财政部门批准，利用行政权力集中的所属单位的收入。

各级环境保护部门要对机关及所属单位的各项收入进行全面梳理，凡属于上述非税收入管理范围的，都要按照“收支两条线”管理规定和“票款分离”要求，全额纳入财政管理，不得以任何理由将应纳入财政管理的政府非税收入截留、挪用或坐收坐支。

二、进一步规范非税收入征缴管理

（一）规范征缴程序。各级环境保护部门在依法收取各类非税收入时，应到同级财政部门申请非税收入项目编码，向缴款人开具省财政厅统一印制的“山东省非税收入缴款书”；根据代收银行加盖收讫章的“山东省非税收入缴款书”，向缴款人提供“山东省非税收入收款收据”，登记非税收入辅助账簿。对非税收入的征缴情况，环境保护部门要按月及时与财政部门进行核对。

（二）规范财政票据管理和使用。各级环境保护部门要根据《山东省财政票据管理暂行办法》（鲁财综〔2008〕54号）要求，对财政票据实行严格管理。一是设置财政票据管理台账，指定专人负责票据领购、保管、发放、登记和销毁等工作。二是规范财政票据使用。“山东省非税收入缴款书”是征收非税收入时向缴款人（单位）出具的唯一合法票据，各级环境保护部门要严格按照有关规定管理使用。财政票据填写必须内容完整，字迹工整，印章齐全。严禁使用“山东省行政事业单位资金往来结算收据”、作废票据以及其他不符合规定的票据收取非税收入。三是强化财政票据内部缴销管理。票据管理人员要按照财政部门要求领购财政票据，定期（月或季）组织清查和盘点，及时与财政部门进行对账，确保财政票据领购、发放、使用、结余对应一致，财政票据使用数量、票据存根与缴入财政的非税收入数额对应一致。四是认真清理已停止使用的空白旧版财政票据和超过保管期限的票据存根，及时登记造册，按规定报财政部门批准后销毁。

（三）规范非税收入资金管理。一是切实加强非税收入征收管理。对国家和省依法设立的非税收入项目，不得随意取消或停止征收，不得随意提高或降低征收标准。各级环境保护部门要严格按照规定的范围和标准及时足额征收各项非税收入，确保应收尽收。未经同级财政部门批准，各级环境保护部门及所属单位不得随意减免应缴相应级次的非税收入。对应征不征或未足额征收的，上级环境保护部门可以直接征收并缴入上级财政。二是严格非税收入账户管理。各级环境保护部门必须严格按照《行政事业单位银行结算账户管理暂行规定》（鲁财库〔2003〕19号）设立和使用资金账户，严禁擅自设立非税收入过渡账户，严禁把单位基本账户和其他账户作为过渡账户使用。三是严格执行非税收入“票款分离”征缴制度。各级环境保护部门征收的非税收入，必须直接通过“山东省非税收入征收管理系统”缴入财政，通过征管系统实现非税收入的自动分成。对未通过非税收入征管系统上缴的各类非税收入，各级财政部门要拒绝接受，并责成相关环境保护部门通过非税收入征管系统缴纳。四是严格实行综合预算管理。要按照部门预算改革要求，将非税收入统一纳入预算管理体系，实行全口径预算管理。各级环境保护部门和个人不得截留、坐支、挤占和挪用非税收入。

三、加强协调配合，切实做好环境保护系统非税收入征缴工作

各级财政和环境保护部门要高度重视，切实做好环境保护部门非税收入征缴管理工作。财政部门要增强服务意识，对环境保护部门非税收入征缴和财政票据管理相关工作给予积极指导，主动协调代收银行，帮助环境保护部门及时解决征缴工作中遇到的困难。环境保护部门要加强与当地财政部门的工作衔接与配合，加强系统内非税收入征管人员和票据管理人员的业务培训，认真学习财经法规和非税收入管理政策，确保非税收入按规定及时足额征缴，严禁滞压、挤占和挪用。省财政厅与省环境保护厅要加强对全省环境保护系统非税收入征缴管理情况的监督检查，对违反非税收入管理规定的行为，严格按照国家有关法律法规进行处理。各级环境保护部门对非税收入征缴、银行代收和票据使用等方面存在的问题和建议，要及时向财政部门反映。

省财政厅　省民政厅关于进一步规范全省民政系统非税收入管理的通知

2009年12月18日　鲁财综〔2009〕116号

各市财政局、民政局：

为进一步深化“收支两条线”管理改革，规范全省民政系统非税收入征缴管理，提高精细化管理水平，根据《财政部关于加强政府非税收入管理的通知》（财综〔2004〕53号）要求，现对民政系统非税收入管理有关问题通知如下。

一、进一步明确非税收入管理范围

全省民政系统非税收入包括：行政事业性收费、政府性基金、国有资源有偿使用收入、国有资产有偿

使用收入、以政府名义接受的捐赠收入、主管部门集中收入、彩票发行费收入。

（一）民政系统行政事业性收费。指民政部门根据法律法规的有关规定，依照规定程序批准，按照规定的项目、标准向党政机关、企事业单位、社会团体、其他组织和个人等依法收取的费用。主要包括婚姻登记证书工本费、收养登记费、殡葬收费、退役士兵安置任务有偿转移费、残疾儿童学前康复教育收费。

（二）民政系统政府性基金。指民政部门根据法律法规和中共中央、国务院有关文件规定，为支持公益事业发展，由福利彩票销售机构按规定比例从福利彩票销售收入中提取的福利彩票公益金。

（三）民政系统国有资源有偿使用收入。指民政部门及所属单位利用占有的各种形态的自然资源、公共资源向社会提供经营服务、公共服务、准公共服务以及其他有偿服务取得的收入；利用政府信誉、政府权力向社会提供公共服务和准公共服务取得的收入；以及出让国有资源使用权取得的收入等。主要包括：利用刊物、影视制品、网站等各类宣传媒体开展有偿服务活动取得的收入；利用人力资源、垄断资质等开展对外咨询等有偿服务取得的收入；利用政府权力开展强制性行业培训和行业服务取得的收入；利用政府信誉开展对外服务、对外合作取得的收入；闲置场地出租、出让取得的收入；各种场地、建筑物空间广告权出租、出让收入；其他国有资源有偿使用收入。

（四）民政系统国有资产有偿使用收入。指民政部门及所属单位将所占有的各种形态的固定资产、流动资产、无形资产出租、出售、出让、转让以及投资等取得的收入。主要包括：房屋、建筑物及其附属设施出租、出让、处置收入；车辆、设备等办公或专用固定资产出租、出让、处置收入；利用宾馆、饭店、招待所、培训中心等场所直接开展服务活动取得的收入；固定资产、无形资产和现金、债券、股权等资产直接对外投资取得的收入；应缴财政资金产生的利息收入；其他非经营性国有资产有偿使用收入。

（五）民政系统以政府名义接受的捐赠收入。指民政部门及所属单位接受的非定向捐赠货币收入。

（六）民政系统主管部门集中收入。指民政部门经同级财政部门批准，利用行政权力集中的所属单位的收入。

（七）民政系统彩票发行费收入。指民政部门所属福利彩票销售机构按规定比例从彩票销售收入中提取的福利彩票发行费。

各级民政部门要对机关及所属单位的各项收入进行全面梳理，凡属于上述非税收入管理范围的，都要按照“收支两条线”管理规定和“票款分离”要求，全部纳入财政管理，不得以任何理由或方式将应纳入财政管理的政府非税收入截留、挪用或坐收坐支。

二、进一步规范非税收入征缴管理

（一）规范征缴程序。各级民政部门在依法收取行政事业性收费、国有资源有偿使用收入、国有资产有偿使用收入、以政府名义接受的捐赠收入、主管部门集中收入时，应到同级财政部门申请非税收入项目编码，向缴款人开具省财政厅统一印制的“山东省非税收入缴款书”，根据代收银行加盖收讫章的“山东省非税收入缴款书”向缴款人提供“山东省非税收入收款收据”，登记非税收入辅助账簿。对非税收入的征缴情况，民政部门要按月及时与财政部门进行核对。

民政部门提取的福利彩票公益金和福利彩票发行费，要按照彩票资金管理的有关规定及时上缴财政。

（二）规范财政票据管理和使用。各级民政部门要根据《山东省财政票据管理暂行办法》（鲁财综〔2008〕54号）要求，对财政票据实行严格管理。一是设置财政票据管理台账，指定专人负责票据领购、保管、发放、登记和销毁等工作。二是规范财政票据使用。“山东省非税收入缴款书”是征收非税收入向缴款人（单位）出具的唯一合法票据，各级民政部门要严格按照有关规定管理使用。财政票据填写必须内容完整，字迹工整，印章齐全。严禁使用“山东省行政事业单位资金往来结算收据”、作废票据以及其他不符合规定的票据收取非税收入。三是强化财政票据内部缴销管理。票据管理人员要按照财政部门要求领购财政票据，定期（月或季）组织清查和盘点，及时与财政部门进行对账，确保财政票据领购、发放、使用、结余对应一致，财政票据使用数量、票据存根与缴入财政的非税收入数额对应一致。四是认真清理已停止使用的空白旧版财政票据和超过保管期限的票据存根，及时登记造册，按规定报财政部门批准后销毁。

（三）规范非税收入资金管理。一是切实加强非税收入征收管理。对国家和省依法设立的非税收入项目，不得随意取消或停止征收，不得随意提高或降低征收标准。各级民政部门要严格按照规定的范围和标准及时足额征收各项非税收入，确保应收尽收。未经同级财政部门批准，各级民政部门及所属单位不得随意减免属于本级的非税收入。对应征不征或未足额征收的，上级民政部门可以直接征收并缴入财政。二是严格非税收入账户管理。各级民政部门必须严格按照《行政事业单位银行结算账户管理暂行规定》（鲁财库〔2003〕19号）设立和使用资金账户，严禁擅自设立非税收入过渡账户，严禁把单位基本账户和其他账户作为过渡账户使用。三是严格执行非税收入“票款分离”征缴制度。各级民政部门征收的非税收入，必须直接通过“山东省非税收入征收管理系统”缴入财政，通过征管系统实现自动分成。对未通过非税收入征管系统上缴的各类非税收入，各级财政部门要拒绝接受，并责成相关民政部门通过非税收入征管系统缴纳。四是严格实行综合预算管理。要按照部门预算改革要求，将非税收入统一纳入预算管理体系，实行全口径预算管理。各级民政部门和个人不得截留、坐支、挤占和挪用非税收入。

三、加强协调配合，切实做好民政系统非税收入征缴工作

各级财政和民政部门要高度重视，切实做好民政部门非税收入征缴管理工作。财政部门要增强服务意识，对民政部门非税收入征缴和财政票据管理相关工作给予积极指导，主动协调代收银行，帮助民政部门及时解决征缴工作中遇到的困难。民政部门要加强与当地财政部门的工作衔接与配合，加强系统内非税收入征管人员和票据管理人员的业务培训，认真学习财经法规和非税收入管理政策，确保非税收入按规定及时足额征缴，严禁滞压、挤占和挪用。省财政厅与省民政厅要加强对全省民政系统非税收入征缴管理情况的监督检查，对违反非税收入管理规定的行为，严格按照国家有关法律法规进行处理。各级民政部门对非税收入征缴、银行代收和票据使用等方面存在的问题和建议，要及时向财政部门反映。

省财政厅　省林业局关于印发《山东省育林基金征收使用管理办法》的通知

2009年12月31日　鲁财综〔2009〕123号

各市财政局、林业局：

根据《中华人民共和国森林法》、《中共中央　国务院关于全面推进集体林权制度改革的意见》（中发〔2008〕10号）和《财政部　国家林业局〈关于印发育林基金征收使用管理办法的通知〉》（财综〔2009〕32号）等有关规定，为规范育林基金征收使用管理，促进林业可持续发展，结合实际，我们制定了《山东省育林基金征收使用管理办法》，现予印发，请遵照执行。

附件：山东省育林基金征收使用管理办法

附件：

山东省育林基金征收使用管理办法

第一条　为保护我省森林资源，促进林业可持续发展，根据《中华人民共和国森林法》、《中共中央

国务院关于加快林业发展的决定》（中发〔2003〕9号）、《中共中央 国务院关于全面推进集体林权制度改革的意见》（中发〔2008〕10号）和《财政部、国家林业局关于印发育林基金征收使用管理办法的通知》（财综〔2009〕32号）等相关规定，制定本办法。

第二条 凡在本省区域内采伐林木的单位和个人均应按照本办法规定缴纳育林基金。

第三条 县级以上地方林业主管部门按照管理权限负责征收育林基金。

第四条 育林基金按照林木产品销售收入的5%计征。

林木产品是指木材和竹材，不包括林副产品、经济林产品以及其他林产品。

第五条 林木产品销售收入按下列原则确定：

（一）采伐林木单位和个人会计核算健全，能准确提供销售资料的，按照林木产品实际销售收入确定。

（二）采伐林木单位和个人会计核算不健全，不能准确提供销售资料的，按照林业主管部门会同有关部门核定的当地同类林木产品平均销售价格和实际林木产品销售数量计算林木产品销售收入确定。

（三）采伐林木单位和个人自产自用林木产品或将林木产品直接用于加工的，按照林业主管部门会同有关部门核定的当地同类林木产品平均销售价格和实际耗用林木产品数量计算林木产品销售收入确定。

第六条 育林基金在林木产品的销售环节征收。自产自用或直接用于加工的林木产品，在移送使用环节征收。

林业主管部门不得在多次销售林木产品时重复征收育林基金。对进口林木单位和个人不得征收育林基金。严禁在育林基金外加收任何名目的费用。

第七条 农村居民采伐自留地和房前屋后个人所有的零星林木，免征育林基金。

第八条 育林基金按1:1:8的比例分成，即省级10%，市级10%，县级80%。

省财政直管理县（市）分成比例为90%，其所在设区市不参与分成。

第九条 县级以上地方林业主管部门征收育林基金，使用省财政厅统一印制“山东省非税收入缴款书”。

第十条 育林基金属于政府性基金。各级林业主管部门应到同级财政部门申请执收项目编码，领购“山东省非税收入缴款书”，通过“山东省非税收入征收管理系统”，全额就地缴入各级国库。

第十一条 育林基金专项用于森林资源的培育、保护和管理。使用范围包括：种质资源保护、种苗培育、造林、森林抚育、森林病虫害预防和救治、森林防火和扑救、森林资源监测、林业技术推广、林区道路维护以及相关基础设施建设和设备购置等。任何单位和个人不得截留或挪作他用。

第十二条 育林基金收支全额纳入政府基金预算管理，县级以上地方林业主管部门应按规定编制育林基金收支预算，报同级财政部门审核。财政部门根据县级以上地方林业主管部门开展森林资源培育、保护和管理工作需要核定育林基金支出预算。

第十三条 育林基金应严格按照预算安排使用，专款专用，年终结余结转下年度使用。

育林基金的支付按照财政国库管理制度有关规定执行。

第十四条 育林基金收入列“政府收支分类科目”第103类“非税收入”01款“政府性基金收入”35项“育林基金收入”。育林基金支出列“政府收支分类科目”第213类“农林水事务”02款“林业”29项“育林基金支出”。

第十五条 林业部门行政事业经费，由同级财政部门通过部门预算予以核拨，不得从育林基金中列支。

第十六条 育林基金征收、使用和管理应当接受财政、审计和上级林业主管部门的监督检查。

第十七条 对违反本规定，多征、减征、缓征、停征，或者侵占、截留、挪用育林基金的单位及责任人，依照《财政违法行为处罚处分条例》（国务院令第427号）和《违反行政事业性收费和罚没收入收支两条线管理规定行政处分暂行规定》（国务院令第281号）进行处理。构成犯罪的，依法追究刑事责任。

第十八条 煤矿企业自营坑木林基地的育林基金的征收、管理和使用，仍按原煤炭部、财政部《关于颁发〈煤矿企业造林费用和育林基金管理办法〉的通知》（(86)煤财字第69号）的规定执行。

第十九条 本办法由省财政厅、省林业局负责解释。

第二十条 本办法自2010年1月1日起执行。

二、

税政管理类

中华人民共和国增值税暂行条例实施细则

2008 年 12 月 15 日　财政部　国家税务总局令第 50 号

第一条　根据《中华人民共和国增值税暂行条例》（以下简称条例），制定本细则。

第二条　条例第一条所称货物，是指有形动产，包括电力、热力、气体在内。

条例第一条所称加工，是指受托加工货物，即委托方提供原料及主要材料，受托方按照委托方的要求，制造货物并收取加工费的业务。

条例第一条所称修理修配，是指受托对损伤和丧失功能的货物进行修复，使其恢复原状和功能的业务。

第三条　条例第一条所称销售货物，是指有偿转让货物的所有权。

条例第一条所称提供加工、修理修配劳务（以下称应税劳务），是指有偿提供加工、修理修配劳务。单位或者个体工商户聘用的员工为本单位或者雇主提供加工、修理修配劳务，不包括在内。

本细则所称有偿，是指从购买方取得货币、货物或者其他经济利益。

第四条　单位或者个体工商户的下列行为，视同销售货物：

（一）将货物交付其他单位或者个人代销；

（二）销售代销货物；

（三）设有两个以上机构并实行统一核算的纳税人，将货物从一个机构移送其他机构用于销售，但相关机构设在同一县（市）的除外；

（四）将自产或者委托加工的货物用于非增值税应税项目；

（五）将自产、委托加工的货物用于集体福利或者个人消费；

（六）将自产、委托加工或者购进的货物作为投资，提供给其他单位或者个体工商户；

（七）将自产、委托加工或者购进的货物分配给股东或者投资者；

（八）将自产、委托加工或者购进的货物无偿赠送其他单位或者个人。

第五条　一项销售行为如果既涉及货物又涉及非增值税应税劳务，为混合销售行为。除本细则第六条的规定外，从事货物的生产、批发或者零售的企业、企业性单位和个体工商户的混合销售行为，视为销售货物，应当缴纳增值税；其他单位和个人的混合销售行为，视为销售非增值税应税劳务，不缴纳增值税。

本条第一款所称非增值税应税劳务，是指属于应缴营业税的交通运输业、建筑业、金融保险业、邮电通信业、文化体育业、娱乐业、服务业税目征收范围的劳务。

本条第一款所称从事货物的生产、批发或者零售的企业、企业性单位和个体工商户，包括以从事货物的生产、批发或者零售为主，并兼营非增值税应税劳务的单位和个体工商户在内。

第六条　纳税人的下列混合销售行为，应当分别核算货物的销售额和非增值税应税劳务的营业额，并根据其销售货物的销售额计算缴纳增值税，非增值税应税劳务的营业额不缴纳增值税；未分别核算的，由主管税务机关核定其货物的销售额：

（一）销售自产货物并同时提供建筑业劳务的行为；

（二）财政部、国家税务总局规定的其他情形。

第七条　纳税人兼营非增值税应税项目的，应分别核算货物或者应税劳务的销售额和非增值税应税项目的营业额；未分别核算的，由主管税务机关核定货物或者应税劳务的销售额。

第八条　条例第一条所称在中华人民共和国境内（以下简称境内）销售货物或者提供加工、修理修配劳务，是指：

（一）销售货物的起运地或者所在地在境内；

（二）提供的应税劳务发生在境内。

第九条 条例第一条所称单位，是指企业、行政单位、事业单位、军事单位、社会团体及其他单位。

条例第一条所称个人，是指个体工商户和其他个人。

第十条 单位租赁或者承包给其他单位或者个人经营的，以承租人或者承包人为纳税人。

第十一条 小规模纳税人以外的纳税人（以下称一般纳税人）因销售货物退回或者折让而退还给购买方的增值税额，应从发生销售货物退回或者折让当期的销项税额中扣减；因购进货物退出或者折让而收回的增值税额，应从发生购进货物退出或者折让当期的进项税额中扣减。

一般纳税人销售货物或者应税劳务，开具增值税专用发票后，发生销售货物退回或者折让、开票有误等情形，应按国家税务总局的规定开具红字增值税专用发票。未按规定开具红字增值税专用发票的，增值税额不得从销项税额中扣减。

第十二条 条例第六条第一款所称价外费用，包括价外向购买方收取的手续费、补贴、基金、集资费、返还利润、奖励费、违约金、滞纳金、延期付款利息、赔偿金、代收款项、代垫款项、包装费、包装物租金、储备费、优质费、运输装卸费以及其他各种性质的价外收费。但下列项目不包括在内：

（一）受托加工应征消费税的消费品所代收代缴的消费税。

（二）同时符合以下条件的代垫运输费用：

1. 承运部门的运输费用发票开具给购买方的；

2. 纳税人将该项发票转交给购买方的。

（三）同时符合以下条件代为收取的政府性基金或者行政事业性收费：

1. 由国务院或者财政部批准设立的政府性基金，由国务院或者省级人民政府及其财政、价格主管部门批准设立的行政事业性收费；

2. 收取时开具省级以上财政部门印制的财政票据；

3. 所收款项全额上缴财政。

（四）销售货物的同时代办保险等而向购买方收取的保险费，以及向购买方收取的代购买方缴纳的车辆购置税、车辆牌照费。

第十三条 混合销售行为依照本细则第五条规定应当缴纳增值税的，其销售额为货物的销售额与非增值税应税劳务营业额的合计。

第十四条 一般纳税人销售货物或者应税劳务，采用销售额和销项税额合并定价方法的，按下列公式计算销售额：

销售额＝含税销售额÷(1＋税率)

第十五条 纳税人按人民币以外的货币结算销售额的，其销售额的人民币折合率可以选择销售额发生的当天或者当月1日的人民币汇率中间价。纳税人应在事先确定采用何种折合率，确定后1年内不得变更。

第十六条 纳税人有条例第七条所称价格明显偏低并无正当理由或者有本细则第四条所列视同销售货物行为而无销售额者，按下列顺序确定销售额：

（一）按纳税人最近时期同类货物的平均销售价格确定。

（二）按其他纳税人最近时期同类货物的平均销售价格确定。

（三）按组成计税价格确定。组成计税价格的公式为：

组成计税价格＝成本×(1＋成本利润率)

属于应征消费税的货物，其组成计税价格中应加计消费税额。

公式中的成本是指：销售自产货物的为实际生产成本，销售外购货物的为实际采购成本。公式中的成本利润率由国家税务总局确定。

第十七条 条例第八条第二款第（三）项所称买价，包括纳税人购进农产品在农产品收购发票或者销售发票上注明的价款和按规定缴纳的烟叶税。

第十八条 条例第八条第二款第（四）项所称运输费用金额，是指运输费用结算单据上注明的运输费用（包括铁路临管线及铁路专线运输费用）、建设基金，不包括装卸费、保险费等其他杂费。

第十九条 条例第九条所称增值税扣税凭证，是指增值税专用发票、海关进口增值税专用缴款书、农产品收购发票和农产品销售发票以及运输费用结算单据。

第二十条 混合销售行为依照本细则第五条规定应当缴纳增值税的，该混合销售行为所涉及的非增值税应税劳务所用购进货物的进项税额，符合条例第八条规定的，准予从销项税额中抵扣。

第二十一条 条例第十条第（一）项所称购进货物，不包括既用于增值税应税项目（不含免征增值税项目）也用于非增值税应税项目、免征增值税（以下简称免税）项目、集体福利或者个人消费的固定资产。

前款所称固定资产，是指使用期限超过12个月的机器、机械、运输工具以及其他与生产经营有关的设备、工具、器具等。

第二十二条 条例第十条第（一）项所称个人消费包括纳税人的交际应酬消费。

第二十三条 条例第十条第（一）项和本细则所称非增值税应税项目，是指提供非增值税应税劳务、转让无形资产、销售不动产和不动产在建工程。

前款所称不动产是指不能移动或者移动后会引起性质、形状改变的财产，包括建筑物、构筑物和其他土地附着物。

纳税人新建、改建、扩建、修缮、装饰不动产，均属于不动产在建工程。

第二十四条 条例第十条第（二）项所称非正常损失，是指因管理不善造成被盗、丢失、霉烂变质的损失。

第二十五条 纳税人自用的应征消费税的摩托车、汽车、游艇，其进项税额不得从销项税额中抵扣。

第二十六条 一般纳税人兼营免税项目或者非增值税应税劳务而无法划分不得抵扣的进项税额的，按下列公式计算不得抵扣的进项税额：

不得抵扣的进项税额＝当月无法划分的全部进项税额×当月免税项目销售额、非增值税应税劳务营业额合计÷当月全部销售额、营业额合计

第二十七条 已抵扣进项税额的购进货物或者应税劳务，发生条例第十条规定的情形的（免税项目、非增值税应税劳务除外），应当将该项购进货物或者应税劳务的进项税额从当期的进项税额中扣减；无法确定该项进项税额的，按当期实际成本计算应扣减的进项税额。

第二十八条 条例第十一条所称小规模纳税人的标准为：

（一）从事货物生产或者提供应税劳务的纳税人，以及以从事货物生产或者提供应税劳务为主，并兼营货物批发或者零售的纳税人，年应征增值税销售额（以下简称应税销售额）在50万元以下（含本数，下同）的；

（二）除本条第一款第（一）项规定以外的纳税人，年应税销售额在80万元以下的。

本条第一款所称以从事货物生产或者提供应税劳务为主，是指纳税人的年货物生产或者提供应税劳务的销售额占年应税销售额的比重在50%以上。

第二十九条 年应税销售额超过小规模纳税人标准的其他个人按小规模纳税人纳税；非企业性单位、不经常发生应税行为的企业可选择按小规模纳税人纳税。

第三十条 小规模纳税人的销售额不包括其应纳税额。

小规模纳税人销售货物或者应税劳务采用销售额和应纳税额合并定价方法的，按下列公式计算销售额：

销售额＝含税销售额÷(1＋征收率)

第三十一条 小规模纳税人因销售货物退回或者折让退还给购买方的销售额，应从发生销售货物退回或者折让当期的销售额中扣减。

第三十二条 条例第十三条和本细则所称会计核算健全，是指能够按照国家统一的会计制度规定设置账簿，根据合法、有效凭证核算。

第三十三条 除国家税务总局另有规定外，纳税人一经认定为一般纳税人后，不得转为小规模纳税人。

第三十四条 有下列情形之一者，应按销售额依照增值税税率计算应纳税额，不得抵扣进项税额，也不得使用增值税专用发票：

（一）一般纳税人会计核算不健全，或者不能够提供准确税务资料的；

（二）除本细则第二十九条规定外，纳税人销售额超过小规模纳税人标准，未申请办理一般纳税人认定手续的。

第三十五条 条例第十五条规定的部分免税项目的范围，限定如下：

（一）第一款第（一）项所称农业，是指种植业、养殖业、林业、牧业、水产业。

农业生产者，包括从事农业生产的单位和个人。

农产品，是指初级农产品，具体范围由财政部、国家税务总局确定。

（二）第一款第（三）项所称古旧图书，是指向社会收购的古书和旧书。

（三）第一款第（七）项所称自己使用过的物品，是指其他个人自己使用过的物品。

第三十六条 纳税人销售货物或者应税劳务适用免税规定的，可以放弃免税，依照条例的规定缴纳增值税。放弃免税后，36个月内不得再申请免税。

第三十七条 增值税起征点的适用范围限于个人。

增值税起征点的幅度规定如下：

（一）销售货物的，为月销售额2 000～5 000元；

（二）销售应税劳务的，为月销售额1 500～3 000元；

（三）按次纳税的，为每次（日）销售额150～200元。

前款所称销售额，是指本细则第三十条第一款所称小规模纳税人的销售额。

省、自治区、直辖市财政厅（局）和国家税务局应在规定的幅度内，根据实际情况确定本地区适用的起征点，并报财政部、国家税务总局备案。

第三十八条 条例第十九条第一款第（一）项规定的收讫销售款项或者取得索取销售款项凭据的当天，按销售结算方式的不同，具体为：

（一）采取直接收款方式销售货物，不论货物是否发出，均为收到销售款或者取得索取销售款凭据的当天；

（二）采取托收承付和委托银行收款方式销售货物，为发出货物并办妥托收手续的当天；

（三）采取赊销和分期收款方式销售货物，为书面合同约定的收款日期的当天，无书面合同的或者书面合同没有约定收款日期的，为货物发出的当天；

（四）采取预收货款方式销售货物，为货物发出的当天，但生产销售生产工期超过12个月的大型机械设备、船舶、飞机等货物，为收到预收款或者书面合同约定的收款日期的当天；

（五）委托其他纳税人代销货物，为收到代销单位的代销清单或者收到全部或者部分货款的当天。未收到代销清单及货款的，为发出代销货物满180天的当天；

（六）销售应税劳务，为提供劳务同时收讫销售款或者取得索取销售款的凭据的当天；

（七）纳税人发生本细则第四条第（三）项至第（八）项所列视同销售货物行为，为货物移送的当天。

第三十九条 条例第二十三条以1个季度为纳税期限的规定仅适用于小规模纳税人。小规模纳税人的具体纳税期限，由主管税务机关根据其应纳税额的大小分别核定。

第四十条 本细则自2009年1月1日起施行。

中华人民共和国消费税暂行条例实施细则

2008年12月15日　财政部　国家税务总局令第51号

第一条　根据《中华人民共和国消费税暂行条例》（以下简称条例），制定本细则。

第二条　条例第一条所称单位，是指企业、行政单位、事业单位、军事单位、社会团体及其他单位。

条例第一条所称个人，是指个体工商户及其他个人。

条例第一条所称在中华人民共和国境内，是指生产、委托加工和进口属于应当缴纳消费税的消费品的起运地或者所在地在境内。

第三条　条例所附《消费税税目税率表》中所列应税消费品的具体征税范围，由财政部、国家税务总局确定。

第四条　条例第三条所称纳税人兼营不同税率的应当缴纳消费税的消费品，是指纳税人生产销售两种税率以上的应税消费品。

第五条　条例第四条第一款所称销售，是指有偿转让应税消费品的所有权。

前款所称有偿，是指从购买方取得货币、货物或者其他经济利益。

第六条　条例第四条第一款所称用于连续生产应税消费品，是指纳税人将自产自用的应税消费品作为直接材料生产最终应税消费品，自产自用应税消费品构成最终应税消费品的实体。

条例第四条第一款所称用于其他方面，是指纳税人将自产自用应税消费品用于生产非应税消费品、在建工程、管理部门、非生产机构、提供劳务、馈赠、赞助、集资、广告、样品、职工福利、奖励等方面。

第七条　条例第四条第二款所称委托加工的应税消费品，是指由委托方提供原料和主要材料，受托方只收取加工费和代垫部分辅助材料加工的应税消费品。对于由受托方提供原材料生产的应税消费品，或者受托方先将原材料卖给委托方，然后再接受加工的应税消费品，以及由受托方以委托方名义购进原材料生产的应税消费品，不论在财务上是否作销售处理，都不得作为委托加工应税消费品，而应当按照销售自制应税消费品缴纳消费税。

委托加工的应税消费品直接出售的，不再缴纳消费税。

委托个人加工的应税消费品，由委托方收回后缴纳消费税。

第八条　消费税纳税义务发生时间，根据条例第四条的规定，分列如下：

（一）纳税人销售应税消费品的，按不同的销售结算方式分别为：

1. 采取赊销和分期收款结算方式的，为书面合同约定的收款日期的当天，书面合同没有约定收款日期或者无书面合同的，为发出应税消费品的当天；

2. 采取预收货款结算方式的，为发出应税消费品的当天；

3. 采取托收承付和委托银行收款方式的，为发出应税消费品并办妥托收手续的当天；

4. 采取其他结算方式的，为收讫销售款或者取得索取销售款凭据的当天。

（二）纳税人自产自用应税消费品的，为移送使用的当天。

（三）纳税人委托加工应税消费品的，为纳税人提货的当天。

（四）纳税人进口应税消费品的，为报关进口的当天。

第九条　条例第五条第一款所称销售数量，是指应税消费品的数量。具体为：

（一）销售应税消费品的，为应税消费品的销售数量；

（二）自产自用应税消费品的，为应税消费品的移送使用数量；

（三）委托加工应税消费品的，为纳税人收回的应税消费品数量；

（四）进口应税消费品的，为海关核定的应税消费品进口征税数量。

第十条 实行从量定额办法计算应纳税额的应税消费品，计量单位的换算标准如下：

（一）黄酒 1吨=962升

（二）啤酒 1吨=988升

（三）汽油 1吨=1 388升

（四）柴油 1吨=1 176升

（五）航空煤油 1吨=1 246升

（六）石脑油 1吨=1 385升

（七）溶剂油 1吨=1 282升

（八）润滑油 1吨=1 126升

（九）燃料油 1吨=1 015升

第十一条 纳税人销售的应税消费品，以人民币以外的货币结算销售额的，其销售额的人民币折合率可以选择销售额发生的当天或者当月1日的人民币汇率中间价。纳税人应在事先确定采用何种折合率，确定后1年内不得变更。

第十二条 条例第六条所称销售额，不包括应向购货方收取的增值税税款。如果纳税人应税消费品的销售额中未扣除增值税税款或者因不得开具增值税专用发票而发生价款和增值税税款合并收取的，在计算消费税时，应当换算为不含增值税税款的销售额。其换算公式为：

应税消费品的销售额=含增值税的销售额÷(1+增值税税率或者征收率)

第十三条 应税消费品连同包装物销售的，无论包装物是否单独计价以及在会计上如何核算，均应并入应税消费品的销售额中缴纳消费税。如果包装物不作价随同产品销售，而是收取押金，此项押金则不应并入应税消费品的销售额中征税。但对因逾期未收回的包装物不再退还的或者已收取的时间超过12个月的押金，应并入应税消费品的销售额，按照应税消费品的适用税率缴纳消费税。

对既作价随同应税消费品销售，又另外收取押金的包装物的押金，凡纳税人在规定的期限内没有退还的，均应并入应税消费品的销售额，按照应税消费品的适用税率缴纳消费税。

第十四条 条例第六条所称价外费用，是指价外向购买方收取的手续费、补贴、基金、集资费、返还利润、奖励费、违约金、滞纳金、延期付款利息、赔偿金、代收款项、代垫款项、包装费、包装物租金、储备费、优质费、运输装卸费以及其他各种性质的价外收费。但下列项目不包括在内：

（一）同时符合以下条件的代垫运输费用：

1. 承运部门的运输费用发票开具给购买方的；

2. 纳税人将该项发票转交给购买方的。

（二）同时符合以下条件代为收取的政府性基金或者行政事业性收费：

1. 由国务院或者财政部批准设立的政府性基金，由国务院或者省级人民政府及其财政、价格主管部门批准设立的行政事业性收费；

2. 收取时开具省级以上财政部门印制的财政票据；

3. 所收款项全额上缴财政。

第十五条 条例第七条第一款所称纳税人自产自用的应税消费品，是指依照条例第四条第一款规定于移送使用时纳税的应税消费品。

条例第七条第一款、第八条第一款所称同类消费品的销售价格，是指纳税人或者代收代缴义务人当月销售的同类消费品的销售价格，如果当月同类消费品各期销售价格高低不同，应按销售数量加权平均计算。但销售的应税消费品有下列情况之一的，不得列入加权平均计算：

（一）销售价格明显偏低并无正当理由的；

（二）无销售价格的。

如果当月无销售或者当月未完结，应按照同类消费品上月或者最近月份的销售价格计算纳税。

第十六条 条例第七条所称成本，是指应税消费品的产品生产成本。

第十七条 条例第七条所称利润，是指根据应税消费品的全国平均成本利润率计算的利润。应税消费品全国平均成本利润率由国家税务总局确定。

第十八条 条例第八条所称材料成本，是指委托方所提供加工材料的实际成本。

委托加工应税消费品的纳税人，必须在委托加工合同上如实注明（或者以其他方式提供）材料成本，凡未提供材料成本的，受托方主管税务机关有权核定其材料成本。

第十九条 条例第八条所称加工费，是指受托方加工应税消费品向委托方所收取的全部费用（包括代垫辅助材料的实际成本）。

第二十条 条例第九条所称关税完税价格，是指海关核定的关税计税价格。

第二十一条 条例第十条所称应税消费品的计税价格的核定权限规定如下：

（一）卷烟、白酒和小汽车的计税价格由国家税务总局核定，送财政部备案；

（二）其他应税消费品的计税价格由省、自治区和直辖市国家税务局核定；

（三）进口的应税消费品的计税价格由海关核定。

第二十二条 出口的应税消费品办理退税后，发生退关，或者国外退货进口时予以免税的，报关出口者必须及时向其机构所在地或者居住地主管税务机关申报补缴已退的消费税税款。

纳税人直接出口的应税消费品办理免税后，发生退关或者国外退货，进口时已予以免税的，经机构所在地或者居住地主管税务机关批准，可暂不办理补税，待其转为国内销售时，再申报补缴消费税。

第二十三条 纳税人销售的应税消费品，如因质量等原因由购买者退回时，经机构所在地或者居住地主管税务机关审核批准后，可退还已缴纳的消费税税款。

第二十四条 纳税人到外县（市）销售或者委托外县（市）代销自产应税消费品的，于应税消费品销售后，向机构所在地或者居住地主管税务机关申报纳税。

纳税人的总机构与分支机构不在同一县（市）的，应当分别向各自机构所在地的主管税务机关申报纳税；经财政部、国家税务总局或者其授权的财政、税务机关批准，可以由总机构汇总向总机构所在地的主管税务机关申报纳税。

委托个人加工的应税消费品，由委托方向其机构所在地或者居住地主管税务机关申报纳税。

进口的应税消费品，由进口人或者其代理人向报关地海关申报纳税。

第二十五条 本细则自2009年1月1日起施行。

中华人民共和国营业税暂行条例实施细则

2008年12月15日　财政部　国家税务总局令第52号

第一条 根据《中华人民共和国营业税暂行条例》（以下简称条例），制定本细则。

第二条 条例第一条所称条例规定的劳务是指属于交通运输业、建筑业、金融保险业、邮电通信业、文化体育业、娱乐业、服务业税目征收范围的劳务（以下称应税劳务）。

加工和修理、修配，不属于条例规定的劳务（以下称非应税劳务）。

第三条 条例第一条所称提供条例规定的劳务、转让无形资产或者销售不动产，是指有偿提供条例规定的劳务、有偿转让无形资产或者有偿转让不动产所有权的行为（以下称应税行为）。但单位或者个体工商户聘用的员工为本单位或者雇主提供条例规定的劳务，不包括在内。

前款所称有偿，是指取得货币、货物或者其他经济利益。

第四条 条例第一条所称在中华人民共和国境内（以下简称境内）提供条例规定的劳务、转让无形资产或者销售不动产，是指：

（一）提供或者接受条例规定劳务的单位或者个人在境内；

（二）所转让的无形资产（不含土地使用权）的接受单位或者个人在境内；

（三）所转让或者出租土地使用权的土地在境内；

（四）所销售或者出租的不动产在境内。

第五条 纳税人有下列情形之一的，视同发生应税行为：

（一）单位或者个人将不动产或者土地使用权无偿赠送其他单位或者个人；

（二）单位或者个人自己新建（以下简称自建）建筑物后销售，其所发生的自建行为；

（三）财政部、国家税务总局规定的其他情形。

第六条 一项销售行为如果既涉及应税劳务又涉及货物，为混合销售行为。除本细则第七条的规定外，从事货物的生产、批发或者零售的企业、企业性单位和个体工商户的混合销售行为，视为销售货物，不缴纳营业税；其他单位和个人的混合销售行为，视为提供应税劳务，缴纳营业税。

第一款所称货物，是指有形动产，包括电力、热力、气体在内。

第一款所称从事货物的生产、批发或者零售的企业、企业性单位和个体工商户，包括以从事货物的生产、批发或者零售为主，并兼营应税劳务的企业、企业性单位和个体工商户在内。

第七条 纳税人的下列混合销售行为，应当分别核算应税劳务的营业额和货物的销售额，其应税劳务的营业额缴纳营业税，货物销售额不缴纳营业税；未分别核算的，由主管税务机关核定其应税劳务的营业额：

（一）提供建筑业劳务的同时销售自产货物的行为；

（二）财政部、国家税务总局规定的其他情形。

第八条 纳税人兼营应税行为和货物或者非应税劳务的，应当分别核算应税行为的营业额和货物或者非应税劳务的销售额，其应税行为营业额缴纳营业税，货物或者非应税劳务销售额不缴纳营业税；未分别核算的，由主管税务机关核定其应税行为营业额。

第九条 条例第一条所称单位，是指企业、行政单位、事业单位、军事单位、社会团体及其他单位。

条例第一条所称个人，是指个体工商户和其他个人。

第十条 除本细则第十一条和第十二条的规定外，负有营业税纳税义务的单位为发生应税行为并收取货币、货物或者其他经济利益的单位，但不包括单位依法不需要办理税务登记的内设机构。

第十一条 单位以承包、承租、挂靠方式经营的，承包人、承租人、挂靠人（以下统称承包人）发生应税行为，承包人以发包人、出租人、被挂靠人（以下统称发包人）名义对外经营并由发包人承担相关法律责任的，以发包人为纳税人；否则以承包人为纳税人。

第十二条 中央铁路运营业务的纳税人为铁道部，合资铁路运营业务的纳税人为合资铁路公司，地方铁路运营业务的纳税人为地方铁路管理机构，基建临管线运营业务的纳税人为基建临管线管理机构。

第十三条 条例第五条所称价外费用，包括收取的手续费、补贴、基金、集资费、返还利润、奖励费、违约金、滞纳金、延期付款利息、赔偿金、代收款项、代垫款项、罚息及其他各种性质的价外收费，但不包括同时符合以下条件代为收取的政府性基金或者行政事业性收费：

（一）由国务院或者财政部批准设立的政府性基金，由国务院或者省级人民政府及其财政、价格主管部门批准设立的行政事业性收费；

（二）收取时开具省级以上财政部门印制的财政票据；

（三）所收款项全额上缴财政。

第十四条 纳税人的营业额计算缴纳营业税后因发生退款减除营业额的，应当退还已缴纳营业税税款或者从纳税人以后的应缴纳营业税税额中减除。

第十五条 纳税人发生应税行为，如果将价款与折扣额在同一张发票上注明的，以折扣后的价款为营业额；如果将折扣额另开发票的，不论其在财务上如何处理，均不得从营业额中扣除。

第十六条 除本细则第七条规定外，纳税人提供建筑业劳务（不含装饰劳务）的，其营业额应当包括工程所用原材料、设备及其他物资和动力价款在内，但不包括建设方提供的设备的价款。

第十七条 娱乐业的营业额为经营娱乐业收取的全部价款和价外费用，包括门票收费、台位费、点歌费、烟酒、饮料、茶水、鲜花、小吃等收费及经营娱乐业的其他各项收费。

第十八条 条例第五条第（四）项所称外汇、有价证券、期货等金融商品买卖业务，是指纳税人从事的外汇、有价证券、非货物期货和其他金融商品买卖业务。

货物期货不缴纳营业税。

第十九条 条例第六条所称符合国务院税务主管部门有关规定的凭证（以下统称合法有效凭证），是指：

（一）支付给境内单位或者个人的款项，且该单位或者个人发生的行为属于营业税或者增值税征收范围的，以该单位或者个人开具的发票为合法有效凭证；

（二）支付的行政事业性收费或者政府性基金，以开具的财政票据为合法有效凭证；

（三）支付给境外单位或者个人的款项，以该单位或者个人的签收单据为合法有效凭证，税务机关对签收单据有疑义的，可以要求其提供境外公证机构的确认证明；

（四）国家税务总局规定的其他合法有效凭证。

第二十条 纳税人有条例第七条所称价格明显偏低并无正当理由或者本细则第五条所列视同发生应税行为而无营业额的，按下列顺序确定其营业额：

（一）按纳税人最近时期发生同类应税行为的平均价格核定；

（二）按其他纳税人最近时期发生同类应税行为的平均价格核定；

（三）按下列公式核定：

营业额 = 营业成本或者工程成本 ×（1 + 成本利润率）÷（1 – 营业税税率）

公式中的成本利润率，由省、自治区、直辖市税务局确定。

第二十一条 纳税人以人民币以外的货币结算营业额的，其营业额的人民币折合率可以选择营业额发生的当天或者当月1日的人民币汇率中间价。纳税人应当在事先确定采用何种折合率，确定后1年内不得变更。

第二十二条 条例第八条规定的部分免税项目的范围，限定如下：

（一）第一款第（二）项所称残疾人员个人提供的劳务，是指残疾人员本人为社会提供的劳务。

（二）第一款第（四）项所称学校和其他教育机构，是指普通学校以及经地、市级以上人民政府或者同级政府的教育行政部门批准成立、国家承认其学员学历的各类学校。

（三）第一款第（五）项所称农业机耕，是指在农业、林业、牧业中使用农业机械进行耕作（包括耕耘、种植、收割、脱粒、植物保护等）的业务；排灌，是指对农田进行灌溉或排涝的业务；病虫害防治，是指从事农业、林业、牧业、渔业的病虫害测报和防治的业务；农牧保险，是指为种植业、养殖业、牧业种植和饲养的动植物提供保险的业务；相关技术培训，是指与农业机耕、排灌、病虫害防治、植物保护业务相关以及为使农民获得农牧保险知识的技术培训业务；家禽、牲畜、水生动物的配种和疾病防治业务的免税范围，包括与该项劳务有关的提供药品和医疗用具的业务。

（四）第一款第（六）项所称纪念馆、博物馆、文化馆、文物保护单位管理机构、美术馆、展览馆、书画院、图书馆举办文化活动，是指这些单位在自己的场所举办的属于文化体育业税目征税范围的文化活动。其门票收入，是指销售第一道门票的收入。宗教场所举办文化、宗教活动的门票收入，是指寺院、宫观、清真寺和教堂举办文化、宗教活动销售门票的收入。

（五）第一款第（七）项所称为出口货物提供的保险产品，包括出口货物保险和出口信用保险。

第二十三条 条例第十条所称营业税起征点，是指纳税人营业额合计达到起征点。

营业税起征点的适用范围限于个人。

营业税起征点的幅度规定如下：

（一）按期纳税的，为月营业额1 000 ~5 000元；

（二）按次纳税的，为每次（日）营业额100元。

省、自治区、直辖市财政厅（局）、税务局应当在规定的幅度内，根据实际情况确定本地区适用的起征点，并报财政部、国家税务总局备案。

第二十四条 条例第十二条所称收讫营业收入款项，是指纳税人应税行为发生过程中或者完成后收取的款项。

条例第十二条所称取得索取营业收入款项凭据的当天，为书面合同确定的付款日期的当天；未签订书面合同或者书面合同未确定付款日期的，为应税行为完成的当天。

第二十五条 纳税人转让土地使用权或者销售不动产，采取预收款方式的，其纳税义务发生时间为收到预收款的当天。

纳税人提供建筑业或者租赁业劳务，采取预收款方式的，其纳税义务发生时间为收到预收款的当天。

纳税人发生本细则第五条所称将不动产或者土地使用权无偿赠送其他单位或者个人的，其纳税义务发生时间为不动产所有权、土地使用权转移的当天。

纳税人发生本细则第五条所称自建行为的，其纳税义务发生时间为销售自建建筑物的纳税义务发生时间。

第二十六条 按照条例第十四条规定，纳税人应当向应税劳务发生地、土地或者不动产所在地的主管税务机关申报纳税而自应当申报纳税之月起超过6个月没有申报纳税的，由其机构所在地或者居住地的主管税务机关补征税款。

第二十七条 银行、财务公司、信托投资公司、信用社、外国企业常驻代表机构的纳税期限为1个季度。

第二十八条 本细则自2009年1月1日起施行。

财政部　国家税务总局关于通过公益性群众团体的公益性捐赠税前扣除有关问题的通知

2009年12月8日　财税〔2009〕124号

各省、自治区、直辖市、计划单列市财政厅（局）、国家税务局、地方税务局，新疆生产建设兵团财务局：

为贯彻落实《中华人民共和国企业所得税法》和《中华人民共和国个人所得税法》，现对企业和个人通过依照《社会团体登记管理条例》规定不需进行社团登记的人民团体以及经国务院批准免予登记的社会团体（以下统称群众团体）的公益性捐赠所得税税前扣除有关问题明确如下：

一、企业通过公益性群众团体用于公益事业的捐赠支出，在年度利润总额12%以内的部分，准予在计算应纳税所得额时扣除。年度利润总额，是指企业依照国家统一会计制度的规定计算的大于零的数额。

二、个人通过公益性群众团体向公益事业的捐赠支出，按照现行税收法律、行政法规及相关政策规定准予在所得税税前扣除。

三、本通知第一条和第二条所称的公益事业，是指《中华人民共和国公益事业捐赠法》规定的下列事项：

（一）救助灾害、救济贫困、扶助残疾人等困难的社会群体和个人的活动；

（二）教育、科学、文化、卫生、体育事业；

（三）环境保护、社会公共设施建设；

（四）促进社会发展和进步的其他社会公共和福利事业。

四、本通知第一条和第二条所称的公益性群众团体，是指同时符合以下条件的群众团体：

（一）符合《中华人民共和国企业所得税法实施条例》第五十二条第（一）项至第（八）项规定的条件；

（二）县级以上各级机构编制部门直接管理其机构编制；

（三）对接受捐赠的收入以及用捐赠收入进行的支出单独进行核算，且申请前连续3年接受捐赠的总收入中用于公益事业的支出比例不低于70%。

五、符合本通知第四条规定的公益性群众团体，可按程序申请公益性捐赠税前扣除资格。

（一）由中央机构编制部门直接管理其机构编制的群众团体，向财政部、国家税务总局提出申请；

（二）由县级以上地方各级机构编制部门直接管理其机构编制的群众团体，向省、自治区、直辖市、计划单列市财政、税务部门提出申请；

（三）对符合条件的公益性群众团体，按照上述管理权限，由财政部、国家税务总局和省、自治区、直辖市、计划单列市财政，税务部门分别每年联合公布名单。名单应当包括继续获得公益性捐赠税前扣除资格和新获得公益性捐赠税前扣除资格的群众团体，企业和个人在名单所属年度内向名单内的群众团体进行的公益性捐赠支出，可以按规定进行税前扣除。

六、申请公益性捐赠税前扣除资格的群众团体，需报送以下材料：

（一）申请报告；

（二）县级以上各级党委、政府或机构编制部门印发的"三定"规定；

（三）组织章程；

（四）申请前相应年度的受赠资金来源、使用情况，财务报告，公益活动的明细，注册会计师的审计报告或注册税务师的鉴证报告。

七、公益性群众团体在接受捐赠时，应按照行政管理级次分别使用由财政部或省、自治区、直辖市财政部门印制的公益性捐赠票据或者《非税收入一般缴款书》收据联，并加盖本单位的印章；对个人索取捐赠票据的，应予以开具。

八、公益性群众团体接受捐赠的资产价值，按以下原则确认：

（一）接受捐赠的货币性资产，应当按照实际收到的金额计算；

（二）接受捐赠的非货币性资产，应当以其公允价值计算。捐赠方在向公益性群众团体捐赠时，应当提供注明捐赠非货币性资产公允价值的证明，如果不能提供上述证明，公益性群众团体不得向其开具公益性捐赠票据或者《非税收入一般缴款书》收据联。

九、对存在以下情形之一的公益性群众团体，应取消其公益性捐赠税前扣除资格：

（一）前3年接受捐赠的总收入中用于公益事业的支出比例低于70%的；

（二）在申请公益性捐赠税前扣除资格时有弄虚作假行为的；

（三）存在逃避缴纳税款行为或为他人逃避缴纳税款提供便利的；

（四）存在违反该组织章程的活动，或者接受的捐赠款项用于组织章程规定用途之外的支出等情况的；

（五）受到行政处罚的。

被取消公益性捐赠税前扣除资格的公益性群众团体，存在本条第一款第（二）项、第（三）项、第（四）项、第（五）项情形的，3年内不得重新申请公益性捐赠税前扣除资格。

对存在本条第一款第（三）项、第（四）项情形的公益性群众团体，应对其接受捐赠收入和其他各项收入依法补征企业所得税。

十、对于通过公益性群众团体发生的公益性捐赠支出，主管税务机关应对照财政、税务部门联合发布的名单，接受捐赠的群众团体位于名单内，则企业或个人在名单所属年度发生的公益性捐赠支出可按规定进行税前扣除；接受捐赠的群众团体不在名单内，或虽在名单内但企业或个人发生的公益性捐赠支出不属于名单所属年度的，不得扣除。

十一、获得公益性捐赠税前扣除资格的公益性群众团体，应自不符合本通知第四条规定条件之一或存在本通知第九条规定情形之一之日起15日内向主管税务机关报告，主管税务机关可暂时明确其获得资格的次年内企业向该群众团体的公益性捐赠支出，不得税前扣除，同时提请财政部、国家税务总局或省级财政、税务部门明确其获得资格的次年不具有公益性捐赠税前扣除资格。

十二、本通知从2008年1月1日起执行。本通知发布前已经取得和未取得公益性捐赠税前扣除资格的群众团体，均应按本通知规定提出申请。

财政部 国家税务总局关于小型微利企业有关企业所得税政策的通知

2009年12月2日 财税〔2009〕133号

各省、自治区、直辖市、计划单列市财政厅（局）、国家税务局、地方税务局，新疆生产建设兵团财务局：

为有效应对国际金融危机，扶持中小企业发展，经国务院批准，现就小型微利企业所得税政策通知如下：

一、自2010年1月1日至2010年12月31日，对年应纳税所得额低于3万元（含3万元）的小型微利企业，其所得减按50%计入应纳税所得额，按20%的税率缴纳企业所得税。

二、本通知所称小型微利企业，是指符合《中华人民共和国企业所得税法》及其实施条例以及相关税收政策规定的小型微利企业。

请遵照执行。

财政部 国家税务总局关于发布部分到期停止执行税收规范性文件的通知

2009年12月7日 财税〔2009〕138号

各省、自治区、直辖市、计划单列市财政厅（局）、国家税务局、地方税务局，新疆生产建设兵团财务局：

经国务院批准，下列税收规范性文件于2008年12月31日到期后停止执行。

1.《财政部 国家税务总局关于下岗失业人员再就业有关税收政策问题的通知》（财税〔2002〕208号）

2.《财政部 国家税务总局关于北京市车辆通行费免征营业税问题的通知》（财税〔2003〕57号）

3.《财政部 国家税务总局关于企业改制重组若干契税政策的通知》（财税〔2003〕184号）

4.《财政部 国家税务总局关于延长宁波市大榭岛土地成片开发项目土地增值税免税期限的通知》（财税〔2004〕192号）

5.《财政部 国家税务总局关于延长海南省三亚亚龙湾旅游度假区土地增值税免税期限的通知》（财税〔2004〕225号）

6.《财政部 国家税务总局关于债转股企业有关税收政策的通知》（财税〔2005〕29号）

7.《财政部 国家税务总局关于北京奥林匹克转播有限公司有关税收政策的通知》（财税〔2005〕156号）

8.《财政部 国家税务总局关于中央企业清产核资有关税收处理问题的通知》（财税〔2006〕18号）

9.《财政部 国家税务总局关于延长企业改制重组若干契税政策执行期限的通知》（财税〔2006〕41号）

10.《财政部　国家税务总局关于广西壮族自治区有线数字电视收入营业税问题的通知》（财税〔2006〕86号）

11.《财政部　国家税务总局关于免征深圳市有线数字电视收入营业税的通知》（财税〔2006〕87号）

12.《财政部　国家税务总局关于铁道通信信息有限责任公司等单位房产税　城镇土地使用税政策的通知》（财税〔2006〕90号）

13.《财政部　国家税务总局关于国有控股公司投资组建新公司有关契税政策的通知》（财税〔2006〕142号）

14.《财政部　国家税务总局关于数控机床产品增值税先征后退政策的通知》（财税〔2006〕149号）

15.《财政部　国家税务总局关于铸件产品增值税先征后退问题的通知》（财税〔2006〕150号）

16.《财政部　国家税务总局关于锻件产品增值税先征后退问题的通知》（财税〔2006〕151号）

17.《财政部　国家税务总局关于模具产品增值税先征后退问题的通知》（财税〔2006〕152号）

18.《财政部　国家税务总局关于促进农产品连锁经营试点税收优惠政策的通知》（财税〔2007〕10号）

19.《财政部　国家税务总局关于继续免征中国铁通集团有限公司营业税的通知》（财税〔2007〕21号）

20.《财政部　国家税务总局关于吉林省由城市信用社更名改制的农村信用社有关税收政策问题的通知》（财税〔2007〕144号）

21.《财政部　国家税务总局关于北京华储食糖交易市场有限责任公司竞卖国储糖手续费收入免征营业税的通知》（财税〔2008〕22号）

请遵照执行。

财政部　国家税务总局关于继续实行宣传文化增值税和营业税优惠政策的通知

2009年12月10日　财税〔2009〕147号

财政部驻各省、自治区、直辖市、计划单列市财政监察专员办事处，各省、自治区、直辖市、计划单列市财政厅（局）、国家税务局、地方税务局，新疆生产建设兵团财务局：

为支持我国宣传文化事业的发展，经国务院批准，在2010年底以前，对宣传文化事业继续实行增值税和营业税税收优惠政策。现将有关事项通知如下：

一、自2009年1月1日起至2010年12月31日，实行下列增值税先征后退政策。

（一）对下列出版物在出版环节实行增值税100%先征后退的政策。

1. 中国共产党和各民主党派的各级组织的机关报纸和机关期刊，各级人大、政协、政府、工会、共青团、妇联、科协、老龄委的机关报纸和机关期刊，新华社的机关报纸和机关期刊，军事部门的机关报纸和机关期刊。

上述各级组织的机关报纸和机关期刊，增值税先征后退范围掌握在一个单位一份报纸和一份期刊以内。

2. 专为少年儿童出版发行的报纸和期刊，中小学的学生课本。

3. 少数民族文字出版物。

4. 盲文图书和盲文期刊。

5. 经批准在内蒙古、广西、西藏、宁夏、新疆五个自治区内注册的出版单位出版的出版物。

6. 列入本通知附件1的图书、报纸和期刊。

（二）对下列出版物在出版环节实行增值税先征后退50%的政策。

1. 除本通知第一条第（一）项规定实行增值税100%先征后退的图书和期刊以外的其他图书和期刊、音像制品。

2. 列入本通知附件2的报纸。

（三）对下列印刷、制作业务实行增值税100%先征后退的政策。

1. 对少数民族文字出版物的印刷或制作业务。

2. 列入本通知附件3的新疆维吾尔自治区印刷企业的印刷业务。

二、自2009年1月1日起至2010年12月31日，对下列新华书店实行增值税免税或先征后退政策。

（一）对全国县（含县级市、区、旗，下同）及县以下新华书店和农村供销社在本地销售的出版物免征增值税。对新华书店组建的发行集团或原新华书店改制而成的连锁经营企业，其县及县以下网点在本地销售的出版物，免征增值税。

县（含县级市、区、旗）及县以下新华书店包括地、县（含县级市、区、旗）两级合二为一的新华书店，不包括位于市（含直辖市、地级市）所辖区中的新华书店。

（二）对新疆维吾尔自治区新华书店和乌鲁木齐市新华书店销售的出版物实行增值税100%先征后退的政策。

三、自2009年1月1日起至2010年12月31日，对科普单位的门票收入，以及县（含县级市、区、旗）及县以上党政部门和科协开展的科普活动的门票收入免征营业税。对境外单位向境内科普单位转让科普影视作品播映权取得的收入免征营业税。

四、自2009年1月1日起至2010年12月31日，对依本通知第一条规定退还的增值税税款应专项用于技术研发、设备更新、新兴媒体的建设和重点出版物的引进开发。对依本通知第二条规定免征或退还的增值税税款应专项用于发行网点建设和信息系统建设。

五、享受本通知第一条第（一）项、第（二）项规定的增值税先征后退政策的纳税人必须是具有国家新闻出版总署颁发的具有相关出版物的出版许可证的出版单位（含以“租型”方式取得专有出版权进行出版物的印刷发行的出版单位）。承担省级以上新闻出版行政部门指定出版、发行任务的单位，因各种原因尚未办理出版、发行许可的出版单位，经财政部驻各地财政监察专员办事处商同级新闻出版主管部门核准，可以享受相应的增值税先征后退政策。

纳税人应将享受上述税收优惠政策的出版物在财务上实行单独核算，不进行单独核算的不得享受本通知规定的优惠政策。违规出版物和多次出现违规的出版单位不得享受本通知规定的优惠政策，上述违规出版物和出版单位的具体名单由省级及以上新闻出版行政部门及时通知财政部驻相关省财政监察专员办事处。

六、本通知的有关定义

（一）本通知所述“科普单位”，是指科技馆，自然博物馆，对公众开放的天文馆（站、台）、气象台（站）、地震台（站），以及高等院校、科研机构对公众开放的科普基地。

（二）本通知所述“出版物”，是指根据国家新闻出版总署的有关规定出版的图书、报纸、期刊、音像制品和电子出版物。所述图书、报纸和期刊，包括随同图书、报纸、期刊销售并难以分离的光盘、软盘和磁带等信息载体。

（三）图书、报纸、期刊（即杂志）的范围，仍然按照《国家税务总局关于印发〈增值税部分货物征税范围注释〉的通知》（国税发〔1993〕151号）的规定执行。

（四）本通知所述“专为少年儿童出版发行的报纸和期刊”，是指以初中及初中以下少年儿童为主要对象的报纸和期刊。

（五）本通知所述“中小学的学生课本”，是指普通中小学学生课本和中等职业教育课本。普通中小学学生课本是指根据教育部中、小学教学大纲的要求，由经国家新闻出版行政管理部门审定而具有“中小学教材”出版资质的出版单位出版发行的中、小学学生上课使用的正式课本，具体操作时按国家和省级教育行政部门每年春、秋两季下达的“中小学教学用书目录”中所列的“课本”的范围掌握；中等职业教育课本是指经国家和省级教育、人力资源社会保障行政部门审定，供中等专业学校、职业高中和成人专业学校学生使用的课本，具体操作时按国家和省级教育、人力资源社会保障行政部门每年下达的教学用书目录认定。中小学的学生课本不包括各种形式的教学参考书、图册、自读课本、课外读物、练习册以及其他各类辅助性教材和辅导读物。

（六）本通知第一条第（一）项和第（二）项规定的图书包括租型出版的图书。

七、办理和认定

（一）本通知规定的各项增值税先征后退政策由财政部驻各地财政监察专员办事处根据财政部、国家税务总局、中国人民银行《关于税制改革后对某些企业实行"先征后退"有关预算管理问题的暂行规定的通知》〔（94）财预字第55号〕的规定办理。各地财政监察专员办事处和负责增值税先征后退初审工作的财政机关要采取措施，按照本通知第四条规定的用途监督纳税人用好退税或免税资金。

（二）科普单位、科普活动和科普单位进口自用科普影视作品的认定仍按《科技部　财政部　国家税务总局　海关总署　新闻出版总署关于印发〈科普税收优惠政策实施办法〉的通知》（国科发政字〔2003〕416号）的有关规定执行。

八、本通知自2009年1月1日起执行。《财政部　国家税务总局关于宣传文化增值税和营业税优惠政策的通知》（财税〔2006〕153号）同时废止。

按照本通知第二条和第三条规定应予免征的增值税或营业税，凡在接到本通知以前已经征收入库的，可抵减纳税人以后月份应缴纳的增值税、营业税税款或者办理税款退库。纳税人如果已向购买方开具了增值税专用发票，应将专用发票追回后方可申请办理免税。凡专用发票无法追回的，一律照章征收增值税。

附件：1. 适用增值税100%先征后退政策的特定图书、报纸和期刊名单

2. 适用增值税50%先征后退政策的报纸名单

3. 适用增值税100%先征后退政策的新疆维吾尔自治区印刷企业名单

附件1：

适用增值税100%先征后退政策的特定图书、报纸和期刊名单

1.《半月谈》（CN11－1271/D）和《半月谈内部版》（CN11－1599/D）

2. 新华通讯社的刊号为CN11－1363/D、CN11－4165/D、CN11－4166/D、CN11－4164/D、CN11－4139/D和CN11－4140/D的期刊

3.《法制日报》（CN11－0080）

4.《检察日报》（CN11－0187）

5.《人民法院报》（CN11－0194）

6.《中国日报》（CN11－0091）

7.《中国纪检监察报》（CN11－0176）

8.《光明日报》（CN11－0026）

9.《经济日报》（CN11－0014）

10.《农民日报》（CN11－0055）

11.《人民公安报》（CN11－0090）

12.《中国妇女》〔CN11－1245/C（英文），CN11－1704/C〕

13.《长安》（CN11－3295/D）

14.《中国火炬》（CN11－3316/C）

15.《中国监察》（CN11－2474/D）

16.《环球时报》〔CN11－0215，CN11－0272（英文版）〕

17. 国务院侨办组织编写的背面印有“本书国务院侨办推展海外华文教育免费赠送”字样的华文教材（含多媒体教材）

附件2：

适用增值税50%先征后退政策的报纸名单

类别	享受政策的报纸	代码
一、综合类报纸	1. 国际时政类报纸	133
	2. 外宣类报纸	134
	3. 其他类报纸	135
二、行业专业类报纸	1. 经济类报纸	201
	2. 工业产业类报纸	202
	3. 农业类报纸	203
	4. 文化艺术类报纸	206
	5. 法制公安类报纸	207
	6. 科技类报纸	208
	7. 教育类报纸	209
	8. 新闻出版类报纸	214
	9. 信息技术类报纸	215
	10. 综合信息类报纸	216

说明：

1. 根据《新闻出版署关于印发（报纸期刊年度核验办法）的通知》（新出报刊〔2006〕181号），报纸类别由各省新闻出版局根据报纸审批、变更时所认定的类别或根据报纸办报宗旨确定。具体类别或代码以新闻出版行政部门出具的《报纸出版许可证》中“类别”栏标明的内容为准。

2. 对2008年底以前颁发的《报纸出版许可证》，如果没有标明相应报纸类别或代码的，应在报经新闻出版总署确认并出具证明后，再根据相应类别确定是否适用退税政策。

附件3：

适用增值税100%先征后退政策的新疆维吾尔自治区印刷企业名单

序号	企业名称
1	新疆新华印刷厂
2	新疆新华印刷二厂
3	新疆八艺印刷厂
4	新疆日报社印务中心
5	新疆生产建设兵团印刷厂
6	新疆蓝天铁路印务有限公司
7	新疆地矿彩印厂

续表

序号	企业名称
8	乌鲁木齐隆益达印务有限公司
9	乌鲁木齐新金盾彩印厂
10	乌鲁木齐市海洋彩印有限公司
11	乌鲁木齐市大陆桥教育印刷厂
12	乌鲁木齐八家户彩印有限公司
13	乌鲁木齐晚报社印务中心
14	新疆金版印务有限公司
15	伊犁人民出版社印刷厂
16	伊犁日报社印刷厂
17	新疆石油报社印刷厂
18	克拉玛依市独山子天利人印务有限公司
19	巴音郭楞报社印刷厂
20	塔里木油田建设工程有限责任公司印刷厂
21	阿克苏飞达印务有限责任公司
22	喀什日报社印刷厂
23	呼图壁县阳光彩印有限公司
24	喀什维吾尔文出版社印刷厂
25	新疆晨新印务有限公司
26	石河子报社印刷厂
27	博尔塔拉报社印刷厂
28	阿勒泰报社印刷厂
29	吐鲁番报社印刷中心
30	新疆阿克苏新华印务有限责任公司
31	柯孜勒苏报社印刷厂
32	和田日报社印刷厂
33	塔城地区印刷厂
34	新疆漠尔通印刷有限责任公司
35	新疆新华华龙印务有限责任公司
36	新疆一龙印刷有限公司

财政部 国家税务总局关于减征1.6升及以下排量乘用车车辆购置税的通知

2009年12月22日 财税〔2009〕154号

各省、自治区、直辖市、计划单列市财政厅（局）、国家税务局，新疆生产建设兵团财务局：

为扩大内需，促进汽车产业健康发展，经国务院批准，对2010年1月1日至12月31日购置1.6升及以下排量乘用车，暂减按7.5%的税率征收车辆购置税。

本通知所称乘用车，是指在设计和技术特性上主要用于载运乘客及其随身行李和（或）临时物品、含驾驶员座位在内最多不超过9个座位的汽车。具体包括：

一、国产轿车：“中华人民共和国机动车整车出厂合格证”（以下简称合格证）中“车辆型号”项的车辆类型代号为“7”，“排量和功率（ml/kw）”项中排量不超过1 600ml。

二、国产客车：合格证中“车辆型号”项的车辆类型代号为“6”，“排量和功率（ml/kw）”项中排量不超过1 600ml，“额定载客（人）”项不超过9人。

三、国产越野汽车：合格证中“车辆型号”项的车辆类型代号为“2”，“排量和功率（ml/kw）”项中排量不超过1 600ml，“额定载客（人）”项不超过9人，“额定载质量（kg）”项小于额定载客人数和65kg的乘积。

四、国产专用车：合格证中“车辆型号”项的车辆类型代号为“5”，“排量和功率（ml/kw）”项中排量不超过1 600ml，“额定载客（人）”项不超过9人，“额定载质量（kg）”项小于额定载客人数和65kg的乘积。

五、进口乘用车：参照国产同类车型技术参数认定。

乘用车购置日期按照《机动车销售统一发票》或《海关关税专用缴款书》等有效凭证的开具日期确定。

请遵照执行。

财政部关于2009~2011年鼓励科普事业发展的进口税收政策的通知

2009年4月1日 财关税〔2009〕22号

科技部、海关总署：

经国务院批准，自2009年1月1日至2011年12月31日，对公众开放的科技馆、自然博物馆、天文馆（站、台）和气象台（站）、地震台（站）、高校和科研机构对外开放的科普基地，从境外购买自用科普影视作品播映权而进口的拷贝、工作带，免征进口关税，不征进口环节增值税；对上述科普单位以其他形式进口的自用影视作品，免征关税和进口环节增值税。进口影视作品的商品名称及税号范围见附件。

以上科普单位进口的自用科普影视作品，由省、自治区、直辖市和计划单列市科委（厅、局）认定。

经认定享受税收优惠政策的进口科普影视作品，由海关凭相关证明办理免税手续。

附件：进口影视作品的商品名称及税号范围（略）

财政部 国家发展改革委 工业和信息化部 海关总署 国家税务总局 国家能源局关于调整重大技术装备进口税收政策的通知

2009 年 8 月 20 日 财关税〔2009〕55 号

各省、自治区、直辖市、计划单列市财政厅（局）、发展改革委、工业和信息化主管部门、国家税务局，新疆生产建设兵团财务局、发展改革委，海关总署广东分署、各直属海关，财政部驻各省、自治区、直辖市、计划单列市财政监察专员办事处：

为提高我国企业的核心竞争力及自主创新能力，推动产业结构调整和升级，促进国民经济可持续发展，贯彻落实国务院关于装备制造业振兴规划和加快振兴装备制造业有关调整进口税收优惠政策的决定，现将有关事项通知如下：

一、自 2009 年 7 月 1 日起，对国内企业为生产国家支持发展的重大技术装备和产品而确有必要进口的关键零部件及原材料，免征进口关税和进口环节增值税。同时，取消相应整机和成套设备的进口免税政策。对国产装备尚不能完全满足需求，仍需进口的，作为过渡措施，经严格审核，以逐步降低优惠幅度、缩小免税范围的方式，在一定期限内继续给予进口优惠政策。具体规定见附件 1。

二、自 2009 年 7 月 1 日起，对国内企业为开发、制造重大技术装备而进口部分关键零部件及原材料所缴纳关税和进口环节增值税实行先征后退的政策停止执行。附件 2 所列文件同时废止。

三、企业于 2008 年 1 月 1 日至 2009 年 6 月 30 日进口的重大技术装备关键零部件及原材料，申请继续享受有关先征后退进口税收政策的，应当按照《财政部 国家发展改革委 海关总署 国家税务总局关于落实国务院加快振兴装备制造业的若干意见有关进口税收政策的通知》（财关税〔2007〕11 号）及有关专项进口税收政策的规定，最迟应于 2009 年 9 月 30 日前提交申请文件，逾期不予受理。省级财政部门应在 2009 年 10 月 30 日前将申请文件汇总报财政部。符合条件的企业应在获得退税确认书之日起半年内按照财关税〔2007〕11 号文件规定的相关程序向进口地海关申请办理退税手续，逾期不予受理。

企业申请享受 2009 年 7 月 1 日至 2009 年 12 月 31 日进口重大技术装备和产品关键零部件及原材料有关进口免税政策的，最迟应于 2009 年 10 月 1 日前提交申请文件，具体申请条件和程序比照本通知附件 1 所列暂行规定执行，逾期不予受理。省级工业和信息化主管部门应在接到企业申请后的 15 个工作日内会同企业所在地直属海关、财政部驻当地财政监察专员办事处完成初审并将申请文件及初审意见汇总上报工业和信息化部，同时抄报财政部、海关总署、国家税务总局（能源装备制造企业的申请文件及初审意见应同时抄报国家能源局）。城市轨道交通项目业主和核电项目业主分别向国家发展改革委和国家能源局提交申请文件，同时抄报财政部、海关总署、国家税务总局。符合条件的企业自 2009 年 7 月 1 日起享受 2009 年度的进口免税政策。

附件：1. 重大技术装备进口税收政策暂行规定（略）

2. 废止文件目录（略）

财政部 国家税务总局关于免征进口粗铜含金部分进口环节增值税的通知

2009年9月28日 财关税〔2009〕60号

海关总署：

经国务院批准，自2009年11月1日起，对进口粗铜（税则号列：ex74020000，货品名称：未精炼铜）中所含的黄金价值部分免征进口环节增值税。

财政部关于印发《财政部行政审批工作规程》的通知

2008年12月23日 财法〔2008〕16号

部内各司局、部属各事业单位，北京、上海、厦门国家会计学院，财税博物馆，财政部驻各省、自治区、直辖市、计划单列市财政监察专员办事处：

为了贯彻落实国务院行政审批制度改革精神，规范财政部行政审批工作，加强对行政审批事项的监督管理，提高工作效率，根据《财政部工作规则》等有关规定，我们制定了《财政部行政审批工作规程》，现印发给你们，请遵照执行。

附件：财政部行政审批工作规程

附件：

财政部行政审批工作规程

第一章 总 则

第一条 为了贯彻落实国务院行政审批制度改革精神，规范财政部行政审批工作，加强对行政审批事项的监督管理，提高工作效率，根据《财政部工作规则》（财办〔2008〕27号）等有关规定，制定本规程。

第二条 本规程所规范的行政审批事项，是指经国务院审核、公布，由财政部办理或者由财政部与国务院其他部门联合办理的非行政许可审批事项。

行政许可事项，依照有关法律、行政法规、部门规章的规定办理，不适用本规程。

财政部对部内各司局，驻各省、自治区、直辖市、计划单列市财政监察专员办事处（以下简称专员办），部属事业单位的人事、财务、外事等事项的审批，不适用本规程。

第三条 财政部各司局、专员办、部属事业单位（以下统称承办单位）办理行政审批事项，适用本规程。

第四条 承办单位办理行政审批事项，应当依照法律、行政法规、部门规章和本规程的规定，履行法定职责，遵守法定程序和时限，提高工作效率。

第五条 承办单位办理行政审批事项，应当依据《中华人民共和国政府信息公开条例》（国务院令第492号）的规定公开。

第六条 承办单位办理行政审批事项，应当为行政审批的有关当事人提供便利，保障其依法享有知情权、陈述权、申辩权等相关权益。

第七条 除法律、行政法规另有规定外，确需新设立行政审批事项的，应当严格按照国务院的规定，进行充分的研究论证，按程序报有关部门审核批准。

第二章 职 责

第八条 财政部行政审批工作由财政部统一领导，各承办单位具体办理。

第九条 承办单位履行下列职责：

（一）拟订本单位承办的行政审批事项具体规章制度；

（二）具体办理行政审批事项；

（三）对本单位行政审批工作进行分析、清理、评价和日常监督；

（四）需要办理的其他事项。

第十条 专员办对财政部授权或者交办的行政审批事项，应当依照法律、行政法规规定和财政部的要求办理。

第十一条 财政部的行政审批事项，需要委托部属事业单位办理的，应当在职权范围内以书面形式委托，并对委托事项提出明确要求。

部属事业单位办理财政部委托的行政审批事项，应当按照受委托的权限和要求办理。

第十二条 财政部的行政审批事项，需要由两个以上承办单位共同办理的，应当确定主办的承办单位，并由其负责与其他承办单位协调。其他承办单位应当积极配合。

行政审批决定作出后，主办的承办单位应当将有关信息及时反馈其他承办单位。

第十三条 财政部与国务院其他部门联合审批的行政审批事项，由财政部主办的，承办单位应当向其他部门提出办结的期限和要求，并依照法定程序在规定期限内完成；由其他部门主办的，承办单位应当按照主办部门的要求，依照法定程序在规定期限内完成。

第三章 程 序

第十四条 行政审批程序，由承办单位依职权启动或者依行政审批申请人的申请启动。

依职权办理行政审批事项的，应当按照有关规定，结合具体工作需要，启动行政审批程序。

依申请人的申请办理行政审批事项的，自承办单位收到符合规定的申请材料之日起，启动行政审批程序。

第十五条 按照有关规定，应当先经专员办、省级财政部门或者其他部门审核后报财政部决定的行政审批事项，有关司局应当对专员办、省级财政部门或者其他部门办结的期限和程序等提出要求，在其将初步审核意见和全部申请材料报送财政部后，启动行政审批程序。

第十六条 承办单位对申请人提出的行政审批申请，应当在规定时间内提出审核意见，并根据下列情况分别作出处理：

（一）申请事项属于财政部负责办理的行政审批事项的，应当予以受理；

（二）申请事项不属于财政部负责办理的行政审批事项的，应当告知申请人向有关机关申请；

（三）申请人不符合申请条件的，应当告知申请人；

（四）申请事项依法不需要行政审批，但应当由财政部以其他形式办理的，应当按照有关规定办理，并告知申请人。

第十七条 申请人的申请材料不齐全或者不符合法定形式的，承办单位应当在规定期限内一次性告知申请人需要补正的全部内容。

第十八条 承办单位应当依据法定条件、标准和行政审批管理的规定，对申请材料和审核意见进行复核。

需要调查核实的，应当按照规定的程序和要求进行核查。承办单位对行政审批事项核查后，应当依照有关规定，提出核查意见。

第十九条 行政审批的决定，应当由财政部或者专员办按照职权分别作出。

一般行政审批事项，应当由财政部部领导或者专员办负责人决定。

重大行政审批事项，应当由财政部或者专员办按照工作规则，集体讨论决定。

第二十条 承办单位应当按照有关规定，建立健全内部监督制约机制。行政审批事项初审人员、复核人员与审批人员的职责权限应当明确，各司其职。

第二十一条 法律、行政法规、部门规章规定应当组织听证的行政审批事项，以及承办单位认为需要听证的其他行政审批事项，承办单位应当依法举行听证。

第二十二条 办理专业性、技术性强的行政审批事项，承办单位认为需要论证、评审的，应当按照规定组织论证、评审。

第二十三条 法律、行政法规、部门规章对行政审批事项有明确期限规定的，承办单位应当在法定期限内办结。

法律、行政法规、部门规章对行政审批事项没有规定办理期限的，承办单位应当确定合理的办理期限。

第二十四条 对涉及自然灾害、事故灾难、公共卫生事件和社会安全事件等突发事件的行政审批事项，承办单位应当根据应急机制的规定和有关要求办理。

第二十五条 涉密的行政审批事项，承办单位应当根据有关规定，制定具体的管理制度，明确办理的程序和要求，但不予公开。

除涉密的事项外，承办单位应当将行政审批事项名称、依据、条件、程序、期限，以及需要提交的全部材料的目录和申请书示范文本等，按照财政部信息公开的相关规定予以公布。

第二十六条 承办单位应当采取措施，加强对行政审批工作的管理，对行政审批事项的实施情况和效果进行跟踪、评估。

第二十七条 承办单位应当按照财政部档案管理的有关规定，建立健全行政审批事项的档案。

第四章 监 督

第二十八条 承办单位、监督检查局、人事教育司、部机关党委（纪委）、驻部监察局根据各自职责对行政审批工作进行监督检查，对发现的问题依法进行处理。

第二十九条 承办单位履行对本单位办理的行政审批事项的日常监督管理职责。

监督检查局应当对部内单位行政审批工作进行监督检查，并对专员办办理行政审批事项的情况进行指导和监督检查。

人事教育司、部机关纪委、驻部监察局按照干部管理权限，负责对办理行政审批事项中的违法违纪行为以及相关责任人员进行处理。

第三十条 行政审批的监督检查包括以下主要内容：

（一）建立健全行政审批内部管理制度的情况；

（二）依法履行行政审批职责的情况；

（三）遵守廉政规定的情况；

（四）其他需要监督检查的事项。

第三十一条 行政审批的监督检查工作可以采取下列方式：

（一）听取行政审批工作情况报告；

（二）对办理行政审批事项情况进行检查；

（三）对行政审批工作进行评议、考核；

（四）依法依纪对行政审批违法行为进行查处；

（五）其他监督检查方式。

第三十二条 承办单位、监督检查局、人事教育司、部机关党委（纪委）、驻部监察局应当分别依照各自的职责，对行政审批中的检举和投诉事项，进行调查和处理。

第三十三条 因故意或者重大过失，导致行政审批行为违法，并且产生严重危害后果，有下列情形之一的，应当依法依纪追究承办单位及有关责任人员的责任：

（一）不履行或者拖延履行法定职责的；

（二）不具有行政审批权限、超越或者滥用职权办理行政审批事项的；

（三）违反法定程序办理行政审批事项的；

（四）行政审批行为被确认无效、违法、撤销的；

（五）其他严重违法违纪行为。

第三十四条 被追究责任的单位和个人对处理决定不服的，可以按照有关规定向有关机关申请复核或者申诉。

第五章 附 则

第三十五条 部属事业单位履行其他审批职责，应当参照本规程的规定，制定有关审批事项的具体流程等配套制度。

第三十六条 本规程自2009年1月1日起施行。

国家税务总局 财政部 商务部关于老长贸合同有关问题的通知

2009年6月4日 国税发〔2009〕102号

各省、自治区、直辖市和计划单列市国家税务局、财政厅（局）、商务厅（局），新疆生产建设兵团财务局、商务局：

2008年下半年以来，由于国际金融危机的影响，国外需求萎缩，国内企业与外商签订的长贸合同的正常履约受到影响。经研究，决定对《国家税务总局 财政部 商务部关于第一批老长贸合同审批合格名单的通知》（国税发〔2008〕103号）和《国家税务总局 财政部 商务部关于老长贸合同审批结果的通知》（国税发〔2008〕130号）批准的长贸合同由于下述原因发生变化的，准予按原退税率执行完毕。

一、受国际金融危机影响，由于外方原因，下调价格导致所签订合同执行金额不足1亿元；或下调价格，但合同执行金额仍在1亿元以上的；以及被迫中止出口合同的。

二、应外商要求，改变包装物形态，导致合同金额增加的。

三、批准合同为母公司签订，实际进出口为其子公司的。

省财政厅　省地方税务局转发《财政部　国家税务总局关于对外资企业及外籍个人征收房产税有关问题的通知》的通知

2009 年 2 月 3 日　鲁财税〔2009〕18 号

各市财政局、地方税务局：

现将《财政部　国家税务总局关于对外资企业及外籍个人征收房产税有关问题的通知》（财税〔2009〕3 号）转发给你们，请认真贯彻执行。

附件：财政部　国家税务总局关于对外资企业及外籍个人征收房产税有关问题的通知

附件：

财政部　国家税务总局关于对外资企业及外籍个人征收房产税有关问题的通知

2009 年 1 月 12 日　财税〔2009〕3 号

各省、自治区、直辖市、计划单列市财政厅（局）、地方税务局，新疆生产建设兵团财务局：

根据 2008 年 12 月 31 日国务院发布的第 546 号令，自 2009 年 1 月 1 日起，废止《中华人民共和国城市房地产税暂行条例》，外商投资企业、外国企业和组织以及外籍个人（包括中国港澳台资企业和组织以及华侨、港澳台同胞，以下统称外资企业及外籍个人）依照《中华人民共和国房产税暂行条例》（国发〔1986〕90 号）缴纳房产税。为做好外资企业及外籍个人房产税征收工作，现将有关事项通知如下：

一、自 2009 年 1 月 1 日起，对外资企业及外籍个人的房产征收房产税，在征税范围、计税依据、税率、税收优惠、征收管理等方面按照《中华人民共和国房产税暂行条例》（国发〔1986〕90 号）及有关规定执行。各地要及时了解外资企业及外籍个人房产税的征收情况，对遇到的问题及时反映，确保相关政策落实到位。

二、以人民币以外的货币为记账本位币的外资企业及外籍个人在缴纳房产税时，均应将其根据记账本位币计算的税款按照缴款上月最后一日的人民币汇率中间价折合成人民币。

三、房产税由房产所在地的地方税务机关征收，其征收管理按《中华人民共和国税收征收管理法》及相关规定执行。

省财政厅　省地方税务局转发《财政部　国家税务总局关于股票增值权所得和限制性股票所得征收个人所得税有关问题的通知》的通知

2009 年 2 月 4 日　鲁财税〔2009〕19 号

各市财政局、地方税务局：

现将《财政部　国家税务总局关于股票增值权所得和限制性股票所得征收个人所得税有关问题的通

知》（财税〔2009〕5号）转发给你们，请认真贯彻执行。

附件：财政部　国家税务总局关于股票增值权所得和限制性股票所得征收个人所得税有关问题的通知

附件：

财政部　国家税务总局关于股票增值权所得和限制性股票所得征收个人所得税有关问题的通知

2009年1月10日　财税〔2009〕5号

各省、自治区、直辖市、计划单列市财政厅（局）、地方税务局、宁夏、西藏、青海省（自治区）国家税务局，新疆生产建设兵团财务局：

根据《中华人民共和国个人所得税法》、《中华人民共和国税收征收管理法》等有关规定，现就股票增值权所得和限制性股票所得征收个人所得税有关问题通知如下：

一、对于个人从上市公司（含境内、外上市公司，下同）取得的股票增值权所得和限制性股票所得，比照《财政部　国家税务总局关于个人股票期权所得征收个人所得税问题的通知》（财税〔2005〕35号）、《国家税务总局关于个人股票期权所得缴纳个人所得税有关问题的补充通知》（国税函〔2006〕902号）的有关规定，计算征收个人所得税。

二、本通知所称股票增值权，是指上市公司授予公司员工在未来一定时期和约定条件下，获得规定数量的股票价格上升所带来收益的权利。被授权人在约定条件下行权，上市公司按照行权日与授权日二级市场股票差价乘以授权股票数量，发放给被授权人现金。

三、本通知所称限制性股票，是指上市公司按照股权激励计划约定的条件，授予公司员工一定数量本公司的股票。

四、实施股票增值权计划或限制性股票计划的境内上市公司，应在向中国证监会报备的同时，将企业股票增值权计划、限制性股票计划或实施方案等有关资料报送主管税务机关备案。

五、实施股票增值权计划或限制性股票计划的境内上市公司，应在做好个人所得税扣缴工作的同时，按照《国家税务总局关于印发〈个人所得税全员全额扣缴申报管理暂行办法〉的通知》（国税发〔2005〕205号）的有关规定，向主管税务机关报送其员工行权等涉税信息。

省财政厅　省国家税务局转发《财政部　国家税务总局关于减征1.6升及以下排量乘用车车辆购置税的通知》的通知

2009年2月2日　鲁财税〔2009〕20号

各市财政局、国家税务局：

现将《财政部　国家税务总局关于减征1.6升及以下排量乘用车车辆购置税的通知》（财税〔2009〕12号）转发给你们，请认真贯彻执行。

附件：财政部　国家税务总局关于减征1.6升及以下排量乘用车车辆购置税的通知

附件：

财政部　国家税务总局关于减征1.6升及以下排量乘用车车辆购置税的通知

2009年1月16日　财税〔2009〕12号

各省、自治区、直辖市、计划单列市财政厅（局）、国家税务局，新疆生产建设兵团财务局：

为扩大内需，促进汽车产业发展，经国务院批准，对2009年1月20日至12月31日购置1.6升及以下排量乘用车，暂减按5%的税率征收车辆购置税。

本通知所称乘用车，是指在设计和技术特性上主要用于载运乘客及其随身行李和（或）临时物品、含驾驶员座位在内最多不超过9个座位的汽车。具体包括：

一、国产轿车："中华人民共和国机动车整车出厂合格证"（以下简称合格证）中"车辆型号"项的车辆类型代号为"7"，"排量和功率（ml/kw）"项中排量不超过1 600ml。

二、国产客车：合格证中"车辆型号"项的车辆类型代号为"6"，"排量和功率（ml/kw）"项中排量不超过1 600ml，"额定载客（人）"项不超过9人。

三、国产越野汽车：合格证中"车辆型号"项的车辆类型代号为"2"，"排量和功率（ml/kw）"项中排量不超过1 600ml，"额定载客（人）"项不超过9人，"额定载质量（kg）"项小于额定载客人数和65kg的乘积。

四、国产专用车：合格证中"车辆型号"项的车辆类型代号为"5"，"排量和功率（ml/kw）"项中排量不超过1 600ml，"额定载客（人）"项不超过9人，"额定载质量（kg）"项小于额定载客人数和65kg的乘积。

五、进口乘用车：参照国产同类车型技术参数认定。

乘用车购置日期按照《机动车销售统一发票》或《海关关税专用缴款书》等有效凭证的开具日期确定。

请遵照执行。

省财政厅　省地方税务局转发《财政部　国家税务总局关于邮政企业代办金融业务免征营业税的通知》的通知

2009年2月13日　鲁财税〔2009〕21号

各市财政局、地方税务局：

现将《财政部　国家税务总局关于邮政企业代办金融业务免征营业税的通知》（财税〔2009〕7号）转发给你们，请认真贯彻执行。

附件：财政部　国家税务总局关于邮政企业代办金融业务免征营业税的通知

附件：

财政部 国家税务总局关于邮政企业代办金融业务免征营业税的通知

2009年1月4日 财税〔2009〕7号

各省、自治区、直辖市、计划单列市财政厅（局）、地方税务局，新疆生产建设兵团财务局：

为了支持邮政体制改革，减轻邮政企业改组改制后增加的营业税负担，经国务院批准，现对邮政企业为邮政储蓄银行代办金融业务营业税政策通知如下：

对中国邮政集团公司及其所属邮政企业为中国邮政储蓄银行及其所属分行、支行代办金融业务取得的代理金融业务收入，自2008年1月1日至2010年12月31日免征营业税。对于本通知到达之日前已缴纳的应予免征的营业税，允许从纳税人以后应缴的营业税税款中抵减或予以退税。

省财政厅 省国家税务局 省地方税务局转发《财政部 国家税务总局关于海峡两岸海上直航营业税和企业所得税政策的通知》的通知

2009年2月17日 鲁财税〔2009〕23号

各市财政局、国家税务局、地方税务局：

现将《财政部 国家税务总局关于海峡两岸海上直航营业税和企业所得税政策的通知》（财税〔2009〕4号）转发给你们，请认真贯彻执行。

附件：财政部 国家税务总局关于海峡两岸海上直航营业税和企业所得税政策的通知

附件：

财政部 国家税务总局关于海峡两岸海上直航营业税和企业所得税政策的通知

2009年1月19日 财税〔2009〕4号

各省、自治区、直辖市、计划单列市财政厅（局）、国家税务局、地方税务局，新疆生产建设兵团财务局：

为推动海峡两岸海上直航，经国务院批准，现对海峡两岸海上直航业务有关税收政策通知如下：

一、自2008年12月15日起，对台湾航运公司从事海峡两岸海上直航业务在大陆取得的运输收入，免征营业税。

对台湾航运公司在2008年12月15日至文到之日已缴纳应予免征的营业税，从以后应缴的营业税税款中抵减，年度内抵减不完的予以退税。

二、自2008年12月15日起，对台湾航运公司从事海峡两岸海上直航业务取得的来源于大陆的所得，免征企业所得税。

享受企业所得税免税政策的台湾航运公司应当按照企业所得税法实施条例的有关规定，单独核算其从事上述业务在大陆取得的收入和发生的成本、费用；未单独核算的，不得享受免征企业所得税政策。

三、本通知所称台湾航运公司，是指取得交通运输部颁发的“台湾海峡两岸间水路运输许可证”且上述许可证上注明的公司登记地址在台湾的航运公司。

省财政厅　省国家税务局转发《财政部　国家税务总局关于部分货物适用增值税低税率和简易办法征收增值税政策的通知》的通知

2009年2月17日　鲁财税〔2009〕24号

各市财政局、国家税务局：

现将《财政部　国家税务总局关于部分货物适用增值税低税率和简易办法征收增值税政策的通知》（财税〔2009〕9号）转发给你们，请认真贯彻执行。

附件：财政部　国家税务总局关于部门货物适用增值税低税率和简易办法征收增值税政策的通知

附件：

财政部　国家税务总局关于部分货物适用增值税低税率和简易办法征收增值税政策的通知

2009年1月19日　财税〔2009〕9号

各省、自治区、直辖市、计划单列市财政厅（局）、国家税务局，新疆生产建设兵团财务局：

根据《中华人民共和国增值税暂行条例》（国务院令第538号，以下简称条例）和《中华人民共和国增值税暂行条例实施细则》（财政部　国家税务总局令第50号）的规定和国务院的有关精神，为做好相关增值税政策规定的衔接，加强征收管理，现将部分货物适用增值税税率和实行增值税简易征收办法的有关事项明确如下：

一、下列货物继续适用13%的增值税税率：

（一）农产品。

农产品，是指种植业、养殖业、林业、牧业、水产业生产的各种植物、动物的初级产品。具体征税范围暂继续按照《财政部　国家税务总局关于印发〈农业产品征税范围注释〉的通知》（财税字〔1995〕52号）及现行相关规定执行。

（二）音像制品。

音像制品，是指正式出版的录有内容的录音带、录像带、唱片、激光唱盘和激光视盘。

（三）电子出版物。

电子出版物，是指以数字代码方式，使用计算机应用程序，将图文声像等内容信息编辑加工后存储在具有确定的物理形态的磁、光、电等介质上，通过内嵌在计算机、手机、电子阅读设备、电子显示设备、数字音/视频播放设备、电子游戏机、导航仪以及其他具有类似功能的设备上读取使用，具有交互功能，用以表达思想、普及知识和积累文化的大众传播媒体。载体形态和格式主要包括只读光盘（CD只读光盘

CD-ROM、交互式光盘CD-I、照片光盘Photo-CD、高密度只读光盘DVD-ROM、蓝光只读光盘HD-DVD ROM和BD ROM)、一次写入式光盘(一次写入CD光盘CD-R、一次写入高密度光盘DVD-R、一次写入蓝光光盘HD-DVD/R，BD-R)、可擦写光盘(可擦写CD光盘CD-RW、可擦写高密度光盘DVD-RW、可擦写蓝光光盘HDDVD-RW和BD-RW、磁光盘MO)、软磁盘(FD)、硬磁盘(HD)、集成电路卡(CF卡、MD卡、SM卡、MMC卡、RS-MMC卡、MS卡、SD卡、XD卡、T-Flash卡、记忆棒)和各种存储芯片。

(四)二甲醚。

二甲醚，是指化学分子式为CH_3OCH_3，常温常压下为具有轻微醚香味，易燃、无毒、无腐蚀性的气体。

二、下列按简易办法征收增值税的优惠政策继续执行，不得抵扣进项税额：

(一)纳税人销售自己使用过的物品，按下列政策执行：

1. 一般纳税人销售自己使用过的属于条例第十条规定不得抵扣且未抵扣进项税额的固定资产，按简易办法依4%征收率减半征收增值税。

一般纳税人销售自己使用过的其他固定资产，按照《财政部　国家税务总局关于全国实施增值税转型改革若干问题的通知》(财税〔2008〕170号)第四条的规定执行。

一般纳税人销售自己使用过的除固定资产以外的物品，应当按照适用税率征收增值税。

2. 小规模纳税人(除其他个人外，下同)销售自己使用过的固定资产，减按2%征收率征收增值税。

小规模纳税人销售自己使用过的除固定资产以外的物品，应按3%的征收率征收增值税。

(二)纳税人销售旧货，按照简易办法依照4%征收率减半征收增值税。

所称旧货，是指进入二次流通的具有部分使用价值的货物(含旧汽车、旧摩托车和旧游艇)，但不包括自己使用过的物品。

(三)一般纳税人销售自产的下列货物，可选择按照简易办法依照6%征收率计算缴纳增值税：

1. 县级及县级以下小型水力发电单位生产的电力。小型水力发电单位，是指各类投资主体建设的装机容量为5万千瓦以下(含5万千瓦)的小型水力发电单位。

2. 建筑用和生产建筑材料所用的砂、土、石料。

3. 以自己采掘的砂、土、石料或其他矿物连续生产的砖、瓦、石灰(不含粘土实心砖、瓦)。

4. 用微生物、微生物代谢产物、动物毒素、人或动物的血液或组织制成的生物制品。

5. 自来水。

6. 商品混凝土(仅限于以水泥为原料生产的水泥混凝土)。

一般纳税人选择简易办法计算缴纳增值税后，36个月内不得变更。

(四)一般纳税人销售货物属于下列情形之一的，暂按简易办法依照4%征收率计算缴纳增值税：

1. 寄售商店代销寄售物品(包括居民个人寄售的物品在内)；

2. 典当业销售死当物品；

3. 经国务院或国务院授权机关批准的免税商店零售的免税品。

三、对属于一般纳税人的自来水公司销售自来水按简易办法依照6%征收率征收增值税，不得抵扣其购进自来水取得增值税扣税凭证上注明的增值税税款。

四、本通知自2009年1月1日起执行。《财政部　国家税务总局关于调整农业产品增值税税率和若干项目征免增值税的通知》[财税字(94)004号]、《财政部　国家税务总局关于自来水征收增值税问题的通知》[(94)财税字第014号]、《财政部　国家税务总局关于增值税、营业税若干政策规定的通知》[(94)财税字第026号]第九条和第十条、《国家税务总局关于印发〈增值税问题解答(之一)〉的通知》(国税函发〔1995〕288号)附件第十条、《国家税务总局关于调整部分按简易办法征收增值税的特定货物销售行为征收率的通知》(国税发〔1998〕122号)、《国家税务总局关于县以下小水电电力产品增值税征税问题的批复》(国税函〔1998〕843号)、《国家税务总局关于商品混凝土实行简易办法征收增值税问题的通知》（国税发〔2000〕37号）、《财政部　国家税务总局关于旧货和旧机动车增值税政策的通知》（财税〔2002〕29号）、《国家税务总局关于自来水行业增值税政策问题的通知》（国税发〔2002〕56号）、《财政部　国家税务总局关于宣传文化增值税和营业税优惠政策的通知》（财税〔2006〕153号）第一条、《国家税务总局关于明确县以下小型水力发电单位具体标准的批复》（国税函〔2006〕47号）、《国家税务总局关于商品混凝土征收增值税有关问题的通知》（国税函〔2007〕599号）、《财政部　国家税务总局关于二甲醚增值税适用税率问题的通知》（财税〔2008〕72号）同时废止。

省财政厅　省国家税务局　省地方税务局　省民政厅转发《财政部　国家税务总局　民政部关于公益性捐赠税前扣除有关问题的通知》的通知

2009年2月17日　鲁财税〔2009〕25号

各市财政局、国家税务局、地方税务局、民政局，各公益性社会团体：

现将《财政部　国家税务总局　民政部关于公益性捐赠税前扣除有关问题的通知》（财税〔2008〕160号）转发给你们，并提出以下贯彻意见，请一并贯彻执行。

（一）经省民政厅批准成立的基金会，可填写《公益性社会团体和基金会捐赠税前扣除资格申请表》（附件1），于2009年3月10日前分别向省财政厅、省国家税务局、省地方税务局、省民政厅直接提出申请。

（二）经县级以上人民政府民政部门批准成立的公益性社会团体（不含基金会），可填写《公益性社会团体和基金会捐赠税前扣除资格申请表》（附件1），并将申请材料于2009年2月28日前分别送所在市财政局、国家税务局、地方税务局、民政局。各市财政局、国税局、地税局、民政局汇总申请材料后，填写《公益性社会团体和基金会捐赠税前扣除资格申报汇总表》（附件2），连同各公益性社会团体的申请材料，于2009年3月10日前分别报送省财政、税务、民政部门。

（三）省民政厅负责对公益性社会团体的资格进行初步审核，省财政、税务部门会同民政部门对公益性社会团体的捐赠税前扣除资格联合进行审核确认，对符合条件的公益性社会团体，由省财政、税务、民政部门定期予以公布。

（四）材料报送地点：

省财政厅法规税政处（济大路3号1215室）

联系电话：0531－82669724

省国税局所得税管理处（英雄山路155号1618室）

联系电话：0531－85656277

省地税局税管二处（济大路5号1314室）

联系电话：0531－82613623

省民政厅省民间组织管理局（南新街1路）

联系电话：0531－86919534（社团）、86921680（基金会）

附件：1. 财政部　国家税务总局　民政部关于公益性捐赠税前扣除有关问题的通知

2. 公益性社会团体和基金会捐赠税前扣除资格申请表

3. 公益性社会团体和基金会捐赠税前扣除资格申请材料汇总表

附件1：

财政部　国家税务总局　民政部关于公益性捐赠税前扣除有关问题的通知

2008年12月31日　财税〔2008〕160号

各省、自治区、直辖市、计划单列市财政厅（局）、国家税务局、地方税务局、民政厅（局），新疆生产建设兵团财务局、民政局：

为贯彻落实《中华人民共和国企业所得税法》和《中华人民共和国个人所得税法》，现对公益性捐赠所得税税前扣除有关问题明确如下：

一、企业通过公益性社会团体或者县级以上人民政府及其部门，用于公益事业的捐赠支出，在年度利润总额12%以内的部分，准予在计算应纳税所得额时扣除。年度利润总额，是指企业依照国家统一会计制度的规定计算的大于零的数额。

二、个人通过社会团体、国家机关向公益事业的捐赠支出，按照现行税收法律、行政法规及相关政策规定准予在所得税税前扣除。

三、本通知第一条所称的用于公益事业的捐赠支出，是指《中华人民共和国公益事业捐赠法》规定的向公益事业的捐赠支出，具体范围包括：

（一）救助灾害、救济贫困、扶助残疾人等困难的社会群体和个人的活动；

（二）教育、科学、文化、卫生、体育事业；

（三）环境保护、社会公共设施建设；

（四）促进社会发展和进步的其他社会公共和福利事业。

四、本通知第一条所称的公益性社会团体和第二条所称的社会团体均指依据国务院发布的《基金会管理条例》和《社会团体登记管理条例》的规定，经民政部门依法登记、符合以下条件的基金会、慈善组织等公益性社会团体：

（一）符合《中华人民共和国企业所得税法实施条例》第五十二条第（一）项到第（八）项规定的条件；

（二）申请前3年内未受到行政处罚；

（三）基金会在民政部门依法登记3年以上（含3年）的，应当在申请前连续2年年度检查合格，或最近1年年度检查合格且社会组织评估等级在3A以上（含3A），登记3年以下1年以上（含1年）的，应当在申请前1年年度检查合格或社会组织评估等级在3A以上（含3A），登记1年以下的基金会具备本款第（一）项、第（二）项规定的条件；

（四）公益性社会团体（不含基金会）在民政部门依法登记3年以上，净资产不低于登记的活动资金数额，申请前连续2年年度检查合格，或最近1年年度检查合格且社会组织评估等级在3A以上（含3A），申请前连续3年每年用于公益活动的支出不低于上年总收入的70%（含70%），同时需达到当年总支出的50%以上（含50%）。

前款所称年度检查合格是指民政部门对基金会、公益性社会团体（不含基金会）进行年度检查，作出年度检查合格的结论；社会组织评估等级在3A以上（含3A）是指社会组织在民政部门主导的社会组织评估中被评为3A、4A、5A级别，且评估结果在有效期内。

五、本通知第一条所称的县级以上人民政府及其部门和第二条所称的国家机关均指县级（含县级，下同）以上人民政府及其组成部门和直属机构。

六、符合本通知第四条规定的基金会、慈善组织等公益性社会团体，可按程序申请公益性捐赠税前扣除资格。

（一）经民政部批准成立的公益性社会团体，可分别向财政部、国家税务总局、民政部提出申请；

（二）经省级民政部门批准成立的基金会，可分别向省级财政、税务（国、地税，下同）、民政部门提出申请。经地方县级以上人民政府民政部门批准成立的公益性社会团体（不含基金会），可分别向省、自治区、直辖市和计划单列市财政、税务、民政部门提出申请；

（三）民政部门负责对公益性社会团体的资格进行初步审核，财政、税务部门会同民政部门对公益性社会团体的捐赠税前扣除资格联合进行审核确认；

（四）对符合条件的公益性社会团体，按照上述管理权限，由财政部、国家税务总局和民政部及省、自治区、直辖市和计划单列市财政、税务和民政部门分别定期予以公布。

七、申请捐赠税前扣除资格的公益性社会团体，需报送以下材料：

（一）申请报告；

（二）民政部或地方县级以上人民政府民政部门颁发的登记证书复印件；

（三）组织章程；

（四）申请前相应年度的资金来源、使用情况，财务报告，公益活动的明细，注册会计师的审计报告；

（五）民政部门出具的申请前相应年度的年度检查结论、社会组织评估结论。

八、公益性社会团体和县级以上人民政府及其组成部门和直属机构在接受捐赠时，应按照行政管理级次分别使用由财政部或省、自治区、直辖市财政部门印制的公益性捐赠票据，并加盖本单位的印章；对个人索取捐赠票据的，应予以开具。

新设立的基金会在申请获得捐赠税前扣除资格后，原始基金的捐赠人可凭捐赠票据依法享受税前扣除。

九、公益性社会团体和县级以上人民政府及其组成部门和直属机构在接受捐赠时，捐赠资产的价值，按以下原则确认：

（一）接受捐赠的货币性资产，应当按照实际收到的金额计算；

（二）接受捐赠的非货币性资产，应当以其公允价值计算。捐赠方在向公益性社会团体和县级以上人民政府及其组成部门和直属机构捐赠时，应当提供注明捐赠非货币性资产公允价值的证明，如果不能提供上述证明，公益性社会团体和县级以上人民政府及其组成部门和直属机构不得向其开具公益性捐赠票据。

十、存在以下情形之一的公益性社会团体，应取消公益性捐赠税前扣除资格：

（一）年度检查不合格或最近一次社会组织评估等级低于3A的；

（二）在申请公益性捐赠税前扣除资格时有弄虚作假行为的；

（三）存在偷税行为或为他人偷税提供便利的；

（四）存在违反该组织章程的活动，或者接受的捐赠款项用于组织章程规定用途之外的支出等情况的；

（五）受到行政处罚的。

被取消公益性捐赠税前扣除资格的公益性社会团体，存在本条第一款第（一）项情形的，1年内不得重新申请公益性捐赠税前扣除资格，存在第（二）项、第（三）项、第（四）项、第（五）项情形的，3年内不得重新申请公益性捐赠税前扣除资格。

对本条第一款第（三）项、第（四）项情形，应对其接受捐赠收入和其他各项收入依法补征企业所得税。

十一、本通知从2008年1月1日起执行。本通知发布前已经取得和未取得捐赠税前扣除资格的公益性社会团体，均应按本通知的规定提出申请。《财政部　国家税务总局关于公益救济性捐赠税前扣除政策及相关管理问题的通知》（财税〔2007〕6号）停止执行。

附件2：

公益性社会团体和基金会捐赠税前扣除资格申请表

单位全称			
单位编码		业务主管部门	
业务范围			
通信地址		邮政编码	
法人代表		联系电话	
联系人		联系电话	
现有职工人数			
所报送材料：			
1	申请报告		
2	登记证书		
3	组织章程		
4	审计报告等		
5	检查评估结论		
单位公章 年 月 日			

附件3：

公益性社会团体和基金会捐赠税前扣除资格申请材料汇总表

市地名称：

序号	社会团体或基金会名称	地址	单位编码	法人代表	联系电话	业务主管部门
1						
2						
3						
4						
5						
6						
7						
8						
9						
10						
11						
12						

省财政厅 省国家税务局 省地方税务局转发《财政部 国家税务总局关于印发〈油气田企业增值税管理办法〉的通知》的通知

2009年2月17日 鲁财税〔2009〕26号

各市财政局、国家税务局、地方税务局：

现将《财政部 国家税务总局关于印发〈油气田企业增值税管理办法〉的通知》（财税〔2009〕8号）转发给你们，请认真贯彻执行。

附件：财政部 国家税务总局关于印发《油气田企业增值税管理办法》的通知

附件：

财政部 国家税务总局关于印发《油气田企业增值税管理办法》的通知

2009年1月19日 财税〔2009〕8号

各省、自治区、直辖市、计划单列市财政厅（局）、国家税务局、地方税务局，新疆生产建设兵团财务局：

根据国务院批准的石油天然气企业增值税政策和增值税转型改革方案，财政部和国家税务总局对现行油气田企业增值税管理办法作了修改和完善。现将修订后的《油气田企业增值税管理办法》印发给你们，请遵照执行。

附件：油气田企业增值税管理办法

附件：

油气田企业增值税管理办法

第一条 根据国务院批准的石油天然气企业增值税政策，为加强石油天然气企业的增值税征收管理工作，制定本办法。

第二条 本办法适用于在中华人民共和国境内从事原油、天然气生产的企业。包括中国石油天然气集团公司（以下简称中石油集团）和中国石油化工集团公司（以下简称中石化集团）重组改制后设立的油气田分（子）公司、存续公司和其他石油天然气生产企业（以下简称油气田企业），不包括经国务院批准适用5%征收率缴纳增值税的油气田企业。

存续公司是指中石油集团和中石化集团重组改制后留存的企业。

其他石油天然气生产企业是指中石油集团和中石化集团以外的石油天然气生产企业。

油气田企业持续重组改制继续提供生产性劳务的企业，以及2009年1月1日以后新成立的油气田企业参股、控股的企业，按照本办法缴纳增值税。

第三条 油气田企业为生产原油、天然气提供的生产性劳务应缴纳增值税。

生产性劳务是指油气田企业为生产原油、天然气，从地质普查、勘探开发到原油天然气销售的一系列生产过程所发生的劳务（具体见本办法所附的《增值税生产性劳务征税范围注释》）。

缴纳增值税的生产性劳务仅限于油气田企业间相互提供属于《增值税生产性劳务征税范围注释》内的劳务。油气田企业与非油气田企业之间相互提供的生产性劳务不缴纳增值税。

第四条 油气田企业将承包的生产性劳务分包给其他油气田企业或非油气田企业，应当就其总承包额计算缴纳增值税。非油气田企业将承包的生产性劳务分包给油气田企业或其他非油气田企业，其提供的生产性劳务不缴纳增值税。油气田企业分包非油气田企业的生产性劳务，也不缴纳增值税。

第五条 油气田企业提供的生产性劳务，增值税税率为17%。

第六条 油气田企业与其所属非独立核算单位之间以及其所属非独立核算单位之间移送货物或者提供应税劳务，不缴纳增值税。

本办法规定的应税劳务，是指加工、修理修配劳务和生产性劳务（下同）。

第七条 油气田企业提供的应税劳务和非应税劳务应当分别核算销售额，未分别核算的，由主管税务机关核定应税劳务的销售额。

第八条 油气田企业下列项目的进项税额不得从销项税额中抵扣：

（一）用于非增值税应税项目、免征增值税项目、集体福利或者个人消费的购进货物或者应税劳务。

本办法规定的非增值税应税项目，是指提供非应税劳务、转让无形资产、销售不动产、建造非生产性建筑物及构筑物。

本办法规定的非应税劳务，是指属于应缴营业税的交通运输业、建筑业、金融保险业、邮电通信业、文化体育业、娱乐业、服务业税目征收范围的劳务，但不包括本办法规定的生产性劳务。

用于集体福利或个人消费的购进货物或者应税劳务，包括所属的学校、医院、宾馆、饭店、招待所、托儿所（幼儿园）、疗养院、文化娱乐单位等部门购进的货物或应税劳务。

（二）非正常损失的购进货物及相关的应税劳务；

（三）非正常损失的在产品、产成品所耗用的购进货物或者应税劳务。

（四）国务院财政、税务主管部门规定的纳税人自用消费品。

（五）本条第（一）项至第（四）项规定的货物的运输费用和销售免税货物的运输费用。

第九条 油气田企业为生产原油、天然气接受其他油气田企业提供的生产性劳务，可凭劳务提供方开具的增值税专用发票注明的增值税额予以抵扣。

第十条 跨省、自治区、直辖市开采石油、天然气的油气田企业，由总机构汇总计算应纳增值税税额，并按照各油气田（井口）石油、天然气产量比例进行分配，各油气田按所分配的应纳增值税额向所在地税务机关缴纳。石油、天然气应纳增值税额的计算办法由总机构所在地省级税务部门商各油气田所在地同级税务部门确定。

在省、自治区、直辖市内的油气田企业，其增值税的计算缴纳方法由各省、自治区、直辖市财政和税务部门确定。

第十一条 油气田企业跨省、自治区、直辖市提供生产性劳务，应当在劳务发生地按3%预征率计算缴纳增值税。在劳务发生地预缴的税款可从其应纳增值税中抵减。

第十二条 油气田企业为生产原油、天然气提供的生产性劳务的纳税义务发生时间为油气田企业收讫劳务收入款或者取得索取劳务收入款项凭据的当天；先开具发票的，为开具发票的当天。

收讫劳务收入款的当天，是指油气田企业应税行为发生过程中或者完成后收取款项的当天；采取预收款方式的，为收到预收款的当天。

取得索取劳务收入款项凭据的当天，是指书面合同确定的付款日期的当天；未签订书面合同或者书面合同未确定付款日期的，为应税行为完成的当天。

第十三条 油气田企业所需发票，经主管税务机关审核批准后，可以采取纳税人统一集中领购、发放和管理的方法，也可以由机构内部所属非独立核算单位分别领购。

第十四条 油气田企业应统一申报货物及应税劳务应缴纳的增值税。

第十五条 现行规定与本办法有抵触的，按本办法执行；本办法未尽事宜，按现行税收法律、法规执行。

第十六条 各省、自治区、直辖市税务机关司根据本规定制定具体实施办法，并报国家税务总局备案。

第十七条 本办法自2009年1月1日起执行。《财政部 国家税务总局关于油气田企业增值税计算缴纳方法问题的通知》（（94）财税字第73号）、《财政部 国家税务总局关于印发〈油气田企业增值税管理暂行办法〉的通知》（财税字〔2000〕32号）和《国家税务总局关于油气田企业增值税问题的补充通知》（国税发〔2000〕195号）同时废止。

附：增值税生产性劳务征税范围注释

附：

增值税生产性劳务征税范围注释

一、地质勘探

是指根据地质学、物理学和化学原理，凭借各种仪器设备观测地下情况，研究地壳的性质与结构，借以寻找原油、天然气的工作。种类包括：地质测量；控制地形测量；重力法；磁力法；电法；陆地海滩二维（或三维、四维）地震勘探；垂直地震测井法（即vsp测井法）；卫星定位；地球化学勘探；井间地震；电磁勘探；多波地震勘探；遥感和遥测；探井：资料（数据）处理、解释和研究。

二、钻井（含侧钻）

是指初步探明储藏有油气水后，通过钻具（钻头、钻杆、钻铤）对地层钻孔，然后用套、油管联接并向下延伸到油气水层，并将油气水分离出来的过程。钻井工程分为探井和开发井。探井包括地质井、参数井、预探井、评价井、滚动井等；开发井包括采油井、采气井、注水（气）井以及调整井、检查研究井、扩边井、油藏评价井等，其有关过程包括：

（一）新老区临时工程建设。是指为钻井前期准备而进行的临时性工程。含临时房屋修建、临时公路和井场道路的修建、供水（电）工程的建设、保温及供热工程建设、维护、管理。

（二）钻前准备工程。指为钻机开钻创造必要条件而进行的各项准备工程。含钻机、井架、井控、固控设施、井口工具的安装及维修。

（三）钻井施工工程。包括钻井、井控、固控所需设备、材料及新老区临时工程所需材料的装卸及搬运。

（四）包括定向井技术、水平井技术、打捞技术、欠平衡技术、泥浆技术、随钻测量、陀螺测量、电子多点、电子单点、磁性单多点、随钻、通井、套管开窗、老井侧钻、数据处理、小井眼加深、钻井液、顶部驱动钻井、化学监测、分支井技术、气体（泡沫）钻井技术、套管钻井技术、膨胀管技术、垂直钻井技术、地质导向钻井技术、旋冲钻井技术、取芯、下套管作业、钻具服务、井控服务、固井服务、钻井工程技术监督、煤层气钻井技术等。

（五）海洋钻井：包括钻井船拖航定位、海洋环保、安全求生设备的保养检查、试油点火等特殊作业。

三、测井

是指在井孔中利用测试仪器，根据物理和化学原理，间接获取地层和井眼信息，包括信息采集、处理、解释和油（气）井射孔。根据测井信息，评价储（产）层岩性、物性、含油性、生产能力及固井质量、射孔质量、套管质量、井下作业效果等。按物理方法，主要有电法测井、声波测井、核（放射性）测井、磁测井、力测井、热测井、化学测井；按完井方式分裸眼井测井和套管井测井；按开采阶段分勘探测井和开发测井，开发测井包括生产测井、工程测井和产层参数测井。

四、录井

是指钻井过程中随着钻井录取各种必要资料的工艺过程。有关项目包括：地质设计；地质录井；气测录井；综合录井；地化录井；轻烃色谱录井；定量荧光录井；核磁共振录井；离子色谱录井；伽马录井；岩心扫描录井；录井信息传输；录井资料处理及解释；地质综合研究；测量工程；单井评价；古生物、岩矿、色谱分析；录井新技术开发；非地震方法勘探；油层工程研究；数据处理；其他技术服务项目。

五、试井

是指确定井的生产能力和研究油层参数及地下动态，对井进行的专门测试工作。应用试井测试手段可以确定油气藏压力系统、储层特性、生产能力和进行动态预测，判断油气藏边界、评价井下作业效果和估算储量等。包括高压试井和低压试井。

六、固井

是指向井内下入一定尺寸的套管柱，并在周围注入水泥，将井壁与套管的空隙固定，以封隔疏松易塌易漏等地层、封隔油气水层，防止互相窜漏并形成油气通道。具体项目包括：表面固井、技术套管固井、油层固井、套管固井、特殊固井。

七、试油（气）

是油气层评价的一种直接手段。是指在钻井过程中或完井后，利用地层测试等手段，获取储层油、气、水产量、液性、压力、温度等资料，为储层评价、油气储量计算和制定油气开发方案提供依据。包括：中途测试、原钻机试油（气）、完井试油（气）、压裂改造、酸化改造、地层测试和抽汲排液求产、封堵等特种作业。

八、井下作业

是指在油气开发过程中，根据油气田投产、调整、改造、完善、挖潜的需要，利用地面和井下设备、工具，对油、气、水井采取各种井下作业技术措施，以达到维护油气水井正常生产或提高注采量，改善油层渗透条件及井的技术状况，提高采油速度和最终采收率。具体项目包括：新井投产、投注、维护作业、措施作业、油水井大修、试油测试、试采、数据解释。

九、油（气）集输

是指把油（气）井生产的原油（天然气）收集起来，再进行初加工并输送出去而修建井（平）台、井口装置、管线、计量站、接转站、联合站、油库、油气稳定站、净化厂（站）、污水处理站、中间加热加压站、长输管线、集气站、增压站、气体处理厂等设施及维持设施正常运转发生的运行、保养、维护等劳务。

十、采油采气

是指为确保油田企业正常生产，通过自然或机械力将油气从油气层提升到地面并输送到联合站、集输站整个过程而发生的工程及劳务。主要包括采油采气、注水注气、三次采油、防腐、为了提高采收率采取的配套技术服务等。

（一）采油采气。是指钻井完钻后，通过试采作业，采取自然或机械力将油气从油气层提升到地面而进行的井场、生产道路建设、抽油机安装、采油树配套、单井管线铺设、动力设备安装、气层排液等工程及维持正常生产发生的运行、保养、维护等劳务。

（二）注水注气。是指为保持油气层压力而建设的水源井、取水设施、操作间、水源管线、配水间、配气站、注水注气站、注水增压站、注水注气管线等设施以及维持正常注水注气发生的运行、保养、维护等劳务。

（三）稠油注汽。是指为开采稠油而修建的向油层注入高压蒸汽的设施工程及维持正常注汽发生的运行、保养、维护等劳务。

（四）三次采油。是指为提高原油采收率，确保油田采收率而向油层内注聚合物、酸碱、表面活性剂、二氧化碳、微生物等其他新技术，进行相关的技术工艺配套和地面设施工程。包括修建注入和采出各场站、管网及相应的各系统工程；产出液处理的净化场（站）及管网工程等。

（五）防腐。是指为解决现场问题，保证油田稳产，解决腐蚀问题而进行的相关药剂、防腐方案、腐蚀监测网络等的配套工程。

（六）技术服务。是指为确保油气田的正常生产，为采油气工程提供的各种常规技术服务及新技术服务等。主要包括采油采气方案的编制、注水注气方案编制、三次采油方案的编制设计、油井管柱优化设计、相关软件的开发、采油气新工艺的服务、油气水井测试服务等。

十一、海上油田建设

是指为勘探开发海上油田而修建的人工岛、海上平台、海堤、滩海路、海上电力通讯、海底管缆、海上运输、应急系统、弃置等海上生产设施及维持正常生产发生的运行、保养、维护等劳务。

十二、供排水、供电、供热、通讯

（一）供排水。是指为维持油（气）田正常生产及保证安全所建设的调节水源、管线、泵站等系统工程以及防洪排涝工程以及运行、维护、改造等劳务。

（二）供电。是指为保证油（气）田正常生产和照明而建设的供、输、变电的系统工程以及运行、维护、改造等劳务。

（三）供热。是指为保证油气田正常生产而建设的集中热源、供热管网等设施以及运行、维护、改造等劳务。

（四）通讯。是指在油（气）田建设中为保持电信联络而修建的发射台、线路、差转台（站）等设施以及运行、维护、改造等劳务。

十三、油田基本建设

是指根据油气田生产的需要，在油气田内部修建的道路、桥涵、河堤、输卸油（气）专用码头、海堤、生产指挥场所建设等设施以及维护和改造。

十四、环境保护

是油气田企业为保护生态环境，落实环境管理而发生的生态保护、污染防治、清洁生产、污染处置、环境应急等项目建设的工程与劳务，及施工结束、资源枯竭后应及时恢复自然生态而建设的工程及劳务。

十五、其他

是指油气田企业之间为维持油气田的正常生产而互相提供的其他劳务。包括：运输、设计、提供信息、检测、计量、监督、监理、消防、安全、异体监护、数据处理、租赁生产所需的仪器、材料、设备等服务。

省财政厅　省地方税务局关于我省娱乐业营业税适用税率的通知

2009 年 2 月 23 日　鲁财税〔2009〕27 号

各市财政局、地方税务局：

根据新修订的《中华人民共和国营业税暂行条例》第二条“纳税人经营娱乐业具体适用的税率，由省、自治区、直辖市人民政府在本条例规定的幅度内决定”之规定，经省政府批准，决定自 2009 年 1 月 1 日起，我省娱乐业营业税执行 20% 的税率。

特此通知，请遵照执行。

省财政厅　省国家税务局　省地方税务局转发《财政部　国家税务总局关于坚决制止越权减免税　加强依法治税工作的通知》的通知

2009 年 2 月 23 日　鲁财税〔2009〕28 号

各市财政局、国家税务局、地方税务局：

现将《财政部　国家税务总局关于坚决制止越权减免税　加强依法治税工作的通知》（财税〔2009〕1 号）转发给你们，并提出以下贯彻意见，请一并贯彻执行。

（一）认真贯彻落实国家税收政策。保持税制统一是我国财税制度的根本要求，各市财税部门要加强税政管理，依法行使税收政策管理权，正确理解并积极落实好国家各项税收政策，严格遵守税收管理权限，维护正常的税收秩序，保证国家税收政策的严肃性和权威性。

（二）加强对税收政策执行情况的监督检查。近期，各市财税部门要对近几年特别是 2008 年以来有无越权减免税情况进行一次全面检查。检查的重点包括：一是有无改变税收优惠政策范围的情况；二是有无更改、调整、变通国家税法和税收政策的情况；三是有无擅自出台减免税、缓缴税和豁免欠税、返还已缴纳的税收等情况。

（三）坚决制止越权制定的减免税政策。充分认识越权减免税的危害性，对检查中发现的属于本单位的问题，要积极采取有效措施，坚决予以纠正，并实事求是地反映。属于地方政府或其他有关部门的问题，能在本地区解决的要在本地区立即解决，不能在本地区解决的应及时上报。各地要建立健全内部监督制约机制，加强对税收政策执行情况的监督检查，健全必要的检查工作制度。要牢固树立税收法制观念，从维护国家整体利益和财税正常秩序出发，依法组织财政收入，强化税收征收管理，堵塞税收收入流失漏洞，创造良好的税收环境。

（四）各市财税部门要将检查情况形成书面报告，于 2009 年 3 月 10 日前，分别报省财政厅、省国税局和省地税局。省财税部门将适时对全省贯彻执行国家税收政策的情况进行抽查。

附件：财政部　国家税务总局关于坚决制止越权减免税　加强依法治税工作的通知

附件：

财政部 国家税务总局关于坚决制止越权减免税加强依法治税工作的通知

2009年1月19日 财税〔2009〕1号

各省、自治区、直辖市、计划单列市财政厅（局）、国家税务局、地方税务局，新疆生产建设兵团财务局，财政部驻各省、自治区、直辖市、计划单列市财政监察专员办事处：

《国务院关于加强依法治税严格税收管理权限的通知》（国发〔1998〕4号）和《国务院关于纠正地方自行制定税收先征后返政策的通知》（国发〔2000〕2号）下发以来，各地财政、税务部门积极采取措施，依法加强税收政策管理，维持正常的财税秩序，有效地促进了财政收入的持续快速增长和宏观调控目标的顺利实现。但是，一些地区仍存在越权减免税或先征后返等变相减免税问题。特别是最近一段时间以来，一些地区以应对国际金融危机、促进地方经济发展为名，违反国家财税法律规定，擅自出台减免税、缓缴税和豁免欠税，或返还已缴纳的税收等政策，这种做法破坏了税制的规范、统一，扰乱了正常的财税秩序。为了维护国家税收法律、法规的严肃性、统一性和权威性，加强依法治税，现就有关问题通知如下：

一、2008年下半年以来，为了应对国际金融危机对我国经济的影响，促进经济平稳较快发展，国家制定出台了一系列税收应对措施。各地财政、税务部门要深入贯彻落实科学发展观，从维护国家整体利益和财税正常秩序的高度出发，根据国家统一部署，不折不扣地做好税收政策的贯彻落实工作，不得随意改变税收优惠政策范围。

二、根据现行有关税收管理权限的规定，中央税、共享税以及地方税的立法权都集中在中央，除有关税收法律、行政法规规定下放地方的具体政策管理权限外，税收政策管理权全部集中在中央。各级财政、税务部门要认真贯彻落实国务院《全面推进依法行政实施纲要》和现行财税法律的有关规定，严格执行国家统一规定的各项税收优惠政策，不得在税法明确授予的管理权限之外，擅自更改、调整、变通国家税法和税收政策，要按照“依法征税，应收尽收，坚决不收过头税，坚决防止和制止越权减免税”的组织收入原则，严格税收入库级次，做好税收征收管理工作。

三、各地财政、税务部门要主动配合地方政府维护正常的财税秩序，积极做好国家统一税收政策的贯彻落实工作，对超越税收管理权限和违背国家税法的规定，应拒绝执行，并及时向上级机关报告。财政部驻各地财政监察专员办事处要加强对税收政策执行情况的检查工作，强化税收执法监督，对各种违反国家统一规定的财税政策的行为，要及时予以纠正并上报。

四、各地财政、税务部门要高度重视，认真贯彻落实本通知精神，结合各地的实际情况组织专门力量，采取切实有效措施，对本地区越权减免税、税收先征后返等变相减免税情况进行一次全面检查和清理，凡违反国家财税规定和超越税收管理权限的，要立即纠正，凡拒不纠正或继续出台新的越权减免税、缓缴税、豁免欠税以及采取税收先征后返等变相减免税的，要根据《财政违法行为处罚处分条例》（国务院令第427号）等财税法律、法规的规定，依法追究有关人员的责任。各地财政、税务部门要于2009年3月20日前将这次清理检查情况报送财政部（税政司）和国家税务总局（财产和行为税司）。

请遵照执行。

省财政厅　省国家税务局转发《财政部　国家税务总局关于提高纺织品服装出口退税率的通知》的通知

2009 年 2 月 26 日　鲁财税〔2009〕29 号

各市财政局、国家税务局：

现将《财政部　国家税务总局关于提高纺织品服装出口退税率的通知》（财税〔2009〕14 号）转发给你们，请认真贯彻执行。

附件：财政部　国家税务总局关于提高纺织品服装出口退税率的通知

附件：

财政部　国家税务总局关于提高纺织品服装出口退税率的通知

2009 年 2 月 5 日　财税〔2009〕14 号

各省、自治区、直辖市、计划单列市财政厅（局）、国家税务局，新疆生产建设兵团财务局：

经国务院批准，从 2009 年 2 月 1 日起，将纺织品、服装出口退税率提高到 15%。具体商品清单见附件。

具体执行时间，以“出口货物报关单（出口退税专用）”海关注明的出口日期为准。

特此通知。

附件：提高出口退税率的商品清单

附件：

提高出口退税率的商品清单

章	商品代码	商品名称	提高到（%）
50 章	5004000000—5007909099	丝纱线等	15
51 章	5106100000－5108101100	毛纱线及其机织物	15
	5108101990	非供零售用粗梳其他动物细毛纱线（按重量计其他动物细毛含量≥85%）	15
	5108109090	非供零售用粗梳其他动物细毛纱线（按重量计其他粗梳动物细毛含量＜85%）	15
	5108201100	非供零售用精梳山羊绒纱线（按重量计山羊绒含量≥85%）	15
	5108201990	非供零售用精梳其他动物细毛纱线（按重量计其他动物细毛含量≥85%）	15
	5108209090	非供零售用精梳其他动物细毛纱线（按重量计其他精梳动物细毛含量＜85%）	15
	5109101100—5109909000	羊毛纱线等	15
	5110000090—5113000000	毛纱线及其机织物	15
52 章	5204110000—5212250090	棉纱、棉机织物	15
53 章	5306100000—5311009099	其他植物纺织品	15

续表

章	商品代码	商品名称	提高到（%）
54章	全部税号	化纤长丝	15
55章	全部税号	化纤短纤	15
56章	全部税号	絮胎及无纺织物等	15
57章	全部税号	地毯及纺织材料的其他铺地制品	15
58章	全部税号	特种机织物等	15
59章	全部税号	涂布等工业用纺织制品	15
60章	全部税号	针织物及钩编织物	15
61章	全部税号	针织物及钩编的服装等	15
62章	全部税号	非针织物或非钩编的服装等	15
63章	6301100000—6308000090	其他纺织制成品等	15
	6310100010—6310900090	其他纺织制成品等	15
94章	9404290000	其他材料制褥垫	15
	9404301090	其他羽毛或羽绒填充的睡袋	15
	9404309000	其他睡袋	15
	9404901090	其他羽绒和羽毛填充的其他寝具（含类似品）	15
	9404902090—9404909000	其他寝具	15

省财政厅　省国家税务局　省地方税务局转发《财政部　国家税务总局关于继续执行供热企业增值税　房产税　城镇土地使用税优惠政策的通知》的通知

2009年3月12日　鲁财税〔2009〕30号

各市财政局、国家税务局、地方税务局：

现将《财政部　国家税务总局关于继续执行供热企业增值税　房产税　城镇土地使用税优惠政策的通知》（财税〔2009〕11号）转发给你们，请认真贯彻执行。

附件：财政部　国家税务总局关于继续执行供热企业增值税　房产税　城镇土地使用税优惠政策的通知

附件：

财政部　国家税务总局关于继续执行供热企业增值税　房产税　城镇土地使用税优惠政策的通知

2009年2月10日　财税〔2009〕11号

北京、天津、河北、山西、内蒙古、辽宁、大连、吉林、黑龙江、山东、青岛、河南、陕西、甘肃、宁夏、新疆、青海省（自治区、直辖市、计划单列市）财政厅（局）、国家税务局、地方税务局，新疆生产建设兵团财务局：

为保障居民供热采暖，经国务院批准，现将三北地区供热企业（以下称供热企业）的增值税、房产税、城镇土地使用税政策通知如下：

一、自2009年至2010年供暖期期间，对供热企业向居民个人（以下称居民）供热而取得的采暖费收入继续免征增值税。向居民供热而取得的采暖费收入，包括供热企业直接向居民收取的、通过其他单位向居民收取的和由单位代居民缴纳的采暖费。

免征增值税的采暖费收入，应当按照《中华人民共和国增值税暂行条例》第十六条的规定分别核算。通过热力产品经营企业向居民供热的热力产品生产企业，应当根据热力产品经营企业实际从居民取得的采暖费收入占该经营企业采暖费总收入的比例确定免税收入比例。

二、自2009年1月1日至2011年6月30日，对向居民供热而收取采暖费的供热企业，为居民供热所使用的厂房及土地继续免征房产税、城镇土地使用税。

对既向居民供热，又向单位供热或者兼营其他生产经营活动的供热企业，按其向居民供热而取得的采暖费收入占企业总收入的比例划分征免税界限。

三、本通知所述供热企业，是指热力产品生产企业和热力产品经营企业。热力产品生产企业包括专业供热企业、兼营供热企业和自供热单位。

四、本通知所称三北地区，是指北京市、天津市、河北省、山西省、内蒙古自治区、辽宁省、大连市、吉林省、黑龙江省、山东省、青岛市、河南省、陕西省、甘肃省、青海省、宁夏回族自治区和新疆维吾尔自治区。

省财政厅　省地方税务局转发《财政部　国家税务总局关于发布第三批免征营业税的改制铁路房建生活单位名单的通知》的通知

2009年3月17日　鲁财税〔2009〕31号

各市财政局、地方税务局：

现将《财政部　国家税务总局关于发布第三批免征营业税的改制铁路房建生活单位名单的通知》（财税〔2009〕21号）转发给你们，请认真贯彻执行。

附件：财政部　国家税务总局关于发布第三批免征营业税的改制铁路房建生活单位名单的通知

附件：

财政部　国家税务总局关于发布第三批免征营业税的改制铁路房建生活单位名单的通知

2009年2月25日　财税〔2009〕21号

各省、自治区、直辖市、计划单列市财政厅（局）、地方税务局：

现将第三批铁路房建生活单位改制后企业名单以及名称发生变更的第一、二批改制后铁路房建生活单位名单发给你们，请按照《财政部　国家税务总局关于改革后铁路房建生活单位暂免征收营业税的通知》

（财税〔2007〕99号）的规定执行相关营业税政策。

附件：1. 第三批铁路房建生活单位改制后企业名单

2. 名称发生变更的第一、二批改制后铁路房建生活单位名单

附件1：

第三批铁路房建生活单位改制后企业名单

序号	单位名称	所在地
1	石家庄铁路华泰实业公司	河北省石家庄市
2	大同铁路同建公司	山西省大同市
3	大同鑫发实业公司	山西省大同市
4	湖东房建段锅炉安装公司	山西省大同市
5	内蒙古恒诺实业有限责任公司	内蒙古区呼和浩特市
6	内蒙古恒诺实业有限责任公司呼和分公司	内蒙古区呼和浩特市
7	内蒙古恒诺建材有限责任公司	内蒙古区呼和浩特市
8	内蒙古恒诺房地产开发有限责任公司	内蒙古区呼和浩特市
9	内蒙古铁城建筑工程有限责任公司	内蒙古区呼和浩特市
10	内蒙古恒诺物流有限责任公司	内蒙古区呼和浩特市
11	呼恒新业贸易有限责任公司	内蒙古区呼和浩特市
12	内蒙古铁城建筑构件制作安装有限责任公司	内蒙古区呼和浩特市
13	内蒙古铁城建筑工程有限责任公司呼和分公司	内蒙古区呼和浩特市
14	呼和浩特铁路康达建筑工程有限责任公司	内蒙古区呼和浩特市
15	内蒙古铁城建筑工程有限责任公司呼和予制分公司	内蒙古区呼和浩特市
16	呼铁局生活服务公司	内蒙古区呼和浩特市
17	内蒙古恒诺实业有限责任公司包头分公司	内蒙古区包头市
18	内蒙古煤化运输服务有限责任公司	内蒙古区包头市
19	包铁益兴房地产开发公司	内蒙古区包头市
20	内蒙古铁城建筑工程有限责任公司包头分公司	内蒙古区包头市
21	包头铁路生活贸易公司	内蒙古区包头市
22	包头铁路广鑫实业公司	内蒙古区包头市
23	通辽和兴铁道房产建设管理有限责任公司	内蒙古区通辽市
24	通辽天恒铁道建设有限责任公司	内蒙古区通辽市
25	内蒙古恒诺实业有限责任公司集宁分公司	内蒙古区乌兰察布市
26	内蒙古铁城建筑工程有限责任公司集宁分公司	内蒙古区乌兰察布市
27	集宁铁路房地产开发有限责任公司	内蒙古区乌兰察布市
28	内蒙古恒诺实业有限责任公司临河分公司	内蒙古区巴彦淖尔市
29	巴彦淖尔铁路建业房地产开发有限责任公司	内蒙古区巴彦淖尔市
30	巴彦淖尔铁路建业建筑有限责任公司	内蒙古区巴彦淖尔市
31	沈阳铁路房产建筑有限公司	辽宁省沈阳市
32	沈阳铁道房产生活管理有限公司	辽宁省沈阳市
33	沈阳铁道建设工程有限公司	辽宁省沈阳市
34	沈阳铁路分局铁道建筑工程总公司	辽宁省沈阳市
35	丹东铁路房产建筑实业有限公司	辽宁省丹东市
36	丹东铁路房产置业有限公司	辽宁省丹东市
37	沈阳铁路局丹东铁道建筑工程公司	辽宁省丹东市
38	大连铁道房产建筑发展有限公司	辽宁省大连市
39	大连铁路工程公司	辽宁省大连市
40	锦州铁路房建经营有限责任公司	辽宁省锦州市

续表

序号	单位名称	所在地
41	锦州铁城房建经营有限公司	辽宁省锦州市
42	锦州铁道建设工程有限责任公司	辽宁省锦州市
43	吉林省春铁房屋管理有限公司	吉林省长春市
44	长春铁道建设工程有限责任公司	吉林省长春市
45	白城铁龙房产建筑工程有限公司	吉林省白城市
46	白城铁道建设工程公司	吉林省白城市
47	吉林隆博铁路房屋建筑工程有限公司	吉林省吉林市
48	吉林铁道建设有限公司	吉林省吉林市
49	通化汇鹏铁路房屋管理有限公司	吉林省通化市
50	通化铁路嘉源物业管理有限责任公司	吉林省通化市
51	通化铁道建设总公司	吉林省通化市
52	上海上铁林业绿化有限公司	上海市
53	南京铁路园林建设有限公司	江苏省南京市
54	徐州祥大物业管理有限责任公司	江苏省徐州市
55	徐州环宇园艺开发有限公司	江苏省徐州市
56	南京铁路建筑有限公司常州运输分公司	江苏省常州市
57	杭州铁路园林绿化工程公司	浙江省杭州市
58	安徽铁建工程有限公司	安徽省蚌埠市
59	安徽欧鹏物业管理有限公司	安徽省蚌埠市
60	蚌埠铁路绿地花卉有限责任公司	安徽省蚌埠市
61	济南铁路大吉开发公司	山东省济南市
62	济南铁路富豪实业公司	山东省济南市
63	济南铁路东风实业公司	山东省济南市
64	济南铁路经营集团有限公司列车服务分公司	山东省济南市
65	济南雅致房地产有限责任公司	山东省济南市
66	济南宏铁建筑装饰工程有限公司	山东省济南市
67	济南铁路迅潮实业公司	山东省济南市
68	济南铁路西荣实业公司	山东省济南市
69	济南铁路新科实业发展总公司	山东省济南市
70	聊城富龙技贸中心	山东省聊城市
71	青岛铁路分局淄博铁路机务工贸公司	山东省淄博市
72	青岛铁路先达实业总公司	山东省青岛市
73	泰安铁路建筑设计院	山东省泰安市
74	洛阳铁路中伟建筑工程部	河南省洛阳市
75	南阳铁路建筑工程公司	河南省南阳市
76	武汉武铁中力生活服务有限责任公司	湖北省武汉市
77	长沙铁路勘察设计有限公司	湖南省长沙市
78	成都铁路生活服务有限责任公司商贸分公司	四川省成都市
79	云南宇恒铁路工程有限公司	云南省昆明市
80	开远铁路建筑工程有限公司	云南省开远市
81	青海青藏铁路供热服务有限公司	青海省西宁市
82	青海青藏铁路供水服务有限公司	青海省西宁市
83	新铁天汇（集团）有限责任公司城际生活物流分公司	新疆区乌鲁木齐市

附件2：

名称发生变更的第一、二批改制后铁路房建生活单位名单

序号	原单位名称	变更后的单位名称	所在地	备注
1	山西铁诚房地产开发有限公司大同铁路房建公司	太原铁路局大同铁路房建公司	山西省大同市	原第二批名单
2	济南铁路局徐州工程段	徐州上铁工程段	江苏省徐州市	原第二批名单
3	浙江铁道工程有限公司	浙江铁道建设工程有限公司	浙江省杭州市	原第二批名单
4	阜阳市三元物业管理有限公司	蚌埠铁建实业有限公司阜阳分公司	安徽省阜阳市	原第二批名单
5	济南铁路经营集团有限公司物业保洁分公司	济南铁路经营集团有限公司铁路运输服务分公司	山东省济南市	原第二批名单
6	重庆铁路生活服务有限责任公司	成都铁路生活服务有限责任公司重庆商贸分公司	重庆市	原第一批名单
7	四川铁路生活发展有限责任公司	成都铁路生活服务有限责任公司	四川省成都市	原第一批名单
8	贵州铁路金虹生活服务公司	成都铁路生活服务有限责任公司贵阳商贸分公司	贵州省贵阳市	原第一批名单
9	青藏铁路西宁房产建筑安装工程公司	西宁铁路安厦建筑商贸有限责任公司	青海省西宁市	原第一批名单
10	格尔木铁路恒兴有限责任公司	青海青藏铁路房产建筑安装工程公司	青海省格尔木市	原第一批名单

省财政厅　省国家税务局转发《财政部　国家税务总局关于公布废止和失效的消费税规范性文件目录的通知》的通知

2009年3月17日　鲁财税〔2009〕33号

各市财政局、国家税务局：

现将《财政部　国家税务总局关于公布废止和失效的消费税规范性文件目录的通知》（财税〔2009〕18号）转发给你们，请认真贯彻执行。

附件：财政部　国家税务总局关于公布废止和失效的消费税规范性文件目录的通知

附件：

财政部　国家税务总局关于公布废止和失效的消费税规范性文件目录的通知

2009年2月25日　财税〔2009〕18号

各省、自治区、直辖市、计划单列市财政厅（局）、国家税务局，新疆生产建设兵团财务局：

新的《中华人民共和国消费税暂行条例》和《中华人民共和国消费税暂行条例实施细则》已于2009年1月1日起施行，根据施行新条例和实施细则的需要，现将废止或失效的消费税规范性文件目录通知如下：

一、全文废止或失效的消费税规范性文件目录

1.《关于商业库存汽油、柴油征免消费税问题的通知》（财税字〔1994〕16号）

2.《关于金银首饰消费税减按5%征收的通知》（财税字〔1994〕91号）

3.《关于对摩托车胎暂减征消费税的通知》（财税字〔1996〕10号）

4.《关于调整含铅汽油消费税税率的通知》（财税字〔1998〕163号）

5.《财政部 国家税务总局关于对别克 桑塔纳等小汽车减免消费税的通知》（财税〔2001〕207号）

6.《财政部 国家税务总局关于富康系列小汽车减免消费税的通知》（财税〔2001〕217号）

7.《财政部 国家税务总局关于对奥迪等小汽车减征消费税的通知》（财税〔2002〕71号）

8.《财政部 国家税务总局关于对金杯系列轻型客车减征消费税的通知》（财税〔2002〕72号）

9.《财政部 国家税务总局关于奇瑞牌小汽车减征消费税的通知》（财税〔2003〕5号）

10.《财政部 国家税务总局关于福田牌轻型客车减征消费税的通知》（财税〔2003〕6号）

11.《财政部 国家税务总局关于风神牌小汽车减征消费税的通知》（财税〔2003〕28号）

12.《财政部 国家税务总局关于东南牌小汽车减征消费税的通知》（财税〔2003〕29号）

13.《财政部 国家税务总局关于猎豹牌小汽车减征消费税的通知》（财税〔2003〕36号）

14.《财政部 国家税务总局关于第二批奇瑞牌小汽车减征消费税的通知》（财税〔2003〕58号）

15.《财政部 国家税务总局关于SY6460系列雪佛兰开拓者轻型客车减征消费税的通知》（财税〔2003〕59号）

16.《财政部 国家税务总局关于波罗牌等小汽车减征消费税的通知》（财税〔2003〕60号）

17.《财政部 国家税务总局关于悦达牌小汽车减征消费税的通知》（财税〔2003〕62号）

18.《财政部 国家税务总局关于金旅牌小汽车减征消费税的通知》（财税〔2003〕70号）

19.《财政部 国家税务总局关于第二批东南牌小汽车减征消费税的通知》（财税〔2003〕71号）

20.《财政部 国家税务总局关于第二批菲亚特牌小汽车减征消费税的通知》（财税〔2003〕72号）

21.《财政部 国家税务总局关于东风雪铁龙等轿车减征消费税的通知》（财税〔2003〕78号）

22.《财政部 国家税务总局关于第二批金杯牌小汽车减征消费税的通知》（财税〔2003〕108号）

23.《财政部 国家税务总局关于第二批海马牌小汽车减征消费税的通知》（财税〔2003〕120号）

24.《财政部 国家税务总局关于松花江牌小汽车减征消费税的通知》（财税〔2003〕121号）

25.《财政部 国家税务总局关于别克君威轿车减征消费税的通知》（财税〔2003〕127号）

26.《财政部 国家税务总局关于切诺基牌系列车辆减征消费税的通知》（财税〔2003〕143号）

27.《财政部 国家税务总局关于雅阁 奥德赛牌轿车减征消费税的通知》（财税〔2003〕171号）

28.《财政部 国家税务总局关于昌河牌小汽车减征消费税的通知》（财税〔2003〕190号）

29.《财政部 国家税务总局关于秦川—福莱尔牌小汽车减征消费税的通知》（财税〔2003〕213号）

30.《财政部 国家税务总局关于长安—奥拓牌小汽车减征消费税的通知》（财税〔2003〕218号）

31.《财政部 国家税务总局关于金杯牌小汽车减征消费税的通知》（财税〔2003〕219号）

32.《财政部 国家税务总局关于别克牌赛欧轿车减征消费税的通知》（财税〔2003〕220号）

33.《财政部 国家税务总局关于昌河 北斗星牌小汽车减征消费税的通知》（财税〔2003〕228号）

34.《财政部 国家税务总局关于别克牌小汽车减征消费税的通知》（财税〔2003〕237号）

35.《财政部 国家税务总局关于红旗牌小汽车减征消费税的通知》（财税〔2003〕254号）

36.《财政部 国家税务总局关于中华牌小汽车减征消费税的通知》（财税〔2003〕269号）

37.《财政部 国家税务总局关于奥迪 捷达和宝来牌轿车减征消费税的通知》（财税〔2003〕270号）

38.《财政部 国家税务总局关于松花江牌小汽车减征消费税的通知》（财税〔2003〕271号）

39.《财政部 国家税务总局关于波罗牌等小汽车减征消费税的通知》（财税〔2003〕274号）

40.《财政部 国家税务总局关于切诺基牌小汽车减征消费税的通知》（财税〔2003〕275号）

41.《财政部 国家税务总局关于菲亚特牌小汽车减征消费税的通知》（财税〔2003〕276号）

42.《财政部 国家税务总局关于依维柯牌小汽车减征消费税的通知》（财税〔2003〕277号）

43.《财政部　国家税务总局关于丰田牌威驰（VIOS）轿车减征消费税的通知》（财税〔2003〕279号）

44.《财政部　国家税务总局关于雅阁牌轿车减征消费税的通知》（财税〔2003〕280号）

45.《财政部　国家税务总局关于长安牌小汽车减征消费税的补充通知》（财税〔2004〕5号）

46.《财政部　国家税务总局关于奥迪牌等轿车减征消费税的通知》（财税〔2004〕6号）

47.《财政部　国家税务总局关于金杯雪佛兰牌小汽车减征消费税的通知》（财税〔2004〕7号）

48.《财政部　国家税务总局关于美日牌小汽车减征消费税的通知》（财税〔2004〕8号）

49.《财政部　国家税务总局关于江淮牌小汽车减征消费税的通知》（财税〔2004〕12号）

50.《财政部　国家税务总局关于福特牌小汽车减征消费税的通知》（财税〔2004〕13号）

51.《财政部　国家税务总局关于东南牌小汽车减征消费税的通知》（财税〔2004〕14号）

52.《财政部　国家税务总局关于东风风行牌轻型客车等减征消费税的通知》（财税〔2004〕54号）

53.《财政部　国家税务总局关于夏利轿车等减征消费税的通知》（财税〔2004〕55号）

54.《财政部　国家税务总局关于别克牌轿车减征消费税的通知》（财税〔2004〕59号）

55.《财政部　国家税务总局关于松花江牌汽车减征消费税的通知》（财税〔2004〕106号）

56.《财政部　国家税务总局关于田野牌汽车减征消费税的通知》（财税〔2004〕107号）

57.《财政部　国家税务总局关于北京牌轻型越野车减征消费税的通知》（财税〔2004〕108号）

58.《财政部　国家税务总局关于尼桑牌汽车减征消费税的通知》（财税〔2004〕109号）

59.《财政部　国家税务总局关于长城牌汽车减征消费税的通知》（财税〔2004〕110号）

60.《财政部　国家税务总局关于风神牌轿车减征消费税的通知》（财税〔2004〕111号）

61.《财政部　国家税务总局关于现代牌轿车减征消费税的通知》（财税〔2004〕112号）

62.《财政部　国家税务总局关于江铃全顺牌汽车减征消费税的通知》（财税〔2004〕113号）

63.《财政部　国家税务总局关于更正东南牌DN7161P和DN7161H 2个型号小汽车减征消费税执行时间的通知》（财税〔2004〕114号）

64.《财政部　国家税务总局关于昌河牌和北斗星牌轻型客车减征消费税的通知》（财税〔2004〕158号）

65.《财政部　国家税务总局关于宝马牌轿车减征消费税的通知》（财税〔2004〕159号）

66.《财政部　国家税务总局关于猎豹牌轻型越野车减征消费税的通知》（财税〔2004〕160号）

67.《财政部　国家税务总局关于昌河牌轻型客车减征消费税的通知》（财税〔2004〕161号）

68.《财政部　国家税务总局关于海马牌HMC7161轿车减征消费税的通知》（财税〔2004〕162号）

69.《财政部　国家税务总局关于高尔夫　奥迪及宝来牌系列轿车减征消费税的通知》（财税〔2004〕163号）

70.《财政部　国家税务总局关于金旅牌轻型客车减征消费税的通知》（财税〔2004〕164号）

71.《财政部　国家税务总局关于飞度牌轿车减征消费税的通知》（财税〔2004〕165号）

72.《财政部　国家税务总局关于福田牌轻型客车减征消费税的通知》（财税〔2004〕188号）

73.《财政部　国家税务总局关于华泰特拉卡牌轿车减征消费税的通知》（财税〔2004〕190号）

74.《财政部　国家税务总局关于金杯牌系列轻型汽车　多用途乘用车和中华牌轿车减征消费税的通知》（财税〔2004〕191号）

75.《财政部　国家税务总局关于华阳牌微型商务车减征消费税的通知》（财税〔2004〕208号）

76.《财政部　国家税务总局关于吉利牌和豪情牌客车减征消费税的通知》（财税〔2004〕209号）

77.《财政部　国家税务总局关于奇瑞牌轿车减征消费税的通知》（财税〔2004〕210号）

78.《财政部　国家税务总局关于东风雪铁龙轿车减征消费税的通知》（财税〔2004〕211号）

79.《财政部　国家税务总局关于起亚牌轿车减征消费税的通知》（财税〔2004〕212号）

80.《财政部　国家税务总局关于切诺基牌小汽车减征消费税的通知》（财税〔2005〕20号）

81.《财政部　国家税务总局关于更正浙江豪情汽车制造有限公司享受减征消费税车型的通知》（财税

〔2005〕108号）

82.《财政部　国家税务总局关于对福田牌轻型客车减征消费税的补充通知》（财税〔2005〕125号）

83.《财政部　国家税务总局关于更正长城汽车股份有限公司享受减征消费税车型和时间的通知》（财税〔2005〕126号）

二、部分条款废止或失效的消费税规范性文件目录

1.《关于调整金银首饰消费税纳税环节有关问题的通知》（财税字〔1994〕95号）

第一条第二款。

2.《关于上海钻石交易所有关税收政策的通知》（财税字〔2000〕65号）

第一条、第二条、第三条、第四条。

3.《财政部　国家税务总局关于调整酒类产品消费税政策的通知》（财税〔2001〕84号）

第一条第二款。

4.《财政部　国家税务总局关于调整和完善消费税政策的通知》（财税〔2006〕33号）

第一条第二款第1项，第四条第一款第1项，第十条第一款“石脑油、溶剂油、润滑油、燃料油暂按应纳税额的30%征收消费税”的规定，附件第六条。

5.《财政部　国家税务总局关于消费税若干具体政策的通知》（财税〔2006〕125号）

第一条、第五条。

6.《财政部　国家税务总局关于调整部分成品油消费税政策的通知》（财税〔2008〕19号）

第一条，第二条中关于进口石脑油免征消费税的规定。

省财政厅　省国家税务局转发《财政部　国家税务总局关于公布若干废止和失效的增值税规范性文件目录的通知》的通知

2009年3月17日　鲁财税〔2009〕34号

各市财政局、国家税务局：

现将《财政部　国家税务总局关于公布若干废止和失效的增值税规范性文件目录的通知》（财税〔2009〕17号）转发给你们，请认真贯彻执行。

附件：财政部　国家税务总局关于公布若干废止和失效的增值税规范性文件目录的通知

附件：

财政部　国家税务总局关于公布若干废止和失效的增值税规范性文件目录的通知

2009年2月26日　财税〔2009〕17号

各省、自治区、直辖市、计划单列市财政厅（局）、国家税务局，新疆生产建设兵团财务局：

根据修订后的《中华人民共和国增值税暂行条例》和《中华人民共和国增值税暂行条例实施细则》，

财政部和国家税务总局对1994年以来联合发布的增值税规范性文件进行了清理。现将废止或失效的相关文件明确如下：

一、全文废止或失效的文件（14件）

1.《财政部　国家税务总局关于运输费用和废旧物资准予抵扣进项税额问题的通知》［（94）财税字第012号］。

2.《财政部　国家税务总局关于城镇公用事业附加应纳入增值税计税销售额征收增值税的通知》［财税字〔1994〕第035号］。

3.《财政部　国家税务总局关于对煤炭调整税率后征税及退还问题的通知》［（94）财税字第036号］。

4.《财政部　国家税务总局关于加强商业环节增值税征收管理的通知》（财税字〔1998〕4号）。

5.《财政部　国家税务总局关于贯彻国务院有关完善小规模商业企业增值税政策的决定的通知》（财税字〔1998〕113号）。

6.《财政部　国家税务总局关于调整增值税运输费用扣除率的通知》（财税字〔1998〕114号）。

7.《财政部　国家税务总局关于中关村科技园区软件开发生产企业有关税收政策的通知》（财税字〔1999〕192号）。

8.《财政部　国家税务总局关于延续若干增值税免税政策的通知》（财税明电〔2000〕6号）。

9.《财政部　国家税务总局关于棉花进项税抵扣有关问题的补充通知》（财税〔2001〕165号）。

10.《财政部　国家税务总局关于提高农产品进项税抵扣率的通知》（财税〔2002〕12号）。

11.《财政部　国家税务总局关于加油机安装税控装置有关税收优惠政策的通知》（财税〔2002〕15号）。

12.《财政部　国家税务总局关于增值税一般纳税人向小规模纳税人购进农产品进项税抵扣率问题的通知》（财税〔2002〕105号）。

13.《财政部　国家税务总局关于报废汽车回收拆解企业有关增值税政策的通知》（财税〔2003〕116号）。

14.《财政部　国家税务总局关于购进烟叶的增值税抵扣政策的通知》（财税〔2006〕140号）。

二、部分废止或失效的文件（7件）

1.《财政部　国家税务总局关于增值税、营业税若干政策规定的通知》［（94）财税字第026号］第四条第（一）项、第六条第（二）项、第八条、第十一条。

2.《财政部　国家税务总局关于增值税几个税收政策问题的通知》（财税字〔1994〕060号）第一条、第四条、第五条。

3.《财政部　国家税务总局关于增值税若干政策的通知》（财税〔2005〕165号）第一条、第二条、第四条、第五条、第七条第（一）项“东北以外地区固定资产除外”的规定、第九条、第十条。

4.《财政部　国家税务总局关于促进农产品连锁经营试点税收优惠政策的通知》（财税〔2007〕10号）第三条。

5.《财政部　国家税务总局关于促进残疾人就业税收优惠政策的通知》（财税〔2007〕92号）第三条第（二）项“根据《财政部　国家税务总局关于调整农业产品增值税税率和若干项目征免增值税的通知》［（94）财税字第004号］第三条的规定”。

6.《财政部　国家税务总局关于增值税纳税人放弃免税权有关问题的通知》（财税〔2007〕127号）第四条。

7.《财政部　国家税务总局关于有机肥产品免征增值税的通知》（财税〔2008〕56号）第三条。

省财政厅　省国家税务局　省地方税务局转发《财政部　国家税务总局关于中国邮政集团公司重组改制过程中资产评估增值有关企业所得税政策问题的通知》的通知

2009 年 4 月 27 日　鲁财税〔2009〕38 号

各市财政局、国家税务局、地方税务局：

现将《财政部　国家税务总局关于中国邮政集团公司重组改制过程中资产评估增值有关企业所得税政策问题的通知》（财税〔2009〕24 号）转发给你们，请认真贯彻执行。

附件：财政部　国家税务总局关于中国邮政集团公司重组改制过程中资产评估增值有关企业所得税政策问题的通知

附件：

财政部　国家税务总局关于中国邮政集团公司重组改制过程中资产评估增值有关企业所得税政策问题的通知

2009 年 3 月 23 日　财税〔2009〕24 号

各省、自治区、直辖市、计划单列市财政厅（局）、国家税务局、地方税务局，新疆生产建设兵团财务局：

为支持中国邮政集团公司重组改制工作，经国务院批准，现对其改制过程中资产评估增值涉及的企业所得税政策问题明确如下：

一、中国邮政集团公司在重组改制过程中发生的资产评估净增值 662 701.23 万元应缴纳的企业所得税不征收入库，直接转计中国邮政集团公司的资本公积，作为国有资本。

二、对上述经过评估的资产，中国邮政储蓄银行有限责任公司及其所属分支机构可按评估后的资产价值计提折旧或摊销，并在企业所得税税前扣除。

请遵照执行。

省财政厅　省国家税务局　省地方税务局转发《财政部　国家税务总局关于企业手续费及佣金支出税前扣除政策的通知》的通知

2009 年 4 月 27 日　鲁财税〔2009〕39 号

各市财政局、国家税务局、地方税务局：

现将《财政部　国家税务总局关于企业手续费及佣金支出税前扣除政策的通知》（财税〔2009〕29

号）转发给你们，请认真贯彻执行。

附件：财政部 国家税务总局关于企业手续费及佣金支出税前扣除政策的通知

附件：

财政部 国家税务总局关于企业手续费及佣金支出税前扣除政策的通知

2009年3月19日 财税〔2009〕29号

各省、自治区、直辖市、计划单列市财政厅（局）、国家税务局、地方税务局，新疆生产建设兵团财务局：

为规范企业所得税税前扣除，加强企业所得税管理，根据《中华人民共和国企业所得税法》和《中华人民共和国企业所得税法实施条例》（以下合称新税法）有关规定，现将企业发生的手续费及佣金支出税前扣除政策问题通知如下：

一、企业发生与生产经营有关的手续费及佣金支出，不超过以下规定计算限额以内的部分，准予扣除；超过部分，不得扣除。

1. 保险企业：财产保险企业按当年全部保费收入扣除退保金等后余额的15%（含本数，下同）计算限额；人身保险企业按当年全部保费收入扣除退保金等后余额的10%计算限额。

2. 其他企业：按与具有合法经营资格中介服务机构或个人（不含交易双方及其雇员、代理人和代表人等）所签订服务协议或合同确认的收入金额的5%计算限额。

二、企业应与具有合法经营资格中介服务企业或个人签订代办协议或合同，并按国家有关规定支付手续费及佣金。除委托个人代理外，企业以现金等非转账方式支付的手续费及佣金不得在税前扣除。企业为发行权益性证券支付给有关证券承销机构的手续费及佣金不得在税前扣除。

三、企业不得将手续费及佣金支出计入回扣、业务提成、返利、进场费等费用。

四、企业已计入固定资产、无形资产等相关资产的手续费及佣金支出，应当通过折旧、摊销等方式分期扣除，不得在发生当期直接扣除。

五、企业支付的手续费及佣金不得直接冲减服务协议或合同金额，并如实入账。

六、企业应当如实向当地主管税务机关提供当年手续费及佣金计算分配表和其他相关资料，并依法取得合法真实凭证。

七、本通知自印发之日起实施。新税法实施之日至本通知印发之日前企业手续费及佣金所得税税前扣除事项按本通知规定处理。

省财政厅 省国家税务局 省地方税务局转发《财政部 国家税务总局关于中国清洁发展机制基金及清洁发展机制项目实施企业有关企业所得税政策问题的通知》的通知

2009年4月27日 鲁财税〔2009〕40号

各市财政局、国家税务局、地方税务局：

现将《财政部 国家税务总局关于中国清洁发展机制基金及清洁发展机制项目实施企业有关企业所得

税政策问题的通知》（财税〔2009〕30号）转发给你们，请认真贯彻执行。

附件：财政部 国家税务总局关于中国清洁发展机制基金及清洁发展机制项目实施企业有关企业所得税政策问题的通知

附件：

财政部 国家税务总局关于中国清洁发展机制基金及清洁发展机制项目实施企业有关企业所得税政策问题的通知

2009年3月23日 财税〔2009〕30号

各省、自治区、直辖市、计划单列市财政厅（局）、国家税务局、地方税务局，新疆生产建设兵团财务局：

经国务院批准，现就中国清洁发展机制基金（以下简称清洁基金）和清洁发展机制项目（以下简称CDM项目）实施企业的有关企业所得税政策明确如下：

一、关于清洁基金的企业所得税政策

对清洁基金取得的下列收入，免征企业所得税：

（一）CDM项目温室气体减排量转让收入上缴国家的部分；

（二）国际金融组织赠款收入；

（三）基金资金的存款利息收入、购买国债的利息收入；

（四）国内外机构、组织和个人的捐赠收入。

二、关于CDM项目实施企业的企业所得税政策

（一）CDM项目实施企业按照《清洁发展机制项目运行管理办法》（发展改革委、科技部、外交部、财政部令第37号）的规定，将温室气体减排量的转让收入，按照以下比例上缴给国家的部分，准予在计算应纳税所得额时扣除：

1. 氢氟碳化物（HFC）和全氟碳化物（PFC）类项目，为温室气体减排量转让收入的65%；

2. 氧化亚氮（N_2O）类项目，为温室气体减排量转让收入的30%；

3.《清洁发展机制项目运行管理办法》第四条规定的重点领域以及植树造林项目等类清洁发展机制项目，为温室气体减排量转让收入的2%。

（二）对企业实施的将温室气体减排量转让收入的65%上缴给国家的HFC和PFC类CDM项目，以及将温室气体减排量转让收入的30%上缴给国家的N_2O类CDM项目，其实施该类CDM项目的所得，自项目取得第一笔减排量转让收入所属纳税年度起，第一年至第三年免征企业所得税，第四年至第六年减半征收企业所得税。

企业实施CDM项目的所得，是指企业实施CDM项目取得的温室气体减排量转让收入扣除上缴国家的部分，再扣除企业实施CDM项目发生的相关成本、费用后的净所得。

企业应单独核算其享受优惠的CDM项目的所得，并合理分摊有关期间费用，没有单独核算的，不得享受上述企业所得税优惠政策。

三、本通知自2007年1月1日起执行。

省财政厅　省国家税务局转发《财政部　国家税务总局关于中非发展基金有限公司有关企业所得税政策问题的通知》的通知

2009年4月27日　鲁财税〔2009〕41号

各市财政局、国家税务局：

现将《财政部　国家税务总局关于中非发展基金有限公司有关企业所得税政策问题的通知》（财税〔2009〕36号）转发给你们，请认真贯彻执行。

附件：财政部　国家税务总局关于中非发展基金有限公司有关企业所得税政策问题的通知

附件：

财政部　国家税务总局关于中非发展基金有限公司有关企业所得税政策问题的通知

2009年3月31日　财税〔2009〕36号

各省、自治区、直辖市、计划单列市财政厅（局）、国家税务局，新疆生产建设兵团财务局：

根据《中华人民共和国企业所得税法》有关规定，经国务院批准，现就中非发展基金有限公司有关企业所得税政策通知如下：

一、对中非发展基金有限公司取得的下列对非洲投资项目的投资收益，免征企业所得税：

1. 中非发展基金有限公司通过股权、准股权（包括可转换债券等）、债权（包括股东借款、委托贷款等）等形式直接投资于非洲取得的股息、红利、利息、股权转让收入等投资收益；

2. 中非发展基金有限公司在境内或境外设立合资公司（或专项基金），由该合资公司（或专项基金）直接投资于非洲取得的股息、红利、利息、股权转让收入等投资收益，中非发展基金有限公司按其在合资公司（或专项基金）中的持股比例应享有的部分。

二、对中非发展基金有限公司以暂未用于投资的闲置资金购买债券取得的利息收入和债券买卖差价收入以及闲置资金银行存款利息收入，免征企业所得税。

三、上述政策执行期限为2008年1月1日起至2012年12月31日止。

省财政厅　省国家税务局转发《财政部　国家税务总局关于提高轻纺　电子　信息等商品出口退税率的通知》的通知

2009年4月27日　鲁财税〔2009〕42号

各市财政局、国家税务局：

现将《财政部　国家税务总局关于提高轻纺　电子　信息等商品出口退税率的通知》（财税〔2009〕

43号）转发给你们，请认真贯彻执行。

附件：财政部　国家税务总局关于提高轻纺　电子　信息等商品出口退税率的通知

附件：

财政部　国家税务总局关于提高轻纺　电子　信息等商品出口退税率的通知

2009年3月27日　财税〔2009〕43号

各省、自治区、直辖市、计划单列市财政厅（局）、国家税务局，新疆生产建设兵团财务局：

经国务院批准，决定提高部分商品的出口退税率。具体明确如下：

一、CRT彩电、部分电视机零件、光缆、不间断供电电源（UPS）、有衬背的精炼铜制印刷电路用覆铜板等商品的出口退税率提高到17%。

二、将纺织品、服装的出口退税率提高到16%。

三、将六氟铝酸钠等化工制品、香水等香化洗涤、聚氯乙烯等塑料、部分橡胶及其制品、毛皮衣服等皮革制品、信封等纸制品、日用陶瓷、显像管玻壳等玻璃制品、精密焊钢管等钢材、单晶硅片、直径大于等于30cm的单晶硅棒、铝型材等有色金属材、部分凿岩工具、金属家具等商品的出口退税率提高到13%。

四、将甲醇、部分塑料及其制品、木制相框等木制品、车辆后视镜等玻璃制品等商品的出口退税率提高到11%。

五、将碳酸钠等化工制品、建筑陶瓷、卫生陶瓷、锁具等小五金、铜板带材、部分搪瓷制品、部分钢铁制品、仿真首饰等商品的出口退税率提高到9%。

六、将商品次氯酸钙及其他钙的次氯酸盐、硫酸锌的出口退税率提高到5%。

具体商品清单见附件。

本通知自2009年4月1日起执行。具体执行时间，以“出口货物报关单（出口退税专用）”海关注明的出口日期为准。

特此通知。

附件：提高出口退税率的商品清单

附件：

提高出口退税率的商品清单

章	商品代码	商品名称	提高到（%）
28章	2804611700	电子工业用直径≥30cm单晶硅棒〔按重量计含硅量不少于99.99%〕	13
	2811220000	二氧化硅	9
	2826300000	六氟铝酸钠（人造冰晶石）	13
	2827200000	氯化钙	9
	2828100000	商品次氯酸钙及其他钙的次氯酸盐	5
	2833293000	硫酸锌	5
	2836200000	碳酸钠（纯碱）	9
	2836300000	碳酸氢钠（小苏打）	9

续表

章	商品代码	商品名称	提高到（%）
29章	2902300000	甲苯	13
	2902430000	对二甲苯	13
	2902440000	混合二甲苯异构体	13
	2902904000	4-(4'-烷基环已基)环已基乙烯	13
	2903399090	其他无环烃的氟化、溴化或碘化衍生物	13
	2903491012	二氟一氯甲烷	13
	2903693000	4-(4'-烷基苯基)-1-(4'-烷基苯基)-2-氟苯	13
	2905110000	甲醇	11
	2905130000	正丁醇	13
	2905161000	正辛醇	13
	2907111000	苯酚	13
	2910100000	环氧乙烷	13
	2914110000	丙酮〔二甲基甲酮、二甲酮、醋酮、木酮〕	13
	2914399090	其他不含其他含氧基的芳香酮	13
	2916130000	甲基丙烯酸及其盐	13
	2916140000	甲基丙烯酸酯	13
	2917120000	已二酸及其盐和酯	13
	2917361100	精对苯二甲酸〔白色针状结晶或粉末，密度1.510，主要技术指标为4-羧基苯甲醛（4-CBA）≤25PPM〕	13
	2922491010	安咪奈丁及其盐	13
	2922491090	其他氨基酸	13
	2926100000	丙烯腈〔即2-丙烯腈、乙烯基氰〕	13
	2926200000	1-氰基胍（双氰胺）	13
	2930400000	甲硫氨酸（蛋氨酸）	13
	2930909090	其他有机硫化合物	13
	2931000090	其他有机-无机化合物	13
	2934200090	其他含一个苯并噻唑环系的化合物	13
32章	3213100000	成套的颜料〔艺术家，学生和广告美工用的〕	13
	3213900000	非成套颜料、调色料及类似品〔片状、管装、罐装、瓶装、扁盒装等类似形状或包装的〕	13
	3215901000	书写墨水〔不论是否固体或浓缩〕	13
	3215909000	绘图墨水及其他墨类〔不论是否固体或浓缩〕	13
33章	3301250000	其他薄荷油〔包括浸膏及净油〕	13
	3303000000-3304990010	香水及花露水等	13
	3304990099	其他美容品或化妆品	13
	3305100090-3305900000	其他洗发剂等	13
	3306101090	其他牙膏	13
	3307100000	剃须用制剂	13
	3307200000	人体除臭剂及止汗剂	13
	3307300000	香浴盐及其他沐浴用制剂	13
	3307900000	其他编号未列名的芳香料制品〔包括化妆盥洗品〕	13
34章	3401110000-3402900090	盥洗用皂及有机表面活性产品等	13
	3406000090	其他各种蜡烛及类似品	13
38章	3810100000	金属表面酸洗剂焊粉或焊膏〔金属及其他材料制成的焊粉或焊膏〕	13
	3812100000	配制的橡胶促进剂	13
	3818001100	7.5cm≤直径≤15.24cm单晶硅片〔经掺杂用于电子工业的〕	13

续表

章	商品代码	商品名称	提高到（%）
38 章	3818001900	直径 >15.24cm 的单晶硅片〔经掺杂用于电子工业的〕	13
	3818009000	其他经掺杂用于工业的晶体切片〔包括经掺杂用于电子工业的化学元素及化合物〕	13
	3823110000	硬脂酸	13
	3824401000	高效减水剂	13
	3824780000	含甲、乙或丙烷的全氟烃（PFCs）或氢氟烃（HFCs）混合物〔但不含甲烷、乙烷或丙烷的全氯氟烃（CFCs）或氢氯氟烃（HCFCs）的混合物〕	13
	3824909904	水解物或水解料、DMC〔六甲基环三硅氧烷，八甲基环四硅氧烷，十甲基环五硅氧烷，十二甲基环六硅氧烷中任何 2 种，3 种或 4 种组成的混合物〕	13
39 章	3901100001	初级形状比重 <0.94 的聚乙烯〔进口 CIF 价高于 3500 美元/吨〕	13
	3901100090	初级形状比重 <0.94 的聚乙烯〔进口到岸价格不超过 3500 美元/吨〕	13
	3901200001	初级形状比重≥0.94 的聚乙烯〔进口 CIF 价高于 3500 美元/吨〕	13
	3901200090	初级形状比重≥0.94 的聚乙烯〔进口 CIF 价不超过 3500 美元/吨〕	13
	3901902000	线型低密度聚乙烯〔初级形状的〕	13
	3901909000	其他初级形状的乙烯聚合物	11
	3902100010	电工级初级形状聚丙烯树脂〔灰分含量不大于 30ppm〕	13
	3902100090	其他初级形状的聚丙烯	13
	3903301000	改性的丙烯腈－丁二烯－苯乙烯共聚物〔初级形状的 ABS 树脂〕	13
	3904101000	聚氯乙烯糊树脂〔纯指未掺其他物质〕	13
	3904109001	聚氯乙烯纯粉〔纯指未掺其他物质〕	13
	3904109090	其他初级形状的纯聚氯乙烯（纯指未掺其他物质）	13
	3904210000	初级形状未塑化的聚氯乙烯	13
	3904220000	初级形状已塑化的聚氯乙烯	13
	3904610000	初级形状的聚四氟乙烯	13
	3904690000	初级形状的其他氟聚合物	13
	3906100000	初级形状的聚甲基丙烯酸甲酯	13
	3906909090	其他初级形状的丙烯酸聚合物	13
	3907101000	初级形状的聚甲醛	11
	3907209000	初级形状的其他聚醚	13
	3907400000	初级形状的聚碳酸酯	13
	3907601100	高粘度聚对苯二甲酸乙二酯切片	13
	3907601900	其他聚对苯二甲酸乙二酯切片	11
	3907609000	其他初级形状聚对苯二甲酸乙二酯	13
	3907991001	未经增强或改性的初级形状 PBT 树脂	13
	3907991090	其他聚对苯二甲酸丁二酯	13
	3908101100	聚酰胺－6，6 切片	13
	3908101910	尼龙 11、尼龙 12 切片〔即聚酰胺－11；－12 切片〕	13
	3908101990	聚酰胺－6 切片等〔包括聚酰胺－6，9；－6，10；6，12〕	13
	3909500000	初级形状的聚氨基甲酸酯	13
	3910000000	初级形状的聚硅氧烷	13
	3911900004	聚苯硫醚	13
	3911900090	其他初级形状的多硫化物、聚砜等〔等包括本章注释三所规定的其他编号未列名产品〕	13
	3913900090	初级形状的其他未列名天然聚合物〔包括改性天然聚合物（如硬化蛋白）〕	13

续表

章	商品代码	商品名称	提高到（%）
39章	3916100000－3920101000	乙烯聚合物制单丝，条，杆及型材等	11
	3920109090	其他非泡沫乙烯聚合物板，片，膜，箔及扁条〔未用其他材料强化，层压，支撑或用类似方法合制，非农用〕	11
	3920201000	丙烯聚合物制电池隔膜	11
	3920300000	非泡沫苯乙烯聚合物板，片，膜，箔及扁条〔未用其他材料强化，层压，支撑或用类似方法合制〕	11
	3920510000	聚甲基丙烯酸甲酯板片膜箔及扁条〔非泡沫料的，未用其他材料强化，层压，支撑〕	11
	3920610000－3922100000	聚碳酸酯制板，片，膜，箔，扁条等	11
	3922200090－3926909090	其他塑料马桶座圈及盖等	11
40章	4002191100	初级形状未经任何加工丁苯橡胶〔胶乳除外〕	13
	4002991100	其他初级形状的合成橡胶	13
	4003000000	初级形状或板、片、带状再生橡胶	13
	4011500000	自行车用新的充气橡胶轮胎	13
	4013200000	自行车用橡胶内胎	13
	4015110000	硫化橡胶制外科用手套〔硬化橡胶的除外〕	13
	4015190000	硫化橡胶制其他手套〔硬化橡胶的除外〕	13
42章	4201000090	各种材料制成的鞍具及挽具〔野生动物材料制的除外；适合各种动物用〕	13
	4203100090	皮革或再生皮革制的衣服〔野生动物皮革制作的除外〕	13
	4203210090	皮革或再生皮革制专供运动用手套〔包括连指或露指的；野生动物皮革制作的除外〕	13
	4203291090	皮革或再生皮革制的劳保手套〔野生动物皮革制作的除外〕	13
	4203299090	皮革或再生皮革制的其他手套〔包括连指或露指的〕	13
	4203301090	其他动物皮革制的腰带〔包括再生动物皮革制作的〕	13
	4203302090	其他动物皮革制的子弹带〔包括再生动物皮革制作的〕	13
	4203400090	皮革或再生皮革制的其他衣着附件	13
	4205001090	其他动物皮革制的坐具套〔包括再生皮革制作的〕	13
	4205002090	其他工业用皮革或再生皮革制品〔工业用指机器，机械器具或其他专门技术用途的〕	13
	4205009020	皮革或再生皮革制宠物用品	13
	4205009090	皮革或再生皮革的其他制品	13
43章	4303101090	其他毛皮衣服	13
	4303102090	其他毛皮衣着附件	13
	4303900090	其他毛皮制物品	13
	4304001000	人造毛皮	13
	4304002000	人造毛皮制品	13
44章	4414009090	其他木制的画框，相框，镜框及类似品	11
	4420109090	其他木制小雕像及其他装饰品	11
	4420901090	镶嵌木	11
	4421909090	未列名的木制品	11
48章	4802100000	手工制纸及纸板	13
	4814200000	用塑料涂面或盖面的壁纸及类似品〔包括起纹，压花，着色，印制图案或经其他装饰〕	13
	4817100000	信封	13
	4817200000	封缄信片，素色明信片及通信卡片	13

续表

章	商品代码	商品名称	提高到（%）
48 章	4817300000	纸或纸板制的盒子，袋子及夹子〔内装各种纸制文具的〕	13
	4818400000 - 4823700000	纸卫生巾及类似的卫生用品等	13
	4823902000	神纸及类似用品	13
	4823903000	纸扇	13
	4823909000	其他纸及纸制品〔包括纤维素絮纸及纤维素纤维网纸制的其他物品〕	13
50 章	5004000000 - 5007909099	丝纱线等	16
51 章	5106100000 - 5108101100	毛纱线及其机织物	16
	5108101990	非供零售用粗梳其他动物细毛纱线〔按重量计其他动物细毛含量≥85%〕	16
	5108109090	非供零售用粗梳其他动物细毛纱线〔按重量计其他粗梳动物细毛含量<85%〕	16
	5108201100	非供零售用精梳山羊绒纱线〔按重量计山羊绒含量≥85%〕	16
	5108201990	非供零售用精梳其他动物细毛纱线〔按重量计其他动物细毛含量≥85%〕	16
	5108209090	非供零售用精梳其他动物细毛纱线〔按重量计其他精梳动物细毛含量<85%〕	16
	5109101100 - 5109909000	羊毛纱线等	16
	5110000090 - 5113000000	毛纱线及其机织物	16
52 章	5204110000 - 5212250090	棉纱、棉机织物	16
53 章	5306100000 - 5311009099	其他植物纺织品	16
54 章	全部税号	化纤长丝	16
55 章	全部税号	化纤短纤	16
56 章	全部税号	絮胎及无纺织物等	16
57 章	全部税号	地毯及纺织材料的其他铺地制品	16
58 章	全部税号	特种机织物等	16
59 章	全部税号	涂布等工业用纺织制品	16
60 章	全部税号	针织物及钩编织物	16
61 章	全部税号	针织物及钩编的服装等	16
62 章	全部税号	非针织物或非钩编的服装等	16
63 章	6301100000 - 6308000090	其他纺织制成品等	16
	6310100010 - 6310900090	其他纺织制成品等	16
69 章	6903900000 - 6908900000	其他耐火陶瓷制品等	9
	6909900000	农业，运输或盛装货物用陶瓷容器	9
	6910100000	瓷制脸盆，浴缸及类似卫生器具〔包括洗涤槽，抽水马桶，小便池等〕	9
	6910900000	陶制脸盆，浴缸及类似卫生器具〔包括洗涤槽，抽水马桶，小便池等〕	9
	6911101000 - 6913900000	瓷餐具等	13
	6914100000	其他瓷制品	9
	6914900000	其他陶制品	9
70 章	7002320000	其他未加工的玻璃管〔0 - 300℃时线膨胀系数小于 5×10^{-6}/开尔文的玻璃制品〕	11
	7002390001	光通信用微光组建的玻璃毛细管、定位管〔外径小于 3mm〕	11
	7002390090	未列名、未加工的玻璃管	11
	7009100000 - 7010909000	车辆后视镜等	11
	7011201000	显像管玻壳及其零件〔未装有配件〕	13
	7015101000	视力矫正眼镜用变色镜片坯件〔未经光学加工的〕	11

续表

章	商品代码	商品名称	提高到（%）
70章	7015109000	其他视力矫正眼镜用镜片坯件〔未经光学加工的〕	11
	7015902000	平光变色镜片坯件〔未经光学加工的〕	11
	7017100000	实验室，卫生及配药用玻璃器〔熔凝石英或熔凝硅石制，不论有无刻度或标量〕	11
	7017200000	其他玻璃制实验室等用玻璃器〔0－300℃时线膨胀系数≤5×10^{-6}/开尔文的玻璃制〕	11
	7017900000	其他实验室，卫生及配药用玻璃器	11
	7019900000	其他玻璃纤维及其制品	13
	7020009100	保温瓶或其他保温容器用玻璃胆	11
71章	7117110000	贱金属制袖扣、饰扣〔不论是否镀贵金属〕	9
	7117190000	其他贱金属制仿首饰	9
	7117900000	未列名材料制仿首饰	9
72章	7209159000－7210900000	其他厚度≥3mm的冷轧卷材等	13
	7219110000	厚度>10mm热轧不锈钢卷板〔除热轧外未经进一步加工宽度≥600mm〕	13
	7219120000	4.75mm≤厚≤10mm热轧不锈钢卷板〔除热轧外未经进一步加工宽度≥600mm〕	13
	7219131900	3mm≤厚<4.75mm未经酸洗的其他热轧不锈钢卷板〔除热轧外未经进一步加工宽度≥600mm〕	13
	7219132900	3mm≤厚<4.75mm经酸洗的其他热轧不锈钢卷板〔除热轧外未经进一步加工宽度≥600mm〕	13
	7219141900	厚度<3mm未经酸洗的其他热轧不锈钢卷板〔除热轧外未经进一步加工宽度≥600mm〕	13
	7219142900－7219900000	厚度<3mm经酸洗的其他热轧不锈钢卷板等	13
	7221000000	不锈钢热轧条、杆〔不规则盘卷的不锈钢热轧条杆〕	13
	7225110000	取向性硅电钢宽板〔宽≥600mm〕	13
	7225190000	其他硅电钢宽板〔宽≥600mm〕	13
	7225400000	宽≥600mm热轧其他合金钢材〔除热轧外未经进一步加工〕	13
	7225500000	宽度≥600mm冷轧其他合金钢板材〔除冷轧外未经进一步加工〕	13
	7226110000	取向性硅电钢窄板〔宽<600mm〕	13
	7226190000	其他硅电钢窄板〔宽<600mm〕	13
	7228100000	其他高速钢的条、杆	13
	7228300000	其他合金钢热加工条、杆〔除热轧，热拉拔或热挤压外未经进一步加工的〕	13
	7228400000	其他合金钢锻造条、杆〔除锻造外未经进一步加工的〕	13
	7228500000	其他合金钢冷成形或冷加工条、杆〔除冷成形或冷加工外未进一步加工〕	13
	7228800000	其他合金钢空心钻钢〔包括非合金钢〕	13
	7229901000	高速钢丝	13
73章	7304419000	冷轧的不锈钢制的其他无缝管〔令拔或冷轧的〕	13
	7304491000	非冷轧（拔）不锈钢制无缝锅炉管〔包括内螺纹〕	13
	7306301100	其他铁或非合金钢圆形截面焊缝管外径≤10mm，壁厚≤0.7mm〔细焊缝管指外径不超过406.4mm〕	13
	7315111000	自行车滚子链	9
	7316000000	钢铁锚、多爪锚及其零件	9
	7321110000	可使用气体燃料的家用炉灶	9
	7321129000	其他使用液体燃料的家用炉灶	9
	7321190000	其他炊事器具及加热板，包括使用固体燃料的	9

续表

章	商品代码	商品名称	提高到（%）
73 章	7323910000 - 7324900000	餐桌、厨房等家用铸铁制器具等	9
74 章	7409111000 - 7409900000	成卷的精炼铜板、片、带等	9
	7410110001	覆铜板及印刷线路板用铜箔〔厚度≤0.15mm〕	13
	7410110090	其他无衬背的精炼铜箔〔厚度≤0.15mm〕	13
	7410121000	无衬背铜镍合金箔或铜镍锌合金箔〔厚度≤0.15mm〕	13
	7410129000	无衬背的其他铜合金箔〔厚度≤0.15mm〕	13
	7410211000	有衬背的精炼铜制印刷电路用覆铜板〔厚度（衬背除外）≤0.15mm〕	17
	7410219000	有衬背的其他精炼铜箔〔厚度（衬背除外）≤0.15mm〕	13
	7410221000	有衬背铜镍合金箔或铜镍锌合金箔〔厚度（衬背除外）≤0.15mm〕	13
	7410229000	有衬背的其他铜合金箔〔厚度（衬背除外）≤0.15mm〕	13
	7411101900 - 7411290000	外径≤25mm 的其他精炼铜管等	13
	7418110000 - 7418200000	擦锅器及洗刷擦光用的块垫、手套等	9
75 章	7505120000	合金镍条、杆、型材	13
	7505220000	合金镍丝	13
	7507120000	合金镍管	13
76 章	7604210000	铝合金制空心异型材	13
	7604299000	其他铝合金制型材、异型材	13
81 章	8103901900	其他钽丝	9
	8103909090	其他锻轧钽及其制品	9
	8108901010 - 8108909000	钛合金，实心圆柱体，包括锻件等	13
82 章	8202100000 - 8206000000	手工锯等	9
	8207130000	带金属陶瓷工作部件的凿岩工具〔包括钻探工具〕	13
	8207191000	带金刚石等工作部件的凿岩工具〔金刚石等包括立方氮化硼，本子目包括钻探工具〕	13
	8207199000	带其他材料工作部件的凿岩工具〔包括钻探工具〕	13
	8209000000	未装配的工具用金属陶瓷刀头〔包括板、杆、刀头及类似品〕	9
	8212100000	剃刀	9
	8212200000	安全剃刀片〔包括未分开的刀片条〕	9
	8212900000	剃刀零件	9
	8215990000	其他非成套的厨房或餐桌用具〔非成套货品，没镀贵金属的〕	9
83 章	8301100000	挂锁	9
	8301209000 - 8301700000	其他机动车用锁等	9
	8306291000	景泰蓝雕塑像及其他装饰品〔贱金属制〕	9
85 章	8504402000	不间断供电电源（UPS）	17
	8528721100	其他彩色的模拟电视接收机，带阴极射线显像管的	17
	8528721200	其他彩色的数字电视接收机，阴极射线显像管的	17
	8540110000	彩色阴极射线电视显像管〔包括视频监视器用阴极射线管〕	17
	8540911000	电视显像管零件	17
	8544700000	光缆	17
94 章	9403100000	办公室用金属家具	13
	9403200000	其他金属家具	13
	9404290000	其他材料制褥垫	16
	9404301090	其他羽毛或羽绒填充的睡袋	16
	9404309000	其他睡袋	16
	9404901090	其他羽绒和羽毛填充的其他寝具〔含类似品〕	16
	9404902090 - 9404909000	其他寝具	16

省财政厅　省国家税务局　省地方税务局转发《财政部　国家税务总局关于证券行业准备金支出企业所得税税前扣除有关问题的通知》的通知

2009年5月5日　鲁财税〔2009〕44号

各市财政局、国家税务局、地方税务局：

现将《财政部　国家税务总局关于证券行业准备金支出企业所得税税前扣除有关问题的通知》（财税〔2009〕33号）转发给你们，请认真贯彻执行。

附件：财政部　国家税务总局关于证券行业准备金支出企业所得税税前扣除有关问题的通知

附件：

财政部　国家税务总局关于证券行业准备金支出企业所得税税前扣除有关问题的通知

2009年4月9日　财税〔2009〕33号

各省、自治区、直辖市、计划单列市财政厅（局）、国家税务局、地方税务局，新疆生产建设兵团财务局：

根据《中华人民共和国企业所得税法》和《中华人民共和国企业所得税法实施条例》的有关规定，现就证券行业准备金支出企业所得税税前扣除有关政策问题明确如下：

一、证券类准备金

（一）证券交易所风险基金。

上海、深圳证券交易所依据《证券交易所风险基金管理暂行办法》（证监发〔2000〕22号）的有关规定，按证券交易所交易收取经手费的20%、会员年费的10%提取的证券交易所风险基金，在各基金净资产不超过10亿元的额度内，准予在企业所得税税前扣除。

（二）证券结算风险基金。

1. 中国证券登记结算公司所属上海分公司、深圳分公司依据《证券结算风险基金管理办法》（证监发〔2006〕65号）的有关规定，按证券登记结算公司业务收入的20%提取的证券结算风险基金，在各基金净资产不超过30亿元的额度内，准予在企业所得税税前扣除。

2. 证券公司依据《证券结算风险基金管理办法》（证监发〔2006〕65号）的有关规定，作为结算会员按人民币普通股和基金成交金额的十万分之三、国债现货成交金额的十万分之一、1天期国债回购成交额的千万分之五、2天期国债回购成交额的千万分之十、3天期国债回购成交额的千万分之十五、4天期国债回购成交额的千万分之二十、7天期国债回购成交额的千万分之五十、14天期国债回购成交额的十万分之一、28天期国债回购成交额的十万分之二、91天期国债回购成交额的十万分之六、182天期国债回购成交额的十万分之十二逐日交纳的证券结算风险基金，准予在企业所得税税前扣除。

（三）证券投资者保护基金。

1. 上海、深圳证券交易所依据《证券投资者保护基金管理办法》（证监会令第27号）的有关规定，在风险基金分别达到规定的上限后，按交易经手费的20%缴纳的证券投资者保护基金，准予在企业所得税税前扣除。

2. 证券公司依据《证券投资者保护基金管理办法》（证监会令第27号）的有关规定，按其营业收入0.5%～5%缴纳的证券投资者保护基金，准予在企业所得税税前扣除。

二、期货类准备金

（一）期货交易所风险准备金。

上海期货交易所、大连商品交易所、郑州商品交易所和中国金融期货交易所依据《期货交易管理条例》（国务院令第489号）、《期货交易所管理办法》（证监会令第42号）和《商品期货交易财务管理暂行规定》（财商字〔1997〕44号）的有关规定，分别按向会员收取手续费收入的20%计提的风险准备金，在风险准备金余额达到有关规定的额度内，准予在企业所得税税前扣除。

（二）期货公司风险准备金。

期货公司依据《期货公司管理办法》（证监会令第43号）和《商品期货交易财务管理暂行规定》（财商字〔1997〕44号）的有关规定，从其收取的交易手续费收入减去应付期货交易所手续费后的净收入的5%提取的期货公司风险准备金，准予在企业所得税税前扣除。

（三）期货投资者保障基金。

1. 上海期货交易所、大连商品交易所、郑州商品交易所和中国金融期货交易所依据《期货投资者保障基金管理暂行办法》（证监会令第38号）的有关规定，按其向期货公司会员收取的交易手续费的3%缴纳的期货投资者保障基金，在基金总额达到有关规定的额度内，准予在企业所得税税前扣除。

2. 期货公司依据《期货投资者保障基金管理暂行办法》（证监会令第38号）的有关规定，从其收取的交易手续费中按照代理交易额的千万分之五至千万分之十的比例缴纳的期货投资者保障基金，在基金总额达到有关规定的额度内，准予在企业所得税税前扣除。

三、上述准备金如发生清算、退还，应按规定补征企业所得税。

四、本通知自2008年1月1日起至2010年12月31日止执行。

省财政厅　省国家税务局　省地方税务局转发《财政部　国家税务总局关于开采油（气）资源企业费用和有关固定资产折耗　摊销　折旧税务处理问题的通知》的通知

2009年5月11日　鲁财税〔2009〕46号

各市财政局、国家税务局、地方税务局：

现将《财政部　国家税务总局关于开采油（气）资源企业费用和有关固定资产折耗　摊销　折旧税务处理问题的通知》（财税〔2009〕49号）转发给你们，请认真贯彻执行。

附件：财政部　国家税务总局关于开采油（气）资源企业费用和有关固定资产折耗　摊销　折旧税务处理问题的通知

附件：

财政部 国家税务总局关于开采油（气）资源企业费用和有关固定资产折耗 摊销 折旧税务处理问题的通知

2009年4月12日 财税〔2009〕49号

各省、自治区、直辖市、计划单列市财政厅（局）、国家税务局、地方税务局，新疆生产建设兵团财务局：

根据《中华人民共和国企业所得税法实施条例》（国务院令第512号，以下简称《实施条例》）第六十一条的规定，现就从事开采石油、天然气（包括煤层气，下同）的矿产资源油气企业（以下简称油气企业）在开始商业性生产前发生的费用和有关固定资产的折耗、摊销、折旧方法通知如下：

一、本通知所称费用和有关固定资产，是指油气企业在开始商业性生产前取得矿区权益和勘探、开发的支出所形成的费用和固定资产。

本通知所称商业性生产，是指油（气）田（井）经过勘探、开发、稳定生产并商业销售石油、天然气的阶段。

二、关于矿区权益支出的折耗

（一）矿区权益支出，是指油气企业为了取得在矿区内的探矿权、采矿权、土地或海域使用权等所发生的各项支出，包括有偿取得各类矿区权益的使用费、相关中介费或其他可直接归属于矿区权益的合理支出。

（二）油气企业在开始商业性生产前发生的矿区权益支出，可在发生的当期，从本企业其他油（气）田收入中扣除；或者自对应的油（气）田开始商业性生产月份的次月起，分3年按直线法计提的折耗准予扣除。

（三）油气企业对其发生的矿区权益支出未选择在发生的当期扣除的，由于未发现商业性油（气）构造而终止作业，其尚未计提折耗的剩余部分，可在终止作业的当年作为损失扣除。

三、关于勘探支出的摊销

（一）勘探支出，是指油气企业为了识别勘探区域或探明油气储量而进行的地质调查、地球物理勘探、钻井勘探活动以及其他相关活动所发生的各项支出。

（二）油气企业在开始商业性生产前发生的勘探支出（不包括预计可形成资产的钻井勘探支出），可在发生的当期，从本企业其他油（气）田收入中扣除；或者自对应的油（气）田开始商业性生产月份的次月起，分3年按直线法计提的摊销准予扣除。

（三）油气企业对其发生的勘探支出未选择在发生的当期扣除的，由于未发现商业性油（气）构造而终止作业，其尚未摊销的剩余部分，可在终止作业的当年作为损失扣除。

（四）油气企业的钻井勘探支出，凡确定该井可作商业性生产，且该钻井勘探支出形成的资产符合《实施条例》第五十七条规定条件的，应当将该钻井勘探支出结转为开发资产的成本，按照本通知第四条的规定计提折旧。

四、关于开发资产的折旧

（一）开发支出，是指油气企业为了取得已探明矿区中的油气而建造或更新井及相关设施活动所发生的各项支出。

（二）油气企业在开始商业性生产之前发生的开发支出，可不分用途，全部累计作为开发资产的成本，自对应的油（气）田开始商业性生产月份的次月起，可不留残值，按直线法计提的折旧准予扣除，其最低折旧年限为8年。

（三）油气企业终止本油（气）田生产的，其开发资产尚未计提折旧的剩余部分可在该油（气）田终止生产的当年作为损失扣除。

五、油气企业应按照本通知规定选择有关费用和资产的折耗、摊销、折旧方法和年限，一经确定，不得变更。

六、油气企业在本油（气）田进入商业性生产之后对本油（气）田新发生的矿区权益、勘探支出、开发支出，按照本通知规定处理。

七、本通知自发布之日起实施。《实施条例》实施之日至本通知发布之日前，油气企业矿区权益、勘探、开发等费用和固定资产的折耗、摊销、折旧方法和年限事项按本通知规定处理。

《实施条例》实施之日前，油气企业矿区权益、勘探、开发等费用和固定资产已发生且开始摊销或计提的折耗、折旧，不做调整。对没有摊销完的费用和继续使用的矿区权益和有关固定资产，可以就其尚未摊销或计提折耗、折旧的余额，按本通知规定处理。

省财政厅　省国家税务局　省地方税务局转发《财政部　国家税务总局关于中国对外贸易运输（集团）总公司资产评估增值有关企业所得税问题的通知》的通知

2009 年 5 月 11 日　鲁财税〔2009〕47 号

各市财政局、国家税务局、地方税务局：

现将《财政部　国家税务总局关于中国对外贸易运输（集团）总公司资产评估增值有关企业所得税问题的通知》（财税〔2009〕56 号）转发给你们，请认真贯彻执行。

附件：财政部　国家税务总局关于中国对外贸易运输（集团）总公司资产评估增值有关企业所得税问题的通知

附件：

财政部　国家税务总局关于中国对外贸易运输（集团）总公司资产评估增值有关企业所得税问题的通知

2009 年 4 月 7 日　财税〔2009〕56 号

各省、自治区、直辖市、计划单列市财政厅（局）国家税务局、地方税务局，新疆生产建设兵团财务局：

根据国务院有关批示精神，现将中国对外贸易运输（集团）总公司（以下简称中外运集团）资产评估增值企业所得税政策明确如下：

对中外运集团实施集团资源整合中第一批改制企业资产评估增值 30679. 78 万元的部分，在资产转让发生时，按照规定在集团总部所在地缴纳企业所得税。中国外运股份有限公司及其子公司收购中外运集团第一批改制企业的资产，可按评估后的价值计提折旧或摊销，并在企业所得税前扣除。

请遵照执行。

省财政厅　省国家税务局　省地方税务局转发《财政部　国家税务总局关于企业资产损失税前扣除政策的通知》的通知

2009年5月11日　鲁财税〔2009〕48号

各市财政局、国家税务局、地方税务局：

现将《财政部　国家税务总局关于企业资产损失税前扣除政策的通知》（财税〔2009〕57号）转发给你们，请认真贯彻执行。

附件：财政部　国家税务总局关于企业资产损失税前扣除政策的通知

附件：

财政部　国家税务总局关于企业资产损失税前扣除政策的通知

2009年4月16日　财税〔2009〕57号

各省、自治区、直辖市、计划单列市财政厅（局）、国家税务局、地方税务局，新疆生产建设兵团财务局：

根据《中华人民共和国企业所得税法》和《中华人民共和国企业所得税法实施条例》（国务院令第512号）的有关规定，现就企业资产损失在计算企业所得税应纳税所得额时的扣除政策通知如下：

一、本通知所称资产损失，是指企业在生产经营活动中实际发生的、与取得应税收入有关的资产损失，包括现金损失，存款损失，坏账损失，贷款损失，股权投资损失，固定资产和存货的盘亏、毁损、报废、被盗损失，自然灾害等不可抗力因素造成的损失以及其他损失。

二、企业清查出的现金短缺减除责任人赔偿后的余额，作为现金损失在计算应纳税所得额时扣除。

三、企业将货币性资金存入法定具有吸收存款职能的机构，因该机构依法破产、清算，或者政府责令停业、关闭等原因，确实不能收回的部分，作为存款损失在计算应纳税所得额时扣除。

四、企业除贷款类债权外的应收、预付账款符合下列条件之一的，减除可收回金额后确认的无法收回的应收、预付款项，可以作为坏账损失在计算应纳税所得额时扣除：

（一）债务人依法宣告破产、关闭、解散、被撤销，或者被依法注销、吊销营业执照，其清算财产不足清偿的；

（二）债务人死亡，或者依法被宣告失踪、死亡，其财产或者遗产不足清偿的；

（三）债务人逾期3年以上未清偿，且有确凿证据证明已无力清偿债务的；

（四）与债务人达成债务重组协议或法院批准破产重整计划后，无法追偿的；

（五）因自然灾害、战争等不可抗力导致无法收回的；

（六）国务院财政、税务主管部门规定的其他条件。

五、企业经采取所有可能的措施和实施必要的程序之后，符合下列条件之一的贷款类债权，可以作为贷款损失在计算应纳税所得额时扣除：

（一）借款人和担保人依法宣告破产、关闭、解散、被撤销，并终止法人资格，或者已完全停止经营活动，被依法注销、吊销营业执照，对借款人和担保人进行追偿后，未能收回的债权；

（二）借款人死亡，或者依法被宣告失踪、死亡，依法对其财产或者遗产进行清偿，并对担保人进行追偿后，未能收回的债权；

（三）借款人遭受重大自然灾害或者意外事故，损失巨大且不能获得保险补偿，或者以保险赔偿后，确实无力偿还部分或者全部债务，对借款人财产进行清偿和对担保人进行追偿后，未能收回的债权；

（四）借款人触犯刑律，依法受到制裁，其财产不足归还所借债务，又无其他债务承担者，经追偿后确实无法收回的债权；

（五）由于借款人和担保人不能偿还到期债务，企业诉诸法律，经法院对借款人和担保人强制执行，借款人和担保人均无财产可执行，法院裁定执行程序终结或终止（中止）后，仍无法收回的债权；

（六）由于借款人和担保人不能偿还到期债务，企业诉诸法律后，经法院调解或经债权人会议通过，与借款人和担保人达成和解协议或重整协议，在借款人和担保人履行完还款义务后，无法追偿的剩余债权；

（七）由于上述（一）至（六）项原因借款人不能偿还到期债务，企业依法取得抵债资产，抵债金额小于贷款本息的差额，经追偿后仍无法收回的债权；

（八）开立信用证、办理承兑汇票、开具保函等发生垫款时，凡开证申请人和保证人由于上述（一）至（七）项原因，无法偿还垫款，金融企业经追偿后仍无法收回的垫款；

（九）银行卡持卡人和担保人由于上述（一）至（七）项原因，未能还清透支款项，金融企业经追偿后仍无法收回的透支款项；

（十）助学贷款逾期后，在金融企业确定的有效追索期限内，依法处置助学贷款抵押物（质押物），并向担保人追索连带责任后，仍无法收回的贷款；

（十一）经国务院专案批准核销的贷款类债权；

（十二）国务院财政、税务主管部门规定的其他条件。

六、企业的股权投资符合下列条件之一的，减除可收回金额后确认的无法收回的股权投资，可以作为股权投资损失在计算应纳税所得额时扣除：

（一）被投资方依法宣告破产、关闭、解散、被撤销，或者被依法注销、吊销营业执照的；

（二）被投资方财务状况严重恶化，累计发生巨额亏损，已连续停止经营3年以上，且无重新恢复经营改组计划的；

（三）对被投资方不具有控制权，投资期限届满或者投资期限已超过10年，且被投资单位因连续3年经营亏损导致资不抵债的；

（四）被投资方财务状况严重恶化，累计发生巨额亏损，已完成清算或清算期超过3年以上的；

（五）国务院财政、税务主管部门规定的其他条件。

七、对企业盘亏的固定资产或存货，以该固定资产的账面净值或存货的成本减除责任人赔偿后的余额，作为固定资产或存货盘亏损失在计算应纳税所得额时扣除。

八、对企业毁损、报废的固定资产或存货，以该固定资产的账面净值或存货的成本减除残值、保险赔款和责任人赔偿后的余额，作为固定资产或存货毁损、报废损失在计算应纳税所得额时扣除。

九、对企业被盗的固定资产或存货，以该固定资产的账面净值或存货的成本减除保险赔款和责任人赔偿后的余额，作为固定资产或存货被盗损失在计算应纳税所得额时扣除。

十、企业因存货盘亏、毁损、报废、被盗等原因不得从增值税销项税额中抵扣的进项税额，可以与存货损失一起在计算应纳税所得额时扣除。

十一、企业在计算应纳税所得额时已经扣除的资产损失，在以后纳税年度全部或者部分收回时，其收回部分应当作为收入计入收回当期的应纳税所得额。

十二、企业境内、境外营业机构发生的资产损失应分开核算，对境外营业机构由于发生资产损失而产生的亏损，不得在计算境内应纳税所得额时扣除。

十三、企业对其扣除的各项资产损失，应当提供能够证明资产损失确属已实际发生的合法证据，包括具有法律效力的外部证据、具有法定资质的中介机构的经济鉴证证明、具有法定资质的专业机构的技术鉴定证明等。

十四、本通知自2008年1月1日起执行。

省财政厅　省国家税务局　省地方税务局转发《财政部国家税务总局关于文化体制改革中经营性文化事业单位转制为企业的若干税收政策问题的通知》的通知

2009年5月12日　鲁财税〔2009〕49号

各市财政局、国家税务局、地方税务局：

现将《财政部　国家税务总局关于文化体制改革中经营性文化事业单位转制为企业的若干税收政策问题的通知》（财税〔2009〕34号）转发给你们，请认真贯彻执行。

附件：财政部　国家税务总局关于文化体制改革中经营性文化事业单位转制为企业的若干税收政策问题的通知

附件：

财政部　国家税务总局关于文化体制改革中经营性文化事业单位转制为企业的若干税收政策问题的通知

2009年3月26日　财税〔2009〕34号

各省、自治区、直辖市财政厅（局）、国家税务局、地方税务局，新疆生产建设兵团财务局：

为了贯彻落实《国务院办公厅关于印发文化体制改革中经营性文化事业单位转制为企业和支持文化企业发展两个规定的通知》（国办发〔2008〕114号），进一步推动文化体制改革，促进文化企业发展，现就经营性文化事业单位转制为企业的税收政策问题通知如下：

一、经营性文化事业单位转制为企业，自转制注册之日起免征企业所得税。

二、由财政部门拨付事业经费的文化单位转制为企业，自转制注册之日起对其自用房产免征房产税。

三、党报、党刊将其发行、印刷业务及相应的经营性资产剥离组建的文化企业，自注册之日起所取得的党报、党刊发行收入和印刷收入免征增值税。

四、对经营性文化事业单位转制中资产评估增值涉及的企业所得税，以及资产划转或转让涉及的增值税、营业税、城建税等给予适当的优惠政策，具体优惠政策由财政部、国家税务总局根据转制方案确定。

五、本通知所称经营性文化事业单位是指从事新闻出版、广播影视和文化艺术的事业单位；转制包括文化事业单位整体转为企业和文化事业单位中经营部分剥离转为企业。

六、本通知适用于文化体制改革地区的所有转制文化单位和不在文化体制改革地区的转制企业。有关名单由中央文化体制改革工作领导小组办公室提供，财政部、国家税务总局发布。

本通知执行期限为2009年1月1日至2013年12月31日。

省财政厅　中华人民共和国青岛海关　省国家税务局　省地方税务局转发《财政部　海关总署　国家税务总局关于支持文化企业发展若干税收政策问题的通知》的通知

2009年5月12日　鲁财税〔2009〕50号

各市财政局、国家税务局、地方税务局、隶属海关：

现将《财政部　海关总署　国家税务总局关于支持文化企业发展若干税收政策问题的通知》（财税〔2009〕31号）转发给你们，请认真贯彻执行。

附件：财政部　海关总署　国家税务总局关于支持文化企业发展若干税收政策问题的通知

附件：

财政部　海关总署　国家税务总局关于支持文化企业发展若干税收政策问题的通知

2009年3月27日　财税〔2009〕31号

各省、自治区、直辖市财政厅（局）、国家税务局、地方税务局，新疆生产建设兵团财务局，海关总署广东分署，天津、上海特派办，各直属海关：

根据《国务院办公厅关于印发文化体制改革中经营性文化事业单位转制为企业和支持文化企业发展两个规定的通知》（国办发〔2008〕114号）有关精神，现就文化企业的税收政策问题通知如下：

一、广播电影电视行政主管部门（包括中央、省、地市及县级）按照各自职能权限批准从事电影制片、发行、放映的电影集团公司（含成员企业）、电影制片厂及其他电影企业取得的销售电影拷贝收入、转让电影版权收入、电影发行收入以及在农村取得的电影放映收入免征增值税和营业税。

二、2010年底前，广播电视运营服务企业按规定收取的有线数字电视基本收视维护费，经省级人民政府同意并报财政部、国家税务总局批准，免征营业税，期限不超过3年。

三、出口图书、报纸、期刊、音像制品、电子出版物、电影和电视完成片按规定享受增值税出口退税政策。

四、文化企业在境外演出从境外取得的收入免征营业税。

五、在文化产业支撑技术等领域内，依据《关于印发〈高新技术企业认定管理办法〉的通知》（国科发火〔2008〕172号）和《关于印发〈高新技术企业认定管理工作指引〉的通知》（国科发火〔2008〕362号）的规定认定的高新技术企业，减按15%的税率征收企业所得税；文化企业开发新技术、新产品、新工艺发生的研究开发费用，允许按国家税法规定在计算应纳税所得额时加计扣除。文化产业支撑技术等领域的具体范围由科技部、财政部、国家税务总局和中宣部另行发文明确。

六、出版、发行企业库存呆滞出版物，纸质图书超过五年（包括出版当年，下同）、音像制品、电子出版物和投影片（含缩微制品）超过两年、纸质期刊和挂历年画等超过一年的，可以作为财产损失在税前据实扣除。已作为财产损失税前扣除的呆滞出版物，以后年度处置的，其处置收入应纳入处置当年的应税收入。

七、为生产重点文化产品而进口国内不能生产的自用设备及配套件、备件等，按现行税收政策有关规定，免征进口关税。

八、对2008年12月31日前新办文化企业，其企业所得税优惠政策可以按照《财政部　海关总署　国家税务总局关于文化体制改革试点中支持文化产业发展若干税收政策问题的通知》（财税〔2005〕2号）规定执行到期。

九、本通知适用于所有文化企业。文化企业是指从事新闻出版、广播影视和文化艺术的企业。文化企业具体范围见附件。

除上述条款中有明确期限规定者外，上述税收优惠政策执行期限为2009年1月1日至2013年12月31日。

附件：文化企业的具体范围

附件：

文化企业的具体范围

1. 文艺表演团体；
2. 文化、艺术、演出经纪企业；
3. 从事新闻出版、广播影视和文化艺术展览的企业；
4. 从事演出活动的剧场（院）、音乐厅等专业演出场所；
5. 经国家文化行政主管部门许可设立的文物商店；
6. 从事动画、漫画创作、出版和生产以及动画片制作、发行的企业；
7. 从事广播电视（含付费和数字广播电视）节目制作、发行的企业，从事广播影视节目及电影出口贸易的企业；
8. 从事电影（含数字电影）制作、洗印、发行、放映的企业；
9. 从事付费广播电视频道经营、节目集成播出推广以及接入服务推广的企业；
10. 从事广播电影电视有线、无线、卫星传输的企业；
11. 从事移动电视、手机电视、网络电视、视频点播等视听节目业务的企业；
12. 从事与文化艺术、广播影视、出版物相关的知识产权自主开发和转让的企业；从事著作权代理、贸易的企业；
13. 经国家行政主管部门许可从事网络图书、网络报纸、网络期刊、网络音像制品、网络电子出版物、网络游戏软件、网络美术作品、网络视听产品开发和运营的企业；以互联网为手段的出版物销售企业；
14. 从事出版物、影视、剧目作品、音乐、美术作品及其他文化资源数字化加工的企业；
15. 图书、报纸、期刊、音像制品、电子出版物出版企业；
16. 出版物物流配送企业，经国家行政主管部门许可设立的全国或区域出版物发行连锁经营企业、出版物进出口贸易企业、建立在县及县以下以零售为主的出版物发行企业；
17. 经新闻出版行政主管部门许可设立的只读类光盘复制企业、可录类光盘生产企业；
18. 采用数字化印刷技术、电脑直接制版技术（CTP）、高速全自动多色印刷机、高速书刊装订联动线等高新技术和装备的图书、报纸、期刊、音像制品、电子出版物印刷企业。

省财政厅　省国家税务局　省地方税务局转发《财政部国家税务总局关于延长下岗失业人员再就业有关税收政策的通知》的通知

2009 年 5 月 15 日　鲁财税〔2009〕51 号

各市财政局、国家税务局、地方税务局：

现将《财政部　国家税务总局关于延长下岗失业人员再就业有关税收政策的通知》（财税〔2009〕23 号）转发给你们，并提出以下贯彻意见，请遵照执行。

为促进我省下岗失业人员再就业，经省政府批准，决定对我省符合条件的企业在新增加的岗位中，当年新招用持《再就业优惠证》人员，与其签订 1 年以上期限劳动合同并缴纳社会保险费的，3 年内按实际招用人数每人每年 4800 元的定额标准，依次扣减营业税、城市维护建设税、教育费附加和企业所得税。

附件：财政部　国家税务总局关于延长下岗失业人员再就业有关税收政策的通知

附件：

财政部　国家税务总局关于延长下岗失业人员再就业有关税收政策的通知

2009 年 3 月 3 日　财税〔2009〕23 号

各省、自治区、直辖市、计划单列市财政厅（局）、国家税务局、地方税务局，新疆生产建设兵团财务局：

为进一步促进下岗失业人员再就业，根据《国务院关于做好当前经济形势下就业工作的通知》（国发〔2009〕4 号）精神，现就延长下岗失业人员再就业有关税收政策问题通知如下：

一、对持《再就业优惠证》人员从事个体经营的，3 年内按每户每年 8000 元为限额依次扣减其当年实际应缴纳的营业税、城市维护建设税、教育费附加和个人所得税。

二、对符合条件的企业在新增加的岗位中，当年新招用持《再就业优惠证》人员，与其签订 1 年以上期限劳动合同并缴纳社会保险费的，3 年内按实际招用人数予以定额依次扣减营业税、城市维护建设税、教育费附加和企业所得税。定额标准为每人每年 4000 元，可上下浮动 20%。由各省、自治区、直辖市人民政府根据本地区实际情况在此幅度内确定具体定额标准，并报财政部和国家税务总局备案。

三、上述税收优惠政策的审批期限为 2009 年 1 月 1 日至 2009 年 12 月 31 日。具体操作办法继续按照《财政部　国家税务总局关于下岗失业人员再就业有关税收政策问题的通知》（财税〔2005〕186 号）和《国家税务总局　劳动和社会保障部关于下岗失业人员再就业有关税收政策具体实施意见的通知》（国税发〔2006〕8 号）的相关规定执行。

请遵照执行。

省财政厅 省国家税务局 省地方税务局转发《财政部 国家税务总局关于中国冶金科工集团公司重组改制上市资产评估增值有关企业所得税政策问题的通知》的通知

2009年5月15日 鲁财税〔2009〕52号

各市财政局、国家税务局、地方税务局：

现将《财政部 国家税务总局关于中国冶金科工集团公司重组改制上市资产评估增值有关企业所得税政策问题的通知》（财税〔2009〕47号）转发给你们，请认真贯彻执行。

附件：财政部 国家税务总局关于中国冶金科工集团公司重组改制上市资产评估增值有关企业所得税政策问题的通知

附件：

财政部 国家税务总局关于中国冶金科工集团公司重组改制上市资产评估增值有关企业所得税政策问题的通知

2009年4月20日 财税〔2009〕47号

各省、自治区、直辖市、计划单列市财政厅（局）、国家税务局、地方税务局：

为支持中国冶金科工集团公司重组改制上市工作，经国务院批准，现对其重组改制上市过程中资产评估增值涉及的企业所得税政策问题明确如下：

一、中国冶金科工集团公司在重组改制上市过程中发生的资产评估增值2 129 385万元应缴纳的企业所得税不征收入库，直接转计中国冶金科工集团公司的国有资本金。

二、对上述经过评估的资产，中国冶金科工股份有限公司及其所属子公司可按评估后的资产价值计提折旧或摊销，并在企业所得税税前扣除。

请遵照执行。

省财政厅 省国家税务局 省地方税务局转发《财政部 国家税务总局关于保险公司准备金支出企业所得税税前扣除有关问题的通知》的通知

2009年5月15日 鲁财税〔2009〕53号

各市财政局、国家税务局、地方税务局：

现将《财政部 国家税务总局关于保险公司准备金支出企业所得税税前扣除有关问题的通知》（财税〔2009〕48号）转发给你们，请认真贯彻执行。

附件：财政部 国家税务总局关于保险公司准备金支出企业所得税税前扣除有关问题的通知

附件：

财政部 国家税务总局关于保险公司准备金支出企业所得税税前扣除有关问题的通知

2009年4月17日 财税〔2009〕48号

各省、自治区、直辖市、计划单列市财政厅（局）、国家税务局、地方税务局，新疆生产建设兵团财务局：

根据《中华人民共和国企业所得税法》和《中华人民共和国企业所得税法实施条例》（国务院令第512号）的有关规定，现就保险公司准备金支出企业所得税税前扣除有关问题明确如下：

一、保险公司按下列规定缴纳的保险保障基金，准予据实税前扣除：

1. 非投资型财产保险业务，不得超过保费收入的0.8%；投资型财产保险业务，有保证收益的，不得超过业务收入的0.08%，无保证收益的，不得超过业务收入的0.05%。

2. 有保证收益的人寿保险业务，不得超过业务收入的0.15%；无保证收益的人寿保险业务，不得超过业务收入的0.05%。

3. 短期健康保险业务，不得超过保费收入的0.8%；长期健康保险业务，不得超过保费收入的0.15%。

4. 非投资型意外伤害保险业务，不得超过保费收入的0.8%；投资型意外伤害保险业务，有保证收益的，不得超过业务收入的0.08%，无保证收益的，不得超过业务收入的0.05%。

保险保障基金，是指按照《中华人民共和国保险法》和《保险保障基金管理办法》（保监会、财政部、人民银行令2008年第2号）规定缴纳形成的，在规定情形下用于救助保单持有人、保单受让公司或者处置保险业风险的非政府性行业风险救助基金。

保费收入，是指投保人按照保险合同约定，向保险公司支付的保险费。

业务收入，是指投保人按照保险合同约定，为购买相应的保险产品支付给保险公司的全部金额。

非投资型财产保险业务，是指仅具有保险保障功能而不具有投资理财功能的财产保险业务。

投资型财产保险业务，是指兼具有保险保障与投资理财功能的财产保险业务。

有保证收益，是指保险产品在投资收益方面提供固定收益或最低收益保障。

无保证收益，是指保险产品在投资收益方面不提供收益保证，投保人承担全部投资风险。

二、保险公司有下列情形之一的，其缴纳的保险保障基金不得在税前扣除：

1. 财产保险公司的保险保障基金余额达到公司总资产6%的。

2. 人身保险公司的保险保障基金余额达到公司总资产1%的。

三、保险公司按规定提取的未到期责任准备金、寿险责任准备金、长期健康险责任准备金、未决赔款准备金，准予在税前扣除。

1. 未到期责任准备金、寿险责任准备金、长期健康险责任准备金依据精算师或出具专项审计报告的中介机构确定的金额提取。

未到期责任准备金，是指保险人为尚未终止的非寿险保险责任提取的准备金。

寿险责任准备金，是指保险人为尚未终止的人寿保险责任提取的准备金。

长期健康险责任准备金，是指保险人为尚未终止的长期健康保险责任提取的准备金。

2. 未决赔款准备金分已发生已报案未决赔款准备金、已发生未报案未决赔款准备金和理赔费用准备金。已发生已报案未决赔款准备金，按最高不超过当期已经提出的保险赔款或者给付金额的100%提取；

已发生未报案未决赔款准备金按不超过当年实际赔款支出额的8%提取。

未决赔款准备金，是指保险人为非寿险保险事故已发生尚未结案的赔案提取的准备金。

已发生已报案未决赔款准备金，是指保险人为非寿险保险事故已经发生并已向保险人提出索赔、尚未结案的赔案提取的准备金。

已发生未报案未决赔款准备金，是指保险人为非寿险保险事故已经发生、尚未向保险人提出索赔的赔案提取的准备金。

理赔费用准备金，是指保险人为非寿险保险事故已发生尚未结案的赔案可能发生的律师费、诉讼费、损失检验费、相关理赔人员薪酬等费用提取的准备金。

四、保险公司实际发生的各种保险赔款、给付，应首先冲抵按规定提取的准备金，不足冲抵部分，准予在当年税前扣除。

五、本通知自2008年1月1日至2010年12月31日执行。

省财政厅　省国家税务局转发《财政部　国家税务总局关于调整对外修理修配飞机免抵退税政策的通知》的通知

2009年5月12日　鲁财税〔2009〕54号

各市财政局、国家税务局：

现将《财政部　国家税务总局关于调整对外修理修配飞机免抵退税政策的通知》（财税〔2009〕54号）转发给你们，请认真贯彻执行。

附件：财政部　国家税务总局关于调整对外修理修配飞机免抵退税政策的通知

附件：

财政部　国家税务总局关于调整对外修理修配飞机免抵退税政策的通知

2009年4月21日　财税〔2009〕54号

各省、自治区、直辖市、计划单列市财政厅（局）、国家税务局，新疆生产建设兵团财务局：

近来接到一些地区请示，要求明确对外修理修配飞机相关税收问题。经研究，现通知如下：

一、企业承接对外修理修配飞机业务，按照《财政部　国家税务总局关于进一步推进出口货物实行免抵退税办法的通知》（财税〔2002〕7号）有关规定实行免、抵、退税办法。

二、承接对外修理修配飞机业务的企业，以出口发票上的实际收入为准计算免、抵、退税额。凡使用保税进口料件的，企业须如实申报对外修理修配飞机收入中所耗用的保税进口料件金额，并在计算免、抵、退税额时作相应扣减。

三、承接对外修理修配飞机业务的企业申报免、抵、退税时，须向主管税务机关提供海关签发的以修理物品贸易方式报关出口的出口货物报关单（复印件）、对外修理修配合同、出口发票、维修工作单、外汇收入凭证及主管税务机关规定的其他凭证。

四、出口发票不能如实反映实际收入的，企业须按有关规定向主管税务机关申报实际收入。企业未如实申报实际收入的，主管税务机关应依照《中华人民共和国税收征收管理法》、《中华人民共和国增值税暂行条例》等有关规定核定企业实际销售收入。

五、税务机关要定期检查企业的免、抵、退税申报情况。企业未能及时、准确申报保税进口料件使用情况的，税务机关要依据有关法律法规的规定进行处理。

六、各地税务机关可结合本地实际情况制定具体管理操作规程。其他事项按现行有关规定执行。

省财政厅　省地方税务局转发《财政部国家税务总局关于上市公司高管人员股票期权所得缴纳个人所得税有关问题的通知》的通知

2009 年 5 月 25 日　鲁财税〔2009〕57 号

各市财政局、地方税务局：

现将《财政部　国家税务总局关于上市公司高管人员股票期权所得缴纳个人所得税有关问题的通知》（财税〔2009〕40 号）转发给你们，请认真贯彻执行。

附件：财政部　国家税务总局关于上市公司高管人员股票期权所得缴纳个人所得税有关问题的通知

附件：

财政部　国家税务总局关于上市公司高管人员股票期权所得缴纳个人所得税有关问题的通知

2009 年 5 月 4 日　财税〔2009〕40 号

各省、自治区、直辖市、计划单列市财政厅（局）、地方税务局，西藏、宁夏、青海省（自治区）国家税务局，新疆生产建设兵团财务局：

据一些地方税务部门反映，由于《中华人民共和国公司法》和《中华人民共和国证券法》对上市公司董事、监事、高级管理人员等（以下简称上市公司高管人员）转让本公司股票在期限和数量比例上存在一定限制，导致其股票期权行权时无足额资金及时纳税问题，经研究，现就上市公司高管人员取得股票期权所得有关缴纳个人所得税问题通知如下：

一、上市公司高管人员取得股票期权所得，应按照《财政部　国家税务总局关于个人股票期权所得征收个人所得税问题的通知》（财税〔2005〕35 号）和《国家税务总局关于个人股票期权所得缴纳个人所得税有关问题的补充通知》（国税函〔2006〕902 号）的有关规定，计算个人所得税应纳税额。

二、对上市公司高管人员取得股票期权在行权时，纳税确有困难的，经主管税务机关审核，可自其股票期权行权之日起，在不超过 6 个月的期限内分期缴纳个人所得税。

三、其他股权激励方式参照本通知规定执行。

四、本通知自印发之日起执行。

省财政厅　省国家税务局　省地方税务局转发《财政部国家税务总局关于企业重组业务企业所得税处理若干问题的通知》的通知

2009年5月27日　鲁财税〔2009〕58号

各市财政局、国家税务局、地方税务局：

现将《财政部　国家税务总局关于企业重组业务企业所得税处理若干问题的通知》（财税〔2009〕59号）转发给你们，请认真贯彻执行。

附件：财政部　国家税务总局关于企业重组业务企业所得税处理若干问题的通知

附件：

财政部　国家税务总局关于企业重组业务企业所得税处理若干问题的通知

2009年4月30日　财税〔2009〕59号

各省、自治区、直辖市、计划单列市财政厅（局）、国家税务局、地方税务局，新疆生产建设兵团财务局：

根据《中华人民共和国企业所得税法》第二十条和《中华人民共和国企业所得税法实施条例》（国务院令第512号）第七十五条规定，现就企业重组所涉及的企业所得税具体处理问题通知如下：

一、本通知所称企业重组，是指企业在日常经营活动以外发生的法律结构或经济结构重大改变的交易，包括企业法律形式改变、债务重组、股权收购、资产收购、合并、分立等。

（一）企业法律形式改变，是指企业注册名称、住所以及企业组织形式等的简单改变，但符合本通知规定其他重组的类型除外。

（二）债务重组，是指在债务人发生财务困难的情况下，债权人按照其与债务人达成的书面协议或者法院裁定书，就其债务人的债务作出让步的事项。

（三）股权收购，是指一家企业（以下称为收购企业）购买另一家企业（以下称为被收购企业）的股权，以实现对被收购企业控制的交易。收购企业支付对价的形式包括股权支付、非股权支付或两者的组合。

（四）资产收购，是指一家企业（以下称为受让企业）购买另一家企业（以下称为转让企业）实质经营性资产的交易。受让企业支付对价的形式包括股权支付、非股权支付或两者的组合。

（五）合并，是指一家或多家企业（以下称为被合并企业）将其全部资产和负债转让给另一家现存或新设企业（以下称为合并企业），被合并企业股东换取合并企业的股权或非股权支付，实现两个或两个以上企业的依法合并。

（六）分立，是指一家企业（以下称为被分立企业）将部分或全部资产分离转让给现存或新设的企业（以下称为分立企业），被分立企业股东换取分立企业的股权或非股权支付，实现企业的依法分立。

二、本通知所称股权支付，是指企业重组中购买、换取资产的一方支付的对价中，以本企业或其控股企业的股权、股份作为支付的形式；所称非股权支付，是指以本企业的现金、银行存款、应收款项、本企业或其控股企业股权和股份以外的有价证券、存货、固定资产、其他资产以及承担债务等作为支付的形式。

三、企业重组的税务处理区分不同条件分别适用一般性税务处理规定和特殊性税务处理规定。

四、企业重组，除符合本通知规定适用特殊性税务处理规定的外，按以下规定进行税务处理：

（一）企业由法人转变为个人独资企业、合伙企业等非法人组织，或将登记注册地转移至中华人民共和国境外（包括港澳台地区），应视同企业进行清算、分配，股东重新投资成立新企业。企业的全部资产以及股东投资的计税基础均应以公允价值为基础确定。

企业发生其他法律形式简单改变的，可直接变更税务登记，除另有规定外，有关企业所得税纳税事项（包括亏损结转、税收优惠等权益和义务）由变更后企业承继，但因住所发生变化而不符合税收优惠条件的除外。

（二）企业债务重组，相关交易应按以下规定处理：

1. 以非货币资产清偿债务，应当分解为转让相关非货币性资产、按非货币性资产公允价值清偿债务两项业务，确认相关资产的所得或损失。

2. 发生债权转股权的，应当分解为债务清偿和股权投资两项业务，确认有关债务清偿所得或损失。

3. 债务人应当按照支付的债务清偿额低于债务计税基础的差额，确认债务重组所得；债权人应当按照收到的债务清偿额低于债权计税基础的差额，确认债务重组损失。

4. 债务人的相关所得税纳税事项原则上保持不变。

（三）企业股权收购、资产收购重组交易，相关交易应按以下规定处理：

1. 被收购方应确认股权、资产转让所得或损失。

2. 收购方取得股权或资产的计税基础应以公允价值为基础确定。

3. 被收购企业的相关所得税事项原则上保持不变。

（四）企业合并，当事各方应按下列规定处理：

1. 合并企业应按公允价值确定接受被合并企业各项资产和负债的计税基础。

2. 被合并企业及其股东都应按清算进行所得税处理。

3. 被合并企业的亏损不得在合并企业结转弥补。

（五）企业分立，当事各方应按下列规定处理：

1. 被分立企业对分立出去的资产应按公允价值确认资产转让所得或损失。

2. 分立企业应按公允价值确认接受资产的计税基础。

3. 被分立企业继续存在时，其股东取得的对价应视同被分立企业分配进行处理。

4. 被分立企业不再继续存在时，被分立企业及其股东都应按清算进行所得税处理。

5. 企业分立相关企业的亏损不得相互结转弥补。

五、企业重组同时符合下列条件的，适用特殊性税务处理规定：

（一）具有合理的商业目的，且不以减少、免除或者推迟缴纳税款为主要目的。

（二）被收购、合并或分立部分的资产或股权比例符合本通知规定的比例。

（三）企业重组后的连续12个月内不改变重组资产原来的实质性经营活动。

（四）重组交易对价中涉及股权支付金额符合本通知规定比例。

（五）企业重组中取得股权支付的原主要股东，在重组后连续12个月内，不得转让所取得的股权。

六、企业重组符合本通知第五条规定条件的，交易各方对其交易中的股权支付部分，可以按以下规定进行特殊性税务处理：

（一）企业债务重组确认的应纳税所得额占该企业当年应纳税所得额50%以上，可以在5个纳税年度的期间内，均匀计入各年度的应纳税所得额。

企业发生债权转股权业务，对债务清偿和股权投资两项业务暂不确认有关债务清偿所得或损失，股权投资的计税基础以原债权的计税基础确定。企业的其他相关所得税事项保持不变。

（二）股权收购，收购企业购买的股权不低于被收购企业全部股权的75%，且收购企业在该股权收购发生时的股权支付金额不低于其交易支付总额的85%，可以选择按以下规定处理：

1. 被收购企业的股东取得收购企业股权的计税基础，以被收购股权的原有计税基础确定。

2. 收购企业取得被收购企业股权的计税基础，以被收购股权的原有计税基础确定。

3. 收购企业、被收购企业的原有各项资产和负债的计税基础和其他相关所得税事项保持不变。

（三）资产收购，受让企业收购的资产不低于转让企业全部资产的75%，且受让企业在该资产收购发生时的股权支付金额不低于其交易支付总额的85%，可以选择按以下规定处理：

1. 转让企业取得受让企业股权的计税基础，以被转让资产的原有计税基础确定。

2. 受让企业取得转让企业资产的计税基础，以被转让资产的原有计税基础确定。

（四）企业合并，企业股东在该企业合并发生时取得的股权支付金额不低于其交易支付总额的85%，以及同一控制下且不需要支付对价的企业合并，可以选择按以下规定处理：

1. 合并企业接受被合并企业资产和负债的计税基础，以被合并企业的原有计税基础确定。

2. 被合并企业合并前的相关所得税事项由合并企业承继。

3. 可由合并企业弥补的被合并企业亏损的限额＝被合并企业净资产公允价值×截至合并业务发生当年年末国家发行的最长期限的国债利率。

4. 被合并企业股东取得合并企业股权的计税基础，以其原持有的被合并企业股权的计税基础确定。

（五）企业分立，被分立企业所有股东按原持股比例取得分立企业的股权，分立企业和被分立企业均不改变原来的实质经营活动，且被分立企业股东在该企业分立发生时取得的股权支付金额不低于其交易支付总额的85%，可以选择按以下规定处理：

1. 分立企业接受被分立企业资产和负债的计税基础，以被分立企业的原有计税基础确定。

2. 被分立企业已分立出去资产相应的所得税事项由分立企业承继。

3. 被分立企业未超过法定弥补期限的亏损额可按分立资产占全部资产的比例进行分配，由分立企业继续弥补。

4. 被分立企业的股东取得分立企业的股权（以下简称“新股”），如需部分或全部放弃原持有的被分立企业的股权（以下简称“旧股”），“新股”的计税基础应以放弃“旧股”的计税基础确定。如不需放弃“旧股”，则其取得“新股”的计税基础可从以下两种方法中选择确定：直接将“新股”的计税基础确定为零；或者以被分立企业分立出去的净资产占被分立企业全部净资产的比例先调减原持有的“旧股”的计税基础，再将调减的计税基础平均分配到“新股”上。

（六）重组交易各方按本条（一）至（五）项规定对交易中股权支付暂不确认有关资产的转让所得或损失的，其非股权支付仍应在交易当期确认相应的资产转让所得或损失，并调整相应资产的计税基础。

非股权支付对应的资产转让所得或损失＝（被转让资产的公允价值－被转让资产的计税基础）×（非股权支付金额÷被转让资产的公允价值）

七、企业发生涉及中国境内与境外之间（包括港澳台地区）的股权和资产收购交易，除应符合本通知第五条规定的条件外，还应同时符合下列条件，才可选择适用特殊性税务处理规定：

（一）非居民企业向其100%直接控股的另一非居民企业转让其拥有的居民企业股权，没有因此造成以后该项股权转让所得预提税负担变化，且转让方非居民企业向主管税务机关书面承诺在3年（含3年）内不转让其拥有受让方非居民企业的股权；

（二）非居民企业向与其具有100%直接控股关系的居民企业转让其拥有的另一居民企业股权；

（三）居民企业以其拥有的资产或股权向其100%直接控股的非居民企业进行投资；

（四）财政部、国家税务总局核准的其他情形。

八、本通知第七条第（三）项所指的居民企业以其拥有的资产或股权向其100%直接控股关系的非居民企业进行投资，其资产或股权的转让收益如选择特殊性税务处理，可以在10个纳税年度内均匀计入各年度应纳税所得额。

九、在企业吸收合并中，合并后的存续企业性质及适用税收优惠的条件未发生改变的，可以继续享受合并前该企业剩余期限的税收优惠，其优惠金额按存续企业合并前一年的应纳税所得额（亏损计为零）

计算。

在企业存续分立中，分立后的存续企业性质及适用税收优惠的条件未发生改变的，可以继续享受分立前该企业剩余期限的税收优惠，其优惠金额按该企业分立前一年的应纳税所得额（亏损计为零）乘以分立后存续企业资产占分立前该企业全部资产的比例计算。

十、企业在重组发生前后连续12个月内分步对其资产、股权进行交易，应根据实质重于形式原则将上述交易作为一项企业重组交易进行处理。

十一、企业发生符合本通知规定的特殊性重组条件并选择特殊性税务处理的，当事各方应在该重组业务完成当年企业所得税年度申报时，向主管税务机关提交书面备案资料，证明其符合各类特殊性重组规定的条件。企业未按规定书面备案的，一律不得按特殊重组业务进行税务处理。

十二、对企业在重组过程中涉及的需要特别处理的企业所得税事项，由国务院财政、税务主管部门另行规定。

十三、本通知自2008年1月1日起执行。

省财政厅　省国家税务局　省地方税务局转发《财政部国家税务总局关于企业清算业务企业所得税处理若干问题的通知》的通知

2009年5月27日　鲁财税〔2009〕59号

各市财政局、国家税务局、地方税务局：

现将《财政部　国家税务总局关于企业清算业务企业所得税处理若干问题的通知》（财税〔2009〕60号）转发给你们，请认真贯彻执行。

附件：财政部　国家税务总局关于企业清算业务企业所得税处理若干问题的通知

附件：

财政部　国家税务总局关于企业清算业务企业所得税处理若干问题的通知

2009年4月30日　财税〔2009〕60号

各省、自治区、直辖市、计划单列市财政厅（局）、国家税务局、地方税务局，新疆生产建设兵团财务局：

根据《中华人民共和国企业所得税法》第五十三条、第五十五条和《中华人民共和国企业所得税法实施条例》（国务院令第512号）第十一条规定，现就企业清算有关所得税处理问题通知如下：

一、企业清算的所得税处理，是指企业在不再持续经营，发生结束自身业务、处置资产、偿还债务以及向所有者分配剩余财产等经济行为时，对清算所得、清算所得税、股息分配等事项的处理。

二、下列企业应进行清算的所得税处理：

（一）按《公司法》、《企业破产法》等规定需要进行清算的企业；

（二）企业重组中需要按清算处理的企业。

三、企业清算的所得税处理包括以下内容：

（一）全部资产均应按可变现价值或交易价格，确认资产转让所得或损失；

（二）确认债权清理、债务清偿的所得或损失；

（三）改变持续经营核算原则，对预提或待摊性质的费用进行处理；

（四）依法弥补亏损，确定清算所得；

（五）计算并缴纳清算所得税；

（六）确定可向股东分配的剩余财产、应付股息等。

四、企业的全部资产可变现价值或交易价格，减除资产的计税基础、清算费用、相关税费，加上债务清偿损益等后的余额，为清算所得。

企业应将整个清算期作为一个独立的纳税年度计算清算所得。

五、企业全部资产的可变现价值或交易价格减除清算费用，职工的工资、社会保险费用和法定补偿金，结清清算所得税、以前年度欠税等税款，清偿企业债务，按规定计算可以向所有者分配的剩余资产。

被清算企业的股东分得的剩余资产的金额，其中相当于被清算企业累计未分配利润和累计盈余公积中按该股东所占股份比例计算的部分，应确认为股息所得；剩余资产减除股息所得后的余额，超过或低于股东投资成本的部分，应确认为股东的投资转让所得或损失。

被清算企业的股东从被清算企业分得的资产应按可变现价值或实际交易价格确定计税基础。

六、本通知自2008年1月1日起执行。

省财政厅　省国家税务局　省地方税务局转发《财政部　国家税务总局关于金融企业贷款损失准备企业所得税税前扣除有关问题的通知》的通知

2009年5月27日　鲁财税〔2009〕60号

各市财政局、国家税务局、地方税务局：

现将《财政部　国家税务总局关于金融企业贷款损失准备企业所得税税前扣除有关问题的通知》（财税〔2009〕64号）转发给你们，请认真贯彻执行。

附件：财政部　国家税务总局关于金融企业贷款损失准备企业所得税税前扣除有关问题的通知

附件：

财政部　国家税务总局关于金融企业贷款损失准备企业所得税税前扣除有关问题的通知

2009年4月30日　财税〔2009〕64号

各省、自治区、直辖市、计划单列市财政厅（局）、国家税务局、地方税务局，新疆生产建设兵团财务局：

根据《中华人民共和国企业所得税法》及《中华人民共和国企业所得税法实施条例》的有关规定，现就政策性银行、商业银行、财务公司和城乡信用社等国家允许从事贷款业务的金融企业提取的贷款损失准备税前扣除政策问题，通知如下：

一、准予提取贷款损失准备的贷款资产范围包括：

（一）贷款（含抵押、质押、担保等贷款）；

（二）银行卡透支、贴现、信用垫款（含银行承兑汇票垫款、信用证垫款、担保垫款等）、进出口押汇、同业拆出等各项具有贷款特征的风险资产；

（三）由金融企业转贷并承担对外还款责任的国外贷款，包括国际金融组织贷款、外国买方信贷、外国政府贷款、日本国际协力银行不附条件贷款和外国政府混合贷款等资产。

二、金融企业准予当年税前扣除的贷款损失准备计算公式如下：

准予当年税前扣除的贷款损失准备＝本年末准予提取贷款损失准备的贷款资产余额×1%－截至上年末已在税前扣除的贷款损失准备余额

金融企业按上述公式计算的数额如为负数，应当相应调增当年应纳税所得额。

三、金融企业的委托贷款、代理贷款、国债投资、应收股利、上交央行准备金以及金融企业剥离的债权和股权、应收财政贴息、央行款项等不承担风险和损失的资产，不得提取贷款损失准备在税前扣除。

四、金融企业发生的符合条件的贷款损失，按规定报经税务机关审批后，应先冲减已在税前扣除的贷款损失准备，不足冲减部分可据实在计算当年应纳税所得额时扣除。

五、本通知自2008年1月1日起至2010年12月31日止执行。

省财政厅　省国家税务局　省地方税务局转发《财政部　国家税务总局关于执行企业所得税优惠政策若干问题的通知》的通知

2009年5月27日　鲁财税〔2009〕61号

各市财政局、国家税务局、地方税务局：

现将《财政部　国家税务总局关于执行企业所得税优惠政策若干问题的通知》（财税〔2009〕69号）转发给你们，请认真贯彻执行。

附件：财政部　国家税务总局关于执行企业所得税优惠政策若干问题的通知

附件：

财政部　国家税务总局关于执行企业所得税优惠政策若干问题的通知

2009年4月24日　财税〔2009〕69号

各省、自治区、直辖市、计划单列市财政厅（局）、国家税务局、地方税务局，新疆生产建设兵团财务局：

根据《中华人民共和国企业所得税法》（以下简称企业所得税法）及《中华人民共和国企业所得税法实施条例》（国务院令第512号，以下简称实施条例）的有关规定，现就企业所得税优惠政策执行中有关问题通知如下：

一、执行《国务院关于实施企业所得税过渡优惠政策的通知》（国发〔2007〕39号）规定的过渡优惠政策及西部大开发优惠政策的企业，在定期减免税的减半期内，可以按照企业适用税率计算的应纳税额减半征税。其他各类情形的定期减免税，均应按照企业所得税25%的法定税率计算的应纳税额减半征税。

二、《国务院关于实施企业所得税过渡优惠政策的通知》(国发〔2007〕39号)第三条所称不得叠加享受，且一经选择，不得改变的税收优惠情形，限于企业所得税过渡优惠政策与企业所得税法及其实施条例中规定的定期减免税和减低税率类的税收优惠。

企业所得税法及其实施条例中规定的各项税收优惠，凡企业符合规定条件的，可以同时享受。

三、企业在享受过渡税收优惠过程中发生合并、分立、重组等情形的，按照《财政部 国家税务总局关于企业重组业务企业所得税处理若干问题的通知》(财税〔2009〕59号)的统一规定执行。

四、2008年1月1日以后，居民企业之间分配属于2007年度及以前年度的累积未分配利润而形成的股息、红利等权益性投资收益，均应按照企业所得税法第二十六条及实施条例第十七条、第八十三条的规定处理。

五、企业在2007年3月16日之前设立的分支机构单独依据原内、外资企业所得税法的优惠规定已享受有关税收优惠的，凡符合《国务院关于实施企业所得税过渡优惠政策的通知》(国发〔2007〕39号)所列政策条件的，该分支机构可以单独享受国发〔2007〕39号规定的企业所得税过渡优惠政策。

六、实施条例第九十一条第(二)项所称国际金融组织，包括国际货币基金组织、世界银行、亚洲开发银行、国际开发协会、国际农业发展基金、欧洲投资银行以及财政部和国家税务总局确定的其他国际金融组织；所称优惠贷款，是指低于金融企业同期同类贷款利率水平的贷款。

七、实施条例第九十二条第(一)项和第(二)项所称从业人数，是指与企业建立劳动关系的职工人数和企业接受的劳务派遣用工人数之和；从业人数和资产总额指标，按企业全年月平均值确定，具体计算公式如下：

月平均值=(月初值+月末值)÷2

全年月平均值=全年各月平均值之和÷12

年度中间开业或者终止经营活动的，以其实际经营期作为一个纳税年度确定上述相关指标。

八、企业所得税法第二十八条规定的小型微利企业待遇，应适用于具备建账核算自身应纳税所得额条件的企业，按照《企业所得税核定征收办法》(国税发〔2008〕30号)缴纳企业所得税的企业，在不具备准确核算应纳税所得额条件前，暂不适用小型微利企业适用税率。

九、2007年底前设立的软件生产企业和集成电路生产企业，经认定后可以按《财政部 国家税务总局关于企业所得税若干优惠政策的通知》(财税〔2008〕1号)的规定享受企业所得税定期减免税优惠政策。在2007年度或以前年度已获利并开始享受定期减免税优惠政策的，可自2008年度起继续享受至期满为止。

十、实施条例第一百条规定的购置并实际使用的环境保护、节能节水和安全生产专用设备，包括承租方企业以融资租赁方式租入的、并在融资租赁合同中约定租赁期届满时租赁设备所有权转移给承租方企业，且符合规定条件的上述专用设备。凡融资租赁期届满后租赁设备所有权未转移至承租方企业的，承租方企业应停止享受抵免企业所得税优惠，并补缴已经抵免的企业所得税税款。

十一、实施条例第九十七条所称投资于未上市的中小高新技术企业2年以上的，包括发生在2008年1月1日以前满2年的投资；所称中小高新技术企业是指按照《高新技术企业认定管理办法》(国科发火〔2008〕172号)和《高新技术企业认定管理工作指引》(国科发火〔2008〕362号)取得高新技术企业资格，且年销售额和资产总额均不超过2亿元、从业人数不超过500人的企业，其中2007年底前已取得高新技术企业资格的，在其规定有效期内不需重新认定。

十二、本通知自2008年1月1日起执行。

省财政厅 省国家税务局 省地方税务局转发《财政部 国家税务总局关于安置残疾人员就业有关企业所得税优惠政策问题的通知》的通知

2009年5月27日 鲁财税〔2009〕62号

各市财政局、国家税务局、地方税务局：

现将《财政部 国家税务总局关于安置残疾人员就业有关企业所得税优惠政策问题的通知》（财税〔2009〕70号）转发给你们，请认真贯彻执行。

附件：财政部 国家税务总局关于安置残疾人员就业有关企业所得税优惠政策问题的通知

附件：

财政部 国家税务总局关于安置残疾人员就业有关企业所得税优惠政策问题的通知

2009年4月30日 财税〔2009〕70号

各省、自治区、直辖市、计划单列市财政厅（局）、国家税务局、地方税务局，新疆生产建设兵团财务局：

根据《中华人民共和国企业所得税法》和《中华人民共和国企业所得税法实施条例》（国务院令第512号）的有关规定，现就企业安置残疾人员就业有关企业所得税优惠政策问题，通知如下：

一、企业安置残疾人员的，在按照支付给残疾职工工资据实扣除的基础上，可以在计算应纳税所得额时按照支付给残疾职工工资的100%加计扣除。

企业就支付给残疾职工的工资，在进行企业所得税预缴申报时，允许据实计算扣除；在年度终了进行企业所得税年度申报和汇算清缴时，再依照本条第一款的规定计算加计扣除。

二、残疾人员的范围适用《中华人民共和国残疾人保障法》的有关规定。

三、企业享受安置残疾职工工资100%加计扣除应同时具备如下条件：

（一）依法与安置的每位残疾人签订了1年以上（含1年）的劳动合同或服务协议，并且安置的每位残疾人在企业实际上岗工作。

（二）为安置的每位残疾人按月足额缴纳了企业所在区县人民政府根据国家政策规定的基本养老保险、基本医疗保险、失业保险和工伤保险等社会保险。

（三）定期通过银行等金融机构向安置的每位残疾人实际支付了不低于企业所在区县适用的经省级人民政府批准的最低工资标准的工资。

（四）具备安置残疾人上岗工作的基本设施。

四、企业应在年度终了进行企业所得税年度申报和汇算清缴时，向主管税务机关报送本通知第四条规定的相关资料、已安置残疾职工名单及其《中华人民共和国残疾人证》或《中华人民共和国残疾军人证（1至8级）》复印件和主管税务机关要求提供的其他资料，办理享受企业所得税加计扣除优惠的备案手续。

五、在企业汇算清缴结束后，主管税务机关在对企业进行日常管理、纳税评估和纳税检查时，应对安置残疾人员企业所得税加计扣除优惠的情况进行核实。

六、本通知自2008年1月1日起执行。

省财政厅 省地方税务局转发《财政部 国家税务总局关于中国移动通信集团公司 中国联合网络通信集团有限公司中国电信股份有限公司与中国华侨经济文化基金会合作项目营业税政策的通知》的通知

2009 年 6 月 4 日 鲁财税〔2009〕64 号

各市财政局、地方税务局：

现将《财政部 国家税务总局关于中国移动通信集团公司 中国联合网络通信集团有限公司 中国电信股份有限公司与中国华侨经济文化基金会合作项目营业税政策的通知》（财税〔2009〕77 号）转发给你们，请认真贯彻执行。

附件：财政部 国家税务总局关于中国移动通信集团公司 中国联合网络通信集团有限公司 中国电信股份有限公司与中国华侨经济文化基金会合作项目营业税政策的通知

附件：

财政部 国家税务总局关于中国移动通信集团公司 中国联合网络通信集团有限公司 中国电信股份有限公司与中国华侨经济文化基金会合作项目营业税政策的通知

2009 年 5 月 12 日 财税〔2009〕77 号

各省、自治区、直辖市、计划单列市财政厅（局）、地方税务局，新疆生产建设兵团财务局：

为支持地震灾区重建工作，现对中国移动通信集团公司、中国联合网络通信集团有限公司、中国电信股份有限公司与中国华侨经济文化基金会合作开展公益特服号捐款业务的营业税政策明确如下：

对中国移动通信集团公司、中国联合网络通信集团有限公司、中国电信股份有限公司通过手机特服号“10699996”为中国华侨经济文化基金会接受捐款业务，以全部收入减去支付给中国华侨经济文化基金会的价款后的余额为营业额，计算征收营业税。

本通知自 2009 年 4 月 1 日起执行。

省财政厅　省国家税务局　省地方税务局　省商务厅　省科学技术厅　省发展和改革委员会转发《财政部　国家税务总局　商务部　科技部　国家发展改革委关于技术先进型服务企业有关税收政策问题的通知》的通知

2009年6月15日　鲁财税〔2009〕67号

济南市财政局、国家税务局、地方税务局、外经贸局、科技局、发展改革委：

现将《财政部　国家税务总局　商务部　科技部　国家发展改革委关于技术先进型服务企业有关税收政策问题的通知》（财税〔2009〕63号）转发给你们，请认真贯彻执行。

附件：财政部　国家税务总局　商务部　科技部　国家发展改革委关于技术先进型服务企业有关税收政策问题的通知

附件：

财政部　国家税务总局　商务部　科技部　国家发展改革委关于技术先进型服务企业有关税收政策问题的通知

2009年4月24日　财税〔2009〕63号

北京、天津、大连、黑龙江、上海、江苏、浙江、安徽、江西、山东、湖北、湖南、广东、深圳、重庆、四川、陕西省（直辖市、计划单列市）财政厅（局）、国家税务局、地方税务局、商务主管部门、科技厅（委、局）、发展改革委（局）：

为进一步推动技术先进型服务业的发展，促进企业技术创新和技术服务能力的提升，增强我国服务业的综合竞争力，经国务院批准，现就技术先进型服务企业有关税收政策问题通知如下：

一、政策内容

（一）将苏州工业园区技术先进型服务企业税收试点政策推广到北京、天津、上海、重庆、大连、深圳、广州、武汉、哈尔滨、成都、南京、西安、济南、杭州、合肥、南昌、长沙、大庆、苏州、无锡等20个中国服务外包示范城市（以下简称服务外包示范城市），即自2009年1月1日起至2013年12月31日止，在上述20个服务外包示范城市实行以下政策：

1. 对经认定的技术先进型服务企业，减按15%的税率征收企业所得税。

2. 对经认定的技术先进型服务企业，其发生的职工教育经费按不超过企业工资总额8%的比例据实在企业所得税税前扣除；超过部分，准予在以后纳税年度结转扣除。

3. 对经认定的技术先进型服务企业离岸服务外包业务收入免征营业税。

从事离岸服务外包业务取得的收入，是指技术先进型服务企业根据境外单位与其签订的委托合同，提供本通知附件中所界定的信息技术外包服务、技术性业务流程外包服务和技术性知识流程外包服务，从上述境外单位取得的收入。

（二）苏州工业园区原有技术先进型服务企业税收试点政策执行至2008年12月31日后，按本通知有关规定执行。

二、技术先进型服务业务范围

1. 信息技术外包服务（ITO）：包括软件研发及外包、信息技术研发服务外包和信息系统运营维护外包等。

2. 技术性业务流程外包服务（BPO）：包括企业业务流程设计服务、企业内部管理服务、企业运营服务和企业供应链管理服务等。

3. 技术性知识流程外包服务（KPO）。

上述信息技术外包服务（ITO）、技术性业务流程外包服务（BPO）和技术性知识流程外包服务（KPO）的具体适用范围详见附件。

三、技术先进型服务企业认定及管理

（一）技术先进型服务企业认定条件。

享受税收优惠政策的技术先进型服务企业必须同时符合以下条件：

1. 从事本通知第二条规定范围内的一种或多种技术先进型服务业务的企业。

2. 企业的注册地及生产经营地在服务外包示范城市（含所辖区、县（县级市）等全部行政区划）内。

3. 企业具有法人资格，近两年在进出口业务管理、财务管理、税收管理、外汇管理、海关管理等方面无违法行为，企业应采用先进技术或具备较强的研发能力。

4. 具有大专以上学历的员工占企业职工总数的50%以上。

5. 企业从事本通知第二条规定范围内的技术先进型服务业务收入总和占本企业当年总收入的70%以上。

6. 企业应获得有关国际资质认证（包括开发能力和成熟度模型、开发能力和成熟度模型集成、IT服务管理、信息安全管理、服务提供商环境安全、ISO质量体系认证、人力资源能力认证等）并与境外客户签订服务外包合同，且其向境外客户提供的国际（离岸）外包服务业务收入不低于企业当年总收入的50%。

（二）技术先进型服务企业的认定管理。

1. 服务外包示范城市所在省（直辖市、计划单列市）科技主管部门会同本级商务、财政、税务和发展改革部门根据本通知规定制定具体管理办法，并报科技部、商务部、财政部、国家税务总局和国家发展改革委备案。

2. 符合条件的技术先进型服务企业应按照本通知及相关管理办法的规定，向所在地（市）级科技主管部门提出申请。地（市）级科技、商务、财政、税务和发展改革部门对申报材料联合进行初步审查后，报送省（直辖市、计划单列市）科技主管部门。省（直辖市、计划单列市）科技、商务、财政、税务和发展改革部门联合评审并予以认定。认定企业名单应及时报科技部、商务部、财政部、国家税务总局和国家发展改革委备案。

3. 经认定的技术先进型服务企业，持相关认定文件向当地主管税务机关办理享受本通知规定的税收优惠政策事宜。享受税收优惠的技术先进型服务企业条件发生变化的，应当自发生变化之日起15日内向主管税务机关报告；不再符合享受税收优惠条件的，应当依法履行纳税义务。主管税务机关在执行税收优惠政策过程中，发现企业不具备技术先进型服务企业资格的，应暂停企业享受税收优惠，并提请认定机构复核。

4. 服务外包示范城市地（市）级科技、商务、财政、税务和发展改革部门及所在省（直辖市、计划单列市）科技、商务、财政、税务和发展改革部门对经认定并享受税收优惠政策的技术先进型服务企业应做好跟踪管理，对变更经营范围、合并、分立、转业、迁移的企业，如不符合认定条件的，应及时取消其享受税收优惠政策的资格。

四、服务外包示范城市财政、税务、商务、科技和发展改革部门要认真贯彻落实本通知的各项规定，切实搞好沟通与协作。在政策实施过程中发现的问题，要及时逐级反映上报财政部、国家税务总局、商务部、科技部和国家发展改革委。

附件：技术先进型服务业务认定范围（试行）

附件：

技术先进型服务业务认定范围（试行）

一、信息技术外包服务（ITO）

（一）软件研发及外包

类　别	适用范围
软件研发及开发服务	用于金融、政府、教育、制造业、零售、服务、能源、物流、交通、媒体、电信、公共事业和医疗卫生等部门和企业，为用户的运营/生产/供应链/客户关系/人力资源和财务管理、计算机辅助设计/工程等业务进行软件开发，包括定制软件开发，嵌入式软件、套装软件开发，系统软件开发、软件测试等。
软件技术服务	软件咨询、维护、培训、测试等技术性服务。

（二）信息技术研发服务外包

类　别	适用范围
集成电路和电子电路设计	集成电路和电子电路产品设计以及相关技术支持服务等。
测试平台	为软件、集成电路和电子电路的开发运用提供测试平台。

（三）信息系统运营维护外包

类　别	适用范围
信息系统运营和维护服务	客户内部信息系统集成、网络管理、桌面管理与维护服务；信息工程、地理信息系统、远程维护等信息系统应用服务。
基础信息技术服务	基础信息技术管理平台整合、IT基础设施管理、数据中心、托管中心、安全服务、通讯服务等基础信息技术服务。

二、技术性业务流程外包服务（BPO）

类　别	适用范围
企业业务流程设计服务	为客户企业提供内部管理、业务运作等流程设计服务。
企业内部管理服务	为客户企业提供后台管理、人力资源管理、财务、审计与税务管理、金融支付服务、医疗数据及其他内部管理业务的数据分析、数据挖掘、数据管理、数据使用的服务；承接客户专业数据处理、分析和整合服务。
企业运营服务	为客户企业提供技术研发服务、为企业经营、销售、产品售后服务提供的应用客户分析、数据库管理等服务。主要包括金融服务业务、政务与教育业务、制造业务和生命科学、零售和批发与运输业务、卫生保健业务、通讯与公共事业业务、呼叫中心、电子商务平台等。
企业供应链管理服务	为客户提供采购、物流的整体方案设计及数据库服务。

三、技术性知识流程外包服务（KPO）

适用范围
知识产权研究、医药和生物技术研发和测试、产品技术研发、工业设计、分析学和数据挖掘、动漫及网游设计研发、教育课件研发、工程设计等领域。

省财政厅　省国家税务局转发《财政部　国家税务总局关于调整烟产品消费税政策的通知》的通知

2009年6月17日　鲁财税〔2009〕68号

各市财政局、国家税务局：

现将《财政部　国家税务总局关于调整烟产品消费税政策的通知》（财税〔2009〕84号）转发给你们，请认真贯彻执行。

附件：财政部　国家税务总局关于调整烟产品消费税政策的通知

附件：

财政部　国家税务总局关于调整烟产品消费税政策的通知

2009年5月22日　财税〔2009〕84号

各省、自治区、直辖市、计划单列市财政厅（局）、国家税务局，新疆生产建设兵团财务局：

为了适当增加财政收入，完善烟产品消费税制度，经国务院批准，现将调整烟产品消费税政策问题通知如下：

一、调整烟产品生产环节消费税政策

（一）调整卷烟生产环节消费税计税价格。

新的卷烟生产环节消费税最低计税价格由国家税务总局核定并下达。

（二）调整卷烟生产环节（含进口）消费税的从价税税率。

1. 甲类卷烟，即每标准条（200支，下同）调拨价格在70元（不含增值税）以上（含70元）的卷烟，税率调整为56%；

2. 乙类卷烟，即每标准条调拨价格在70元（不含增值税）以下的卷烟，税率调整为36%。

卷烟的从量定额税率不变，即0.003元/支。

（三）调整雪茄烟生产环节（含进口）消费税的从价税税率。

将雪茄烟生产环节的税率调整为36%。

二、在卷烟批发环节加征一道从价税

（一）纳税义务人：在中华人民共和国境内从事卷烟批发业务的单位和个人。

（二）征收范围：纳税人销售的所有牌号规格的卷烟。

（三）计税依据：纳税人批发卷烟的销售额（不含增值税）。

（四）纳税人应将卷烟销售额与其他商品销售额分开核算，未分开核算的，一并征收消费税。

（五）适用税率：5%。

（六）纳税人销售给纳税人以外的单位和个人的卷烟于销售时纳税。纳税人之间销售的卷烟不缴纳消费税。

（七）纳税义务发生时间：纳税人收讫销售款或者取得索取销售款凭据的当天。

（八）纳税地点：卷烟批发企业的机构所在地，总机构与分支机构不在同一地区的，由总机构申报纳税。

（九）卷烟消费税在生产和批发两个环节征收后，批发企业在计算纳税时不得扣除已含的生产环节的消费税税款。

本通知自2009年5月1日起执行。此前有关文件规定与本通知相抵触的，以本通知为准。

附件：调整后的烟产品消费税税目税率表

附件：

调整后的烟产品消费税税目税率表

税　目	税　率	征收环节
烟		
1. 卷烟		
工业		
（1）甲类卷烟（调拨价70元（不含增值税）/条以上（含70元））	56%加0.003元/支	生产环节
（2）乙类卷烟（调拨价70元（不含增值税）/条以下）	36%加0.003元/支	生产环节
商业批发	5%	批发环节
2. 雪茄	36%	生产环节
3. 烟丝	30%	生产环节

省财政厅　省国家税务局转发《财政部　国家税务总局关于进一步提高部分商品出口退税率的通知》的通知

2009年6月17日　鲁财税〔2009〕69号

各市财政局、国家税务局：

现将《财政部　国家税务总局关于进一步提高部分商品出口退税率的通知》（财税〔2009〕88号）转发给你们，请遵照执行。

附件：财政部　国家税务总局关于进一步提高部分商品出口退税率的通知

附件：

财政部　国家税务总局关于进一步提高部分商品出口退税率的通知

2009年6月3日　财税〔2009〕88号

各省、自治区、直辖市、计划单列市财政厅（局）、国家税务局，新疆生产建设兵团财务局：

经国务院批准，提高部分商品的出口退税率。现就有关事宜通知如下：

一、电视用发送设备、缝纫机等商品的出口退税率提高到17%。

二、罐头、果汁、桑丝等农业深加工产品，电动齿轮泵、半挂车等机电产品，光学元件等仪器仪表，胰岛素制剂等药品，箱包，鞋帽，伞，毛发制品，玩具，家具等商品的出口退税率提高到15%。

三、部分塑料、陶瓷、玻璃制品，部分水产品，车削工具等商品的出口退税率提高到13%。

四、合金钢异性材等钢材、钢铁结构体等钢铁制品、剪刀等商品的出口退税率提高到9%。

五、玉米淀粉、酒精的出口退税率提高到5%。

具体商品清单见附件。

六、本通知自2009年6月1日起执行。具体执行时间以"出口货物报关单（出口退税专用）"海关注明的出口日期为准。

特此通知。

附件：提高出口退税率的商品清单

附件：

提高出口退税率的商品清单

章	商品代码	商品名称	提高到（%）
3章	0303110000－0303799001	冻红大马哈鱼等	13
	0303799090	其他未列名冻鱼（鱼肝及鱼卵除外）	13
	0303800090	其他冻鱼肝及鱼卵	13
	0304210000	冻剑鱼（Xiphias gladius）片（不论是否绞碎）	13
	0304220000	冻南极犬牙鱼（Toothfish，Dissostichus spp.）片（不论是否绞碎）	13
	0304292100	冻斑点叉尾鮰鱼片（不论是否绞碎；斑点叉尾鮰鱼亦称沟鲶，属于鲇形目、叉尾鮰科、叉尾鮰属。）	13
	0304292900	冻的其他叉尾鮰鱼片（不论是否绞碎）	13
	0304910000	其他冻剑鱼（Xiphias gladius）肉（不论是否绞碎）	13
	0304920000	其他冻南极犬牙鱼肉［（Toothfish，Dissostichus spp.）不论是否绞碎］	13
	03051000001	按13%征税的供人食用的鱼粉及团粒	13
	03051000002	熟制的并按17%征税的供人食用的鱼粉及团粒	15
	03052000901	按13%征税的其他干、熏、盐制的鱼肝及鱼卵	13
	03052000902	熟制的并按17%征税的其他干、熏、盐制的鱼肝及鱼卵	15
	03053000901	干或盐制的其他鱼片	13
	03053000902	按17%征税的干或盐制的其他鱼片	15
	0305411000－0305420000	熏大西洋鲑鱼及鱼片等	13
	0305510000－0305592090	干鳕鱼等	13
	0305599090－0305694000	其他干鱼等	13
	0305699090	盐腌及盐渍的其他鱼（干或熏制的除外）	13
	03062990002	按17%征税的其他活、鲜、冷、干、盐腌或盐渍的带壳或去壳甲壳动物	15
	0307290010	其他冻、干、盐腌或盐渍的大珠母贝	13
	0307290090	其他冻、干、盐腌或盐渍的扇贝（包括海扇）	13
	0307390001	冻贻贝	13
	0307390090	其他干、盐腌或盐渍的贻贝	13
	0307991010	冻、干、盐腌或盐渍的南非鲍	13
	0307991090	冻、干、盐腌或盐渍的其他鲍鱼	13
	0307992010	冻、干、盐腌或盐渍暗色刺参	13
	0307992090	其他冻、干、盐腌或盐渍的海参	13
	0307993000	冻、干、盐制蛤	13
	03079990901	其他冻、干、盐制水生无脊椎动物	13
	03079990902	按17%征税的其他冻、干、盐制水生无脊椎动物	15

续表

章	商品代码	商品名称	提高到（%）
4章	04011000002	按17%征税的脂肪含量未超1%未浓缩的乳及奶油	15
	04012000002	按17%征税的脂肪含量在1%～6%未浓缩的乳及奶油	15
	04013000002	按17%征税的脂肪含量超过6%未浓缩的乳及奶油	15
	0402100000－0402290000	脂肪含量≤1.5%固状乳及奶油等	15
	04029100002	按17%征税的浓缩但未加糖的非固状乳及奶油	15
	04029900002	按17%征税的浓缩并已加糖的非固状乳及奶油	15
	0403100000－0406900000	酸乳等	15
	04070099902	按17%征税的其他腌制或煮过的带壳禽蛋罐头	15
	04081100002	熟制的并按17%征税的干蛋黄	15
	04089100002	蛋粉（全蛋粉、蛋白粉和蛋黄粉）	15
	04089900002	其他去壳禽蛋罐头	15
5章	0501000000	未经加工的人发；废人发（不论是否洗涤）	15
	05021010002	按17%征税的洗净猪鬃	15
	05021020002	按17%征税的洗净猪毛	15
	05029011002	按17%征税的洗净制刷用山羊毛	15
	05029012002	按17%征税的洗净制刷用黄鼠狼尾毛	15
	05029019902	按17%征税的其他獾毛及其他制刷用兽毛	15
	05051000902	按17%征税的其他填充用羽毛；羽绒	15
	05059090902	按17%征税的洗净其他羽毛；羽绒	15
	05119940102	按17%征税的洗净废马毛	15
	05119940902	按17%征税的洗净其他马毛	15
7章	07122000002	按17%征税的干制洋葱	15
	07123100002	按17%征税的干伞菌属蘑菇	15
	07123200002	按17%征税的干木耳	15
	07123300002	按17%征税的干银耳（白木耳）	15
	07123910002	按17%征税的干制香菇	15
	07123920002	按17%征税的干制金针菇	15
	07123930002	按17%征税的干制草菇	15
	07123940002	按17%征税的干制口蘑	15
	07123950002	按17%征税的干制牛肝菌	15
	07123990102	按17%征税的干制松茸	15
	07123990902	按17%征税的其他干制蘑菇及块菌	15
	07129010102	按17%征税的酸竹笋干丝	15
	07129010902	按17%征税的其他笋干丝	15
	07129020002	按17%征税的紫萁（薇菜干）	15
	07129030002	按17%征税的干金针菜（黄花菜）	15
	07129040002	按17%征税的蕨菜干	15
	07129050102	按17%征税的干燥或脱水的大蒜头、大蒜瓣	15
	07129050902	按17%征税的干燥或脱水的其他大蒜	15
	07129060002	按17%征税的干甜椒	15
	07129090102	按17%征税的干莼菜	15
	07129090902	按17%征税的干制的其他蔬菜及什锦蔬菜	15
9章	0901210000	未浸除咖啡碱的已焙炒咖啡	15
	0901220000	已浸除咖啡碱的已焙炒咖啡	15
	0901902000	含咖啡的咖啡代用品	15
	09021010002	按17%征税的每件净重不超过3公斤的花茶	15

续表

章	商品代码	商品名称	提高到（%）
9章	09021090002	按17%征税的每件净重不超过3公斤的其他绿茶	15
	09022010002	按17%征税的每件净重超过3公斤的花茶	15
	09022090002	按17%征税的每件净重超过3公斤的其他绿茶	15
	09023010002	按17%征税的每件净重不超过3公斤的乌龙茶	15
	09023020002	按17%征税的每件净重不超过3公斤的普洱茶	15
	09023090002	按17%征税的红茶内包装每件净重不超过3公斤	15
	09024010002	按17%征税的每件净重超过3公斤的乌龙茶	15
	09024020002	按17%征税的每件净重超过3公斤的普洱茶	15
	09024090002	按17%征税的红茶（内包装每件净重超过3公斤）	15
	0903000000	马黛茶	15
	0904120000	已磨胡椒	15
	0904202000	辣椒粉	15
	0906200000	已磨肉桂及肉桂花	15
	09083000002	已加工并按17%征税的豆蔻	15
	09091010002	已加工并按17%征税的八角茴香	15
	09091090002	已加工并按17%征税的茴芹子	15
	09092000002	已加工并按17%征税的芫荽子	15
	09093000002	已加工并按17%征税的枯茗子	15
	09094000002	已加工并按17%征税的页蒿子	15
	09095000002	已加工并按17%征税的小茴香子；杜松果	15
	09101000002	已加工并按17%征税的姜	15
	09102000002	已加工并按17%征税的番红花	15
	09103000002	已加工并按17%征税的姜黄	15
	0910910000	混合调味香料（本章注释一（二）所述的混合物）	15
	09109900002	已加工并按17%征税的其他调味香料	15
11章	1105100000－1106200000	马铃薯细粉、粗粉及粉末等	15
	11063000002	按17%征税的粗粉等：番茄粉	15
	1107100000	未焙制麦芽	15
	1107200000	已焙制麦芽	15
	1108120000	玉米淀粉	5
	1108130000－1109000000	马铃薯淀粉等	15
12章	1208900000	其他含油子仁或果实的细粉及粗粉（芥子粉除外）	15
	1210100000	未研磨也未制成团粒的啤酒花（鲜或干的）	15
	1210200000	已研磨或制成团粒的啤酒花（包括蛇麻腺，鲜或干的）	15
	12119016002	成品的并按17%征税的鲜或干的冬虫夏草	15
	12122031002	熟制的并按17%征税的干的裙带菜	15
	12122039002	熟制的并按17%征税的冷、冻的裙带菜	15
	12122041002	熟制的并按17%征税的干的紫菜	15
	12122049002	熟制的并按17%征税的冷、冻紫菜	15
	12122061002	按17%征税的干的麒麟菜	15
	12122069002	按17%征税的鲜、冷或冻的麒麟菜	15
	12122071002	按17%征税的干的江蓠	15
	12122079002	按17%征税的鲜、冷或冻的江蓠	15
	12122090902	按17%征税的冷、冻或干的其他海草及其他藻类	15
13章	1302110000－1302130000	鸦片液汁及浸膏等	15
	1302193000－1302199012	除虫菊或含鱼藤酮植物根茎的液汁及浸膏等	15

续表

章	商品代码	商品名称	提高到（%）
13章	1302199019－1302199096	供制农药用的其他植物液汁及浸膏等	15
	1302199099－1302391900	其他植物液汁及浸膏等	15
	1302399090	其他未列名植物胶液及增稠剂	15
15章	1501000000	猪脂肪及家禽脂肪（包括已炼制的猪油，但编号0209及1503的货品除外）	15
	1502009000－1504200000	已炼制的牛、羊脂肪等	15
	1504300090	其他海生哺乳动物油，脂及分离品	15
	1505000000	羊毛脂及羊毛脂肪物质（包括纯净的羊毛脂）	15
	1506000090	其他动物油、脂及其分离品（不论是否精制，但未经化学改性）	15
	1517901001	动物油脂制造的起酥油（税号1516的食用油、脂及其分离品除外）	13
	1517909001	其他混合制成的动物质食用油脂或制品（税号1516的食用油、脂及其分离品除外）	13
	1521100000－1522000000	植物蜡等	15
16章	1601001090	其他动物肉，杂碎及血制天然肠衣香肠（包括类似品）	15
	1601002090	其他动物肉，杂碎及血制其他肠衣香肠（包括类似品）	15
	16010030902	经过熟制的用含其他动物成分的香肠制的食品	15
	1602100090－1602391000	其他动物肉或食用杂碎的均化食品等	15
	16023991002	经过熟制的其他方法制作或保藏的鸭	15
	1602399900－1602499090	其他方法制作或保藏的其他家禽肉及杂碎等	15
	1602501090	其他牛肉及牛杂碎罐头（含野牛肉的除外）	15
	1602509090	其他制作或保藏的牛肉，杂碎，血	15
	1602901090	其他肉及杂碎罐头	15
	1602909090	经制作或保藏的其他肉、杂碎及血	15
	1603000090－1604193900	肉及水产品的精、汁等	15
	1604199090－1604201190	制作或保藏的其他鱼等	15
	1604201990－1604209190	非整条或切块的其他鱼罐头等	15
	1604209990－1605409000	其他制作或保藏的鱼等	15
	16059010002	按17%征税的制作或保藏的海蜇	15
	16059020002	按17%征税的制作或保藏的蛤	15
	1605909090	其他制作或保藏的软体动物（包括其他水生无脊椎动物）	15
17章	1701110001－1704900000	未加香料或着色剂的甘蔗原糖等	15
18章	18010000002	按17%征税的焙炒的整颗或破碎的可可豆	15
	1803100000－1806900000	未脱脂可可膏等	15
19章	1901100000	供婴幼儿食用的零售包装食品（可可含量<40%粉、淀粉或麦精制、或可可含量<5%乳品制）	15
	19012000002	按17%征税的供烘焙税号1905所列面包糕饼用的调制品及面团	15
	1901900000	麦精，粮食粉等制食品及乳制食品（可可含量<40%粉，淀粉或麦精制或可可含量<5%乳品制）	15
	19021900002	按17%征税的其他未包馅或未制作的生面食	15
	19022000002	熟制的并按17%征税的包馅面食	15
	19023010002	按17%征税的米粉干	15
	1902302000	粉丝	15
	1902303000	即食或快熟面条	15
	19023090002	熟制的并按17%征税的其他面食	15
	19024000002	熟制的并按17%征税的古斯古斯面食	15
	1903000000－1905900000	珍粉及淀粉制成的珍粉代用品等	15

续表

章	商品代码	商品名称	提高到（%）
20章	20011000002	按17%征税的用醋或醋酸制作的黄瓜及小黄瓜	15
	20019010102	按17%征税的用醋或醋酸腌制的大蒜头、大蒜瓣	15
	20019010902	按17%征税的用醋或醋酸腌制的其他大蒜	15
	20019090902	按17%征税的用醋制作的其他果、菜及食用植物	15
	2002101000	非用醋制作的整个或切片番茄罐头	15
	20021090002	熟制的并按17%征税的非用醋制作的其他整个或切片番茄	15
	2002901100	重量不超过5kg的番茄酱罐头	15
	2002901900	重量大于5kg的番茄酱罐头	15
	20029090002	熟制的并按17%征税的非用醋制作的绞碎番茄	15
	2003101100	小白蘑菇罐头（指洋蘑菇，用醋或醋酸以外其他方法制作或保藏的）	15
	2003101900	其他伞菌属蘑菇罐头（用醋或醋酸以外其他方法制作或保藏的）	15
	20031090002	熟制的并按17%征税的非用醋制作的其他伞菌属蘑菇	15
	20032000002	熟制的并按17%征税的非用醋制作的块菌	15
	2003901010－2003901090	非用醋制作的香菇罐头等	15
	20039090102	按17%征税的非用醋制作的其他香菇	15
	20039090202	熟制的并按17%征税的非用醋制作的其他松茸	15
	20039090902	按17%征税的非用醋制作的其他蘑菇	15
	20041000002	熟制的并按17%征税的非用醋制作的冷冻马铃薯	15
	20049000102	熟制的并按17%征税的非用醋制作的冷冻松茸	15
	20049000202	熟制的并按17%征税的非用醋制作的冷冻酸竹笋	15
	20049000302	熟制的并按17%征税的非用醋制作的冷冻芦荟	15
	20049000402	熟制的并按17%征税的非用醋制作的冷冻仙人掌植物	15
	20049000902	熟制的并按17%征税的非用醋制作的其他冷冻蔬菜	15
	2005100000	非用醋制作的未冷冻均化蔬菜	15
	20052000002	熟制的并按17%征税的非用醋制作的未冷冻马铃薯	15
	20054000002	熟制的并按17%征税的非用醋制作的未冷冻豌豆	15
	2005511000	非用醋制作的脱荚豇豆及菜豆罐头	15
	2005512000	非用醋制作的赤豆馅	15
	20055190002	熟制的并按17%征税的非用醋制作的其他脱荚豇豆及菜豆	15
	2005591000	非用醋制作的其他豇豆及菜豆罐头	15
	20055990002	熟制的并按17%征税的非用醋制作的其他豇豆及菜豆	15
	2005601000	非用醋制作的芦笋罐头	15
	20056090002	熟制的并按17%征税的非用醋制作的其他芦笋	15
	20057000002	熟制的并按17%征税的非用醋制作的未冷冻油橄榄	15
	20058000002	熟制的并按17%征税的非用醋制作的未冷冻甜玉米	15
	2005911010	非用醋制作的酸竹笋罐头	15
	2005911090	非用醋制作的其他竹笋罐头	15
	20059190102	熟制的并按17%征税的非用醋制作的酸竹笋	15
	20059190902	熟制的并按17%征税的非用醋制作的其他竹笋	15
	2005991000	清水马蹄罐头	15
	2005992000	非用醋制作的蚕豆罐头	15
	20059940002	榨菜罐头	15
	20059950002	咸蕨菜罐头	15
	20059960002	咸荞（藠）头罐头	15
	2005999100	其他蔬菜及什锦蔬菜罐头（非用醋制作）	15
	20059999102	熟制的并按17%征税的非用醋制作的仙人掌	15

续表

章	商品代码	商品名称	提高到（%）
20章	20059999202	熟制的并按17%征税的非用醋制作的芦荟	15
	20059999902	熟制的并按17%征税的非用醋制作的其他蔬菜及什锦蔬菜	15
	2006001000－2008113000	蜜枣等	15
	20081190002	熟制的并按17%征税的其他非用醋制作的花生	15
	2008191000	核桃仁罐头	15
	2008192000	其他果仁罐头	15
	20081991002	熟制的并按17%征税的栗仁	15
	20081992002	按17%征税的芝麻	15
	20081999902	熟制的并按17%征税的未列名制作或保藏的坚果及其他子仁	15
	2008201000	菠萝罐头	15
	20082090002	按17%征税的非用醋制作的其他菠萝	15
	2008301000	柑桔属水果罐头	15
	20083090002	按17%征税的非用醋制作的其他柑桔属水果	15
	2008401000	梨罐头	15
	20084090002	按17%征税的非用醋制作的其他梨	15
	20085000002	按17%征税的非用醋制作的杏罐头	15
	20086000002	按17%征税的非用醋制作的樱桃罐头	15
	2008701000	桃罐头，包括油桃罐头	15
	20087090002	按17%征税的非用醋制作的其他桃，包括油桃罐头	15
	20088000002	按17%征税的非用醋制作的草莓罐头	15
	20089100002	按17%征税的非用醋制作的棕榈芯	15
	20089200002	熟制的并按17%征税的非用醋制作的什锦果实	15
	2008991000－2008993100	荔枝罐头等	15
	20089932002	按17%征税的盐腌海带	15
	20089933002	按17%征税的盐腌裙带菜	15
	20089939002	按17%征税的海草及其他藻类制品	15
	20089990002	按17%征税的未列名制作或保藏的水果、坚果	15
	2009110000－2009909000	冷冻的橙汁等	15
21章	2101110000－2103300000	咖啡浓缩精汁等	15
	2103902000－2106902000	别特酒等	15
	2106903090	其他蜂王浆制剂	15
	21069090902	按17%征税的其他编号未列名的食品	15
22章	2201102000	未加糖及未加味的汽水	15
	2202100090	其他加味，加糖或其他甜物质的水（包括矿泉水及汽水）	15
	2202900019	其他散装无酒精饮料〔不包括编号2009的水果汁或蔬菜汁〕	15
	2202900099－2206009000	其他包装无酒精饮料等	15
	2207100000－2207200090	酒精浓度在80%及以上的未改性乙醇等	5
	2208200000－2208909001	蒸馏葡萄酒制得的烈性酒等	15
	2208909029	其他薯类蒸馏酒	15
	2208909099－2209000000	其他蒸馏酒及酒精饮料等	15
23章	2301101100	含牛羊成分的肉骨粉（不适于供人食用的）	15
	2301101900	其他肉骨粉（不适于供人食用的）	15
	2306100000－2306600000	棉子油渣饼及固体残渣等	13
	23069000002	按13%征税的其他油渣饼及固体残渣	13
	23069000003	按17%征税的其他油渣饼及固体残渣	15
	23080000002	按17%征税的菠萝渣	15

续表

章	商品代码	商品名称	提高到（%）
23章	2309101000	狗食或猫食罐头	13
	2309109000	其他零售包装的狗食或猫食	13
	23099010001	按13%征税的制成的饲料添加剂	13
	23099010002	按17%征税的制成的饲料添加剂	15
	2309909000	其他配制的动物饲料	13
24章	24011010002	按17%征税的未去梗的复烤烟	15
	24012010002	按17%征税的部分或全部去梗的复烤烟	15
	2401209000	部分或全部去梗的其他烟草	15
	24013000001	按17%征税的复烤烟的废料	15
	2403100000－2403990090	供吸用的烟草等	15
25章	2504109100	球化石墨（天然石墨经球化加工，分级得到的产品，直径120微米以下）	13
28章	2804611700	电子工业用直径≥30cm单晶硅棒（按重量计含硅量不少于99.99%）	17
	2836999000	其他碳酸盐及过碳酸盐	13
29章	2903459900	其他无环烃全卤化衍生物（指仅含氟和氯的）	13
	2905110000	甲醇	13
	2906290010	三氯杀螨醇、杀螨醇	9
	29091900112	按17%征税的八氯二丙醚	15
	29091900122	按17%征税的二氯异丙醚	15
	29091900902	按17%征税的其他无环醚及其卤化等衍生物	15
	2932999011	克百威	13
	2934995000	克拉维酸及其盐	13
	2937120000	胰岛素及其盐	15
	2941905100	7－氨基脱乙酰氧基头孢烷酸（包括7－氨基头孢烷酸）	15
	2941909011	盐霉素，吉他霉素，盐酸林可霉素，拉沙洛西钠	15
	2941909012	杆菌肽亚甲基二水杨酸，杆菌肽锌，延胡索酸泰妙菌素	15
	2941909013	硫酸大观霉素，磷酸泰乐霉素，泰拉霉素	15
	2941909090	其他抗菌素	15
30章	3001200020－3001909010	人类的腺体、器官及其分泌物提取物等	15
	30019090992	按17%征税的其他未列名的人体或动物制品	15
	3002100000－3002904090	抗血清、其他血份及修饰免疫制品等	15
	3002909019	其他人血制品、动物血制品	15
	3002909091	敏感物项管制毒素	15
	30029090922	按17%征税的苏云金杆菌	15
	3002909099－3003902000	人血、其他毒素等	15
	3003909090－3004902000	含其他未列名成分混合药品等	15
	3004905190－3004905400	含其他成分的中药酒等	15
	3004905990	含其他成分的中式成药（已配定剂量或零售包装）	15
	3004909030－3006500000	其他含29章麻醉药品的单方制剂等	15
	3006700000－3006920000	医用凝胶制品，润滑剂，偶合剂等	15
38章	3806201000	松香盐及树脂酸盐	13
	3806209000	松香或树脂酸衍生物的盐（松香加合物的盐除外）	13
39章	3901909000	其他初级形状的乙烯聚合物	13
	3903191000	改性的初级形状的非可发性的聚苯乙烯	13
	3907101000	初级形状的聚甲醛	13
	3907601900	其他聚对苯二甲酸乙二酯切片	13

续表

章	商品代码	商品名称	提高到（%）
39章	3913900010	右旋糖苷铁	13
	3916100000－3920101000	乙烯聚合物制单丝，条，杆及型材等	13
	3920109090	其他非泡沫乙烯聚合物板，片，膜，箔及扁条（未用其他材料强化，层压，支撑或用类似方法合制，非农用）	13
	3920201000	丙烯聚合物制电池隔膜	13
	3920300000	非泡沫苯乙烯聚合物板，片，膜，箔，扁条（未用其他材料强化，层压，支撑或用类似方法合制）	13
	3920510000－3922100000	聚甲基丙烯酸甲酯板片膜箔及扁条等	13
	3922200090－3926909090	其他塑料马桶座圈及盖等	13
42章	4202111090	以皮革，再生皮革，漆皮作面的衣箱（含野生动物皮革的除外）	15
	4202119090－4202190000	以皮革，再生皮革，漆皮作面的箱包等	15
	4202210090－4202290000	以皮革，再生皮革，漆皮作面的手提包等	15
	4202310090－4202390000	以皮革，再生皮革作面的钱包等	15
	4202910090－42029900002	皮革，再生皮革，漆皮作面的其他容器等	15
44章	4412101929	其他竹地板层叠胶合而成的多层板（每层厚度≤6mm）	13
	4412101999	其他竹胶合板（每层厚度≤6mm）	13
	4412109990	其他竹制多层板	13
	4414009090	其他木制的画框，相框，镜框及类似品	13
	4418721000	已装拼的竹制多层地板	13
	4418791000	已装拼的竹制其他地板	13
	4419003290	其他竹制一次性筷子	13
	4419009100	竹制的餐具及厨房用具	13
	4420109090	其他木制小雕像及其他装饰品	13
	4420901090	镶嵌木	13
	4421902290	一次性其他竹制圆签，圆棒，冰果棒，压舌片（包括类似的一次性制品）	13
	4421909090	未列名的木制品	13
50章	5002001100－5002009000	未加捻的桑蚕厂丝等	15
52章	5202990000	其他废棉	13
64章	6401101000－6401990000	橡胶制鞋面的装金属护头的防水鞋靴等	15
	6402120090	其他橡胶/塑料底及面滑雪靴（包括越野滑雪鞋靴及滑雪板靴）	15
	6402190090－6406990000	橡胶、塑料制底及面的其他运动鞋靴等	15
65章	6501000000－6507000090	毡呢制帽坯及圆帽片等	15
66章	6601100000－6603900090	庭院用伞及类似品等	15
67章	6701000010－6704900000	已加工野禽羽毛、羽绒及其制品等	15
69章	6909110000－6909190000	实验室，化学或其他技术用瓷器等	13
70章	7002201000	光导纤维预制棒	13
	7002311000	光导纤维用波导级石英玻璃管（指未经加工的熔凝石英或其他熔凝硅石制）	13
	7002320000－7002390090	其他未加工的玻璃管等	13
	7006000001－7010909000	液晶玻璃基板等	13
	7013100000－7015109000	玻璃陶瓷制玻璃器皿等	13
	7015902000	平光变色镜片坯件（未经光学加工的）	13
	7016100000－7018900000	供镶嵌或装饰用玻璃马赛克等	13
	7020001100	导电玻璃	13
	7020009100	保温瓶或其他保温容器用玻璃胆	13

续表

章	商品代码	商品名称	提高到（%）
72章	7208100000－7209151000	轧有花纹的热轧卷材等	9
	7211130000－7212600000	未轧花纹的四面轧制的热轧非卷材等	9
	7214100000	铁或非合金钢的锻造条、杆（除热加工外未进一步加工）	9
	7216310000－7216402000	截面高度≥80mm槽型钢等	9
	7216610000－7216910000	平板轧材制的角材、型材及异型材等	9
	7217200000－7217309000	镀或涂锌的铁或非合金钢丝等	9
	7220110000－7220900000	热轧不锈钢带材厚度≥4.75mm等	9
	7225300000	宽度≥600mm热轧其他合金钢卷材（除热轧外未经进一步加工）	9
	7225910000－7225999000	电镀锌的其他合金钢宽平板轧材等	9
	7226200000－7227900000	宽度＜600mm的高速钢平板轧材等	9
	7228200000	其他硅锰钢的条、杆	9
	7228600000－7228709000	其他合金钢条、杆等	9
	7229200000	硅锰钢丝	9
	7229909000	其他合金钢丝	9
73章	7301100000－7303009000	钢铁板桩等	9
	7304311000－7304411000	冷轧的钢铁制无缝锅炉管等	9
	7304499000－7304900000	非冷轧的不锈钢制其他无缝管等	9
	7305310000－7305900000	纵向焊接的其他粗钢铁管等	9
	7306301900－7308900000	其他铁或非合金钢圆形截面焊缝管外径≤10毫米，壁厚＞0.7毫米等	9
	7310290000	其他容积＜50升的盛物容器（容积＜50升的钢铁柜、桶、罐、听及类似容器）	9
	7311009000	其他装压缩或液化气的容器（指非零售包装用）	13
	7315119000	其他滚子链（自行车链、摩托车链除外）	13
	7315810000－7315890000	日字环节链等	13
	7321890000	其他器具，包括使用固体燃料的	9
	7321900000	非电热家用器具零件	9
	7326209000	非工业用钢铁丝制品	9
	7326909000	其他非工业用钢铁制品	9
76章	7607111000－7607200000	轧制后未进一步加工的无衬背铝箔等	15
82章	8201600090	其他修枝等双手操作农用剪	9
	82019000902	按17%征税的其他农业、园艺、林业用手工工具	9
	8207201000－8208101900	带金刚石等工作部件的金属拉拔模等	13
	8211100000－8211940000	以刀为主的成套货品	9
	8213000000	剪刀、裁缝剪刀及类似品、剪刀片	9
	8214200000	修指甲及修脚用具（包括指甲锉）	9
	8214900010	切菜刀等厨房用利口器	9
	8214900090	理发推子等其他利口器	9
	8215200000	成套的其他厨房或餐桌用具（成套货品，没有一件是镀贵金属的）	9
83章	8302200000	用贱金属做支架的小脚轮	9
	8302500000	帽架，帽钩，托架及类似品	9
	8306299000	其他雕塑像及其他装饰品（贱金属制）	13
	8308100000	贱金属制钩、环及眼	9
	8311100000－8311900000	以焊剂涂面的贱金属电极，电弧焊用等	13
84章	8407102000	输出功率＞298kw航空器内燃引擎（指点燃往复式或旋转式）	15
	8407310000－8407330000	排气量≤50cc往复式活塞引擎等	15

续表

章	商品代码	商品名称	提高到（%）
84 章	8408209090	功率<132.39kw 其他用柴油机（指第 87 章车辆用压燃式活塞内燃发动机）	15
	84099199202	摩托车引擎用废气再循环（EGR）装置	15
	84099199302	摩托车引擎用连杆	15
	84099199402	摩托车引擎用喷嘴	15
	84099199502	摩托车引擎用气门摇臂	15
	84099199902	摩托车引擎用其他点燃式活塞内燃发动机用零件	15
	8413110000－8413400000	分装燃料或润滑油的泵，用于加油站或车库等	15
	84135010202	非农业用气动式耐腐蚀波纹或隔膜泵	15
	8413501090	其他非农业用气动往复式排液泵	15
	84135020202	非农业用电动式耐腐蚀波纹或隔膜泵	15
	8413502090	其他非农业用电动往复式排液泵	15
	8413503190	其他非农业用柱塞泵	15
	84135039202	非农业用液压式耐腐蚀波纹或隔膜泵	15
	8413503990	其他非农业用液压往复式排液泵	15
	84135090202	其他非农用耐腐蚀波纹或隔膜泵	15
	8413509090	其他非农用往复式排液泵	15
	8413602110	电动齿轮多重密封泵（非农业用回转式排液泵）	15
	8413602190	其他非农业用电动齿轮泵（回转式排液泵，多重密封泵除外）	15
	8413602202	非农业用回转式液压油泵（输入转速>2000r/min，输入功率>190kw，最大流量>2×280L/min）	15
	8413602220	液压齿轮多重密封泵（非农业用回转式排液泵）	15
	8413602290	其他非农业用液压齿轮泵（回转式排液泵，多重密封泵除外）	15
	8413602990	其他非农业用齿轮泵（回转式排液泵）	15
	8413603110	电动叶片多重密封泵（非农业用回转式排液泵）	15
	8413603190	其他非农业用电动叶片泵（回转式排液泵，多重密封泵除外）	15
	8413603210	液压叶片多重密封泵（非农业用回转式排液泵）	15
	8413603290	其他非农业用液压叶片泵（回转式排液泵，多重密封泵除外）	15
	8413603990	其他非农业用叶片泵（回转式排液泵）	15
	8413604010	螺杆多重密封泵（非农业用回转式排液泵）	15
	8413604090	其他非农业用螺杆泵（回转式排液泵，多重密封泵除外）	15
	8413605090	其他非农业用径向柱塞泵（回转式排液泵）	15
	8413606090	其他非农业用轴向柱塞泵（回转式排液泵）	15
	8413609090	其他回转式排液泵	15
	84137010202	非农业用液体推进剂用泵	15
	8413701090	其他非农用离心泵（转速在 10000 转/分及以上）	15
	8413709190	其他非农业用电动潜油泵及潜水电泵（转速在 10000 转/分以下）	15
	84137099202	非农业用一次冷却剂泵	15
	84137099302	非农业用转速小于 10000 转/分的离心式屏蔽泵	15
	84137099402	非农业用转速小于 10000 转/分的离心式磁力泵	15
	84137099502	非农业用液体推进剂用泵	15
	84137099602	非农业用其他离心泵多重密封泵	15
	8413709990	其他非农业用离心泵（转速在 10000 转/分以下）	15
	84138100202	非农业用生产重水用多级泵	15
	8413810090－8414200000	其他非农用液体泵等	15
	8414301101－8414400000	功率≤0.4kw 的冷藏、冷冻箱用无级变速压缩机等	17

续表

章	商品代码	商品名称	提高到（%）
84章	8414511000－8414592000	功率≤125w的吊扇等	15
	8414593000	其他离心通风机	17
	8414599010	罗茨式鼓风机	17
	8414599020－8414599040	吸气＞1m3/min的耐UF6腐蚀的鼓风机等	15
	8414599050	电子产品散热用轴流风扇	17
	8414599091－8414803090	其他台扇、落地扇、壁扇等	15
	8414901100－8414909090	压缩机进、排气阀片等	15
	8415101000－8415830000	独立窗式或壁式空气调节器等	17
	8415901000－8417909000	制冷量≤4千大卡/时空调的零件等	15
	8418101000－8418500000	容积＞500升冷藏－冷冻组合机等	17
	8418910000	冷藏或冷冻设备专用的特制家具	15
	8418999100－8419110000	制冷温度≤－40℃冷冻设备零件等	15
	8419200000	医用或实验室用其他消毒器具	15
	8419320000－8419500090	木材、纸浆、纸或纸板用干燥器等	15
	8419609010－8419899090	液化器等	15
	8419909000－8422309090	编号8419的机器设备用零件等	15
	84224000002	按17%征税的其他包装或打包机器（包括热缩包装机器）	15
	8422901000－8424300000	洗碟机用零件等	15
	8424891000－8424909000	家用型喷射、喷雾机械器具等	15
	8431100000－8431499000	滑车、绞盘、千斤顶等机械用零件等	15
	8432801000	草坪及运动场地滚压机	15
	84328090002	按17%征税的园艺机械	15
	8432900000－8433190000	整地或耕作机械、滚压机零件等	15
	8433901000	联合收割机用零件	15
	8433909000	编号8433所列其他机械零件	15
	8434200000－8435900000	乳品加工机器等	15
	84368000012	按17%征税的青储饲料切割上料机	15
	84368000902	按17%征税的园艺等用的其他机器	15
	8436910000	家禽饲养机，孵卵器及育雏器零件	15
	8436990000	编号8436所列其他机器的零件	15
	8437900000－8443198000	编号8437所列机械的零件等	15
	8443311010－8443322190	静电感光式多功能一体加密传真机等	17
	8443322201－8443999090	幅宽＞60cm的静电照相印刷设备等	15
	8444001000－8450200000	合成纤维长丝纺丝机等	17
	8450901000－8451900000	干衣量≤10kg的洗衣机零件等	15
	8452101000－8452290000	多功能家用型缝纫机等	17
	8452300000－8453900000	缝纫机针等	15
	8461201000－8461300000	切削金属或金属陶瓷的牛头刨床等	17
	8463101100－8463200000	300吨及以下的金属冷拔管机等	17
	8463900010－8464909000	滚压成形机床等	17
	8465910000－8465990000	加工木材等材料的锯床等	17
	8466100000－8470900000	工具夹具及自启板牙切头等	15
	8471411000	巨大中型自动数据处理设备	17
	8471412000	小型自动数据处理设备	17
	8471491000	系统形式报验的巨、大、中型机（计算机指自动数据处理设备）	17
	8471492000	以系统形式报验的小型计算机（计算机指自动数据处理设备）	17

续表

章	商品代码	商品名称	提高到（%）
84章	8471499100 - 8471502000	其他分散型工业过程控制设备等	17
	8471509000 - 8471609000	847141 或 847149 以外设备的处理部件等	17
	8471702000 - 8471703090	自动数据处理设备的软盘驱动器等	17
	8471800000 - 8471900090	其他自动数据处理设备的部件等	17
	8472100000 - 8473290000	胶版复印机，油印机等	15
	8473401000 - 8474209000	自动柜员机用出钞器等	15
	8474900000 - 8478900000	编号 8474 所列机器的零件等	15
	8479200000 - 8479400000	提取加工动物或植物油脂的机器等	15
	8479600000 - 8482990000	蒸发式空气冷却器等	15
	8483200000 - 8483402090	装有滚珠或滚子轴承的轴承座等	15
	8483500000	飞轮及滑轮（包括滑轮组）	15
	8483900001	风力发电设备用传动部件及零件（包括齿轮、齿轮支架、内齿圈、锁紧盘、齿轮轴、变速箱壳体）	15
	8484200030 - 8484900000	MLIS 用转动轴封等	15
	8487900000	本章其他编号未列名的机器零件（不具有电气接插件、绝缘体、线圈或其他电气器材特征的）	15
85章	8501101000 - 8501109990	输出功率≤37.5W 玩具电动机等	17
	8503001000	玩具用电动机等微电动机零件（子目号 8501.1010 及 8501.1091 所列电动机零件）	17
	8503002000	>350MVA 交流发电机零件（子目号 8501.6420 及 8501.6430 所列发电机零件）	17
	8504101000	电子镇流器	17
	8504109000	其他放电灯或放电管用镇流器	17
	8504232100	400≤额定容量<500MVA 液体变压器	17
	8504311000	额定容量不超过 1 千伏安的互感器	17
	8504321000 - 8504330000	1KVA<额定容量≤16KVA 的互感器等	17
	8504401400 - 8504401940	功率<1 千瓦直流稳压电源等	17
	8504409101 - 8505111000	具有变流功能的半导体模块等	17
	8505200000 - 8505909090	电磁联轴节、离合器及制动器等	17
	85061011002	无汞扣式碱性锌锰的原电池及原电池组	15
	85061012002	无汞圆柱形碱性锌锰的原电池及原电池组	15
	8506101900	其他碱性锌锰的原电池及原电池组	15
	8506109000	其他二氧化锰的原电池及原电池组	15
	8506400000 - 8506909000	氧化银的原电池及原电池组等	15
	8507400000	镍铁蓄电池	15
	8507801000	镍氢蓄电池	15
	8507809000	其他蓄电池	15
	8507909000	其他蓄电池零件	15
	8508110000 - 8517110090	电动的真空吸尘器等	17
	8517122000	对讲机（用于蜂窝网络或其他无线网络的）	17
	8517180010	其他加密电话机	17
	8517180090	其他电话机	17
	8517623100	非光通讯网络时钟同步设备	17
	8517623500	集线器	17
	8517629900 - 8517702000	其他接收、转换并发送或再生音像或其他数据用的设备等	17
	8517704000	对讲机用零件（天线除外）	17

续表

章	商品代码	商品名称	提高到（%）
85章	8517709000	编号8517所列其他通信设备零件	17
	85177090001	无线寻呼机零件	17
	8518100001－8518290000	电讯用频率在300～3 400Hz麦克风等	17
	8518400001－8521901190	电器扩音器等	17
	8521901910	具有录制功能的其他激光视盘播放机（不论是否装有高频调谐放大器）	17
	8521901990	其他激光视盘播放机（不论是否装有高频调谐放大器）	17
	8522100000－8522902900	拾音头等	17
	8522903901－8523211000	激光视盘机的激光收发装置等	17
	85232120002	按17%征税的已录制的磁条卡	17
	8523291100	未录制磁盘	17
	85232911001	其他用途的未录制磁盘	17
	85232919002	其他用途的已录制磁盘	17
	8523292100－8523292300	未录制的宽度不超过4毫米的磁带等	17
	85232928002	按17%征税的重放声音或图像信息的磁带	17
	85232929002	按17%征税的已录制的其他磁带	17
	85232990002	按17%征税的其他磁性媒体	17
	85234010002	按17%征税的仅用于重放声音信息的已录制光盘	17
	85234020002	按17%征税的用于重放声音、图像以外信息的光学媒体	17
	8523409100	其他未录制光学媒体	17
	85234099002	按17%征税的其他光学媒体	17
	8523511000	未录制的固态非易失性存储器件（闪速存储器）	17
	85235120002	按17%征税的已录制的固态非易失性存储器件	17
	8523591000	其他未录制的半导体媒体	17
	85235920002	按17%征税的其他已录制的半导体媒体	17
	85238011002	按17%征税的已录制唱片	17
	85238019002	按17%征税的其他唱片	17
	8523802100	未录制的税号84.71所列机器用其他媒体（磁性、光学或半导体媒体除外）	17
	85238029002	按17%征税的其他税号84.71所列机器用其他媒体	17
	8523809100	未录制的其他媒体（磁性、光学或半导体媒体除外）	17
	85238099002	按17%征税的其他媒体	17
	8525500000－8525801200	无线电广播、电视用发送设备等	17
	8525802100	特种用途的数字照相机	17
	8525803100	特种用途视频摄录一体机	17
	8525803200	非特种用途的广播级视频摄录一体机	17
	8525803900－8527990000	非特种用途的其他视频摄录一体机等	17
	8528491000	其他彩色的阴极射线管监视器	17
	8528499000	其他黑白或其他单色的阴极射线管监视器	17
	8528519000－8528610090	其他专用或主要用于税目84.71商品的监视器等	17
	8528699000	黑白或其他单色的投影机	17
	8528711000	彩色的卫星电视接收机（在设计上不带有视频显示器或屏幕的）	17
	8528719000	黑白的或其他单色的电视接收装置（在设计上不带有视频显示器或屏幕的）	17
	8528721900	其他彩色的电视接收机，阴极射线显像管等	17
	8528730000－8529102000	黑白或其他单色的电视接收机等	17
	8529901011－85299049001	卫星电视接收用解码器等	17

续表

章	商品代码	商品名称	提高到（%）
85章	8529905000	雷达及无线电导航设备零件	17
	8529906000	收音机及其组合机的其他零件	17
	8530100000－8532230000	铁道或电车道用电气信号等设备等	17
	8532249000	其他多层瓷介电容器	17
	8532251000	片式纸介质或塑料介质电容器	17
	8532290000－8533100000	其他固定电容器等	17
	8533219000－8533900000	额定功率≤20瓦其他固定电阻器等	17
	8535100000－8536300000	电路熔断器等	17
	8536490000－8536900000	电压大于60伏的继电器等	17
	8537109001	电梯用控制柜（电气柜）及控制柜专用印刷电路板（电压不超过1000伏的线路）	17
	8537109022－8539900000	数字控制器等	17
	8540120000－8540209090	黑白或单色阴极射线电视显像管等	17
	8540500000－8540810000	黑白或其他单色数据/图形显示管等	17
	8540912000－8540999000	雷达显示管零件等	17
	8543100010－8543209010	脉冲电子加速器等	17
	8543300010－8543709100	电化学还原槽；锂汞齐电解槽等	17
	8543709300－85437099901	电篱网激发器等	17
	8543901000－8544190000	粒子加速器用零件等	17
	8544302001－8544609000	车辆用电控柴油机的线束等	17
	8545200000－8548900020	碳刷等	17
	8548900090	85章其他编号未列名的电气零件	15
86章	8607110000	铁道及电车道机车的驾驶转向架（包括铁道及电车道其他车辆用的）	15
	8607120000	铁道及电车道机车的非驾驶转向架（包括铁道及电车道其他车辆用的）	15
	8609001000－8609009000	20英尺的集装箱等	15
87章	8703101100－8703109000	全地形车等	15
	8708293000	机动车辆用车窗玻璃升降器	15
	8709111000－8709900000	电动的短距离牵引车等	15
	8711100010－8716100000	微马力摩托车及脚踏两用车等	15
	87162000002	按17%征税的农用自装或自卸式挂车及半挂车	15
	8716311000－8716900000	油罐挂车及半挂车等	15
89章	89019090001	其他非铁制非机动货运船舶及客货兼运船舶	15
	8903100000－8903990090	充气的娱乐或运动用快艇等	15
	8907100000－8908000000	充气筏等	15
90章	9001100001－9003110000	非色散位移单模光纤等	15
	9003190090－9005100000	其他非塑料材料制眼镜架等	15
	9005809000－9010909000	其他光学望远镜等	15
	9011200000－9013100000	缩微照相等用的其他显微镜等	15
	9013801000	放大镜	15
	9013802000	光学门眼	15
	9013809000	其他装置，仪器及器具（90章其他编号未列名的）	15
	9017100000－9017900000	绘图台及绘图机等	15
	9021100000－9021900090	矫形或骨折用器具等	15
	9022191000	低剂量X射线安全检查设备	15
	9022290010－9025900000	γ射线全自动燃料芯块检查台等	15
	9026201010－9027100090	锰铜压力计等	15

续表

章	商品代码	商品名称	提高到（%）
90章	9027500000－9029900000	使用光学射线的其他仪器及装置等	15
	9030201000－9030390000	300兆赫以下的通用示波器等	15
	9030820000	检测半导体晶片或器件的仪器（包括测试或检验半导体晶片或元器件用的装置）	15
	9030891000－9031499090	其他电感及电容测试仪等	15
	9031900020－9032200000	惯性测量单元稳定元件加工夹具等	15
94章	9401100000－9403200000	飞机用坐具等	15
	9403300090	其他办公室用木家具	15
	9403400090	其他厨房用木家具	15
	9403501090	其他卧室用红木制家具	15
	9403509100	卧室用漆木家具	15
	9403509990	卧室用其他木家具	15
	9403601090	其他红木制家具（非卧室用）	15
	9403609100	其他漆木家具（非卧室用）	15
	9403609990－9404210090	其他木家具等	15
95章	9503001000－9504100000	三轮车、踏板车、踏板汽车和类似的带轮玩具等	15
98章	98010090001	按13%征税的其他未分类商品	13

省财政厅　省地方税务局转发《财政部　国家税务总局关于公布若干废止和失效的营业税规范性文件的通知》的通知

2009年6月22日　鲁财税〔2009〕70号

各市财政局、地方税务局：

现将《财政部　国家税务总局关于公布若干废止和失效的营业税规范性文件的通知》（财税〔2009〕61号）转发给你们，请遵照执行。

附件：财政部　国家税务总局关于公布若干废止和失效的营业税规范性文件的通知

附件：

财政部　国家税务总局关于公布若干废止和失效的营业税规范性文件的通知

2009年5月18日　财税〔2009〕61号

各省、自治区、直辖市、计划单列市财政厅（局）、地方税务局，新疆生产建设兵团财务局：

根据修订后的《中华人民共和国营业税暂行条例》（国务院令第540号）和《中华人民共和国营业税暂行条例实施细则》（财政部、国家税务总局令第52号），财政部和国家税务总局对1994年以来联合发布的营业税规范性文件进行了清理。现将废止或失效的文件和文件条款目录予以公布，自2009年1月1日起执行。

一、全文废止或失效的文件（18 件）

1. 财政部　国家税务总局关于对中国人民保险公司办理的出口信用保险业务不征营业税的通知（财税字〔1994〕015 号）。

2. 财政部　国家税务总局关于对机动车驾驶员培训业务征收营业税问题的通知（财税字〔1995〕15 号）。

3. 财政部　国家税务总局关于营业税几个政策问题的通知（财税字〔1995〕45 号）。

4. 财政部　国家税务总局关于中国进出口银行办理的出口信用保险业务不征营业税的通知（财税字〔1996〕2 号）。

5. 财政部　国家税务总局关于金融保险业以外汇折合人民币计算营业额问题的通知（财税字〔1996〕50 号）。

6. 财政部　国家税务总局关于调整部分娱乐业营业税税率的通知（财税字〔2001〕73 号）。

7. 财政部　国家税务总局关于经营性公墓营业税问题的通知（财税〔2001〕117 号）。

8. 财政部　国家税务总局关于明确调整营业税税率的娱乐业范围的通知（财税〔2001〕145 号）。

9. 财政部　国家税务总局关于明确《中华人民共和国营业税暂行条例实施细则》第十一条有关问题的通知（财税〔2001〕160 号）。

10. 财政部　国家税务总局关于对中国出口信用保险公司办理的出口信用保险业务不征收营业税的通知（财税〔2002〕157 号）。

11. 财政部　国家税务总局关于金融企业应收未收利息征收营业税问题的通知（财税〔2002〕182 号）。

12. 财政部　国家税务总局关于下岗失业人员再就业有关税收政策问题的补充通知（财税〔2003〕12 号）。

13. 财政部　国家税务总局关于调减台球　保龄球营业税税率的通知（财税〔2004〕97 号）。

14. 财政部　国家税务总局关于香港大公报广告收入营业税政策的通知（财税〔2004〕193 号）。

15. 财政部　国家税务总局关于纳税人以清包工形式提供装饰劳务征收营业税问题的通知（财税〔2006〕114 号）。

16. 财政部　国家税务总局关于建筑业营业税若干政策问题的通知（财税〔2006〕177 号）。

17. 财政部　国家税务总局关于香港商报和经济导报广告收入营业税问题的通知（财税〔2007〕2 号）。

18. 财政部　国家税务总局关于湖南省农村信用社冲减应收未收利息营业税问题的通知（财税〔2007〕54 号）。

二、部分废止或失效的文件（12 件）

1. 财政部　国家税务总局关于增值税、营业税若干政策规定的通知〔（94）财税字第 026 号〕第四条第二项、第十一条。

2. 财政部　国家税务总局关于金融业征收营业税有关问题的通知（财税字〔1995〕79 号）第二条。

3. 财政部　国家税务总局关于发布《外国公司船舶运输收入征税办法》的通知（财税字〔1996〕87 号）有关营业税政策规定。

4. 财政部　国家税务总局关于转发《国务院关于调整金融保险业税收政策有关问题的通知》的通知（财税字〔1997〕45 号）第一条、第二条、第八条、第九条。

5. 财政部　国家税务总局关于供电工程贴费不征收增值税和营业税的通知（财税字〔1997〕102 号）有关营业税规定。

6. 财政部　国家税务总局关于个人提供非有形商品推销代理等服务活动取得收入征收营业税和个人所

得税有关问题的通知（财税字〔1997〕103号）第一条有关营业税规定。

7. 财政部　国家税务总局关于证券投资基金税收问题的通知（财税字〔1998〕55号）第一条第二、三项。

8. 财政部　国家税务总局关于对青少年活动场所　电子游戏厅有关所得税和营业税政策问题的通知（财税〔2000〕21号）第二条。

9. 财政部　国家税务总局关于医疗卫生机构有关税收政策的通知（财税〔2000〕42号）有关营业税规定。

10. 财政部　国家税务总局关于开放式证券投资基金有关税收问题的通知（财税〔2002〕128号）第一条第三项。

11. 财政部　国家税务总局关于营业税若干政策问题的通知（财税〔2003〕16号）第一条第（四）项、第二条第（六）项、第四条、第五条。

12. 财政部　国家税务总局关于信贷资产证券化有关税收政策问题的通知（财税〔2006〕5号）第二条第（三）项。

特此通知。

省财政厅　省国家税务局　省地方税务局　省民政厅关于山东省残疾人福利基金会等12家基金会公益救济性捐赠所得税税前扣除问题的通知

2009年6月22日　鲁财税〔2009〕71号

各市财政局、国家税务局、地方税务局、民政局：

为支持我省社会公益事业发展，根据《财政部　国家税务总局　民政部关于公益性捐赠税前扣除有关问题的通知》（财税〔2008〕160号）精神，现对纳税人向山东省残疾人福利基金会等12家单位捐赠支出的所得税税前扣除问题明确如下：

对企事业单位、社会团体和个人等社会力量，通过山东省残疾人福利基金会、山东省人口关爱基金会、山东省教育基金会、山东省送温暖工程基金会、青岛市教育发展基金会、青岛市残疾人福利基金会、山东省青少年发展基金会、山东科技大学教育发展基金会、山东经济学院教育基金会、荣成市大鱼岛福利基金会、山东省安民扶贫治盲基金会、山东省武训教育基金会等12家单位进行的公益救济性捐赠支出，自2008年1月1日至2009年12月31日，企业在不超过年度利润总额12%的部分，个人在申报应纳税所得额30%以内的部分，准予在计算缴纳企业所得税和个人所得税之前扣除。

以上基金会在接受捐赠或办理转赠时，应按照财务隶属关系，使用省财政厅统一印（监）制的公益救济性捐赠票据，并加盖接受或转赠单位的财务专用印章。未按规定使用票据的，不予税前扣除。

省财政厅　省地方税务局转发《财政部　国家税务总局关于个人无偿受赠房屋有关个人所得税问题的通知》的通知

2009年6月26日　鲁财税〔2009〕72号

各市财政局、地方税务局：

现将《财政部　国家税务总局关于个人无偿受赠房屋有关个人所得税问题的通知》（财税〔2009〕78号）转发给你们，请认真贯彻执行。

附件：财政部　国家税务总局关于个人无偿受赠房屋有关个人所得税问题的通知

附件：

财政部　国家税务总局关于个人无偿受赠房屋有关个人所得税问题的通知

2009年5月25日　财税〔2009〕78号

各省、自治区、直辖市、计划单列市财政厅（局）、地方税务局，宁夏、西藏、青海省（自治区）国家税务局，新疆生产建设兵团财务局：

为了加强个人所得税征管，堵塞税收漏洞，根据《中华人民共和国个人所得税法》有关规定，现就个人无偿受赠房屋有关个人所得税问题通知如下：

一、以下情形的房屋产权无偿赠与，对当事双方不征收个人所得税：

（一）房屋产权所有人将房屋产权无偿赠与配偶、父母、子女、祖父母、外祖父母、孙子女、外孙子女、兄弟姐妹；

（二）房屋产权所有人将房屋产权无偿赠与对其承担直接抚养或者赡养义务的抚养人或者赡养人；

（三）房屋产权所有人死亡，依法取得房屋产权的法定继承人、遗嘱继承人或者受遗赠人。

二、赠与双方办理免税手续时，应向税务机关提交以下资料：

（一）《国家税务总局关于加强房地产交易个人无偿赠与不动产税收管理有关问题的通知》（国税发〔2006〕144号）第一条规定的相关证明材料；

（二）赠与双方当事人的有效身份证件；

（三）属于本通知第一条第（一）项规定情形的，还须提供公证机构出具的赠与人和受赠人亲属关系的公证书（原件）；

（四）属于本通知第一条第（二）项规定情形的，还须提供公证机构出具的抚养关系或者赡养关系公证书（原件），或者乡镇政府或街道办事处出具的抚养关系或者赡养关系证明。

税务机关应当认真审核赠与双方提供的上述资料，资料齐全并且填写正确的，在提交的《个人无偿赠与不动产登记表》上签字盖章后复印留存，原件退还提交人，同时办理个人所得税不征税手续。

三、除本通知第一条规定情形以外，房屋产权所有人将房屋产权无偿赠与他人的，受赠人因无偿受赠房屋取得的受赠所得，按照“经国务院财政部门确定征税的其他所得”项目缴纳个人所得税，税率为20%。

四、对受赠人无偿受赠房屋计征个人所得税时，其应纳税所得额为房地产赠与合同上标明的赠与房屋价值减除赠与过程中受赠人支付的相关税费后的余额。赠与合同标明的房屋价值明显低于市场价格或房地产赠与合同未标明赠与房屋价值的，税务机关可依据受赠房屋的市场评估价格或采取其他合理方式确定受赠人的应纳税所得额。

五、受赠人转让受赠房屋的，以其转让受赠房屋的收入减除原捐赠人取得该房屋的实际购置成本以及赠与和转让过程中受赠人支付的相关税费后的余额，为受赠人的应纳税所得额，依法计征个人所得税。受赠人转让受赠房屋价格明显偏低且无正当理由的，税务机关可以依据该房屋的市场评估价格或其他合理方式确定的价格核定其转让收入。

六、本通知自发布之日起执行。

省财政厅　省国家税务局转发《财政部　国家税务总局关于2009年防汛专用车免征车辆购置税的通知》的通知

2009年7月15日　鲁财税〔2009〕73号

各市财政局、国家税务局：

现将《财政部　国家税务总局关于2009年防汛专用车免征车辆购置税的通知》（财税〔2009〕83号）转发给你们，请认真贯彻执行。

附件：财政部　国家税务总局关于2009年防汛专用车免征车辆购置税的通知

附件：

财政部　国家税务总局关于2009年防汛专用车免征车辆购置税的通知

2009年6月12日　财税〔2009〕83号

各省、自治区、直辖市、计划单列市（不含上海市、深圳市）财政厅（局）、国家税务局，新疆生产建设兵团财务局：

根据《财政部　国家税务总局关于防汛专用等车辆免征车辆购置税的通知》（财税〔2001〕39号）第一条规定，对国家防汛抗旱总指挥部申请的2009年627辆设有固定装置的防汛专用车免征车辆购置税（具体免税范围见附件），免税指标的使用截止期限为2010年3月31日，过期失效。

车主在办理车辆购置税纳税申报手续时，需向所在地主管税务机关提供车辆内观、外观彩色5寸照片1套，出示国家防汛抗旱总指挥部办公室随车配发的“防汛专用车证”。主管税务机关依据本通知所附的免税车辆指标、免税车辆型号以及车辆内观、外观彩色照片、“防汛专用车证”（照片及证单式样从国家税务总局FTP服务器的“LOCAL/货物和劳务税司/车辆购置税处/国家防汛抗旱总指挥部防汛专用车免税图册”地址下载）为车主办理免税手续。

免税车辆因转让、改变用途等原因不再属于免税范围的，应按照《中华人民共和国车辆购置税暂行条例》（国务院令第294号）第十五条的规定补缴车辆购置税。

附件：2009年防汛专用车免征车辆购置税指标分配表

附件：

2009年防汛专用车免征车辆购置税指标分配表

单位：辆

车型 单位	合计	丰田牌 SCT6490E4/ SCT6491E4	丰田牌 CA6520G/ CA6520GE4/ CA6520UE4	北京现代牌 BH6430NY/ BH6431BY	猎豹牌 CFA6501AA	三菱牌 CFA2031G/ CFA2031H	胜达 2656CC 越野车	维拉克斯 3778CC 越野车	陆地巡洋舰 霸道2694CC 越野车	备注
合计	627	90	23	193	66	93	90	13	59	
北京	17	5		7	3	1			1	
天津	2	2								

续表

单位＼车型	合计	丰田牌 SCT6490E4/SCT6491E4	丰田牌 CA6520G/CA6520GE4/CA6520UE4	北京现代牌 BH6430NY/BH6431BY	猎豹牌 CFA6501AA	三菱牌 CFA2031G/CFA2031H	胜达 2656CC 越野车	维拉克斯 3778CC 越野车	陆地巡洋舰 霸道 2694CC 越野车	备注
河北	25	1	2	11	2	2	7			
山西	49	8	3	17			10	3	8	
内蒙古	22	7	2	1	2	1	4		5	
辽宁	23	6	4	3	1	3	4		2	
大连	4	2		2						
吉林	9	1	2	1	1		1		3	
黑龙江	7			3	3		1			
江苏	14	2		6	4	1	1			
浙江	15			2		3	10			
宁波	1				1					
安徽	28	1	1	10	4	3	3		6	
福建	11	3		7		1				
厦门	7			6		1				
江西	17	6		4	1		3	1	2	
山东	45	8	3	23	1	5	1	3	1	其中：黄河水利委员会丰田牌SCT6490E4型1辆，北京现代牌BH6431BY型、BH6430NY型各1辆。
青岛	3	1			1			1		
河南	40	4		18	3	3	8		4	其中：黄河水利委员会猎豹牌CFA6501AA型1辆，北京现代牌BH6431BY型1辆、BH6430NY型2辆。
湖北	11	2		4	1	1	1		2	
湖南	28	4	2	2	6	5	4	1	4	
广东	16			2	1	13				
广西	34	5		10	3	7	3		6	
海南	4	2		2						
四川	27	5		12		3	4	2	1	
重庆	4	1				1			1	
贵州	35	1	1	10		1	11	2	9	
云南	28			3	6	17	2			
西藏	6	1	2		1	1			1	
陕西	34	7		10	3	3	9		2	
甘肃	24	3		9	2	10				
青海	3			1			1		1	
宁夏	6	2		1		1	2			
新疆	20		1	4	14	1				
新疆兵团	8			1	2	5				

省财政厅　省国家税务局　省地方税务局转发《财政部　国家税务总局关于中小企业信用担保机构有关准备金税前扣除问题的通知》的通知

2009年7月21日　鲁财税〔2009〕74号

各市财政局、国家税务局、地方税务局：

现将《财政部　国家税务总局关于中小企业信用担保机构有关准备金税前扣除问题的通知》（财税〔2009〕62号）转发给你们，请认真贯彻执行。

附件：财政部　国家税务总局关于中小企业信用担保机构有关准备金税前扣除问题的通知

附件：

财政部　国家税务总局关于中小企业信用担保机构有关准备金税前扣除问题的通知

2009年6月1日　财税〔2009〕62号

各省、自治区、直辖市、计划单列市财政厅（局）、国家税务局、地方税务局，新疆生产建设兵团财务局：

根据《中华人民共和国企业所得税法》和《中华人民共和国企业所得税法实施条例》的有关规定，现就中小企业信用担保机构有关税前扣除政策问题通知如下：

一、中小企业信用担保机构可按照不超过当年年末担保责任余额1%的比例计提担保赔偿准备，允许在企业所得税税前扣除。

二、中小企业信用担保机构可按照不超过当年担保费收入50%的比例计提未到期责任准备，允许在企业所得税税前扣除，同时将上年度计提的未到期责任准备余额转为当期收入。

三、中小企业信用担保机构实际发生的代偿损失，应依次冲减已在税前扣除的担保赔偿准备和在税后利润中提取的一般风险准备，不足冲减部分据实在企业所得税税前扣除。

四、本通知所称中小企业信用担保机构是指以中小企业为服务对象的信用担保机构。

五、本通知自2008年1月1日起至2010年12月31日止执行。

省财政厅　省国家税务局　省地方税务局转发《财政部　国家税务总局关于补充养老保险费　补充医疗保险费有关企业所得税政策问题的通知》的通知

2009年7月21日　鲁财税〔2009〕75号

各市财政局、国家税务局、地方税务局：

现将《财政部　国家税务总局关于补充养老保险费　补充医疗保险费有关企业所得税政策问题的通

知》（财税〔2009〕27号）转发给你们，请认真贯彻执行。

附件：财政部　国家税务总局关于补充养老保险费　补充医疗保险费有关企业所得税政策问题的通知

附件：

财政部　国家税务总局关于补充养老保险费　补充医疗保险费有关企业所得税政策问题的通知

2009年6月2日　财税〔2009〕27号

各省、自治区、直辖市、计划单列市财政厅（局）、国家税务局、地方税务局，新疆生产建设兵团财务局：

根据《中华人民共和国企业所得税法》及其实施条例的有关规定，现就补充养老保险费、补充医疗保险费有关企业所得税政策问题通知如下：

自2008年1月1日起，企业根据国家有关政策规定，为在本企业任职或者受雇的全体员工支付的补充养老保险费、补充医疗保险费，分别在不超过职工工资总额5%标准内的部分，在计算应纳税所得额时准予扣除；超过的部分，不予扣除。

省财政厅　省经济和信息化委员会关于公布《2009年山东省享受财政专项资金扶持的新产品项目名单》的通知

2009年8月3日　鲁财税〔2009〕77号

各市财政局、经贸委（经委）：

根据省委、省政府关于加快高新技术产业发展的有关指示精神和省财政厅、省经济和信息化委关于省级以上新产品享受财政专项资金扶持确认办法的有关规定，现将经审核确定的2009年享受财政专项资金扶持的新产品项目名单予以公布。请各市按规定认真做好新产品财政专项扶持资金的审核申报工作。

附件：2009年山东省享受财政专项资金扶持的新产品项目名单

附件：

2009年山东省享受财政专项资金扶持的新产品项目名单

序号	项目编号	项目名称	承担单位	级别	鉴定时间	所在市
1	200810101027	LS4－2400E型24000千牛数控闭式四点多连杆单动拉伸压力机	济南二机床集团有限公司	省级	2008.12	济南市
2	200810101029	LS4－2000L型20000千牛数控闭式四点多连杆单动拉伸压力机	济南二机床集团有限公司	省级	2008.12	济南市
3	200720501011	三靶镀膜型全玻璃真空太阳集热管	山东力诺新材料有限公司	省级	2008.12	济南市
4	200720501012	热管太阳能集热管	山东力诺新材料有限公司	省级	2008.12	济南市
5	200820201006	高清晰度数字（TC－800D/80D系列）液晶电视	山东松下电子信息有限公司	省级	2008.12	济南市
6	200820201007	高清晰度（TZ－BCH/SCH系列）机顶盒	山东松下电子信息有限公司	省级	2008.12	济南市
7	200810501012	JYDZ－102型豆浆机	九阳股份有限公司	省级	2008.12	济南市
8	200810501010	JYDZ－29型豆浆机	九阳股份有限公司	省级	2008.12	济南市
9	200720301006	改性壳聚糖表面施胶剂	济南华岳科技发展有限责任公司	省级	2008.8	济南市

续表

序号	项目编号	项目名称	承担单位	级别	鉴定时间	所在市
10	200710101036	TSY－W1 透湿量	济南兰光机电技术有限公司	省级	2008.12	济南市
11	200710101035	TQD－G1 透气度测试仪	济南兰光机电技术有限公司	省级	2008.12	济南市
12	200710401028	E51（X156C）系列前组合灯具	山东鲁得贝车灯股份有限公司	省级	2008.6	济南市
13	200720101026	B1E40MB 型发动机	济南轻骑发动机有限公司	省级	2008.10	济南市
14	200720101028	DT－i 技术 K157FMI 发动机（K157FMI－A）	济南轻骑发动机有限公司	省级	2008.10	济南市
15	200730901001	重组人粒细胞刺激因子注射液产业化工艺研究	山东泉港药业有限公司	省级	2008.12	济南市
16	200820401001	新型 CNU 节能锭带的开发	济南天齐特种平带有限公司	省级	2008.12	济南市
17	200720101042	ZQ156 欧Ⅲ重型发动机气门	济南沃德汽车零部件有限公司	省级	2008.4	济南市
18	200831901006	汽车电子防眩目后视镜	山东银座海亚科技有限公司	省级	2008.12	济南市
19	200810101022	核电站用控制电缆	山东华凌电缆有限公司	省级	2008.11	济南市
20	200810101024	核电站用计算机电缆	山东华凌电缆有限公司	省级	2008.11	济南市
21	200720301002	新型冷芯盒树脂产品的研制	济南圣泉集团股份有限公司	省级	2008.12	济南市
22	200760101001	ZZ3257M3847W/M 成车及底盘	中国重汽集团济南卡车股份有限公司	省级	2008.4	济南市
23	200760101004	ZZ3317N4667W/NOW 成车及底盘	中国重汽集团济南卡车股份有限公司	省级	2008.5	济南市
24	200760101070	AH71131540953 三段式铸造双桥	中国重汽集团济南桥箱有限公司	省级	2008.8	济南市
25	200760101071	AH71131550955 STEYR 铸造桥壳后桥	中国重汽集团济南桥箱有限公司	省级	2008.7	济南市
26	200760101072	ZZ3251M3642W/M 成车及底盘	中国重汽集团济南商用车有限公司	省级	2008.8	济南市
27	200760101073	ZZ3251M3641W/L 成车及底盘	中国重汽集团济南商用车有限公司	省级	2008.5	济南市
28	200810101009	HOVA 牌 ZZ5504N3640AJ 矿用自卸车及底盘	中国重汽集团济南特种车有限公司	省级	2008.10	济南市
29	200810101010	HOVA 牌 ZZ5507VDNB38400 矿用自卸车及底盘	中国重汽集团济南特种车有限公司	省级	2008.10	济南市
30	200810101026	HW18709 变速器	中国重汽集团济南动力公司	省级	2008.12	济南市
31	200810101028	HW20716 变速器	中国重汽集团济南动力公司	省级	2008.9	济南市
32	200730104014	双司机室煤矿防爆特殊型蓄电池电机车	枣庄联鑫实业有限公司	省级	2008.12	枣庄市
33	200810104008	ZF7000/23/47 放顶煤液压支架	枣庄矿业（集团）有限责任公司	省级	2008.12	枣庄市
34	200820104005	固定抱索器水平坡度转弯架空乘人装置技术研究与应用	枣庄新远大实业有限公司矿用机械分公司	省级	2008.12	枣庄市
35	200830104012	井下全自动防水门研制	枣庄联鑫实业有限责任公司	省级	2008.12	枣庄市
36	200810404002	天竹/康特丝/玉米纤维/棉混纺面料	山东万泰创业投资有限公司一棉分公司	省级	2008.12	枣庄市
37	200810404003	银纤维/圣麻/棉混纺面料	山东万泰创业投资有限公司一棉分公司	省级	2008.12	枣庄市
38	200810404005	天竹/亚麻/棉青灰色丝光牛仔布	山东万泰创业投资有限公司二棉分公司	省级	2008.12	枣庄市
39	200810404006	纽代尔/天竹/棉弹力牛仔布	山东万泰创业投资有限公司二棉分公司	省级	2008.12	枣庄市
40	200720405002	高支高密丝光棉色织大提花	东营市天信纺织有限公司	省级	2008.12	东营市
41	200720405003	高支丝光棉纱线	东营市天信纺织有限公司	省级	2008.12	东营市
42	200810305010	废旧轮胎综合利用项目	万达集团股份有限公司	省级	2008.6	东营市
43	200790106010	PTS 高强耐磨塑钢托辊的研制与开发	烟台泰士塑料制品有限公司	省级	2008.12	烟台市
44	200890206008	城市轨道交通路网中心时钟系统	烟台北极星国有控股有限公司	省级	2008.12	烟台市
45	200890106041	系列虹吸式螺杆低温盐水机组	烟台冰轮股份有限公司	省级	2008.11	烟台市
46	200890106051	MS 脱硫真空过滤机	核工业烟台同兴实业有限公司	省级	2008.12	烟台市
47	200720106001	240 活塞	栖霞市银云活塞液压件有限公司	省级	2008.12	烟台市
48	200890506001	GSM 无线远程指纹门禁控制系统	烟台三环科技有限公司	省级	2008.1	烟台市

续表

序号	项目编号	项目名称	承担单位	级别	鉴定时间	所在市
49	200720106009	立、卧两用式液压劈木机	昌信机械（莱州）有限公司	省级	2008.7	烟台市
50	200810106027	RHL51（LLY－B1300×1810×2）型液压子午胎定型硫化机	招远市玲珑机电设备有限公司	省级	2008.12	烟台市
51	200720106002	CBQ－FW080/100 系列齿轮泵	栖霞市银云活塞液压件有限公司	省级	2008.12	烟台市
52	200730106006	CBQ－FR00 系列高压齿轮泵	栖霞市银云活塞液压件有限公司	省级	2008.12	烟台市
53	200820106016	HVPF 系列全自动立式板框压滤机	核工业烟台同兴实业有限公司	省级	2008.12	烟台市
54	200730107005	超导除铁器	山东华特磁电科技股份有限公司	省级	2008.11	潍坊市
55	200790107004	超强电磁除铁器	山东华特磁电科技股份有限公司	省级	2008.11	潍坊市
56	200720107005	L 项目开发（WP6 系列长行程国Ⅲ柴油机）	潍柴动力股份有限公司	省级	2008.09	潍坊市
57	200730407009	棉秆浆粕	山东海龙股份有限公司	省级	2008.12	潍坊市
58	200810407003	超细旦纤维的研制开发	山东海龙股份有限公司	省级	2008.12	潍坊市
59	200890707001	改性沥青防水卷材生产系统节能环保技术研究	潍坊市宏源防水材料有限公司	省级	2008.06	潍坊市
60	200890707001	高强度弹性体改性沥青防水卷材	潍坊市宇虹防水材料（集团）有限公司	省级	2008.06	潍坊市
61	200890407014	蜡染专用印花圆网的研制	山东同大镍网有限公司	省级	2008.12	潍坊市
62	200891907011	CZ500R 炭黑的研制	青州市博奥炭黑有限责任公司	省级	2008.12	潍坊市
63	200890107005	超大容积密集烤房群节能技术开发	青州华龙机电有限公司	省级	2008.11	潍坊市
64	200890107027	节能环保风送式混凝土搅拌机生产工艺研发	山东圆友建设机械有限公司	省级	2008.07	潍坊市
65	200810707002	DB 型道钉锚固剂	山东大元实业股份有限公司	省级	2008.01	潍坊市
66	200830107025	大型蒸发冷却电磁除铁器 DCS 控制系统	山东华特磁电科技股份有限公司	省级	2008.11	潍坊市
67	200810107032	L4－630E3 闭式四点单动（多连杆）机械压务机	山东高密高锻机械有限公司	省级	2008.11	潍坊市
68	200702107027	锻造铝合金子午线轮胎模具	山东豪迈机械科技股份有限公司	省级	2008.11	潍坊市
69	2007301007022	HM 型巨胎硫化机	山东豪迈机械科技股份有限公司	省级	2008.11	潍坊市
70	200810908001	双氯芬酸钠利多卡因注射液的研究开发	山东鲁抗辰欣药业有限公司	省级	2008.12	济宁市
71	200810908002	盐酸洛美利嗪及其片剂的研究开发	山东鲁抗辰欣药业有限公司	省级	2008.12	济宁市
72	200890908002	头孢菌素树脂开发	山东鲁抗立科药物化学有限公司	省级	2008.12	济宁市
73	200890908003	头孢克肟的研制	山东鲁抗立科药物化学有限公司	省级	2008.12	济宁市
74	200890108002	超长距离大运量带式输送机	山东山矿机械有限公司	省级	2008.12	济宁市
75	200810108007	SKGD 管状带式输送机	山东山矿机械有限公司	省级	2008.12	济宁市
76	200710108003	YBK2 系列煤矿井下用隔爆型三相异步电动机	山东山防防爆电机有限公司	省级	2008.11	济宁市
77	200810108008	YBB 系列矿用隔爆型三相异步电动机	山东山防防爆电机有限公司	省级	2008.11	济宁市
78	200830408004	DP2400 高聚合度棉浆粕的研制开发	山东海龙龙昊化纤有限公司	省级	2008.12	济宁市
79	200890208002	FTTH（光纤入户）用光缆	鲁能泰山曲阜电缆有限公司	省级	2008.11	济宁市
80	200820208002	通信机房电源用阻燃耐火软电缆（ZA－RVV）	鲁能泰山曲阜电缆有限公司	省级	2008.11	济宁市
81	200820208003	宽带数字 5 类、超 5 类、6 类通信电缆	鲁能泰山曲阜电缆有限公司	省级	2008.11	济宁市
82	200820108013	MLT260×500 中心传动湿式脱硫球磨机	济宁山矿建材机械有限公司	省级	2008.12	济宁市
83	200820108012	CJY7/6P、CJY7/7P、CJY7/9P 直流架线式变频调速电机车	济宁山矿电机车有限公司	省级	2008.12	济宁市
84	200720109070	WD43M－40×2000 精密高强板料校平机	泰安华鲁锻压机床有限公司	省级	2008.4	泰安市
85	200720109065	WS11K－120×4000 数控水平下调式三辊卷板机	泰安华鲁锻压机床有限公司	省级	2008.4	泰安市
86	200830509002	透明塑料用新材料的研制与开发	山东春潮色母料有限公司	省级	2008.12	泰安市
87	200830409003	交捻弹力竹节纱的生产技术研究	山东岱银纺织集团股份有限公司	省级	2008.12	泰安市
88	200730109024	44－0.3～4×1650 数控开卷矫平剪切生产线	山东宏康机械制造有限公司	省级	2008.12	泰安市
89	200730109002	TX160 型落地镗铣床	山东宏康机械制造有限公司	省级	2008.12	泰安市
90	200730109030	50～100 吨履带起重机行走卷扬回转变幅减速机	泰安泰山福神齿轮箱有限责任公司	省级	2008.06	泰安市
91	200830409010	再生涤纶热轧无纺布	山东泰鹏无纺有限公司	省级	2008.12	泰安市

续表

序号	项目编号	项目名称	承担单位	级别	鉴定时间	所在市
92	200720409004	竹碳保健牛仔面料生产技术研究	泰安金卡特织造有限公司	省级	2008.12	泰安市
93	200720109004	TKHD－2000 GIS在线监测与诊断系统	山东泰开自动化有限公司	省级	2008.12	泰安市
94	200720109006	风力发电用箱式变电站	山东泰开箱变有限公司	省级	2008.12	泰安市
95	200720109041	FTK－40.5系列户内高压真空负荷开关－熔断器组合电器	山东泰开真空开关有限公司	省级	2008.12	泰安市
96	200720109047	TCR型SVC高压静止型动态无功补偿成套装置	山东泰开电力电子有限公司	省级	2008.12	泰安市
97	200810109018	GW6A－252/J3150－50隔离开关	山东泰开隔离开关有限公司	省级	2008.12	泰安市
98	200820109039	矿用局部降温机	山东新雪矿井降温科技有限公司	省级	2008.12	泰安市
99	200829109040	矿井余热利用换热装置研制与应用	山东新雪矿井降温科技有限公司	省级	2008.12	泰安市
100	200890110037	磁力搅拌镍复合板反应釜	威海化工机械有限公司	省级	2008.11	威海市
101	200830110022	Φ15.24mm、2000MPa高强度预应力钢绞线	威海银兴预应力线材有限公司	省级	2008.12	威海市
102	200810110008	WGAS290飞机启动气源车	威海广泰空港设备股份有限公司	省级	2008.12	威海市
103	200830110007	MT985手持封边机	威海齐全木工机械有限公司	省级	2008.12	威海市
104	200830110018	ML353木工联合机床	威海齐全木工机械有限公司	省级	2008.12	威海市
105	200890210010	ATM机用嵌入式热敏打印机	山东新北洋信息技术股份有限公司	省级	2008.12	威海市
106	2006902100052	零售业高性能热敏收据/条码打印机	山东新北洋信息技术股份有限公司	省级	2008.12	威海市
107	200810911001	非PVC多层共挤膜软袋葡萄糖注射液	山东长富洁晶药业有限公司	省级	2008.12	日照市
108	200820911001	非PVC多层共挤膜软袋氯化钠注射液	山东长富洁晶药业有限公司	省级	2008.12	日照市
109	200890511008	连续模拟移动床技术生产柠檬酸盐工艺研究	日照鲁信金禾生化有限公司	省级	2008.12	日照市
110	200830411001	高档莎根地毯产品的研制与开发	东升地毯集团有限公司	省级	2008.12	日照市
111	200730411007	开发生产高级发光地毯	东升地毯集团有限公司	省级	2008.12	日照市
112	200810511004	高硼耐热玻璃制品	山东鼎煜电子玻璃有限公司	省级	2008.12	日照市
113	200720111003	QY12－147VA型气动加压摇架	日照裕鑫动力有限公司	省级	2008.12	日照市
114	200790111005	YJ2－139V气动加压摇架	日照裕鑫动力有限公司	省级	2008.12	日照市
115	200790912001	高性能SPCD冷轧深冲薄板开发	莱芜市泰山冷轧板有限公司	省级	2008.11	莱芜市
116	200820112003	一体式前驱动桥总成	山东汇金股份有限公司	省级	2008.09	莱芜市
117	200720915001	新型高效抗菌药物法罗培南钠的研究与开发	鲁南贝特制药有限公司	省级	2008.12	临沂市
118	200820115015	CL2004型轮式拖拉机	山东常林农业装备股份有限公司	省级	2008.12	临沂市
119	200820115013	4Y－1A型玉米收获机	山东常林农业装备股份有限公司	省级	2008.12	临沂市
120	200730115014	CL936型装载机	山东常林机械集团股份有限公司	省级	2008.12	临沂市
121	200730115018	2Z－4手扶式水稻手机	山东常林机械集团股份有限公司	省级	2008.12	临沂市
122	200721915001	包膜控释肥工业化生产技术与节能工艺集成研究	山东金正大生态工程股份有限公司	省级	2008.12	临沂市
123	200810415003	PTT纤维混色纺纱线	山东恒泰纺织有限公司	省级	2008.12	临沂市
124	200830415001	机织高档沙发绒布	沂水恒泰纺园有限公司	省级	2008.12	临沂市
125	200811913012	利用工业废气生产硫脲的技术研究与工业化	山东田丰生物科技有限公司	省级	2008.12	德州市
126	200810113005	CK578数控单柱定梁立式车床	山东普利森集团有限公司	省级	2008.12	德州市
127	200890113027	2MK2135数控深孔强力珩磨机	山东普利森集团有限公司	省级	2008.12	德州市
128	200810113003	CH6163－5车铣复合加工中心	德州德隆（集团）机床有限责任公司	省级	2008.12	德州市
129	200890113026	ZK4202（J）大型曲轴数控深孔钻床	德州德隆（集团）机床有限责任公司	省级	2008.12	德州市
130	200730113004	比亚迪F3－R OEM陶瓷汽车刹车片	山东金麒麟集团有限公司	省级	2008.09	德州市
131	200710113005	双工位正模热压机	山东金麒麟集团有限公司	省级	2008.09	德州市
132	200890113002	智能BRV多联式中央空调项目	贝莱特空调有限公司	省级	2008.06	德州市
133	200810113001	LSBLGM系列满液式水冷冷水机组项目	贝莱特空调有限公司	省级	2008.06	德州市
134	200720914001	复方阿胶浆的二次开发	山东东阿阿胶股份有限公司	省级	2008.06	聊城市

续表

序号	项目编号	项目名称	承担单位	级别	鉴定时间	所在市
135	200830914001	桃花姬阿胶糕	山东东阿阿胶股份有限公司	省级	2008.06	聊城市
136	200810114021	电动车用牵引电机	山东风帆电机有限公司	省级	2008.09	聊城市
137	200810114015	BW160 型泥浆泵	山东中探机械有限公司	省级	2008.06	聊城市
138	200810714001	7000 吨木塑复合材料	山东鑫海汽车配件有限公司	省级	2008.06	聊城市
139	200820114017	WG－GE. ESM 自调心免维护轴承	山东福工轴承股份有限公司	省级	2008.06	聊城市
140	200820214002	汽车车速传感器	山东天海电装有限公司	省级	2008.06	聊城市
141	200830114001	汽车电机	山东风帆电机有限公司	省级	2008.03	聊城市
142	200830414002	七纬局部高毛毛巾	山东金号织业有限公司	省级	2008.06	聊城市
143	200630114016	6/10kV 煤矿用移动金属屏蔽监视型橡套软电缆	山东阳谷电缆集团有限公司	省级	2008.06	聊城市
144	200731914005	多层钢结构办公室	山东中通钢构建筑有限公司	省级	2008.07	聊城市
145	200731914004	超大跨度张弦钢结构	山东中通钢构建筑有限公司	省级	2008.06	聊城市
146	200630314004	型煤粘合剂及专用设备	山东东阿县创新化工有限公司	省级	2008.06	聊城市
147	200830114002	微型高速静音精密轴承保持架	聊城市新欣金帝保持器科技有限公司	省级	2008.08	聊城市
148	200811914001	鸡血提取 SOD、血红素、蛋白粉	聊城市福润禽业食品有限公司	省级	2008.06	聊城市
149	200730114015	ZPYGS55 升级亚高速旋转式压片机	聊城万合工业制造有限公司	省级	2008.06	聊城市
150	200820114011	防爆型 DDY－1 压片机	聊城万合工业制造有限公司	省级	2008.06	聊城市
151	200820116002	ISLe375 高性能活塞设计开发	山东滨州渤海活塞股份有限公司	省级	2008.12	滨州市
152	200820116001	D9 高性能活塞设计开发	山东滨州渤海活塞股份有限公司	省级	2008.12	滨州市
153	200820116004	WD10 高性能活塞设计开发	山东滨州渤海活塞股份有限公司	省级	2008.12	滨州市
154	200820116003	HWD615E3 高性能活塞设计开发	山东滨州渤海活塞股份有限公司	省级	2008.12	滨州市
155	200730116011	两层升降横移吊挂式停车设备	山东齐星铁塔科技股份有限公司	省级	2008.4	滨州市
156	200720116007	高强钢输电线路铁塔及变电构架	山东齐星铁塔科技股份有限公司	省级	2008.4	滨州市
157	200890116016	异型圆钢定位扶正可旋式防偏磨刮蜡超强杆研发	山东九环石油机械有限公司	省级	2008.12	滨州市
158	200730116014	高连接强度防粘扣油管	山东九环石油机械有限公司	省级	2008.12	滨州市
159	200810116001	石材加工污水净化分离与循环利用系统	山东华兴机械股份有限公司	省级	2008.12	滨州市
160	200810417001	环保呢	山东天香有限公司	省级	2008.12	菏泽市
161	200810417002	C40－40D/2 并捻复合纱的开发与生产	菏泽银河纺织有限责任公司	省级	2008.12	菏泽市
162	200810417003	C40S/50DXC40S/50D88X76＋54″系列新型涤棉产品的开发与生产	菏泽银河纺织有限责任公司	省级	2008.12	菏泽市

省财政厅　省国家税务局　省地方税务局转发《财政部　国家税务总局关于专项用途财政性资金有关企业所得税处理问题的通知》的通知

2009 年 8 月 5 日　鲁财税〔2009〕78 号

各市财政局、国家税务局、地方税务局：

现将《财政部　国家税务总局关于专项用途财政性资金有关企业所得税处理问题的通知》（财税〔2009〕87 号）转发给你们，请认真贯彻执行。

附件：财政部　国家税务总局关于专项用途财政性资金有关企业所得税处理问题的通知

附件：

财政部　国家税务总局关于专项用途财政性资金有关企业所得税处理问题的通知

2009年6月16日　财税〔2009〕87号

各省、自治区、直辖市、计划单列市财政厅（局）、国家税务局、地方税务局，新疆生产建设兵团财务局：

根据《中华人民共和国企业所得税法》及《中华人民共和国企业所得税法实施条例》（国务院令第512号，以下简称实施条例）的有关规定，经国务院批准，现就企业取得的专项用途财政性资金有关企业所得税处理问题通知如下：

一、对企业在2008年1月1日至2010年12月31日期间从县级以上各级人民政府财政部门及其他部门取得的应计入收入总额的财政性资金，凡同时符合以下条件的，可以作为不征税收入，在计算应纳税所得额时从收入总额中减除：

（一）企业能够提供资金拨付文件，且文件中规定该资金的专项用途；

（二）财政部门或其他拨付资金的政府部门对该资金有专门的资金管理办法或具体管理要求；

（三）企业对该资金以及以该资金发生的支出单独进行核算。

二、根据实施条例第二十八条的规定，上述不征税收入用于支出所形成的费用，不得在计算应纳税所得额时扣除；用于支出所形成的资产，其计算的折旧、摊销不得在计算应纳税所得额时扣除。

三、企业将符合本通知第一条规定条件的财政性资金作不征税收入处理后，在5年（60个月）内未发生支出且未缴回财政或其他拨付资金的政府部门的部分，应重新计入取得该资金第六年的收入总额；重新计入收入总额的财政性资金发生的支出，允许在计算应纳税所得额时扣除。

请遵照执行。

省财政厅　省国家税务局　省地方税务局转发《财政部　国家税务总局关于打捞单位有关税收优惠政策的通知》的通知

2009年8月4日　鲁财税〔2009〕79号

各市财政局、国家税务局、地方税务局：

现将《财政部　国家税务总局关于打捞单位有关税收优惠政策的通知》（财税〔2009〕92号）转发给你们，请认真贯彻执行。

附件：财政部　国家税务总局关于打捞单位有关税收优惠政策的通知

附件：

财政部 国家税务总局关于打捞单位有关税收优惠政策的通知

2009 年 7 月 1 日 财税〔2009〕92 号

各省、自治区、直辖市、计划单列市财政厅（局）、国家税务局、地方税务局：

为支持我国救助打捞事业的发展，经国务院批准，对交通运输部烟台、上海、广州打捞局实行以下税收优惠政策：

一、从 2008 年 1 月 1 日至 2009 年 12 月 31 日，继续免征打捞局的企业所得税和打捞收入的营业税。

二、打捞局免征的企业所得税税款，应转增国家资本金（或企业公积金），专项用于打捞装备的更新，不得用于利润分配或其他用途。

省财政厅 省科学技术厅关于公布《2009 年山东省享受财政专项资金扶持的新产品项目名单》的通知

2009 年 8 月 5 日 鲁财税〔2009〕80 号

各市财政局、科技局：

根据省委、省政府关于加快高新技术产业发展的有关指示精神和省财政厅、省科技厅关于省级以上新产品享受财政专项资金扶持确认办法的有关规定，现将经审核确定的 2009 年享受财政专项资金扶持的新产品项目名单予以公布。请各市按规定认真做好新产品财政专项扶持资金的审核申报工作。

附件：2009 年山东省享受财政专项资金扶持的新产品项目名单

附件：

2009 年山东省享受财政专项资金扶持的新产品项目名单

序号	项目编号	项目名称	承担单位	级别	鉴定时间	所在市
1	200610401001	FBD 型数字防爆电子衡器系统	济南金钟电子衡器股份有限公司	省级	2008.3	济南市
2	200690401001	定量装车控制系统	济南金钟电子衡器股份有限公司	省级	2008.3	济南市
3	200810501002	数字化控制及传感器技术在太阳能热水器（系统）中的应用	山东桑乐太阳能有限公司	省级	2008.11	济南市
4	2007GH030430	新一代呋喃树脂	济南圣泉集团股份有限公司	国家级	2008.9	济南市
5	2008GH041260	J4K－084 型数控高速球面磨床	济南四机科技发展有限公司	国家级	2008.3	济南市
6	2008GRC60003	矿用通信控制装置	山东大齐通信电子有限公司	国家级	2008.11	济南市
7	2007GG1QX04030	新型高效罗茨鼓风机研究及系列产品开发	山东省章丘鼓风机厂有限公司	省级	2008.12	济南市
8	2008GRC60115	数字煤场系统 V3.1	山东泓奥电力科技有限公司	省级	2008.5	济南市
9	2009GH050132	数字化电厂热效率优化分析系统	济南大陆机电股份有限公司	国家级	2008.4	济南市
10	200811901002	DL－100 型 COD 在线监测仪器	济南大陆机电股份有限公司	省级	2008.6	济南市
11	2007GH040408	LHB 系列高效、节能、环保振动筛	济南中燃科技发展有限公司	国家级	2008.5	济南市
12	2007SH040095	干熄焦给料机	济南中燃科技发展有限公司	省级	2008.5	济南市
13	2007GH030341	新型共聚阻燃涤纶面料产业化	济南三太阻燃制品有限公司	国家级	2008.4	济南市

续表

序号	项目编号	项目名称	承担单位	级别	鉴定时间	所在市
14	2007SH050114	节能干燥装备及干燥系统工程化研究	山东天力干燥设备有限公司	省级	2008.5	济南市
15	2007SH040091	内反馈电机调速	山东彼岸电力科技有限公司	省级	2008.5	济南市
16	2007GH010150	特殊群体用户信息收发及自助打印系统	山东康威通信技术有限公司	国家级	2008.5	济南市
17	2007GH010153	城市绿色照明管理系统	山东泰华电讯有限责任公司	国家级	2008.5	济南市
18	2008SH030035	应用亚纳米级催化剂连续化生产聚醚多元醇	淄博德信联邦化学工业有限公司	省级	2008.12	淄博市
19	08C26213700982	高性能金属/陶瓷纳米复合润滑自修复剂	淄博助友石油化工有限公司	国家级	2008.3	淄博市
20	2008GG10007015	基于分子管理的石脑油资源优化利用	淄博鲁特润滑油有限公司	省级	2008.12	淄博市
21	2008GG30003017	年产10000吨聚合氯化铁铝	淄博净水剂厂	省级	2008.5	淄博市
22	2008GH041273	XH7124立式加工中心	山东威能数字机器有限公司	国家级	2008.1	枣庄市
23	2008GH061304	6000吨/年二甲基亚砜	兖矿鲁南化工科技发展有限公司	国家级	2008.11	枣庄市
24	2008GRC60012	轻量化变截面轮辋乘用车专用无内胎钢制车轮	山东盛泰车轮有限公司	国家级	2008.8	东营市
25	200810206001	DF1500E图像管理监控系统	烟台东方电子股份有限公司	省级	2008.3	烟台市
26	2007GH010149	DF3300E变电站自动化系统	烟台东方电子股份有限公司	国家级	2008.2	烟台市
27	2008GH031245	风力发电机用高性能钕铁硼磁性材料	烟台正海磁性材料有限公司	国家级	2008.11	烟台市
28	200890506004	XHD850洗地毯机	蓬莱市大成洗涤机械有限公司	省级	2008.11	烟台市
29	200890107029	福田雷沃谷神4YZ-4型自走式玉米联合收获机	福田雷沃国际重工股份有限公司	国家级	2008.1	潍坊市
30	200810107070	雷沃欧豹TN2654大型轮式拖拉机	福田雷沃国际重工股份有限公司	国家级	2008.1	潍坊市
31	200820107044	福田雷沃欧豹TQ1854大型轮式拖拉机	福田雷沃国际重工股份有限公司	国家级	2008.8	潍坊市
32	2008GA740052	多功能不对行玉米收获机的研究与开发	福田雷沃国际重工股份有限公司	国家级	2008.11	潍坊市
33	2008GG2NS02027	金莲清热口服液产业化研究开发	山东孔圣堂制药有限公司	省级	2008.8	济宁市
34	2006GG2201042	膜片式调温器	曲阜天博汽车零部件制造有限公司	省级	2008.8	济宁市
35	200790608012	生态功能纤维在毛纺产业中研发	山东济宁如意毛纺织股份有限公司	省级	2008.11	济宁市
36	200730408005	极细高档精纺面料的开发	山东济宁如意毛纺织股份有限公司	省级	2008.11	济宁市
37	200630608001	天然纺织面料纳米复合溶胶的功能整理	山东如意科技集团有限公司、山东济宁如意毛纺织股份有限公司	省级	2008.11	济宁市
38	200710608009	高支轻薄面料系列西服制作研究	山东如意科技集团有限公司	省级	2008.11	济宁市
39	200630608003	改造棉纺纺纱系统生产全毛高支纱	汶上如意天容纺织有限公司	省级	2008.11	济宁市
40	200890408009	棉男式双面呢的制造	山东嘉达纺织有限公司	省级	2008.11	济宁市
41	200890408002	多功能竹碳纤维针织品的开发	济宁如意针织有限责任公司	省级	2008.11	济宁市
42	200810408004	高支高密吸湿排汗功能性面料	山东樱花纺织集团有限公司	省级	2008.11	济宁市
43	200810408003	特高支纯棉八喷缎纹布	山东樱花纺织集团有限公司	省级	2008.11	济宁市
44	200710608003	天丝、细旦涤、棉、丽赛四合一大提花	山东樱花纺织集团有限公司	省级	2008.11	济宁市
45	2008XH046	大豆联合收获机	山东大丰机械有限公司	省级	2008.11	济宁市
46	200890409007	高性能纯壳聚糖纤维产业化项目	山东华兴纺织集团有限公司	省级	2008.5	泰安市
47	200990409004	海斯摩尔纤维多组份系列纱项目	山东华兴纺织集团有限公司	省级	2008.5	泰安市
48	2008GH061301	杂环类农药废水工业化治理及资源化利用	山东华阳科技股份有限公司	国家级	2008.5	泰安市
49	2008GRC60018	大型风电叶片用多轴向缝编织物EMK	泰山玻璃纤维有限公司	国家级	2008.2	泰安市
50	2009GRC60048	煤矿顶板安全检测系统（KJ216）	山东省尤洛卡自动化装备股份有限公司	国家级	2008.11	泰安市
51	2008ZZ04	基于DTS的皮带输送机测温预警系统	威海康威通信技术有限公司	省级	2008.11	威海市
52	2008GH021183	坎地沙坦酯片	迪沙药业集团有限公司	国家级	2008.11	威海市
53	2008GG30001031	电脑仿手工祥云绣台布	日照锦绣抽纱制品有限公司	省级	2008.8	日照市
54	08C26213700966	采用单电极通讯不改变传统开锁习惯的防盗门专用电控锁	山东比特电子工业有限公司	国家级	2008.7	日照市
55	08C26213700964	远程病人大小便护理系统	日照立德电子科技有限公司	国家级	2008.8	日照市

续表

序号	项目编号	项目名称	承担单位	级别	鉴定时间	所在市
56	08C26213700966	采用单电极通讯不改变传统开锁习惯的防盗门专用电控锁	山东比特电子工业有限公司	国家级	2008.7	日照市
57	2008GRC60032	克拉维酸钾阿莫西林（1:7）分散片	鲁南贝特制药有限公司	国家级	2008.11	临沂市
58	2008GH021180	缬沙坦分散片	鲁南贝特制药有限公司	国家级	2008.11	临沂市
59	2008GH021190	复方氯唑沙宗分散片	鲁南贝特制药有限公司	国家级	2008.11	临沂市
60	2008GH021187	柴银口服液	鲁南厚普制药有限公司	国家级	2008.11	临沂市
61	2008SH050112	无烟节能旋流燃煤有机热载体锅炉	山东圣威锅炉有限公司	省级	2008.11	临沂市
62	2008GA740039	硬肉桃新品种选育与推广	蒙阴果树良种苗木繁育中心	国家级	2008.11	临沂市
63	2008GA740040	果树花粉授粉器	蒙阴县金枪手农机具研究所	国家级	2008.11	临沂市
64	2008XH069	富硒原粮蛋类生产技术研究	蒙阴县畜牧局	国家级	2008.12	临沂市
65	2008GG10004025	羰基合成醋酐联产醋酸工艺技术研究	金沂蒙集团有限公司	省级	2008.12	临沂市
66	2008GRC60102	熔体造粒多元素高效缓释作物专用肥	史丹利化肥股份有限公司	国家级	2008.11	临沂市
67	2008XH075	挤压造粒无烘干流程生产多元素硫酸钾镁肥技术研究	山东中天生态肥业有限公司	省级	2008.12	临沂市
68	2008GRC60073	SFK4030B 经济型电动轿车	山东时风（集团）有限责任公司	国家级	2008.3	聊城市
69	2008GRC60070	奥运用纯电动客车 LCK6128EV	中通客车控股股份有限公司	国家级	2008.3	聊城市
70	2008BAI67B05	药用溶菌酶清洁生产工程技术研究	山东鲁北药业有限公司	国家级	2008.12	滨州市
71	2008GRC60008	S－QY－(12500＋16000)/110 型牵引变压器	山东达驰电气有限公司	国家级	2008.12	菏泽市
72	2008GRC60078	QT6－15 型数控脉冲式加压混凝土砌块成型机	山东聚祥机械有限公司	国家级	2008.12	菏泽市

省财政厅　省地方税务局转发《财政部　国家税务总局关于国家开发银行股份有限公司及其分行和代表处金融保险业务营业税纳税地点问题的通知》的通知

2009 年 8 月 18 日　鲁财税〔2009〕82 号

各市财政局、地方税务局：

现将《财政部　国家税务总局关于国家开发银行股份有限公司及其分行和代表处金融保险业务营业税纳税地点问题的通知》（财税〔2009〕101 号）转发给你们，请认真贯彻执行。

附件：财政部　国家税务总局关于国家开发银行股份有限公司及其分行和代表处金融保险业务营业税纳税地点问题的通知

附件：

财政部　国家税务总局关于国家开发银行股份有限公司及其分行和代表处金融保险业务营业税纳税地点问题的通知

2009年7月16日　财税〔2009〕101号

各省、自治区、直辖市、计划单列市财政厅（局）、地方税务局，北京、西藏、宁夏、青海省（自治区、直辖市）国家税务局：

国家开发银行已经国务院批准改制成为国家开发银行股份有限公司，并在全国各省、市成立了分行和代表处。经研究，现将国家开发银行股份有限公司及其分行和代表处金融保险业务的营业税纳税地点明确如下：

按照现行营业税政策规定，国家开发银行总行及总行营业部提供“金融保险业”劳务取得的收入，应向北京市主管国家税务机关缴纳营业税；国家开发银行各分行及代表处提供“金融保险业”劳务取得的收入，应向其机构所在地主管地方税务机关缴纳营业税。

本通知自2009年1月1日起执行。《国家税务总局关于国家开发银行继续集中缴纳营业税的通知》（国税函〔1999〕344号）同时停止执行。

省财政厅　省国家税务局转发《财政部　国家税务总局关于油气田企业增值税问题的补充通知》的通知

2009年8月21日　鲁财税〔2009〕84号

各市财政局、国家税务局：

现将《财政部　国家税务总局关于油气田企业增值税问题的补充通知》（财税〔2009〕97号）转发给你们，请认真贯彻执行。

附件：财政部　国家税务总局关于油气田企业增值税问题的补充通知

附件：

财政部　国家税务总局关于油气田企业增值税问题的补充通知

2009年7月9日　财税〔2009〕97号

各省、自治区、直辖市、计划单列市财政厅（局）、国家税务局、地方税务局，新疆生产建设兵团财务局：

《财政部　国家税务总局关于印发〈油气田企业增值税管理办法〉的通知》（财税〔2009〕8号）下发后，个别特殊地区反映对税收收入影响较大。经研究，现将有关问题通知如下：

一、油气田企业向外省、自治区、直辖市其他油气田企业提供生产性劳务，应当在劳务发生地税务机关办理税务登记或注册税务登记。在劳务发生地设立分（子）公司的，应当申请办理增值税一般纳税人认定手续，经劳务发生地税务机关认定为一般纳税人后，按照增值税一般纳税人的计算方法在劳务发生地计算缴纳增值税。

子公司是指具有企业法人资格，实行独立核算的企业；分公司是指不具有企业法人资格，但领取了工商营业执照的企业。

二、新疆以外地区在新疆未设立分（子）公司的油气田企业，在新疆提供的生产性劳务应按5%的预征率计算缴纳增值税，预缴的税款可在油气田企业的应纳增值税中抵减。

三、本通知自2009年1月1日执行。

省财政厅　省国家税务局　省地方税务局转发《财政部　国家税务总局关于扶持动漫产业发展有关税收政策问题的通知》的通知

2009年8月21日　鲁财税〔2009〕85号

各市财政局、国家税务局、地方税务局：

现将《财政部　国家税务总局关于扶持动漫产业发展有关税收政策问题的通知》（财税〔2009〕65号）转发给你们，请认真贯彻执行。

附件：财政部　国家税务总局关于扶持动漫产业发展有关税收政策问题的通知

附件：

财政部　国家税务总局关于扶持动漫产业发展有关税收政策问题的通知

2009年7月17日　财税〔2009〕65号

各省、自治区、直辖市、计划单列市财政厅（局）、国家税务局、地方税务局：

根据《国务院办公厅转发财政部等部门关于推动我国动漫产业发展若干意见的通知》（国办发〔2006〕32号）的精神，文化部会同有关部门于2008年12月下发了《动漫企业认定管理办法（试行）》（文市发〔2008〕51号）。为促进我国动漫产业健康快速发展，增强动漫产业的自主创新能力，现就扶持动漫产业发展的有关税收政策问题通知如下：

一、关于增值税

在2010年12月31日前，对属于增值税一般纳税人的动漫企业销售其自主开发生产的动漫软件，按17%的税率征收增值税后，对其增值税实际税负超过3%的部分，实行即征即退政策。退税数额的计算公式为：应退税额＝享受税收优惠的动漫软件当期已征税款－享受税收优惠的动漫软件当期不含税销售额×3%。动漫软件出口免征增值税。上述动漫软件的范围，按照《文化部　财政部　国家税务总局关于印发〈动漫企业认定管理办法（试行）〉的通知》（文市发〔2008〕51号）的规定执行。

二、关于企业所得税

经认定的动漫企业自主开发、生产动漫产品，可申请享受国家现行鼓励软件产业发展的所得税优惠政策。

三、关于营业税

对动漫企业为开发动漫产品提供的动漫脚本编撰、形象设计、背景设计、动画设计、分镜、动画制作、摄制、描线、上色、画面合成、配音、配乐、音效合成、剪辑、字幕制作、压缩转码（面向网络动漫、手机动漫格式适配）劳务，在 2010 年 12 月 31 日前暂减按 3% 税率征收营业税。

四、关于进口关税和进口环节增值税

经国务院有关部门认定的动漫企业自主开发、生产动漫直接产品，确需进口的商品可享受免征进口关税和进口环节增值税的优惠政策。具体免税商品范围及管理办法由财政部会同有关部门另行制定。

五、本通知所称动漫企业和自主开发、生产动漫产品的认定标准和认定程序，按照《文化部 财政部 国家税务总局关于印发〈动漫企业认定管理办法（试行）〉的通知》（文市发〔2008〕51 号）的规定执行。

六、本通知从 2009 年 1 月 1 日起执行。

省财政厅 省国家税务局 省地方税务局转发《财政部 国家税务总局关于部分行业广告费和业务宣传费税前扣除政策的通知》的通知

2009 年 9 月 1 日 鲁财税〔2009〕88 号

各市财政局、国家税务局、地方税务局：

现将《财政部 国家税务总局关于部分行业广告费和业务宣传费税前扣除政策的通知》（财税〔2009〕72 号）转发给你们，请认真贯彻执行。

附件：财政部 国家税务总局关于部分行业广告费和业务宣传费税前扣除政策的通知

附件：

财政部 国家税务总局关于部分行业广告费和业务宣传费税前扣除政策的通知

2009 年 7 月 31 日 财税〔2009〕72 号

各省、自治区、直辖市、计划单列市财政厅（局）、国家税务局、地方税务局，新疆生产建设兵团财务局：

根据《中华人民共和国企业所得税法实施条例》（国务院令第 512 号）第四十四条规定，现就部分行业广告费和业务宣传费支出税前扣除政策通知如下：

1. 对化妆品制造、医药制造和饮料制造（不含酒类制造，下同）企业发生的广告费和业务宣传费支出，不超过当年销售（营业）收入 30% 的部分，准予扣除；超过部分，准予在以后纳税年度结转扣除。

2. 对采取特许经营模式的饮料制造企业，饮料品牌使用方发生的不超过当年销售（营业）收入 30% 的广告费和业务宣传费支出可以在本企业扣除，也可以将其中的部分或全部归集至饮料品牌持有方或管理方，由饮料品牌持有方或管理方作为销售费用据实在企业所得税前扣除。饮料品牌持有方或管理方在计算本企业广告费和业务宣传费支出企业所得税税前扣除限额时，可将饮料品牌使用方归集至本企业的广告费和业务宣传费剔除。饮料品牌持有方或管理方应当将上述广告费和业务宣传费单独核算，并将品牌使用方当年销售（营业）收入数据资料以及广告费和业务宣传费支出的证明材料专案保存以备检查。

前款所称饮料企业特许经营模式指由饮料品牌持有方或管理方授权品牌使用方在指定地区生产及销售

其产成品，并将可以由双方共同为该品牌产品承担的广告费及业务宣传费用统一归集至品牌持有方或管理方承担的营业模式。

3. 烟草企业的烟草广告费和业务宣传费支出，一律不得在计算应纳税所得额时扣除。

4. 本通知自2008年1月1日起至2010年12月31日止执行。

省财政厅　省国家税务局转发《财政部　国家税务总局关于2009年第一批森林消防专用指挥车和森林消防运兵车免征车辆购置税的通知》的通知

2009年9月3日　鲁财税〔2009〕89号

各市财政局、国家税务局：

现将《财政部　国家税务总局关于2009年第一批森林消防专用指挥车和森林消防运兵车免征车辆购置税的通知》(财税〔2009〕82号)转发给你们，请认真贯彻执行。

附件：财政部　国家税务总局关于2009年第一批森林消防专用指挥车和森林消防运兵车免征车辆购置税的通知

附件：

财政部　国家税务总局关于2009年第一批森林消防专用指挥车和森林消防运兵车免征车辆购置税的通知

2009年6月12日　财税〔2009〕82号

河北、山西、内蒙古、辽宁、吉林、黑龙江、江苏、浙江、安徽、福建、江西、山东、河南、湖南、广东、深圳、广西、重庆、四川、云南、陕西、甘肃、宁夏、新疆、青海省（自治区、直辖市、计划单列市）财政厅（局）、国家税务局，新疆生产建设兵团财务局：

根据《财政部　国家税务总局关于防汛专用等车辆免征车辆购置税的通知》(财税〔2001〕39号)第一条规定，对国家林业局申请的2009年第一批350辆设有固定装置的森林消防专用指挥车和176辆森林消防运兵车免征车辆购置税（具体免税范围见附件），免税指标的使用截止期限为2009年12月31日，过期失效。

购车单位在办理车辆购置税纳税申报手续时，需向所在地主管税务机关提供车辆内观、外观彩色5寸照片1套，出示国家林业局森林防火办公室配发的“森林消防专用车证”和“森林消防车辆调拨分配通知单”。主管税务机关依据本通知所附的免税车辆指标、免税车辆型号以及车辆内观、外观彩色照片、“森林消防专用车证”、“森林消防车辆调拨分配通知单”（照片及证单式样从国家税务总局FTP服务器的“LOCAL/货物和劳务税司/车辆购置税处/森林消防专用指挥车免税图册”地址下载）为购车单位办理免税手续。

免税车辆因转让、改变用途等原因不再属于免税范围的，应按照《中华人民共和国车辆购置税暂行条例》第十五条的规定补缴车辆购置税。

附件：1. 2009年第一批森林消防专用指挥车免税指标分配表

2. 2009年第一批森林消防运兵车免税指标分配表

附件 1：

2009 年第一批森林消防专用指挥车免税指标分配表

单位：辆

单位 \ 车型	合计	江铃 JX5034XZHL	尼桑 ZN5023XZHHBG3	猎豹 CFA5024XZHA	尼桑帕拉丁 ZN5023XZHWAG3	三菱 CFA5037XZHC
合计	350	23	36	159	43	89
河北	7			4		3
山西	7			5		2
内蒙古	31			17	8	6
辽宁	2				2	
吉林	2			1		1
黑龙江	17		2	11	1	3
江苏	2			2		
浙江	25	3	3	6	4	9
安徽	1	1				
福建	14	2	1	7	2	2
江西	19	2	2	10	3	2
山东	1			1		
河南	15		3	6	2	4
湖南	6		1	2	2	1
广东	14		2	6	1	5
深圳	3					3
广西	33	2	1	22	5	3
重庆	18		1	10		7
四川	19		2	8		9
云南	38	12		20		6
陕西	31	1	3	8	8	11
甘肃	11		1	5	2	3
青海	2					2
宁夏	1				1	
新疆	15		10	3		2
新疆兵团	16		4	5	2	5

附件 2：

2009 年第一批森林消防运兵车免税指标分配表

单位：辆

单位 \ 车型	合计	东风 EQ5060XGCT	北京 BJ5030XZH26	南京依维柯 NJ5046XZHS
合计	176	37	107	32
河北	4		1	3
内蒙古	30	15	15	
吉林	3	2	1	
黑龙江	33	16	6	11
安徽	1		1	
福建	4		1	3
山东	1			1
河南	71		70	1

续表

车型 单位	合计	东风 EQ5060XGCT	北京 BJ5030XZH26	南京依维柯 NJ5046XZHS
广东	1			1
广西	13	2	5	6
云南	3		2	1
陕西	9	2	4	3
甘肃	1		1	
新疆	2			2

省财政厅　省国家税务总局　省地方税务局　中共山东省委宣传部转发《财政部　国家税务总局　中宣部关于转制文化企业名单及认定问题的通知》的通知

2009年9月8日　鲁财税〔2009〕90号

各市党委宣传部、财政局、国家税务局、地方税务局：

现将《财政部　国家税务总局　中宣部关于转制文化企业名单及认定问题的通知》（财税〔2009〕105号）转发给你们，请认真贯彻执行。

附件：财政部　国家税务总局　中宣部关于转制文化企业名单及认定问题的通知

附件：

财政部　国家税务总局　中宣部关于转制文化企业名单及认定问题的通知

2009年8月12日　财税〔2009〕105号

各省、自治区、直辖市、计划单列市党委宣传部、财政厅（局）、国家税务局、地方税务局，新疆生产建设兵团财务局：

根据《国务院办公厅关于印发文化体制改革中经营性文化事业单位转制为企业和支持文化企业发展两个规定的通知》（国办发〔2008〕114号）精神，以及《财政部　国家税务总局关于文化体制改革中经营性文化事业单位转制为企业的若干税收政策问题的通知》（财税〔2009〕34号）的规定，现就转制文化企业名单及认定问题通知如下：

一、2008年12月31日之前已经审核批准执行《财政部　海关总署　国家税务总局关于文化体制改革中经营性文化事业单位转制后企业的若干税收政策问题的通知》（财税〔2005〕1号）的转制文化企业，2009年1月1日至2013年12月31日期间，相关税收政策按照财税〔2009〕34号文件的规定执行。本条所称转制文化企业包括：

（一）根据《财政部　海关总署　国家税务总局关于发布第一批不在文化体制改革试点地区的文化体制改革试点单位名单的通知》（财税〔2005〕163号）、《财政部　海关总署　国家税务总局关于公布第二批不在试点地区的文化体制改革试点单位名单和新增试点地区名单的通知》（财税〔2007〕36号）和《财政部　海关总署　国家税务总局关于发布第三批不在试点地区的文化体制改革试点单位名单的通知》（财税〔2008〕25号），由财政部、海关总署、国家税务总局分批发布的不在试点地区的试点单位。

（二）由北京市、上海市、重庆市、浙江省、广东省及深圳市、沈阳市、西安市、丽江市审核发布的试点单位，包括由中央文化体制改革工作领导小组办公室提供名单，由北京市发布的中央在京转制试点单位。

（三）财税〔2007〕36号文件规定的新增试点地区审核发布的试点单位。

上述转制文化企业名称发生变更的，如果主营业务未发生变化，持原认定的文化体制改革工作领导小组办公室出具的同意更名函，到主管税务机关履行更名手续；如果主营业务发生变化，依照本通知第二条规定的条件重新认定。

二、从2009年1月1日起，需认定享受财税〔2009〕34号文件规定的相关税收优惠政策的转制文化企业应同时符合以下条件：

（一）根据相关部门的批复进行转制。中央各部门各单位出版社转制方案，由中央各部门各单位出版社体制改革工作领导小组办公室批复；中央部委所属的高校出版社和非时政类报刊社的转制方案，由新闻出版总署批复；文化部、广电总局、新闻出版总署所属文化事业单位的转制方案，由上述三个部门批复；地方所属文化事业单位的转制方案，按照登记管理权限由各级文化体制改革工作领导小组办公室批复。

（二）转制文化企业已进行企业工商注册登记。

（三）整体转制前已进行事业单位法人登记的，转制后已核销事业编制、注销事业单位法人。

（四）已同在职职工全部签订劳动合同，按企业办法参加社会保险。

（五）文化企业具体范围符合《财政部　海关总署　国家税务总局关于支持文化企业发展若干税收政策问题的通知》（财税〔2009〕31号）附件规定。

（六）转制文化企业引入非公有资本和境外资本的，须符合国家法律法规和政策规定；变更资本结构的，需经行业主管部门和国有文化资产监管部门批准。

三、中央所属转制文化企业的认定，由中宣部会同财政部、国家税务总局确定并发布名单；地方所属转制文化企业的认定，按照登记管理权限，由各级宣传部门会同同级财政厅（局）、国家税务局和地方税务局确定和发布名单，并逐级备案。

四、经认定的转制文化企业，可向主管税务机关申请办理减免税手续，并向主管税务机关备案以下材料：

（一）转制方案批复函；

（二）企业工商营业执照；

（三）整体转制前已进行事业单位法人登记的，需提供同级机构编制管理机关核销事业编制、注销事业单位法人的证明；

（四）同在职职工签订劳动合同、按企业办法参加社会保险制度的证明；

（五）引入非公有资本和境外资本、变更资本结构的，需出具相关部门的批准函。

五、未经认定的转制文化企业或转制文化企业不符合本通知规定的，不得享受相关税收优惠政策。已享受优惠的，主管税务机关应追缴其已减免的税款。

六、本通知适用于经营性文化事业单位整体转制和剥离转制两种类型。

（一）整体转制包括：出版社（图书、音像、电子）、非时政类报刊社、新华书店、艺术院团、电影制片厂、电影（发行放映）公司、影剧院等整体转制为企业。

（二）剥离转制包括：新闻媒体中的广告、印刷、发行、传输网络部分，以及影视剧等节目制作与销售机构，从事业体制中剥离出来转制为企业。

省财政厅　青岛海关　省国家税务局转发财政部办公厅等部门《关于落实汶川地震灾后重建进口税收政策有关问题的通知》的通知

2009 年 9 月 15 日　鲁财税〔2009〕91 号

各市人民政府，省政府各部门、各直属机构：

经省政府同意，现将财政部办公厅、海关总署办公厅、国家税务总局办公厅《关于落实汶川地震灾后重建进口税收政策有关问题的通知》（财办关税〔2009〕39 号）转发给你们。请按照通知要求，按时组织上报本地区（部门）进口抗震救灾物资的减免税申请，由省财政厅审核汇总后报省政府。

附件：财政部办公厅　海关总署办公厅　国家税务总局办公厅关于落实汶川地震灾后重建进口税收政策有关问题的通知

附件：

财政部办公厅　海关总署办公厅　国家税务总局办公厅关于落实汶川地震灾后重建进口税收政策有关问题的通知

2009 年 7 月 23 日　财办关税〔2009〕39 号

各省、自治区、直辖市、计划单列市人民政府办公厅，国务院各部委、各直属机构办公厅：

为支持和帮助地震受灾地区积极开展生产自救，重建家园，按照《国务院关于支持汶川地震灾后恢复重建政策措施的意见》（国发〔2008〕21 号）和《财政部关于进口抗震救灾物资免税通关问题的通知》（财关税〔2008〕70 号）的相关规定，自 2008 年 7 月 1 日起，对受灾地区企业、单位或支援受灾地区重建的企业、单位进口国内不能满足供应并直接用于灾后重建的大宗物资、设备等，在三年内给予进口税收优惠。为更好地落实上述政策，现将有关问题通知如下：

一、根据《民政部　发展改革委　财政部　国土资源部　地震局关于印发灾害范围评估结果的通知》（民发〔2008〕105 号）的规定，进口税收政策所称“受灾地区”包括极重灾区 10 个县（市）、重灾区 41 个县（市、区）和一般灾区 186 个县（市、区）。具体名单见附件 1。

二、受灾地区或对口支援受灾地区重建的省、自治区、直辖市、计划单列市人民政府或国务院有关部门负责将所在地企业或归口管理的单位提交的直接用于灾后重建的进口国内不能满足供应的物资减免税申请汇总后报财政部，财政部会同有关部门审核提出处理意见，报请国务院批准后执行。各省、自治区、直辖市、计划单列市人民政府或国务院有关部门免税申请原则于每年第一、三季度分两次汇总上报。

三、申报免税进口的灾后重建项目具体范围

（一）根据《国务院关于印发汶川地震灾后恢复重建总体规划的通知》（国发〔2008〕31 号）的有关规定，原则上凡是明确列入《汶川地震灾后恢复重建总体规划》（以下简称《规划》）中处于四川、甘肃、陕西3省51个县（市、区）的灾后重建项目均可申请享受进口免税政策。这些项目包括《规划》中列明的城乡住房、城镇建设、农村建设、公共服务、基础设施、产业重建、防灾减灾、生态环境、精神家园等九个部分。进口税收政策支持的重点是灾后重建中的重大基础设施建设项目、国家需要扶持的重点企业、灾区支柱产业以及修复水、电、学校、医院等公共设施项目。此类项目由省级以上（含省级）主管部门出具项目已列入《规划》的证明文件。

（二）对受灾地区未列入《规划》的其他灾后重建项目应限于在汶川地震中直接遭受严重破坏（以房屋、道路、桥梁倒塌或严重受损不能继续居住或通行为准，原则上不包括机器设备）的企业和单位直接修复或更新替换上述受损设施的重建项目，不包括企业和单位在正常经营活动中用于扩大固定资产投资进口物资的项目。企业和单位的实际受损情况需由地市级以上（含地市级）人民政府机构负责进行实地调查核定并出具实际受损情况的简明评估报告以及项目情况说明表（见附件2）。

四、申报免税进口商品的具体范围

（一）国内不能满足供应并直接用于灾后重建的大宗进口物资，原则上限定在国内紧缺的资源性、不可再生的自然资源范围内。量少价低的零散物资不在免税之列。申报进口此类物资应说明进口物资的种类、数量、金额、来源和进口的必要性。此类项目免税主要用于政府主导或企业捐赠的公共设施、安居民房等带有公益性质的重建项目，原则上不包括企业正常经营生产项目以及其他明显带有盈利性质的商业项目。

（二）国内不能满足供应并直接用于灾后重建的进口设备，按以下标准进行认定：

1. 进口设备的主要技术指标优于《国内投资项目不予免税的进口商品目录》（以下简称《目录》）的，可直接认定为国内不能生产或性能指标不能满足要求的设备，此类设备符合“国内不能满足供应”的免税条件。企业或单位申报免税，可比照《目录》在申请文件中直接注明所需进口设备的品种、数量、相关技术指标及国别、进口时间等内容。

2. 进口设备的主要技术指标在《目录》范围内，但国内产品性能或产量暂时无法满足灾后重建需要的，企业或单位在申请文件中应当就进口的必要性进行说明，由财政部在征求国家相关行业主管部门或行业协会意见的基础上，会同海关总署、税务总局等有关部门研究确定后，对符合条件的设备按“国内不能满足供应”对待。

（三）申请免税的商品必须直接用于灾后重建，并限于重建项目自用，用于经营销售的进口物资不在免税之列。企业进行生产所用的原材料、消耗品以及从国内贸易商手中间接购买的进口物资不在免税之列。

五、免税申请文件应按规定提交列入《规划》的证明文件或相关政府部门出具的实际受损情况评估报告，阐述重建进口需求，并汇总申请免税进口的商品（格式参考附件3）。同时，说明商品进口方属受灾地区企业、单位或是支援受灾地区重建的企业、单位，当进口方属于后者时须得到前者的签章证明。政府部门负责进口的也应标明具体政府机构名称。免税申请文件还应明确进口物资的最终使用方以及使用计划等情况，并以表格形式汇总（见附件4）。

六、上述进口的免税物资必须直接用于灾后重建，未经海关许可，不得擅自将免税物资转让、抵押、质押、移作他用或者进行其他处置。对违反海关规定的，按照有关法律法规的规定予以处理，涉嫌犯罪的，移送司法机关处理。

附件：1. 汶川地震灾害范围评估结果

2. 项目情况说明表

3. ______省（市）申请免税进口商品汇总清单

4. 受损情况及进口需求评估表

附件1：

汶川地震灾害范围评估结果

一、极重灾区

共10个县（市），分别是四川省汶川县、北川县、绵竹市、什邡市、青川县、茂县、安县、都江堰市、平武县、彭州市。

二、重灾区

共41个县（市、区），其中：

四川省（29个）：理县、江油市、广元市利州区、广元市朝天区、旺苍县、梓潼县、绵阳市游仙区、德阳市旌阳区、小金县、绵阳市涪城区、罗江县、黑水县、崇州市、剑阁县、三台县、阆中市、盐亭县、松潘县、苍溪县、芦山县、中江县、广元市元坝区、大邑县、宝兴县、南江县、广汉市、汉源县、石棉县、九寨沟县。

甘肃省（8个）：文县、陇南市武都区、康县、成县、徽县、西和县、两当县、舟曲县。

陕西省（4个）：宁强县、略阳县、勉县、宝鸡市陈仓区。

三、一般灾区

共186个县（市、区），其中：

四川省（100个）：郫县、成都市金牛区、成都市青白江区、成都市新都区、成都市成华区、成都市锦江区、成都市青羊区、成都市温江区、成都市武侯区、名山县、邛崃市、金堂县、南部县、蒲江县、成都市龙泉驿区、射洪县、乐山市金口河区、巴中市巴州区、新津县、丹巴县、南充市顺庆区、夹江县、天全县、丹棱县、金川县、通江县、雅安市雨城区、洪雅县、双流县、仁寿县、乐山市沙湾区、峨边彝族自治县、康定县、沐川县、仪陇县、马边彝族自治县、井研县、南充市高坪区、彭山县、犍为县、荥经县、荣县、西充县、泸定县、乐山市五通桥区、峨眉山市、简阳市、马尔康县、青神县、南充市嘉陵区、蓬安县、资阳市雁江区、眉山市东坡区、华蓥市、平昌县、乐山市市中区、营山县、安岳县、达州市通川区、乐至县、大英县、遂宁市船山区、万源市、甘洛县、威远县、遂宁市安居区、红原县、岳池县、达县，武胜县、广安市广安区、自贡市大安区、资中县、越西县、渠县、蓬溪县、自贡市自流井区、自贡市沿滩区、富顺县、内江市东兴区、自贡市贡井区、内江市市中区、隆昌县、屏山县、宜宾县、南溪县、大竹县、宜宾市翠屏区、若尔盖县、宣汉县、美姑县、雷波县、泸县、邻水县、开江县、阿坝县、道孚县、冕宁县、九龙县、高县。

甘肃省（32个）：礼县、宕昌县、清水县、崇信县、天水市秦州区、临潭县、武山县、甘谷县、灵台县、平凉市崆峒区、天水市麦积区、秦安县、迭部县、张家川县、通渭县、岷县、漳县、庄浪县、渭源县、泾川县、华亭县、静宁县、陇西县、镇原县、卓尼县、定西市安定区、庆阳市西峰区、会宁县、宁县、临洮县、碌曲县、康乐县。

陕西省（36个）：宝鸡市金台区、南郑县、留坝县、凤县、汉中市汉台区、陇县、麟游县、太白县、宝鸡市渭滨区、眉县、西乡县、岐山县、千阳县、城固县、扶风县、凤翔县、佛坪县、镇巴县、永寿县、洋县、石泉县、周至县、武功县、乾县、彬县、长武县、咸阳市杨陵区、兴平市、西安市碑林区、汉阴县、宁陕县、紫阳县、礼泉县、西安市雁塔区、户县、西安市莲湖区。

重庆市（10个）：合川区、荣昌县、潼南县、大足县、双桥区、铜梁县、北碚区、璧山县、永川区、梁平县。

云南省（3个）：绥江县、水富县、永善县。

宁夏回族自治区（5个）：隆德县、泾源县、西吉县、彭阳县、固原市原州区。

附件2：

项目情况说明表

项目名称	
项目投资单位	
项目执行年限	
项目投资总额	
项目用汇额	
项目内容	

认定部门签章：

附件3：

______省（市）申请免税进口商品汇总清单

	进口商品名称	参考税号	数量	进口金额（美元）	进口关税（元）	进口环节增值税（元）	进口税合计（元）
1							
2							
3							
……							
合计							

附件4：

受损情况及进口需求评估表

<table>
<tr><td colspan="4">一、申请单位：（受灾单位，支援单位）（打√注明）
单位概况：

（联系人及电话：　　　　　　）</td></tr>
<tr><td colspan="4">二、受损情况：</td></tr>
<tr><td>受损金额</td><td>受损物品及数量</td><td>受损人数</td><td>备注</td></tr>
<tr><td></td><td></td><td></td><td></td></tr>
<tr><td colspan="4">三、申请免税进口货物情况：</td></tr>
</table>

续表

货物名称	金额	数量	进口理由	相关技术指标	进口方	使用方	进口时间	进口国别
四、受助单位确认签章： （受灾单位自用物资免税申请不填此栏）								
五、政府部门评估意见： 签章： （《规划》内项目可不填此栏）								

省财政厅　青岛海关　省国家税务局　省地方税务局转发《财政部　海关总署　国家税务总局关于第16届亚洲运动会等三项国际综合运动会税收政策的通知》的通知

2009年9月10日　鲁财税〔2009〕92号

各市财政局、国家税务局、地方税务局、隶属海关：

现将《财政部　海关总署　国家税务总局关于第16届亚洲运动会等三项国际综合运动会税收政策的通知》（财税〔2009〕94号）转发给你们，请认真贯彻执行。

附件：财政部　海关总署　国家税务总局关于第16届亚洲运动会等三项国际综合运动会税收政策的通知

附件：

财政部　海关总署　国家税务总局关于第16届亚洲运动会等三项国际综合运动会税收政策的通知

2009年8月10日　财税〔2009〕94号

各省、自治区、直辖市、计划单列市财政厅（局）、国家税务局、地方税务局，新疆生产建设兵团财务局，海关总署广东分署、各直属海关：

经国务院批准，现就2010年广州第16届亚洲运动会（以下简称亚运会）、2011年深圳第26届世界大学生夏季运动会（以下简称大运会）和2009年哈尔滨第24届世界大学生冬季运动会（以下简称大冬会）的有关税收政策问题通知如下：

一、关于亚运会组织委员会、大运会执行局和大冬会组织委员会（以下简称组委会）的税收政策

1. 对组委会取得的电视转播权销售分成收入、赞助计划分成收入（包括实物和资金），免征应缴纳的营业税。

2. 对组委会取得的国内外赞助收入、转让无形资产（如标志）特许收入、宣传推广费收入、销售门票收入及所发收费卡收入，免征应缴纳的营业税。

3. 对组委会取得的与国家邮政局合作发行纪念邮票收入、与中国人民银行合作发行纪念币收入，免征应缴纳的营业税。

4. 对组委会取得的来源于广播、因特网、电视等媒体收入，免征应缴纳的营业税。

5. 对组委会按亚奥理事会、国际大体联核定价格收取的运动员食宿费及提供有关服务取得的收入，免征应缴纳的营业税。

6. 对组委会赛后出让资产取得的收入，免征应缴纳的营业税和土地增值税。

7. 对组委会使用的营业账簿和签订的各类合同等应税凭证，免征组委会应缴纳的印花税。

8. 对组委会免征应缴纳的车船税。

二、关于亚运会、大运会和大冬会参与者的税收政策

1. 对参赛运动员因亚运会、大运会和大冬会比赛获得的奖金和其他奖赏收入，按现行税收法律法规的有关规定征免应缴纳的个人所得税。

2. 对企事业单位、社会团体和其他组织以及个人通过公益性社会团体或者县级以上人民政府及其部门捐赠亚运会、大运会和大冬会的资金、物资支出，在计算企业和个人应纳税所得额时按现行税收法律法规的有关规定予以税前扣除。

3. 对财产所有人将财产（物品）捐赠给亚运会、大运会和大冬会组委会所书立的产权转移书据免征应缴纳的印花税。

三、关于亚运会、大运会和大冬会的进口税收政策

大冬会的进口税收政策按照《财政部关于第24届世界大学生冬季运动会进口税收政策的通知》（财关税〔2007〕57号）执行，对亚运会、大运会实行以下进口税收政策：

1. 对亚运会、大运会组委会为举办亚运会、大运会进口的亚奥理事会、国际大体联或国际单项体育组织指定的、国内不能生产或性能不能满足需要的直接用于亚运会、大运会比赛的消耗品，免征关税、进口环节增值税和消费税。

享受免税政策的进口比赛用消耗品的范围、数量清单，由亚运会、大运会组委会汇总后报财政部商有关部门审核确定。

2. 对亚运会、大运会组委会进口的其他特需物资，包括：亚奥理事会、国际大体联或国际单项体育组织指定的、我国国内不能生产或性能不能满足需要的体育竞赛器材、医疗检测设备、安全保障设备、交通通讯设备、技术设备，在亚运会、大运会期间按暂准进口货物规定办理，亚运会、大运会结束后复运出境的予以核销；留在境内或做变卖处理的，按有关规定办理正式进口手续，并照章缴纳关税、进口环节增值税和消费税。

四、上述税收政策自2008年1月1日起执行。各地财政、税务及海关等管理部门要密切关注税收政策的执行情况，对发现的问题及时逐级向财政部、国家税务总局和海关总署反映。

省财政厅　省地方税务局转发《财政部　国家税务总局关于对跨年度老合同实行营业税过渡政策的通知》的通知

2009 年 9 月 23 日　鲁财税〔2009〕94 号

各市财政局、地方税务局：

现将《财政部　国家税务总局关于对跨年度老合同实行营业税过渡政策的通知》（财税〔2009〕112 号）转发给你们，请认真贯彻执行。

附件：财政部　国家税务总局关于对跨年度老合同实行营业税过渡政策的通知

附件：

财政部　国家税务总局关于对跨年度老合同实行营业税过渡政策的通知

2009 年 8 月 25 日　财税〔2009〕112 号

各省、自治区、直辖市、计划单列市财政厅（局）、地方税务局，北京、西藏、宁夏、青海省（自治区、直辖市）国家税务局，新疆生产建设兵团财务局：

为保证《中华人民共和国营业税暂行条例》（国务院令第 540 号，以下简称新条例）和《中华人民共和国营业税暂行条例实施细则》（财政部　税务总局令第 52 号，以下简称新细则）的顺利实施，经国务院批准，现对 2008 年 12 月 31 日（含 12 月 31 日）之前签订的在上述日期前尚未执行完毕的劳务合同、销售不动产合同、转让无形资产合同（以下简称跨年度老合同）的有关营业税政策问题明确如下：

跨年度老合同涉及的境内应税行为的确定和跨年度老合同涉及的建筑、旅游、外汇转贷及其他营业税应税行为营业额的确定，按照合同到期日和 2009 年 12 月 31 日（含 12 月 31 日）孰先的原则，实行按照《中华人民共和国营业税暂行条例》（国务院令第 136 号）、《中华人民共和国营业税暂行条例实施细则》[（93）财法字第 40 号] 及相关规定执行的过渡政策。上述跨年度老合同涉及的税率、纳税义务发生时间、纳税地点、扣缴义务人、人民币折合率、减免税优惠政策等其他涉税问题，自 2009 年 1 月 1 日起，应按照新条例和新细则的规定执行。

文到之前纳税人已缴、多缴、已扣缴、多扣缴的营业税税款，允许从其以后的应纳税额中抵减或予以退税。

省财政厅　省国家税务局　省地方税务局　省民政厅转发《财政部　国家税务总局　民政部关于公布2008年度2009年度第一批获得公益性捐赠税前扣除资格的公益性社会团体名单的通知》的通知

2009年9月24日　鲁财税〔2009〕95号

各市财政局、国家税务局、地方税务局、民政局：

现将《财政部　国家税务总局　民政部关于公布2008年度　2009年度第一批获得公益性捐赠税前扣除资格的公益性社会团体名单的通知》（财税〔2009〕85号）转发给你们，请认真贯彻执行。

附件：财政部　国家税务总局　民政部关于公布2008年度　2009年度第一批获得公益性捐赠税前扣除资格的公益性社会团体名单的通知

附件：

财政部　国家税务总局　民政部关于公布2008年度2009年度第一批获得公益性捐赠税前扣除资格的公益性社会团体名单的通知

2009年8月20日　财税〔2009〕85号

各省、自治区、直辖市、计划单列市财政厅（局）、国家税务局、地方税务局、民政厅（局），新疆生产建设兵团财务局、民政局：

根据《财政部　国家税务总局　民政部关于公益性捐赠税前扣除有关问题的通知》（财税〔2008〕160号）精神，现将经民政部初步审核，财政部、国家税务总局会同民政部联合审核确认的2008年度、2009年度第一批获得公益性捐赠税前扣除资格的公益性社会团体名单，予以公布。

附件：1. 2008年度第一批获得公益性捐赠税前扣除资格的公益性社会团体名单

2. 2009年度第一批获得公益性捐赠税前扣除资格的公益性社会团体名单

附件1：

2008年度第一批获得公益性捐赠税前扣除资格的公益性社会团体名单

1. 中国红十字基金会
2. 南都公益基金会
3. 华民慈善基金会
4. 中国金融教育发展基金会

5. 中国残疾人福利基金会
6. 中国肝炎防治基金会
7. 詹天佑科学技术发展基金会
8. 中国人口福利基金会
9. 中国健康促进基金会
10. 中国老龄事业发展基金会
11. 友成企业家扶贫基金会
12. 中国华夏文化遗产基金会
13. 中国扶贫基金会
14. 海仓慈善基金会
15. 爱佑华夏慈善基金会
16. 北京大学教育基金会
17. 清华大学教育基金会
18. 中国光华科技基金会
19. 中国古生物化石保护基金会
20. 中国检察官教育基金会
21. 中国华文教育基金会
22. 中国医药卫生事业发展基金会
23. 中国预防性病艾滋病基金会
24. 国寿慈善基金会
25. 中国孔子基金会
26. 中国华侨经济文化基金会
27. 中国绿化基金会
28. 万科公益基金会
29. 援助西藏发展基金会
30. 中华环境保护基金会
31. 中国初级卫生保健基金会
32. 人保慈善基金会
33. 中远慈善基金会
34. 中华慈善总会
35. 中华健康快车基金会
36. 中国法律援助基金会
37. 中国癌症基金会
38. 桃源居公益事业发展基金会
39. 腾讯公益慈善基金会
40. 中国西部人才开发基金会
41. 中国教育发展基金会
42. 中国医学基金会
43. 中国儿童少年基金会
44. 中国煤矿尘肺病治疗基金会
45. 香江社会救助基金会
46. 中华思源工程扶贫基金会
47. 凯风公益基金会

48. 中国民航科普基金会
49. 李四光地质科学奖基金会
50. 北京航空航天大学教育基金会
51. 天诺慈善基金会
52. 中国青少年发展基金会
53. 中国发展研究基金会
54. 心平公益基金会
55. 中国妇女发展基金会
56. 中国留学人才发展基金会
57. 中国光彩事业基金会
58. 中国青少年社会教育基金会
59. 中国宋庆龄基金会
60. 中国拥军优属基金会
61. 中国敦煌石窟保护研究基金会
62. 中华社会文化发展基金会
63. 中国国际文化交流基金会
64. 中国交响乐发展基金会
65. 南航“十分”关爱基金会
66. 中华全国体育基金会

附件2：

2009年度第一批获得公益性捐赠税前扣除资格的公益性社会团体名单

1. 电网公益基金会
2. 中国志愿服务基金会
3. 中华社会救助基金会

省财政厅　省国家税务局转发《财政部　国家税务总局关于固定资产进项税额抵扣问题的通知》的通知

2009年9月28日　鲁财税〔2009〕96号

各市财政局、国家税务局：

现将《财政部　国家税务总局关于固定资产进项税额抵扣问题的通知》（财税〔2009〕113号）转发给你们，请认真贯彻执行。

附件：财政部　国家税务总局关于固定资产进项税额抵扣问题的通知

附件：

财政部　国家税务总局关于固定资产进项税额抵扣问题的通知

2009 年 8 月 31 日　财税〔2009〕113 号

各省、自治区、直辖市、计划单列市财政厅（局）、国家税务局、地方税务局，新疆生产建设兵团财务局：

增值税转型改革实施后，一些地区反映固定资产增值税进项税额抵扣范围不够明确。为解决执行中存在的问题，经研究，现将有关问题通知如下：

《中华人民共和国增值税暂行条例实施细则》第二十三条第二款所称建筑物，是指供人们在其内生产、生活和其他活动的房屋或者场所，具体为《固定资产分类与代码》（GB/T14885－1994）中代码前两位为“02”的房屋；所称构筑物，是指人们不在其内生产、生活的人工建造物，具体为《固定资产分类与代码》（GB/T14885－1994）中代码前两位为“03”的构筑物；所称其他土地附着物，是指矿产资源及土地上生长的植物。

《固定资产分类与代码》（GB/T14885－1994）电子版可在财政部或国家税务总局网站查询。

以建筑物或者构筑物为载体的附属设备和配套设施，无论在会计处理上是否单独记账与核算，均应作为建筑物或者构筑物的组成部分，其进项税额不得在销项税额中抵扣。附属设备和配套设施是指：给排水、采暖、卫生、通风、照明、通讯、煤气、消防、中央空调、电梯、电气、智能化楼宇设备和配套设施。

省财政厅　省国家税务局　省地方税务局转发《财政部　国家税务总局关于保险公司提取农业巨灾风险准备金企业所得税税前扣除问题的通知》的通知

2009 年 9 月 24 日　鲁财税〔2009〕97 号

各市财政局、国家税务局、地方税务局：

现将《财政部　国家税务总局关于保险公司提取农业巨灾风险准备金企业所得税税前扣除问题的通知》（财税〔2009〕110 号）转发给你们，请认真贯彻执行。

附件：财政部　国家税务总局关于保险公司提取农业巨灾风险准备金企业所得税税前扣除问题的通知

附件：

财政部　国家税务总局关于保险公司提取农业巨灾风险准备金企业所得税税前扣除问题的通知

2009 年 8 月 21 日　财税〔2009〕110 号

各省、自治区、直辖市、计划单列市财政厅（局）、国家税务局、地方税务局，新疆生产建设兵团财务局：

为积极支持解决“三农”问题，促进保险公司拓展农业保险业务，提高农业巨灾发生后恢复生产能力，根据《中华人民共和国企业所得税法》和《中华人民共和国企业所得税法实施条例》的有关规定，现对保险公司计提农业保险巨灾风险准备金企业所得税税前扣除问题通知如下：

一、保险公司经营中央财政和地方财政保费补贴的种植业险种（以下简称补贴险种）的，按不超过补贴险种当年保费收入25%的比例计提的巨灾风险准备金，准予在企业所得税前据实扣除。具体计算公式如下：

本年度扣除的巨灾风险准备金＝本年度保费收入×25%－上年度已在税前扣除的巨灾风险准备金结存余额。

按上述公式计算的数额如为负数，应调增当年应纳税所得额。

二、保险公司应当按专款专用原则建立健全巨灾风险准备金管理使用制度。在向主管税务机关报送企业所得税纳税申报表时，同时附送巨灾风险准备金提取、使用情况的说明和报表。

三、本通知自2008年1月1日起至2010年12月31日止执行。

省财政厅　省国家税务局　省地方税务局转发《财政部国家税务总局关于金融企业涉农贷款和中小企业贷款损失准备金税前扣除政策的通知》的通知

2009年9月25日　鲁财税〔2009〕99号

各市财政局、国家税务局、地方税务局：

现将《财政部　国家税务总局关于金融企业涉农贷款和中小企业贷款损失准备金税前扣除政策的通知》（财税〔2009〕99号）转发给你们，请认真贯彻执行。

附件：财政部　国家税务总局关于金融企业涉农贷款和中小企业贷款损失准备金税前扣除政策的通知

附件：

财政部　国家税务总局关于金融企业涉农贷款和中小企业贷款损失准备金税前扣除政策的通知

2009年8月21日　财税〔2009〕99号

各省、自治区、直辖市、计划单列市财政厅（局）、国家税务局、地方税务局，新疆生产建设兵团财务局：

根据《国务院办公厅关于当前金融促进经济发展的若干意见》（国办发〔2008〕126号）有关规定，现就金融企业涉农贷款和中小企业贷款损失准备金税前扣除政策，通知如下：

一、金融企业根据《贷款风险分类指导原则》（银发〔2001〕416号），对其涉农贷款和中小企业贷款进行风险分类后，按照以下比例计提的贷款损失专项准备金，准予在计算应纳税所得额时扣除：

（一）关注类贷款，计提比例为2%；

（二）次级类贷款，计提比例为25%；

（三）可疑类贷款，计提比例为50%；

（四）损失类贷款，计提比例为100%。

二、本通知所称涉农贷款，是指《涉农贷款专项统计制度》（银发〔2007〕246号）统计的以下贷款：

（一）农户贷款；

（二）农村企业及各类组织贷款。

本条所称农户贷款，是指金融企业发放给农户的所有贷款。农户贷款的判定应以贷款发放时的承贷主体是否属于农户为准。农户，是指长期（一年以上）居住在乡镇（不包括城关镇）行政管理区域内的住户，还包括长期居住在城关镇所辖行政村范围内的住户和户口不在本地而在本地居住一年以上的住户，国有农场的职工和农村个体工商户。位于乡镇（不包括城关镇）行政管理区域内和在城关镇所辖行政村范围内的国有经济的机关、团体、学校、企事业单位的集体户；有本地户口，但举家外出谋生一年以上的住户，无论是否保留承包耕地均不属于农户。农户以户为统计单位，既可以从事农业生产经营，也可以从事非农业生产经营。

本条所称农村企业及各类组织贷款，是指金融企业发放给注册地位于农村区域的企业及各类组织的所有贷款。农村区域，是指除地级及以上城市的城市行政区及其市辖建制镇之外的区域。

三、本通知所称中小企业贷款，是指金融企业对年销售额和资产总额均不超过2亿元的企业的贷款。

四、金融企业发生的符合条件的涉农贷款和中小企业贷款损失，应先冲减已在税前扣除的贷款损失准备金，不足冲减部分可据实在计算应纳税所得额时扣除。

五、本通知自2008年1月1日起至2010年12月31日止执行。

省财政厅　省地方税务局转发《财政部　国家税务总局关于个人金融商品买卖等营业税若干免税政策的通知》的通知

2009年10月23日　鲁财税〔2009〕103号

各市财政局、地方税务局：

现将《财政部　国家税务总局关于个人金融商品买卖等营业税若干免税政策的通知》（财税〔2009〕111号）转发给你们，请认真贯彻执行。

附件：财政部　国家税务总局关于个人金融商品买卖等营业税若干免税政策的通知

附件：

财政部　国家税务总局关于个人金融商品买卖等营业税若干免税政策的通知

2009年9月27日　财税〔2009〕111号

各省、自治区、直辖市、计划单列市财政厅（局）、地方税务局，北京、西藏、宁夏、青海省（自治区、直辖市）国家税务局，新疆生产建设兵团财务局：

经国务院批准，现将有关营业税优惠政策明确如下：

一、对个人（包括个体工商户及其他个人，下同）从事外汇、有价证券、非货物期货和其他金融商品买卖业务取得的收入暂免征收营业税。

二、个人无偿赠与不动产、土地使用权，属于下列情形之一的，暂免征收营业税：

（一）离婚财产分割；

（二）无偿赠与配偶、父母、子女、祖父母、外祖父母、孙子女、外孙子女、兄弟姐妹；

（三）无偿赠与对其承担直接抚养或者赡养义务的抚养人或者赡养人；

（四）房屋产权所有人死亡，依法取得房屋产权的法定继承人、遗嘱继承人或者受遗赠人。

三、对中华人民共和国境内（以下简称境内）单位或者个人在中华人民共和国境外（以下简称境外）提供建筑业、文化体育业（除播映）劳务暂免征收营业税。

四、境外单位或者个人在境外向境内单位或者个人提供的完全发生在境外的《中华人民共和国营业税暂行条例》（国务院令第540号，以下简称条例）规定的劳务，不属于条例第一条所称在境内提供条例规定的劳务，不征收营业税。上述劳务的具体范围由财政部、国家税务总局规定。

根据上述原则，对境外单位或者个人在境外向境内单位或者个人提供的文化体育业（除播映），娱乐业，服务业中的旅店业、饮食业、仓储业，以及其他服务业中的沐浴、理发、洗染、裱画、誊写、镌刻、复印、打包劳务，不征收营业税。

五、同时满足以下条件的行政事业性收费和政府性基金暂免征收营业税：

（一）由国务院或者财政部批准设立的政府性基金，由国务院或者省级人民政府及其财政、价格主管部门批准设立的行政事业性收费和政府性基金；

（二）收取时开具省级以上（含省级）财政部门统一印制或监制的财政票据；

（三）所收款项全额上缴财政。

凡不同时符合上述三个条件，且属于营业税征税范围的行政事业性收费或政府性基金应照章征收营业税。

上述政府性基金是指各级人民政府及其所属部门根据法律、国家行政法规和中共中央、国务院有关文件的规定，为支持某项事业发展，按照国家规定程序批准，向公民、法人和其他组织征收的具有专项用途的资金。包括各种基金、资金、附加和专项收费。

上述行政事业收费是指国家机关、事业单位、代行政府职能的社会团体及其他组织根据法律、行政法规、地方性法规等有关规定，依照国务院规定程序批准，在向公民、法人提供特定服务的过程中，按照成本补偿和非盈利原则向特定服务对象收取的费用。

六、属于本通知第二条规定情形的个人，在办理免税手续时，应根据情况提交以下相关资料：

（一）《国家税务总局关于加强房地产交易个人无偿赠与不动产税收管理有关问题的通知》（国税发〔2006〕144号）第一条规定的相关证明材料；

（二）赠与双方当事人的有效身份证件；

（三）证明赠与人和受赠人亲属关系的人民法院判决书（原件）、由公证机构出具的公证书（原件）；

（四）证明赠与人和受赠人抚养关系或者赡养关系的人民法院判决书（原件）、由公证机构出具的公证书（原件）、由乡镇人民政府或街道办事处出具的证明材料（原件）。

税务机关应当认真审核赠与双方提供的上述资料，资料齐全并且填写正确的，在提交的国税发〔2006〕144号文件所附《个人无偿赠与不动产登记表》上签字盖章后复印留存，原件退还提交人，同时办理营业税免税手续。

七、本通知自2009年1月1日起执行。此前已征、多征税款应从纳税人以后的应纳税额中抵减或予以退税。《国家税务局关于经援项目税收问题的函》（国税函发〔1990〕884号）有关营业税部分、《财政部 国家税务总局关于必须严格执行税法统一规定不得擅自对行政事业单位收费减免营业税的通知》（财税字〔1995〕6号）、《财政部 国家税务总局关于调整行政事业性收费（基金）营业税政策的通知》（财税字〔1997〕5号）、《财政部 国家税务总局关于下发不征收营业税的收费（基金）项目名单（第二批）的通知》（财税字〔1997〕117号）、《财政部 国家税务总局关于育林基金不应征收营业税的通知》（财税字〔1998〕179号）、《财政部 国家税务总局关于下发不征收营业税的收费（基金）项目名单（第三批）的通知》（财税〔2000〕31号）、《财政部 国家税务总局关于车辆通行费有关营业税等税收政策的通知》（财税〔2000〕139号）、《财政部 国家税务总局关于下发不征收营业税的收费（基金）项目名单（第四批）的通知》（财税〔2001〕144号）、《财政部 国家税务总局关于下发不征收营业税的收费（基金）项目名单（第五批）的通知》（财税〔2002〕117号）、《财政部 国家税务总局关于下发不征收营业税的收费（基金）项目名单（第六批）的通知》（财税〔2003〕15 号）、《财政部、国家税务总局关于中国知识产权培训中心办学经费收费不征收营业税的通知》（财税〔2003〕138 号）、《财政部　国家税务总局关于代办外国领事认证费等 5 项经营服务性收费征收营业税的通知》（财税〔2003〕169 号）、《财政部　国家税务总局关于民航系统 8 项行政事业性收费不征收营业税的通知》（财税〔2003〕170 号）同时废止。

省财政厅　省国家税务局　省地方税务局　省民政厅关于山东省儿童少年福利基金会等 16 家基金会公益救济性捐赠所得税税前扣除问题的通知

2009 年 10 月 28 日　鲁财税〔2009〕104 号

各市财政局、国家税务局、地方税务局、民政局：

为支持我省社会公益事业发展，根据《财政部　国家税务总局　民政部关于公益性捐赠税前扣除有关问题的通知》（财税〔2008〕160 号）精神，现对纳税人向山东省儿童少年福利基金会等 16 家单位捐赠支出的所得税税前扣除问题明确如下：

对企事业单位、社会团体和个人等社会力量，通过山东省儿童少年福利基金会、山东省公安民警优抚基金会、山东省胜利油田地学开拓基金会、山东省石油大学教育发展基金会、山东大学教育基金会、山东外事翻译职业学院教育基金会、山东商业职业技术学院助学基金会、济南市残疾人福利基金会、济南市见义勇为基金会、青岛市青少年发展基金会、青岛滨海学院教育发展基金会、淄博市见义勇为基金会、潍坊市铭仁文化发展基金会、潍坊市人口关爱基金会、泰安市教育基金会、滨州市黄河文化基金会等 16 家单位进行的公益救济性捐赠支出，自 2009 年 1 月 1 日至 2009 年 12 月 31 日，企业在不超过年度利润总额 12%的部分，个人在申报应纳税所得额 30% 以内的部分，准予在计算缴纳企业所得税和个人所得税之前扣除。

以上基金会在接受捐赠或办理转赠时，应按照财务隶属关系，使用省财政厅统一印（监）制的公益救济性捐赠票据，并加盖接受或转赠单位的财务专用印章。未按规定使用票据的，不予税前扣除。

省财政厅　青岛海关　省国家税务局转发《财政部　海关总署　国家税务总局关于国内采购材料进入海关特殊监管区域适用退税政策的通知》的通知

2009 年 10 月 29 日　鲁财税〔2009〕105 号

各市财政局、国家税务局、隶属海关：

现将《财政部　海关总署　国家税务总局关于国内采购材料进入海关特殊监管区域适用退税政策的通知》（财税〔2009〕107 号）转发给你们，请认真贯彻执行。

附件：财政部　海关总署　国家税务总局关于国内采购材料进入海关特殊监管区域适用退税政策的通知

附件：

财政部　海关总署　国家税务总局关于国内采购材料进入海关特殊监管区域适用退税政策的通知

2009年9月3日　财税〔2009〕107号

各省、自治区、直辖市、计划单列市财政厅（局）、国家税务局，海关广东分署，天津、上海特派办，各直属海关，新疆生产建设兵团财务局：

最近，部分地区反映《财政部　海关总署　国家税务总局关于国内采购材料进入出口加工区等海关特殊监管区域适用退税政策的通知》（财税〔2008〕10号）“海关特殊监管区内生产企业国内采购入区退税原材料清单”中列名的产品出口退税率提高后以及海关商品编码变更后，适用退税率问题。经研究，现明确如下：

一、根据财税〔2008〕10号文件的规定，对区内生产企业在国内采购“海关特殊监管区内生产企业国内采购入区退税原材料清单”中列名的产品，进区按增值税法定征税率予以退税是指取消出口退税的产品。上述产品的出口退税率调整后，应执行调整后的出口退税率。

二、财税〔2008〕10号文件“海关特殊监管区内生产企业国内采购入区退税原材料清单”列名产品，如因海关商品编码发生变更，而产品特性描述按海关规定仍在列名产品范围的，按原规定的适用退税率执行。

特此通知。

省财政厅　省国家税务局　省地方税务局转发《财政部　国家税务总局关于期货投资者保障基金有关税收问题的通知》的通知

2009年10月29日　鲁财税〔2009〕106号

各市财政局、国家税务局、地方税务局：

现将《财政部　国家税务总局关于期货投资者保障基金有关税收问题的通知》（财税〔2009〕68号）转发给你们，请认真贯彻执行。

附件：财政部　国家税务总局关于期货投资者保障基金有关税收问题的通知

附件：

财政部　国家税务总局关于期货投资者保障基金有关税收问题的通知

2009年8月31日　财税〔2009〕68号

各省、自治区、直辖市、计划单列市财政厅（局）、国家税务局、地方税务局，新疆生产建设兵团财务局：

经国务院批准，现对期货投资者保障基金（以下简称期货保障基金）有关税收政策问题通知如下：

一、对中国期货保证金监控中心有限责任公司（以下简称期货保障基金公司）根据《期货投资者保障基金管理暂行办法》（证监会令第38号，以下简称《暂行办法》）取得的下列收入，不计入其应征企业所得税收入：

1. 期货交易所按风险准备金账户总额的15%和交易手续费的3%上缴的期货保障基金收入；

2. 期货公司按代理交易额的千万分之五至十上缴的期货保障基金收入；

3. 依法向有关责任方追偿所得；

4. 期货公司破产清算所得；

5. 捐赠所得。

二、对期货保障基金公司取得的银行存款利息收入、购买国债、中央银行和中央级金融机构发行债券的利息收入，以及证监会和财政部批准的其他资金运用取得的收入，暂免征收企业所得税。

三、对期货保障基金公司根据《暂行办法》取得的下列收入，暂免征收营业税：

1. 期货交易所按风险准备金账户总额的15%和交易手续费的3%上缴的期货保障基金收入；

2. 期货公司按代理交易额的千万分之五至十上缴的期货保障基金收入；

3. 依法向有关责任方追偿所得收入；

4. 期货公司破产清算受偿收入；

5. 按规定从期货交易所取得的运营收入。

四、期货交易所和期货公司根据《暂行办法》上缴的期货保障基金中属于营业税征税范围的部分，允许从其营业税计税营业额中扣除。

五、对期货保障基金公司新设立的资金账簿、期货保障基金参加被处置期货公司的财产清算而签订的产权转移书据以及期货保障基金以自有财产和接受的受偿资产与保险公司签订的财产保险合同等免征印花税。对上述应税合同和产权转移书据的其他当事人照章征收印花税。

六、本通知自2008年1月1日起至2010年12月31日止执行。对期货保障基金公司在2008年1月1日至文到之日已缴纳的应予免征的营业税，从以后应缴纳的营业税税款中抵减。

省财政厅　省国家税务局　财政部驻山东省财政监察专员办事处转发《财政部　国家税务总局关于再生资源增值税退税政策若干问题的通知》的通知

2009年11月9日　鲁财税〔2009〕108号

各市财政局、国家税务局：

现将《财政部　国家税务总局关于再生资源增值税退税政策若干问题的通知》（财税〔2009〕119号）转发给你们，并提出以下贯彻意见，请一并贯彻执行。

一、再生资源回收企业应按照《再生资源回收管理办法》向有关部门备案，自备案当月1日起享受退税政策。备案之前缴纳入库的增值税，不予退付。废旧金属回收企业在商务主管部门备案与公安机关备案时间不一致的，以后一个备案时间为准。

二、纳税人申请退税时提供的2009年10月1日以后开具的再生资源收购凭证、扣税凭证或销售发票，除符合现行发票管理有关规定外，还应注明购进或销售再生资源的具体种类（从废旧金属、报废电子产品、报废机电设备及其零部件、废造纸原料、废轻化工原料、废塑料、废玻璃和其他再生资源等8类之中选择填写）。市财政局应在实地审核中对经营种类进行重点核实，并在转报文件中对具体种类予以说明。

三、对企业经营范围不属于上述8类商品，在2008年以前已经享受增值税免征政策的，可以办理退税，但必须提供相关国税部门出具的企业在2008年前免征增值税的书面证明。否则，不予办理退税。

四、再生资源回收企业退税的具体范围必须符合财税〔2008〕157号文件第六条的规定，其中加工处理仅限于清洗、挑选、破碎、切割、拆解、打包等改变再生资源密度、湿度、长度、粗细、软硬等物理性状的简单加工。

五、再生资源回收企业自2007年以来没有因违法受到工商、商务、环保、国税、地税、公安等行政机关处罚的书面申明，须经上述部门盖章确认。确认证明在同一申报年度内有效。在第一次申报时，出具确认原件，其后在年度内申报的，提供复印件。

六、申报企业原则上按季申报退税。月申报退税金额在200万元以上的再生资源回收企业，可按月申报退税。

七、各市财政局应当加强与相关部门的沟通协作，定期向税务主管机关通报受理和审批的申请退税纳税人名单及批准的退税额。税务主管机关对在日常税收征管、纳税检查、纳税评估、稽查等过程中发现的纳税人的异常情况，应及时向财政局通报。

对于税务主管机关通报有异常情况的纳税人，市财政局应将有关情况及时上报山东专员办，并暂停办理该纳税人的退税，会同税务主管机关进一步查明情况。对于查实存在将非再生资源混作再生资源购进或销售等骗取退税行为的，追缴其此前骗取的退税款，并根据《财政违法行为处罚处分条例》（国务院令第427号）等规定进行处罚，取消其以后享受再生资源退税政策的资格。

附件：财政部　国家税务总局关于再生资源增值税退税政策若干问题的通知

附件：

财政部　国家税务总局关于再生资源增值税退税政策若干问题的通知

2009年9月29日　财税〔2009〕119号

各省、自治区、直辖市、计划单列市财政厅（局）、国家税务局，新疆生产建设兵团财务局，财政部驻各省、自治区、直辖市、计划单列市财政监察专员办事处：

根据各地的反映，现对《财政部　国家税务总局关于再生资源增值税政策的通知》（财税〔2008〕157号）的有关政策问题明确如下：

一、财税〔2008〕157号第四条第（一）款“通过金融机构结算”，是指纳税人销售再生资源时按照中国人民银行《关于印发〈支付结算办法〉的通知》（银发〔1997〕393号）规定的票据、信用卡和汇兑、托收承付、委托收款等结算方式进行货币给付及其资金清算。

纳税人销售再生资源发生的应收账款，应在纳税人按照银发〔1997〕393号文件规定进行资金清算后方可计入通过金融机构结算的再生资源销售额。

纳税人销售再生资源按照银发〔1997〕393号文件规定取得的预收货款，应在销售实现后方可计入通过金融机构结算的再生资源销售额。

纳税人之间发生的互抵货款，不应计入通过金融机构计算的再生资源销售额。

纳税人通过金融机构结算的再生资源销售额占全部再生资源销售额的比重是否不低于80%的要求，应按纳税人退税申请办理时限（按月、按季等）进行核定。

二、财税〔2008〕157号文件所称再生资源的具体范围，操作时按照2008年底以前税务机关批准适用免征增值税政策的再生资源的具体范围执行，但必须符合财税〔2008〕157号文件第六条的规定，其中加工处理仅限于清洗、挑选、破碎、切割、拆解、打包等改变再生资源密度、湿度、长度、粗细、软硬等物理性状的简单加工。

三、财税〔2008〕157 号文件第四条第（一）款规定按照《再生资源回收管理办法》（商务部令 2007 年第 8 号）第七条、第八条规定应当向有关部门备案的，应当自备案当月 1 日起享受退税政策。

四、纳税人申请退税时提供的 2009 年 10 月 1 日以后开具的再生资源收购凭证、扣税凭证或销售发票，除符合现行发票管理有关规定外，还应注明购进或销售的再生资源的具体种类（从废旧金属、报废电子产品、报废机电设备及其零部件、废造纸原料、废轻化工原料、废塑料、废玻璃和其他再生资源等 8 类之中选择填写），否则不得享受退税。

五、负责初审的财政机关和税务主管机关应当加强联系，及时就纳税人的征税和退税等情况进行沟通。负责初审的财政机关应当定期向税务主管机关通报受理和审批的申请退税纳税人名单及批准的退税额，税务主管机关对在日常税收征管、纳税检查、纳税评估、稽查等过程中发现的纳税人的异常情况及时通报给负责初审的财政机关。

对于税务主管机关通报有异常情况的纳税人，负责初审的财政机关应将有关情况及时上报负责复审和终审的财政机关，各级财政机关应暂停办理该纳税人的退税，并会同税务主管机关进一步查明情况。对于查实存在将非再生资源混作再生资源购进或销售等骗取退税行为的，除追缴其此前骗取的退税款并根据《财政违法行为处罚处分条例》（国务院令第 427 号）的规定进行处罚外，取消其以后享受再生资源退税政策的资格。

六、本通知自 2009 年 10 月 1 日起执行。

省财政厅　青岛海关　省国家税务局转发《财政部　海关总署　国家税务总局关于研发机构采购设备税收政策的通知》的通知

2009 年 11 月 23 日　鲁财税〔2009〕110 号

各市财政局、国家税务局、隶属海关：

现将《财政部　海关总署　国家税务总局关于研发机构采购设备税收政策的通知》（财税〔2009〕115 号）转发给你们，请认真贯彻执行。

附件：财政部　海关总署　国家税务总局关于研发机构采购设备税收政策的通知

附件：

财政部　海关总署　国家税务总局关于研发机构采购设备税收政策的通知

2009 年 10 月 10 日　财税〔2009〕115 号

各省、自治区、直辖市、计划单列市财政厅（局）、国家税务局，新疆生产建设兵团财务局，海关总署广东分署、各直属海关：

为了鼓励科学研究和技术开发，促进科技进步，经国务院批准，对外资研发中心进口科技开发用品免征进口税收，对内外资研发机构采购国产设备全额退还增值税。现将有关事项具体明确如下：

一、外资研发中心适用《科技开发用品免征进口税收暂行规定》（财政部、海关总署、国家税务总局令第44号）免征进口税收，根据其设立时间，应分别满足下列条件：

（一）对2009年9月30日及其之前设立的外资研发中心，应同时满足下列条件：

1. 研发费用标准：（1）对新设立不足两年的外资研发中心，作为独立法人的，其投资总额不低于500万美元；作为公司内设部门或分公司的，其研发总投入不低于500万美元；（2）对设立两年及以上的外资研发中心，企业研发经费年支出额不低于1 000万元。

2. 专职研究与试验发展人员不低于90人。

3. 设立以来累计购置的设备原值不低于1 000万元。

（二）对2009年10月1日及其之后设立的外资研发中心，应同时满足下列条件：

1. 研发费用标准：作为独立法人的，其投资总额不低于800万美元；作为公司内设部门或分公司的，其研发总投入不低于800万美元。

2. 专职研究与试验发展人员不低于150人。

3. 设立以来累计购置的设备原值不低于2 000万元。

具体审核办法由商务部会同财政部、海关总署、国家税务总局另行制定。

二、适用采购国产设备全额退还增值税政策的内外资研发机构包括：

（一）《科技开发用品免征进口税收暂行规定》（财政部、海关总署、国家税务总局令第44号）规定的科学研究、技术开发机构。

（二）《科学研究和教学用品免征进口税收规定》（财政部、海关总署、国家税务总局令第45号）规定的科学研究机构和学校。

（三）符合本通知第一条规定条件的外资研发中心。

具体退税管理办法由国家税务总局会同财政部另行制定。

三、本通知所述设备，是指本通知附件所列的为科学研究、教学和科技开发提供必要条件的实验设备、装置和器械。

四、本通知执行期限为2009年7月1日至2010年12月31日。

附件：科技开发、科学研究和教学设备清单

附件：

科技开发、科学研究和教学设备清单

为科学研究、教学和科技开发提供必要条件的实验设备、装置和器械（不包括中试设备），具体包括以下三类：

一、实验环境方面

（一）教学实验仪器及装置；

（二）教学示教、演示仪器及装置；

（三）超净设备（如换气、灭菌、纯水、净化设备等）；

（四）特殊实验环境设备（如超低温、超高温、高压、低压、强腐蚀设备等）；

（五）特殊电源、光源（如电极、开关、线圈、各种光源等）；

（六）清洗循环设备；

（七）恒温设备（如水浴、恒温箱、灭菌仪等）；

（八）小型粉碎、研磨制备设备。

二、样品制备设备和装置

（一）特种泵类（如分子泵、离子泵、真空泵、蠕动泵、蜗轮泵、干泵等）；

（二）培养设备（如培养箱、发酵罐等）；

（三）微量取样设备（如移液管、取样器、精密天平等）；

（四）分离、纯化、浓缩设备（如离心机、层析、色谱、萃取、结晶设备、旋转蒸发器等）；

（五）气体、液体、固体混合设备（如旋涡混合器等）；

（六）制气设备、气体压缩设备；

（七）专用制样设备（如切片机、压片机、镀膜机、减薄仪、抛光机等），实验用注射、挤出、造粒、膜压设备；实验室样品前处理设备；

（八）实验室专用小器具（如分配器、量具、循环器、清洗器、工具等）。

三、实验室专用设备

（一）特殊照相和摄影设备（如水下、高空、高温、低温等）；

（二）科研飞机、船舶用关键设备和部件；

（三）特种数据记录设备及材料（如大幅面扫描仪、大幅面绘图仪、磁带机、光盘机等）；

（四）特殊电子部件（如电路板、特种晶体管、专用集成电路等）；

（五）材料科学专用设备（如干胶仪、特种坩埚、陶瓷、图形转换设备、制版用干板、特种等离子体源、离子源、外延炉、扩散炉、溅射仪、离子刻蚀机，材料实验机等），可靠性试验设备，微电子加工设备，通信模拟仿真设备，通信环境试验设备；

（六）小型熔炼设备（如真空、粉末、电渣等），特殊焊接设备；

（七）小型染整、纺丝试验专用设备；

（八）电生理设备。

省财政厅　省地方税务局关于对我省残疾、孤老和烈属人员的劳动所得继续减征个人所得税问题的通知

2009 年 12 月 4 日　鲁财税〔2009〕111 号

各市财政局、地方税务局：

为进一步支持弱势群体，促进和谐社会建设，根据《中华人民共和国个人所得税法》及其《实施条例》的规定，经省政府批准，自 2009 年 7 月 1 日起，对我省残疾、孤老和烈属人员的劳动所得以及因严重自然灾害造成重大损失的，按照《山东省个人所得税减征管理暂行办法》的规定继续减征个人所得税。

省财政厅　省地方税务局转发《财政部　国家税务总局关于房产税城镇土地使用税有关问题的通知》的通知

2009 年 12 月 17 日　鲁财税〔2009〕112 号

各市财政局、地方税务局：

现将《财政部　国家税务总局关于房产税城镇土地使用税有关问题的通知》（财税〔2009〕128号）转发给你们，请认真贯彻执行。

附件：财政部　国家税务总局关于房产税城镇土地使用税有关问题的通知

附件：

财政部　国家税务总局关于房产税城镇土地使用税有关问题的通知

2009年11月22日　财税〔2009〕128号

各省、自治区、直辖市、计划单列市财政厅（局）、地方税务局，西藏、宁夏、青海省（自治区）国家税务局，新疆生产建设兵团财务局：

为完善房产税、城镇土地使用税政策，堵塞税收征管漏洞，现将房产税、城镇土地使用税有关问题明确如下：

一、关于无租使用其他单位房产的房产税问题

无租使用其他单位房产的应税单位和个人，依照房产余值代缴纳房产税。

二、关于出典房产的房产税问题

产权出典的房产，由承典人依照房产余值缴纳房产税。

三、关于融资租赁房产的房产税问题

融资租赁的房产，由承租人自融资租赁合同约定开始日的次月起依照房产余值缴纳房产税。合同未约定开始日的，由承租人自合同签订的次月起依照房产余值缴纳房产税。

四、关于地下建筑用地的城镇土地使用税问题

对在城镇土地使用税征税范围内单独建造的地下建筑用地，按规定征收城镇土地使用税。其中，已取得地下土地使用权证的，按土地使用权证确认的土地面积计算应征税款；未取得地下土地使用权证或地下土地使用权证上未标明土地面积的，按地下建筑垂直投影面积计算应征税款。

对上述地下建筑用地暂按应征税款的50%征收城镇土地使用税。

五、本通知自2009年12月1日起执行。《财政部税务总局关于房产税若干具体问题的解释和暂行规定》[（86）财税地字第008号] 第七条、《国家税务总局关于安徽省若干房产税业务问题的批复》（国税函发〔1993〕368号）第二条同时废止。

省财政厅　省地方税务局转发《财政部　国家税务总局关于中国烟草总公司理顺资产管理体制过程中有关印花税问题的通知》的通知

2009年12月17日　鲁财税〔2009〕113号

各市财政局、地方税务局：

现将《财政部　国家税务总局关于中国烟草总公司理顺资产管理体制过程中有关印花税问题的通知》（财税〔2009〕127号）转发给你们，请认真贯彻执行。

附件：财政部　国家税务总局关于中国烟草总公司理顺资产管理体制过程中有关印花税问题的通知

附件：

财政部　国家税务总局关于中国烟草总公司理顺资产管理体制过程中有关印花税问题的通知

2009 年 10 月 21 日　财税〔2009〕127 号

各省、自治区、直辖市、计划单列市财政厅（局）、地方税务局，新疆生产建设兵团财务局：

经国务院批准，现对中国烟草总公司在资产管理体制改革过程中涉及的印花税问题通知如下：

一、根据《财政部　国家税务总局关于企业改制过程中有关印花税政策的通知》（财税〔2003〕183 号）规定，对中国烟草总公司下属单位原列为“实收资本”和“资本公积”科目，改制时计入中国烟草总公司和省级公司“资本公积”科目的资金，原已贴花的部分不再贴花。

二、对中国烟草总公司下属单位原列为“盈余公积”和“未分配利润”科目，改制时计入中国烟草总公司和省级公司“资本公积”科目的资金涉及的资金账簿印花税予以免征。

请遵照执行。

省财政厅　省地方税务局转发《财政部　国家税务总局关于下发免征营业税的一年期以上返还性人身保险产品名单（第二十二批）的通知》的通知

2009 年 12 月 21 日　鲁财税〔2009〕117 号

各市财政局、地方税务局：

现将《财政部　国家税务总局关于下发免征营业税的一年期以上返还性人身保险产品名单（第二十二批）的通知》（财税〔2009〕135 号）转发给你们，请认真贯彻执行。

附件：财政部　国家税务总局关于下发免征营业税的一年期以上返还性人身保险产品名单（第二十二批）的通知

附件：

财政部　国家税务总局关于下发免征营业税的一年期以上返还性人身保险产品名单（第二十二批）的通知

2009 年 11 月 17 日　财税〔2009〕135 号

各省、自治区、直辖市、计划单列市财政厅（局）、地方税务局，北京、西藏、宁夏、青海省（区、市）国家税务局，新疆生产建设兵团财务局：

根据《财政部　国家税务总局关于对若干项目免征营业税的通知》[（94）财税字第002号] 和《财政部　国家税务总局关于人寿保险业务免征营业税若干问题的通知》（财税〔2001〕118号）的有关规定，经审核，决定对有关保险公司开办的符合免税条件的保险产品取得的保费收入免征营业税，具体免税保险产品清单见附件。

附件：免征营业税的人身保险产品清单（第二十二批）

附件：

免征营业税的人身保险产品清单（第二十二批）

一、安信农业保险股份有限公司

1. 重大疾病医疗保险
2. 安信附加团体住院医疗保险
3. 安信附加团体门诊急诊医疗保险

二、百年人寿保险股份有限公司

1. 百年红两全保险（分红型）A款
2. 百年红两全保险（分红型）B款
3. 百年祥瑞终身寿险（分红型）
4. 百年富贵年金保险（分红型）
5. 百年团体年金保险（分红型）
6. 百年附加意外伤害医疗保险
7. 百年附加安康重大疾病保险

三、渤海财产保险股份有限公司

1. 渤海团体重大疾病保险
2. 渤海团体住院津贴保险
3. 渤海团体补充医疗保险

四、长安责任保险股份有限公司

1. 长安附加学生、幼儿住院医疗保险
2. 长安附加学生、幼儿意外伤害医疗保险
3. 长安附加团体意外伤害医疗保险
4. 长安附加团体意外伤害住院补贴保险
5. 长安附加团体住院补贴保险
6. 长安附加团体住院医疗保险
7. 长安附加个人意外伤害医疗保险
8. 长安附加个人意外伤害医疗保险（B款）
9. 长安附加个人意外住院补贴保险
10. 长安附加个人意外住院补贴保险（B款）
11. 长安团体儿童计划免疫健康保险
12. 长安急性传染病短期健康保险

13. 长安团体重大疾病保险
14. 长安妇女团体疾病保险
15. 长安高额团体补充医疗保险
16. 长安团体补充医疗保险（A 款）
17. 长安账户型补充团体医疗保险

五、长城人寿保险股份有限公司

1. 长城金盈利年金保险（分红型）
2. 长城鸿运终身 A 款两全保险（分红型）
3. 长城金惠利 B 款两全型保险（分红型）
4. 长城金惠利 C 款两全型保险（分红型）
5. 长城金玉年金保险
6. 长城附加如意定期寿险
7. 长城附加红状元大学教育年金保险（分红型）
8. 长城金禧年金保险
9. 长城附加定期寿险（2009）
10. 长城金惠利两全保险（分红型）
11. 长城附加和康重大疾病保险

六、光大永明人寿保险有限公司

1. 光大永明附加瑞盈无忧两全保险（万能型）
2. 光大永明瑞盈无忧定期重大疾病保险
3. 光大永明团体附加生育医疗保险
4. 光大永明团体失能收入损失保险
5. 光大永明安盈两全保险（万能型）
6. 光大永明团体补充养老保险（万能型）
7. 光大永明金保利 B 两全保险（万能型）
8. 光大永明金保盈 A 两全保险（分红型）
9. 光大永明附加金保盈 A 重大疾病保险
10. 光大永明福享人生两全保险（分红型）
11. 光大永明 2009 团体年金保险（万能型）
12. 光大永明金保盈 B 两全保险（分红型）
13. 光大永明金保盈 C 两全保险（分红型）
14. 光大永明附加鸿运相传终身重大疾病保险 A 款
15. 光大永明鸿祥人生定期寿险
16. 光大永明附加鸿祥人生重大疾病保险

七、广电日生人寿保险有限公司

1. 广电日生附加团体女性生育医疗保险（B）
2. 广电日生金玉良缘两全保险（万能型）
3. 广电日升天祥终身重大疾病保险
4. 广电日升金缘宝两全保险（分红型）
5. 广电日升附加金玉良缘门急诊医疗保险

6. 广电日升福来养老年金保险（万能型）
7. 广电日升金福来团体养老年金保险（万能型）
8. 广电日生附加住院津贴医疗保险C款
9. 广电日生附加住院费用报销医疗保险C款
10. 广电日生团体住院津贴医疗保险（C）
11. 广电日生附加团体住院费用报销医疗保险（B）
12. 广电日生附加团体门急诊医疗保险（B）
13. 广电日生附加团体女性生育医疗保险（C）
14. 广电日生附加团体综合医疗保险（B）

八、国华人寿保险股份有限公司

1. 国华华彩金生终身寿险（万能型）A款
2. 国华华瑞丰年两全保险
3. 国华保险金转换年金保险（2008）
4. 国华华瑞丰年两全保险（分红型）B款
5. 国华华宝无忧两全保险
6. 国华华宝安逸两全保险
7. 国华华运年年两全保险（分红型）A款
8. 国华家庭收入保障定期寿险
9. 国华华运家和家庭收入保障两全保险（分红型）A款
10. 国华华运家和家庭收入保障两全保险（分红型）B款
11. 国华门诊急诊团体医疗保险
12. 国华附加华宝安逸提前给付重大疾病保险
13. 国华附加华运年年提前给付重大疾病保险
14. 国华两全保险（分红型）（2009）
15. 国华华瑞丰年两全保险（分红型）B款
16. 国华附加提前给付重大疾病保险（2009）
17. 国华终身年金保险（分红型）
18. 国华华瑞丰年两全保险（分红型）B款（2009）
19. 国华趸交即领终身年金保险（分红型）
20. 国华家庭收入保障定期寿险
21. 国华附加两全提前给付重大疾病保险（2009）
22. 国华附加家庭收入保障提前给付重大疾病保险
23. 国华团体女性疾病保险
24. 国华定期寿险
25. 国华附加定期寿险
26. 国华附加定期寿险提前给付重大疾病保险
27. 国华附加一生关爱提前给付重大疾病保险

九、国泰人寿保险有限责任公司

1. 国泰富贵添福终身寿险（分红型）
2. 国泰关怀倍至两全保险
3. 国泰金镶玉两全保险（分红型）

4. 国泰富贵新秀两全保险（分红型）
5. 国泰附加关怀备至定额给付医疗保险
6. 国泰附加康乐住院费用补偿医疗保险
7. 国泰富贵宝宝两全保险（分红型）
8. 国泰吉利金福两全保险（分红型）
9. 国泰富贵双盈两全保险（分红型）
10. 国泰附加学生幼儿意外伤害住院日额医疗保险

十、海尔纽约人寿保险有限公司

海尔纽约人寿财溢人生趸交终身寿险（万能型）

十一、海康人寿保险有限公司

1. 海康附加［安康无忧 B 款］重大疾病保险
2. 海康［卓越理财］终身寿险（万能型）（C 款）
3. 海康团体重大疾病保险
4. 海康团体住院费用补充医疗保险
5. 海康附加团体门急诊补充医疗保险
6. 海康“都来保”两全保险

十二、合众人寿保险股份有限公司

1. 合众至尊安康终身寿险（分红型）
2. 合众附加至尊安康重大疾病保险
3. 合众长红年丰两全保险（分红型）
4. 合众祥云天使学生健康保险
5. 合众长红永丰两全保险（分红型）
6. 合众福寿齐添年金保险（分红型）
7. 合众定期重大疾病保险
8. 合众附加住院定额给付医疗保险
9. 合众附加福星意外伤害医疗保险
10. 合众附加少儿意外伤害医疗保险
11. 合众附加长青重大疾病保险 A 款

十三、恒安标准人寿保险有限公司

1. 恒安标准福惠双赢两全保险（分红型）
2. 恒安标准恒爱一生两全保险（分红型）
3. 恒安标准信步人生团体年金保险（万能型）
4. 恒安标准稳赢优势累积式分红保险

十四、恒康天安人寿保险有限公司

1. 恒康天安富康（A）两全保险（分红型）
2. 恒康天安附加富康（A）疾病保险
3. 恒康天安富康（B）两全保险（分红型）
4. 恒康天安附加富康（B）疾病保险

5. 恒康天安如意（A）两全保险（分红型）
6. 恒康天安附加如意（A）疾病保险
7. 恒康天安如意（B）两全保险（分红型）
8. 恒康天安附加如意（B）疾病保险
9. 恒康天安如意（C）两全保险（分红型）
10. 恒康天安附加如意（C）疾病保险
11. 恒康天安永康（C）团体医疗保险
12. 恒康天安助医保终身寿险（万能型）
13. 恒康天安附加团体门诊急诊费用补偿医疗保险

十五、华泰人寿保险股份有限公司

1. 华泰人寿附加福佑双鑫重大疾病保险
2. 华泰人寿安心稳健两全保险（分红型）
3. 华泰人寿福佑双鑫两全保险（分红型）
4. 华泰人寿福寿永鑫终身寿险（分红型）
5. 华泰人寿附加康无忧住院费用医疗保险
6. 华泰人寿吉年红两全保险（分红型）

十六、华夏人寿保险股份有限公司

1. 华夏附加同安重大疾病保险
2. 华夏童鑫锁两全保险（分红型）
3. 华夏退休收入保障年金保险
4. 华夏同贺两全保险（分红型）
5. 华夏爱家保宝两全保险
6. 华夏附加爱家保宝重大疾病保险

十七、嘉禾人寿保险股份有限公司

1. 嘉禾珍爱一生终身寿险（分红型）
2. 嘉禾附加珍爱一生终身重大疾病保险
3. 嘉禾附加意外伤害医疗保险（2009）（A款）
4. 嘉禾附加意外伤害医疗保险（2009）（B款）
5. 嘉禾附加嘉康重大疾病保险
6. 嘉禾附加住院费用医疗保险（2009）（A款）
7. 嘉禾附加住院费用医疗保险（2009）（B款）
8. 嘉禾金牡丹两全保险（分红型）（C款）
9. 嘉禾团体重大疾病保险
10. 嘉禾金牡丹两全保险（分红型）（B款）
11. 嘉禾俏丽佳人女性健康保险
12. 嘉禾附加万事兴重大疾病保险
13. 嘉禾附加万事兴两全保险（万能型）
14. 嘉禾金牡丹两全保险（分红型）（A款）
15. 嘉禾附加境外旅游救援医疗保险（B款）
16. 嘉禾附加意外伤害住院津贴医疗保险

十八、君龙人寿保险有限公司

1. 君龙鸿运八八还本两全保险 A 款（分红型）
2. 君龙鸿运八八还本两全保险 B 款（分红型）
3. 君龙丰裕终身寿险（分红型）
4. 君龙丰沛终身寿险（分红型）
5. 君龙附加定期寿险
6. 君龙附加意外住院定额给付医疗保险
7. 君龙附加意外伤害费用补偿医疗保险
8. 君龙团体一年期寿险
9. 君龙团体住院定额给付医疗保险
10. 君龙附加团体意外住院定额给付医疗保险
11. 君龙财星高照两全保险（分红型）
12. 君龙康祥重大疾病保险
13. 君龙附加住院定额给付医疗保险
14. 君龙附加团体意外伤害费用补偿医疗保险
15. 君龙金添财两全保险（分红型）
16. 君龙伴我一生终身寿险（万能型）
17. 君龙幸福相伴定期寿险
18. 君龙团体重大疾病保险

十九、昆仑健康保险股份有限公司

1. 昆仑健康保险股份有限公司健康宝肝疾病保险
2. 昆仑健康保险股份有限公司健康宝肝疾病团体疾病保险
3. 昆仑健康保险股份有限公司祥瑞定期重大疾病保险
4. 昆仑健康保险股份有限公司祥瑞终身重大疾病保险
5. 昆仑健康保险股份有限公司健康宝城镇居民补充医疗保险（少儿版）
6. 昆仑健康保险股份有限公司康和短期团体重大疾病保险
7. 昆仑健康保险股份有限公司守护一生终身护理保险（A 款）

二十、联泰大都会人寿保险有限公司

1. 联泰大都会人寿保险有限公司一生守护终身寿险
2. 联泰大都会人寿保险有限公司财富经典两全保险（万能型）（B 款）
3. 联泰大都会人寿保险有限公司财富成长无忧两全保险（B 款）
4. 联泰大都会人寿保险有限公司合美人生两全保险（A 款）
5. 联泰大都会人寿保险有限公司合美人生两全保险（B 款）
6. 联泰大都会人寿保险有限公司合美人生两全保险（C 款）
7. 联泰大都会人寿保险有限公司附加一生守护住院补贴医疗保险
8. 联泰大都会人寿保险有限公司附加合美人生防癌健康保险（A 款）
9. 联泰大都会人寿保险有限公司金牌保镖终身重大疾病保险（B 款）
10. 联泰大都会人寿保险有限公司附加金牌保镖终身重大疾病保险（B 款）
11. 联泰大都会人寿保险有限公司附加合美人生防癌疾病保险（B 款）
12. 联泰大都会人寿保险有限公司附加合美人生防癌疾病保险（C 款）

13. 联泰大都会人寿保险有限公司附加意外住院补贴医疗保险
14. 联泰大都会人寿保险有限公司附加意外伤害医疗保险

二十一、美国友邦保险有限公司北京分公司

1. 友邦金喜年年年金保险（分红型）
2. 友邦附加金喜年年定期寿险
3. 友邦附加金喜年年豁免保险费定期寿险
4. 友邦附加每日住院给付团体收入保障保险
5. 友邦附加添益收入保障保险
6. 友邦附加添益 A 款住院费用补偿医疗保险
7. 友邦附加添益 B 款住院费用补偿医疗保险
8. 友邦附加添益 A 款手术费补偿医疗保险
9. 友邦附加添益 B 款手术费补偿医疗保险
10. 友邦附加添益意外医药补偿医疗保险
11. 友邦赢利宝两全保险（分红型）
12. 友邦安心无忧两全保险
13. 友邦附加安心无忧意外住院给付医疗保险
14. 友邦附加安心无忧意外医药补偿医疗保险
15. 友邦附加环球门诊急诊团体医疗保险
16. 友邦附加意外医药补偿 A2 款团体医疗保险
17. 友邦附加意外医药补偿 B2 款团体医疗保险
18. 友邦附加意外医药补偿 D2 款团体医疗保险
19. 友邦金丰宝年金保险（分红型）
20. 友邦附加金丰宝定期寿险
21. 友邦附加金丰宝豁免保险费定期寿险
22. 友邦附加环球妊娠及生育团体医疗保险
23. 友邦附加安益每日住院给付医疗保险
24. 友邦附加安益意外医药补偿医疗保险
25. 友邦附加安益 A 款住院费用补偿医疗保险
26. 友邦附加安益 B 款住院费用补偿医疗保险
27. 友邦附加安益 A 款手术费补偿医疗保险
28. 友邦附加安益 B 款手术费补偿医疗保险
29. 友邦附加安益重大疾病保险
30. 友邦附加护身符 A 款重大疾病保险
31. 友邦附加护身符 B 款重大疾病保险
32. 友邦附加护身符 C 款重大疾病保险
33. 友邦附加护身符 D 款重大疾病保险
34. 友邦附加守御天使 A 款重大疾病保险
35. 友邦附加守御天使 B 款重大疾病保险
36. 友邦安益重大疾病保险

二十二、美国友邦保险有限公司东莞支公司

1. 友邦金喜年年年金保险（分红型）

2. 友邦附加金喜年年定期寿险
3. 友邦附加金喜年年豁免保险费定期寿险
4. 友邦附加每日住院给付团体收入保障保险
5. 友邦附加添益收入保障保险
6. 友邦附加添益 A 款住院费用补偿医疗保险
7. 友邦附加添益 B 款住院费用补偿医疗保险
8. 友邦附加添益 A 款手术费补偿医疗保险
9. 友邦附加添益 B 款手术费补偿医疗保险
10. 友邦附加添益意外医药补偿医疗保险
11. 友邦赢利宝两全保险（分红型）
12. 友邦安心无忧两全保险
13. 友邦附加安心无忧意外住院给付医疗保险
14. 友邦附加安心无忧意外医药补偿医疗保险
15. 友邦附加环球门诊急诊团体医疗保险
16. 友邦附加意外医药补偿 A2 款团体医疗保险
17. 友邦附加意外医药补偿 B2 款团体医疗保险
18. 友邦附加意外医药补偿 D2 款团体医疗保险
19. 友邦金丰宝年金保险（分红型）
20. 友邦附加金丰宝定期寿险
21. 友邦附加金丰宝豁免保险费定期寿险
22. 友邦附加环球妊娠及生育团体医疗保险
23. 友邦附加安益每日住院给付医疗保险
24. 友邦附加安益意外医药补偿医疗保险
25. 友邦附加安益 A 款住院费用补偿医疗保险
26. 友邦附加安益 B 款住院费用补偿医疗保险
27. 友邦附加安益 A 款手术费补偿医疗保险
28. 友邦附加安益 B 款手术费补偿医疗保险
29. 友邦附加安益重大疾病保险
30. 友邦附加护身符 A 款重大疾病保险
31. 友邦附加护身符 B 款重大疾病保险
32. 友邦附加护身符 C 款重大疾病保险
33. 友邦附加护身符 D 款重大疾病保险
34. 友邦附加守御天使 A 款重大疾病保险
35. 友邦附加守御天使 B 款重大疾病保险
36. 友邦安益重大疾病保险

二十三、美国友邦保险有限公司广东分公司

1. 友邦金喜年年年金保险（分红型）
2. 友邦附加金喜年年定期寿险
3. 友邦附加金喜年年豁免保险费定期寿险
4. 友邦附加每日住院给付团体收入保障保险
5. 友邦附加添益收入保障保险
6. 友邦附加添益 A 款住院费用补偿医疗保险

7. 友邦附加添益 B 款住院费用补偿医疗保险
8. 友邦附加添益 A 款手术费补偿医疗保险
9. 友邦附加添益 B 款手术费补偿医疗保险
10. 友邦附加添益意外医药补偿医疗保险
11. 友邦赢利宝两全保险（分红型）
12. 友邦安心无忧两全保险
13. 友邦附加安心无忧意外住院给付医疗保险
14. 友邦附加安心无忧意外医药补偿医疗保险
15. 友邦附加环球门诊急诊团体医疗保险
16. 友邦附加意外医药补偿 A2 款团体医疗保险
17. 友邦附加意外医药补偿 B2 款团体医疗保险
18. 友邦附加意外医药补偿 D2 款团体医疗保险
19. 友邦金丰宝年金保险（分红型）
20. 友邦附加金丰宝定期寿险
21. 友邦附加金丰宝豁免保险费定期寿险
22. 友邦附加环球妊娠及生育团体医疗保险
23. 友邦附加安益每日住院给付医疗保险
24. 友邦附加安益意外医药补偿医疗保险
25. 友邦附加安益 A 款住院费用补偿医疗保险
26. 友邦附加安益 B 款住院费用补偿医疗保险
27. 友邦附加安益 A 款手术费补偿医疗保险
28. 友邦附加安益 B 款手术费补偿医疗保险
29. 友邦附加安益重大疾病保险
30. 友邦附加护身符 A 款重大疾病保险
31. 友邦附加护身符 B 款重大疾病保险
32. 友邦附加护身符 C 款重大疾病保险
33. 友邦附加护身符 D 款重大疾病保险
34. 友邦附加守御天使 A 款重大疾病保险
35. 友邦附加守御天使 B 款重大疾病保险
36. 友邦安益重大疾病保险

二十四、美国友邦保险有限公司江门支公司

1. 友邦金喜年年年金保险（分红型）
2. 友邦附加金喜年年定期寿险
3. 友邦附加金喜年年豁免保险费定期寿险
4. 友邦附加每日住院给付团体收入保障保险
5. 友邦附加添益收入保障保险
6. 友邦附加添益 A 款住院费用补偿医疗保险
7. 友邦附加添益 B 款住院费用补偿医疗保险
8. 友邦附加添益 A 款手术费补偿医疗保险
9. 友邦附加添益 B 款手术费补偿医疗保险
10. 友邦附加添益意外医药补偿医疗保险
11. 友邦赢利宝两全保险（分红型）

12. 友邦安心无忧两全保险
13. 友邦附加安心无忧意外住院给付医疗保险
14. 友邦附加安心无忧意外医药补偿医疗保险
15. 友邦附加环球门诊急诊团体医疗保险
16. 友邦附加意外医药补偿 A2 款团体医疗保险
17. 友邦附加意外医药补偿 B2 款团体医疗保险
18. 友邦附加意外医药补偿 D2 款团体医疗保险
19. 友邦金丰宝年金保险（分红型）
20. 友邦附加金丰宝定期寿险
21. 友邦附加金丰宝豁免保险费定期寿险
22. 友邦附加环球妊娠及生育团体医疗保险
23. 友邦附加安益每日住院给付医疗保险
24. 友邦附加安益意外医药补偿医疗保险
25. 友邦附加安益 A 款住院费用补偿医疗保险
26. 友邦附加安益 B 款住院费用补偿医疗保险
27. 友邦附加安益 A 款手术费补偿医疗保险
28. 友邦附加安益 B 款手术费补偿医疗保险
29. 友邦附加安益重大疾病保险
30. 友邦附加护身符 A 款重大疾病保险
31. 友邦附加护身符 B 款重大疾病保险
32. 友邦附加护身符 C 款重大疾病保险
33. 友邦附加护身符 D 款重大疾病保险
34. 友邦附加守御天使 A 款重大疾病保险
35. 友邦附加守御天使 B 款重大疾病保险
36. 友邦安益重大疾病保险

二十五、美国友邦保险有限公司江苏分公司

1. 友邦金喜年年年金保险（分红型）
2. 友邦附加金喜年年定期寿险
3. 友邦附加金喜年年豁免保险费定期寿险
4. 友邦附加每日住院给付团体收入保障保险
5. 友邦附加添益收入保障保险
6. 友邦附加添益 A 款住院费用补偿医疗保险
7. 友邦附加添益 B 款住院费用补偿医疗保险
8. 友邦附加添益 A 款手术费补偿医疗保险
9. 友邦附加添益 B 款手术费补偿医疗保险
10. 友邦附加添益意外医药补偿医疗保险
11. 友邦赢利宝两全保险（分红型）
12. 友邦安心无忧两全保险
13. 友邦附加安心无忧意外住院给付医疗保险
14. 友邦附加安心无忧意外医药补偿医疗保险
15. 友邦附加环球门诊急诊团体医疗保险
16. 友邦附加意外医药补偿 A2 款团体医疗保险

17. 友邦附加意外医药补偿B2款团体医疗保险
18. 友邦附加意外医药补偿D2款团体医疗保险
19. 友邦金丰宝年金保险（分红型）
20. 友邦附加金丰宝定期寿险
21. 友邦附加金丰宝豁免保险费定期寿险
22. 友邦附加环球妊娠及生育团体医疗保险
23. 友邦附加安益每日住院给付医疗保险
24. 友邦附加安益意外医药补偿医疗保险
25. 友邦附加安益A款住院费用补偿医疗保险
26. 友邦附加安益B款住院费用补偿医疗保险
27. 友邦附加安益A款手术费补偿医疗保险
28. 友邦附加安益B款手术费补偿医疗保险
29. 友邦附加安益重大疾病保险
30. 友邦附加护身符A款重大疾病保险
31. 友邦附加护身符B款重大疾病保险
32. 友邦附加护身符C款重大疾病保险
33. 友邦附加护身符D款重大疾病保险
34. 友邦附加守御天使A款重大疾病保险
35. 友邦附加守御天使B款重大疾病保险
36. 友邦安益重大疾病保险

二十六、美国友邦保险有限公司上海分公司

1. 友邦金喜年年年金保险（分红型）
2. 友邦附加金喜年年定期寿险
3. 友邦附加金喜年年豁免保险费定期寿险
4. 友邦附加每日住院给付团体收入保障保险
5. 友邦附加添益收入保障保险
6. 友邦附加添益A款住院费用补偿医疗保险
7. 友邦附加添益B款住院费用补偿医疗保险
8. 友邦附加添益A款手术费补偿医疗保险
9. 友邦附加添益B款手术费补偿医疗保险
10. 友邦附加添益意外医药补偿医疗保险
11. 友邦赢利宝两全保险（分红型）
12. 友邦安心无忧两全保险
13. 友邦附加安心无忧意外住院给付医疗保险
14. 友邦附加安心无忧意外医药补偿医疗保险
15. 友邦附加环球门诊急诊团体医疗保险
16. 友邦附加意外医药补偿A2款团体医疗保险
17. 友邦附加意外医药补偿B2款团体医疗保险
18. 友邦附加意外医药补偿D2款团体医疗保险
19. 友邦金丰宝年金保险（分红型）
20. 友邦附加金丰宝定期寿险
21. 友邦附加金丰宝豁免保险费定期寿险

22. 友邦附加环球妊娠及生育团体医疗保险
23. 友邦附加安益每日住院给付医疗保险
24. 友邦附加安益意外医药补偿医疗保险
25. 友邦附加安益 A 款住院费用补偿医疗保险
26. 友邦附加安益 B 款住院费用补偿医疗保险
27. 友邦附加安益 A 款手术费补偿医疗保险
28. 友邦附加安益 B 款手术费补偿医疗保险
29. 友邦附加安益重大疾病保险
30. 友邦附加护身符 A 款重大疾病保险
31. 友邦附加护身符 B 款重大疾病保险
32. 友邦附加护身符 C 款重大疾病保险
33. 友邦附加护身符 D 款重大疾病保险
34. 友邦附加守御天使 A 款重大疾病保险
35. 友邦附加守御天使 B 款重大疾病保险
36. 友邦安益重大疾病保险

二十七、美国友邦保险有限公司深圳分公司

1. 友邦金喜年年年金保险（分红型）
2. 友邦附加金喜年年定期寿险
3. 友邦附加金喜年年豁免保险费定期寿险
4. 友邦附加每日住院给付团体收入保障保险
5. 友邦附加添益收入保障保险
6. 友邦附加添益 A 款住院费用补偿医疗保险
7. 友邦附加添益 B 款住院费用补偿医疗保险
8. 友邦附加添益 A 款手术费补偿医疗保险
9. 友邦附加添益 B 款手术费补偿医疗保险
10. 友邦附加添益意外医药补偿医疗保险
11. 友邦赢利宝两全保险（分红型）
12. 友邦安心无忧两全保险
13. 友邦附加安心无忧意外住院给付医疗保险
14. 友邦附加安心无忧意外医药补偿医疗保险
15. 友邦附加环球门诊急诊团体医疗保险
16. 友邦附加意外医药补偿 A2 款团体医疗保险
17. 友邦附加意外医药补偿 B2 款团体医疗保险
18. 友邦附加意外医药补偿 D2 款团体医疗保险
19. 友邦金丰宝年金保险（分红型）
20. 友邦附加金丰宝定期寿险
21. 友邦附加金丰宝豁免保险费定期寿险
22. 友邦附加环球妊娠及生育团体医疗保险
23. 友邦附加安益每日住院给付医疗保险
24. 友邦附加安益意外医药补偿医疗保险
25. 友邦附加安益 A 款住院费用补偿医疗保险
26. 友邦附加安益 B 款住院费用补偿医疗保险

27. 友邦附加安益 A 款手术费补偿医疗保险
28. 友邦附加安益 B 款手术费补偿医疗保险
29. 友邦附加安益重大疾病保险
30. 友邦附加护身符 A 款重大疾病保险
31. 友邦附加护身符 B 款重大疾病保险
32. 友邦附加护身符 C 款重大疾病保险
33. 友邦附加护身符 D 款重大疾病保险
34. 友邦附加守御天使 A 款重大疾病保险
35. 友邦附加守御天使 B 款重大疾病保险
36. 友邦安益重大疾病保险

二十八、民生人寿保险股份有限公司

1. 民生长宁终身寿险（分红型）
2. 民生附加意外伤害医疗保险
3. 民生附加初中教育金两全保险（分红型）
4. 民生附加高中教育金两全保险（分红型）
5. 民生金玉满堂两全保险 C 款（分红型）
6. 民生长泰两全保险（分红型）
7. 民生如意相伴两全保险（分红型）
8. 民生附加豁免保险费重大疾病保险
9. 民生附加重大疾病团体疾病保险
10. 民生母婴安康疾病保险
11. 民生金玉满堂两全保险 E 款（分红型）
12. 民生附加久久同盛终身寿险（分红型）
13. 民生附加久久同安重大疾病保险
14. 民生年年红两全保险（分红型）
15. 民生金镶玉两全保险（分红型）

二十九、平安健康保险股份有限公司

1. 平安补充门诊急诊团体医疗保险
2. 平安补充住院团体医疗保险
3. 平安附加团体重大疾病保险
4. 平安附加女性安康团体疾病保险
5. 平安住院团体收入保障保险

三十、平安养老保险股份有限公司

1. 平安母子定期寿险
2. 平安学生一年定期寿险
3. 平安定期寿险
4. 平安少儿定期寿险
5. 平安一年期团体定期寿险
6. 平安附加突发急性病团体定期寿险
7. 平安附加残疾保障失能收入损失保险

8. 平安附加学生意外伤害医疗保险
9. 平安附加意外伤害医疗保险
10. 平安附加少儿意外伤害医疗保险
11. 平安附加学生幼儿住院医疗保险
12. 平安附加住院医疗保险
13. 平安补充住院医疗保险
14. 平安补充高额住院医疗保险
15. 平安少儿重大疾病保险
16. 平安附加意外伤害团体医疗保险（A 款）
17. 平安附加意外伤害团体医疗保险
18. 平安附加高新技术企业意外伤害团体医疗保险
19. 平安附加门诊急诊团体医疗保险
20. 平安门诊急诊团体医疗保险
21. 平安补充门诊急诊团体医疗保险
22. 平安住院团体医疗保险
23. 平安住院手术费用团体医疗保险
24. 平安附加住院公共保额团体医疗保险
25. 平安补充住院团体医疗保险
26. 平安高额团体医疗保险（A 款）
27. 平安高额团体医疗保险（B 款）
28. 平安附加意外伤害住院现金补贴团体医疗保险
29. 平安住院津贴团体医疗保险
30. 平安住院安心团体医疗保险（A 款）
31. 平安住院安心团体医疗保险（B 款）
32. 平安重大疾病住院收入保障团体医疗保险
33. 平安团体重大疾病保险
34. 平安女性安康团体疾病保险
35. 平安高新技术企业团体重大疾病保险
36. 平安财富添金团体补充养老保险（万能型）

三十一、瑞泰人寿保险有限公司

1. 瑞泰优选之选投资连结保险
2. 瑞泰优选之选投资连结保险（B 款）
3. 瑞泰智慧人生－团体投资连结保险（B 款）
4. 瑞泰附加瑞丰定期寿险
5. 瑞泰附加瑞丽女性重大疾病保险
6. 瑞泰附加瑞麟少儿重大疾病保险
7. 瑞泰附加瑞宁医疗保险
8. 瑞泰附加瑞祥重大疾病保险
9. 瑞泰精英之选投资连结保险
10. 瑞泰稳赢之选两全保险（万能型）B 款
11. 瑞泰 i·易胜投资连结保险

三十二、生命人寿保险股份有限公司

1. 生命伙伴福瑞两全保险（分红型）
2. 生命附加福祥重大疾病保险
3. 生命附加福爱豁免保险费重大疾病保险
4. 生命伙伴超越两全保险（B款）（分红型）
5. 生命伙伴财富方舟终身型投资连结保险
6. 生命伙伴鑫福人生两全保险（分红型）
7. 生命附加鑫福人生重大疾病保险
8. 生命附加家庭收入保障定期寿险
9. 生命伙伴福慧两全保险（分红型）
10. 生命附加福华重大疾病保险
11. 生命伙伴鑫希望少儿两全保险（分红型）
12. 生命附加高中教育金两全保险（分红型）
13. 生命附加大学教育金两全保险（分红型）
14. 生命附加安心豁免保险费重大疾病保险
15. 生命伙伴金惠两全保险（分红型）
16. 生命伙伴恒瑞两全保险
17. 生命伙伴金瑞两全保险（分红型）
18. 生命伙伴至欢两全保险

三十三、首创安泰人寿保险有限公司

1. 首创安泰微笑教育金两全保险（分红型）
2. 首创安泰附加住院费用医疗保险C款
3. 首创安泰附加住院费用医疗保险D款
4. 首创安泰一生珍爱两全保险
5. 首创安泰安储宝两全保险
6. 首创安泰附加一生珍爱定期重大疾病保险
7. 首创安泰附加保险费豁免重大疾病保险

三十四、泰康人寿保险股份有限公司

1. 泰康附加生命关怀提前给付（2006）定期寿险
2. 泰康附加亿顺意外伤害医疗保险
3. 泰康卓越人生终身寿险（万能型）
4. 泰康附加卓越人生提前给付重大疾病保险
5. 泰康附加终身住院津贴医疗保险
6. 泰康附加投保人豁免保险费B款定期寿险
7. 泰康附加投保人豁免保险费重大疾病保险
8. 泰康吉祥两全保险（分红型）
9. 泰康附加吉祥住院津贴医疗保险
10. 泰康特需医疗金团体医疗保险
11. 泰康附加e理财提前给付型重大疾病保险
12. 泰康金满仓B款年金保险（分红型）

13. 泰康和家理财终身寿险（万能型）
14. 泰康附加和家理财投资连结保险
15. 泰康祥云顺意两全保险（分红型）
16. 泰康附加祥云如意重大疾病保险（少儿版）
17. 泰康附加祥云如意重大疾病保险（成人版）
18. 泰康附加亿顺呵护意外伤害医疗保险
19. 泰康附加亿顺住院津贴医疗保险
20. 泰康附加亿顺手术津贴医疗保险
21. 泰康意外骨折医疗保险
22. 泰康意外烧伤医疗保险
23. 泰康疾病致残医疗保险
24. 泰康安心两全保险（分红型）
25. 泰康附加少儿白血病疾病保险
26. 泰康爱家赢家终身寿险（万能型）
27. 泰康附加如意宝住院费用医疗保险
28. 泰康附加吉祥定期寿险
29. 泰康松鹤延年 B 款两全保险（分红型）
30. 泰康世纪长乐 B 款终身寿险（分红型）
31. 泰康家倍保两全保险（分红型）
32. 泰康附加家倍保提前给付型重大疾病保险
33. 泰康家倍保大学教育金两全保险（分红型）
34. 泰康转换年金保险

三十五、太平人寿保险有限公司

1. 太平附加福康安心重大疾病保险
2. 太平附加福康安心住院津贴医疗保险
3. 太平附加学生、幼儿住院医疗保险（2008）
4. 太平金盾团体医疗保险 2009
5. 太平附加喜盈康重大疾病保险
6. 太平福康安心两全保险
7. 太平盈盛两全保险 D 款（分红型）
8. 太平盈丰两全保险 D 款（分红型）
9. 太平喜盈丰两全保险 B 款（分红型）

三十六、太平洋安泰人寿保险有限公司

1. 稳得利两全保险（万能型）
2. 附加康储宝定期重大疾病保险
3. 附加长期重大疾病保险
4. 康储宝两全保险
5. 金朝人生两全保险（分红型）
6. 财富人生终身寿险（万能型）E 款

三十七、天安保险股份有限公司

团体补充工伤失能保险

三十八、信诚人寿保险有限公司

1. 信诚“康赢年年”年金保险A款（分红型）
2. 信诚“康赢年年”年金保险B款（分红型）
3. 信诚附加“康赢年年”额外给付长期重大疾病保险
4. 信诚“安康连连”年金保险（分红型）
5. 信诚附加“安康连连”额外给付长期重大疾病保险
6. 信诚“不同返享”年金保险（分红型）
7. 信诚“金满屋”两全保险（分红型）
8. 信诚“福利金生”团体终身寿险（万能型）
9. 信诚“安享未来”养老年金保险A款（分红型）
10. 信诚“安享未来”养老年金保险B款（分红型）
11. 信诚附加“安享未来”额外给付长期重大疾病保险
12. 信诚附加“安享未来”豁免保险费长期重大疾病保险
13. 信诚“安心倚”投资连结保险
14. 信诚附加“安心倚”长期健康保险
15. 信诚附加“安心倚”投资连结保险
16. 信诚附加“福利安康”团体医疗保险

三十九、新华人寿保险股份有限公司

1. 吉星高照A款两全保险（分红型）
2. 吉星高照B款两全保险（分红型）
3. 吉星高照C款两全保险（分红型）
4. 附加08定期重大疾病保险
5. 附加09终身重大疾病保险
6. 红双喜金钱柜年金保险（分红型）

四十、信泰人寿保险股份有限公司

1. 信泰恒馨定期寿险
2. 信泰女性团体疾病保险
3. 信泰附加安福提前给付重大疾病保险
4. 信泰附加智富宝提前给付重大疾病保险

四十一、幸福人寿保险股份有限公司

1. 幸福聚福宝两全保险（分红型）
2. 幸福附加聚福宝重大疾病保险
3. 幸福祥逸两全保险（分红型）
4. 幸福福多宝两全保险（分红型）
5. 幸福附加定期寿险
6. 幸福附加住院费用补偿医疗保险
7. 幸福星盈未来两全保险（分红型）
8. 幸福附加康无忧重大疾病保险
9. 幸福附加意外伤害门急诊费用补偿医疗保险

10. 幸福财富养老金保险（分红型）
11. 幸福福多宝两全保险（分红型，B 款）
12. 幸福附加住院费用补偿医疗保险（2009）
13. 幸福附加重症监护津贴医疗保险
14. 幸福附加住院津贴医疗保险

四十二、阳光财产保险股份有限公司

1. 阳光附加意外伤害团体医疗保险（2008 版）
2. 阳光附加意外伤害住院津贴团体医疗保险（2008 版）
3. 阳光附加门诊急诊团体医疗保险（A 款）
4. 阳光附加意外伤害医疗保险（2008 版）
5. 阳光附加意外伤害住院津贴医疗保险（2008 版）
6. 阳光附加学生、幼儿意外伤害医疗保险（2008 版）
7. 阳光附加学生、幼儿疾病住院医疗保险（2008 版）
8. 阳光附加学生、幼儿疾病身故保险（2008 版）

四十三、阳光人寿保险股份有限公司

1. 阳光人寿附加珍爱一生重大疾病保险
2. 阳光人寿附加万能额外给付重大疾病保险
3. 阳光人寿财富双账户少儿两全保险（万能型）
4. 阳光人寿鸿福齐添年金保险（分红型）
5. 阳光人寿阳光普照两全保险 C 款（分红型）

四十四、英大泰和人寿保险股份有限公司

1. 英大金生金世终身寿险（万能型）
2. 英大元宝 B 款两全保险（分红型）
3. 英大人寿附加特高压意外伤害团体医疗保险
4. 英大明日英才少儿两全保险（分红型）
5. 英大人寿附加高中教育金两全保险（分红型）
6. 英大人寿附加大学教育金两全保险（分红型）
7. 英大人寿附加学生住院医疗保险
8. 英大金元宝 A 款两全保险（分红型）
9. 英大金元宝 B 款两全保险（分红型）
10. 英大金元宝 C 款两全保险（分红型）
11. 英大人寿附加少儿重大疾病保险
12. 英大人寿附加豁免保险费重大疾病保险
13. 英大人寿附加豁免保险费定期寿险
14. 英大人寿附加意外住院津贴团体医疗保险

四十五、招商信诺人寿保险有限公司

1. 招商信诺聚富赢家投资连结保险
2. 招商信诺珍爱一生两全保险（分红型）
3. 招商信诺安然无忧两全保险

4. 招商信诺安逸无忧两全保险
5. 招商信诺抵押贷款定期寿险
6. 招商信诺住院定额给付医疗保险
7. 招商信诺附加旅行意外住院定额给付医疗保险
8. 招商信诺附加重症监护定额给付医疗保险
9. 招商信诺安顺意外住院定额给付医疗保险
10. 招商信诺惠众住院定额给付医疗保险
11. 招商信诺住院定额给付医疗保险 A 款
12. 招商信诺附加意外住院定额给付医疗保险 A 款
13. 招商信诺附加重症监护定额给付医疗保险 A 款
14. 招商信诺附加住院手术医疗保险 A 款
15. 招商信诺附加重大烧烫伤医疗保险 A 款
16. 招商信诺附加意外骨折医疗保险 A 款
17. 招商信诺附加珍爱一生提前给付重大疾病保险
18. 招商信诺附加安然无忧重大疾病保险
19. 招商信诺附加安逸无忧癌症疾病保险

四十六、正德人寿保险股份有限公司

1. 正德附加学生疾病住院医疗保险
2. 正德附加学生意外伤害医疗保险
3. 正德附加龙行天下意外住院医疗保险
4. 正德附加少儿重大疾病保险
5. 正德龙裕两全保险（分红型）
6. 正德女性安康团体疾病保险

四十七、中保康联人寿保险有限公司

1. 中保康联安心卫士重大疾病保险
2. 中保康联附加女性疾病保险

四十八、中德安联人寿保险有限公司

1. 安联安裕丰财（Ⅱ）两全保险（分红型）
2. 安联安盈稳泰终身寿险（万能型）
3. 安联团体年金保险（万能型）(2008)
4. 安联附加两全保险
5. 安联安盈一生团体投资连结保险
6. 安联安享美年年金保险（分红型）
7. 安联安裕丰财（Ⅲ）两全保险（分红型）
8. 安联附加安康如意住院费用医疗保险

四十九、中国大地财产保险股份有限公司

1. 中国大地财产保险股份有限公司大中华团体医疗保险
2. 中国大地财产保险股份有限公司大中华个人医疗保险
3. 中国大地财产保险股份有限公司大地团体全球医疗保险

4. 中国大地财产保险股份有限公司大地个人全球医疗保险
5. 中国大地财产保险股份有限公司大地团体重大疾病保险
6. 中国大地财产保险股份有限公司大地团体失能收入损失保险（A 款）
7. 中国大地财产保险股份有限公司大地团体失能收入损失保险（B 款）
8. 中国大地财产保险股份有限公司大地安康女性团体疾病保险
9. 中国大地财产保险股份有限公司大地福安住院团体医疗保险
10. 中国大地财产保险股份有限公司大地福宁高额补充团体医疗保险
11. 中国大地财产保险股份有限公司大地福和城镇职工补充住院团体医疗保险
12. 中国大地财产保险股份有限公司大地福祥城镇居民补充住院医疗保险
13. 中国大地财产保险股份有限公司大地福宝新型农村合作补充住院医疗保险
14. 中国大地财产保险股份有限公司大地附加福瑞门诊急诊团体医疗保险
15. 中国大地财产保险股份有限公司大地附加康乐重大疾病住院补贴团体医疗保险
16. 中国大地财产保险股份有限公司大地附加康乐住院补贴团体医疗保险
17. 中国大地财产保险股份有限公司大地附加学生、幼儿定期寿险（2008 版）（限宁波地区使用）
18. 中国大地财产保险股份有限公司大地附加学生、幼儿短期补充医疗保险（2008 版）（限宁波地区使用）
19. 中国大地财产保险股份有限公司大地团体补充工伤医疗保险 B 款
20. 中国大地财产保险股份有限公司大地菁华学生儿童补充医疗保险 A 款（限北京地区使用）

五十、中国平安财产保险股份有限公司

1. 平安附加意外伤害团体医疗保险
2. 平安补充住院团体医疗保险
3. 平安附加疾病身故保险
4. 平安附加团体疾病身故保险
5. 平安附加意外伤害住院收入保障保险
6. 平安附加意外伤害住院团体收入保障保险
7. 平安团体重大疾病保险
8. 平安附加意外伤害医疗保险
9. 平安全球医疗保险
10. 平安全球团体医疗保险条款

五十一、中国平安人寿保险股份有限公司

1. 平安金玉满堂两全保险（万能型，Ⅱ）
2. 平安附加聚富步步高两全保险（万能型）
3. 平安少儿定期寿险
4. 平安世纪赢家终身寿险（万能型）
5. 平安金灿人生两全保险
6. 平安赢定金生投资连结保险
7. 平安附加赢定金生终身寿险（万能型）
8. 平安丰盛人生补充养老保险
9. 平安附加丰盛人生定期寿险
10. 平安世纪才俊投资连结保险
11. 平安倍保安行两全保险

12. 平安附加千禧平安意外伤害日额医疗保险（2004）
13. 平安少儿重大疾病保险
14. 平安少儿附加意外伤害医疗保险
15. 平安附加残疾保障失能收入损失保险
16. 平安补充住院医疗保险
17. 平安补充高额住院医疗保险
18. 平安附加特殊病种门诊医疗保险
19. 平安附加世纪赢家提前给付重大疾病保险
20. 平安附加金灿人生防癌提前给付疾病保险
21. 平安附加意外伤害医疗保险（2008）
22. 平安附加意外伤害住院日额医疗保险（2008）
23. 平安附加健享人生住院费用医疗保险（A）
24. 平安附加健享人生住院费用医疗保险（B）
25. 平安附加定期重大疾病保险（2008）
26. 平安附加世纪才俊提前给付重大疾病保险
27. 平安汇盈人生团体投资连结保险

五十二、中国人民人寿保险股份有限公司

1. 人保寿险安享人生个人养老年金保险（分红型）
2. 人保寿险附加转换标准团体年金保险
3. 人保寿险附加提前给付年金保险
4. 人保寿险附加教育年金保险（A款）（分红型）
5. 人保寿险金鼎富贵两全保险（B款）（分红型）
6. 人保寿险惠选金终身寿险（万能型）
7. 人保寿险附加意外伤害医疗保险（A款）
8. 人保寿险附加意外伤害医疗保险（B款）
9. 人保寿险附加丰盛人生提前给付重大疾病保险（A款）
10. 人保寿险附加豁免保险费重大疾病保险
11. 人保寿险附加温暖人生提前给付重大疾病保险
12. 人保寿险温暖人生终身寿险（分红型）

五十三、中国人寿保险股份有限公司

1. 国寿附加康友重大疾病保险
2. 国寿福星少儿两全保险（分红型）
3. 国寿鸿康两全保险（A款）（分红型）
4. 国寿附加鸿康提前给付重大疾病保险（A款）
5. 国寿农村小额定期寿险（B型）
6. 国寿农村小额团体定期寿险（B型）
7. 国寿附加农村小额意外费用补偿医疗保险

五十四、中国人民健康保险股份有限公司

1. 健康一生个人护理保险（万能型）
2. 守护天使少儿特定疾病保险

3. 守护天使少儿重大疾病保险
4. 金生无忧个人护理保险
5. 关爱专家终身重疾团体疾病保险
6. 健康人生个人护理保险（万能型，D 款）
7. 金利宝个人护理保险（万能型）
8. 安心宝个人终身重大疾病保险
9. 附加安心宝个人护理保险
10. 健康人生个人护理保险（万能型，B 款）
11. 健康人生个人护理保险（万能型，C 款）
12. 健康人生个人护理保险（万能型）
13. 附加健康专家个人护理保险
14. 健康专家个人防癌疾病保险
15. 附加金色年华学生疾病保险
16. 附加金色年华学生疾病住院医疗保险
17. 附加金色年华学生意外伤害医疗保险
18. 关爱专家双重呵护终身重大疾病保险
19. 和谐盛世城镇职工大额补充团体医疗保险
20. 阳光关爱母婴安康医疗保险
21. 阳光关爱母子平安疾病保险

五十五、中国太平洋财产保险公司

1. 团体重大疾病保险
2. 附加意外伤害医疗保险
3. 附加意外伤害住院津贴保险
4. 附加学生幼儿安康保险
5. 附加学生幼儿住院医疗保险
6. 附加学生幼儿意外伤害门诊医疗保险
7. 附加学生幼儿意外伤害医疗住院补贴保险
8. 附加疾病身故保险
9. 附加预防接种医疗保险（湖南地区）
10. 高额团体补充医疗保险（宁波地区）
11. 附加团体住院医疗保险（山东地区）
12. 附加监狱人员重大疾病保险（浙江地区）
13. 机动车辆司乘人员意外伤害保险附加意外伤害住院医疗保险（上海地区）
14. 机动车辆司乘人员意外伤害保险附加意外伤害住院津贴保险（上海地区）
15. 附加团体住院医疗保险（广东地区）
16. 附加团体住院津贴保险（云南地区）
17. 附加学生幼儿住院津贴保险（浙江地区）
18. 附加团体住院补充医疗保险（山西地区）
19. 附加团体住院医疗保险（深圳地区）
20. 女性安康团体疾病保险（辽宁地区）
21. 团体高额补充医疗保险（云南地区）
22. 附加团体住院医疗保险（湖南地区）

23. 附加团体住院补充医疗保险（湖南地区）
24. 附加团体住院津贴保险（湖南地区）
25. 附加团体门急诊医疗保险（湖南地区）
26. 学生、幼儿附加住院医疗保险（宁波地区）
27. 学生幼儿意外伤害综合保险附加学生幼儿短期补充医疗保险（宁波地区）
28. 学生、幼儿附加意外伤害医疗保险（宁波地区）

五十六、中国太平洋人寿保险公司

1. 小康之家·金玉人生两全保险（分红型）
2. 长泰人生终身寿险
3. 蓝色守护全球团体医疗保险
4. 附加（A款）重大疾病保险
5. 附加（B款）重大疾病保险
6. 红福多两全保险（分红型）
7. 转换年金保险（分红型）
8. 附加学生幼儿短期补充医疗保险
9. 小康之家·英才成长两全保险（分红型）
10. 精英团队失能收入保险

五十七、中华联合财产保险股份有限公司

1. 世纪安康团体补充医疗保险
2. 世纪安康高额团体医疗保险
3. 附加意外伤害医疗保险
4. 中华附加意外伤害住院补贴医疗保险
5. 中华手术费定额给付医疗保险
6. 学生、幼儿平安人身意外伤害保险附加疾病身故保险条款（2008版）
7. 学生、幼儿平安人身意外伤害保险附加意外伤害医疗保险条款（2008版）
8. 学生、幼儿平安人身意外伤害保险附加住院医疗保险条款（2008版）
9. 团体人身意外伤害保险附加意外伤害医疗保险条款（2008版）
10. 团体人身意外伤害保险附加意外伤害住院补贴医疗保险条款（2008版）
11. 出境人员团体意外伤害保险附加意外伤害医疗保险条款（2008版）
12. 个人人身意外伤害保险附加意外伤害医疗保险条款（2008版）
13. 个人人身意外伤害保险附加意外伤害住院补贴医疗保险条款（2008版）
14. 世纪安心团体医疗保险条款（2008版）
15. 世纪安康高额团体医疗保险条款（2008版）
16. 世纪安康团体补助医疗保险条款（2008版）

五十八、中宏人寿保险有限公司

1. 中宏附加“安心”长期疾病保险
2. 中宏附加“安心”长期失能收入损失保险
3. 中宏团体意外医疗保险
4. 中宏团体特需医疗保险
5. 中宏团体女性生育医疗保险

6. 中宏团体住院医疗保险
7. 中宏团体住院津贴医疗保险
8. 中宏团体重大疾病保险
9. 中宏团体门急诊医疗保险
10. 中宏附加“康宝”意外住院医疗保险
11. 中宏附加“康宝”综合住院医疗保险
12. 中宏附加“康宝”住院赔偿医疗保险
13. 中宏长保无忧甲款两全保险（分红型）
14. 中宏附加长保无忧甲款长期健康保险
15. 中宏“聪明宝宝”两全保险（分红型）
16. 中宏附加长保无忧甲款长期疾病保险

五十九、中美大都会人寿保险有限公司

1. 稳添富两全保险（万能型）
2. 美满人生定期两全保险（2009 版）
3. 附加美满人生长期重大疾病保险（2009 版）
4. 如意三保定期两全保险（2009 版）
5. 短期住院津贴医疗保险（2009 版）
6. 花样年华终身寿险（F 款）
7. 终身寿险（2008）
8. 附加长期医疗保险（2008）
9. 一生守护终身寿险
10. 附加一生守护住院补贴医疗保险
11. 关爱天使少儿定期两全保险
12. 附加关爱天使少儿长期重大疾病保险
13. 附加意外伤害医疗保险
14. 附加短期意外伤害医疗保险（2009 版）
15. 附加豁免保险费长期重大疾病保险（A 款）
16. 附加豁免保险费长期重大疾病保险（B 款）

六十、中新大东方人寿保险有限公司

1. 中新大东方附加意外伤害医疗保险（A1）
2. 中新大东方附加意外伤害住院津贴医疗保险（A1）
3. 中新大东方百年递增两全保险（分红型）
4. 中新大东方百变福禄寿两全保险（分红型）
5. 中新大东方长江万利两全保险（万能型，B 款）
6. 中新大东方长江宝盈两全保险（万能型，A 款）

六十一、中意人寿保险有限公司

1. 中意稳得富两全保险（分红型）
2. 中意金享年年年金保险（分红型）
3. 中意随心所享年金保险（分红型）
4. 中意乐安康两全保险

5. 中意附加乐安康疾病保险
6. 中意附加女性疾病保障团体疾病保险
7. 中意吉祥两全保险B款（分红型）
8. 中意年年福瑞年金保险B款（分红型）
9. 中意附加康怡重大疾病保险
10. 中意真心相伴年金保险（分红型）
11. 中意借贷宝团体定期寿险
12. 中意福享金生两全保险（分红型）
13. 中意附加住院津贴医疗保险
14. 中意附加定期寿险（B款）

六十二、中银保险有限公司

1. 附加交通团体意外伤害医疗保险
2. 附加交通团体意外伤害住院津贴保险
3. 附加意外伤害费用补偿医疗保险
4. 附加意外伤害住院津贴医疗保险
5. 附加团体意外伤害医疗保险
6. 团体重大疾病保险
7. 团体疾病身故保险
8. 团体女性安康保险
9. 附加团体意外伤害住院津贴保险（A款）
10. 附加团体意外伤害医疗保险（A款）

六十三、中英人寿保险有限公司

1. 中英人寿金蜜桔两全保险（分红型）
2. 中英人寿乐享人生两全保险
3. 中英人寿华丽人生两全保险（分红型）
4. 中英人寿附加华丽人生提前给付重大疾病保险

省财政厅　省地方税务局转发《财政部　国家税务总局关于股改及合资铁路运输企业房产税　城镇土地使用税有关政策的通知》的通知

2009年12月25日　鲁财税〔2009〕118号

各市财政局、地方税务局：

现将《财政部　国家税务总局关于股改及合资铁路运输企业房产税　城镇土地使用税有关政策的通知》（财税〔2009〕132号）转发给你们，请认真贯彻执行。

附件：财政部　国家税务总局关于股改及合资铁路运输企业房产税　城镇土地使用税有关政策的通知

附件：

财政部　国家税务总局关于股改及合资铁路运输企业房产税　城镇土地使用税有关政策的通知

2009 年 11 月 25 日　财税〔2009〕132 号

各省、自治区、直辖市、计划单列市财政厅（局）、地方税务局，新疆生产建设兵团财务局：

为支持铁路股份制改革和合资铁路发展，经国务院批准，现对股改铁路运输企业和合资铁路运输公司房产税、城镇土地使用税有关政策明确如下：

对股改铁路运输企业及合资铁路运输公司自用的房产、土地暂免征收房产税和城镇土地使用税。其中股改铁路运输企业是指铁路运输企业经国务院批准进行股份制改革成立的企业；合资铁路运输公司是指由铁道部及其所属铁路运输企业与地方政府、企业或其他投资者共同出资成立的铁路运输企业。

请遵照执行。

省财政厅　省国家税务局　省地方税务局转发《财政部　国家税务总局关于非营利组织企业所得税免税收入问题的通知》的通知

2009 年 12 月 18 日　鲁财税〔2009〕120 号

各市财政局、国家税务局、地方税务局：

现将《财政部　国家税务总局关于非营利组织企业所得税免税收入问题的通知》（财税〔2009〕122 号）转发给你们，请认真贯彻执行。

附件：财政部　国家税务总局关于非营利组织企业所得税免税收入问题的通知

附件：

财政部　国家税务总局关于非营利组织企业所得税免税收入问题的通知

2009 年 11 月 11 日　财税〔2009〕122 号

各省、自治区、直辖市、计划单列市财政厅（局）、国家税务局、地方税务局，新疆生产建设兵团财务局：

根据《中华人民共和国企业所得税法》第二十六条及《中华人民共和国企业所得税法实施条例》（国务院令第 512 号）第八十五条的规定，现将符合条件的非营利组织企业所得税免税收入范围明确如下：

一、非营利组织的下列收入为免税收入：

（一）接受其他单位或者个人捐赠的收入；

（二）除《中华人民共和国企业所得税法》第七条规定的财政拨款以外的其他政府补助收入，但不包括因政府购买服务取得的收入；

（三）按照省级以上民政、财政部门规定收取的会费；

（四）不征税收入和免税收入孳生的银行存款利息收入；

（五）财政部、国家税务总局规定的其他收入。

二、本通知从2008年1月1日起执行。

省财政厅　省国家税务局　省地方税务局转发《财政部国家税务总局关于延长部分税收优惠政策执行期限的通知》的通知

2009年12月18日　鲁财税〔2009〕121号

各市财政局、国家税务局、地方税务局：

现将《财政部　国家税务总局关于延长部分税收优惠政策执行期限的通知》（财税〔2009〕131号）转发给你们，请认真贯彻执行。

附件：财政部　国家税务总局关于延长部分税收优惠政策执行期限的通知

附件：

财政部　国家税务总局关于延长部分税收优惠政策执行期限的通知

2009年11月20日　财税〔2009〕131号

各省、自治区、直辖市、计划单列市财政厅（局）、国家税务局、地方税务局，新疆生产建设兵团财务局：

经国务院批准，下列文件规定的2008年12月31日到期的有关税收优惠政策继续执行至2010年12月31日。

一、《财政部　国家税务总局关于对渤海船舶重工有限责任公司军品科研生产用房产免征房产税的通知》（财税〔2006〕25号）。

二、《财政部　国家税务总局关于中国兵器工业集团公司和兵器装备集团公司所属企业城镇土地使用税政策的通知》（财税〔2006〕92号）。

三、《财政部　国家税务总局　民政部关于生产和装配伤残人员专门用品企业免征所得税的通知》（财税〔2004〕132号）、《财政部　国家税务总局关于延长生产和装配伤残人员专门用品企业免征所得税执行期限的通知》（财税〔2006〕148号）。

四、《财政部　国家税务总局关于中国证券投资者保护基金有限责任公司有关税收问题的通知》（财税〔2006〕169号）、《财政部国家税务总局关于中国证券投资者保护基金有限责任公司有关税收问题的补充通知》（财税〔2008〕78号）。

五、《财政部　海关总署　国家税务总局关于支持汶川地震灾后恢复重建有关税收政策问题的通知》（财税〔2008〕104号）。

请遵照执行。

省财政厅　青岛海关　省国家税务局转发《财政部　海关总署　国家税务总局关于外国政府贷款和国际金融组织贷款项目进口设备增值税政策的通知》的通知

2009 年 12 月 25 日　鲁财税〔2009〕122 号

各市财政局，国家税务局，隶属海关：

现将《财政部　海关总署　国家税务总局关于外国政府贷款和国际金融组织贷款项目进口设备增值税政策的通知》（财关税〔2009〕63 号）转发给你们，请认真贯彻执行。

附件：财政部　海关总署　国家税务总局关于外国政府贷款和国际金融组织贷款项目进口设备增值税政策的通知

附件：

财政部　海关总署　国家税务总局关于外国政府贷款和国际金融组织贷款项目进口设备增值税政策的通知

2009 年 11 月 16 日　财关税〔2009〕63 号

各省、自治区、直辖市、计划单列市财政厅（局）、国家税务局，新疆生产建设兵团财务局，海关总署广东分署、各直属海关：

经国务院批准，自 2009 年 1 月 1 日起，对按有关规定其增值税进项税额无法抵扣的外国政府和国际金融组织贷款项目进口的自用设备，继续按《国务院关于调整进口设备税收政策的通知》（国发〔1997〕37 号）中的相关规定执行，即除《外商投资项目不予免税的进口商品目录》所列商品外，免征进口环节增值税。

外国政府贷款和国际金融组织贷款项目单位利用外国政府贷款和国际金融组织贷款项目进口的设备，申请免征进口环节增值税的，按如下方式办理手续：

一、对于附件 1 所列贷款项目单位可以按相关规定到海关直接办理免征进口环节增值税的手续。

二、对于附件 1 所列的贷款项目单位以外的其他外国政府贷款和国际金融组织贷款项目单位，首先需经主管国家税务局审核后报地（市）级国税主管机关认定其购置设备缴纳的增值税进项税额因不属于增值税一般纳税人或该项目项下进口设备完全用于增值税免税业务等因素而无法抵扣，并为其出具税务确认书（税务确认书格式见附件 2）后，方可按相关规定到海关办理进口设备免征进口环节增值税的手续。

三、2009 年 1 月 1 日以后进口的外国政府和国际金融组织贷款项目项下设备，符合本通知上述免税条件和相关要求的，在补办海关免税审批手续后，已征收的进口环节增值税准予退还。但对于按照重大技术装备专项进口税收政策有关进口整机征收关税和进口环节增值税的规定，外国政府和国际金融组织贷款项目项下进口属于专项政策规定征税范围内的设备不能享受本通知免征进口环节增值税的待遇，已征收的进口环节增值税不予退还。

附件：1. 部分外国政府贷款和国际金融组织贷款项目单位清单

2. 外国政府贷款和国际金融组织贷款项目单位税务确认书（格式）

附件1：

部分外国政府贷款和国际金融组织贷款项目单位清单

贷款项目：	项目单位：
污水处理、再生水项目（不包括自来水项目）	污水处理厂
环境综合治理、环境监测、生物资源保护项目（不包括固体废物焚烧发电项目）	地方政府环保部门，包括环保局、环保监测站、建设与环境资源局、市政管理委员会、自然环境管理部门
公安、消防、气象、防洪项目	公安、消防、气象、防洪部门，包括公安局、交警支队、消防局、消防支队、气象局、防洪指挥部
教育培训、人才培养项目	教育部门、高等院校、技术学院、中等职业学校
文化遗产保护项目	地方政府文化保护部门、文物局、文物保护单位
交通项目	交通管理部门、铁道部、铁路局、航道局、民航总局、市交通委员会、市交通指挥控制中心
医疗卫生项目	各级公共卫生机构，包括各级公立医院、疾控中心
广播电视、邮电项目	广播电视、邮电部门，包括电视台、广播电视中心、邮电局
农产品种植、林业产品种植、畜牧养殖、农机服务项目（不包括农林产品加工项目）	地方政府农业部门、农业综合开发办、农垦局、农机局、畜牧局、林业部门、扶贫办
其他外国政府贷款和国际金融组织贷款项目	政府部门

附件2：

外国政府贷款和国际金融组织贷款项目单位税务确认书（格式）

编号：

（贷款项目单位）：

根据《财政部　海关总署　国家税务总局关于外国政府和国际金融组织贷款项目进口设备增值税政策的通知》（财关税〔2009〕63号）规定以及财政部对备选贷款项目的批复（批复文件号），兹确认承接外国政府贷款和国际金融组织贷款项目的（贷款项目单位名称）因□属于非增值税一般纳税人□（贷款项目具体名称）项下进口设备完全用于增值税免税业务□其他原因（填写具体原因及增值税的有关规定），其增值税进项税额不能抵扣。

××省、自治区、直辖市、计划单列市

××地区（市）国家税务局

抄送：国家税务总局

注：1. 其他原因应以《中华人民共和国增值税暂行条例》、《中华人民共和国增值税暂行条例实施细则》以及财政部和税务总局出台的相关规定为依据。

2. 确认书一式四联，第一联留存，第二联由项目单位交海关办理进口免税手续，第三联项目承接单位存档，第四联送国家税务总局。

省财政厅 省地方税务局转发《财政部 国家税务总局关于中国绿化基金会和中国社会工作协会短信捐款营业税政策的通知》的通知

2009 年 12 月 31 日 鲁财税〔2009〕125 号

各市财政局、地方税务局：

现将《财政部 国家税务总局关于中国绿化基金会和中国社会工作协会短信捐款营业税政策的通知》（财税〔2009〕129 号）转发给你们，请认真贯彻执行。

附件：财政部 国家税务总局关于中国绿化基金会和中国社会工作协会短信捐款营业税政策的通知

附件：

财政部 国家税务总局关于中国绿化基金会和中国社会工作协会短信捐款营业税政策的通知

2009 年 12 月 8 日 财税〔2009〕129 号

各省、自治区、直辖市、计划单列市财政厅（局）、地方税务局，北京、西藏、宁夏、青海省（自治区、直辖市）国家税务局，新疆生产建设兵团财务局：

为支持社会公益事业发展，对中国移动通信集团公司、中国联合网络通信集团有限公司、中国电信股份有限公司通过手机特服号“10699969”和“10699919”分别为中国绿化基金会和中国社会工作协会接受捐款业务，以全部收入减去支付给中国绿化基金会和中国社会工作协会的价款后的余额为营业额，计算征收营业税。

本通知自 2009 年 11 月 1 日起执行。

省财政厅 省国家税务局转发《财政部 国家税务总局关于民贸企业和边销茶有关增值税政策的通知》的通知

2009 年 12 月 28 日 鲁财税〔2009〕126 号

各市财政局、国家税务局：

现将《财政部 国家税务总局关于民贸企业和边销茶有关增值税政策的通知》（财税〔2009〕141 号）转发给你们，请认真贯彻执行。

附件：财政部 国家税务总局关于民贸企业和边销茶有关增值税政策的通知

附件：

财政部　国家税务总局关于民贸企业和边销茶有关增值税政策的通知

2009年12月7日　财税〔2009〕141号

各省、自治区、直辖市、计划单列市财政厅（局）、国家税务局，新疆生产建设兵团财务局：

经国务院批准，现将民族贸易企业销售的货物及国家定点企业生产和经销单位销售的边销茶有关增值税政策通知如下：

一、自2009年1月1日起至2009年9月30日，对民族贸易县内县级及其以下的民族贸易企业和供销社企业（以下简称民贸企业）销售货物（除石油、烟草外）继续免征增值税。

有关免税管理问题，仍按照《财政部　国家税务总局　国家民委关于民族贸易企业销售货物增值税有关问题的通知》（财税〔2007〕133号）和《国家税务总局关于加强民族贸易企业增值税管理的通知》（国税函〔2007〕1289号）的有关规定执行。

自2009年10月1日起，上述免征增值税政策停止执行，对民贸企业销售货物照章征收增值税。财税〔2007〕133号、国税函〔2007〕1289号文件同时废止。

二、自2009年1月1日起至2010年12月31日，对国家定点生产企业销售自产的边销茶及经销企业销售的边销茶免征增值税。上述国家定点生产企业，是指原国家经贸委、原国家计委、国家民委、财政部、工商总局、质检总局、全国供销合作总社2002年第53号公告和商务部、发展改革委、国家民委、财政部、工商总局、质检总局、全国供销合作总社2003年第47号公告列名的边销茶定点生产企业。

三、纳税人销售本通知规定的免税货物，如果已向购买方开具了增值税专用发票，应将专用发票追回后方可申请办理免税。凡专用发票无法追回的，一律照章征收增值税，不予免税。

四、《财政部　国家税务总局关于继续对民族贸易企业销售的货物及国家定点企业生产和经销单位经销的边销茶实行增值税优惠政策的通知》（财税〔2006〕103号）自2009年1月1日起废止。

省财政厅　省国家税务局转发《财政部　国家税务总局关于以农林剩余物为原料的综合利用产品增值税政策的通知》的通知

2009年12月28日　鲁财税〔2009〕127号

各市财政局、国家税务局：

现将《财政部　国家税务总局关于以农林剩余物为原料的综合利用产品增值税政策的通知》（财税〔2009〕148号）转发给你们，请认真贯彻执行。

附件：财政部　国家税务总局关于以农林剩余物为原料的综合利用产品增值税政策的通知

附件：

财政部　国家税务总局关于以农林剩余物为原料的综合利用产品增值税政策的通知

2009 年 12 月 7 日　财税〔2009〕148 号

各省、自治区、直辖市、计划单列市财政厅（局）、国家税务局，新疆生产建设兵团财务局：

经国务院批准，现将以农林剩余物为原料生产加工的综合利用产品增值税政策通知如下：

一、自 2009 年 1 月 1 日起至 2010 年 12 月 31 日，对纳税人销售的以三剩物、次小薪材、农作物秸秆、蔗渣等 4 类农林剩余物为原料自产的综合利用产品（产品目录见附件）由税务机关实行增值税即征即退办法，具体退税比例 2009 年为 100%，2010 年为 80%。

二、申请办理增值税即征即退的纳税人，必须同时符合以下条件：

1. 2008 年 1 月 1 日起，未因违反《中华人民共和国环境保护法》等环境保护法律法规受到刑事处罚或者县级以上环保部门相应的行政处罚。

2. 综合利用产品送交由省级以上质量技术监督部门资质认定的产品质量检验机构进行质量检验，并取得该机构出具的符合产品质量标准要求的检测报告。

3. 纳税人应单独核算综合利用产品的销售额和增值税销项税额、进项税额以及应纳税额。

三、纳税人申请退税时，除按有关规定提交的相关资料外，应提交下列材料：

1. 自 2008 年 1 月 1 日起未因违反《中华人民共和国环境保护法》等环境保护法律法规受到刑事处罚或者县级以上环保部门相应的行政处罚的书面申明。

2. 省级以上质量技术监督部门资质认定的产品质量检验机构出具的相关产品符合产品质量标准要求的检测报告。

四、税务机关应加强增值税即征即退管理，不定期对企业生产经营情况（包括本通知第三条第 1 项的书面申明内容）和退税申报资料的真实性进行核实，凡经核实有虚报资料、骗取退税等行为的，追缴其此前骗取的退税款，并取消其以后享受上述增值税优惠政策的资格。

五、本通知所述“三剩物”，是指采伐剩余物（指枝丫、树梢、树皮、树叶、树根及藤条、灌木等）、造材剩余物（指造材截头）和加工剩余物（指板皮、板条、木竹截头、锯沫、碎单板、木芯、刨花、木块、篾黄、边角余料等）。

“次小薪材”，是指次加工材（指材质低于针、阔叶树加工用原木最低等级但具有一定利用价值的次加工原木，其中东北、内蒙古地区按 LY/T1505—1999 标准执行，南方及其他地区按 LY/T1369—1999 标准执行）、小径材（指长度在 2 米以下或径级 8 厘米以下的小原木条、松木杆、脚手杆、杂木杆、短原木等）和薪材。

“农作物秸秆”，是指农业生产过程中，收获了粮食作物（指稻谷、小麦、玉米、薯类等）、油料作物（指油菜籽、花生、大豆、葵花籽、芝麻籽、胡麻籽等）、棉花、麻类、糖料、烟叶、药材、蔬菜和水果等以后残留的茎秆。

“蔗渣”，是指以甘蔗为原料的制糖生产过程中产生的含纤维 50% 左右的固体废弃物。

六、《财政部　国家税务总局关于以三剩物和次小薪材为原料生产加工的综合利用产品增值税即征即退政策的通知》（财税〔2006〕102 号）和《国家税务总局关于沙柳箱纸板实行增值税即征即退政策的批复》（国税函〔2003〕840 号）相应废止。

附件：实行增值税即征即退的综合利用产品目录

附件：

实行增值税即征即退的综合利用产品目录

序号	产品名称
1	木（竹）、秸秆纤维板
2	木（竹）、秸秆、蔗渣刨花板
3	细木工板
4	活性炭
5	栲胶
6	水解酒精、炭棒
7	以沙柳为原料生产的箱纸板
8	以蔗渣为原料生产的纸张

省财政厅　省国家税务局　省地方税务局转发《财政部　国家税务总局关于非营利组织免税资格认定管理有关问题的通知》

2009年12月31日　鲁财税〔2009〕128号

各市财政局、国家税务局、地方税务局：

现将《财政部　国家税务总局关于非营利组织免税资格认定管理有关问题的通知》（财税〔2009〕123号）转发给你们，并提出以下贯彻意见，请一并贯彻执行。

一、经省级（含省级）以上登记管理机关批准设立或登记的非营利组织，凡符合规定条件的，应向山东省国税局、地税局提出免税资格申请，并提供规定的相关材料；经市级或县级登记管理机关批准设立或登记的非营利组织，凡符合规定条件的，分别向其所在市级或县级税务主管机关提出免税资格申请，并提供规定的相关材料。

二、申请免税资格的非营利组织，应填写《非营利组织免税资格申请表》，并同其他申请材料一起报送。

三、财政、税务部门按照上述管理权限，对非营利组织享受免税的资格联合进行审核确认，并以鲁财税文件予以公布。

四、材料报送地点：

省国税局所得税管理处（英雄山路155号1618室）

联系电话：0531－85656277

省地税局税管二处（济大路5号1314室）

联系电话：0531－82613623

附件：1. 山东省非营利组织免税资格申请表

2. 财政部　国家税务总局关于非营利组织免税资格认定管理有关问题的通知

附件1：

山东省非营利组织免税资格申请表

单位全称			
单位编码		业务主管部门	
业务范围			
通信地址		邮政编码	
法人代表		联系电话	
联系人		联系电话	
现有职工人数			

所报送材料：

1	申请报告	
2	组织章程或管理制度	
3	税务登记证复印件	
4	非营利组织登记证复印件	
5	资金来源及使用情况	
6	财务报表和审计报告	
7	登记管理机关年度检查结论	

单位公章：

年 月 日

附件2：

财政部　国家税务总局关于非营利组织免税资格认定管理有关问题的通知

2009年11月11日　财税〔2009〕123号

各省、自治区、直辖市、计划单列市财政厅（局）、国家税务局、地方税务局，新疆生产建设兵团财务局：

根据《中华人民共和国企业所得税法》（以下简称《企业所得税法》）第二十六条及《中华人民共和国企业所得税法实施条例》（以下简称《实施条例》）第八十四条的规定，现对非营利组织免税资格认定管理有关问题明确如下：

一、依据本通知认定的符合条件的非营利组织，必须同时满足以下条件：

（一）依照国家有关法律法规设立或登记的事业单位、社会团体、基金会、民办非企业单位、宗教活动场所以及财政部、国家税务总局认定的其他组织；

（二）从事公益性或者非营利性活动，且活动范围主要在中国境内；

（三）取得的收入除用于与该组织有关的、合理的支出外，全部用于登记核定或者章程规定的公益性或者非营利性事业；

（四）财产及其孳息不用于分配，但不包括合理的工资薪金支出；

（五）按照登记核定或者章程规定，该组织注销后的剩余财产用于公益性或者非营利性目的，或者由登记管理机关转赠给与该组织性质、宗旨相同的组织，并向社会公告；

（六）投入人对投入该组织的财产不保留或者享有任何财产权利，本款所称投入人是指除各级人民政府及其部门外的法人、自然人和其他组织；

（七）工作人员工资福利开支控制在规定的比例内，不变相分配该组织的财产，其中：工作人员平均工资薪金水平不得超过上年度税务登记所在地人均工资水平的两倍，工作人员福利按照国家有关规定执行；

（八）除当年新设立或登记的事业单位、社会团体、基金会及民办非企业单位外，事业单位、社会团体、基金会及民办非企业单位申请前年度的检查结论为“合格”；

（九）对取得的应纳税收入及其有关的成本、费用、损失应与免税收入及其有关的成本、费用、损失分别核算。

二、经省级（含省级）以上登记管理机关批准设立或登记的非营利组织，凡符合规定条件的，应向其所在地省级税务主管机关提出免税资格申请，并提供本通知规定的相关材料；经市（地）级或县级登记管理机关批准设立或登记的非营利组织，凡符合规定条件的，分别向其所在地市（地）级或县级税务主管机关提出免税资格申请，并提供本通知规定的相关材料。

财政、税务部门按照上述管理权限，对非营利组织享受免税的资格联合进行审核确认，并定期予以公布。

三、申请享受免税资格的非营利组织，需报送以下材料：

（一）申请报告；

（二）事业单位、社会团体、基金会、民办非企业单位的组织章程或宗教活动场所的管理制度；

（三）税务登记证复印件；

（四）非营利组织登记证复印件；

（五）申请前年度的资金来源及使用情况、公益活动和非营利活动的明细情况；

（六）具有资质的中介机构鉴证的申请前会计年度的财务报表和审计报告；

（七）登记管理机关出具的事业单位、社会团体、基金会、民办非企业单位申请前年度的年度检查结论；

（八）财政、税务部门要求提供的其他材料。

四、非营利组织免税优惠资格的有效期为五年。非营利组织应在期满前三个月内提出复审申请，不提出复审申请或复审不合格的，其享受免税优惠的资格到期自动失效。

非营利组织免税资格复审，按照初次申请免税优惠资格的规定办理。

五、非营利组织必须按照《中华人民共和国税收征收管理法》（以下简称《税收征管法》）及《中华人民共和国税收征收管理法实施细则》（以下简称《实施细则》）等有关规定，办理税务登记，按期进行纳税申报。取得免税资格的非营利组织应按照规定向主管税务机关办理免税手续，免税条件发生变化的，应当自发生变化之日起十五日内向主管税务机关报告；不再符合免税条件的，应当依法履行纳税义务；未依法纳税的，主管税务机关应当予以追缴。取得免税资格的非营利组织注销时，剩余财产处置违反本通知第一条第五项规定的，主管税务机关应追缴其应纳企业所得税款。

主管税务机关应根据非营利组织报送的纳税申报表及有关资料进行审查，当年符合《企业所得税法》及其《实施条例》和有关规定免税条件的收入，免予征收企业所得税；当年不符合免税条件的收入，照章征收企业所得税。主管税务机关在执行税收优惠政策过程中，发现非营利组织不再具备本通知规定的免税条件的，应及时报告核准该非营利组织免税资格的财政、税务部门，由其进行复核。

核准非营利组织免税资格的财政、税务部门根据本通知规定的管理权限，对非营利组织的免税优惠资格进行复核，复核不合格的，取消其享受免税优惠的资格。

六、已认定的享受免税优惠政策的非营利组织有下述情况之一的，应取消其资格：

（一）事业单位、社会团体、基金会及民办非企业单位逾期未参加年检或年度检查结论为“不合格”的；

（二）在申请认定过程中提供虚假信息的；

（三）有逃避缴纳税款或帮助他人逃避缴纳税款行为的；

（四）通过关联交易或非关联交易和服务活动，变相转移、隐匿、分配该组织财产的；

（五）因违反《税收征管法》及其《实施细则》而受到税务机关处罚的；

（六）受到登记管理机关处罚的。

因上述第（一）项规定的情形被取消免税优惠资格的非营利组织，财政、税务部门在一年内不再受理该组织的认定申请；因上述规定的除第（一）项以外的其他情形被取消免税优惠资格的非营利组织，财政、税务部门在五年内不再受理该组织的认定申请。

七、本通知从2008年1月1日起执行。

中共山东省委宣传部　省财政厅　省国家税务局省地方税务局关于落实好转制文化企业税收优惠政策的通知

2009年11月13日　鲁宣办字〔2009〕34号

各市党委宣传部，各市财政局、国家税务局、地方税务局，省直有关部门、单位：

为认真贯彻落实《国务院办公厅关于印发文化体制改革中经营性文化事业单位转制为企业和支持文化企业发展两个规定的通知》（国办发〔2009〕114号）、财政部　国家税务总局　中宣部《关于转制文化企业名单及认定问题的通知》（财税〔2009〕105号）和《财政部　国家税务总局关于文化体制改革中经营性文化事业单位转制为企业的若干税收政策问题的通知》（财税〔2009〕34号）文件精神，使我省转制文化企业及时享受国家税收优惠政策，现就落实好转制文化企业税收优惠政策有关问题通知如下。

一、认真做好享受税收优惠政策转制文化企业的认定工作

1. 从2009年1月1日起，符合财税〔2009〕105号文件第二条规定条件的转制文化企业，须经认定后享受财税〔2009〕34号文件规定的相关税收优惠政策。在省工商局注册登记的，需将符合财税〔2009〕105号文件第二条规定条件的有关证明材料，报省委宣传部，由省委宣传部会同省财政厅、省国家税务局和省地方税务局，根据财税〔2009〕105号文件规定的范围和条件确定和发布，并报上级备案；在各市工商局注册登记的，需将有关证明材料报市委宣传部，由市委宣传部会同市财政局、市国家税务局和市地方税务局确定和发布，并报省委宣传部、省财政厅、省国家税务局和省地方税务局备案；在各县（市、区）工商局注册登记的，需将有关证明材料报县（市、区）委宣传部，由县（市、区）委宣传部会同县（市、区）财政局、县（市、区）国家税务局和县（市、区）地方税务局确定和发布，并报市委宣传部、市财政厅（局）、市国家税务局和市地方税务局备案。

2. 各级各有关部门要严格按照财税〔2009〕105号文件规定的标准条件，对转制文化企业进行审核认定，严格把关，防止弄虚作假。

二、切实落实好转制文化企业的税收优惠政策

1. 对2008年12月31日之前已经有关部门审核批准执行财税〔2005〕1号文件的转制文化企业，要按照财税〔2009〕105号文件第一条的规定，继续落实好税收优惠政策。

2. 对2009年1月1日起，经认定享受财税〔2009〕34号规定的相关税收优惠政策的转制文化企业，可持相关资料，向主管税务机关申请办理减免税手续。

3. 对享受税收优惠政策转制文化企业已经缴纳的应减免税款，要按规定及时办理税款抵退手续。

转制文化企业税收优惠是中央推动文化体制改革、促进文化产业发展的重要措施，各市党委宣传部、市财政局、市国家税务局、市地方税务局和省直有关部门要高度重视，按照财税〔2009〕105号文件规定，认真做好转制文化企业的认定、办理减免税手续及备案等工作，为转制文化企业提供政策支持，促进加快发展。

财政部驻山东省财政监察专员办事处 省财政厅 省国家税务局 中国人民银行济南分行关于印发《山东省再生资源回收企业增值税“先征后返”审核审批实施办法》的通知

2009年3月13日 财驻鲁监〔2009〕68号

各市财政局、国家税务局、人民银行：

为规范再生资源企业增值税“先征后返”审核审批工作，提高退税工作质量和效率，根据财政部《财政监察专员办事处一般增值税退税行政审批管理程序暂行规定》（财监〔2003〕110号）、《财政部 国家税务总局关于再生资源增值税政策的通知》（财税〔2008〕157号）、《财政部关于明确办理再生资源增值税退税程序的补充通知》（财监〔2009〕7号）等规定，结合山东省实际情况，制定《山东省再生资源回收企业增值税

"先征后返"审核审批实施办法》，现印发给你们，请遵照执行。执行中有何问题，请及时反馈。

附件：1. 山东省再生资源回收企业增值税"先征后返"审核审批实施办法

2. 一般增值税退付申请书

3. 一般增值税税款缴纳证明

4. 再生资源回收企业退税申报审核表

5. 再生资源回收企业一般增值税核算明细表

6. 专员办审批财政收入退库月报表

7. 　　年上（下）半年专员办（　　市）审批一般增值税收入退库汇总表

附件1：

山东省再生资源回收企业增值税"先征后返"审核审批实施办法

第一章　总　　则

第一条　为规范再生资源回收企业增值税"先征后返"行政审批工作，提高退税工作质量和效率，根据财政部《财政监察专员办事处一般增值税退税行政审批管理程序暂行规定》（财监〔2003〕110号）、《财政部　国家税务总局关于再生资源增值税政策的通知》（财税〔2008〕157号）、《财政部关于明确办理再生资源增值税退税程序的补充通知》（财监〔2009〕7号）等规定，制定本办法。

第二条　本办法所称"再生资源"，是指在社会生产和生活消费过程中产生的，已经失去原有全部或部分使用价值，经过回收、加工处理，能够使其重新获得使用价值的各种废弃物。包括废旧金属、报废电子产品、报废机电设备及其零部件、废造纸原料（如废纸、废棉等）、废轻化工原料（如橡胶、塑料、农药包装物、动物杂骨、毛发等）、废玻璃等。

本办法所称"生产性废旧金属"，是指用于建筑、铁路、通讯、电力、水利、油田、市政设施及其他生产领域，已失去原有全部或部分使用价值的金属材料和金属制品。

上述加工处理，仅指清洗、挑选、整理等简单加工。

报废船舶拆解和报废机动车拆解企业，也适用本办法的各项规定。

第三条　符合退税条件的纳税人销售再生资源缴纳的增值税，在两年内享受退税政策：2009年按缴纳入库税款的70%比例退付；2010年按缴纳入库税款的50%比例退付。

第四条　再生资源回收企业增值税退税审核审批工作应遵循"严格规范、权责明确、强化服务、廉洁高效"的原则。

第二章　适用条件

第五条　再生资源回收企业增值税退税政策适用于增值税一般纳税人，并同时满足以下条件：

（一）再生资源回收企业必须在相关行政机关办理备案。

1. 从事再生资源回收经营活动，应当在取得营业执照后30日内，按属地管理原则，向登记注册地工商行政管理部门的同级商务主管部门或者其授权机构备案。备案事项发生变更时，再生资源回收经营者应当自变更之日起30日内（属于工商登记事项的自工商登记变更之日起30日内）向商务主管部门办理变更手续。

2. 回收生产性废旧金属的再生资源回收企业和回收非生产性废旧金属的再生资源回收经营者，除应当按照规定向商务主管部门备案外，还应当在取得营业执照后15日内，向所在地县级人民政府公安机关备案。备案事项发生变更时，再生资源回收经营者应当自变更之日起15日内（属于工商登记事项的自工商登记变更之日起15日内）向县级人民政府公安机关办理变更手续。

（二）再生资源回收企业必须有固定的仓储、整理、加工场地，可以是自有场地，也可以是租用场地。

（三）再生资源回收企业必须遵守《现金管理暂行条例》和《现金管理暂行条例实施细则》的有关规定，销售款原则上应通过金融机构结算。申报企业通过金融机构结算的再生资源销售额占全部再生资源销售额的比重不得低于80%。

（四）再生资源回收企业必须诚信经营、依法纳税。申报企业自2007年1月1日起，未因违反《中华人民共和国反洗钱法》、《中华人民共和国环境保护法》、《中华人民共和国税收征收管理法》、《中华人民共和国发票管理办法》以及《再生资源回收管理办法》受到刑事处罚或者县级以上工商、商务、环保、税务、公安机关相应的行政处罚（警告和罚款除外）。

第六条 根据国家有关政策规定，以下情况不允许申报退税：

（一）政策执行期内有欠税的企业不能申报退税。政策执行期内发生欠税的企业，只有在税款足额缴纳入库后才可办理增值税“先征后返”手续。

（二）执法部门查补的税款不能申报退税。对税务机关、审计机关、专员办等执法机关根据税法有关规定查补的增值税税款，不得享受返还的优惠政策。

（三）未缴税款和超缴税款均不得申报退税。对应缴未缴税款或税务机关“寅吃卯粮”收取的过头税，不得办理退税。

（四）退税产品和非退税产品未分别进行增值税核算的企业，一般不能申请退税。对符合增值税“先征后返”条件且兼营非退税商品的再生资源回收企业，其增值税“先征后返”政策自实行分账核算的季度起执行。凡未按规定实行分账核算的企业，原则上不能享受退税产品“先征后返”优惠政策。

（五）退税产品应按规定抵扣进项税额，未按规定抵扣、分摊抵扣进项税额的，不能申报退税。退税产品进项税额具体分摊办法如下：

凡从对方开出的增值税发票上能分开的，按照发票注明的金额分别记账；不能准确划分进项税额的，按下列公式计算：

退税产品应抵扣的进项税额＝进项税额×（当月退税产品销售收入/当月全部产品销售收入）

第三章 申报资料

第七条 再生资源回收企业在申报退税时，应向所在市财政局提供以下资料：

（一）相关行政机关核发的备案登记证明原件和复印件（初审结束后，原件退回申报企业，下同）。

（二）土地使用证和房屋产权证或者其租赁合同原件和复印件。再生资源回收企业生产经营场地为自有的，提供土地使用证和房屋产权证原件和复印件；经营场地为租用的，提供租赁合同原件和复印件。

（三）申报期销售收入账页复印件（加盖申报企业公章）、申报企业开户银行提供的销售货款证明，并加盖银行公章。

（四）自2007年1月1日以来，没有因违法受到工商、商务、环保、税务、公安等行政机关行政处罚（警告和罚款除外）的书面申明。

（五）申报企业申报资料真实性的书面申明。申明内容包括：申报企业提供的信息资料是否真实、完整，有无伪造、涂改等情况；是否依法纳税，有无偷税漏税、不按规定申报纳税、欠缴或超缴税款的问题；申报退税款中有无执法部门查补的税款等。

上述出具的申明，须经法定代表人签字盖章，承担法律责任。

第八条 按照一般增值税退税审核审批规定，申报企业除提供上述资料外，还应提供如下资料：

（一）退税申请。内容包括：企业成立时间、企业经营范围、经营所在地；申报期实现的销售收入、通过金融机构结算金额及其所占销售收入比例；销项税额、进项税额、应缴税额、已缴税额、超（欠）缴税额；申请退税的文件依据，申请退付金额等。

（二）《一般增值税退付申请书》（见附件2）一式四联。申报企业应逐票填列增值税入库情况，不得汇总填列。其中："缴款书编号"要求填列一般缴款书或汇总缴款书的编号；"应退税额"要求填列申请退税金额，并加盖申报企业公章。

（三）完税凭证复印件。

1. 申报企业采用一般缴款书缴税的，提供缴款书原件及复印件。原件在终审批复后，由市财政局加盖"已退付"核销章后退回。

2. 申报企业采取完税证（汇总缴款书）或电子税票缴纳税款的，除提供完税证和汇总缴款书复印件外，要求填写《一般增值税税款缴纳证明》（见附件3），并加盖负责征收的税务机关和税款所入国家金库的印章。

（四）申报企业申报期的《资产负债表》、《利润表》、《增值税纳税申报表》等资料复印件，并加盖申报企业公章。

（五）申报企业申报期经工商行政管理部门年审的营业执照复印件、经国税部门年审的税务登记证复印件。

（六）申报企业填制《再生资源回收企业退税申报审核表》（见附件4）和《再生资源回收企业一般增值税核算明细表》（见附件5），并加盖申报企业公章。

（七）其他需要提供的材料。

为方便整理装订，退税申请资料一般使用A4纸打印或复印。

第四章　审核审批权限

第九条　再生资源回收企业增值税退付审核审批工作实行初审、复审、终审制度。

各市财政局负责初复审工作，财政部驻山东省财政监察专员办事处（以下简称专员办）负责终审工作。

各市财政局应认真做好退税初审工作，一般不得将初审权下放县（区）级财政部门。

第五章　审核审批程序

第十条　各市财政局在收到再生资源回收企业的申请材料后，应认真初复审，对经初复审符合退税条件的再生资源回收企业申请，市财政局要形成初复审意见，以市财政局名义上报正式申请文件，并在《一般增值税退付申请书》上写明初复审意见，加盖印章后，连同企业报送的全部申报资料，主报专员办，抄报财政厅。

第十一条　专员办在收到财政局报送的退税材料后，应认真审核，经审核无误后，下发退税批复文件，主送财政局，抄送财政厅、市国税局和市国库。同时，在《一般增值税退付申请书》上签署终审意见，加盖印章后，连同批复文件一并寄送市财政局。

第十二条　市财政局依据专员办的批复文件，开具《收入退还书》。退税企业持专员办批复文件和《收入退还书》，到缴款国库办理税款退付手续。

第十三条　专员办和市财政局应按照《国家金库条例实施细则》的有关规定，按月与国库对账。发现国库退库金额与专员办批复金额不一致的，应查明原因，及时纠正。

第六章　审 核 内 容

第十四条　受理、初复审内容

（一）对申报企业提交的申请材料，市财政局应认真受理和审核，确认申报企业是否具备享受再生资源"先征后返"优惠政策的资格。对符合条件的申报企业，要确认其申报材料要件是否齐全，相互之间对应、勾稽关系是否正确。

（二）对于纳税人第一次申请退税的再生资源企业，市财政局应当在上报初审意见前派人到现场实地审核；有特殊原因暂不能实地审核的，应在提交初审意见后2个月内派人到现场审核，发现有不满足条件的，应及时通知专员办和财政厅。

（三）对申报企业采用一般缴款书缴税的，要审核税种是否正确、预算级次是否正确、税款所属时间是否与申报一致、缴税人和申报企业是否一致、印章是否齐全等；对申报企业采用完税证或电子税票缴纳税款的，要重点审核有关税款入库证明、完税证与汇总缴款书的对应关系等。

第十五条 终审内容

（一）专员办应对退税申报材料的真实性、完整性、合规性进行审核。重点审核申报企业是否具备退税资格；申报资料是否完整；财政局审增或审减退税金额的意见是否符合政策；申请退税金额计算方法是否恰当；计算结果是否准确等。

（二）对《一般增值税退付申请书》的审核。填制内容是否完整、准确；初复审意见及印章是否齐全；同意退税金额与申请报告是否一致等。

（三）对增值税完税凭证的审核。审核申报企业增值税完税凭证税款与《一般增值税退付申请书》填列是否一致；税款所属时期是否与申报期一致；缴款单位和申报企业是否一致；税率是否正确；以完税证或电子税票缴纳增值税的，审核税务机关和国库开具的证明是否完整，金额是否一致等。

（四）对会计资料的审核。审核《利润表》、《纳税申报表》中应税收入是否一致；销项税额、进项税额、进项税额转出、应缴税额、已缴税额、欠（超）缴税额等对应关系是否正确等。

（五）对初次申报退税，且退税数额较大的，或有疑点的再生资源回收企业，专员办应安排专人进行实地抽查。实地审核面一般不低于全部再生资源申报退税企业的20%。

第七章 申报审批时限

第十六条 申报企业一般按季申报退税。季度结束后，于次月纳税申报完税后，向市财政局提出退税申请。申请退税金额较大的，经专员办确认后，可按月申报。

第十七条 各市财政局应当在受理企业退税申请之日起10个工作日内，向专员办提交初复审意见。专员办在收到初复审意见之日起10个工作日内完成终审工作。市财政局收到专员办的批复文件后，应于2个工作日内开具《收入退还书》。国库收到相关退税文书后，审核《一般增值税退付申请书》、《收入退还书》、专员办批复文件无误后，于2个工作日内办理退库手续，并将《收入退还书》第一、五联，送市财政局。

第八章 档案管理及信息报送

第十八条 专员办和财政部门要建立健全退税档案资料管理制度，妥善保管有关退税资料。退税审批资料应在年度终了后整理装订成册并归档，按档案管理有关规定保存。

第十九条 各市财政局应建立工作信息和工作总结报送制度。对退税工作中遇到的问题，要及时向专员办和财政厅反馈。各市财政局应按时编制退税工作报表，包括再生资源回收企业增值税退税情况及其他行业增值税退税情况。每月终了后，于次月8日前向专员办报送《专员办审批财政收入退库月报表》（见附件6）；半年和年度终了后，于次月或次年1月15日前向专员办报送《****年上（下）半年专员办（市）审批一般增值税收入退库汇总表》（见附件7），并附送报表分析说明。年度终了后，于次年1月15日前向专员办报送退税工作总结。

第九章 工作职责

第二十条 再生资源回收企业退税工作政策性强，涉及面广，相关单位及其经办人员要严格执行廉政建设的各项制度，遵守审批工作程序，做到分工明确、权责分明。要本着认真积极的态度，树立为申报企业服务的思想，做好申报指导工作，保证退税审批工作的质量和效率。

第二十一条 专员办和财政厅应加强与公安、商务、环保、税务部门及人民银行联系，建立工作协调制度。各市财政局要与当地相关部门加强沟通，实现信息共享，及时了解和掌握申报企业备案情况以及被行政处罚情况等。

第二十二条 各市财政局应认真履行增值税退税审核职责，严格把关，保证质量。对辖区内退税单位的退税申请，应按规定时间上报，不得久拖不审或久拖不报。对已批复的退税申请，应按规定及时全额退付企业，不得延压；不得违反国家税收优惠政策，以各种名义变相收回增值税返还款，不得用应退税款人为调整地方财政收入完成情况。

第二十三条 人民银行各级国库应认真检查相关退税依据是否齐全，重点审核退税文件、单据记载各项相关信息是否一致，对不符合规定的退库事项，国库部门有权拒绝办理。对经审核符合规定的，要及时、足额办理退库手续，不得截留、延压、拒绝退库。

对使用税收完税证和电子报税缴纳税款的，国税、国库部门应对入库情况认真审核，审核无误后，应据实开具税款入库证明。

国税、国库部门为申报企业出具相关证明文件时，要做到情况真实、数字准确，不得为申报企业开具虚假证明材料。

第十章 监督检查

第二十四条 专员办、财政厅和市财政局应当定期（自收到纳税人第一次退税申请之日起至少每12个月一次）向同级公安、商务、环保和税务部门及人民银行对纳税人申明的内容进行核实，并对再生资源回收企业申报退税的情况及退税资金使用情况进行重点检查。

对经查实与申明不符的问题要严肃处理。凡问题在初次申请退税之日前发生的，应当追缴纳税人此前骗取的退税款，根据《财政违法行为处罚处分条例》的相关规定进行处罚，并取消其以后申请享受本办法规定退税政策的资格；凡问题在初次申请退税之日后发生的，取消其刑事处罚和行政处罚生效之日起申请享受本办法规定退税政策的资格。

对再生资源回收企业不按规定使用退税资金，挪用退税资金的行为，应依据《财政违法行为处罚处分条例》等法律法规进行处理处罚，并追究相关人员的责任。对于触犯《中华人民共和国刑法》的，移交司法机关，追究有关人员的刑事责任。

第二十五条 专员办和财政厅应对市财政局的退税审核审批工作质量进行检查，不定期地抽查是否按规定及时、足额办理退税，有无不严格执行退税程序、不及时落实退税政策、未执行退税批复、克扣申报企业退税资金等问题。专员办应对国库是否及时、足额退税进行检查。

对监督检查中发现的违反国家税收政策，强行截留、收取应退税款，或因重大审核质量问题，造成国家税款流失的，专员办和财政厅应依据《财政违法行为处罚处分条例》等法律法规进行处理处罚，并追究相关人员的责任。对于触犯《中华人民共和国刑法》的，移交司法机关，追究有关人员的刑事责任。

第十一章 附　　则

第二十六条 本办法自2009年1月1日起施行。

二〇〇九年三月十三日

附件2：

此处贴申请书

附件3：

一般增值税税款缴纳证明

纳税人名称：（公章）　　　　　　　　　　　　　　　　　　　　　　　　　金额单位：元

税号：　　　　　　　　　　　　　　　　税种：

税款所属期	税款金额	完税证或电子税票号码	入库时间	入库级次	备注
合计					

<table>
<tr><td>负责征收的税务机关（印章）

年　月　日</td><td>税款所入国家金库（印章）

年　月　日</td></tr>
</table>

附件4：

再生资源回收企业退税申报审核表

金额单位：元

<table>
<tr><td colspan="2">申报企业（公章）</td><td></td><td>企业编码</td><td></td><td rowspan="2">备案号</td><td rowspan="2"></td></tr>
<tr><td colspan="2">经营地址</td><td></td><td>企业税号</td><td></td></tr>
<tr><td colspan="2">经营项目</td><td></td><td>2008年实现销售收入</td><td></td><td>2008年减免增值税额</td><td></td></tr>
<tr><td colspan="2">法人代表</td><td></td><td>财务负责人</td><td></td><td>联系电话</td><td></td></tr>
<tr><td rowspan="3">申报期情况</td><td>实现销售收入</td><td></td><td>金融机构结算金额</td><td></td><td>金融机构结算额占销售收入比例</td><td></td></tr>
<tr><td>应缴增值税</td><td></td><td>入库增值税</td><td></td><td>申退增值税</td><td></td></tr>
<tr><td>税款所属日期</td><td></td><td colspan="4">年　月至　年　月</td></tr>
</table>

续表

	序号	资料名称	页号
附送资料明细情况	1	申报人申请文件	
	2	一般增值税退付申请书	
	3	完税凭证复印件（税款入库证明）	
	4	申报期资产负债表、利润表、纳税申报表复印件	
	5	企业法人登记营业执照复印件	
	6	税务登记证复印件	
	7	再生资源回收企业基本情况表	
	8	再生资源回收企业增值税核算明细表	
	9	相关行政机关备案登记证复印件	
	10	土地使用证和房屋产权证或租赁合同复印件	
	11	申报期销售收入账页复印件及开户银行提供的货款结算证明	
	12	申报人未因违法受到工商、环保、税务、公安等行政处罚的书面申明	
	13	申报人申报资料真实性的书面申明	
	14	其他资料	

初审单位意见（签章）	复审单位意见（签章）	终审单位意见（签章）
审定金额 审核人签字 年 月 日	审定金额 审核人签字 年 月 日	审定金额 审核人签字 年 月 日

附件5：

再生资源回收企业一般增值税核算明细表

年 月

申报企业（公章）

金额单位：元

月份	应税收入		税率或征收率（%）	销项税额		进项税额		进项税额转出		应交税金		已交税金		申退数额
	全部	退税产品		全部	退税产品	全部	退税产品	全部	退税产品	全部	退税产品	全部	退税产品	
合计														

单位负责人： 财务负责人： 制表人： 制表日期：

附件6：

专员办审批财政收入退库月报表

编制单位：　　　　　　　　年　　月　　　　　　　　单位：万元

退税项目		审批户数（次）		审批金额（万元）					本年审批金额累计（万元）	金库实际退付金额（万元）	备注
		申报户数	审批户数	企业申报金额	剔除金额			专员办审批金额			
					小计	地市、省管县财政	专员办				
一	一般增值税退税										
1	三线企业										
2	宣传文化单位										
3	监狱劳教企业										
4	铸件产品										
5	锻件产品										
6	模具产品										
7	数控机床产品										
8	农业生产资料（钾肥、尿素等）										
9	煤层气抽采企业										
10	燃料乙醇										
11	黄河小浪底水利电力产品、秦山核电站、大亚湾和岭澳核电集团、二滩水电站等增值税先征后返										
12	再生资源回收企业										
13	其他增值税退税										
二	银行代收代缴手续费退库										
1	代收中央级罚款手续费退库										
2	其他手续费退库										
三	错缴海关各类罚没收入退库										
四	企业所得税退库										
五	非税收入退付										
1	矿产资源补偿费收入政策性减免退付										
2	排污费收入退库										
六	其他退库										
合　计											

负责人：　　　　填表人：　　　　联系电话：　　　　填报时间：　　年　　月　　日

附件7：

年上（下）半年专员办（　　市）审批一般增值税收入退库汇总表

编制单位：

退税项目	审批户数（次）		审批金额（万元）					金库实际退付金额（万元）	备注
	申报户数	审批户数	企业申报金额	剔除金额			专员办审批金额		
				小计	地市财政	专员办			
三线搬迁企业									
监狱劳教企业									
民贸企业									
宣传文化单位									
铸件产品									
锻件产品									
模具产品									
数控机床产品									
尿素产品									
磷酸产品									
再生资源回收企业									
其他									
合计									

单位领导（签章）：　　　　填表人：　　　　填表日期：

省国家税务局　省财政厅　省对外贸易经济合作厅关于转发《国家税务总局　财政部　商务部关于老长贸合同审批结果的通知》的通知

2009年2月12日　鲁国税发〔2009〕15号

淄博、潍坊、日照、枣庄、东营市国家税务局、财政局、外经贸局：

现将《国家税务总局　财政部　商务部关于老长贸合同审批结果的通知》（国税发〔2008〕130号）转发你们，请认真遵照执行。

附件：国家税务总局　财政部　商务部关于老长贸合同审批结果的通知

附件：

国家税务总局　财政部　商务部关于老长贸合同审批结果的通知

2008年12月31日　国税发〔2008〕130号

山东省国家税务局：

根据《财政部　商务部　国家税务总局关于老长贸合同适用出口退税政策的通知》（财税〔2008〕9号）的规定，财政部、国家税务总局和商务部对各地报送的相关出口合同，按照“签订日期在2007年7

月1日前、合同金额超过一亿元人民币、价格不可更改”的标准进行了审核。现将符合规定的第二批企业名单（附件1）及不予批准的企业名单（附件2）印发给你们，并将有关事宜通知如下：

一、税务机关收到本通知后，应及时通知有关企业。对符合规定的企业，通知其于15日内持所批准合同原件到主管税务机关办理备案手续。

二、上述批准的合同项下出口的货物，除本通知第三、四条规定的情形外，准予按《财政部 国家税务总局关于调低部分商品出口退税率的通知》（财税〔2007〕90号）、《财政部 国家税务总局关于调低部分商品出口退税率的补充通知》（财税〔2007〕97号）文件调整前的出口退税率执行完毕。

三、凡财税〔2007〕90号、财税〔2007〕97号文件已规定允许备案的出口船舶和对外承包工程合同的设备和建材，不属于老长贸合同的备案范围。

四、上述批准的合同项下出口的货物，属于《2008年出口许可证管理货物目录》（商务部 海关总署公告2007年第101号）实行出口配额或出口许可证管理，且合同执行日期超过2008年12月31日的，一律按调整前的退税率执行到2008年12月31日。

《商务部 海关总署公告2007年第101号》请各地商务部门予以提供。

五、对涉及上述批准合同的出口货物，此前未退税或因退税率差，需补退的退税款，税务机关经审核无误后，退付企业。

六、税务机关在审批上述批准备案出口合同项下的货物出口退税时，除按现行规定正常审核出口企业必须提供的凭证外，还应对备案合同的主要内容与实际出口货物的相关内容重点进行审核。备案合同项下出口企业、外商、出口商品名称等其中任何一项内容发生变化的，该合同备案金额以内的出口货物按调整后的出口退税率计算办理退税。

七、出口企业采取涂改、伪造合同等各种手段牟取非法利益的，一经发现，税务机关不予退税，追回已退税款或多退税款，并按照有关法律法规规定予以处罚。

附件：1. 合格企业名单及合同情况

2. 不合格企业名单及原因

附件1：

合格企业名单及合同情况

序号	企业名称	合同编号	合同金额（万美元）	执行期	出口产品名称	备注
1	山东新华制药股份有限公司	无合同编号	2 220	2006.1～2007.12	咖啡因	因无合同编号，备案正本与申请副本要仔细核对后执行
		NO. ING－228	1 330	2007.1～2007.12		
2	鲁泰纺织股份有限公司	LTS07SC12582	1 959	2007.7～2008.8	衬衣	
3	山东美林卫浴	07MD0318	2 815	2007.3～2009.4	瓷制卫生洁具	
4	日照市盛宇经贸有限公司	SYEC－CC/01	2 327	2007.1～2008.1	水泥熟料	
5	日照岚桥富凯木业有限公司	FLBE070002	3 171	2007.3～2009.3	家具	
6	山东蓝帆塑胶股份有限公司	LFAG070201－01	1 859	2007.2～2009.2	PVC手套	
		LFAG070307－01	1 499	2007.3～2009.3		
7	枣庄海扬服装有限公司	LEVI0608021	1 743	2007.6～2008.9	服装	
8	山东电力建设第三工程公司	SEPL－SEPCO3－JSG－01（印二）	50 644.25	2006.5～2012.5	承包工程物资	
		MPPL/SEPCO3/SK/SPOF/001（印三）	5 382.04	2006.9～2008.11		
		CCPP0702/SEPCO/NG（尼二期）	18 874.6	2007.11～2010.11		

附件2：

不合格企业名单及原因

序号	企业名称	合同编号	未通过原因
1	山东石大胜华化工股份有限公司	SHW2006111801	价格依照合同条款可以调整或已经调整
2	山东榴园新型水泥发展有限公司	LY2007001	
3	山东丽波日化股份有限公司	2007 - LB - WM；70301	
4	日照大地彩涂板有限公司	H/C06001	合同中商品的退税率未调整或不属于财税〔2008〕9号准予备案的范围

省国家税务局　省财政厅　省对外贸易经济合作厅转发《国家税务总局　财政部　商务部关于第一批老长贸合同审批合格名单的通知》

2008年12月17日　鲁国税发〔2008〕170号

市国家税务局、财政局、外经贸局：

现将《国家税务总局　财政部　商务部关于第一批老长贸合同审批合格名单的通知》（国税发〔2008〕103号）转发给你们，请认真遵照执行。

附件：国家税务总局　财政部　商务部关于第一批老长贸合同审批合格名单的通知

附件：

国家税务总局　财政部　商务部关于第一批老长贸合同审批合格名单的通知

2008年11月4日　国税发〔2008〕103号

山东省国家税务局：

根据《财政部　商务部　国家税务总局关于老长贸合同适用出口退税政策的通知》（财税〔2008〕9号）的规定，财政部、国家税务总局和商务部对各地报送的相关出口合同，按照“签订日期在2007年7月1日前、合同金额超过一亿元人民币、价格不可更改”的标准进行了审核。现将符合规定的第一批企业名单及合同相关情况（见附件）印发给你们，并将有关事宜通知如下：

一、税务机关收到本通知后，应及时通知有关企业于15日内持所批准合同原件到主管税务机关办理备案手续。

二、上述合同项下出口的货物，除本通知第三条规定外，准予按《财政部　国家税务总局关于调低部分商品出口退税率的通知》（财税〔2007〕90号）、《财政部　国家税务总局关于调低部分商品出口退税率的补充通知》（财税〔2007〕97号）文件调整前的出口退税率执行完毕。

三、上述合同项下出口的货物，若属于《2008年出口许可证管理货物目录》（商务部　海关总署公告2007年第101号）实行出口配额或出口许可证管理的，且合同执行日期超过2008年12月31日的，一律按调整前的退税率执行到2008年12月31日。《商务部　海关总署公告2007年第101号》请各地商务部门予以提供。

四、对涉及上述合同的出口货物，此前未退税或因退税率差，需补退的退税款，税务机关经审核无误后，退付企业。

五、税务机关在审批上述备案出口合同项下的货物出口退税时，除按现行规定正常审核出口企业必须提供的凭证外，还应对备案合同的主要内容与实际出口货物的相关内容重点进行审核。备案合同项下出口企业、外商、出口商品名称等其中一项内容发生变化的，该合同备案金额以内的出口货物按调整后的出口退税率计算办理退税。

六、出口企业采取涂改、伪造合同等各种手段牟取非法利益的，一经发现，税务机关不予退税，应追回已退税款或多退税款，并按照有关法律法规规定予以处罚。

附件：第一批审批合格名单

附件：

第一批审批合格名单

序号	企业名称	合同编号	合同金额（万美元）	执行期	出口产品名称	备注
1	淄博英科框业有限公司	2007INT－CP－EBT	1 514.00	2007.6.6～2008.12.31	塑料相框	
2	莱芜钢铁集团淄博锚链有限公司	TS0402等	1 367.55	2005.6～2009.12.31	其他焊接链	
3	烟台三菱水泥有限公司	SIN/LM－D2007－001	3 142.80	2007.1.3～2008.1.31	水泥	
4	山东宜丰橡塑有限公司	HFMAXON0701	1 573.00	2007.4.1～2008.3.31	橡胶轮胎	
5	山东金晶科技股份有限公司	SGGGL7	1 520.50	2007.4.1～2008.8.31	超白玻璃、超白钢化玻璃	
6	淄博宝恩家私有限公司	JS0705003	1 800.65	2007.5.18～2008.8.21	牛皮沙发	
		JS0705013	2 283.70	2007.5.20～2008.5.25	牛皮沙发	
7	淄博大桓九宝恩皮革集团有限公司	ZG0706002	1 934.00	2007.6.05～2008.10.25	牛皮沙发革	
		ZG0706023	1 541.00	2007.6.18～2008.11.20	牛皮沙发革	
8	山东赫达股份有限公司	HEADRICH07－08	1 530.00	2007.6.10～2008.12.13	羟丙基甲基纤维素	
9	泰山玻璃纤维有限公司	CTG070315	2 000.00	2007.3.15～2008.12.31	无碱玻璃纤维粗纱等	
		CTG－AL0601	2 415.75	2006.11.11～2008.12.31	无碱玻璃纤维毡等	
		CTG061259	1 404.00	2006.12.20～2008.12.31	短切玻璃纤维等	
		CTG－070403	1 600.00	2007.11.04～2008.12.31	无碱玻璃纤方格布等	
		CTG070405	1 800.00	2007.11.04～2008.12.31	无碱玻璃纤维粗纱等	
10	山东岱银纺织集团股份有限公司	DY07－31004	1 581.23	2007.5.01～2008.5.10	服装	
		2007－0013	1 698.80	2007.3.01～2008.5.1		
		DYS07－6858	1 415.00	2007.1.18～2008.1.31	服装	
11	山东海化进出口公司	1－LH－00118	7 689.00	2007.1.12～2009.1.11	纯碱	
		1－LH－00162	1 765.00	2007.1.15～2009.1.14		
12	山东美林卫浴	07MG0425	2 482.82	2007.4.25～2009.4.24	瓷制卫生洁具	
13	潍坊元林木业	STOCK2007	2 569.06	2007.6.15～2008.10.30	厨具	
14	山东丽波化工	LIBO－MOK2007	1 605.00	2007.4.11～2009.12.31	洗衣粉	
15	山东曹普工艺有限公司	CP071010	3 312.78	2008.2.20～2009.6.15	木家具、木框架坐具	
16	招远利奥橡胶制品有限公司	SC06020725S	1 315.00	2006.2.15～2008.3.28	轮胎	
		SC06061122Q	1 367.00	2006.6.11～2008.3.29	轮胎	
17	烟台鹏晖铜业有限公司	SBP－06－11－30	17 829.00	2006.12.1～2011.11.30	白银	
18	烟台宏源时装有限公司	GRP2007	1 420.80	2006.11.20～2007.11.20	皮革服装	
19	烟台振华木业有限公司	3000298	2 980.00	2007.4.23～2008.10.22	家具零部件	

续表

序号	企业名称	合同编号	合同金额（万美元）	执行期	出口产品名称	备注
20	龙大集团木业制品有限公司	LKEA－LD2007	13 245.00	2007.5.12～2008.12.31	其他厨房用木家具、其他木家具、其他编号9403所列物品	
21	文登市芸祥绣品有限公司	TOR13201	1 520.00	2007.6.15～2008.12.20	被子	
22	山东华盛对外贸易有限公司	HS－DUW0800	1 409.00	2007.5.28～2008.12.25	覆膜板	
		HS－HAW0800	1 612.00	2007.5.30～2008.12.25	胶合板	
		JQ－YEW0800	1 449.00	2007.6.20～2008.12.25	胶合板	
23	日照金果有限公司	07GN06－21	2 096.00	2007.6.21～2008.9.20	花生仁	
24	山东裕伟食品有限公司	ASG99274	1 860.00	2007.10.1～2008.6.30	花生米产品、花生果产品	
25	山东一世通国际贸易有限公司	CK07－1	2 604.00	2007.5.1～2009.4.30	人字形轮胎	
26	东营黄河口家具事业有限公司	hhk012	1 500.00	2007.6.1～2008.12.31	洗手柜、镜子	
27	东营市胜辉木业有限公司	03000631	2 600.00	2007.6.18～2008.6.18	餐椅、座椅、坐框、椅子	
28	山东海之杰纺织有限公司	LAM2007001	4 978.00	2007.1.1～2007.12.31	服装	

省科学技术厅　省财政厅　省国家税务局　省地方税务局 关于认定“山东中德设备有限公司”等505家企业为2008年第一批高新技术企业的通知

2009年1月16日　鲁科高字〔2009〕12号

各市科技局、财政局、国家税务局、地方税务局，各国家高新技术产业开发区管委会：

根据《高新技术企业认定管理办法》、《高新技术企业认定管理工作指引》和《山东省高新技术企业认定管理工作实施意见》的有关规定，认定“山东中德设备有限公司”等505家企业为2008年第一批高新技术企业，发证日期为2008年12月5日，认定有效期3年。

请各地及时通知相关企业，依照法定程序到主管税务机关办理税收优惠政策的落实事宜。

附件：山东省2008年第一批高新技术企业名单

附件：

山东省2008年第一批高新技术企业名单

（发证日期：2008年12月5日）

序号	企业名称	所在市	证书编号
1	山东中德设备有限公司	济南市	GR200837000001
2	山东省水业发展研究院	济南市	GR200837000002
3	济南星科经贸有限公司	济南市	GR200837000003
4	山东丰汇设备技术有限公司	济南市	GR200837000004
5	济南金钟电子衡器股份有限公司	济南市	GR200837000005
6	济南迪生电子电气有限公司	济南市	GR200837000006
7	济南变压器集团股份有限公司	济南市	GR200837000007
8	济南汇力数控机械有限公司	济南市	GR200837000008

续表

序号	企业名称	所在市	证书编号
9	山东同力达智能机械有限公司	济南市	GR200837000009
10	济南铸锻所捷迈机械有限公司	济南市	GR200837000010
11	济南二机床集团有限公司	济南市	GR200837000011
12	济南巨能液压机电工程有限公司	济南市	GR200837000012
13	济南沃德汽车零部件有限公司	济南市	GR200837000013
14	济南德佳机器控股有限公司	济南市	GR200837000014
15	中国重汽集团济南动力有限公司	济南市	GR200837000015
16	中国重汽集团济南桥箱有限公司	济南市	GR200837000016
17	济南兴田阳光数控机械有限公司	济南市	GR200837000017
18	山东华民钢球股份有限公司	济南市	GR200837000018
19	济南瑞通铁路电务有限责任公司	济南市	GR200837000019
20	东港安全印刷股份有限公司	济南市	GR200837000020
21	山东中创软件工程股份有限公司	济南市	GR200837000021
22	山东中创软件商用中间件股份有限公司	济南市	GR200837000022
23	山东三联电子信息有限公司	济南市	GR200837000023
24	济南恒大视讯科技有限公司	济南市	GR200837000024
25	山东政通科技发展有限公司	济南市	GR200837000025
26	山东正方人合信息技术有限公司	济南市	GR200837000026
27	济南矩阵软件工程有限公司	济南市	GR200837000027
28	山东众海公共安全器材有限公司	济南市	GR200837000028
29	济南雷森科技有限公司	济南市	GR200837000029
30	济南市半导体元件实验所	济南市	GR200837000030
31	济南卓信智能科技有限公司	济南市	GR200837000031
32	济南晶恒电子有限责任公司	济南市	GR200837000032
33	山东巨洋神州信息技术有限公司	济南市	GR200837000033
34	山东正元地理信息工程有限责任公司	济南市	GR200837000034
35	山东福胶集团有限公司	济南市	GR200837000035
36	齐鲁安替制药有限公司	济南市	GR200837000036
37	山东科兴生物制品有限公司	济南市	GR200837000037
38	齐鲁动物保健品有限公司	济南市	GR200837000038
39	山东齐发药业有限公司	济南市	GR200837000039
40	山东高端投资有限公司	济南市	GR200837000040
41	山东福胶集团东阿镇阿胶有限公司	济南市	GR200837000041
42	山东泉港药业有限公司	济南市	GR200837000042
43	山东久隆高分子材料有限公司	济南市	GR200837000043
44	济南新峨嵋实业有限公司	济南市	GR200837000044
45	山东圣泉化工股份有限公司	济南市	GR200837000045
46	山东省冶金科学研究院	济南市	GR200837000046
47	山东天虹弧板有限公司	济南市	GR200837000047
48	济南圣泉集团股份有限公司	济南市	GR200837000048
49	山东乾舜矿冶科技有限公司	济南市	GR200837000049
50	煤炭工业济南设计研究院有限公司	济南市	GR200837000050
51	山东省冶金设计院有限责任公司	济南市	GR200837000051
52	济南达能动力技术有限责任公司	济南市	GR200837000052
53	山东力诺新材料有限公司	济南市	GR200837000053
54	山东桑乐太阳能有限公司	济南市	GR200837000054

续表

序号	企业名称	所在市	证书编号
55	山东北辰集团有限公司	济南市	GR200837000055
56	山东宏达科技集团有限公司	济南市	GR200837000056
57	济南复强动力有限公司	济南市	GR200837000057
58	山东山大奥太电气有限公司	济南高新区	GR200837000058
59	济南大陆机电股份有限公司	济南高新区	GR200837000059
60	山东彼岸电力科技有限公司	济南高新区	GR200837000060
61	山东山大电力技术有限公司	济南高新区	GR200837000061
62	山东鲁能智能技术有限公司	济南高新区	GR200837000062
63	山东济南发电设备厂	济南高新区	GR200837000063
64	山东华腾环保科技有限公司	济南高新区	GR200837000064
65	山东泓奥电力科技有限公司	济南高新区	GR200837000065
66	济南海纳铁路科技有限公司	济南高新区	GR200837000066
67	山东鲁得贝车灯股份有限公司	济南高新区	GR200837000067
68	山东法因数控机械股份有限公司	济南高新区	GR200837000068
69	济南中燃科技发展有限公司	济南高新区	GR200837000069
70	山东科华电气有限公司	济南高新区	GR200837000070
71	山东深蓝机器有限公司	济南高新区	GR200837000071
72	济南海通焊接技术有限公司	济南高新区	GR200837000072
73	济南吉美乐电源技术有限公司	济南高新区	GR200837000073
74	山东鲁冶瑞宝电气自动化有限公司	济南高新区	GR200837000074
75	山东华云机电科技有限公司	济南高新区	GR200837000075
76	济南天辰铝窗机器制造有限公司	济南高新区	GR200837000076
77	山东富友有限公司	济南高新区	GR200837000077
78	积成电子股份有限公司	济南高新区	GR200837000078
79	山东天力干燥设备有限公司	济南高新区	GR200837000079
80	济南昌林气囊容器厂	济南高新区	GR200837000080
81	济南易恒技术有限公司	济南高新区	GR200837000081
82	济南铁路天龙高新技术开发有限公司	济南高新区	GR200837000082
83	济南蓝动激光技术有限公司	济南高新区	GR200837000083
84	山东山大联润信息科技有限公司	济南高新区	GR200837000084
85	山东博安智能科技有限公司	济南高新区	GR200837000085
86	山东旗帜软件股份有限公司	济南高新区	GR200837000086
87	山东华光光电子有限公司	济南高新区	GR200837000087
88	山东华辰泰尔科技发展有限公司	济南高新区	GR200837000088
89	山东科沭华信息技术有限公司	济南高新区	GR200837000089
90	浪潮齐鲁软件产业有限公司	济南高新区	GR200837000090
91	山东神思电子技术有限公司	济南高新区	GR200837000091
92	山东英佰德信息科技有限公司	济南高新区	GR200837000092
93	济南得安计算机技术有限公司	济南高新区	GR200837000093
94	山东鲁能软件技术有限公司	济南高新区	GR200837000094
95	济南西格马科技有限公司	济南高新区	GR200837000095
96	山东省数字证书认证管理有限公司	济南高新区	GR200837000096
97	山东泰华电讯有限责任公司	济南高新区	GR200837000097
98	山东山大鸥玛软件有限公司	济南高新区	GR200837000098
99	山东超越数控电子有限公司	济南高新区	GR200837000099
100	济南三鼎电气有限责任公司	济南高新区	GR200837000100

续表

序号	企业名称	所在市	证书编号
101	山东山大华天软件有限公司	济南高新区	GR200837000101
102	山东康威通信技术有限公司	济南高新区	GR200837000102
103	山东浪潮电子政务软件有限公司	济南高新区	GR200837000103
104	山东浪潮商用系统有限公司	济南高新区	GR200837000104
105	山东鲁电电气集团有限公司	济南高新区	GR200837000105
106	山东易普特科技有限公司	济南高新区	GR200837000106
107	济南兰剑物流科技有限责任公司	济南高新区	GR200837000107
108	济南神戎电子有限公司	济南高新区	GR200837000108
109	山东天辉科技有限公司	济南高新区	GR200837000109
110	山东大成软件有限公司	济南高新区	GR200837000110
111	济南银泉科技有限公司	济南高新区	GR200837000111
112	浪潮通信信息系统有限公司	济南高新区	GR200837000112
113	浪潮集团有限公司	济南高新区	GR200837000113
114	浪潮电子信息产业股份有限公司	济南高新区	GR200837000114
115	浪潮集团山东通用软件有限公司	济南高新区	GR200837000115
116	山东地纬计算机软件有限公司	济南高新区	GR200837000116
117	山大鲁能信息科技有限公司	济南高新区	GR200837000117
118	山东省远大网络多媒体有限责任公司	济南高新区	GR200837000118
119	山东中孚信息产业股份有限公司	济南高新区	GR200837000119
120	山东泉清通信有限责任公司	济南高新区	GR200837000120
121	山东万博科技发展有限公司	济南高新区	GR200837000121
122	山东鑫联通信科技有限公司	济南高新区	GR200837000122
123	济南宏济堂制药有限责任公司	济南高新区	GR200837000123
124	山东胜利股份有限公司	济南高新区	GR200837000124
125	山东福瑞达生物化工有限公司	济南高新区	GR200837000125
126	济南老来寿生物技术有限公司	济南高新区	GR200837000126
127	齐鲁制药有限公司	济南高新区	GR200837000127
128	济南九州富得香料有限责任公司	济南高新区	GR200837000128
129	山东博士伦福瑞达制药有限公司	济南高新区	GR200837000129
130	山东诚创医药技术开发有限公司	济南高新区	GR200837000130
131	山东天诺光电材料有限公司	济南高新区	GR200837000131
132	山东山大吕美熔体技术有限公司	济南高新区	GR200837000132
133	山东省四方技术开发有限公司	济南高新区	GR200837000133
134	山东慧敏科技开发有限公司	济南高新区	GR200837000134
135	山东山大华天科技股份有限公司	济南高新区	GR200837000135
136	山东百川同创能源有限公司	济南高新区	GR200837000136
137	山东方亚地源热泵空调技术有限公司	济南高新区	GR200837000137
138	山东鲁能节能设备开发有限公司	济南高新区	GR200837000138
139	山东十方环保能源有限公司	济南高新区	GR200837000139
140	国电科技环保集团山东龙源环保有限公司	济南高新区	GR200837000140
141	山东十方圆通环保有限公司	济南高新区	GR200837000141
142	山东长志泵业有限公司	淄博市	GR200837000142
143	淄博水环真空泵厂有限公司	淄博市	GR200837000143
144	淄博大亚金属制品有限公司	淄博市	GR200837000144
145	山东颜山泵业有限公司	淄博市	GR200837000145
146	淄博万昌化工设备有限公司	淄博市	GR200837000146

续表

序号	企业名称	所在市	证书编号
147	山东三金玻璃机械股份有限公司	淄博市	GR200837000147
148	淄博丰雁电子元件有限公司	淄博市	GR200837000148
149	淄博市临淄银河高技术开发有限公司	淄博市	GR200837000149
150	山东科汇电力自动化有限公司	淄博市	GR200837000150
151	山东齐都药业有限公司	淄博市	GR200837000151
152	瑞阳制药有限公司	淄博市	GR200837000152
153	山东凯盛生物化工有限公司	淄博市	GR200837000153
154	山东金城医药化工股份有限公司	淄博市	GR200837000154
155	淄博广通化工有限责任公司	淄博市	GR200837000155
156	山东侨牌集团有限公司	淄博市	GR200837000156
157	山东环绿康新材料科技有限公司	淄博市	GR200837000157
158	山东天野塑化有限公司	淄博市	GR200837000158
159	山东东岳高分子材料有限公司	淄博市	GR200837000159
160	山东清源集团有限公司	淄博市	GR200837000160
161	山东东岳神舟新材料有限公司	淄博市	GR200837000161
162	淄博泰宝包装制品有限公司	淄博市	GR200837000162
163	淄博欧木特种纸业有限公司	淄博市	GR200837000163
164	山东省药用玻璃股份有限公司	淄博市	GR200837000164
165	山东宏信化工股份有限公司	淄博市	GR200837000165
166	淄博泰光电力器材厂	淄博市	GR200837000166
167	山东鲁阳股份有限公司	淄博市	GR200837000167
168	山东美陵化工设备股份有限公司	淄博市	GR200837000168
169	鲁泰纺织股份有限公司	淄博高新区	GR200837000169
170	山东信通电器有限公司	淄博高新区	GR200837000170
171	淄博亚华电子有限公司	淄博高新区	GR200837000171
172	山东齐林电科电力设备制造有限公司	淄博高新区	GR200837000172
173	山东博泵科技股份有限公司	淄博高新区	GR200837000173
174	山东新华制药股份有限公司	淄博高新区	GR200837090174
175	山东新华医疗器械股份有限公司	淄博高新区	GR200837000175
176	山东淄博新达制药有限公司	淄博高新区	GR200837000176
177	山东齐林电力设备有限公司	淄博高新区	GR200837000177
178	中材金晶玻纤有限公司	淄博高新区	GR200837000178
179	淄博中材庞贝捷金晶玻纤有限公司	淄博高新区	GR200837000179
180	淄博海特曼化工有限公司	淄博高新区	GR200837000180
181	中材高新材料股份有限公司	淄博高新区	GR200837000181
182	山东齐鲁科力化工研究院有限公司	淄博高新区	GR200837000182
183	山东金晶科技股份有限公司	淄博高新区	GR200837000183
184	山东东大一诺威聚氨酯有限公司	淄博高新区	GR200837000184
185	淄博中科新材料有限公司	淄博高新区	GR200837000185
186	山东硅苑新材料科技股份有限公司	淄博高新区	GR200837000186
187	中天仕名（淄博）重型机械有限公司	淄博高新区	GR200837000187
188	山东金华飞顺车辆有限公司	枣庄市	GR200837000188
189	山东鲁南瑞虹化工仪器有限公司	枣庄市	GR200837000189
190	山东威达重工股份有限公司	枣庄市	GR200837000190
191	山东威能数字机器有限公司	枣庄市	GR200837000191
192	山东源丰印染机械有限公司	枣庄市	GR200837000192

续表

序号	企业名称	所在市	证书编号
193	滕州市三合机械有限公司	枣庄市	GR200837000193
194	山东益康药业有限公司	枣庄市	GR200837000194
195	滕州力华米泰克斯胶辊有限公司	枣庄市	GR200837000195
196	滕州市悟通香料有限责任公司	枣庄市	GR200837000196
197	山东华能线缆有限公司	枣庄市	GR200837000197
198	枣庄市三兴高新材料有限公司	枣庄市	GR200837000198
199	山东科晶玻璃有限公司	枣庄市	GR200837000199
200	山东瑞宇蓄电池有限公司	枣庄市	GR200837000200
201	山东神工海特电子科技有限公司	枣庄市	GR200837000201
202	山东阳光博士太阳能工程有限公司	枣庄市	GR200837000202
203	山东鲁南化工科技有限公司	枣庄市	GR200837000203
204	山东恒业石油新技术应用有限公司	东营市	GR200837000204
205	东营力诺玻璃制品有限责任公司	东营市	GR200837000205
206	东营市信义汇丰汽车配件有限责任公司	东营市	GR200837000206
207	胜利油田高原石油装备有限责任公司	东营市	GR200837000207
208	东营市金地伟业石油应用工程有限责任公司	东营市	GR200837000208
209	山东华泰纸业股份有限公司	东营市	GR200837000209
210	山东万得福实业集团有限公司	东营市	GR200837000210
211	胜利油田胜利软件有限责任公司	东营市	GR200837000211
212	山东鼎创信息技术有限公司	东营市	GR200837000212
213	山东广域科技有限责任公司	东营市	GR200837000213
214	山东驰中集团有限公司	东营市	GR200837000214
215	山东凤凰制药股份有限公司	东营市	GR200837000215
216	胜利油田新大管业科技发展有限责任公司	东营市	GR200837000216
217	山东金禹王防水材料有限公司	东营市	GR200837000217
218	山东圣光化工集团有限公司	东营市	GR200837000218
219	山东秦恒科技有限公司	东营市	GR200837000219
220	东营旭业化工有限公司	东营市	GR200837000220
221	山东国瓷功能材料有限公司	东营市	GR200837000221
222	胜利油田华胜环保产业有限责任公司	东营市	GR200837000222
223	胜利油田胜利动力机械集团有限公司	东营市	GR200837000223
224	山东天丰太阳能制品有限公司	东营市	GR200837000224
225	烟台三环科技有限公司	烟台市	GR200837000225
226	烟台东方威思顿电气有限公司	烟台市	GR200837000226
227	烟台龙源电力技术股份有限公司	烟台市	GR200837000227
228	烟台杰瑞石油装备技术有限公司	烟台市	GR200837000228
229	龙口中际电工机械有限公司	烟台市	GR200837000229
230	烟台盛利达工程技术有限公司	烟台市	GR200837000230
231	山东康泰实业有限公司	烟台市	GR200837000231
232	蓬莱万寿机械有限公司	烟台市	GR200837000232
233	烟台冰轮股份有限公司	烟台市	GR200837000233
234	烟台环球机床附件集团有限公司	烟台市	GR200837000234
235	烟台新科钢结构有限公司	烟台市	GR200837000235
236	山东上汽汽车变速器有限公司	烟台市	GR200837000236
237	招远市玲珑机电设备有限公司	烟台市	GR200837000237
238	烟台东方电子信息产业股份有限公司	烟台市	GR200837000238

续表

序号	企业名称	所在市	证书编号
239	招远招金光电子科技有限公司	烟台市	GR200837000239
240	烟台东方电子玉麟电气有限公司	烟台市	GR200837000240
241	烟台连营电子科技有限公司	烟台市	GR200837000241
242	山东金软科技有限公司	烟台市	GR200837000242
243	山东绿叶制药有限公司	烟台市	GR200837000243
244	昌信机械（莱州）有限公司	烟台市	GR200837000244
245	山东先声麦得津生物制药有限公司	烟台市	GR200837000245
246	山东登海种业股份有限公司	烟台市	GR200837000246
247	莱州市金海种业有限公司	烟台市	GR200837000247
248	烟台双塔食品股份有限公司	烟台市	GR200837000248
249	烟台只楚药业有限公司	烟台市	GR200837000249
250	蓬莱诺康药业有限公司	烟台市	GR200837000250
251	招远三嘉粉丝蛋白有限公司	烟台市	GR200837000251
252	烟台五洲施得富肥料有限公司	烟台市	GR200837000252
253	莱州明波水产有限公司	烟台市	GR200837000253
254	烟台绿云生物化学有限公司	烟台市	GR200837000254
255	山东东方海洋科技股份有限公司	烟台市	GR200837000255
256	海阳市黄海水产有限公司	烟台市	GR200837000256
257	烟台万华聚氨酯股份有限公司	烟台市	GR200837000257
258	山东道恩北化弹性体材料有限公司	烟台市	GR200837000258
259	龙口市道恩工程塑料有限公司	烟台市	GR200837000259
260	龙口市丛林铝材有限公司	烟台市	GR200837000260
261	山东莱阳市昌誉密封产品有限公司	烟台市	GR200837000261
262	烟台万润精细化工股份有限公司	烟台市	GR200837000262
263	贺利氏招远贵金属材料有限公司	烟台市	GR200837000263
264	烟台市金河保险粉厂有限公司	烟台市	GR200837000264
265	烟台氨纶股份有限公司	烟台市	GR200837000265
266	烟台万华超纤股份有限公司	烟台市	GR200837000266
267	烟台宏泰达化工有限责任公司	烟台市	GR200837000267
268	山东金宝电子股份有限公司	烟台市	GR200837000268
269	山东招金膜天有限责任公司	烟台市	GR200837000269
270	山东只楚民营科技园股份有限公司	烟台市	GR200837000270
271	烟台金晖铜业有限公司	烟台市	GR200837000271
272	招远利奥橡胶制品有限公司	烟台市	GR200837000272
273	烟台百思特炉管厂	烟台市	GR200837000273
274	烟台石川密封垫板有限公司	烟台市	GR200837000274
275	烟台蓝德空调工业有限责任公司	烟台市	GR200837000275
276	招远金利电机有限公司	烟台市	GR200837000276
277	烟台润达垃圾处理开发有限公司	烟台市	GR200837000277
278	烟台宝源净化有限公司	烟台市	GR200837000278
279	山东国大黄金股份有限公司	烟台市	GR200837000279
280	潍坊力德电器有限公司	潍坊市	GR200837000280
281	潍坊市精华粉体工程设备有限公司	潍坊市	GR200837000281
282	山东豪迈机械科技股份有限公司	潍坊市	GR200837000282
283	寿光市康跃增压器有限公司	潍坊市	GR200837000283
284	潍坊凯力石油化工机械有限公司	潍坊市	GR200837000284

续表

序号	企业名称	所在市	证书编号
285	潍坊富源增压器有限公司	潍坊市	GR200837000285
286	潍坊华分赛瑞分析仪器技术有限公司	潍坊市	GR200837000286
287	山东亚盛重工股份有限公司	潍坊市	GR200837000287
288	潍坊华光精工设备有限公司	潍坊市	GR200837000288
289	山东宏泰机械科技股份有限公司	潍坊市	GR200837000289
290	山东圆友建设机械有限公司	潍坊市	GR200837000290
291	寿光万龙模具制造有限公司	潍坊市	GR200837000291
292	诸城市科信电力工程有限公司	潍坊市	GR200837000292
293	山东起重机厂有限公司	潍坊市	GR200837000293
294	潍坊泉鑫电磁设备有限公司	潍坊市	GR200837000294
295	青州市精益液压机械有限公司	潍坊市	GR200837000295
296	潍坊市潍微科技有限公司	潍坊市	GR200837000296
297	山东共达电声股份有限公司	潍坊市	GR200837000297
298	潍坊诺达药业有限公司	潍坊市	GR200837000298
299	山东惠发食品有限公司	潍坊市	GR200837000299
300	潍坊市康华生物技术有限公司	潍坊市	GR200837000300
301	山东高密彩虹分析仪器有限公司	潍坊市	GR200837000301
302	山东柠檬生化有限公司	潍坊市	GR200837000302
303	诸城市良丰化学有限公司	潍坊市	GR200837000303
304	山东美晨汽车部件有限公司	潍坊市	GR200837000304
305	山东海龙股份有限公司	潍坊市	GR200837000305
306	寿光蔡伦申兴精细化工有限公司	潍坊市	GR200837000306
307	山东墨龙石油机械股份有限公司	潍坊市	GR200837000307
308	潍坊市宇虹防水材料（集团）有限公司	潍坊市	GR00837000308
309	潍坊市宏源防水材料有限公司	潍坊市	GR200837000309
310	山东日科化学有限公司	潍坊市	GR200837000310
311	山东海龙博莱特化纤有限责任公司	潍坊市	GR200837000311
312	青州市力王电力科技有限公司	潍坊市	GR200837000312
313	山东天一化学有限公司	潍坊市	GR200837000313
314	诸城市宏基工贸有限公司	潍坊市	GR200837000314
315	山东同大海岛新材料股份有限公司	潍坊市	GR200837000315
316	潍坊恒安散热器集团有限公司	潍坊市	GR200837000316
317	山东恒涛节能环保有限公司	潍坊市	GR200837000317
318	山东科灵空调设备有限公司	潍坊市	GR200837000318
319	潍坊天洁环保科技有限公司	潍坊市	GR200837000319
320	山东正源电气有限公司	潍坊市	GR200837000320
321	潍坊正远粉体工程设备有限公司	潍坊高新区	GR200837000321
322	山东崇盛冶金氧枪有限公司	潍坊高新区	GR200837000322
323	潍柴动力股份有限公司	潍坊高新区	GR200837000323
324	潍坊东航精密机械有限公司	潍坊高新区	GR200837000324
325	潍坊潍柴零部件机械有限公司	潍坊高新区	GR200837000325
326	潍坊祥维斯化学品有限公司	潍坊高新区	GR200837000326
327	潍坊大洋自动泊车设备有限公司	潍坊高新区	GR200837000327
328	山东潍柴华丰动力有限公司	潍坊高新区	GR200837000328
329	潍坊盛瑞动力机械科技有限公司	潍坊高新区	GR200837000329
330	中微光电子（潍坊）有限公司	潍坊高新区	GR200837000330

续表

序号	企业名称	所在市	证书编号
331	歌尔声学股份有限公司	潍坊高新区	GR200837000331
332	潍坊北大青鸟华光照排有限公司	潍坊高新区	GR200837000332
333	潍坊歌尔电子有限公司	潍坊高新区	GR200837000333
334	潍坊华光通讯股份有限公司	潍坊高新区	GR200837000334
335	山东中科生物科技股份有限公司	潍坊高新区	GR200837000335
336	山东华辰生物科技有限公司	潍坊高新区	GR200837000336
337	山东沃华医药科技股份有限公司	潍坊高新区	GR200837000337
338	潍坊三维生物工程集团有限公司	潍坊高新区	GR200837000338
339	山东天维膜技术有限公司	潍坊高新区	GR200837000339
340	山东北方纺织集团有限公司	潍坊高新区	GR200837000340
341	潍坊大耀新材料有限公司	潍坊高新区	GR200837000341
342	富维薄膜（山东）有限公司	潍坊高新区	GR200837000342
343	山东瑞斯电子科技有限公司	潍坊高新区	GR200837000343
344	山东博特精工股份有限公司	济宁市	GR200837000344
345	山东星源矿山设备有限公司	济宁市	GR200837000345
346	山东东岳专用汽车制造有限公司	济宁市	GR200837000346
347	山东泰丰液压设备有限公司	济宁市	GR200837000347
348	山东省科学院激光研究所济宁山科技术总公司	济宁市	GR200837000348
349	济宁科力光电产业有限责任公司	济宁市	GR200837000349
350	山东圣阳电源股份有限公司	济宁市	GR200837000350
351	曲阜天博汽车零部件制造有限公司	济宁市	GR200837000351
352	山东鲁抗辰欣药业有限公司	济宁市	GR200837000352
353	济宁金百特工程机械有限公司	济宁市	GR200837000353
354	山东凯赛生物科技材料有限公司	济宁市	GR200837000354
355	菱花集团有限公司	济宁市	GR200837000355
356	山东大丰机械有限公司	济宁市	GR200837000356
357	济宁华能制药厂	济宁市	GR200837000357
358	泰山玻璃纤维邹城有限公司	济宁市	GR200837000358
359	曲阜金皇活塞股份有限公司	济宁市	GR200837000359
360	邹城市合兴橡塑化工工贸有限公司	济宁市	GR200837000360
361	山东济宁如意毛纺织股份有限公司	济宁市	GR200837000361
362	山东新风光电子科技发展有限公司	济宁市	GR200837000362
363	山东山矿机械有限公司	济宁市	GR200837000363
364	山东泰开隔离开关有限公司	泰安市	GR200837000364
365	泰安泰山工程机械股份有限公司	泰安市	GR200837000365
366	泰安华鲁锻压机床有限公司	泰安市	GR200837000366
367	山东省尤洛卡自动化装备股份有限公司	泰安市	GR200837000367
368	山东泰山天盾矿山机械有限公司	泰安市	GR200837000368
369	山东宏康机械制造有限公司	泰安市	GR200837000369
370	山东泰开高压开关有限公司	泰安市	GR200837000370
371	山东蓝光软件有限公司	泰安市	GR200837000371
372	山东浪潮齐鲁软件产业股份有限公司	泰安市	GR200837000372
373	山东鲁能奥特科技有限公司	泰安市	GR200837000373
374	山东泰邦生物制品有限公司	泰安市	GR200837000374
375	山东宁联机械制造有限公司	泰安市	GR200837000375
376	山东华阳科技股份有限公司	泰安市	GR200837000376

续表

序号	企业名称	所在市	证书编号
377	山东润银生物化工股份有限公司	泰安市	GR200837000377
378	泰山玻璃纤维有限公司	泰安市	GR200837000378
379	特变电工山东鲁能泰山电缆有限公司	泰安市	GR200837000379
380	山东赛特电工股份有限公司	泰安市	GR200837000380
381	山东春潮色母料有限公司	泰安市	GR200837000381
382	泰安市科大金纳等离子科技有限公司	泰安市	GR200837000382
383	肥城金塔机械有限公司	泰安市	GR200837000383
384	威海市怡和专用设备制造有限公司	威海市	GR200837000384
385	山东百圣源集团有限公司	威海市	GR200837000385
386	威海化工机械有限公司	威海市	GR200837000386
387	威海广泰空港设备股份有限公司	威海市	GR200837000387
388	威海市泓淋电子有限公司	威海市	GR200837000388
389	迪沙药业集团有限公司	威海市	GR200837000389
390	山东健人食品科技有限公司	威海市	GR200837000390
391	山东好当家海洋发展股份有限公司	威海市	GR200837000391
392	威海新元化工有限公司	威海市	GR200837000392
393	三角（威海）华盛轮胎有限公司	威海市	GR200837000393
394	三角轮胎股份有限公司	威海市	GR200837000394
395	威海文隆电池有限公司	威海市	GR200837000395
396	威海市海王旋流器有限公司	威海市	GR200837000396
397	天润曲轴股份有限公司	威海市	GR200837000397
398	山东威达机械股份有限公司	威海市	GR200837000398
399	威海市正大环保设备有限公司	威海市	GR200837000399
400	文登市威力风机有限公司	威海市	GR200837000400
401	威海博扬电子有限公司	威海高新区	GR200837000401
402	威海海和科技有限责任公司	威海高新区	GR200837000402
403	威海西立电子有限公司	威海高新区	GR200837000403
404	威海卡尔超声工程有限公司	威海高新区	GR200837000404
405	威海克莱特菲尔风机有限公司	威海高新区	GR200837000405
406	威海华通开关设备有限公司	威海高新区	GR200837000406
407	威海信诺威电子设备有限公司	威海高新区	GR200837000407
408	威海华东数控股份有限公司	威海高新区	GR200837000408
409	威海光威精密机械有限公司	威海高新区	GR200837000409
410	威海人合机电工程有限公司	威海高新区	GR200837000410
411	威海市卡尔电气研究所	威海高新区	GR200837000411
412	威海康威通信技术有限公司	威海高新区	GR200837000412
413	威海农友软件有限公司	威海高新区	GR200837000413
414	山东新北洋信息技术股份有限公司	威海高新区	GR200837000414
415	山东华菱电子有限公司	威海高新区	GR200837000415
416	威海华菱光电有限公司	威海高新区	GR200837000416
417	山东渔翁信息技术股份有限公司	威海高新区	GR200837000417
418	威海克劳斯数码通讯有限公司	威海高新区	GR200837000418
419	威海北洋电气集团股份有限公司	威海高新区	GR200837000419
420	威海村松医用制品有限公司	威海高新区	GR200837000420
421	威海威高富森医用材料有限公司	威海高新区	GR200837000421
422	威海威高血液净化制品有限公司	威海高新区	GR200837000422

续表

序号	企业名称	所在市	证书编号
423	威海科力斯生物工程有限公司	威海高新区	GR200837000423
424	龙泽海产养殖有限公司	威海高新区	GR200837000424
425	威海迪素制药有限公司	威海高新区	GR200837000425
426	山东威高骨科材料有限公司	威海高新区	GR200837000426
427	威海洁瑞医用制品有限公司	威海高新区	GR200837000427
428	威海拓展纤维有限公司	威海高新区	GR200837000428
429	威海光威复合材料有限公司	威海高新区	GR200837000429
430	威海万丰镁业科技发展有限公司	威海高新区	GR200837000430
431	山东威高集团医用高分子制品股份有限公司	威海高新区	GR200837000431
432	威海三盾焊接材料工程有限公司	威海高新区	GR200837000432
433	威海安泰电子制冷设备有限公司	威海高新区	GR200837000433
434	威海旺润来润滑科技有限公司	威海高新区	GR200837000434
435	威海戥同测试设备有限公司	威海高新区	GR200837000435
436	日照双港机械电子有限公司	日照市	GR200837000436
437	日照旭日电子有限公司	日照市	GR200837000437
438	日照鲁信金禾生化有限公司	日照市	GR200837000438
439	山东长富洁晶药业有限公司	日照市	GR200837000439
440	日照清大联创高新技术有限公司	日照市	GR200837000440
441	日照哈顿特种焊材有限公司	日照市	GR200837000441
442	日照岚星化工工业有限公司	日照市	GR200837000442
443	海汇集团有限公司	日照市	GR200837000443
444	山东莱钢泰达车库有限公司	莱芜市	GR200837000444
445	山东威马数控机床有限公司	莱芜市	GR200837000445
446	莱芜市金辰楔横轧轴件有限公司	莱芜市	GR200837000446
447	莱芜市泰山阳光电器有限公司	莱芜市	GR200837000447
448	山东汇金股份有限公司	莱芜市	GR200837000448
449	山东朗进科技股份有限公司	莱芜市	GR200837000449
450	莱芜雅鲁生化有限公司	莱芜市	GR200837000450
451	山东生态洁环保科技有限公司	莱芜市	GR200837000451
452	山东爱地高分子材料有限公司	莱芜市	GR200837000452
453	山东莱芜润达化工有限公司	莱芜市	GR200837000453
454	莱芜钢铁集团粉末冶金有限公司	莱芜市	GR200837000454
455	莱芜市泰山冷轧板有限公司	莱芜市	GR200837000455
456	山东恒润邦和机械制造有限公司	莱芜市	GR200837000456
457	莱芜市新艺粉末冶金制品有限公司	莱芜市	GR200837000457
458	莒南县信义机械制造有限公司	临沂市	GR200837000458
459	山东华盛农业药械股份有限公司	临沂市	GR200837000459
460	山东宏发科工贸有限公司	临沂市	GR200837000460
461	山东同方鲁颖电子有限公司	临沂市	GR200837000461
462	山东金正大生态工程股份有限公司	临沂市	GR200837000462
463	鲁南贝特制药有限公司	临沂市	GR200837000463
464	山东新时代药业有限公司	临沂市	GR200837000464
465	山东阜丰发酵有限公司	临沂市	GR200837000465
466	鲁南厚普制药有限公司	临沂市	GR200837000466
467	平邑县种子有限公司	临沂市	GR200837000467
468	山东宏艺科技有限公司	临沂市	GR200837000468

续表

序号	企业名称	所在市	证书编号
469	山东泓达生物科技有限公司	临沂市	GR200837000469
470	史丹利化肥股份有限公司	临沂市	GR200837000470
471	澳柯玛（沂南）新能源电动车有限公司	临沂市	GR200837000471
472	山东金麒麟集团有限公司	德州市	GR200837000472
473	山东华鲁恒升化工股份有限公司	德州市	GR200837000473
474	德州方向机厂有限责任公司	德州市	GR200837000474
475	山东福田药业有限公司	德州市	GR200837000475
476	保龄宝生物股份有限公司	德州市	GR200837000476
477	山东金秋种业有限公司	德州市	GR200837000477
478	山东龙力生物科技有限公司	德州市	GR200837000478
479	德州德药制药有限公司	德州市	GR200837000479
480	谷神生物科技集团有限公司	德州市	GR200837000480
481	山东禹王实业有限公司	德州市	GR200837000481
482	山东禹王制药有限公司	德州市	GR200837000482
483	山东贺友集团有限公司	德州市	GR200837000483
484	山东百多安医疗器械有限公司	德州市	GR200837000484
485	德州振华装饰玻璃有限公司	德州市	GR200837000485
486	德州华源生态科技有限公司	德州市	GR200837000486
487	山东博源热能科技有限公司	德州市	GR200837000487
488	皇明太阳能集团有限公司	德州市	GR200837000488
489	山东亿家能太阳能有限公司	德州市	GR200837000489
490	山东日发纺织机械有限公司	聊城市	GR200837000490
491	中通客车控股股份有限公司	聊城市	GR200837000491
492	山东东阿阿胶股份有限公司	聊城市	GR200837000492
493	山东华鲁制药有限公司	聊城市	GR200837000493
494	山东阳谷华泰化工有限公司	聊城市	GR200837000494
495	阳谷祥光铜业有限公司	聊城市	GR200837000495
496	山东华兴机械股份有限公司	滨州市	GR200837000496
497	山东九环石油机械有限公司	滨州市	GR200837000497
498	山东滨州渤海活塞股份有限公司	滨州市	GR200837000498
499	山东京博农化有限公司	滨州市	GR200837000499
500	山东达驰电气有限公司	菏泽市	GR200837000500
501	山东湖西王集团有限公司	菏泽市	GR200837000501
502	菏泽普恩药业有限公司	菏泽市	GR200837000502
503	山东步长制药有限公司	菏泽市	GR200837000503
504	山东玉皇化工有限公司	菏泽市	GR200837000504
505	山东省呈祥电工电气有限公司	菏泽市	GR200837000505

省科学技术厅　省财政厅　省国家税务局　省地方税务局关于认定“山东华质信息服务有限公司”等120家企业为2008年第二批高新技术企业的通知

2009年2月26日　鲁科高字〔2009〕29号

各市科技局、财政局、国家税务局、地方税务局，各国家高新技术产业开发区管委会：

根据《高新技术企业认定管理办法》、《高新技术企业认定管理工作指引》和《山东省高新技术企业认定管理工作实施意见》的有关规定，认定“山东华质信息服务有限公司”等120家企业为2008年第二批高新技术企业，发证日期为2008年12月29日，认定有效期3年。请各地及时通知相关企业，依照法定程序到主管税务机关办理税收优惠政策的落实事宜。

附件：山东省2008年第二批高新技术企业名单

附件：

山东省2008年第二批高新技术企业名单

（发证日期：2008年12月29日）

序号	企业名称	所在市	证书编号
1	山东华质信息服务有限公司	济南市	GR200837000580
2	山东新中天信息技术有限公司	济南市	GR200837000550
3	济南市勘察测绘研究院	济南市	GR200837000613
4	济南市长清计算机应用公司	济南市	GR200837000614
5	山东电力设备厂	济南市	GR200837000625
6	山东力诺光伏高科技有限公司	济南市	GR200837000572
7	山东山大能源环境有限公司	济南市	GR200837000562
8	山东易创电子有限公司	济南高新区	GR200837000548
9	济南确信信息技术有限公司	济南高新区	GR200837000617
10	济南市冶金科学研究所	济南高新区	GR200837000612
11	山东爱普电气设备有限公司	济南高新区	GR200837000600
12	山东博硕电子有限公司	济南高新区	GR200837000597
13	济南时代智囊科技发展有限公司	济南高新区	GR200837000615
14	山东银座海亚科技有限公司	济南高新区	GR200837000546
15	山东鲁壹棉业科技有限公司	济南高新区	GR200837000568
16	山东华泰保尔灌溉设备工程有限公司	济南高新区	GR200837000583
17	山东省齐鲁干细胞工程有限公司	济南高新区	GR200837000560
18	济南三太阻燃制品有限公司	济南高新区	GR200837000616
19	山东东佳集团股份有限公司	淄博市	GR200837000593
20	山东东岳有机硅材料有限公司	淄博市	GR200837000592
21	山东唐骏欧铃汽车制造有限公司	淄博市	GR200837000556
22	山东天晟煤矿装备有限公司	淄博市	GR200837000555
23	淄博真空设备厂有限公司	淄博市	GR200837000509
24	山东齐鲁石化工程有限公司	淄博市	GR200837000564
25	山东恒利环保技术有限公司	淄博市	GR200837000586

续表

序号	企业名称	所在市	证书编号
26	山东北方民爆器材有限公司	淄博市	GR200837000598
27	山东晨钟机械股份有限公司	淄博市	GR200837000596
28	山东巨明机械有限公司	淄博市	GR200837000574
29	山东鲁信高新技术产业股份有限公司	淄博高新区	GR200837000569
30	山东惠工仪器有限公司	淄博高新区	GR200837000578
31	淄博三泵科森仪器有限公司	淄博高新区	GR200837000510
32	山东中瑞电气有限公司	淄博高新区	GR200837000542
33	山东汇康运动器材有限公司	淄博高新区	GR200837000577
34	山东迅实电气有限公司	淄博高新区	GR200837000549
35	山东金城柯瑞化学有限公司	淄博高新区	GR200837000576
36	山东鲁泰环中制药有限公司	淄博高新区	GR200837000570
37	山东洪海广告设备有限公司	枣庄市	GR200837000585
38	山东黄金太阳科技发展有限公司	枣庄市	GR200837000579
39	山东多乐采暖设备有限责任公司	枣庄市	GR200837000591
40	兖矿鲁南化肥厂	枣庄市	GR200837000507
41	兖矿国泰化工有限公司	枣庄市	GR200837000508
42	山东东昌精细化工科技有限公司	东营市	GR200837000594
43	山东华星石油化工集团有限公司	东营市	GR200837000581
44	胜利油田孚瑞特石油装备有限责任公司	东营市	GR200837000538
45	东营信义汽车配件有限公司	东营市	GR200837000620
46	东营胜利高原有限公司	东营市	GR200837000621
47	东营汇安高科电子有限责任公司	东营市	GR200837000622
48	烟台华东电子软件技术有限公司	烟台市	GR200837000518
49	浪潮乐金数字移动通信有限公司	烟台市	GR200837000608
50	烟台亚新利自动控制有限公司	烟台市	GR200837000515
51	烟台海颐软件股份有限公司	烟台市	GR200837000519
52	烟台正海磁性材料有限公司	烟台市	GR200837000514
53	山东玲珑橡胶有限公司	烟台市	GR200837000571
54	山东富尔达空调设备有限公司	烟台市	GR200837000590
55	烟台康达尔药业有限公司	烟台市	GR200837000517
56	烟台荣昌制药有限公司	烟台市	GR200837000516
57	烟台东诚生化股份有限公司	烟台市	GR200837000520
58	山东默锐化学有限公司	潍坊市	GR200837000567
59	潍坊恒联玻璃纸有限公司	潍坊市	GR200837000525
60	潍坊现代科技发展有限公司	潍坊市	GR200837000521
61	诸城市义和车桥有限公司	潍坊市	GR200837000511
62	潍坊盛德石油机械制造有限公司	潍坊市	GR200837000523
63	山东光大机械制造有限公司	潍坊市	GR200837000588
64	高密华腾精密铸造有限公司	潍坊市	GR200837000619
65	山东高密蓝天环保工程有限公司	潍坊市	GR200837000589
66	山东大元实业股份有限公司	潍坊市	GR200837000595
67	潍坊昌大化工有限公司	潍坊市	GR200837000526
68	汶瑞机械（山东）有限公司	潍坊市	GR200837000506
69	山东华特磁电科技股份有限公司	潍坊市	GR200837000582
70	寿光富康制药有限公司	潍坊市	GR200837000537
71	潍坊万隆电气有限公司	潍坊高新区	GR200837000522

续表

序号	企业名称	所在市	证书编号
72	山东宏力空调设备有限公司	潍坊高新区	GR200837000584
73	潍坊三维骨科医疗器械研究所	潍坊高新区	GR200837000524
74	山东英特力光通信开发有限公司	济宁市	GR200837000545
75	山东如意科技集团有限公司	济宁市	GR200837000563
76	济宁如意印染有限公司	济宁市	GR200837000611
77	山推工程机械股份有限公司	济宁市	GR200837000539
78	山东通佳机械有限公司	济宁市	GR200837000554
79	伊顿液压系统（济宁）有限公司	济宁市	GR200837000513
80	山东京鲁运河集团有限公司	济宁市	GR200837000575
81	山东孔圣堂制药有限公司	济宁市	GR200837000573
82	泰安科诺型钢股份有限公司	泰安市	GR200837000536
83	山东新煤机械有限公司	泰安市	GR200837000551
84	山东泰开成套电器有限公司	泰安市	GR200837000557
85	山东农大肥业科技有限公司	泰安市	GR200837000566
86	山东安然纳米实业发展有限公司	威海市	GR200837000599
87	山东双连制动材料有限公司	威海市	GR200837000558
88	威海市试验机制造有限公司	威海市	GR200837000533
89	威海威硬工具有限公司	威海高新区	GR200837000530
90	威海中复西港船艇有限公司	威海高新区	GR200837000527
91	威海联桥新材料科技有限公司	威海高新区	GR200837000534
92	威海星佳电子有限公司	威海高新区	GR200837000529
93	威海远航科技发展有限公司	威海高新区	GR200837000528
94	威海天鹰电器厂	威海高新区	GR200837000532
95	威海万丰奥威汽轮有限公司	威海高新区	GR200837000531
96	威海东宝制药有限公司	威海高新区	GR200837000535
97	日照金马化工有限公司	日照市	GR200837000602
98	山东中泰阳光电气科技有限公司	日照市	GR200837000541
99	日照众山生物科技有限公司	日照市	GR200837000601
100	山东省莱芜市汶河化工有限公司	莱芜市	GR200837000561
101	山东省新纪元冶金设备有限公司	莱芜市	GR200837000559
102	莱芜市风机厂	莱芜市	GR200837000609
103	山东新光量子科技股份有限公司	临沂市	GR200837000552
104	山东翔宇健康制药有限公司	临沂市	GR200837000553
105	鲁南制药集团股份有限公司	临沂市	GR200837000603
106	金沂蒙集团有限公司	临沂市	GR200837000610
107	临沂三禾永佳动力有限公司	临沂市	GR200837000605
108	德州三和电器有限公司	德州市	GR200837000623
109	山东银兴种业有限公司	德州市	GR200837000547
110	临邑禹王植物蛋白有限公司	德州市	GR200837000604
111	永发生物浆纸有限公司	德州市	GR200837000512
112	山东凿岩钎具厂有限公司	聊城市	GR200837000544
113	聊城市神绘激光设备有限公司	聊城市	GR200837000607
114	聊城万合工业制造有限公司	聊城市	GR200837000606
115	山东鑫丰种业有限公司	聊城市	GR200837000540
116	滨化集团股份有限公司	滨州市	GR200837000624
117	山东中棉棉业有限责任公司	滨州市	GR200837000543

续表

序号	企业名称	所在市	证书编号
118	山东农兴种业有限责任公司	滨州市	GR200837000565
119	菏泽天宇科技开发有限责任公司	菏泽市	GR200837000618
120	山东菏泽华星油泵油嘴有限公司	菏泽市	GR200837000587

省科学技术厅　省财政厅　省国家税务局　省地方税务局关于公示山东省2009年第一批拟认定高新技术企业名单的通知

2009年4月27日　鲁科高字〔2009〕64号

根据《高新技术企业认定管理办法》、《高新技术企业认定管理工作指引》和《山东省高新技术企业认定管理工作实施意见》有关规定，现将山东省2009年第一批拟认定高新技术企业名单（见附件）予以公示，公示时间自2009年4月27日起15个工作日。对公示企业有异议的，请于公示期内向山东省高新技术企业认定管理工作领导小组办公室提出异议。异议应以书面形式提出，并说明异议理由和相关事实证据。以个人名义提出异议的，需写明姓名、单位、职务、联系地址、联系电话，并附身份证复印件及本人签字；以单位名义提出异议的，需写明联系人姓名、联系地址、联系电话，并加盖单位公章。对收到的异议，我们将严格按照有关规定办理。

电话：0531－86062243　86062585

通信地址：山东省济南市省府前街1号山东省科技厅高新技术发展及产业化处

邮编：250011

附件：山东省2009年第一批拟认定高新技术企业名单

附件：

山东省2009年第一批拟认定高新技术企业名单

序号	企业名称	地区
1	济南万邦软件有限公司	济南市
2	山东方明彩钢板有限公司	济南市
3	济南时空超越科技有限公司	济南市
4	山东金洲科瑞节能科技有限公司	济南市
5	山东正中计算机网络技术咨询有限公司	济南市
6	中国重汽集团济南卡车股份有限公司	济南市
7	济南轨道交通装备有限责任公司	济南市
8	山东力诺太阳能电力股份有限公司	济南市
9	山东微感光电子有限公司	济南高新区
10	济南开发区星火科学技术研究院	济南高新区
11	济南博安自控科技有限公司	济南高新区
12	山东兴达工业管业有限公司	济南高新区
13	淄博万昌科技发展有限公司	淄博市
14	山东公泉化工股份有限公司	淄博市

续表

序号	企业名称	地区
15	淄博统一陶瓷有限公司	淄博市
16	山东省淄博蠕墨铸铁股份有限公司	淄博市
17	淄博市临淄齐茂化工有限公司	淄博市
18	山东三维石化工程股份有限公司	淄博市
19	沂源鑫泉化工有限公司	淄博市
20	山东义升环保设备有限公司	淄博市
21	淄博华创精细陶瓷有限公司	淄博高新区
22	山东卓尔电气有限公司	淄博高新区
23	山东海霸通讯设备有限公司	枣庄市
24	滕州市华海新型保温材料有限公司	枣庄市
25	山东神工化工集团股份有限公司	枣庄市
26	山东汇海医药化工有限公司	东营市
27	山东雷奇电器有限公司	潍坊市
28	山东晨鸣纸业集团股份有限公司	潍坊市
29	山东恒基农牧机械有限公司	潍坊市
30	安丘海洋机械制造有限公司	潍坊市
31	潍坊英美石油机械有限公司	潍坊市
32	领潮化纤（潍坊）有限公司	潍坊高新区
33	山东中狮国际集团有限公司	潍坊高新区
34	山东鲁抗立科药物化学有限公司	济宁市
35	泰山石膏股份有限公司	泰安市
36	山东泰开真空开关有限公司	泰安市
37	山东泰开箱变有限公司	泰安市
38	山东泰开电力电子有限公司	泰安市
39	荣成金辰机械制造有限公司	威海市
40	威海双丰物探设备股份有限公司	威海高新区
41	山东科虹线缆有限公司	莱芜市
42	山东力创科技有限公司	莱芜市
43	山东先达化工有限公司	滨州市
44	山东滨农科技有限公司	滨州市

省科学技术厅　省财政厅　省国家税务局　省地方税务局 关于公示山东省2009年第二批拟认定高新技术企业名单的通知

2009年6月12日　鲁科高字〔2009〕92号

各市科技局、财政局、国家税务局、地方税务局，各国家高新技术产业开发区管委会：

根据《高新技术企业认定管理办法》、《高新技术企业认定管理工作指引》和《山东省高新技术企业认定管理工作实施意见》有关规定，现将山东省2009年第二批拟认定高新技术企业名单（见附件）予以公示，公示时间自2009年6月12日起15个工作日。对公示企业有异议的，请于公示期内向山东省高新技术企业认定管理工作领导小组办公室提出异议。异议应以书面形式提出，并说明异议理由和相关事实证据。以个人名义提出异议的，需写明姓名、单位、职务、联系地址、联系电话，并附身份证复印件及本人签字；以单位名义提出异议的，需写明联系人姓名、联系地址、联系电话，并加盖单位公章。对收到的异议，我们将严格按照有关规定办理。

电话：0531－86062243　86062585

通信地址：山东省济南市省府前街1号山东省科技厅高新技术发展及产业化处

邮编：250011

附件：山东省2009年第二批拟认定高新技术企业名单

附件：

山东省2009年第二批拟认定高新技术企业名单

序号	企业名称	地区
1	山东旅科信息有限公司	济南市
2	山东同创华虹科技有限公司	济南市
3	山东大齐通信电子有限公司	济南市
4	山东省章丘鼓风机厂有限公司	济南市
5	山东营养源食品科技有限公司	济南市
6	济南华临化工有限公司	济南市
7	山东华迪建筑科技有限公司	济南市
8	济南冶金化工设备有限公司	济南市
9	山东凯华电源有限责任公司	济南市
10	济南福能达水技术开发有限公司	济南市
11	山东山大新元易通信息科技有限公司	济南高新区
12	山东百利通亚陶科技有限公司	济南高新区
13	山东邦尼科技文化发展有限公司	济南高新区
14	山东金现代信息技术有限公司	济南高新区
15	济南宝世达实业发展有限公司	济南高新区
16	淄博泰宝防伪技术产品有限公司	淄博市
17	山东晨鸿电气有限公司	淄博市
18	山东博汇纸业股份有限公司	淄博市
19	淄博中保康医疗器具有限公司	淄博市
20	山东天成农药有限公司	淄博市
21	山东齐隆化工股份有限公司	淄博市
22	山东安澜高分子材料有限公司	淄博市
23	山东东耐高温材料有限公司	淄博市
24	山东赫达股份有限公司	淄博市
25	淄博科威化工有限公司	淄博市
26	沂源瑞丰高分子材料有限公司	淄博市
27	山东德瑞防腐材料有限公司	淄博市
28	淄博宏泰防腐有限公司	淄博市
29	淄博蓄电池厂	淄博市
30	山东联合化工股份有限公司	淄博市
31	山东博润工业技术有限公司	淄博高新区
32	淄博恒世科技发展有限公司	淄博高新区
33	淄博启明星新材料有限公司	淄博高新区
34	山东新华医用环保设备有限公司	淄博高新区

续表

序号	企业名称	地区
35	山东衡达有限责任公司	枣庄市
36	山东省泰和水处理有限公司	枣庄市
37	胜利油田华海石油科技有限责任公司	东营市
38	胜利油田森诺胜利工程有限公司	东营市
39	胜利油田胜利工程设计咨询有限责任公司	东营市
40	山东金岭化工股份有限公司	东营市
41	山东盛泰车轮有限公司	东营市
42	山东永泰化工集团有限公司	东营市
43	山东金宇轮胎有限公司	东营市
44	兴源轮胎集团有限公司	东营市
45	山东大王金泰集团有限公司	东营市
46	山东鸿亦机械有限公司	东营市
47	东营天东生化工业有限公司	东营市
48	山东俊富无纺布有限公司	东营市
49	山东红星化工有限公司	东营市
50	山东斯泰普力高新建材有限公司	东营市
51	东营市海科新源化工有限责任公司	东营市
52	烟台中正新技术有限公司	烟台市
53	山东丽鹏股份有限公司	烟台市
54	烟台冰轮高压氧舱有限公司	烟台市
55	山东飞龙仪表有限公司	烟台市
56	烟台北方安德利果汁股份有限公司	烟台市
57	烟台阿波罗生物科技有限公司	烟台市
58	烟台新时代健康产业有限公司	烟台市
59	烟台泰士塑料制品有限公司	烟台市
60	山东龙口特种胶管有限公司	烟台市
61	烟台正海兴源汽车内饰件有限公司	烟台市
62	烟台只楚合成化学有限公司	烟台市
63	烟台德邦科技有限公司	烟台市
64	烟台四维高科生化有限公司	烟台市
65	诸城市新东方汽车仪表有限责任公司	潍坊市
66	帛方纺织有限公司	潍坊市
67	山东潍坊福田模具有限责任公司	潍坊市
68	潍坊汇英重机有限公司	潍坊市
69	山东高密高锻机械有限公司	潍坊市
70	诸城市恒信基电器制造有限公司	潍坊市
71	山东凯马汽车制造有限公司	潍坊市
72	山东盛宏医药科技有限公司	潍坊市
73	山东潍坊润丰化工有限公司	潍坊市
74	潍坊万胜生物农药有限公司	潍坊市
75	山东信得科技股份有限公司	潍坊市
76	山东海王化工股份有限公司	潍坊市
77	潍坊潍柴道依茨柴油机有限公司	潍坊高新区
78	潍坊潍柴培新气体发动机有限公司	潍坊高新区
79	鲁能泰山曲阜电缆有限公司	济宁市
80	山东富平电力机车有限公司	济宁市

续表

序号	企业名称	地区
81	山东国丰机械有限公司	济宁市
82	山东省兖州市天意新型建材机械有限公司	济宁市
83	山东鲁抗医药股份有限公司	济宁市
84	兖州希尔康泰药业有限公司	济宁市
85	兖州熙来精细化工有限公司	济宁市
86	兖州东升精细化工有限公司	济宁市
87	兖州创佳玻璃纤维制品有限公司	济宁市
88	邹城市汇科新材料有限公司	济宁市
89	山东泰盈科技有限公司	泰安市
90	泰安力博机电科技有限公司	泰安市
91	威海新北洋数码科技股份有限公司	威海市
92	山东双轮集团股份有限公司	威海市
93	文登威力高档工具有限公司	威海市
94	华夏药业集团有限公司	威海市
95	威海三盾耐磨科技工程有限公司	威海高新区
96	威海中天嘉能空调科技有限公司	威海高新区
97	日照澳华化工肥业有限公司	日照市
98	莱芜市福泉橡胶有限公司	莱芜市
99	莱芜市泰东粉末科技有限公司	莱芜市
100	上海汽车粉末冶金（莱芜）有限公司	莱芜市
101	山东莱芜金雷风电科技股份有限公司	莱芜市
102	山东罗欣药业股份有限公司	临沂市
103	山东康地恩生物科技有限公司	临沂市
104	施可丰化工股份有限公司	临沂市
105	中化山东肥业有限公司	临沂市
106	山东绿润食品有限公司	临沂市
107	山东中泰药业有限公司	聊城市
108	山东齐星铁塔科技股份有限公司	滨州市

省科学技术厅　省财政厅　省国家税务局　省地方税务局关于认定“济南万邦软件有限公司”等44家企业为2009年第一批高新技术企业的通知

2009年7月6日　鲁科高字〔2009〕111号

各市科技局、财政局、国家税务局、地方税务局，各国家高新技术产业开发区管委会：

根据《高新技术企业认定管理办法》、《高新技术企业认定管理工作指引》和《山东省高新技术企业认定管理工作实施意见》的有关规定，认定“济南万邦软件有限公司”等44家企业为2009年第一批高新技术企业，发证日期为2009年4月27日，认定有效期3年。

请各地及时通知相关企业，依照法定程序到主管税务机关办理税收优惠政策的落实事宜。

附件：山东省2009年第一批高新技术企业名单

附件：

山东省2009年第一批高新技术企业名单

（发证日期：2009年4月27日）

序号	企业名称	市	证书编号
1	济南万邦软件有限公司	济南市	GR200937000034
2	山东方明彩钢板有限公司	济南市	GR200937000027
3	济南时空超越科技有限公司	济南市	GR200937000019
4	山东金洲科瑞节能科技有限公司	济南市	GR200937000041
5	山东正中计算机网络技术咨询有限公司	济南市	GR200937000021
6	中国重汽集团济南卡车股份有限公司	济南市	GR200937000018
7	济南轨道交通装备有限责任公司	济南市	GR200937000014
8	山东力诺太阳能电力股份有限公司	济南市	GR200937000005
9	山东微感光电子有限公司	济南高新区	GR200937000007
10	济南开发区星火科学技术研究院	济南高新区	GR200937000001
11	济南博安自控科技有限公司	济南高新区	GR200937000006
12	山东兴达工业管业有限公司	济南高新区	GR200937000023
13	淄博万昌科技发展有限公司	淄博市	GR200937000009
14	山东公泉化工股份有限公司	淄博市	GR200937000042
15	淄博统一陶瓷有限公司	淄博市	GR200937000015
16	山东省淄博蠕墨铸铁股份有限公司	淄博市	GR200937000030
17	淄博市临淄齐茂化工有限公司	淄博市	GR200937000022
18	山东三维石化工程股份有限公司	淄博市	GR200937000035
19	沂源鑫泉化工有限公司	淄博市	GR200937000032
20	山东义升环保设备有限公司	淄博市	GR200937000036
21	淄博华创精细陶瓷有限公司	淄博高新区	GR200937000013
22	山东卓尔电气有限公司	淄博高新区	GR200937000016
23	山东海霸通讯设备有限公司	枣庄市	GR200937000038
24	滕州市华海新型保温材料有限公司	枣庄市	GR200937000031
25	山东神工化工集团股份有限公司	枣庄市	GR200937000037
26	山东汇海医药化工有限公司	东营市	GR200937000024
27	山东雷奇电器有限公司	潍坊市	GR200937000026
28	山东晨鸣纸业集团股份有限公司	潍坊市	GR200937000002
29	山东恒基农牧机械有限公司	潍坊市	GR200937000012
30	安丘海洋机械制造有限公司	潍坊市	GR200937000004
31	潍坊英美石油机械有限公司	潍坊市	GR200937000011
32	领潮化纤（潍坊）有限公司	潍坊高新区	GR200937000017
33	山东中狮国际集团有限公司	潍坊高新区	GR200937000008
34	山东鲁抗立科药物化学有限公司	济宁市	GR200937000039
35	泰山石膏股份有限公司	泰安市	GR200937000028
36	山东泰开真空开关有限公司	泰安市	GR200937000044
37	山东泰开箱变有限公司	泰安市	GR200937000043
38	山东泰开电力电子有限公司	泰安市	GR200937000003
39	荣成金辰机械制造有限公司	威海市	GR200937000025
40	威海双丰物探设备股份有限公司	威海高新区	GR200937000029
41	山东科虹线缆有限公司	莱芜市	GR200937000010
42	山东力创科技有限公司	莱芜市	GR200937000040
43	山东先达化工有限公司	滨州市	GR200937000020
44	山东滨农科技有限公司	滨州市	GR200937000033

省科学技术厅 省商务厅 省财政厅 省国家税务局 省地方税务局 省发展和改革委员会关于印发《山东省技术先进型服务企业认定管理工作实施意见》的通知

2009年9月29日 鲁科高字〔2009〕139号

各市科技局、外经贸局、财政局、国家税务局、地方税务局、发展改革委：

为做好我省技术先进型服务企业认定管理工作，根据财政部、国家税务总局、商务部、科技部、国家发展改革委《关于技术先进型服务企业有关税收政策问题的通知》（财税〔2009〕63号）要求，我们制定了《山东省技术先进型服务企业认定管理工作实施意见》，现印发给你们，自印发之日起实行。

附件：山东省技术先进型服务企业认定管理工作实施意见

附件：

山东省技术先进型服务企业认定管理工作实施意见

根据财政部、国家税务总局、商务部、科技部、国家发展改革委《关于技术先进型服务企业有关税收政策问题的通知》（财税〔2009〕63号，以下简称《通知》）和《技术先进型服务企业认定与管理工作指导意见》（国科火字〔2009〕152号，以下简称《指导意见》）的有关规定，为进一步做好我省技术先进型服务企业认定管理工作，细化管理职责，确保我省认定管理工作规范、高效，特制定如下实施意见。

一、山东省成立科技、商务、财政、税务、发改主管部门组成的技术先进型服务企业认定管理工作领导小组（以下简称领导小组），领导小组主要职责是：协调、解决认定及相关政策落实中的重大问题；研究制定全省技术先进型服务企业认定管理的政策措施；监督、检查市级审核管理工作。领导小组下设办公室，办公室设在省科技厅，具体组织实施技术先进型服务企业认定管理工作。有关市科技、商务、财政、税务、发改主管部门要严格执行《通知》、《指导意见》的有关规定，共同做好技术先进型服务企业认定管理工作。

二、企业申报范围和资格

（一）申请认定的技术先进型服务企业，其从事的业务应属于下列范围：

1. 信息技术外包服务（ITO）：包括软件研发及外包、信息技术研发服务外包和信息系统运营维护外包等。

2. 技术性业务流程外包服务（BPO）：包括企业业务流程设计服务、企业内部管理服务、企业运营服务和企业供应链管理服务等。

3. 技术性知识流程外包服务（KPO）。

上述信息技术外包服务（ITO）、技术性业务流程外包服务（BPO）、技术性知识流程外包服务（KPO）的具体适用范围详见附件2。

（二）技术先进型服务企业认定必须同时符合以下条件：

1. 从事以上规定范围内的一种或多种技术先进型服务业务的企业。

2. 企业的注册地及生产经营地在我省的中国服务外包示范城市行政区域内（含所辖区、县（县级市）等全部行政区划）。

3. 企业具有法人资格，近两年在进出口业务管理、财务管理、税收管理、外汇管理、海关管理等方面无违法行为，企业应采用先进技术或具备较强的研发能力。

4. 具有大专以上学历的员工占企业职工总数的50%以上。

5. 企业从事以上规定范围内的技术先进型服务业务收入总和占本企业当年总收入的70%以上。

6. 企业应获得有关国际资质认证（包括开发能力和成熟度模型、开发能力和成熟度模型集成、IT服务管理、信息安全管理、服务提供商环境安全、ISO质量体系认证、人力资源能力认证等），并与境外客户签订服务外包合同，且其向境外客户提供的国际（离岸）外包服务业务收入不低于企业当年总收入的50%。

三、技术先进型服务企业认定采取企业申请、市级初审、省级审查认定、国家公示备案的程序

（一）企业注册登记。科技部开通“技术先进型服务企业认定管理工作网”后，企业登录“技术先进型服务企业认定管理工作网”，完成注册手续，按要求填写《企业注册登记表》（见附件3），市科技局对符合要求的企业应及时进行网络激活。

（二）企业填写并提交申请材料。身份激活后，企业通过网络系统填报《技术先进型服务企业认定申报推荐表》（见附件1）并在网上提交，同时按申报证明材料清单要求将材料报送至市科技局。

（三）市级初审。市科技局会同同级商务、财政、国税、地税、发展改革部门依据《山东省技术先进型服务企业认定管理工作实施意见》（鲁科高字〔2009〕139号），联合对企业申报材料进行初审，并提出推荐意见，填写《技术先进型服务企业推荐上报汇总表》（见附件4）一式两份（含电子版），加盖单位公章。

（四）上报材料。市科技局将初审后的名单，通过在“技术先进型服务企业认定管理工作网”提交省认定办公室，同时将初审合格的企业申报材料及《技术先进型服务企业推荐上报汇总表》，报送至省认定办公室（山东省技术开发服务中心，地址：济南市千佛山东二路19号）。

（五）专家评审。省认定办公室收到企业申报材料和推荐意见后，按技术领域和服务行业组织5名相关专家进行评审。根据专家评审意见（见附件5），对申请企业提出认定意见，确定技术先进型服务企业拟认定名单。

（六）公示。省认定办公室将拟认定名单在“技术先进型服务企业认定管理工作网”上公示10个工作日。公示有异议的，由省认定办公室对有关问题进行核实处理。

（七）备案。公示无异议的，分别报国务院5部委备案。

（八）公告、颁发证书。省认定办公室在“技术先进型服务企业认定管理工作网”上公告认定结果，并颁发“山东省技术先进型服务企业证书”（加盖省科技、商务、财政、国税、地税、发展改革部门公章）。

具体认定流程如下图所示：

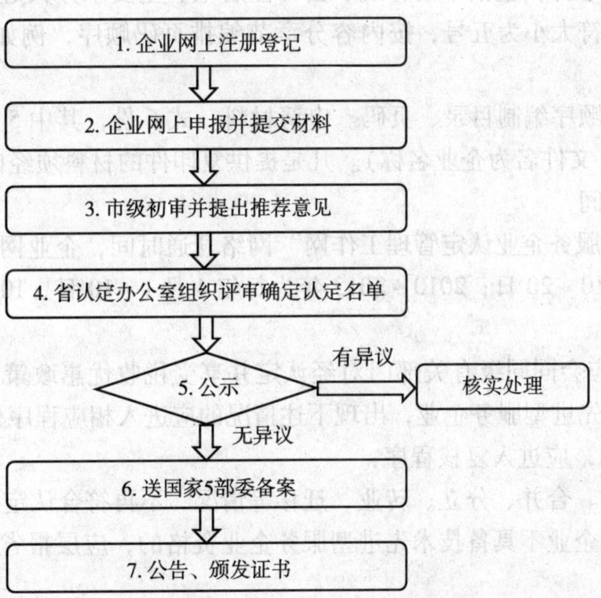

自受理企业申报材料开始至公示结束原则上不超过60个工作日。

经认定的技术先进型服务企业，持相关认定文件向当地主管税务机关办理享受税收优惠政策事宜。享受税收优惠政策的技术先进型服务企业条件发生变化的，应当自变化之日起15日之内向主管税务机关报告。不再符合享受税收优惠条件的，应当依法履行纳税义务。主管税务机关在执行税收优惠政策过程中，发现企业不具备技术先进型服务企业资格的，应暂停企业享受税收优惠，并提请省认定办公室复核。

四、企业需提交的材料和申报格式

（一）符合条件的企业，在提请技术先进型服务企业认定时，需提交以下材料：

1. 目录；

2.《技术先进型服务企业认定申报推荐表》（见附件1）；

3. 企业开展技术先进型服务业务论述（1 000字以上），提纲见附件1；

4. 企业营业执照和税务登记证复印件（加盖企业公章）；

5. 企业管理章程；

6. 经具有资质的中介机构审计的上年度企业财务报表；

7. 企业工作场所证明复印件（企业房屋产权证或房屋租赁合同）；

8. 相关资质证书（例如：开发能力成熟度模型CMM、开发能力成熟度模型集成CMMI、IT服务管理ISO20000、信息安全管理ISO27001、服务提供商环境安全、ISO质量体系、人力资源能力PCMM以及其他认证证书）；

9. 企业上年度技术先进型服务业务收入以及离岸外包收入表，企业上年度销售/服务合同、合作开发合同、委托开发协议书等材料，其中离岸外包业务需提供银行结汇或外汇收入核销等外汇收入证明（需提供总额占企业当年总收入50%以上的票据）、在岸外包业务需提供销售或服务发票（需提供与外汇收入核销证明总额之和占企业当年总收入70%以上的票据）；

10. 企业员工花名册（注明员工学历结构、从事离岸服务外包人员情况），企业就业人员社会保险缴费单复印件（加盖企业公章），企业前5位高管简历；

11. 其他佐证材料。如：企业采用先进技术或研发能力佐证材料、企业或产品的获奖证书、知识产权证书、客户评价证明等。

（二）申报格式

申请材料要求采用A4纸张规格，所有内容全部打印并胶印成册。封面应标有“****** 公司技术先进型服务企业认定申请材料”字样，包括申请日期、公司注册地、主要承办人姓名及联系方式等内容。页码应当置于每页下端居中，字符大小为五号，按内容分章节编排页码顺序，例如：1—4、2—26、3—58，章节之间应当有分隔页。

申请企业应严格按以上顺序编制目录、页码。申请材料一式6份，其中5份为书面材料，一份为全部书面材料的PDF格式光盘（文件名为企业名称）。凡是提供复印件的材料须经申请企业盖章确认。

五、采取集中的申请时间

按照国家“技术先进型服务企业认定管理工作网”网络开通时间，企业网上申请及书面材料报送时间规定如下：2009年为10月10～20日；2010～2013年为每年4月1～10日、10月10～20日。

六、复审和复核管理

（一）市科技主管部门应会同同级有关部门对经认定并享受税收优惠政策的技术先进型服务企业做好跟踪管理，对已认定的技术先进型服务企业，出现下述情况的应进入相应程序处理：

1. 发生下述情况之一的，应进入复核程序：

（1）发生变更经营范围、合并、分立、转业、迁移等情况，不再符合认定条件的；

（2）主管税务机关发现企业不具备技术先进型服务企业资格的，应层报省级税务部门，由省认定办公室进行复核。

复核的重点是对发现的企业问题或变更的事项进行核查，以确认是否属实。已经证实有问题的企业，提供虚假信息的，取消技术先进型服务企业资格，在2年内不再受理该企业的认定申请；不再符合认定条件的，取消技术先进型服务企业资格，在政策有效期内再次申报按初次申报受理。

2. 技术先进型服务企业自被认定之日起三年复审一次。企业应在届满三年的前三个月内提出复审申请，逾期不参加复审或复审不合格的，取消其技术先进型服务企业资格。

复审的重点是根据《通知》中认定条件第3条、第5条、第6条对企业进行核查。企业须提交近三个会计年度开展技术先进型服务业务论述、技术先进型服务业务收入表和离岸外包收入表以及相关证明材料。对符合条件的企业，按照初次认定进行公示与备案，换发“技术先进型服务企业证书”。

（二）省认定办公室将不定期抽查技术先进型服务企业的情况，在认定和复审过程中发现的问题，及时反映上报国务院5部委。

本意见未尽事宜由省认定办公室负责解释。执行过程中的有关问题及意见、建议请及时报告省认定办公室。

附件：1. 技术先进型服务企业认定申报推荐表
2. 技术先进型服务业务认定范围（试行）
3. 企业注册登记表
4. 技术先进型服务企业推荐上报汇总表
5. 技术先进型服务企业认定专家评审意见表

附件1：

技术先进型服务企业认定申报推荐表

（统一基础表）

企业名称（盖章）________________

企业英文名称________________

所属示范城市__________填报日期______年______月______日

填表人________________电　话________________

传　真________________电子邮件________________

二○○九年六月

填表说明

一、本表为技术先进型服务企业申请认定的主要依据，填表单位须参照《财政部、国家税务总局、商务部、科技部、国家发展改革委关于技术先进型服务企业有关税收政策问题的通知》的各项要求和本表的格式如实填写。如发现弄虚作假，取消认定资格并在两年之内不受理申报。所报送申报材料应按申请表、附加资料和附件的先后顺序（统一用A4纸）装订成册，并附申报材料清单。推荐部门应认真核对企业填报的各项数据和结论的真实性。

二、指标说明（部分选择只需填写代码）

（一）企业法人代码：按照国家统一规定的企业（单位）法人代码填写，参见《全国企业事业和社会团体代码编制规则》。

（二）技术先进型服务业务类别：可选择多个，指：

1. 信息技术外包服务（ITO）。包括：

（1）软件研发及外包：①软件研发及开发服务；②软件技术服务；

（2）信息技术研发服务外包：①集成电路和电子电路设计；②测试平台；

（3）信息系统运营维护外包：①信息系统运营和维护服务；②基础信息技术服务。

2. 技术性业务流程外包服务（BPO）。包括：

（1）企业业务流程设计服务；

（2）企业内部管理服务；

（3）企业运营服务；

（4）企业供应链管理服务。

3. 技术性知识流程外包服务（KPO）。

（三）企业登记注册类型：根据国家统计局与国家工商行政管理局联合制定的《关于划分企业登记注册类型的规定》按本企业在工商行政管理部门登记注册的类型填写。如：（1）国有及国有控股企业；（2）集体企业；（3）私营企业；（4）股份制企业；（5）联营企业；（6）有限责任公司；（7）外商投资企业；（8）港、澳、台投资企业等。

（四）主要股东及所占股份比例：股份制企业、外商投资企业和港、澳、台投资企业填写此栏，并按股权比例大小列出前三名股东和所占股份比例数。

（五）技术先进型服务业务收入：指企业从事上述第（二）条（技术先进型服务业务类别）中的一种或多种技术先进型服务的企业所取得的收入。

（六）总收入：指企业年销售收入总额，包括技术先进型服务收入。

（七）离岸外包服务业务收入：指从事外包服务的企业与境外客户签订服务外包合同，且其向境外客户提供的国际（离岸）外包服务业务收入。

三、本申请表须附以下材料：

（一）企业开展技术先进型服务业务论述（1 000字以上），提纲如下：

1. 企业的基本情况

2. 企业采用先进技术和研发活动情况

3. 企业提供服务、经营管理情况

4. 企业发展前景与规划

5. 企业在行业中的地位与竞争优势

6. 技术合同认定登记机构认定登记的技术合同

7. 客户对服务增值性评价

（二）企业营业执照和税务登记证复印件（加盖公章）。

（三）企业管理章程。

（四）经审计的上年度企业财务报表。

（五）企业工作场所证明复印件（企业房屋产权证或房屋租赁合同）。

（六）相关资质证书（例如：开发能力成熟度模型CMM、开发能力成熟度模型集成CMMI、IT服务管理ISO20000、信息安全管理ISO27001、服务提供商环境安全、ISO质量体系、人力资源能力PCMM以及其他认证证书）。

（七）企业上年度技术先进服务业务收入以及离岸外包收入表，并附相关的企业销售/服务合同、合作开发合同、委托开发协议书、销售发票、外汇收入核销证明等材料。

（八）企业员工花名册（注明员工学历结构、从事离岸服务外包人员情况），企业就业人员社会保险缴费单复印件（加盖企业公章）。

（九）其他佐证材料。如：企业采用先进技术或研发能力佐证材料、企业或产品的获奖证书、知识产权证书、客户评价证明等。

<table>
<tr><td rowspan="15">企业基本信息</td><td colspan="2">企业名称</td><td colspan="4"></td></tr>
<tr><td colspan="2">企业法人代码</td><td colspan="4"></td></tr>
<tr><td colspan="2">税务登记证号码</td><td colspan="2"></td><td>签发日期</td><td></td></tr>
<tr><td colspan="2">企业注册地址</td><td colspan="2"></td><td>注册资金</td><td></td></tr>
<tr><td colspan="2">企业经营地址</td><td colspan="2"></td><td>邮政编码</td><td></td></tr>
<tr><td colspan="2">企业登记注册类型</td><td colspan="4"></td></tr>
<tr><td colspan="2">开户银行</td><td colspan="4"></td></tr>
<tr><td colspan="2" rowspan="3">服务业务范围</td><td colspan="2">□信息技术外包服务（ITO）</td><td colspan="2">（1）软件研发及外包：
□软件研发及开发服务
□软件技术服务
（2）信息技术研发服务外包：
□集成电路和电子电路设计
□测试平台
（3）信息系统运营维护外包：
□信息系统运营和维护服务
□基础信息技术服务</td></tr>
<tr><td colspan="2">□技术性业务流程外包服务（BPO）</td><td colspan="2">□企业业务流程设计服务
□企业内部管理服务
□企业运营服务
□企业供应链管理数据库服务</td></tr>
<tr><td colspan="2">□技术性知识流程外包服务（KPO）</td><td colspan="2">包括知识产权研究、医药和生物技术研发和测试、产品技术研发、工业设计、分析学和数据挖掘、动漫及网游设计研发、教育课件研发、工程设计等领域</td></tr>
<tr><td colspan="2">企业认定情况</td><td colspan="4">□认定为高新技术企业　□认定为集成电路企业
□认定为软件企业　□认定为国家规划布局内重点软件企业</td></tr>
<tr><td colspan="2">主要股东及所占股份比例（100字）</td><td colspan="4"></td></tr>
<tr><td colspan="2">企业上市地点</td><td colspan="4"></td></tr>
<tr><td rowspan="7">企业人员情况</td><td></td><td>姓名</td><td>年龄</td><td>文化程度/学位</td><td>专业技术职称</td><td>联系电话</td></tr>
<tr><td>法定代表人</td><td></td><td></td><td></td><td></td><td></td></tr>
<tr><td>总裁（总经理）</td><td></td><td></td><td></td><td></td><td></td></tr>
<tr><td rowspan="2">近3年人员变化情况</td><td colspan="2">上年末职工总数</td><td colspan="2">前年末职工总数</td><td>前3年末职工总数</td></tr>
<tr><td colspan="2"></td><td colspan="2"></td><td></td></tr>
<tr><td colspan="3">上年末具有大专以上学历人员数</td><td colspan="2">上年末具有大专以上学历人员占职工总数的比例</td><td>上年末从事研究开发的人员数</td></tr>
<tr><td colspan="3"></td><td colspan="2"></td><td></td></tr>
</table>

续表

国际资质认证情况	资质证书类别	通过认证时间	认证级别	认证机构名称

上年度企业经营情况				
	企业总收入	万元	国际（离岸）外包服务业务收入（外汇/按银行结汇日汇率折算人民币）	万美元
	技术先进型服务业务收入总和	万元		万元
	技术先进型服务业务收入总和占企业总收入比重	%	国际（离岸）外包服务业务收入占企业总收入比重	%
	净利润	万元	交税总额	万元
	资产总额	万元	资产负债率	%

上年度企业技术先进型服务情况	主要离岸服务合同执行情况				
	项目名称	业务类别 ITO/BPO/KPO	发包国别（地区）	合同标的额（万美元）	实收外汇（万美元）
	1.				
	2.				
	3.				
	4.				

企业采用先进技术情况	简述企业为支撑服务外包业务已采用的专利技术或核心关键技术、基础软件和应用软件、主要设备与网络的情况（250字以内）

上年度企业科技活动情况	研究与开发经费投入情况					
	用于研究开发的经费	万元	研发经费占企业总收入的比重			%
	承担国家和地方科技计划情况					
	项目名称	立项年度	项目编号	级别	执行情况	
				□国家级 □省级	□已完成 □正在实施	
				□国家级 □省级	□已完成 □正在实施	
	获得科技奖励情况					
	奖励名称	获奖年度	级别	发证机关		
	自主知识产权数量					
	授权专利		软件著作权		集成电路布图设计专有权	其他

续表

企业承诺
我公司申报技术先进型服务企业提供的《技术先进型服务企业申请表》及所有佐证材料，真实有效，并对材料的真实性承担法律责任。 特此承诺。 企业法人签字： 盖章 年　月　日
基地城市材料受理部门推荐意见： 盖章 年　月　日

附：

申报材料清单

□	企业开展技术先进型服务业务论述
□	企业营业执照和税务登记证复印件（加盖公章）
□	企业管理章程
□	经审计的上年度企业财务报表
□	企业工作场所证明复印件（企业房屋产权证或房屋租赁合同）
□	国际资质认证证书：□开发能力和成熟度模型认定证书；□开发能力和成熟度模型集成认定证书；□IT 服务管理认定证书；□信息安全管理认定证书；□服务提供商环境安全认证证书；□ISO 质量体系认证证书；□人力资源能力认证证书。 其他认证证书： 1. 2. 3.
□	企业上年度技术先进服务业务收入以及离岸外包收入表
□	企业上年度销售/服务合同、合作开发合同、委托开发协议书等材料，其中离岸外包业务需提供银行结汇或外汇收入核销等外汇收入证明（需提供总额占企业当年总收入 50% 以上的票据）、在岸外包业务需提供销售或服务发票（需提供与外汇收入核销证明总额之和占企业当年总收入 70% 以上的票据）
□	企业员工花名册（注明员工学历结构、从事离岸服务外包人员情况）
□	企业就业人员社会保险缴费单复印件（加盖企业公章）
□	企业采用先进技术或研发能力佐证材料，如：获奖证书、专利证书、软件著作权证书等
□	企业前 5 位高管简历
其他	客户评价等

附件2：

技术先进型服务业务认定范围（试行）

一、信息技术外包服务（ITO）

（一）软件研发及外包

类别	适用范围
软件研发及开发服务	用于金融、政府、教育、制造业、零售、服务、能源、物流、交通、媒体、电信、公共事业和医疗卫生等部门和企业，为用户的运营/生产/供应链/客户关系/人力资源和财务管理、计算机辅助设计/工程等业务进行软件开发，包括定制软件开发，嵌入式软件、套装软件开发，系统软件开发、软件测试等。
软件技术服务	软件咨询、维护、培训、测试等技术性服务。

（二）信息技术研发服务外包

类别	适用范围
集成电路和电子电路设计	集成电路和电子电路产品设计以及相关技术支持服务等。
测试平台	为软件、集成电路和电子电路的开发运用提供测试平台。

（三）信息系统运营维护外包

类别	适用范围
信息系统运营和维护服务	客户内部信息系统集成、网络管理、桌面管理与维护服务；信息工程、地理信息系统、远程维护等信息系统应用服务。
基础信息技术服务	基础信息技术管理平台整合、IT基础设施管理、数据中心、托管中心、安全服务、通讯服务等基础信息技术服务。

二、技术性业务流程外包服务（BPO）

类别	适用范围
企业业务流程设计服务	为客户企业提供内部管理、业务运作等流程设计服务。
企业内部管理服务	为客户企业提供后台管理、人力资源管理、财务、审计与税务管理、金融支付服务、医疗数据及其他内部管理业务的数据分析、数据挖掘、数据管理、数据使用的服务；承接客户专业数据处理、分析和整合服务。
企业运营服务	为客户企业提供技术研发服务、为企业经营、销售、产品售后服务提供的应用客户分析、数据库管理等服务。主要包括金融服务业务、政务与教育业务、制造业务和生命科学、零售和批发与运输业务、卫生保健业务、通讯与公共事业业务、呼叫中心、电子商务平台等。
企业供应链管理服务	为客户提供采购、物流的整体方案设计及数据库服务。

三、技术性知识流程外包服务（KPO）

适用范围
知识产权研究、医药和生物技术研发和测试、产品技术研发、工业设计、分析学和数据挖掘、动漫及网游设计研发、教育课件研发、工程设计等领域。

附件3：

企业注册登记表

企业名称	
行政区域	
法人代码	
税务登记号	
法定代表人	
联系人	
联系电话	
联系邮件	

附件4：

技术先进型服务企业推荐上报汇总表

序号	企业名称	申报地区		企业代码	经济性质	所得税征管机关（国税/地税）	税务登记号	领域	是否符合初审要求
0	（举例）××有限公司	某市	某县（或某国家级高新园区）						

审核单位盖章：

市科技局　市外经贸局　市财政局　市国税局　市地税局　市发展改革委

附件5：

技术先进型服务企业认定专家评审意见表

企业名称			企业编号	
序号	评审内容		评审结果	
			符合	不符合
1	是否从事技术先进型服务业务范围内规定的一种或多种服务业务？所属类别：＿＿＿＿			
2	注册地及生产经营地在服务外包示范城市内			
3	具有法人资格			
4	近两年在进出口业务管理、财务管理、税收管理、外汇管理、海关管理无不良记录			
5	具有大专以上学历员工占企业总职工数的比例	≥50%		
6	技术先进型服务业务收入总和占本企业当年总收入的比例	≥70%		
7	国际（离岸）外包服务业务收入占本企业当年总收入的比例	≥50%		
8	企业是否获得有关国际资质认证			
9	具有软件产品、信息产品质量和技术服务质量保证的手段与能力			

续表

企业名称		企业编号
10	满足国家有关特殊行业许可等有关规定	
11	技术先进性评价（是否依托计算机和网络技术，运用现代管理方法、经营方式、组织形式、核心技术、技术和软件产品集成等作为服务支撑为客户提供技术性、知识性、专业性的增值服务）	□强 □较强 □弱
12	研发能力评价（从管理团队的技术能力、研发投入、承担科技计划项目情况、知识产权授权情况、获奖情况、客户评价等方面考核）	□强 □较强 □弱
专家意见	专家签名： 年 月 日	

省科学技术厅 省商务厅 省财政厅 省国家税务局 省地方税务局 省发展和改革委员会关于成立山东省技术先进型服务企业认定管理工作领导小组的通知

2009年10月10日 鲁科高字〔2009〕140号

有关市科技局、外经贸局、财政局、国家税务局、地方税务局、发展改革委：

为扶持、鼓励我省技术先进型服务企业发展，根据财政部、国家税务总局、商务部、科技部、国家发展改革委《关于技术先进型服务企业有关税收政策问题的通知》（财税〔2009〕63号）的要求，经研究，决定成立山东省技术先进型服务企业认定管理工作领导小组（以下简称领导小组）。领导小组主要职责是：协调、解决认定及相关政策落实中的重大问题；研究制定全省技术先进型服务企业认定管理的政策措施；监督、检查市级审核管理工作。现将领导小组人员名单公布如下：

组长：翟鲁宁（省科技厅厅长）

副组长：崔建海（省科技厅副厅长）

孟建新（省商务厅巡视员）

李国健（省财政厅副厅长）

郭吉毅（省国家税务局副局长）

赵洪波（省地方税务局副局长）

闫作溪（省发改委副主任）

成员：毕建明（省科技厅高新处处长）

刘为兵（省商务厅外资处处长）

解正湖（省财政厅法规税政处处长）

钱梅（省国家税务局所得税管理处处长）

李广进（省地方税务局税收管理二处副处长）

张晓青（省发改委高技术处处长）

领导小组下设办公室，办公室设在省科技厅，具体组织实施技术先进型服务企业认定管理工作。毕建明同志（省科技厅高新技术发展及产业化处处长）任领导小组办公室主任。

省科学技术厅　省财政厅　省国家税务局　省地方税务局 关于认定“山东旅科信息有限公司”等107家企业为2009年第二批高新技术企业的通知

2009年9月24日　鲁科高字〔2009〕149号

各市科技局、财政局、国家税务局、地方税务局，各国家高新技术产业开发区管委会：

根据《高新技术企业认定管理办法》、《高新技术企业认定管理工作指引》和《山东省高新技术企业认定管理工作实施意见》的有关规定，认定“山东旅科信息有限公司”等107家企业为2009年第二批高新技术企业，发证日期为2009年6月12日，认定有效期3年。

请各地及时通知相关企业，依照法定程序到主管税务机关办理税收优惠政策的落实事宜。

附件：山东省2009年第二批高新技术企业名单

附件：

山东省2009年第二批高新技术企业名单

发证日期：2009年6月12日

序号	企业名称	地区	证书编号
1	山东旅科信息有限公司	济南市	GR200937000088
2	山东同创华虹科技有限公司	济南市	GR200937000103
3	山东大齐通信电子有限公司	济南市	GR200937000063
4	山东省章丘鼓风机厂有限公司	济南市	GR200937000095
5	山东营养源食品科技有限公司	济南市	GR200937000108
6	济南华临化工有限公司	济南市	GR200937000051
7	山东华迪建筑科技有限公司	济南市	GR200937000076
8	济南冶金化工设备有限公司	济南市	GR200937000052
9	山东凯华电源有限责任公司	济南市	GR200937000080
10	济南福能达水技术开发有限公司	济南市	GR200937000050
11	山东山大新元易通信息科技有限公司	济南高新区	GR200937000093
12	山东百利通亚陶科技有限公司	济南高新区	GR200937000058
13	山东邦尼科技文化发展有限公司	济南高新区	GR200937000059
14	山东金现代信息技术有限公司	济南高新区	GR200937000078
15	济南宝世达实业发展有限公司	济南高新区	GR200937000049
16	淄博泰宝防伪技术产品有限公司	淄博市	GR200937000144
17	山东晨鸿电气有限公司	淄博市	GR200937000062
18	山东博汇纸业股份有限公司	淄博市	GR200937000060
19	淄博中保康医疗器具有限公司	淄博市	GR200937000146
20	山东天成农药有限公司	淄博市	GR200937000102
21	山东齐隆化工股份有限公司	淄博市	GR200937000091
22	山东安澜高分子材料有限公司	淄博市	GR200937000057
23	山东东耐高温材料有限公司	淄博市	GR200937000066
24	山东赫达股份有限公司	淄博市	GR200937000072
25	淄博科威化工有限公司	淄博市	GR200937000142

续表

序号	企业名称	地区	证书编号
26	沂源瑞丰高分子材料有限公司	淄博市	GR200937000136
27	山东德瑞防腐材料有限公司	淄博市	GR200937000065
28	淄博宏泰防腐有限公司	淄博市	GR200937000141
29	淄博蓄电池厂	淄博市	GR200937000145
30	山东联合化工股份有限公司	淄博市	GR200937000085
31	山东博润工业技术有限公司	淄博高新区	GR200937000061
32	淄博恒世科技发展有限公司	淄博高新区	GR200937000140
33	淄博启明星新材料有限公司	淄博高新区	GR200937000143
34	山东新华医用环保设备有限公司	淄博高新区	GR200937000106
35	山东衡达有限责任公司	枣庄市	GR200937000073
36	山东省泰和水处理有限公司	枣庄市	GR200937000094
37	胜利油田华海石油科技有限责任公司	东营市	GR200937000112
38	胜利油田森诺胜利工程有限公司	东营市	GR200937000113
39	胜利油田胜利工程设计咨询有限责任公司	东营市	GR200937000114
40	山东金岭化工股份有限公司	东营市	GR200937000077
41	山东盛泰车轮有限公司	东营市	GR200937000098
42	山东永泰化工集团有限公司	东营市	GR200937000109
43	山东金宇轮胎有限公司	东营市	GR200937000079
44	兴源轮胎集团有限公司	东营市	GR200937000125
45	山东大王金泰集团有限公司	东营市	GR200937000064
46	山东鸿亦机械有限公司	东营市	GR200937000074
47	东营天东生化工业有限公司	东营市	GR200937000047
48	山东红星化工有限公司	东营市	GR200937000075
49	山东斯泰普力高新建材有限公司	东营市	GR200937000100
50	东营市海科新源化工有限责任公司	东营市	GR200937000046
51	烟台中正新技术有限公司	烟台市	GR200937000135
52	山东丽鹏股份有限公司	烟台市	GR200937000084
53	烟台冰轮高压氧舱有限公司	烟台市	GR200937000128
54	山东飞龙仪表有限公司	烟台市	GR200937000067
55	烟台北方安德利果汁股份有限公司	烟台市	GR200937000127
56	烟台阿波罗生物科技有限公司	烟台市	GR200937000126
57	烟台新时代健康产业有限公司	烟台市	GR200937000132
58	烟台泰士塑料制品有限公司	烟台市	GR200937000131
59	山东龙口特种胶管有限公司	烟台市	GR200937000086
60	烟台正海兴源汽车内饰件有限公司	烟台市	GR200937000133
61	烟台只楚合成化学有限公司	烟台市	GR200937000134
62	烟台德邦科技有限公司	烟台市	GR200937000129
63	烟台四维高科生化有限公司	烟台市	GR200937000130
64	诸城市新东方汽车仪表有限责任公司	潍坊市	GR200937000139
65	帛方纺织有限公司	潍坊市	GR200937000045
66	山东潍坊福田模具有限责任公司	潍坊市	GR200937000104
67	潍坊汇英重机有限公司	潍坊市	GR200937000120
68	山东高密高锻机械有限公司	潍坊市	GR200937000069
69	诸城市恒信基电器制造有限公司	潍坊市	GR200937000138
70	山东凯马汽车制造有限公司	潍坊市	GR200937000081
71	山东盛宏医药科技有限公司	潍坊市	GR200937000097

续表

序号	企业名称	地区	证书编号
72	山东潍坊润丰化工有限公司	潍坊市	GR200937000105
73	潍坊万胜生物农药有限公司	潍坊市	GR200937000121
74	山东信得科技股份有限公司	潍坊市	GR200937000107
75	山东海王化工股份有限公司	潍坊市	GR200937000071
76	潍坊潍柴道依茨柴油机有限公司	潍坊高新区	GR200937000122
77	潍坊潍柴培新气体发动机有限公司	潍坊高新区	GR200937000123
78	鲁能泰山曲阜电缆有限公司	济宁市	GR200937000055
79	山东富平电力机车有限公司	济宁市	GR200937000068
80	山东国丰机械有限公司	济宁市	GR200937000070
81	山东省兖州市天意新型建材机械有限公司	济宁市	GR200937000096
82	山东鲁抗医药股份有限公司	济宁市	GR200937000087
83	兖州希尔康泰药业有限公司	济宁市	GR200937000151
84	兖州熙来精细化工有限公司	济宁市	GR200937000150
85	兖州东升精细化工有限公司	济宁市	GR200937000149
86	兖州创佳玻璃纤维制品有限公司	济宁市	GR200937000118
87	邹城市汇科新材料有限公司	济宁市	GR200937000147
88	山东泰盈科技有限公司	泰安市	GR200937000101
89	泰安力博机电科技有限公司	泰安市	GR200937000116
90	威海新北洋数码科技股份有限公司	威海市	GR200937000118
91	山东双轮集团股份有限公司	威海市	GR200937000099
92	文登威力高档工具有限公司	威海市	GR200937000124
93	华夏药业集团有限公司	威海市	GR200937000048
94	威海三盾耐磨科技工程有限公司	威海高新区	GR200937000117
95	威海中天嘉能空调科技有限公司	威海高新区	GR200937000119
96	日照澳华化工肥业有限公司	日照市	GR200937000056
97	莱芜市福泉橡胶有限公司	莱芜市	GR200937000053
98	莱芜市泰东粉末科技有限公司	莱芜市	GR200937000054
99	上海汽车粉末冶金（莱芜）有限公司	莱芜市	GR200937000111
100	山东莱芜金雷风电科技股份有限公司	莱芜市	GR200937000083
101	山东罗欣药业股份有限公司	临沂市	GR200937000090
102	山东康地恩生物科技有限公司	临沂市	GR200937000082
103	施可丰化工股份有限公司	临沂市	GR200937000115
104	中化山东肥业有限公司	临沂市	GR200937000137
105	山东绿润食品有限公司	临沂市	GR200937000089
106	山东中泰药业有限公司	聊城市	GR200937000110
107	山东齐星铁塔科技股份有限公司	滨州市	GR200937000092

省科学技术厅　省财政厅　省国家税务局　省地方税务局关于公示山东省2009年第三批拟认定高新技术企业名单的通知

2009年8月18日　鲁科高字〔2009〕157号

各市科技局、财政局、国家税务局、地方税务局，各国家高新技术产业开发区管委会：

根据《高新技术企业认定管理办法》、《高新技术企业认定管理工作指引》和《山东省高新技术企业认定管理工作实施意见》有关规定，现将山东省2009年第三批拟认定高新技术企业名单（见附件1）予以公示，并对“济南得安计算机技术有限公司”等9家高新技术企业予以更名公示（名单见附件2），公示时间自2009年10月28日起15个工作日。对公示企业有异议的，请于公示期内向山东省高新技术企业认定管理工作领导小组办公室提出异议。异议应以书面形式提出，并说明异议理由和相关事实证据。以个人名义提出异议的，需写明姓名、单位、职务、联系地址、联系电话，并附身份证复印件及本人签字；以单位名义提出异议的，需写明联系人姓名、联系地址、联系电话，并加盖单位公章。对收到的异议，我们将严格按照有关规定办理。

电话：0531－86062243　86062585

通信地址：山东省济南市省府前街1号山东省科技厅高新技术发展及产业化处

邮编：250011

附件：1. 山东省2009年第三批拟认定高新技术企业名单

2. 山东省拟更名高新技术企业名单

附件1：

山东省2009年第三批拟认定高新技术企业名单

序号	企业名称	地区
1	山东高速信息工程有限公司	济南市
2	山东中磁远程视讯技术有限公司	济南市
3	山东科源制药有限公司	济南市
4	山东迅达康兽药有限公司	济南市
5	山东中氟化工科技有限公司	济南市
6	济南玛钢钢管制造有限公司	济南市
7	济南玫德铸造有限公司	济南市
8	济南重工股份有限公司	济南市
9	山东华凌电缆有限公司	济南市
10	山东神舟制冷设备有限公司	济南市
11	中国重汽集团济南商用车有限公司	济南市
12	中国重汽集团济南特种车有限公司	济南市
13	中集车辆（山东）有限公司	济南市
14	山东电力工程咨询院有限公司	济南市
15	济南志亨特种变压器有限公司	济南市
16	山东北辰集团华润换热设备有限公司	济南市
17	济南轻骑摩托车股份有限公司	济南市

续表

序号	企业名称	地区
18	山东海伦环保科技发展有限公司	济南市
19	济南银网联合科技有限公司	济南高新区
20	山东九通信息科技有限公司	济南高新区
21	山东山大世纪科技有限公司	济南高新区
22	山东鲁光信息工程有限公司	济南高新区
23	济南微纳颗粒技术有限公司	济南高新区
24	山东淄博金泰轧辊有限公司	淄博市
25	淄博华瑞铝塑包装材料有限公司	淄博市
26	山东兴辉化工有限公司	淄博市
27	淄博齐翔腾达化工股份有限公司	淄博市
28	淄博联创聚氨酯有限公司	淄博市
29	莱芜钢铁集团淄博锚链有限公司	淄博市
30	博山精工泵业有限公司	淄博市
31	博山中美防爆电机电器有限公司	淄博市
32	山东机器（集团）有限公司	淄博市
33	山东天利和软件有限公司	淄博高新区
34	淄博海尔兄弟教育产品有限公司	淄博高新区
35	淄博万洲软件科技发展有限公司	淄博高新区
36	山东世博金都药业有限公司	淄博高新区
37	山东金洋药业有限公司	淄博高新区
38	山东蓝星东大化工有限责任公司	淄博高新区
39	淄博博鸿电气有限公司	淄博高新区
40	淄博齐林电子有限公司	淄博高新区
41	淄博齐能热电设备有限公司	淄博高新区
42	胜利油田胜鑫防腐有限责任公司	东营市
43	山东胜利新大实业集团有限公司	东营市
44	万达集团股份有限公司	东营市
45	山东万通模具有限公司	东营市
46	山东北大高科华泰制药有限公司	烟台市
47	烟台宏远氧业有限公司	烟台市
48	山东健源食品有限公司	烟台市
49	烟台固特丽新洲生物科技有限公司	烟台市
50	山东京蓬生物药业股份有限公司	烟台市
51	山东南山铝业股份有限公司	烟台市
52	龙口丛林中德车体系统工程有限公司	烟台市
53	烟台孚信达双金属股份有限公司	烟台市
54	烟台首钢磁性材料股份有限公司	烟台市
55	莱阳市康友玻璃材料有限责任公司	烟台市
56	烟台佳隆纳米产业有限公司	烟台市
57	莱阳泉瑞祥塑胶制品有限公司	烟台市
58	烟台显华化工科技有限公司	烟台市
59	莱州华银试验仪器有限公司	烟台市
60	烟台来福士海洋工程有限公司	烟台市
61	烟台海普制盖有限公司	烟台市
62	烟台黄海木工机械有限责任公司	烟台市
63	烟台金王科贸有限公司	烟台市

续表

序号	企业名称	地区
64	龙口市比特真空技术有限公司	烟台市
65	方圆集团海阳成套设备有限公司	烟台市
66	方圆集团海阳起重机械有限公司	烟台市
67	山东蓬翔汽车有限公司	烟台市
68	山东宝源生物有限公司	烟台市
69	核工业烟台同兴实业有限公司	烟台市
70	福田雷沃国际重工股份有限公司	潍坊市
71	山东金亿机械制造有限公司	潍坊市
72	山东亿泰农牧科技发展有限公司	潍坊市
73	潍坊华美精细技术陶瓷有限公司	潍坊市
74	山东大地盐化集团有限公司	潍坊市
75	山东三恩电子有限公司	潍坊市
76	山东邦泰散热器有限公司	潍坊市
77	山东汇通机械制造有限公司	潍坊市
78	临朐县志永机电科技有限公司	潍坊市
79	北汽福田汽车股份有限公司诸城汽车厂	潍坊市
80	山东高强紧固件有限公司	潍坊市
81	潍坊中云机器有限公司	潍坊市
82	山东龙光天旭太阳能有限公司	潍坊市
83	山东青能动力股份有限公司	潍坊市
84	潍坊东升电子有限公司	潍坊高新区
85	山东俊富非织造材料有限公司	潍坊高新区
86	山东日科新材料有限公司	潍坊高新区
87	山东瑞森华光光电子有限公司	潍坊高新区
88	山东润泰智能电气有限公司	潍坊高新区
89	山东乐航节能科技股份有限公司	潍坊高新区
90	潍坊倚阑达水处理科技有限公司	潍坊高新区
91	潍坊金蜂机械有限公司	潍坊高新区
92	潍坊金诺科技有限公司	潍坊高新区
93	苏柯汉（潍坊）生物工程有限公司	潍坊高新区
94	潍坊市信得生物科技有限公司	潍坊高新区
95	潍坊胜达新材料科技有限公司	潍坊高新区
96	济宁高科股份有限公司	济宁市
97	山东润丰种业有限公司	济宁市
98	山东晨阳碳素股份有限公司	济宁市
99	山东太阳纸业股份有限公司	济宁市
100	山东水泊焊割设备制造有限公司	济宁市
101	山东金曼克变压器有限公司	济宁市
102	山东兖煤精益机电设备有限公司	济宁市
103	山东天河科技有限公司	济宁市
104	山东金科星机电有限公司	济宁市
105	济宁市无界科技有限公司	济宁市
106	山东众成饲料科技有限公司	泰安市
107	山东同创汽车散热装置股份有限公司	泰安市
108	山东泰开自动化有限公司	泰安市
109	山东泰开互感器有限公司	泰安市

续表

序号	企业名称	地区
110	泰安市利德容器制造有限公司	泰安市
111	日月光半导体（威海）有限公司	威海市
112	山东达因海洋生物制药股份有限公司	威海市
113	威海中玻光电有限公司	威海市
114	威海市金猴集团鞋业有限公司	威海高新区
115	威海印刷机械有限公司	威海高新区
116	日照汇丰电子有限公司	日照市
117	日照金禾博源生化有限公司	日照市
118	迪尔工业（日照）有限公司	日照市
119	莱芜科泰电力科技有限公司	莱芜市
120	莱芜泰禾生化有限公司	莱芜市
121	莱芜市涌金化工厂	莱芜市
122	山东中兴汽车零部件有限公司	莱芜市
123	山东卫康生物医药科技有限公司	临沂市
124	山东隆大生物工程有限公司	临沂市
125	山东常林农业装备股份有限公司	临沂市
126	临沂市金立机械有限公司	临沂市
127	山东龙盛农牧集团有限公司	临沂市
128	山东天一液压科技股份有限公司	临沂市
129	山东智方仪表科技有限公司	临沂市
130	山东华乐纺织股份有限公司	德州市
131	德州齿轮有限公司	德州市
132	景津压滤机集团有限公司	德州市
133	东阿阿胶阿华医疗器械有限公司	聊城市
134	山东冠丰种业科技有限公司	聊城市
135	山东三融环保工程有限公司	聊城市
136	山东六和农牧科技园有限公司	滨州市
137	山东西王食品有限公司	滨州市
138	山东三星机械制造有限公司	滨州市
139	山东省邹平江泷食品有限责任公司	滨州市
140	邹平县华星热能环保设备有限公司	滨州市

附件2：

山东省拟更名高新技术企业名单

序号	地区	更名前	更名后
1	济南高新区	济南得安计算机技术有限公司	山东得安信息技术有限公司
2	淄博高新区	淄博三泵科森仪器有限公司	山东三泵科森仪器有限公司
3	烟台市	烟台正海兴源汽车内饰件有限公司	烟台正海汽车内饰件有限公司
4	烟台市	烟台润达垃圾处理开发有限公司	烟台润达垃圾处理环保股份有限公司
5	潍坊高新区	潍坊潍柴零部件机械有限公司	盛瑞传动机械股份有限公司
6	潍坊高新区	领潮化纤（潍坊）有限公司	山东领潮新材料有限公司
7	威海高新区	威海村松医用制品有限公司	威海大正医疗器械股份有限公司
8	威海高新区	威海威硬工具有限公司	威海威硬工具股份有限公司
9	威海高新区	威海远航科技发展有限公司	威海远航科技发展股份有限公司

省科学技术厅 省商务厅 省财政厅 省国家税务局 省地方税务局 省发展和改革委员会关于公示山东省2009年拟认定技术先进型服务企业名单的通知

2009年12月7日 鲁科高字〔2009〕190号

各有关单位：

根据《关于技术先进型服务企业有关税收政策问题的通知》、《山东省技术先进型服务企业认定管理工作实施意见》有关规定，现将山东省2009年拟认定技术先进型服务企业名单（见附件）予以公示，公示时间自2009年11月7日起10个工作日。对公示企业有异议的，请予公示期内向山东省技术先进型服务企业认定管理工作领导小组办公室提出异议。异议应以书面形式提出，并说明异议理由和相关事实证据。以个人名义提出异议的，需写明姓名、单位、职务、联系地址、联系电话，并附身份证复印件及本人签字；以单位名义提出异议的，需写明联系人姓名、联系地址、联系电话，并加盖单位公章。对收到的异议，我们将严格按照有关规定办理。

电话：0531－86062243 0531－86062828

通信地址：山东省济南市省府前街1号山东省科技厅高新技术发展及产业化处

邮编：250001

附件：山东省2009年拟认定技术先进型服务企业名单

附件：

山东省2009年拟认定技术先进型服务企业名单

序号	企业名称	地区
1	NEC软件（济南）有限公司	济南
2	济南凌佳科技有限公司	济南
3	亿帆环球科技（济南）有限公司	济南
4	昱胜资讯（济南）有限公司	济南

省科学技术厅 省商务厅 省财政厅 省国家税务局 省地方税务局 省发展和改革委员会关于认定"NEC软件（济南）有限公司"等4家企业为2009年技术先进型服务企业的通知

2009年12月31日 鲁科高字〔2009〕199号

各市科技局、外经贸局、财政局、国家税务局、地方税务局、发展改革委：

根据《关于技术先进型服务企业有关税收政策问题的通知》、《山东省技术先进型服务企业认定管理工作实施意见》的有关规定，认定“NEC 软件（济南）有限公司”等 4 家企业为 2009 年技术先进型服务企业，发证日期为 2009 年 11 月 7 日，认定有效期 3 年。

请各地及时通知相关企业，依照法定程序到主管税务机关办理税收优惠政策的落实事宜。

附件：山东省 2009 年技术先进型服务企业名单

附件：

山东省 2009 年技术先进型服务企业名单

发证日期：2009 年 11 月 7 日

序号	企业名称	地区
1	NEC 软件（济南）有限公司	济南
2	济南凌佳科技有限公司	济南
3	亿帆环球科技（济南）有限公司	济南
4	昱胜资讯（济南）有限公司	济南

省科学技术厅　省财政厅　省国家税务局　省地方税务局关于公示山东省 2009 年第四批拟认定高新技术企业名单的通知

2009 年 12 月 31 日　鲁科高字〔2009〕202 号

根据《高新技术企业认定管理办法》、《高新技术企业认定管理工作指引》和《山东省高新技术企业认定管理工作实施意见》有关规定，现将山东省 2009 年第四批拟认定高新技术企业名单（见附件 1）予以公示，并对“招远利奥橡胶制品有限公司”等 5 家高新技术企业予以更名公示（名单见附件 2），公示时间自 2009 年 12 月 31 日起 15 个工作日。对公示企业有异议的，请于公示期内向山东省高新技术企业认定管理工作领导小组办公室提出异议。异议应以书面形式提出，并说明异议理由和相关事实证据。以个人名义提出异议的，需写明姓名、单位、职务、联系地址、联系电话，并附身份证复印件及本人签字；以单位名义提出异议的，需写明联系人姓名、联系地址、联系电话，并加盖单位公章。对收到的异议，我们将严格按照有关规定办理。

电话：0531－86062243　86062585

通信地址：山东省济南市省府前街 1 号山东省科技厅高新技术发展及产业化处

邮编：250011

附件：1. 山东省 2009 年第四批拟认定高新技术企业名单

2. 山东省拟更名高新技术企业名单

附件 1：

山东省 2009 年第四批拟认定高新技术企业名单

序号	企业名称	企业所在地
1	济南程信利冶金备件有限公司	济南市
2	济南昊月吸水材料有限公司	济南市
3	山东省汇丰机械集团总公司章丘市铸造厂	济南市

续表

序号	企业名称	企业所在地
4	山东绿邦网络技术集成有限公司	济南市
5	山东泰信电子有限公司	济南市
6	山东星火国际传媒集团有限公司	济南市
7	济南高新华能气动液压有限公司	济南市
8	济南金牛砖瓦机械有限公司	济南市
9	济南试金集团有限公司	济南市
10	山东巨力电工设备有限公司	济南市
11	山东鲁能恩翼帕瓦电机有限公司	济南市
12	山东太古飞机工程有限公司	济南市
13	中铁十四局集团电气化工程有限公司	济南市
14	济南市琦泉热电有限责任公司	济南市
15	山东环冠科技有限公司	济南市
16	山东思源水业工程有限公司	济南市
17	山东北辰压力容器有限公司	济南市
18	山东力诺瑞特新能源有限公司	济南市
19	山东碧通通信技术有限公司	济南高新区
20	山东广联电子有限公司	济南高新区
21	山东泉舜科技有限公司	济南高新区
22	山东鲁能控制工程有限公司	济南高新区
23	济南东奥自控技术有限公司	济南高新区
24	新时代（济南）民爆科技产业有限公司	济南高新区
25	济南格林节能开发有限公司	济南高新区
26	山东宝源化工股份有限公司	淄博市
27	淄博永安达工贸有限公司	淄博市
28	淄博市鲁中耐火材料有限公司	淄博市
29	山东蓝帆塑胶股份有限公司	淄博市
30	淄博鑫耐达耐火材料股份有限公司	淄博市
31	淄博旭硝子刚玉材料有限公司	淄博市
32	淄博鲁华同方化工有限公司	淄博市
33	山东丽村生物科技有限公司	淄博市
34	山东贵和显星纸业有限公司	淄博市
35	淄博格尔齿轮有限公司	淄博市
36	山东山博电机集团有限公司	淄博市
37	淄博先河机电有限责任公司	淄博市
38	淄博计保电气有限公司	淄博市
39	淄博市博山防爆电器厂有限公司	淄博市
40	山东华联矿业股份有限公司	淄博市
41	山东早春创尔沃热泵技术有限公司	淄博市
42	山东中科纳米管材有限公司	淄博高新区
43	淄博盛达创业玻璃有限公司	淄博高新区
44	淄博博纳科技发展有限公司	淄博高新区
45	山东硅元新型材料有限责任公司	淄博高新区
46	山东金苹果实业有限公司	淄博高新区
47	淄博智洋电气有限公司	淄博高新区
48	淄博伊马新华制药设备有限公司	淄博高新区
49	山东中惠仪器有限公司	淄博高新区

续表

序号	企业名称	企业所在地
50	淄博思科电子技术开发有限公司	淄博高新区
51	山东鲁化天九化工有限公司	枣庄市
52	山东拓博塑料制品有限公司	枣庄市
53	滕州机床厂	枣庄市
54	枣庄天元精细化工有限公司	枣庄市
55	山东丰源中科生态科技有限公司	枣庄市
56	垦利三合新材料科技有限责任公司	东营市
57	山东俊富无纺布有限公司	东营市
58	东营市盛聚化工有限责任公司	东营市
59	东营市信义化工有限公司	东营市
60	山东普瑞思德石油技术有限公司	东营市
61	山东科瑞机械制造有限公司	东营市
62	山东拓普石油装备有限公司	东营市
63	山东大东联石油设备有限公司	东营市
64	东营旭日节能设备工程有限责任公司	东营市
65	山东恒宇橡胶有限公司	东营市
66	烟台同化防水保温工程有限公司	烟台市
67	莱州明发隔热材料有限公司	烟台市
68	莱阳市盛华科技有限公司	烟台市
69	山东招源硅胶有限公司	烟台市
70	烟台东方英达康自动化技术有限公司	烟台市
71	烟台欣和味达美食品有限公司	烟台市
72	烟台持久钟表有限公司	烟台市
73	烟台东方分析仪器有限公司	烟台市
74	烟台开发区博森科技发展有限公司	烟台市
75	烟台杰瑞石油服务集团股份有限公司	烟台市
76	方圆集团海阳建设机械有限公司	烟台市
77	烟台瑞龙泵业制造有限公司	烟台市
78	烟台良荣机械精业有限公司	烟台市
79	山东鲁亿通电气设备有限公司	烟台市
80	山东隆基机械股份有限公司	烟台市
81	烟台杰瑞石油开发有限公司	烟台市
82	烟台只楚天大化工填料厂	烟台市
83	山东金鸿集团有限公司	潍坊市
84	山东华明建设科技有限公司	潍坊市
85	山东福润塑业股份有限公司	潍坊市
86	山东兄弟科技股份有限公司	潍坊市
87	昌乐县东田聚氨酯厂	潍坊市
88	山东银鹰化纤有限公司	潍坊市
89	山东银宝轮胎集团有限公司	潍坊市
90	山东千榕科技有限公司	潍坊市
91	潍坊市元利化工有限公司	潍坊市
92	潍坊六合微粉有限公司	潍坊市
93	潍坊三源铝业有限公司	潍坊市
94	利丰化工股份有限公司	潍坊市
95	山东益生源微生物技术有限公司	潍坊市

续表

序号	企业名称	企业所在地
96	潍坊中科嘉亿生物饲料科技有限公司	潍坊市
97	山东迪龙电缆有限公司	潍坊市
98	昌邑市立辉拉床制造有限公司	潍坊市
99	山东三德暖通空调设备有限公司	潍坊市
100	潍坊帅克机械有限责任公司	潍坊市
101	潍坊中瑞工程机械有限公司	潍坊市
102	山东寿光市坤隆石油机械股份有限公司	潍坊市
103	潍坊市机械设计研究院有限责任公司	潍坊市
104	潍坊华铃柴油机动力有限公司	潍坊市
105	山东隆源液压科技有限公司	潍坊市
106	山东通力车轮有限公司	潍坊市
107	诸城海韵汽车配套有限公司	潍坊市
108	山东亚特尔集团股份有限公司	潍坊市
109	潍坊科科电气有限公司	潍坊高新区
110	潍坊蓝盾电子机械有限公司	潍坊高新区
111	山东星锐电力科技有限公司	潍坊高新区
112	山东天王医药科技有限公司	潍坊高新区
113	潍坊广生新能源有限公司	潍坊高新区
114	潍坊中狮制药有限公司	潍坊高新区
115	山东奥伦特太阳能科技有限公司	潍坊高新区
116	山东神力索具有限公司	济宁市
117	山东奔腾漆业有限公司	济宁市
118	山东圣鹏农药有限公司	济宁市
119	济宁鲁科检测器材有限公司	济宁市
120	山东英克莱电动车有限公司	济宁市
121	山东英克莱健身器械科技有限公司	济宁市
122	济宁安泰矿山设备制造有限公司	济宁市
123	山东济宁特力机床有限公司	济宁市
124	山东鲁抗中和环保科技有限公司	济宁市
125	山东金乡金人电气有限公司	济宁市
126	山东卡松石化有限公司	济宁市
127	济宁远征电源有限责任公司	济宁市
128	泰安泰山电气有限公司	泰安市
129	山东泰开中压开关有限公司	泰安市
130	山东泰开变压器有限公司	泰安市
131	山东同方能源工程技术有限公司	泰安市
132	威海市怡和橡塑制品有限公司	威海市
133	荣成锻压机床有限公司	威海市
134	荣成市宇翔实业有限公司	威海市
135	威海市锅炉制造厂	威海市
136	日照海恩锯业有限公司	日照市
137	日照立德电子科技有限公司	日照市
138	山东万通液压机械有限公司	日照市
139	泰丰纺织集团有限公司	莱芜市
140	莱芜厚泽钢渣环保工程有限公司	莱芜市
141	山东吉祥装饰建材有限公司	临沂市

续表

序号	企业名称	企业所在地
142	山东东方管业有限公司	临沂市
143	山东拜尔建材有限公司	临沂市
144	临沂市拓普网络有限公司	临沂市
145	山东赛洋化肥有限公司	临沂市
146	山东临工工程机械有限公司	临沂市
147	山东众力液压技术有限公司	临沂市
148	久泰能源科技有限公司	临沂市
149	山东清大新能源有限公司	临沂市
150	山东华源锅炉有限公司	临沂市
151	山东利江粮油科技发展有限公司	聊城市
152	聊城创通电子信息技术有限公司	聊城市
153	山东东泰农化有限公司	聊城市
154	山东谷丰源化肥有限公司	聊城市
155	山东通盛制冷设备有限公司	聊城市
156	山东通亚交通安全设施有限责任公司	聊城市
157	山东创新腐植酸科技股份有限公司	聊城市
158	博兴华润油脂化学有限公司	滨州市
159	山东万事达建筑钢品科技有限公司	滨州市
160	山东珍贝瓷业有限公司	滨州市
161	滨州市正道机械制造有限公司	滨州市
162	中海沥青股份有限公司	滨州市
163	邹平铭波电源有限公司	滨州市
164	菏泽广源铜带股份有限公司	菏泽市
165	菏泽开发区曹州农用化学有限公司	菏泽市
166	山东华泽精密模塑有限公司	菏泽市

附件2：

山东省拟更名高新技术企业名单

序号	更名前	更名后	地区	证书编号
1	招远利奥橡胶制品有限公司	山东玲珑轮胎有限公司	烟台市	GR200837000272
2	山东日科化学有限公司	山东日科化学股份有限公司	潍坊市	GR200837000310
3	淄博亚华电子有限公司	山东亚华电子有限公司	淄博高新区	GR200837000171
4	威海人合机电工程有限公司	威海人合机电股份有限公司	威海高新区	GR200837000410
5	威海联桥新材料科技有限公司	威海联桥新材料科技股份有限公司	威海高新区	GR200837000534

省经济贸易委员会 省人民政府节约能源办公室 省财政厅 省国家税务局 省地方税务局关于进一步做好环境保护专用设备确认工作的通知

2009年3月10日 鲁经贸循字〔2009〕88号

各市经贸委（经委、青岛市发改委）、节能办、财政局、国税局、地税局：

环保产业作为一个新兴产业，是发展循环经济、完成节能减排目标任务的重要物质基础和技术保障。为了鼓励和支持环保产业发展，国家制定了相关税收优惠政策，并公布了《环境保护专用设备企业所得税优惠目录（2008年版）》。为认真落实好国家优惠政策，促进全省环保产业快速发展，经研究确定，对使用符合《目录》的环境保护专用设备进行确认。现将有关事宜通知如下：

一、申报条件和确认内容

（一）申报条件。法人企业购置并实际使用财政部、国家税务总局、国家发展改革委《环境保护专用设备企业所得税优惠目录（2008年版）》（财税〔2008〕115号）规定的环境保护专用设备的。

（二）确认内容。企业申报确认的环境保护专用设备是否符合国家《环境保护专用设备企业所得税优惠目录（2008年版）》；企业是否实际购置并自身实际投入使用该设备。

二、申报及确认程序

环境保护专用设备的确认实行由企业申报，所在市经贸委（节能办）会同市财税部门初审，省经贸委（节能办）会同省财税部门集中审定的制度。

（一）企业申请

凡申请确认使用环境保护专用设备的企业，应向所在市经贸委（节能办）提出书面申请，填写《山东省环境保护专用设备确认申请表》（附件1），并提供有关材料（附件2）。企业要提供相关材料的原件备查，并对所报材料的真实性负责。

申报材料一式六份，统一采用A4纸规格，按申报材料要求打印目录，并按顺序加封装订成册。企业的申报材料，由市经贸委（节能办）留存一份，上报省经贸委五份。

（二）市级初审

各市经贸委（节能办）会同市财政、税务部门按照国家确定的税收优惠目录和相应的优惠政策，对申请环境保护专用设备确认的企业进行初审，主要包括：

（1）审查企业是否按规定提交申报材料以及材料是否齐全；

（2）审查所报材料的复印件与原件是否相符；

（3）审查所报环境保护专用设备是否符合国家有关税收优惠目录规定的范围，是否符合相关的应用领域，以及该设备是否企业自身实际投入使用等。

对符合条件的企业，市经贸委（节能办）会同财税部门在《山东省环境保护专用设备确认申请表》（附件1）相关栏目内填写初审意见，并加盖单位公章。对不符合条件的企业，要及时告知申报企业并说明理由。

（三）集中审定

省经贸委（节能办）会同省财政厅、国税局、地税局及相关管理部门、行业专家等组成省环境保护专用设备确认委员会，对各市上报的材料进行集中审核。对审核中有异议的或其他需要现场核实的，可委托有关单位或专家进行现场考察。

对符合确认条件的企业，省经贸委（节能办）会同省财政厅、国税局、地税局联合下发文件，公布确认企业名单和设备名录，并由省经贸委（节能办）核发《环境保护专用设备确认证书》。

三、监督管理

省经贸委（节能办）、财政厅、国税局、地税局要加强对环境保护专用设备确认工作和优惠政策实施情况的监督检查。各市经贸委（节能办）、财税部门要采取切实措施搞好申报企业的初审把关和已确认企业的动态监管，尤其是要加强对企业环境保护专用设备使用情况的检查，企业购置确认专用设备在5年内转让、出租的，应当停止享受企业所得税优惠，并补缴已经抵免的企业所得税税款。

环境保护专用设备确认暂定为每年一批，企业于10月20日前向市经贸委（节能办）递交确认申请材料，市经贸委（节能办）会同财税部门于11月20日前完成初审并将初审意见报省环境保护专用设备确认委员会，省经贸委（节能办）会同财税部门于12月底前完成审核、确认。

由于2008年是企业享受新税法优惠政策的第一年，特增加一次确认批次，本批申报确认的重点是：2008年1月1日以后购置并实际使用符合《环境保护专用设备企业所得税优惠目录（2008年版）》的环保产业设备的企业。企业于3月27日前向市经贸委（节能办）递交确认申请材料，市经贸委（节能办）会同财税部门于4月6日前完成初审，省经贸委（节能办）会同财税部门于4月中旬完成确认。请各市抓紧组织有关企业申报，并按时上报有关材料。

申请享受环境保护专用设备所得税优惠的企业，按法定程序到主管税务机关申请享受有关税收优惠政策。

各级经贸（节能办）、财税部门要加强对国家税收优惠政策的宣传，提高为企业服务的意识，工作中密切配合，加强合作，把国家的税收优惠政策落到实处，积极推动我省环保产业的快速发展，为建设资源节约型、环境友好型社会做出积极的贡献。

附件：1. 山东省环境保护专用设备确认申请表

2. 环境保护专用设备确认申报材料及装订要求

附件1：

山东省环境保护专用设备确认申请表

企业基本情况	单位名称					
	法人代码				开业时间	
	详细地址					
	法人代表				邮政编码	
	联系人		办公电话		移动电话	
	全年营业收入（万元）			资产总计（万元）		
	利润总额（万元）			纳税总额（万元）		
环保设备情况	申报的环保设备名称					
	购买日期					
	性能参数					
	应用领域					
	购买该设备的投资额					
	是否自身投入使用					
企业申报依据：						
						年　月　日（章）

续表

市地审查意见： 年　月　日（章）

填报说明：1. 企业申报依据要写明引用文件的名称、文号、条款原文。
2. 初审意见要明确、具体，对只盖章不填写审查意见的，省不予确认。
3. 材料一式六份，上报省环保产业设备（产品）确认委员会五份。

附件2：

环境保护专用设备确认申报材料及装订要求

一、企业申报材料

1. 市经贸委关于申报本批次环境保护专用设备确认的请示文件；
2. 由法定代表人签字并加具企业公章的承诺书（承诺企业提供的材料的真实性和可靠性）；
3. 企业申报确认环境保护专用设备的请示（应说明企业概况、购置并使用该设备的情况、申报理由等）；
4. 《山东省环境保护专用设备确认申请表》（附件1）；
5. 工商营业执照和税务登记证复印件；
6. 企业购置该设备的发票复印件；
7. 能说明该设备的名称、性能参数、应用领域等情况的设备说明书复印件；
8. 企业生产过程中实际使用该设备的工艺流程图；
9. 其他相关的证明和材料。

二、装订要求

申报材料统一采用A4纸规格，打印目录（注明各具体材料页码），并按顺序加封装订成册。

省经济贸易委员会　省财政厅　省国家税务局　省地方税务局　省人民政府节约能源办公室关于2008年度环境保护专用设备确认的通知

2009年5月8日　鲁经贸循字〔2009〕211号

各市经贸委（经委）、节能办、财政局、国税局、地税局：

根据《财政部　国家税务总局　国家发展改革委关于公布节能节水专用设备企业所得税优惠目录（2008年版）和环境保护专用设备企业所得税优惠目录（2008年版）的通知》（财税〔2008〕115号）以及省经贸委、节能办、财政厅、国税局、地税局印发的《关于进一步做好环境保护专用设备确认工作的通知》（鲁经贸循字〔2009〕88号）的要求，我们组织有关单位和专家对各市上报的环境保护专用设备进行了审核。认为山东水泥厂有限公司等100家企业购置的"烟道排放气体连续分析仪（在线固定污染源排放烟气连续监测仪）"等142种设备符合国家《环境保护专用设备企业所得税优惠目录（2008年版）》要求，现予以确认（名单附后）。

附件：山东省环境保护专用设备确认企业名单（2008年度）

附件：

山东省环境保护专用设备确认企业名单（2008 年度）

序号	企业名称	确认的环境保护专用设备名称
		济　南
1	山东水泥厂有限公司	烟道排放气体连续分析仪（在线固定污染源排放烟气连续监测仪）
		气箱脉冲除尘器（袋式除尘器）
2	济南万方碳素有限公司	XMC 袋式除尘器（袋式除尘器）
3	平阴山水水泥有限公司	烟道排放气体连续分析仪（在线固定污染源排放烟气连续监测仪）
		袋式除尘器
		脉冲袋式除尘器（袋式除尘器）
4	光大水务（济南）有限公司	紫外消毒灯（一厂）
		紫外消毒灯（二厂）
		化学需氧量水质在线自动监测仪（一厂）
		化学需氧量水质在线自动监测仪（二厂）
5	华电国际电力股份有限公司	湿法脱硫专用除雾器
		湿法脱硫专用喷嘴
		烟气连续监测仪（在线固定污染源排放烟气连续监测仪）
6	济南热电有限公司	湿法脱硫专用除雾器
		湿法脱硫专用喷嘴
7	济南世纪创新水泥有限公司	烟道排放气体连续分析仪（在线固定污染源排放烟气连续监测仪）
8	章丘华明水泥有限公司	在线固定污染源排放烟气连续分析仪（在线固定污染源排放烟气连续监测仪）
		袋式除尘器
9	济南圣泉集团股份公司	化学需氧量水质在线自动监测仪
		烟道排放气体连续分析仪（在线固定污染源排放烟气连续监测仪）
10	淄博矿业集团有限责任公司埠村煤矿	烟道排放气体连续分析仪（在线固定污染源排放烟气连续监测仪）
		淄　博
11	淄博鑫胜热电有限公司	污泥干化机
		湿法脱硫专用除雾器
		湿法脱硫专用喷嘴
12	淄博市临淄正华助剂有限公司	COD 在线检测仪（化学需氧量水质在线自动监测仪）
13	山东中轩生物有限公司	脉冲袋式除尘器（袋式除尘器）
14	山东中轩生化有限公司	脉冲式收尘器（袋式除尘器）
15	山东兔巴哥集团有限公司	化学需氧量水质在线检测仪（化学需氧量水质在线自动监测仪）
16	山东天源热电有限公司	喷淋喷嘴（湿法脱硫专用喷嘴）
		除雾器（湿法脱硫专用除雾器）
17	嘉吉生物工程（淄博）有限公司	污泥浓缩脱水一体机
18	山东沂源沂阳水泥有限公司	分式脉冲除尘器（袋式除尘器）
19	山东格赛博玻纤科技有限公司	袋式除尘器
20	山东鲁阳股份有限公司	分室脉冲喷吹袋式除尘器（袋式除尘器）
		脉冲袋式除尘器（袋式除尘器）
		单机脉冲除尘器（袋式除尘器）
21	淄博市傅山焦化有限责任公司	袋式除尘器
22	山东大成农药有限公司	焚烧炉（危险废弃物焚烧炉）
		枣　庄
23	枣庄矿业（集团）有限责任公司蒋庄煤矿	化学需氧量（COD）在线监测仪（化学需氧量水质在线自动监测仪）
24	银河水务（滕州）有限公司	DNTY2000 型带式浓缩一体机（污泥浓缩脱水一体机）
		COD_{max} 化学需氧量分析仪（化学需氧量水质在线自动监测仪）
25	滕州市东郭水泥有限公司	LDC 型低压脉冲袋式除尘器（袋式除尘器）
26	枣庄海扬王朝纺织有限公司	HBCOD－1 型在线化学需氧量分析仪（化学需氧量水质在线自动监测仪）

续表

序号	企业名称	确认的环境保护专用设备名称
27	枣庄榴园水泥粉磨有限公司	XL系列袋式除尘器（袋式除尘器）
28	山东榴园水泥有限公司	袋式除尘器
29	山东丰源通达电力有限公司	FSMC型系列高效高浓度袋式除尘器（袋式除尘器）
	东　营	
30	东营金茂铝业高科技有限公司	烟道排放气体连续分析仪（在线固定污染源排放烟气连续监测仪）
	烟　台	
31	海阳龙凤热电有限公司	袋式除尘器
		在线固定污染源排放烟气连续监测仪
32	宏华胜精密电子（烟台）有限公司	化学需氧量水质在线自动监测仪
33	鸿富锦精密电子（烟台）有限公司	化学需氧量水质在线自动监测仪
34	烟台万润精细化工股份有限公司	化学需氧量水质在线自动监测仪
35	烟台新城污水处理有限公司	化学需氧量水质在线自动监测仪
36	烟台华鲁热电有限公司	烟气在线连续监测仪（在线固定污染源排放烟气连续监测仪）
37	烟台西部热电有限公司	烟气在线连续监测仪（在线固定污染源排放烟气连续监测仪）
		型煤锅炉
	潍　坊	
38	山东潍坊润丰化工有限公司	废水化学需氧量水质在线自动监测仪（COD_{max} HACH）（化学需氧量水质在线自动监测仪）
39	山东海化集团有限公司	布袋除尘器（袋式除尘器）
40	山东海化股份有限公司纯碱厂	X0206C、V27110CD布袋除尘器（型号LFEF2148、FMQD－Ⅱ－550）（袋式除尘器）
		X0603D布袋除尘器（型号FMQD－Ⅱ－1500）（袋式除尘器）
41	潍坊世华化工有限公司	COD在线分析仪（化学需氧量水质在线自动监测仪）
		焚烧炉（危险废弃物焚烧炉）
42	潍坊滨城化工有限公司	COD在线分析仪（化学需氧量水质在线自动监测仪）
43	安丘鲁安纸业有限责任公司	污泥脱水一体化机（污泥浓缩脱水一体机）
44	山东潍焦集团有限公司	袋式除尘器
45	潍坊英轩实业有限公司	反渗透过滤器
46	诸城市银河污水处理有限公司	带式压滤污泥脱水机（污泥浓缩脱水一体机）
47	诸城外贸食品冷藏有限公司	HBCOD－1型在线化学需氧量分析仪（化学需氧量水质在线自动监测仪）
48	山东海龙股份有限公司	水质在线自动检测仪（化学需氧量水质在线自动监测仪）
		带式污泥脱水机（污泥浓缩脱水一体机）
49	山东晨鸣新力热电有限公司	袋式除尘器
		在线固定污染源排放烟气连续监测仪
50	寿光市新龙电化有限责任公司	湿法脱硫专用喷嘴
		湿法脱硫专用除雾器
51	山东寿光巨能金玉米开发有限公司	湿法脱硫专用喷嘴
		湿法脱硫专用除雾器
		袋式除尘器
	济　宁	
52	山东金鲁城工程材料有限公司	脉冲袋式收尘器（袋式除尘器）
53	山东兖州合金钢股份有限公司	抗结霜低阻脉冲袋式除尘器（袋式除尘器）
54	嘉祥县嘉星热电有限公司	布袋除尘器（袋式除尘器）
		烟气在线监测仪（在线固定污染源排放烟气连续监测仪）
55	济宁银河水务有限公司	污泥浓缩脱水一体机
56	泰山玻璃纤维邹城有限公司	污泥浓缩脱水一体机
		化学需氧量在线自动监测仪（化学需氧量水质在线自动监测仪）

续表

序号	企业名称	确认的环境保护专用设备名称
57	山东省兖州市大统矿业有限公司	化学需氧量水质在线监测仪（化学需氧量水质在线自动监测仪）
	威海	
58	华能威海发电有限责任公司	湿法脱硫除雾器（湿法脱硫专用除雾器）
		在线固定污染源排放烟气连续监测仪
59	威海新力热电有限公司	烟道排放气体连续分析仪（在线固定污染源排放烟气连续监测仪）
60	威海魏桥科技工业园有限公司	在线固定污染源排放烟气连续监测仪
61	山东恒大化工（集团）有限公司	烟气在线监测仪（在线固定污染源排放烟气连续监测仪）
62	威海山花华宝地毯有限公司	化学需氧量水质在线自动监测仪
63	威海博通热电股份有限公司	在线烟气连续分析仪（在线固定污染源排放烟气连续监测仪）
	泰安	
64	新泰正大热电有限公司	在线固定污染源排放烟气连续监测仪
65	山东瑞银生物化工股份有限公司	化学需氧量水质在线监测仪（化学需氧量水质在线自动监测仪）
66	山东超威电源有限公司	袋式除尘器
	日照	
67	山东日照焦电有限公司	在线固定污染源排放烟气连续监测仪
68	日照京华新型建材有限公司	脉冲单机袋式除尘器、脉冲箱体布袋除尘器（袋式除尘器）
69	日照钢铁有限公司	烟道排放气体连续分析仪 NSA－3080（在线固定污染源排放烟气连续监测仪）
70	莒县浮来山水泥有限公司	袋式除尘器
71	山东莒州水泥有限公司	袋式除尘器
72	五莲县阳光热电有限公司	低压脉冲布袋除尘器（袋式除尘器）
		湿法脱硫专用喷嘴
		烟气在线监测仪器仪表（在线固定污染源排放烟气连续监测仪）
	莱芜	
73	莱芜钢铁集团有限公司	袋式除尘器
		在线固定污染源排放烟气连续监测仪
74	莱芜钢铁股份有限公司	袋式除尘器
		反渗透过滤器
75	莱芜钢铁集团银山型钢有限公司	袋式除尘器
		反渗透过滤器
		在线固定污染源排放烟气连续监测仪
	滨州	
76	山东上上特种材料有限公司	布袋除尘器（袋式除尘器）
77	山东中农民昌化学工业有限公司	冷凝器（WSA 冷凝器（湿式催化转化冷凝器））
		脉冲布袋除尘器（袋式除尘器）
78	山东滨化热力有限责任公司	螺旋喷嘴（湿法脱硫专用喷嘴）
79	山东滨化东瑞化工有限责任公司	脉冲布袋除尘器（袋式除尘器）
		气箱脉冲袋式除尘器（袋式除尘器）
80	山东滨农科技有限公司	脉冲布袋除尘器（袋式除尘器）
81	京博农化有限公司	反渗透过滤器
	聊城	
82	东阿东昌焦化有限公司	袋式除尘器
83	山东时风（集团）有限责任公司	化学需氧量水质在线监测仪（化学需氧量水质在线自动监测仪）
84	鲁化集团第五化肥厂	袋式除尘器
85	阳谷祥光铜业有限公司	污泥浓缩脱水一体机
		烟气在线监测仪（在线固定污染源排放烟气连续监测仪）
86	茌平信源铝业有限公司	湿法脱硫专用喷嘴
		袋式除尘器

续表

序号	企业名称	确认的环境保护专用设备名称
87	山东信发希望铝业有限公司	湿法脱硫专用喷嘴
		湿法脱硫专用除雾器
88	山东中兴碳素有限责任公司	脉冲袋式除尘器（袋式除尘器）
89	山东信发华信铝业有限公司	湿法脱硫专用喷嘴
		湿法脱硫专用除雾器
90	山东齐鲁味精集团有限公司	化学需氧量水质在线自动监测仪
91	山东三九味精有限公司	化学需氧量水质在线自动监测仪
	临　沂	
92	费县沂州水泥有限公司	袋式收尘器（袋式除尘器）
93	山东德利再生资源置业有限公司	化学需氧量水质在线自动监测仪
94	山东胜邦鲁南农药有限公司	COD总量监测仪（化学需氧量水质在线自动监测仪）
	菏　泽	
95	青岛啤酒（菏泽）有限公司	COD在线自动分析仪（化学需氧量水质在线自动监测仪）
96	山东鲁花浓香花生油有限公司	烟气在线连续监测仪（在线固定污染源排放烟气连续监测仪）
97	山东丽得食品有限公司	污泥浓缩脱水一体机
98	山东吉安化工有限公司	在线固定污染源排放烟气连续监测仪
99	成武金安热电有限公司	在线固定污染源排放烟气连续监测仪
		湿法脱硫专用喷嘴、湿法脱硫专用除雾器
100	康泰化工有限公司	HSJ－CODcr型COD在线监测仪（化学需氧量水质在线自动监测仪）

说明：1. 共计100家企业的142种设备。

2. 以上设备只办理2008年度购买使用的，发票日期必须在2008年1月1日～2008年12月31日之间。

省经济和信息化委员会　省财政厅　省国家税务局 省地方税务局关于公布2009年第一批国家认定的资源综合利用发电机组名单的通知

2009年12月22日　鲁经贸循字〔2009〕561号

各市经贸委（经委）、财政局、国税局、地税局，有关企业：

根据《国家鼓励的资源综合利用认定管理办法》和《申报国家发展改革委审核的资源综合利用电厂认定管理暂行规定》等要求，省资源综合利用认定委员会先后对各市上报的两批资源综合利用电厂枣庄八一水煤浆热电有限责任公司等48家发电企业通过了初审。省经济和信息化委将初审通过的企业以鲁经贸循字〔2009〕314号文件上报国家发展改革委审核。近日，国家发展改革委办公厅下发了《国家发展改革委办公厅关于印发资源综合利用发电机组认定名单（2009年第一批）的通知》（发改办环资〔2009〕2582号），公布了国家审核结果。按《通知》要求，现将国家认定的枣庄矿业（集团）有限责任公司柴里煤矿煤矸石热电厂等36家企业68台资源综合利用发电机组予以公布。

各市经贸委（经委）和财税部门要加强对资源综合利用企业的日常监管，定期对已通过认定的企业进行年检，对发现的问题应及时解决，并将有关情况报省经济和信息化委等部门。各认定企业要严格按照认定条件组织生产，按时报送资源综合利用统计报表；要大力发展循环经济，积极推行清洁生产，进一步提高资源综合利用水平。

附件：2009年第一批国家认定的资源综合利用发电机组名单（表一、二）

附件：

2009 年第一批国家认定的资源综合利用发电机组名单（表一）

（有效期自 2009 年 1 月 1 日至 2010 年 12 月 31 日）

序号	企业名称	企业详细地址	综合利用产品名称	综合利用资源名称	认定的机组装机容量和编号（单位：KW）	汽轮机型号和编号	锅炉型号和编号
	枣庄 2 家						
1	枣庄矿业（集团）有限责任公司柴里煤矿煤矸石热电厂	滕州市西岗镇	电力	煤矸石、煤泥、洗混煤	2×6000（1#、2#）	N6－35 C6－3.49/0.49 1#、2#	SHF35－38/450 SHF35－38/451 1#、2#
2	滕州市大宗煤矸石热电有限公司	滕州市张汪镇大宗村	电力	煤矸石	2×24000（3#、4#）	C24－3.5/10 3#、4#	UG－130/3.82－M11 3#、4#、5#、6#
	泰安 8 家						
1	山东良达热电有限责任公司	新泰市新汶办事处西良庄	电力、热力	煤泥	2×15000（1#、2#）	C15－3.43/0.49 2×70t/h	YG－75/3.82－M103 台 75t/h
2	泰安立人热电有限责任公司	山东省新泰市翟镇	电力、热力	煤泥	1×6000（1#）	N6－3.43－2 1×20t/h	YG－35/3.82－M6 2×35t/h
3	山东东岳能源有限责任公司查庄矸石热电厂	肥城市石横镇查庄煤矿内	电力、热力	煤矸石	2×6000（1#、2#）	C6－3.43/0.49/435℃ (2×30t/h)	YG35/3.82－M6 3×35t/h
4	山东东岳能源有限责任公司杨庄矸石热电厂	肥城市老城镇杨庄矸石热电厂	电力、热力	煤矸石	2×15000（1#、2#）	C12－4.90/0.490 (2×50t/h)	UG－75/5.3－M12（3 台×75t/h）
5	山东东岳能源有限责任公司陶阳矸石热电厂	山东省肥城市湖屯镇陶阳煤矿	电力、热力	煤矸石	1×6000（1#）	C6－3.43/0.49 (30t/h)	YG35/3.82－M6 3×35t/h
6	山东东岳能源有限责任公司国庄矸石热电厂	山东省肥城市湖屯镇西	电力、热力	煤矸石	2×6000（1#、2#）	C6－3.43/0.49（3×30t/h）	JG35/3.82－M6 3×35t/h
7	肥城曹庄煤矿有限公司大封矸石热电厂	肥城市王瓜店镇大封矸石热电厂	电力、热力	煤矸石	2×15000（1#、2#）	C12－4.90/0.98/470℃ (2×50t/h)	YG－75/5.29－M12 3×75t/h
8	宁阳鲁邦正阳热电有限责任公司	宁阳县磁窑镇	电力、热力	煤矸石	2×12000（1#、2#）	CC12－4.9/2.45/0.9 180t/h	YG－75/5.29－M12 3×75t/h
	莱芜 3 家						
1	莱芜市汶源热电有限责任公司	莱芜市钢城区颜庄镇潘西煤矿西邻	电力	煤矸石、低热值煤	2×15000（1#、2#）	C15－4.9/0.981	YG－75/5.29－M12
2	山东泰山阳光集团有限公司莱芜电力分公司	莱芜市莱城区牛泉镇工业园	电力	煤矸石、混煤	1×6000（1#）	N6－35	SHF35－39/450

续表

序号	企业名称	企业详细地址	综合利用产品名称	综合利用资源名称	认定的机组装机容量和编号（单位：KW）	汽轮机型号和编号	锅炉型号和编号
3	莱芜钢铁股份有限公司	莱芜市钢城区新兴路23号	电力	高炉煤气	1×50000（CCPP1#）	C50－8083/0.981 设计供气能力为166.6t/h	JG－170/9.8－Q170 吨锅炉
	菏泽2家						
1	鲁能成武热电有限责任公司	成武县永昌路北段168号	电力、热力	煤泥	1×3000KW（1#） 1×6000KW（2#）	B3－3.43/0.981（1#） C6－3.43/0.981（2#）	2×YG－35/3.82－M6 YG－35/3.82－M1
2	菏泽锦江环保能源有限公司	菏泽市牡丹南路320号	电力、热力	城市生活垃圾	2×6000KW（1#、2#）	2×C6－3.43/0.98	3×LJ200－3.82/450

2009年第一批国家认定的资源综合利用发电机组名单（表二）
（有效期自2009年7月1日至2011年6月30日）

序号	企业名称	企业详细地址	综合利用产品名称	综合利用资源名称	认定的机组装机容量和编号（单位：KW）	汽轮机型号和编号	锅炉型号和编号
	淄博4家						
1	淄博岭子热电有限公司	淄博市淄川区岭子镇朱家村南	电力、热力	煤矸石	1×12000kw（3#）	C12－3.43/0.981（3号）	YG－75/3.82－450－M（4号）
2	淄博鑫胜热电有限公司	淄博市淄川区松龄西路西首	电力、热力	煤矸石	1×15000kw（1#）	CC12－4.9/0.98/0.29（1号）	YG－75/5.29－M（1号、2号）
					1×6000kw（2#）	B6－50/10（2号）	YG－75/5.29－M（3号）
					1×15000kw（4#）	C12－4.9/0.98－2（4号）	YG－75/5.29－M（5号）
					1×13500kw（3#）	C12－4.9/0.98－2（3号）	YG－75/5.29－M（4号）
3	山东大龙电力股份有限公司	淄博市淄川区龙泉镇尚庄村北首	电力、热力	煤矸石	1×6000kw（2#）	B6－3.43/0.98（2号）	UG－35/3.82－M1（1号）
				煤矸石	1×6000kw（3#）	C6－3.43/0.981（3号）	UG－35/3.82－M1（2号）
4	淄博热电股份有限公司	淄博高新技术开发区	电力、热力	煤矸石	1×25000kw（2#）	CC25－90/10/1.2（2号）	DG－220/9.8－14（5号）
	枣庄2家						
1	山东省滕州瑞达热电有限公司	滕州市西环城路东侧（转盘南）	电力、热力	煤矸石	2×6000kw（1#、2#）	C6－3.43/1.27 C6－3.43/0.981	DG35－3.82/450－7 YG－35/3.82－M18
2	滕州亿源煤矸石热电有限公司	滕州市经济开发区内，滕阳西路789号	电力、热力	煤矸石	1×12000kw（1#）	C12－3.43/1.57	YG75/3.82－M10
	烟台3家						
1	龙口矿业集团热电有限公司	龙口市北皂后村西侧	电力、热力	煤矸石、油母页岩	1×6000（2#） 1×15000（3#）	2#机 C6－3.43/0.49 45T/H 3#机 C15－3.43/0.98 16T/H	SHF35－3.82/450－H 2×35（2#、3#） UG－75/3.82－M12 1×75（4#）

续表

序号	企业名称	企业详细地址	综合利用产品名称	综合利用资源名称	认定的机组装机容量和编号（单位：KW）	汽轮机型号和编号	锅炉型号和编号
2	龙口嘉元东盛热电有限公司	龙口高新技术产业园区	电力、热力	煤矸石、油母页岩	2×24000（1#、2#）	1#机、2#机 C24－8.83/0.981（2×120t/h）	3×130t/h YG－130/9.8－M（1#、2#、3#）
3	烟台华鲁热电有限公司	烟台开发区金沙江路69号	电力、热力	煤矸石、油母页岩	2×12000（1#、2#）	1#机 C12－4.9/0.981 2#机 CB12－4.9/0.981/0.294	YG－75/5.29－M1（1#、2#、3#、4#）
	威海1家						
1	文登市西郊热电有限公司	文登市米山路289号	电力、热力	油母页岩、煤矸石等低热值煤	1×12000（1#）	C12－3.82/0.98	2×YG－75/3.82－M
	济宁6家						
1	山东华聚能源股份有限公司南屯矿电厂	邹城市北宿镇南屯煤矿	电力	煤矸石	2×6000（1#、2#）	2×C6－3.43/0.49	3×HG－40/3.82－L. MG
2	山东华聚能源股份有限公司兴隆庄矿电厂	兖州市兴隆庄镇兴隆庄矿	电力	煤泥	2×6000（1#、2#） 1×12000（3#）	2×C6－3.43/0.49 C12－3.43/0.49	3×NG－35/3.82－M NG－75/3.82－M
3	山东华聚能源股份有限公司济东新村电厂	济宁市任城区接庄镇济东新村	电力	煤矸石	1×6000（2#）	C6－3.43/0.49	2×YG－35/3.82－M7
4	山东华聚能源股份有限公司东滩矿电厂	邹城市中心镇东滩矿	电力	煤泥	3×12000（1#、2#、3#）	2×C12－3.43/0.49	2×UG－75/3.82－M23
5	山东华聚能源股份有限公司鲍店矿电厂	邹城市平阳寺镇鲍店煤矿	电力	煤泥	3×6000（1#、2#、3#）	3×C6－3.43/0.49	3×JG－35/3.82－M2 UG－75/3.82－M
6	山东华聚能源股份有限公司济二矿电厂	济宁市任城区接庄镇济二煤矿	电力	煤矸石、煤泥	1×12000（2#） 1×12000（3#）	2×C12－4.9/0.49 N12－4.9/0.49	3×UG－75/3.82－M
	泰安4家						
1	新泰正大热电有限责任公司	新泰市青龙路1301号	电力、热力	煤泥、次煤	1×6000（1#） 1×15000（2#）	B6－0.981/3.43 C15－0.981/3.43	UG－35－3.82/450 YG－75－3.82/450 YG－75－3.82/450
2	山东惠普矸石电力股份有限公司	新泰市新汶工业园区	电力	煤泥、煤矸石、杂次煤	1×15000（4#）	C15－3.43/0.98－2	JG75/3.82－M
3	泰安新汶顶峰热电有限公司	新泰市新汶办事处	电力、热力	煤泥、煤矸石	2×25000（1#、2#）	C25－8.8/0.49 C25－8.8/0.49	HG－130/9.8－L MN19－130
4	山东光明热电股份有限公司	新泰市小协镇	电力、热力	煤泥、煤矸石	2×6000（1#、2#） 1×12000（3#）	C6－3.43/0.49－1 N6－3.43－1 C12－3.43/0.49－1	UG－75/3.82－M45 JG－75/3.82－M
	莱芜1家						
1	莱芜泰钢热电有限公司	莱芜市新甫路1号	电力	煤矸石、次煤	2×6000（1#、2#）	QF－6－2	JG－75/3.82－M

三、

预算管理类

财政部关于村级公益事业一事一议中央财政奖补事项的通知

2009年1月19日 财预〔2009〕5号

各省、自治区、直辖市、计划单列市财政厅（局）：

为支持地方开展村级公益事业一事一议建设财政奖补试点工作，根据《国务院农村综合改革工作小组 财政部 农业部关于开展村级公益事业建设一事一议财政奖补试点工作的通知》（国农改〔2008〕2号）、《国务院农村综合改革工作小组关于在联系村所在县（市）开展村级公益事业建设一事一议财政奖补试点的通知》（国农改〔2008〕4号）精神，现就有关事项通知如下：

一、奖补原则

（一）适当奖补，客观公平。村级公益事业建设属于地方事权，为促进村民民主建设，并考虑取消劳动积累工和农村义务工对村级公益事业建设的影响，中央财政在地方财政奖补的基础上，对村级公益事业建设一事一议予以适当支持和奖补，奖补力求客观公平。

（二）分清责任，建立机制。村级公益事业具有准公共产品的性质，要在划分事权、分清责任、分级负责的基础上开展村级公益事业建设，建立村级公益事业建设的投入分担机制。跨村以及村以上范围的公益事业建设项目投入应主要由各级政府分级负责，由现有的投入渠道解决；村内小型水利、村内道路、环卫设施、植树造林等村民直接受益的公益事业，以村民通过一事一议筹资筹劳和村集体经济组织投入为主，国家适当给予奖补；农民房前屋后的修路、建厕、打井、植树等投资投劳由农民自己负责。

（三）直接受益，注重实效。一事一议财政奖补项目必须考虑村级集体经济组织、农民和地方财政的承受能力，重点支持农民需求最迫切、反映最强烈、利益最直接的村级公益事业建设项目，适当向贫困村倾斜，提高项目效用，使农民直接受益，防止盲目攀比。

二、奖补办法

（一）奖补范围。一事一议财政奖补范围主要包括以村民一事一议筹资筹劳为基础、目前支农资金没有覆盖的村内水渠（灌溉区支渠以下的斗渠、毛渠）、堰塘、桥涵、机电井、小型提灌或排灌站等小型水利设施，村内道路（行政村到自然村或居民点）和户外村内环卫设施、植树造林、村容村貌改造等村级公益事业建设。

（二）奖补因素。考虑乡村人口、农村劳动力、试点省份规定的一事一议筹资筹劳上限标准、地方财政（包括省级、地市级、县级、乡镇财政）对村级公益事业建设一事一议奖补金额、地方财力状况等客观因素，并适当向中西部省份倾斜。对农民规定范围内的筹劳折资标准，由于各地情况不一样，统一按每个工日20元标准折算。

（三）奖补比例。政府对农民通过一事一议筹资筹劳开展村级公益事业建设按照三分之一的比例予以补助，所需政府补助资金由地方财政承担三分之二，中央财政通过奖补的方式承担政府补助资金的三分之一，并考虑地方财政困难程度调整确定各地奖补系数。中央财政对地方财政奖补资金的上限，按照规定的当地农民一事一议筹资筹劳上限标准及政府补助比例计算确定。

（四）计算公式

当地方财政安排奖补资金规模不超过按照当地农民一事一议筹资筹劳上限标准及政府补助比例计算确定数额时：

中央财政对某地区财政奖补数额＝该地区地方财政对一事一议财政奖补金额×中央财政奖补系数

当地方财政安排奖补资金规模超过按照当地农民一事一议筹资筹劳上限标准及政府补助比例计算确定数额时：

中央财政对某地区财政奖补数额＝该地区按照当地农民一事一议筹资筹劳上限标准及政府补助比例计算确定的地方财政奖补金额×中央财政奖补系数

三、财政奖补资金的管理和使用

试点地区要高度重视，加强财政奖补资金的管理和使用，确保村级公益事业建设一事一议财政奖补试点工作的顺利进行。

（一）实行资金预拨和清算制。为支持一事一议项目建设，上级财政可预拨部分奖补资金，实行建设和奖补并行，在项目竣工验收合格后办理清算，多退少补。村级公益事业建设一事一议财政奖补资金在“对村级一事一议的补助”科目中反映。地方财政要将中央财政安排的奖补资金用于支持村级一事一议建设，不得截留、挪用。

（二）实行报账制。试点县（市）要按照新农村建设规划和群众意愿，建立一事一议项目计划，量力而行，分步实施。要按照不同的项目实施主体和项目金额大小，分别实行县级报账制和乡镇报账制，只有在村民筹资、村集体投入、社会捐赠资金到账，具备项目开工条件后，才能由村级提出申请，由县级或乡镇财政部门按工程进度拨付资金。

（三）实行公示制。试点省份和地区要按照政府信息公开的要求，全面公开一事一议财政奖补的政策标准、实施办法、办事程序和服务承诺。一事一议奖补项目要有村民代表实施项目全程监督和管理。已建成的一事一议奖补项目，乡镇或村民委员会要将项目资金（实物）的安排使用情况向全体村民公示，得到村民认可。

（四）加大监督考核力度。财政部门要加大管理力度，加强对财政奖补资金管理使用情况的监督检查和绩效考核。对财政奖补资金管理和使用中的违法行为，依据《财政违法行为处罚处分条例》（国务院令第427号）等有关规定追究法律责任。

财政部关于印发中央对地方成品油价格和税费改革转移支付办法的通知

2009年2月25日　财预〔2009〕14号

各省、自治区、直辖市、计划单列市财政厅（局）：

经国务院批准，现将《中央对地方成品油价格和税费改革转移支付办法》印发给你们，请遵照执行。

附件：中央对地方成品油价格和税费改革转移支付办法

附件：

中央对地方成品油价格和税费改革转移支付办法

根据《国务院关于实施成品油价格和税费改革的通知》（国发〔2008〕37号）的有关规定，制定本办法。

一、基本目标和原则

转移支付的基本目标是：对实施成品油税费改革形成的财政收入，除由中央本级安排的替代性等支出外，其余全部由中央财政通过规范的财政转移支付方式分配给地方，保证地方政府在原公路养路费、公路客货运附加费、公路运输管理费、航道养护费、水运客货运附加费和水路运输管理费（以下简称“六费”）等收费取消后，通过科学规范、公开透明的资金分配获得相应资金来源，保障交通基础设施养护和建设等需要，逐步推进全国交通均衡发展。

转移支付的基本原则是：

（一）保证基数。对地方既得利益格局原则上不做调整，保证地方“六费”基数。

（二）增量调节。增量资金分配既充分考虑各地税收贡献，又适当兼顾全国交通基础设施建设的均衡发展。

（三）统一规范。根据规范的办法，统一确定地方合理的收入基数，并选择影响交通基础设施养护和建设等支出的客观因素进行增量资金分配。

（四）公开透明。分配办法、分配过程与分配结果公开。办法科学简明，易于操作，便于监督。

二、转移支付规模的确定

每年中央财政用于对地方转移支付的规模，根据当年因实施成品油税费改革形成的财政收入总额和改革基期年“六费”收入等占按改革相关因素测算的财政收入的比例确定。

转移支付总额计算公式为：

转移支付总额＝当年成品油税费改革形成的财政收入×改革基期年“六费”收入等占按改革相关因素测算的财政收入的比例

其中，当年成品油税费改革形成的财政收入包括：提高汽柴油等油品单位税额增加的消费税以及由此相应增加的增值税、城市维护建设税和教育费附加。

三、转移支付资金的分配

转移支付采取“基数加因素”的办法，分为替代性返还和增长性补助两部分。计算公式为：

中央对地方转移支付额＝替代性返还＋增长性补助

（一）替代性返还。

指替代地方原有“六费”收入基数给予的返还。即以2007年地方“六费”收入为基础，增加一定的增长率确定。未形成“六费”实际收入、“六费”项目以外的收费一律不作为返还基数。

（二）增长性补助。

从2009年起，如果改革形成的收入能够比原来测算的收入增长超过10%，中央财政将安排增长性补助。增长性补助指当年转移支付总额中扣除替代性返还后的增量资金的分配，60%按照各地成品油消耗量分配，40%按照改革基期年公路规费和水路规费的比重、影响公路养护和建设以及航道养护的客观因素分配。

影响公路养护和建设的因素为当量公路里程、路网密度、路况指数，权重分别为 20%、15% 和 5%。成品油消耗量体现“多交税、多得益”的原则，主要根据各地批发环节销售量等因素计算。当量公路里程主要反映已建成公路养护所需支出，具体以二级公路为标准计算，对其他等级公路（扣除收费的高速公路和一级公路）根据标准中不同公路路基宽度等因素加以调整。路网密度因素主要反映应建未建道路所需支出，根据机动车拥有量、公路覆盖区人口、可居住面积、县镇个数等因素计算。路况指数是指按照《公路技术状况评定标准》测定的反映公路平整程度等状况的指标。

影响航道养护的因素为当量航道里程。当量航道里程主要反映已有航道养护所需支出，以四级航道为标准计算，对于其他等级航道根据标准中不同航道尺度等因素加以调整。

增长性补助计算公式为：

某地增长性补助 = 成品油消耗量分配数 + 公路养护和建设分配数 + 航道养护分配数

其中：

成品油消耗量分配数 = 全国增长性补助总额 ×60% ×（该地上年成品油消耗量 ÷ 全国上年成品油消耗量）

公路养护和建设分配数 = 全国增长性补助总额 × 改革基期年公路规费占比 ×（该地当量公路里程 ÷ 全国当量公路里程 ×20% + 该地路网密度因素 ×15% + 该地路况指数因素 ×5%）

航道养护分配数 = 全国增长性补助总额 × 改革基期年水路规费占比 ×（该地当量航道里程 ÷ 全国当量航道里程 ×40%）

四、转移支付资金的拨付和使用

在年度执行中，财政部根据年初预算和执行情况，按照确定的转移支付数额，及时拨付给地方财政部门。中央拨付的转移支付资金，各地要严格实行专款专用，按照交通资金属性不变、资金用途不变、地方预算程序不变、地方事权不变的原则合理安排用于交通基础设施养护和建设以及原由“六费”安排的其他支出。

各地可参照本办法，结合本地实际情况，制定本地区成品油价格和税费改革转移支付办法，并报送财政部备案。

本办法从 2009 年 1 月 1 日起执行。

财政部关于印发《2009 年地方政府债券预算管理办法》的通知

2009 年 2 月 18 日　财预〔2009〕21 号

各省、自治区、直辖市、计划单列市财政厅（局）：

根据国务院有关规定，为规范地方政府债券收支预算管理，提高资金管理的科学化、精细化水平，我部制定了《2009 年地方政府债券预算管理办法》，现予印发，请遵照执行。

附件：2009 年地方政府债券预算管理办法

附件：

2009 年地方政府债券预算管理办法

第一条 为实施好积极的财政政策，增强地方安排配套资金和扩大政府投资的能力，根据国务院有关规定，制定本办法。

第二条 本办法所称地方政府债券，是指经国务院批准同意，以省、自治区、直辖市和计划单列市政府为发行和偿还主体，由财政部代理发行并代办还本付息和支付发行费的2009 年地方政府债券。

第三条 地方政府债券收入可以用于省级（包括计划单列市，下同）直接支出，也可以转贷市、县级政府使用。

第四条 地方政府债券收支实行预算管理。地方政府债券收入全额纳入省级财政预算管理，市、县级政府使用债券收入的，由省级财政转贷，纳入市、县级财政预算。地方政府债券收入安排的支出纳入地方各级财政预算管理。

用地方政府债券发行收入安排支出的部门和单位，要将支出纳入部门预算和单位预算，严格按照预算制度管理。

第五条 地方政府债券收入根据省级政府报请国务院批准同意的额度编制。市、县级财政根据省级财政核准的转贷额度编列地方政府债券转贷收入。

地方政府债券支出根据各级财政使用债券收入或者债券转贷收入安排的支出编制。地方政府债券预算支出，要充分体现科学发展观的要求，积极促进经济结构调整和发展方式转变。资金主要用于中央投资地方配套的公益性建设项目及其他难以吸引社会投资的公益性建设项目支出，严格控制安排用于能够通过市场化行为筹资的投资项目，不得安排用于经常性支出。资金使用范围主要包括：保障性安居工程，农村民生工程和农村基础设施，医疗卫生、教育文化等社会事业基础设施，生态建设工程，地震灾后恢复重建以及其他涉及民生的项目建设与配套。

第六条 2009 年度政府预算未报经本级人民代表大会审查批准的，要将本地区地方政府债券收入或者债券转贷收入和支出纳入预算，报请同级人民代表大会审查批准。2009 年度政府预算已经报本级人民代表大会审查批准的，要根据地方政府债券收支计划及时编制预算调整方案，报同级人民代表大会常务委员会审查批准。

第七条 各级地方财政部门根据批准的预算，将债券支出批复相关部门和单位。各相关部门和单位要严格按照批复的预算，安排预算支出，实行项目管理，不得随意变更资金用途。

第八条 在政府收支分类科目收入分类105 类“债务收入”01 款“国内债务收入”（科目说明修改为“中央与地方共用收入科目”）下新增04 项“财政部代理发行地方政府债券收入”，科目说明为“地方收入科目。反映财政部代理发行的2009 年地方政府债券收入。”在110 类“转移性收入”下新增11 款“债券转贷收入”01 项“转贷财政部代理发行地方政府债券收入”，科目说明为“反映下级政府收到上级政府转贷的财政部代理发行地方政府债券收入。”

在支出功能分类228 类“国债事务”中新增12 款“财政部代理发行地方政府债券还本”，科目说明为“反映地方政府安排的财政部代理发行2009 年地方政府债券还本支出”；新增13 款“财政部代理发行地方政府债券付息”，科目说明为“反映地方政府安排的财政部代理发行2009 年地方政府债券付息支出”。在230 类“转移性支出”新增11 款“债券转贷支出”01 项“转贷财政部代理发行地方政府债券支出”，科目说明为“反映上级政府对下级政府转贷的财政部代理发行地方政府债券支出。”地方政府安排财政部代理地方政府发行债券收入时，根据实际使用方向列入政府收支分类相应功能支出科目。

第九条 各级地方财政部门要根据预算安排、项目建设进度，及时拨付资金，监控预算执行情况，及时发现和处理预算执行中出现的问题，并做好财政总预算会计收支核算工作。

第十条 地方政府债券到期后，由中央财政统一代办偿还。地方财政要足额安排地方政府债券还本付息所需资金，及时向中央财政上缴地方政府债券本息、发行费等资金。对于未按时上缴的，中央财政根据逾期情况计算罚息，并在办理中央与地方财政结算时如数扣缴。

第十一条 财政部门要加强对地方政府债券收支的管理和监督，建立和完善债务项目申报、审批、绩效考评和监督等制度，提高资金管理的科学化、精细化水平，不得挤占、截留和挪用债务资金。

第十二条 本办法自公布之日起执行。

财政部关于印发《财政支出绩效评价管理暂行办法》的通知

2009年6月22日 财预〔2009〕76号

各省、自治区、直辖市、计划单列市财政厅（局）：

为加强财政支出管理，强化支出责任，提高财政资金的使用效益，体现政府公共服务目标，我们制定了《财政支出绩效评价管理暂行办法》，现予印发，请遵照执行。

附件：财政支出绩效评价管理暂行办法

附件：

财政支出绩效评价管理暂行办法

第一章 总 则

第一条 为加强财政支出管理，强化支出责任，建立科学、合理的财政支出绩效评价体系，提高财政资金使用效益，根据《中华人民共和国预算法》和国家有关财务规章制度，制定本办法。

第二条 财政支出绩效评价（以下简称绩效评价）是财政部门和预算部门（单位）根据设定的绩效目标，运用科学、合理的评价方法、指标体系和评价标准，对财政支出产出和效果进行客观、公正的评价。

第三条 财政部门和各预算部门（单位）是绩效评价的主体。

预算部门（单位）（以下简称部门（单位））是指与财政部门有预算缴款、拨款关系的国家机关、政党组织、事业单位和社会团体。

第四条 财政性资金安排的支出适用本办法。

第五条 绩效评价应当遵循以下基本原则：

（一）科学规范原则。绩效评价应当注重财政支出的经济性、效率性和有效性，严格执行规定的程序，采用定量与定性分析相结合的方法。

（二）公正公开原则。绩效评价应当客观、公正，标准统一、资料可靠，依法公开并接受监督。

（三）分级分类原则。绩效评价由各级财政部门、部门（单位）根据评价对象的特点分类组织实施。

（四）绩效相关原则。绩效评价应当针对具体支出及其产出绩效进行，评价结果应清晰反映支出和产出绩效之间的紧密对应关系。

第六条 绩效评价的主要依据：

（一）国家相关法律、法规和规章制度；

（二）各级政府制订的国民经济与社会发展规划和方针政策；

（三）财政部门制定的绩效评价管理制度及工作规范；

（四）部门（单位）职能职责、中长期发展规划及年度工作计划；

（五）相关行业政策、行业标准及专业技术规范；

（六）部门（单位）预算申报的相关材料、依法批复的部门（单位）预算；地方申请专项转移支付资金的相关资料；

（七）部门（单位）年度决算报告；

（八）审计部门对预算执行情况的年度审计报告；

（九）其他相关资料。

第二章 绩效评价的对象和内容

第七条 绩效评价的对象包括部门（单位）预算管理的财政性资金和上级政府对下级政府的转移支付资金。

第八条 部门预算支出绩效评价包括基本支出绩效评价和项目支出绩效评价。

部门预算支出绩效评价应当以项目支出为重点，重点评价一定金额以上、与本部门职能密切相关、具有明显社会影响和经济影响的项目。有条件的地方可以对部门整体支出进行评价。

第九条 上级政府对下级政府的一般性转移支付支出，原则上应当重点对享受资金较多的地区进行绩效评价；专项转移支付支出，原则上应当以对社会、经济发展有重大影响的支出为重点进行绩效评价。

第十条 绩效评价的基本内容：

（一）财政资金使用情况、财务管理状况和资产配置、使用、处置及其收益管理情况；

（二）为加强管理所制定的相关制度、采取的措施等；

（三）绩效目标的实现程度，包括是否达到预定产出和效果等；

（四）需要评价的其他内容。

第十一条 绩效评价一般以预算年度为周期，对跨年度的重大（重点）项目可根据项目或支出完成情况实施阶段性评价。

第三章 绩效目标

第十二条 绩效目标是被评价对象使用财政资金计划在一定期限内达到的产出和效果，根据不同情况由财政部门和部门（单位）分别或共同设定。

第十三条 绩效目标应编入部门年度预算。

第十四条 绩效目标应当包括以下主要内容：

（一）预期提供的公共产品和服务，包括产品和服务的数量目标、质量目标、时效目标、成本目标以及服务对象满意度目标；

（二）达到预期提供的公共产品和服务所必需的资源；

（三）支出的预期效果，包括经济效益、社会效益、环境效益和可持续影响等；

（四）衡量或评估每一项目活动的相关产出、服务水平和结果的考核指标。

第十五条 绩效目标应当符合以下要求：

（一）指向明确。绩效目标要符合国民经济和社会发展规划、部门职能及事业发展规划，并与相应的财政支出范围、方向、效果紧密相关。

（二）具体细化。绩效目标应当从数量、质量、成本和时效等方面进行细化，尽量进行定量表述，不能以量化形式表述的，可以采用定性的分级分档形式表述。

（三）合理可行。制定绩效目标要经过科学预测和调查研究，目标要符合客观实际。

第四章　绩效评价指标、评价标准和方法

第十六条　绩效评价指标是指衡量绩效目标实现程度的考核工具。绩效评价指标的确定应当遵循以下原则：

（一）相关性原则。绩效评价指标应当与绩效目标有直接的联系，能够正确反映目标的实现程度。

（二）重要性原则。应当优先使用最具部门（单位）或行业代表性、最能反映评价要求的核心指标。

（三）系统性原则。绩效评价指标的设置应当将定量指标与定性指标相结合，系统反映财政支出所产生的社会效益、经济效益和可持续影响等。

（四）经济性原则。绩效评价指标设计应当通俗易懂、简便易行，数据的获得应当考虑现实条件和可操作性，符合成本效益原则。

第十七条　绩效评价指标分为共性指标和个性指标。

（一）共性指标是适用于所有部门的指标，主要包括预算执行情况、财务管理状况、资产配置、使用、处置及其收益管理情况以及社会效益、经济效益等衡量绩效目标完成程度的指标。

（二）个性指标是针对部门和行业特点确定的适用于不同部门的指标。

（三）绩效评价指标由财政部门和部门（单位）分别或共同制定。

第十八条　绩效评价标准是指衡量财政支出绩效目标完成程度的尺度。绩效评价标准具体包括：

（一）计划标准。是指以预先制定的目标、计划、预算、定额等数据作为评价的标准。

（二）行业标准。是指参照国家公布的行业指标数据制定的评价标准。

（三）历史标准。是指参照同类指标的历史数据制定的评价标准。

（四）其他标准。

第十九条　绩效评价方法主要采用成本效益分析法、比较法、因素分析法、最低成本法、公众评判法等。

（一）成本效益分析法。是指将一定时期内的支出与效益进行对比分析以评价绩效目标实现程度。适用于成本、效益都能准确计量的项目绩效评价。

（二）比较法。是指通过对绩效目标与实施效果、历史与当期情况、不同部门和地区同类支出的比较，综合分析绩效目标实现程度。

（三）因素分析法。是指通过综合分析影响绩效目标实现、实施效果的内外因素，评价绩效目标实现程度。

（四）最低成本法。是指对效益确定却不易计量的多个同类对象的实施成本进行比较，评价绩效目标实现程度。适用于公共管理与服务、社会保障、文化、教育等领域支出的绩效评价。

（五）公众评判法。是指通过专家评估、公众问卷及抽样调查等对财政支出效果进行评判，评价绩效目标实现程度。

（六）其他评价方法。

第二十条　绩效评价方法的选用应当坚持定量优先、简便有效的原则。

根据评价对象的具体情况，可采用一种或多种方法进行绩效评价。

第五章　绩效评价的组织管理和工作程序

第二十一条　财政部门负责制定绩效评价规章制度，指导、检查各部门（单位）的绩效评价工作，并

根据需要对部门（单位）支出绩效实施评价和再评价。

第二十二条 部门（单位）负责组织实施本部门（单位）的绩效评价工作。

第二十三条 根据需要，绩效评价可聘请专家或中介机构进行。

第二十四条 财政部门或部门（单位）实施绩效评价的工作程序：

（一）设定绩效目标。部门（单位）编制支出预算时，应当设定绩效目标。

（二）确定被评价的部门（单位）或项目。

（三）撰写绩效报告。预算年度终了或跨年度重大项目实施一定阶段时，部门（单位）应当分析绩效目标完成情况，撰写绩效报告。

（四）完成绩效评价。评价部门根据被评价部门（单位）的绩效报告，对其绩效目标的完成情况进行绩效评价，撰写绩效评价报告，并报送财政部门备案。

（五）绩效评价结果反馈和应用。

第二十五条 财政部门可以对部门（单位）实施的财政支出绩效评价结果实施再评价。再评价的工作程序是：

（一）确定被评价的部门（单位）及项目；

（二）确定再评价的指标、标准和方法；

（三）具体组织或委托中介机构进行再评价，撰写再评价报告；

（四）绩效评价结果反馈及应用。

第六章 绩效报告和绩效评价报告

第二十六条 绩效报告和绩效评价报告应当依据充分、内容完整、数据准确、分析透彻、逻辑清晰。

第二十七条 绩效报告应当包括以下主要内容：

（一）基本概况，包括部门（单位）职能、事业发展规划、预决算情况、项目立项依据等；

（二）绩效目标及其设立依据和调整情况；

（三）对预算年度内目标完成情况进行总结；

（四）对照绩效目标，对所取得的业绩进行评价；

（五）分析说明未完成项目目标及其原因；

（六）下一步改进工作的意见及建议。

第二十八条 绩效评价报告应当包括以下主要内容：

（一）绩效评价指标体系和评价标准；

（二）为实现绩效目标所采取的主要措施；

（三）绩效目标的实现程度；

（四）存在问题及原因分析；

（五）评价结论及建议。

第二十九条 绩效报告和绩效评价报告的具体格式由财政部门统一制定。

第七章 绩效评价结果及其应用

第三十条 绩效评价结果应当采取评分与评级相结合的形式，具体分值和等级可根据不同评价内容设定。

第三十一条 财政部门和部门（单位）应当及时整理、归纳、分析绩效评价结果，将评价结果及时反馈被评价部门（单位），作为改进预算管理和安排以后年度预算的重要依据。评价结果较好的，可采取适当方式在一定范围内予以表扬，评价结果未达到规定标准的，可在一定范围内予以通报并责令其限期整改，也可相应减少其以后年度预算。

第三十二条 绩效评价结果应当按照政府信息公开有关规定在一定范围内公开。

第八章 附 则

第三十三条 各地可据此制定切合本地实际的管理办法和实施细则。

第三十四条 本办法自印发之日起施行。

财政部关于推进省直接管理县财政改革的意见

2009年6月22日 财预〔2009〕78号

各省、自治区、直辖市财政厅（局）：

根据《中共中央 国务院关于地方政府机构改革的意见》（中发〔2008〕12号）、《国务院关于编制2009年中央预算和地方预算的通知》（国发〔2008〕35号）以及《中共中央 国务院关于2009年促进农业稳定发展农民持续增收的若干意见》（中发〔2009〕1号）中关于"推进'省直管县'财政管理方式改革，充实内容和形式，加强县（市）财政管理"和"将粮食、油料、棉花、生猪生产大县全部纳入改革范围"的要求，现就进一步推进省直接管理县财政改革提出如下意见。

一、总体思路

推进省直接管理县财政改革，要以邓小平理论和"三个代表"重要思想为指导，深入贯彻落实科学发展观，按照社会主义市场经济和公共财政的内在要求，理顺省以下政府间财政分配关系，推动市县政府加快职能转变，更好地提供公共服务，促进经济社会全面协调可持续发展。

推进省直接管理县财政改革，必须坚持因地制宜、分类指导，各地要根据经济发展水平、基础设施状况等有关条件，确定改革模式、步骤和进度，不搞"一刀切"；必须坚持科学规范、合理有序，要按照分税制财政体制的要求，进一步理顺省以下政府间事权划分及财政分配关系，增强基层政府提供公共服务的能力；必须坚持积极稳妥、循序渐进，保证市县既得利益，尊重实际情况，妥善处理收支划分、基数划转等问题，确保改革的平稳过渡和顺利运行；必须坚持协调推进、共同发展，充分调动各方发展积极性，增强县域发展活力，提高中心城市发展能力，强化省级调控功能，推动市县共同发展。

改革的总体目标是，2012年底前，力争全国除民族自治地区外全面推进省直接管理县财政改革，近期首先将粮食、油料、棉花、生猪生产大县全部纳入改革范围。民族自治地区按照有关法律法规，加强对基层财政的扶持和指导，促进经济社会发展。

二、主要内容

实行省直接管理县财政改革，就是在政府间收支划分、转移支付、资金往来、预决算、年终结算等方面，省财政与市、县财政直接联系，开展相关业务工作。

（一）收支划分。在进一步理顺省与市、县支出责任的基础上，确定市、县财政各自的支出范围，市、县不得要求对方分担应属自身事权范围内的支出责任。按照规范的办法，合理划分省与市、县的收入范围。

（二）转移支付。转移支付、税收返还、所得税返还等由省直接核定并补助到市、县；专项拨款补助，由各市、县直接向省级财政等有关部门申请，由省级财政部门直接下达市、县。市级财政可通过省级财政继续对县给予转移支付。

（三）财政预决算。市、县统一按照省级财政部门有关要求，各自编制本级财政收支预算和年终决算。市级财政部门要按规定汇总市本级、所属各区及有关县预算，并报市人大常委会备案。

（四）资金往来。建立省与市、县之间的财政资金直接往来关系，取消市与县之间日常的资金往来关系。省级财政直接确定各市、县的资金留解比例。各市、县金库按规定直接向省级金库报解财政库款。

（五）财政结算。年终各类结算事项一律由省级财政与各市、县财政直接办理，市、县之间如有结算事项，必须通过省级财政办理。各市、县举借国际金融组织贷款、外国政府贷款、图债转贷资金等，直接向省级财政部门申请转贷及承诺偿还，未能按规定偿还的由省财政直接对市、县进行扣款。

三、工作要求

为确保顺利推进省直接管理县财政改革，各地要认真开展相关工作，妥善处理好各方面的利益关系。省级财政要会同有关部门抓紧调整管理制度，积极创新管理机制，将有关工作延伸到县；要逐步建立县级基本财力保障机制，加大对财力薄弱县的支持力度，实现“保工资、保运转、保民生”的目标；要规范财政预算外资金管理，全面清理预算外分配事项，理顺政府间预算外资金管理和分配关系；要加强财政管理信息化建设，构建省级与市、县的财政信息化网络，提高工作效率。市级财政要继续关心和帮助县级财政发展，加强对县乡财政工作的指导。县级财政要积极、主动配合省、市级财政做好有关改革工作，增强自我发展、自我约束意识，认真落实财政改革各项措施，提高财政管理的科学化、精细化水平。

省直接管理县财政改革涉及财政利益调整，政策性强，牵涉面广，各级财政部门要树立大局意识，加强组织领导，积极、主动、稳妥地推进改革，细化方案，精心实施。已经全面实行改革的地区，要密切跟踪改革进展，进一步规范和完善。正在进行试点的地区，要总结经验，加快推进。尚未开展试点的地区，除民族自治地区外，要尽快制定试点方案，积极推进改革。

以上意见，请遵照执行。

财政部关于印发《革命老区专项转移支付资金管理办法》的通知

2009 年 7 月 30 日　财预〔2009〕345 号

河北、山西、安徽、福建、江西、山东、河南、湖北、湖南、广西、海南、重庆、四川、贵州、陕西、宁夏、甘肃省（自治区、直辖市）财政厅（局）：

为进一步加强革命老区专项转移支付资金管理，我部修订了《革命老区专项转移支付资金管理办法》。现将修订后的《革命老区专项转移支付资金管理办法》予以印发，自公布之日起施行，请认真贯彻执行。

附件：革命老区专项转移支付资金管理办法

附件：

革命老区专项转移支付资金管理办法

第一条　为促进革命老区各项社会事业发展，确保将党中央、国务院对革命老区人民的关怀落到实处，进一步规范革命老区专项转移支付资金管理，提高资金使用效益，制定本办法。

第二条 本办法所称革命老区专项转移支付资金，是指中央财政为加强革命老区专门事务工作和改善革命老区民生而设立的专项资金。

第三条 革命老区专项转移支付资金分配对象为对中国革命作出较大贡献、经济社会发展相对落后、财政较为困难的革命老区县、自治县、不设区的市、市辖区（以下统称县）。

第四条 革命老区专项转移支付资金主要用于以下方面：

（一）革命老区专门事务。包括革命遗址保护、革命纪念场馆的建设和改造、烈士陵园的维护和改造、老红军及军烈属活动场所的建设和维护等。

（二）革命老区民生事务。主要是指改善革命老区人民群众生产生活条件的有关事务，包括教育、文化、卫生等社会公益事业方面的事项和乡村道路、饮水安全等设施的建设维护。

第五条 革命老区专项转移支付资金的管理应当遵循以下原则：

（一）突出重点。资金主要用于发展革命老区乡、村公益事业和解决与老区人民生产生活密切相关的突出问题。

（二）公开透明。资金使用和项目选择应当按照规定程序进行，纳入政务公开范围。

（三）注重实效。坚持办实事、重实效，以社会效益为目标，强化绩效考评。

（四）专款专用。资金必须按照规定用途使用，不得截留或挪作他用。

第六条 革命老区专项转移支付资金的使用实行分级管理。

第七条 财政部负责制定革命老区专项转移支付资金管理政策，分配和下达转移支付资金，实施对省级财政部门管理使用转移支付资金情况的绩效评价和监督检查。

第八条 省级财政部门负责制定本地区革命老区专项转移支付资金管理政策，向县级财政部门分配和下达转移支付资金；组织建立和管理本地区革命老区转移支付项目库；审批县级财政部门上报的年度项目；实施对县级财政部门管理使用转移支付资金和项目实施情况的绩效评价和监督检查。

第九条 县级财政部门负责管理、安排和使用本地区革命老区专项转移支付资金，建立和管理本地区革命老区转移支付项目库，向省级财政部门申报年度项目，根据省级财政部门的批复具体组织项目实施和资金监管等工作。

第十条 中央财政在年度预算中安排革命老区专项转移支付资金。省级财政根据本地区实际情况，可在年度预算中安排一定资金，与中央财政补助资金一并使用。革命老区专项转移支付资金不要求县级财政配套，不得为其他专项资金进行配套。

第十一条 财政部分配革命老区专项转移支付资金采用因素法，并参考对各地区管理使用转移支付资金的绩效评价和监督检查结果。

第十二条 省级财政部门应当根据本地区实际情况，合理确定革命老区专项转移支付资金的补助范围；在分配资金时，应参考对县级财政部门管理使用转移支付资金和项目实施情况的绩效评价和监督检查结果。

第十三条 省级财政部门年度补助的革命老区县个数不得少于财政部核定的补助县个数，县均补助额不得少于中央财政县均补助额的一半。

第十四条 省级财政部门根据革命老区专项转移支付资金管理的需要，可以在本级政府年度预算中另行安排一定的项目管理费，用于省级和县级财政部门委托、聘请有关单位或评审机构进行项目评估、评审、监理、检查验收、绩效评价等开支。

第十五条 省级和县级财政部门依据本办法的相关规定，结合本地区经济社会发展总体规划和革命老区建设需求，研究进一步细化革命老区专项转移支付资金的使用范围。

第十六条 财政部应当于每年上半年将补助资金下达省级财政部门，中央补助资金下达一个月内省级财政部门应及时向县级财政部门下达补助资金。中央财政补助资金下达前，省级财政部门可结合中央财政提前告知的预计数，向县级财政部门分配和拨付补助资金。

第十七条 县级财政部门应当按照省级财政部门批复的项目实施计划和规定用途使用资金，不得随意调整。如因特殊情况确需变更的，由县级财政部门提出申请报告，经省级财政部门批准后方可变更。

第十八条 依法应当实行政府采购的革命老区转移支付项目，依照政府采购法及相关规定执行。

第十九条 革命老区转移支付项目完成后资金如有结余，应核报省级财政部门；经省级财政部门批准，可调剂用于其他革命老区转移支付项目。

第二十条 使用革命老区专项转移支付资金实施的项目，应当设立革命老区专项转移支付资金项目标志，标志的具体样式由财政部统一制定。

第二十一条 革命老区专项转移支付资金不得有偿使用，不得用于行政事业单位人员支出和公用支出，不得用于投资经商办企业，不得用于购置交通工具（专用车船等除外）、通讯设备，不得用于能够通过市场化行为筹资的项目以及不符合革命老区专项转移支付资金使用原则及范围的其他开支。

第二十二条 对革命老区专项转移支付资金管理使用中的违法行为，依照《财政违法行为处罚处分条例》（国务院令第427号）等有关规定追究法律责任。

第二十三条 省级财政部门应当按照财政科学化、精细化管理的要求，依据本办法，结合本地区实际情况，制定革命老区专项转移支付资金管理的具体办法，并报财政部备案。

第二十四条 本办法自公布之日起施行。2006年4月29日财政部印发的《革命老区专项转移支付资金管理办法》（财预〔2006〕61号）同时废止。

财政部 交通运输部关于规范成品油价格和税费改革资金管理有关问题的通知

2009年8月17日 财预〔2009〕351号

各省、自治区、直辖市、计划单列市财政厅（局）、交通运输厅（局），财政部驻各省、自治区、直辖市、计划单列市财政监察专员办事处：

按照国务院统一部署，《中央对地方成品油价格和税费改革转移支付办法》（财预〔2009〕14号）和《财政部关于下达中央对地方成品油价格和税费改革公路养路费等“六费”收入返还基数的通知》（财预〔2009〕15号）下达后，各地财政和交通部门积极开展工作，推进了改革顺利进行。但执行中也有个别地方出现了资金拨付不够及时、管理不尽规范的情况。为保证成品油价格和税费改革顺利实施，将中央对地方成品油价格和税费改革资金及时足额落实到位，现就有关问题通知如下，请予认真落实：

一、省级财政和交通部门要按照国务院有关文件精神，统一认识，顾全大局，密切配合，认真落实《财政部关于做好成品油价格和税费改革资金安排工作的通知》（财预〔2009〕32号）要求，按照财政管理体制和财力与事权相匹配的原则，尽快建立和完善省对下成品油价格和税费改革转移支付管理办法，按期拨付资金，保证市县成品油价格和税费改革后相应资金需求。

二、市县财政和交通部门要加强沟通，认真落实省对下资金管理办法，建立预算指标和资金拨付信息沟通机制，规范资金拨付程序。其中，人员经费、公用经费等基本支出按月拨付，专项资金按照项目进度及时拨付，确保交通基础设施养护建设及人员机构正常运转等资金需要。

三、财政和交通部门要加强成品油价格和税费改革转移支付资金管理，提高资金使用效率。财政部驻各地财政监察专员办事处要加强对中央转移支付资金监管，一旦发现挤占、截留、挪用现象，查实后，将从严处理。

财政部 国家税务总局 中国人民银行关于增设道路交通事故社会救助基金有关预算科目的通知

2009年12月22日 财预〔2009〕455号

各省、自治区、直辖市、计划单列市财政厅（局）、国家税务局、地方税务局，中国人民银行上海总部、各分行、营业管理部、省会（首府）城市中心支行、大连、青岛、宁波、厦门、深圳中心支行：

根据《道路交通事故社会救助基金管理试行办法》（财政部保监会 公安部 卫生部 农业部令第56号），现对《2010年政府收支分类科目》修订如下：

一、收入分类

在101类“税收收入”03款“营业税”03项“金融保险业营业税（地方）”下，新增01目“交强险营业税”（交通事故责任强制保险简称交强险，下同），说明为“地方收入科目。反映交强险营业税收入。”新增99目“其他金融保险业营业税（地方）”，说明为“地方收入科目。反映除交强险营业税外的其他金融保险业营业税收入。”

二、支出功能分类

在208类“社会保障和就业”下，新增24款“补充道路交通事故社会救助基金”，说明为“反映通过财政补助安排给道路交通事故社会救助基金的支出。”下设01项“交强险营业税补助基金支出”，说明为“反映地方政府按照保险公司经营交强险缴纳营业税数额给予道路交通事故社会救助基金的财政补助支出。”02项“交强险罚款收入补助基金支出”，说明为“反映地方政府按照交强险罚款收入，补助给道路交通事故社会救助基金的支出。”

三、其他事项

（一）为了确保交强险营业税通过预算安排补充道路交通事故社会救助基金，经营机动车交通事故责任强制保险的保险公司，应当单独向税务机关申报交强险保费收入及应交营业税。省级财政部门应当根据当年预算，于每季度结束后10个工作日内，按照上一个季度保险公司缴纳交强险营业税数额和救助基金收支情况，向本地省级救助基金拨付财政补助。

（二）为了确保交强险罚款收入全部用于道路交通事故社会救助基金，各级财政部门应当根据《道路交通事故社会救助基金管理试行办法》（财政部 保监会 公安部 卫生部 农业部令第56号），要求公安部门将对未按规定投保交强险的机动车所有人、管理人的罚款收入单独缴库，预算科目使用103类“非税收入”05款“罚没收入”01项“一般罚没收入”21目“交强险罚没收入”。各级财政部门应当根据当年预算在每季度结束的10个工作日内，将未按照规定投保交强险的罚款全额划转至省级救助基金特设专户。

特此通知。

财政部办公厅关于进一步明确实施成品油价格和税费改革有关预算管理问题的补充通知

2009 年 12 月 2 日　财办预〔2009〕72 号

财政部驻各省、自治区、直辖市、计划单列市财政监察专员办事处：

针对当前财政监察专员办事处审核成品油税费改革划转收入中发现的一些问题，经研究，现对《财政部　中国人民银行　国家税务总局关于实施成品油价格和税费改革有关预算管理问题的补充通知》（财预〔2009〕82 号，以下简称《通知》）操作中的有关口径说明如下：

一、关于"实际缴纳税款"

《通知》中"应划转的收入以相关企业实际缴纳的增值税、城建税和教育费附加为划转调库的上限"，是指企业销售成品油实现的增值税、城建税和教育费附加。如企业申报时不能够区分成品油和其他产品税款，则将企业缴纳的税款总额为划转调库的上限。

二、关于"应划转收入"

计算城建税应划转收入和教育费附加应划转收入时，应先行确定增值税应划转收入。即：增值税应划转收入和企业实际缴纳增值税的 25% 部分进行对比，以金额较小者为应划转收入。然后再将增值税应划转收入对应的 100% 部分代入《通知》中城建税和教育费附加应划转收入公式计算。外商投资企业和外国企业应划转的城建税和教育费附加为零。

三、关于"逐季对地方划转收入进行清算"

《通知》中"逐季对地方划转收入进行清算"，是指专员办按季审核炼化企业年初至该季度终了累计缴纳的增值税、城建税和教育费附加，按年清算。

四、关于审核调库的炼化企业范围

如果地方炼化企业涉及调库金额较小，当地财政部门不主动向专员办申报审核，可不按季度审核调库，但需按年度进行清算。

省财政厅　省地税局　省国税局关于明确跨市经营铁路运输企业税收预算级次的通知

2009 年 2 月 2 日　鲁财预〔2009〕2 号

各市财政局、地税局、国税局：

为加强铁路运输企业税收管理，促进地方铁路建设，根据《山东省所得税和营业税收入分享改革方案》（鲁政发〔2002〕21号）有关规定，经省政府同意，现就我省跨市（指设区的市）经营铁路运输企业税收预算级次有关问题明确如下：

一、跨市经营铁路运输企业，是指在我省境内设立，且跨市从事投资建设和经营管理铁路运输的企业法人。主要包括：我省与铁道部或其他省份合资建设的跨市经营铁路运输企业、我省各级政府投资建设的跨市经营铁路运输企业等。

二、2008年12月31日前在我省境内设立，且已通车运营的跨市经营铁路运输企业，其实现的营业税和企业所得税地方分成部分，为省市共享收入，省与市按2∶8的比例分享；实现的城市维护建设税及教育费附加收入，为市及市以下收入。省地方铁路局直属运输企业（含大莱龙铁路有限责任公司）实现的企业所得税地方分成部分，为省级收入。

三、2009年1月1日起通车运营的跨市经营铁路运输企业，自运营之日起实现的营业税和企业所得税地方分成部分，均为省级收入，按照税务部门规定的纳税地点申报纳税，全额缴入省级国库。

四、2009年1月1日起通车运营的跨市经营铁路运输企业应缴纳的城市维护建设税、教育费附加和地方教育附加，均为市及市以下收入。具体缴库办法，由省级财税部门根据营业税收入、各市营运里程及有关协议等，核定税款分配比例，分别缴入相关市及市以下国库。

五、2009年1月1日后，在我省境内设立的跨省经营铁路运输企业实现的上述地方税收，参照本办法执行。

省财政厅　中国人民银行济南分行　省国家税务局　省地方税务局转发《财政部　中国人民银行　国家税务总局关于修订2009年政府收支分类科目的通知》的通知

2009年2月10日　鲁财预〔2009〕6号

各市财政局、人民银行（山东省）各中心支行及分行营业部、国家税务局、地方税务局：

现将《财政部　中国人民银行　国家税务总局关于修订2009年政府收支分类科目的通知》（财预〔2009〕3号）转发给你们，请认真遵照执行。

附件：财政部　中国人民银行　国家税务总局关于修订2009年政府收支分类科目的通知

附件：

财政部　中国人民银行　国家税务总局关于修订2009年政府收支分类科目的通知

2009年1月9日　财预〔2009〕3号

国务院各部委，各直属机构，总后勤部，高法院，高检院，各省、自治区、直辖市、计划单列市财政厅（局），新疆生产建设兵团财务局，各省、自治区、直辖市、计划单列市国家税务局、地方税务局，中国人民银行上海总部、各分行、营业管理部、省会（首府）城市中心支行、大连、青岛、宁波、厦门、深圳中心支行：

为适应预算收支管理的需要，现就2009年政府收支分类科目调整及有关预算管理问题明确如下：

一、收入分类

（一）在101类“税收收入”04款“企业所得税”24项“国有非银行金融企业”新增01目“中央汇金投资有限责任公司所得税”、02目“中国建银投资有限责任公司所得税”、04目“中投公司其他子公司所得税”。删去101类“税收收入”04款“企业所得税”33项“股份制企业所得税”下01目“股份制铁路运输企业所得税”的科目及说明。

（二）在103类“非税收入”01款“政府性基金”下新增12项“高等级公路车辆通行附加费收入”，科目说明为“地方收入科目。反映海南省征收的高等级公路车辆通行附加费收入”。新增56项“城市基础设施配套费收入”，反映地方政府按《财政部关于城市基础设施配套费性质的批复》（财综函〔2002〕3号）规定，经财政部批准征收城市基础设施配套费。新增57项“小型水库移民扶助基金收入”，反映地方按《国务院关于完善大中型水库移民后期扶持政策的意见》（国发〔2006〕17号）征收的小型水库移民扶助基金。

（三）删去103类“非税收入”04款“行政事业性收费收入”01项“公安行政事业性收费收入”下05目“边防检查证件工本费”、18目“特种行业许可证工本费”；03项“司法行政事业性收费收入”下04目“法律职业资格证书工本费”；05项“工商行政事业性收费收入”下01目“集贸市场管理费”、02目“个体工商户管理费”、05目“广告经营单位注册登记费”、07目“经济合同示范文本工本费”；09项“海关行政事业性收费收入”下02目“证书工本费”；13项“国管局行政事业性收费收入”下02目“会计从业资格证书工本费”；14项“外专局行政事业性收费收入”下01目“外国专家证工本费”、02目“出国培训备选人员外语考试教材工本费”；17项“出版行政事业性收费收入”下01目“出版物条形码胶片费”、02目“印刷产品质量委托检验费”、04目“新闻出版岗位培训费”；18项“安全生产行政事业性收费收入”下01目“职业，矿山安全卫生检验费”；25项“中直管理局行政事业性收费收入”下05目“会计从业资格证书工本费”；27项“教育行政事业性收费收入”下02目“公派出国留学人员报名费及评审费”、03目“学位与研究生教育评估费”、04目“教师资格证书工本费”、05目“学位证书工本费”、08目“国家普通话水平等级证书工本费”、51目“义务教育杂费”、52目“义务教育借读费”、61目“学历及文凭认证费”、63目“高等学历文凭收费”、64目“外语、计算机等级考试证书工本费”；28项“科技行政事业性收费收入”下51目“大型精密仪器协作共用费”；30项“发展与改革（物价）行政事业性收费收入”下01目“农业化学物质产品行政保护费”、02目“证书工本费”；33项“建设行政事业性收费收入”下01目“城市房屋拆迁管理费”、05目“工程定额测定费”、08目“建设工程质量监督费”、09目“证书工本费”；36项“旅游行政事业性收费收入”下03目“导游证IC卡片工本费”；40项“铁路行政事业性收费收入”下02目“会计从业资格证书工本费”、03目“铁路工程质量监督费”；42项“交通运输行政事业性收费收入”下07目“执照工本费”、60目“证书工本费”、64目“航海专业培养费”；43项“工业和信息产业行政事业性收费收入”下05目“证书工本费”；44项“农业行政事业性收费收入”下09目“饲料添加剂登记注册费”、17目“证书工本费”、61目“农机服务费”、66目“培训费”、68目“专业技术资格考试费”；46项“水利行政事业性收费收入”下03目“取水许可证费”、06目“水利建设工程质量监督费”；47项“卫生行政事业性收费收入”下01目“护士注册费”、02目“执业医师注册费”、03目“消毒药械审批费”、04目“化妆品审批费”、05目“新资源食品申请审评费”、14目“证书工本费”、24目“医疗器械生产准许证审查费”、25目“医疗器械产品注册费”、26目“新资源食品（保健品）申请审评费”；49项“民政行政事业性收费收入”下03目“社团登记费”、04目“民办非企业单位登记费”；50项“人力资源和社会保障行政事业性收费收入”下01目“证书工本费”、51目“劳动合同鉴证费”、52目“劳动争议仲裁费”；51项“证监会行政事业收费收入”下04目“证券、期货从业人员资格证书工本费”；53项“保监会行政事业性收费收入”下03目“证书工本费”；56项“编办行政事业性收费收入”下01目“事业单位登记费”；60项“南水北调办行政事业性收费收入”下01目“南水北调工程建设质量监督费”。

在16项“质量监督检验检疫行政事业性收费收入”下新增17目“特种设备检验检测费”。将44项“农业行政事业性收费收入”下03目“畜禽及畜禽产品防疫检疫费”修改为“畜禽及畜禽产品检疫费”，45项“林业行政事业性收费收入”下07目“证书工本费”修改为“林权证收费”，科目说明均不变。

（四）在103类“非税收入”99款“其他收入”下新增12项“差别电价收入”。

（五）将110类“转移性收入”02款“财力性转移支付收入”05项“农村义务教育补助收入”修改为“义务教育补助收入”，科目说明为“反映下级政府收到的上级政府的农村义务教育和城市义务教育补助收入。”

二、支出功能分类

（一）将201类“基本公共管理与服务”修改为“一般公款服务”。201类99款和该款下99项“其他基本公共管理与服务支出”的科目名称、有关科目说明作相应调整。

（二）在208类“社会保障和就业”下新增20款“保障性住房支出”。该款下设01项“廉租住房支出”、02项“沉陷区治理”、03项“棚户区改造”、04项“少数民族地区游牧民定居工程”、05项“农村危房改造”、99项“其他保障性住房支出”。删去原208类下的19款“廉租住房支出”，212类“城乡社区事务”03款“城乡社区公共设施”下的01项“沉陷区治理”、02项“棚户区改造”。

（三）在211类“环境保护”下新增14款“能源管理事务”，下设01项“行政运行”、02项“一般行政管理事务”、03项“机关服务”、04项“能源预测预警”、05项“能源战略规划与实施”、06项“能源科技装备”、07项“能源行业管理”、08项“能源管理”、09项“石油储备发展管理”、10项“能源调查”、11项“信息化建设”、50项“事业运行”、99项“其他能源管理事务支出”。

（四）在212类“城乡社区事务”03款“城乡社区公共设施”下新增04项“城市基础设施配套费支出”。在213类“农林水事务”03款“水利”下新增52项“小型水库移民扶助基金支出”。

（五）在214类“交通运输”01款“公路水路运输”下新增18项“高等级公路车辆通行附加费支出”。

（六）将216类“粮油物资储备及金融监管等事务”修改为“粮油物资储备管理等事务”。将216类99款“其他粮油物资储备及金融监管等事务支出”及该款下项级科目名称均修改为“其他粮油物资储备管理等事务支出”。删去216类04款“金融监管支出”及下设项级科目。新增217类“金融监管支出”，原216类04款下项级科目按顺序提升为该类下的款级科目。

（七）将228类“国债事务”修改为“国债还本付息支出。”

（八）将230类“转移性支出”02款“财力性转移支付”下05项“农村义务教育补助支出”修改为“义务教育补助支出”，科目说明为“反映对农村义务教育和城市义务教育的补助支出。”

三、其他事项

（一）各级财政、税务、人行除按本通知相应修改2009年预算管理、收入征管、资金收付等业务系统软件中政府收支分类科目外，还应按《财政部关于印发汶川地震灾后恢复重建资金（基金）预算管理办法的通知》（财预〔2008〕389号）、《财政部　中国人民银行　国家税务总局　交通运输部关于实施成品油价格和税费改革有关预算管理问题的通知》（财预〔2008〕479号）、《财政部关于修订2008年政府收支分类科目的通知》（财预〔2008〕478号）作相应调整。

（二）本通知自2009年1月1日起执行。

附件：2009年政府收支分类科目修订前后对照表

附件：

2009年政府收支分类科目修订前后对照表

一、收入分类科目

2009年科目（蓝本，不含后发文件）					修改情况	文件依据	修订后2009年政府收支分类科目					
类	款	项	目	科目名称			类	款	项	目	科目名称	科目说明
					新增	《财政部 国家税务总局关于试点企业集团缴纳企业所得税有关问题的通知》（财税〔2008〕119号）	101	04	24	01	中央汇金投资有限责任公司所得税	中央收入科目。
					新增	同上	101	04	24	02	中国建银投资有限责任公司所得税	中央收入科目。
101	04	24	03	中国投资有限责任公司所得税	增加科目说明	《财政部关于中国投资有限责任公司企业所得税纳入中央财政外汇经营基金的请示》（财金〔2008〕59号）	101	04	24	03	中国投资有限责任公司所得税	中央收入科目。
					新增	财税〔2008〕119号	101	04	24	04	中投公司其他子公司所得税	中央收入科目。
101	04	33	01	股份制铁路运输企业所得税	删去	财政部关于铁路运输等企业所得税收入共享有关问题的通知（财预〔2002〕590号）						
101	04	50	03	中央企业所得税税款滞纳金、罚款、加收利息收入	修改科目说明	由于企业所得税为中央收入的范围有所变化，相应调整说明。	101	04	50	03	中央企业所得税税款滞纳金、罚款、加收利息收入	反映铁路运输企业（包括广铁集团和大秦铁路公司）、国有邮政企业、中国工商银行股份有限公司、中国农业银行、中国银行股份有限公司、国家开发银行、中国农业发展银行、中国进出口银行、广东发展银行、中国投资有限责任公司、中央汇金投资有限责任公司、中国建银投资有限责任公司、中国建设银行股份有限公司、中国石油天然气股份有限公司、中国石油化工股份有限公司以及海洋石油天然气企业（包括港澳台和外商投资、外国海上石油天然气企业）等中央企业缴纳的所得税税款滞纳金、罚款、加收利息收入。
					新增	《财政部 国家发展改革委 交通运输部 监察部 审计署关于公布取消公路养路费等涉及交通和车辆收费项目的通知》（财综〔2008〕84号）规定，将海南省征收的燃油附加费改为高等级公路车辆通行附加费。	103	01	12		高等级公路车辆通行附加费收入	地方收入科目。反映海南省征收的高等级公路车辆通行附加费收入。

续表

2009年科目（蓝本，不含后发文件）					修改情况	文件依据	修订后2009年政府收支分类科目					
类	款	项	目	科目名称			类	款	项	目	科目名称	科目说明
					新增	《财政部关于城市基础设施配套费性质的批复》（财综函〔2002〕3号）	103	01	56		城市基础设施配套费收入	地方收入科目。反映地方政府按《财政部关于城市基础设施配套费性质的批复》（财综函〔2002〕3号）规定，经财政部批准征收城市基础设施配套费。
					新增	《国务院关于完善大中型水库移民后期扶持政策的意见》（国发〔2006〕17号）	103	01	57		小型水库移民扶助基金收入	地方收入科目。反映地方按《国务院关于完善大中型水库移民后期扶持政策的意见》（国发〔2006〕17号）征收的小型水库移民扶助基金。
103	04	01	05	边防检查证件工本费	删去	《财政部　国家发展改革委关于公布取消和停止征收100项行政事业性收费项目的通知》（财综〔2008〕78号）						
			18	特种行业许可证工本费	删去	财综〔2008〕78号						
		03	04	法律职业资格证书工本费	删去	财综〔2008〕78号						
103	04	05	01	集贸市场管理费	删去	《财政部　国家发展改革委　国家工商总局关于停止征收个体工商户管理费和集贸市场管理费有关问题的通知》（财综〔2008〕61号）						
			02	个体工商户管理费	删去	同上						
		05	05	广告经营单位注册登记费	删去	财综〔2008〕78号						
			07	经济合同示范文本工本费	删去	财综〔2008〕78号						
		09	02	证书工本费	删去	财综〔2008〕78号						
		13	02	会计从业资格证书工本费	删去	财综〔2008〕78号						
		14	01	外国专家证工本费	删去	财综〔2008〕78号						
			02	出国培训备选人员外语考试教材工本费	删去	财综〔2008〕78号						
		17	01	出版物条形码胶片费	删去	财综〔2008〕78号						
			02	印刷产品质量委托检验费	删去	财综〔2008〕78号						

续表

2009年科目（蓝本，不含后发文件）					修改情况	文件依据	修订后2009年政府收支分类科目					
类	款	项	目	科目名称			类	款	项	目	科目名称	科目说明
			04	新闻出版岗位培训费	删去	财综〔2008〕78号						
		18	01	职业、矿山安全卫生检验费	删去	财综〔2008〕78号						
		25	05	会计从业资格证书工本费	删去	财综〔2008〕78号						
		27	02	公派出国留学人员报名费及评审费	删去	财综〔2008〕78号						
			03	学位与研究生教育评估费	删去	财综〔2008〕78号						
			04	教师资格证书工本费	删去	《财政部　国家发展改革委关于同意设立教师资格考试收费项目等有关问题的通知》（财综〔2006〕34号）						
			05	学位证书工本费	删去	财综〔2008〕78号						
			08	国家普通话水平等级证书工本费	删去	财综〔2008〕78号						
			51	义务教育杂费	删去	财综〔2008〕78号						
			52	义务教育借读费	删去	财综〔2008〕78号						
			61	学历及文凭认证费	删去	财综〔2008〕78号						
			63	高等学历文凭收费	删去	财综〔2008〕78号						
			64	外语、计算机等级考试证书工本费	删去	财综〔2008〕78号						
		28	51	大型精密仪器协作共用费	删去	财综〔2008〕78号						
		30	01	农业化学物质产品行政保护费	删去	财综〔2008〕78号						
		30	02	证书工本费	删去	财综〔2008〕78号						
		33	01	城市房屋拆迁管理费	删去	财综〔2008〕78号						
		33	05	工程定额测定费	删去	财综〔2008〕78号						
		33	08	建设工程质量监督费	删去	财综〔2008〕78号						
		33	09	证书工本费	删去	财综〔2008〕78号						

续表

2009年科目（蓝本，不含后发文件）					修改情况	文件依据	修订后2009年政府收支分类科目					
类	款	项	目	科目名称			类	款	项	目	科目名称	科目说明
		36	03	导游证IC卡片工本费	删去	财综〔2008〕78号						
		40	02	会计从业资格证书工本费	删去	财综〔2008〕78号						
			03	铁路工程质量监督费	删去	财综〔2008〕78号						
		42	07	执照工本费	删去	财综〔2008〕78号						
			60	证书工本费	删去	财综〔2008〕78号						
			64	航海专业培养费	删去	财综〔2008〕78号						
		43	05	证书工本费	删去	财综〔2008〕78号						
		44	09	饲料添加剂登记注册费	删去	同上						
		44	17	证书工本费	删去	财综〔2008〕78号						
			61	农机服务费	删去	财综〔2008〕78号						
			66	培训费	删去	财综〔2008〕78号						
			68	专业技术资格考试费	删去	财综〔2008〕78号						
		46	03	取水许可证费	删去	财综〔2008〕78号						
		46	06	水利建设工程质量监督费	删去	财综〔2008〕78号						
		47	01	护士注册费	删去	财综〔2008〕78号						
			02	执业医师注册费	删去	财综〔2008〕78号						
			03	消毒药械审批费	删去	财综〔2008〕78号						
			04	化妆品审批费	删去	财综〔2008〕78号						
			05	新资源食品申请审评费	删去	财综〔2008〕78号						
			14	证书工本费	删去	财综〔2008〕78号						
			24	医疗器械生产准许证审查费	删去	财综〔2008〕78号						
			25	医疗器械产品注册费	删去	财综〔2008〕78号						
			26	新资源食品（保健品）申请审评费	删去	财综〔2008〕78号						
		49	03	社团登记费	删去	财综〔2008〕78号						
			04	民办非企业单位登记费	删去	财综〔2008〕78号						
		50	01	证书工本费	删去	财综〔2008〕78号						
			51	劳动合同鉴证费	删去	财综〔2008〕78号						
			52	劳动争议仲裁费	删去	财综〔2008〕78号						

续表

2009年科目（蓝本，不含后发文件）					修改情况	文件依据	修订后2009年政府收支分类科目					
类	款	项	目	科目名称			类	款	项	目	科目名称	科目说明
		51	04	证券、期货从业人员资格证书工本费	删去	财综〔2008〕78号						
		53	03	证书工本费	删去	财综〔2008〕78号						
		56	01	事业单位登记费	删去	财综〔2008〕78号						
		60	01	南水北调工程建设质量监督费	删去	财综〔2008〕78号						
					新增	《财政部　国家发展改革委关于特种设备检验检测收费有关问题的通知》	103	04	16	17	特种设备检验检测费	中央与地方共用收入科目。
103	04	44	03	畜禽及畜禽产品防疫检疫费	修改名称	财综〔2008〕78号	103	04	44	03	畜禽及畜禽产品检疫费	
103	04	45	07	证书工本费	修改名称	财综〔2008〕78号	103	04	45	07	林权证收费	
					新增	国家发改委、财政部、国家电监会发布的《关于进一步贯彻落实差别电价政策有关问题的通知》（发改价格〔2007〕2655号）规定	103	99	12		差别电价收入	地方收入科目。反映地方政府按国家发改委、财政部、国家电监会发布的《关于进一步贯彻落实差别电价政策有关问题的通知》（发改价格〔2007〕2655号）规定，征收的差别电价收入。
110	02	05		农村义务教育补助收入	修改名称		110	02	05		义务教育补助收入	反映下级政府收到的上级政府的农村义务教育和城市义务教育补助收入。

二、支出功能分类科目

2009年科目（蓝本，不含后发文件）				修改情况	文件依据	修订后2009年政府收支分类科目				
类	款	项	科目名称			类	款	项	科目名称	科目说明
201			基本公共管理与服务	修改名称		201			一般公共服务	反映政府提供一般公共服务的支出。
201	99		其他基本公共管理与服务支出	修改名称		201	99		其他一般公共服务支出	反映上述项目未包括的一般公共服务支出。
201	99	99	其他基本公共管理与服务支出	修改名称		201	99	99	其他一般公共服务支出	反映除上述项目以外的其他一般公共服务支出。
208	19		廉租住房支出	删去						
				新增	《中共中央　国务院转发〈国家发展和改革委员会关于当前进一步扩大内需　促进经济增长的十项措施〉的通知》（中发〔2008〕18号）	208	20		保障性住房支出	

续表

2009年科目（蓝本，不含后发文件）				修改情况	文件依据	修订后2009年政府收支分类科目				
类	款	项	科目名称			类	款	项	科目名称	科目说明
				新增	同上	208	20	01	廉租住房支出	反映用于购建、改建、租赁廉租住房支出及发放租赁补贴支出。
				新增	同上	208	20	02	沉陷区治理	
				新增	同上	208	20	03	棚户区改造	
				新增	《财政部关于提前下达2009年游牧民定居工程建设 扩大内需国债投资预算（拨款）的通知》（财建〔2008〕978号）	208	20	04	少数民族地区游牧民定居工程	
				新增	同上	208	20	05	农村危房改造	
				新增	同上	208	20	99	其他保障性住房支出	
				新增		211	14		能源管理事务	反映能源管理事务方面的支出。
				新增		211	14	01	行政运行	反映行政单位（包括实行公务员管理的事业单位）的基本支出。
				新增		211	14	02	一般行政管理事务	反映行政单位（包括实行公务员管理的事业单位）未单独设置项级科目的其他项目支出。
						211	14	03	机关服务	反映为行政单位（包括实行公务员管理的事业单位）提供后勤服务的各类后勤服务中心、医务室等附属事业单位的支出。其他事业单位的支出，凡单独设置了项级科目的，在单独设置的项级科目中反映。未单设项级科目的，在“其他”项级科目中反映。
						211	14	04	能源预测预警	反映用于能源预测预警研究、建设及能源信息收集、整理等方面的支出。
						211	14	05	能源战略规划与实施	反映用于能源战略规划、政策的研究、制定、实施及能源体制改革等方面的支出。
						211	14	06	能源科技装备	反映用于能源科技装备方面的支出。
						211	14	07	能源行业管理	反映用于煤炭、电力（含核电）、石油、天然气、可再生能源、其他能源行业的管理及能源节约等方面的支出。
						211	14	08	能源管理	反映能源专家咨询、管理以及国家能源专家咨询委员会等工作的支出。
						211	14	09	石油储备发展管理	反映用于石油储备发展管理方面的支出。
						211	14	10	能源调查	反映用于能源调查方面的支出。
						211	14	11	信息化建设	反映用于信息化建设方面的支出。
						211	14	50	事业运行	反映除为行政单位（包括实行公务员管理的事业单位）提供后勤服务的各类后勤服务中心、医务室等附属事业单位外的其他事业单位基本支出。
						211	14	99	其他能源管理事务支出	反映除上述项目以外的其他能源管理支出。
212	03	01	沉陷区治理	删去						
212	03	02	棚户区改造	删去						

续表

2009年科目（蓝本，不含后发文件）				修改情况	文件依据	修订后2009年政府收支分类科目				
类	款	项	科目名称			类	款	项	科目名称	科目说明
				新增	《财政部关于城市基础设施配套费性质的批复》（财综函〔2002〕3号）	212	03	04	城市基础设施配套费支出	反映地方政府安排的城市基础设施配套费支出。
						213	03	52	小型水库移民扶助基金支出	反映地方政府安排的小型水库移民扶助基金支出。
				新增		214	01	18	高等级公路车辆通行附加费支出	反映海南省安排的高等级公路车辆通行附加费支出。
216			粮油物资储备及金融监管等事务	修改名称		216			粮油物资储备管理等事务	反映政府对粮油物资储备等事务支出。具体包括：粮油事务支出、商业流通事务支出、物资储备支出、旅游业管理与服务支出、涉外发展服务支出等。
216	99		其他粮油物资储备及金融监管等事务支出	修改名称		216	99		其他粮油物资储备管理等事务支出	反映除上述项目以外其他用于粮油物资储备管理等事务支出。
216	99	99	其他粮油物资储备及金融监管等事务支出	修改名称		216	99	99	其他粮油物资储备管理等事务支出	反映其他粮油物资储备管理等事务支出中除上述项目以外的其他支出。
216	04		金融监管支出	删去						
		01	行政运行	删去						
		02	一般行政管理事务	删去						
		03	机关服务	删去						
		04	货币发行	删去						
		05	金融服务	删去						
		06	安全防卫	删去						
		07	反洗钱及反假币	删去						
		08	重点金融机构监管	删去						
		09	金融稽查与案件处理	删去						
		10	金融行业电子化建设	删去						
		11	从业人员资格考试	删去						
		12	中央银行亏损补贴	删去						
		13	政策性银行亏损补贴	删去						
		15	商业银行贷款贴息	删去						

续表

2009年科目（蓝本，不含后发文件）				修改情况	文件依据	修订后2009年政府收支分类科目				
类	款	项	科目名称			类	款	项	科目名称	科目说明
		16	补充资本金	删去						
		17	风险基金补助	删去						
		18	中央财政外汇经营基金支出	删去						
		19	中央财政外汇经营基金财务支出	删去						
	50		事业运行	删去						
	99		其他金融监管支出	删去						
				新增		217			金融监管支出	反映金融保险业监管方面的支出。
							01		行政运行	反映行政单位（包括实行公务员管理的事业单位）的基本支出。
							02		一般行政管理事务	反映行政单位（包括实行公务员管理的事业单位）未单独设置项级科目的其他项目支出。
							03		机关服务	反映为行政单位（包括实行公务员管理的事业单位）提供后勤服务的各类后勤服务中心、医务室等附属事业单位的支出。其他事业单位的支出，凡单独设置了项级科目的，在单独设置的项级科目中反映。未单设项级科目的，在“其他”项级科目中反映。
							04		货币发行	反映人民银行在货币发行方面的支出。
							05		金融服务	反映人民银行承担金融服务方面的支出。
							06		安全防卫	反映人民银行基层营业网点购置安全保卫器械支出及其他安全防卫支出。
							07		反洗钱及反假币	反映人民银行用于反洗钱和反假币的宣传、培训、奖励、协助办案等方面的支出。
							08		重点金融机构监管	反映对重点金融机构监管方面的支出。
							09		金融稽查与案件处理	反映金融监管部门进行金融稽查及案件处理等方面的支出。
							10		金融行业电子化建设	反映金融行业电子化建设方面的支出。
							11		从业人员资格考试	反映证券、期货、保险等行业从业人员资格考试费用支出。
							12		中央银行亏损补贴	反映对中央银行亏损补贴支出。
							13		政策性银行亏损补贴	反映对政策性银行的政策性业务亏损补贴支出。

续表

2009年科目（蓝本，不含后发文件）				修改情况	文件依据	修订后2009年政府收支分类科目				
类	款	项	科目名称			类	款	项	科目名称	科目说明
								15	商业银行贷款贴息	反映对商业银行贷款贴息的支出。
								16	补充资本金	反映国有金融企业补充资本金支出。
								17	风险基金补助	反映财政补充出口信用保险风险基金的支出。
								18	中央财政外汇经营基金支出	反映使用中央财政外汇经营基金所形成的支出。
								19	中央财政外汇经营基金财务支出	反映特别国债利息及有关费用支出。
								50	事业运行	反映除为行政单位（包括实行公务员管理的事业单位）提供后勤服务的各类后勤服务中心、医务室等附属事业单位外的其他事业单位基本支出。
								99	其他金融监管支出	反映除上述项目以外其他用于金融监管方面的支出。
228			国债事务	修改名称		228			国债还本付息支出	反映国债还本、付息、发行等方面的支出。
230	02	05	农村义务教育补助支出	修改名称		230	02	05	义务教育补助支出	反映对义务教育的补助支出。

省财政厅　中国人民银行济南分行　省国家税务局　省地方税务局　省交通厅转发《财政部　中国人民银行　国家税务总局　交通运输部关于实施成品油价格和税费改革有关预算管理问题的通知》的通知

2009年2月20日　鲁财预〔2009〕9号

省政府各部门、各直属机构，各市财政局、国税局、地税局、交通局，人民银行（山东省）各中心支行及分行营业部：

现将《财政部　中国人民银行　国家税务总局　交通运输部关于实施成品油价格和税费改革有关预算管理问题的通知》（财预〔2008〕479号）转发给你们，请认真遵照执行。同时，经省政府同意，从2009年1月1日起，提高成品油消费税单位税额相应增加的地方教育附加收入全部作为省级收入，日常征管仍按现行规定执行，缴库渠道不变，年底由相关市通过结算上解省财政。

附件：财政部　中国人民银行　国家税务总局　交通运输部关于实施成品油价格和税费改革有关预算管理问题的通知

附件：

财政部　中国人民银行　国家税务总局　交通运输部 关于实施成品油价格和税费改革有关预算管理问题的通知

2008年12月24日　财预〔2008〕479号

国务院各部委、各直属机构，总后勤部，高法院，高检院，各省、自治区、直辖市、计划单列市财政厅（局）、国家税务局、地方税务局、交通厅（局、委），新疆生产建设兵团财务局，中国人民银行上海总部、各分行、营业管理部、省会（首府）城市中心支行、大连、青岛、宁波、厦门、深圳中心支行：

根据《国务院关于实施成品油价格和税费改革的通知》（国发〔2008〕37号），为做好成品油消费税的征收入库工作，加强成品油消费税资金分配和使用的管理，提高资金效益，现就提高成品油消费税单位税额后有关预算管理事宜通知如下：

一、预算管理方式

自2009年1月1日起，取消公路养路费、航道养护费，公路运输管理费、公路客货运附加费、水路运输管理费、水运客货运附加费等六项收费，并逐步有序取消政府还贷二级公路收费。原通过上述收费收入安排的人员支出以及公路养护和建设、公路运输和站场建设与养护、航道养护和水路管理及中央本级替代性等方面的支出纳入一般预算管理，由财政部门通过部门预算或经财政部门批准的列支渠道予以保障。

二、收入预算级次和分配原则

（一）成品油消费税和进口成品油消费税为中央收入，全部缴入中央财政。

（二）提高成品油消费税税额后，由此相应增加的地方增值税、城市维护建设税、教育费附加收入由国库部门根据财政部核定的比例自动划转中央财政。

（三）新增成品油消费税连同由此相应增加的增值税、城市维护建设税和教育费附加收入具有专项用途，不作为经常性财政收入，不计入对地方“两税”返还，不计入现有与支出挂钩项目的测算基数。除由中央本级安排的替代航道养护费等支出外，其余由中央财政通过规范的财政转移支付方式分配给地方。

三、政府收支分类科目的修订

（一）收入分类。

1. 在101类“税收收入”02款“消费税”01项“国内消费税”下新增07目“成品油消费税”、21目“成品油消费税退税”。在02项“进口消费品消费税”下新增02目“进口成品油消费税”、21目“进口成品油消费税退税”。

2. 在101类“税收收入”01款“增值税”01项“国内增值税”下增设52目“成品油价格和税费改革增值税划出”和53目“成品油价格和税费改革增值税划入”；在09款“城市维护建设税”下增设21项“成品油价格和税费改革城市维护建设税划出”和22项“成品油价格和税费改革城市维护建设税划入”；在103类“非税收入”02款“专项收入”03项“教育费附加收入”下增设02目“成品油价格和税费改革教育费附加收入划出”和03目“成品油价格和税费改革教育费附加收入划入”。

3. 在103类“非税收入”99款“其他收入”下新增60项“成品油价格和税费改革清退补缴收入”。

4. 删除103类“非税收入”01款“政府性基金收入”下10项“养路费收入”、11项“公路客货运附加费收入”及目级科目、12项“燃油附加费收入”、13项“水运客货运附加费”。删除02款“专项收入”下07项“内河航道养护费收入”、08项“公路运输管理费收入”、09项“水路运输管理费收入”。删除04

款“行政事业性收费收入”42项“交通运输行政事业性收费收入”下51目“长江干线航道养护费”。

5. 在110类“转移性收入”02款“财力性转移支付收入”下新增15项“成品油价格和税费改革转移支付补助收入”、16项“成品油价格和税费改革专项上解收入”。

（二）支出功能分类科目。

1. 删除214类“交通运输”01款“公路水路运输”下15项“养路费支出”、16项“公路运输管理费支出”、17项“公路客货运附加费支出”、34项“水运客货运附加费支出”、35项“内河航道养护费支出”。将36项“水路运输管理费支出”名称修改为“水路运输管理支出”，新增39项“取消政府还贷二级公路收费专项支出”，反映专项用于各地逐年有序解决已经取消的政府还贷二级收费公路债务偿还、人员安置、养护管理和公路建设等方面的支出。

2. 在230类“转移性支出”02款“财力性转移支付”下新增15项“成品油价格和税费改革转移支付补助支出”、16项“成品油价格和税费改革专项上解支出”。

四、预算收入缴库和调库

（一）成品油消费税由国家税务局组织征收，进口成品油的消费税由海关系统负责征收。

（二）在国家税务局（海关系统）征收成品油消费税时，应单独开具缴款书缴入中央国库。预算科目栏填写101020107目“成品油消费税”（101020202目“进口成品油消费税”），“级次”栏填写“中央100%”。

（三）国库部门根据101020107目“成品油消费税”入库金额，按财政部核定的比例（增值税为3.6%、城市维护建设税为6.9%、教育费附加收入为3.0%）和省（区、市）以下政府增值税、城市维护建设税、教育费附加收入分享比例，将地方因提高消费税税额增加的增值税、城市维护建设税和教育费附加收入划转入中央国库；根据101020121目“成品油消费税退税”金额，按财政部核定的比例（增值税收入为3.6%、城市维护建设税为6.9%、教育费附加收入为3.0%）和省（区、市）以下政府增值税、城市维护建设税、教育费附加收入分享比例，将划转到中央国库的增值税、城市维护建设税和教育费附加收入退还至地方国库。

（四）101020202目“进口成品油消费税”、101020221目“进口成品油消费税退税”不参与划转手续。

五、资金拨付

2009年1月1日起，取消公路养路费等六项收费。为解决交通部门在养护管理，人员安置、公路水运建设等方面支出需要，中央财政已通过资金调度方式向地方财政提前拨付了一定额度资金，2009年起，按月向地方财政拨付资金。地方财政部门要按照财政国库管理制度有关规定将中央财政拨付的资金及时足额拨付给相关部门和单位。

六、以前年度税费超缴、欠缴、漏缴及结余处理

（一）以前年度超缴、欠缴、漏缴的成品油消费税按修订后的科目分别办理清退和补缴手续。

（二）预征2009年以及2008年12月31日以前超缴、欠缴、漏缴的公路养路费等六费，通过1039960项“成品油价格和税费改革清退补缴收入”办理清退和补缴手续。

（三）以前年度公路养路费、公路客货运附加费、燃油附加费、水运客货运附加费、长江干线航道养护费的滚存结余，全部作为一般预算当年收入，缴入“成品油价格和税费改革清退补缴收入”科目，并按原规定用途安排相关支出。基金预算（财政专户会计）冲减“基金预算结余”（“预算外结余”），同时财政总预算会计记“一般预算收入”。

七、其他

（一）各省（区、市）财政厅（局）要根据本通知要求，按照“资金属性不变、资金用途不变、地方

预算程序不变、地方事权不变”的原则，结合本地实际，制定本地区实施成品油价格和税费改革有关预算管理办法，确保改革顺利实施。

（二）地方政府原从公路养路费等收费中安排的水利建设基金、公安机关交通管理经费等支出，按原相关规定由地方财政从中央财政安排的成品油价格和税费改革转移支付资金中安排。

（三）本通知自2009年1月1日起执行。

附件：2009年政府收支分类科目修订情况

附件：

2009年政府收支分类科目修订情况

收入分类科目

一、消费税科目修订情况

科目编码				科目名称	说明
类	款	项	目		
101				税收收入	
	02			消费税	反映按《中华人民共和国消费税暂行条例》征收的国内消费税、进口消费品消费税和经审批退库的出口消费品消费税。
		01		国内消费税	中央收入科目。反映国家税务局征收的国内消费税和财政部、国家税务局按“先征后退”政策审批退库的国内消费税。
			01	国有企业消费税	中央收入科目。反映对国有企业征收的国内消费税，不包括国有企业缴纳的成品油消费税。
			02	集体企业消费税	中央收入科目。反映对集体企业（含股份合作企业）征收的国内消费税，不包括集体企业缴纳的成品油消费税。
			03	股份制企业消费税	中央收入科目。反映对有限责任公司、股份有限公司征收的国内消费税，不包括股份制企业缴纳的成品油消费税。
			04	联营企业消费税	中央收入科目。反映对联营企业征收的国内消费税，不包括联营企业缴纳的成品油消费税。
			05	我国港澳台和外商投资企业消费税	中央收入科目。反映对我国港澳台商投资企业、外商投资企业征收的国内消费税，不包括港澳台和外商投资企业缴纳的成品油消费税。
			06	私营企业消费税	中央收入科目。反映对私营企业征收的国内消费税，不包括私营企业缴纳的成品油消费税。
			07	成品油消费税	中央收入科目。反映对成品油征收的消费税。
			19	其他消费税	中央收入科目。反映对其他单位和个人征收的国内消费税，不包括其他单位和个人缴纳的成品油消费税。
			20	消费税税款滞纳金、罚款收入	中央收入科目。反映消费税滞纳金、罚款收入。
			21	成品油消费税退税	中央收入退库科目。反映财政部按“先征后退”政策审批退库的成品油消费税。
			29	其他消费税退税	中央收入退库科目。反映财政部按“先征后退”政策审批退库的除成品油外的其他消费税。
		02		进口消费品消费税	反映海关征收的进口消费品消费税和财政部按“先征后退”政策审批退库的进口消费品消费税。
			02	进口成品油消费税	中央收入科目。反映海关征收的进口成品油消费税。
			09	进口其他消费品消费税	中央收入科目。反映海关征收的进口消费品消费税，不包括成品油消费税。
			20	进口消费品消费税税款滞纳金、罚款收入	中央收入科目。反映海关征收的进口消费税税款滞纳金、罚款收入。
			21	进口成品油消费税退税	中央收入退库科目。反映财政部按“先征后退”政策审批退库的进口成品油消费税。
			29	进口其他消费品退消费税	中央收入退库科目。反映财政部按“先征后退”政策审批退库的除进口成品油外的其他进口消费品消费税。
		03		出口消费品退消费税	中央收入退库科目。反映国家税务局审批退库的出口消费品消费税。

二、增值税、城市维护建设税、教育费附加收入等新增科目

科目编码				科目名称	说 明
类	款	项	目		
101	01	01	52	成品油价格和税费改革增值税划出	地方收入科目。反映地方国库按财政部给定参数和省以下财政体制分享参数，根据101020107目“成品油消费税”、101020121目“成品油消费税退税”计算出的成品油价格和税费改革增值税划出收入。
101	01	01	53	成品油价格和税费改革增值税划入	中央收入科目。反映从地方国库划转至中央国库的成品油价格和税费改革增值税收入。
101	09	21		成品油价格和税费改革城市维护建设税划出	地方收入科目。反映地方国库按财政部给定参数和省以下财政体制分享参数，根据101020107目“成品油消费税”、101020121目“成品油消费税退税”计算出的成品油价格和税费改革城建税划出收入。
101	09	22		成品油价格和税费改革城市维护建设税划入	中央收入科目。反映从地方国库划转至中央国库的成品油价格和税费改革城建税收入。
103	02	03	02	成品油价格和税费改革教育费附加收入划出	地方收入科目。反映地方国库按财政部给定参数和省以下财政体制分享参数，根据101020107目“成品油消费税”、101020121目“成品油消费税退税”计算出的成品油价格和税费改革教育费附加划出收入。
103	02	03	03	成品油价格和税费改革教育费附加收入划入	中央收入科目。反映从地方国库划转至中央国库的成品油价格和税费改革教育费附加收入。
103	99	60		成品油价格和税费改革清退补缴收入	中央与地方共用收入科目（一般预算收入科目）。反映成品油价格和税费改革后，超缴、欠缴、漏缴的公路养路费等六费消退和补偿收入。

三、删除科目情况

科目编码				科目名称	说 明
类	款	项	目		
101	02	02	01	进口消费品消费税	中央收入科目。反映海关征收的进口消费品消费税。
101	02	02	21	进口消费品退消费税。	中央收入退库科目。反映财政部按“先征后退”政策审批退库的进口消费品消费税。
103	01	10		养路费收入	地方收入科目。反映交通部门征收的养路费。
		11		公路客货运附加费收入	地方收入科目。反映交通部门按《公路客货运附加费征收办法》征收的用于公路建设的资金。
			01	客运站场建设费	地方收入科目。
			02	公路客运设施建设专用基金	地方收入科目。
			03	公路货运发展建设基金	地方收入科目。
			04	客货运输设施建设基金	地方收入科目。
			05	客票附加费	地方收入科目。
			06	货物附加费	地方收入科目。
			07	公路客运附加费	地方收入科目。
			08	公路货运附加费	地方收入科目。
			09	客运车辆公路基础设施建设费	地方收入科目。
			10	货运车辆公路基础设施建设费	地方收入科目。
		12		燃油附加费收入	地方收入科目。反映海南省收取的燃油附加费收入。
		13		水运客货运附加费	中央收入科目。
103	02	07		内河航道养护费收入	反映交通部门收取的内河航道养护费。
		08		公路运输管理费收入	反映交通部门收取的公路运输管理费。
		09		水路运输管理费收入	反映交通部门收取的水路运输管理费。
103	04	42	51	长江干线航道养护费	中央与地方共用收入科目。

四、转移性收入科目修订情况

科目编码				科目名称	说 明
类	款	项	目		
110	02	15		成品油价格和税费改革转移支付补助收入	反映下级政府收到的上级政府成品油价格和税费改革转移支付补助收入。
110	02	16		成品油价格和税费改革专项上解收入	反映上级政府收到下级政府成品油价格和税费改革后增值税、城建税、教育费附加专项上解收入。

支出功能分类科目

一、删除科目情况

科目编码			科目名称	说明
类	款	项		
214	01	15	养路费支出	反映用公路养路费收入安排的支出。
		16	公路运输管理费支出	反映用公路运输管理费收入安排的支出。
		17	公路客货运附加费支出	反映用公路客货运附加费收入安排的支出。
		18	燃油附加费支出	反映用燃油附加费收入安排的支出。
		34	水运客货运附加费支出	反映用水运客货运附加费收入安排的支出。
		35	内河航道养护费支出	反映用航道养护费收入安排的支出。
		36	水路运输管理费支出	反映用水路运输管理费收入安排的支出。

二、新增科目情况

科目编码			科目名称	说明
类	款	项		
214	01	36	水路运输管理支出	反映水路运输管理方面的支出。
214	01	39	取消政府还贷二级公路收费专项支出	反映按《国务院关于实施成品油价格和税费改革的通知》安排的专项用于各地逐年有序解决已经取消的政府还贷二级收费公路债务偿还、人员安置、养护管理和公路建设等方面的支出
230	02	15	成品油价格和税费改革转移支付补助支出	反映上级政府对下级政府的成品油价格和税费改革转移支付补助支出。
		16	成品油价格和税费改革专项上解支出	反映成品油价格和税费改革专项上解支出。

省财政厅关于印发《山东省2009年地方政府债券预算管理办法》的通知

2009年3月25日 鲁财预〔2009〕14号

各市财政局（不含青岛）：

根据国务院和省政府有关规定，为规范地方政府债券收支预算管理，提高债券资金管理的科学化、精细化水平，我厅制定了《山东省2009年地方政府债券预算管理办法》。现予印发，请遵照执行。

附件：山东省2009年地方政府债券预算管理办法

附件：

山东省2009年地方政府债券预算管理办法

第一条 为规范2009年地方政府债券管理，实施好积极的财政政策，增强各级政府安排配套资金和扩大政府投资的能力，确保我省扩大内需政策落实到位，根据国务院和省政府有关规定，制定本办法。

第二条 本办法所称地方政府债券，是指经国务院批准，以省政府为发行和偿还主体，由财政部代理我省发行并代办还本付息和支付发行费的2009年地方政府债券。

第三条 地方政府债券收入可以用于省级直接支出，也可以转贷市、县级政府使用。省级使用的债券资金实行“项目管理”，由省发展改革委、省财政厅牵头，组织省直有关部门研究提出项目安排方案，报省政府常务会议审批。转贷给市、县的债券资金实行“额度管理”，具体由省财政厅依据各市偿债能力、中央投资项目地方配套需求等因素，研究提出对各市的转贷额度，报省政府常务会议审批。

第四条 地方政府债券收支实行预算管理。地方政府债券收入全额纳入省级财政预算管理，市、县级政府使用债券收入的，由省级财政转贷，纳入市、县级财政预算。地方政府债券收入安排的支出，纳入地方各级财政预算管理。用地方政府债券发行收入安排支出的部门和单位，要将支出纳入部门预算和单位预算，严格按照预算制度管理。

第五条 地方政府债券收入根据省政府报请国务院批准同意的额度编制。市、县级财政根据省级财政核准的转贷额度编列地方政府债券转贷收入。

地方政府债券支出根据我省各级财政使用债券收入或者债券转贷收入安排的支出编制。地方政府债券预算支出，要充分体现科学发展观的要求，积极促进经济结构调整和发展方式转变。资金主要用于中央投资地方配套的公益性建设项目及其他难以吸引社会投资的公益性建设项目支出，严格控制安排用于能够通过市场化行为投资的公益性建设项目支出，不得安排用于经常性支出。资金使用范围主要包括：保障性安居工程，农村民生工程和农村基础设施，医疗卫生、教育文化等社会事业基础设施，生态建设工程以及其他涉及民生的项目建设与配套。

第六条 各地要将地方政府债券收入或者债券转贷收入和支出纳入预算，报请同级人民代表大会审查批准。2009年度政府预算已报经本级人民代表大会审查批准的，要根据地方政府债券收支计划及时编制预算调整方案，报同级人民代表大会常务委员会审查批准。

第七条 各级财政部门要根据批准的预算，及时将债务支出批复相关部门和单位。各相关部门和单位要严格按照批复的预算，安排预算支出，实行项目管理，不得随意变更资金用途。

第八条 在政府收支分类科目收入分类105类“债务收入”01款“国内债务收入”（科目说明修改为“中央与地方共用收入科目”）下新增04项“财政部代理发行地方政府债券收入”，科目说明为“地方收入科目，反映财政部代理发行的2009年地方政府债券收入。”在110类“转移性收入”下新增11款“借款转贷收入”01项“转贷财政部代理发行地方政府债券收入”，科目说明为“反映下级政府收到上级政府转贷的财政部代理发行的地方政府债券收入。”

在支出功能分类228类“国债事务”中新增12款“财政部代理发行地方政府债券还本”，科目说明为“反映地方政府安排的财政部代理发行2009年地方政府债券还本支出”；新增13款“财政部代理发行地方政府债券付息”，科目说明为“反映地方政府安排的财政部代理发行2009年地方政府债券付息支出”。在230类“转移性支出”新增11款“借款转贷支出”01项“转贷财政部代理发行地方政府债券支出”，科目说明为“反映上级政府对下级政府转贷的财政部代理发行地方政府债券支出。”地方政府安排财政部代理发行地方政府债券收入时，要根据实际使用方向，列入政府收支分类相应功能支出科目。

第九条 各级财政部门要根据预算安排、项目建设进度，及时拨付资金，监控预算执行情况，及时发现和处理预算执行中出现的问题，并做好总预算会计收支核算工作。

第十条 地方政府债券到期后，由中央财政统一代办偿还。各级财政要足额安排地方政府债券还本付息所需资金，及时向省财政上缴地方政府债券本息、发行费等资金。对于未按时上缴的，省财政将根据逾期情况计算罚息，在办理省与市财政结算时如数扣缴。

第十一条 各级财政部门要加强对地方政府债券收支的管理和监督，建立和完善债务项目申报、审批、绩效考评和监督等制度，提高资金管理的科学化、精细化水平，不得挤占、截留和挪用债务资金。

第十二条 各市财政部门可参照本办法，结合本地实际情况，制定具体的管理办法。

第十三条 本办法自公布之日起施行。

省财政厅　中国人民银行济南分行　省国家税务局　省地方税务局　财政部驻山东省财政监察专员办事处转发《财政部　中国人民银行　国家税务总局关于实施成品油价格和税费改革有关预算管理问题的补充通知》的通知

2009年7月29日　鲁财预〔2009〕40号

各市财政局、国家税务局、地方税务局、中国人民银行（山东省）各中心支行及分行营业部，省财政厅驻济南、淄博、潍坊财政检查办事处：

现将《财政部　中国人民银行　国家税务总局关于实施成品油价格和税费改革有关预算管理问题的补充通知》（财预〔2009〕82号）转发给你们，并就列入省级收入范围的炼化企业预算管理问题提出以下意见，请一并遵照执行。

一、中国石油化工股份有限公司济南分公司、齐鲁分公司以及胜利油田石油化工总厂因成品油税费改革相应增加的增值税收入划转清算工作，分别由山东省财政厅驻济南、淄博、潍坊财政检查办事处会同当地财政、税务和人民银行国库部门负责。

二、驻济南、淄博、潍坊财政检查办事处要在规定时间内向财政部驻山东省财政监察专员办事处报送上述企业的审核表格（财预〔2009〕82号附件1、2、3、4），并抄送山东省财政厅预算处备案。其中附件2、3中有关"城市维护建设税"、"教育费附加收入"数据，由当地财税部门负责填报，于每季度终了后15日内，报省财政厅驻相关市财政检查办事处汇总。

三、财政部驻山东省财政监察专员办事处审核后，出具上述企业收入划转审核意见书，抄送当地财政部门和人民银行执行，并抄送山东省财政厅预算处和省财政厅驻相关市财政检查办事处。

四、省财政厅驻有关市财政检查办事处要加强对成品油价格和税费改革的预算管理工作，明确划分税款所属期限，严格按规定比例计算划转收入，认真核实调库限额，确保收入划转准确无误。

五、财政部驻山东省财政监察专员办事处对成品油价格和税费改革中有关预算管理执行情况进行监督检查，严肃查处各种违法违规行为。

六、本通知所规定事项自2009年6月1日起实施，其中今年第二季度相关工作暂由省财政厅预算处负责，从第三季度开始由省财政厅驻有关市财政检查办事处负责。

附件：财政部　中国人民银行　国家税务总局关于实施成品油价格和税费改革有关预算管理问题的补充通知

附件：

财政部　中国人民银行　国家税务总局关于实施成品油价格和税费改革有关预算管理问题的补充通知

2009年7月2日　财预〔2009〕82号

各省、自治区、直辖市、计划单列市财政厅（局）、国家税务局、地方税务局、新疆生产建设兵团财务局，财政部驻各省、自治区、直辖市、计划单列市财政监察专员办事处，中国人民银行上海总部、各分行、营业管理部、省会（首府）城市中心支行、大连、青岛、宁波、厦门、深圳中心支行：

为了妥善处理成品油价格和税费改革运行中出现的新问题，确保成品油价格和税费改革顺利实施，现通知如下：

一、地方及各有关部门要严格执行《财政部　中国人民银行　国家税务总局　交通运输部关于实施成品油价格和税费改革有关预算管理问题的通知》（财预〔2008〕479 号，以下简称《通知》）的有关规定。

（一）税务部门开具炼化企业成品油消费税税收缴款书时，要正确填列成品油消费税入库科目。即，在税收缴款书的预算科目栏填列 101020107“成品油消费税”。

（二）对本通知发布之前实现的 2009 年所属期成品油消费税，没有按照规定科目入库的，由当地税务部门会同人民银行国库（含商业银行、信用社代理国库，下同）核实后调入“成品油消费税”科目。人民银行国库按照规定的比例和科目将对应的增值税、城市维护建设税和教育费附加等收入划转到中央国库。

（三）2009 年入库但所属期为 2008 年及以前年度的成品油消费税收入，不列入“成品油消费税”科目，不作为按照《通知》有关规定划转增值税、城市维护建设税和教育费附加的依据。对本通知发布之前已经在“成品油消费税”科目中核算的 2009 年入库但所属期为 2008 年及以前年度的成品油消费税收入，由当地税务部门开具《更正通知书》，由人民银行国库调整至 1010201“国内消费税”项下相关科目，并将已划转中央收入调回地方国库。

二、逐季对地方划转收入进行清算，并办理相应的测库手续。每季度终了后 20 日内，炼化企业所在市县财政部门会同税务部门。将炼化企业成品油销售情况，以及炼化企业年初至该季度终了累计缴纳的增值税（25% 部分，下同）、城市维护建设税和教育费附加收入等情况报专员办审核（见附件 1、2、3、4）。专员办应在十五日内完成相关审核工作，出具审核意见书（见附件 5），并抄送当地财政部门和人民银行国库负责执行。

（一）专员办根据相关成品油消费税单位税额累计计算应划转中央国库的增值税，城市维护建设税和教育费附加，并与按照《通知》规定的统一划转比例划转的收入进行比对，多划转部分调回地方国库，少划转部分调至中央国库。

其中：增值税应划转收入 =（汽油、石脑油、溶剂油、润滑油等消费税 ×80% + 柴油、燃料油等消费税 ×87.5%）×17% ×25%

城市维护建设税应划转收入 =（汽油、石脑油、溶剂油、润滑油等消费税 ×80% ×1.17 + 柴油、燃料油等消费税 ×87.5% ×1.17）× 相关炼化企业城市维护建设税适用税率

教育费附加应划转收入 =（汽油、石脑油、溶剂油、润滑油等消费税 ×80% ×1.17 + 柴油、燃料油等消费税 ×87.5% ×1.17）× 相关炼化企业教育费附加适用比例

（二）如果应划转的收入超过相关企业实际累计缴纳的增值税、城市维护建设税和教育费附加，分别以相关企业实际缴纳的增值税、城市维护建设税和教育费附加为划转调库的上限，对于超过相关企业实际缴纳的部分，经专员办审核后，由人民银行国库按照省（区、市）以下政府增值税、城市建设维护税、教育费附加收入分享比例，将相关收入调回地方国库。

（三）各地专员办要加强对成品油价格和税费改革有关预算管理执行情况的监督检查工作，严肃查处各种违法违规行为。

三、本通知所规定事项自 2009 年 6 月 1 日起实施。

附件：1. ________炼化企业基本情况表

2. ________市（县）炼化企业划转收入调库情况审核表（汇总）

3. ________市（县）炼化企业划转收入调库情况审核表（分户）

4. ________炼化企业成品油消费税缴纳明细表

5. 成品油价格和税费改革收入划转第　　季度审核意见书。

附件1：

________炼化企业基本情况表

填表单位（公章）：

企业名称		企业所在地	
财务负责人		联系方式	
主管国税局		增值税入库级次	
专管员		联系方式	
主管地税局		城市维护建设税入库级次	
教育费附加收入入库级次			
专管员		联系方式	
经办国库		所在地	
联系人		联系方式	
备注			

填表人： 填表日期： 联系方式：

填表说明：1. 该表由当地财政部门填列；

2. 该表只需在首次申请或发生变更时上报。

附件2：

________市（县）炼化企业划转收入调库情况审核表（汇总）

金额单位：元（列至角分）

栏次	项　目	增值税		城市维护建设税		教育费附加收入	
		本季数	累计数	本季数	累计数	本季数	累计数
1	实际划转收入						
2	应划转收入						
3＝1－2	划转调库金额						
4	实际缴纳金额						
5＝2－4	限额调库金额						
6	合计调库金额						
7	专员办确认调库金额						
8	差异金额及原因说明						

当地财政部门（公章） 日期： 专员办（公章） 日期：

填表说明：1. 该表1～6栏次由地方财政部门填写；7～8栏次由专员办填写；

2. 应划转收入与实际缴纳金额差额为负数时，限额调库金额填写0；

3. 若当地有2家以上（含2家）炼化企业，需分别填写《________市（县）炼化企业划转收入调库情况审核表（汇总）》、《　　市（县）炼化企业划转收入调库情况审核表（分户）》；若只有1家，则只需填写《　　市（县）炼化企业划转收入调库情况审核表》即可。

附件3：

______市（县）炼化企业划转收入调库情况审核表（分户）

企业名称：　　　　　　　　　　　　　　　　　　　　　　　　　　　　金额单位：元（列至角分）

栏次	项目	增值税		城市维护建设税		教育费附加收入	
		本季数	累计数	本季数	累计数	本季数	累计数
1	实际划转收入						
2	应划转收入						
3＝1－2	划转调库金额						
4	实际缴纳金额						
5＝2－4	限额调库金额						
6	合计调库金额						
7	专员办确认调库金额						
8	差异金额及原因说明						

当地财政部门（公章）　　　　　　日期：　　　　　　专员办（公章）　　　　　　日期：

填表说明：1. 该表1～6栏次由地方财政部门填写；7～8栏次由专员办填写；

2. 应划转收入与实际缴纳金额差额为负数时，限额调库金额填写0。

附件4：

______炼化企业成品油消费税缴纳明细表

填表单位（公章）：　　　　　　　　　　　　　　　　　　　　　　计量单位：升，单位：元（列至角分）

序号	项　目	小计	含铅汽油	无铅汽油	石脑油	溶剂油	润滑油	柴油	燃料油	航空煤油
1	适用税率（元/升）		1.4	1	1	1	1	0.8	0.8	0.8
2	销售数量									
3	应纳税额									
4	本期减（免）税额									
5	期初留抵税额									
6	本期准予扣除税额									
7	本期应抵扣税额									
8	期初未缴税额									
9	期末留抵税额									
10	本期实际抵扣税额									
11	本期缴纳前期应纳税额									
12	本期预缴税额									
13	本期应补（退）税额									
14	期末未缴税额									

填表人：　　　　　　　　　　　　填表日期：　　　　　　　　　　　　联系方式：

填表说明：1. 该表由地方财政部门根据炼化企业成品油纳税申报表填列；

2. 炼化企业2009年初留抵税额和未缴税额未按税目分别核算时，按照各税目2008年应纳税款进行分摊。

附件5：

财政部驻 财政监察专员办事处

成品油价格和税费改革收入划转

第 季度审核意见书

（第 号）

________市（县）财政局：

你局 文收悉，经审核， 年1～ 季度应由中央（地方）金库调入地方（中央）金库累计 元 角 分，其中已调库 元 角 分，本季度应调库 元 角 分。

附表1：《________市（县）炼化企业划转收入调库情况审核表（汇总）》

附件2：《________市（县）炼化企业划转收入调库情况审核表（分户）》

财政部驻 财政监察专员办事处（公章）

年 月 日

抄送：中国人民银行________分行（中心支行、支行）

省财政厅关于核定省直接管理县（市）财政体制改革基数有关问题的通知

2009年11月16日 鲁财预〔2009〕47号

各市财政局：

根据《山东省人民政府关于实行省直接管理县（市）财政体制改革试点的通知》（鲁政发〔2009〕110号）的有关规定，现就省、市和20个直管县（市）间财政体制基数核定的有关问题通知如下：

一、基数核定的基本原则

（一）权责统一，科学规范。坚持财力与事权相统一，全面梳理预算内外资金管理和分配事项，合理核定改革基数，为改革顺利推进提供保障。

（二）共同协商，有序推进。本着促进县域经济和区域经济协调发展的目标原则，由市与直管县（市）共同协商确定改革基数，并报省核准。

（三）公平公正，简化高效。以2008年为基期，统筹考虑各项因素，确保市和直管县（市）的既得利益不受影响。

二、省与市、直管县（市）财力基数的核定

（一）返还性收入

1. 增值税和消费税税收返还收入。按照2008年财政总决算，确定市与直管县（市）的中央增值税和消费税返还基数（包含原体制补助）。2008年没有完成基数的，按有关规定对未完成基数部分实施扣款，但不调整基数。2008年中央增值税和消费税完成数，根据省、市、直管县（市）体制变化情况相应调整。

2. 所得税基数返还收入。按照2003年和2005年所得税分享体制改革的基数，确定市与直管县（市）的基数。2008年没有完成基数的，按有关规定对未完成基数部分实施扣款，但不调整基数。

3. 营业税基数返还收入。按照2002年营业税分享体制改革的基数和鲁财预〔2006〕44号文件有关规定，将省级下达基数在市与直管县（市）间进行划分。2008年没有完成基数的，按有关规定对未完成基数部分实施扣款，但不调整基数。

4. 电力、石油、石化、有色金属等中央四大部门企业税收基数返还收入。按照鲁财预〔2007〕55号文件有关规定，将省级下达基数在市与直管县（市）间进行划分。2008年没有完成基数的，可按有关规定对未完成基数部分实施扣款，但不调整基数。

（二）财力性转移支付收入

1. 一般性转移支付补助收入。按照鲁财预〔2005〕12号文件有关规定，将省级下达基数在市与直管县（市）间进行划分。

2. 调整工资转移支付补助收入。按照鲁财预〔2007〕58号文件有关规定，将省级下达基数在市与直管县（市）间进行划分。

3. 农村税费改革补助收入。按照鲁财预〔2002〕86号、鲁财预〔2004〕30号、鲁财预〔2005〕38号、鲁财预〔2006〕45号和鲁财预〔2006〕64号等文件有关规定，将省级下达基数在市与直管县（市）间进行划分。

4. 结算补助收入。

（1）定额结算补助。按照鲁财预〔2005〕63号文件有关规定，将省级下达基数在市与直管县（市）间进行划分。

（2）调整原油、天然气资源税纳税地点结算补助。按照鲁财预字〔1990〕第35号文件有关规定，将定额上解省级数在市与直管县（市）间进行划分。

（3）部分跨地区生产经营煤炭企业税收基数划转结算补助。按照2008年省与市结算核定数据，将省级下达补助在市与直管县（市）间进行划分。

（4）其他基数性补助。按照2008年省与市结算核定数据，将省级下达的基数性补助在市与直管县（市）间进行划分。

5. 企事业单位预算划转补助收入。按照2008年省与市结算核定数据，将省级下达补助在市与直管县（市）间进行划分。

（三）上解省财政支出

1. 体制上解支出。按照2008年省与市结算核定数据，将上解省级支出在市与直管县（市）间进行划分。

2. 出口退税专项上解支出。按照2008年省与市结算核定数据，将出口退税基数和上解省级数分别在市与直管县（市）间进行划分。

3. 专项上解支出。按照2008年省与市结算核定数据，将上解省级的粮食风险基金地方配套资金，在市与直管县（市）间进行划分。

三、市与直管县（市）财力基数的核定

（一）市从直管县（市）所得财力

1. 2008年市分享（含专享）直管县（市）各项税收收入。其中，对改革前市级在直管县（市）境内保留企业，按照2008年数据，充分考虑各项特殊因素，合理核定下划基数。

2. 2008年直管县（市）对市的体制上解。

3. 2008年直管县（市）对市的经常性专项上解。

（二）市对直管县（市）财力补助

1. 2008年各市用自有财力安排给直管县（市）的体制补助。

2. 2008年各市用自有财力安排给直管县（市）的各类财力性补助，包括一般性转移支付、调整工资转移支付、农村税费改革补助、缓解县乡财政困难转移支付补助、企事业单位预算划转补助、结算补助和其他财力性补助等。另外，各市用自有财力安排给直管县（市）的农村义务教育补助、其他财力性补助中的离休干部“两费”转移支付补助、财政困难县计划生育技术服务转移支付补助、新型农村合作医疗试点转移支付补助、军转干转移支付补助、普通高中政府助学金转移支付补助、农村公益电影放映转移支付补助、免除城市义务教育阶段学生杂费转移支付补助、普通高校和中等职业学校家庭经济困难学生资助转移支付补助、农村居民最低生活保障转移支付补助、城镇居民基本医疗保险转移支付补助等市级配套，作为市对直管县（市）的专款补助基数，不统计到财力基数中。其中，对2008年以前已经出台的政策，2009年又扩大覆盖面或者提高标准的，按照扩面提标后的数额核定基数。

3. 2008年各市用自有财力安排给直管县（市）的补助，涉及翘尾事项的，统一按照全年补助核定。

（三）直管县（市）上解（补助）基数

直管县（市）上解市基数＝市从直管县（市）所得财力－市对直管县（市）补助。

若为正数，则从2009年起由直管县（市）定额上解省，省再定额补助市；若为负数，则从2009年起由市定额上解省，省再定额补助直管县（市）。

四、市与直管县（市）专款基数的核定

2008年各市用自有财力安排给直管县（市）的专款补助，包括市级补助给直管县（市）但在市本级列支的资金，全部纳入市级对直管县（市）的专款补助基数范围，涉及翘尾事项的，统一按照全年补助核定基数。同时，对2008年底以前中央、省和市出台的政策，已明确规定由市对直管县（市）安排专款配套，而市级没有落实到位的，对市级配套不足部分，相应调增市对直管县（市）补助基数。

根据鲁政发〔2009〕110号文件规定，市级对直管县（市）的专款补助基数暂不划转，仍由市级统筹用于对直管县（市）补助，但每年实际补助额不得少于核定的补助基数。其中，对政策明确要求配套的专款，市级不得在项级科目间进行调剂；对涉及法定支出的专款，市级不得在类级科目间进行调剂。若每年市级实际补助额小于核定的专款补助基数，当年省级将按照少补助的数额，通过年终结算扣回，再等额补助直管县（市）。

另外，2008年市级结转的省级专款补助，凡涉及直管县（市）的，各市务必于2009年11月30日前全部下达直管县（市）。

五、政府债权债务基数的核定

各市、直管县（市）在改革前通过省财政举借的未到期的国际金融组织贷款、外国政府贷款、人民银行专项借款、国债转贷资金，以及中央和省财政有偿资金等财政统借统还的债务，按照债权债务隶属关系，

经双方共同核实确认签章后，上报省厅作为还款依据，分别按规定归还省财政。到期不按时归还的，由省财政通过结算直接对有关市、直管县（市）扣回。未核对清楚的，作为市级债务处理。市级与直管县（市）的政府债权债务基数，由各市与直管县（市）按照鲁政发〔2009〕110号文件的有关要求，共同核定确认后，市财政局以正式公文形式报省财政厅备案。

六、有关工作要求

（一）主动做好改革工作。实行省直接管理县（市）财政体制改革试点，是中央做出的重大决策，是地方政府机构改革的重要内容，对加快县域经济发展、促进全省城乡、区域统筹协调发展具有重要意义。各市、直管县（市）财政部门要提高认识，统一思想，高度重视，通力合作，主动做好各项工作。各市财政局要主动牵头，精心组织，加强与直管县（市）财政局的沟通和协调。对实施中遇到的矛盾和问题，各方面要从大局出发，积极协商，妥善解决。

（二）认真确定划转基数。各市、直管县（市）财政部门要全面梳理现有的各项收入体制和补助政策，根据省里统一要求，共同核对，积极协商，达成一致。在双方确认一致后，认真填列基数划转等有关报表（详见附件，一式三份），加盖市和直管县（市）财政局公章，市、直管县（市）财政部门各留存一份，并由市财政局以正式文件形式报送省财政厅。对基数划转不符合要求的事项，省级将予以调整，重新核定。

（三）确保按时完成改革任务。各市和直管县（市）要于11月20日前将报表（不必签章）及相应补助资金文件（或政策文件）报送省财政厅（书面及电子版）；省财政厅于12月10日前，将审核后的报表反馈给各市和直管县（市）；各市于12月15日前，将市、直管县（市）协商一致的专款基数报表（双方必须签章）上报预算处（表内另有报送要求的，按照表内注释规定时间填报）。各市要及时做好相关工作的衔接，防止工作脱节，确保改革平稳推进。

附件："省直管县"财政改革基数核定表（表1～表9）

附件：

"省直管县"财政改革基数核定表（表1～表9）

表1： ****市省、市财力基数核定汇总表**

单位：万元

项目	2008年决算				改革后全市核定基数			
	全市	市本级	**直管县（市）	**直管县（市）	合计	**直管县（市）	**直管县（市）	市本级和其他县（市、区）小计
一般预算体制基数合计								
一、返还性收入								
1. 增值税和消费税税收返还收入								
其中：体制补助								
2. 所得税和营业税基数返还收入								
（1）企业所得税基数返还收入								
（2）个人所得税基数返还收入								
（3）营业税基数返还收入								
3. 电力、石油、石化、有色金属中央四大部门企业税收基数返还收入								
二、财力性转移支付收入								

续表

项 目	2008年决算				改革后全市核定基数			
	全市	市本级	** 直管县（市）	** 直管县（市）	合计	** 直管县（市）	** 直管县（市）	市本级和其他县（市、区）小计
1. 一般性转移支付补助收入								
2. 调整工资转移支付补助收入								
3. 农村税费改革补助收入								
（1）农村税费改革转移支付补助收入								
其中：国有农场税费改革转移支付								
（2）取消农业特产税降低农业税率转移支付补助收入								
4. 缓解县乡困难转移支付补助收入								
（1）保障性转移支付收入								
（2）激励性转移支付收入								
5. 结算补助收入								
（1）定额结算项目								
（2）部分跨地区生产经营煤炭企业税收基数划转								
（3）其他补助								
6. 企事业单位预算划转补助收入								
7. 其他财力性转移支付收入								
三、上解支出								
1. 体制上解支出								
2. 出口退税专项上解支出								
（1）市县超基数负担数								
（2）省级统筹负担数								
3. 经常性专项上解支出								

注：1. 本表根据2008年财政总决算相关数据填列，数据不保留小数点。
2. 上解数按正数填报。
3. 市本级和其他县（市、区）包括未纳入改革试点范围的县（市、区）和市本级。
4. “2008年决算”各栏次直接按照2008年财政总决算相关数据填报。
5. 本表“改革后全市核定基数”等于表2和表4相关数据合计。
6. 本表报送省财政厅预算处。

表1－1　　** 县（市）省、市财力基数核定表　　单位：万元

项 目	核定基数
一般预算体制基数合计	
一、返还性收入	
1. 增值税和消费税税收返还收入	
其中：体制补助	
2. 所得税和营业税基数返还收入	
（1）企业所得税基数返还收入	
（2）个人所得税基数返还收入	
（3）营业税基数返还收入	
3. 电力、石油、石化、有色金属中央四大部门企业税收基数返还收入	
二、财力性转移支付收入	
1. 一般性转移支付补助收入	
2. 调整工资转移支付补助收入	
3. 农村税费改革补助收入	
（1）农村税费改革转移支付补助收入	
其中：国有农场税费改革转移支付	
（2）取消农业特产税降低农业税率转移支付补助收入	
4. 缓解县乡困难转移支付补助收入	

续表

项　目	核定基数
（1）保障性转移支付收入	
（2）激励性转移支付收入	
5. 结算补助收入	
（1）定额结算项目	
（2）部分跨地区生产经营煤炭企业税收基数划转	
（3）其他补助	
6. 企事业单位预算划转补助收入	
7. 其他财力性转移支付收入	
三、上解支出	
1. 体制上解支出	
2. 出口退税专项上解支出	
（1）市县超基数负担数	
（2）省级统筹负担数	
3. 经常性专项上解支出	

注：1. 本表数据不保留小数点。
2. 上解数按正数填报。
3. 本表数据应与表1中该县相关数据一致。
4. 本表报送省财政厅预算处。

市财政局（盖章）　　　　县（市）财政局（盖章）

市财政局局长：（签字）　　　　县（市）财政局局长：（签字）

表2　　**＊＊市省级财力基数核定汇总表**　　单位：万元

项　目	2008年决算全市合计数	改革后全市核定基数			
		合计	＊＊直管县（市）	＊＊直管县（市）	市本级和其他县（市、区）小计
一般预算体制基数合计					
一、返还性收入					
1. 增值税和消费税税收返还收入					
其中：省对下体制补助					
2. 所得税和营业税基数返还收入					
（1）企业所得税基数返还收入					
（2）个人所得税基数返还收入					
（3）营业税基数返还收入					
3. 电力、石油、石化、有色金属中央四大部门企业税收基数返还收入					
二、财力性转移支付收入					
1. 一般性转移支付补助收入					
2. 调整工资转移支付补助收入					
3. 农村税费改革补助收入					
（1）农村税费改革转移支付补助收入					
其中：国有农场税费改革转移支付					
（2）取消农业特产税降低农业税率转移支付补助收入					
4. 结算补助收入					
（1）定额结算项目					
（2）部分跨地区生产经营煤炭企业税收基数划转					
（3）其他基数性补助					
5. 企事业单位预算划转补助收入					
三、上解支出					

续表

项　目	2008年决算全市合计数	改革后全市核定基数			
		合计	** 直管县（市）	** 直管县（市）	市本级和其他县（市、区）小计
1. 体制上解支出					
2. 出口退税专项上解支出					
（1）市县超基数负担数					
（2）省级统筹负担数					
3. 粮食风险基金地方配套资金专项上解支出					

注：1. 本表数据不保留小数点。
2. 上解数按正数填报。
3. 市本级和其他县（市、区）包括未纳入改革试点范围的县（市、区）和市本级。
4. 2008 年决算全市合计数直接按照2008 年决算相关数据填报。
5. 本表报送省财政厅预算处。
6. 省级其他财力性转移支付补助不必统计。

表 2－1

** 县（市）省级财力基数核定表

单位：万元

项　目	核定基数
一般预算体制基数合计	
一、返还性收入	
1. 增值税和消费税税收返还收入	
其中：省对下体制补助	
2. 所得税和营业税基数返还收入	
（1）企业所得税基数返还收入	
（2）个人所得税基数返还收入	
（3）营业税基数返还收入	
3. 电力、石油、石化、有色金属中央四大部门企业税收基数返还收入	
二、财力性转移支付收入	
1. 一般性转移支付补助收入	
2. 调整工资转移支付补助收入	
3. 农村税费改革补助收入	
（1）农村税费改革转移支付补助收入	
其中：国有农场税费改革转移支付	
（2）取消农业特产税降低农业税率转移支付补助收入	
4. 结算补助收入	
（1）定额结算项目	
（2）部分跨地区生产经营煤炭企业税收基数划转	
（3）其他基数性补助	
5. 企事业单位预算划转补助收入	
三、上解支出	
1. 体制上解支出	
2. 出口退税专项上解支出	
（1）市县超基数负担数	
（2）省级统筹负担数	
3. 粮食风险基金地方配套资金专项上解支出	

注：1. 本表数据不保留小数点。
2. 上解数按正数填报。
3. 本表数据应与表 2 中该县相关数据一致。
4. 本表报送省财政厅预算处。
5. 省级其他财力性转移支付补助不必统计。

市财政局（盖章）　　　　县（市）财政局（盖章）

市财政局局长：（签字）　　　　县（市）财政局局长：（签字）

表3 ****市省级其他基数核定汇总表** 单位：万元

项　目	改革前全市基数	改革后全市核定基数				
		合计	直管县（市）			市本级和其他县（市、区）小计
			小计	**县（市）	**县（市）	
一、增值税和消费税完成数						
1.2008年结算时确定的两税完成数						
2. 改革后根据体制相应调整2008年两税完成数						
二、调整原油、天然气资源税纳税地点结算确定定额上缴数						
三、出口退税基数						

注：1. 本表数据不保留小数点。
2. 市本级和其他县（市、区）包括未纳入改革试点范围的县（市、区）和市本级。
3. “改革后根据体制相应调整2008年两税完成数”是指实施“省直管县”财政改革后，根据新的财政体制相应调增或调减的2008年两税完成数。
4. 除“改革后根据体制相应调整2008年两税完成数”外，其他项目改革前全市基数合计应等于改革后基数分配小计。
5. 本表报送省财政厅预算处。

表3-1 ****县（市）省级其他基数核定表** 单位：万元

项　目	核定基数
一、增值税和消费税完成数	
1.2008年结算时确定的两税完成数	
2. 改革后根据体制相应调整2008年两税完成数	
二、调整原油、天然气资源税纳税地点结算确定定额上缴数	
三、出口退税基数	

注：1. 本表数据不保留小数点。
2. 本表数据应与表3中该县相关数据一致。
3. 本表报送省财政厅预算处。

市财政局（盖章）　　　　县（市）财政局（盖章）

市财政局局长：（签字）　　　　县（市）财政局局长：（签字）

表4 ****市市级财力基数核定汇总表** 单位：万元

项　目	直管县（市）小计	**县（市）	**县（市）
核定改革后直管县（市）定额上解（补助）基数			
一、2008年市从直管县（市）所得财力			
1. 市分享（含专享）直管县（市）各项收入（按照决算收入顺序）			
增值税			
营业税			
企业所得税			
个人所得税			
……			
……			
2. 县（市）对市体制上解（不含上解省部分）			

续表

项目	直管县（市）小计	**县（市）	**县（市）
3. 县（市）对市经常性专项上解（不含上解省部分）			
二、2008年市对直管县（市）补助			
1. 市自有财力安排给县（市）的体制补助			
2. 市自有财力安排给县（市）的一般性转移支付补助			
3. 市自有财力安排给县（市）的调整工资转移支付补助			
4. 市自有财力安排给县（市）的农村税费改革补助			
（1）农村税费改革转移支付补助收入			
其中：国有农场税费改革转移支付			
（2）取消农业特产税降低农业税率转移支付补助收入			
5. 市自有财力安排给县（市）的缓解县乡困难转移支付补助			
（1）保障性转移支付收入			
（2）激励性转移支付收入			
6. 市自有财力安排给县（市）的结算补助			
7. 市自有财力安排给县（市）的企事业单位预算划转补助			
8. 市自有财力安排给县（市）的其他财力性补助			

注：1. 本表数据不保留小数点。
2. 本表原则上按照2008年财政决算数据填报。
3. 本表报送省财政厅预算处。

表4-1　　**市与县（市）市级财力基数核定表**

单位：万元

项目	核定基数
核定改革后直管县（市）定额上解（补助）基数	
一、2008年市从直管县（市）所得财力	
1. 市分享（含专享）直管县（市）各项收入（按照决算收入顺序）	
增值税	
营业税	
企业所得税	
个人所得税	
……	
……	
2. 县（市）对市体制上解（不含上解省部分）	
3. 县（市）对市经常性专项上解（不含上解省部分，按项目填报）	
（1）……	
……	
二、2008年市对直管县（市）补助	
1. 市自有财力安排给县（市）的体制补助	
2. 市自有财力安排给县（市）的一般性转移支付补助	
3. 市自有财力安排给县（市）的调整工资转移支付补助	
4. 市自有财力安排给县（市）的农村税费改革补助	
（1）农村税费改革转移支付补助收入	
其中：国有农场税费改革转移支付	

续表

项　目	核定基数
（2）取消农业特产税降低农业税率转移支付补助收入	
5. 市自有财力安排给县（市）的缓解县乡困难转移支付补助	
（1）保障性转移支付收入	
（2）激励性转移支付收入	
6. 市自有财力安排给县（市）的结算补助（按项目填报）	
（1）……	
……	
7. 市自有财力安排给县（市）的企事业单位预算划转补助	
8. 市自有财力安排给县（市）的其他财力性补助（按项目填报）	
（1）……	
……	

注：1. 本表数据不保留小数点。
2. 本表原则上按照2008年财政决算数据填报。
3. 本表报送省财政厅预算处。
4. 市自有财力安排给县（市）的其他财力性补助不包括财力性专款补助。
5. 市自有财力安排给县（市）的企事业单位预算划转补助等于表5－1企事业单位预算划转补助数。
6. 本表数据应与表4中该县相关数据一致。

市财政局（盖章）　　　　县（市）财政局（盖章）

市财政局局长：（签字）　　　　县（市）财政局局长：（签字）

表5　　＊＊市对县（市）专款补助等基数核定汇总表

单位：万元

项　目	直管县（市）		
	小计	＊＊县（市）	＊＊县（市）
一、专款补助合计			
（一）一般预算专款小计（科目到类）			
1. 一般公共服务			
2. 外交			
3. 国防			
4. 公共安全			
5. 教育			
6. 科学技术			
7. 文化体育与传媒			
8. 社会保障和就业			
9. 医疗卫生			
10. 环境保护			
11. 城乡社区事务			
12. 农林水事务			
13. 交通运输			

续表

项目	直管县（市）		
	小计	**县（市）	**县（市）
14. 工业商业金融等事务			
15. 地震灾后恢复重建支出			
16. 其他支出			
（二）基金预算专款小计（科目到类）			
1. 一般公共服务			
2. 教育			
3. 文化体育与传媒			
4. 社会保障和就业			
5. 城乡社区事务			
6. 农林水事务			
7. 交通运输			
8. 工业商业金融等事务			
9. 其他支出			
（三）市级列支专款小计（按政策填列）			
二、财力性专款补助合计			
（一）农村义务教育补助			
1. 农村义务教育经费保障机制改革补助			
2. 秋季学期免费教科书转移支付补助			
3. 冬季取暖费转移支付补助			
（二）其他财力性转移支付下达的专项补助			
1. 离休干部“两费”转移支付补助			
2. 革命老区转移支付补助			
3. 财政困难县区计划生育技术服务转移支付补助			
4. 新型农村合作医疗试点转移支付补助			
5. 军转干转移支付补助			
6. 普通高中政府助学金转移支付补助			
7. 农村公益电影放映转移支付补助			
8. 免除城市义务教育阶段学生杂费转移支付补助			
9. 普通高校和中等职业学校家庭经济困难学生资助转移支付补助			
10. 农村居民最低生活保障转移支付补助			
11. 城镇居民基本医疗保险转移支付补助			
12. 其他项目补助			
附：企事业单位预算划转补助			

注：1. 本表数据不保留小数点。
2. 市级列支专款是指市级补助给直管县（市），但在市本级列支的资金。
3. 本表报送省财政厅预算处。

表 5－1

** 市对 ** 县（市）专款补助等基数核定表

省财政厅 ** 处

单位：万元

项目	政策内容摘要	对应省级文号	2008 年专款合计（决算数）	2008 年市对下安排的省级专款			市级专款基数 1	市级专款基数 2		核定市级专款基数	是否为市级出台的补助政策	存在争议及原因
				结转的 2007 年省级专款	2008 年新增的省级专款	2008 年结转的省级专款		涉及翘尾的调增数	按规定补助调增数			
	1	2	3	4	5	6	7＝3－（4＋5－6）	8	9	10＝7＋8＋9	11	12
一、专款补助合计												
1. 一般预算专款小计												
（1）科目名称（到类）												
市下达资金文号												
……												
（2）科目名称（到类）												
市下达资金文号												
……												
2. 基金预算专款小计												
（1）科目名称（到类）												
市下达资金文号												
……												
（2）科目名称（到类）												
市下达资金文号												
……												
3. 市级列支的专款小计												
市下达资金文号												
……												
二、财力性专款补助合计												
1. 农村义务教育补助收入												
（1）农村义务教育经费保障机制改革补助												
（2）秋季学期免费教科书转移支付补助												
（3）冬季取暖费转移支付补助												
2. 其他财力性转移支付下达的专项补助小计												
（1）离休干部“两费”转移支付补助												
（2）革命老区转移支付补助												
（3）财政困难县区计划生育技术服务转移支付补助												
（4）新型农村合作医疗试点转移支付补助												
（5）军转干转移支付补助												

续表

项　目	政策内容摘要	对应省级文号	2008年专款合计（决算数）	2008年市对下安排的省级专款			市级专款基数1	市级专款基数2		核定市级专款基数	是否为市级出台的补助政策	存在争议及原因
				结转的2007年省级专款	2008年新增的省级专款	2008年结转的省级专款		涉及翘尾的调增数	按规定补助调增数			
	1	2	3	4	5	6	7=3-(4+5-6)	8	9	10=7+8+9	11	12
（6）普通高中政府助学金转移支付补助												
（7）农村公益电影放映转移支付补助												
（8）免除城市义务教育阶段学生杂费转移支付补助												
（9）普通高校和中等职业学校家庭经济困难学生资助转移支付补助												
（10）农村居民最低生活保障转移支付补助												
（11）城镇居民基本医疗保险转移支付补助												
……												
附：企事业单位预算划转补助												
1.……												
……												

注：1. 本表数据不保留小数点：一般预算和基金预算专款的每个科目下按照市下达的文件逐笔填报；市级列支专款是指市级补助给直管县（市），但在市本级列支的资金，按照文号或项目逐笔填报；企事业单位预算划转补助计入财力基数，但在本表进行明细统计，按市下达文号逐项列示。

2. “市下达资金文号”按市级下达给直管县的文件填列，“项目内容摘要”填报补助项目名称，“对应省级文号”为市级专款文号对应的省级文号。

3. 2008年新增的省级专款等于各市2008年收到的省级专款数，并分解到直管县（市）。

4. 涉及翘尾的调增数是指2008年市级用自身财力安排给直管县（市）的补助，没有按照全年补助，或者在覆盖面、补助标准等方面低于2009年，而相应调增的数额。

5. 按规定补助调增数是指2008年市级没有按照政策规定足额安排配套的应调增数。

6. 填列“是否为市级出台的补助政策”栏时，属于市级自己出台的政策就填“市级”，属于中央或省级出台政策则不填。

7. 市和直管县于11月20日前将本表（不必签章）及相应补助资金文件（或政策文件）报送省财政厅预算处，由预算处统一分发相关处室审核；各处室要于12月10日前，妥善协调解决市与直管县（市）间的争议，将审核后的报表反馈预算处，由预算处统一反馈给各市和直管县（市）；各市于12月15日前，将市、直管县（市）协商一致的专款基数报表（必须签章）上报预算处。

市财政局（盖章）　　　　县（市）财政局（盖章）

市财政局局长：（签字）　　　　县（市）财政局局长：（签字）

表 6 **∗∗市省对下债权核定汇总表** 单位：∗∗元

项　目	改革前全市基数	改革后全市核定基数				
		合计	直管县（市）			市本级和其他县（市、区）小计
			小计	∗∗县（市）	∗∗县（市）	

注：1. 本表数据不保留小数点。
2. 市本级和其他县（市、区）包括未纳入改革试点范围的县（市、区）和市本级。
3. 改革前全市债务合计应等于改革后债务分配合计。
4. 本表报送省财政厅预算处，预算处根据相关处室审核意见，汇总各地债务情况，统一汇报并批复各地。

表 6－1 **∗∗县（市）省对下债权核定表**

省财政厅∗∗处 单位：∗∗元

项　目	核定数

注：1. 本表数据不保留小数点。
2. 本表报送省财政厅预算处，由预算处统一分发相关处室审核，预算处根据相关处室审核意见，汇总各地债务情况，统一汇报并批复各地。

市财政局（盖章）　　　　县（市）财政局（盖章）

市财政局局长：（签字）　　　　县（市）财政局局长：（签字）

表 7 **** 市市级债权核定汇总表** 单位：**元

项目	改革前全市基数	改革后全市核定基数				
		合计	直管县（市）			其他县（市、区）小计
			小计	**县（市）	**县（市）	

注：1. 本表数据不保留小数点。
2. 其他县（市、区）包括未纳入改革试点范围的县（市、区）。
3. 改革前全市债务合计应等于改革后债务分配小计。
4. 本表报送省财政厅预算处。

表 7－1 **** 县（市）市对下债权核定表** 单位：**元

项目	债务基数分配数

注：1. 本表数据不保留小数点。
2. 市本级及区包括市本级和区级。
3. 改革前全市债务合计应等于改革后债务分配小计。
4. 本表报送省财政厅预算处。

市财政局（盖章） 县（市）财政局（盖章）

市财政局局长：（签字） 县（市）财政局局长：（签字）

表 8

2009 年市级分享 ** 县（市）非税收入情况表

征管部门	收入项目（填写文件规定的规范名称）	资金管理方式（专户或国库）	各级分享（分成）比例（填写比例或绝对值）				文件依据（填列国家、省和市有关规定性文件名称、文号）	2009 年收入完成数（单位：万元）					分享意见（单位：万元）			继续分享的理由
			中央	省	市	直管县（市）		合计	中央	省	市	直管县（市）	继续分享	分享数额	不再分享	
一、在征收环节分成的非税收入项目																
	1. 行政事业性收费收入															
	（1） ****															
	****															
	2. 政府性基金收入															
	（1） ****															
	****															
	3. 其他非税收入															
	（1） ****															
	****															
二、在体制环节上解市级的非税收入项目																
	1. 行政事业性收费收入															
	（1） ****															
	****															
	2. 政府性基金收入															
	（1） ****															
	****															
	3. 其他非税收入															
	（1） ****															
	****															

注：1. 本表数据不保留小数点；各项非税收入按照项目进行明细填报。
2. 本表只填列市级有分享情况的非税收入，包括征收环节和体制上解环节有分成情况的非税收入。
3. 在征收环节分成的非税收入项目，是指在征收时直接按规定的分成比例，分别缴入相应级次财政的收入项目。
4. 在体制环节上解市级的非税收入项目，是指已缴入县级财政的收入，需要通过财政体制结算等方式上解市级的收入项目。
5. 填“分享意见”时，若市、县双方达成一致，认为市级承担了部分事权责任，可继续分享直管县（市）的该项非税收入，则在“继续分享”栏填“1”，并注明分享金额和理由；否则，在“不再分享”栏填“1”。
6. 各市于 11 月 30 日将本表（不必签章）预计数同步报送省财政厅预算处和综合处；于 2010 年 1 月 20 日前将本表（必须签章）同步报送预算处和综合处，预算处根据综合处审核意见，作为当年结算依据。

市财政局（盖章）　　　　县（市）财政局（盖章）

市财政局局长：（签字）　　　　县（市）财政局局长：（签字）

表 9　　2009 年市级集中 ** 县（市）税收收入情况表　　单位：万元

项　目	数　额	备　注
税收收入合计		
1. 增值税		
2. 营业税		
3. 企业所得税		
4. 个人所得税		
5. 资源税		
6. 固定资产投资方向调节税		
7. 城市维护建设税		
8. 房产税		
9. 印花税		
10. 城镇土地使用税		
11. 土地增值税		
12. 车船税		
13. 耕地占用税		
14. 契税		
15. 烟叶税		
16. 其他税收收入		

注：1. 本表数据不保留小数点。
2. 市级集中的直管县（市）税收收入为 2009 年直接在市级入库的直管县（市）收入部分。
3. 各市于 11 月 30 日将本表（不必签章）按预计数报送省财政厅预算处；2010 年 1 月 20 日前将本表（必须签章）报送省财政厅预算处，作为年底结算依据。

市财政局（盖章）　　县（市）财政局（盖章）

市财政局局长：（签字）　　县（市）财政局局长：（签字）

省财政厅　省国家税务局　省地方税务局 中国人民银行济南分行关于实行省直接管理县（市）财政体制改革有关预算管理问题的通知

2009 年 11 月 25 日　鲁财预〔2009〕48 号

各市财政局、国税局、地税局，人民银行（山东省）各中心支行及分行营业管理部：

根据《山东省人民政府关于实行省直接管理县（市）财政体制改革试点的通知》（鲁政发〔2009〕110 号）规定，为规范省直管县（市）财政体制，做好相关预算管理等工作，现就有关问题通知如下：

一、关于财政收入级次及缴库问题

实行省直管县财政体制后，各市、直管县（市）的中央、省级收入入库级次、入库比例不变，各市不再分享直管县（市）的财政收入。在各直管县（市）征收的财政收入，各级财政分享范围和比例调整为：

1. 增值税。增值税75%部分属中央收入；胜利油田、齐鲁石化、中石化济南分公司、省电力集团等重点企业增值税25%部分、火力发电和核电企业（机组）增值税15%部分属省级收入；省级保留企业之外的企业增值税25%部分、火力发电和核电企业（机组）增值税10%部分属直管县（市）收入。

2. 营业税。一般企业营业税20%部分、高速公路企业及2009年1月1日起通车运营的跨市经营铁路运输企业的全部营业税属省级收入；一般企业营业税80%部分属直管县（市）收入。

3. 企业所得税。铁路运输、国家邮政、中国工商银行、中国农业银行、中国银行、中国建设银行、国家开发银行、中国农业发展银行、中国进出口银行、中国石油天然气股份有限公司、中国石油化工股份有限公司和海洋石油天然气企业缴纳的全部企业所得税，以及一般企业所得税60%部分，属中央收入；一般企业所得税8%部分，省电力集团、高速公路企业、省地方铁路局直属运输企业（含大莱龙铁路有限责任公司）和2009年1月1日起通车运营的跨市经营铁路运输企业所得税40%部分，火力发电和核电企业（机组）企业所得税24%部分，属省级收入；一般企业所得税32%部分、火力发电和核电企业（机组）企业所得税16%部分，属直管县（市）收入。

4. 个人所得税。个人所得税60%部分属中央收入；个人所得税15%部分属省级收入；个人所得税25%部分属直管县（市）收入。

5. 资源税。海洋石油资源税属中央收入；石油资源税属省级收入；煤炭、盐等资源税属直管县（市）收入。

6. 城市维护建设税。高速公路企业城市维护建设税属省级收入；其他企业城市维护建设税属直管县（市）收入。

7. 跨地区生产经营企业缴纳的税收收入，暂维持现行分享体制不变。

8. 除上述税收和中央、省级原固定收入外的其他各项税收收入，按属地征收，全部为直管县（市）收入。

9. 预算内外非税收入。中央和省在直管县（市）的非税收入划分范围和比例不变（高速公路企业教育费附加、地方教育附加归省级收入）。各市不再分享直管县（市）的各项非税收入。对各市承担部分工作职能的非税收入，年终经市和直管县（市）财政局共同确认后，由省财政厅通过结算办理。

10. 改革后补缴和退还以前年度的税收收入，一律按本通知规定的预算级次、预算科目和缴库办法办理。

二、关于预算收入调库问题

各级税务和国库部门要按照本通知有关规定，抓紧修改税款征收、划分、报解和入库的核算软件。对2010年1月1日前开具的税票仍按原收入范围和比例办理，自2010年1月1日起，各地要严格按照本通知规定办理收入缴库手续，对仍按原收入范围和比例开具的税票，作退票处理。为保证改革顺利实施，本着简便、高效原则，对2009年涉及的市与直管县（市）收入体制变化，当年不再调整入库级次，年底省级通过体制结算，将市级集中直管县（市）的收入增量上解省级，由省再返还给直管县（市）。

三、关于原体制补助和上解问题

省对直管县（市）的原体制补助，并入省对直管县（市）的增值税、消费税收入返还基数，增幅与直管县（市）上划中央的增值税、消费税收入增幅挂钩，按照1∶0.3确定；直管县（市）对省级的原体制上解递增比例，统一调整为3%，其中改革前低于3%的县（市），继续按照原比例上解省，差额部分仍由市级承担。

四、关于财税收入统计问题

各级财税收入统计工作继续维持现行管理体制，各直管县（市）报表继续向所在市报送，由各市将包含直管县（市）收入的全市汇总报表，报送到省级相关部门。

本通知自2009年1月1日起施行。

省财政厅　中国人民银行济南分行转发《财政部　中国人民银行关于修订2009年转移性收支科目的通知》的通知

2009年12月8日　鲁财预〔2009〕52号

各市财政局、中国人民银行（山东省）各中心支行及分行营业部：

现将《财政部　中国人民银行关于修订2009年转移性收支科目的通知》（财预〔2009〕405号）转发给你们，请认真遵照执行。

附件：财政部　中国人民银行关于修订2009年转移性收支科目的通知

附件：

财政部　中国人民银行关于修订2009年转移性收支科目的通知

2009年11月20日　财预〔2009〕405号

各省、自治区、直辖市、计划单列市财政厅（局），新疆生产建设兵团财务局，中国人民银行上海总部、各分行、营业管理部、省会（首府）城市中心支行、大连、青岛、宁波、厦门、深圳市中心支行：

根据全国人大批准的《2008年全国预算执行情况和2009年全国预算（草案）》，现对《2009年政府收支分类科目》修订如下：

一、在110类“转移性收入”01款“返还性收入”下新增03项“成品油价格和税费改革税收返还收入”。

02款“财力性转移支付收入”科目名称修改为“一般性转移支付收入”。其下02项“一般性转移支付补助收入”名称修改为“均衡性转移支付收入”。删去05项“义务教育补助收入”。07项“缓解县乡财政困难转移支付补助收入”名称修改为“县级基本财力保障机制奖补资金收入”。新增14项“企业事业单位划转补助收入”、17项“村级公益事业‘一事一议’奖励资金收入”、18项“工商部门停征两费转移支付收入”、19项“一般公共服务转移支付收入”、20项“公共安全转移支付收入”、21项“教育转移支付收入”、22项“社会保障和就业转移支付收入”。99项“其他财力性转移支付收入”名称修改为“其他一般性转移支付收入”。

在03款“专项转移支付收入”下删去01项“专项补助收入”和02项“专项上解收入”。新增01项“教育专项补助收入”、02项“科学技术专项补助收入”、03项“社会保障和就业专项补助收入”、04项

“医疗卫生专项补助收入”、05 项“环境保护专项补助收入”、06 项“农林水事务专项补助收入”、51 项“专项上解收入”、99 项“其他专项补助收入”。

二、在230类“转移性支付”01 款“返还性支出”下新增03 项“成品油价格和税费改革税收返还支出”。

02 款“财力性转移支付”科目名称修改为“一般性转移支付”。其下02 项“一般性转移支付支出”名称修改为“均衡性转移支付支出”。删去05 项“义务教育补助支出”。07 项“缓解县乡财政困难转移支付补助支出”名称修改为“县级基本财力保障机制奖补资金支出”。新增14 项“企业事业单位划转补助支出”、17 项“村级公益事业‘一事一议’奖励资金支出”、18 项“工商部门停征两费转移支付支出”、19 项“一般公共服务转移支付支出”、20 项“公共安全转移支付支出”、21 项“教育转移支付支出”、22 项“社会保障和就业转移支付支出”、99 项“其他财力性转移支付支出”名称修改为“其他一般性转移支付支出”。

在03 款“专项转移支付支出”下删去01 项“专项补助支出”和02 项“专项上解支出”。新增01 项“教育专项补助支出”、02 项“科学技术专项补助支出”、03 项“社会保障和就业专项补助支出”、04 项“医疗卫生专项补助支出”、05 项“环境保护专项补助支出”、06 项“农林水事务专项补助支出”、51 项“专项上解支出”、99 项“其他专项补助支出”。

三、已通过原科目办理的收入和支付，请各级财政和人民银行国库按上述科目办理相关调账手续。

附件:《2009 年政府收支分类科目》修订后转移性收支科目表

附件：

《2009 年政府收支分类科目》修订后转移性收支科目表

一、收入分类科目

科目编码				科目名称	说　明
类	款	项	目		
110				转移性收入	中央与地方共用收入科目。
	01			返还性收入	中央与地方共用收入科目。反映下级政府收到上级政府的返还性收入。
		01		增值税和消费税税收返还收入	反映下级政府收到的上级政府增值税和消费税税收返还收入。
		02		所得税基数返还收入	反映下级政府收到的上级政府的所得税基数返还收入。
		03		成品油价格和税费改革税收返还收入	反映下级政府收到的上级政府成品油价格和税费改革税收返还收入。
		99		其他税收返还收入	反映下级政府收到的上级政府的其他税收返还收入。
	02			一般性转移支付收入	反映政府同一般性转移支付收入。
		01		体制补助收入	反映下级政府收到的体制补助收入。
		02		均衡性转移支付收入	反映下级政府收到的上级政府均衡性转移支付补助。
		03		民族地区转移支付补助收入	反映下级政府收到的上级政府的民族地区转移支付补助收入。
		04		调整工资转移支付补助收入	反映下级政府收到的上级政府的调整工资转移支付补助收入。
		06		农村税费改革补助收入	反映下级政府收到的上级政府农村税费改革补助收入。
		07		县级基本财力保障机制奖补资金收入	反映下级政府收到的上级政府的县级基本财力保障机制奖补资金收入。
		08		结算补助收入	反映下级政府收到的上级政府的结算补助收入。
		09		体制上解收入	反映上级政府收到的下级政府的体制上解收入。
		10		出口退税专项上解收入	反映上级政府收到的下级政府的出口退税专项上解收入。
		11		化解债务补助收入	反映下级政府收到的上级政府化解债务补助收入。
		12		资源枯竭型城市转移支付补助收入	反映下级政府收到的上级政府资源枯竭型城市转移支付补助收入。
		14		企业事业单位划转补助收入	反映下级政府收到的上级政府企业事业单位划转补助收入。
		15		成品油价格和税费改革转移支付补助收入	反映下级政府收到的上级政府成品油价格和税费改革转移支付补助收入。
		16		成品油价格和税费改革专项上解收入	反映上级政府收到下级政府成品油价格和税费改革后增值税、城建税、教育费附加专项上解收入。

续表

科目编码				科目名称	说明
类	款	项	目		
		17		村级公益事业“一事一议”奖励资金收入	反映下级政府收到的上级政府的村级公益事业“一事一议”奖励资金收入。
		18		工商部门停征两费转移支付收入	反映下级政府收到的上级政府的工商部门停征两费转移支付收入。
		19		一般公共服务转移支付收入	反映下级政府收到的上级政府的一般公共服务转移支付收入。
		20		公共安全转移支付收入	反映下级政府收到的上级政府的公共安全转移支付收入。
		21		教育转移支付收入	反映下级政府收到的上级政府的教育转移支付收入。
		22		社会保障和就业转移支付收入	反映下级政府收到的上级政府的社会保障和就业转移支付收入。
		99		其他一般性转移支付收入	反映除上述项目以外其他一般性转移支付收入。
	03			专项转移支付收入	反映政府间专项转移支付收入。
		01		教育专项补助收入	反映下级政府收到的上级政府的教育专项补助收入。
		02		科学技术专项补助收入	反映下级政府收到的上级政府的科学技术专项补助收入。
		03		社会保障和就业专项补助收入	反映下级政府收到的上级政府的社会保障和就业专项补助收入。
		04		医疗卫生专项补助收入	反映下级政府收到的上级政府的医疗卫生专项补助收入。
		05		环境保护专项补助收入	反映下级政府收到的上级政府的环境保护专项补助收入。
		06		农林水事务专项补助收入	反映下级政府收到的上级政府的农林水事务专项补助收入。
		51		专项上解收入	反映专项上解收入。
		99		其他专项补助收入	反映下级政府收到的上级政府的其他专项补助收入。
	04			政府性基金转移收入	反映政府性基金转移收入。
		01		政府性基金补助收入	反映下级政府收到的上级政府性基金补助收入。
		02		政府性基金上解收入	反映上级政府收到的下级政府性基金上解收入。
	06			预算外转移收入	反映政府间预算外资金转移收入。
		01		预算外补助收入	反映下级政府收到的上级政府的预算外补助收入。
		02		预算外上解收入	反映上级政府收到的下级政府的预算外上解收入。
	07			地震灾后恢复重建补助收入	
		01		地震灾后恢复重建补助收入（一般预算）	反映下级财政收到的上级财政通过一般预算安排的汶川地震灾后恢复重建补助。
		02		地震灾后恢复重建补助收入（基金预算）	反映下级财政收到的上级财政通过政府性基金预算安排的汶川地震灾后恢复重建补助。
		03		地震灾后恢复重建补助收入（国有资本预算）	反映下级财政收到的上级财政通过国有资本经营预算安排的汶川地震灾后恢复重建补助。
	08			上年结余收入	反映各类资金的上年结余。
		01		一般预算上年结余收入	反映一般预算资金的上年结余。
		02		政府性基金预算上年结余收入	反映政府性基金的上年结余。
		03		社会保险基金预算上年结余收入	反映社会保险基金的上年结余。
		04		预算外上年结余收入	反映预算外资金上年结余。
		99		其他上年结余收入	反映除上述项目以外其他资金结余。
	09			调入资金	反映不同性质资金之间的调入收入。
		01		一般预算调入资金	反映从其他预算调入一般预算的资金。
		02		政府性基金预算调入资金	反映从其他预算调入政府性基金预算的资金。
		99		其他调入资金	反映其他调入资金。
	10			地震灾后恢复重建调入资金	反映因汶川地震灾后恢复重建调入一般预算的预算稳定调节基金和预算外资金等。
		01		调入预算稳定调节基金	反映因地震灾后恢复重建调入的预算稳定调节基金。
		03		调入预算外资金	反映因地震灾后恢复重建调入的预算外资金。
	11			债券转贷收入	反映转贷财政部代理发行地方政府债券收入。
		01		转贷财政部代理发行地方政府债券收入	反映下级政府收到的上级政府转贷的财政部代理发行地方政府债券收入。

二、支出功能分类

科目编码			科目名称	说明
类	款	项		
230			转移性支出	反映政府的转移支付以及不同性质资金之间的调拨支出。
	01		返还性支出	反映上级政府对下级政府的税收返还和所得税基数返还等支出。
		02	所得税基数返还支出	反映上级政府对下级政府的所得税基数返还。
		03	成品油价格和税费改革税收返还支出	反映上级政府对下级政府的成品油价格和税费改革税返还支出。
		99	其他税收返还支出	反映上级政府对下级政府的其他税收返还。

续表

科目编码			科目名称	说　明
类	款	项		
	02		一般性转移支付	反映政府间一般性转移支付。
		01	体制补助支出	反映上级政府对下级政府的体制补助。
		02	均衡性转移支付支出	反映上级政府对下级政府的均衡性转移支付补助。
		03	民族地区转移支付支出	反映对民族地区的转移支付支出。
		04	调整工资转移支付支出	反映上级政府对下级政府的调整工资转移支付支出。
		06	农村税费改革转移支付支出	反映上级政府对下级政府的农村税费改革转移支付支出。
		07	县级基本财力保障机制奖补资金支出	反映上级政府对下级政府的县级基本财力保障机制奖补资金支出。
		08	结算补助支出	反映上级政府对下级政府的结算补助。
		09	体制上解支出	反映下级政府对上级政府的体制上解支出。
		10	出口退税专项上解支出	反映出口退税专项上解支出。
		11	化解债务补助支出	反映上级政府对下级政府的化解债务补助支出。
		12	资源枯竭型城市转移支付补助支出	反映上级政府对下级政府的资源枯竭型城市转移支付补助支出。
		14	企业事业单位划转补助支出	反映上级政府对下级政府的企业事业单位划转补助支出。
		15	成品油价格和税费改革转移支付补助支出	反映上级政府对下级政府的成品油价格和税费改革转移支付补助支出。
		16	成品油价格和税费改革专项上解支出	反映成品油价格和税费改革专项上解支出。
		17	村级公益事业“一事一议”奖励资金支出	反映上级政府对下级政府的村级公益事业“一事一议”奖励资金支出。
		18	工商部门停征两费转移支付支出	反映上级政府对下级政府的工商部门停征两费转移支付支出。
		19	一般公共服务转移支付支出	反映上级政府对下级政府的一般公共服务转移支付支出。
		20	公共安全转移支付支出	反映上级政府对下级政府的公共安全转移支付支出。
		21	教育转移支付支出	反映上级政府对下级政府的教育转移支付支出。
		22	社会保险和就业转移支付支出	反映上级政府对下级政府的社会保障和就业转移支付支出。
		99	其他一般性转移支付支出	反映除上述项目以外的其他一般性转移支付支出。
	03		专项转移支付	反映政府间专项转移支付。
		01	教育专项补助支出	反映上级政府对下级政府的教育专项补助支出。
		02	科学技术专项补助支出	反映上级政府对下级政府的科学技术专项补助支出。
		03	社会保障和就业专项补助支出	反映上级政府对下级政府的社会保障和就业专项补助支出。
		04	医疗卫生专项补助支出	反映上级政府对下级政府的医疗卫生专项补助支出。
		05	环境保护专项补助支出	反映上级政府对下级政府的环境保护专项补助支出。
		06	农林水事务专项补助支出	反映上级政府对下级政府的农林水事务专项补助支出。
		51	专项上解支出	反映下级政府对上级政府的专项上解支出。
		99	其他专项补助支出	反映下级政府对上级政府的其他专项补助支出。
	04		政府性基金转移支付	反映基金预算中的上级补助支出和下级上解支出。
		01	政府性基金补助支出	反映上级政府对下级政府的政府性基金补助支出。
		02	政府性基金上解支出	反映下级政府对上级政府的政府性基金上解支出。
	06		预算外转移支出	反映预算外资金的上级补助和下级上解支出。
		01	预算外补助支出	反映上级政府对下级政府的预算外补助支出。
		02	预算外上解支出	反映下级政府对上级政府的预算外上解支出。
	07		地震灾后恢复重建补助支出	反映上级财政安排的地震灾后恢复重建补助支出。
		01	地震灾后恢复重建补助支出（一般预算）	反映上级财政通过一般预算安排的地震灾后恢复重建补助。
		02	地震灾后恢复重建补助支出（基金预算）	反映上级财政通过政府性基金预算安排的灾后恢复重建补助。
		03	地震灾后恢复重建补助支出（国有资本预算）	反映上级政府通过国有资本预算安排的灾后恢复重建补助。
	08		调出资金	反映不同预算性质的资金之间的相互调出。
		01	一般预算调出资金	反映从一般预算中调出的资金。
		02	政府性基金预算调出资金	反映调出的政府性基金。
		03	国有资本经营预算调出资金	反映从国有资本经营预算调出的资金。
		99	其他调出资金	反映从其他预算中调出的资金。
	09		年终结余	反映政府收支总预算年终结余。
		01	一般预算年终结余	反映一般预算收支年终形成的结余。
		02	政府性基金年终结余	反映政府性基金预算收支年终形成的结余。
		03	社会保险基金预算年终结余	反映社会保险基金预算收支年终形成的结余。
		04	预算外年终结余	反映预算外收支年终形成的结余。
		99	其他年终结余	反映除上述项目以外的其他资金形成的年终结余。
	11		债券转贷支出	反映转贷的财政部代理发行地方政府债券支出。
		01	转贷财政部代理发行地方政府债券支出	反映上级政府对下级政府转贷的财政部代理发行地方政府债券支出。

注：2009 年科目大本中附录一按上表内容修订。

省财政厅关于印发《山东省2009年激励性转移支付办法》的通知

2009年12月24日　鲁财预〔2009〕53号

各市财政局，各县（市、区）财政局：

现将《山东省2009年激励性转移支付办法》印发给你们，请认真贯彻执行。

附件：山东省2009年激励性转移支付办法

附件：

山东省2009年激励性转移支付办法

为贯彻落实科学发展观和省委、省政府要求，引导县乡加快转变经济发展方式，调动基层政府保障和改善民生的积极性，促进区域和城乡统筹协调发展，制定本办法。

一、激励性转移支付内容

第一，对收入质量提高的县（市、区），给予一次性奖励，建立财政收入质量改善机制；

第二，对重点支出保障有力的县（市、区），给予一次性奖励，建立财政支出结构优化机制；

第三，对缩小辖区内各县（市、区）之间财力差距的市，给予一次性奖励，建立县级财力差异均衡机制；

第四，对精简机构和人员的地区，给予一次性奖励；

第五，对产粮（油）大县给予奖励。

二、奖励范围

收入质量改善奖励、支出结构优化奖励、精简机构人员奖励及产粮（油）大县奖励的范围，为全省所有符合条件的县（市、区）。均衡县级财力差异奖励范围，为符合条件的市本级。除产粮（油）大县奖励外，其他奖励均不包含青岛市。

三、具体办法

（一）对各地收入质量改善奖励额的确定

通过考核各县（市、区）增值税、营业税、企业所得税和个人所得税占一般预算收入的比重（简称“四税比重”），对2009年“四税比重”提高，或当年“四税比重”超过60%的县（市、区），给予一次性奖励。具体公式：

某县四税奖励＝四税动态奖励＋四税静态奖励。

1. 四税动态奖励＝2008年一般预算收入×（2009年“四税比重”－2008年“四税比重”）×奖励系数（10%）。

2. 四税静态奖励＝2008年一般预算收入×（2009年“四税比重”－60%）×奖励系数（5%）。

各县（市、区）要将此项奖励资金，全部用于建立经济发展专项资金，重点支持工业技术改造、开发区基础设施建设、高新技术产业和农业龙头企业发展等，以进一步培植壮大地方财源。

（二）对各地支出结构优化奖励额的确定

通过考核各县（市、区）农林水、教育、医疗卫生和社会保障等重点支出占一般预算支出的比重（简称“重点支出比重”），对2008年“重点支出比重”提高，或“重点支出比重”超过全省平均水平的地区，给予一次性奖励。具体公式：

某县支出结构优化奖励 = 重点支出动态奖励 + 重点支出静态奖励。

1. 重点支出动态奖励 = 2007年一般预算支出（不含专款）×（2008年“重点支出比重” - 2007年“重点支出比重”）× 奖励系数（5%）。

2. 重点支出静态奖励，是指对重点支出比重超过全省平均水平的地区，给予定额奖励。

3. 重点支出比重 =（农林水支出 + 教育支出 + 医疗卫生支出 + 社会保障支出 - 对应的上级专款补助）/（一般预算支出 - 上级专款补助）。

（三）对各地缩小县级财力差异奖励额的确定

通过考核各市人均财政支出水平最低的40%的县（市、区），对这些县2008年人均支出占全市平均水平的比重比上年提高的市级政府，给予一次性奖励。市级必须将这些奖励资金继续用于支持财政困难县（市、区）的社会事业发展。具体公式：

某市财力差异均衡奖励 =（2008年40%县人均支出占全市人均支出的比重 - 2007年40%县人均支出占全市人均支出的比重）× 2008年40%县总人口 × 2007年全市人均支出 × 奖励系数（15%）。其中：

1. 人均支出是指按照总人口计算的人均一般预算支出；

2. 40%县是指该市人均支出水平最低的40%的县（市、区）。

（四）对县乡政府精简机构和人员奖励额的确定

通过考核县乡精简机构和人员情况，对县乡政府2008年精简机构和人员给予一次性奖励。其中：撤并1个乡镇奖励50万元，对因撤并乡镇增加的办事处，在计算时相应扣除；精简分流1人，奖励1万元。精简人员是指通过严格程序、具有完备的法律手续，已经解除与行政、事业单位人事关系，并经财政部门确认的人员（不包括清理清退的、未被机构编制部门批准的各种“自费编制”人员以及自收自支单位分流的人员）。

（五）对产粮（油）大县奖励额的确定

为了保证粮食安全，调动各地抓好粮食、油料生产的积极性，结合中央办法，对产粮（油）大县按照一定因素给予奖励，建立存量与增量结合、激励与约束并重的奖励机制。具体办法，按照《财政部关于2008年中央财政对产粮（油）大县奖励办法的通知》（财建〔2008〕354号）等有关规定执行。

四、激励性转移支付资金的监督管理

（一）建立地方财政运行监控和支出绩效评价体系。各地要准确、全面地掌握财政困难县（市、区）的财政状况，科学、客观地评价地方缓解县乡财政困难的能力、努力程度和工作实绩，不断提高财政困难县的财政管理水平，充分发挥转移支付资金使用效益。

（二）建立转移支付资金使用报告制度。获得省级激励性转移支付资金的县（市、区）及所在市的财政部门，要在预、决算报告中，向本级人民代表大会或人大常委会报告激励性转移支付资金的使用情况，以及缓解县乡财政困难的措施与成效，自觉接受人大监督。

（三）建立健全监督约束机制。省财政厅将对各地上报数据资料、奖励资金使用等情况进行专项检查。各地不得编报虚假信息，采取改列支出科目、先征后返或列收列支虚增收入等方式骗取省级奖励补助资金；不得截留、挪用省级奖励补助资金；不得拖欠机关事业单位职工工资，违规购买更新小汽车、新建办公楼和培训中心等。否则，一经查实，将扣减该地区奖励补助资金，情节严重的，取消享受省级激励性转移支付政策的资格。

省财政厅转发《财政部关于修订2010年政府收支分类科目的通知》的通知

2009年12月8日　鲁财预〔2009〕54号

省直各部门，各市财政局：

现将《财政部关于修订2010年政府收支分类科目的通知》（财预〔2009〕402号）转发给你们，请认真遵照执行。

附件：财政部关于修订2010年政府收支分类科目的通知

附件：

财政部关于修订2010年政府收支分类科目的通知

2009年11月19日　财预〔2009〕402号

国务院各部委、各直属机构，总后勤部，高法院，高检院，各省、自治区、直辖市、计划单列市财政厅（局），新疆生产建设兵团财务局：

为了进一步推进财政预算公开透明工作，根据预算管理的实际需要，现对《2010年政府收支分类科目》修订如下：

一、新增“国土资源气象等事务”类级科目

（一）将20118款“国土资源事务”、19款“海洋管理事务”、20款“测绘事务”、21款“地震事务”、22款“气象事务”调出。新增220类“国土资源气象等事务”，专门反映政府用于国土资源、海洋、测绘、地震、气象等公益服务事业方面的支出。对应设置01款“国土资源事务”、02款“海洋管理事务”、03款“测绘事务”、04款“地震事务”、05款“气象事务”。

（二）将20130款“彩票事务”调到229类“其他支出”类的08款反映。

（三）201类“一般公共服务”下剩余其他各款项科目保持不变。

二、新增“住房保障支出”类级科目

将208类“社会保障和就业”下20款“保障性住房支出”，212类“城乡社区事务”下04款“城乡社区住宅”，以及229类“其他支出”下03款“住房改革支出”分别调出。新增221类“住房保障支出”，集中反映政府用于住房方面的支出，下设01款“保障性住房支出”、02款“住房改革支出”和03款“城乡社区住宅”。

三、新增“商业服务业等事务”和“粮油物资储备管理事务”类级科目

（一）将216类“粮油物资储备管理等事务”名称修改为“商业服务业等事务”。原21602款“商业流通事务”、05款“旅游业管理与服务支出”、06款“涉外发展服务支出”保持不变，原99款“其他粮油物资储备管理等事务支出”名称修改为“其他商业服务业等事务支出”。

（二）新增222类“粮油物资储备管理事务”。将原21601款“粮油事务”和03款“物资储备”调出，对应设置01款“粮油事务”和02款“物资储备”。

四、其他事项

（一）在213类“农林水事务”01款“农业”下将41项“乡村债务化解”、43项“对村民委员会和村党支部的补助”、45项“对村级一事一议的补助”、46项“实施减轻农业用水负担综合改革补助”删去，分别调整至新增科目21307款“农村综合改革”下，01项“对村级一事一议的补助”、02项“乡村债务化解”、03项“实施减轻农业用水负担综合改革补助”、04项“国有农场分离办社会职能改革补助”、05项“对村民委员会和村党支部的补助”、99项“其他农村综合改革支出”。

（二）将215类“采掘电力信息等事务”名称修改为“资源勘探电力信息等事务”。21501款“采掘业”名称修改为“资源勘探开发和服务支出”，99款“其他采掘电力信息等事务支出”名称修改为“其他资源勘探电力信息等事务支出”。

（三）调整后，项级名称、说明和代码保持不变（具体修订见附件）。

（四）《2010年政府收支分类科目》各附录相应调整。

附件：2010年政府收支分类科目支出功能分类修订前后对照表

附件：

2010年政府收支分类科目支出功能分类修订前后对照表

修订前（22类）				修订后（25类）		
类	款	科目名称	调整说明	类	款	科目名称
201		一般公共服务		201		一般公共服务
	01	人大事务			01	人大事务
	02	政协事务			02	政协事务
	03	政府办公厅（室）及相关机构事务			03	政府办公厅（室）及相关机构事务
	04	发展与改革事务			04	发展与改革事务
	05	统计信息事务			05	统计信息事务
	06	财政事务			06	财政事务
	07	税收事务			07	税收事务
	08	审计事务			08	审计事务
	09	海关事务			09	海关事务
	10	人力资源事务			10	人力资源事务
	11	纪检监察事务			11	纪检监察事务
	12	人口与计划生育事务			12	人口与计划生育事务
	13	商贸事务			13	商贸事务
	14	知识产权事务			14	知识产权事务
	15	工商行政管理事务			15	工商行政管理事务
	17	质量技术监督与检验检疫事务			17	质量技术监督与检验检疫事务
	18	国土资源事务	调到22001款			
	19	海洋管理事务	调到22002款			
	20	测绘事务	调到22003款			
	21	地震事务	调到22004款			
	22	气象事务	调到22005款			
	23	民族事务			23	民族事务
	24	宗教事务			24	宗教事务
	25	港澳台侨事务			25	港澳台侨事务

续表

类	款	科目名称	调整说明	类	款	科目名称
	26	档案事务			26	档案事务
	27	共产党事务			27	共产党事务
	28	民主党派及工商联事务			28	民主党派及工商联事务
	29	群众团体事务			29	群众团体事务
	30	彩票事务	调到22908款			
	99	其他一般公共服务支出			99	其他一般公共服务支出
			新增	220		国土资源气象等事务
			新增		01	国土资源事务

修订前（22类）　　　　**修订后（25类）**

类	款	科目名称	调整说明	类	款	科目名称
			新增		02	海洋管理事务
			新增		03	测绘事务
			新增		04	地震事务
			新增		05	气象事务
202		外交		202		外交
203		国防		203		国防
204		公共安全		204		公共安全
205		教育		205		教育
206		科学技术		206		科学技术
207		文化体育与传媒		207		文化体育与传媒
208		社会保障和就业		208		社会保障和就业
			新增	221		住房保障支出
	20	保障性住房支出	调到22101款		01	保障性住房支出
			新增		02	住房改革支出
			新增		03	城乡社区住宅
						01项“公有住房建设和维修改造支出”
						99项“其他城乡社区住宅支出”
209		社会保险基金支出		209		社会保险基金支出
210		医疗卫生		210		医疗卫生
211		环境保护		211		环境保护
212		城乡社区事务		212		城乡社区事务
	04	城乡社区住宅	调到22103款			
213		农林水事务		213		农林水事务
	01	农业			01	农业
		41项“乡村债务化解”	调到2130702项			
		43项“对村民委员会和村党支部的补助”	调到2130705项			
		45项“对村级一事一议的补助”	调到2130701项			
		46项“实施减轻农业用水负担综合改革补助”	调到2130703项			
			新增		07	农村综合改革
			新增			01项“对村级一事一议的补助”
			新增			02项“乡村债务化解”
			新增			03项“实施减轻农业用水负担综合改革补助”
			新增			04项“国有农场分离办社会职能改革补助”
			新增			05项“对村民委员会和村党支部的补助”
			新增			99项“其他农村综合改革支出”
214		交通运输		214		交通运输
215		采掘电力信息等事务	修改名称	215		资源勘探电力信息等事务

修订前（22类）				修订后（25类）		
类	款	科目名称	调整说明	类	款	科目名称
	01	采掘业	修改名称		01	资源勘探开发和服务支出
	02	制造业			02	制造业
	03	建筑业			03	建筑业
	04	电力监管支出			04	电力监管支出
	05	工业和信息产业监管支出			05	工业和信息产业监管支出
	06	安全生产监管			06	安全生产监管
	07	国有资产监管			07	国有资产监管
	08	支持中小企业发展和管理支出			08	支持中小企业发展和管理支出
	99	其他采掘电力信息等事务支出			99	其他资源勘探电力信息等事务支出
216		粮油物资储备管理等事务	修改名称	216		商业服务业等事务
	01	粮油事务	调到22201款			
	02	商业流通事务			02	商业流通事务
	03	物资储备	调到22202款			
	05	旅游业管理与服务支出			05	旅游业管理与服务支出
	06	涉外发展服务支出			06	涉外发展服务支出
	99	其他粮油物资储备管理等事务支出	修改名称		99	其他商业服务业等事务支出
			新增	222		粮油物资储备管理事务
			新增		01	粮油事务
			新增		02	物资储备
217		金融监管等事务支出		217		金融监管等事务支出
218		地震灾后恢复重建支出		218		地震灾后恢复重建支出
227		预备费		227		预备费
228		国债还本付息支出		228		国债还本付息支出
229		其他支出		229		其他支出
	03	住房改革支出	调到22102款			
			新增		08	彩票事务
230		转移性支出		230		转移性支出

省财政厅关于印发《2009年省对下财政年终结算办法》和《2009年省对下体制结算明细表》的通知

2009年12月22日　鲁财预〔2009〕57号

各市财政局：

现将《2009年省对下财政年终结算办法》和《2009年省对下体制结算明细表》印发给你们。请按照要求认真做好有关准备工作，确保2009年结算顺利进行。各市要于2010年1月15日前，将全市（含省直管县）2009年结算表和相关结算材料等报送我厅。

附件：1. 2009年省对下财政年终结算办法

2. 2009年省对下体制结算明细表（略）

附件1：

2009年省对下财政年终结算办法

文件字号名称	结算事项	结算办法
一、定额结算项目 省财政厅鲁财预〔2005〕63号：《关于调整省与各市固定结算项目结算额的通知》	文件规定项目。	按省财政厅文件核定数额结算
二、分税制财政体制税收返还收入结算 1. 省政府鲁政发〔1994〕1号：《关于实行分税制财政体制的意见》 2. 省政府鲁政办发〔2005〕54号：《山东省人民政府办公厅关于进一步完善省以下财政管理体制有关问题的通知》 3. 鲁财预〔2007〕35号：《关于山东省电力集团对部分市趸售电公司终止清算后财政划转基数问题的通知》 4. 省财政厅鲁财预〔2009〕48号：《关于实行省直接管理县（市）财政体制改革有关预算管理问题的通知》 5. 省财政厅鲁财预〔2009〕9号转发《财政部、中国人民银行、国家税务总局、交通运输部关于实施成品油价格和税费有关预算管理问题的通知》的通知	1994年以后，税收返还额在1993年基数上逐年递增，递增率按本地区增值税和消费税的平均增长率的1:0.3系数确定，即"两税"增长1%，省财政对地方的税收返还收入增长0.3%。若本年"两税"收入达不到上年数，则相应扣减税收返还基数。 2005年将临沂、聊城、菏泽、德州、东营、滨州、枣庄等市的原体制补助，并入各市增值税、消费税（简称"两税"）税收返还基数，增幅与各市上缴中央的"两税"增幅挂钩，按1:0.3系数确定。 2009年起，省对直管县（市）的原体制补助，并入省对直管县（市）的增值税、消费税收入返还基数，增幅与直管县（市）上划中央的增值税、消费税收入增幅挂钩，按照1:0.3系数确定。 2009年起，新增成品油消费税连同由此相应增加的增值税、城市维护建设税和教育费附加收入具有专项用途，不作为经常性财政收入，不计入对地方"两税"返还，不计入现有与支出挂钩项目的测算基数。	结算公式：2009年省对下两税返还数额 = 2008年省对地方的两税返还数额 × [1 + (2009年中央两税完成数/2008年中央两税完成数 − 1) × 0.3]
三、所得税收入、营业税收入分享结算 1. 省政府鲁政发〔2002〕21号：《山东省人民政府关于印发〈山东省所得税和营业税收入分享改革方案〉的通知》 2. 省财政厅鲁财预〔2002〕67～83号：《关于核定所得税和营业税收入分享改革基数返还额的通知》 3. 省财政厅鲁财预〔2003〕61号：《关于核定所得税收入分享改革基数返还额的通知》 4. 省财政厅鲁财预〔2005〕39号：《关于个人所得税收入分享改革有关管理问题的通知》 5. 省财政厅鲁财预〔2005〕40号：《关于核定个人所得税收入分享改革基数返还额的通知》 6. 省财政厅鲁财预〔2005〕52号：《关于跨地区经营、集中缴库企业所得税年终清算有关问题的通知》 7. 省财政厅鲁财预〔2006〕44号：《关于调增营业税返还基数的通知》	省政府决定从2002年1月1日起执行所得税和营业税改革政策。2002年所得税收入省级分享10%，地市分享40%；营业税省级分享20%，地市分享80%。2003年所得税收入省级分享8%，地市分享32%。省级对地市的所得税和营业税基数返还或扣减以2001年为基期计算。按照改革方案确定的分享范围和比例计算，各市上划的所得税、营业税收入大于中央和省下划的所得税、营业税收入的差额部分，由省财政分别作为基数返还给地方；各市上划的所得税、营业税收入小于中央和省下划的所得税、营业税收入的差额部分，由各市作为基数上解省财政。所得税分享改革后，将对地方企业所得税和个人所得税分别进行考核。如果市地2002年及以后年度地方企业所得税和个人所得税完成数达不到核定基数，省财政将相应扣减各市的所得税基数返还。2005年个人所得税和储蓄利息个人所得税地方分成部分实行省、市共享，省级分享15%，地市分享25%。个人所得税上下划的基数，以2004年为基期计算确定。鉴于2003～2005年为支持我省服务业发展而制定的营业税返还政策已到期，根据这三年各地营业税收入完成情况，从2006年起，调增各市营业税返还基数。	按省财政厅文件核定数额结算
四、企业所得税跨市转移结算 省财政厅鲁财预字〔2008〕18号《转发财政部、国家税务总局、中国人民银行〈关于印发跨省市总分机构企业所得税分配及预算管理暂行办法的通知〉的通知》	对2007年底前列入中央"所得税跨地区分享企业名单"的企业，因实行《跨省市总分机构企业所得税分配及预算管理暂行办法》造成企业所得税跨市转移的，由省财政厅按照原核定的相关因素，计算确定各市当年应得收入，年终通过体制结算在相关市之间办理财力划转。	按省财政厅核定数额结算

续表

文件字号名称	结算事项	结算办法
五、调整原油、天然气资源税纳税地点结算 1. 省财政厅鲁财预字〔1990〕35号：《关于中原油田资源税调整纳税地点后有关预算收入划转的通知》 2. 省政府鲁政发〔1994〕1号：《关于实行分税制财政体制的意见》	自1989年起，调整原油、天然气资源税纳税地点，对因纳税地点调整引起的省间收入转移而减少或增加的地方收入部分，年终与中央单独结算。1994年1月1日起，对各市地实行分税制财政管理体制，资源税中的石油资源税平时作为省级收入，年终决算时与有关市地单独结算。	由聊城市、菏泽市财政局分别提供莘县、东明县石油资源税缴入省国库数额（附缴款书复印件），经审核后，由省财政结算返还。 结算公式：2009年省财政结算返还数＝2009年石油资源税入省库数－定额上缴数
六、欠发达县、财政困难县共享税收省级分成部分返还结算 1. 省委、省政府鲁发〔2003〕25号：《关于加快县域经济发展的意见》 2. 省委、省政府鲁发〔2006〕13号：《关于在新的起点上推进县域经济又快又好发展的意见》 3. 省委、省政府鲁发〔2008〕4号：《关于支持鲁南经济带加快发展的政策意见》 4. 省委、省政府鲁发〔2008〕13号：《关于支持黄河三角洲高效生态经济区又好又快发展的意见》 5. 省委、省政府鲁厅字〔2008〕17号：《省委办公厅、省委办公厅关于明确泰安等市在“一体”两翼开发建设中享受有关政策的通知》	1. 从2003年起5年内，欠发达县按现行财政体制，每年缴入省、市财政的企业所得税、营业税收入比上年增长部分，由省、市财政全额返还。 2. 2003年省委、省政府制定的《关于加快县域经济发展的意见》对于推动全省县域经济发展起到了极为重要的作用，要继续贯彻执行。 3. 将2007年已到期的30个欠发达县上缴省级营业税和企业所得税比上年增长部分全额返还政策，允许鲁南地区从2008年起继续执行3年，并将范围扩大到区内所有的财政困难县。返还资金由各地建立经济发展专项资金，主要用于各县（市、区）重点开发区基础设施建设、高新技术产业发展和农业龙头企业发展等，进一步增强县域经济发展的后劲和活力。 4. 将黄河三角洲高效生态经济区2007年已到期的30个欠发达县上缴省级营业税和企业所得税比上年增长部分全额返还政策，允许从2008年起继续执行3年。返还资金由各地建立经济发展专项资金。重点区域的营业税、企业所得税、个人所得税省级分成部分，以2008年为基数，增量部分3年内全部返还。 5. 经省委、省政府研究同意，泰安、莱芜两市享受《中共山东省委、山东省人民政府关于支持鲁南经济带加快发展的政策意见》（鲁发〔2008〕4号）中的政策……德州、聊城两市享受《中共山东省委、山东省人民政府关于支持黄河三角洲高效生态经济区又好又快发展的意见》（鲁发〔2008〕13号）中的政策。	按省财政厅核定数额结算
七、原属省级收入范围的中央所属石油、石化、电力和有色金属的税收划分改革结算 1. 省政府鲁政办发〔2007〕70号：《山东省人民政府办公厅关于理顺财政分配关系的通知》 2. 省财政厅、省国税局、省地税局、人民银行济南分行鲁财预〔2007〕54号：《关于贯彻鲁政办发〔2007〕70号文件有关预算管理问题的通知》 3. 省财政厅鲁财预〔2007〕55号：《关于核定电力、石油、石化、有色金属中央四大部门企业税收基数返还额的通知》	自2007年1月1日起，改革原属省级收入范围的中央所属电力、石油、石化和有色金属企业的税收划分办法。以2006年为基期年，对省级下划收入大于市县上划收入的，以其差额核定各市上解基数；对省级下划收入小于市县上划收入的，以其差额核定省级返还基数。同时，省财政结算返还各市的电力、石油、石化企业增值税和企业所得税，以2006年为基期年，并入省级返还基数。	按省财政厅核定数额结算
八、支持高新技术产业发展专项资金结算 1. 省财政厅鲁财税〔2003〕15号：《关于印发〈山东省支持高新技术产业发展财政专项资金审核拨付管理办法〉的通知》 2. 省财政厅、省科技厅、省经贸委鲁财税〔2007〕33号：《关于进一步做好财政专项资金支持高新技术产业发展工作的通知》	参与共享的最基层财政部门根据省财政厅下达的审查认定文件确定的财政专项资金扶持数额，具体办理财政专项资金拨付手续。其中需要省财政负担部分，年终凭省财政厅下达的审查认定文件和财政专项资金拨付凭证办理结算手续。	按省财政厅核定数额结算

续表

文件字号名称	结算事项	结算办法
九、激励性转移支付结算 《关于印发〈山东省2009年激励性转移支付办法〉的通知》（鲁财预〔2009〕53号）	对收入质量提高的县（市、区），给予一次性奖励，建立财政收入质量改善机制；对重点支出保障有力的县（市、区），给予一次性奖励，建立财政支出结构优化机制；对缩小辖区内各县（市、区）之间财力差距的市，给予一次性奖励，建立县级财力差异均衡机制；对精简机构和人员的地区，给予一次性奖励；对产粮（油）大县给予奖励。	1. 某县四税奖励 = 四税动态奖励 + 四税静态奖励。其中，四税动态奖励 = 2008年一般预算收入 ×（2009年“四税比重” − 2008年“四税比重”）× 奖励系数（10%）；四税静态奖励 = 2008年一般预算收入 ×（2009年“四税比重” − 60%）× 奖励系数（5%）。 2. 某县支出结构优化奖励 = 重点支出动态奖励 + 重点支出静态奖励。其中，重点支出动态奖励 = 2007年一般预算支出（不含专款）×（2008年“重点支出比重” − 2007年“重点支出比重”）× 奖励系数（5%）；重点支出静态奖励，是指对重点支出比重超过全省平均水平的地区，给予定额奖励。 3. 某市财力差异均衡奖励 =（2008年40%县人均支出占全市人均支出的比重 − 2007年40%县人均支出占全市人均支出的比重）× 2008年40%县总人口 × 2007年全市人均支出 × 奖励系数（15%）。 4. 撤并1个乡镇奖励50万元，对因撤并乡镇增加的办事处，在计算时相应扣除；精简分流1人，奖励1万元。 5. 按照《财政部关于2008年中央财政对产粮（油）大县奖励办法的通知》（财建〔2008〕354号）等有关规定执行。
十、欠发达地区人才引进结算 1. 省委、省政府鲁发〔2006〕13号：《关于在新的起点上推进县域经济又快又好发展的意见》 2.《关于加快菏泽发展有关政策措施的意见》（文号待定） 3. 省委、省政府鲁发〔2008〕4号：《关于支持鲁南经济带加快发展的政策意见》 4. 省委、省政府鲁发〔2008〕13号：《关于支持黄河三角洲高效生态经济区又好又快发展的意见》	为进一步促进欠发达地区的发展，从2006年起，对到30个欠发达县县级机关事业单位工作的留学回国人员，其工资由省财政按30%比例给予补助。 在规定年限内，对到菏泽机关事业单位工作的留学回国人员和具备硕士研究生以上学位、学历的人员，其工资由省财政按国定标准全额负担。 将省财政对30个欠发达县的引进人才支持政策，扩大到鲁南经济带、黄河三角洲高效生态经济区所有的财政困难县。其中，从2008年起3年内，对到鲁南地区、黄河三角洲高效生态经济区财政困难县机关事业单位工作的留学回国人员，其工资由省财政负担30%。对到鲁南经济带、黄河三角洲高效生态经济区的财政困难县参加“一村（社区）一名大学生工程”服务的高校毕业生，其生活补贴（薪酬）和社会保险费，以及参加“三支一扶”服务的生活、交通补贴和保险费用，省财政负担50%。	按省财政厅核定数额结算
十一、粮食风险基金地方配套资金专项上解结算 省财政厅鲁财建〔2009〕158号：《关于2009年新增粮食风险基金补助分配及地方配套问题的通知》	按照国务院规定，粮食风险基金须建立在省本级。从1997年起，原在市地列支部分及市地新增自筹部分要全部上解省财政统一列支。	按省财政厅核定数额结算

续表

文件字号名称	结算事项	结算办法
十二、拖欠国际金融组织贷款、外国政府贷款、中国银行贷款专项扣款上解结算 1. 国家经贸委、中国人民银行、财政部、对外经贸部、中国银行国经贸〔1996〕627号：《关于抓紧解决拖欠中外合资融资租赁公司租金问题的通知》 2. 国务院办公厅国办发〔1997〕38号：《国务院办公厅转发外经贸部等部门关于解决外国政府贷款拖欠还款问题意见的通知》 3. 财政部财际字〔1999〕224号：《关于颁发〈国际金融组织贷款债务清偿办法〉的通知》 4. 财政部财外字〔1999〕381号：《关于逾期应还贷款有关情况的通知》 5. 省财政厅鲁财外字〔2000〕22号：《关于颁发〈山东省国际金融组织和外国政府贷款债务清偿办法〉的通知》 6. 省财政厅企业处、债务金融处关于归还拖欠贷款的有关文件	地方政府拖欠财政部的国际金融组织贷款债务，在规定期限内仍未归还的，财政部在中央与省两级财政年终决算时专项扣款收回，省财政根据财政部的扣款通知，同有关市进行结算扣款。对地方政府担保的外国政府贷款项目，凡不能按期归还的，企业拖欠部分由财政部从省财政扣回，归还银行贷款并分别与承贷银行办理清算。省财政据此同有关市进行结算扣款。对企业确难偿还拖欠中外合资融资租赁公司租金，又是地方政府担保项目，采取债务转换办法，将外债转为内债。即将中外合资融资租赁公司和欠租企业的债权债务关系转为国内银行与欠租企业的债权债务关系。对企业逾期不能归还贷款本息的，由财政部从中央财政给地方的财政返还中等额扣回，用以偿还银行贷款的本息。省财政据此同有关市进行结算扣款。	国际金融组织贷款、外国政府贷款、中国银行贷款扣款数分别按财政部和省财政厅核定数额及上年欠缴省财政部分结算。
十三、拖欠国债转贷付息资金 省财政厅鲁财预〔2004〕26号《转发财政部〈关于进一步完善转贷地方国债资金管理办法的通知〉的通知》	自2003年1月1日起发生的转贷国债，起息时间为省财政厅拨款当日起第15天。2002年12月31日以前拨付转贷国债的起息时间，仍按鲁财预〔1999〕70号文件执行，即起息日为省财政厅拨款当日。当年应还转贷国债本息（含罚息），应于次年2月20日前缴付完毕，此前未缴纳的省财政通过年终结算扣回。	按省财政厅核定数额结算
十四、专项借款扣款结算 中国人民银行、财政部银发〔2000〕148号：《关于印发〈地方政府向中央专项借款管理规定〉的通知》 财政部、中国人民银行财金〔2009〕19号：《财政部、中国人民银行关于进一步做好专项借款管理工作的通知》	为了妥善处理农村合作基金会、供销社社员股金、信托投资公司、城市信用社等问题，中国人民银行向我省发放了专项贷款，根据省政府向财政部做出的承诺，如到期不能按时归还本息，中央将扣减税收返还。省财政厅也将根据省与市政府签订的专项借款协议，对到期未按时归还本息的市相应扣减税收返还。 自2009年起，对按照专项借款协议规定主动全额归还当年到期借款本金的地方，免收相应借款利息；对地方未能按时归还的借款本金，将全额扣还应还本金及相应利息。 专项借款协议期满后，对以前年度缓扣的专项借款本金，分5年等额偿还，逾期未还的将扣还本息。	按财政部和省财政厅扣款文件核定数额结算
十五、离休干部“两费”结算 省委办公厅鲁厅字〔2001〕30号：省委办公厅、省政府办公厅关于转发《省委组织部、省委老干部局、省经贸委、省财政厅、省人事厅、省劳动和社会保障厅、省卫生厅〈关于落实离休干部离休费、医药费的意见〉和〈关于离休干部离休费、医药费财政保障工作的意见〉的通知》	各级财政对用于离休干部“两费”的资金，要采取得力措施，确保专款专用，不得截留、挤占、挪用。对有负担能力而不积极解决，造成离休干部“两费”拖欠的地方，经上级老干部部门会同财政、劳动保障、卫生等部门审核确认后，由财政直接将解决拖欠所需资金分别拨付下级人事、劳动保障或卫生部门，由其直接发放给离休干部本人。年终结算时扣回。	根据省老干部局等部门提供数字结算上解
十六、30个欠发达县生猪贷款担保机构生猪贷款担保风险补助资金结算 省财政厅鲁财金〔2007〕39号：关于印发《山东省担保机构生猪贷款担保风险补助管理暂行办法》的通知	财政部门按照生猪贷款担保机构代偿额的20%，对为当地养殖户（场）提供生猪贷款担保的担保机构给予风险补助。生猪贷款担保风险补助资金由市、县（市、区）级财政承担，省财政对30个欠发达县按风险补助资金的50%给予补助。省级负担的担保风险补助资金，由省财政根据市财政部门提供的所辖欠发达县生猪贷款担保风险补助资金拨付凭证，年终单独结算。	按省财政厅核定数额结算

续表

文件字号名称	结算事项	结算办法
十七、原体制上解 1. 省政府鲁政办发〔2005〕54号：《山东省人民政府办公厅关于进一步完善省以下财政管理体制有关问题的通知》 2. 鲁财预〔2009〕48号：《关于实行省直接管理县（市）财政体制改革有关预算管理问题的通知》	自2005年起，将济南、淄博、烟台、潍坊、济宁、泰安、威海、日照、莱芜等市的递增上解比例由5%降为3%。 自2009年起，直管县（市）对省级的原体制上解递增比例，统一调整为3%，其中改革前低于3%的县（市），继续按照原比例上解省，差额部分仍由市级承担。	
十八、出口退税地方负担部分上解结算 1. 省财政厅鲁财预〔2005〕44号：《转发财政部国家税务总局中国人民银行〈关于出口退税负担机制调整后有关预算管理问题的通知〉的通知》 2. 省财政厅鲁财预〔2006〕55号：《关于完善省对下出口退税分担办法的通知》	自2005年1月1日起，各市出口货物退增值税中地方应负担的超基数7.5%部分，年底通过“出口退税专项上解支出”科目上解省财政。自2006年1月1日起，对各市（不含青岛）出口退税地方负担比上年增加部分，省财政负担1/4。	按省财政厅核定数额结算
十九、邯济铁路税收结算 1. 山东省财政厅、河北省财政厅税收分享协议书 2. 山东省财政厅鲁财预〔2005〕55号：《关于邯济铁路税收分享有关问题的通知》	对于邯济铁路有限责任公司缴纳的税收（包括企业所得税、营业税、城市建设维护税、教育附加），按现行体制由中央分享外，所在地方收入由山东、河北两省按照7:3的比例分享。聊城市据此将本地分享的相关税收的30%部分上解省财政，由省财政再向河北办理税收转移。	由聊城市按邯济铁路实际完成数据实结算上解
二十、审计专项上解结算 审计署、专员办、省审计厅、省财政厅驻有关市财政检查办事处等有关审计的意见和决定	对审计发现的违纪、违规事项影响中央或省级财政收入部分年终单独结算。	结算公式： 1. 按文件核定数额专项上解； 2. 影响省级税收返还基数部分相应扣减税收返还基数
二十一、自行制定税收先征后返政策扣款 1. 国务院国发〔2000〕2号：《国务院关于纠正地方自行制定税收先征后返政策的通知》 2. 财政部财税〔2000〕99号：《关于进一步认真贯彻落实国务院〈关于纠正地方自行制定税收先征后返政策的通知〉的通知》	各地区自行制定的税收先征后返政策，从2000年1月1日起一律停止执行，凡拒不纠正继续擅自保留的，中央将相应扣减对该地区的转移支付和专项补助。省财政相应与有关市结算。	按中央文件核定数额结算
二十二、地方教育费附加上解结算 省政府办公厅鲁政办发〔2005〕6号：《关于征收地方教育附加有关问题的通知》 省财政厅鲁财预〔2009〕9号：《转发〈财政部、中国人民银行、国家税务总局、交通运输部关于实施成品油价格和税费改革有关预算管理问题的通知〉的通知》	从2005年起，在全省范围征收地方教育附加。其中省级集中20%，主要用于改善省级宏观调控能力，奖励补助重视教育的地方改善农村中小学办学条件。省级暂不集中青岛市的地方教育附加。 从2009年1月1日起，提高成品油消费税单位税额相应增加的地方教育附加收入全部作为省级收入，日常征管仍按现行规定执行，缴库渠道不变，年底由相关市通过结算上解省财政。	根据各地地方教育附加入库数核定结算上解数
二十三、散装水泥基金专项上解结算 1. 省政府鲁政发〔1999〕93号：《山东省人民政府关于印发〈山东省散装水泥专项资金管理暂行办法〉的通知》 2. 省财政厅鲁财工字〔1999〕59号：《关于印发〈山东省散装水泥专项资金管理实施细则〉的通知》	缴入市地、县级国库的专项资金收入，年终通过财政体制结算上解省财政20%，作为省散装水泥办公室宏观调控资金。	根据市、县散装水泥专项资金收入入库数核定结算上解数

续表

文件字号名称	结算事项	结算办法
二十四、津贴补贴调节基金上解结算 省财政厅鲁财综〔2006〕89号：《关于印发〈津贴补贴调节基金征收管理办法〉的通知》	从2006年起，省政府对市直机关津贴补贴年人均水平高于津贴补贴调控线的市，征收调节基金，通过年终结算办理。调节基金按照超额累计方式征收。具体征收档次和比例为：第一档，年人均应计征调节基金津贴补贴额不超过调控线数额的部分，按照20%比例征收；第二档，年人均应计征调节基金津贴补贴额超过调控线至调控线2倍数额的部分，按照60%的比例征收；第三档，年人均应计征调节基金津贴补贴额超过调控线2倍以上数额的部分，按照200%的比例征收。	按省财政厅核定数额结算
二十五、汶川地震灾后恢复重建资金上解结算 省财政厅鲁财预〔2008〕51号：《转发财政部〈关于印发汶川地震灾后恢复重建资金（基金）预算管理办法的通知〉的通知》	根据《山东省对口支援北川灾后恢复重建工作方案》（鲁办发〔2008〕11号）规定，今后3年，我省对口支援财政性资金分别按上年地方一般预算收入的1%筹集，由省财政集中统一安排。对口支援财政性资金可从预算内外各类财政性资金中筹措，并按资金性质分别在一般预算、政府性基金预算、国有资本经营预算和预算外财政专户资金中核算反映。为便于统计、分析和汇总，下级财政上解上级的对口支援财政性资金，要按照不同的资金列支渠道，分别通过“2300302专项上解支出”（一般预算）、“2300402政府性基金上解支出”、“2300602预算外上解支出”科目反映。上级财政收到下级上解的对口支援财政性资金，分别通过“1100302专项上解收入”（一般预算）、“1100402政府性基金上解收入”、“1100602预算外上解收入”科目核算反映。2008～2010年，各市分担的对口支援财政性资金，请于当年12月31日前，以市为单位统一上解至省财政。其中，通过预算外财政专户上解的资金，要统一汇缴至省指定账户；其余上解资金，通过年终体制结算办理。	按省财政厅核定数额结算
二十六、公安交通管理罚没收入征缴结算 省财政厅鲁财综〔2006〕73号：《关于全省公安交通管理罚没收入征缴改革有关问题的通知》	按照违法管理系统异地处罚资金的处置和交纳情况，由省公安厅定期对各市进行通报，并按照各市的异地违法行为处罚量及处罚金额进行分配。其中违法行为的发现地、处罚地各得35%，省级调剂30%。对各市的资金分配，年底通过财政体制结算方式进行办理。各县之间的资金分配，由各市按照上述结算方式负责办理。“非现场执法”罚没收入省级调剂30%部分，省财政统筹安排支持全省公安交通科技强警建设。	按省财政厅核定数额结算
二十七、市与直管县（市）之间清算事项结算 1. 鲁政发〔2009〕110号：《山东省人民政府关于实行省直接管理县（市）财政体制改革试点的通知》 2. 省财政厅鲁财预〔2009〕47号：《关于核定省直接管理县（市）财政体制改革基数有关问题的通知》	对2009年涉及的涉区市与直管县（市）收入体制变化，当年不再调整入库级次，年底省级通过财政结算，将设区市集中直管县（市）的收入增量上解省级，再返还给直管县（市）。 市级对直管县（市）的专款补助基数暂不划转，仍由市级统筹用于对直管县（市）补助，但每年市级实际补助额不得少于核定的补助基数。若每年市级实际补助额小于核定的专款补助基数，当年省级将按照少补助的数额，对市级进行结算扣回，相应再等额补助直管县（市）。	按省财政厅核定数额结算
二十八、政法经费专项上解结算 省财政厅鲁财预〔2009〕46号：《关于核定下达2009年政法经费专项上解额的通知》	市县政法经费专项上解，全部用于提高市县特别是基层政法机关的经费保障水平。	按省财政厅核定数额结算

省财政厅关于印发《山东省2009年保障性转移支付办法》的通知

2009年12月24日　鲁财预〔2009〕58号

各市财政局，各县（市、区）财政局：

现将《山东省2009年保障性转移支付办法》印发给你们，请认真贯彻执行。

附件：山东省2009年保障性转移支付办法

附件：

山东省2009年保障性转移支付办法

为进一步缓解县乡财政困难，提高县乡财政保障能力，促进基本公共服务均等化，根据省委、省政府要求，本着客观公正、统一规范的原则，制定本办法。

一、保障性转移支付的范围

2009年省对下保障性转移支付的范围，是在2008年决算等数据基础上，经计算可用财力不能满足基本支出需求的县（市、区）。为引导各地科学发展，切实提高财政收入质量，改善财政支出结构，强化转移支付分配政策的公平性，省级分配的2009年保障性转移支付增量资金，属于一次性补助，不纳入各地保障性转移支付补助基数。

二、基本支出缺口的确定

基本支出缺口，是指县（市、区）基本支出需求与其可用财力的差额。用公式表述为：

某县基本支出缺口＝基本支出需求－可用财力。

（一）可用财力的确定

可用财力＝2008年一般预算收入－耕地占用税×70%－国有资源（资产）有偿使用收入×30%－行政事业性收费收入×50%－罚没收入×40%－（专项收入－教育费附加收入）×70%－其他收入中的捐赠收入＋返还性收入＋财力性转移支付收入＋专项补助中的事业费＋预算外收入×10%＋地方教育附加收入×80%－上解支出＋2009年已核定的财力增量。

1. 返还性收入＝增值税和消费税税收返还＋所得税基数返还＋其他税收返还收入。

2. 财力性转移支付收入＝体制补助＋一般性转移支付补助＋调整工资转移支付补助＋农村义务教育补助＋农村税费改革补助＋缓解县乡困难转移支付补助（扣除一次性奖励）＋结算补助＋企事业单位预算划转补助＋其他财力性转移支付补助。

3. 上解支出＝体制上解＋出口退税专项上解＋粮食风险基金上解＋收入分享体制上解＋经常性还款上解＋汶川地震专项上解。

4. 2009年已核定的财力增量＝义务教育公用经费补助增量＋基本公共卫生服务专项补助。

（二）基本支出需求的确定

基本支出需求＝县乡机关事业单位在职人员经费和公用经费支出＋中小学教师人员经费支出＋离退休人员经费支出＋优抚对象补助支出＋城镇居民最低生活保障支出＋农村居民最低生活保障支出＋基本公共卫生服务支出＋新型农村合作医疗补助支出＋城镇居民基本医疗保险补助支出＋村级经费补助支出＋城市低保家庭廉租房补贴支出＋农村计划生育家庭奖励扶助、农村计划生育家庭特别扶助和技术服务支出＋农村放电影补助支出＋教育补助支出＋其他事业发展经费支出。其中：

1. 人员经费。

（1）在职人员人员经费支出按标准财政供养人数和年人均标准核定。其中，行政人员年人均标准29 000元，事业人员年人均标准28 000元。行政在职人员按省人事厅提供的2008年编制数确定；事业在职人员根据农业人口、城镇人口、人口密度和乡镇个数等客观指标回归确定。

（2）中小学教师人员经费支出按人事厅提供的实有人数和年人均29 000元标准核定。

（3）离休人员人员经费按省老干部局提供的离休人数和年人均42 000元标准核定。

（4）退休人员人员经费按退休人数和年人均26 000元标准核定，退休人数按在职标准财政供养人数和全省养老保险平均缴存比例计算确定。

2. 公用经费支出包括办公费、水电费、邮电费、取暖费、交通费、差旅费等，按标准财政供养人数和统一的公用经费标准核定。其中，行政公用经费标准为年人均15 000元；事业公用经费标准为年人均5 000元。

3. 优抚对象补助支出按民政等部门提供的人数和补助标准核定。

4. 城镇居民最低生活保障支出按城镇居民最低生活保障人数和全省平均补助标准核定。其中，城镇低保人数按各县（市、区）城镇人口和全省平均保障比例核定。

5. 农村居民最低生活保障支出按农村居民最低生活保障人数和全省平均补助标准核定。其中，农村低保人数按各县（市、区）农业人口和全省平均保障比例核定。

6. 新型农村合作医疗补助支出按参保农民人数和年人均80元标准核定。

7. 城镇居民基本医疗保险补助支出根据全省试点城市的城镇人口平均参保比例和全省平均保障水平核定。

8. 村级经费补助支出包括村干部补贴、村级组织运转经费等，按村个数和每村年均35 000元标准核定。其中，村个数按各县（市、区）农业人口和全省平均每村人数计算确定。用公式表达为：

某县村个数＝某县农业人口÷全省平均每村人数。

9. 城市低保家庭廉租房补贴支出按享受补助人数和每人6平方米、每平方米每月20元标准核定。其中，享受补助人数按城镇低保人数的30%核定。

10. 农村计划生育家庭奖励扶助、农村计划生育家庭特别扶助和技术服务支出按计生部门提供的数据核定。

11. 教育补助支出包括提高农村义务教育阶段中小学生均公用经费基准定额补助、家庭经济困难寄宿生生活费补助、建立校舍维修改造长效机制、免除城市义务教育阶段学生杂费、落实普通高中政府助学金以及对高中和城市中小学安排预算内公用经费等。

12. 其他事业发展经费支出是指上述支出以外的其他必要支出，统一按在职人员公用经费的60%核定。

三、保障性转移支付补助额的确定

省保障性转移支付补助额＝某县基本支出缺口×某县综合困难系数×省转移支付系数。

1. 困难系数的确定。某县综合困难系数主要依据按总人口计算的人均财力确定。

某县综合困难系数＝该县困难系数×50%＋该县所在市困难系数×50%，其中：

该县困难系数＝（按总人口计算的县级人均财力最小值÷该县按总人口计算的人均财力）×60%＋（按供养人口计算的县级人均财力最小值÷该县按供养人口计算的人均财力）×40%。

该县所在市困难系数＝按总人口计算的市级人均财力最小值÷该县所在市按总人口计算的人均财力。

2. 省转移支付系数的确定。根据各县基本支出缺口，结合省保障性转移支付补助额和综合困难系数，确定省转移支付系数。

省转移支付系数 = 省保障性转移支付补助总额 ÷ $\sum$（某县基本支出缺口 × 该县综合困难系数）

四、加强监督管理

（一）合理使用转移支付资金。各县（市、区）要结合年初预算安排和预算执行情况，合理制定保障性转移支付资金使用方案，重点用于基本公共服务领域，推进民生改善，促进社会和谐。对今年省级分配的保障性转移支付增量资金，各县（市、区）要优先用于落实义务教育学校绩效工资制度改革，确保将国家增资政策落实到位。

（二）加强转移支付资金监管。各市要继续支持省直管县发展，加大对财政困难县乡的支持力度，强化指导、管理和监督，帮助县级政府提高基本公共服务保障水平。凡发现各地存在截留或违规使用保障性转移支付的行为，一经查实，省财政将扣减补助资金，情节严重的，取消其享受补助政策的资格。

（三）建立转移支付资金使用报告制度。获得省级保障性转移支付补助的县（市、区）及所在市财政部门，要在预、决算报告中，向本级人民代表大会或人大常委会报告转移支付资金的使用情况，以及缓解县乡财政困难的措施与成效，自觉接受人大监督。

省财政厅　中国人民银行济南分行转发《财政部中国人民银行关于将按预算外资金管理的全国性及中央部门和单位行政事业性收费纳入预算管理的通知》的通知

2009年12月29日　鲁财预〔2009〕59号

各市财政局，中国人民银行（山东省）各中心支行及分行营业部，省直各部门：

现将《财政部　中国人民银行关于将按预算外资金管理的全国性及中央部门和单位行政事业性收费纳入预算管理的通知》（财预〔2009〕79号）转发给你们，请认真遵照执行。

附件：财政部　中国人民银行关于将按预算外资金管理的全国性及中央部门和单位行政事业性收费纳入预算管理的通知

附件：

财政部　中国人民银行关于将按预算外资金管理的全国性及中央部门和单位行政事业性收费纳入预算管理的通知

2009年12月4日　财预〔2009〕79号

国务院各部委、各直属机构，总后勤部，高法院，高检院，各省、自治区、直辖市、计划单列市财政厅（局），新疆生产建设兵团财务局，中国人民银行上海总部，各分行、营业管理部、省会（首府）城市中心支行、大连、青岛、宁波、厦门、深圳中心支行：

为贯彻落实《国务院关于编制2009年中央预算和地方预算的通知》（国发〔2008〕35号）有关规定、

现决定从2010年1月1日起，将按预算外资金管理的全国性及中央部门和单位行政事业性收费逐步纳入财政预算管理。现就有关事项通知如下：

一、预算管理方式

（一）自2010年1月1日起，本通知附件1所列的各项行政事业性收费（含以前年度欠缴及未缴财政专户的资金和财政专户结余资金）全额上缴国库，支出通过一般预算或基金预算安排，不再作为预算外资金管理。根据各项行政事业性收费的性质，纳入预算管理具体方式如下：

1. 交通部门收取的车辆通行费（限于政府还贷）、船舶港务费，体育部门的外国团体来华登山注册费、车手等级认定费，司法部门的涉外、涉港澳台公证书工本费，贸促会的证照费（货物原产地证明书费、不可抗拒力证明书费）、认证费、仲裁费、涉外（台）经济贸易争议调解费，共9项收费暂作为政府性基金收入管理。

2. 附件1所列其他行政事业性收费，均纳入一般预算行政事业性收费收入管理。

（二）教育收费（学费、住宿费、考试考务费，具体目录见附件2）不纳入预算管理，国务院另有规定除外。

二、收入预算级次和支出安排原则

（一）附件1所列的各项行政事业性收费纳入预算管理后，原上缴中央财政专户的收费收入上缴中央国库；原上缴地方财政专户的收费收入上缴地方国库；原按国务院或财政部规定的分成比例分别上缴中央和地方财政专户的收费收入，仍按原规定的比例分别上缴中央和地方国库。

（二）财政部门要及时核拨预算资金，保障相关部门和单位的正常运转经费和相关事业开支。纳入基金预算的，执收单位所需支出按政府性基金方式管理。纳入一般预算的，原执收单位为财政补助事业单位的，支出由同级财政安排；原执收单位为经费自理事业单位的，由同级财政通过安排其上级行政主管部门相关项目支出解决。

三、2010年政府收支分类科目的修订

本通知附件1所列的各项行政事业性收费纳入预算管理后，有关收支科目按《2010年政府收支分类科目》规定执行。根据教育收费不纳入预算管理的规定（国务院另有规定除外），现对《2010年政府收支分类科目》修订如下：

（一）收入分类。

1. 删去103类“非税收入”01款“政府性基金收入”61项“学校收费”和62项“教育考试考务费”，以及其下所设目级科目。

2. 在103类“非税收入”04款“行政事业性收费收入”27项“教育行政事业性收费收入”下新增53目“普通高中学费”、54目“普通高中住宿费”、55目“中等职业学校学费”、56目“中等职业学校住宿费”、57目“高等学校学费”、58目“高等学校住宿费”，59目“高等学校委托培养费”，60目“函大、电大、夜大及短训班培训费”、62目“考试考务费”、65目“中央广播电视大学中专学费”。在44项“农业行政事业性收费收入”下新增67目“农科院研究生院研究生培养费”。在57项“党校行政事业性收费收入”下新增51目“函授学院办学收费”、52目“委托培养在职研究生学费”、53目“短期培训进修费”、54目“教材费”。

3. 103类“非税收入”04款“行政事业性收费收入”各项下99目“其他缴入财政专户的××行政事业性收费”说明统一调整为“中央与地方收入科目。反映除上述项目以外其他缴入财政专户的××行政事业性收费。”

（二）支出功能分类。

删去205类“教育”12款“学校收费支出”和13款“教育考试考务费支出”，以及其下所设项级

科目。

四、其他事项

（一）2010 年 1 月 1 日后，发生的以前年度超缴、欠缴、漏缴的各项行政事业性收费，要按修订后的科目分别办理清退和补缴手续。

（二）各执收单位要继续严格按照规定及时足额征收各项行政事业性收费和政府性基金，除国家另有规定外，不得擅自减免、不收、缓收、少收或截留、挤占、挪用。

（三）财政部驻各省、自治区、直辖市、计划单列市财政监察专员办事处，各级地方财政、审计部门及有关主管部门要加强监督检查，保证收费按规定及时上缴国库。对违反规定的，要按照《中华人民共和国预算法》和《财政违法行为处罚处分条例》（国务院令第 427 号）等有关法律法规予以处理。

（四）地方各级财政部门要积极贯彻国务院有关文件精神，将仍按预算外资金管理的地方行政事业性收费，尽快全部纳入预算管理。

附件：1. 纳入预算管理的收费项目目录

2. 不纳入预算管理的教育收费项目目录

附件 1：

纳入预算管理的收费项目目录

序号	部门	收费项目	缴库级次	纳入预算后科目代码
一	司法	1. 考试考务费		103040305
		（1）司法考试考务费	缴入中央国库	
		（2）司法考试费	缴入地方国库	
		2. 涉外、涉港澳台公证书工本费	缴入中央国库	1030164
二	外交	3. 签证费		103040403
		（1）代办外国签证（限于国家机关）	缴入中央和地方国库	
		（2）代办外国签证加急（限于国家机关）	缴入中央和地方国库	
		（3）代填外国签证申请表（限于国家机关）	缴入中央和地方国库	
三	质检	4. 产品质量监督检验收费		103041618
		（1）产品质量监督检验（含核发工业产品生产许可证的产品质量检验）	缴入中央和地方国库	
四	贸促会	5. 证照费	缴入中央国库	
		（1）货物原产地证明书费		103018501
		（2）不可抗拒力证明书费		103018501
		（3）ATA 单证册收费	缴入中央国库	103042201
		6. 认证费	缴入中央国库	103016502
		（1）商品注册认证		
		（2）对外经济贸易文件认证		
		（3）对外经济贸易单证认证		
		7. 仲裁费	缴入中央国库	103016503
		（1）对外经济贸易仲裁		
		（2）海事仲裁		
		8. 涉外（台）经济贸易争议调解费	缴入中央国库	103016504
六	体育	9. 外国团体来华登山注册费	缴入中央和地方国库	103016301
		10. 兴奋剂检测费	缴入中央国库	103042906
		11. 车子等级认定费	缴入中央国库	103016302
		12. 体育特殊专业招生考试考务费	缴入中央和地方国库	103042907
七	统计	13. 统计人员岗位培训费	缴入中央和地方国库	103013102

续表

序号	部门	收费项目	缴库级次	纳入预算后科目代码
八	住房城乡建设	14. 城市污水处理费（限于事业单位）	缴入地方国库	103043312
九	交通	15. 车辆通行费（限于政府还贷）	缴入地方国库	1030159
		16. 船舶登记费	缴入中央和地方国库	103044210
		17. 船舶证明签证费	缴入中央和地方国库	103044211
		18. 船舶申请安全检查复查费	缴入中央和地方国库	103044212
		19. 油污水化验费	缴入中央和地方国库	103044213
		20. 海事调解费	缴入中央和地方国库	103044214
		21. 浮油回收费	缴入中央和地方国库	103044215
		22. 海岸电台无线电电报电话费（含船舶电信业务岸台费）	缴入中央和地方国库	103044216
		23. 特种船舶和水上水下工程护航费	缴入中央和地方国库	103044217
		24. 船舶港务费	缴入中央和地方国库	1030160
		25. 船舶及船用产品设施检验费	缴入中央和地方国库	103044218
十	农业	26. 检验检测费		
		（1）新饲料添加剂质量复核检验	缴入中央国库	103044420
		（2）进口饲料添加剂质量复核检验	缴入中央国库	103044421
		（3）饲料及饲料添加剂委托检验	缴入中央国库	103044422
		（4）进口兽药质量标准复核检验	缴入中央国库	103044423
		（5）进口兽药检验	缴入中央国库	103044424
		（6）出口兽药检验	缴入中央和地方国库	103044425
		（7）新兽药质量复核检验	缴入中央和地方国库	103044426
		（8）兽药委托检验	缴入中央和地方国库	103044427
		（9）农作物委托检验	缴入地方国库	103044428
		27. 海事调解费	缴入中央和地方国库	103044429
		28. 渔业船舶和船用产品检验费	缴入中央和地方国库	103044430
		29. 人力资源开发中心收费	缴入中央国库	
		（1）人事档案使用费		103044431
		（2）人事档案保管费		103044432
		30. 考试考务费		
		（1）人力资源开发中心工人技术等级考核或职业技能鉴定费	缴入中央国库	103044433
		31. 农药实验费	缴入中央国库	103044434
十一	食品药品监督	32. 药品检验费	缴入中央和地方国库	103044731
		33. 医疗器械、制药机械检验费	缴入地方国库	103044732
十二	民政	34. 殡葬收费	缴入地方国库	103044908
十三	仲裁委	35. 仲裁收费	缴入中央和地方国库	103045501
		（1）案件受理		
		（2）案件处理		

附件2：

不纳入预算管理的教育收费项目目录

序号	部门	收费项目	收入级次	科目代码
一	教育	1. 普通高中学费	缴入中央和地方专户	103042753
		（1）学费		
		（2）择校费		
		2. 普通高中住宿费	缴入中央和地方专户	103042754
		3. 中等职业学校学费	缴入中央和地方专户	103042755
		4. 中等职业学校住宿费	缴入中央和地方专户	103042756

续表

序号	部门	收费项目	收入级次	科目代码
		5. 高等学校学费	缴入中央和地方专户	103042757
		6. 高等学校住宿费	缴入中央和地方专户	103042758
		7. 高等学校委托培养费	缴入中央和地方专户	103042759
		8. 函大、电大、夜大及短训班培训费	缴入中央和地方专户	103042760
		9. 考试考务费		103042762
		（1）高等教育自学考试考务费	缴入中央和地方专户	103042762
		（2）商务管理和金融管理专业自学考试考务费	缴入中央和地方专户	103042762
		（3）全国公共英语等级考试考务费	缴入中央和地方专户	103042762
		（4）剑桥少儿英语考试考务费	缴入中央和地方专户	103042762
		（5）全国计算机应用技术证书考试考务费	缴入中央和地方专户	103042762
		（6）在职人员攻读专业学位考试报名考务费	缴入中央和地方专户	103042762
		（7）高考（含成人高考）考试考务费	缴入中央和地方专户	103042763
		（8）研究生招生考试考务费	缴入中央和地方专户	103042762
		（9）大学英语四、六级考试考务费	缴入中央和地方专户	103042762
		（10）电大视听生考试和高等教育学历文凭考试考务费	缴入中央和地方专户	103042762
		（11）CIT模块报告考核费	缴入中央专户	103042762
		（12）CIT资格审查费	缴入中央专户	103042762
		（13）全国外语水平考试考务费	缴入中央和地方专户	103042762
		（14）专科起点本科入学考试考务费	缴入中央和地方专户	103042762
		（15）成人高等职教考试考务费	缴入中央和地方专户	103042762
		（16）计算机等级考试考务费	缴入中央和地方专户	103042762
		（17）同等学历人员申请硕士学位水平全国统一考试报名费	缴入中央和地方专户	103042762
		10. 中央广播电视大学中专学费	缴入中央专户	103042765
二	农业	11. 农科院研究生院研究生培养费	缴入中央专户	103044467
三	中央党校	12. 函授学院办学收费	缴入中央专户	103045751
		（1）入学报名费		
		（2）学费		
		（3）毕业证工本费		
		（4）教材费		
		13. 研究生收费		
		（1）委托培养在职研究生学费	缴入中央专户	103045752
		（2）研究生报名考试费	缴入中央专户	103045752
		（3）研究生住宿费	缴入中央专户	103045752
		14. 短期培训进修费	缴入中央专户	103045753

四、

国库管理类

财政部关于印发《财政部代理发行2009年地方政府债券招投标和考核规则》的通知

2009年3月23日　财库〔2009〕21号

各省、自治区、直辖市、计划单列市财政厅（局），2009～2011年记账式国债承销团甲类成员，中央国债登记结算有限责任公司，中国证券登记结算有限责任公司，上海证券交易所，深圳证券交易所：

为规范代理发行2009年地方政府债券招投标和考核，财政部制定了《财政部代理发行地方政府债券招投标和考核规则》，现予以公布，请遵照执行。

附件：财政部代理发行2009年地方政府债券招投标和考核规则

附件：

财政部代理发行2009年地方政府债券招投标和考核规则

一、招标方式

地方政府债券发行采用单一价格荷兰式招标方式，招标标的为利率。全场最高中标利率为当期债券票面利率，各中标机构按面值承销。

二、投标限定

（一）投标标位限定。投标标位变动幅度为0.01%。每一承销团成员应当在20个标位内连续投标。投标标位区间为招标日前1～5个工作日（含第1个和第5个工作日）中国债券信息网公布的中债银行间固定利率国债收益率曲线中，待偿期为3年的国债收益率算数平均值上下各浮动15%（四舍五入计算到0.01%）。

（二）投标量限定。每一承销团成员单期债券最低、最高投标限额分别为当期债券招标量的6%（四舍五入计算到0.01亿元，下同）、30%。每个标位投标量最低为0.1亿元，且应当为0.01亿元的整数倍。

（三）最低承销量限定。每一承销团成员单期债券最低承销量为当期债券招标量的2%。

三、中标原则

（一）全场投标总额大于当期债券招标额时，按照低利率优先的原则对投标逐笔募入，直到募满招标额为止。全场投标总额小于或等于当期债券招标额时，所有投标全额募入。

（二）中标标位的投标额大于剩余招标额，以该标位投标额为权数平均分配，最小中标单位为0.01亿元，分配后仍有尾数时，按投标时间优先原则分配。

四、债权托管和确认

（一）在招投标工作结束后，各中标机构应通过招投标系统填制“债权托管申请书”，在中央国债登记结算有限责任公司（以下简称国债登记公司），中国证券登记结算有限责任公司（以下简称证券登记公司）上海、深圳分公司选择托管。逾时未填制的，系统默认全部在国债登记公司托管。

（二）发行款和债权结算实行见款付券方式。承销商于缴款日规定时间前将认购资金缴入发行人（发行当期债券的地方政府）指定缴款账户；发行人在确认发行款入库后，通过财政部通知国债登记公司确认总发行额度和银行间市场分销认购人、承销商自营额度的相应债权；国债登记公司应当同时通知证券登记公司确认交易所市场分销认购人、承销商自营额度的相应债权。

五、考核要求

（一）承销团成员在2009年地方政府债券发行投标中，未达到单期最低投标量或最低承销量的情况累计达到6次的，将被取消继续参与2009年地方政府债券发行招投标的资格。

（二）承销团成员2009年地方政府债券承销情况，将作为记账式国债承销团考核的重要参考。

六、其他

（一）地方政府债券发行招投标工作通过“财政部国债发行招投标系统”进行，承销团成员通过上述系统远程终端投标。远程终端出现技术问题，可在规定的时间内以填写“应急投标书”和“应急申请书”（格式见附件）的形式委托国债登记公司代为投标。

（二）执行中如有变动，或采用其他招标方式，以当期地方政府债券发行文件为准。

（三）本规则自公布之日起施行，有效期截至2009年12月31日。

附：1. 财政部代理发行2009年地方政府债券应急投标书

2. 财政部代理发行2009年地方政府债券债权托管应急申请书

附1：

财政部代理发行2009年地方政府债券应急投标书

业务凭单号：A01

财政部：

由于我单位国债招投标远程终端系统出现故障，现以书面形式发送__________债券发行应急投标书。我单位承诺：本应急投标书由我单位授权经办人填写，内容真实、准确、完整，具有与系统投标同等效力，我单位自愿承担应急投标所产生风险。

投标方名称：________ 托管账号：________

投标日期：____年____月____日【要素1】

债券代码：________【要素2】

投标标位（ %或 元/百元面值）		投标量（亿元）	
标位1【要素3】		投标量【要素4】	
标位2		投标量	
标位3		投标量	
标位4		投标量	
标位5		投标量	
标位6		投标量	
合计			

（注：标位不够可自行添加）

电子密押：______ ______ ______ ______（16位数字）

经办人签字或盖章： 复核人签字或盖章：

联系电话： 联系电话：

单位印章

注意事项：

1. 单位印章应与投标方名称相符；业务凭单填写须清晰，不得涂改。

2. 本应急凭单进行电子密押计算时共有4项要素，其中要素1在电子密押器中已默认显示，如与应急凭单不符时，请手工修正密押器的要素1；要素2～4按应急凭单所填内容顺序输入密押器，输入内容与应急凭单填写内容必须完全一致。

3. 传真电话：010－88086362 88086297 88086252

附2：

财政部代理发行2009年地方政府债券债权托管应急申请书

业务凭单号：A02

财政部：

由于我单位国债招投标远程终端系统出现故障，现以书面形式发送______债券债权托管应急申请书。我单位承诺：本债权托管应急申请书由我单位授权经办人填写，内容真实、准确、完整，具有与系统投标同等效力，我单位自愿承担应急投标所产生风险。

投标方名称：______ 托管账号：______

申请日期：______年______月______日【要素1】

债券代码：______【要素2】

托管机构	债权托管面额（亿元）
中央债务登记公司【要素3】	
证券登记公司（上海）	
证券登记公司（深圳）	
合计【要素4】	

电子密押：______ ______ ______ ______（16位数字）

经办人签字或盖章： 复核人签字或盖章：

联系电话： 联系电话：

单位印章

注意事项：

1. 单位印章应与投标方名称相符；业务凭单填写须清晰，不得涂改。
2. 本应急凭单进行电子密押计算时共有4项要素，其中要素1在电子密押器中已默认显示，如与应急凭单不符时，请手工修正密押器的要素1；要素2～4按应急凭单所填内容顺序输入密押器，输入内容与应急凭单填写内容必须完全一致。
3. 传真电话：010－88086362 88086297 88086252

财政部关于加快建立地方预算执行动态监控机制的指导意见

2009年6月4日 财库〔2009〕70号

各省、自治区、直辖市、计划单列市财政厅（局），新疆生产建设兵团财务局：

预算执行动态监控是国库集中支付有效实施的保障和手段，是预算执行管理的重要内容。加快建立预算执行动态监控机制，增强财政管理透明度，有利于提高财政资金使用的安全性、规范性、有效性，有利于推进财政管理的科学化、精细化。根据十一届全国人大二次会议审议通过的《关于2008年中央和地方预算执行情况与2009年中央和地方预算草案的报告》和国务院批准《财政国库管理制度改革方案》的有关要求，现就加快建立地方预算执行动态监控机制提出以下指导意见。

一、充分认识加快建立预算执行动态监控机制的重要性和紧迫性

财政国库管理制度改革是公共财政管理的重大制度创新，自2001年试点以来，已在中央和地方全面推行并不断深化，其核心是通过建立国库单一账户体系，改革财政资金的传统缴拨方式，建立起适应公共财政发

展的现代财政国库管理体系，目的是进一步加强财政监督，提高资金使用效益，更好地发挥财政宏观调控作用。预算执行动态监控机制是现代财政国库管理体系的重要组成部分，加快建立健全覆盖各级财政的预算执行动态监控机制是落实国务院批准的《财政国库管理制度改革方案》中“加强监督制约机制”要求的重要措施。

按照《财政国库管理制度改革方案》的要求，财政部于2002年开始探索建立预算执行动态监控机制，实施几年来取得了重大进展和成效。通过动态监控，发现并纠正了大量违规或不规范操作行为，预算单位规范使用资金的意识日益增强，违规金额和违规比例持续保持下降态势，有效地提高了财政资金的安全性、规范性和有效性，推动了预算执行管理的科学化和精细化进程。一些省级财政部门结合本地特点，比照财政部的做法进行了试点，也取得了很好的成效。实践表明，财政资金无论采用财政直接支付或财政授权支付，动态监控管理都是预算执行流程中不可缺少的一个重要环节，是前移财政监督关口、防范资金支付使用风险的机制保障。

总体来看，地方预算执行动态监控机制建设明显滞后于国库集中支付改革进程。这不仅影响到国库集中支付改革的进一步深化和现代国库管理体系的完善，而且也不适应财政支出科学化精细化管理和健全公共财政管理体系的需要，亟须认真对待和加快改变。财政部党组高度重视预算执行监控工作，在2009年财政工作要点中明确要求建立各级财政国库动态监控体系。各地财政部门要着眼大局，提高认识，切实加快推进预算执行动态监控机制建设。

二、建立预算执行动态监控机制的总体要求

预算执行动态监控机制建设要深入贯彻落实科学发展观，按照公共财政管理和现代国库管理制度的发展要求，紧紧围绕重大财政政策的有效实施，以国库单一账户体系为基础、以财政资金活动监控为重点、以动态监控系统为平台，实时接收代理银行和预算单位信息，全程监控财政资金支付活动，充分发挥动态监控的威慑、警示、纠偏、规范作用，建立健全预算执行动态监控体系，推进财政管理科学化、精细化，着力加强预算管理与监督，确保财政资金安全、规范、有效使用。

预算执行动态监控机制建设要坚持有利于提高预算执行透明度、坚持有利于增强部门和单位预算执行责任主体意识、坚持有利于深化财政国库管理改革、坚持有利于充分发挥信息网络技术作用，统筹考虑，加快实施，争取2009年基本建立起比较规范的省级财政部门预算执行动态监控机制；2012年全面建立起预警高效、反馈迅速、纠偏及时、控制有力的覆盖各级财政的预算执行动态监控体系。

三、建设完善财政国库动态监控系统

国库动态监控系统是预算执行动态监控机制的工作平台和技术支撑，地方财政部门要高度重视监控系统在预算执行监控中的重要基础性作用。各地财政部门要统筹规划，周密部署，结合“金财工程”总体规划和财政信息化建设特点，充分考虑系统建设的前瞻性和整体性，加快建立健全国库动态监控系统。

国库动态监控系统建设要充分利用现代信息网络技术，覆盖所有财政资金全过程支付活动，保持并实时更新交易记录，确保实现预警高效和信息集成，达到系统实时动态、智能预警、综合分析、实用兼容等核心主体功能目标。为加快推进监控机制建设，进一步节约成本和提高效率，中央财政国库动态监控系统可免费提供给地方财政部门安装和使用，软件的实施费用和服务费用，原则上由各级财政部门负担。已建立监控系统的省市要进一步完善功能，加大推广改造力度。

四、建立健全财政国库动态监控运作机制

地方财政部门要按照“完善操作，优化流程，提高效率，确保安全”的原则，加快建立预算执行动态监控运作机制。通过监控系统全面跟踪财政资金支付的申请、审核、支付、清算及核算的操作流程，动态监控每一笔财政资金支付的详细交易记录，包括付款人、付款金额、付款时间、付款方式、付款用途、预

算科目、支付方式、支付类型、收款人、收款人账号等，及时核实预警疑点，深入核查重大事项，迅速纠正查实问题，即时通报违规情况，并积极开展与预算管理及主管部门的联动协作，真正形成事前事中有效控制、事后跟踪问效的资金支付使用监控模式。

地方财政部门要进一步健全国库单一账户体系，逐步将所有财政资金纳入国库单一账户体系运行并纳入动态监控管理。全面推行公务卡制度，按规范要求实现对预算单位公务卡消费的实时监控和动态分析，逐步将动态监控范围扩大到所有财政资金和全部预算单位。

五、建立预算执行动态监控分析报告制度

地方财政部门要通过建立月、季、年报及专项报告等各种形式，对监控发现的问题及新情况、新动态进行分类梳理、综合分析，挖掘根源、提出对策、反馈情况，充分发挥监控信息集中优势，及时快捷地为领导提供监控有效信息和决策参考，向预算管理部门和单位通报监控情况，促进预算编制、预算执行更加规范合理，调动主管部门参与预算执行管理的积极性，形成合力，进一步提高预算管理的科学化、精细化水平。

六、健全财政国库内部控制制度

地方财政部门要加强财政国库内部控制管理，建立用款计划审批、资金审核支付、银行账户监管、财务会计核算、内部印章印鉴管理等科学规范的管理制度和分工明确的岗位制衡机制。财政国库机构内部资金审核岗位要与支付岗位相分离，资金支付岗位要与账务核算岗位相分离，监控岗位要与业务岗位相分离，会计岗位要与出纳岗位相分离，各个环节职责清晰，不得混岗串岗，不得擅减程序，完善财政国库内控管理，防范财政资金支付风险，保障财政资金安全运行。

七、扎实做好预算执行动态监控机制建设的配套工作

地方财政部门要充分认识建立健全动态监控机制工作的重要性和紧迫性，切实加强组织领导，充实人员队伍，完善机构建设，研究确定预算执行动态监控机制工作流程和操作规范。要按照科学规范和统筹发展的要求，结合本地实际情况，周密部署，加紧研究和制定预算执行动态监控机制建设的工作规划和具体实施步骤，确保实现建立预算执行动态监控体系的工作目标。

地方财政国库部门要加强与财政部门内部、预算部门和单位、代理银行等方面的沟通协调。加大培训力度，认真组织开展预算法律法规和相关制度的学习和培训，着力提高监控人员和代理银行相关人员政策理论水平、业务素质和实务操作能力。

省级财政国库部门在确保本级2009年初步建立预算执行动态监控机制的基础上，要加大对本行政区域各级财政部门预算执行动态监控机制建设的指导和督促力度，并通过举办专题培训班、召开现场推广交流会、专项资金支持等方式支持和引导下级财政部门因地制宜地开展动态监控管理工作。财政部对地方预算执行动态监控机制建设和进展情况进行跟踪，并通过适当方式进行督促和考核，确保整体工作目标如期实现。

财政部办公厅关于推行跨行办理公务卡业务有关事项的通知

2009年11月17日　财办库〔2009〕306号

党中央有关部门财务部门，国务院各部委、各直属机构财务部门，各武警部队财务部，新疆生产建设兵团

财务局，全国人大常委会办公厅机关事务管理局，全国政协办公厅机关事务管理局，高法院行装局，高检院计财局，有关人民团体财务部门，有关中央管理企业财务部门，中央国库集中支付业务各代理银行：

为深化推进公务卡改革，进一步健全公务卡发卡银行选择机制，方便预算单位和持卡人，根据《财政部 中国人民银行关于印发〈中央预算单位公务卡管理暂行办法〉的通知》（财库〔2007〕63号）等有关制度规定，财政部决定在中央预算单位推行跨行办理公务卡业务。现就有关事项通知如下：

一、总体要求

自本通知发布之日起，中央预算单位办理公务卡业务，既可以选择本单位零余额账户开户银行作为发卡银行（简称同行办卡），也可以选择非本单位零余额账户开户银行的其他中央国库集中支付业务代理银行为发卡银行（简称跨行办卡），但每个基层预算单位只能选择一家代理银行作为发卡银行。同行办卡方式下，预算单位和发卡银行（零余额账户开户银行）各项公务卡业务均按财库〔2007〕63号文件规定执行；跨行办卡方式下，预算单位、发卡银行和零余额账户开户银行有关业务，除了按照财库〔2007〕63号文件执行外，还要按照本通知有关规定执行。

二、预算单位管理

跨行办卡方式下，预算单位应当与发卡银行签订委托代理协议，并及时告知本单位零余额账户开户银行。预算单位对于审核同意报销的公务卡支付款项，应当按照财库〔2007〕63号文件有关规定，通过公务卡支持系统编制“还款明细表”和“还款汇总表”，并在免息还款期到期5个工作日之前，签发财政授权支付指令，连同加盖单位财务印章的“还款汇总表”，一并提交发卡银行。预算单位公务卡报销事项的审核，以及报销还款时支付指令的填写，按照财库〔2007〕63号文件和国库集中支付制度有关规定执行，其中支付指令的“用途”栏，统一填写“公务卡还款”。

三、发卡银行管理

跨行办卡方式下，发卡银行应当按照委托代理协议，及时开发公务卡支持系统，免费提供给预算单位使用。发卡银行收到预算单位提交的支付指令后，应在当日（最迟不得晚于下一工作日上午9:30）向预算单位零余额账户开户银行提示付款，并在收到款项的当日（最迟不得晚于下一工作日上午9:30）将款项划入相应的公务卡账户。

四、动态监控管理

跨行办卡方式下，发卡银行和预算单位零余额账户的开户银行，要按照财政国库动态监控管理有关要求，做好以下工作：

（一）发卡银行根据预算单位签发的财政授权支付指令，向相关公务卡账户划款成功后，应当及时向财政部传输下列信息：

单位组织机构代码、持卡人姓名、卡号、公务卡消费交易时间、交易类型、预算科目、交易金额、报销金额、用途、商户名称、财政授权支付支票号、向公务卡还款的时间等。其中，支票号必须填写齐全，不得省略。

（二）预算单位零余额账户开户银行应根据收到的财政授权支付指令，按照财政授权支付业务有关要求审核无误后，及时办理支付业务，并根据具体支付情况和财政国库动态监控管理要求，及时向财政部门传输下列信息：

单位组织机构代码、付款人全称、付款人银行账号、银行付款日期、预算来源、预算科目、金额、结算方式、用途、收款人全称、收款人账号、财政授权支付支票号、财政授权支付附加信息码等。其中，支票号必须填写齐全，不得省略。

五、差错处理

发卡银行向预算单位零余额账户提示付款或向公务卡账户划款未能成功的，应于第二个工作日上午与预算单位反馈核实。属于零余额账户额度不足或支付指令填写有误，导致零余额账户开户银行无法支付的，由预算单位重新核实并签发支付指令；属于公务卡账户原因导致发卡银行不能向公务卡账户及时划款的，发卡银行应与预算单位及时进行核实，3个工作日内仍无法完成划款的，须及时通知预算单位，由预算单位按照财政授权支付业务流程，签发《财政授权支付更正（退回）通知书》，向零余额账户办理资金退回手续，并重新办理有关报销还款手续。

请各中央预算部门按照本通知规定，加强对所属预算单位公务卡业务的指导，组织各单位深化推进公务卡改革，完成2009年所有二级单位推行公务卡改革的目标，并积极向下级单位推进。各代理银行按照本通知规定，认真扎实做好公务卡支持系统开发、公务卡办理、支付还款和动态监控信息提供等有关工作，保障改革顺利推进。

省财政厅转发《财政部关于预算外资金纳入预算管理后有关财务处理问题的通知》的通知

2009年1月5日　鲁财库〔2009〕1号

各市财政局：

现将财政部《关于预算外资金纳入预算管理后有关财务处理问题的通知》（财库〔2008〕103号）予以转发，请按通知要求认真做好预算外资金纳入预算管理后的财务处理工作。对执行中遇到的问题，请及时向省财政厅反馈。

附件：财政部关于预算外资金纳入预算管理后有关账务处理问题的通知

附件：

财政部关于预算外资金纳入预算管理后有关财务处理问题的通知

2008年12月31日　财库〔2008〕103号

各省、自治区、直辖市、计划单列市财政厅（局）：

为了统一规范预算外资金纳入预算管理后，预算外资金历年滚存结余从财政专户缴入国库的账务处理，根据《财政总预算会计制度》和《预算外资金财政专户会计核算制度》等规定，现就有关问题通知如下：

一、原实行预算外管理的彩票公益金、行政事业性收费等，在按有关规定纳入政府性基金预算或一般预算管理后，其历年滚存结余资金，由财政专户向同级国库办理缴库时，财政专户会计冲减“预算外结余”科目，同时财政总预算会计记入“基金预算收入”或“一般预算收入”科目。

二、预算外资金纳入预算管理后，可按照资金管理需求进行相应的明细核算。

本通知自印发之日起执行。本通知发布前已做过账务处理的，一般不再进行调账。

省财政厅关于转发《财政部关于印发〈财政部代理发行地方政府债券财政总预算会计核算办法〉的通知》的通知

2009年3月20日　鲁财库〔2009〕5号

各市财政局：

现将《财政部关于印发〈财政部代理发行地方政府债券财政总预算会计核算办法〉的通知》（财库〔2009〕19号）转发给你们，请遵照执行。执行中如有问题，请及时函告我厅。

附件：财政部关于印发《财政部代理发行地方政府债券财政总预算会计核算办法》的通知

附件：

财政部关于印发《财政部代理发行地方政府债券财政总预算会计核算办法》的通知

2009年3月13日　财库〔2009〕19号

各省、自治区、直辖市、计划单列市财政厅（局）：

为适应财政部代理发行地方政府债券管理的需要，我部研究制定了《财政部代理发行地方政府债券财政总预算会计核算办法》，现予印发，请遵照执行。执行中如有问题，请及时函告我部。

附件：财政部代理发行地方政府债券财政总预算会计核算办法

附件：

财政部代理发行地方政府债券财政总预算会计核算办法

第一条　为适应财政部代理发行地方政府债券管理需要，规范和加强财政部代理发行的地方政府债券会计核算，根据国务院有关规定、《2009年地方政府债券预算管理办法》（财预〔2009〕21号）、《财政部代理发行2009年地方政府债券发行兑付办法》（财库〔2009〕15号）和《财政总预算会计制度》规定，制定本办法。

第二条　本办法适用于财政部代理发行的地方政府债券中地方财政总预算会计的账务处理。

第三条　在现行《财政总预算会计制度》中增设收入类科目“408 债务收入”、“409 债务转贷收入”；支出类科目“508 债务还本支出”、“509 债务转贷支出”。

第四条　“408 债务收入”科目，用于核算省级财政部门作为债务主体，发行地方政府债券收到的发行收入等。

省级财政部门实际收到地方政府债券发行收入时，借记“国库存款”科目，贷记本科目。

年终转账时，将本科目贷方余额全部转入“预算结余”科目，借记本科目，贷记“预算结余”科目。

本科目平时贷方余额，反映省级财政部门当年实际收到的地方政府债券发行收入累计数。

本科目应按照“政府收支分类科目”规定设置明细账。

第五条 “409 债务转贷收入”科目，用于核算省级以下财政部门（不含省级，下同）收到的来自上级财政部门转贷的债务收入。

省级以下财政部门实际收到债务转贷收入时，借记“国库存款”科目，贷记本科目。

年终转账时，将本科目贷方余额全部转入“预算结余”科目，借记本科目，贷记“预算结余”科目。

本科目平时贷方余额，反映省级以下财政部门当年实际收到的来自上级财政部门转贷的债务收入累计数。

本科目应按照“政府收支分类科目”规定设置明细账。

第六条 “508 债务还本支出”科目，用于核算各级财政部门发生的债务还本支出。

各级财政部门偿还债务本金时，借记本科目，贷记“国库存款”科目。

年终转账时，将本科目借方余额全部转入“预算结余”科目，借记“预算结余”科目，贷记本科目。

本科目平时借方余额，反映各级财政部门当年发生的债务还本支出累计数。

本科目应按照“政府收支分类科目”规定设置明细账。

第七条 “509 债务转贷支出”科目，用于核算地方各级财政部门对下级财政部门转贷的债务支出。

地方各级财政部门对下级财政部门进行债务转贷时，借记本科目，贷记“国库存款”科目。

年终转账时，应将本科目借方余额全部转入“预算结余”科目，借记“预算结余”科目，贷记本科目。

本科目平时借方余额，反映地方各级财政部门当年对下级财政部门转贷的债务支出累计数。

本科目应按照“政府收支分类科目”规定及下级财政部门设置明细账。

第八条 省级财政部门收到地方政府债券发行收入时，借记“国库存款”，贷记“债务收入——财政部代理发行地方政府债券收入”。

第九条 地方各级财政部门上缴本级承担的地方政府债券发行手续费时，借记“一般预算支出——国内外债务发行”，贷记“国库存款”。

第十条 地方各级财政部门将地方政府债券收入转贷给下级财政部门时，按照转出资金数，借记“债务转贷支出——转贷财政部代理发行地方政府债券支出”，贷记“国库存款”。

省级以下财政部门收到上级财政部门转贷的地方政府债券收入时，借记“国库存款”，贷记“债务转贷收入——转贷财政部代理发行地方政府债券收入”。

第十一条 地方各级财政部门将债务收入或债务转贷收入安排用于本级政府实际支出时，借记“一般预算支出”，贷记“国库存款”。

第十二条 地方各级财政部门上缴本级承担的地方政府债券付息资金时，借记“一般预算支出——财政部代理发行地方政府债券付息”，贷记“国库存款”。

第十三条 上级财政部门代收地方政府债券付息资金时，借记“国库存款”，贷记“暂存款——** 地方政府债券付息”。上缴代收的地方政府债券付息资金时，借记“暂存款——** 地方政府债券付息”，贷记“国库存款”。

上级财政部门垫付地方政府债券付息资金时，借记“暂付款——** 地方政府债券付息”，贷记“国库存款”。收到下级财政部门缴来的垫付地方政府债券付息资金时，借记“国库存款”，贷记“暂付款——** 地方政府债券付息”。

第十四条 地方各级财政部门上缴本级承担的地方政府债券还本资金时，借记“债务还本支出——财政部代理发行地方政府债券还本”，贷记“国库存款”。

第十五条 上级财政部门代收地方政府债券还本资金时，借记“国库存款”，贷记“暂存款——** 地方政府债券还本”。上缴代收的地方政府债券还本资金时，借记“暂存款——** 地方政府债券还本”，贷记“国库存款”。

上级财政部门垫付地方政府债券还本资金时，借记"暂付款——**地方政府债券还本"，贷记"国库存款"。收到下级财政部门缴来的垫付地方政府债券还本资金时，借记"国库存款"，贷记"暂付款——**地方政府债券还本"。

第十六条 地方各级财政部门未按时上缴地方政府债券本金，通过年终结算扣缴时，借记"暂付款——**地方政府债券还本"，贷记"与上级往来"；列报支出时，对应由本级财政部门承担的还本支出，借记"债务还本支出——财政部代理发行地方政府债券还本"，贷记"暂付款——**地方政府债券还本"。

上级财政部门年终结算扣缴时，借记"与下级往来"，贷记"暂存款——**地方政府债券还本"或"暂付款——**地方政府债券还本"。

第十七条 地方各级财政部门未按时上缴地方政府债券利息，通过年终结算扣缴利息时，借记"暂付款——**地方政府债券付息"，贷记"与上级往来"；列报支出时，对应由本级财政部门承担的付息支出，借记"一般预算支出——财政部代理发行地方政府债券付息"，贷记"暂付款——**地方政府债券付息"。

上级财政部门年终结算扣缴时，借记"与下级往来"，贷记"暂存款——**地方政府债券付息"或"暂付款——**地方政府债券付息"。

第十八条 地方各级财政部门未按时上缴地方政府债券发行手续费，通过年终结算扣缴时，借记"暂付款——**地方政府债券发行手续费"，贷记"与上级往来"；列报支出时，对应由本级财政部门承担的发行手续费支出，借记"一般预算支出——国内外债务发行"，贷记"暂付款——**地方政府债券发行手续费"。

上级财政部门年终结算扣缴时，借记"与下级往来"，贷记"暂存款——**地方政府债券发行手续费"或"暂付款——**地方政府债券发行手续费"。

第十九条 地方各级财政部门未按时上缴地方政府债券还本付息资金的，通过年终结算扣缴罚息时，借记"上解支出"科目，贷记"与上级往来"科目；上级财政部门借记"与下级往来"科目，贷记"上解收入"科目。

第二十条 地方各级财政部门应设置相应的辅助账，详细记录收到和转贷的地方政府债券金额、种类、期限、发行日、到期日、票面利率、偿还及付息情况等。

第二十一条 地方各级财政部门应于年末编制财政部代理发行的地方政府债券情况表（具体格式见附表）。

第二十二条 本办法自印发之日起执行。

附表：××年度××财政部门财政部代理发行的地方政府债券情况表（表样）

附表：

××年度××财政部门

财政部代理发行的地方政府债券情况表（表样）

填表单位： 单位：元

项目	年初地方政府债券余额	本年取得的地方政府债券收入	本年发生的地方政府债券转贷支出	本年发生的地方政府债券还本支出	年末地方政府债券余额
列次	1	2	3	4	5
省本级					
地市级					
县级					
合计		—	—		

说明：1. 表内公式：5列=1列+2列-3列-4列。

2. 本年取得的地方政府债券收入：省本级填列"债务收入"科目相关明细科目的本年贷方累计发生额，地市级、县级填列"债务转贷收入"科目相关明细科目的本年贷方累计发生额。

省财政厅转发《财政部关于印发〈财政部代理发行2009年地方政府债券发行兑付办法〉的通知》的通知

2009年4月29日　鲁财库〔2009〕14号

各市财政局：

为确保做好地方政府债券资金管理工作，现将《财政部关于印发〈财政部代理发行2009年地方政府债券发行兑付办法〉的通知》（财库〔2009〕15号）转发给你们，并就地方政府债券还本付息工作提出如下要求，请一并贯彻执行。

一、省财政厅将于还本付息日8个工作日前，将还本付息信息通知各市财政局。

二、各市财政局应于还本付息日6个工作日前，将还本付息资金缴入国家金库山东省分库，并通知省财政厅。

三、各市未按时向省财政厅缴付应还本息等资金的，需按财政部有关规定支付罚息。

附件：财政部关于印发《财政部代理发行2009年地方政府债券发行兑付办法》的通知

附件：

财政部关于印发《财政部代理发行2009年地方政府债券发行兑付办法》的通知

2009年2月20日　财库〔2009〕15号

各省、自治区、直辖市、计划单列市财政厅（局），2009～2011年记账式国债承销团甲类成员，中央国债登记结算有限责任公司，中国证券登记结算有限责任公司，上海证券交易所，深圳证券交易所：

按照《国务院关于发行2009年地方政府债券有关问题的通知》（国发〔2009〕2号），我部制定了《财政部代理发行2009年地方政府债券发行兑付办法》，现印发给你们，请遵照执行。

附件：财政部代理发行2009年地方政府债券发行兑付办法

附件：

财政部代理发行2009年地方政府债券发行兑付办法

第一章　总　　则

第一条　为规范财政部代理发行2009年地方政府债券的管理，根据国务院有关文件和相关法律法规，制定本办法。

第二条　本办法所称地方政府债券，是指以省、自治区、直辖市和计划单列市人民政府（简称地方政府）为债务人，承担按期支付利息和归还本金责任的可流通记账式债券。地方政府债券期限为3年，利息按年支付，发行后可按规定在全国银行间债券市场和证券交易所市场（简称交易场所）上市流通。地方政府债券冠以发债地方政府名称，具体为“2009年××省（自治区、市）政府债券（×期）”。

第三条 地方政府债券发行实行年度发行额管理，全年债券发行总额不得超过国务院批准的债券规模。

第四条 地方政府债券统一由财政部按照现行记账式国债发行方式代理发行，并代为办理还本付息和支付发行费。

第五条 地方政府债券每期发行数额、发行时间等要素，由地方政府与财政部协商确定。财政部代理发行地方政府债券涉及地方政府的相关业务由地方政府财政部门（简称地方财政部门）负责办理。

第二章 地方政府债券的发行与上市

第六条 财政部代理发行地方政府债券采用市场化招标方式。参与投标机构为记账式国债承销团甲类成员。

第七条 每期地方政府债券招标日5个工作日前（含第5个工作日），财政部（国库司）通过财政部网站、中国债券信息网等渠道向社会公布地方政府债券发行文件。发行文件包括债券招标日、发行日、缴款日、上市日、还本付息日等内容。

第八条 财政部（国库司）于招标日通过“财政部国债发行招投标系统”组织招投标工作，地方财政部门（国库处）应当指派观察员现场观察招投标过程。

第九条 招投标结束后，财政部（国库司）通过财政部网站、中国债券信息网等渠道向社会公布中标结果。

第十条 招投标结束后至缴纳发行款前的指定时间为地方政府债券发行分销期。中标的投标机构（简称承销商）可于分销期内在交易场所采取场内挂牌和场外签订分销合同的方式向符合规定的投资者分销。

第十一条 地方政府债券的发行款和债权结算实行见款付券方式。承销商于缴款日规定时间前将认购地方政府债券资金缴入国家金库××省（自治区、市）分库；地方财政部门在确认发行款足额入库后，通过财政部（国库司）通知中央国债登记结算有限责任公司（简称国债公司）确认总发行额度和银行间市场国债分销认购人、承销商自营额度的债权；国债公司应当同时通知中国证券登记结算有限责任公司（简称中证登）确认交易所市场国债分销认购人、承销商自营额度的债权。

第十二条 财政部代理发行地方政府债券，除代为收取向承销商支付的发行费（金额为发行面值的0.5‰）外，不额外向地方政府收取手续费。

第十三条 财政部（国库司）于招标日日终前通知地方财政部门当期地方政府债券应支付的发行费金额。地方财政部门于缴款日后1个工作日按规定比例向财政部（国库司）在××银行（另行通知）开立的“财政部代理发行地方政府债券往来资金专户”（简称中央财政专户）支付发行费。

第十四条 财政部（国库司）确认中央财政专户资金可足额支付发行费后，于缴款日后5个工作日内（含第5个工作日）按有关规定代为办理发行费支付。地方财政部门未按时足额向中央财政专户缴入发行费的，财政部（国库司）采取中央财政垫付方式代为办理发行费支付。

第十五条 地方政府债券于上市日起，按规定在交易场所上市流通。

第三章 地方政府债券的还本付息

第十六条 地方财政部门应当于规定时间将还本付息资金足额缴入中央财政专户。财政部（国库司）按照有关规定代为办理地方政府债券的还本付息。

第十七条 国债公司应当于还本付息日的11个工作日前（含第11个工作日，下同）告知财政部（国库司）还本付息信息。

第十八条 财政部（国库司）应当于还本付息日的10个工作日前通知地方财政部门还本付息信息。

第十九条 地方财政部门应当于还本付息日的5个工作日前将还本付息资金缴入中央财政专户，并通知财政部（国库司）相关信息。

第二十条 财政部（国库司）应当于还本付息日的2个工作日前将还本付息资金支付至国债公司账户。国债公司应当于还本付息日前第2个工作日日终前将证券交易所市场还本付息资金支付至中证登账户。国债公司、中证登应当于还本付息日将还本付息资金支付至各国债持有人账户。

第二十一条 地方财政部门未按时足额向中央财政专户缴入还本付息资金的，财政部（国库司）采取中央财政垫付方式代为办理地方政府债券还本付息。

第四章 法律责任和罚则

第二十二条 各相关机构应当按照有关法律法规和本办法规定，履行相关职责，承担相关法律责任。财政部负责对发行地方政府债券各相关机构进行管理和监督。

第二十三条 承销商违反本办法第十一条规定，未按时缴付认购地方政府债券资金的，按逾期支付额和逾期天数，以当期债券票面利率的两倍折成日息向地方政府支付违约金。违约金计算公式为：

违约金 = 逾期支付额 ×（票面利率 ×2 ÷ 全年天数）× 逾期天数

第二十四条 国债公司、中证登等机构，应当严格按照国家有关法律法规和本办法规定，履行财政部代理发行地方政府债券的相关工作职责。因管理不善或操作不当，给其他方造成经济损失的，应当承担赔偿责任，并追究相关责任人法律责任。

第二十五条 地方政府应当严格履行发债和偿债主体的相关职责。地方财政部门违反本办法第十三条、第十九条规定，未按时向中央财政专户缴付发行费、还本付息资金的，按逾期支付额和逾期天数，以当期债券票面利率的两倍折成日息向财政部支付罚息。罚息计算公式为：

罚息 = 逾期支付额 ×（票面利率 ×2 ÷ 全年天数）× 逾期天数

中央财政垫付资金和罚息在办理中央与地方财政结算时如数扣缴。

第二十六条 财政部（国库司）违反本办法第十四条、第二十条规定，未按时向相关机构支付地方政府债券发行费、还本付息资金的，按逾期支付额和逾期天数，以当期债券票面利率的两倍折成日息向债券持有人支付违约金。违约金计算公式为：

违约金 = 逾期支付额 ×（票面利率 ×2 ÷ 全年天数）× 逾期天数

第五章 附　　则

第二十七条 本办法下列用语的含义：

（一）招标日，是指地方政府债券发行文件规定的财政部组织发行招投标的日期。

（二）缴款日，是指地方政府债券发行文件规定的承销商将认购地方政府债券资金缴入国家金库××省（自治区、市）分库的日期。

（三）上市日，是指地方政府债券发行文件规定的地方政府债券开始在交易场所上市流通的日期。

（四）还本付息日，是指地方政府债券发行文件规定的投资者应当收到本金或利息的日期。

第二十八条 地方财政部门应当指定专门机构和人员负责财政部代理发行地方政府债券相关工作，同时应当制定相关业务实施办法，并报财政部（国库司）备案。

第二十九条 本办法由财政部负责解释。

第三十条 本办法自公布之日起施行。

省财政厅　中国人民银行济南分行转发《财政部　中国人民银行关于印发〈储蓄国债（电子式）管理办法（试行）〉的通知》的通知

2009 年 7 月 8 日　鲁财库〔2009〕17 号

各市财政局，人民银行（山东省）各市中心支行、分行营业管理部，2009～2011 年凭证式国债承销团成员单位：

现将《财政部　中国人民银行关于印发〈储蓄国债（电子式）管理办法（试行）〉的通知》（财库〔2009〕73 号）转发给你们，请认真贯彻执行。

附件：财政部　中国人民银行关于印发《储蓄国债（电子式）管理办法（试行）》的通知

附件：

财政部　中国人民银行关于印发《储蓄国债（电子式）管理办法（试行）》的通知

2009 年 6 月 10 日　财库〔2009〕73 号

各省、自治区、直辖市、计划单列市财政厅（局），人民银行上海总部，各分行、营业管理部、省会（首府）城市中心支行、副省级城市中心支行，2009～2011 年凭证式国债承销团成员，中央国债登记结算有限责任公司：

为规范储蓄国债（电子式）管理工作，维护投资人和试点商业银行的合法权益，根据国家有关法律法规，财政部会同中国人民银行制订了《储蓄国债（电子式）管理办法（试行）》。现印发给你们，请遵照执行。

附件：储蓄国债（电子式）管理办法（试行）

附件：

储蓄国债（电子式）管理办法（试行）

第一章　总　　则

第一条　为规范储蓄国债（电子式）管理工作，维护投资人和试点商业银行的合法权益，根据国家有关法律法规，制定本办法。

第二条　本办法所称储蓄国债（电子式），是指财政部在中华人民共和国境内发行，通过试点商业银行面向个人投资者销售的、以电子方式记录债权的不可流通人民币债券。

第三条　本办法所称试点商业银行，是指经批准办理储蓄国债（电子式）相关业务的商业银行。

第四条　本办法所称储蓄国债（电子式）相关业务，是指试点商业银行通过各自营业网点柜台，代理财政部发行和兑付储蓄国债（电子式）及办理经批准的与储蓄国债（电子式）相关的其他各类业务。

第五条 财政部会同中国人民银行负责制订储蓄国债（电子式）的相关政策，确定试点商业银行资格，并对试点商业银行储蓄国债（电子式）相关业务进行监督检查。

第六条 财政部委托中央国债登记结算有限责任公司（以下简称中央国债公司）开发和维护相应业务系统，用于管理储蓄国债（电子式）发行额度分配和接收、核对并记录试点商业银行销售和被动持有储蓄国债（电子式）数据；制定数据传输规范，下发系统参数；协助财政部完成资金清算；提供管理信息和投资者债权复核查询服务。

第七条 财政部会同中国人民银行授权中央国债公司根据本办法制定《储蓄国债（电子式）相关业务实施细则》。

第二章　储蓄国债（电子式）管理的基本原则

第八条 储蓄国债（电子式）发行对象为个人投资者。试点商业银行不得向企事业单位、行政机关和社会团体等机构投资者销售储蓄国债（电子式）。

第九条 储蓄国债（电子式）以电子方式记录债权，通过投资者在试点商业银行开设的人民币结算账户进行资金清算。

第十条 储蓄国债（电子式）从开始发行之日起计息，付息方式分为利随本清和定期付息。财政部于指定付息日或到期日通过试点商业银行向投资者支付利息和本金。

第十一条 储蓄国债（电子式）不可流通转让，可以提前兑取、质押贷款、非交易过户等。

第十二条 储蓄国债（电子式）个人债权托管账户实行实名制，具体办法比照《个人存款账户实名制规定》（中华人民共和国国务院令第285号）执行。

第十三条 储蓄国债（电子式）由试点商业银行采用承购包销或代销方式进行销售。

第十四条 储蓄国债（电子式）按实际天数计息，不计复利，具体计息规则见附件1。本办法生效前发行的各期储蓄国债（电子式）计息规则仍执行原发行文件的规定。

第十五条 本办法试行期间，财政部会同中国人民银行按照先易后难的原则，分步推出固定利率固定期限和浮动利率固定期限两类品种。

第三章　试点商业银行

第十六条 试点商业银行由财政部会同中国人民银行从凭证式国债承销团成员中确定。原储蓄国债（电子式）代销试点商业银行经财政部会同中国人民银行批准后，可以成为试点商业银行。

第十七条 申请承办储蓄国债（电子式）相关业务的商业银行应向财政部、中国人民银行报送下列材料：

（一）承办储蓄国债（电子式）相关业务的申请书。

（二）储蓄国债（电子式）业务管理系统（以下简称业务系统）开发方案。

（三）业务系统内部测试报告和中央国债公司出具的联网测试报告。

（四）储蓄国债（电子式）相关业务内部管理办法和操作规程。

（五）储蓄国债（电子式）相关业务单据。

（六）财政部和中国人民银行要求的其他资料。

第十八条 被批准的试点商业银行应与财政部签订《储蓄国债（电子式）承销协议》。

第十九条 财政部会同中国人民银行核准试点商业银行一级分行开办储蓄国债（电子式）相关业务。试点商业银行确定开办储蓄国债（电子式）相关业务的营业网点后，应将营业网点名单报当地财政部门、中国人民银行当地分支机构备案，并向社会公布。

第二十条 试点商业银行承办以下业务：

（一）为投资者开立个人国债账户，办理储蓄国债（电子式）债权托管、结算及相关业务。

（二）通过投资者指定资金账户，为投资者办理与储蓄国债（电子式）相关的资金清算业务。

（三）通过各自营业网点柜台，办理储蓄国债（电子式）发行认购、还本付息、提前兑取、质押贷款、非交易过户等业务；应投资者要求为其开立储蓄国债（电子式）持有证明（财产证明）。

（四）进行储蓄国债（电子式）政策宣传，为投资者提供储蓄国债（电子式）发行条件、业务操作规程、个人债权持有情况等信息咨询、查询服务。

第二十一条 试点商业银行享有以下权利：

（一）参加储蓄国债（电子式）试点工作，与财政部商定《储蓄国债（电子式）承销协议》条款内容。

（二）对储蓄国债（电子式）相关政策提出意见和建议。

（三）获取发行手续费和本办法规定的其他各类手续费收入。

（四）通过规定渠道及时获取储蓄国债（电子式）相关信息。

第二十二条 试点商业银行应履行以下义务：

（一）开发统一互联的业务系统，实现储蓄国债（电子式）债权一级法人集中管理，所有经办网点销售额度自由调剂和同城通买通兑。

（二）连续承销储蓄国债（电子式），按照规定办理储蓄国债（电子式）相关业务；在申请到的额度以内对外销售；按时足额向财政部缴纳发行款，向投资者支付兑付资金。

（三）准确记载投资者储蓄国债（电子式）债权及变动情况，保守债权秘密、确保债权安全。

（四）按照规定的内容、时间和格式向中央国债公司传递储蓄国债（电子式）业务数据，配合中央国债公司进行账务核对。

（五）制订储蓄国债（电子式）相关业务内部管理规章制度，明确部门分工和岗位职责，规范业务操作，建立内部考核和风险防范措施。

（六）及时向财政部和中国人民银行报告影响储蓄国债（电子式）相关业务的重大事项，接受监督检查。

第四章 储蓄国债（电子式）相关业务

第二十三条 储蓄国债（电子式）以100元为单位办理各项业务，并按单期国债设单个个人国债账户最低、最高购买限制额。

第二十四条 投资者购买储蓄国债（电子式）需在试点商业银行开立个人国债账户，开户时应提供有效身份证件。投资者在同一试点商业银行只允许开设一个账户。

第二十五条 对于连续5年余额为零的个人国债账户，试点商业银行有权予以注销。

第二十六条 投资者购买储蓄国债（电子式）需在个人国债账户开户行指定一个人民币结算账户（借记卡或活期存款账户）作为个人国债账户的资金清算账户，资金清算账户与个人国债账户的开户人应为同一人。投资者可变更资金清算账户。

第二十七条 试点商业银行只能在规定的发行期内办理当期储蓄国债（电子式）的发行认购业务。

对于承购包销方式发行的储蓄国债（电子式），由试点商业银行在预定包销额度内进行销售，发行期结束后，销售剩余的储蓄国债（电子式）由试点商业银行持有。

对于代销方式发行的储蓄国债（电子式），由试点商业银行在各自申请到的额度内进行销售，发行期结束后，销售剩余的储蓄国债（电子式）由财政部收回注销。

第二十八条 财政部公告日至发行截止日，如遇人民银行调整同期限金融机构存款利率，当期储蓄国债（电子式）从调息之日起停止发行，销售剩余由财政部收回注销。

第二十九条 储蓄国债（电子式）可以在规定的时间内到原购买银行联网网点办理提前兑取，提前兑取需做一定利益扣除，并按兑取本金的一定比例收取手续费。

第三十条 因法院判决而扣划给其他个人的储蓄国债（电子式）债权，试点商业银行应依据判决结果办理非交易过户；因法院判决扣划给非个人的债权，应按照有关规定变现后划转资金。

第三十一条 投资者在办理开户、认购、提前兑取、质押贷款、非交易过户等储蓄国债（电子式）相关业务时，应向试点商业银行提交书面指令。

试点商业银行应在其业务系统中保留完整的指令记录，并按相关规定提供书面交割记录。试点商业银行在办理发行认购业务时，应当向投资者提供统一的《中华人民共和国储蓄国债（电子式）认购确认书》，标准单据格式附后。

第三十二条 遇法定节假日，试点商业银行照常办理提前兑取、付息和兑付业务，如法定节假日同为发行期，试点商业银行除办理上述业务外，还应办理开户和发行认购业务。

第三十三条 储蓄国债（电子式）付息日和到期日前提前若干个工作日起，停止办理提前兑取、非交易过户等一切与债权转移相关的业务，付息日起恢复办理。

第三十四条 本办法试行期间，储蓄国债（电子式）免收个人国债账户开户费及服务费用。投资者申请开通记账式国债柜台交易，可以参照商业银行记账式国债柜台债券托管账户开户费的有关规定收取一定交易开通费，不再另收账户开户费；

试点商业银行办理提前兑取、非交易过户、债券账户凭证的挂失补办和开立财产证明可以按照有关规定收取一定的手续费用。办理其他储蓄国债（电子式）相关业务如需收费，须报财政部批准；试点商业银行不得因办理储蓄国债（电子式）清算业务而对相应资金清算账户增加收费。

第五章 债权托管和资金清算

第三十五条 储蓄国债（电子式）债权实行二级托管体制，中央国债公司为一级托管机构，试点商业银行为二级托管机构。

第三十六条 中央国债公司为试点商业银行开立储蓄国债（电子式）代理总账户，记载各试点商业银行销售的储蓄国债（电子式）总量债权。中央国债公司为试点商业银行开立储蓄国债（电子式）自营总账户，记载各试点商业银行被动持有的储蓄国债（电子式）总量债权。中央国债公司对一级托管债权的真实性、准确性、完整性和安全性负责。

第三十七条 试点商业银行为投资者开立个人国债账户，记载投资者持有的储蓄国债（电子式）明细债权。经过中央国债公司核查后，试点商业银行所记载的个人国债账户中储蓄国债（电子式）余额为投资者所拥有的债券数额。试点商业银行对二级托管债权的真实性、准确性、完整性和安全性负责。

第三十八条 二级托管债权不能在试点商业银行间办理转托管。

第三十九条 试点商业银行应按规定将储蓄国债（电子式）相关业务数据传送至中央国债公司。中央国债公司应根据试点商业银行提供的业务数据，对其有关账户和债权数据进行复核，全部核对和调整工作应于次日内完成。

第四十条 试点商业银行建立债权查询系统，通过柜台和电话为投资者提供债权余额及发生额查询服务；中央国债公司建立电话语音债权复核查询系统，为投资者提供债权余额复核查询服务。投资者对债券余额有疑问的，可先向试点商业银行提出咨询，未能得到解决的，可向当地财政部门和中国人民银行当地分支机构反映。

第四十一条 储蓄国债（电子式）资金实行二级清算体制，财政部与试点商业银行进行一级清算，投资者与试点商业银行进行二级清算。

第四十二条 财政部于付息日和到期日前不少于一个工作日将债券利息或本金划给试点商业银行；试点商业银行应于付息日和到期日营业开始前向投资者资金清算账户一次足额划付资金。

第四十三条 对于代销方式发行的储蓄国债（电子式），投资者提前兑取储蓄国债（电子式）的本息由试点商业银行暂时垫付，财政部在指定日期与试点商业银行清算。

对于包销方式发行的储蓄国债（电子式），投资者提前兑取储蓄国债（电子式）由试点商业银行购回并持有。

第四十四条 由于个人资金清算账户注销或者账户信息错误导致无法正常完成二级清算，试点商业银行应当将无法支付的兑付资金设专户保留，并通知投资者，待投资者补充正确信息后支付相应资金。

第六章 监督检查

第四十五条 财政部会同中国人民银行负责对试点商业银行及中央国债公司的储蓄国债（电子式）相关业务进行监督检查，各级财政部门、人民银行当地分支机构对试点商业银行当地分支网点办理储蓄国债（电子式）相关业务情况进行监督检查。

第四十六条 经财政部会同中国人民银行授权，中央国债公司可对试点商业银行的二级托管账务进行核查。

第四十七条 试点商业银行有以下行为之一，财政部将会同中国人民银行视情节轻重采取通报、警告、暂停或取消试点资格等措施进行处罚：

（一）在储蓄国债（电子式）计算机管理系统外盗用国债名义发售储蓄国债（电子式），委托其他机构代理销售储蓄国债（电子式）。

（二）不能及时、足额向财政部缴纳发行款或向投资者支付兑付资金。

（三）无故停办、缓办储蓄国债（电子式）业务，利用储蓄国债（电子式）名义揽储。

（四）伪造债权账务记录、出具虚假债权托管证明、泄露投资者账户秘密。

（五）其他违反本办法规定的行为。

特殊情况下，财政部可作出暂停试点商业银行资格的决定，正式处理意见待财政部会同中国人民银行后作出决定。

第四十八条 中央国债公司有下列行为之一，财政部将会同中国人民银行给予通报、警告，并通报主管部门对主要负责人和直接责任人给予纪律处分：

（一）发布虚假信息或泄漏非公开信息，给投资者造成严重损失。

（二）为试点商业银行违规操作提供便利。

（三）泄漏试点商业银行和投资者信息秘密。

（四）工作失误，给财政部、试点商业银行或投资者造成严重损失。

（五）其他违反本办法规定的行为。

第四十九条 试点商业银行和中央国债公司违反上述规定，情节特别严重涉嫌犯罪的，移送司法机关处理。

第七章 附　　则

第五十条 储蓄国债（电子式）质押贷款业务管理办法另行制订。

第五十一条 本办法由财政部、中国人民银行负责解释。

第五十二条 本办法自印发之日起施行，原《财政部　中国人民银行关于印发〈储蓄国债（电子式）代销试点管理办法（试行）〉的通知》（财库〔2006〕20号）同时废止。

附：1. 计息规则

2. 中华人民共和国储蓄国债（电子式）认购确认书标准单据格式

附 1：

计 息 规 则

一、一般原则

1. 一年按当年实际天数计算。

2. 票面年利率、活期存款利率和由此计算出的提前兑取执行利率的小数保留位数均按以下规定执行：计算过程保留 14 位，计算结果保留 2 位（指百分数，例：2.51%），保留位数以下 4 舍 5 入。

3. 付息日应计利息、到期日应还本金、提前兑取应计利息和应扣利息以元为单位，计算过程保留 14 位小数，计算结果保留 2 位小数（至分），保留位数以下 4 舍 5 入。

4. 定期付息的储蓄国债（电子式）在计算提前兑取应计利息时，实际持有天数从上一付息日开始计算，算头不算尾；利随本清的储蓄国债（电子式）在计算提前兑取应计利息时，实际持有天数从起息日开始计算，对月对日算一年，整年后按实际持有天数算头不算尾（例：2005 年 6 月 1 日起息，2007 年 6 月 8 日提前兑取，实际持有天数为 2 年 ×365 天 +7 天）。

5. 提前兑取结算金额 = 提前兑取面值金额 + 提前兑取应计利息 − 提前兑取应扣利息 − 提前兑取手续费

二、定期付息储蓄国债（电子式）计息公式

$$\text{付息日应计利息(元)} = \text{持有总面值金额(元)} \times \frac{\text{票面年利率(\%)}}{f}$$

其中，f 为每年付息次数，可以取 1 或 2。

$$\text{提前兑取应计利息(元)} =$$

$$\text{提前兑取面值金额(元)} \times \frac{\text{执行利率(\%)}}{\text{当前计息年度实际天数}} \times \text{从上一付息日起实际持有天数}$$

其中，执行利率根据实际持有时间，可以取 0 或者票面年利率，下同。

$$\text{提前兑付应扣利息(元)} =$$

$$\text{提前兑取面值金额(元)} \times \frac{\text{执行利率(\%)}}{\text{当前计息年度实际天数}} \times \text{应扣除的天数}$$

三、利随本清储蓄国债（电子式）计息公式

$$\text{到期一次付息额(元)} = \text{持有总面值金额(元)} \times \text{票面年利率(\%)} \times \text{期限(年)}$$

$$\text{提前兑取应计利息(元)} = \text{提前兑取面值金额(元)} \times \text{执行利率(\%)} \times N\text{(年)} +$$

$$\text{提前兑取面值金额(元)} \times \frac{\text{执行利率(\%)}}{\text{当前计息年度实际天数}} \times \text{当前计息年度实际持有天数}$$

其中：N 为起息日起对月对日算一年计算的持有整年数；

当前计息年度实际持有天数为自起息日起持有 N 年后，开始计算的本年度实际持有天数。

$$\text{提前兑付应扣利息(元)} =$$

$$\text{提前兑取面值金额(元)} \times \frac{\text{执行利率(\%)}}{\text{当前计息年度实际天数}} \times \text{应扣除的天数}$$

附2：

中华人民共和国储蓄国债（电子式）认购确认书标准单据格式

一、单据正面式样

中华人民共和国储蓄国债（电子式）认购确认书

××××银行　　　　年　月　日　　　　流水号：××0000000000

个人信息	户　　名			
	托管账号		资金账号	
债券基本信息	债券代码		期　　限	年
	起 息 日		到 期 日	
	付息方式		认购面额	元
	计算方式			
提兑	持有区间：　月——　月，适用利率：　0　，扣除利息天数：　天； 持有区间：　月——　月，适用利率：执行利率，扣除利息天数：　天； 持有区间：　月——　月，适用利率：执行利率，扣除利息天数：　天； 持有区间：　月——　月，适用利率：执行利率，扣除利息天数：　天。			

经办：　　　复核：　　　银行签章：　　　客户签字：　　　（参考）

二、单据背面文字

客户须知

一、本确认书并非债权凭证，只用于账务核对，丢失并不影响对债券的所有权。

二、本国债实行实名制，不可流通转让，但可在规定期限内提前兑取或质押贷款。

三、提前兑取要做一定的利益扣除并交纳相应的手续费。

四、付息日和到期日前若干个工作日起开始停止办理提前兑取业务，付息日起恢复办理。

五、若计息方式为固定利率，则执行利率为票面利率；若计息方式为浮动利率，则执行利率 = 利率基数 + 通货膨胀率 + 利率基数 × 通货膨胀率，如果通货膨胀率小于等于0，则执行利率等于利率基数。通货膨胀率见财政部当期发行公告。

六、客户可通过在柜台打印对账单或者拨通承办银行客户服务电话查询自己债权变更情况。

七、客户也可在认购次日起通过中央国债登记结算公司语音复核查询电话查询自己债权变更情况。

三、印制说明

1. 凭单规格：175×100（mm）
2. 边距：左10mm，右10mm，上0mm，下3mm。
3. 行标：××××银行为各行印制行标之处。
4. 颜色：字体颜色除各银行行标之外均为黑色，纸张颜色统一为白色。
5. 字体：表单标题为隶书小三加粗，其余为宋体五号，最左侧一列加粗。

四、打印说明：

1. 若计息方式为固定利率，则该栏打印：固定利率，票面利率：×%；若计息方式为浮动利率，则该

栏打印：浮动利率，利率基数：×%

2. 最后一栏由银行自行选择打印要素，银行签章为必选项，可选项包括经办、复核和客户签字等。

3. 需要复写打印多联的银行第一联（客户联）必须按统一要求，银行留存各联字体颜色和纸张颜色各行自定。

省财政厅　省地方税务局　中国人民银行济南分行转发《财政部　国家税务总局　中国人民银行关于2009年财税库银税收收入电子缴库横向联网试点工作的通知》等六个文件的通知

2009年8月12日　鲁财库〔2009〕25号

各市财政局、地方税务局、人民银行山东省各中心支行，分行营业管理部：

现将《财政部　国家税务总局　中国人民银行关于2009年财税库银税收收入电子缴库横向联网试点工作的通知》（财库〔2009〕94号）等有关财税库银横向联网工作的六个文件转发给你们，请认真组织学习，并按文件要求扎实做好联网的各项准备工作。为确保我省财税库银横向联网工作顺利推进，经省财政厅、人民银行济南分行、省地方税务局共同研究，决定先在滨州市地税局进行财税库银横向联网试点，待取得成功经验后，再在全省逐步推开。现对试点工作提出以下要求，请一并贯彻执行。

一、加强组织领导

滨州市财政部门、地税部门、人民银行国库要成立跨部门的横向联网工作领导小组，建立各层级的沟通联系机制，明确工作任务，落实工作职责，加强领导、精心组织、密切配合，共同推进联网工作顺利实施。

二、制定实施方案

人民银行滨州国库要督促当地联网银行做好联网接口软件开发和相关系统改造工作，组织联网银行在8月31日第一轮联调测试之前，完成网络联接、数据整理等工作。

滨州市地税部门、人民银行国库要精心准备，对照试点工作安排表，结合实际制定出具体可行的实施方案，并抓紧组织实施。同时要开展好纳税人委托商业银行划缴税款的签约工作。

三、制定应急预案

滨州市各有关部门要按照财库〔2009〕94号文件要求，制定配套工作应急预案，对联网后可能出现的各类技术、业务问题，制定有针对性的细化防范措施，一旦发现问题要及时处理、妥善解决。

四、关于财政部门与人民银行国库之间数据交换问题

目前，财政部门与人民银行国库之间数据交换的相关条件尚不成熟，财政部门还不能接收联网数据。

待联网试点工作成熟后，再择机开展数据交换工作。

五、加强宣传力度

各有关部门要通过多种渠道对纳税人进行广泛宣传，取得纳税人对联网工作的理解支持。要加大培训力度，针对税库银业务处理发生的变化，抓好对基层地税人员的业务技能培训和对纳税人的申报流程培训，培训工作力争10月份之前完成。

六、总结完善

滨州市各有关部门要做好试点运行情况的总结工作，及时总结工作的好经验、好做法，不断完善制度，细化操作规程，并及时向上级部门报告。

附件：1. 财政部　国家税务总局　中国人民银行关于2009年财税库银税收收入电子缴库横向联网试点工作的通知

2. 财政部　国家税务总局　中国人民银行关于印发《财税库银税收收入电子缴库横向联网实施方案》的通知

3. 财政部　国家税务总局　中国人民银行关于印发《财税库银税收收入电子缴库横向联网管理暂行办法》的通知

4. 财政部　国家税务总局　中国人民银行关于财税库银税收收入电子缴库横向联网试点有关问题的通知

5. 财政部　国家税务总局　中国人民银行关于建立财税库银税收收入电子缴库横向联网工作协调机制的通知

6. 财政部　中国人民银行关于财政部门与人民银行国库横向联网接口软件上线工作流程有关问题的通知

附件1：

财政部　国家税务总局　中国人民银行关于2009年财税库银税收收入电子缴库横向联网试点工作的通知

2009年7月17日　财库〔2009〕94号

北京、山西、内蒙古、黑龙江、上海、江苏、江西、山东、广东、贵州、云南、青海省（区、市）财政厅（局），北京、内蒙古、黑龙江、上海、江苏、江西、贵州、云南、青海省（区、市）国家税务局，山西、内蒙古、上海、山东、广东、云南省（区、市）地方税务局，中国人民银行上海总部、营业管理部，南京、济南、广州分行，太原、呼和浩特、哈尔滨、南昌、贵阳、昆明、西宁支行：

为推进全国财税库银税收收入电子缴库横向联网工作，根据《财政部　国家税务总局　中国人民银行关于印发〈财税库银税收收入电子缴库横向联网实施方案〉的通知》（财库〔2007〕49号）、《财政部　国家税务总局　中国人民银行关于印发〈财税库银税收收入电子缴库横向联网管理暂行办法〉的通知》（财库〔2007〕50号）和《财政部　国家税务总局　中国人民银行关于财税库银税收收入电子缴库横向联网试点有关问题的通知》（财库〔2007〕92号）有关规定，现将2009年财税库银税收收入电子缴库横向联网推进工作有关事项通知如下：

一、关于横向联网新系统测试范围及时间安排

为了解决横向联网系统存在的问题，2009 年国家税务总局、中国人民银行对横向联网系统进行了升级改造，目前系统升级改造工作已经完成。为保证新系统正式上线后运行顺利，确定北京市及贵州省的国税系统对新系统进行测试。

北京市、贵州省国税系统要按照《2009 年财税库银税收收入电子缴库横向联网新系统测试时间安排表》（见附件 1）要求，做好系统测试前的各项准备，按时完成联调测试、软件定版等工作，具体时间安排如下：

（一）2009 年 7 月中下旬至 7 月 27 日，测试地区国税、人行国库、商业银行各单位完成实施方案和计划上报、软件开发及测试优化等工作。

（二）2009 年 7 月 27 日至 8 月 14 日，测试地区国税、人行国库、商业银行各单位完成联调测试工作。

（三）2009 年 8 月 21 日前，测试地区国税、人行国库、商业银行各单位完成接口软件定版工作。

二、关于 2009 年新增试点范围及时间安排

内蒙古、黑龙江、青海等 3 个省份国税系统，内蒙古、山东等 2 个省份地税系统作为 2009 年第一批新增试点单位；上海、江苏、江西、云南等 4 个省份国税系统，山西、上海、广东、云南等 4 个省份地税系统作为 2009 年第二批新增试点单位。上述省份应按照积极稳妥、分步推进的原则，先选择部分地（市）试点，再逐步扩大试点范围。

新增试点地区要按照《2009 年财税库银税收收入电子缴库横向联网分批试点时间安排表》（见附件 2）要求，做好系统上线前的各项准备，按时完成联调测试、业务测试、系统切换等工作，具体时间安排如下：

（一）第一批试点上线时间安排。

1. 2009 年 8 月中旬至 9 月 18 日，试点地区税务、人行国库、商业银行各单位完成实施方案和计划上报、软件开发及测试优化、联调测试、软件定版等工作。

2. 2009 年 10 月 19 日至 23 日，试点地区税务、人行国库、商业银行各单位完成生产环境集成。

3. 2009 年 10 月 26 日，试点地区横向联网电子缴税系统上线运行。

（二）第二批试点上线时间安排。

1. 2009 年 10 月中旬至 11 月 13 日，试点地区税务、人行国库、商业银行各单位完成实施方案和计划上报、软件开发及测试优化、联调测试、软件定版等工作。

2. 2009 年 11 月 16 日至 20 日，试点地区税务、人行国库、商业银行各单位完成生产环境集成。

3. 2009 年 11 月 23 日，试点地区横向联网电子缴税系统上线运行。

三、关于财政部门与人行国库接口问题

试点地区财政部门与人行国库横向联网工作，按照《财政部中国人民银行关于印发〈财政部门与人民银行联网财政收入接口参考规范〉的通知》（财库〔2008〕99 号）、《财政部　中国人民银行关于财政部门与人民银行国库横向联网接口软件上线工作流程有关问题的通知》（财库〔2008〕100 号）及《关于 2009 年财政部门与人民银行国库横向联网接口软件上线试点有关问题的通知》（财办库〔2009〕50 号）有关规定执行。

四、工作要求

（一）加强组织领导。财政部门、税务机关、人行国库、商业银行要成立跨部门的横向联网工作领导

小组，建立各层级、点对点的联系机制，明确部门职责，落实负责人员，加强沟通，注意协调，制定详细的工作方案。

（二）强化基础工作。新系统测试地区、新增试点地区要做好设备配置、网络联接、数据整理等准备工作，制定详细的应急处理预案。要根据实际业务需要，按照横向联网电子缴税系统业务需求书和技术方案要求，编写联调测试业务案例，及时排除测试中发现的问题。通过测试后，方可组织系统正式上线运行。

（三）注意跟踪反馈。新系统测试地区、新增试点地区要做好运行情况的跟踪记录，及时发现问题，解决问题。要不断总结经验，完善制度，细化操作规程，遇有重大情况及时向上级部门报告。

（四）加强宣传培训。新增试点地区要采取多种形式对纳税人进行广泛宣传，开展好纳税人委托商业银行划缴税款的签约工作。加强财政部门、税务机关、人行国库、商业银行业务和技术人员的培训，提高工作质量和效率。

请新系统测试地区、新增试点地区的相关部门按照本通知要求，抓紧做好横向联网工作。

附件：1. 2009年财税库银税收收入电子缴库横向联网新系统测试时间安排表

2. 2009年财税库银税收收入电子缴库横向联网分批试点时间安排表

附件1：

2009年财税库银税收收入电子缴库横向联网新系统测试时间安排表

任务名称	开始时间	完成时间	责任单位	协助单位	关键点
联调测试工作启动		2009年7月20日			
制定上报实施方案和计划		2009年7月20日	各联调测试省税务（已上线单位，下同）、人民银行		
软件开发及测试优化（联网单位）		2009年7月27日			◆◆
联网单位接口软件开发		2009年7月27日	联网单位		
联网单位相关系统改造		2009年7月27日	联网单位		
接口软件测试和优化		2009年7月27日	联网单位		
联调测试	2009年7月27日	2009年8月14日			◆◆
制定联调测试方案		2009年7月27日	各联调测试省税务、人民银行		
联调测试部署		2009年7月27日	财政部、国家税务总局、人民银行		
联调测试联网信息统计		2009年7月27日	各联调测试省税务、人民银行		
联调测试CA证书下发	2009年7月27日	2009年7月29日	国家税务总局、人民银行	试点省联网单位（税务、地方性银行）	
连通性测试	2009年7月29日	2009年7月31日	人民银行、联网单位		
联调测试第一轮	2009年8月3日	2009年8月7日	人民银行、联网单位		◆◆
软件修改与完善	2009年8月8日	2009年8月9日	人民银行、联网单位		
联调测试第二轮	2009年8月10日	2009年8月14日	人民银行、联网单位		◆◆
软件定版					◆◆
联网单位接口软件定版		2009年8月21日	联网单位		

附件2：

2009年财税库银税收收入电子缴库横向联网分批试点时间安排表

任务名称	开始时间	完成时间	责任单位	协助单位	关键点
第一批					
联调测试工作启动		2009年8月17日			
制定上报实施方案和计划		2009年8月17日	各联调测试省税务（新增上线单位，下同）、人民银行		
软件开发及测试优化（联网单位）		2009年8月24日			◆◆
联网单位接口软件开发		2009年8月24日	联网单位		
联网单位相关系统改造		2009年8月24日	联网单位		
接口软件测试和优化		2009年8月24日	联网单位		
联调测试	2009年8月24日	2009年9月11日			◆◆
制定联调测试方案		2009年8月24日	各联调测试省税务、人民银行		
联调测试部署		2009年8月24日	财政部、国家税务总局、人民银行		
联调测试联网信息统计		2009年8月24日	各联调测试省税务、人民银行		
联调测试CA证书下发	2009年8月24日	2009年8月26日	国家税务总局、人民银行	试点省联网单位（税务、地方性银行）	
连通性测试	2009年8月26日	2009年8月28日	人民银行、联网单位		
联调测试第一轮	2009年8月31日	2009年9月4日	人民银行、联网单位		◆◆
软件修改与完善	2009年9月5日	2009年9月6日	人民银行、联网单位		
联调测试第二轮	2009年9月7日	2009年9月11日	人民银行、联网单位		◆◆
软件定版					◆◆
联网单位接口软件定版		2009年9月18日	联网单位		
生产环境集成（联网单位）	2009年10月19日	2009年10月23日			◆◆
系统集成	2009年10月19日	2009年10月21日	人民银行、联网单位		
集成测试	2009年10月22日	2009年10月23日	人民银行、联网单位		
上线运行	2009年10月26日		人民银行、联网单位		
第二批					
联调测试工作启动		2009年10月12日			
制定上报实施方案和计划		2009年10月12日	各联调测试省税务、人民银行		
软件开发及测试优化（联网单位）		2009年10月19日			◆◆
联网单位接口软件开发		2009年10月19日	联网单位		
联网单位相关系统改造		2009年10月19日	联网单位		
接口软件测试和优化		2009年10月19日	联网单位		
联调测试	2009年10月19日	2009年11月6日			◆◆
制定联调测试方案		2009年10月19日	各联调测试省税务、人民银行		
联调测试部署		2009年10月19日	财政部、国家税务总局、人民银行		
联调测试联网信息统计		2009年10月19日	各联调测试省税务、人民银行		
联调测试CA证书下发	2009年10月19日	2009年10月21日	国家税务总局、人民银行	试点省联网单位（税务、地方性银行）	
连通性测试	2009年10月21日	2009年10月23日	人民银行、联网单位		
联调测试第一轮	2009年10月26日	2009年10月30日	人民银行、联网单位		◆◆

续表

任务名称	开始时间	完成时间	责任单位	协助单位	关键点
第二批					
软件修改与完善	2009年10月31日	2009年11月1日	人民银行、联网单位		
联调测试第二轮	2009年11月2日	2009年11月6日	人民银行、联网单位		◆◆
软件定版					◆◆
联网单位接口软件定版		2009年11月13日	联网单位		
生产环境集成（联网单位）	2009年11月16日	2009年11月20日			◆◆
系统集成	2009年11月16日	2009年11月18日	人民银行、联网单位		
集成测试	2009年11月19日	2009年11月20日	人民银行、联网单位		
上线运行	2009年11月23日		人民银行、联网单位		

附件2：

财政部　国家税务总局　中国人民银行关于印发《财税库银税收收入电子缴库横向联网实施方案》的通知

2007年6月6日　财库〔2007〕49号

各省、自治区、直辖市、计划单列市财政厅（局）、国家税务局、地方税务局，中国人民银行上海总部、各分行、营业管理部、省会（首府）城市中心支行，大连、青岛、宁波、厦门、深圳市中心支行，各国有独资商业银行、股份制商业银行：

为了规范和推进税收收入电子缴库业务，建立财税库信息共享机制，财政部、国家税务总局、中国人民银行制定了《财税库银税收收入电子缴库横向联网实施方案》，现印发给你们，请遵照执行。

实施财税库银税收收入电子缴库横向联网，有利于简化业务操作，有利于方便纳税人缴税，有利于提高税款入库速度，实现财政、税务、国库间信息共享，为相关部门加强税收征缴管理和进行统计分析及预测提供有力支持。各单位要高度重视并积极支持这项工作。2006年已开始在有关省试行横向联网电子缴税，并组织做好实施前相关准备工作。2007年，在总结经验、完善办法和优化操作的基础上，进一步扩大实施范围。各地应当认真按照本方案规定，结合本地区实际情况，积极推进本地区的财税库银税收收入电子缴库横向联网工作，争取于2010年前在全国范围内推进财税库银税收收入电子缴库横向联网工作的全面开展。

财税库银税收收入电子缴库横向联网工作涉及面广，情况复杂，实施的地区和部门，要加强领导，精心组织，周密部署，及时向财政部、国家税务总局、中国人民银行反馈有关情况和问题，保证财税库银税收收入电子缴库横向联网工作的顺利实施。

请中国人民银行上海总部、各分支行及时将本通知转发至辖区内有关金融机构。

附件：财税库银税收收入电子缴库横向联网实施方案

附件：

财税库银税收收入电子缴库横向联网实施方案

为了增强政府部门的公共服务能力，规范税收收入电子缴库管理，加快税款入库速度，建立健全财政部门、税务机关（含国家税务局和地方税务局，下同）、中国人民银行国库（以下简称国库）间的信息共享机制，制定本方案。

一、实行财税库银税收收入电子缴库横向联网的必要性

财税库银税收收入电子缴库横向联网（以下简称横向联网）是指财政部门、税务机关、国库、商业银行（含信用社，下同）利用信息网络技术，通过电子网络系统办理税收收入征缴入库等业务，税款直接缴入国库，实现税款征缴信息共享的缴库模式。现行手工操作方式下，税款缴库存在的主要问题是：税务机关和国库办理税款入库，需重复录入相关信息并传送纸质票证，税款征缴工作效率不高；税款资金征缴入库过程透明度不高，缺乏事前事中控制，延压税款现象时有发生，税款入库时间较长；税收收入信息反馈机制不健全，难以及时为财政预算执行分析及预测和税务、国库统计分析提供准确依据；不方便纳税人缴税，纳税人需分别到税务机关和商业银行办理相关缴税手续。目前，一些地方已开始尝试横向联网，逐步实现税款缴纳、划解、入库和对账业务的电子化，方便了纳税人缴税，简化了业务操作，加快了税款入库速度，实现了税款征收信息在财政部门、税务机关、国库间的共享，取得了一定的成效。但由于缺乏统一的部署和指导，各地在探索横向联网过程中，面临着一些困难和问题。主要有：一是横向联网系统建设多样化，业务标准不统一、不规范；二是各地横向联网系统重复开发，资金浪费较大；三是制度建设滞后；四是缺乏经费保障，商业银行办理此项业务积极性不高。这些问题不利于横向联网的规范化发展，影响到全国横向联网的标准化管理，迫切需要制定统一的政策制度，明确横向联网的目标模式，加强引导和规范，有效地促进全国横向联网工作的开展。

二、财税库银税收收入电子缴库横向联网的指导思想、目标和原则

横向联网的指导思想是：按照社会主义市场经济体制下公共财政的发展要求，利用现代信息网络技术，通过财政部门、税务机关、国库、商业银行间横向联网，实行税收收入电子缴库，实现财税库信息共享，方便纳税人缴税，加快税款入库速度，提高财政资金运转效率，建立规范高效的税款收缴管理运行机制。

横向联网的目标是：简化纳税缴库程序，方便纳税人缴税，提高税款征缴工作效率；实行税款资金实时划缴，保证税款及时足额入库；实现财政部门、税务机关、国库间的信息共享，为相关部门进行统计分析和研究制定宏观调控政策提供支持。

根据上述指导思想和目标，横向联网遵循以下原则：

（一）有利于提高服务水平。简化纳税缴库程序，为纳税人提供方便、快捷的电子缴税业务，提高税款征缴工作的服务水平。

（二）有利于税款及时足额入库。以信息网络系统为依托，建立各环节相互制约、科学合理的电子缴库流程体系，在保证税款资金安全的基础上，提高税款资金征缴入库效率，保证税款及时足额入库。

（三）有利于信息共享。充分利用横向联网系统，建立健全财税库联网部门间信息共享机制，实现税款征缴信息共享。

（四）有利于规范操作。合理界定财政部门、税务机关、国库、商业银行的工作职责，规范税收收入征缴程序和业务操作，保证税款资金缴入国库单一账户。

（五）有利于管理监督。通过横向联网，提高税款缴库活动的透明度，加强对税款征收缴库全过程的监督，保证税款资金征缴入库的规范性、安全性。

三、财税库银税收收入电子缴库横向联网的主要内容

横向联网的主要内容是，通过财政部门、税务机关、国库间建立横向联网系统，在确保安全、准确、快捷、高效的前提下，实行税收收入电子缴库，实现财政部门、税务机关、国库间的信息共享。

（一）实行电子缴库。

电子缴库主要采取划缴入库方式。不具备划缴入库条件的，采取自缴入库方式。在电子缴库信息发送方式上，电子缴款书等税收收入电子缴库信息由税务机关发送国库，国库转发到纳税人开户银行和财政部

门。随着横向联网工作的深化，逐步实现税务机关与财政部门、国库相互之间的直接联网，完善税收收入电子缴库业务程序和信息共享方式。

划缴入库具体程序是，税务机关对纳税人纳税申报进行审核，并根据纳税申报成功的信息生成电子缴款书，通过横向联网系统，将电子缴款书信息发送国库，国库对电子缴款书信息校验审核无误后转发至纳税人开户银行，通知纳税人开户银行从纳税人账户划缴税款，直接缴入国库单一账户，并将划缴税款成功与否信息发送税务机关；国库按照规定时间将所有电子缴款书明细信息和划缴税款成功与否信息发送财政部门。采取划缴入库方式的，可用电子缴款书取代纸质缴款书。划缴入库方式应当由纳税人与其开户银行事先签订授权划缴税款协议，并由纳税人将所签协议书面通知税务机关。税务机关已有纳税申报信息的，纳税人也可采取银行端查询方式办理电子缴库，从其银行账户将税款划缴国库，并用电子缴款书取代纸质缴款书。

自缴入库具体程序是，税务机关按规定开具纸质税收收入缴款书并生成电子缴款书，通过横向联网系统将电子缴款书信息发送国库；纳税人持纸质税收收入缴款书以现金或转账方式自行办理缴税，或者由税务机关汇总办理缴税；商业银行将税款资金划转国库，同时按规定将纸质税收收入缴款书传送国库；国库将收到的纸质税收收入缴款书与电子缴款书信息比对核销无误后，办理税款入库，并将电子缴款书的核销成功与否信息发送税务机关；国库按照规定时间将所有电子缴款书明细信息和核销成功与否信息发送财政部门。采取自缴入库方式的，纸质缴款书原则上应与电子缴款书并行，同时以纸质缴款书为依据，以电子缴款书为辅进行核销。自缴入库方式一般适用于农村集贸市场、个体工商业户和城镇居民等缴纳小额现金税款以及纳税人持纸质缴款书自行到商业银行缴税业务。

实行电子缴库后，税收收入的退库业务、国库更正业务、免抵调业务以及对账业务，通过横向联网系统采取电子化方式操作，纸质凭证和电子凭证信息一并使用，以纸质凭证为依据，相互比对无误后办理业务，相关信息传送比照税款电子缴库程序办理。

实行电子缴库后，财税库银四方应加强账务核对工作，按日对账，保证税款资金入库的安全性、准确性。

财政部门、税务机关、国库应本着方便纳税人、提高税收征缴效率的原则，充分利用社会已有资源和信息化成果，积极完善横向联网电子缴库方式。

（二）建立健全信息共享机制。

财税库三方通过横向联网系统，按规定程序自动交换信息，实现对电子缴库信息、国库报表信息以及其他信息的共享。财政部门、税务机关、国库应当积极创造条件，尽快实现相互之间的直接联网，完善信息共享方式，扩大信息共享内容。

电子缴库信息是指财税库三方通过横向联网系统办理电子缴库等业务中收发的各种信息，包括电子缴款书、电子退库书、电子更正通知书、电子免抵调通知书等信息，以电子缴款书信息为基础。电子缴款书基本要素信息包括：征收机关名称及代码、缴款书编号、生成日期；纳税人名称、纳税人识别号、缴款人账户名称、开户银行、账号；收款国库、预算级次、分成比例、预算科目、税种、税目、金额、所属时期、限缴日期等内容。

国库报表是指国库按照规定对相关信息进行归类汇总的报告。国库负责向同级财政部门发送各类预算收入、支出、退库、免抵调等国库报表信息。

其他信息是指除电子缴库信息和国库报表信息以外的，为方便相关部门进行各项统计分析和预算执行分析而需要共享的其他相关信息。

（三）建立财税库银税收收入电子缴库横向联网系统。

在财税库三方业务程序相互独立的基础上，利用现代信息网络技术，采取三方横向联网方式，在财政部门、税务机关、国库间建立横向联网系统。为保证全国范围内横向联网系统的统一性，财政部、国家税务总局、中国人民银行负责研究制定全国统一的横向联网系统业务接口标准和规范，并明确系统运行环境以及系统配置要求。

横向联网系统是横跨多个联网部门的信息网络体系，对网络运行及其信息的安全性、稳定性和保密性要求很高。财政部门、税务机关、国库和商业银行应当充分重视和加强网络系统建设，严防系统漏洞和安全隐患，切实保证系统运行的安全性、高效性。财政部门、税务机关、国库和商业银行一般从地市级

(含) 以上实施相互之间的系统连接。

四、财税库银税收收入电子缴库横向联网的相关工作措施

推进横向联网，应当做好以下工作：

(一) 加快财税库银税收收入电子缴库横向联网制度建设。根据税收收入电子缴库业务的实际需要，研究制定《财税库银税收收入电子缴库横向联网管理办法》。同时，研究修订税收会计核算、国库会计核算等制度。条件成熟后，加快研究修订《中华人民共和国国家金库条例》及其实施细则，为顺利推进横向联网提供法律制度保障。

(二) 推进财税库银税收收入电子缴库横向联网系统建设。为顺利建立横向联网系统，财政部门、税务机关、国库要在本系统内组织做好相关系统配置、运行环境等前期准备工作。税务机关、国库横向联网相关信息系统应满足横向联网电子缴税对系统处理能力、网络传输能力等的要求。同时，督促商业银行按规定做好相关网络系统建设工作，为保证税款安全、及时汇划入库提供技术保障。

(三) 组织做好财税库银税收收入电子缴库横向联网实施的培训工作。新的电子缴库业务改变了原通过手工方式办理税款划解入库的做法，需要做好制度和业务的培训工作。财政部门、税务机关、国库以及商业银行应组织做好本系统内相关人员的培训工作，确保相关人员掌握新制度、新业务，为顺利实施横向联网提供业务技能保障。

(四) 做好横向联网后的税收征缴监管和应急处理工作。实行电子缴库后，税款划缴入库等业务主要通过信息网络系统完成，财政部门、税务机关、国库应当高度重视税收征缴入库监管工作，确保税款及时、足额入库。财政部门要充分履行财政资金监管职责，做好共享信息使用和管理工作。税务机关要切实加强对税款征收全过程的监控，保证税款及时足额入库。国库要加强对商业银行办理税款经收、税款划转入库的监督管理，确保资金实时划款、及时入库。同时，各联网部门应研究建立税收收入电子缴库业务的应急处理机制，确保税收征缴工作正常、有序进行。

五、财税库银税收收入电子缴库横向联网中的工作职责

横向联网工作涉及部门多，业务协作性强，需要各方加强沟通、协调，共同做好相关工作。应建立由财政部门牵头，税务机关、国库、商业银行等联网部门参加的横向联网工作领导小组，负责横向联网中的组织领导和沟通协调工作，研究确定横向联网的发展方向和推广问题，协调做好重大突发事件的应急处理工作，牵头组织研究解决与横向联网有关的重大问题，并明确各联网部门职责分工，相互配合，共同推进横向联网工作的顺利实施。

(一) 财政部门的工作职责。

财政部与国家税务总局、中国人民银行，负责组织实施全国横向联网工作，共同研究制定全国横向联网相关政策制度。与中国人民银行研究制定全国统一的财政与国库之间的联网接口标准，并组织财政系统接口软件开发等网络系统建设工作。负责组织全国财政系统做好横向联网相关系统准备工作，指导地方财政系统开展横向联网工作。

省级（含计划单列市，下同）财政部门与同级税务机关、国库，负责组织实施本辖区横向联网工作，研究制定本辖区横向联网具体实施办法。负责组织省级横向联网实施工作，并指导地市级财政部门开展横向联网工作。

地市级财政部门与同级税务机关、国库，负责本辖区横向联网组织实施工作。

(二) 税务部门的工作职责。

国家税务总局与财政部、中国人民银行共同组织实施全国横向联网工作，共同研究制定全国横向联网相关政策制度。负责研究制定税收会计核算、完税凭证使用管理等制度办法。与中国人民银行共同研究制定全国统一的税务与国库之间的联网接口标准，并组织税务系统接口软件开发等网络系统建设工作。组织全国国税系统、地税系统做好横向联网实施相关工作，并指导省级税务机关开展横向联网工作。

省级税务机关与同级财政部门、国库共同组织实施本辖区横向联网工作。负责组织做好省级国税、地税机关实施横向联网相关工作，指导地市级国税、地税机关开展横向联网工作。

地市级税务机关与同级财政部门、国库共同组织实施本辖区横向联网工作，负责组织做好地市级国税、地税机关实施横向联网相关工作。

各级税务机关应对发起的税收收入电子缴库信息的真实性、完整性和有效性负责。

（三）中国人民银行的工作职责。

中国人民银行与财政部、国家税务总局共同组织实施全国横向联网工作，共同研究制定全国横向联网相关政策制度。负责研究制定国库会计核算等相关制度，与财政部共同研究制定全国统一的国库与财政之间的联网接口标准，与国家税务总局共同研究制定全国统一的国库与税务之间的联网接口标准，并组织国库系统接口软件开发等网络系统建设工作。确保国库横向联网相关系统满足财政部门、税务机关、国库和商业银行相互之间业务处理和信息传输的连续运行要求。组织全国国库系统做好横向联网实施相关工作，指导国库系统开展横向联网工作，并对商业银行办理电子缴税等业务实施组织、管理和监督。

省级国库与同级财政部门、税务机关，共同组织实施本辖区横向联网工作。组织做好本辖区国库实施横向联网相关工作，并对商业银行办理省级电子缴税等业务实施组织、管理和监督。

地市级国库与同级财政部门、税务机关，共同组织实施本辖区横向联网工作。负责组织做好地市级国库实施横向联网相关工作，并对商业银行办理地市级电子缴税等业务实施组织、管理和监督。

各级国库对通过横向联网系统接收的税收收入电子缴库信息合规性进行校验审核，并对已处理的税收收入电子缴库信息的真实性、完整性和有效性负责。

（四）商业银行的工作职责。

参与并办理财税库银税收收入电子缴库业务的商业银行总行，应按照财政部、国家税务总局、中国人民银行的有关规定，积极配合做好横向联网实施工作，做好横向联网电子缴税的相关软件开发、系统网络建设和使用工作，保证系统和网络达到规定的处理能力和传输能力。做好本商业银行系统办理横向联网电子缴税业务的组织、培训和管理工作，按规定办理电子缴税相关业务，保证经收税款及时、准确、足额缴入国库，并及时向有关部门报告和反馈横向联网电子缴税运行中的情况和问题。

办理财税库银税收收入电子缴库业务的各商业银行分支机构，应按有关规定，积极配合做好同级横向联网实施工作，做好业务软件的衔接和使用工作，做好相关人员的业务培训工作，按规定办理横向联网电子缴税相关业务，保证经收税款及时、准确、足额缴入国库，并及时向同级有关部门报告和反馈横向联网电子缴税运行中的情况和问题。

六、财税库银税收收入电子缴库横向联网的经费保障

全国统一的横向联网软件，由中央统一开发，并免费提供给地方使用，相关开发费用由中央财政承担。财政部、国家税务总局、中国人民银行总行横向联网所需的前置机及安全设备等费用由中央财政承担。

地方横向联网所需的前置机及安全设备、网络运行维护费等相关费用，原则上由地方财政部门牵头协商联网各方解决，中央财政可根据联网省份的实施情况给予一定的经费补助。

中央和地方财税库银四方各自业务系统建设、系统维护等相关费用，原则上由财政部门、税务机关、人民银行、商业银行自行安排经费解决。

商业银行办理财税库银税收收入电子缴库业务的手续费问题，另行研究制定办法。在办法出台前，可由财政部门牵头研究协商。

七、实施步骤和时间

横向联网工作，涉及面广，情况复杂。推进这项工作，既要积极，又要稳妥，应分步实施。2007年，重点推进横向联网的具体实施工作，在总结经验、完善办法和优化操作的基础上，进一步扩大横向联网实施范围。各地应根据本方案的要求，积极推进本辖区的横向联网工作。地方财政部门、税务机关、国库、

商业银行间已实现横向联网的，应按照本方案及相关管理办法的规定，结合本地区实际，逐步向全国统一的横向联网业务流程和接口标准过渡。尚未实现横向联网的地区，应根据本方案及相关管理办法的规定，按照全国统一的横向联网业务流程和接口标准，有计划、有步骤地推进横向联网工作，争取于2010年前在全国范围内推进横向联网工作的全面开展。

附件3：

财政部　国家税务总局　中国人民银行关于印发《财税库银税收收入电子缴库横向联网管理暂行办法》的通知

2007年6月6日　财库〔2007〕50号

各省、自治区、直辖市、计划单列市财政厅（局）、国家税务局、地方税务局，中国人民银行上海总部、各分行、营业管理部、省会（首府）城市中心支行，大连、青岛、宁波、厦门、深圳市中心支行，各国有独资商业银行、股份制商业银行：

为了顺利推进财税库银税收收入电子缴库横向联网，规范税收收入电子缴库行为，根据《财税库银税收收入电子缴库横向联网实施方案》（财库〔2007〕49号），财政部、国家税务总局、中国人民银行制定了《财税库银税收收入电子缴库横向联网管理暂行办法》，现印发给你们，请遵照执行。执行中如果发现问题，请及时向财政部、国家税务总局、中国人民银行反映。

请中国人民银行上海总部、各分支行及时将本通知转发至辖区内有关金融机构。

附件：财税库银税收收入电子缴库横向联网管理暂行办法

附件：

财税库银税收收入电子缴库横向联网管理暂行办法

第一章　总　则

第一条　为了规范税收收入电子缴库行为，提高税收收入征缴入库工作效率，加快税款资金入库速度，实现信息共享，根据《财税库银税收收入电子缴库横向联网实施方案》（财库〔2007〕49号），制定本办法。

第二条　本办法适用于财税库银税收收入电子缴库横向联网（以下简称横向联网）地区财政部门、税务机关（含国家税务局和地方税务局，下同）、中国人民银行国库（以下简称国库）、商业银行（含信用社，下同）等联网单位，采用电子方式办理税收收入缴库、退库、更正、免抵调、对账等业务以及信息共享的管理。

第三条　本办法所称税收收入电子缴库，是指联网单位通过横向联网系统，采用电子方式，办理税收收入缴库、退库、更正、免抵调、对账等业务以及共享信息的过程。

本办法所称电子缴库信息，是指联网单位通过横向联网系统收发的各种信息，包括税收收入缴库、退库、更正、免抵调、对账等业务处理过程的信息，以及为实现业务处理和信息共享所需的公共数据代码等其他信息。

第四条　实施税收收入电子缴库，应遵循安全、规范、便捷、高效的原则。

第五条　各省、自治区、直辖市及计划单列市财政部门、税务机关、国库，共同组织实施本辖区的税收收入电子缴库工作。

第二章 电子缴库的基本要求

第六条 电子缴库以横向联网系统为依托，横向联网系统应当具备以下条件：

（一）符合国家相关规定，运行安全、可靠、稳定。

（二）能够实现电子缴库信息在联网单位之间的收发处理。

（三）能够满足联网单位各自独立处理业务的要求。

（四）电子缴库信息的传输实行全过程加密及身份确认，能够保证信息的安全性、完整性、不可篡改性和不可否认性。

（五）电子缴库信息的校验工作由信息接收方负责。

第七条 横向联网系统的加密设备，必须符合国家关于计算机系统和网络安全保密的有关规定。

第八条 联网单位应当满足以下条件：

（一）严格执行国家及本办法有关业务信息的安全和保密规定。

（二）按照本办法有关规定收发电子缴库信息，并进行相关业务处理。

（三）对电子缴库信息及时备份和存档，并可按规定调取和查用业务信息。

（四）及时进行电子对账，并保存详细的对账结果。

（五）按照规定提供电子缴库信息，实现信息共享。

第九条 联网单位间应当建立联系协调和应急处理机制，制定有关制度办法和操作规程，及时解决工作中出现的问题，保证税收收入电子缴库业务正常运行。

第三章 电子凭证

第十条 税收收入电子缴库业务的电子凭证包括电子缴款书、电子缴税付款凭证、电子缴库入库清单、电子退库书、电子更正通知书和电子免抵调通知书。

第十一条 电子凭证的要素信息应当满足财政部门、税务机关、国库的业务管理与核算需要。

第十二条 电子缴款书，是纸质缴款书的电子形式，由税务机关生成。税收收入电子缴库，实行划缴入库和自缴入库两种方式。划缴入库方式采用电子缴款书取代纸质缴款书办理税款缴库相关业务；自缴入库方式以纸质缴款书为依据，电子缴款书为辅进行比对核销办理税款缴库相关业务。

电子缴款书基本要素包括：征收机关名称及代码、缴款书编号、生成日期；纳税人名称、纳税人识别号、缴款人账户名称、开户银行、账号；收款国库、预算级次、分成比例、预算科目、税种、税目、金额、所属时期、限缴日期等。电子缴款书必须含有以上基本要素信息，可结合管理需要，逐步增加其他相关要素信息。

第十三条 电子缴税付款凭证，是由纳税人开户银行根据接收的电子缴款书相关要素信息生成，从纳税人账户划缴税款资金的专用凭证。

电子缴税付款凭证基本要素包括：凭证字号、转账日期、缴款书交易流水号、税票号码；纳税人全称及纳税人识别号、付款人全称、付款人账号、付款人开户银行；征收机关名称、收款国库（银行）名称、税（费）种名称、所属时期、实缴金额、小写（合计）金额、大写（合计）金额；第几次打印、打印时间、复核、记账等。

电子缴税付款凭证一式二联，第一联作付款银行记账凭证，第二联交纳税人作付款回单，纳税人以此作为缴纳税款的会计核算凭证。电子缴税付款凭证必须加盖银行转（收）讫章方为有效。电子缴税付款凭证样式参见附件。

第十四条 电子缴库入库清单是国库依据电子缴款书相关要素信息生成的已入库税收收入清单，是国库记账的依据。

电子缴库入库清单基本要素包括：清单流水号、制单日期；缴款人账号、开户银行；收款国库、金额、征收机关、纳税人名称、预算级次、预算科目、分成比例等。

电子缴库入库清单应当分别按收款国库、预算级次编制。

第十五条 电子退库书，是纸质收入退还书的电子形式。经财政部门授权税务机关办理的税收收入退库，由税务机关负责生成电子退库书。税收收入退库业务中，以纸质收入退还书为依据，电子退库书为辅进行比对核销。

电子退库书基本要素包括：电子退库书编号、收款人名称、收款人开户银行、账号、纳税人识别号；退库金额、预算级次、预算科目、退款国库、生成日期；审批机关、批准文号、原缴款书编号、退库原因等。

第十六条 电子更正通知书，是纸质更正通知书的电子形式。按规定需由税务机关填制更正通知书的，由税务机关负责生成电子更正通知书。税收收入国库更正业务中，以纸质更正通知书为依据，电子更正通知书为辅进行比对核销。

电子更正通知书基本要素包括：电子更正通知书编号、生成日期、征收机关；原缴款书编号、原预算级次、原预算科目、原收款国库、原列金额；现预算级次、现预算科目、现收款国库、现交易金额；更正原因、备注等。

第十七条 电子免抵调通知书是纸质免抵调通知书的电子形式。经财政部门授权税务机关办理的税收收入免抵调业务，由税务机关负责生成电子免抵调通知书。税收收入免抵调业务中，以纸质免抵调通知书为依据，电子免抵调通知书为辅进行比对核销。

电子免抵调通知书基本要素包括：电子免抵调通知书编号、生成日期、征收机关；免抵调增预算级次、免抵调增预算科目；免抵调减预算级次、免抵调减预算科目；调库国库、免抵税款调库金额等。

第四章 业务处理

第十八条 各联网单位在横向联网系统开始运行前，应相互提供基础信息（含公共数据代码等），以便于管理相互发送的业务处理信息和共享信息。

第十九条 税收收入电子缴库，主要采取划缴入库方式。农村集贸市场、个体工商业户和城镇居民等缴纳小额现金税款以及纳税人持纸质缴款书自行到商业银行缴税的情况，可采取自缴入库方式。

财政部门、税务机关、国库应当积极采取措施，引导纳税人采取划缴入库方式。

第二十条 采取划缴入库方式，应当由纳税人与其开户银行事先签订具有法律效力的授权划缴税款协议，并由纳税人将所签协议书面通知税务机关。

第二十一条 税务机关根据纳税人授权划缴税款协议和纳税申报成功的信息，生成电子缴款书，并通过横向联网系统及时将电子缴款书信息发送国库。

第二十二条 国库收到电子缴款书后，除其直接经收的外，将校验审核无误的转发至纳税人开户银行，校验有误的退回税务机关。

第二十三条 纳税人开户银行根据收到的电子缴款书相关信息，按照授权划缴税款协议，及时从纳税人账户将款项划缴国库，并将付款成功和不成功的信息反馈国库。

纳税人开户银行根据已付款电子缴款书，打印电子缴税付款凭证一式二联，第一联作付款银行记账凭证，第二联作付款回单交给纳税人。

第二十四条 国库收到纳税人开户银行划来的款项及反馈的信息后，及时将付款成功和不成功信息反馈税务机关。国库将资金与付款成功信息核对无误后办理入库，打印电子缴库入库清单，作记账凭证附件。资金与付款成功信息核对不符的，国库向纳税人开户银行发起查询，纳税人开户银行应当及时查复。

第二十五条 国库于每日 24：00 将当日所有电子缴款书明细信息和所有电子缴款书付款成功和不成功明细信息发送财政部门。

第二十六条 税务机关应根据国库反馈的付款成功和不成功信息，及时处理税收征收管理系统中相关业务数据，对付款不成功的信息进行核实，并进行相应处理。

第二十七条 税务机关已有纳税申报信息的，纳税人可采取银行端查询方式办理电子缴库，从其银行账户将税款划缴国库。

第二十八条 采取自缴入库方式的，税务机关按规定开具纸质税收收入缴款书，同时生成电子缴款书及时发送国库。纳税人或税务机关持纸质税收收入缴款书到商业银行以现金或转账方式缴纳税款，商业银行将税款资金划转国库，同时按规定将纸质税收收入缴款书传送至国库。国库将收到的税收收入纸质缴款书与电子缴款书信息比对审核无误后办理税款入库，并将电子缴款书的核销成功与否信息反馈税务机关。国库于每日24：00将当日所有电子缴款书明细信息和所有电子缴款书的核销成功与否明细信息发送财政部门。

第二十九条 税务机关按照纳税人的需要及有关规定，依据税收征收管理系统中已入库电子缴款书信息，开具完税凭证。

对于须将出口货物税收专用缴款书第二联（收据乙）转交购货企业的，税务机关必须在纳税人电子缴税后，及时向纳税人开具出口货物税收专用缴款书。第一联（收据甲）和第二联（收据乙）交纳税人，由纳税人持电子缴税付款凭证（回单联）到其开户银行加盖银行“收讫”章，第三、四联由开票税务机关留存并定期销毁，第五、六联由开票税务机关留存备查。

第三十条 每日业务终了时，国库应编制预算收入日报表发送同级财政部门、税务机关，进行账务核对等业务处理。

第三十一条 税务机关收到国库发送的预算收入日报表后，应及时进行核对，将核对结果于次日上午反馈国库，并完成相关业务处理。经核对有误的，应查明原因，并按照有关规定及时办理更正或退库。

第三十二条 财政部门根据同级国库发送的预算收入日报表，进行总预算会计账务处理等相关业务。

第三十三条 税务机关按规定办理税收收入退库时，生成电子退库书，通过横向联网系统发送国库。国库对收到的电子退库书进行校验审核无误后，在原电子缴款书上标识退库日期，进行具体的税款退库操作，并完成相应的国库账务处理。每日业务终了时，国库将办理电子退库书成功和不成功信息反馈税务机关。国库于每日24：00将当日所有电子退库书明细信息和所有电子退库书办理成功和不成功明细信息发送财政部门。

第三十四条 税务机关按规定办理国库更正业务时，生成电子更正通知书，通过横向联网系统发送国库。国库收到电子更正通知书后，根据电子更正通知书注明的原电子缴款书编号或其他相关信息进行校验审核，校验无误后在原电子缴款书上标识更正日期，调整国库预算收入报表和相关账务。每日业务终了，国库将办理电子更正通知书成功和不成功信息反馈税务机关。国库于每日24：00将当日所有电子更正通知书明细信息和所有电子更正通知书办理成功和不成功明细信息发送财政部门。

第三十五条 税务机关按规定办理免抵调业务时，生成电子免抵调通知书，通过横向联网系统发送国库。国库收到电子免抵调通知书后，根据相关审批文件对电子免抵调通知书进行校验审核，校验无误后，进行相关报表及账务处理。每日业务终了，国库将办理电子免抵调通知书成功和不成功信息反馈税务机关。税务机关根据反馈信息进行相关业务处理。国库于每日24：00将当日所有电子免抵调通知书明细信息和所有电子免抵调通知书办理成功和不成功明细信息发送财政部门。

第三十六条 各联网单位办理电子缴库业务，必须按日对账，确保税款安全和准确。

第三十七条 国库应当按照《中华人民共和国国家金库条例》及其实施细则有关规定，通过横向联网系统，向同级财政部门发送国库相关报表，并根据财政部门工作需要，向其发送预算收入总额分成日（月）报表、预算收入退库日（月）报表、免抵调业务日（月）报表等其他报表。

第五章 管理与监督

第三十八条 各联网单位在电子缴库工作中，应当各司其职，各负其责，加强管理，防范风险，确保横向联网系统的正常运行。

第三十九条 财政部门应当按照职责规定，加强对税收收入电子缴库业务的监督和管理，确保税款征缴入库的安全性、规范性和有效性。

第四十条 税务机关是电子缴款书、电子退库书、电子更正通知书、电子免抵调通知书的发起者，应当对已发出的电子凭证信息的真实性、完整性和有效性负责。

第四十一条 国库对商业银行办理电子缴税业务实施组织、管理和监督。对通过横向联网系统接收的电子缴库信息的合规性进行校验审核，并对已处理的电子缴库信息的真实性、完整性和有效性负责。

第四十二条 纳税人开户银行应当按规定办理税收收入电子缴库业务，及时接收、转发电子缴税信息，保证应缴税款及时、足额划缴国库，对其开具电子缴税付款凭证的真实性、完整性和有效性负责。

第四十三条 各联网单位在税收收入电子缴库业务中违反本办法规定的，由上一级主管部门或有关行政主管机关要求其限期纠正；单位或个人违反《财政违法行为处罚处分条例》（国务院令第427号）、《金融违法行为处罚办法》（国务院令第260号）等法律法规的，依照其相关规定进行处理。

第四十四条 在税收收入电子缴库业务中，因泄密、数据丢失、凭证遗失等原因造成的损失，由相关责任单位或个人承担；有关责任人构成犯罪的，依法移交司法机关处理。

第六章 附 则

第四十五条 本办法发布前已在财政部门、税务机关、国库、商业银行之间建立专用通信网，税务机关直接将电子缴税信息发送联网商业银行，通过税银库方式实现电子缴税的地区，符合本办法第六条至第九条各项规定的，也可使用电子缴款书，同时应按照《财税库银税收收入电子缴库横向联网实施方案》（财库〔2007〕49号）及本办法规定，逐步向全国统一的横向联网业务流程及接口标准过渡。

第四十六条 税务机关通过横向联网系统征收或代征的教育费附加、文化事业建设费、税务登记证工本费、发票工本费、社会保险基金及矿区使用费等收入，适用本办法。

第四十七条 财政部门、税务机关、国库应本着方便纳税人、提高税收征缴效率的原则，充分利用社会已有资源和信息化成果，积极完善横向联网电子缴库方式。

第四十八条 随着横向联网工作的深化，财政部门、税务机关、国库应当积极创造条件，尽快实现相互之间的直接联网，完善税收收入电子缴库业务程序和信息共享方式，扩大信息共享内容。

第四十九条 各省、自治区、直辖市、计划单列市财政部门、税务机关、国库可依据本办法，结合本地区实际情况，制定具体的操作规程。

第五十条 本办法由财政部、国家税务总局、中国人民银行负责解释。

第五十一条 本办法自印发之日起施行。本办法施行后，此前印发的相关文件与本办法规定不符的，以本办法为准。

附：××××银行（信用社）电子缴税付款凭证（样式）

附：

××××银行（信用社）电子缴税付款凭证（样式）

转账日期：2006年06月30日 凭证字号：0123456789

纳税人全称及纳税人识别号：张三李四张三李四张三李四张三李四张三李四张三李四张三李四张三李四张三李四张三李四 012345678901234
付款人全称：张三李四张三李四张三李四张三李四
付款人账号：0123456789012345　　征收机关名称：北京市西城区国家税务局
付款人开户银行：工商银行北京市西城区支行　　收款国库（银行）名称：国家金库西城区支库
小写（合计）金额：￥123.45　　缴款书交易流水号：0123456789
大写（合计）金额：人民币壹佰贰拾叁元肆角伍分　　税票号码：0123456789

税（费）种名称	所属时期	实缴金额
增值税	20060530～20060630	￥1.00
营业税	20060530～20060630	￥1.00
增值税	20060530～20060630	￥1.00
增值税	20060530～20060630	￥1.00
增值税	20060530～20060630	￥1.00
营业税	20060530～20060630	￥1.00

续表

增值税	20060530～20060630	￥1.00
增值税	20060530～20060630	￥1.00
增值税	20060530～20060630	￥1.00
营业税	20060530～20060630	￥1.00
增值税	20060530～20060630	￥1.00
增值税	20060530～20060630	￥1.00
增值税	20060530～20060630	￥1.00
营业税	20060530～20060630	￥1.00
增值税	20060530～120060630	￥109.45
第　　次打印	打印时间：	

(14.85公分×21公分) 第一联　作付款银行记账凭证　复核　记账

××××银行（信用社）电子缴税付款凭证（样式）

转账日期：2006年06月30日　凭证字号：0123456789

纳税人全称及纳税人识别号：张三李四张三李四张三李四张三李四张三李四张三李四张三李四张三李四张三李四张三李四张三李四 012345678901234		
付款人全称：张三李四张三李四张三李四张三李四		
付款人账号：0123456789012345		征收机关名称：北京市西城区国家税务局
付款人开户银行：工商银行北京市西城区支行		收款国库（银行）名称：国家金库西城区支库
小写（合计）金额：￥123.45		缴款书交易流水号：0123456789
大写（合计）金额：人民币壹佰贰拾叁元肆角伍分		税票号码：0123456789
税（费）种名称	所属时期	实缴金额
增值税	20060530～20060630	￥1.00
营业税	20060530～20060630	￥1.00
增值税	20060530～20060630	￥1.00
增值税	20060530～20060630	￥1.00
增值税	20060530～20060630	￥1.00
营业税	20060530～20060630	￥1.00
增值税	20060530～20060630	￥1.00
增值税	20060530～20060630	￥1.00
增值税	20060530～20060630	￥1.00
营业税	20060530～20060630	￥1.00
增值税	20060530～20060630	￥1.00
增值税	20060530～20060630	￥1.00
增值税	20060530～20060630	￥1.00
营业税	20060530～20060630	￥1.00
增值税	20060530～20060630	￥109.45
第　　次打印	打印时间：	

(14.85公分×21公分)　第二联　作付款回单（无银行收讫章无效）复核　　记账

附件4：

财政部　国家税务总局　中国人民银行关于财税库银税收收入电子缴库横向联网试点有关问题的通知

2007年11月15日　财库〔2007〕92号

各省、自治区、直辖市、计划单列市财政厅（局）、国家税务局、地方税务局，中国人民银行各分行、营业管理部、省会（首府）城市中心支行，大连、青岛、宁波、厦门、深圳市中心支行：

为扎实做好全国财税库银横向联网工作，根据财政部、国家税务总局、中国人民银行制定发布的《财税库银税收收入电子缴库横向联网实施方案》（财库〔2007〕49号）、《财税库银税收收入电子缴库横向联网管理暂行办法》（财库〔2007〕50号）和《关于贯彻落实全国财税库银横向联网工作电视电话会议精神的通知》（财办库〔2007〕290 号），按照积极稳妥、分步推进的原则，财政部、国家税务总局、中国人民银行决定在试点基础上逐步扩大试点范围。现将各地申请试点的有关事项通知如下：

一、关于试点申请和批复程序

国税系统，由省级财政厅（局）牵头，会同省级国税局和所在地中国人民银行各分行或中心支行（以下简称省级人民银行）联合向财政部、国家税务总局、中国人民银行提出试点申请。地税系统，由各省级地税局根据国家税务总局和中国人民银行下发的业务需求和接口标准，自行完成前置系统及联网接口软件的开发建设后，向国家税务总局和中国人民银行提出联调测试申请，国家税务总局、中国人民银行安排测试时间。测试成功后，省级财政厅（局）牵头，会同省级地税局和省级人民银行联合向财政部、国家税务总局、中国人民银行提出试点申请，并附联调测试报告。试点申请报告应说明领导小组设置、人员安排、设备配置、网络联接等各项工作准备情况，财政部、国家税务总局、中国人民银行根据各地准备情况和全国横向联网总体进度安排，对申请省份横向联网系统的系统承受能力进行综合评估后，确定试点单位和上线时间，并正式批复。

二、关于财政与人民银行国库系统接口软件

目前，财政部与人民银行正在积极研究制定全国统一的财政与人民银行国库系统间联网接口开发技术参考规范，并组织开发了中央统一推广的地方版国库集中支付系统联网接口软件。试点地区财政与人民银行国库系统间联网问题，按财政部、中国人民银行即将发布的文件执行。

三、关于技术支持要求

为更好对地方开展财税库银横向联网工作提供技术支持，财政部、国家税务总局、中国人民银行设立技术服务电话，财政部技术服务电话：010－68552144；国家税务总局技术服务电话：4008112366；中国人民银行技术服务电话：010－60242288。国家税务总局还安排金税工程技术支持网站（http：//130.9.1.248）和文件服务器（ftp：//130.9.1.1/local/ctais/），对税务系统上线运行提供技术支持和文档帮助。

四、其他要求

财税库银横向联网工作涉及面广、情况复杂，各联网单位要高度重视、精心组织、加强领导，要将其纳入全年工作计划统筹安排。各地应在组织领导、人员安排、设备配置、资金投入、协调配合等方面做好充分准备后，再提出试点申请。试点申请经批准同意后，原则上不得随意变更上线时间及范围。

本通知下发前，已经由财政部、国家税务总局、中国人民银行安排试点的省份，不再重新申请。

附件5：

财政部　国家税务总局　中国人民银行关于建立财税库银税收收入电子缴库横向联网工作协调机制的通知

2009 年 2 月 27 日　财库〔2009〕17 号

各省、自治区、直辖市、计划单列市财政厅（局）、国家税务局、地方税务局，中国人民银行上海总部、各分行、营业管理部、省会（首府）城市中心支行，大连、青岛、宁波、厦门、深圳市中心支行，各政策性银行、国有独资商业银行、股份制商业银行、外资银行：

为进一步推进财税库银税收收入电子缴库横向联网（以下简称横向联网）工作，根据《财政部　国

家税务总局　中国人民银行关于印发〈财税库银税收收入电子缴库横向联网实施方案〉的通知》（财库〔2007〕49号）和《财政部　国家税务总局　中国人民银行关于印发〈财税库银税收收入电子缴库横向联网管理暂行办法〉的通知》（财库〔2007〕50号）有关规定，财政部、国家税务总局和中国人民银行（以下简称三部门）决定成立横向联网工作领导小组，建立横向联网工作协调机制，现将有关事项通知如下：

一、成立横向联网工作领导小组

（一）领导小组成员。

领导小组组长由三部门分管横向联网工作的部、局、行领导担任，成员为有关司局负责人。领导小组下设办事机构，由综合业务组和技术组组成。

综合业务组成员单位由财政部国库司、国家税务总局征管和科技发展司、国家税务总局收入规划核算司、中国人民银行国库局组成，由财政部国库司牵头；技术组成员单位由中国人民银行科技司、财政部国库司、财政部信息网络中心、国家税务总局征管和科技发展司、国家税务总局信息中心组成，由中国人民银行科技司牵头。

（二）综合业务组和技术组职责。

综合业务组：研究全国横向联网有关政策制度及重要问题，研究拟定横向联网实施工作规划，组织做好全国横向联网试点工作，研究拟定横向联网推广计划，研究提出并组织实施横向联网突发事件业务应急处理预案，组织解决横向联网工作中出现的业务方面的问题，指导、督查地方有关部门开展横向联网工作，组织横向联网实施情况调研等。

技术组：研究横向联网总体技术规划、技术标准以及相关实施方案，研究提出横向联网系统实施、运维管理规章制度，组织横向联网接口软件开发等横向联网系统建设工作，负责横向联网系统安全生产技术保障工作，研究提出并组织实施横向联网突发事件技术应急处理预案，组织解决横向联网系统出现的技术性问题，组织做好横向联网试点技术准备工作，指导、监督地方各联网单位横向联网技术工作等。

（三）联系方式。

综合业务组：财政部国库司制度研究处（电话：010－68552229）、国家税务总局征管和科技发展司需求与标准管理处（电话：010－63417824）、国家税务总局收入规划核算司会计处（电话：010－63417980）、中国人民银行国库局会计处（电话：010－66194396）。

技术组：中国人民银行科技司科技管理处（电话：010－66194685和010－66194699）、中国人民银行科技司金融信息管理中心（电话：010－66195072）、中国金融电子化公司集成部（电话：010－60242299转5127）、财政部国库司信息管理处（电话：010－68552366）、财政部信息网络中心应用开发三处（电话：010－68553114）、国家税务总局征管和科技发展司需求与标准管理处（电话：010－63417824）、国家税务总局信息中心运行维护处（电话：010－63417638）。

二、建立工作协调机制

（一）建立中央部门之间横向工作协调机制。

1. 问题协调解决机制。

（1）涉及三部门之间业务及兼含业务与技术方面的问题，由财政部国库司牵头组织综合业务组、技术组成员单位，确定问题成因、提出解决方案；涉及财政、税务、人民银行三个部门之间的技术方面的问题，由中国人民银行科技司牵头组织技术组成员单位解决，按业务及兼含业务与技术工作程序组织实施。

（2）涉及两个部门之间的问题，由两个部门按三部门的组织模式及工作程序实施解决。

（3）仅涉及单个部门的问题，由部门内部协商解决。

（4）涉及商业银行与其他部门之间以及商业银行自身的业务方面的问题，由中国人民银行国库局牵头组织解决；技术方面的问题，由中国人民银行科技司牵头组织解决。

2. 横向联网相关软件及接口升级完善机制。

（1）升级完善横向联网相关软件时，各部门应在启动开发时将调整涵盖业务需求及技术分析的解决方案提交给另外两部门，以备另外两部门检视相关软件是否需要调整升级，软件升级版本发放10个工作日前应告知另外两部门。

（2）三部门共同完成接口升级涵盖业务需求、技术分析的解决方案后，启动接口升级的开发工作，三部门共同完成测试并签字确认，完成各自相关软件修改后，进行接口升级工作。

（二）建立中央和地方之间协调反馈机制。

地方在推行横向联网工作中需要反映的问题，按以下规定办理：

1. 问题反映。地方财政部门在横向联网工作中遇到的业务问题，由省级财政部门统一反映到财政部国库司；遇到的技术问题，由省级财政部门统一反映到财政部信息网络中心。

人民银行分支行在横向联网工作中遇到的业务问题，由人民银行总部、分行、营业管理部、中心支行（以下简称省级人民银行）统一反映到中国人民银行国库局；遇到的技术问题，由省级人民银行统一反映到中国人民银行科技司。

基层税务部门在横向联网工作中遇到的业务、技术方面的问题，由省级税务部门统一向国家税务总局呼叫中心反映。

2. 问题解决。中央有关部门接到地方反映的问题后，应启动中央部门横向联网工作协调机制，牵头单位（负责单位）一般应在接到地方反映的问题后10个工作日内组织各有关成员单位对反映的问题进行确认，研究提出解决问题的方案。解决方案需要报领导小组批准的，应履行相应的报批程序。

3. 问题反馈。按照“谁受理、谁反馈”的原则，问题的解决方案或处理结果，由受理单位直接反馈到反映问题的单位。

（三）财政部、国家税务总局、中国人民银行按照职责分工，加强沟通和协调，积极稳妥解决横向联网工作中遇到的问题，共同推进横向联网工作的顺利实施。协调方式可采取电话沟通、定期或不定期召开协调会议等形式。

三、地方应建立相应工作协调机制

各地财政部门、税务机关、人民银行应参照中央部门协调机制，建立相应的协调机制，明确分工，落实责任，及时解决横向联网工作中遇到的各种问题，保证横向联网工作规范、有序推进。

附件6：

财政部　中国人民银行关于财政部门与人民银行国库横向联网接口软件上线工作流程有关问题的通知

2008年12月26日　财库〔2008〕100号

各省、自治区、直辖市、计划单列市财政厅（局）、中国人民银行上海总部、各分行、营业管理部、省会（首府）城市中心支行，大连、青岛、宁波、厦门、深圳市中心支行：

为加快实施财税库银税收收入电子缴库财政部门与人民银行国库之间横向联网工作，根据《财政部　国家税务总局　中国人民银行关于印发〈财税库银税收收入电子缴库横向联网实施方案〉的通知》（财库〔2007〕49号）和《财政部　国家税务总局　中国人民银行关于印发〈财税库银税收收入电子缴库横向联网管理暂行办法〉的通知》（财库〔2007〕50号）有关规定，现就财政部门与人民银行国库横向联网接口软件上线工作流程有关问题通知如下：

一、认真做好横向联网接口软件上线各阶段工作

经财政部、国家税务总局、中国人民银行批准同意开展横向联网试点工作的省份，要认真做好接口软件上线准备、联调测试、正式上线等阶段的各项工作。

（一）财政部门与人民银行国库联网上线准备工作阶段。该阶段的主要工作由省级财政部门完成，具体包括：安装与所在地人民银行（以下简称省级人民银行）的联网专线；做好技术基础准备工作，包括准备数据库服务器一台（最低配置 - P4Xeon1. 8G 双 cpu/4G 内存/3 块 36G 硬盘），应用服务器一台（最低配置 - P4Xeon1. 8G 双 cpu/4G 内存/3 块 36G 硬盘），9. 02 以上版本的 Oracle 数据库软件，V8. 1. 1 或以上版本的 Weblogic 中间件软件，MQ 中间件软件，其中，MQ 中间件软件具体版本及配置方式与中国金融电子化公司（以下简称金电公司）、当地人民银行确定；安装并调试横向联网接口软件。

在完成上述准备工作基础上，由省级财政部门向省级人民银行提供联调测试所需材料（含联网申请表、设备证书申请表），同时提供省、市级财政部门机构代码等，并向金电公司申请测试 CA 证书。

（二）财政部门与人民银行国库联网上线联调测试阶段。省级人民银行收到省级财政部门的相关材料后，应在 5 个工作日内与省级财政部门协商确定联调测试日程。联调测试工作应在 10 个工作日内分两轮测试（含模拟运行）完成，测试内容需涵盖《财政部门与人民银行国库联网财政收入接口参考规范》中相应业务报文，包括收入日报表、入库流水、电子税票、电子税票明细、签到、签退等必选项目及征收机关退库、征收机关更正、征收机关免抵调、收入退库、收入更正等可选项目。

联调测试具体流程如下：中国人民银行总行负责国库信息处理系统（TIPS）的网络畅通，省、市级财政部门机构代码的注册，相关系统参数的设置；省级人民银行负责向省级财政部门提供横向联网系统联调测试的网络配置参数（如 IP 地址）和保证 MQ 服务器连通的相关参数配置，并保证当地 TIPS 与财政系统的物理网络连接畅通。金电公司负责搭建测试环境，保证自身系统正常运行及网络通畅，向省级财政部门发放测试 CA。省级人民银行按照联调测试内容要求，准备测试数据并按要求发送数据；省级财政部门负责接收数据。联调测试后 3 个工作日内，由金电公司提供联调测试评估报告。人民银行总行收到联调测试评估报告后 5 个工作日内通知省级人民银行联网是否符合接入国库信息处理系统的要求。省级人民银行应在接到人民银行总行通知后 2 个工作日内，将结果通知省级财政部门。

联调测试通过后，省级财政部门应在接到省级人民银行通知后 3 个工作日内向省级人民银行申请正式上线 CA 证书，提供财政部门联网登记表、财政部门联网代码信息表、设备证书申请表（人民银行提供）并加盖财政部门国库处印章。

（三）财政部门与人民银行国库联网正式上线阶段。根据人民银行总行通知，省级人民银行应在收到省级财政部门正式上线申请后 5 个工作日内，与省级财政部门确定正式上线日期。

上线工作应在 3 个工作日内完成，具体流程如下：中国人民银行总行负责 TIPS 的网络畅通，省、市级财政部门机构代码的注册，相关系统参数的设置；省级人民银行负责向省级财政部门提供横向联网系统正式上线的网络配置参数（如 IP 地址）和保证 MQ 服务器连通的相关参数配置，发放 CA 证书，并保证当地 TIPS 与财政系统的物理网络连接畅通。省级人民银行按要求发送数据；省级财政部门负责接收电子数据，地市级财政数据由省级财政国库部门负责接收并转发。

二、各地财政部门与人民银行国库联网联调测试和正式上线具体时间，应按照财政部、中国人民银行发布的年度财政部门与人民银行国库联网上线时间安排计划，自行协商确定，并不晚于联调测试前 10 个工作日上报财政部和中国人民银行。

三、各地财政部门、人民银行要高度重视横向联网接口软件上线工作，加强领导、精心组织、密切配合，把相关工作职责落实到相关部门，并指派专人负责，确保上线工作顺利进行。联网上线过程中如果遇到问题，请及时向财政部、中国人民银行反映。

附件：财政部门与人民银行国库横向联网接口软件上线工作流程图

附件：

财政部门与人民银行国库横向联网接口软件上线工作流程图

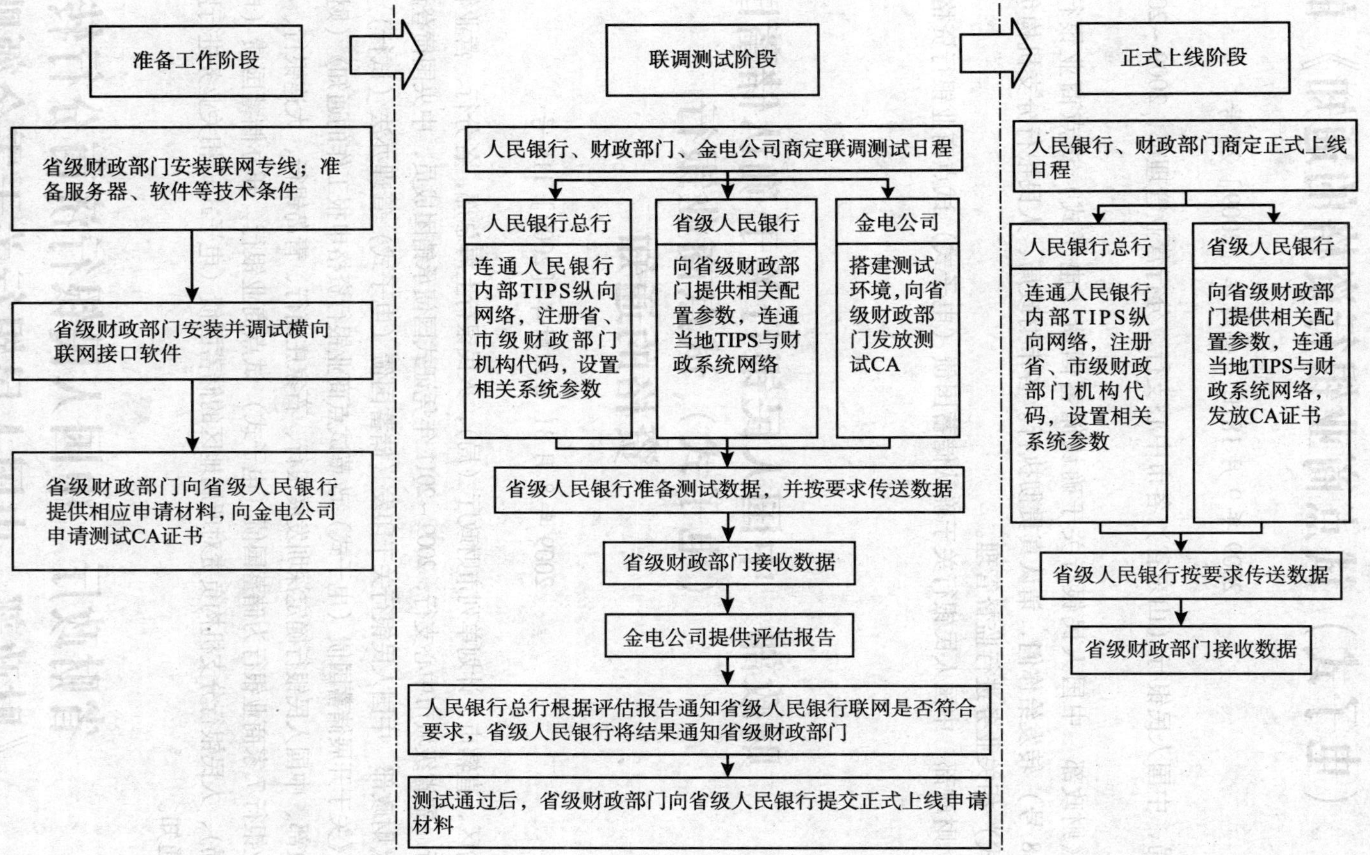

省财政厅 中国人民银行济南分行转发《财政部 中国人民银行关于确认储蓄国债（电子式）试点商业银行资格的通知》的通知

2009 年 9 月 18 日 鲁财库〔2009〕27 号

各市财政局，中国人民银行（山东省）各市中心支行、分行营业管理部，2009～2011 年凭证式国债承销团成员单位：

现将《财政部 中国人民银行关于确认储蓄国债（电子式）试点商业银行资格的通知》（财库〔2009〕118 号）转发给你们，请认真贯彻执行。各市财政局、人民银行分支机构负责对所属地区的储蓄国债（电子式）相关业务进行监督管理。

附件：财政部 中国人民银行关于确认储蓄国债（电子式）试点商业银行资格的通知

附件：

财政部 中国人民银行关于确认储蓄国债（电子式）试点商业银行资格的通知

2009 年 8 月 31 日 财库〔2009〕118 号

各省、自治区、直辖市、计划单列市财政厅（局），人民银行上海总部，各分行、营业管理部、省会（首府）城市中心支行、副省级城市中心支行，2009～2011 年凭证式国债承销团成员，中央国债登记结算有限责任公司：

根据《财政部 中国人民银行关于印发〈储蓄国债（电子式）管理办法（试行）〉的通知》（财库〔2009〕73 号）和《关于开展储蓄国债（电子式）改革试点商业银行资格申报工作的通知》（财办库〔2009〕264 号）的要求，财政部、中国人民银行确定深圳发展银行、石家庄商行、青岛银行、大连银行、恒丰银行、包商银行、上海农村商业银行 7 家商业银行为储蓄国债（电子式）试点商业银行，开办储蓄国债（电子式）相关业务。各地财政厅（局）、人民银行分支机构负责对所属地区的储蓄国债（电子式）相关业务进行监督管理。

特此通知。

省财政厅 中国人民银行济南分行转发《财政部 中国人民银行关于零余额账户管理有关事项的通知》的通知

2009 年 9 月 24 日 鲁财库〔2009〕29 号

各市财政局，省直各部门，人民银行济南分行营业管理部、各中心支行，各代理银行：

现将《财政部　中国人民银行关于零余额账户管理有关事项的通知》（财库〔2009〕47号，以下简称《通知》）予以转发，并对预算单位零余额账户管理做如下补充规定，请一并遵照执行。

一、关于预算单位零余额账户性质的规定

目前，纳入国库集中支付改革的预算单位，在代理银行开设的零余额账户的性质均为专用存款账户。今后，凡具备《通知》规定条件的国库集中支付改革预算单位，可以向财政部门提出申请，经审批同意并经人民银行核准后，将零余额账户变更性质为基本存款账户，或直接开设基本存款账户性质的零余额账户。

二、关于预算单位零余额账户转账有关问题的规定

（一）未纳入财政工资统发范围的预算单位，委托银行向个人账户发放工资、津补贴、奖励、报销费用等资金的，预算单位可以将代发款项由零余额账户划入代发银行内部工资发放结算账户，再由代发银行划入个人工资卡（折）账户，不得划入本单位基本存款账户或其他银行结算账户。预算单位办理划款时，必须向代理银行出具代发资金明细情况及收款账户信息等证明材料。预算单位代个人缴纳的个人所得税、保险费，以及从工资中留扣的水电费、采暖费、通讯费、医疗费等资金，由预算单位通过零余额账户直接办理支付业务。

（二）预算单位为本单位纳入政府采购管理的省直单位公务用车定点加油卡充值，可以将充值款项由零余额账户划入为加油卡充值的代理银行，并于划款时在用途中注明“加油卡充值”字样。

（三）预算单位在按规定由零余额账户向本单位工会账户、住房资金账户划拨工会经费、住房公积金及提租补贴等资金时，应向代理银行提供收款账户信息。如预算单位工会账户、住房资金账户发生变动，应向代理银行提供账户变更信息，并同时提供财政部门审批账户变更的证明资料。

除上述规定情况外，预算单位不得通过零余额账户向本单位其他银行结算账户划款。预算单位因特殊原因需向本单位、所属预算单位或其他预算单位银行账户划款的，须经主管部门批准并向财政部门提出书面申请，经审批同意后通知代理银行办理划款业务。

三、预算单位使用财政部门拨付的预算内资金、预算外资金及其他财政资金，必须通过零余额账户或基本存款账户直接办理支付结算业务。

四、预算单位应不断深化公务卡制度改革，积极扩大公务卡使用范围，严格按照有关规定提取、使用现金。凡按规定应使用公务卡结算的支出，一律不得使用现金结算。预算单位从零余额账户提取现金时，必须注明详细用途。

五、各代理银行必须严格按照《通知》规定办理预算单位零余额账户支付结算业务。对预算单位未按规定申请划款或未提供相关证明资料的，代理银行应拒绝受理。财政部门将会同人民银行对有关工作进行监督检查，对违反规定办理业务的，责成代理银行立即予以纠正，情节严重的由财政部门取消代理资格；代理银行应当将零余额账户的开立、变更、撤销等基本情况报同级人民银行备案。对于代理银行无故拒付或者不按规定进行零余额账户报备的，人民银行将会同财政部门责成代理银行纠正，并按照有关规定及委托代理协议等进行处理，情节严重的，由财政部门取消代理资格。

六、各市要按照《通知》要求，加强对各类零余额账户的管理，确保纳入国库集中支付管理的各项资金安全、高效运行，切实提高资金的使用效益。

附件：财政部　中国人民银行关于零余额账户管理有关事项的通知

附件：

财政部　中国人民银行关于零余额账户管理有关事项的通知

2009年6月2日　财库〔2009〕47号

党中央有关部门，国务院各部委、各直属机构，各武警部队，新疆生产建设兵团，全国人大常委会办公厅，

全国政协办公厅，高法院，高检院，有关人民团体，有关中央管理企业，各省、自治区、直辖市、计划单列市财政厅（局），中国人民银行上海总部、各分行、营业管理部、省会（首府）城市中心支行及大连、青岛、宁波、厦门、深圳市中心支行，各国库集中收付代理银行：

为深化完善国库集中收付制度改革，进一步规范零余额账户管理，根据国务院批准的《财政国库管理制度改革方案》（财库〔2001〕24号）以及《财政部　中国人民银行关于印发〈中央单位财政国库管理制度改革试点资金支付管理办法〉的通知》（财库〔2002〕28号）、《人民币结算账户管理办法》（中国人民银行令〔2003〕5号），结合我国目前银行账户管理的有关情况，现就零余额账户管理有关事项通知如下：

一、零余额账户的设置

零余额账户是指财政部门或预算单位经财政部门批准，在国库集中支付代理银行和非税收入收缴代理银行开立的，用于办理国库集中收付业务的银行结算账户。主要包括以下三类：

（一）财政部门零余额账户。

（二）预算单位零余额账户。

（三）财政汇缴零余额账户（即财政汇缴专户）。

上述三类零余额账户中，财政部门零余额账户和财政汇缴零余额账户的性质为专用存款账户；预算单位零余额账户的性质为基本存款账户或专用存款账户。预算单位未开立基本存款账户，或原基本存款账户在国库集中支付改革后已经按财政部门要求撤销的，经同级财政部门批准，预算单位零余额账户作为基本存款账户；除上述情况外，预算单位零余额账户作为专用存款账户。

二、零余额账户的管理

零余额账户需由同级财政部门批准开立，并出具证明文件，由开户银行报经中国人民银行核准后核发开户许可证。

（一）财政部门和预算单位已经开立零余额账户的，财政部门应当按照本通知规定，尽快规范和明确账户性质；预算单位新开立零余额账户的，财政部门在批准开户时，应按本通知规定，在相关证明文件中明确账户性质。零余额账户的变更、合并与撤销须经同级财政部门批准，并按照财政国库管理制度规定的程序和要求执行。

（二）财政部门原则上只能为预算单位开立一个预算单位零余额账户，为执收单位开立一个财政汇缴零余额账户。确因特殊管理需要（如存在异址办公并独立核算的非法人机构等情形），需要开立一个以上账户的，应当通过主管部门向同级财政部门提出申请，经同级财政部门批准后开立。财政部门在同一家代理银行原则上只能开立一个财政部门零余额账户。

（三）财政部门零余额账户和预算单位零余额账户的用款额度具有与人民币存款相同的支付结算功能。财政部门零余额账户可以办理转账等支付结算业务，但不得提取现金。预算单位零余额账户可办理转账、汇兑、委托收款和提取现金等支付结算业务。

（四）代理银行应当严格按照财政部门下达的用款额度办理支付结算业务，在有相应科目用款额度的情况下，不得违反规定拒绝办理本通知规定的各类支付结算业务。代理银行应当将零余额账户的开立、变更、撤销等基本情况报同级人民银行国库部门备案。对于代理银行无故拒付或者不按规定进行零余额账户报备的，人民银行将会同财政部门责成代理银行立即纠正，并按照有关规定及委托代理协议等进行处理。情节严重的，由财政部门取消代理资格。

省财政厅关于汽车以旧换新补贴资金实行财政国库集中支付的通知

2009 年 9 月 25 日　鲁财库〔2009〕30 号

各市财政局：

为加强汽车以旧换新补贴资金管理，确保补贴资金及时、足额、安全地支付给以旧换新车主，根据省财政厅等七部门制定的《汽车以旧换新实施办法》（鲁财建〔2009〕89 号文件，以下简称《实施办法》）和我省财政国库管理制度有关规定，现将汽车以旧换新补贴资金实行国库集中支付有关事项通知如下。

一、各级财政按照《实施办法》有关规定，安排用于汽车以旧换新的补贴资金，不开设专门账户，全额纳入国库单一账户体系管理，并通过财政直接支付方式，支付到以旧换新车主账户。

上级财政补助下级财政的汽车以旧换新补贴资金，上级财政根据其预算，通过国库库款调度到下级财政国库单一账户。

二、各市和有条件的县应按照《实施办法》第十四条的规定，设立汽车以旧换新联合服务窗口。

经市级联合服务窗口审核通过的汽车以旧换新补贴资金，由市级财政直接支付到车主账户，并列报市级财政支出；经县级联合服务窗口审核通过的汽车以旧换新补贴资金，由县级财政直接支付到车主账户，并列报县级财政支出。

三、汽车以旧换新补贴资金预算，不下达到预算单位，用款计划由各级财政经济建设部门负责在国库集中支付信息系统（以下简称“支付系统”）编报。

对符合《实施办法》第十五条规定的资金补贴申请，在受理后 10 个工作日内，由财政经济建设部门在“支付系统”中录入财政直接支付申请的相关信息，并确保车主账户信息和补贴金额等信息与联合服务窗口审核通过的信息一致，然后通过“支付系统”送财政国库部门。

四、财政国库部门要及时批复汽车以旧换新补贴资金用款计划，并在收到财政直接支付申请书的 5 个工作日内，开具财政直接支付凭证，将资金支付到车主账户。

资金支付凭证和相关会计核算等，参照本级财政国库管理制度的相关规定办理。

各有关部门要加强沟通，密切配合，定期核对有关账务，共同做好资金管理工作，确保汽车以旧换新政策的贯彻落实。

省财政厅　中国人民银行济南分行关于扩大省级预算单位公务卡改革范围的通知

2009 年 9 月 23 日　鲁财库〔2009〕31 号

省直各部门、省级公务卡各发卡银行：

2008 年，在各部门和有关单位的大力支持下，我省在省级一级预算单位成功进行了公务卡改革试点。截至今年上半年，试点单位发卡量达到 13741 张。试点单位普遍反映，公务卡改革为持卡人零星公务消费结算带来了便利，减轻了单位财务工作量，也有利于加强单位财务管理，改革的效果正在逐步显现。

为进一步扩大公务卡改革成效，根据《山东省预算单位公务卡改革实施意见》（鲁财库〔2008〕26

号）有关规定，决定自今年 10 月 1 日起，在省级所有预算单位全面推行公务卡结算方式改革。现将有关问题通知如下：

一、改革范围

本次改革范围，是省级已实施国库集中支付改革单位中，所有未实施公务卡改革的预算单位。

二、发卡行选择

本次改革的发卡行为工行、农行、中行、建行、招行和民生银行。

参与本次改革的预算单位可在上述银行中任意选择一家银行作为公务卡的发卡行。为方便预算单位简化还款手续，预算单位只能选择一家银行作为发卡行，并按相关规定及时与发卡行签订服务协议。

2008 年参与公务卡改革试点的单位，本次不进行公务卡发卡行的变更。

三、业务培训

此次纳入公务卡改革的预算单位数量较多，经多方征求意见，确定相关的改革培训工作由各主管部门自行组织。省财政厅将安排软件公司在国库集中支付网站上放置公务卡培训有关资料，并设立公务卡改革咨询服务热线，及时解答各单位在公务卡应用中遇到的问题。

咨询服务热线：

省财政厅国库处：82669702

省财政厅信息中心：82669669

软件公司：13465408820 15092430398

四、工作要求

这次改革涉及预算单位较多，情况比较复杂，各部门要切实引起重视，将其作为规范管理、促进工作的重要措施来抓。要加强领导，精心组织，周密部署。要结合实际，完善措施，落实责任，明确时间，狠抓落实，确保改革顺利进行。今年年底前，各部门应对扩大改革实施情况进行总结，并书面报省财政厅国库处。

省财政厅转发《财政部关于加强地方预算支出执行管理的通知》的通知

2009 年 12 月 4 日 鲁财库〔2009〕32 号

各市财政局：

现将《财政部关于加强地方预算支出执行管理的通知》（财库〔2009〕141 号）转发给你们，请结合当地实际，认真贯彻执行。

附件：财政部关于加强地方预算支出执行管理的通知

附件：

财政部关于加强地方预算支出执行管理的通知

2009 年 10 月 26 日　财库〔2009〕141 号

各省、自治区、直辖市、计划单列市财政厅（局）：

近年来，各级财政部门不断采取措施加强预算执行管理，取得了一定成效。但预算执行进度特别是项目支出进度偏慢等老问题仍未得到有效解决。为全面推进财政科学化精细化管理，加快预算支出执行进度，切实提高财政管理绩效，现就加强地方预算支出执行管理的有关事项通知如下：

一、高度重视预算执行管理工作，进一步提高预算支出执行效率。加强预算执行管理，是财政科学化精细化管理的必然要求和重要内容。当前，切实提高财政预算支出执行效率，既有利于党和国家重大方针政策的贯彻落实，也有利于财政职能作用的充分发挥。因此，各级财政部门务必高度重视当前财政管理中支出进度偏慢、资金使用效率不高等突出问题，要加强组织协调，强化统筹管理，采取有效措施，认真加以解决。

二、建立预算支出执行责任制度，督促预算部门狠抓支出执行管理。各级财政要建立岗责体系完善、制衡机制健全、协作关系顺畅的预算支出执行责任制度，避免权责不清、推诿扯皮、效率低下等问题。强化部门作为预算执行主体的责任意识，把督促部门加强预算执行管理作为一项重点工作常抓不懈。按照精确、细致、深入的要求督促、指导部门做好预算支出执行各项工作，积极支持并主动配合部门解决预算执行工作中的实际困难，形成财政部门与预算部门（单位）紧密配合、良性互动的工作机制。

三、预算编制要与预算执行有效衔接，从源头上为预算顺利执行打好基础。要提高预算编制的科学性和准确性，年初部门预算编制尽可能细化到项目和基层单位。增强预算编制的完整性，上级财政应提前告知对下转移支付预计数并督促下级财政将各项补助完整编入年初预算。强化预算执行对预算编制的参考作用，要把上一年的决算和当年预算执行情况作为编制下一年预算的重要参考依据。加大对部门结余资金统筹使用力度，增强消化专项结转和净结余资金的激励约束，认真解决财政资金结余结转规模居高不下、配置效率不高等问题。通过预算编制与预算执行紧密结合，逐步形成预算编制和执行相互促进、共同完善的联动机制。

四、加强协调配合，保证资金支付各环节顺畅运行。各级财政预算编制和执行管理部门要密切配合，切实保障预算指标下达、用款计划批复和资金审核支付等各环节顺畅运行。加强用款计划管理，按照均衡性原则编制基本支出分月用款计划，并逐步延长编报周期。督促部门严格按照批复的预算和项目实施进度编制项目支出用款计划，加快组织项目预算执行，并确保预算单位按预算和项目实施进度及时用款。

五、加快专项转移支付执行进度，不断提高项目支出均衡性。上级财政要加快对下级财政的专项转移支付预算指标下达和资金拨付进度。中央财政在年初全国人大批准财政预算后，对地方的专项转移支付预算指标除有特殊管理需要外应在第三季度末之前下达。省级财政收到中央财政专项转移支付资金后，要尽快下达并落实到具体项目，省本级对下安排的专项转移支付资金年初和各季度的预算到位率应逐年有所提高，以利于基层财政和预算单位及时执行预算。

六、建立健全预算支出执行跟踪分析和情况通报机制，促进预算执行管理水平不断提高。要完善预算支出执行情况分析报告制度，密切关注下级财政和预算部门支出执行进度情况，加大分析力度，及时发现问题，认真查找原因，为制订和改进相关管理办法提供参考依据。要建立预算支出执行奖惩机制，充分调动预算部门（单位）的积极性，共同抓好预算支出执行工作。要建立预算执行情况通报机制，对支出进度情况较好的单位予以表彰，对问题较多或工作不力的单位予以通报并限期整改，不断提高财政管理水平。

七、加强预算执行动态监控，防止违规操作和年终“突击花钱”行为。各级财政部门要牢固树立依法理财和厉行节约的理念，既要加快支出进度，确保各项重点支出及时拨付，又要从严把关，确保财政资金使用合法合规。加快建立预算执行动态监控机制，通过监控系统全面跟踪财政资金支付流程，加强核查并通报违规情况，及时纠正处理。严防各种违规操作和年终“突击花钱”行为，确保资金安全。

省财政厅转发《财政部关于全面加强地方财政资金安全管理的通知》的通知

2009年12月10日　鲁财库〔2009〕36号

各市财政局：

现将《财政部关于全面加强地方财政资金安全管理的通知》（财库〔2009〕128号，以下简称《通知》）转发给你们，并结合我省实际，提出以下意见，请一并贯彻落实。

财政资金安全是关系财政工作全局的大事。根据财政部统一部署，从今年3月下旬开始，我省各级财政部门组织开展了财政资金安全检查工作。从各级上报和省厅抽查的情况看，财政部《通知》中列举的问题，在我省某些市县有不同程度的体现。对此，各级财政部门在思想上要高度重视，逐项对照，认真落实，并以此为契机，构筑起全省财政资金安全的坚固防线。

一、要更加注重制度执行情况的监督检查。从此次资金安全检查情况看，我省各市县基本建立了较为完善的财政资金安全管理制度，为促进资金安全奠定了重要基础。但是在检查中也发现，有些地方执行制度不严格、不到位的问题依然存在，影响了制度基础性保障作用的发挥。从全国情况看，近年来发生的若干起资金安全案件，多数是因制度执行不力造成的。因此，各级财政部门在进一步完善相关制度的同时，要更加注重对制度执行情况的监督检查。各市财政部门要对县乡财政资金安全制度执行情况进行不定期抽查，县乡财政部门也要经常性开展总结自查，及时发现和纠正不规范做法，确保各项制度不折不扣全面落实到位。

二、要继续大力推进和深化国库集中支付改革。国库集中支付改革对财政资金安全具有根本性保障作用。经过几年的努力，我省省、市两级改革已经基本到位，县级改革也已全面铺开。面对新形势，省厅提出要把改革工作重心转移到“巩固、完善、提高”上来。对此，各级要正确认识、准确把握。尤其那些改革扩面工作尚未全部完成的地方，要一手抓深化改革，进一步规范完善制度体系；一手抓扩大改革，及早全面完成改革任务。2010年，各县（市、区）要将改革扩展到所有预算单位；2012年前，各市县要将所有财政性资金纳入改革范围。

三、要突出抓好财政专户管理工作。建立“制度科学、管理严格、操作透明”的财政专户管理模式，是确保财政专户资金安全的重要基础。各级要按照鲁财办发〔2006〕9号文件要求，一方面全面清理归并现有财政专户，尽快实现所有财政专户统一归口财政国库部门管理；另一方面，建立严格的财政专户开立、撤销、变更、核算、备案以及专户资金支付制度体系。

四、要切实加强总预算会计队伍建设。干部队伍建设是做好财政资金安全工作的关键环节。此次检查发现，有些地方尤其是部分县（市、区），总预算会计人员配备严重不足，甚至出现无法实现重要岗位分岗制衡的问题，造成资金安全管理漏洞。对此，各级要从财政资金安全高度，克服各种困难，及时选拔政治上可靠、业务素质高、责任心强的人员充实总预算会计队伍，确保满足总预算会计和资金安全管理工作对人员队伍的需求，为财政资金安全高效运行提供人员保障。

附件：财政部关于全面加强地方财政资金安全管理的通知

附件：

财政部关于全面加强地方财政资金安全管理的通知

2009 年 9 月 14 日　财库〔2009〕128 号

各省、自治区、直辖市、计划单列市财政厅（局）：

近年来，随着各项财政改革的不断深入，各级财政部门资金安全管理工作得到不断加强。但一些地方仍然存在不容忽视的管理漏洞和资金安全风险，个别地方甚至发生了财政专户资金被窃案。为此，今年上半年，财政部组织地方各级财政部门全面深入开展了财政资金安全检查工作，取得较好成效。为进一步推动各地全面加强财政资金安全管理，现就有关事项通知如下：

一、进一步提高对加强财政资金安全管理重要性和紧迫性的认识

财政资金安全是财政管理的生命线。长期以来，各级财政部门注重采取多种行之有效措施，不断加强财政资金安全管理，保证了财政事业的健康发展。通过此次财政资金安全检查，各级财政部门认真深入排查问题、全面查找管理漏洞、扎实进行整改，使财政资金安全管理工作得到进一步改进和提高。但同时，检查也发现，目前各地仍存在一些影响财政资金安全的突出问题。主要表现在：一是安全意识不强。一些地方“重分配、轻管理”的传统观念依旧根深蒂固，资金安全管理意识淡薄，风险防范意识不足。二是改革不够彻底。一些地方国库集中支付改革覆盖面不全、做法不规范，部分市县甚至仍未启动改革。三是会计集中核算转轨工作进展迟缓。一些地方对转轨工作认识不足、行动不力，转轨工作不规范、不彻底，有的甚至仍未启动转轨工作。四是管理不够规范。一些地方财政国库机构设置和人员配备不到位；财政资金专户设置过多、过滥，管理分散；内控机制不健全，拨款印章、票据凭证、拨款密码等一些资金安全管理的重点环节仍存在管理漏洞；等等。这些问题的存在，给财政资金安全管理带来了风险，留下了隐患。因此，各级财政部门要进一步提高对加强财政资金安全管理重要性和紧迫性的认识，真正把财政资金安全管理摆到应有的重要位置，真正认识到深化改革对财政资金安全管理的重要保障作用，真正树立起科学化、精细化的财政管理理念，坚持做到防微杜渐、警钟长鸣、常抓不懈。

二、建立健全财政资金安全管理的长效机制

加强财政资金安全管理，是全面推进财政科学化、精细化管理的重要内容和必然要求。地方各级财政部门要以此次资金安全检查为契机，切实采取有效措施，建立健全长效机制，全面加强财政资金安全管理。

（一）切实加强财政资金安全工作的组织领导。

各级财政部门要建立资金安全管理“一把手”负责制，并层层落实责任主体，强化管理职责；要将内部资金安全检查工作制度化，定期组织开展自查工作，发现问题要及时整改。上级财政部门要加强对下级财政部门资金安全管理的检查指导，建立定期检查和考评通报制度，指导和推动下级财政部门不断加强财政资金安全管理。

（二）深化完善国库集中支付改革。

各级财政部门要进一步加大国库集中支付改革力度，确保 2012 年之前，所有市县、所有预算单位和所有财政性资金全部实施改革；省级财政部门要继续加强对市县改革的指导，及时纠正不规范做法，建立科学规范的国库集中支付运行机制。要按照改革新机制的要求，加快推进国库机构业务整合工作，省级财政部门要在切实做好本级国库机构业务整合的基础上，加强对市县财政部门整合工作的指导，进一步理顺财政国库机构职责，建立严密规范、高效安全的财政资金管理业务流程。要建立和完善预算执行动态监控机制，按照财政部发布的有关指导意见，加大推进力度，逐步将所有财政性资金纳入财政国库动态监控范围，

建立健全资金安全管理的事前、事中、事后监督机制。

（三）严格规范和加强财政资金专户管理。

各级财政部门要着力规范财政专户设置，严格执行《财政部关于加强与规范财政资金专户管理的通知》（财库〔2006〕12号）规定，凡是开设财政专户的，必须经过国务院、财政部、省级人民政府或省级财政部门的正式文件批准；凡是涉及财政资金专户开设、变更、撤销等事项的文件，必须事先征求财政国库部门意见，未履行规定程序的一律不得开设财政专户；已经开设的要按规定予以清理，不符合规定的要一律撤销，能够合并的要坚决合并。要严格落实财政专户统一归口管理要求，尽快将所有财政专户归口到财政国库部门管理。要进一步规范财政专户资金支付业务流程，逐步将财政专户资金纳入国库集中支付和信息系统管理，改变财政专户资金支付管理不规范、资金运行管理链条短、潜在资金安全风险点多的状况。

（四）积极落实会计集中核算转轨工作。

省级财政部门要进一步加强对市县转轨工作的督导，对市县转轨的时限、工作措施、督查和考核办法等要尽快作出明确要求；对转轨工作涉及的机构设置、资金支付、银行账户、会计核算管理等要给予规范指导；对一些转轨工作进展迟缓和做法不规范的地方，要采取切实有效的措施，督促改进落实。仍在实行会计集中核算的市县财政部门要认真落实财政部和省级财政部门有关工作要求，结合本地实际，抓紧提出切实可行的转轨方案，尽快组织实施。

（五）全面强化基础管理工作。

各级财政部门要进一步加强总预算会计管理，对总预算会计机构设置与人员管理、会计核算、会计监督及日常会计管理各环节作出系统性的规定；要按照总预算会计和资金安全管理要求，健全机构设置，配备必需的岗位人员，配置必要的安全设施。要进一步健全财政部门内部控制管理机制，按照职责清晰、相互牵制的原则，科学界定预算管理部门、国库管理部门的管理职责与岗位分工，建立健全内部制衡纠错机制；纪检监察和监督检查部门应当加强对资金安全的监督。要进一步加快信息化建设步伐，积极推广应用财政管理信息系统，尽快将财政资金运行各环节全部纳入信息系统管理。

（六）继续加强财政干部队伍建设。

各级财政部门要高度重视并定期开展思想政治教育活动，坚持将财政资金安全管理作为党风廉政教育、法制法纪教育、职业道德教育的一项重要内容，不断增强财政干部为民理财的责任感和使命感，牢固树立主体意识、责任意识、改革创新意识和自律意识。要继续加强财政干部业务素质教育，确保财政干部能够熟练掌握业务技能，按照资金安全管理的各项要求，严格履行岗位职责，规范处理财政业务。要继续加强财政干部风险防范教育，克服日常工作中麻痹、懈怠、安全意识淡漠等问题。要继续加强日常管理和监督，建立健全岗位考评、奖惩、轮岗等制度。

省财政厅 中国人民银行济南分行关于省对直管县（市）财政资金往来等有关事项的通知

2009年12月9日 鲁财库〔2009〕37号

各市财政局、各省直管县（市）财政局，人民银行济南分行、各市中心支行、各省直管县（市）中心支行：

根据省政府《关于实行省直管县（市）财政体制改革试点的通知》（鲁政发〔2009〕110号）的要求，自2010年起，我省实行省直管县试点工作。现将省对省直管县（市）财政资金往来等有关事项通知如下：

一、省对直管县（市）往来资金的调度

（一）资金留用比例的确定

自2010年起，省财政厅直接核定省直管县（市）的“两税”返还比例。根据各省直管县（市）上划中央“两税”预计数、体制补助、定额结算项目等因素，由省财政厅确定省直管县（市）的资金留用比例。

（二）调度资金的拨付

自2010年起，省财政厅对省直管县（市）直接拨付调度资金，不再通过各市转拨。待省财政厅与各市对上年结算和决算调整完毕后，各市应尽快将经与省直管县（市）双方确认盖章的资金往来情况报省财政厅，省财政厅、相关市财政局及省直管县（市）财政局三方据此调整总预算会计账务。

省财政厅直接拨付到工资专户的专项转移支付资金，仍沿用原资金拨款方式。

二、省对直管县（市）财政专户资金的拨付

自2010年起，对直接下达到省直管县（市）的财政预算外和其他财政专户资金，省财政厅将依据有关文件，直接将资金拨付到相关省直管县（市）。

三、省直管县（市）决算及相关资料的报送

各省直管县（市）年终财政总决算和部门决算报表，仍维持现行管理体制。各省直管县（市）的报表继续向所在设区市报送，由设区市汇总全市决算数据后上报省财政厅。

各省直管县（市）应于每月月度终了后5日内，将中央级、省级和地方级金库报表，加盖公章后寄到省财政厅国库处，以便及时计算调度资金。

四、其他有关事项

请各省直管县（市）于12月20日前，将国库一般存款账户、预算外资金账户和其他财政专户资金账户等信息，以正式文件形式上报省财政厅。

省财政厅关于编制2009年度财政决算（草案）的通知

2009年12月28日　鲁财库〔2009〕38号

各市财政局：

为做好今年全省财政决算编审工作，根据财政部《关于编制2009年度中央和地方财政决算（草案）的通知》（财库〔2009〕158号）精神，结合我省实际，现将编制2009年度财政决算有关事宜通知如下：

一、大力推进增收节支，确保完成全年预算任务

（一）正确把握形势，抓好增收节支。今年以来，面对复杂严峻的国内外经济形势，全省各级积极落实中央和省决策部署，本着积极作为、科学务实的工作基调，全力以赴保增长、扩内需、保民生、保稳定，经济社会发展取得显著成效。在此基础上，全省财政经济状况企稳向好，收入稳定增长，重点支出得到有效保障。但同时也要清醒地看到，当前经济回升的势头尚不稳固，与税收关联度高的经济指标仍然低迷，一些深层次矛盾特别是结构性矛盾仍未有效缓解。随着扩大内需政策的深入落实，结构性减税的影响将更为明显。同时，国家一系列刚性增支政策的出台，使各级财政的保障压力加大，收支矛盾依然突出。为此，

在经济企稳回升的关键时期，各级一定要准确把握形势，既要对面临的困难有清醒的认识，也要看到当前促进财政经济发展的有利条件和积极因素，把思想认识统一到党中央、国务院和省委、省政府的各项部署要求上来，以高度的政治责任感和使命感，千方百计克服财政经济运行中的矛盾和困难，努力做好增收节支工作，确保全年收支预算任务圆满完成。

（二）优化收入结构，拓宽增收渠道。各级要牢固树立依法治税观念，完善征管制度，规范征管程序，加大征管力度，努力提高税收收入比重，改善财政收入质量。既要不折不扣地落实国家减税政策，促进经济平稳较快发展，又要坚决防止有税不收、欠税不清、擅自减税免税或“先征后返”、转引税款、虚收空转等行为。对重点企业、重点行业、重点领域的税源，要强化征管措施，改进征管方式，促进主体税收与经济协调发展。要继续挖掘小税增收潜力，对税源分散、征管难度大、漏洞较多的零星税收，要进一步加强征管，确保应收尽收。同时，要继续加强和规范非税收入管理，努力拓宽财政增收渠道，增强财政保障能力。既要清理取消不合法、不合理的收费基金项目，又要确保政策法规规定的各项非税收入及时足额上缴国库或财政专户。要进一步推进国有资本经营预算改革，加强对资源有偿使用收入、国有资产处置收入、政府土地收益及捐赠收入、彩票收入等非税收入的管理，严格落实“收支两条线”和“票款分离”规定，扎实开展“小金库”治理工作，切实防止隐瞒、截留、挤占、坐支和挪用等情况的出现。

（三）严控一般支出，保障重点支出。在当前收支矛盾非常突出的情况下，各级要认真落实中央和省厉行节约的有关规定，有保有压，有促有控，着力推进财政支出科学化精细化管理。要进一步调整和优化财政支出结构，把扩内需、调结构和保增长、保民生、保稳定摆到重要位置，科学合理安排支出，确保将中央和省出台的各项政策落实好，把有限的财力真正用到经济社会发展的重要领域，促进经济平稳较快发展。要严格控制一般性支出，大力压缩因公出国（境）、公务用车购车、公务接待及会议、文件、通讯、网络等支出，严格控制党政机关办公楼等楼堂馆所建设，努力降低行政运行成本。要狠抓支出执行管理，严格预算约束，除政策性增支外，一律不再追加支出预算。要加快预算执行进度，提高预算支出的均衡性，努力控制和减少当年专项预算结余结转规模。各级财政部门既要按预算和项目进度及时拨付财政资金，又要确保财政资金使用合法合规、资金运行安全高效，严防违规操作和年终“突击花钱”行为，严禁无预算支出转列暂付款挂账。

二、推进科学化精细化管理，做好2009年度财政决算编审工作

各级财政部门要继续严格遵循“真实、准确、完整、及时”的八字方针，进一步加强组织领导，扎实工作，开拓创新，确保2009年度决算编审工作圆满完成。

（一）认真做好年终收支清理工作。各级要认真核实年度预算及其调整变动情况，全面清理本年应收应支款项，政府收支分类科目使用要准确、合规。各级财政部门之间、财政部门与各主管部门之间、主管部门与所属预算单位之间要及时核实结清拨借款项和各种往来账款。各级财政部门要会同国家金库、收入征收机关及有关单位将决算收入支出数字核对一致，保证决算数据真实可靠，为完整准确地编制决算打好基础。对按规定应纳入预算管理的各项收入，必须及时足额缴入国库，严禁人为控制缴库或擅自留存专户管理。

（二）抓好决算编审管理工作。各级财政部门要高度重视对决算编审工作的科学化精细化管理，加强组织领导，加大对决算工作人、财、物等方面的保障力度，建立协调有序、运转高效的决算工作程序。要统筹安排好决算布置和培训工作，着力解决决算工作中暴露的突出问题，以及决算工作中存在的薄弱环节，加强业务指导，加大决算报表和软件的培训力度，确保决算工作人员深入领会填报口径，熟练掌握决算软件。决算人员发生变动的地区，要做好“传、帮、带”工作，确保决算质量的稳定。

（三）进一步展现决算价值。预算编制、预算执行与财政决算是一个有机的整体，相辅相成、密不可分。财政决算是预算执行情况的综合反映，在改进预算编制、规范预算执行方面具有不可替代的作用。各

级要加强对决算数据的分析利用，发现预算编制和预算执行中存在的问题，找出财务管理和会计核算中的薄弱环节，深入分析成因，提出对策建议，为改进财政财务管理服务，为领导决策提供参考依据，促进预算编制和预算执行管理水平不断提高。有条件的地区要积极开展专题研究，撰写专题分析报告。

三、其他有关事宜

（一）关于上级补助收入的编报问题。各级政府要将上级政府对本地区（包括本级和下级）的税收返还及补助，全额列入本级决算，同时在本级决算中反映对下级的税收返还及补助。

（二）关于省与各市财政结算问题。2009 年度省财政和各市财政结算中，属于正常上解、补助和预算执行中一般上划、下划、追加、追减的事项，仍按现行财政管理体制的有关规定办理；属于国家和省统一政策，需要省财政和各市财政单独结算的事项，我厅另行下发具体结算办法。各市应按照有关要求，如实提供数据资料，并事先核对清楚，以便及时办理结算。各市要遵循“简化、规范、公平、高效”的原则，尽量简化结算程序，加快各级对下结算事项批复。2009 年省直管县财政局仍以市级文件作为记账和结算依据，省对市办理结算时，将省直管县作为“其中”数单独反映，省直管县相关结算资料仍由所在市财政局报送。

（三）关于决算报送问题。各市（含青岛市）应于 2010 年 2 月 10 日以前，将《2009 年度财政总决算报表》中的一般预算收支决算总表、基金预算收支决算总表、一般预算收入决算明细表及国有资本经营预算收支决算明细表上报省财政厅；于 2010 年 3 月 15 日以前，将本地区全套《2009 年度财政总决算报表》，经同级人民政府审定后一式两份（连同电子文件）上报省财政厅；于 2010 年 3 月 15 日以前，将本地区《2009 年度部门决算报表》一式两份（连同电子文件）上报省财政厅。上述报表的具体编报格式及相关事宜，我厅将另行发文明确。

五、

行政政法财务类

财政部　国家旅游局关于印发《旅游发展基金补助地方项目资金管理办法》的通知

2009 年 4 月 27 日　财行〔2009〕47 号

各省、自治区、直辖市、计划单列市财政厅（局）、旅游局：

现将《旅游发展基金补助地方项目资金管理办法》印发给你们，请遵照执行。

附件：旅游发展基金补助地方项目资金管理办法

附件：

旅游发展基金补助地方项目资金管理办法

第一章　总　　则

第一条　为加强旅游发展基金补助地方项目资金（以下简称旅游专项资金）的管理，适应新时期旅游产业发展需要，充分发挥旅游专项资金的导向作用，提高资金的使用效益，根据《中华人民共和国预算法》和《中央对地方专项拨款管理办法》（财预〔2000〕128 号）的有关规定制定本办法。

第二条　本办法所称旅游专项资金，是指旅游发展基金中用于支持地方旅游产业发展的项目补助资金。旅游专项资金由中央财政通过专项转移支付拨付。

第三条　旅游专项资金的补助原则是"突出重点、重在导向、择优补助、务求实效"，通过旅游专项资金及地方财政资金的导向性投入，引导促进各类社会资金的投入。

第二章　旅游专项资金使用项目范围、形式

第四条　旅游专项资金重点用于补助中西部地区 A 级以上旅游景区（点）基础设施、公共服务设施建设及完善的项目；补助以中西部为主的重点地区带动农民脱贫致富的旅游项目和旅游新业态项目。

（一）旅游景区（点）基础设施项目包括：景区周边断头路通路工程，景区游步道、桥涵和河道整治工程，景区安全设施等基础设施的建设及完善项目。

（二）公共服务设施项目包括：景区（点）厕所、停车场的建设和完善项目、城镇通往景区的标识标牌、城镇游客接待中心等项目。

（三）以中西部为主的重点地区带动农民脱贫致富的旅游项目包括："农家乐"、"渔家乐"等乡村旅游开发或旅游扶贫开发等项目。

（四）旅游新业态项目包括：陆上文化旅游开发保护示范项目；海岛滨海旅游开发项目；邮轮游艇旅游基地项目；漂流、内河和湖泊游船及旅游码头建设项目；航空旅游基地项目；滑雪、温泉、自驾车营地和生态旅游示范区等旅游新业态项目。

第五条　旅游专项资金补助分为旅游项目开发补助和贷款贴息补助两种形式。各省（自治区、直辖

市，下同）可根据项目类型、规模大小、经济和社会效益等实际情况，申报以下两种资金使用形式。

（一）旅游项目开发补助：主要用于中西部地区A级以上旅游景区（点）旅游基础设施、公共服务设施配套建设以及带动农民脱贫致富的旅游项目补助。

（二）贷款贴息补助：主要用于中西部地区A级以上旅游景区（点）旅游开发项目和旅游新业态开发项目的贷款贴息补助，项目业主为具有独立的企业法人资格或实行企业化管理、独立核算的事业法人资格的建设单位。坚持先有贷款，再安排贴息资金的原则，对2009年1月1日以后的商业银行或政策性银行旅游开发项目贷款，经审核同意后适当给予贴息补助。贴息资金的贴补率不超过当期银行贷款利率，贴息期限原则上为1年，最多不超过2年。

第三章　旅游专项资金的申报、审批、拨款

第六条　旅游专项资金实行“两下一上”的申报审批程序。

（一）“一下”。财政部研究确定旅游专项资金支出预算规模后，会同国家旅游局向有关省财政、旅游主管部门下达年度旅游专项资金补助计划。

（二）“一上”。省旅游主管部门会同省级财政主管部门按旅游专项资金的使用原则、范围、方式和“一下”计划，编制旅游专项资金年度项目支出预算和项目文本，联合行文上报国家旅游局、财政部，由国家旅游局汇总审定后报财政部审核批复。

（三）“二下”。旅游专项资金年度预算和项目确定后，由财政部向省级财政主管部门下达旅游专项资金补助预算，同时抄送国家旅游局和省级旅游主管部门。

第七条　项目申报内容。

（一）项目申请报告。省级旅游和财政主管部门联合向国家旅游局和财政部报送旅游专项资金项目申请报告各一份。报告要对本省当年的旅游发展概况和支持重点做简要分析；对旅游专项资金项目申报情况进行汇总；对单个项目情况做简要说明。

（二）项目申报材料。每个申报项目除按所附《旅游专项资金项目申报文本》格式填报相对应的项目资料表格外，还需要单独提供以下申报材料：

1. 旅游项目所在地区旅游总体开发规划文件；
2. 旅游项目可行性研究报告经省或省辖市发展与改革部门批准文件；
3. 城市规划行政主管部门出具的规划选址意见书（城市景区点）；
4. 国土资源行政主管部门出具的项目用地预审意见或国有土地使用权出让合同；
5. 环境保护行政主管部门出具的环境影响评价审批意见；
6. 贷款贴息项目应附银行贷款合同和银行贷款实际发生计息单及相关审贷法律文件。

以上第1～5款为所有申报项目的必备条件，第6款为特定项目的必备条件。

第八条　拨款。旅游专项资金由财政部通过专项转移支付拨付省级财政主管部门，省级财政主管部门要根据国家财政预算管理及国库支付制度改革的要求，充分考虑项目施工进度和用款计划等实际情况，确保旅游专项资金能够及时拨付到位。具体拨付办法，由省级财政主管部门商省级旅游主管部门确定。

第九条　项目调整。对已下达旅游专项资金补助预算的旅游项目，原则上不得调整，若在执行过程中遇到自然灾害等不可抗力因素，确需改变项目用途的，由省级旅游、财政部门提出申请报国家旅游局（附更改项目申报材料），经国家旅游局商财政部批准后方可更改项目。

第四章　旅游专项资金的管理责任

第十条　旅游专项资金及项目的管理实行中央、省分级负责制。财政、旅游部门根据职能定位，按照

分工负责、通力合作、密切配合的原则，共同承担旅游专项资金及项目的管理责任。

第十一条 中央部门责任。

（一）财政部负责审核批复旅游专项资金预算。确定年度旅游专项资金的预算规模，会同国家旅游局下达年度旅游专项资金补助计划（即“一下”）；审核批复各省旅游专项资金预算（即“二下”）；督促省级财政主管部门在规定的时间内及时拨付项目资金；监督检查旅游专项资金使用情况并对违反规定使用资金进行处理。

（二）国家旅游局负责审核确定旅游专项资金补助项目。对各省上报的项目进行评估、论证、初审、汇总，并负责报送财政部审核批复；会同有关部门组织对旅游专项资金的使用情况进行监督检查并对违反规定使用资金提出处理意见。

第十二条 省级部门责任。

（一）省级财政主管部门根据年度旅游专项资金补助计划，审核省级旅游主管部门确定的本省旅游专项资金补助项目；会同省级旅游主管部门联合上报申请报告；及时将旅游专项资金拨付到位；监督检查旅游专项资金使用情况。

（二）省级旅游主管部门根据相关规定研究确定旅游专项资金补助项目；汇总项目相关材料报省级财政主管部门审核后联合上报（即“一上”）；会同省级财政主管部门监督检查旅游专项资金使用和项目进展情况。

第五章 监督检查

第十三条 省级财政主管部门应当会同省级旅游主管部门加强对旅游专项资金监督检查工作，建立对旅游专项资金使用情况的监督检查制度，保证旅游专项资金及时、足额到位，专款专用，防止挤占挪用。

第十四条 省级财政主管部门要会同省级旅游主管部门对旅游专项资金使用情况进行实地检查。对资金到位不及时或使用效益不高的项目单位，责成相关部门及时纠正；对违反规定，截留、挤占、挪用专项资金的项目单位，应当如数追回资金，项目实施单位两年内不得申请旅游专项资金补助项目，并按照《财政违法行为处罚处分条例》（国务院令第427号）的有关规定给予严肃处理。

第十五条 对严格按照本办法执行、社会效益和经济效益明显的地方项目单位，经省级旅游、财政主管部门审查并报国家旅游局确认后，予以表扬并奖励。财政部批复各省下一年度旅游专项资金预算时，将按批复项目补助资金总额的5%下达此项奖励资金。奖励资金用于项目单位旅游项目开发补助支出。

第六章 附　　则

第十六条 各省级财政、旅游主管部门可根据本办法精神，结合当地旅游发展规划及经济发展实际情况，制定本省的实施细则。

第十七条 本办法由财政部、国家旅游局组织实施，财政部负责解释。

第十八条 本办法自发布之日起执行。凡与本办法不一致的政策和规定，一律以本办法为准。

附：旅游专项资金项目申报文本

附：

旅游专项资金项目申报文本

项目名称________________

申请单位________________

申报日期________________

目　录

一、旅游专项资金申报文件

省（自治区、直辖市）旅游局、财政厅（局）：

根据《旅游发展基金补助地方项目经费管理办法》的规定，现申报____________________项目，申请旅游专项资金补助____________万元，请审批。

（市、县）旅游局

（盖章）

局长（签名）

年　月　日

（市、县）财政局

（盖章）

局长（签名）

年　月　日

二、旅游专项资金申报项目简况

项目名称		申请文号	
申请单位		申请金额	
资金使用形式	在下列相应的位置划“√”： 1. 项目开发补助（ ）；2. 贷款贴息补助（ ）。		
项目类别	在下列相应的位置划“√”： 1. 旅游基础设施项目（ ） 2. 旅游公共服务设施项目（ ） 3. 乡村旅游或旅游扶贫项目（ ） 4. 旅游新业态项目（ ）		
通讯地址		邮　编	
电　话		传　真	
负责人		电子邮件	
项目单位	户　名		
	开户银行		
	账　号		

三、旅游景区（点）基础设施及公共服务设施项目资料

旅游项目所在景区发展概况					
景区名称			经营管理单位		
占地面积			建筑面积		
职工总数			管理人员数		
景区（点）质量等级			建设时间		
开业时间			正在建设景区计划开业时间		
上年旅游接待规模	接待游客人次	万人次	上年经营情况	营业收入	万元
	其中：接待人境游客人次	万人次		利润总额	万元
	年接待人数增长率	%		上缴税费	万元
计划投资总额		万元	已投资数额		万元
资本权益构成（300 字）					
景区开发阶段（300 字）					
相关配套设施（300 字）					

四、乡村旅游或旅游扶贫开发项目资料

<table>
<tr><td colspan="6">旅游项目概况</td></tr>
<tr><td colspan="2">项目名称</td><td></td><td colspan="2">经营管理单位</td><td></td></tr>
<tr><td colspan="2">占地面积</td><td></td><td colspan="2">建筑面积</td><td></td></tr>
<tr><td colspan="2">建设时间</td><td></td><td colspan="2">开业时间</td><td></td></tr>
<tr><td colspan="2">从业人员数
（其中农业人口数）</td><td></td><td colspan="2">管理人员数</td><td></td></tr>
<tr><td rowspan="3">上年旅游接待规模</td><td>接待游客人次</td><td>万人次</td><td rowspan="3">上年经营情况</td><td>营业收入</td><td>万元</td></tr>
<tr><td>其中：接待入境游客人次</td><td>万人次</td><td>利润总额</td><td>万元</td></tr>
<tr><td>年接待人数增长率</td><td>%</td><td>上缴税费</td><td>万元</td></tr>
<tr><td colspan="2">计划投资总额</td><td>万元</td><td colspan="2">已投资数额</td><td>万元</td></tr>
<tr><td colspan="2">资本权益构成（300字）</td><td colspan="4"></td></tr>
<tr><td colspan="2">项目开发阶段（300字）</td><td colspan="4"></td></tr>
<tr><td colspan="2">相关配套设施（300字）</td><td colspan="4"></td></tr>
</table>

五、旅游新业态项目资料

<table>
<tr><td colspan="6">旅游项目概况</td></tr>
<tr><td colspan="2">项目名称</td><td></td><td colspan="2">经营管理单位</td><td></td></tr>
<tr><td colspan="2">占地面积</td><td></td><td colspan="2">建筑面积</td><td></td></tr>
<tr><td colspan="2">建设时间/预计建设完成时间</td><td></td><td colspan="2">开业时间</td><td></td></tr>
<tr><td colspan="2">职工总数</td><td></td><td colspan="2">管理人员数</td><td></td></tr>
<tr><td rowspan="3">上年旅游接待规模</td><td>接待游客人次</td><td>万人次</td><td rowspan="3">上年经营情况</td><td>营业收入</td><td>万元</td></tr>
<tr><td>其中：接待入境游客人次</td><td>万人次</td><td>利润总额</td><td>万元</td></tr>
<tr><td>年接待人数增长率</td><td>%</td><td>上缴税费</td><td>万元</td></tr>
<tr><td colspan="2">计划投资总额</td><td>万元</td><td colspan="2">已投资数额</td><td>万元</td></tr>
<tr><td colspan="2">资本权益构成（300字）</td><td colspan="4"></td></tr>
<tr><td colspan="2">项目开发阶段（300字）</td><td colspan="4"></td></tr>
<tr><td colspan="2">相关配套设施（300字）</td><td colspan="4"></td></tr>
</table>

六、《办法》第七条要求提供的相关“项目申报材料”

1. 旅游项目所在地区旅游总体开发规划文件；
2. 旅游项目可行性研究报告经省或省辖市发展与改革部门批准文件；
3. 城市规划行政主管部门出具的规划选址意见书（城市景区点）；
4. 国土资源行政主管部门出具的项目用地预审意见或国有土地使用权出让合同；
5. 环境保护行政主管部门出具的环境影响评价审批意见；
6. 贷款贴息项目应附银行贷款合同和银行贷款实际发生计息单及相关审贷法律文件。

财政部关于扩大财行〔2008〕459号文件执行范围的通知

2009年8月21日　财行〔2009〕283号

河北、辽宁、吉林、黑龙江、江苏、浙江、安徽、福建、江西、山东、河南、湖北、湖南、海南省财政厅：

根据中央政法委员会等中央15个部门联合下发的《关于印发〈2009年政法干警招录培养体制改革试点工作实施方案〉的通知》（政法〔2009〕21号），你省被确定为2009年扩大改革试点的地区，同时，同意你省试点班学生学费和生活补助费待遇，按照2008年试点地区有关政策执行。为此，现将《财政部关于政法院校招录培养体制改革试点班学生生活补助费有关问题的通知》（财行〔2008〕459号）转给你省，请严格执行。

附件：财政部关于政法院校招录培养体制改革试点班学生生活补助费有关问题的通知

附件：

财政部关于政法院校招录培养体制改革试点班学生生活补助费有关问题的通知

2008年11月18日　财行〔2008〕459号

山西、内蒙古、广东、广西、重庆、四川、贵州、云南、西藏、陕西、青海、宁夏、新疆、甘肃省（自治区、直辖市）财政厅（局）：

为加强西部地区县级政法机关干部队伍建设，积极引导和鼓励军队退役士兵和高校毕业生中的优秀人才到西部地区县级法院、检察院、公安和司法行政机关工作，推动政法机关人才培养体制改革，根据中央政法委员会等中央11个部（委）联合印发的《2008年政法院校招录培养体制改革试点工作方案》（政法〔2008〕28号），现对政法院校招录培养体制改革试点班学生发放生活补助费有关问题通知如下：

一、学生在校学习期间，由所在院校按月发放生活补助，每月发放标准为：研究生班学生700元、本科班学生600元、专科班学生500元，假期减半发放。

二、发放学生生活补助费所需费用，按院校现行经费渠道，由同级财政列入承担培养任务院校的年度部门预算，分别由中央和地方财政予以保障。其中：中央部门所属政法院校试点班学生生活补助费经费，以及地方所属政法院校为西部地区县级政法机关定向培养学生所需生活补助费经费，由中央政法机关人才培养体制改革试点专项经费解决；其他地方所属政法院校试点班学生生活补助费经费由地方财政解决。

省财政厅　省公安厅转发《财政部　公安部关于加强公安边防派出所　工作站公安业务费管理有关问题的通知》的通知

2009年3月4日　鲁财行〔2009〕3号

有关市财政局、公安局：

现将《财政部　公安部关于加强公安边防派出所　工作站公安业务费管理有关问题的通知》（财防〔2007〕242号）转发给你们，并结合我省实际，就边防部队执行公安任务的经费保障标准和渠道提出以下意见，请一并贯彻执行。

一、边防派出所公安业务费保障标准比照当地公安派出所公用经费保障范围中公安业务费和公安特别业务费保障水平确定，所需经费按现行公安派出所的渠道解决。

二、省边防总队、边防支队所属刑事侦查队和总队直属边防检查站内设情报机构的公安业务费保障标准，按编制内实有人员1.2万元/人·年确定。其中，省边防总队所属刑事侦查队和直属边防检查站内设情报机构所需经费由省级财政承担；边防支队所属刑事侦查队所需经费由驻地市级财政承担。

三、海警支队公安业务费保障标准按编制内实有人员1.2万元/人·年确定，所需经费根据海警支队所辖区域海岸线所占比例，由相关市级财政分担。

四、各边防派出所、刑事侦查队、海警支队因执行公安任务取得的各项行政性收费和罚没收入，要按规定及时足额上缴承担公安业务经费的财政部门，纳入部门预算，实行“收支两条线”管理。

五、各地要根据当地经济的发展和边防部队执行公安任务的工作实际，逐步提高公安业务费保障水平。

六、各级财政、公安边防部门要密切配合，严格执行财经纪律，严防资金挤占挪用，切实加强财务管理，确保资金发挥效益。

附件：财政部　公安部关于加强公安边防派出所　工作站公安业务费管理有关问题的通知

附件：

财政部　公安部关于加强公安边防派出所　工作站公安业务费管理有关问题的通知

2007年11月23日　财防〔2007〕242号

各省、自治区、直辖市财政厅（局）、公安厅（局），新疆生产建设兵团财务局、公安局：

根据《中共中央关于进一步加强和改进公安工作的决定》（中发〔2003〕13号）和《财政部、公安部〈关于制定县级公安机关公用经费保障标准的意见〉的通知》（财行〔2004〕157号）精神，为切实做好公安边防派出所、工作站（以下简称“公安边防所、站”）公安业务费保障工作，确保履行维护社会政治稳定、治安秩序职责经费需要，现就公安边防所、站公安业务费管理有关问题通知如下：

一、全国沿边、沿海公安边防所、站是上级公安边防部队和当地公安机关的基层单位，既担负边防管理任务，又担负公安机关维护社会稳定任务，具有双重职责。

二、根据事权财权划分原则和现行财政管理体制以及“分级管理、分级负担”的公安经费管理体制，公安边防所、站的行政经费和边防业务经费，列入中央财政预算，由上级公安边防部队负责供给；执行公安任务所需公安业务费，列入地方财政预算，由地方政府保障。公安边防所、站各项罚没收入和行政收费按有关规定上交财政。

三、公安边防所、站公安业务费主要包括：侦察破案费（含侦察活动费、办案差旅费、协助破案费），遣送费，警犬训养费，消耗费（含公安专线租费、交通工具消耗费、侦察设备消耗费、武器弹药消耗费、通信信息设备消耗费），宣传资料费，教育培训费，治保费，专业补助费，奖励费，业务会议费，公安装备购置费（含公安车辆、船艇、警械器具、侦察、通讯器材购置），公安业务网络建设费，警务室、办证室、候问室建设维护费，110设施建设维护费，特别业务费（包括特别办案费、特情耳目费、情报费等）和其他费用等。

四、地方各级财政部门要按照上述保障范围，结合本地区公安边防所、站担负的公安任务，比照本地区县级公安机关及派出所经费保障标准，合理确定公安边防所、站公安业务费保障标准，并制定管理办法。

五、公安业务费中属公安边防所、站完成公安业务工作所必需的经常性、消耗性支出，列入基本支出预算；其他不能列入基本支出预算的，列入项目支出预算。

六、公安边防所、站要将公安业务费纳入单位预算统一管理，严格执行批准的年度预算，加强财务管理，提高经费使用效益。

七、公安业务费决算在报送同级财政部门审批的同时，报送上级公安边防部队后勤财务部门，逐级汇总上报公安部、财政部。

八、各级财政、公安部门要加强公安边防所、站公安业务费预算、决算以及形成资产的管理，加大监督检查力度。公安边防所、站要主动接受地方财政部门对公安业务费开支使用情况的监督检查。

九、公安边防部队所属边境检查站、侦查队、海警部队等职能部门承担地方公安任务所需经费，参照本通知执行。

省财政厅　省司法厅转发《财政部　司法部关于进一步加强人民调解工作经费保障的意见》的通知

2009年3月10日　鲁财行〔2009〕4号

各市财政局、司法局：

现将《财政部　司法部关于进一步加强人民调解工作经费保障的意见》（财行〔2007〕179号）转发给你们，请认真贯彻执行。

附件：财政部　司法部关于进一步加强人民调解工作经费保障的意见

附件：

财政部　司法部关于进一步加强人民调解工作经费保障的意见

2007年7月9日　财行〔2007〕179号

各省、自治区、直辖市、计划单列市财政厅（局）、司法厅（局），新疆生产建设兵团财务局、司法局：

人民调解制度是在党的领导下，继承发扬我国民间调解的传统并不断发展完善起来的一项重要法律制度。党的十六届六中全会提出了构建社会主义和谐社会的战略任务，对人民调解工作提出了新的更高的要求。为确保人民调解工作正常开展，调动广大调解员积极性，充分发挥人民调解在化解矛盾纠纷、维护社会稳定中的独特作用，现就进一步加强人民调解工作经费保障的问题提出如下意见：

一、人民调解工作经费的开支范围

根据司法部、财政部修订的《司法业务费开支范围的规定》[（85）司发计字第384号]和人民调解工作发展的需要，人民调解工作经费的开支范围包括司法行政机关指导人民调解工作经费、人民调解委员会工作补助经费、人民调解员补贴经费。

1. 司法行政机关指导人民调解工作经费包括：人民调解工作宣传经费、培训经费、表彰奖励费等；

2. 人民调解委员会补助经费是指对人民调解委员会购置办公文具、文书档案和纸张等的补助费；

3. 人民调解员补贴经费是指发放给被司法行政部门正式聘请的人民调解员调解纠纷的生活补贴费。

二、人民调解工作经费的保障办法

1. 司法行政机关指导人民调解工作经费列入同级财政预算。

2. 为支持人民调解委员会和人民调解员的工作，地方财政可根据当地经济社会发展水平和财力状况，适当安排人民调解委员会补助经费和人民调解员补贴经费。乡镇（街道）、村（居）委会、企事业单位等设立人民调解委员会和人民调解员的机构应继续在各方面对其提供支持。

3. 人民调解委员会补助经费、人民调解员补贴经费的安排和发放应考虑每个人民调解委员会及调解员调解纠纷的数量、质量、纠纷的难易程度、社会影响大小以及调解的规范化程度。补助和补贴标准可由县级司法行政部门商同级财政部门确定。

三、人民调解工作经费的管理

1. 人民调解工作经费由各级财政部门会同司法行政部门共同管理。司法行政部门要每年编报经费预算，报同级财政部门审批；使用过程中要严格把关，杜绝弄虚作假、瞒报、虚报现象。财政部门要加强对司法行政部门人民调解工作经费管理的监督检查。

2. 财政部门和司法行政部门要加强协调配合，及时研究解决工作中遇到的新情况、新问题，将人民调解工作经费保障落到实处，促进人民调解工作的进一步发展。

省财政厅 省公安厅关于印发《全省高速公路全程监控系统联网平台罚没收入管理暂行办法》的通知

2009 年 6 月 12 日 鲁财行〔2009〕16 号

各市财政局、公安局：

为加强全省高速公路全程监控系统联网平台罚没收入的管理，提高资金使用效益，我们研究制定了《全省高速公路全程监控系统联网平台罚没收入管理暂行办法》，现予印发，请遵照执行。

附件：全省高速公路全程监控系统联网平台罚没收入管理暂行办法

附件：

全省高速公路全程监控系统联网平台罚没收入管理暂行办法

第一章 总 则

第一条 为加强全省高速公路全程监控系统联网平台罚没收入管理，提高资金使用效益，根据国家非税收入“收支两条线”管理有关规定，结合我省实际，制定本暂行办法。

第二条 全省高速公路全程监控系统联网平台，是根据我省公安交通规范化执法的要求，为进一步加大对高速公路管控力度，构筑覆盖全省高速公路的治安交通防控体系，提高全省高速公路交通安全管理水平，而在全省高速公路建设的全程电子监控系统。

第三条 全省高速公路全程监控系统建设，充分考虑公安各警种的需求，按照“科学布局、综合利用、资源共享”的原则，由省公安厅负责统一规划、统一标准、统一建设、统一维护。省公安厅及各市高速公路交通部门负责有关沿线设备的日常管理和交通违法行为的处理。

第四条 全省高速公路全程监控系统联网平台罚没收入，是指违法车辆未经现场处罚而通过安装在全省高速公路上的全程监控系统，将抓拍取证的违法车辆信息转入出口拦截点进行处罚而实现的罚没收入。

第五条 本办法适用于已安装全省高速公路全程监控系统联网平台进行高速公路交通管理的各市（不包括青岛市）。

第二章 收 入 管 理

第六条 全省高速公路全程监控系统联网平台罚没收入（简称“联网罚没收入”），全额上缴省级财政。高速公路交通管理部门的其他罚没收入，按现行预算级次上缴同级财政。

第七条 对现场未实现拦截处罚及未在出口拦截点处罚的违法车辆信息，将通过全省道路交通违法处理系统，将本省违法车辆信息转入车籍地进行处罚，罚没收入管理按省财政厅、省公安厅鲁财综〔2006〕73号文件规定执行；对于现场没有实现拦截处罚的外省车辆违法信息，将通过上传全国违法系统数据库，转车籍地处罚。

第八条 联网罚没收入使用省财政厅印制的高速公路专用的“山东省非税收入定额票据”和“山东省非税收入缴款书”征收，通过“山东省非税收入征收管理系统”全额上缴省级国库。各市高速公路交通管理部门联网罚没收入项目的执收编码，由省公安厅到省财政厅统一办理。

第九条 联网罚没收入使用的“山东省非税收入定额票据”和“山东省非税收入缴款书”，由省公安厅向省财政厅购领，并负责发放到各市交警支队。各市交警支队负责本辖区内票据的发放和管理工作，并按月到省公安厅缴销票据，核对资金。

第十条 联网罚没收入纳入省公安厅部门预算，实行“收支两条线”管理。

全省高速公路全程监控系统联网平台的系统建设、运行维护、设备更新、干警执法办案经费和其他交通科技强警支出，均通过省公安厅部门预算统筹安排。

第十一条 对沿线各市高速公路管理部门的执法办案经费补助、装备配备等支出，省财政厅、省公安厅将按照各市管辖里程、人员到位情况、“非现场”处罚工作量和比率等因素，以市为单位核定。

第十二条 对通过全省高速公路全程监控系统联网平台进行高速公路管理的沿线各市，其高速公路管理部门的执法办案经费补助，由省公安厅按照国库集中支付有关规定拨付各市交警支队，各市交警支队直接拨付各高速大队，并实行独立核算，专款专用；装备补助由省级统一采购，以实物形式配备。

第三章 监督检查

第十三条 全省高速公路交通管理部门须严格按照规定使用“山东省非税收入缴款书”和高速公路专用的“山东省非税收入定额票据”收取罚没收入，不得隐瞒、截留、转移、私分、坐支罚没收入以及利用罚没收入私设“小金库”；收取罚没收入不得使用非法票据，不得混用票据；不得混淆罚没收入上缴预算级次。对违反规定的，依据国家有关规定予以处理，需追究责任人员刑事责任的，移交司法机关依法处理。

第十四条 各级财政、公安部门要加强监督检查，包括罚没收入上缴预算级次及支出的有关情况，领取、管理、使用、缴销罚没收入票据的有关情况，罚没收入和支出的范围及标准等等。

第十五条 省公安厅和各市交警支队对所辖单位的财务收支情况定期进行监督考核和不定期检查。要建立内部稽核制度和岗位责任制，健全内部制约机制，加强日常财务监督，积极配合审计、财政部门进行审计和检查工作。

第十六条 各市高速公路交通管理部门要健全财务机构，配备专职财务管理人员，完善财务管理制度，严格执行各项财务管理规定。加强各项资金和物资的管理。要实行部门领导负责制，对各项开支从严掌握，层层负责，堵塞漏洞，确保国家资金的安全完整，最大限度地发挥资金使用效益。

第四章 附 则

第十七条 各市可根据本办法的规定，制定具体实施细则，报省财政厅、省公安厅备案。

第十八条 本办法由省财政厅、省公安厅负责解释。

第十九条 本办法自发布之日起施行。

省财政厅　省公安厅关于全省公安看守所在押人员伙食费标准及有关经费保障问题的通知

2009年9月4日　鲁财行〔2009〕27号

各市财政局、公安局：

为进一步提高看守所经费保障水平，根据财政部和公安部《关于进一步加强看守所经费保障工作的通知》（财行〔2009〕132号）要求，结合我省实际，现就看守所在押人员伙食费及其他有关经费保障问题通知如下：

一、按照《公安部　财政部关于印发看守所在押人员伙食实物量标准的通知》（公通字〔1996〕6号）规定，看守所在押人员伙食金额标准由原每人每月85～105元，调增到每人每月120～180元。各市可在此标准范围内结合当地物价水平予以核定，并报省财政厅、省公安厅备案。不得对看守所在押人员伙食费实行经费包干。

二、看守所在押人员医疗费、衣被费、公杂费等给养费用和公务费、装备购置及消耗费、修缮费及其他费用标准，要严格按照《公安部　财政部关于印发〈看守所经费开支范围和管理办法的规定〉的通知》（公通字〔1996〕11号）规定执行。其中，看守所在押人员医疗费、衣被费、公杂费等给养费用，可根据实际确定相应的标准予以保障；看守所公务费、装备购置及消耗费、修缮费及其他费用，要按照《省财政厅　省公安厅印发〈关于建立县级公安机关公用经费保障机制的意见〉的通知》（鲁财行〔2005〕1号）要求，进一步明确看守所公用经费保障标准，并按规定给予保障，不得挤占在押人员伙食费等给养费用，未制定公用经费保障标准的市级公安机关，其所属看守所公用经费也要按有关规定予以保障。

三、各级看守所的人犯给养费、公务费、装备购置费、装备消耗费、修缮费及其他费用，应按有关规定和标准列入看守所年度预算，由同级财政予以保障。

四、各级财政部门要按照有关规定和标准足额安排看守所各项经费预算，并加强对预算执行情况的监督检查。各级公安机关要严格预算执行，不得以任何理由截留、挪用看守所经费。看守所内部要建立健全财务管理制度，严格执行财经纪律，合理配置装备设施，提高装备设施利用率，避免重复购置，切实提高资金使用效益。

五、本通知自2009年10月1日起执行。

省财政厅　省司法厅转发《财政部　司法部关于印发〈中央补助地方法律援助办案专款管理暂行办法〉的通知》的通知

2009年11月23日　鲁财行〔2009〕51号

各市、县（市、区）财政局、司法局：

现将《财政部　司法部关于印发〈中央补助地方法律援助办案专款管理暂行办法〉的通知》（财行〔2005〕191号）转发给你们，请认真贯彻执行。

附件：财政部　司法部关于印发《中央补助地方法律援助办案专款管理暂行办法》的通知

附件：

财政部　司法部关于印发《中央补助地方法律援助办案专款管理暂行办法》的通知

2005年9月6日　财行〔2005〕191号

各省、自治区、直辖市财政厅（局）、司法厅（局）：

为落实国务院《法律援助条例》，帮助经济不发达地区解决法律援助经费困难，促进不同地区法律援助工作的协调发展，中央财政专项安排了中央补助地方法律援助办案专款。为充分发挥专款的使用效益，我们制定了《中央补助地方法律援助办案专款管理暂行办法》，现印发给你们，请遵照执行。

附件：中央补助地方法律援助办案专款管理暂行办法

附件：

中央补助地方法律援助办案专款管理暂行办法

第一条　为加强中央补助地方法律援助办案专款（以下简称法律援助办案专款）的管理，充分发挥法律援助办案专款的使用效益，推动法律援助工作的发展，根据财政部《中央对地方专项拨款管理办法》的规定，特制定本办法。

第二条　法律援助办案专款是为落实国务院《法律援助条例》，帮助经济不发达地区解决法律援助经费困难，促进不同地区法律援助工作的协调发展，由中央财政专项安排的补助地方办理法律援助案件的专项资金。

根据司法部、民政部、财政部等九部门《关于贯彻落实〈法律援助条例〉切实解决困难群众打官司难问题的意见》的规定，各级政府应将法律援助所需经费纳入预算，省级财政部门应设立法律援助专项资金，各级司法行政部门要广泛开辟政府财政拨款以外的法律援助经费筹措渠道，充分利用各方面力量解决法律援助办案所需经费。

第三条　法律援助办案专款的投向是国家级和省级扶贫开发工作重点县（市、区），以及经费保障能力较低的其他困难县（市、区）法律援助机构（含未单独设立法律援助机构，承担法律援助任务的县、市、区司法局，下同）。

第四条　法律援助办案专款的使用范围：

（一）支付接受法律援助机构指派办理案件的律师、基层法律服务工作者和接受安排办理案件的社会组织人员、法律援助志愿者的办案补贴，包括差旅费、交通通讯费、文印费、调查取证费等；

各省级司法行政部门应会同同级财政部门根据本地区实际情况制定办案补贴标准。

（二）法律援助机构办理法律援助案件的直接费用；

（三）受援人败诉后确因经济困难无力交纳的鉴定费和仲裁费。

第五条　法律援助办案专款的分配：

（一）法律援助办案专款分配原则是：公开、公正、透明；保贫困、保基层、保基本，体现政府的责任和财政支付能力的协调平衡。

（二）法律援助办案专款采用“因素计算法”进行分配，即根据国家有关部门的统计资料，选择贫困人口数量、财政状况、法律援助办案量及其他客观因素，在量化的基础上，根据各因素对经费需求的影响程度和财政管理的要求，确定各因素的权重和差异系数，通过公式计算确定补助各地的法律援助办案专款的数额。

（三）贫困人口数量以国家统计的上年全国各地贫困人口数为准；财政状况以人均可用财力指标为准，适当参考其他财政指标；法律援助办案量以上年实际完成法律援助案件数为准；其他因素主要考虑法律援助办案专款的管理情况和各级财政的法律援助专项资金安排情况。

计算专款的因素及其所占权重可根据情况的变化进行适当调整。

（四）省级财政部门在分配法律援助办案专款时，也要以“因素计算法”为基础，坚持鼓励办案数量多和本身安排办案经费多的地区的原则。

第六条 法律援助办案专款的使用管理：

（一）法律援助办案专款实行集中安排、一次下达的办法，由财政部直接拨付到省级财政部门。

（二）省级财政部门要在司法行政部门的配合下，将中央财政补助的法律援助办案专款，结合省级财政安排的专项资金，在收到中央补助资金的两个月内，按财政预算管理程序核定并下拨到县级法律援助机构。县级法律援助机构要将上级补助的法律援助办案专款、本级财政安排的办案经费和各种渠道筹集的社会资金结合起来，统筹安排使用。

（三）有条件实行财政国库直接支付的地区，省级财政可直接将法律援助办案专款拨付给县级法律援助机构。

（四）承办法律援助案件的办案人员在领取法律援助办案费补贴时，应当向法律援助机构提交有关的法律文书副本或复印件以及结案报告等材料，并在领取单上签字。

（五）法律援助机构应建立台账，标明承担的法律援助案件事项、时间、承办人、办案费补助数额或报销数额等。

第七条 法律援助办案专款的监督管理：

（一）各级财政部门和司法行政部门要加强对法律援助办案专款的监督管理，制定切实有效的管理办法，保证法律援助办案专款及时、足额到位，专款专用，不得用于司法行政部门和法律援助机构的人员经费和公用经费。

（二）每年度终了后4个月内，省级财政部门和司法行政部门要将法律援助办案专款的安排和使用情况如实向财政部和司法部作出书面报告。中央财政将以此作为考核省级财政和司法行政部门对法律援助办案专款管理工作的一项重要内容和安排下一年度法律援助办案专款的参考依据。

（三）省级财政部门要会同司法行政部门建立效益考核制度，对使用法律援助办案专款的情况进行量化考核，定期向上级和下级财政、司法行政部门通报考核情况，及时提出问题和改进意见。

（四）财政部、司法部将定期或不定期地直接或委托有关部门对专款的使用情况进行现场检查、审计。对法律援助办案专款到位不及时、使用效益不高、存在挤占挪用现象等违反本办法规定的地区，将暂停以后年度法律援助办案专款并按照《财政违法行为处罚处分条例》的规定予以处罚处分。

第八条 本办法自发布之日起施行。省级财政部门和司法行政部门可结合本地实际制定具体实施办法。

第九条 本办法由财政部负责解释。

六、

教科文财务类

国务院办公厅关于印发全国中小学校舍安全工程实施方案的通知

2009 年 4 月 8 日　国办发〔2009〕34 号

各省、自治区、直辖市人民政府，国务院各部门、各直属机构：

《全国中小学校舍安全工程实施方案》已经国务院同意，现印发给你们，请认真贯彻执行。

校舍安全直接关系广大师生的生命安全，关系社会和谐稳定。国务院决定实施全国中小学校舍安全工程。要突出重点，分步实施，经过一段时间的努力，将学校建成最安全、家长最放心的地方。各级政府和各有关部门要充分认识实施这项工程的重大意义，切实加强组织领导，建立高效的工作机制，扎实推进工程实施。要借鉴 1976 年唐山地震后实施的建筑设施抗震加固、近年来一些地区实施抗震安居工程、提高综合防灾能力的经验，发挥专业部门技术支撑优势，科学制订校舍安全标准，深入细致进行校舍排查鉴定，依法依规拟定工程规划和具体实施方案，精心做好技术指导，严格落实施工管理和监管责任，确保工程质量。各地要加大投入力度，列入财政预算，确保资金及时到位，规范资金管理，确保资金使用效益，防止学校出现新的债务。要加强宣传引导，营造工程实施的良好社会氛围。各级政府和各有关部门要切实履行职责，真正把校舍安全工程建成“阳光工程”、“放心工程”。

附件：全国中小学校舍安全工程实施方案

附件：

全国中小学校舍安全工程实施方案

为保证全国中小学校舍安全工程（以下简称校舍安全工程）顺利实施，保障师生生命安全，借鉴唐山地震后建筑设施抗震加固及近年来一些地区实施抗震安居工程、提高综合防灾能力的经验，特制定本方案。

一、背景和意义

2001 年以来，国务院统一部署实施了农村中小学危房改造、西部地区农村寄宿制学校建设和中西部农村初中校舍改造等工程，提高了农村校舍质量，农村中小学校面貌有很大改善。但目前一些地区中小学校舍有相当部分达不到抗震设防和其他防灾要求，C 级和 D 级危房仍较多存在；尤其是 20 世纪 90 年代以前和“普九”早期建设的校舍，问题更为突出；已经修缮改造的校舍，仍有一部分不符合抗震设防等防灾标准和设计规范。在全国范围实施中小学校舍安全工程，全面改善中小学校舍安全状况，直接关系广大师生的生命安全，关系社会和谐稳定。

二、目标和任务

在全国中小学校开展抗震加固、提高综合防灾能力建设，使学校校舍达到重点设防类抗震设防标准，并符合对山体滑坡、崩塌、泥石流、地面塌陷和洪水、台风、火灾、雷击等灾害的防灾避险安全要求。

工程的主要任务是：从 2009 年开始，用三年时间，对地震重点监视防御区、七度以上地震高烈度区、洪涝灾害易发地区、山体滑坡和泥石流等地质灾害易发地区的各级各类城乡中小学存在安全隐患的校舍进行抗震加固、迁移避险，提高综合防灾能力。其他地区，按抗震加固、综合防灾的要求，集中重建整体出现险情的D级危房、改造加固局部出现险情的C级校舍，消除安全隐患。

三、工程实施范围和主要环节

校舍安全工程覆盖全国城市和农村、公立和民办、教育系统和非教育系统的所有中小学。

（一）对中小学校舍进行全面排查鉴定。各地人民政府组织对本行政区域内各级各类中小学现有校舍（不含在建项目）进行逐栋排查，按照抗震设防和有关防灾要求，形成对每一座建筑的鉴定报告，建立校舍安全档案。2008年5月以后已经排查并形成鉴定报告的校舍，可不再重新鉴定。

（二）科学制定校舍安全工程实施规划和方案。根据排查、鉴定结果，结合中小学布局结构调整和正在实施的农村寄宿制学校建设、中西部农村初中校舍改造等专项工程，科学制定校舍安全工作总体规划和具体的实施计划与方案。

（三）区别情况，分类、分步实施校舍安全工程。对通过维修加固可以达到抗震设防标准的校舍，按照重点设防类抗震设防标准改造加固；对经鉴定不符合要求、不具备维修加固条件的校舍，按重点设防类抗震设防标准和建设工程强制性标准重建；对严重地质灾害易发地区的校舍进行地质灾害危险性评估并实行避险迁移；对根据学校布局规划确应废弃的危房校舍可不再改造，但必须确保拆除，不再使用；完善校舍防火、防雷等综合防灾标准，并严格执行。

新建校舍必须按照重点设防类抗震设防标准进行建设，校址选择应符合工程建设强制性标准和国家有关部门发布的《汶川地震灾后重建学校规划建筑设计导则》规定，并避开有隐患的淤地坝、蓄水池、尾矿库、储灰库等建筑物下游易致灾区。

四、工作机制

校舍安全工程实行国务院统一领导，省级政府统一组织，市、县级政府负责实施，充分发挥专业部门作用的领导和管理体制。

国务院成立全国中小学校舍安全工程领导小组，统一领导和部署校舍安全工程。发展改革、教育、公安（消防）、监察、财政、国土资源、住房城乡建设、水利、审计、安全监管、地震等部门参加领导小组。

领导小组办公室设在教育部，由领导小组部分成员单位派员组成，集中办公。办公室设若干专业组，由有关部门司局级干部担任组长，具体负责：组织拟订校舍安全工程的工作目标、政策；按照目标管理的要求，整合与中小学校舍安全有关的各项工程及资金渠道，统筹提出中央资金安排方案；结合抗震设防和综合防灾要求，综合衔接选址避险、建筑防火等各种防灾标准，组织制订校舍安全技术标准、建设规范和排查鉴定、加固改造工作指南；明确有关部门在校舍安全工程中的职责，将中小学校舍建设按照基本建设程序和工程建设程序管理；制订和检查校舍安全工程实施进度；设立举报电话，协调查处重点案件；协调各地各部门支持重点地区的校舍安全工程，协调处理跨地区跨部门重要事项；编发简报，推广先进经验，报告工作进展。

各省（区、市）成立中小学校舍安全工程领导小组，统一组织和协调本地区校舍安全工程的实施，并在相关部门设立办公室。办公室负责制订并组织落实工程规划、实施方案和配套政策，统筹安排工程资金，组织编制和审定各市、县校舍加固改造、避险迁移和综合防灾方案；落实对校舍改造建设收费有关减免政策；按照项目管理的要求，监督检查工程质量和进度。

省级人民政府要组织国土资源、住房城乡建设、水利、地震等部门为本行政区域内各市县提供地震重点监视防御区、七度以上地震高烈度区及地震断裂带和地震多发区、洪涝灾害易发区及其他地质灾害分布情况，提出安全性评估和建议。市县专业力量不足的，省级政府要组织勘察设计单位、检测鉴定机构和技术专家，帮助市县进行校舍地质勘察和建筑检测鉴定。

市、县级人民政府负责校舍安全工程的具体实施，对本地的校舍安全负总责，主要负责人负直接责任。要在上级政府和有关部门的指导下，统一组织对校舍的逐栋排查和检测鉴定，审核每一栋校舍的加固改造、避险迁移和综合防灾方案，具体组织工程实施，落实施工管理和监管责任，按进度、按标准组织验收，建立健全所有中小学校、所有校舍的安全档案。市级人民政府要统筹协调本地区各县勘察鉴定和设计、施工、监理力量，加强组织调度，规范工程实施，严格工程质量安全管理。

五、资金安排和管理

资金安排实行省级统筹，市县负责，中央财政补助。中央在整合目前与中小学校舍安全有关的资金基础上，2009 年新增专项资金 80 亿元，重点支持中西部地震重点监视防御区及其他地质灾害易发区，具体办法由全国中小学校舍安全工程领导小组研究制订。各省（区、市）工程资金由省级人民政府负责统筹安排。各地要切实加大对校舍安全工程的投入，列入财政预算，确保资金及时到位，防止学校出现新的债务。鼓励社会各界捐资捐物支持校舍安全工程。

民办、外资、企（事）业办中小学的校舍安全改造由投资方和本单位负责，当地政府给予指导、支持并实施监管。

四川、陕西、甘肃省地震灾区的校舍安全工程纳入当地灾后恢复重建规划，统一实施。

健全工程资金管理制度，工程资金实行分账核算，专款专用，不能顶替原有投入，更不得用于偿还过去拖欠的工程款和其他债务。资金拨付按照财政国库管理制度有关规定执行。严格杜绝挤占、挪用、克扣、截留、套取工程专款。保证按工程进度拨款，不得拖欠工程款。校舍安全工程建设执行《国务院办公厅转发教育部等部门关于进一步做好农村寄宿制学校建设工程实施工作若干意见的通知》（国办发〔2005〕44 号）有关减免行政事业性和经营服务性收费等优惠政策。

六、监督检查和责任追究

全国中小学校舍安全工程领导小组和地方各级人民政府要加强对工程建设的检查监督，对工程实施情况组织督查与评估。校舍安全工程全过程接受社会监督，技术标准、实施方案、工程进展和实施结果等向社会公布，所有项目公开招投标，建设和验收接受新闻媒体和社会监督。

建立健全校舍安全工程质量与资金管理责任追究制度。对发生因学校危房倒塌和其他因防范不力造成安全事故导致师生伤亡的地区，要依法追究当地政府主要负责人的责任。改造后的校舍如因选址不当或建筑质量问题遇灾垮塌致人伤亡，要依法追究校舍改造期间当地政府主要负责人的责任；建设、评估鉴定、勘察、设计、施工与工程监理单位及相关负责人员对项目依法承担责任。要对资金使用情况实行跟踪监督。对挤占、挪用、克扣、截留、套取工程专项资金、违规乱收费或减少本地政府投入以及疏于管理影响工程目标实现的，要依法追究相关负责人的责任。

国务院办公厅转发教育部等部门关于进一步加快特殊教育事业发展意见的通知

2009 年 5 月 7 日　国办发〔2009〕41 号

各省、自治区、直辖市人民政府，国务院各部委、各直属机构：

教育部、发展改革委、民政部、财政部、人力资源社会保障部、卫生部、中央编办、中国残联《关于进一步加快特殊教育事业发展的意见》已经国务院同意，现转发给你们，请认真贯彻执行。

附件：教育部　发展改革委　民政部　财政部　人力资源社会保障部　卫生部　中央编办　中国残联关于进一步加快特殊教育事业发展的意见

附件：

教育部　发展改革委　民政部　财政部　人力资源社会保障部　卫生部　中央编办　中国残联关于进一步加快特殊教育事业发展的意见

为贯彻党的十七大精神，全面落实科学发展观，促进和谐社会建设，认真贯彻落实《中共中央 国务院关于促进残疾人事业发展的意见》（中发〔2008〕7号）精神，进一步加快我国特殊教育事业发展，根据《中华人民共和国义务教育法》、《中华人民共和国残疾人保障法》和《残疾人教育条例》，对当前和今后一个时期我国特殊教育事业发展提出以下意见：

一、全面提高残疾儿童少年义务教育普及水平，不断完善残疾人教育体系

1. 继续提高残疾儿童少年义务教育普及水平。城市和经济发达地区，适龄视力、听力、智力残疾儿童少年（以下简称三类残疾儿童少年）入学率要基本达到当地普通儿童少年水平；已经“普九”的中西部农村地区，其三类残疾儿童少年入学率要逐年提高；未“普九”地区要将残疾儿童少年义务教育作为普及九年义务教育的重要内容，三类残疾儿童少年入学率达到70%左右。积极创造条件，以多种形式对重度肢体残疾、重度智力残疾、孤独症、脑瘫和多重残疾儿童少年等实施义务教育，保障儿童福利机构适龄残疾儿童少年接受义务教育。

2. 加快发展以职业教育为主的残疾人高中阶段教育，为残疾学生就业和继续深造创造条件。具备条件的地市要举办残疾人高中阶段教育。特殊教育学校要根据需要举办残疾人高中教育部（班）；残疾人中等职业学校要积极拓宽专业设置，扩大招生规模；普通高中要招收具有接受普通教育能力的残疾学生；中等职业学校要积极开展残疾人职业教育。

3. 加快推送残疾人高等教育发展。进一步完善国家招收残疾考生政策，普通高校应依据有关法律和政策招收符合录取标准的残疾考生，不得因其残疾而拒绝招收。高等特殊教育学院（专业）要在保证质量的基础上，扩大招生规模，拓宽专业设置，提高办学层次。各地要为残疾人接受成人高等学历教育、自学考试、远程教育等提供更多方便，满足残疾人接受高等教育的需求。

4. 因地制宜发展残疾儿童学前教育。有条件的城市和农村地区要基本满足残疾儿童接受学前教育的需求。地方各级教育、民政、卫生部门和残联要相互协作，采取多种形式，在有条件地区积极举办0～3岁残疾儿童早期干预、早期教育和康复训练机构。鼓励社会力量举办学前特殊教育机构。

5. 大力开展面向成年残疾人的职业教育培训。以就业为导向，开展多种形式的残疾人技能培训，提高残疾人的就业和创业能力。

6. 采取多种措施，扫除残疾青壮年文盲。将扫除残疾青壮年文盲纳入当地扫盲工作整体规划，同步推进。残疾人教育机构、各有关部门和民间组织、残疾人所在单位要积极开展扫除残疾青壮年文盲工作，使残疾青壮年文盲率显著下降。

二、完善特殊教育经费保障机制，提高特殊教育保障水平

7. 全面实施残疾学生免费义务教育。对义务教育阶段残疾学生在“两免一补”基础上，针对残疾学生的特殊需要，进一步提高补助水平。各地应按照彩票公益金的使用宗旨，结合本地实际，支持残疾儿童少年特殊教育。

8. 加强特殊教育学校建设。国家支持中西部地区特殊教育学校建设，在人口30万以上或残疾儿童少

年相对较多，尚无特殊教育学校的县，独立建设一所特殊教育学校；不足30万人口的县，在地市范围内，统筹建设一所或几所特殊教育学校。各地要统筹规划、合理布局，坚持标准，确保质量。东部地区也要加大投入，按照本地区特殊教育规划和国家有关建设标准做好特殊教育学校建设工作。

各地要统筹安排在普通学校、儿童福利机构或者其他机构附设的特教班、高中阶段特殊教育学校（班）和高等特殊教育专业的建设。

9. 做好中等教育和高等教育阶段残疾学生资助工作。普通高校全日制本专科在校生中家庭经济困难的残疾学生和中等职业学校一、二年级在校生中残疾学生要全部享受国家助学金。在特殊教育学校职业高中班（部）就读的残疾学生也应享受国家助学金。

10. 加大投入，确保特殊教育学校（院）正常运转。各地要从特殊教育学校（院）人均成本高的实际出发，研究制定特殊教育学校（院）生均公用经费标准，保证学校（院）正常的教育教学需求。

中央财政将继续设立特殊教育补助专款，地方各级人民政府要继续设立特殊教育专项补助费并不断提高。中央财政加大专项补助资金投入，鼓励和支持地方办好现有的面向全国招生的高等特殊教育学院。

各地要从残疾人就业保障金中安排一定比例的资金用于特殊教育学校（院）开展包括社会成年残疾人在内的各种职业教育与培训。

三、加强特殊教育的针对性，提高残疾学生的综合素质

11. 根据残疾学生的身心特点和特殊需求，加强教育的针对性。注重学生的潜能开发和缺陷补偿，培养残疾学生乐观面对人生，全面融入社会的意识和自尊、自信、自立、自强精神。加强残疾学生的法制教育、心理健康教育和安全教育。

在课程改革中，要充分考虑残疾学生特点，注重提高其生活自理、与人交往、融入社会、劳动和就业等能力的培养。

12. 全面推进随班就读工作，不断提高教育质量。重点推进县（区）级随班就读支持保障体系的建立和完善。所有实施义务教育的学校要积极创造条件，接收具有接受普通教育能力的适龄残疾儿童少年随班就读，不断扩大随班就读规模。

建立特殊教育学校定期委派教师到普通学校巡回指导随班就读工作的制度，确保随班就读的质量。

13. 大力加强职业教育，促进残疾人就业。特殊教育学校要在开足开好劳动技术、综合实践活动等课程的同时，开设符合学生特点、适合当地需要的职业课程。根据市场和社会需求，加强残疾人中等职业学校骨干专业课程的建设。不断更新高等特殊教育院校教学内容，合理调整专业结构。加强学生的生产实习和社会实践，促进职业教育实训基地共建共享。做好学生的就业指导工作。鼓励和扶持各类特殊教育学校（院）、职业学校及职业培训机构，开展各种形式的残疾人职业培训。各级政府和有关部门要加大残疾人职业培训经费投入，在生产实习基地建设、职业技能鉴定、就业安置等方面制定优惠政策和具体扶持保护措施。

14. 加快特殊教育信息化进程。建好国家特殊教育资源库和特教信息资源管理系统，促进优质特殊教育资源共享。地方各级人民政府要加强特殊教育信息化软硬件建设。特教学校要根据残疾学生的特点积极开展信息技术教育，大力推进信息技术在教学过程中的应用，提高残疾学生信息素养和运用信息技术的能力。

15. 深入开展特殊教育研究。建设一支理论素养高、专业能力强的特殊教育科研骨干队伍，提高特殊教育科研质量和水平。各省、市（地）教育行政部门所属的教学研究部门和科学研究部门应配备专职或兼职特教教研人员，组织并指导学校开展教育教学研究。继续开展盲文、手语研究，使之更加科学、实用。

四、加强特殊教育师资队伍建设，提高教师专业化水平

16. 加强特殊教育教师培养培训工作。要适应残疾儿童少年教育普及水平提高的需要，加强特殊教育

师范院校专业建设。统筹规划，合理布局，加大特教师资的培养力度。鼓励和支持各级师范院校与综合性院校举办特殊教育专业或开设特殊教育课程。各地在实施师范生免费教育时，要把特教师资培养纳入培养计划。加大特殊教育或相关专业研究生培养力度。注重特殊教育专业训练，提高培养质量。鼓励优秀高校毕业生到特殊教育学校、儿童福利机构等单位任教。

各地要将特殊教育教师培训纳入教师继续教育培训计划，对在职教师实行轮训，重点抓好骨干教师特别是中青年骨干教师培训。要加强对在普通学校、儿童福利机构或其他机构中从事特殊教育工作的教师和特殊教育学校巡回指导教师的培训。要高度重视残疾人职业教育专业课教师培训。依托高等特殊教育学院、其他有关院校和专业机构建设"特殊教育教师培训基地"。

17. 配齐配足教师，确保特殊教育学校正常教学和管理工作。省级有关部门要根据特殊教育学校学生少、班额小、寄宿生多、教师需求量大的特点，合理确定特殊教育学校教职工编制并保障落实。

18. 要切实采取措施落实特殊教育教师待遇。《中华人民共和国义务教育法》明确规定特殊教育教师享有特殊岗位补助津贴。各地要采取措施，确保国家规定的特殊教育教师工资待遇政策得到落实。要将承担随班就读教学与管理人员的工作列入绩效考核内容。要在优秀教师和优秀教育工作者表彰中提高特教教师和校长的比例。

五、强化政府职能，全社会共同推进特殊教育事业发展

19. 进一步强化政府发展特殊教育的责任。各地要把各级各类特殊教育纳入当地经济和社会发展整体规划，把特殊教育发展列入议事日程。各级人民政府要进一步明确和落实教育、发展改革、公安、民政、财政、人力资源社会保障、卫生、税务、残联等部门和社会团体发展特殊教育的职能和责任，在保障残疾孩子入学、孤残儿童抚育、新生儿疾病筛查与治疗、学校建设、经费投入、教师编制配备、工资待遇、校园周边环境治理、特教学校企业税收减免、残疾人口统计等方面通力合作，各司其职，齐抓共管，加快特殊教育事业发展。

20. 全社会共同关心支持特殊教育事业。加大特殊教育宣传力度，在全社会形成关心支持特殊教育、尊重特殊教育教师和残疾人教育工作者的舆论氛围。进一步落实国家关于捐赠及免税的政策，积极鼓励个人、企业和民间组织支持特殊教育，广泛动员和鼓励社会各界捐资助学。

财政部 科技部关于印发《国家重点实验室专项经费管理办法》的通知

2008年12月26日 财教〔2008〕531号

有关单位：

为贯彻落实《国家中长期科学和技术发展规划纲要（2006～2010年）》，中央财政设立国家（重点）实验室专项经费。为规范和加强国家重点实验室专项经费的管理，提高资金使用效益，根据《国务院办公厅转发财政部 科技部关于改进和加强中央财政科技经费管理若干意见的通知》（国办发〔2006〕56号）和国家有关财务管理制度，财政部、科技部制定了《国家重点实验室专项经费管理办法》。现印发给你们，请遵照执行。

附件：国家重点实验室专项经费管理办法

附件：

国家重点实验室专项经费管理办法

第一章 总 则

第一条 为贯彻落实《国家中长期科学和技术发展规划纲要（2006～2020年）》，中央财政设立国家（重点）实验室专项经费。为规范和加强国家重点实验室专项经费（以下简称专项经费）的管理，提高资金使用效益，根据《国务院办公厅转发财政部 科技部关于改进和加强中央财政科技经费管理若干意见的通知》（国办发〔2006〕56号）和国家有关财务规章制度，制定本办法。

第二条 专项经费主要用于支持按照《国家重点实验室建设与运行管理办法》设立的国家重点实验室（以下简称重点实验室，不包括依托单位为企业的重点实验室）开放运行、自主创新研究和仪器设备更新改造等。

第三条 专项经费管理和使用的原则：

（一）稳定支持，长效机制。按照科学研究的规律，加大对重点实验室稳定支持力度，为其正常运转提供保障，推动建立有利于重点实验室持续发展、不断创新的长效机制。

（二）分类管理，追踪问效。按照专项经费用途分类实行不同的预算管理方式，建立相应的绩效评价制度，提高资金使用效益。

（三）动态调整，择优委托。对重点实验室运行管理进行定期评估和动态调整，被撤销的重点实验室不纳入专项经费支持范围。国家级科技计划专项经费、基金等应当按照项目、基地、人才相结合的原则，优先委托有条件的重点实验室承担。

（四）单独核算，专款专用。重点实验室专项经费应当纳入依托单位财务统一管理，单独核算，专款专用，加强监督管理。

第二章 经费开支范围

第四条 专项经费开支范围包括由重点实验室直接使用、与重点实验室任务直接相关的开放运行费、基本科研业务费和仪器设备费。

（一）开放运行费包括日常运行维护费和对外开放共享费。

1. 日常运行维护费是指维持重点实验室正常运转、完成日常工作任务发生的费用，包括办公及印刷费、水电气燃料费、物业管理费、图书资料费、差旅费、会议费、日常维修费、小型仪器设备购置改造费、公共试剂和耗材费、专家咨询费和劳务费等。

2. 对外开放共享费是指重点实验室支持开放课题、组织学术交流合作、研究设施对外共享等发生的费用。包括对外开放共享过程中发生的与工作直接相关的材料费、测试化验加工费、差旅费、会议费、出版/文献/信息传播/知识产权事务费、专家咨询费、劳务费、高级访问学者经费等。重点实验室固定人员不得使用开放课题经费。

（二）基本科研业务费是指重点实验室围绕主要任务和研究方向开展持续深入的系统性研究和探索性自主选题研究等发生的费用。具体包括与研究工作直接相关的材料费、测试化验加工费、差旅费、会议费、出版/文献/信息传播/知识产权事务费、专家咨询费、劳务费等。

（三）科研仪器设备费是指正常运行且通过评估或验收的重点实验室，按照科研工作需求进行五年一次的仪器设备更新改造等发生的费用。包括直接为科学研究工作服务的仪器设备购置；利用成熟技术对尚有较好利用价值、直接服务于科学研究的仪器设备所进行的功能扩展、技术升级；与重点实验室研究方向相关的专用仪器设备研制；为科学研究提供特殊作用及功能的配套设备和实验配套系统的维修改造等费用。

第五条 专项经费允许开支的劳务费是指在开展重点实验室相关工作中支付给重点实验室成员或相关课题组成员中没有工资性收入的人员（如在校研究生）和临时聘用人员等的劳务性费用。

专项经费中差旅费的开支标准应当按照国家有关规定执行；会议费的开支应当按照国家有关规定执行，严格控制会议规模、会议数量、会议开支标准和会期。

专项经费中咨询费的开支标准为：以会议形式组织的咨询，专家咨询费的开支一般参照高级专业技术职称人员500~800元/人天、其他专业技术一般人员300~500元/人天的标准执行。会期超过两天的，第三天及以后的咨询费标准参照高级专业技术职称人员300~400元/人天、其他专业技术人员200~300元/人天执行。以通讯形式组织的专家咨询，专家咨询费的开支一般参照高级专业技术职称人员60~100元/人次、其他专业技术一般人员40~80元/人次的标准执行。

专项经费不得开支有工资性收入的人员工资、奖金、津补贴和福利支出，不得开支罚款、捐赠、赞助、投资等，严禁以任何方式牟取私利。

依托单位不得以任何名义从专项经费中提取管理费。

第三章 预算管理

第六条 科技部根据重点实验室总规划，批准重点实验室的建立、调整和撤销，定期组织重点实验室评估，将评估结果送财政部。

第七条 开放运行费和基本科研业务费预算实行分类分档管理，下达程序包括：

（一）科技部根据重点实验室定期评估结果，结合年度考核情况、学科领域特点、规模等，提出重点实验室档次划分建议，送财政部。

（二）财政部会同科技部根据分档情况，结合财力可能，确定分类分档支持标准。

（三）财政部按照分类分档情况和支持标准，按照相应预算渠道下达开放运行费和基本科研业务费预算，并抄送科技部。

第八条 科研仪器设备经费预算申报和下达程序：

（一）每一年重点实验室评估结束后，当年参加评估（不含建设期）的重点实验室编制科研仪器设备工作方案（含经费预算）。工作方案编报年限一般为三年。重点实验室应当按照研究方向和发展目标，结合基础条件和人员队伍现状等，以形成各具特色的研究实验体系为目标，根据实际需求和预计可以完成的工作量，区分轻重缓急，科学合理、实事求是地进行编制。

（二）科研仪器设备工作方案由依托单位出具审核意见并汇总后报主管部门或按相应预算渠道报相关地方财政部门，主管部门或相关地方财政部门商科技行政主管部门出具审核意见并汇总后报送财政部，同时抄送科技部。

（三）依托单位超过一个的重点实验室应统一编制总体工作方案，再分解到实验室各组成部分，经各自依托单位审核后报送至第一依托单位，由第一依托单位审核汇总后按相应渠道上报。

（四）财政部、科技部组织专家或委托中介机构对科研仪器设备工作方案进行评审评估。财政部结合重点实验室定期评估结果和专项经费评审评估结果、学科领域特点，核定并按相应预算渠道下达仪器设备经费年度预算，并抄送科技部。

第九条 依托单位超过一个的重点实验室，专项经费预算分别下达到各依托单位主管部门或相关地方。

第十条 重点实验室依托单位主管部门或相关地方要及时下拨专项经费。

第十一条 购置价值超过200万元以上的单台或成套仪器设备，按照《财政部 科技部 教育部 中国科学院关于印发〈中央级新购大型科学仪器设备联合评议工作管理办法（试行）〉的通知》（财教

〔2004〕33号）有关规定执行。

第十二条 财政部建立专项经费预算管理数据库，将专项经费预算安排情况、执行情况等内容纳入数据库进行管理。

第十三条 已获批准但尚未通过验收的重点实验室在建设期间所需经费，包括基本建设费和仪器设备经费等，主要通过原渠道由主管部门和依托单位解决。专项经费可以适当安排开放运行费和基本科研业务费补助。

第十四条 鼓励其他渠道的经费投入重点实验室，同时应当注意与专项经费支持内容有效衔接，避免交叉重复。

第四章 预算执行

第十五条 专项经费的支付按照财政国库管理制度的有关规定执行。

第十六条 重点实验室应当严格按照下达的经费预算执行，一般不予调整。确有必要调整的，应按原渠道报经财政部批准。

第十七条 专项经费支出属于政府采购范围的，应按照《政府采购法》及政府采购的有关规定执行。

第十八条 使用专项经费形成的固定资产、无形资产等属于国有资产，按照国家国有资产管理有关规定进行管理。专项经费形成的大型科学仪器设备、科学数据、自然科技资源等，按照规定开放共享，提高资源使用效率。

第十九条 专项经费的年度结余经费，按照财政部关于财政拨款结余资金管理的有关规定执行。

第二十条 专项经费决算纳入依托单位决算编制。

第五章 监督检查与绩效评价

第二十一条 依托单位及其主管部门或地方财政部门应当按照各自职责加强对专项经费管理使用的监督检查，并将有关情况及时向财政部、科技部通报。

第二十二条 依托单位应当建立健全专项经费内部管理机制，制定内部管理办法，将专项经费纳入依托单位财务统一管理，单独核算，专款专用。

第二十三条 重点实验室依托单位和主管部门应当建立专项经费的绩效评价制度，按照定性与定量评价相结合的原则，对实验室经费使用情况进行绩效评价，有关制度和情况报送财政部、科技部备案。

第二十四条 财政部、科技部采取年度抽查与五年评估相结合的方式，对专项经费执行情况进行监督检查。经费执行情况的五年评估与重点实验室五年评估时间相衔接，有关内容包含在后者之中，其结果作为预算安排的重要依据之一。经费执行情况具体评估指标另行制定。

第二十五条 对于违反规定管理和使用专项经费的，按照《财政违法行为处罚处分条例》（国务院令第427号）有关规定执行。

第六章 附　　则

第二十六条 本办法由财政部、科技部负责解释。

第二十七条 本办法自发布之日起实施。

财政部 教育部关于进一步加强农村义务教育经费保障机制改革资金管理的若干意见

2009年2月3日 财教〔2009〕2号

各省、自治区、直辖市、计划单列市财政厅（局）、教育厅（局、教委）：

农村义务教育经费保障机制改革实施以来，农村义务教育投入大量增加，经费管理制度框架不断完善。但是，由于长期以来农村中小学预算财务管理基础较为薄弱等原因，经费管理仍然存在一些不可忽视的问题。2007年，审计署对16个省、54个县农村义务教育经费保障的专题审计调查，发现了一些地方政府部门和学校在农村义务教育经费预算安排、使用和管理等方面的诸多问题。为进一步推进农村义务教育经费保障机制改革资金（以下简称保障机制资金，含农村义务教育阶段中小学公用经费资金、免费教科书资金、校舍维修改造长效机制资金、家庭经济困难寄宿生生活费补助资金等）的科学化、精细化管理，现就有关问题提出如下意见：

一、切实落实各级政府之间和部门之间的经费分担责任和管理责任

要按照《国务院关于深化农村义务教育经费保障机制改革的通知》（国发〔2005〕43号）以及《财政部 教育部关于调整完善农村义务教育经费保障机制改革相关政策的通知》（财教〔2007〕337号）等要求，采取更加有力的监督约束手段，确保各级保障机制资金分担和管理责任的落实。

（一）建立健全上下级之间经费投入的约束反馈机制

对保障机制资金的预算安排和执行实行“下管一级”，即上一级财政部门负责对下一级财政部门加以监督，下一级财政部门及时将资金安排情况向上一级财政部门反馈。一是在预算安排环节。在安排年初预算时，本级财政部门除按照经费分担责任，足额安排本级应承担经费外，还要对下一级财政部门应承担的经费数额作出规定并及时告知下一级财政部门。县级以上地方财政部门要将本级人代会审议通过的保障机制资金年初预算安排情况，抄送上一级财政部门备案。二是在预算执行环节。县级以上地方财政、教育部门要将下达保障机制资金的预算指标文件逐份抄送上级财政、教育部门。上级财政、教育部门根据收到的预算指标文件和国库集中支付记录，监控下一级的预算安排和预算执行。三是完善执行报表体系。严格实行保障机制资金报表编报制度，及时快捷反映预算执行进度；逐步建立投入公示制度，年初公示预算，年终公示执行结果，便于社会监督。

（二）划分并落实部门、学校之间的经费管理责任

中央财政、教育部门负责制定全国农村义务教育阶段中小学通用的财务规章制度、经费管理办法、绩效评价办法以及其他需要中央出台的制度或办法。制定经费开支的范围和标准。科学合理地分配中央应承担的各项资金，及时足额拨付中央财政保障机制资金。指导推动全国农村中小学预算编制、执行及决算工作。做好全国保障机制监督检查的指导以及对部分地区的抽查工作。

省级财政、教育部门负责按照国家有关财务规章制度的规定，结合本省实际，制定本地区中小学财务管理规章制度以及经费管理、绩效评价等办法。按照《预算法》、《会计法》以及我国预算管理、国库集中支付、政府采购等相关财政改革的要求，因地制宜确定本地区农村中小学财务管理体制。按照经费省级统筹的原则，明确本辖区内省以下各级应承担的经费，落实省级财政应承担的经费；按照公共服务均等化的原则，合理分配中央和省级各项保障机制经费，加大对薄弱学校的投入力度。制定省以下农村中小学经费开支具体标准，指导做好预算编制工作，加强本地区经费使用、管理的监督检查。

县级财政、教育部门对上级和本级保障机制资金负有主要的管理责任。负责根据上级财务规章制度规

定和本地实际情况，具体制定并实施相关的制度、办法。负责制定全县农村义务教育阶段中小学预算管理办法，并组织和指导预算的编制、执行、调整和决算等工作，定期向同级人民代表大会、同级人民政府和上级财政部门报告中小学教育经费保障管理情况。及时足额拨付保障机制资金，特别是春、秋季学期开学前，要及时拨付部分资金到校，确保学校正常运转。负责指导学校财务管理工作和会计核算工作，负责监督保障机制资金的使用。负责中小学资产管理。加强学校财会人员的管理与培训。

中小学校财务管理实行校长负责制。校长负责组织学校按规定编制学校年度预算；严格按批复的预算抓好执行，合理合规使用资金。制定学校内部财务管理制度，加强学校资产管理。对学校经济活动及财务收支情况进行控制和监督。定期公示学校财务收支状况。组织编制学校年度决算，进行财务分析，如实向上级教育、财政等部门反映学校财务收支状况。

二、强化农村中小学预算财务管理

各地要按照规范的部门预算管理的要求，建立健全农村中小学预算编制制度。中小学预算以独立设置的学校为基本编制单位，实行一个学校一本预算。教学点的预算由其所隶属的学校统一编制。中小学校要坚持勤俭办学的方针，按照量入为出、统筹兼顾、保证重点、收支平衡的原则，合理编制年度预算，不得编制赤字预算，不得随意变更和调整预算，提高年初预算到位率。收入预算要积极稳妥，按照有关规定将各项收入全部列入预算，不得遗漏；支出预算要统筹兼顾，保证重点。基本支出预算要按国家统一的“目”级科目进行细化编制，项目支出预算要充分论证，按轻重缓急原则合理排序。各地要逐步统一农村中小学预算编制报表、软件等，提高预算编制的科学性、准确性和规范性。

要强化农村中小学财务管理工作。进一步加强对学校支出的管理，严格按照预算批复的支出项目和规定的标准执行，把好支出审核关，各项支出要据实列支，严禁虚列虚支、虚报冒领和挤占挪用，不得以“白条”以及其他不规范票据充抵支出。加强学校货币资金的管理，严禁私设小金库、公款私存。加强学校固定资产管理，建立固定资产台账，做到账实、账账相符。规范收费行为，加强服务性收费、代收费的管理，严禁自立项目乱收费和向学生收取明令禁止的费用，严禁违规代收费，防止“一边免费、一边乱收费”。加强财务管理基础工作，依法设置会计账簿，明确核算流程，规范会计行为，做好财务决算。健全财务机构，农村中心小学以上（含中心小学）的学校应依法设置财务机构或配备专（兼）职财会人员，中心小学以下的学校应配备专（兼）职报账员。从事会计工作的人员，必须取得会计从业资格证书。加强会计人员培训，提高会计核算和财务管理水平。强化内部控制和审计，加强监督检查和财务公开，推进民主理财，确保资金安全、规范和有效。

三、切实规范资金支付管理

进一步完善中央财政保障机制资金支付管理，建立包括中央专项资金和地方应承担资金在内的保障机制资金国库集中支付制度，确保资金支付的安全、高效和快捷。进一步加快预算批复和资金拨付进度，各级都要制定资金拨付时间表，及时足额拨付资金，确保学校用款需要。特别是县以上各级的保障机制预算文件和资金要尽早下达，便于县级统筹安排和及时拨付。县级财政、教育部门要加强保障机制资金预算执行情况，加快预算执行进度。

加大农村中小学经费的国库集中支付的力度。对校舍维修改造资金和符合直接支付条件的公用经费资金，由县级财政部门直接支付到收款单位或供应商；无法直接支付的公用经费资金和贫困寄宿生生活补助费，将资金支付到学校账户，或县级财政和教育部门确定的直接核算学校经费的有关账户。

四、开展保障机制实施情况的绩效评价，进一步完善奖惩机制

保障机制资金量大，涉及广大人民群众的切身利益，必须注重绩效管理。按照全国人大常委会预工委关于建立重点支出的绩效评价制度等要求，财政部、教育部将开展农村义务教育经费保障机制的绩效评价

工作，健全完善绩效评价指标体系和工作机制，对保障机制资金的使用和管理情况进行跟踪问效。各地也要把绩效理念贯穿于经费管理的全过程，资金分配使用要向义务教育薄弱环节倾斜，促进义务教育均衡发展，提高资金使用效益。

为支持引导各地加强经费管理，中央财政将根据绩效评价结果等情况，进一步加大奖惩力度，健全完善奖惩机制。对于农村义务教育经费落实足额到位、资金管理规范、绩效突出的地方，加大奖补资金安排力度，并予以通报表彰。对于不按规定落实资金、管理责任落实不力的地方，要扣减"以奖代补"资金，情节严重的要扣减其他相关专项资金，并在一定范围内通报批评。对违反财政资金拨付和预算管理规定等行为，要按照《财政违法行为处罚处分条例》（国务院令第427号）的有关规定给予严肃处理。

财政部　教育部关于印发《高等学校毕业生学费和国家助学贷款代偿暂行办法》的通知

2009年3月11日　财教〔2009〕15号

党中央有关部门，国务院有关部委、有关直属机构，各省、自治区、直辖市、计划单列市财政厅（局）、教育厅（教委、局），新疆生产建设兵团财务局、教育局，中央部门直属各高等学校，中国邮电集团：

为引导和鼓励高校毕业生面向中西部地区和艰苦边远地区基层单位就业，根据《中共中央关于推进农村改革发展若干重大问题的决定》（中发〔2008〕16号）和《国务院办公厅关于加强普通高等学校毕业生就业工作的通知》（国办发〔2009〕3号）有关精神，财政部、教育部决定自2009年起，对中央部门所属全日制普通高等学校应届毕业生，自愿到中西部地区和艰苦边远地区县以下基层单位工作、服务期达到3年以上（含3年）的学生，实施相应的学费和国家助学贷款代偿。各地要按照《国务院办公厅关于加强普通高等学校毕业生就业工作的通知》（国办发〔2009〕3号）要求，结合当地实际，抓紧研究制定本地所属高等学校毕业生学费和国家助学贷款代偿办法并认真组织实施。

现将《高等学校毕业生学费和国家助学贷款代偿暂行办法》印发给你们，请遵照执行。

附件：高等学校毕业生学费和国家助学贷款代偿暂行办法

附件：

高等学校毕业生学费和国家助学贷款代偿暂行办法

第一条　为引导和鼓励高校毕业生面向中西部地区和艰苦边远地区基层单位就业，根据《中共中央关于推进农村改革发展若干重大问题的决定》（中发〔2008〕16号）和《国务院办公厅关于加强普通高等学校毕业生就业工作的通知》（国办发〔2009〕3号）有关精神，制定本办法。

第二条　高校毕业生到中西部地区和艰苦边远地区基层单位就业、服务期在3年以上（含3年）的，其学费由国家实行代偿。在校学习期间获得国家助学贷款（含高校国家助学贷款和生源地信用助学贷款，下同）的，代偿的学费优先用于偿还国家助学贷款本金及其全部偿还之前产生的利息。

第三条　本办法中高校毕业生是指中央部门所属普通高等学校中的全日制本专科生（含高职）、研究生、第二学士学位应届毕业生。定向、委培以及在校期间已享受免除学费政策的学生除外。

第四条　本办法中，西部地区是指西藏、内蒙古、广西、重庆、四川、贵州、云南、陕西、甘肃、青海、宁夏、新疆等12个省（自治区、直辖市）。

中部地区是指河北、山西、吉林、黑龙江、安徽、江西、河南、湖北、湖南、海南等10个省。

艰苦边远地区是指除上述地区外，国务院规定的艰苦边远地区。

第五条 本办法中的基层单位是指：

（一）中西部地区和艰苦边远地区县以下机关、企事业单位，包括乡（镇）政府机关、农村中小学、国有农（牧、林）场、农业技术推广站、畜牧兽医站、乡镇卫生院、计划生育服务站、乡镇文化站等；

（二）工作现场地处中西部地区和艰苦边远地区县以下的气象、地震、地质、水电施工、煤炭、石油、航海、核工业等中央单位艰苦行业生产第一线。

第六条 凡符合以下全部条件的高校毕业生，可申请学费和国家助学贷款代偿：

（一）拥护中国共产党的领导，热爱祖国，遵守宪法和法律；

（二）在校期间遵守学校各项规章制度，诚实守信，道德品质良好，学习成绩合格；

（三）毕业时自愿到中西部地区和艰苦边远地区基层单位工作、服务期在3年以上（含3年）。

第七条 每个高校毕业生每学年代偿学费和国家助学贷款的金额最高不超过6 000元。毕业生在校学习期间每年实际缴纳的学费或获得的国家助学贷款低于6 000元的，按照实际缴纳的学费或获得的国家助学贷款金额实行代偿。毕业生在校学习期间每年实际缴纳的学费或获得的国家助学贷款高于6 000元的，按照每年6 000元的金额实行代偿。

本科、专科（高职）、研究生和第二学士学位毕业生代偿学费和国家助学贷款的年限，分别按照国家规定的相应学制计算。

第八条 国家对到中西部地区和艰苦边远地区基层单位就业的获得学费和国家助学贷款代偿资格的高校毕业生采取分年度代偿的办法，学生毕业后每年代偿学费或国家助学贷款总额的1/3，3年代偿完毕。

第九条 按本办法确定的学费和国家助学贷款代偿所需资金，由中央财政安排。

第十条 符合条件的高校毕业生，按以下程序申请学费和国家助学贷款代偿：

（一）高校毕业生本人在办理离校手续时向学校递交《学费和国家助学贷款代偿申请表》和毕业生本人、就业单位与学校三方签署的到中西部地区和艰苦边远地区基层单位服务3年以上的就业协议。

（二）在校学习期间获得国家助学贷款的高校毕业生，在与国家助学贷款经办银行签订毕业后的还款计划书时，应注明已申请国家助学贷款代偿，如果获得国家助学贷款代偿资格，不需自行向银行还款。

（三）高校根据上述材料，按本办法规定，审查申请资格；在每年6月底前，将符合条件的高校毕业生相关材料集中报送全国学生资助管理中心审批。对存在"二次定岗"的毕业生，高校应在毕业生提交有关证明材料并经审查后，最迟于当年12月底前将申请材料集中报送全国学生资助管理中心审批。

全国学生资助管理中心在收到高校申请材料后一个月内，将审批确定的获得学费和国家助学贷款代偿资格的学生名单通知有关高校及国家助学贷款经办银行，同时将有关审批文件报教育部、财政部备案。

第十一条 高校需在每年6月30日前将获得学费和国家助学贷款代偿资格的高校毕业生当年在职在岗情况报送全国学生资助管理中心。

高校毕业生所在高校要建立与就业单位和国家助学贷款经办银行定期联系制度。高校要专门为经资格审查合格的学费和国家助学贷款代偿的高校毕业生建立完整准确的档案，并将高校毕业生在本学段学习期间获得学费和国家助学贷款代偿情况书面通知毕业生本人、就业单位人事部门及国家助学贷款经办银行。同时，还应主动了解并定期向全国学生资助管理中心和国家助学贷款经办银行通报毕业生的工作情况，以便经办银行及时掌握借款学生的动态情况，做好国家助学贷款业务贷后管理工作。

第十二条 除因正常调动、提拔、工作需要换岗而离开中西部地区和艰苦边远地区基层单位外，对于未满3年服务年限，提前离开中西部地区和艰苦边远地区基层单位的高校毕业生，就业单位人事部门应要求其及时向办理代偿的原高校申请取消学费和国家助学贷款代偿资格。

对于取消学费代偿资格的毕业生，高校应及时将有关情况报送全国学生资助管理中心。全国学生资助管理中心从当年开始停止对其学费的代偿。

对于取消国家助学贷款代偿资格的毕业生，改由其本人负责偿还余下的国家助学贷款本息。就业单位应当及时将有关情况通报给高校，并凭毕业生重新签订的国家助学贷款还款计划书为其办理离职手续。高校应将有关情况及时通知全国学生资助管理中心和国家助学贷款经办银行。

对于不及时向高校提出取消学费和国家助学贷款代偿资格申请、不与银行重新签订还款计划书、提前离岗的高校毕业生，一律视为严重违约，国家有关部门要将其不良信用记录及时录入国家金融业统一征信平台相关数据库。

第十三条 学费和国家助学贷款代偿资格经全国学生资助管理中心审定后，有关部门（单位）应按照部门预算管理的有关规定，将学费和国家助学贷款代偿资助项目经费编入部门预算。财政部及时将代偿资金拨付给全国学生资助管理中心。全国学生资助管理中心应在收到财政部拨付的代偿资金15个工作日内，将代偿资金拨付给高校。高校应于15个工作日内将代偿资金代为偿还给高校毕业生国家助学贷款经办银行或返还给高校毕业生本人。

第十四条 有关高校要严格执行国家相关财经法规和本办法的规定，对代偿资金实行分账核算，专款专用，不得截留、挤占、挪用，同时应接受财政、审计、纪检监察、主管机关等部门的检查和监督。

第十五条 对于弄虚作假的高校和高校毕业生，一经查实，除收回国家代偿资金外，将按有关规定追究相关责任。

第十六条 各省、自治区、直辖市、计划单列市要参照本办法规定的原则，制定吸引和鼓励高校毕业生面向本辖区艰苦边远地区基层单位就业的学费和国家助学贷款代偿办法。

第十七条 本办法自公布之日起施行。财政部、教育部印发的《高等学校毕业生国家助学贷款代偿资助暂行办法》（财教〔2006〕133号）同时废止。

附：学费和国家助学贷款代偿申请表

附：

学费和国家助学贷款代偿申请表

填报日期： 年 月 日

姓名		性别		政治面貌		出生年月	
毕业学校				所学专业			
毕业时间				已签订的服务年限			
本人联系电话			电子邮件地址				
家庭地址及邮编							
就业单位名称							
就业单位地址及邮编							
就业单位联系电话							
实际交纳学费金额		贷款本息金额		申请代偿金额			
院（系）审查意见： 单位公章： 年 月 日							
毕业学校财务部门对实际交纳学费及获得国家助学贷款的审查意见： 单位公章： 年 月 日							
毕业学校学生资助管理中心审查意见： 单位公章： 年 月 日							
毕业学校审查意见： 单位公章： 年 月 日							
全国学生资助管理中心审核意见： 经审核，同意办理代偿手续，最终核定代偿金额为人民币 元。 单位公章： 年 月 日							

财政部　科技部　发展改革委关于印发《民口科技重大专项资金管理暂行办法》的通知

2009 年 9 月 2 日　财教〔2009〕218 号

各民口科技重大专项领导小组组长单位、牵头组织单位，国务院有关部委、有关直属机构，各省、自治区、直辖市、计划单列市财政厅（局）、科技厅（委、局）、发展改革委（局），新疆生产建设兵团财务局、科技局、发展改革委，各有关单位：

为了保障民口科技重大专项（以下简称重大专项）的组织实施，规范和加强重大专项资金管理，根据《国务院办公厅关于印发组织实施科技重大专项若干工作规则的通知》及国家有关财政财务管理制度，结合重大专项管理特点，我们制定了《民口科技重大专项资金管理暂行办法》。现印发给你们，请遵照执行。《民口科技重大专项资金管理暂行办法》执行过程中，如遇到有关问题，请及时反馈财政部。

附件：民口科技重大专项资金管理暂行办法

附件：

民口科技重大专项资金管理暂行办法

第一章　总　　则

第一条　为了保障《国家中长期科学和技术发展规划纲要（2006～2020 年）》确定的民口科技重大专项（以下简称重大专项）的组织实施，规范和加强重大专项资金管理，根据《国务院办公厅关于印发组织实施科技重大专项若干工作规则的通知》及国家有关财政财务管理制度，结合重大专项管理特点，制定本办法。

第二条　重大专项的资金来源坚持多元化原则，包括中央财政资金、地方财政资金、单位自筹资金以及从其他渠道获得的资金。各种渠道获得的资金都应当按照“专款专用、单独核算、注重绩效”的原则使用和管理。

本办法主要规范中央财政安排的重大专项资金（以下简称重大专项资金）的使用和管理。其他来源的资金应当按照相关资金提供方对资金使用和管理的具体要求，统筹安排和使用。

第三条　重大专项资金主要用于支持中国大陆境内具有独立法人资格，各重大专项领导小组批准承担重大专项任务的科研院所、高等院校、企业等，开展重大专项实施过程中市场机制不能有效配置资源的基础性和公益性研究，以及企业竞争前的共性技术和重大关键技术研究开发等公共科技活动，并对重大技术装备进入市场的产业化前期工作予以适当支持。

第四条　结合重大专项组织实施的要求和项目（课题）的特点，采取前补助、后补助等财政支持方式。

对于基础性和公益性研究，以及重大共性关键技术研究、开发、集成等公共科技活动，一般采取前补助方式支持。对于具有明确的、可考核的产品目标和产业化目标的项目（课题），以及具有相同研发目标和任务，并由多个单位分别开展研发的项目（课题），一般采取后补助方式支持。

具体支持方式，由牵头组织单位结合项目（课题）特点和承担单位性质在编制实施计划时明确，经领导小组审核后，作为科技部、发展改革委和财政部（以下简称三部门）综合平衡的内容之一。

第五条 重大专项资金纳入国库单一账户体系，实行国库集中支付。资金支付纳入国库动态监控体系管理。

第二章 管理机构与职责

第六条 按照重大专项的组织管理体系，重大专项资金实行分级管理，分级负责。三部门、财政部、重大专项领导小组、牵头组织单位和项目（课题）承担单位根据各自职责，分别负责重大专项资金管理的相关工作。

第七条 财政部、科技部、发展改革委共同研究制定重大专项资金管理办法；开展实施计划综合平衡工作，统筹协调重大专项与科技计划、国家重大工程以及存量科技资源的关系，作为预算编制和审核的前提和基础。

第八条 财政部根据重大专项资金管理办法和三部门综合平衡意见，组织重大专项预算评审并核批重大专项项目（课题）总预算和年度预算；指导和督查预算执行情况，审核、批复重大专项实施中的重大预算调整；审核、批复重大专项决算等。

第九条 领导小组负责协调牵头组织单位编制重大专项项目（课题）总预算和年度预算，与牵头组织单位共同落实中央财政资金以外其他渠道资金及相关配套条件，组织开展重大专项资金的监督与检查等相关工作。

第十条 牵头组织单位是重大专项资金管理的责任主体，负责组织项目（课题）承担单位编报重大专项项目（课题）总预算和年度预算；按规定程序审核汇总项目（课题）总预算和年度预算建议方案；会同领导小组落实中央财政资金以外其他渠道资金及相关配套条件；负责建立符合重大专项特点的重大专项资金内部监管机制，保证重大专项资金使用的规范性、安全性和有效性；对重大专项实施中的重大预算调整提出建议，按规定审核项目（课题）预算执行中的一般性调整；组织项目（课题）承担单位编报重大专项资金决算，报告资金使用情况；组织进行财务验收等。

第十一条 项目（课题）承担单位是项目（课题）经费使用和管理的责任主体，负责编制和执行所承担的重大专项项目（课题）预算；按规定使用和管理重大专项资金；落实单位自筹资金及其他配套条件；严格执行各项财务规章制度并接受监督检查和验收；编报重大专项资金决算，报告资金使用情况等。

第三章 资金核定方式及开支范围

第十二条 重大专项资金由项目（课题）经费、不可预见费和管理工作经费组成，分别核定与管理。

第十三条 重大专项项目（课题）经费由直接费用和间接费用组成。

（一）直接费用是指在项目（课题）实施过程（包括研究、中间试验试制等阶段）中发生的与之直接相关的费用。主要包括：

1. 设备费：是指在项目（课题）实施过程中购置或试制专用仪器设备，对现有仪器设备进行升级改造，以及租赁使用外单位仪器设备而发生的费用。各项目（课题）承担单位应当严格控制设备购置费支出。对于使用重大专项资金购置的单台/套/件价格在200万元以上的仪器设备，应当按照《中央级新购大型科学仪器设备联合评议工作管理办法（试行）》的有关规定执行。

2. 材料费：是指在项目（课题）实施过程中由于消耗各种必需的原材料、辅助材料等低值易耗品而发生的采购、运输、装卸和整理等费用。

3. 测试化验加工费：是指在项目（课题）实施过程中由于承担单位自身的技术、工艺和设备等条件的限制，必须支付给外单位（包括项目和课题承担单位内部独立经济核算单位）的检验、测试、设计、化验及加工等费用。

4. 燃料动力费：是指在项目（课题）实施过程中相关大型仪器设备、专用科学装置等运行发生的可以单独计量的水、电、气、燃料消耗费用等。

5. 差旅费：是指在项目（课题）实施过程中开展科学实验（试验）、科学考察、业务调研、学术交流等所发生的外埠差旅费、市内交通费用等。差旅费的开支标准应当按照国家有关规定执行。

6. 会议费：是指在项目（课题）实施过程中为组织开展相关的学术研讨、咨询以及协调任务等活动而发生的会议费用。应当参照国家有关规定，严格控制会议数量、规模、开支标准和会期。

7. 国际合作与交流费：是指在项目（课题）实施过程中相关人员出国及外国专家来华工作而发生的费用。国际合作与交流费应当执行国家外事经费管理的有关规定。

8. 出版/文献/信息传播/知识产权事务费：是指在项目（课题）实施过程中，需要支付的出版费、资料费、专用软件购买费、文献检索费、专业通信费、专利申请及其他知识产权事务等费用。

9. 劳务费：是指在项目（课题）实施过程中支付给项目（课题）组成人员中没有工资性收入的相关研发人员（如在校研究生等）和临时聘用人员等的劳务性费用。项目（课题）承担单位聘用的参与重大专项研究任务的优秀高校毕业生在聘用期内所需的劳务性费用和有关社会保险费补助，可以在劳务费中列支。

10. 专家咨询费：是指在项目（课题）实施过程中支付给临时聘请的咨询专家的费用。专家咨询费不得支付给参与重大专项项目（课题）研究及其管理相关的工作人员。专家咨询费的开支标准见下表：

<table>
<tr><th>咨询专家</th><th>咨询方式</th><th colspan="2">标准（元）</th></tr>
<tr><td rowspan="2">具有或相当于高级专业技术职称的人员</td><td>会议咨询</td><td>500～800（人/天）（第1、2天）</td><td>300～400（人/天）（第3天以后）</td></tr>
<tr><td>通讯咨询</td><td colspan="2">60～100（人/个项目或课题）</td></tr>
<tr><td rowspan="2">其他人员</td><td>会议咨询</td><td>300～500（人/天）（第1、2天）</td><td>200～300（人/天）（第3天以后）</td></tr>
<tr><td>通讯咨询</td><td colspan="2">40～80（人/个项目或课题）</td></tr>
</table>

11. 基本建设费：是指重大专项实施过程中发生的房屋建筑物购建、专用设备购置等基本建设支出，应当单独列示，并参照基本建设财务制度执行。

12. 其他费用：是指在重大专项项目（课题）实施过程中除上述支出项目之外的其他直接相关的支出。其他费用应当在申请预算时单独列示，单独核定。

同一支出项目一般不得同时编列不同渠道的资金。

（二）间接费用是指项目（课题）承担单位在组织实施重大专项过程中发生的无法在直接费用中列支的相关费用。主要包括承担单位为项目（课题）研究提供的现有仪器设备及房屋，日常水、电、气、暖消耗，有关管理费用的补助支出，以及承担单位用于科研人员激励的相关支出等。

间接费用由财政部根据重大专项、项目（课题）的特点、项目（课题）承担单位性质等因素核定。间接费用一般不超过直接费用扣除设备购置费和基本建设费后的13%，其中用于科研人员激励的相关支出一般不超过直接费用扣除设备购置费和基本建设费后的5%。

间接费用由项目（课题）承担单位统筹使用和管理。间接费用中用于科研人员激励支出的部分，应当在对科研人员进行绩效考核的基础上，结合科研实绩，由所在单位根据国家有关规定统筹安排。

第十四条 不可预见费是指为应对重大专项实施过程中发生的不可预见因素安排的资金，由财政部统一管理。项目（课题）承担单位因不可预见因素需要追加预算时，应当按照规定程序报财政部审核批复。

第十五条 重大专项管理工作经费是指在重大专项组织实施过程中，三部门、重大专项领导小组、牵头组织单位等承担重大专项管理职能且不直接承担项目（课题）的有关部门和单位，开展与实施重大专项相关的组织、协调等管理性工作所需费用，由财政部单独核定。

第四章　前补助项目（课题）预算管理

第十六条　前补助是指项目（课题）立项后核定预算，并按照项目（课题）执行进度拨付经费的财政支持方式。

第十七条　重大专项前补助项目（课题）预算包括收入预算和支出预算，应当全面反映重大专项组织实施过程中的各项收入与支出，做到收支平衡。

第十八条　重大专项前补助项目（课题）收入预算包括中央财政资金、地方财政资金、单位自筹资金以及从其他渠道获得的资金。收入预算的编制，应当根据各重大专项的目标、任务和实施阶段，合理确定政府投入资金和其他渠道资金使用的方向和重点。领导小组、牵头组织单位和项目（课题）承担单位应当根据重大专项实施方案和实施计划，落实除中央财政资金以外的其他渠道的资金。项目（课题）承担单位编制重大专项项目（课题）预算时，应当提供其他渠道资金来源证明，领导小组和牵头组织单位汇总项目（课题）预算时予以重点审核。

第十九条　重大专项前补助项目（课题）支出预算包括直接费用和间接费用。支出预算的编制，应当围绕重大专项确定的项目（课题）目标，坚持目标相关性、政策相符性和经济合理性原则，有科学的测算依据并经过充分论证，以满足实施重大专项的合理需要。

第二十条　牵头组织单位根据国务院审议通过的重大专项实施方案，确定项目（课题）及其承担单位。组织项目（课题）承担单位财务部门会同科技管理部门编制项目（课题）总预算和年度预算，作为实施计划的组成内容，按规定程序逐级上报至三部门进行综合平衡。

第二十一条　牵头组织单位根据三部门综合平衡意见，组织修改和完善项目（课题）总预算和年度预算，由财务部门会同科技管理部门汇总编制重大专项预算建议方案，按规定程序在当年“一上”部门预算前一个月报送财政部，同时抄送科技部和发展改革委。有两个及以上牵头组织单位的，由第一牵头组织单位联合其他牵头组织单位汇总报送。

第二十二条　财政部组织重大专项预算评审，结合评审结果及当年财力状况，批复重大专项项目（课题）总预算与分年度预算。牵头组织单位应当根据项目（课题）立项批复和财政部批复的项目（课题）总预算与分年度预算，与项目（课题）承担单位签订任务合同书。

第二十三条　财政部根据批复的重大专项项目（课题）总预算与分年度预算，确定下年度项目（课题）预算控制数，下达至牵头组织单位，同时抄送科技部、发展改革委和领导小组组长单位。有多个牵头组织单位的，预算控制数分别下达至各牵头组织单位。

第二十四条　牵头组织单位根据下达的年度预算控制数，组织编报“二上”预算。

第二十五条　财政部按照法定预算程序正式批复牵头组织单位重大专项项目（课题）年度预算，并将批复情况函告科技部、发展改革委和领导小组组长单位。

“极大规模集成电路制造装备及成套工艺”重大专项按照地方专款预算管理的有关程序执行。

第二十六条　重大专项资金纳入国库单一账户体系管理，实行国库集中支付。项目（课题）承担单位应当按规定开立特设账户。牵头组织单位应当按照批复的预算、用款计划、实施进度和规定程序，及时通过国库集中支付方式，将资金支付到财政部门批准项目（课题）承担单位开设的重大专项资金特设账户。特设账户纳入国库动态监控体系管理。特设账户开立等事项，按照国库集中支付制度有关规定执行。

第二十七条　牵头组织单位负责组织项目（课题）预算的执行。重大专项资金根据项目（课题）实施进度和关键节点任务完成情况进行拨款。牵头组织单位应当根据任务合同书，在合理划分项目（课题）研发阶段和关键节点、明确关键节点的任务、研发进度及重大专项资金拨付条件的基础上，考核各项目（课题）的阶段目标和关键任务节点的完成情况，并据此在1个月内提出用款计划，财政部审核后支付资金。

第二十八条　项目（课题）承担单位应当严格按照批复的预算执行，并通过特设账户管理和核算重大专项资金。

项目（课题）预算一般不予调整，确需调整的，应当履行相关程序。在项目（课题）执行期间出现目标和技术路线调整、承担单位变更等重大事项，致使项目（课题）总预算、年度预算、项目（课题）间接费用以及直接费用中设备费、基本建设费预算发生调整的，应当由牵头组织单位按规定程序报财政部核批。

第二十九条 重大专项资金实行决算报告制度。重大专项资金决算应当包括中央财政资金、地方财政资金、单位自筹经费等渠道安排的用于重大专项的各种经费。

项目（课题）承担单位应当按照规定编制年度财务决算报告。项目（课题）经费下达之日起至年度终了不满三个月的课题，当年可以不编报年度决算，其经费使用情况在下一年度的年度决算报表中编制反映。项目（课题）决算由承担单位财务部门牵头编制。项目（课题）决算报告按程序经审核、汇总后，于次年4月20日前报送牵头组织单位。

重大专项项目（课题）通过验收后一个月内，项目（课题）承担单位应当编制项目（课题）决算，将项目（课题）经费使用情况逐级（层）报至牵头组织单位，牵头组织单位审核汇总后报财政部。

第三十条 未完项目（课题）的年度结存经费，按规定结转下一年度继续使用。项目（课题）因故中止，承担单位财务部门应当及时清理账目与资产，编制财务报告及资产清单，报送牵头组织单位。牵头组织单位研究提出清查处理意见并报领导小组审核后，报财政部批复。

第五章 后补助项目（课题）经费管理

第三十一条 后补助是指相关单位围绕重大专项的目标任务，先行投入并组织开展研究开发、成果转化和产业化活动，在项目（课题）完成并取得相应成果后，按规定程序进行审核、评估或验收后给予相应补助的财政支持方式。

后补助包括事前立项事后补助、事后立项事后补助两种方式。

第三十二条 采用事前立项事后补助方式的项目（课题），按照前补助方式规定的程序立项，项目（课题）完成并通过验收后，牵头组织单位组织评估项目（课题）成果价值，提出预算安排建议，按规定程序报财政部核批。对于研发经费需求量大、风险程度高、承担单位经济实力较弱的项目（课题），可事先拨付不超过该项目（课题）申报中央财政资金总额30%的启动经费。启动经费拨付和使用的管理，参照前补助项目（课题）资金管理规定执行。其余中央财政资金待牵头组织单位对项目（课题）成果进行验收、提出预算安排建议并经财政部核批后，予以拨付。

第三十三条 采用事后立项事后补助方式的项目（课题），按规定程序完成立项后，牵头组织单位组织评估项目（课题）成果价值并结合项目（课题）的实际支出，提出预算安排建议，按规定程序报财政部核批。

对于具有相同研发目标和任务，并由多个单位分别开展研发的项目（课题），一般由牵头组织单位根据验收情况，提出具体后补助的项目（课题）建议，原则上只对其中一个符合相关要求的项目（课题）给予后补助。同时，牵头组织单位综合成果价值和实际支出情况等因素，提出预算安排建议，按规定程序报财政部核批。

第三十四条 通过事前立项事后补助方式获得的资金，项目（课题）承担单位可以用于补偿组织开展相关研发活动发生的各项支出。通过事后立项事后补助方式获得的资金，项目（课题）承担单位可以统筹安排。

第六章 监督管理

第三十五条 项目（课题）承担单位应当严格按照本办法和国家财政财务管理的相关规定，制定内部管理办法，建立健全内部控制制度，加强对重大专项资金的管理。项目（课题）承担单位应当强化预算约束，严格按照本办法规定的经费开支范围和标准办理支出，严禁使用重大专项资金支付各种罚款、捐款、赞助等，严禁以任何方式牟取私利。项目（课题）承担单位应当建立健全各种费用开支的原始资料登记和材料消耗、统计盘点制度，做好预算与财务管理的各项基础性工作。

第三十六条 牵头组织单位应当按照重大专项目标和任务，结合重大专项特点建立经费监管制度，加强重大专项资金的监督与管理，保证重大专项资金使用的规范性、安全性和有效性。牵头组织单位还应当按照财政部有关绩效评价规定，并根据重大专项实施情况，组织专家或委托中介机构进行绩效评价，评价结果报送财政部。

第三十七条 领导小组应当对牵头组织单位组织实施管理工作情况以及重大专项的实施进展情况进行监督检查，指导牵头组织单位做好各项经费管理工作。

第三十八条 财政部组织对重大专项资金的使用与管理情况进行监督检查。财政部监督检查的结果、牵头组织单位预算执行情况及绩效评价结果、领导小组监督检查情况等，将作为项目（课题）承担单位编制预算、调整项目（课题）预算安排以及按进度核拨经费的重要依据。

第三十九条 重大专项项目（课题）完成后，牵头组织单位应当依据相关规章制度，组织对项目（课题）进行财务验收。通过财务验收是进行项目（课题）验收的前提之一。有下列行为之一的，不得通过财务验收：

（一）编报虚假预算，套取国家财政资金；

（二）未对专项经费进行单独核算；

（三）截留、挤占、挪用专项经费；

（四）违反规定转拨、转移专项经费；

（五）提供虚假财务会计资料；

（六）未按规定执行和调整预算；

（七）虚假承诺、自筹经费不到位；

（八）其他违反国家财经纪律的行为。

第四十条 重大专项项目（课题）通过验收后，各项目（课题）承担单位应当在一个月内及时办理财务结账手续。项目（课题）资金如有结余（含处理已购物资、材料及仪器、设备的变价收入等），应当按照财政部关于结余资金管理的有关规定执行。

第四十一条 对于违反本办法规定使用和管理经费的，除依照《财政违法行为处罚处分条例》的规定追究有关单位和人员的责任以外，财政部会同有关部门可以视情况予以缓拨、停拨经费，情节严重的可以向三部门及领导小组提出终止项目（课题）的建议。涉嫌犯罪的，应当依法移送司法机关处理。

第七章 其 他

第四十二条 重大专项资金使用中涉及政府采购的，按照国家政府采购有关规定执行。

第四十三条 行政事业单位使用重大专项资金形成的固定资产属国有资产，一般由项目（课题）承担单位进行使用和管理，国家有权进行调配。企业使用重大专项资金形成的固定资产，按照《企业财务通则》等相关规章制度执行。重大专项资金形成的知识产权等无形资产的管理，按照国家有关规定执行。

重大专项资金形成的大型科学仪器设备、科学数据、自然科技资源等，在保障有关参与单位合法权益的基础上，按照国家有关规定开放共享，以减少重复浪费，提高资源使用效率。

第八章 附 则

第四十四条 各重大专项领导小组和牵头组织单位可以根据本办法制定实施细则，报三部门备案。

第四十五条 本办法由财政部负责解释。

第四十六条 本办法自印发之日起施行，此前相关管理规定与本办法相抵触的，以本办法为准。

附：××××××科技重大专项项目（课题）预算书

附：

××××××科技重大专项项目（课题）预算书

项目（课题）编号：________________

项目（课题）名称：________________

项目（课题）承担单位：（盖章）

项目（课题）承担单位法定代表人：（签章）

项目（课题）负责人：（签章）

项目（课题）承担单位财务部门负责人：（签章）

项目（课题）起止期：　　年　月至　　年　月

编制日期：　　年　月　日

编报说明

一、项目（课题）预算书是预算评审和核定的重要依据。各科技重大专项牵头组织单位和项目（课题）承担单位应当根据实际需要，按照目标相关性、政策相符性和经济合理性的原则，认真填报。

二、表1和表2由牵头组织单位汇总编报，表3各表由项目（课题）承担单位按照项目（课题）实施周期分年度分别填报，表4由预算评审单位填报。

三、所有项目（课题）承担单位的名称，应当填写法人单位全称。预算数据以“万元”为单位，精确到小数点后两位。各类标准或单价以“元”为单位，精确到个位。项目（课题）预算书中不同地方出现的相同设备、材料等实物信息应当填写规范和统一的名称。

四、表1中各项数据由表3有关数据汇总得出。表2“项目（课题）级次编码”、“名称”和“实施起止期”栏应当同实施计划中有关内容一致；“总预算”栏根据表3中有关数据汇总得出。

五、表3-3-1中，如发生“中间试验（制）费”和“其他经费”，应当参照“研究经费”填写具体的开支项目。各项目（课题）应当根据分年度任务安排，分年度填写表3-3-1至表3-3-7。各项目（课题）还应当根据具体情况填写表3-3-7，如实全面反映第一承担单位和其他协作单位的任务分工等内容。

承诺书

本项目（课题）预算书的编制是在认真阅读理解《民口科技重大专项资金管理暂行办法》及国家相关财务规章制度基础上，按程序和规定编制的。本单位法定代表人、财务部门负责人、本项目（课题）负责人保证预算书各项内容真实、客观，并承担由此引起的相关责任。

法定代表人（签章）：______________

年　月　日

财务部门负责人（签章）：______________

年　月　日

项目（课题）负责人（签章）：______________

年　月　日

中央财政资金以外其他渠道资金来源证明

______________（单位全称），承诺为______________科技重大专项______________项目（课题）提供配套资金__________万元，资金来源为__________（1. 地方财政资金；2. 单位自筹资金；3. 其他渠道获得的资金（需详细说明）______________）。

配套资金的使用和管理要求（包括使用方向、用途、开支项目等）：______________________________

____

____

______________________________。

特此证明！

出资单位（公章）

年　月　日

表1-1　　×××科技重大专项项目（课题）收入和支出总表

金额单位：万元

	收入预算	支出预算			
		合计	研究经费	中间试验（制）费	其他经费
总计					
中央财政资金合计					
20××年小计					
其中：基本建设投入					
20××年小计					
其中：基本建设投入					
……					
地方财政资金合计					
20××年小计					
20××年小计					
……					
单位自筹资金合计					
20××年小计					
20××年小计					
……					
其他渠道资金合计					
20××年小计					
20××年小计					
……					

表1-2　　×××科技重大专项20××年项目（课题）支出汇总表

金额单位：万元

	中央财政资金	地方财政资金	单位自筹资金	其他	合计
总计					
一、研究经费					
（一）直接费用					
1. 设备费					
（1）设备购置费					
（2）试制改造费					
（3）租赁使用费					
2. 材料费					
3. 测试化验加工费					

续表

	中央财政资金	地方财政资金	单位自筹资金	其他	合计
4. 燃料动力费					
5. 差旅费					
6. 会议费					
7. 国际合作与交流费					
8. 出版/文献/信息传播/知识产权事务费					
9. 劳务费					
10. 专家咨询费					
11. 基本建设费					
（1）房屋建筑物购建					
（2）专用设备购置					
（3）基础设施建设					
（4）大型修缮					
（5）信息网络建设					
（6）其他基本建设支出					
12. 其他费用					
（二）间接费用					
二、中间试验（制）费					
……					
三、其他经费					
……					

表2　×××科技重大专项分项目（课题）预算汇总表

单位：万元

序号	项目（课题）级次编码	名　称	总预算								实施起止期	备注
			小计	其中：中央财政资金	20××年		20××年		……			
					小计	其中：中央财政资金	小计	其中：中央财政资金	小计	其中：中央财政资金		
总计												
	项目1											
	课题1－1											
	课题1－2											
	……											
	项目2											
	课题1－1											
	课题1－2											
	……											
	……											

表 3－1 项目（课题）基本情况表

<table>
<tr><td colspan="5">填表说明：1. 组织机构代码指企事业单位国家标准代码，无组织机构代码的单位填写“000000000”。
2. 单位名称、单位公章名称及单位开户名称必须一致，如有特殊情况，需说明理由。</td></tr>
<tr><td colspan="2">项目（课题）编号</td><td colspan="3"></td></tr>
<tr><td colspan="2">项目（课题）名称</td><td colspan="3"></td></tr>
<tr><td colspan="2">申请中央财政支持方式</td><td colspan="3">☐ 前补助
☐ 事前立项事后补助（不预拨启动费）
☐ 事前立项事后补助（预拨启动费）（建议比例）</td></tr>
<tr><td rowspan="12">项目（课题）承担单位</td><td>单位名称</td><td colspan="3"></td></tr>
<tr><td>单位性质</td><td colspan="3">☐ 科研机构
☐ 高等院校
☐ 企业
☐ 其他____</td></tr>
<tr><td>单位主管（所属）部门</td><td colspan="3"></td></tr>
<tr><td>单位组织机构代码</td><td colspan="3"></td></tr>
<tr><td>单位法定代表人姓名</td><td colspan="3"></td></tr>
<tr><td>单位开户名称</td><td colspan="3"></td></tr>
<tr><td>开户银行（全称）</td><td colspan="3"></td></tr>
<tr><td>银行账号</td><td colspan="3"></td></tr>
<tr><td>单位所属地区</td><td colspan="3">（省、直辖市、自治区等）</td></tr>
<tr><td>通信地址</td><td colspan="3"></td></tr>
<tr><td>邮政编码</td><td colspan="3"></td></tr>
<tr><td colspan="4" style="display:none"></td></tr>
<tr><td rowspan="14">相关责任人</td><td rowspan="6">项目（课题）负责人</td><td>姓名</td><td colspan="2"></td></tr>
<tr><td>身份证号码</td><td colspan="2"></td></tr>
<tr><td>工作单位</td><td colspan="2"></td></tr>
<tr><td>电话号码</td><td>手机号码</td><td></td></tr>
<tr><td>电子邮箱</td><td>邮政编码</td><td></td></tr>
<tr><td>通信地址</td><td colspan="2"></td></tr>
<tr><td rowspan="4">项目（课题）联系人</td><td>姓名</td><td colspan="2"></td></tr>
<tr><td>电话号码</td><td>手机号码</td><td></td></tr>
<tr><td>传真号码</td><td colspan="2"></td></tr>
<tr><td>电子邮箱</td><td colspan="2"></td></tr>
<tr><td rowspan="4">财务部门负责人</td><td>姓名</td><td colspan="2"></td></tr>
<tr><td>身份证号码</td><td colspan="2"></td></tr>
<tr><td>电话号码</td><td>手机号码</td><td></td></tr>
<tr><td>由子邮箱</td><td colspan="2"></td></tr>
</table>

续表

前期投入及现有基础条件	
项目（课题）内容及承担单位简介	

表 3－2

项目（课题）参加人员基本情况表

项目（课题）编号：
项目（课题）名称：

填表说明：1. 固定研究人员需填写此表。
2. 职称分类：A. 正高级　B. 副高级　C. 中级　D. 初级　E. 其他
3. 是否有工资性收入：Y. 是　N. 否
4. 人员分类代码：A. 项目（课题）负责人　B. 项目（课题）骨干　C. 其他研究人员

姓名	身份证号码	工作单位	技术职称	投入的全时工作时间（人月）	是否有工资性收入	人员分类
(1)	(2)	(3)	(4)	(5)	(6)	(7)
固定研究人员合计					/	/
流动人员或临时聘用人员合计					/	/
总计					/	/

表 3-3-1 **20××年分项目（课题）预算表**

项目（课题）编号：
项目（课题）名称：

金额单位：万元

	中央财政资金	地方财政资金	单位自筹资金	其他	合计
总计					
一、研究经费					
（一）直接费用					
1. 设备费					
（1）设备购置费					
（2）试制改造费					
（3）租赁使用费					
2. 材料费					
3. 测试化验加工费					
4. 燃料动力费					
5. 差旅费					
6. 会议费					
7. 国际合作与交流费					
8. 出版/文献/信息传播/知识产权事务费					
9. 劳务费					
10. 专家咨询费					
11. 基本建设费					
（1）房屋建筑物购建					
（2）专用设备购置					
（3）基础设施建设					
（4）大型修缮					
（5）信息网络建设					
（6）其他基本建设支出					
12. 其他费用					
（二）间接费用					
二、中间试验（制）费					
……					
三、其他经费					
……					

表 3－3－2　　项目（课题）预算说明

一、对承担单位和相关部门承诺提供的支撑条件进行详细说明，并针对项目（课题）实施可能形成的科技条件资源和成果，提出共享的方案。

续表

二、对各支出项目主要用途、与项目（课题）的相关性及测算方法、测算依据进行详细分析说明。

（一）研究经费

1. 直接费用

（1）设备费

（2）材料费

（3）测试化验加工费

（4）燃料动力费

（5）差旅费

（6）会议费

（7）国际合作与交流费

（8）出版/文献/信息传播/知识产权事务费

（9）劳务费

（10）专家咨询费

（11）基本建设费（需另附初步设计或施工图设计、初步设计概算或施工图预算等资料）

（12）其他费用

2. 间接费用

（二）中间试验（制）费

……

（三）其他经费

……

（四）其他需要说明的事项

……

续表

三、除中央财政资金以外其他渠道经费落实情况说明（需详细说明经费的具体来源、分年度落实和到位情况，以及具体用途等）

表 3-3-3　　设备费——购置/试制改造设备预算明细表

项目（课题）编号：
项目（课题）名称：

填表说明：1. 设备分类：A. 购置　B. 试制改造
2. 需要进口的设备需在本表（5）列中填写设备净价（不含关税）；试制改造设备不需填报本表（6）、（7）、（11）列；
3. 单价≥10万元的设备需填写明细，一般应提供三家以上产品报价单及其联系电话的详细资料；
4. 单价≥200万元的设备需进行联合评议。

序号	设备名称	设备分类	单价	数量	金额	购置设备型号	购置设备生产国别与地区	主要性能指标	用途与项目（课题的关系）	设备存量情况（数量、购置时间、价格、运转情况等）	是否需要进口	备注
	(1)	(2)	(3)	(4)	(5)	(6)	(7)	(8)	(9)	(10)	(11)	(12)
单价10万元以上购置设备小计												
单价10万元以上试制改造设备小计												
单价10万元以下购置设备小计												
单价10万元以下试制改造设备小计												
合　计												

表 3－3－4

材料费预算明细表

项目（课题）编号：

项目（课题）名称：

金额单位：万元

填表说明：1. 大宗及贵重材料，即项目（课题）执行过程中消耗数量较多或单位价格较高、总费用在5万元及以上的材料，须填写明细；
2. 需要进口的原材料和辅助材料，需在本表（5）列中填写原材料和辅助材料净价（不含关税）。

序号	材料名称	计量单位	单价（元/单位数量）	购置数量	金额	是否需要进口	备注
	（1）	（2）	（3）	（4）	（5）	（6）	（7）
大宗及贵重材料小计		/	/			/	
其他材料费		/	/			/	
合计		/	/			/	

表3－3－5　　测试化验加工费预算明细表

项目（课题）编号：

项目（课题）名称：

金额单位：万元

填表说明：量大及价高测试化验加工，即项目（课题）执行过程中需测试化验加工的数量较多或单位价格较高、总费用在5万元及以上的，须填写明细。

序号	测试化验加工的内容	测试化验加工单位	计量单位	单价（元/单位数量）	数量	金额	备注
	(1)	(2)	(3)	(4)	(5)	(6)	(7)
最大及价高测试化验费小计		/	/	/	/		
其他测试化验费		/	/	/	/		
合计		/	/	/	/		

表 3－3－6 **国际合作与交流预算明细表**

项目（课题）编号：

项目（课题）名称：

金额单位：万元

填表说明：合作交流类型：A. 出国考察 B. 来华交流

序号	合作交流类型	国家和地区	机构	人数（人）	时间（天）	预算理由（主要合作交流内容及与完成本项目/课题目标的关系）	金额
	(1)	(2)	(3)	(4)	(5)	(6)	(7)
合计		/	/	/	/		

表 3－3－7 **承担单位研究经费支出预算明细表**

项目（课题）编号：

项目（课题）名称：

金额单位：万元

填表说明：承担单位性质：A. 第一承担单位 B. 其他承担单位

序号	单位名称	组织机构代码	承担单位性质	任务分工	研究任务负责人	金额
	(1)	(2)	(3)	(4)	(5)	(6)
累计						

表 4 **预算评审意见汇总表**

预算评审意见：

评审单位负责人：

年 月 日

姓名	年龄	职称、职务	专业	工作单位	签名

注：专家个人意见可另附。

财政部关于印发《中央对地方基础教育以奖代补专项资金管理暂行办法》的通知

2009年9月17日　财教〔2009〕255号

各省、自治区、直辖市、计划单列市财政厅（局），新疆生产建设兵团财务局：

为支持各地加大基础教育投入，引导资金合理投向，推进财政科学化精细化管理，提高资金管理水平，推动农村义务教育经费保障机制改革，促进义务教育均衡发展，中央财政设立基础教育“以奖代补”专项资金，对基础教育财政财务管理工作开展好的地区实行“以奖代补”制度。为规范资金管理，提高使用效益，我们制定了《中央对地方基础教育以奖代补专项资金管理暂行办法》，现印发给你们，请遵照执行。

附件：中央对地方基础教育以奖代补专项资金管理暂行办法

附件：

中央对地方基础教育以奖代补专项资金管理暂行办法

第一条　为规范中央对地方基础教育“以奖代补”专项资金（以下简称奖励资金）的管理，提高资金使用效益，根据国家有关财政财务规定，制定本办法。

第二条　奖励资金是中央财政设立的专项资金。目的是引导各地加大基础教育投入，优化教育支出结构，推进财政科学化精细化管理，提高资金管理水平，落实好农村义务教育经费保障机制改革等党中央、国务院确定的各项重大政策，促进基础教育事业健康发展。

第三条　奖励资金的分配遵循“客观公正、科学规范、激励先进、促进均衡”的原则，以省级财政为奖励对象，由中央财政在考核各地上年工作情况的基础上进行奖励。奖励资金向中西部地区倾斜。

第四条　奖励资金采取因素法进行分配，分为经费投入因素、工作实绩因素、管理创新因素以及政策导向因素等4类。

（一）经费投入因素（权重20%）。以各省财政基础教育支出水平、财政基础教育支出增长率作为主要考核指标。

（二）工作实绩因素（权重50%）。中央财政根据财政基础教育工作重点，在巩固提高义务教育质量、促进城乡义务教育均衡发展、加快普及高中阶段教育、大力发展中等职业教育等方面，选择确定考核指标，对各地贯彻落实党中央、国务院政策的情况进行考核和奖励。

（三）管理创新因素（权重20%）。主要考核地方推进基础教育经费科学化精细化管理方面取得的成效，具体包括地方基础教育资金管理制度是否健全，资金拨付是否及时，预算执行是否良好，管理措施是否得力，监督检查是否到位，上报材料是否按时、准确等。

（四）政策导向因素（权重10%）。为体现国家政策导向，对承担中央重点任务，单项工作取得突破进展、成绩突出、具有示范带动作用的地区，或贯彻执行中央政策效果显著的地区，给予奖励。

上述4类因素及其权重，在国家出台重大财政基础教育改革政策的年度，可根据实际情况作相应调整。

第五条 中央财政在分配奖励资金时，对各地出现农村中小学教师工资拖欠、农村中小学安全责任事故以及审计、财政等部门查实的违规使用基础教育各项经费的地区，将视情节轻重，相应扣减其奖励资金。

第六条 奖励资金重点用于地方改善义务教育阶段学校的办学条件，兼顾高中阶段学校的办学条件，包括教学用房及辅助设施维修改造、教学仪器设备购置、学校日常运转以及教师培训等支出，不得用于行政办公经费或发放津补贴、奖金、福利，不得平衡财政预算或挪作他用。

第七条 省级财政部门于每年3月底前将奖励资金申请报告和《基础教育投入统计表》上报财政部（详见附表）。申请报告包括：基础教育各项政策贯彻落实情况、经费投入情况、主要工作成效、推进经费科学化精细化管理情况以及上年度中央奖励资金使用情况等。

第八条 中央财政根据各省上报的材料和数据，依据国家教育事业统计年鉴、教育经费统计年鉴和财政年鉴等统计数据，按照本办法第四条规定的各类因素及权重，综合确定奖励资金分配金额并下达省级财政。

第九条 省级财政部门要结合本地实际情况，制定奖励资金使用管理办法，健全奖励资金管理工作机制，加强奖励资金的管理和监督，做到合理安排、及时拨付、规范使用、提高效益。

第十条 奖励资金的使用必须接受相关审计、财政等部门的监督和检查。对报送虚假信息骗取奖励资金和违规使用奖励资金的，一经查实，中央财政相应扣减其第二年度的奖励资金；情节严重的，取消该省享受奖励资金的资格，并按照《财政违法行为处罚处分条例》（国务院令第427号）有关规定严肃处理。

第十一条 北京、天津、上海3个直辖市，各计划单列市以及新疆生产建设兵团不参加统一测算，奖励资金数额由财政部根据实际情况确定。

第十二条 本办法由财政部负责解释。

第十三条 本办法自印发之日起施行。

附：基础教育投入统计表

附：

基础教育投入统计表

填报单位： 省财政厅（局） 单位：万元

序号	因素	行次	前年	上年
栏次			1	2
（一）	全省财政一般预算支出	1		
（二）	全省财政基础教育支出	2		
1	学前教育支出	3		
2	义务教育支出	4		
3	普通高中教育支出	5		
4	中等职业教育支出	6		
（三）	全省农村义务教育经费保障机制投入	7		
1	项目一：公用经费	8		
	其中：省本级安排	9		
2	项目二：免费提供地方教科书	10		
	其中：省本级安排	11		
3	项目三：补助寄宿生生活费	12		
	其中：省本级安排	13		
4	项目四：校舍维修改造经费	14		
	其中：省本级安排	15		
5	项目五：地方其他政策投入	16		
（四）	全省城市免除学杂费投入	17		
1	项目一：免除学杂费	18		

续表

序号	因素	行次	前年	上年
	栏次		1	2
2	项目二：免费提供教科书	19		
3	项目三：补助寄宿生生活费	20		
4	项目四：地方其他政策投入	21		
（五）	全省中等职业教育投入	22		
1	项目一：实训基地	23		
2	项目二：教师培训	24		
3	项目三：中职免费	25		
4	项目四：中职国家助学金	26		
5	项目五：地方其他政策投入	27		
（六）	全省财政基础教育支出水平：（行2/行1）	28		
（七）	全省财政基础教育支出增长率：（栏2/栏1）	29	—	

注：1. 全省农村义务教育经费保障机制投入、城市免除学杂费投入、中等职业教育投入均为地方财政投入。
2. 地方其他政策投入是指各地在执行中央统一政策之外，自行出台政策增加的投入。

山东省人民政府办公厅关于印发山东省中小学校舍安全工程实施方案的通知

2009年6月5日　鲁政办发〔2009〕42号

各市人民政府，各县（市、区）人民政府，省政府各部门、各直属机构，各大企业，各高等院校：

《山东省中小学校舍安全工程实施方案》已经省政府同意，现印发给你们，请认真贯彻执行。

附件：山东省中小学校舍安全工程实施方案

附件：

山东省中小学校舍安全工程实施方案

校舍安全直接关系广大师生的生命财产安全，关系社会和谐稳定。为保证全省中小学校舍安全工程的顺利实施，进一步提高全省中小学校舍防震抗灾能力，切实保障广大师生生命财产安全，根据《全国中小学校舍安全工程实施方案》，结合我省实际，特制定本实施方案。

一、指导思想

以科学发展观为指导，以构建平安校园、办好人民满意教育为宗旨，立足当地中小学校建设总体规划，全面改善安全现状，进一步提高中小学校舍建筑质量，彻底消除安全隐患，推动建立中小学校舍维修长效机制，保障全省教育事业健康发展。

二、目标和任务

（一）目标。对全省中小学校存在安全隐患的校舍进行抗震加固改造或重建，使其达到当地重点设防类抗震设防标准，并符合防御其他地质灾害和防洪、防台风、防火、防雷击等安全要求。

（二）主要任务。从2009年开始，用3年时间，按抗震加固、综合防灾的要求，集中重建整体出现险情的D级危房，改造加固局部出现险情的C级和达不到抗震设防要求的校舍，彻底消除中小学校舍安全隐患。2009年及以后新建、改扩建的中小学校舍，要严格按照国家确定的抗震设防要求和中小学校建设标准，原则上以建设楼房校舍为主，确保校舍安全。同时建立全省中小学校舍信息管理系统，实时监控校舍安全状况，为中小学校舍安全工程和安全管理提供服务。

三、基本原则

（一）科学规划，统筹安排。全面摸清全省中小学校舍现状，充分考虑经济社会发展状况、地域特点、教育发展水平等实际，遵循教育发展规律，以师生为本，做到中小学校舍安全工程与校舍维修改造长效机制相结合、与中小学布局结构调整相结合、与农村初中校舍改造和中小学“211工程”等项目相结合、与标准化学校建设相结合、与促进城乡教育均衡发展相结合、与提高基础教育质量相结合。在科学规划的基础上，根据中小学校舍危房的分布状况、危险程度和房屋用途等，制定中小学校舍安全工程总体规划、年度实施计划和具体实施方案，分年度、分步骤维修改造。

（二）分级负责，以县为主。中小学校舍安全工程由省级政府统一组织，市、县政府负责实施，专业部门密切配合。市、县（市、区）人民政府要加强组织领导，明确相关职能部门的任务，确保中小学校舍安全工程的顺利实施。

（三）坚持标准，确保质量。工程建设要科学规划，精心设计。要遵守国家有关法律、法规，严格执行基本建设程序，严格落实抗震设防要求，依据校园具体规划，坚持先勘察、后设计、再施工的原则，做到“安全、节能、环保、经济、实用、美观”，确保工程既符合标准又保证质量。要严格实行项目法人责任制、招投标制、工程监理制和合同管理制，设计、施工和监理单位都必须具备规定资质。要保证每栋校舍的加固和改造质量，使中小学校舍安全工程成为“精品工程”。

四、实施范围和工作步骤

校舍安全工程覆盖全省城市和农村、公立和民办、教育系统和非教育系统的所有中小学。

（一）基础数据采集和录入。要充分发挥中小学校舍信息管理平台的作用，在2009年6月30日前完成全省校舍信息管理平台基础数据的采集和录入工作。

（二）全面排查鉴定。2008年5月以后已经排查并形成鉴定报告的校舍，不再重新鉴定。对没有鉴定报告的校舍，按照抗震设防和有关防灾要求，进行逐栋排查，不留死角，形成对每座建筑的鉴定报告，建立校舍安全档案。各级政府要组织教育、建设等部门，对本行政区域内所有中小学校舍进行全面普查，摸清危房底数，掌握总体情况。2009年9月15日前完成全省中小学危房排查、鉴定工作。

（三）勘察设计招标。根据排查鉴定结果和鉴定意见，对需要加固改造和重建的校舍进行勘察和施工设计，依照设计内容，对项目依法进行招标。

（四）加固改造。对于鉴定为危房和抗震设防要求不达标的校舍，按照“轻重缓急”的原则加固改造。用3年时间完成加固改造任务，消除安全隐患。

（五）制订中小学总平面布局规划和校舍改造规划。各地要在排查摸底的基础上，科学制订本地区中小学校舍安全工程总体规划及年度实施计划。要对项目建设场址及周边地质、交通、环境等主要条件进行科学测评，建设场地必须避开地震活动断层及抗震不利地段，因选址不当造成安全事故的，要追究相关人员的责任。

（六）分步、分类实施中小学校舍改造。各级政府要根据实施方案和分年度维修加固规划，有计划、分年度组织中小学校舍安全工程实施。对通过维修加固可以达到抗震设防标准的校舍，按照重点设防类抗震设防标准改造加固；对经鉴定不符合要求、不具备维修加固条件的校舍，按重点设防类抗震设防标准和建设工程强制性标准重建；对地处洪涝灾害易发区、水库大坝下游可能受淹区以及严重地质灾害易发地区的校舍，进行地质灾害危险性评估并实行避险迁移；对根据学校布局规划确应废弃的危房校舍不再改造，但必须确保及时拆除，不再使用；完善校舍防火、防雷等综合防灾标准，并严格执行。

五、保障措施

（一）加强领导。成立山东省中小学校舍安全工程领导小组，统一组织协调校舍安全工程，发展改革、教育、公安、监察、财政、国土资源、建设、水利、审计、安全监管、地震等部门参加。领导小组办公室设在省教育厅，由领导小组成员单位派员组成，集中办公。各市、县（市、区）也要尽快成立相应组织领导体制。

（二）明确责任。山东省中小学校舍安全工程领导小组办公室负责制订并组织落实工程规划、实施方案和配套政策，统筹提出省工程资金安排方案，组织编制和审定各市、县校舍加固改造、避险迁移和综合防灾方案；落实对校舍改造建设收费有关减免政策；按照项目管理的要求，监督检查工程质量和进度；编发简报，推广先进经验，报告工作进展；明确各级的工作职责，制定考核奖惩措施，确保工程建设的各项工作有人抓、有人管。

省国土资源、建设、水利、地震等部门要为市县提供地震重点监视防御区、七度以上地震高烈度区及地震断裂带和地震多发区、洪涝灾害易发区及其他地质灾害分布情况，提出安全性评估和建议；并组织勘察设计单位、检测鉴定机构和技术专家，帮助专业力量不足的市县进行校舍地质勘察和建筑检测鉴定。

市、县级人民政府负责校舍安全工程的具体实施，对本地的校舍安全负总责，主要负责人负直接责任。要在上级政府和有关部门的指导下，统一组织对校舍的逐栋排查和检测鉴定，审核每栋校舍的加固改造、避险迁移和综合防灾方案，具体组织工程实施，落实施工管理和监管责任，按进度、标准组织验收，建立健全所有中小学校、所有校舍的安全档案。设区市人民政府要统筹协调本地区各县（市、区）勘察鉴定和设计、施工、监理力量，加强组织调度，规范工程实施，严格工程质量安全管理。

（三）规范管理。建立完善中小学校舍电子档案，实行网上办公，实现动态管理。一是通过中小学校舍信息管理平台的网络管理，通过加强校舍信息监控，把握安全趋势，查清安全隐患，强化安全管理和危旧校舍改造责任，科学安排维修改造工作。二是利用网络对每年实施校舍建设项目进行动态跟踪管理，实现科学化、规范化目标。三是根据各市、县中小学校舍改造规划实施情况，及时更新相关数据，使其具有真实性、可靠性、时效性。

（四）严格质量。所有工程项目要严格按照国家确定的《农村普通中小学校建设标准》（建标〔2008〕159号）、《城市普通中小学校建设标准》（建标〔2002〕102号）进行设计和建设。新校舍按国家规定的重点设防类抗震设防标准进行抗震设计和施工，坚持“安全、牢固、实用、够用、方便学生”的原则，充分考虑学校人员密集特点和应急疏散需要，新建校舍的最低使用寿命为50年。新建校舍要按照国家规定的基本建设程序履行报批手续。严格落实各项建设监管规定。

（五）加大监督检查力度。要加强对工程项目的监督检查，并对改造任务完成情况进行目标考核，对进度缓慢没有完成当年改造任务的，扣减下年度的校舍维修改造资金，并进行通报批评。各有关单位和部门要认真履行职责，对存在安全隐患项目及时整改，坚决杜绝“豆腐渣工程”。审计等部门要依法对工程项目进行审计监督，发现问题要严肃查处。

六、资金安排与管理

校舍安全工程资金以市、县为主筹集，省统筹安排与中小学校舍安全有关的资金，并根据各地财力状况、工作任务及工作实效等给予奖励性补助。各地要切实担负起校舍安全工程投入的责任，安排专项资金，列入财政预算，确保资金及时到位，防止学校出现新的债务。鼓励社会各界捐资捐物支持校舍安全工程。

民办、外资、企（事）业办中小学校舍的改造资金由投资方和所属单位负责，当地政府给予指导、支持并实施监管。

要严格加强对中小学校舍安全工程资金的管理，健全工程资金管理制度，工程资金实行分账核算，专款专用，各级财政要确保资金及时到位。工程资金不能顶替原有投入，更不得用于偿还过去拖欠的工程款和其他债务。严格杜绝挤占、挪用、克扣、截留、套取工程款。保证按工程进度拨款，不得拖欠工程款。

七、工程监督和管理

各级人民政府要加强对工程建设的监督检查，对工程实施情况组织督查与评估。

（一）实行"第一责任人负责制"。各市、县的市长、县长是本辖区中小学校舍安全工程的第一责任人，全面负责工程的各项工作。相关中小学校的校长是具体工程项目的第一责任人，全面负责项目实施的各项工作。对发生因学校危房倒塌和其他因防范不力造成安全事故导致师生伤亡的地区，要依法追究当地政府主要负责人的责任。改造后的校舍如因选址不当、达不到抗震设防要求或建筑设计和施工质量问题遇灾垮塌致人伤亡，要依法追究校舍改造期间当地政府主要负责人的责任；建设、评估鉴定、勘察、设计、施工与工程监理单位及相关负责人员对项目依法承担责任。对因工作不力、管理不严或违规操作等造成工程安全隐患或事故的，人为因素影响项目进度或延误工期的，挤占、挪用、截留、滞留工程资金的，疏于管理造成国有资产流失以及出现其他重要责任事故的行为，要依法追究有关责任人的责任。

（二）坚持依法办事，规范建设程序。工程建设严禁边勘察、边设计、边施工。在工程立项、抗震设防要求确定、勘察设计、招投标、施工监理、资金管理、竣工验收等方面，要严格执行国家有关法律、法规、规章和行业标准。

（三）建立公示制度，接受社会监督。校舍安全工程要向社会公布，所有工程项目都要将项目负责人、施工队伍、设计单位、监理监督人员等公开，便于群众监督。所有项目要公开招投标，招投标、施工监理、资金管理、竣工验收、预决算审计等要列入政务或村务公开范围，接受新闻媒体和社会监督。

省财政厅　省教育厅关于印发《山东省省属高校化解债务工作奖励实施意见》的通知

2009 年 4 月 30 日　鲁财教〔2009〕17 号

省直有关部门、省属有关高等学校：

为推动省属高校债务化解工作，根据省政府 2008 年第 19 次常务会议精神，省财政厅、省教育厅研究制定了《山东省省属高校化解债务工作奖励实施意见》，现予印发，请遵照执行。

附件：山东省省属高校化解债务工作奖励实施意见

附件：

山东省省属高校化解债务工作奖励实施意见

近年来，我省高等教育加快发展，逐步实现了由精英教育向大众教育的历史性跨越，基本满足了人民群众接受高等教育的需求，有力地促进了我省经济社会发展。但由于多方面原因，部分高校在快速发展的同时，形成了较大规模的债务，给高校财务运转带来很大压力。为推动省属高校债务化解工作，根据省政府2008年第19次常务会议精神，省财政设立省属高校化解债务工作奖励专项资金（以下简称“化债奖励资金”），对化解债务工作成效突出的省级财政拨款高校给予奖励。现提出以下实施意见：

一、目标任务

以科学发展观为统领，在政府协调、政策支持、部门配合的基础上，积极推动高校化解债务工作。充分发挥财政资金的引导作用，鼓励高校立足自身化解债务，逐步减少高校债务规模，将债务规模控制在合理区间，逐步实现高校财务良性运转，促进高等教育事业健康、协调、可持续发展。

二、基本原则

（一）统一协调、政策支持。在省政府统一领导下，各有关部门加强配合协调，加大高等教育投入，加快高校老校区土地资产置换，调整优化高校债务结构，形成政策合力，共同推进高校化解债务工作。

（二）财政引导、择优奖励。省财政根据财力情况，逐步提高省属高校生均拨款定额，使高校生均预算内教育经费尽快达到全国平均水平，全面增强高校综合财力和统筹安排经费的能力，缓解高校财务压力。自2009年起，省财政设立化债奖励资金，对化解债务工作成效突出的省级财政拨款高校给予奖励，引导、鼓励高校化解债务。

（三）学校统筹、自主化解。高校是债务化解的责任主体，按照“谁贷款、谁负责”的原则，高校要充分挖掘内部潜力，优化支出结构，统筹运用各项政策，多渠道筹集资金，主动化解各项债务。

三、奖励办法

在锁定债务的基础上，按照“统一标准、综合考评、择优奖励”的原则，每年对省级财政拨款高校上年度化解债务工作进行综合考评，并对工作成效突出的高校给予奖励。

（一）锁定债务。本意见债务范围只包括银行贷款、职工内部委托贷款。以2008年底高校实际债务余额为基准，锁定高校债务。锁定债务后，高校原则上不得再增加新的债务。

（二）考评指标。化解债务考评指标分为成果性指标和措施性指标。锁定债务后，债务余额增加且超过风险警戒线的高校，不纳入考评范围；债务余额增加但低于风险警戒线的高校，成果性指标不得分。

1. 成果性指标，主要考评债务规模控制成效，权重60%。

主要依据高校每年年底比上年同期减少债务的金额、减少债务金额占债务总额的比例进行考核。因高校贷款到期转贷，在该时点形成的贷款规模暂时减少，不属于化解债务，应予以扣除。

为引导高校将贷款规模控制在风险警戒线以内，并逐步减少贷款，对债务总额由超过风险警戒线降到低于风险警戒线的高校和在风险警戒线以内减少贷款的高校，加大奖励力度。

2. 措施性指标，主要考评学校增收节支、校区置换、债务结构优化、债务资金使用效益及其他债务化解工作措施，权重40%。

原则上依据高校优化支出结构、贷款利息纳入年度预算、校区置换进度及资金到位率、债务结构改善、扩招以来债务与资产、办学规模增长对比、高校基建规模控制、制定并落实化债工作方案等情况进行综合考评。

（三）工作程序。

1. 申请锁债。高校按照2008年底学校实际债务余额填写《2008年底锁定高校债务情况审核汇总表》和《2008年底锁定高校债务情况明细表》（见附件1、附件2），连同学校银行贷款、职工内部委托贷款合同复印件、2008年底人民银行征信查询信用报告复印件，于2009年5月底以前，以正式文件分别报省教育厅、省财政厅。

2. 申请考评。符合考评条件且申请化债奖励的高校，每年对上年度学校化债工作成效和措施进行总结，并形成书面材料，同时，如实填写《××年高校债务基本情况审核汇总表》、《××年高校债务情况明细表》、《××年高校化解债务工作情况审核汇总表》、《××年学校办学规模增长情况表》（见附件3、附件4、附件5、附件6），连同上年底的人民银行征信查询信用报告复印件等相关证明材料，以正式文件提出化债奖励申请，分别报省教育厅、省财政厅。2009年申请材料于5月底以前报送，以后年度每年2月底以前报送。

3. 考评奖励。省教育厅负责对高校报送的锁定债务情况、考评材料进行审查、核实、汇总。省财政厅、省教育厅按照考评办法和核实后的高校化债工作情况，对高校化债工作进行综合考评，确定受奖学校和奖励金额，下达奖励资金。奖励资金只能用于偿还学校债务本金。

四、工作要求

（一）统一思想，加强领导。化解高校债务是推动高校持续健康发展、增强高校综合竞争力和发展后劲的迫切需要。各有关部门和各高校要从贯彻落实科学发展观的高度，充分认识化解高校债务的重要性，统一思想、提高认识，明确责任、精心组织，确保化解债务工作取得成效。

（二）明确方案，狠抓落实。各高校要切实承担化债责任，统筹考虑化解债务工作，区分轻重缓急，制定可行的化债方案和工作计划。要充分挖掘潜力，争取每年从收入中安排一定资金用于偿还债务。同时，要用足用好各项政策，通过校区置换、优化贷款结构等措施，多渠道筹措化债资金，努力减轻债务压力。

（三）加强管理，严控新债。高校要正确处理眼前与长远发展、事业发展需要与实际经济承受能力的关系，坚持艰苦奋斗、勤俭办学，确保高校财务正常运转。要严格控制新增债务，保证债务信息的真实性和准确性，防止出现“旧债未化、又增新债”的问题。对化旧债后又增新债的学校，省财政将扣回奖励资金。

附件：1. 2008年底锁定高校债务情况审核汇总表
2. 2008年底锁定高校债务情况明细表
3. ××年高校债务基本情况审核汇总表
4. ××年高校债务情况明细表
5. ××年高校化解债务工作情况审核汇总表
6. ××年学校办学规模增长情况表

附件1：

2008年底锁定高校债务情况审核汇总表

单位：万元

学校名称	截至2008年底高校实际债务余额								
	合计	银行贷款				职工内部委托贷款			
		小计	1年期以下	1~3年期	3年期以上	小计	1年期以下	1~3年期	3年期以上

附件2：

2008年底锁定高校债务情况明细表

填报单位：（公章） 单位：万元

债务明细	债务金额	执行年利率	债务起止时间	
			开始日	到期日
银行贷款小计				
××银行				
××银行				
……				
职工委托贷款小计				
××银行				
××银行				
……				
合计				

注：1. 债务明细按债务性质（银行贷款、职工内部委托贷款）逐笔分项填列，合计数应与附件1中的合计数相等。
2. ××银行填列至支行，如建设银行济南历下支行。
3. 时间一律按"××年××月××日"格式填报，如2008年06月06日。

附件3：

××年高校债务基本情况审核汇总表

单位：万元

学校名称	截止时间	××年分季度高校实际债务余额								
		合计	银行贷款				职工内部委托贷款			
			小计	1年期以下	1~3年期	3年期以上	小计	1年期以下	1~3年期	3年期以上
××大学	一季度									
	二季度									
	三季度									
	四季度									

附件4：

××年高校债务情况明细表

填报单位：（公章） 单位：万元

债务明细	债务金额	执行年利率	债务起止时间	
			开始日	到期日
银行贷款小计				
××银行				
××银行				
……				
职工委托贷款小计				
××银行				
××银行				
……				
合计				

注：1. 债务明细按债务性质（银行贷款、职工内部委托贷款）逐笔分项填列，合计数应与附件3中“四季度”的合计数相等。

2. ××银行填列至支行，如建设银行济南历下支行。

3. 时间一律按“××年××月××日”格式填报，如2008年06月06日。

附件5：

××年高校化解债务工作情况审核汇总表

单位：万元

学校名称	锁定2008年底高校债务余额			上年年底债务余额			××年底债务余额			债务余额比上年同期减少			债务余额比上年减少比例			化解债务资金来源				备注
	合计	银行贷款	职工内部委托贷款	合计	银行贷款	职工内部委托贷款	合计	银行贷款	职工内部委托贷款	合计	银行贷款	职工内部委托贷款	合计	银行贷款	职工内部委托贷款	合计	事业收入	校区置换	其他（请在备注中说明来源）	

附件6：

××年学校办学规模增长情况表

单位：平方米，万元，人

学校名称	截至××年底高校债务余额		建筑面积		资产总额		固定资产总额		在职教职工人数		在校全日制学生人数		备注
	1998年	××年	1998年	××年	1998年	××年	1998年	××年	1998年	××年	1998年	××年	

省财政厅　省教育厅关于进一步实施农村中小学“211工程”试点的通知

2009年5月22日　鲁财教〔2009〕24号

各市财政局、教育局：

2008年，我省在部分市进行了农村中小学“两热一暖一改”工程（即热水、热饭、取暖、改厕，简称“211工程”）试点，综合利用地热、太阳能、沼气等新型能源，解决师生喝热水、吃热饭、冬季取暖和改厕治污问题。一年来，试点工作取得了显著成效。为进一步改善农村中小学办学条件，2009年我省将进一步扩大试点范围，在全省范围内实施“211工程”试点。现将有关事项通知如下：

一、统一思想，明确目标

在2008年试点的基础上，按照“因地制宜、整合资源、技术支撑、确保安全”的原则，全面实施“211工程”试点，建设一批利用秸秆、地热、太阳能、沼气等新型能源的示范性学校，并逐步扩大覆盖范围，为农村师生提供安全、卫生的校园环境，缩小城乡义务教育发展差距，增强学生节约能源、保护环境的意识。

各级财政、教育部门要从贯彻落实科学发展观、深化农村义务教育经费保障机制改革、推进社会主义新农村建设的高度，充分认识试点工作的重要意义，加强领导，密切配合，精心组织，把这项民心工程、送温暖工程切实抓紧抓好。

二、因地制宜，科学试点

为保证试点效果，省里在总结试点经验的基础上，研究确定了几种高效、节能、环保的建设模式，由各地根据实际情况进行选择。

（一）两热一暖。综合利用秸秆、地热、太阳能、沼气等能源，解决师生热水、热饭及冬季取暖问题。

1. 热水、热饭。农村中小学为楼房的，可以在每一层设置1~2个电烧水炉供应热水；平房为主的学校，可以集中烧水，为每班配备保温桶。有太阳能集热装置的学校，可以通过辅助加热，为师生提供饮用热水和洗澡热水。同时，积极利用沼气、液化气，为师生烧水、热饭。

2. 取暖。农村中小学取暖可以采用以下模式：

模式一：秸秆颗粒半气化燃烧热源模式。充分利用农村丰富的玉米秸、棉秆等农作物秸秆，压制成外形规则的颗粒燃料，通过秸秆颗粒半气化燃烧机实现高效燃烧。热水经供热管网送入末端暖气片，实现循环供暖。该模式取代传统的燃煤、燃油和燃气供暖，节省运行成本，减少污染物排放。

模式二：地热模式。采集地下水，利用制冷剂液体吸收地下水中的热量而蒸发，通过热泵机组转变为高温热源，加热供暖系统中的水，经风机盘管输出暖风。换热后的地下水进行回灌，确保不受污染。有条件的地方可以利用该模式实现夏季制冷。

模式三：太阳能模式。安装太阳能集热装置、储热水箱和室内供暖设备，利用太阳能加热循环水实现供暖。同时，配备电锅炉或电磁炉等加热设施，在雨雪天太阳能不足时进行辅助加热。

模式四：周边热源模式。如果学校周边有热电厂、印染厂、化工厂等产生热水或热气的工厂，学校可以引入工厂多余的热水或热气，通过换热器换热后供暖。

“两热一暖”试点应选择在教育布局调整中拟长期保留的学校，乡镇中心初中、中心小学、寄宿制学校、以楼房为主的学校优先进行试点。

（二）改厕治污。改造农村中小学旱厕，建设新型环保生态厕所，实现能源综合利用。建设模式如下：

模式一：“生态厕所+沼气池+食堂改灶”模式。改建厕所、沼气池和进行食堂改灶。厕所和沼气池为一体化建设，配置冲厕设施，有条件的地方可以修建保温室和储气罐，增加沼气产量，储存多余沼气；食堂配备环保沼气灶，利用沼气做（热）饭、烧水。产生的沼肥作为无害化有机肥，施用于附近农田。

模式二：“生态厕所+沼气净化工程+食堂改灶”模式。在模式一的基础上，增加生活污水净化沼气池工程建设，用于处理食堂、宿舍等排放的生活污水和粪便，所产沼气用于烧水和做饭，沼肥施用于附近农田。

“改厕治污”试点应与当地校舍维修改造工程相结合，改造农村中小学校舍，需要新建或改造的厕所，原则上建成上述生态沼气厕所。按照经济、适用的原则，使用三年以上简陋旱厕的学校、没有独立厕所的在建学校优先列入试点范围。各地要根据当地气候特点，统筹考虑厕所粪污、保温、辅助能源等因素，设计最优建设方案，充分发挥综合效益，也可辅助建设种植基地，形成生态循环系统，为学生综合实践活动搭建平台。

三、资金共担，奖补结合

各级财政部门要积极调整支出结构，足额筹措资金，保障试点工作顺利实施。省财政2009年继续安排专项经费对试点工作给予补助，并结合试点经费补助额度，确定各地最低试点学校建议数。各地也要安排资金与省专项资金形成合力，努力扩大试点范围，增强试点成效。以后年度，省财政将采取“奖补结合、以奖为主”的形式，主要考虑各地的工作成效分配省专项资金。

各地要从实际出发，充分考虑辖区内农村中小学校规模和现有设施条件，合理确定试点学校，突出重点、集中投入，确保建一所，成一所，充分发挥示范作用。各地的试点学校数不得少于省下达的最低建议数，如果完成省下达的试点任务后，试点经费仍有结余，则全部用于增加项目学校。工程建设按规定实行政府采购，并根据国库集中支付的要求拨付资金，确保资金使用规范、安全、有效。

四、加强领导，抓好落实

（一）明确责任。试点工作由省统一领导和部署，各试点市、县负责制定实施方案，确定项目学校，具体组织施工，完工检查验收。各级教育、财政部门要明确责任、密切配合、齐抓共管，确保试点工程顺利实施。教育部门牵头组织工程实施，会同财政部门确定项目学校、组织检查验收，确保工程质量；财政部门主要负责筹集资金，会同教育部门制定实施方案，加强资金的监督管理。

（二）加快进度。各试点县（市、区）要尽快确定项目学校，加快工程进度，2009 年项目学校试点工程要在 11 月底前完工，并投入使用。各市对试点项目学校进行审核汇总后报省教育厅、省财政厅备案（见附件），同时负责督促工程进度，对项目建设实行全程跟踪、调度，监测工程实施及运行成本，总结试点经验。省里将对试点工作进行不定期督查，对工程完工情况进行通报。

（三）保证质量。试点工程实行质量终身负责制，坚持先勘察、后设计、再施工，责任落实到人。项目的立项、设计、招投标、施工监理、检查验收等程序要规范，严格按照国家建筑设计标准组织实施。工程建设实行持证上岗、执业准入，设计、施工、监理等机构和人员要具备相关执业资质，采用设备必须符合国家安全、卫生标准。

（四）强化管理。牢固树立"安全第一"的思想，始终把安全作为项目建设和管理的重中之重，坚决杜绝发生安全事故。各地要加强对相关技术人员和学校管理人员的培训，定期进行安全检查，确保建设项目安全、高效、长久运行，保证师生安全。

（五）注重宣传。各地要广泛宣传，让群众更多地了解和支持试点工作，为试点创造良好的氛围。本着"边试点、边总结、边完善"的原则，及时总结经验和不足，科学创新工程技术和工作机制，扎实开展工作，确保试点成效。

联系人及电话：

省财政厅教科文处　　蔺如伟　0531－82669741

省教育厅财务处　　齐　鲁　0531－81916695

附件：2009 年农村中小学"211 工程"试点学校备案表

附件：

2009 年农村中小学"211 工程"试点学校备案表

市　　县（市、区）　　　　　　　　　　　　200　年　月　日

序号	学校名称	学校类型			在校生（人）		试点内容及建设模式			预算安排（万元）			
		小学	初中	九年一贯制	小计	其中：寄宿生	热水热饭	取暖	改厕治污	合计	省财政	市财政	县财政
	合计												
1													
2													
3													
4													
5													
6													
7													
8													
9													
10													

说明：解决学生热水、热饭问题的学校在"热水热饭"一栏内填"1"，否则填"0"；"取暖"和"改厕治污"一栏内填具体的建设模式。

填表人：　　　　　　　　　　　　填表时间：

省财政厅　省教育厅　中国人民解放军山东省军区司令部转发财政部　教育部　总参谋部《关于印发〈应征入伍服义务兵役高等学校毕业生学费补偿国家助学贷款代偿暂行办法〉的通知》的通知

2009年6月3日　鲁财教〔2009〕25号

各市财政局、教育局、征兵办公室，各军分区（警备区），省直有关部门，省属高等学校：

现将财政部、教育部、总参谋部《关于印发〈应征入伍服义务兵役高等学校毕业生学费补偿国家助学贷款代偿暂行办法〉的通知》转发给你们。请认真抓好贯彻落实，并加大宣传力度，确保政策顺利实施。

附件：财政部　教育部　总参谋部关于印发《应征入伍服义务兵役高等学校毕业生学费补偿国家助学贷款代偿暂行办法》的通知

附件：

财政部　教育部　总参谋部关于印发《应征入伍服义务兵役高等学校毕业生学费补偿国家助学贷款代偿暂行办法》的通知

2009年4月20日　财教〔2009〕35号

党中央有关部门，国务院有关部委、有关直属机构，武警部队，各省、自治区、直辖市财政厅（局）、教育厅（教委）、征兵办公室，新疆生产建设兵团财务局、教育局，各军区，各军兵种，军事科学院，国防大学，国防科学技术大学，各省军区（卫戍区、警备区），中央部门直属各高等学校：

为鼓励高等学校毕业生积极应征入伍服役，提高兵员征集质量，推进国防和军队现代化建设，根据《国务院办公厅关于加强普通高等学校毕业生就业工作的通知》（国办发〔2009〕3号）和《总参谋部　总政治部　教育部　财政部关于做好普通高等学校应届毕业生征集工作的通知》（参动〔2009〕6号）有关精神，财政部、教育部、总参谋部决定自2009年起，对应征入伍服义务兵役的全日制普通高等学校应届毕业生，实施相应的学费补偿和国家助学贷款代偿。

现将《应征入伍服义务兵役高等学校毕业生学费补偿国家助学贷款代偿暂行办法》印发给你们，请遵照执行。

附件：应征入伍服义务兵役高等学校毕业生学费补偿国家助学贷款代偿暂行办法

附件：

应征入伍服义务兵役高等学校毕业生学费补偿国家助学贷款代偿暂行办法

第一章　总　则

第一条　为鼓励高等学校毕业生积极应征入伍服役，提高兵员征集质量，推进国防和军队现代化建设，根据《国务院办公厅关于加强普通高等学校毕业生就业的通知》（国办发〔2009〕3号）和《总参谋部 总政治部　教育部　财政部关于做好普通高等学校应届毕业生征集工作的通知》（参动〔2009〕6号）有关精神，制定本办法。

第二条　从2009年起，国家对应征入伍服义务兵役的高等学校毕业生在校期间缴纳的学费实行补偿。

在校期间获得国家助学贷款（含高校国家助学贷款和生源地信用助学贷款，下同）的，学费补偿款必须首先用于偿还助学贷款本金及其全部偿还之前产生的利息（以下简称国家助学贷款本息）。

第三条　本办法中高等学校指根据国家有关规定批准设立、实施高等学历教育的中央部门和地方所属全日制公办普通高等学校、民办普通高等学校和独立学院（以下简称高校）。

第四条　本办法中高等学校毕业生指上述高校中全日制普通本专科（含高职）、研究生、第二学士学位应届毕业生，以及成人高校招收的普通本专科（高职）毕业生（以下简称高校毕业生）。在校期间已享受免除全部学费政策的学生，定向生、委培生，国防生、部队招收的大学毕业生干部，以及从高等学校毕业生中直接招收的士官等其他形式到部队参军的高校毕业生不包括在内。

第二章　补偿或代偿的标准、年限及方式

第五条　国家对每名高校毕业生每学年补偿学费或代偿国家助学贷款本息的金额，最高不超过6000元。

高校毕业生在校期间每学年实际缴纳的学费或获得的国家助学贷款本息高于6000元的，按照每年6000元的金额实行补偿或代偿。

高校毕业生在校学习期间每学年实际缴纳的学费或获得的国家助学贷款本息低于6000元的，按照学费和国家助学贷款本息两者就高的原则，实行补偿或代偿。

第六条　国家对本科、专科（高职）、研究生和第二学士学位毕业生补偿学费或代偿国家助学贷款本息的年限，分别按照国家规定的相应学制计算。

高校毕业生在校学习时间低于相应学制规定年限的，按照实际学习时间计算。高校毕业生在校学习时间高于相应学制规定年限的，按照学制规定年限计算。

专升本、本硕连读、中职高职连读、第二学士学位毕业生补偿学费或代偿国家助学贷款本息的年限，分别按照完成本科、硕士、高职和第二学士学位阶段学习任务的实际时间计算。

第七条　国家对获得补偿学费和代偿国家助学贷款本息资格的应征入伍服义务兵役的高校毕业生，按照上述原则和金额，在高校毕业生入伍时，实行一次性补偿或代偿。

第三章　申请与审核

第八条　应征入伍服义务兵役的高校毕业生，按以下程序申请学费补偿和国家助学贷款本息代偿：

（一）每年6月15日前，被确定为预征对象的高校毕业生按规定填写《应届毕业生预征对象登记表》，并向就读高校递交《应征入伍高校毕业生补偿学费代偿国家助学贷款申请表》。在校学习期间获得国家助

学贷款的高校毕业生，还需提供与国家助学贷款经办银行签订的毕业后还款计划书复印件，其中，应注明已申请国家助学贷款代偿。

（二）每年6月30日前，高校对被确定为预征对象的毕业生补偿学费和代偿国家助学贷款本息的条件资格、具体金额及相关信息资料进行初审，确认无误后，在《应征入伍高校毕业生补偿学费代偿国家助学贷款申请表》上加盖公章，连同《应届毕业生预征对象登记表》一起交给学生本人。

（三）每年10月31日前，高校毕业生到入学前户籍所在地报名应征时将《应届毕业生预征对象登记表》及《应征入伍高校毕业生补偿学费代偿国家助学贷款申请表》交县（市、区）人民政府征兵办公室。

（四）每年12月31日前，县（市、区）人民政府征兵办公室批准高校毕业生应征入伍后，向其发放《应征入伍通知书》，并会同同级教育行政部门对应征入伍的高校毕业生申请补偿学费和代偿国家助学贷款本息等情况进行复核。确认无误后，分别在《补偿学费代偿国家助学贷款申请表》上加盖公章。

（五）次年1月15日前，县（市、区）教育行政部门将户籍为本县（市、区）的应征入伍高校毕业生的《应征入伍通知书》复印件及《应征入伍高校毕业生补偿学费和代偿国家助学贷款申请表》原件，寄送至应征入伍毕业生原就读高校学生资助管理机构。

（六）地方高校和中央部门高校应在收到上述材料10个工作日内，按照隶属关系，分别报各省（区、市）学生资助管理中心和全国学生资助管理中心审核。地方高校应征入伍毕业生的材料由各省（区、市）学生资助管理中心审核无误后，报全国学生资助管理中心备案。

（七）全国学生资助管理中心应在收到各省（区、市）学生资助管理中心和中央部门高校报送的材料10个工作日内，完成备案和审核工作，确定当年应征入伍高校毕业生享受补偿学费和代偿国家助学贷款政策本息的最终名单以及具体金额。

第四章　预算下达、补偿或代偿的实施

第九条　应征入伍高校毕业生按照以下程序实施学费补偿和国家助学贷款本息代偿：

（一）中央部门高校应征入伍毕业生补偿学费和代偿国家助学贷款本息资金，由中央财政拨付全国学生资助管理中心，并由其拨付中央部门所属高校；地方高校应征入伍毕业生补偿学费和代偿国家助学贷款本息资金，由中央财政下达各省（区、市）财政部门。各省（区、市）财政部门收到中央财政拨付资金15日内，会同同级教育行政部门拨付地方所属高校。

（二）各中央部门高校和地方高校应在收到补偿学费和代偿国家助学贷款本息资金的15个工作日内，向毕业生补偿学费；对于申请助学贷款代偿的毕业生，由学校代替毕业生按照还款协议，向银行偿还其在本校办理的国家助学贷款本息，并将银行开具的偿还国家助学贷款本息的凭据交寄毕业生本人或其家长。将余下的资金汇至高校毕业生指定的地址或账户。

入学前在户籍所在的县（市、区）办理了生源地信用助学贷款的应征入伍毕业生，在收到代偿资金后1个月内，根据与银行签订的还款协议，由学生本人或家长（或其他法定监护人）一次性向银行偿还生源地信用助学贷款本息。

如应征入伍毕业生补偿的学费不足以偿还高校国家助学贷款或生源地信用助学贷款的，应征入伍毕业生应继续按照还款协议，将剩余部分国家助学贷款偿还经办银行。

（三）各县（市、区）学生资助管理中心应定期了解并积极督促户籍为本县（市、区）的应征入伍毕业生及时偿还生源地信用助学贷款本息。

第五章　管理与监督

第十条　因本人思想原因、故意隐瞒病史或违法犯罪等行为造成退兵的高校毕业生，取消补偿学费和代偿国家助学贷款资格。各省（区、市）人民政府征兵办公室应在接收退兵后15个工作日内将被部队退回的毕业生的姓名、毕业高校、退兵原因等情况逐级上报至国防部征兵办公室，并按照毕业生原就读高校

的隶属关系，分别通报同级教育行政部门和中央部门高校。

被部队退回的高校毕业生，其已补偿的学费或代偿的国家助学贷款本息资金由毕业生户籍所在地县（市、区）教育行政部门会同同级人民政府征兵办公室收回。各县（市、区）教育行政部门应在收回补偿学费或代偿国家助学贷款资金15个工作日内，逐级汇总上缴全国学生资助管理中心。收回资金作为下一年度学费补偿或国家助学贷款本息代偿经费。

第十一条 各地教育行政部门、人民政府征兵办公室和高校要认真履行职责，按照规定要求，对应征入伍毕业生的入伍资格、补偿学费和代偿国家助学贷款本息情况进行认真审核，不得弄虚作假。各地教育行政部门和高校要严格执行国家相关财经法规和本办法的规定，安排专人负责，对补偿学费和代偿国家助学贷款的资金实行分账核算，专款专用，不得截留、挤占、挪用。

第六章 附　　则

第十二条 经有关部门批准按照学分制收费的高校应征入伍服义务兵役的毕业生补偿学费的总额，按照本办法第五条确定的每年的补偿标准乘以相应学制计算。

第十三条 本办法由财政部、教育部、总参谋部负责解释。

第十四条 本办法自公布之日起实施。

附件：应征入伍高校毕业生补偿学费代偿国家助学贷款申请表

附件：

应征入伍高校毕业生补偿学费代偿国家助学贷款申请表

<table>
<tr><td colspan="8">个人基本信息（由毕业生本人填写）</td></tr>
<tr><td>姓名</td><td></td><td>性别</td><td></td><td>政治面貌</td><td></td><td>出生年月</td><td></td></tr>
<tr><td>毕业院校</td><td colspan="2"></td><td>隶属关系</td><td colspan="2">A 中央　B 地方</td><td>学历</td><td></td></tr>
<tr><td>院系班级</td><td colspan="2"></td><td>所学专业</td><td colspan="2"></td><td>学号</td><td></td></tr>
<tr><td>就读起止时间</td><td colspan="2"></td><td colspan="2">公民身份号码</td><td colspan="3"></td></tr>
<tr><td>学校地址及邮编</td><td colspan="5"></td><td>本人联系电话</td><td></td></tr>
<tr><td>入学前户籍所在县（市、区）</td><td colspan="5"></td><td>家庭联系电话</td><td></td></tr>
<tr><td>现家庭地址及邮编</td><td colspan="7"></td></tr>
<tr><td>父亲姓名及联系方式</td><td colspan="7"></td></tr>
<tr><td>母亲姓名及联系方式</td><td colspan="7"></td></tr>
<tr><td>其他亲属及联系方式</td><td colspan="7"></td></tr>
<tr><td colspan="8">在校期间缴纳学费情况（由毕业生本人填写）</td></tr>
<tr><td colspan="3">应缴学费总金额（元）</td><td colspan="5"></td></tr>
<tr><td colspan="3">实际缴纳学费总金额（元）</td><td colspan="5"></td></tr>
<tr><td colspan="8">在校期间实际获得国家助学贷款情况（由毕业生向经办银行确认后填写）</td></tr>
<tr><td colspan="4">高校国家助学贷款</td><td colspan="4">生源地信用助学贷款</td></tr>
<tr><td>贷款本金（元）</td><td colspan="3"></td><td colspan="2">贷款本金（元）</td><td colspan="2"></td></tr>
<tr><td>贷款利息（元）</td><td colspan="3"></td><td colspan="2">贷款利息（元）</td><td colspan="2"></td></tr>
<tr><td>贷款银行名称</td><td colspan="3"></td><td colspan="2">贷款银行名称</td><td colspan="2"></td></tr>
<tr><td>贷款银行地址</td><td colspan="3"></td><td colspan="2">贷款银行地址</td><td colspan="2"></td></tr>
<tr><td>贷款银行还款账户</td><td colspan="3"></td><td colspan="2">贷款银行还款账户</td><td colspan="2"></td></tr>
<tr><td colspan="8">向本人补偿学费方式（只可选择一种，由毕业生本人填写）：</td></tr>
<tr><td rowspan="3">存入银行</td><td colspan="7">开户银行名称：</td></tr>
<tr><td colspan="7">开户银行账号：</td></tr>
<tr><td colspan="7">开户银行地址：</td></tr>
<tr><td rowspan="3">邮局汇款</td><td colspan="7">收款人姓名及联系电话：</td></tr>
<tr><td colspan="7">收款人地址：</td></tr>
<tr><td colspan="7">邮政编码：</td></tr>
</table>

续表

毕业高校审核情况	
财务部门审核意见	经审查，同学应缴纳学费　元，实际缴纳学费　元，实际获得国家助学贷款　元。 签字　单位公章　年　月　日
学生资助管理中心审查意见	经审查，情况属实。根据《应征入伍服义务兵役高等学校毕业生学费补偿国家助学贷款代偿暂行办法》有关规定，该同学批准入伍服义务兵役后，建议补偿学费　元，其中，代偿国家助学贷款　元。 签字　单位公章　年　月　日
分管校领导审查意见	上述审查意见属实。 签字　单位公章　年　月　日
批准入伍地县级人民政府征兵办公室意见	
同志积极报名应征，经我办体检、政审合格，批准入伍服义务兵役，入伍批准书号为：入伍通知书号为：　。 签字　单位公章　联系电话　年　月　日	
批准入伍地县级学生资助管理中心审核意见	
经审核，同意办理代偿学费和国家助学贷款手续，建议补偿学费　元，其中，代偿国家助学贷款　元。 签字　单位公章　联系电话　年　月　日	
省（区、市）学生资助管理中心审核意见	
经审核，同意办理代偿学费和国家助学贷款手续，最终核定补偿学费　元，其中，代偿国家助学贷款　元。 签字　单位公章　年　月　日	
全国学生资助管理中心审核或备案意见	
经审核（备案），同意办理代偿学费和国家助学贷款手续，最终核定代偿学费和助学贷款　元。 签字　单位公章　年　月　日	

说明：
1. 此表一式两份。一份由高校留存备查；另一份供毕业生履行相应审批程序时使用。
2. 各高校可自行复印（正反面，A4纸规格）。

省财政厅　省作家协会关于印发《山东省签约制作家创作补贴专项资金管理使用暂行办法》的通知

2009年6月23日　鲁财教〔2009〕31号

各市财政局，作家协会：

为进一步促进山东文学事业的繁荣与发展，加强对签约制作家创作补贴专项资金的管理，我们制定了《山东省签约制作家创作补贴专项资金管理使用暂行办法》，现予印发，请遵照执行。

附件：山东省签约制作家创作补贴专项资金管理使用暂行办法

附件：

山东省签约制作家创作补贴专项资金管理使用暂行办法

第一条　为进一步促进山东文学事业的繁荣与发展，壮大我省中青年骨干作家队伍，促进更多优秀作品的产生，确定在现行作家管理体制基础上，实行签约制作家聘任制度，省财政设立专项资金对签约制作家给予创作补贴。

第二条　凡创作思想积极向上，创作态度严肃端正，生活积累丰富，有一定创作成就，在社会上有一定影响，具有省作协（中国作协）会员资格，年龄在50周岁以下的山东省内中青年作家（不含省作协专业作家），均可提出申请。

第三条　签约制作家的聘任期为3年，一般不予延期。如在合同期内出色完成各项创作任务，并有新的创作计划，确需续签者，可重新提出申请。

第四条　签约制作家总数为30名，采取动态滚动签约的方式，每年签约一批，每批签约10人左右。签约方式分为专职签约制作家和兼职签约制作家两种，对外统称“山东省作家协会签约制作家”。

（一）专职签约制作家，是指在原单位已办理停薪留职手续或无公职的家住山东省境内的作家。

（二）兼职签约制作家，是指在山东省境内不脱离原单位本职工作，兼职从事创作，工资由原单位支付，调资、晋升、评职称等均由所在单位负责的作家。

第五条　省财政安排专项资金用于签约制作家生活和创作补贴、年度创作奖金和管理工作经费。所有签约制作家的生活和创作补贴按每人每月1 200元的标准补助，每半年发放一次；年度创作奖金按照一等奖1.5万元，二等奖1万元，三等奖0.6万元的标准，年底一次性计发；管理工作经费按每人每年6 000元的标准核算，由省作协统一管理使用。

第六条　合同期间，签约制作家每年每人的文学创作任务（最低创作指标）共分为五个类别：

（一）出版或发表长篇小说1部（因作品出版需要一定时间，有出版社出具的出版作品的证明亦可）；

（二）在省市级以上报刊发表中短篇小说12万字以上；

（三）在省市级以上报刊发表散文6万字以上；

（四）在省市级以上报刊发表或出版社出版儿童文学或报告文学15万字以上；

（五）在省市级以上报刊发表诗歌600行以上。

凡完成以上任何一类中规定创作任务的，均视为完成本年度创作任务。合同期间，签约制作家所创作的文学作品中，如有一部中篇或两个短篇或两篇散文被国家级文学选刊选载，视为完成本年度创作任务。合同期间，省作协及有关上级领导部门如果提出临时性的采访或创作要求，签约制作家应积极配合，认真完成任务。

第七条 合同期间，省作协提倡和支持签约制作家深入生活，进行文学采风，并为作家的采访采风提供便利条件。参加省作协统一组织的采风活动或执行省作协下达的采访采风任务时，所需费用由省作协安排，在管理工作经费中列支。除此以外，其他形式的深入生活所需费用，均由个人负担。

第八条 奖惩办法

（一）设立创作奖。省作协设立由著名作家、评论家组成的签约制作家评审委员会，每年对签约制作家完成创作任务等情况进行评议。即：签约制作家向评审委员会全面汇报个人一年来的创作、学习和深入生活的情况及下年度重点创作计划，并提供文字材料。在此基础上，评审小组对完成年度创作任务的作家进行评议，按照3:3:4的比例评选一、二、三等奖（不分创作类别）。如不能完成任务，不得参与创作奖的评选；如连续两年不能完成任务，则提前终止签约合同。

（二）对创作成绩优异的签约制作家，优先选送中国作协鲁迅文学院深造。

（三）签约制作家一年以上不与省作协联系、不提交创作情况或合同期未满调离山东的，合同自行解除，下届不再续聘。

第九条 申报审批程序

（一）签约制作家个人报名，各市、各企业文联（作协）推荐，申请人需填写省作协制作的签约制作家申请表，并提交本人代表作2~3篇（部）。

（二）省作协签约制作家评审委员会对申请人提交的有关材料和文学作品进行审阅，以无记名投票方式确定聘任人选。

（三）被确定录用的申请人与省作协签订为期3年的签约制作家聘任协议书。协议生效后，其个人身份为“山东省作家协会签约制作家”，在公众场合或需要提供个人情况简介时，必须规范注明此身份。合同期内所有作品署名“山东省作家协会签约制作家”字样，知识产权归山东省作家协会。

第十条 本办法由山东省财政厅、山东省作家协会负责解释。

第十一条 本办法自发文之日起施行。

省财政厅 省知识产权局关于印发《山东省专利发展专项资金管理办法》的通知

2009年6月24日 鲁财教〔2009〕36号

各市财政局、知识产权局：

为加强专利发展专项资金管理，提高财政资金使用效益，进一步提升我省专利资助工作效率和质量，促进创新型省份建设，省财政厅和省知识产权局研究制定了《山东省专利发展专项资金管理办法》，现印发给你们，请遵照执行。

附件：山东省专利发展专项资金管理办法

附件：

山东省专利发展专项资金管理办法

第一章 总 则

第一条 为贯彻实施国家和省知识产权战略纲要，充分发挥山东省专利发展专项资金（以下简称“专项资金”）对自主创新的激励、推动作用，进一步加强资金管理，提高资金使用效益，制定本办法。

第二条 专项资金的管理与使用，应遵守国家有关法律法规和财政管理制度，按照“公开透明、科学管理、注重实效、利于监督”的原则，充分体现财政资金的引导和带动作用。

第三条 本办法适用于我省境内的机关团体、企事业单位和有经常居所的个人（不含计划单列市和外资及外资控股企业）。

第四条 各市、县级财政，可根据当地实际情况，设立专利发展专项资金，并在专利创造、运用、保护和管理等工作方面给予优先支持，形成上下配套联动机制，共同推动我省专利事业发展。

第二章 专项资金使用范围

第五条 专利发展专项资金主要用于资助专利创造、专利运用、专利保护和与专利相关的知识产权管理。

第六条 专利创造的资助，是对按照《专利法》、《专利法实施细则》有关规定和国际专利合作条约等依法获得的专利成果，进行资助，包括：

1. 国内授权发明专利资助；
2. 按照专利合作条约（即 PCT）提出的国际申请资助；
3. 国外授权发明专利资助。

第七条 专利运用的资助，主要用于：

1. 专利信息公共服务平台建设及维护运行；
2. 专利技术展示、交易平台建设及维护运行。

第八条 专利保护的资助，主要用于：

1. 专利保护专项行动的组织与实施；
2. 专利执法队伍和基础条件建设。

第九条 与专利相关的知识产权管理的资助，主要用于：

1. 知识产权战略的制定与实施及重大问题研究；
2. 知识产权对外交流与合作，专利宣传培训与人才培养；
3. 创新主体专利创造能力的培育与激励；
4. 对获得中国专利金奖和山东省专利奖一等奖的项目进行奖励。

第三章 专项资金资助标准

第十条 专利创造

1. 国内授权发明专利，每件资助 4 000 元；

2. 按照专利合作条约（即PCT）提出的国际申请，依据申请PCT国际阶段相应收费标准，单位、个人每件分别资助10 000元、4 000元；

3. 国外授权发明专利，每件每个国家资助20 000元，对同一件发明创造在多个国家获发明专利权的，最多按五个国家予以资助。

第十一条 与专利相关的知识产权管理

1. 在全省企业、科研机构、大专院校中，每年择优选取15家单位，会别给予10万元的专项资金支持。具体管理办法，由省知识产权局会同省财厅另行制定。

2. 获得中国专利金奖和山东省专利奖一等奖的项目，分别按10万元、3万元给予奖励。

3. 在专利申请质量和申请数量提高的前提下，对当年专利申请量，专利申请量增长幅度和发明专利占申请量的比例居全省前3位的市和前5位的县（市、区），分别给予10万元、5万元的奖励。对同一市、县同时符合多项奖励条件的，不重复奖励。

第十二条 对用于专利运用、专利保护和与专利相关的知识产权管理其他部分的专项资金资助标准，按省知识产权局下达的年度资金使用计划和要求执行。

第十三条 每年用于专利创造的资金，一般不低于年度专利发展专项资金的60%。

第四章 专项资金申请与审批

第十四条 申请专利创造资助资金，应填写《山东省专利资助资金申报表》（一份），单位应提供机构代码和法人证明，个人应提供身份证明，并分别提供下列资料：

1. 国内授权发明专利证书；

2. 国外授权发明专利证书；

3. 国家知识产权局作为受理局出具的PCT国际申请日、申请号受理通知书和交费通知、交费证明。

申请上述资助资金，应在自获得授权专利证书或PCT申请交费通知后三个月内提出；对已享受省级发明专利申请和实审阶段资助的，应在资助标准中相应扣除。专利创造资助资金的申请，由省知识产权局负责受理和审批。

第十五条 申请创新主体专利创造能力的培育与激励资助资金，由申报单位提出申请，市知识产权局会同市财政局择优筛选，联合上报。省知识产权局负责统一受理，并会同省财政厅组织专家评审。省财政厅根据评审情况，统筹考虑并及时下达经费预算。

第十六条 对第十一条所列奖励事项，由省知识产权局依据国家知识产权局和省统计部门提供的数据信息，按照公开、公平、公正的原则具体组织落实。

第五章 专项资金监督与管理

第十七条 省知识产权局根据专利事业发展规划，提出年度资金使用计划，并负责编制年度专项资金使用和效益情况报告，报省财政厅备案。省财政厅负责审批年度专利发展专项资金预算，并会同有关部门对资金使用、管理等情况进行检查、监督。

第十八条 受到专项资金资助和支持的单位，应加强对专项资金的管理，实行专款专用、独立核算，确保发挥最大效益。

第十九条 申请专项资金资助的单位和个人，应提供真实的材料和凭据。对弄虚作假、骗取资助资金的，一经发现，全额追回已资助的资金，情节严重的，将按照《财政违法行为处罚处分条例》，依法追究相关责任。

第六章 附 则

第二十条 本办法由省财政厅、省知识产权局负责解释。

第二十一条 本办法自二〇〇九年一月一日起施行。原《山东省专利发展专项资金管理暂行办法》（鲁财教〔2006〕23 号）同时废止。

附件：山东省专利资助资金申报表

附件：

山东省专利资助资金申报表

申请资助类别	□ 国内授权发明专利　□ PCT 申请　□ 国外授权发明专利			
申请资助专利信息	专利名称			
	专利（申请）号			
	专利申请日		专利授权日	
	专利权属	□ 职务（单位）　□ 个人		
	国外发明专利授权国家			
申请资助人信息	申报单位名称或申报人姓名			
	通讯地址及邮编			
	联系人		联系电话	
	收款单位银行户名			
	开户银行			
	账号			
已享受省级资助情况	资助类别		资助金额	
申请资助填表时间	年　月　日	申请资助人或经办人（签名）		
下述内容由资助受理审批部门填写				
享受资助经费数额	大写：　万　仟　佰　拾　元		¥：	
实际资助经费数额	大写：　万　仟　佰　拾　元		¥：	
资金支付方式	□ 银行汇款　□ 邮局邮寄　□ 现金			
附件目录	1. □ 国内授权发明专利证书　□ 单位或个人身份证明 2. □ PCT 国际申请日、申请号受理通知　□ 交费通知、交费证明　□ 单位或个人身份证明 3. □ 国外授权发明专利证书　□ 单位或个人身份证明			
受理部门负责人（签字）： 年　月　日	审核人（签字）： 年　月　日	初审人（签字）： 年　月　日		

省财政厅　省教育厅关于印发《高等学校骨干学科教学实验中心建设工程绩效考评办法（试行）》的通知

2009 年 8 月 13 日　鲁财教〔2009〕42 号

省属有关高等学校：

现将《高等学校骨干学科教学实验中心建设工程绩效考评办法（试行）》印发给你们，请遵照执行。

附件：高等学校骨干学科教学实验中心建设工程绩效考评办法（试行）

附件：

高等学校骨干学科教学实验中心建设工程绩效考评办法（试行）

第一章 总 则

第一条 为考核高等学校骨干学科教学实验中心建设工程实施质量，规范和加强专项资金管理，提高资金使用效益，根据省教育厅、省财政厅《关于实施高等学校骨干学科教学实验中心建设工程的通知》（鲁教财字〔2006〕34号）、《关于下达高等学校骨干学科教学实验中心建设计划和财政专项资金支持项目的通知》（鲁教财字〔2007〕4号）和《高等学校骨干学科教学实验中心建设工程专项资金管理办法》（鲁财教〔2006〕59号）等文件精神，制定本办法。

第二条 高等学校骨干学科教学实验中心（以下称“实验中心”）建设工程绩效考评（以下称“考评”）是指运用相应的量化指标和评价标准，对实验中心建设、运行状况、项目预算执行情况及取得的成效进行综合考核与评价。

第三条 考评以高效、节约、公平为原则，以提高财政资金使用效益、促进高校内涵发展为目的，以引导高校强化管理意识、提高管理水平为重点，采取“学校自评”与“统一考评”相结合的办法进行。

第四条 按照建设规划应该完成建设任务的实验中心全部纳入考评范围。实验中心建设项目自批准立项起，一般应于1年内完成建设任务，并于下一年度进行考评。

第五条 考评主要依据实验中心《高等学校骨干学科教学实验中心建设计划书》、《高等学校骨干学科教学实验中心建设工程财政专项资金项目申报书》、《高等学校骨干学科教学实验中心建设工程目标责任书》、《高等学校骨干学科教学实验中心建设工程项目绩效自评报告》（见附件2）等有关资料进行。

第二章 组织实施

第六条 省教育厅、省财政厅负责制定考评指标和计分标准，并统一组织实施考评工作。考评绩效分为优秀、良好、一般和较差四个等级。

第七条 学校自评和统一考评均依据《山东省高等学校骨干学科教学实验中心建设工程项目绩效考评指标（试行）》（见附件1）进行。

第八条 学校自评结束后，要根据考评情况分建设项目编制《高等学校骨干学科教学实验中心建设工程项目绩效自评报告》，依据《山东省高等学校骨干学科教学实验中心建设工程项目绩效考评指标（试行）》做出自评得分，连同验收申请报告于每年9月20日前以正式文件报省教育厅、省财政厅。

第九条 自评成绩在60分以下的，不进行统一考评，直接列为较差等次。自评成绩60～80分之间的，随机抽取30%的项目，进行统一考评。自评成绩在80分以上的，全部进行统一考评。

第十条 统一考评由省教育厅、省财政厅组织专家组到项目建设学校进行。列入统一考评范围的建设项目，于每年 10 月 5 日前通知项目学校。

第十一条 考评专家组由学科专业、设备管理和财务管理方面的专家组成。考评实行回避制度，考评专家不参与本校实验中心的考评。

第三章 考评方法

第十二条 统一考评采取现场考核、同步打分、集中反馈考评结果的方式。

第十三条 统一考评的程序和内容包括：

听取学校负责人关于学校情况汇报，重点是骨干学科建设情况的汇报；

听取实验中心项目负责人关于项目实施情况的工作报告；

考察实验中心建设成果，主要是仪器设备管理和运行情况、教学实验成果和开放情况、支持学科专业情况和人才队伍建设情况等；

核查设备配备和财务账目等。

第十四条 专家组依据考评指标和计分标准，通过记名方式对实验中心打分，并提出综合考评意见，评价实验中心取得的成绩，提出存在的问题和改进方向。

第十五条 凡是列入统一考评范围的项目，考评成绩以统一考评为准，其余以学校自评为准。考评成绩 90 分以上的为“优秀”等次，80～90 分的为“良好”等次，60～80 分的为“一般”等次，60 分以下的为“较差”等次。

第十六条 考评专家应严格按照考评工作要求，遵守考评纪律，科学、公正、独立地行使考评职责和权利，并对考评工作所涉及的材料、业务内容、相关知识产权、考评结果等负有保密义务。

第四章 考评结果应用

第十七条 省教育厅、省财政厅根据考评结果，及时总结工程建设成效及管理经验，完善管理办法，引导建设单位不断提高资金使用效益，提升实验中心建设和运行管理水平，努力提高教育教学质量和办学效益。

第十八条 考评结果由省教育厅、省财政厅在一定范围内予以公布。对考评成绩好的单位在下一周期专项经费安排时给予重点支持；对通过工程建设获得国家级实验教学示范中心的单位给予奖励；对考评成绩较差的项目，进行通报批评，并限期一年进行整改，整改期满进行复评，复评仍为“较差”的，视情况在下一周期减少该项目学校的经费额度。

第五章 附 则

第十九条 本办法由省财政厅、省教育厅负责解释。

第二十条 本办法自发布之日起施行。

附件：1. 山东省高等学校骨干学科教学实验中心建设工程项目绩效考评指标（试行）

2. 高等学校骨干学科教学实验中心建设工程项目绩效自评报告

附件1：

山东省高等学校骨干学科教学实验中心建设工程项目绩效考评指标（试行）

一级指标	二级指标	分值	考核主要内容	考评办法	计分办法	分值	自评得分	统一考评得分
目标完成情况（20分）	支持学科、专业情况	3	实际支持学科数、专业数占建设目标的比例	查看教学计划、专家组认定	目标全部完成，计3分；目标较好完成，计1~2分；与目标差距较大，计0分。	3		
	实验室建设情况	3	实际功能实验室、整合实验室占建设目标的比例	现场查看、专家组认定	目标全部完成，计3分；目标较好完成，计1~2分；与目标差距较大，计0分。	3		
	支持实验、教学情况	9	服务学生数占建设目标的比例	查看教学计划、专家组认定	目标全部完成，计3分；目标较好完成，计1~2分；与目标差距较大，计0分。	3		
			总人时数、开放实验人时数占建设目标的比例	查看实验记录	目标全部完成，计2分；目标较好完成，计1分；与目标差距较大，计0分。	2		
			基本型项目、提高型项目、创新型项目数量是否达到建设目标	查看教学计划、实验记录、专家组认定	目标全部完成，计2分；目标较好完成，计1分；与目标差距较大，计0分。	2		
			是否实现网上辅助教学，教学资源是否丰富	现场查看、专家组认定	实现网上教学且教学资源丰富，计2分；实现网上教学，计1分；未实现网上教学，计0分。	2		
	设备到位情况	5	是否按计划完成建设任务，实际采购设备占计划采购设备的比例	现场查看、专家组认定	比例达到100%，计5分；达到80%及以上，计3~4分；达到60%及以上，计1~2分；低于60%，计0分。	5		

续表

一级指标	二级指标	分值	考核主要内容	考评办法	计分办法	分值	自评得分	统一考评得分
项目建设效益（40分）	新增设备合理性	28	与本科教学结合程度，实验课开设内容与教育大纲的符合程度	查看教学计划、实验记录、专家组认定	结合密切、合理性较强，计3~4分；比较合理，计1~2分；结合程度一般，计0分。	4		
			是否满足预期开设实验的要求	查看实验记录、专家组认定	满足程度较高，计3~4分；基本能够满足，计1~2分；否则计0分。	4		
			是否符合该实验中心教学发展方向	现场查看、专家组认定	设计合理、体现发展与创新，计3~4分；基本符合，计1~2分；明显不符，计0分。	4		
			是否存在重复购置问题	现场查看、专家组认定	主要考核单价10万元以上的设备。无重复购置问题，计4分，否则计0分。重复购置设备数量较多、金额较大，导致设备闲置、资金使用效益低的，新增设备合理性指标全部计0分。	4		
			是否存在超标准购置问题	现场查看、专家组认定	无超标准购置问题，计3~4分；存在超标准购置但设备利用率较高，计1~2分；存在超标准购置且设备利用率不高，计0分。	4		
			采购设备性价比是否合理	现场查看、专家组认定	性价比普遍合理，计3~4分；性价比较合理，计1~2分；性价比偏低，计0分。	4		
			新增大型设备利用率	现场查看、查看实验记录、专家组认定	主要考核单价30万元以上的设备。设备利用率高、发挥效益充分，计3~4分；设备利用率较高，计1~2分；设备利用率偏低，计0分。	4		
	资源共享	6	实验室开放程度有无提高，对外提供服务能力是否增强	查看实验记录、专家组认定	建立了规范的实验室开放、运行机制，对外提供服务能力较强，计4~6分；实验室开放程度有所提高，对外提供服务能力有所增强，计1~3分；否则计0分。	6		
	建设水平	6	处于同类实验中心水平	专家组认定	达到省内领先水平，计4分；达到国内领先水平，计6分。	6		
		另外加分	获得称号情况	查看相关文件	获得省级实验教学示范中心称号，加计5分；获得国家级实验教学示范中心称号，加计5分，且"项目完成情况"、"项目建设效益情况"两个一级指标计满分60分。			

续表

一级指标	二级指标	分值	考核主要内容	考评办法	计分办法	分值	自评得分	统一考评得分
专项经费管理（40分）	项目资金筹集	7	总投资到位金额占批复金额的比例	查看预决算及有关账务	比例达到100%，计3分；比例达到70%及以上，计2分；50%及以上，计1分；低于50%，计0分。	3		
			学校安排资金用于该教学实验中心建设情况	查看预决算及有关账务	学校资金达到财政补助资金及以上，计4分；达到财政补助资金一半及以上，计3分；达不到财政补助资金一半的，视情况计1～2分；学校未安排资金，计0分。	4		
	建设计划调整	2	调整程序是否符合规定，是否报经省财政厅、教育厅批准	查阅相关申请文件	符合规定计1分，否则计0分，且建设计划调整指标全部计0分。	1		
			调整计划是否必要、可行	查阅相关申请及批复文件	调整计划必要、可行计1分，否则计0分。	1		
	资金管理	23	是否有健全的管理措施和制度	查阅相关规章制度	管理措施和制度完善，计3～4分；有相应的管理措施和制度，但需进一步完善，计1～2分；没有建立相应管理措施和制度，计0分。	4		
			项目支出预算执行是否及时	查看采购合同及有关账务	项目预算下达当年，采购设备全部到位，计4分；设备已全部组织采购但未全部到位，计3分；设备采购比例达到70%及以上，计1～2分；采购比例低于70%，计0分。	4		
			专项经费是否实行单独核算	查看账务	实行单独核算，计4分；否则计0分。	4		
			财政专项资金是否专项用于实验中心建设，有无挤占挪用问题	查看国库集中支付系统及相关账务	专款专用、不存在挤占挪用问题，计4分；否则计0分，且资金管理考核指标全部计0分。	4		
			结余资金是否按规定继续用于项目建设	查看预决算及相关账务	结余资金按规定结转使用，计4分；否则计0分，且资金管理考核指标全部计0分。	4		
			是否执行专项审计制度	查看审计报告	建立专项审计制度且审计报告规范、完整，计3分；建立专项审计制度但需进一步完善，计1～2分；未实行专项审计，计0分。	3		
	资产管理	8	资产管理制度是否健全、规范	查阅有关规章制度	管理制度健全、规范，计3～4分；管理制度需进一步完善，计1～2分；无相应管理制度的计0分。	4		
			新增资产是否按规定实行政府采购	查看政府采购合同	按规定实行政府采购，计2分，否则计0分。	2		
			新增资产是否纳入学校固定资产统一管理	查看固定资产管理信息系统	新增资产能够及时纳入学校固定资产管理，计1～2分；否则计0分。	2		

附件2：

高等学校骨干学科教学实验中心建设工程项目绩效自评报告

项目名称______________________________

项目负责人（签名）______________________

学校名称______________________________

报告日期：______年______月______日

实验中心建设情况概述

包括实验中心建设方案、组织实施具体措施及预期目标完成情况及整体效果综述等方面。

实验中心情况表

实验中心名称				成立时间	
实验中心性质	基础		专业		综合

实验中心主要功能实验室	实验室或功能室名称	建设形式（增设或整合）

实验中心负责人	性别	出生年月	最后学历及时间	技术职务	行政职务	讲授主要课程

专/兼职实验教师及技术人员数	其中：正高	副高	中级	硕士及以上	本科
/					

现有仪器设备值	万元	实验中心用房	m^2

建设期间完成实验工作量	年 ~ 年	
	总人时数	开放人时数

实验中心现支持的学科专业	学科	专业及在学人数
	共__个学科	共__个专业，__人

注：新增仪器设备值及新增用房面积指项目完成后的增加值。

实验中心主要建设内容表

增配的专兼职实验教师及技术人员数	总人数		中级	
	正高		硕士及以上	
	副高		本科	
新增实验课程名称	1.		6.	
	2.		7.	
	3.		8.	
	4.		9.	
	5.		10.	
新增实验项目数	总项目数		提高型项目数	
	基本型项目数		创新型项目数	
目标工作量	总人时数		开放人时数	
新增加支持的学科专业	学　科		专业及在学人数	
	共__个学科		共__个专业，__人	
网上辅助教学课程	名　称		网上教学地址	

建设经费开支情况				
建设年度	投资总额	学校自筹	财政资金	
建设年度	支出总额	学校自筹	财政资金	是否进行专项审计

现开设的本科实验教学项目明细表

序号	实验项目名称	类型	学时	开设项目的本科专业
1				
2				
3				
4				
5				
6				
7				
8				
9				
10				
11				
12				
13				
14				
15				
16				
17				
18				
19				
20				
21				
22				
23				
24				
25				
26				
27				
28				
合计___个实验项目，其中基本型实验___个，占项目总数的___%，提高型实验___个，占项目总数的___%，创新型实验___个，占项目总数的___%。				

项目类型：1 基本，2 提高，3 创新

可加页

增设的本科实验教学项目明细表

序号	实验项目名称	类型	学时	开设项目的本科专业
1				
2				
3				
4				
5				
6				
7				
8				
9				
10				
11				
12				
13				
14				
15				
16				
17				
18				
19				
20				
21				
22				
23				
24				
25				
26				
27				
28				
合计___个实验项目，其中基本型实验___个，占项目总数的___%，提高型实验___个，占项目总数的___%，创新型实验___个，占项目总数的___%。				

可加页

采购的主要设备明细表

仪器名称	规格型号	台（套）	国别	单价（万元）	总值（万元）

实验中心绩效自评意见

包括对照《山东省高等学校骨干学科教学实验中心建设工程项目绩效考评指标（试行）》作出的项目绩效自评得分情况，该中心建设取得的成果、存在的问题及下一步改进措施等 校长签字　　（学校公章） 年　月　日

省财政厅　省教育厅关于印发《山东省高等学校毕业生学费和国家助学贷款补偿暂行办法》的通知

2009年7月22日　鲁财教〔2009〕43号

各市财政局、教育局，省直有关部门，省属高等学校：

现将《山东省高等学校毕业生学费和国家助学贷款补偿暂行办法》印发给你们，请遵照执行。

附件：山东省高等学校毕业生学费和国家助学贷款补偿暂行办法

附件：

山东省高等学校毕业生学费和国家助学贷款补偿暂行办法

第一条　为引导鼓励高校毕业生面向基层就业，根据《山东省人民政府关于进一步加强普通高等学校毕业生就业工作的通知》（鲁政发〔2009〕28号）精神，制定本办法。

第二条　自2009年起，对毕业后自愿到我省财政困难县艰苦行业工作的高校应届毕业生，服务年限3年以上（含3年）的，其学费或国家助学贷款本金由财政给予补偿。

第三条　本办法中高校毕业生是指我国境内经国家和省正式批准设立的高校全日制普通本专科生（含高职）、研究生、第二学士学位应届毕业生。定向、委培以及在校期间已享受免除学费政策的学生除外。

第四条　本办法所指财政困难县，是指高校毕业生就业上年达不到县级最低财力（支出）保障线的县（市、区）。财政困难县名单在山东省学生资助管理网站上查询。艰苦行业是指县以下机关及企事业单位，包括乡镇政府机关、农村中小学、国有农（林）场、水电施工基地，农业技术推广站，畜牧兽医站，乡镇卫生院，计划生育服务站，乡镇文化站。

第五条　本办法确定的学费和国家助学贷款补偿资金，由省财政与毕业生就业所在市、县（市、区）财政按5∶3∶2的比例共同承担。符合学费和国家助学贷款补偿资格的高校毕业生服务期满3年后，补偿资金于次年一次性发放给学生本人。

第六条　申请学费和国家助学贷款补偿的高校毕业生，应同时符合以下条件：

（一）拥护中国共产党的领导，热爱祖国，遵守宪法和法律；

（二）在校期间遵守学校各项规章制度，诚实守信，道德品质良好，学习成绩合格；

（三）毕业时自愿到我省财政困难县艰苦行业工作，服务年限达3年以上（含3年），服务期间工作考核合格。

第七条　每生每学年补偿学费或国家助学贷款最高不超过6 000元。毕业生在校学习期间每年实际缴纳学费或获得国家助学贷款高于6 000元的，按每年6 000元的标准给予补偿；每年实际缴纳学费和获得国家助学贷款低于6 000元的，按其中的高项据实给予补偿。

第八条　本科、专科（高职）、研究生和第二学士学位毕业生补偿学费和国家助学贷款的年限，分别按照国家规定的相应学制计算。高校毕业生在校学习时间低于规定学制的，按照实际学习时间计算。

专升本、本硕连读、中职高职连读、第二学士学位毕业生补偿学费和国家助学贷款的年限，分别按照完成本科、硕士、高职和第二学士学位阶段学习任务的实际时间计算。

第九条 补偿资金申请和拨付程序：

（一）高校毕业生本人在办理离校手续前，向学校递交《山东省高等学校毕业生学费和国家助学贷款补偿申请表》，和毕业生本人、就业单位与学校三方签署的，到我省财政困难县艰苦行业服务3年以上的就业协议。由学校对学生个人信息、缴纳学费及获得国家助学贷款等情况进行审核，对符合补偿条件的填写审核意见并加盖学校公章。《山东省高等学校毕业生学费和国家助学贷款补偿申请表》由学生本人负责留存。

（二）高校毕业生服务期满3年后，向就业单位递交留存的《山东省高等学校毕业生学费和国家助学贷款补偿申请表》，由就业单位对学生服务年限及工作表现进行审核，对符合补偿条件的填写审核意见加盖单位公章。于每年8月底前，由学生本人递交就业所在地的县级学生资助管理中心。

（三）县级学生资助管理中心对《山东省高等学校毕业生学费和国家助学贷款补偿申请表》进行审核，确认无误后填写《补偿资金申请汇总表》，会同同级财政部门以正式文件逐级汇总上报省学生资助管理中心、省财政厅。各县于9月15日之前报市，各市于9月底之前报省。

（四）省学生资助管理中心于10月15日前，以正式文件向省财政厅提出补偿经费申请。各级财政承担的经费据实列入下年度财政预算。省级财政承担经费于下年度3月底之前下达，市、县财政要足额落实本级应承担经费，并于下年度4月底前拨付至毕业生所在县级学生资助管理中心。

（五）补偿经费由县级学生资助管理中心，于下年度5月底之前汇入学生的个人账户。尚未还清国家助学贷款的高校毕业生，补偿资金由学生本人先用于偿还贷款。对不能按时归还贷款的高校毕业生，国家助学贷款经办银行会将其不良信用记录及时录入国家个人信用信息基础数据库。

（六）学生填写的《学费和国家助学贷款补偿资助申请表》、各县上报的《山东省高等学校毕业生学费和国家助学贷款补偿经费申请汇总表》和补偿资金的汇款凭证，由县级学生资助管理中心建立档案备查。

第十条 各级学生资助管理中心、有关高校及毕业生就业单位，要切实加强学费和国家助学贷款补偿资格审核工作。对于弄虚作假的单位和高校毕业生，一经查实，除收回补偿资金外，将按有关规定追究相关人员的责任。

第十一条 本办法自公布之日起施行。省财政厅、省教育厅印发的《山东省高等学校毕业生国家助学贷款补偿资助暂行办法》（鲁财教〔2006〕64号）同时废止。

附件：1. 山东省高等学校毕业生学费和国家助学贷款补偿申请表

2. 山东省高等学校毕业生学费和国家助学贷款补偿经费申请汇总表

附件1：

山东省高等学校毕业生学费和国家助学贷款补偿申请表

个人基本信息（学生本人填写）							
姓名		性别		政治面貌		出生年月	
毕业学校			学校性质（选择）	1. 公办 2. 民办		全日制学历	
所学专业			学号			就读年限	
学校地址及邮编			学校资助中心电话			就读起止时间	
本人身份证号			本人联系电话			入学前户籍所在县（市、区）	

续表

家庭住址及邮编		家庭联系电话		就业单位所在县（市、区）	
就业单位		就业单位联系电话		协议服务年限	

家庭成员及社会关系（学生本人填写）

姓名	亲属关系	工作单位及职务	联系电话

在校就读最终学历期间缴纳学费和获得国家助学贷款情况（学生本人填写）

年度（××年）	实际缴纳学费（元）	收费标准（元）	实际获得国家助学贷款（元）	国家助学贷款经办银行	审定代偿情况（由就业所在地县级资助中心填写）	
					审定代偿金额（元）	审核人签字
合计						

代偿资金汇入账户（由学生本人填写）

开户银行名称	
开户银行账号	
开户银行地址	

毕业高校审核意见

教务部门审核意见	经审核，________同学在校期间学习成绩合格，所填个人信息和家庭情况属实。 负责人签字：　　单位公章：　　　　年　月　日
财务部门审核意见	经审核，________同学在校期间实际缴纳学费________元，实际获得国家助学贷款________元，所填信息属实。 负责人签字：　　单位公章：　　　　年　月　日

续表

学生资助中心审核意见	经审核，按照《山东省高等学校毕业生学费和国家助学贷款补偿暂行办法》的规定，该生符合学费和国家助学贷款补偿条件。 负责人签字：　　　　单位公章：　　　　　　　年　　月　　日
分管校领导审核意见	同意上述审核意见。 签字：　　　　单位公章：　　　　　　　年　　月　　日
毕业生就业单位审核意见	
经审核，________同学________年________月至________年________月，在我单位就业，服务期已满 3 年。服务期间工作考核合格，建议按规定给予学费和国家助学贷款补偿。 负责人签字：　　　单位公章：　　　联系电话：　　　年　　月　　日	
毕业生就业所在地县级资助中心审核意见	
经审核，按照《山东省高等学校毕业生学费和国家助学贷款补偿暂行办法》的规定，同意给予该生学费和国家助学贷款补偿资金________元。 负责人签字：　　　单位公章：　　　　　　年　　月　　日	

备注：此表可在山东省学生资助管理网站上下载（正反面，A4 格式）。

附件 2：

山东省高等学校毕业生学费和国家助学贷款补偿经费申请汇总表

单位：元

市县	学生姓名	性别	毕业学校	学历	就业单位	共需补偿资金
××市合计						
××县合计						
……						
××县合计						
……						

省财政厅　省教育厅关于印发《普通高中探究实验室示范建设工程专项资金管理办法》的通知

2009 年 9 月 24 日　鲁财教〔2009〕59 号

各市财政局、教育局：

现将《普通高中探究实验室示范建设工程专项资金管理办法》印发给你们，请遵照执行。

附件：普通高中探究实验室示范建设工程专项资金管理办法

附件：

普通高中探究实验室示范建设工程专项资金管理办法

第一章　总　　则

第一条　为改善普通高中办学条件，适应新课程改革需要，培养学生的探究意识和创新能力，2009～2011 年，省财政设立专项资金，实施普通高中探究实验室示范建设工程。为加强普通高中探究实验室示范建设工程专项资金管理，提高资金使用效益，根据省教育厅、省财政厅《关于实施普通高中探究实验室示范建设工程的通知》（鲁教财字〔2009〕35 号）和国家有关规定，制定本办法。

第二条　普通高中探究实验室示范建设工程资金专项用于为学校配备物理和生化数字探究实验室，不得用于偿还债务或挪作他用。

第三条　为增强财政资金支出的科学性、合理性、有序性，专项资金项目实行三年一次规划，分年度实施。

第二章　项目学校

第四条　普通高中探究实验室示范建设工程实行项目管理，省教育厅、财政厅根据各市普通高中学校规模确定省重点建设学校处数，各市教育局、财政局负责组织遴选项目学校。

第五条　各市教育、财政部门要统筹考虑普通高中学生规模、办学条件、教学质量等因素，严格遴选项目学校，报省教育厅、省财政厅审核。项目学校必须为省级规范化学校，能够提供探究实验室建设用房。符合条件的农村普通高中优先安排。

第三章　经费支出

第六条　普通高中探究实验室示范建设工程所需资金由省、市共同承担。省财政厅、省教育厅根据工程建设成本及各市财力状况、建设学校处数，一次确定省补助资金三年控制数。省财政厅根据控制数分年度下达资金预算指标。

第七条　各市要足额落实配套资金，与省补助资金形成合力，确保工程顺利实施。有条件的地方要积极扩大建设范围，增强工程示范效应。工程结余资金要继续用于学校购置实验设备，改善教学实验条件。

第八条 为保证实验室建设质量，充分发挥资金使用效益，工程采取“集中采购、配置实物”的形式，各市按照配备标准将需采购的设备报省教育厅审核，由省教育厅按政府采购规定统一组织招标采购，各市、县或学校与供应商签订合同并支付货款。

第四章 工程管理

第九条 各市教育、财政部门要按照《山东省普通中小学基本办学条件标准（试行）》和《山东省普通高中探究实验室配置标准（试行）》要求，认真组织工程实施和竣工验收，确保实验室建设一所，成功一所。各市要坚持经济、适用的原则，严格控制工程建设成本，提高资金使用效益。

第十条 各市教育、财政部门要建立工程管理目标责任制度，切实加强资金和安全管理。省财政厅、省教育厅将依据有关规定，对专项资金的管理使用情况进行监督检查。对挤占、挪用、截留专项资金，不及时支付工程资金，管理措施不到位的，将扣减专项资金并予以通报批评。

第十一条 工程完工后，新配置的设施要纳入学校固定资产，严格管理，认真维护，防止损坏、丢失等现象发生。各市教育、财政部门要指导学校建立管理使用制度，充分利用探究实验室开展研究性学习和探究试验。

第五章 附 则

第十二条 各市可依据本办法制定实施细则，报省财政厅、省教育厅备案。

第十三条 本办法由省财政厅、省教育厅负责解释。

第十四条 本办法自发布之日起施行。

省财政厅关于印发《山东省职业院校技能大赛专项资金管理办法》的通知

2009年9月19日 鲁财教〔2009〕60号

省教育厅：

现将《山东省职业院校技能大赛专项资金管理办法》印发给你们，请遵照执行。

附件：山东省职业院校技能大赛专项资金管理办法

附件：

山东省职业院校技能大赛专项资金管理办法

第一章 总 则

第一条 为促进职业教育发展，提高职业院校教学质量，促进职业院校学生就业，2009年起，省财政设立山东省职业院校技能大赛专项资金（以下简称省技能大赛专项资金）。为加强和规范省技能大赛专项资金管理，提高资金使用效益，根据省教育厅、省财政厅、省人力资源社会保障厅、省经贸委《关于举办山东省职业院校技能大赛的意见》（鲁教职字〔2009〕1号）和国家有关规定，制定本办法。

第二条 省技能大赛专项资金严格按本办法规定的经费支出范围，专项用于举办职业院校省级技能大赛和省统一组织参加全国技能大赛的相关支出。

第三条 省技能大赛专项资金规模由省财政厅根据财力情况，综合考虑大赛规模等因素确定，实行“定额补助、包干使用”。

第二章 支出范围

第四条 省技能大寒专项资金支出范围：

（一）举办省级技能大赛支出。专项用于比赛的场地维护、耗材购置、奖品发放、宣传费用，专家和裁判员的食宿、交通、评审、命题、监考费用，工作人员伙食补助。

（二）组织参加全国技能大赛支出。一是赛前集训。专项用于集训场地维护、耗材购置；参赛选手和指导教师的食宿、交通费用；指导教师劳务费，工作人员伙食补助。二是参赛经费。专项用于参赛自备耗材、参赛服装；参赛选手和指导教师的食宿、交通；总结表彰支出。

第五条 省技能大赛专项资金实行单独核算，专款专用。年末结余资金按规定结转下一年度继续使用，不得挪作他用。

第六条 省技能大赛专项经费支出中，符合政府采购条件的项目，要严格按规定实行政府采购。

第三章 监督检查

第七条 省技能大赛专项资金实行项目责任人制，项目责任人为省教育厅相关处室负责人。项目责任人要牢固树立勤俭节约意识，按照规定用途科学、合理使用资金，严格控制支出成本，提高资金使用效益。

第八条 每年度结束后，省教育厅组织力量对专项资金使用情况进行审计，并于次年3月底前将经费使用、审计情况以正式文件报省财政厅。省财政厅将依据有关规定，定期或不定期对专项资金的管理使用情况进行监督检查。

第四章 附 则

第九条 本办法由省财政厅负责解释。

第十条 本办法自发布之日起施行。

省财政厅关于转发财政部《资助向国外申请专利专项资金管理暂行办法》的通知

2009年10月22日 鲁财教〔2009〕69号

各市财政局，省直有关部门：

现将财政部《资助向国外申请专利专项资金管理暂行办法》（财建〔2009〕567号）转发给你们，并提出如下要求，请遵照执行。

各地方单位申请资助向国外申请专利专项资金，要通过市知识产权部门向市财政部门提出申请。市财政部门要严格按照文件要求，审核申报单位提交的相关资料，汇总后于每年8月25日前上报省财政厅。专项资金下达后，应及时、足额将资金拨付有关单位，并对资金使用情况加强监督检查，追踪问效。

附件：财政部关于印发《资助向国外申请专利专项资金管理暂行办法》的通知

附件：

财政部关于印发《资助向国外申请专利专项资金管理暂行办法》的通知

2009年8月28日　财建〔2009〕567号

国家知识产权局，各省、自治区、直辖市、计划单列市财政厅（局），新疆生产建设兵团财务局：

根据国务院关于实施国家知识产权战略的要求，为支持国内申请人积极向国外申请专利，保护自主创新成果，中央财政设立资助向国外申请专利专项资金，为加强和规范该项资金的管理，提高资金使用效益，特制定《资助向国外申请专利专项资金管理暂行办法》，请遵照执行。

附件：资助向国外申请专利专项资金管理暂行办法

附件：

资助向国外申请专利专项资金管理暂行办法

第一章　总　　则

第一条　根据国务院关于实施国家知识产权战略的要求，为支持国内申请人积极向国外申请专利，保护自主创新成果，中央财政设立资助向国外申请专利专项资金（以下简称专项资金）。为加强和规范专项资金的管理，提高资金使用效益，特制定本办法。

第二条　专项资金的安排遵循诚信申请、公正受理、科学评审、部分资助的原则。

第三条　本办法所称“国内申请人”，限于符合国家法律法规规定的国内中小企业、事业单位及科研机构。本办法所称“向国外申请专利”，是指通过专利合作条约（PCT）途径提出并以国家知识产权局为受理局的专利申请。

第二章　资助范围及标准

第四条　申请专项资金资助的向国外申请专利项目应当符合下列条件之一：

（一）有助于发挥我国产业优势，具备国际竞争力；

（二）有望开拓国际市场或扩大国际市场份额；

（三）专利技术产品预期在国际市场容量大、前景好；

（四）有助于我国优势企业拥有核心技术；

（五）有望构建专利池、参与国际技术标准制定；

（六）符合国家知识产权战略需求导向，有助于提升自主创新能力。

第五条 专项资金重点资助国外专利申请中保护类型与我国发明专利相同的专利申请。每件专利项目最多支持向5个国家（地区）申请，资助金额为每个国家（地区）不超过10万元，有重大创新的项目除外。

第六条 专项资金主要用于资助国内申请人向国外申请专利时向有关专利审查机构缴纳的在申请阶段和授予专利权当年起三年内的官方规定费用、向专利检索机构支付的检索费用，以及向代理机构支付的服务费等。

第七条 凡获得中央财政有关科技研发资金以及地方财政有关资金支持向国外申请专利的项目，不得重复申报资助。

第三章 资金申报、审核及拨付

第八条 财政部会同国家知识产权局于每年年初印发年度申报指南。

第九条 申报专项资金的单位，应当提交以下材料：

（一）《资助向国外申请专利专项资金申报表》（格式见附表）；

（二）企业营业执照，或事业单位及科研院所法人资格证书；

（三）专利申请受理通知书或专利授权证书；

（四）PCT申请的国际检索报告等；

（五）专利审查机构、国内专利代理机构、专利检索机构出具的发票等有效缴费凭证；

（六）专利申请文件（中文），以及申报专项资金的单位认为需要提交的其他材料，如评估报告、有关协议或合同等。

上述申报材料，除（一）、（四）、（六）外，其余提供复印件，并加盖公章。

第十条 中央单位通过国家知识产权局向财政部提出申请，地方单位通过省级知识产权部门向省级财政部门提出申请。省级财政部门对各省申报项目进行审核、汇总后，于每年9月10日前报财政部。对受理项目的技术支撑材料由各省级知识产权部门核实后报送国家知识产权局。

第十一条 国内申请人每年申报时间截止到8月15日。凡上年7月1日至当年6月30日向国外提出申请的专利，可申报当年的专项资金资助。

第十二条 财政部会同国家知识产权局对申报项目组织专家评审。评审管理费用在专项资金中列支，按照不超过专项资金额度的3%掌握。

第十三条 根据评审结果及当年专项资金财政预算安排，财政部下达资助项目预算。专项资金拨付按照财政国库管理制度的有关规定执行。

第十四条 省级财政部门在收到财政部下达的专项资金后，应当及时、足额将专项资金拨付给有关申报单位。

第四章 资金监督与检查

第十五条 申报单位应当提供真实材料和相关凭证。以虚报、冒领等手段骗取财政资金的，一经查实，应全额收回资助资金。同时，取消以后年度的申报资格。

第十六条 国家知识产权局及地方财政部门应当加强对项目执行情况和专项资金使用情况的监督检查，追踪问效。对违反财经纪律的行为，按《财政违法行为处罚处分条例》（国务院令第427号）等有关规定进行处理。

第五章 附 则

第十七条 本办法自发布之日起实施。

附：1. 资助向国外申请专利专项资金申报表

2. 填表说明

附1：

资助向国外申请专利专项资金申报表

<table>
<tr><td colspan="2">专利（专利申请）名称</td><td></td><td>专利（专利申请）所在国家/地区</td><td colspan="2"></td></tr>
<tr><td colspan="2">专利（专利申请）类型</td><td></td><td>专利申请号/专利号</td><td colspan="2"></td></tr>
<tr><td colspan="2">专利申请日/专利授权日</td><td></td><td>申请人类型</td><td colspan="2"></td></tr>
<tr><td colspan="2">专利或专利申请技术概述及应用前景</td><td colspan="4"></td></tr>
<tr><td colspan="2">申请资助的国外专利费用发生金额</td><td colspan="4">（费用名称、金额、时间等）</td></tr>
<tr><td colspan="2">已获得其他资助情况说明</td><td colspan="4">（其他资金资助的类型、金额、时间等）</td></tr>
<tr><td rowspan="8">申请单位情况</td><td>申请人</td><td></td><td>单位名称</td><td colspan="2"></td></tr>
<tr><td>法定代表人</td><td></td><td>营业执照号码</td><td colspan="2"></td></tr>
<tr><td>开户银行及账号</td><td></td><td>联系人</td><td colspan="2"></td></tr>
<tr><td>专利来源</td><td></td><td>项目编号</td><td colspan="2"></td></tr>
<tr><td>通讯地址</td><td></td><td>邮政编码</td><td colspan="2"></td></tr>
<tr><td>电话</td><td></td><td>传真</td><td>电子邮件</td><td></td></tr>
<tr><td colspan="5">申请意见：
法定代表人或授权人（签章）： （单位公章）
年 月 日 年 月 日</td></tr>
<tr><td colspan="5"></td></tr>
<tr><td>提交文件清单</td><td colspan="5">□专利申请件（中文） 份 页 □专利授权证书 份 页
□专利申请受理通知书 份 页 □企事业单位营业执照或法人资格证书
□PCT申请的国际检索报告 份 页</td></tr>
<tr><td rowspan="3">受理单位</td><td>单位名称</td><td></td><td>受理编号</td><td colspan="2"></td></tr>
<tr><td colspan="5">初审意见：</td></tr>
<tr><td colspan="2">经办人：
年 月 日</td><td colspan="2">审核人：
年 月 日</td><td>单位公章
年 月 日</td></tr>
</table>

附 2：

填表说明

1. “申请人类型”栏可填写：中小企业、事业单位、科研机构。

2. “专利或专利申请技术概述及应用前景”一栏，请求人应当结合专利技术，填写认为所申报的项目满足《资助向国外申请专利专项资金管理办法》第七条的理由。

3. 专利来源是指专利是否来源于国家各类计划或其他各类经费支持（直接填写支持的计划名称和项目名称及项目编号），自筹经费产生的可以填写“自筹经费”，并且不必填写项目编号。

4. 提交文件一栏，请按照《资助向国外申请专利专项资金管理办法》第八条要求，在文件名称前的□内打勾，认真填写提交文件的份数和页数。提交其他材料在□内打勾，同时应写明文件名称、分数及页数。

5. 可另加附页。

省财政厅关于印发《农村文化“以奖代补”专项资金使用管理办法》的通知

2009 年 12 月 4 日　鲁财教〔2009〕79 号

各市财政局，各省直管县财政局：

为进一步支持地方农村文化事业发展，规范和加强中央农村文化“以奖代补”专项资金的管理，提高资金使用的安全性和有效性，我们研究制定了《农村文化“以奖代补”专项资金使用管理办法》，现予印发，请遵照执行。

附件：农村文化“以奖代补”专项资金使用管理办法

附件：

农村文化“以奖代补”专项资金使用管理办法

第一条　为规范和加强中央财政补助地方农村文化“以奖代补”专项资金（以下简称奖补资金）管理，提高资金使用效益，根据相关法律、法规及财务规章制度的规定，按照财政部《农村文化以奖代补专项资金管理暂行办法》（财教〔2008〕104 号）要求，制定本办法。

第二条　资金来源。奖补资金是为引导和激励地方财政部门加大农村文化投入，进一步支持地方农村文化事业发展，由中央财政设立的专项资金。

第三条　使用范围。奖补资金主要用于县、乡、村开展农村文化体育活动及相关设备购置、保护农村优秀传统民间文化、发展农村特色文化、培养农村基层文化队伍、丰富农民群众文化生活等方面的支出。

第四条　分配原则。奖补资金的分配遵循“规范公平，鼓励先进，引导投入，额度控制，项目管理”的原则。

第五条　分配方法。奖补资金实行因素分配法，主要考虑以下因素：

（一）自然因素（权重 10%），包含两个子因素：

1. 农村人口（5%） 差异系数计算公式：某市（省直管县，下同）农村人口/全省农村总人口

2. 农村面积（5%） 差异系数计算公式：某市（县）农村面积/全省农村总面积

（二）经济因素（权重40%），包含3个子因素：

1. 财政文化体育与传媒支出水平（20%） 差异系数计算公式：某市（县）财政文化体育与传媒支出除以某市财政一般预算支出/ ∑[某市（县）财政文化体育与传媒支出除以某市（县）财政一般预算支出]

2. 人均财政文化体育与传媒支出（10%）差异系数计算公式：某市（县）财政文化体育与传媒支出除以某市（县）人口/ ∑[某市（县）财政文化体育与传媒支出除以某市（县）人口]

3. 财政农村人均文化项目投入水平（10%） 差异系数计算公式：某市（县）财政农村文化项目投入除以某市（县）农村人口/∑[某市（县）财政农村文化项目投入除以某市（县）农村人口]

（三）努力因素（权重20%），包含2个子因素：

1. 财政文化体育与传媒支出增长率（10%） 差异系数计算公式：某市（县）财政文化体育与传媒支出与上年之比/ ∑[某市（县）财政文化体育与传媒支出与上年之比]

2. 财政农村文化投入增长率（10%） 差异系数计算公式：某市（县）财政农村文化项目投入与上年之比/ ∑[某市（县）财政农村文化项目投入与上年之比]

（四）重点工作开展因素（权重15%） 主要考核地方对农村广播电视村村通工程、文化信息资源共享工程、乡镇综合文化站建设工程、农村电影放映工程、农家书屋工程、全民体育健身等工程的进度和任务完成情况。

差异系数计算公式：某市（县）重点工作开展考核成绩/全省重点工作开展考核总成绩

（五）管理因素（权重15%） 主要考核地方农村文化体育与传媒各项财政资金管理制度是否健全，每年上报材料是否及时、数据是否准确，对文化体育与传媒各项资金与奖励资金监督措施是否到位，是否存在违规现象。

差异系数计算公式：某市（县）管理工作考核成绩/全省管理工作考核总成绩

奖补资金各市分配总额计算公式为：某市（县）差异系数总和 = ∑（各项因素差异系数×各项因素所占权重）；某市（县）分配额=奖补资金总额×某市（县）差异系数总和

第六条 项目申报。各市（县）财政部门要加强奖补资金分配因素的数据收集和整理工作，于每年3月底前，以正式文件将奖补资金申请报告和《农村文化投入统计表》（见附件）报送省财政厅。填报《农村文化投入统计表》，要确保数据真实、准确、及时。

第七条 项目管理。项目分为全省重点实施项目和基层激励项目。全省重点实施项目约占资金总量的70%，主要用于实施全省重大公共文化服务工程，2010~2012年拟结合各地乡镇综合文化站建设进度和达标验收，以奖代补用于全省达标乡镇综合文化站设备配备和农村文化人才培训。基层激励项目约占资金总量的30%，主要用于丰富基层农村文化生活。省级建立农村文化以奖代补重点实施项目库和基层激励项目库，具体申报要求另行通知。

第八条 资金拨付。每年中央资金下达后，财政厅依据各市统计年鉴数据、决算数据以及上报的数据资料及书面材料，按照因素法确定各市（县）奖补资金分配金额控制数，在资金控制数范围内，根据项目库把项目资金下达到市（县）财政。

第九条 资金管理。各市（县）财政部门在报送奖补资金申请报告和《农村文化投入统计表》时，须同时报送上年度奖补资金项目使用情况总结。奖补资金的使用必须接受财政、审计部门的监督和检查。各级财政部门应健全奖补资金管理工作监督机制，加强监督。对编报虚假信息和违规使用奖补资金的，一经查实，省财政厅将扣减奖补资金，并予通报，情节严重的，取消享受奖补资金的资格。

第十条 本办法由省财政厅负责解释。

第十一条 本办法自发布之日起施行。

附件：农村文化投入及项目完成情况统计表

附件：

农村文化投入及项目完成情况统计表

市（省直管县）财政局盖章　　　　　　　　　　　　　　　　　　　　　　　　　　　　　　　单位：万元

序号	项目	财政投入情况			项目完成情况			
		2007 年	2008 年	2009 年	总任务（个，场…）	截至 2009 年底完成（个，场…）	其中：2009 年当年完成（个，场…）	完成比例（%）（5/4）
		1	2	3	4	5	6	7
	合计							
1	全省财政一般预算支出							
2	全省财政文化体育与传媒支出							
3	全省财政农村文化项目投入合计							
	其中：中央及省项目配套投入							
	广电村村通工程							
	文化信息资源共享工程							
	乡镇综合文化站工程							
	农村电影放映工程							
	农家书屋工程							
	全民体育健身工程							
	其中：市县自行组织实施的项目投入							
	农村公共文化设施建设类小计							
	项目名称 1							
	项目名称 2							
	……							
	农村文化体育活动类小计							
	项目名称 1							
	项目名称 2							
	……							
	农村文化人才培养类小计							
	项目名称 1							
	项目名称 2							
	……							
4	全省人口（万人）							
5	全省农村人口（万人）							
6	全省人均财政文化体育与传媒支出（2/4）							
7	全省财政农村人均文化项目投入（3/5）							
8	全省农村面积（平方公里）							

说明：1. 该表填报前三年有关数据。

2. 以上项目投入不包括上级补助地方的专款、预算外资金和政府性基金支出。

3. 中央和省项目按照项目名称分别填报，市县自行组织实施的项目分表中所列三类填报，中央省和市县项目不要重复填报。

省财政厅　省科学技术厅　省教育厅关于印发《山东省省级新购大型科学仪器设备联合评议管理试行办法》的通知

2009 年 12 月 23 日　鲁财教〔2009〕82 号

各市财政局、科技局、教育局，省直有关部门，各有关科研院所、高等院校：

为贯彻落实《山东省中长期科学和技术发展规划纲要（2006～2020 年）》精神，进一步建立健全我省大型科学仪器设备共建共享机制，促进存量资源和新增资源的系统集成与高效利用，从源头上控制大型科学仪器设备重复购置，实现省级财政资金购置大型科学仪器设备资源合理布局和充分共享，经研究决定，自 2009 年起启动省级新购大型科学仪器设备联合评议工作。为推动此项工作的顺利开展，我们制定了《山东省省级新购大型科学仪器设备联合评议管理试行办法》，现印发给你们，请遵照执行。

附件：山东省省级新购大型科学仪器设备联合评议管理试行办法

附件：

山东省省级新购大型科学仪器设备联合评议管理试行办法

第一章　总　　则

第一条　为规范省级新购大型科学仪器设备联合评议（以下简称联合评议）工作，从源头上控制大型科学仪器设备的重复购置，推进我省大型科学仪器设备资源的合理布局和充分共享，提高大型科学仪器设备的使用效率和省级财政资金的使用绩效，根据《山东省大型科学仪器设备资源共享实施意见》（鲁政办发〔2006〕56 号）和财政部、科技部、教育部、中国科学院联合制定的《中央级新购大型科学仪器设备联合评议工作管理办法（试行）》（财教〔2004〕33 号）精神，制定本办法。

第二条　本办法所称大型科学仪器设备是指使用财政性资金购买的单台价格在 50 万元人民币以上（含 50 万元）或成套实验设备价格在 100 万元人民币（含 100 万元）以上，用于科学研究、技术开发及其他科技活动的仪器和设备。

第三条　大型科学仪器设备联合评议是指使用省级财政性资金购置大型科学仪器设备的单位，在申请购置仪器设备时，由省财政厅、省科技厅、省教育厅等相关部门联合组织对新购大型科学仪器设备的必要性、合理性和科学性等方面进行技术和经济可行性综合评议。

第四条　联合评议工作遵循统筹规划、突出共享、优化配置、需求导向的原则，以新增资源为切入点，逐步建立和完善大型科学仪器设备共建、共用、共享机制。

第五条　联合评议不收取任何费用。

第六条 联合评议是省级财政性资金安排的必要条件，评议结果是安排省级财政性资金购买大型科学仪器设备的重要依据。

第二章 联合评议范围和组织实施

第七条 省教育厅、省体育局所属高等院校，山东行政学院、山东省青年管理干部学院、中华女子学院山东分院，省科学院、医科院所属科研单位，用省级财政性资金购置符合第二条规定的大型科学仪器设备，除另有规定外，均列入联合评议范围。

凡申请省科技厅管理的省级科技计划（专项）经费或省教育厅管理的教育专项资金支持，购置符合第二条规定的大型科学仪器设备，无论申请单位隶属关系，均列入联合评议范围。

第八条 建立联合评议工作协调机制。省财政厅会同省科技厅、省教育厅等部门（单位）成立联合评议工作组，负责组织开展联合评议工作，并在省大型科学仪器设备协作共用网内建立联合评议项目库。联合评议工作组日常工作由省科技厅承担。

第九条 鼓励以非财政性资金购置大型科学仪器设备的单位委托联合评议工作组进行联合评议。

第十条 联合评议工作组可直接组织专家或委托中介机构具体实施联合评议工作。

第三章 联合评议程序

第十一条 符合第七条所列范围的单位（以下简称购置大型科学仪器设备的单位）申请购置大型科学仪器设备，须填写《新购大型科学仪器设备申请表》（以下简称《申请表》，见附件，可在省大型科学仪器设备协作共用网上下载）一式二份。

第十二条 购置大型科学仪器设备每年分两次申请。

申请使用省级部门预算内、外资金（包括预算执行中追加的资金）购置大型科学仪器设备的单位，在报送年度部门预算或申请追加预算内、外资金前，要先行对大型科学仪器设备进行可行性论证，将出具论证意见的《申请表》报送主管部门，主管部门于每年6月底前通过省大型科学仪器设备协作共用网报送联合评议工作组。

申请使用省财政专项资金（即省级财政科技专项资金和教育专项资金等）购置大型科学仪器设备的单位，在申报科技和教育等科技计划和专项前，要先行对大型科学仪器设备进行可行性论证，在报送相关专项管理部门项目的同时，将出具论证意见的《申请表》报送主管部门，主管部门于每年3月底前通过省大型科学仪器设备协作共用网报送联合评议工作组。

第十三条 购置大型科学仪器设备每年分两次联合评议：

联合评议工作组在收到各部门（单位）报送的《申请表》后，将及时组织由省内外技术、经济、管理、财务等相关领域知名专家组成的专家组，或投资评审等具有相关资质的专业机构，按照“公开、公平、公正、规范”的原则，根据新购大型科学仪器设备评议内容和协作共用情况等，对有关部门（单位）提出的新购大型科学仪器设备及其预算进行综合评议。由专家组或投资评审等具有相关资质的专业机构提出联合评议意见。

使用省级部门预算内、外资金（包括预算执行中追加的资金）购置的大型科学仪器设备，联合评议工作组于每年9月底前将联合评议意见报省财政厅，同时抄送项目管理主管部门、申购单位主管部门。

申请使用省财政专项资金（即省级财政科技专项资金和教育专项资金等）购置的大型科学仪器设备，联合评议工作组于每年6月底前将联合评议意见报省财政厅，同时抄送项目管理主管部门、申购单位主管部门。

第十四条 新购大型科学仪器设备评议内容

（一）购置仪器设备的用途和必要性；

（二）新购仪器设备的预计利用率、预计用户数量、对外开放时间、效益等；

（三）省内现有同类仪器设备的资源状况（如分布、共享、使用状况）；

（四）新购仪器设备要求的技术指标、先进性、前瞻性，拟选型号及相关配置要求；

（五）国内外同类设备性能、价格比较；

（六）申请单位现有大型科学仪器设备的使用情况、绩效考核结果；

（七）新购仪器设备共享措施；

（八）购置和运行经费预算；

（九）新购仪器设备的安装条件、技术队伍等配套支撑保障。

第十五条 专家评议结束后，应当将初评结果通报申购单位。申购单位对联合评议结果如有异议，可在收到评议意见之日起十个工作日内向联合评议工作组提出复议申请。联合评议工作组对专家评议结果和单位复议申请进行协调后提出评议意见。

第十六条 项目管理主管部门和省财政厅以联合评议意见为主要依据，结合财力情况确定是否批准立项或相应列入预算。未经联合评议的新购大型科学仪器设备预算原则上不予安排或立项。

第十七条 通过联合评议购置的大型科学仪器设备，要按照政府采购有关规定列入政府采购计划。

第四章 管理措施

第十八条 各有关部门、单位应严格执行省财政厅及相关主管部门审批的大型科学仪器设备购置计划和预算。如果需要调整变更，应及时向省财政厅及相关的主管部门报告。

第十九条 通过联合评议新购的大型科学仪器设备，必须按照有关要求，在验收通过之日起十五日内，加入省大型科学仪器设备协作共用网，纳入大型科学仪器设备资源信息库及相关的信息管理系统。

第二十条 大型科学仪器设备依托单位要采取有效措施，保证大型科学仪器设备的完好运行和高效使用。在保证本单位科研任务的前提下，积极向社会开放，提供优质服务。

第二十一条 设立省级大型科学仪器设备共享激励资金，资金主要来源为省财政科技条件专项经费和省应用技术研究与开发资金（省应用技术研究与开发资金与省财政科技条件专项经费等额匹配），主要用于奖励在仪器设备开放共享中做出突出贡献的单位以及协作共用仪器设备升级改造。

第二十二条 省财政厅会同省科技厅、省教育厅等对有关部门、单位配套资金落实、预算执行、经费使用等情况进行监督检查；对经联合评议后购置的大型科学仪器设备的运行情况，结合立项绩效目标、共享服务等情况，进行绩效考评。考评结果作为以后预算安排、项目立项的重要依据。

第二十三条 本办法自施行之日起，任何单位或个人不得在部门预算内、外资金、省科技计划项目和专项经费等省级财政资金中，列支纳入评议范围未通过联合评议的大型科学仪器设备。

第五章 附　则

第二十四条 本办法由省财政厅、省科技厅、省教育厅负责解释。

第二十五条 大型科学仪器设备主管部门、采购单位可参照本办法制定相应的大型科学仪器设备评议细则。

第二十六条 本办法规定范围之外购置大型科学仪器设备的，可由主管部门、采购单位自行组织评议，并纳入大型科学仪器设备协作共用网。

第二十七条 本办法自2010年1月1日起施行。

附件：山东省省级新购大型科学仪器设备联合评议申请表

附件：

山东省省级新购大型科学仪器设备联合评议申请表

仪器设备名称：____________________

申请单位（公章）：____________________

单位组织机构代码：____________________

单位法定代表人：（签章）____________________

仪器设备协作共用联络员：____________________

填报日期：　　年　月　日

山东省省级新购大型科学仪器设备联合评议工作组制

二〇〇　年　月

<table>
<tr><td>单位地址</td><td colspan="3"></td><td colspan="2">邮 政 编 码</td><td colspan="2"></td></tr>
<tr><td>联系人</td><td colspan="3"></td><td colspan="2">固定/移动电话</td><td colspan="2"></td></tr>
<tr><td rowspan="2">仪器设备名称</td><td>中文</td><td colspan="4"></td><td rowspan="2">型　号</td><td rowspan="2"></td></tr>
<tr><td>英文</td><td colspan="4"></td></tr>
<tr><td rowspan="2">生 产 国 别</td><td>中文</td><td colspan="2"></td><td rowspan="2">公司厂名</td><td>中 文</td><td colspan="2"></td></tr>
<tr><td>外文</td><td colspan="2"></td><td>外 文</td><td colspan="2"></td></tr>
<tr><td>安装地点</td><td colspan="7"></td></tr>
<tr><td>总　价</td><td>币种</td><td colspan="2"></td><td>金额</td><td></td><td>折合人民币</td><td>万元</td></tr>
<tr><td rowspan="3">预算来源</td><td colspan="6">省级部门预算内、外资金</td><td>￥　万元</td></tr>
<tr><td colspan="2">省财政专项资金</td><td>专项名称</td><td colspan="3"></td><td>￥　万元</td></tr>
<tr><td colspan="6">其他</td><td>￥　万元</td></tr>
<tr><td>购置理由（必要性、主要用途等）</td><td colspan="7"></td></tr>
<tr><td>主要指标（先进性说明并附产品样本或技术说明书）</td><td colspan="7"></td></tr>
<tr><td>同类仪器设备在本单位和省内的数量及分布运行情况</td><td colspan="7"></td></tr>
</table>

续表

本单位现有仪器设备资源共享情况	设备总数（台、套）		总价值（万元）		50 万元以上（台、套）		50 万元以上总价值（万元）	
	入网总数（台、套）		总价值（万元）		100 万元以上（台、套）		100 万元以上总价值（万元）	
共享方案措施及绩效目标（利用率、用户范围及对外开放机时等）								
申请单位技术人员配套保障情况								
仪器设备安装运行条件								

设备主机及附件清单	序号	名称	型号	数量	价格	备注
					￥ 万元	
					￥ 万元	
					￥ 万元	
					￥ 万元	
					￥ 万元	
					￥ 万元	
					￥ 万元	
					￥ 万元	
					￥ 万元	
					￥ 万元	

续表

主管部门意见： 单位公章： 年　月　日
联合评议专家组意见： 1. 有必要购买（　） 2. 不必要购买（　） 3. 建议调整（　） 专家组组长签字： 年　月　日
联合评议工作组意见： 年　月　日

省财政厅关于印发《山东省齐鲁名师齐鲁名校长建设工程专项资金管理办法》的通知

2009年12月21日　鲁财教〔2009〕83号

山东省教育厅：

现将《山东省齐鲁名师齐鲁名校长建设工程专项资金管理办法》印发给你们，请遵照执行。

附件：山东省齐鲁名师齐鲁名校长建设工程专项资金管理办法

附件：

山东省齐鲁名师齐鲁名校长建设工程专项资金管理办法

第一章　总　　则

第一条　为建设高素质的中小学名师队伍和校长队伍，提高中小学教师的教学水平，提升中小学校长的管理能力，推动全省基础教育改革与发展，自2009年起，省财政安排专项资金实施全省第二期齐鲁名师建设工程和齐鲁名校长建设工程（以下简称建设工程）。为加强专项资金管理，特制定本办法。

第二条　建设工程专项资金按照“方案明确、支出规范、注重效果、绩效评价”的原则进行管理，项目实行“总体规划，分年实施”，以提高资金使用效益，增强财政资金支出的科学性、合理性、有序性。

第二章　评审与培训

第三条　全省共遴选100名齐鲁名师和100名齐鲁名校长建设工程人选，进行重点培养，培养周期为5年，培养周期结束、经考核合格后，分别命名为“齐鲁名师”和“齐鲁名校长”。

第四条　省教育厅根据全省中小学校的总量及分布情况，按比例将推荐名额分配至各市，各市教育局负责对本市的申报人员进行评审推荐。

第五条　省教育厅成立专家评审委员会并设立评审专家组，按照公开、公正、公平的原则，在各市申报人选的基础上，经初评、复评并公示后最终确定齐鲁名师和齐鲁名校长人选。

第六条　建设工程采取国内培养和国外培训等多种模式对“工程”人选进行培养。国内培养主要采取集中学习、名校考察、分散实践、学位进修、网络研修、课题研究等方式；国外培训将组织“工程”人选赴国外中小学校进行学习培训，实地了解国际教育发展情况，拓展视野，学习国外中小学先进的教学和管理理念。

第三章　支 出 管 理

第七条　省财政在培养周期内为每位人选提供5万元的专项培养经费，由省教育厅管理和使用。建设工程专项资金纳入省教育厅年度部门预算，由省财政厅根据建设工程总体规划和方案按年度下达。

第八条 项目总体规划和方案一经确定，必须严格执行。如因特殊情况确需进行调整，要做出详细说明，报经省财政厅同意后方可调整。

第九条 国内培养，专项资金只能用于聘请教师的讲课酬金、交通及食宿费用，"工程"人选的资料费、住宿费、伙食补助及实验、实习费用，教室使用费；不得用于接待费，管理人员工资、津贴、奖金等劳务性支出，办公设备、教学设备、交通及通讯工具购置等。国外培训，专项资金只能用于"工程"人选的往返交通费、住宿费和学费。

第十条 建设工程专项资金实行单独核算，专款专用。年末结余资金结转下一年度按规定继续使用，不得挪作他用。

第四章 监督检查

第十一条 建设工程专项资金实行项目责任人制度，项目责任人为省教育厅相关处室负责人。建设工程由项目责任人按建设方案具体组织实施。项目责任人要建立健全内部控制制度。牢固树立勤俭节约意识，严格按照规定用途科学、合理使用专项资金。

第十二条 省财政厅依据有关规定，定期或不定期对建设工程专项资金的管理使用情况进行监督检查。

第十三条 每年度结束后3个月内，项目责任人要将建设工程实施情况及专项资金使用情况报省财政厅。建设工程完工后，由省教育厅、省财政厅组织对工程实施情况进行绩效考评。

第五章 附 则

第十四条 本办法由省财政厅负责解释。

第十五条 本办法自发布之日起施行。

省财政厅 省教育厅关于加强城市中小学财务管理的意见

2009年12月25日 鲁财教〔2009〕85号

各市财政局、教育局：

近年来，通过实施农村义务教育经费保障机制改革，农村中小学经费保障水平不断提高，经费管理不断加强，农村义务教育逐步进入了快速发展的轨道。相比较而言，我省城市中小学在财务管理方面还存在公用经费标准偏低、预算执行不严格、资产管理不规范、制度建设不完善等问题，影响和制约了城市中小学的发展。为进一步规范和加强城市中小学财务管理，提高资金使用效益，根据国家和省有关规定，结合城市中小学实际，现提出如下意见：

一、加强收入管理

（一）提高公用经费保障水平。为进一步提高财政对城市义务教育学校的经费保障水平，保障学校正常运转，省制定了城市义务教育学校生均公用经费最低标准，小学每生每年400元，初中每生每年600元。各市现在执行定额已超过省定最低标准的，不得降低；低于省定最低标准的，2010年要落实到位。各市要根据当地经济发展水平和财力状况，充分考虑物价水平以及不同类型学校的办学成本，逐县确定当地的公用经费执行定额，各市的执行定额报省财政厅、省教育厅备案。

省定公用经费最低标准包含免杂费资金，免杂费资金按照省政府确定的比例由省、市财政分担，最低标准超出原杂费标准部分，由市、县财政负责落实。各地要切实加大投入，足额安排预算，确保城市中小学生均公用经费逐步提高。

各级财政、教育部门分配城市中小学公用经费，应主要依据在校学生人数，兼顾不同规模学校运转的实际情况，保证较小规模学校的基本需要，适当向办学条件比较薄弱的学校倾斜。

城市民办中小学的公用经费来源渠道由各市自行确定。

（二）规范学校收费管理。城市义务教育阶段公办学校取消借读费后，除按“一费制”标准向学生收取课本费、作业本费及向寄宿学生收取住宿费外，不得向学生收取其他任何费用。普通高中要继续巩固完善招收择校生“三限”政策，严格限制择校生比例和收费标准，力争逐年有所降低，要切实将择校生纳入当地统一招生计划并及时向社会公布。严禁学校擅自设立收费项目、扩大收费范围或提高收费标准。各城市中小学要严格执行收费公示制度，及时公示收费项目和收费标准，主动接受学生、家长和社会的监督，增强学校收费的透明度。要坚决制止一切违规收费行为，严禁“一边免费，一边乱收费”行为的发生。

各级财政、教育部门要进一步加强对城市中小学收费资金的管理。城市中小学收费，必须使用省级财政部门统一印制的票据，按照“边收边缴，先缴后支，审批使用”的原则，将所有预算外收入全额缴入财政，实行“收支两条线”管理，严禁隐匿收入、坐收坐支。

（三）拓宽办学经费来源渠道。各城市中小学应多渠道、多形式筹集资金，探索多元化办学的路子。要充分利用学校的人才、技术、设施等资源优势和良好的社会影响，通过社会捐赠、盘活资产、开展合作等途径，以及校友会、基金会等多种形式，积极筹集办学资金。各级财政、教育部门要充分发挥职能，统筹教育资源，盘活学校资产，出台优惠政策，加大宣传力度，鼓励、吸引社会力量捐资办学，为城市中小学筹集更多的办学资金。

二、加强支出管理

（一）严格公用经费支出。城市中小学公用经费是指保证学校正常运转，用于教学活动和后勤服务等方面开支的费用，包括：教学业务与管理、教师培训、实验实习、文体活动、水电、取暖、交通差旅、邮电，仪器设备及图书资料等购置，房屋、建筑物及仪器设备的日常维修维护等。公用经费不得用于人员支出、基本建设投资或偿还债务等其他支出。各城市中小学要按照统筹兼顾的原则安排公用经费，既要保证开展日常教育教学活动的基本开支，又要适当安排促进学生全面发展所需的活动经费。各项支出要按实际发生数列支，不得虚列虚报，不得以白条作为报销凭证。

（二）严格实行政府采购。城市中小学购置教学实验室仪器设备、办公设备及图书资料，或实施工程建设，采购服务项目，凡是属于政府集中采购目录及限额标准以上的项目，均要按照《政府采购法》的有关规定，严格实行政府采购，做到采购行为规范透明，采购程序科学严密，既有效节约办学经费，又能从源头上防止腐败。

（三）加强专项资金管理。各级财政、教育部门拨付的专项资金，城市中小学必须严格按规定的用途管理和使用，严禁挪作他用。对资金量大、建设周期长、关系学校长远发展的重大项目，财政、教育部门要制定专项资金管理办法，建立项目绩效考评机制，对资金的使用情况实行跟踪问效，及时掌握项目建设进度，提高项目资金使用效益。

（四）坚持勤俭节约办学。各城市中小学应坚持艰苦奋斗、勤俭办学的思想，努力建设节约型校园，反对各种形式的铺张浪费。要采取有效措施，加强资源的节约和循环利用，严格控制能源消耗，严格控制校园建设标准，逐步探索经济、节能、环保的学校建设新模式。

（五）加强学校负债管理。严禁城市义务教育阶段学校举债办学，严禁学校擅自向社会、教师高息集资或在银行拆借资金搞建设。各级财政、教育部门要进一步加强检查，对未经批准违规集资或拆借资金搞建设的学校，立即责令停止建设，进行认真整改，情节严重的要追究学校校长和直接责任人的责任。

三、加强预算管理

（一）预算编制。各地要按照部门预算管理要求，建立健全城市中小学预算编制制度。城市中小学预算以独立设置的学校为基本编制单位，一个学校一本预算，预算编制要反映学校的全部收入和支出，做到完整准确，公开透明。

城市中小学应坚持"量入为出、统筹兼顾、保证重点、收支平衡"的原则，合理编制年度预算。收入预算参考上年度预算执行情况，根据本年度收入增减因素编制，对事业收入、勤工俭学收入、其他收入，既要打足，又要稳健，对没有把握的收入不能列入预算。支出预算首先保障基本支出需要，维持学校的正常运转，本着"量力而行、量入为出"的原则，安排事业发展所需的项目支出。

（二）预算执行。城市中小学年度预算一经批复，必须严格执行，不得随意变更和调整，确需调整预算，必须按规定程序，报教育和财政部门审批。学校的各项支出必须做到有预算安排、有支出标准、有制度依据，严禁无预算、超预算支出。同时，各级财政、教育部门要进一步加快预算批复和资金拨付进度，对城市义务教育阶段学生免杂费等运转经费，市级财政、教育部门要制定资金拨付时间表，确保及时足额拨付，便于县级统筹安排和及早拨付。

（三）预算分析。城市中小学应加强对预算执行的控制与分析，为加强财务管理提供准确的财务信息。各级财政、教育部门要逐步统一预算报表、软件等，提高预算数据的准确性和可比性。要通过比较、分析学校的财务数据，及时反映政策落实情况、项目实施情况，掌握学校预算执行进度，指导学校加强经费管理。

四、加强资产管理

（一）加强日常管理。各地要综合运用现代信息技术，不断完善中小学固定资产管理系统，对校舍和仪器设备等资产，根据《山东省中小学财产物资管理暂行办法》，分别设立固定资产总账、固定资产登记簿和固定资产卡片等，健全资产的购置、验收、保管、使用、交接、维修等内部管理制度，实现固定资产管理的数字化、规范化和科学化。各城市中小学要明确责任，严格管理，定期组织资产清查，做到账账相符、账卡相符、账实相符，要加强对资产的整合与调配，实现资源共享，提高资产利用率。

各地要充分利用中小学校舍信息管理系统，对学校选址、建设程序、超期服役、抗震设防和主体结构等内容进行实时、动态、智能一体化管理，全面反映校舍存在的缺陷和隐患，为掌握校舍安全形势和明确维修改造任务提供第一手资料，确保校舍安全。

（二）规范资产处置和资产有偿使用。各级教育、财政部门要加强对资产处置的监管。中小学校国有资产的出租、出借、对外投资、出售、出让、对外捐赠、报废、报损等，要经过学校领导集体研究，按照国有资产管理的规定，报教育、财政部门审批，资产处置收入和资产有偿使用收入等要按照政府非税收入管理规定，全额缴入同级财政，严格执行"收支两条线"管理。

（三）严格对外投资。城市中小学对外投资必须经过严格、科学的可行性论证和专家评议，按国有资产管理有关规定报教育和财政部门批准后实施。学校应指定责任部门和责任人加强对投资项目的管理，确保投资的安全与合法收益。城市中小学不得从事购买股票、基金、企业债券等风险性投资活动，也不得为任何单位或个人的经济活动提供担保。

五、加强监督检查

（一）完善内控制度。一是严肃财经纪律。城市中小学财务管理人员的职责权限应当明确，并做到相互分离、相互制约、相互监督。严禁私设"小金库"、公款私存、设立账外账等违规行为。二是推进民主理财。成立由学校主要领导负责、相关部门负责人参与的领导小组，统一领导和协调学校的财务活动，提高民主决策水平。三是实行财务公开。定期公示学校财务收支状况，学校年度预算、决算以及每季度的财务报表信息，要在校务公开栏上予以公示，接受教职工监督，对重大项目支出情况要进行“听证”和质询。四是健全内审制度。加强学校内审队伍建设，对各项经费的管理使用情况进行定期审计。

（二）加强外部检查和督导。各级教育、财政部门要积极会同审计、纪检、监察等相关部门，建立健全检查、通报、反馈制度，重点查处挤占、截留、挪用城市中小学经费，违规乱收费，违反有关管理规定造成国有资产流失或损失浪费，私设“小金库”，公款私存等行为。今后，城市中小学财务管理情况将作为省政府教育督导的重要内容，检查结果向社会公布。各级要进一步畅通监督渠道，教育部门要设立监督电话，接受师生和群众监督。

（三）建立奖惩机制。各地要按照“谁管理，谁负责”的原则，建立城市中小学财务管理奖惩机制。为支持和引导各地加强经费管理，对于城市中小学财务管理规范、绩效突出的地方，省将加大奖补资金安排力度，并予以通报表彰；对于不按规定落实资金，财务管理混乱的地方，将扣减奖补资金，情节严重的要扣减其他相关资金，并予以通报批评。

省财政厅　省发展和改革委员会　省教育厅　省人力资源和社会保障厅关于中等职业学校农村家庭经济困难学生和涉农专业学生免学费工作的通知

2009 年 12 月 31 日　鲁财教〔2009〕89 号

各市财政局、发展改革委、教育局、人力资源和社会保障局，省属中等职业学校：

为大力发展职业教育，按国家统一要求，我省逐步实行中等职业教育免费，从 2009 年秋季学期起，先对中等职业学校农村家庭经济困难学生和涉农专业学生免学费。现就有关问题通知如下：

一、充分认识免学费工作的重大意义

发展职业教育是经济社会发展的重要基础和当前教育工作的战略重点。逐步实施中等职业教育免费政策，是落实科教兴国和人才强国战略，全面提高国民素质，把人口压力转化为人力资源优势的重要途径；是优化教育结构，促进教育公平和社会公正的有效手段；是推进我国走新型工业化道路，建设社会主义新农村，调整产业结构、促进就业再就业的重大举措；是继全部免除城乡义务教育阶段学生学杂费之后，促进教育公平的又一件大事，具有重要的现实意义和深远的历史意义。

目前，中等职业学校学生绝大部分来自农村，其中，相当一部分来自低收入和困难家庭。中等职业教育免学费工作先从农村家庭经济困难学生和涉农专业学生做起，对于减轻农民负担，鼓励高素质劳动者在农村创业就业，改善农村劳动力结构，加快新农村建设，发展现代农业，发展农村经济，缩小城乡差别，具有重要的推动作用。

二、实施免学费政策的主要内容

（一）免学费实施范围

按照“积极稳妥、逐步推进”的原则，2009 年秋季学期起，对公办中等职业学校全日制正式学籍

一、二、三年级在校生中农村家庭经济困难学生和涉农专业学生免除学费（艺术类相关表演专业学生除外）。

农村家庭经济困难学生免学费的比例不低于在校生的5%。各地要根据实际，合理确定行政区域内农村家庭经济困难学生的免学费比例。

涉农专业为2000年教育部发布的《中等职业学校专业目录》（教职成〔2000〕8号）中的农林类所有专业，具体包括：种植、农艺、园艺、蚕桑、养殖、畜牧兽医、水产养殖、野生动物保护、农副产品加工、棉花检验加工与经营、林业、园林、木材加工、林产品加工、森林资源与林政管理、森林采运工程、农村经济管理、农业机械化、航海捕捞，以及能源类的农村能源开发与利用专业和土木水利工程类的农业水利技术专业等21类专业。

（二）免学费资金来源

对因免除学费导致学校收入减少的部分，通过财政给予补助和学校开展校企合作及顶岗实习获取的收入来解决，以保证学校正常运转。具体办法是：第一、二学年学校因免除学费导致的运转经费缺口，由财政按免除的学费标准给予补助；第三学年学校因免除学费导致的运转经费缺口，原则上由学校通过校企合作和顶岗实习等方式获取的收入予以弥补，对涉农专业和经认定顶岗实习有困难的其他专业，由财政按一定标准给予学校顶岗实习补助，具体办法国家有关部门将另行制定。

免除学费按省、市人民政府及价格主管部门批准的学费标准执行。对在政府职业教育行政管理部门依法批准的民办中等职业学校就读的一、二年级符合免学费政策条件的学生，按照当地同类型同专业公办中等职业学校免除学费标准给予补助。

（三）经费分担办法。免学费补助资金由各级财政按比例分担。

省属学校、省属企业办学校免学费补助资金由省财政承担。参照省属中等职业学校收费标准，对省教育厅所属中职学校按每生每年2 400元的标准补助免学费资金，对省人力资源和社会保障厅所属技工学校按每生每年2 600元的标准补助免学费资金。省属学校免学费补助资金如有节余，全部用于增加免学费学生人数；如有不足，由学校在从事业收入中按规定提取的资助困难学生经费中补足。

市属学校、市属企业办学校、中央企业办学校、民办学校等由各市负责落实，省财政按每生每年1 900元的标准与各市按比例分担。济南、烟台、威海、东营、淄博5市，省与市分担比例为4∶6；潍坊、济宁、泰安、日照、莱芜5市，省与市分担比例为6∶4；德州、滨州、聊城、菏泽、枣庄、临沂6市，省与市分担比例为8∶2。各市要合理确定行政区域内市、县（市、区）财政的免学费补助资金分担办法，努力加大对困难县（市、区）的转移支付力度，保障政策的顺利实施。各市对省财政直管县的补助比例，不能低于中职国家助学金的补助比例，补助标准不能低于每生每年1 900元。

各级要严格按照省财政免学费补助资金数额同比例落实地方应承担的资金，不能因学生人数减少、学费标准低，用上级补助资金抵顶本级应承担的资金。各级安排的免学费补助资金要专款专用，由各地根据当地收费标准据实免费。当地收费标准低于1 900元的，由各市用于增加免学费学生人数；高于1 900元的，缺口经费由各市负责落实，确保免学费政策不折不扣地执行到位。

三、实施免学费政策的配套改革措施

在实行免学费政策的同时，中等职业教育要坚持以服务为宗旨，以就业为导向，坚持多元化办学，大力推进改革和创新，全面提高办学质量，提升中等职业教育的吸引力。

（一）建立“工学结合、校企合作、顶岗实习”的办学模式。坚持理论学习与技能培养结合、课堂教学与岗位技能培训结合、校内实训与校外实训结合的原则，推进顶岗实习制度的落实。创新教材应用、教学方式和专业设置，使中等职业教育面向企业、面向农村、面向市场培养技能型人才。

（二）建立健全质量保障机制。规范办学行为，严格教学管理，提高教育质量。建立针对学生、教师和学校的质量评价体系，形成多方参与、内外结合的评价机制。

（三）加强师资队伍建设，完善技能课教师补充机制。探索建立聘请企业在职或退休技术人员担任中等职业学校专业课教师的机制。同时，创新教师教学和综合素质考核制度。

（四）建立健全就业准入的政策法规。落实“先培训、后上岗”、“先培训、后就业”制度；完善职业资格证书政策；改革行政事业单位用人制度，按岗位实际需要确定用人标准。

在实施免学费政策的同时，国家有关部门将选择部分中等职业学校进行改革创新示范。

四、实施免学费政策的工作要求

（一）加强组织领导，明确职责分工。免学费工作涉及面广、政策性强，各级要切实加强组织领导，明确分工，落实责任，制订切实可行的实施方案，确保免学费政策全面落实到位。中等职业学校要把免学费和深化改革作为工作重点，制订具体工作方案。中央和省将加强对免学费和深化中等职业教育改革工作的指导与协调。各市印发免学费工作方案的正式文件于2010年1月20日前报省财政厅、省教育厅和省人力资源和社会保障厅备案。

（二）落实经费责任，强化预算管理。各级要加强免学费补助资金的管理，严格落实经费分担责任，将免学费补助资金足额列入预算。对不按规定比例落实资金的，省财政将核减补助资金。中等职业学校必须建立严格的预决算制度，将各项收入全部纳入学校预算，按部门预算要求，编制综合预算；严格按照规定的范围与标准支出；加强学校财务管理和资产管理等基础性工作，建立健全会计账簿，规范会计核算；加强内部控制和审计制度，确保免学费资金使用的规范和有效。

（三）严格收费审批，规范收费行为。公办中等职业学校不得因免学费而提高其他收费标准，或擅自设立收费项目乱收费。同时，根据《国务院关于建立健全普通本科高校高等职业学校和中等职业学校家庭经济困难学生资助政策体系的意见》（国发〔2007〕13号）的规定，2012年秋季学期前，中等职业学校的学费、住宿费标准不得高于2006年秋季学期相关标准。各地要按照《民办教育促进法》及其实施条例的要求，进一步规范民办中等职业学校各项收费的管理。

（四）加强学校管理，做好基础工作。各地职业教育行政管理部门要对中等职业学校办学资质进行全面清查，尤其要加强对民办中等职业学校办学资质的核查，并定期公布不合格中等职业学校名单。同时，要建立和完善中等职业学校学生信息管理系统，实行电子注册制度，做好免学费对象的认定工作，保证学生基本信息的完整和准确，确保政策落实公开、公正、透明。

（五）部门通力合作，狠抓监督检查。各级财政、价格、教育、人力资源社会保障部门要与审计、监察等有关部门密切合作，齐抓共管，加强对免学费政策落实情况的监督检查。各级人民政府要把中等职业教育改革发展和免学费工作，作为教育督导的重要内容，抓实抓好。对虚报学生人数，骗取国家补助资金等违规行为，要按照《财政违法行为处罚处分条例》（国务院令第427号）等有关规定严肃处理，并追究相关学校责任人的责任。

（六）加大宣传力度，形成良好氛围。各地要深刻领会中等职业教育免学费政策的精神实质，制定宣传工作方案，通过多种形式广泛开展宣传，使党和政府这项惠民政策家喻户晓、深入人心，为免学费政策的实施创造良好的社会氛围，确保免学费工作顺利进行。

省教育厅　省财政厅关于做好高校学生资助绩效自评工作的通知

2009年2月25日　鲁教财函〔2009〕8号

各市教育局、财政局，各高等学校：

为贯彻落实国家和省出台的一系列高校学生资助政策，促进我省高校学生资助工作的规范、高效开展，根据《山东省教育厅 山东省财政厅关于印发〈山东省普通高校学生资助绩效考评办法（试行）〉的通知》（鲁教财字〔2008〕32号，以下简称《考评办法》）要求，决定对2007～2008学年高校学生资助绩效进行考评，考评采用学校自评、省组织检查评定相结合的办法。现就各高校学生资助绩效自评工作相关事项通知如下：

一、《考评办法》是高校学生资助绩效考评的主要依据，请各高校严格按照《考评办法》对本校学生资助工作进行自评。自评工作要做到全面、真实、客观、准确。要全面总结学生资助工作取得的成绩与经验，查找存在的问题和不足，提出改进措施，并形成书面自评报告。对考评指标中“资助报表和信息报送”部分，由省学生资助管理中心根据各高校资助报表和信息报送情况确定，各高校不需自评。

二、请各高校在全面总结自评的基础上，认真填报《山东省普通高校学生资助绩效自评成绩表》（见附件），并于3月31日前连同自评报告一并以正式文件上报，同时报送电子版。省属高校直接报送省学生资助管理中心，市属高校（含民办）报送市教育局，由市教育局集中上报省学生资助管理中心。

三、各高校对学生资助绩效进行自评，是对学生资助工作进行总结和改进的过程，有利于进一步规范学生资助工作，提高学生资助管理水平，各市、各高校务必要高度重视，认真组织，确保自评工作的顺利进行。自评工作结束后，省将根据学校自评情况，组织专家进行检查，届时另行通知。

各高校在自评过程中遇有问题，请与省学生资助管理中心联系：

联系人：王本锋，0531－81916694；李敏，0531－81916537。

地　址：济南市文化西路29号，邮编：250011。

电子邮箱：sdzizhu@163.com。

附件：山东省普通高校学生资助绩效自评成绩表

附件：

山东省普通高校学生资助绩效自评成绩表

高校名称________（盖章）　　　　年　月　日

编号	一级指标	二级指标	内涵	指标分值	自评得分	备注
一	工作机构和制度建设（18分）	1. 建立健全学校学生资助工作管理机构，配齐人员（10分）	①学校成立了学生资助工作领导小组，计1分；建立了学生资助管理机构，计3分。	4		
			②按规定要求配足了专职工作人员并明确分工，计6分。未按规定配备专职工作人员的得分＝6×（实配人数/应配人数）。	6		
		2. 保障必要的工作条件（3分）	①办公场所。工作人员至少有不少于人均$10m^2$的办公室。	1		
			②办公设备。配备计算机及上网设备、传真机、办公电话、档案橱柜等。	1		
			③业务工作经费。独立安排业务经费。	1		
		3. 建立健全各项制度（5分）	学校分别制定了以下管理规定或实施细则：①家庭经济困难学生认定及管理，②各类奖学金、助学金的评审发放和管理，③国家助学贷款管理，④勤工助学管理，⑤学费减免、绿色通道及其他，共计5分。每缺少一项扣1分。	5		

续表

编号	一级指标	二级指标	内涵	指标分值	自评得分	备注
二	家庭经济困难学生认定和管理（15分）	1. 建立三级认定组织（2分）	①学校资助工作领导小组全面领导本校家庭经济困难学生的认定工作；学校资助管理机构具体负责和管理全校的认定工作。②院（系）成立认定工作组，负责认定的具体组织和审核工作。③年级（或专业、班级）成立认定评议小组，按规定配置学生代表，负责认定的民主评议工作。	2		
		2. 规范工作程序（8分）	①组织学生填写“高等学校学生及家庭情况调查表”，再次申请确认时，填写“高等院校家庭经济困难学生认定申请表”。	1		
			②年级（或专业、班级）评议小组根据学生提交的“调查表”和“申请表”及相关情况进行评议，公平、合理、实事求是地确定家庭经济困难学生资格及困难档次。	2		
			③院系认定工作组认真审核年级评议小组申报的初步评议结果并公示，合理处理师生提出的异议。	2		
			④学校资助管理机构汇总各院系认定的家庭经济困难学生名单，报学校资助工作领导小组审批。	1		
			⑤每学期要对全部在册家庭经济困难学生进行一次资格复查，随机抽取不少于30%的学生进行核实，根据核实情况做出处理和调整。	2		
		3. 建立信息档案（3分）	学校资助管理机构根据审批通过的家庭经济困难学生名单，建立信息档案。档案涵盖信息准确、完备。	3		
		4. 统筹资助政策（2分）	助学贷款、奖学金主要解决学费和住宿费，助学金、勤工助学等主要解决生活费。统筹运用好各项资助政策，受助学生面达20%以上。	2		
三	奖、助学金评审发放和管理（10分）	1. 奖、助学金的评审工作（5分）	严格执行各类奖、助学金的具体评审办法，评审工作公开、公平、公正，效果好，师生无意见。计5分。否则，经查实其中有一项未按规定评审的，扣5分。	5		
		2. 奖、助学金的发放和管理（5分）	按规定标准、时间、程序发放各类奖、助学金；明细核算、专款专用，没有截留、挤占、挪用情况。计5分。否则，经查实未按规定发放和管理使用的，扣减1～5分。	5		
四	国家助学贷款工作（20分）	1. 合理控制贷款额度，提高贷款成功率（10分）	①学校原则上不得超过省下达的贷款控制总额度；合理确定每个学生的贷款额度。	1		
			②熟悉贷款规定，热情为学生办理相关贷款手续，提高贷款成功率。银行审批合同人数占申请贷款人数的比例不低于70%，计5分。低于70%的得分=5×（银行审批合同人数/申请贷款控制人数/70%）。	5		
			③在校生中获得贷款的学生人数占在校生总数的比例达到5%以上的，计4分。低于5%的得分=4×（在校生中获得贷款的学生人数/在校生总数/5%）。	4		
		2. 贷后管理（10分）	①建立贷款学生档案，实行动态管理，能够迅速获得全校贷款情况及每个贷款学生的信息。	2		
			②按规定时间核实银行方面提交的贷款学生的风险金和贷款贴息相关信息。	1		
			③认真组织贷款毕业生与银行签订还款计划确认书，并取得贷款毕业生的有效联系方式。	4		
			④根据银行提供的贷款学生还贷情况，主动配合银行向已到还款期的贷款学生催还贷款。	3		

续表

编号	一级指标	二级指标	内涵	指标分值	自评得分	备注
五	勤工助学及其他（7分）	1. 勤工助学工作（5分）	按规定组织学生进行勤工助学活动。认真履行学校职责，设置勤工助学岗位，合理支付勤工助学酬金，加强管理和协调，明确法律责任，维护学生合法权益。家庭经济困难学生参加校内固定勤工助学岗位人数占在校生比例达到5%以上的，计5分。低于5%的得分=5×（家庭经济困难学生参加人数/在校生总数/5%）。	5		
		2. 学费减免、临时困难补助、绿色通道情况（2分）	学校认真贯彻执行学费减免、临时困难补助、绿色通道政策，并做好相关工作。	2		
六	资助经费筹措与管理（8分）	1. 按比例提取资助经费（3分）	按事业收入的5%比例（民办高校按学费收入的3%）足额提取资助经费，计3分。未足额提取的扣1~3分。	3		
		2. 按规定用途使用资助经赞（3分）	对提取的资助经费，专项用于家庭经济困难学生的学费减免、国家助学贷款风险补偿、勤工助学、校内无息借款、奖助学金和特殊困难补助等，计3分。未按规定用途使用的扣1~3分。	3		
		3. 争取社会资金（2分）	争取社会资金或实物（折合资金）生均达到全省同类学校生均金额以上的，计2分，低于生均金额的得分=2×（学校生均金额/全省同类学校生均金额）。	2		
七	政策宣传与诚信教育（7分）	1. 政策宣传（3分）	大力宣传资助政策，将"资助宣传手册"随同入学通知书一并寄发给录取新生，计1分；会同银行向学生宣传人民银行个人征信系统和有关金融信贷知识（每年在学生贷款前、新生入学后、贷款学生毕业前）两次以上的计2分。	3		
		2. 诚信教育（4分）	把诚信教育作为思想政治教育的重要内容，计1分；积极开展诚信教育、感恩教育、心理健康教育等主题活动，三次以上的计2分；建立学生诚信档案，加强诚信监督，计1分。	4		
八	资助报表和信息报送（15分）	1. 资助报表报送（7分）	①按规定时间、程序和要求报送有关报表和材料无差错的，计6分。迟报或错报一次扣1分。	6		
			②按时、准确采集贷款毕业生个人信息并报送教育部。	1		
		2. 学校资助工作信息报送（3分）	每年度上报省资助中心信息材料在5次以上，计1分；质量较高，被简报或资助网站选用2篇以上的，计2分。	3		
		3. 信访工作（5分）	①建立信访档案，及时、合理处理解决来信来访问题、按时办理上级转来的资助问题的领导批办件，计2分。 ②无上级信访问题反馈（或反映问题不实的），计3分。	5		
九	特别加分（10分）	1. 国家助学贷款还贷履约率高	国家助学贷款还贷履约率为100%的，另外加5分；95%以上的加3分。还贷履约率比上期提高50个百分点以上的加2分，提高30个百分点以上的加1分。不重复加分，最多加5分。			
		2. 资助工作有创新	在国家和省政策范围内，开创性地开展工作，具有鲜明特色，取得明显成效，被省资助中心认可或宣传。包括资助工作的对外宣传教育、认定、网络化管理等，加1~5分。			
全部得分合计				100		

省教育厅　省财政厅关于进一步加强财务管理　促进增收节支工作的意见

2009 年 4 月 13 日　鲁教财字〔2009〕17 号

省属高等学校、中小学，教育厅厅属各单位：

为进一步深入学习实践科学发展观，全面落实《中共中央办公厅、国务院办公厅关于党政机关厉行节约若干问题的通知》（中办发〔2009〕11 号）和《教育部关于建设节约型学校的通知》（教发〔2006〕3 号）等有关文件精神，牢固树立过紧日子的思想，努力压缩行政运行成本，提高资金使用效益，促进教育事业持续、健康、协调发展，现就进一步加强财务管理、促进增收节支工作提出如下意见：

一、充分认识加强财务管理、促进增收节支的重要意义

改革开放以来，在省委、省政府的关心重视和各级各部门的共同努力下，教育投入不断增加，教学条件明显改善，教育事业得到快速健康发展。但是，与教育规模的快速增长相比，资金供需矛盾仍然十分突出，铺张浪费的现象依然存在，增收节支的潜力仍然较大，财务管理水平有待进一步提高。面对全球范围的金融危机的影响和财力紧张的严峻形势，各高等学校、中小学、教育厅厅属各单位（以下称“各单位”）要从战略和全局的高度，充分认识新形势下进一步加强财务管理、促进增收节支工作的重要意义，把加强财务管理、促进增收节支作为全面贯彻落实科学发展观、促进教育事业内涵发展的重要举措。要进一步统一思想、明确任务、加强领导、制定方案、采取措施，创新管理思路，提高管理水平，进一步形成艰苦奋斗、厉行节约的良好风气，扎实做好增收节支工作，最大限度地开辟财源，优化资源配置，杜绝损失浪费，切实改善单位财务状况，促进教育事业健康协调发展。

二、抓好预算落实，严格预算执行

（一）科学编制预算，高效配置资源。单位的事业规划要充分考虑财力可能，避免盲目发展。预算编制要实事求是，量力而行，统筹兼顾，突出重点，正确处理好“发展、稳定、结构、效益”的关系。收入预算要全面考虑预算内外资金和上年结转资金等因素，各项收入都要全部纳入预算范围；支出预算既要全面规划、统筹安排，又要细化量化、科学合理、效益优先。项目支出预算编制要以固定资产管理信息系统为基础，强化和完善项目库管理，新上项目必须经过充分论证，切实避免重复购置和资源闲置；要逐步推广使用零基预算和绩效预算编制方法，将预算责任具体落实到各个单位和部门，为预算执行打好基础。

（二）严格预算执行，硬化预算约束。部门预算一经批复即具法律效力和刚性约束力，各单位须严格按照批复的项目、科目和金额执行，除非发生政策性调整因素和不可预见的突发事件，原则上不予调整。部门预算批复后，各单位要尽快将预算下达到各责任部门，严格按规定的预算口径、开支范围、开支标准用好每一项经费。预算执行要坚持公开、透明和规范；设备购置和基建维修等项目支出属于政府采购范围的要严格实施政府采购，切实提高资金使用效益。

（三）建立预算绩效评估与激励机制。预算的绩效评估与激励机制是提高预算管理水平的重要途径，是全面衡量经费使用绩效的重要手段。在预算的执行中，各单位要制定切实可行的“问效”工作程序和考核指标，对绩效考评结果，要采取相应的奖惩措施。

三、积极组织收入，努力扩大财源

各单位要结合自身特点，发挥优势，积极组织收入。一是加大学费、住宿费等行政事业性收费管理力度。学费、住宿费等行政事业性收费是办学经费的重要来源，各单位要结合实际，制定和完善收费管理办法，明确各部门的职能分工，强化收缴责任，建立奖惩措施；要加强对学生的引导教育，形成收费与学生资助工作的良性互动与相互促进机制；要认真分析学费拖欠的具体原因，加大清欠力度，做到应收尽收。二是加强对各种非独立核算的培训、办班、国有资产出租、资产处置等收入的管理。各单位要制定创收管理办法，完善收入分配机制，充分调动内部各职能部门创收工作积极性，不断创新办学模式，开辟创收渠道，培植新的收入增长点。各类创收收入必须全额纳入单位财务统一核算、统一管理。除具有独立法人资格的创收实体外，单位内部任何创收单位不得开设银行账户，更不准公款私存、转移、挪用。三是加大横向科研经费增收和管理力度。各单位要采取有效措施，充分发挥技术和人才优势，确保科研经费逐年增加；所有科研经费要纳入单位财务部门统一管理与核算，防止科研经费体外循环。四是在国家政策的引导下，充分运用人才和智力优势，创新管理机制，大力发展各类产业，在做大做强的同时，增加单位收入。

四、节约各种能耗，降低行政后勤运行成本

（一）加强设备、办公耗材和修缮的管理。各单位要做好仪器设备维护工作，延长使用寿命，建立使用周期考核制度，提倡修旧利废、循环使用；对不到使用寿命、性能先进、维修后使用价值较大的仪器设备原则上不得报废重置。要重视房屋建筑物的修缮维护，建立修缮维护耗材的定额、定量管理，提倡科学养护，杜绝过度维修和损失浪费；日常办公节约要从点滴做起，自觉养成节约一度电、一杯水、一张纸的良好习惯，减少使用一次性用品。

（二）建立科学的管理机制，降低水电消耗。各单位要建立巡回检查和重点监测制度，定期对现有水电管网和设施进行普查，做到及时维修和改造，防止跑、冒、滴、漏现象的发生。要积极推广节能环保的新器具、新材料、新设备，通过安装太阳能等途径多渠道实施节水、节电改造，推广使用可再生能源路灯、草坪灯。要充分利用自然光照明杜绝白昼灯、长明灯。要加强用电设备管理，及时关闭计算机、打印机等办公设备。要采用分户计量和分类管理办法，加强对水电消耗的管理，对计划内教学、实验、行政办公、学生生活和公共服务等，实行“定额管理、计划分配、节约留用、超支不补”的管理办法；对计划外教学、实验任务及校办科技产业、校办后勤产业、科研机构、创收（独立核算）单位、经营单位和居民用户，实行“谁使用，谁付费”的办法。

（三）采取切实措施，减少取暖能源消耗。未采用集中供热的单位要从源头抓起，保证购煤的品质，在合理的价格时点购置储备用煤；要研究供暖技术革新，根据季节和气候温度供暖，降低煤耗；要做好供暖锅炉的维护保养工作和管线巡查、维护和改造工作，防止热量损失；要合理调配区域、楼宇、楼层的供暖量，必要时，对供暖管线进行合理改造；要科学控制取暖室内温度，避免室内温度过高而出现的浪费。各单位要积极探索按照市场运行机制加强供暖管理、逐步实行“谁受益，谁承担”的办法，进一步压缩供暖成本，节约费用支出。

五、抓住重点项目，严格支出管理

（一）加强人员经费管理，降低人员经费支出比重。要严格执行编制标准，控制在职人员规模，合理调配人力资源，减少行政后勤人员和临时用工，积极推行养老和保险社会统筹；要严格控制行政机构设置，建立健全岗位职责，提高工作效率，避免人浮于事；要严格执行国家工资政策，控制津贴补贴发放，努力降低人员经费支出。

（二）从简配置办公用品，严格控制办公用房装修。办公用品配备要以经济实用为目的，不得盲目追求自动化、多性能、高标准，能够共用的设备不得人人配备；办公用房要坚持简朴庄重、经济实用，不得进行豪华装修；鼓励通过定期维修、资产置换、资源共享等方式提高国有资产的利用效率，减少重复建设、重复购置。

（三）大力压缩精简会议，减少公务接待开支。实行会议计划和审批制度，坚持精简高效原则，严格控制会议数量和规模，少开会、开短会，不开无实质内容的会议，压缩各类纪念会、庆典会和表彰会；严禁以开会为名游山玩水，会议食宿要执行国家规定标准，尽量减少与会人员，会议不得发放礼品、纪念品。公务接待要坚持勤俭节约，杜绝浪费行为，严格控制公务接待范围，严禁超标准接待和用公款大吃大喝，不得以任何名义和理由进行高消费娱乐活动，严禁向下属单位转嫁、摊派和报销接待费用。

（四）规范公务用车的配备和管理。严格执行公务用车编制管理，按照国家规定标准配备使用车辆，严禁超编制、超标准配备更新公务用车，用财政性资金购置车辆必须纳入政府采购预算，履行政府采购程序，车辆装饰要简朴实用，不得进行豪华配置；加强公务用车管理，因公出差，省外或省内路途较远的应尽量选乘公共交通工具；严格公务车节假日封存停驶、定点加油、定点维修、定点保险管理；强化日常用车集中调度，认真研究制定公务用车节约支出实施细则，对汽车燃油消耗要制定量化管理指标，降低公务用车运行成本；在保险范围之内的车辆出现故障，要及时申报理赔。

（五）加强外出考察和因公出国管理。外出考察和因公出国要确实必要、注重实效、厉行节约，取消国内一般性调研、考察项目，能够通过电话、传真、网络等通讯手段办理的事项，不得安排外出考察；严禁参加各类社团组织、社会中介机构举办的营利性会议、培训和活动。

（六）加强对单位基础建设和绿化维修的管理。各单位基础设施建设和维修要遵循坚固、实用、够用、耐用的原则，不搞豪华装修，不搞豪华配置；单位绿化要遵循为教育教学服务的宗旨，坚持以利用绿色植物为主要手段改善环境生态质量、丰富校园景观，不得再行建设假山、喷泉、人工湖、豪华广场和大门等形象工程，不得建设宾馆等非教学性设施。

六、加强增收节支工作的组织领导和监督检查，确保取得实效

（一）加强组织领导，建立增收节支工作机制。各单位要重视加强财务管理、促进增收节支工作，加强组织领导，建立工作机制；要成立由单位主要行政领导牵头，办公室、财务、人事、宣传、后勤、资产、审计等部门参加的工作小组，明确目标任务和职责分工；要制定加强财务管理、促进增收节支工作方案，认真组织实施，做到责任到位、措施到位、投入到位、监管到位、考核到位；要转变作风，真抓实干，创新工作思路和工作方法，把各项节约措施落到实处，保证增收节支工作切实取得成效。

（二）广泛宣传发动，使增收节支观念深入人心。结合学习实践科学发展观活动深入开展增收节支宣传教育，将节约与环保、资源循环利用、生态友好等问题统筹考虑，增强节支观念。充分利用校园网、校内广播、校报、宣传栏等，以专题讲座、演讲、报告和知识竞赛等作为主要手段，大力宣传增收节支方针、政策及有关节约节能的科普知识等，形成自觉主动增收节支的环境和氛围。

（三）健全管理制度，不断完善增收节支工作措施。各单位要按照国家规定，建立和完善加强财务管理、促进增收节支的管理制度，进一步优化支出结构，提高资金使用效益。要制定节能规划、年度节能目标和实施方案，推广普及节能知识，单位内部要设置能源管理岗位，实行岗位责任管理。要有序启动分项计量改造工作，实施能耗检测，建立健全科学的能源消耗统计指标体系和信息化管理平台，实行能耗公示、能源审计制度。

（四）建立监督考核和奖惩机制，确保增收节支工作取得实效。为推进增收节支工作开展，省教育厅、省财政厅将定期组织专项检查，选取典型单位召开现场会，总结推广先进经验，研究解决存在的问题，对增收节支工作先进单位进行表彰。各单位也要建立健全检查监督、考核通报和表彰奖励制度，对财务管理规范，增收节支效果明显的要给予必要奖励，也可将考核结果与预算安排挂钩，努力使加强财务管理、增收节支工作扎实推进、取得实效。

省教育厅　省财政厅关于进一步落实国家奖助学金政策有关问题的通知

2009年4月30日　鲁教财字〔2009〕20号

各市教育局、财政局：

按照国务院统一要求和部署，2007年省政府下发了《关于建立健全普通高校和中等职业学校家庭经济困难学生资助政策体系的实施意见》（鲁政发〔2007〕41号）。全省各级教育、财政部门密切配合、齐抓共管，积极筹措资助经费，认真做好国家奖助学金的评审和发放工作，保障了政策顺利实施，受到了广大群众和学生的好评。但是据反映，目前个别学校的奖助学金经费尚没有得到足额落实，影响了学校国家奖助学金发放工作的正常开展，引起了学生的强烈不满。为进一步落实好国家奖助学金政策，现就有关问题通知如下：

一、进一步明确国家奖助学金的经费分担责任。为更好地落实政策，现对国家励志奖学金和国家助学金的经费分担责任进一步予以明确。省属学校、省属企业办学校全部由省财政承担；市属学校、市属企业办学校、中央企业办学校、民办学校等，按省政府确定的分担比例由省、市共同承担。各市要结合省补助资金，及时、足额落实国家奖助学金经费，绝不能因为资金不到位导致政策不落实。学校也要严格按规定从事业收入中足额提取经费资助家庭经济困难学生，加大贫困学生的资助力度。

二、进一步加强资金管理。各级要严格按照省关于国家奖助学金一系列管理办法的要求，明确工作责任，完善管理制度，严格按规定标准发放国家奖助学金，确保专款专用。同时，要加强监督检查，对于挤占挪用资金、弄虚作假、套取资金的违规行为，要追究责任，严肃处理。

三、进一步增强责任意识。建立健全普通高校和中等职业学校家庭经济困难学生资助政策体系，是国家和省为促进教育公平而采取的一项重要措施，是落实科学发展观的具体体现，关系广大人民群众的切身利益，关系社会的和谐稳定。各市要充分认识这项政策的重大意义，进一步增强责任意识、加强组织协调，认真清理、纠正政策实施过程中存在的问题，不折不扣地将政策落到实处。对以前欠发的国家奖助学金，有关市务必于5月底前补发给学生，并杜绝再发生此类问题。

省教育厅　省财政厅关于实施普通高中探究实验室示范建设工程的通知

2009年7月14日　鲁教财字〔2009〕35号

各市教育局、财政局：

为推动中小学办学条件标准化建设，适应新课程改革的需要，培养学生科学探究意识和创新能力，促进素质教育深入实施，经研究，决定2009～2011年，在全省实施普通高中数字探究实验室示范建设工程，以引领、推动全省普通高中探究实验普及工作。现就有关事项通知如下：

一、统一思想，提高认识

数字探究实验室是在我国新一轮课程改革大背景下，在新课程标准的指导下，对中学理科实验教学推行数字化而新生的实验室。通过现代先进测量技术，融合传感技术、光机电一体化技术及软件技术，以计算机为平台，配合物理、化学、生物等学科研究性学习而配备的探究性实验室，是课程改革重要的组成部分。探究实验室所进行的实验活动更能体现学生主体性，增加学生的参与度，既有利于学生基本知识技能的形成，又有利于培养学生的科学态度和精神，成为进一步深化课程改革，培养学生的探究意识、创新能力，提高学生的科学素养，深入实施素质教育的关键。各级教育、财政部门、各学校一定要统一思想，提高认识，积极采取有效措施，以高度的责任感和事业心，保障工程顺利实施。

二、目标和任务

从2009年起，用3年时间，按照《山东省普通中小学基本办学条件标准（试行）》和《山东省普通高中探究实验室配置标准（试行）》（鲁教基字〔2007〕15号）中规定的探究实验室配备标准，全省重点建设60所示范学校，为学校配备物理和生化数字探究实验室，示范和引领全省普通高中逐步建设数字探究实验室。同时，通过选派技术人员进行培训、巡回指导，开展应用大赛等交流活动，推动高中研究性学习及探究实验的深入开展。

三、工程实施要求

（一）学校确定。省教育厅、省财政厅根据各市高中学校规模确定省重点建设学校处数（见附件1），各市教育局、财政局负责组织遴选项目学校，报省教育厅、财政厅审核。建设学校必须为省级规范化学校，具有两口符合标准的实验室用房。各市确定建设学校，既要考虑办学行为规范、素质教育实施较好、师资配备充足、实验教学开展好的学校，又要考虑硬件条件相对薄弱的学校。符合上述条件的农村省级规范化学校优先安排。

各市要尽快确定项目学校，认真填写《普通高中探究实验室建设项目学校申报表》，于2009年7月底前报省教育厅财务处、省财政厅教科文处，以后年度于2月底前上报。

（二）资金保障。普通高中探究实验室示范建设经费由省、市共同承担，省财政根据各市财力状况和建设学校处数，分市确定省补助资金，其余由各市负责落实。省补助资金控制数一次确定，指标分年下达。各市要足额落实资金，确保工程顺利实施。鼓励各市积极扩大建设范围，增强示范效应。

（三）产品采购。为保证实验室建设质量，充分发挥资金使用效益，工程采取“集中采购、配置实物”的形式，由各市按照配备标准将需采购的设备报省教育厅审核，由省教育厅按政府采购规定统一组织招标采购，各市、县或学校与供应商签订合同并支付货款。

（四）集成安装。项目学校提供两口符合标准的探究实验室用房，需按合同要求于设备安装前做好地板处理、布线、粉刷以及生化实验室上水、通风等基础建设工作。市、县教育部门和学校配合中标企业按合同进行供货和集成安装、技术人员培训，负责设备验收和安装集成的监理工作。

（五）管理使用。各市教育、财政部门要指导学校制定管理使用制度，充分利用数字探究实验室开展好研究性学习和探究试验，省里将组织巡回指导和应用交流活动，并通过技术手段，对学校使用情况进行监控。学校使用情况将作为课程评估、省级规范化学校复评的依据。

四、组织领导

各级教育、财政部门要合理分工、密切配合，确保探究实验室试点建设工程的顺利实施。财政部门会同教育部门负责筹集工程资金，并对资金的使用进行监管。教育部门会同财政部门负责项目学校确定，并和学校一同对工程统一采购的仪器设备进行验收与施工监理，确保建设质量。学校要将新配置的仪器设备纳入学校固定资产，严格管理，认真维护，防止仪器损坏、丢失等现象发生。要建立使用维护保障机制，提高资源利用率。各市教育、财政部门，各项目学校要及时总结反馈工程建设中的经验和不足，创新机制，扎实工作，确保实验室建设取得应有成效。

附件：1. 普通高中探究实验室建设规划情况表（不发）

2. 2009年普通高中探究实验室建设项目学校申报表

附件1：

普通高中探究实验室建设规划情况表

单位：万元，所

市	省财政补助资金控制数（万元）					省规划建设学校数（所）				2008年高中学校数（所）
	小计	2009年	2010年	2011年	校均补助标准	小计	2009年	2010年	2011年	
合计	3 060	1 000	1 000	1 060		60	20	20	20	615
潍坊市	300	100	100	100	50	6	2	2	2	63
烟台市	240	80	80	80	40	6	2	2	2	61
菏泽市	360	120	120	120	60	6	2	2	2	61
临沂市	360	60	120	180	60	6	1	2	3	61
济宁市	300	50	150	100	50	6	1	3	2	57
聊城市	240	60	60	120	60	4	1	1	2	46
济南市	160	80	80		40	4	2	2		42
淄博市	160	40	80	40	40	4	1	2	1	42
泰安市	150	50	50	50	50	3	1	1	1	35
枣庄市	180	60	60	60	60	3	1	1	1	28
德州市	180	60	60	60	60	3	1	1	1	27
日照市	100	50		50	50	2	1		1	23
东营市	80	40	40		40	2	1	1		21
威海市	80	40		40	40	2	1		1	21
滨州市	120	60		60	60	2	1		1	18
莱芜市	50	50			50	1	1			9

附件2：

2009年普通高中探究实验室建设项目学校申报表

填报单位：______市教育局（公章）、市财政局（公章）　　单位：万元，人

学校名称	规划投资（万元）			资金来源（万元）					学校所在地			在校生（人）
	小计	物理探究实验室	生化探究实验室	小计	省财政	市财政	县财政	学校	城市	县镇	农村	

说明：省财政投资数与省下达的补助资金控制数一致。

省教育厅　省财政厅　山东银监局关于调整我省生源地信用助学贷款有关政策的通知

2009 年 11 月 6 日　鲁教财字〔2009〕66 号

各市人民政府，各县（市、区）人民政府，省政府各部门、各直属机构，各大企业，各高等院校：

《山东省人民政府办公厅转发省教育厅等部门关于做好我省生源地信用助学贷款工作的意见的通知》（鲁政办发〔2008〕66 号）下发以来，在各级、各部门的共同努力下，我省生源地信用助学贷款工作取得了突破性进展和阶段性成果，但还存在一定困难和问题，如贷款贴息与风险补偿金的计算和复核难度大、资金归集时效性不强等。为进一步明确生源地信用助学贷款政策要求，规范操作程序，推动全省生源地信用助学贷款工作的顺利开展，经省政府同意，确定对我省生源地信用助学贷款有关政策进行调整，现就有关问题通知如下：

一、调整贷款贴息与风险补偿金分担办法

为与生源地信用助学贷款信息管理系统相衔接，做好贷款贴息与风险补偿金的计算和复核工作，确定调整贷款贴息与风险补偿金分担办法。

（一）贷款贴息。贷款学生在校期间利息全部由财政补贴，其中，考入中央及外省高校的学生，其贷款贴息由中央财政承担。在本省高校就读的，省属高校学生的贷款贴息仍由省财政承担；市属高校（含民办高校）学生的贷款贴息，由学生生源所在地的市级财政承担，不再按高校隶属关系由高校所隶属的市级财政承担。贷款学生毕业后利息全部由学生及家长（或其他法定监护人）负担。

（二）风险补偿金。风险补偿金比例按当年贷款发放额的 15% 确定。考入中央及外省高校的学生，风险补偿金由中央财政承担。在本省高校就读的，省属高校学生的贷款风险补偿金仍由省财政承担；市属高校（含民办高校）学生的贷款风险补偿金，由省财政和学生生源所在地的市级财政按比例分担，不再按高校隶属关系由省财政和高校所隶属的市级财政分担。济南、淄博、东营、烟台、威海 5 市，省与市的分担比例为 4∶6；潍坊、济宁、泰安、日照、莱芜 5 市，省与市分担比例为 6∶4；枣庄、临沂、德州、聊城、滨州、菏泽 6 市，省与市分担比例为 8∶2。

根据《山东省人民政府关于实行省直接管理县（市）财政体制改革试点的通知》（鲁政发〔2009〕110 号）精神，各市承担的生源地为财政直接管理县（市）的市属高校（含民办高校）学生贷款贴息和风险补偿金，统一核定经费基数上划省财政。自 2009 年起，生源地为财政直接管理县（市）的市属高校（含民办高校）学生，其在校期间贷款贴息和风险补偿金全部由省财政承担。

二、调整贷款贴息与风险补偿金归集方式，明确归集程序

为便于掌握全省生源地信用助学贷款总体情况，协调各市及时支付贷款贴息和风险补偿金，省、市承担的贷款贴息和风险补偿金，按照“先支付，后核实”原则，统一由省学生资助管理中心负责归集，不再由省、市学生资助管理中心分别归集。

（一）贴息和风险补偿金的计算。

每年 11 月 23 日前，开展生源地信用助学贷款的经办银行分别计算省及各市应承担的贴息和风险补偿金，将贴息和风险补偿金统计表（省级、市级情况汇总）及明细表（以县级为单位按高校分类明细）连同

支付申请函一并报送省学生资助管理中心。

（二）贴息和风险补偿金的归集。

每年11月30日前，省教育厅、省财政厅将市级应承担的贴息和风险补偿金情况通知各市。各市（不含青岛）于12月15日前将资金足额划拨至省学生资助管理中心生源地信用助学贷款补贴专户（见附件）。省学生资助管理中心于12月20日前，将省、各市应承担的贴息和风险补偿金统一划拨至经办银行。各市要严格按照规定时间支付贴息和风险补偿金，对未按时足额支付资金的市，省学生资助管理中心先代其垫付，垫付资金当年年底省财政通过体制结算扣回，并对相关市给予通报。

青岛市承担的贴息和风险补偿金由青岛市学生资助管理中心于12月20日前直接支付经办银行，省不负责归集。

（三）贴息和风险补偿金的核实。

各市要对支付的贴息和风险补偿金进行认真核实，并于次年3月31日前与生源地信用助学贷款经办银行完成核对工作。对于核实有误的资金，于下次支付贴息和风险补偿金时进行调整，多退少补。

三、工作要求

各市财政局要足额安排并及时拨付贴息和风险补偿金，加强贴息和风险补偿金的管理和监督，提高资金使用效益。各市教育局要认真测算贷款需求，科学编制贷款预算，认真核对助学贷款相关信息，确保财政贴息和风险补偿金的准确、及时支付。

附件：山东省学生资助管理中心生源地信用助学贷款补贴专户信息

附件：

山东省学生资助管理中心生源地信用助学贷款补贴专户信息

账户名称：山东省学生资助管理中心

开户行：国家开发银行山东省分行

账号：37101560030753110000

省教育厅 省财政厅关于印发《山东省第二期齐鲁名师建设工程实施方案》的通知

2009年6月15日 鲁教师字〔2009〕6号

各市教育局、财政局：

为进一步加强中小学骨干教师队伍建设，带动中小学教师队伍整体素质的提高，我们在总结第一期齐鲁名师建设工程的基础上，制定了《山东省第二期齐鲁名师建设工程实施方案》，现印发给你们，请遵照执行。

附件：山东省第二期齐鲁名师建设工程实施方案

附件：

山东省第二期齐鲁名师建设工程实施方案

为建设一支高素质的中小学名师队伍，提升中小学教师的创新能力和教育教学水平，带动全省基础教育师资队伍建设，推进基础教育改革与发展，在成功实施第一期齐鲁名师建设工程，认真总结名师队伍建设经验基础上，根据我省中小学教师队伍建设总体规划，决定自2009年起实施第二期“齐鲁名师建设工程”（以下简称“工程”）。

一、“工程”实施目标

（一）造就一支品德高尚、素质优良、教育教学能力与教育科研能力突出的学者型、专家型教师队伍。

（二）推动市、县级名师建设工程的实施，形成以齐鲁名师为龙头的骨干教师队伍，带动全省中小学教师队伍整体素质的提高。

二、“工程”实施计划

（一）从全省中小学教师中遴选产生100名齐鲁名师建设工程人选（以下简称“名师人选”），进行重点培养，培养周期为5年，培养周期结束、经考核合格后，命名为“齐鲁名师”。

（二）省财政在培养周期内为每位人选提供5万元的专项培养经费，由省教育厅管理和使用。人选所在市、县及学校也要从教学条件、科研项目、培训进修等方面给予重点支持。

（三）采取国内培养和国外培训等多种模式对“工程”人选进行培养，使“名师人选”了解国内外先进的教育理论、教育思想、教育方法、教学手段和职业技能，掌握学科教育发展的新动态、新知识。

（四）支持“名师人选”开展教育教学研究。在“山东省教师教育网”开设“名师工作室”，利用网络平台，组织他们围绕教学改革的重点和热点问题独立或合作开展课题研究。

（五）鼓励、支持“名师人选”勇于创新，反思、总结教育教学经验，撰写论文、专著，出版一批具有特色的教育教学理论专著。

（六）加强管理，放手使用，发挥名师队伍骨干带头和示范辐射作用。组织他们承担省级教师培训和网络跟进指导任务；积极执教观摩课、示范课，参与送教下乡或举办专题讲座；根据教育行政部门的安排，承担3~5名青年教师培养任务。

三、"工程人选"评选条件

（一）坚持党的基本路线，热爱社会主义祖国，忠诚于人民的教育事业；认真执行国家的教育方针，教书育人，为人师表，具有高尚的职业道德和修养；有敬业奉献、团结合作、开拓创新的精神和品质。

（二）坚持在教育教学第一线工作。学校正职领导不参评，副职领导与中层干部必须兼课，课时量应分别不少于同学科周课时标准时数的三分之一、二分之一。

（三）具有先进的教育教学理念、符合时代特点的教育教学思想，在本学科教学领域里处于领先地位；对所教学科有系统、扎实的理论功底和丰富的教育教学经验，教学业绩突出。

（四）承担过省（部）级以上教育教学科研课题研究，取得较高水平的研究成果，本人科研成果对全省教育教学改革有一定的推动作用；发表过有较高价值的教育教学论文，出版过具有较高学术价值的著作。

（五）承担过省级以上教科研部门组织的教学观摩活动中的公开课，或省级以上教育科学规划部门立项的课题部门所组织的省级以上教学观摩活动。

（六）自觉帮助和带动中青年教师不断提高政治思想、教育教学水平和科研能力，对形成合理的教学梯队做出重要贡献。

（七）中（小）学教师具有中学（小学）高级教师职务，年龄在45岁以下（截止到2009年6月30日）。

（八）具备下列条件之一者：

1. 有自己独创的教育教学方法，并在省内外产生广泛影响；

2. 独立出版过有较高学术价值的专著（不含教案、试题、论文集等）；

3. 获得过省级以上人民政府委托评定的教学成果奖，或获得过受省级以上教育行政部门委托评定的教育教学科研优秀成果奖；

4. 在省内同层次学校同学科中具有较高的威望和知名度，教育教学成果在省内外产生广泛影响的特级教师；

5. 在省内有较高声望，在教育界有一定影响，做出过突出贡献的优秀教师。

四、"工程人选"评审程序

按照公平、公正、公开的原则，根据评选条件，采取自下而上的办法进行申报、推荐和评审。根据全省中小学校教师的总量以及分布情况，省级教育行政部门按比例将推荐名额分配至各市，各市教育局负责对本市的申报人员进行评选、申报。省教育厅成立评审委员会并下设评审专家组，负责具体评审工作。

省评审委员会根据参评人员的综合成绩，提出"工程人选"推荐名单，报经省教育厅同意后，通过媒体向社会公示，接受社会监督。公示期满后，确定"工程人选"。

五、"工程"组织管理

（一）各级教育行政部门要把"工程"建设纳入本地区中小学教师队伍建设的总体规划，作为加强教师队伍建设，实现教育现代化的一项基础性工程，予以高度重视。

（二）在培养周期内，对"工程人选"实行定期考核制，市、县教育行政部门根据隶属关系定期对其进行考核，省级教育行政部门负责培养周期内的最终综合考核评定工作。经考核合格后，命名为"齐鲁名师"。

（三）培养周期结束后，考核成绩合格，由省教育厅颁发"齐鲁名师"证书，予以认定。有下列情形之一者，经省级教育行政部门研究，可直接取消齐鲁名师建设工程人选资格。

1. 培养周期内年度考核不合格者；

2. 调出本省或调离教育系统者；

3. 有违法违纪行为，或违反学校规章制度，情节严重者；

4. 不能履行"工程人选"义务的其他情形。

具体申报时间和要求另行通知。

省教育厅　省财政厅关于印发《山东省齐鲁名校长建设工程实施方案》的通知

2009年6月15日　鲁教师字〔2009〕7号

各市教育局、财政局：

为大力推进我省中小学校长队伍建设，培养造就一支德才兼备的中小学校骨干校长队伍，不断提高我省中小学校的管理水平，进一步促进全省基础教育改革与发展，决定自2009年起实施山东省齐鲁名校长建设工程。

齐鲁名校长建设工程将通过推荐选拔，从全省普通中小学校校长中遴选100名德才兼备，具有先进的教育理念和改革思路，学校管理经验丰富的中小学骨干校长作为齐鲁名校长建设工程人选，由省财政提供专项培养经费，教育厅负责培养和管理，打造一支齐鲁名校长队伍。

现将《山东省齐鲁名校长建设工程实施方案》印发给你们，请遵照执行。在执行过程中有何意见和建议，请及时告知教育厅师范教育处，联系电话：0531－86109606；81916561。

附件：山东省齐鲁名校长建设工程实施方案

附件：

山东省齐鲁名校长建设工程实施方案

为进一步提高我省中小学校长管理水平，努力建设一支高素质的中小学校长队伍，促进我省基础教育的改革与发展，决定自2009年起实施首期山东省齐鲁名校长建设工程（以下简称“工程”）。

一、实施目标

（一）实施齐鲁名校长建设工程旨在打造一支师德优良、学养深厚、理念先进、视野开阔、管理规范、具有教育创新能力的中小学校长队伍，为我省造就一批高素质的中小学校管理人才，进一步促进中小学校长队伍整体素质的提高，为基础教育改革与发展提供有力的保障。

（二）“工程”将按照统一部署、分步实施、分级管理的原则实施。各市、县教育行政部门和财政部门要结合当地实际，组织实施本区域的名校长建设工程，形成一支以“齐鲁名校长建设工程”人选为龙头的名校长队伍。

二、实施计划

（一）根据评选条件，从全省在职在岗的普通中小学专任正职校长中遴选100名“齐鲁名校长建设工程”人选，进行重点培养，培养周期为5年，培养周期结束、经考核合格后，命名为“齐鲁名校长”。

（二）省财政在培养周期内为每位人选提供5万元的专项培养经费，由省教育厅管理和使用。人选所在市、县也要从教学条件、科研项目、培训进修等方面给予重点支持。

（三）采取国内培养和国外培训等多种模式对“工程”人选进行培养。国内培养主要采取集中学习、名校考察、分散实践、学位进修、网络研修、课题研究等方式，为齐鲁名校长人选成长搭建平台，展示成果，取长补短，总结经验。出国培训将组织“工程”人选赴国外中小学校进行学习培训，实地了解国际教育发展情况，拓展视野，学习国外中小学先进的管理理念。

（四）支持“工程”人选开展学校管理等方面的科学研究，鼓励他们勇于创新，总结经验，撰写论文、专著。

（五）市、县级教育行政部门要积极搭建平台，采取举办“名校长”沙龙、专题报告会等方式，充分发挥“工程”人选的示范辐射作用。各市、县应采取措施，在“工程”人选所在地选择1～2所乡镇以下农村中小学校作为其定点联系学校和实践基地，利用“工程”人选的辐射作用来影响、带动其他校长，在实践中引领他人、锻炼自己，达到共同提高的目的。

三、评选条件

（一）坚持四项基本原则和社会主义办学方向，贯彻执行党的教育方针；热爱教育事业，有强烈的事业心和责任感；切实推进素质教育，积极开展教育改革和创新。

（二）普通中小学在职在岗的专任正职校长，年龄在50岁以下（截止至2009年6月30日），特别优秀的年龄不超过55岁，且人数不超过推荐总数的10%；任职时间在3年以上（截止至2009年6月30日）且取得校长任职资格培训证书者。中学校长应具有国民教育系列本科及以上学历；小学校长应具有国民教育系列专科及以上学历。已被评为“齐鲁名师建设工程人选”的中小学校长不得再参加齐鲁名校长建设工程人选评选。各市推荐的名额中农村初中、小学校长应占有一定比例。

（三）具有先进的教育理念，办学思路清晰，办学目标明确，有较强的创名校意识，任职学校已形成良好的办学风格，具有鲜明的办学特色，学校在本市范围内有较大影响，获得市级及以上教育部门和同行专家的肯定性评价。任职期间，学校或个人曾获得市级及以上教育行政部门或人民政府的表彰（或命名）。

（四）熟练掌握学校行政和教育教学管理理论，具有较强的行政管理和协调能力，治学严谨，廉政勤政，作风民主，办事公道，在师生中有较高的威望。

（五）具有较强的教育科研能力和科研组织管理能力，在任职的近3年内学校有市级以上（含市级）科研立项课题和科研成果，本人曾担任市级以上（含市级）教科研课题研究项目负责人。

（六）在任职的近3年内，学校未发生过重大校园安全责任事故和违规办学行为。

（七）近3年来，在省级以上教育类刊物或其他学术刊物上独立发表教育教学及管理论文或其他教育领域学术论文3篇以上（含3篇），或出版教育类学术著作1部以上（含1部）。

四、评选程序

省级教育行政部门根据全省中小学校的总量以及分布情况，按比例将推荐名额分配至各市，各市教育局组织专家对本市的申报人员进行评审推荐。“工程”人选的评选要按照公平、公正、公开的原则，严格按照评选条件，采取自下而上的办法进行申报、推荐和评审。省教育厅成立评审委员会并下设评审专家组，负责具体评审工作。

省评审委员会根据参评人员的综合成绩，提出“工程”人选推荐名单，报经省教育厅同意后，通过媒体向社会公示，接受社会监督。公示期满后，确定“工程”人选。

五、组织管理

（一）各级教育行政部门要把“工程”建设纳入本地区中小学校长队伍建设的总体规划，作为加强校长队伍建设的一项基础性工程，予以高度重视。

（二）在培养周期内，对“工程”人选实行定期考核制，教育行政部门要为“工程”人选建立个人成长考核档案。市、县教育行政部门根据隶属关系定期对其进行考核，省级教育行政部门负责培养周期内的最终综合考核评定工作。

（三）评选出的“工程”人选在培养周期内，有下列情形之一者，经省级教育行政部门研究，可直接取消齐鲁名校长建设工程人选资格。

1. 培养周期内考核为不合格者；

2. 调出本省或调离教育系统者；

3. 有违法违纪行为，或违反学校规章制度，情节严重者；

4. 所在学校发生重大校园安全责任事故，造成严重后果者。

具体申报时间和要求另行通知。

省教育厅　省财政厅　省劳动和社会保障厅 省经济贸易委员会关于举办山东省职业院校技能大赛的意见

2009 年 2 月 5 日　鲁教职字〔2009〕1 号

各市教育局、财政局、劳动和社会保障局、经贸委，有关高等职业院校：

为进一步大力发展职业教育，深化职业教育教学改革，积极推行校企合作、工学结合、顶岗实习的职业教育人才培养模式，充分展现学生的职业素养和技术动手能力，促进职业院校实训基地建设，扩大职业院校毕业生就业渠道，经省政府同意，省教育厅、财政厅、劳动和社会保障厅、经贸委联合决定，自 2009 年起，每年举办一次山东省职业院校技能大赛。为切实做好这项工作，现提出如下意见：

一、举办职业院校技能大赛的重要意义

（一）举办全省职业院校技能大赛，是全面落实科学发展观，进一步贯彻《国务院关于大力发展职业教育的决定》和《省委省政府关于大力发展职业教育的决定》提出的各项要求的重要措施，是对深化改革、加快发展职业教育的再一次大推动和大检阅。“十一五”以来，省委、省政府高度重视职业教育发展，各级教育、财政、劳动和社会保障、经贸等部门，围绕建立和完善适应社会主义市场经济体制，不断满足人民群众终身学习需要，形成了“政府主导、依靠企业、充分发挥部门行业作用，社会力量积极参与，公办与民办共同发展”的多元化办学格局。积极推动职业教育“十、百、千”建设工程，启动职业教育实训基地建设计划，实施职业院校教师素质提高计划。各职业院校坚持以服务为宗旨，以就业为导向，挖掘自身办学潜力，依靠部门、行业、企业举办职业教育，努力组建职业教育集团，取得了显著的成绩，使我省的职业教育走上了快速发展的轨道。省教育厅、财政厅、劳动和社会保障厅、经贸委联合举办全省职业院校技能大赛，将会对进一步宣传职业教育、营造全社会关心职业教育发展的良好氛围、巩固和扩大职业教育规模、提高办学效益具有更加重要的意义。

（二）举办全省职业院校技能大赛，是我省职业教育工作方面的一项新的重大制度设计。通过举办技能大赛，把多年来职业教育发展过程中逐步探索出来的具有山东特色的“校企合作、工学结合、顶岗实习”的经验和做法加以制度化和规范化。这是职业教育适应经济社会发展新形势的需要，是我们对职业教育发展规律的新认识，也是职业教育与经济社会发展相结合的重大制度创新。

（三）举办全省技能大赛，是进一步深化职业教育教学改革，提高教育教学质量，展示职业教育技能培养，积极促进就业的重要措施。各级教育、财政、劳动和社会保障、经贸等部门和职业院校要牢固树立质量意识，把提高教育质量摆在更加突出的位置，采取强有力的措施，加强基础能力建设，强化学生技能水平。通过职业院校技能大赛，进一步深化落实“政府统筹、企业参与、校企合作、工学结合、顶岗实习”的职业教育办学模式，推动我省职业教育实现数量、质量、结构、效益的协调发展。

（四）进一步推动我省职业院校实训基地建设，培育一部分有特色的实训基地。通过举办技能大赛，推动学校积极寻求行业、企业持续有效的技术、设备和资金支持，促进办学模式创新，增强办学活力，努力使学校形成“依托行业、校企合作、工学结合、优势互补、资源共享、互利共赢”的长效机制。省级重点实训基地要切实起到专业建设引领作用，把“工学结合”作为人才培养模式改革的重要切入点，带动专业调整与建设。通过技能大赛，力争在3~5年内，在全省范围内遴选一批基础建设能力强、教学水平高的综合性职业教育实训基地，把实训和基地紧密结合，相互补充和支持，作为永久性的全省职业院校技能大赛基地。

二、技能大赛的工作目标

（一）以技能大赛为总抓手，提高学生训练水平和动手操作能力。通过大赛，强化职业院校学生职业技能训练，加大专业教学中实践教学的比重，突出职业能力的培养，实现理论与实践教学的一体化，贴近生产实际和企业要求，体现“做中学、做中教”的职业教育教学特色。引导课程设置、教学内容和教学方法改革，促进职业院校技能训练经验的交流，从而使职业教育的教学内容更贴近行业企业需求，使职业技能竞赛成为面向全体职业院校学生的经常性活动，为培养高素质劳动者和技能型人才创造良好的环境和机会。

（二）展示我省职业院校学生熟练的操作技能，从而促进就业工作。通过举办职业院校技能大赛，充分展示我省职业院校学生积极向上、奋发进取的精神风貌和熟练的职业技能，加强与用人单位之间的交流与合作，使企业能够了解人才、发掘人才，选拔和先期使用好职业院校技能人才，从而进一步推动职业院校毕业生的就业工作。各职业院校要坚持以服务为宗旨、以就业为导向、以能力为本位，提升教育水平，缩小职业技能和创业能力与企业岗位技能要求之间的差距，利用职业院校技能大赛不断扩大学校和企业的紧密合作，努力培养和造就一大批经济社会发展所需要的高素质的技能型人才和劳动者。

（三）进一步推进学生获取职业资格证书工作。通过举办技能大赛，进一步促进各级教育、财政、劳动和社会保障、经贸等部门的合作，加强职业技能鉴定机构建设，充分发挥和利用职业院校和实训基地的优势，在具备条件的职业院校和实训基地设立职业技能鉴定机构或职业资格考试机构，加强对职业技能鉴定、专业技术人员职业资格评价、职业资格证书颁发等工作的指导与管理。

三、技能大赛的组织形式

（一）全省职业院校技能大赛设置中等职业教育组和高等职业教育组，中等职业教育组（以下简称中职组）的参赛选手必须是我省中等职业学校、技工学校注册在校学生；高等职业教育组（以下简称高职组）的参赛选手必须是我省高等职业院校、技术学院、技师学院、高级技工学校注册在校学生。中职组以市为单位组队参赛，高职组以院校为单位组队参赛。省属中等职业学校参赛均到属地教育部门报名参加。

（二）全省职业院校技能大赛一般分为初赛和决赛两个阶段进行。中职组初赛由各市教育局、财政局、劳动和社会保障局、经贸委或有关部门按照省大赛组委会的要求统一部署进行。各市教育局负责本市初赛的组织工作，并选拔优秀选手参加全省决赛；高职组初赛由省大赛组委会另行通知，选拔优秀选手参加全省决赛。决赛由省大赛组委会统一组织协调，各赛项组委会组织实施。每年决赛的时间和地点，根据专业的不同，可以集中安排，也可以分散安排。

（三）各院校参赛成绩分别作为属地成绩和本校成绩统计汇总，高职组成绩计入所在市成绩。

四、技能大赛的政策支持

各级教育、财政、劳动和社会保障、经贸等部门要积极鼓励、支持技能大赛的开展，在政策、经费上给予扶持。

省教育厅主要负责技能大赛的业务组织与协调工作，包括大赛规程的制定，各赛项的比赛内容、比赛程序、比赛要求等，并负责与各市技能大赛组织机构的联络和沟通。

省财政厅继续重点支持示范性实训基地建设，筹集技能大赛省级决赛经费。

省劳动和社会保障厅对大赛取得优异成绩的选手授予“山东省技术能手”荣誉称号。已颁布国家职业标准的竞赛项目，按照有关规定晋升相应的职业资格，由省劳动和社会保障厅晋升相应的职业资格。

省经贸委引导有关企业给予大赛技术和经费支持，引导有关企业现场观摩、与获奖选手签订双向就业协议，鼓励企业进行大赛冠名和长期赞助。

承担省决赛的市和职业院校，要负责大赛的条件保障工作，包括有关赛场活动场面策划、大赛设备提供、参赛人员接待、交通和赛场服务、宣传、安全保卫、食品卫生等工作。

五、技能大赛的组织领导

省成立职业院校技能大赛组委会，组委会成员由省教育厅、财政厅、劳动和社会保障厅、经贸委有关领导组成。组委会办公室设在省教育厅。各专业赛项均成立相应的赛项组委会和赛项办公室，具体负责制定本项比赛的竞赛规程、评判标准和大赛的组织实施。

各市和各职业院校要高度重视全省职业院校技能大赛，成立大赛组织机构，加强领导，指定专人负责，切实抓好这项工作。

各职业院校要以技能大赛为契机，积极建立以赛和练为基础的长期化的实训基地，经常性地组织校内专业技能竞赛或技术练兵活动。职业院校中的示范性学校，国家、省级重点学校必须参加每年的职业院校技能大赛，并将其参赛组织情况和成绩作为今后评价和考核其称号的依据。

附件：2009 年山东省职业院校技能大赛组织实施方案

附件：

2009 年山东省职业院校技能大赛组织实施方案

为了贯彻落实《省委省政府关于大力发展职业教育的决定》精神，深化职业教育教学改革，积极推行校企合作、工学结合、顶岗实习的职业教育人才培养模式，推动省级实训基地建设，促进毕业生就业。省教育厅、财政厅、劳动和社会保障厅、经贸委决定联合举办 2009 年山东省职业院校技能大赛。组织实施方案如下：

一、大赛主题

展示技能，促进就业

二、组织机构

主办单位：

山东省教育厅

山东省财政厅

山东省劳动和社会保障厅

山东省经济贸易委员会

大赛组委会：

主任委员：

齐　涛　省教育厅厅长

副主任委员：

庞敦之　省财政厅副厅长

张凤光　省劳动和社会保障厅副厅长

杨国良　省经济贸易委员会副主任

宋承祥　省教育厅副厅长

徐曙光　省教育厅总督学

刘锦瑜　省教育电视台台长

组委会委员：

刘凤山　省教育厅职成教处处长

钟泽圣　省财政厅教科文处处长

房　明　省劳动和社会保障厅培训就业处处长

王效昌　省经济贸易委员会培训处处长

毛有高　省教育厅财务处处长

宋伯宁　省教育厅高教处处长

王景华　省教学研究室主任

彭学善　省学校生产供应管理处处长

尚志平　省职业教育与成人教育研究所所长

办公室主任：

刘凤山　省教育厅职成教处处长（兼）

各市、各高职组院校也要成立相应的竞赛组织机构，负责本市、院校竞赛的组织、宣传和发动工作。

三、大赛安排

2009年全省职业院校技能大赛分为初赛和决赛两个阶段进行。考虑到全国职业院校技能大赛的安排，大赛项目和时间采取相对集中的办法，初赛在2009年3月份以前进行完毕。中职组初赛由各市教育局、财政局、劳动和社会保障局、经贸委或有关部门按照省大赛组委会的要求统一部署，各市教育局具体负责本市初赛的组织工作，并选拔优秀选手参加全省决赛。高职组初赛由各院校按照省大赛组委会的要求自行组织，并选拔优秀选手参加全省决赛。决赛定于2009年4月份进行，由省大赛组委会统一组织协调，各赛项组委会组织实施。

全省职业院校技能大赛决赛地点，根据专业的不同，分别由专业特色明显、实训条件较好的市、中等职业学校、高职院校、技术学院、技师学院或高级技工学校承办。

四、参赛办法

大赛设置中职组和高职组，中职组以市为单位组队参赛，各市教育局分管局长带队，职成教科（处）长或职业教育教研室主任为联络员，全权负责参赛事务的协调、管理和领导工作。高职组以院校为单位组队参赛，由分管院长带队参赛。

中职组的参赛选手必须是我省2009年中等职业学校、技工学校注册在校学生；高职组的参赛选手必须是我省2009年高等职业院校、技术学院、技师学院、高级技工学校注册在校学生。参加特殊竞赛项目的选手还需有上岗证或技术等级证书。

五、大赛项目和组队办法

（一）中等职业教育组

设有计算机应用技术、电工电子技术、数控技术、汽车运用与维修、焊接技术、服装设计制作与模特表演、烹饪、财经、美容美发、护理、建筑11个专业类别32个项目的比赛。团体项目每队确定指导教师1人，单人项目的参加者是同一学校的，只能确定1名指导教师。届时省里将根据实际情况安排各专业比赛的时间和地点，具体比赛实施方案另行通知。

1. 计算机应用技术技能大赛

（1）比赛项目：动画片制作（单人项目）；网站设计（单人项目）；网络搭建及应用（团体项目）。

（2）组队要求：每市每个项目均由2人组成。

2. 电工电子技术技能大赛

（1）比赛项目：电子产品装配与调试；单片机的编程与调试；机电一体化设备组装与调试。

（2）组队要求：电子产品装配与调试项目每市限报2人，机电一体化设备组装与调试项目以小组为单位进行比赛，每组2人，每代表队限报1组。

3. 数控技术技能大赛

（1）比赛项目：数控车；数控铣。

（2）组队要求：每个比赛项目每市均限报2人。

4. 汽车运用与维修技能大赛

（1）比赛项目：汽车维修基本技能（包括拆装、测量、故障诊断）；汽车二级维护。

（2）组队要求：汽车维修基本技能项目，每代表队限报2人；汽车二级维护项目以校为单位组队进行比赛，每代表队限报2队，每队2人，每校限报1队。

5. 焊接技术技能大赛

（1）比赛项目：V型坡口板对接平焊；水平固定圆管单面焊接双面成型。

（2）组队要求：每队每个比赛项目均限报3人。

6. 服装设计制作与模特表演技能大赛

（1）比赛项目：女式上衣现场电脑样板制作与缝制；模特表演展示。

（2）组队要求：以上两项均为个人参赛项目，每市限报4人。

7. 烹饪技能大赛

（1）比赛项目：热菜；面点；冷拼；果蔬雕。

（2）组队要求：每个项目限报2人，每代表队限报6人，每人限报2个项目。

8. 财经技能大赛

（1）比赛项目：收银（收银流程操作、小键盘录入、点钞）；会计电算化（凭证录入、账务处理）。

（2）组队要求：每市1个代表队，每队限报4人，每个项目至少2人参赛，每人可同时报2个项目。

9. 美容美发技能大赛

（1）比赛项目：美发类（包括四项：男士发型，有缝推剪吹风造型；女士发型，女长发晚宴发型；教习模特，标准卷杠；教习模特，女士中发翻翘发式），美容化妆类（新娘化妆，真假发均可）。

（2）组队方法：每个队参赛选手不超过10人，各队所需模特自行解决。美发类参赛选手必须申报2个项目，其中，男士有缝推剪吹风造型为必选项目。参赛不分年级、年龄和性别。

10. 护理技能大赛

（1）比赛项目：穿脱隔离衣；铺备用床（被单式）；密闭式周围静脉输液法；氧气吸入法；无菌技术（铺无菌盘、戴无菌手套）。

（2）组队方法：每市1个代表队，每队4人，每人选取其中4项作为比赛项目。

11. 建筑技能大赛

（1）比赛项目：建筑施工测量（团体项目）；砖砌体（单人项目）。

（2）组队要求：每市1个代表队，建筑施工测量每队限报4人，砖砌体限报3人。

（二）高等职业教育组

设有数控技术、模具设计与制造、电子技术等3个专业类别的3个比赛项目。高职组竞赛以院校为单位组织报名参加决赛。各院校参赛项目数量不限，每个项目限报一个参赛队。

1. 数控技术大赛

（1）比赛项目：产品部件的数控编程、加工与装配。

（2）组队要求：参赛队均由3名选手组成，男女不限。采用团队比赛形式。每队确定指导教师1人。

2. 模具设计与制造大赛

（1）比赛项目：注塑模具CAD与主要零件加工。

（2）组队要求：参赛队由3名选手组成，男女不限，采用团队比赛形式。每队确定指导教师1人。

3. 电子技术大赛

（1）比赛项目：电子产品设计及制作。

（2）组队要求：参赛队由3名选手组成，男女不限。采用团队比赛形式。每队确定指导教师1人。

六、大赛奖励办法

1. 个人决赛根据竞赛的成绩，从高到低排列。获奖选手由省教育厅、财政厅、劳动和社会保障厅、经贸委颁发获奖证书，按参赛人数或工作组数的10%设个人一等奖，20%设个人二等奖，30%设个人三等奖，优秀奖若干，取得优异成绩的选手由省劳动和社会保障厅授予“山东省技术能手”荣誉称号。对获奖选手及指导教师颁发荣誉证书。

2. 根据各代表队参加的项目成绩，合并计算团体获奖名次，颁发优秀组织奖。

3. 已颁布国家职业标准的竞赛项目，按照有关规定晋升相应的职业资格，由省劳动和社会保障厅晋升相应的职业资格。

4. 大赛决赛期间，省经贸委组织有关企业现场观摩，与获奖选手签订就业协议。

七、大赛注意事项

1. 报名者必须符合参赛资格，不得弄虚作假。在资格审查中一旦发现问题，将取消其报名资格；在竞赛过程中发现问题，将取消其竞赛资格；在竞赛后发现问题，将取消其竞赛成绩，收回获奖证书等。

2. 参赛选手应遵守竞赛规则，遵守赛场纪律，服从大赛组委会的指挥和安排，爱护竞赛场地的设备和器材。

3. 在竞赛过程中，要严格按照安全规程进行操作，防止事故发生。

4. 各市教育局负责中职组学生的资格审查工作，并保存相关证明材料的复印件，以备查阅。

八、大赛经费

1. 省级决赛各赛项的组织费、命题费、评判费等均由大赛组委会承担。其中，数控、模具、电工电子、烹饪、服装、焊接等各专业比赛项目的部分耗材由组委会统一配发。

2. 各参赛代表队交通、食宿费用自理。

3. 省大赛、各比赛项目及各市初赛，均可吸引企业参与竞赛组织活动，并接受企业赞助，统一或分别冠以赞助单位名称。具体事宜由各赛项组委会统一协调联系。

九、其他

省各项技能大赛的竞赛规程、决赛具体时间及有关活动安排等，将分别由各赛项组委会组织制定实施，由省教育厅分别下发通知。

省卫生厅　省教育厅　省财政厅　省物价局
关于印发《山东省中小学生健康体检
管理实施办法》的通知

2009 年 4 月 16 日　鲁卫办发〔2009〕4 号

各市卫生局、教育局、财政局、物价局：

根据卫生部、教育部《中小学生健康体检管理办法》（卫医发〔2008〕37 号）和教育部、卫生部、财政部《国家学校体育卫生条件试行基本标准》（教体艺〔2008〕5 号）的要求，为保障我省中小学生健康体检工作正常开展，特制定《山东省中小学生健康体检管理实施办法》。现印发给你们，请遵照执行。

附件：1. 山东省中小学生健康体检管理实施办法

2. 山东省中小学生健康体检表

附件 1：

山东省中小学生健康体检管理实施办法

根据卫生部、教育部《中小学生健康体检管理办法》的规定要求，为进一步提高我省中小学生健康体检工作质量，特制定本实施办法。

一、组织管理

（一）按照属地管理的原则，县级以上教育行政部门负责组织实施辖区内中小学生的体检工作，由县（市、区）卫生和教育行政部门共同确定承担学生体检任务的医疗机构。各县（市、区）卫生局要严格按照卫生部、教育部《中小学生健康体检管理办法》规定的健康体检机构资质要求，对申请机构进行认定，经市卫生局审核后，送同级教育行政部门备案，备案期限一年。县（市、区）卫生和教育行政部门要在每年上半年定期公布通过认定的机构名单。

（二）承担体检的医疗卫生机构必须具有法人资格，持有有效的《医疗机构执业许可证》，公立医疗卫生机构（包括教育行政部门所属的区域性中小学卫生保健机构和有附属中小学校的高校医疗卫生机构）可提出申请参与中小学生健康体检，同时鼓励和扶持符合条件的乡镇卫生院、社区卫生服务中心参与。

（三）承担中小学生健康体检单位的体检人员必须具有相应资格，体检前应接受相关专业培训，统一检查标准及方法。县级以上卫生行政部门负责组织健康体检人员的培训、考核。体检人员必须经培训考核合格后方可上岗，上岗证书由省卫生厅统一印制。

（四）承担中小学生健康体检的卫生医疗机构必须按照卫生部、教育部《中小学生健康体检管理办法》规定时间和内容，协助学校建立学生健康档案，做好体检结果的反馈、统计汇总等工作，分别报当地教育和卫生行政部门，学生健康档案建档率应达 100%。各市教育和卫生行政部门每年要以汇总报告单形式分别报省教育厅和省卫生厅。

（五）健康体检机构在人员、场所、设备等硬件齐全的基础上，统一使用学生健康体检管理系统，将体检数据进行个体和群体的统计、分析、评价，并出具体检报告，提出健康指导意见。个体报告单于健康检查后两周内反馈给学生；学校综合体检报告单应于检查后一个月内反馈给学校；各学校综合体检报告单应于检查后两个月内反馈给当地教育行政部门。各县（市、区）对学生体检结果进行分析后，定期上报教育行政部门和卫生行政部门。

（六）在校学生每学期进行两次视力检查，每学年进行一次常规健康体检。

凡承担中小学生健康体检的医疗卫生机构应统一使用省卫生厅制定的《山东省中小学生健康体检表》（见附件2）。

二、健康体检项目

（一）必检项目

1. 病史询问；
2. 内科常规检查：心、肺、肝、脾；
3. 眼科检查：视力、沙眼、结膜炎、色觉（中学入学新生）；
4. 口腔科检查：牙齿、牙周；
5. 外科检查：头部、颈部、胸部、脊柱、四肢、皮肤、淋巴结；
6. 耳鼻咽喉科检查：耳、鼻、扁桃体；
7. 形体指标检查：身高、体重、胸围、肺活量检测；
8. 生理功能指标检查：血压；
9. 实验室检查：结核菌素试验（小学、初中入学新生必检项目）。

（二）必要时检查项目

1. 肝功能：谷丙转氨酶、胆红素（寄宿制学生）；
2. 血常规检查：血红蛋白、红细胞、白细胞、血小板计数；
3. 血型（小学入学新生）；
4. 各市可根据具体情况对必要时检查项目进行适当增减。

三、质量控制

（一）由省卫生厅和省教育厅会同有关部门成立中小学生健康体检质量控制小组（以下简称“质控小组”），负责全省中小学生体检质量监督与指导，定期对各市质控员进行统一培训。质控标准按照《山东省中小学生健康体检质量控制标准》等要求执行（另文下发）。

（二）各市也要成立相应质控小组，每年定期对各县（市、区）的体检质量进行现场抽检，并通报抽检结果，对不达标的体检单位限期整改，直至建议批准机构取消其体检资格。

（三）为中小学生进行健康体检所用的医疗设备须经具有法定检测资质的机构检测，并使用合格的一次性医疗用品。医疗废弃物按照《医疗卫生机构医疗废物管理办法》的规定统一处理。

四、经费来源及收费标准

根据《中小学生健康体检管理办法》规定，我省义务教育阶段学生体检费用，纳入学校公用经费开支，不得向学生收取。各级各类学校必检项目，城市小学、初中一年级新生每生每年15元（含结核菌素试验5元），其他年级学生每生每年10元；农村（含县镇）小学、初中一年级新生每生每年13元（含结核菌素试验5元），其他年级学生每生每年8元。

寄宿制学生必要时增加检查谷丙转氨酶（4元）、胆红素（4元）。

高中阶段学生健康体检可参考义务教育阶段学生体检项目、标准执行，体检费在学生学费中支出。

本办法自印发之日起施行。

附件2：

小学体检编号：　　　　　　中学体检编号：

山东省中小学生

健康体检表

学生姓名：＿＿＿＿＿＿＿＿＿＿＿＿

小学校名（盖章）：＿＿＿＿＿＿＿＿

中学校名（盖章）：＿＿＿＿＿＿＿＿

山东省体检办公室制

填表说明

一、填写要求

（一）《山东省中小学生健康体检表》（以下简称体检表）应使用A4纸印刷、装订。

（二）体检表要按照医学文书的要求填写，使用黑色签字笔，字体清晰，不得涂改。

（三）校方应妥善保管体检表，并将此作为学生档案的一部分，在学生转学及升学时，将体检表转入新校。

（四）校方及体检机构要对学生个体的体检情况予以保密，未经学生及家长同意，不得公布。

二、填写说明

（一）校方应本着有序保存和方便检索的原则制定体检编号。

（二）对于学生的既往病史，每一位体检医生应认真询问并做好记录。

（三）体检表根据小学6年、初中3年的情况，将检查日期分为9年，请按照检查时间依次填写。

（四）对于“检查项目”栏各项中，检查无阳性发现可填“无”或“正常”，发现阳性结果可填写病名、阳性体征或具体数据。

（五）各地可根据具体情况对检查项目进行适当增补，增加项目填写在体检表“检查项目”中的空栏处。

（六）检查医师检查完毕应签写全名，以示负责。

（七）对体检中发现阳性体征或疾病的学生，学校应以书面形式告知学生或家长，并做好登记和随访。

姓名__________性别________民族________出生年月__________籍贯__________建表时间__________

父母姓名____________________家庭住址____________________联系电话____________________

既往重要病史及时间：____

____

检查项目		检查日期								
		年　月	年　月	年　月	年　月	年　月	年　月	年　月	年　月	年　月
形态及生理功能	身高 cm									
	体重 kg									
	胸围 cm									
	肺活量 ml									
	血压 mmHg									
	身体发育情况									
	医生签名									

续表

检查项目			检查日期															
			年	月	年	月	年	月	年	月	年	月	年	月	年	月	年	月
内科	心																	
	肺																	
	肝																	
	脾																	
	医生签名																	
眼科	裸眼视力	右																
		左																
		右																
		左																
	矫正视力	右																
		左																
	沙眼																	
	结膜炎																	
	色觉																	
	医生签名																	
外科	头部																	
	颈部																	
	胸部																	
	脊柱																	
	四肢																	
	皮肤																	
	淋巴结																	
	医生签名																	
口腔科	牙齿（龋齿）																	
	牙周																	
	医生签名																	
耳鼻喉科	耳																	
	鼻																	
	扁桃体																	
	医生签名																	
实验室检查	结核菌素																	
	胆红素																	
	谷丙转氨酶																	
	血型																	
	血常规																	
	医生签名																	
影像检查																		
	医生签名																	

科学技术部 财政部关于印发《科技富民强县专项行动计划绩效考评实施细则》的通知

2009年10月16日 国科发农〔2009〕591号

各省、自治区、直辖市及计划单列市、新疆生产建设兵团科技厅（委、局）、财政（务）厅（局）：

为贯彻党的十七大和十七届三中全会精神，深入贯彻落实科学发展观，加强对科技富民强县专项行动计划的管理，建立动态管理机制和激励机制，规范科技富民强县专项行动计划绩效考评工作，提高专项资金实施的社会经济效益，充分发挥科技对县（市）经济与社会发展的重要引领和支撑作用，科技部、财政部在深入调研和广泛征求地方意见的基础上，研究制定了《科技富民强县专项行动计划绩效考评实施细则》，现印发给你们，请遵照执行。

附件：科技富民强县专项行动计划绩效考评实施细则

附件：

科技富民强县专项行动计划绩效考评实施细则

第一条 为了贯彻落实《科技富民强县专项行动计划实施方案（试行）》、《科技富民强县专项行动计划资金管理暂行办法》的规定，规范和加强科技富民强县专项行动计划（以下简称专项行动）绩效考评工作，按照《财政支出绩效评价管理暂行办法》、《中央部门预算支出绩效考评管理办法（试行）》和《中央级教科文部门项目绩效考评管理办法》的有关规定，制定本细则。

第二条 专项行动绩效考评是指运用一定的评价方法，量化评价指标和标准，对专项行动项目的实施效果和资金的管理与使用效率等进行综合性考核与评价。

第三条 绩效考评工作应当坚持“客观、公正、科学、规范”的原则，实行“统一领导、分级实施”的管理方式。

科技部、财政部负责制定专项行动绩效考评工作的相关管理制度，确定具体年度考评对象，并监督实施。

各省级科技、财政部门负责本地区专项行动绩效考评工作的组织实施。

第四条 绩效考评结果是确定专项行动奖励项目的重要依据。中央财政对开展工作积极、措施得力、效果显著的县（市）以支持原项目扩大规模、进行技术升级改造等后续工作的方式给予适当奖励，奖励经费从专项行动资金中列支。

第五条 专项行动项目绩效考评的主要依据：

（一）《科技富民强县专项行动计划实施方案（试行）》、《科技富民强县专项行动计划资金管理暂行办法》以及国家相关法律、行政法规和规章制度；

（二）科技部、财政部批复的县（市）科技富民强县专项行动计划实施方案；

（三）各省级科技部门与县（市）签订的科技富民强县专项行动计划任务合同书；

（四）科技富民强县专项行动计划项目验收报告；

（五）科技富民强县专项行动计划项目预算执行或决算报告、相关财务会计资料；

（六）其他相关资料。

第六条 专项行动项目绩效考评的主要内容包括项目实施情况和财务执行情况。

项目实施情况考评内容包括：实施专项行动对当地经济社会发展、农民致富和财政增收、龙头企业的培育、区域特色优势产业的壮大，以及对县（市）科技能力的提升等方面的作用和效果。

财务执行情况考评内容包括：实际支出情况、财务信息质量和财务管理状况。

第七条 绩效考评指标由共性指标和个性指标组成。科技部、财政部统一制定共性考评指标（见附件1）。各省级科技、财政部门结合本地实际，制定个性考评指标。

第八条 各省级科技、财政部门应当组织专家或委托具有独立法人资格的、相应资质的中介机构，根据年度工作部署，对验收合格的专项行动项目开展绩效考评工作。

第九条 各省级科技、财政部门在完成项目绩效考评工作后，应当撰写绩效考评工作报告，并报送科技部、财政部。绩效考评工作报告的内容包括：绩效考评工作的组织实施情况、实施单位及专家、考评的对象、考评的标准和程序、考评的结果、建议奖励项目名单及推荐意见等。同时，应当附报以下材料：

（一）被推荐县（市）科技富民强县专项行动计划项目自评报告及后续工作实施方案（见附件2）。

（二）被推荐县（市）科技富民强县专项行动计划项目验收报告（见附件3）及相关证明材料。

第十条 科技部、财政部组织专家对各省级科技、财政部门上报的绩效考评材料进行综合评审，根据《科技富民强县专项行动计划实施方案（试行）》、《科技富民强县专项行动计划资金管理暂行办法》的规定，确定奖励项目名单，批复奖励项目实施方案和预算。

第十一条 奖励项目纳入专项行动当年项目进行管理。各省级科技、财政部门应当根据科技部、财政部的批复意见，及时与奖励项目实施单位签订项目任务书，并严格按照批复和《科技富民强县专项行动计划资金管理暂行办法》的有关规定组织实施。

第十二条 科技部、财政部根据绩效考评中发现的问题，及时提出专项行动项目管理改进意见，并督促相关单位落实。各省级科技、财政部门应当根据绩效考评结果，及时总结项目管理经验，完善相关管理规定，提高项目管理水平和资金使用效益，改进和加强后续项目实施过程的管理。

第十三条 绩效考评工作必须实事求是，不得弄虚作假。如发现项目实施单位申报材料与实际情况不符、中介机构和专家徇私舞弊等违规行为，各省级科技、财政部门可立即取消其参与绩效考评资格；如发现省级科技、财政部门未履行职责，科技部、财政部将调减对该省专项行动的支持额度。

第十四条 本细则由科技部、财政部负责解释。

第十五条 本细则自公布之日起开始实施。

附件：1. 科技富民强县专项行动计划绩效考评共性指标

2. 科技富民强县专项行动计划自评报告及后续工作实施方案

3. 科技富民强县专项行动计划项目验收报告

附件1：

科技富民强县专项行动计划绩效考评共性指标

一级指标	分值	二级指标	分值	三级指标	分值
实施效果	70	科技支撑县域经济和产业发展	20	财政增收情况	7
				产业壮大情况	7
				龙头企业发展	6
		农民受益情况	25	带动农民人数	7
				带动农民增收幅度	7
				农民就业情况	6
				培训农民情况	5
		县（市）科技创新能力建设	15	技术引进与推广情况	8
				示范基地建设情况	4
				科技服务平台建设情况	3
		组织管理	10	组织保障情况	5
				配套支持情况	5
经费使用情况	30	实际支出情况	20	预算执行数与预算批复数的相符率	7
				支出项目与预算项目的相符性	7
				实际支出调整的合理性	6
		财务信息质量	5	财务资料的完整性	2
				会计核算的准确性	3
		财务管理状况	5	财务（资产）管理制度的健全性	2
				财务（资产）管理制度的有效性	3

科技富民强县专项行动计划绩效考评共性指标说明

（一）实施效果

1. 科技支撑县域经济和产业发展

1－1 财政增收情况

与项目实施前比较，所支持产业的发展对县（市）财政增收额和年均增幅贡献情况。

1－2 产业壮大情况

按照批复的实施方案，专项行动所支持产业发展所达到的生产规模，市场占有情况，产业年产值和利润情况。

1－3 龙头企业发展

指项目实施后，对项目所重点扶持的龙头企业在规模和质量等方面的提升情况。

2. 农民受益情况

2－1 带动农民人数

指直接参与项目的农民人数。

2－2 带动农民增收幅度

指直接参与项目的农民的人均增收幅度。

2－3 农民就业情况

项目实施为农民提供就业岗位的情况。

2－4 培训农民情况

通过项目的实施，对农民进行生产技术和生产管理的培训情况。

3. 县（市）科技创新能力建设

3－1 技术引进与推广情况

项目实施期内，企业、科研机构等项目承担单位从大专院校和科研院所引入先进适用技术成果，以及推广新技术、新品种的情况。

3－2 示范基地建设情况

项目实施期内，对所扶持产业的相关品种和技术进行示范推广而建立的各类基地情况。

3－3 科技服务平台建设情况

项目实施期内，专项行动参与支持的各类科技服务平台的建设情况，包括各类信息服务平台、技术交易平台、农民专业合作经济组织、专业技术协会等其他社会化服务组织建设情况等。

4. 组织管理

4－1 组织保障情况

为保障项目的顺利实施，县（市）政府以及相关部门成立专项行动领导小组，制定相关政策、项目管理制度和工作规程等文件，并督促落实、规范管理的情况。

4－2 配套支持情况

地方政府为更好实施专项行动项目，给予的专项经费支持，或者其他人力、物力的支持情况。

（二）经费使用情况

5. 实际支出情况

5－1 预算执行数与预算批复数的相符率

预算执行的超支、结余情况以及与预算批复的相符程度。

5－2 支出项目与预算项目的相符性

支出的具体内容与预算内容的相符程度。

5－3 实际支出调整的合理性

若实际支出作了调整，调整手续的齐全性、调整幅度大小及其合理性；若实际支出无调整，该指标为满分。

6. 财务信息质量

6－1 财务资料的完整性

与专项资金相关的收入、支出及资产的原始凭证、明细账、总账等财务资料的真实、完整情况。

6－2 会计核算的准确性

会计核算方法与会计准则要求的符合程度以及财务数据的准确程度。

7. 财务管理状况

7－1 财务（资产）管理制度的健全性

为保证项目资金规范管理和有效使用，在国家有关财务会计规章制度的基础上，合理制定本地区、本项目专项资金财务（资产）管理制度，使财务（资产）管理制度规范全面，并能满足财务（资产）管理各方面要求的情况。

7－2 财务（资产）管理制度的有效性

在项目执行过程中，严格遵守和落实相关财务（资产）管理制度的状况。

附件2:

科技富民强县专项行动计划
自评报告及后续工作实施方案

县（人民政府盖章）：____________________

所在省__________地（市）__________

项目名称：____________________

项目批复时间：____________________

项目执行期限：____________________

项目验收时间：____________________

年　月　日

填 报 说 明

1. 文字叙述要重点突出，语言简练。

2. 项目名称以批复名称为准，不得改动。

3. 文本规格为A4开，封面格式不变，正文一律用小4号宋体字打印，标题用小4号黑体字打印，一式五份。

4. 各项内容必须如实填写，各项栏目不得空缺，可加页。

一、自评报告（提纲）

1. 科技支撑县域经济和产业发展情况

包括财政增收情况、产业壮大情况及龙头企业发展情况等。

2. 农民受益情况

包括带动农民人数、带动农民增收情况、农民就业情况，以及农民科技培训情况等。

3. 县（市）科技创新能力建设情况

包括技术引进及推广情况，示范基地建设情况，科技服务平台（包括农民专业合作经济组织、信息服务平台等）建设情况等。

4. 组织管理

包括组织保障和配套支持等情况。

5. 经费使用情况

包括实际支出情况、财务信息质量和财务管理状况。

二、后续工作实施方案

1. 项目概述（包括项目的意义和必要性，工作基础和优势、总体目标和任务，预期效果）

2. 具体任务

3. 技术内容和指标（主要技术来源、技术依托单位情况、技术人员情况、科技服务能力情况、技术集成、转化、推广方式及其技术路线；预期的技术、经济指标）

4. 市场与效益分析

5. 组织实施及保障措施

6. 进度安排（按项目的阶段目标分年度描述）

7. 经费安排

单位：万元

项目资金总额			
来源		支出	
省拨款		新技术、新品种引进费	
地（市）拨款		其中：中央专项资金支出	
县拨款		技术示范应用费	
其他资金		其中：中央专项资金支出	
申请中央经费		科技服务费	
		其中：中央专项资金支出	
		培训费	
		其中：中央专项资金支出	

8. 审核意见

<table>
<tr><td colspan="4">1. 地（市）科技主管部门、财政部门审核意见：

（公　章）　　　　（公　章）
年　月　日　　　　年　月　日</td></tr>
<tr><td>联系人</td><td></td><td>电话</td><td></td></tr>
<tr><td colspan="4">2. 省级科技主管部门、财政部门审核意见：

（公　章）　　　　（公　章）
年　月　日　　　　年　月　日</td></tr>
<tr><td>联系人</td><td></td><td>电话</td><td></td></tr>
</table>

附件3：

科技富民强县专项行动计划
项目验收报告

项目名称：____________________

承担单位：____________________

组织单位：____________________

起止时间：____________________

验收时间：____________________

年　月　日

验收报告编写提纲

一、目标任务
二、任务完成情况
三、项目进展及取得的成效
1. 覆盖农户及带动农民增收方面；
2. 龙头企业和特色产业发展及县（市）财政增收方面；
3. 培训、人才引进及科技成果方面；
4. 科技服务能力提升方面；
5. 取得的其他效益情况。
四、组织实施情况
1. 制定相关配套措施和优惠政策情况；
2. 专项工作管理体系建设及运行情况；
3. 经费筹措及使用情况。
五、主要做法及经验（要对工作中具有创新性的做法或措施进行详细描述并案例说明）
六、存在的问题、建议及其他需要说明的情况
七、项目经费决算表
八、项目验收专家信息表
九、项目验收专家委员会意见
十、省级主管部门意见

国务院关于进一步繁荣发展少数民族文化事业的若干意见

2009年7月5日　国发〔2009〕29号

各省、自治区、直辖市人民政府，国务院各部委、各直属机构：

为全面贯彻党的十七大精神，深入贯彻落实科学发展观，进一步繁荣发展少数民族文化事业，推动社会主义文化大发展大繁荣，促进各民族共同团结奋斗、共同繁荣发展，现提出如下意见。

一、繁荣发展少数民族文化事业具有重要意义

（一）文化是民族的重要特征，是民族生命力、凝聚力和创造力的重要源泉。少数民族文化是中华文化的重要组成部分，是中华民族的共有精神财富。在长期的历史发展过程中，我国各民族创造了各具特色、丰富多彩的民族文化。各民族文化相互影响、相互交融，增强了中华文化的生命力和创造力，不断丰富和发展着中华文化的内涵，提高了中华民族的文化认同感和向心力。各民族都为中华文化的发展进步做出了自己的贡献。

（二）党和国家历来高度重视和关心少数民族文化事业。新中国成立以来特别是改革开放以来，少数民族文化事业取得了历史性的重大成就。少数民族文化工作体系不断完善，少数民族语言文字得到保护和发展，少数民族优秀传统文化得到传承和弘扬，少数民族文学艺术日益繁荣，少数民族和民族地区

文化产业初具规模，文化体制改革不断深化，对外交流不断加强。少数民族文化事业的发展在提高各族群众文明素质，促进民族地区经济社会发展，推动民族团结进步事业，繁荣社会主义先进文化方面，发挥了重要作用。

（三）繁荣发展少数民族文化事业，是一项长期而重大的战略任务。在少数民族文化事业取得巨大进步的同时，也必须充分认识存在的一些亟待解决的突出困难和特殊问题。文化基础设施条件相对落后，公共文化服务体系比较薄弱，文化机构不够健全，人才相对缺乏，文化产品和服务供给能力不强，文化遗产损毁、流失、失传等现象比较突出，境外敌对势力加紧进行文化渗透等。因此，必须从贯彻落实科学发展观、巩固民族团结、兴起社会主义文化建设新高潮、推动社会主义文化大发展大繁荣的高度，深刻认识繁荣发展少数民族文化事业的特殊重要性和紧迫性，把繁荣发展少数民族文化事业作为一项重大的战略任务，采取更加切实、更加有效的政策措施，着力加以推进。

二、繁荣发展少数民族文化事业的指导思想、基本原则和目标任务

（四）指导思想。全面贯彻党的十七大精神，高举中国特色社会主义伟大旗帜，以邓小平理论和“三个代表”重要思想为指导，深入贯彻落实科学发展观，牢牢把握社会主义先进文化的前进方向，紧紧围绕共同团结奋斗、共同繁荣发展的民族工作主题，以建设社会主义核心价值体系为主线，以完善公共文化服务体系为重点，以加强基础设施建设为手段，以推动文化创新为动力，以改革体制机制为保障，以满足各族群众日益增长的精神文化需求为出发点和落脚点，促进少数民族文化建设与全国文化建设、与民族地区经济社会建设、与民族地区教育事业协调发展，促进民族团结、实现共同进步，更加自觉、更加主动地为推动社会主义文化大发展大繁荣做贡献。

（五）基本原则。坚持为人民服务、为社会主义服务的方向和百花齐放、百家争鸣的方针，尊重差异、包容多样，既要继承、保护、弘扬少数民族文化，又要推动各民族文化相互借鉴、加强交流、和谐发展。坚持面向现代化、面向世界、面向未来，把握规律性，保持民族性，体现时代性，推动少数民族文化的改革创新，不断解放和发展少数民族文化生产力。坚持贴近实际、贴近生活、贴近群众，生产更多各族群众喜闻乐见的优秀精神文化产品。坚持社会效益和经济效益相统一，把社会效益放在首位，充分发挥政府和市场的作用，促进少数民族文化事业和文化产业协调发展。坚持基本公共服务均等化，优先发展少数民族和民族地区文化事业，保障少数民族和民族地区各族群众的基本文化权益。坚持因地制宜、分类指导，不断完善扶持少数民族文化事业发展的政策措施。

（六）目标任务。到2020年，民族地区文化基础设施相对完备，覆盖少数民族和民族地区的公共文化服务体系基本建立，主要指标接近或达到全国平均水平，少数民族群众读书看报难、收听收看广播影视难、开展文化活动难等问题得到较好解决，少数民族优秀传统文化得到有效保护、传承和弘扬。实施一批重大文化项目和工程，推出一批体现民族特色、反映时代精神、具有很高艺术水准的文化艺术精品，创作生产更多更好适应各族群众需求的优秀文化产品。文化工作体制机制创新取得重大突破，科学有效的宏观管理体制和微观服务运行机制基本形成，政策法规更臻完备，政府文化管理和服务职能显著增强。文化市场体系更加健全，以公有制为主体、多种所有制共同发展的少数民族文化产业格局更加合理。少数民族文化对外交流迈出重大步伐，国际影响力和竞争力进一步提高。

三、繁荣发展少数民族文化事业的政策措施

（七）加快少数民族和民族地区公共文化基础设施建设。大力推进民族地区县级图书馆文化馆、乡镇综合文化站和村文化室、广播电视村村通工程、农村电影放映工程、农家书屋工程、文化信息资源共享工程等建设，保障民族地区基层文化设施有效运转。地广人稀的民族地区配备流动文化服务车和相关设备，建设和完善流动服务网络。大力推送数字和网络技术等现代科技手段的应用和普及，形成实用、

便捷、高效的公共文化服务体系。国家实施各项重大文化工程时，切实加大对少数民族和民族地区的倾斜力度。

（八）繁荣发展少数民族新闻出版事业。加大对民族类新闻媒体的扶持力度，加快设备和技术的更新改造，提高信息化水平和传播能力，扩大覆盖面和受益面。对涉及少数民族事务的重大宣传报道活动、少数民族文字重大出版项目，给予重点扶持。逐步实现向少数民族群众和民族地区基层单位免费赠阅宣传党和国家大政方针、传播社会主义核心价值体系、普及科学文化技术知识的图书、报刊和音像制品等出版物，继续做好新疆东风工程相关工作。加强少数民族语文翻译出版工作，逐步提高优秀汉文、外文出版物和优秀少数民族文字出版物双向翻译出版的数量和质量。扶持民族类重点新闻网站建设，支持少数民族文字网站和新兴传播载体有序发展，加强管理和引导。少数民族出版事业属公益性文化事业，中央和地方财政要加大对纳入公益性出版单位的少数民族出版社的资金投入力度，逐步增加对少数民族文字出版的财政补贴。

（九）大力发展少数民族广播影视事业。巩固西新工程、广播电视村村通工程、农村电影放映工程建设成果，扩大民族地区广播影视覆盖面，对设施维护进行适当补助，确保长期通、安全通。提高少数民族语言广播影视节目制作能力，加强优秀广播影视作品少数民族语言译制工作。提高民族地区电台、电视台少数民族语言节目自办率，改善民族地区尤其是边远农牧区电影放映条件，增加播放内容和时间。推出内容更加新颖、形式更加多样、数量更加丰富的少数民族广播影视作品，更好地满足各族群众多层次、多方面、多样化精神文化需求。

（十）加大对少数民族文艺院团和博物馆建设扶持力度。重点扶持体现民族特色和国家水准的少数民族文艺院团建设，积极鼓励少数民族文艺院团发展。扶持民族自治地方重点民族博物馆或民俗博物馆建设，鼓励社会力量兴办各类民族博物馆。民族自治地方的综合博物馆要突出少数民族特色，适当设立少数民族文物展览室、陈列室。加强少数民族文物征集工作，改善馆藏少数民族文物保存条件，做好少数民族文物鉴定、定级工作，提升管理、研究和展示服务水平。

（十一）大力开展群众性少数民族文化活动。鼓励举办具有民族特色的文化展演和体育活动，支持基层开展丰富多彩的群众性少数民族传统节庆、文化活动，加强指导和管理。尊重群众首创精神，发挥各族群众在文化建设中的主体作用，努力探索保护和传承少数民族优秀传统文化的有效途径。进一步办好全国少数民族文艺会演和全国少数民族传统体育运动会。

（十二）加强对少数民族文化遗产的挖掘和保护。结合第三次全国文物普查和非物质文化遗产普查，开展少数民族文化遗产调查登记工作，对濒危少数民族重要文化遗产进行抢救性保护。加大现代科技手段运用力度，加快少数民族文化资源数字化建设进程。进一步加强人口较少民族文化遗产保护。扶持少数民族古籍抢救、搜集、保管、整理、翻译、出版和研究工作，逐步实现少数民族古籍的科学管理和有效保护。加强少数民族非物质文化遗产发掘和保护工作，对少数民族和民族地区非物质文化遗产保护予以重点倾斜，推进少数民族非物质文化遗产申报联合国教科文组织"人类非物质文化遗产代表作名录"和国家级非物质文化遗产名录，加大对列入名录的非物质文化遗产项目保护力度。积极开展少数民族文化生态保护工作，有计划地进行整体性动态保护。加强保护具有浓郁传统文化特色的少数民族建筑、村寨。

（十三）尊重、继承和弘扬少数民族优秀传统文化。加强宣传引导，营造尊重和弘扬少数民族优秀传统文化的社会氛围。国家保障各民族使用和发展本民族语言文字的自由，鼓励各民族公民互相尊重、互相学习语言文字。尊重语言文字发展规律，推进少数民族语言文字的规范化、标准化和信息处理工作。在有利于社会发展和民族进步前提下，使各民族饮食习惯、衣着服饰、建筑风格、生产方式、技术技艺、文学艺术、宗教信仰、节日风俗等，得到切实尊重、保护和传承。加强对工业化、信息化、城镇化、市场化、国际化深入发展形势下少数民族文化发展特点和规律研究，不断开辟传承和弘扬少数民族优秀传统文化的有效途径，推进和谐文化和中华民族共有精神家园建设。

（十四）大力推动少数民族文化创新。促进现代技术和手段在少数民族文化发展中的应用，鼓励具有民族特色和时代气息的优秀文化作品创作，提高少数民族文化产品数量和质量。加大对少数民族艺术精品创作扶持力度，打造一批有影响的少数民族文学、戏曲、影视、音乐等文化艺术品牌。国家舞台艺术精品工程要进一步向少数民族和民族地区倾斜。国家各级各类文化奖项，少数民族文化作品获奖应占合理比重，对优秀少数民族文化作品及有突出贡献的文化工作者给予奖励和表彰，进一步激发少数民族文化创作的积极性、主动性和创造性。

（十五）积极促进少数民族文化产业发展。把握少数民族文化发展特点和规律，建设统一、开放、竞争、有序的文化市场体系，培育文化产品市场和要素市场，形成富有效率的文化生产和服务运行机制。充分发挥少数民族文化资源优势，鼓励少数民族文化产业多样化发展，促进文化产业与教育、科技、信息、体育、旅游、休闲等领域联动发展。确定重点发展的文化产业门类，推出一批具有战略性、引导性和带动性的重大文化产业项目，建设一批少数民族文化产业园区和基地，在重点领域取得跨越式发展。

（十六）加强边疆民族地区文化建设。支持边疆地区少数民族语言文字新闻出版业发展，增加公共文化产品特别是少数民族语言文字文化产品有效供给。进一步提高边疆民族地区广播电视覆盖率和影响力。发挥边疆少数民族人文优势，加强与周边国家文化交流，促进和谐周边环境建设。加强边疆民族地区文化产品进出口市场监管，清除各类非法印刷品，加强卫星接收设施监督管理工作，防止非法盗版、接收、传播境外广播电视节目，有效防范境外敌对势力文化渗透活动，维护边疆地区文化安全。

（十七）努力推进少数民族文化对外交流。切实增加少数民族文化在国家对外文化交流中的比重。每年安排一定数量的少数民族文化活动参与中外互办文化年和在国外举办的中国文化节、文化周、艺术周、电影周、电视周、文物展、博览会以及各类演出、展览等，促进形成全方位、多层次、宽领域的对外文化交流格局。打造一批少数民族文化对外交流精品，巩固少数民族文化对外交流已有品牌，进一步提升少数民族文化国际影响力。大力推动少数民族文化与海外华人华侨、台湾同胞、港澳同胞的交流，增强中华文化的认同感，为促进国家和平统一服务。

四、完善少数民族文化事业发展的体制机制

（十八）完善少数民族文化事业发展政策法规。加强少数民族文化立法工作，适时研究制订有关少数民族文化保护和发展的法律法规和政策措施。加快制定和完善从事少数民族文化工作的专业（技术）人员职称评定政策和资质认证、机构和团体建设等方面的相关标准和办法。研究、制定或修订有关文化事业和文化产业政策法规时，要充分考虑少数民族文化的特殊性，增加专条专款加以明确。推动国家扶持与市场运作相结合，从制度上更好发挥市场在少数民族文化资源配置中的基础性作用，引导社会力量参与少数民族文化建设，形成有利于科学发展的宏观调控体系。

（十九）深化少数民族和民族地区文化事业单位体制机制改革。实行公益性事业与经营性业务分类管理，对公益性事业单位实行聘用制度、岗位管理制度和岗位绩效工资制度。引入竞争机制，采取政府招标、项目补贴、定向资助等形式，对重要少数民族文化产品、重大公共文化项目和公益性文化活动给予扶持。支持少数民族文化单位按照有关规定转企改制，在一定期限内给予财政、税收等方面的优惠政策，做好劳动人事、社会保障的政策衔接，按照新人新办法、老人老办法的原则制定相关政策。

（二十）加强少数民族文化事业发展经费保障，加大政府对少数民族文化事业的投入。中央和省级财政在安排促进民族地区发展和宣传文化发展相关经费时，逐步加大对少数民族文化事业的支持力度。继续实行相关税收优惠政策，鼓励和扶持少数民族和民族地区文化事业和文化产业发展。

（二十一）加大少数民族文化人才队伍建设力度。努力造就一支数量充足、素质较高的少数民族文化工作者队伍，营造有利于优秀人才脱颖而出的体制机制和社会环境，着力培养一大批艺术拔尖人才、经营管理人才、专业技术人才。积极保护和扶持少数民族优秀民间艺人和濒危文化项目传承人，对为传承非物质文化遗产做出突出贡献的传承人，按照国家有关规定给予表彰。支持高等院校和科研机构参与抢救濒危

文化，推动相关学科建设，培养濒危文化传承人。

五、加强对少数民族文化工作的领导

（二十二）切实把少数民族文化工作摆上更加重要的位置。各地区、各部门要进一步提高对少数民族文化工作重要性的认识，增强责任感和紧迫感，切实把少数民族文化工作纳入重要议事日程，纳入当地经济社会发展总体规划，纳入科学发展考评体系。加强对少数民族文化工作的调查研究，定期听取工作汇报，做出部署，狠抓落实。关心支持少数民族和民族地区文化工作部门和单位的建设及对研究解决存在的突出困难和特殊问题，充分调动和有效保护少数民族文化工作者的积极性、主动性、创造性。

（二十三）推动形成分工协作、齐抓共管的良好局面。在党委统一领导下，建立健全政府统筹协调、业务部门主管、有关部门密切配合、社会各界广泛参与的少数民族文化工作格局。各有关部门编制规划、部署工作，要把少数民族文化工作作为重要内容，加大支持力度，确保目标任务完成。加强舆论宣传，营造有利于少数民族文化事业发展的社会氛围。充分发挥各方面的积极作用，不断开创少数民族文化工作的新局面。

各地区、各部门要按照本意见的精神，结合实际，制定贯彻实施的具体措施和办法。有关部门要加强对本意见贯彻执行情况的督促检查。

山东省人民政府关于公布第二批省级非物质文化遗产名录和第一批省级非物质文化遗产扩展项目名录的通知

2009年9月27日　鲁政字〔2009〕232号

各市人民政府，各县（市、区）人民政府，省政府各部门、各直属机构，各大企业，各高等院校：

省政府批准省文化厅确定的第二批省级非物质文化遗产名录（共计150项）和第一批省级非物质文化遗产扩展项目名录（共计21项），现予公布。

山东历史悠久，文化底蕴深厚，拥有极其丰富的非物质文化遗产，体现了我省各族人民的创造力、文化价值和审美情趣。保护和利用好非物质文化遗产，对于继承和发扬民族优秀文化传统，建设经济文化强省都具有重要意义。各地、各有关部门要充分认识做好非物质文化遗产保护工作的重要性和必要性，认真贯彻“保护为主、抢救第一、合理利用、传承发展”的工作方针，按照“政府主导、社会参与、统筹规划、分步实施”的原则，切实做好非物质文化遗产的保护、管理和合理利用工作。对列入名录和其他有价值的非物质文化遗产，要制定保护规划，明确责任，细化目标，加强组织协调，落实各项措施，切实保护好、管理好、利用好，使之得以传承和发扬。

附件：1. 山东省第二批省级非物质文化遗产名录

2. 第一批省级非物质文化遗产扩展项目名录

附件 1：

山东省第二批省级非物质文化遗产名录

（共计 150 项）

一、民间文学（24 项）

序号	编号	项目名称	申报地区或单位
158	I－18	大舜传说	济南市历下区 诸城市
159	I－19	尧舜传说	菏泽市牡丹区
160	I－20	泰山传说	泰安市
161	I－21	秦始皇东巡传说	荣成市
162	I－22	徐福传说	胶南市 青岛市黄岛区 龙口市
163	I－23	扁鹊传说	济南市长清区
164	I－24	范蠡与陶山的故事	肥城市
165	I－25	颜文姜传说	淄博市博山区
166	I－26	庄子传说	东明县
167	I－27	奚仲造车传说	枣庄市薛城区 滕州市
168	I－28	公冶长传说	诸城市 安丘市
169	I－29	琅琊台传说	胶南市
170	I－30	柳毅传说	潍坊市寒亭区
171	I－31	鬼谷子传说	淄博市淄川区
172	I－32	牡丹传说	菏泽市牡丹区
173	I－33	伯乐传说	成武县
174	I－34	长勺之战传说	莱芜市
175	I－35	丘处机传说	栖霞市
176	I－36	刘备在平原的传说	平原县
177	I－37	凤凰山传说	东阿县
178	I－38	柳下惠传说	兖州市 平阴县
179	I－39	临淄成语典故	淄博市临淄区
180	I－40	大禹治水的传说	宁阳县
181	I－41	蒙山传说	蒙阴县

二、传统音乐（12项）

序号	编号	项目名称	申报地区或单位
182	Ⅱ-15	韶乐 （箫韶乐舞、齐韶）	曲阜市 淄博市临淄区
183	Ⅱ-16	博山锣鼓	淄博市博山区
184	Ⅱ-17	商家大鼓	淄博市淄川区
185	Ⅱ-18	石岛渔家大鼓	荣成市
186	Ⅱ-19	黄河号子	滨州市
187	Ⅱ-20	阳谷寿张黄河夯号	阳谷县
188	Ⅱ-21	东平硪号子	东平县
189	Ⅱ-22	挫琴	青州市
190	Ⅱ-23	章丘扁鼓	章丘市
191	Ⅱ-24	张氏吹打乐	莱芜市莱城区
192	Ⅱ-25	牛屯鼓乐	定陶县
193	Ⅱ-26	薛城唢呐	枣庄市薛城区

三、传统舞蹈（19项）

序号	编号	项目名称	申报地区或单位
194	Ⅲ-22	梆鼓秧歌	济南市历城区
195	Ⅲ-23	地秧歌	高密市
196	Ⅲ-24	德平大鞅歌	临邑县
197	Ⅲ-25	莱西秧歌	莱西市
198	Ⅲ-26	小章竹马	昌邑县
199	Ⅲ-27	加古通	平阴县
200	Ⅲ-28	月宫图	寿光市
201	Ⅲ-29	火虎	邹城市
202	Ⅲ-30	羊抵头鼓舞	东明县
203	Ⅲ-31	担经	鄄城县 成武县
204	Ⅲ-32	三皇舞	鄄城县
205	Ⅲ-33	柳林降狮舞	冠县
206	Ⅲ-34	蹉地舞	莱芜市莱城区
207	Ⅲ-35	猴呱嗒鞭	苍山县
208	Ⅲ-36	闹海	寿光市
209	Ⅲ-37	独杆轿	枣庄市峄城区
210	Ⅲ-38	四蟹抢船	枣庄市市中区
211	Ⅲ-39	盐垛斗虎	东营市东营区
212	Ⅲ-40	福山雷鼓	烟台市福山区

四、传统戏剧（2项）

序号	编号	项目名称	申报地区或单位
213	Ⅳ-24	周姑戏	莒县

			临朐县
214	Ⅳ－25	蛤蟆嗡	冠县

五、曲艺（7项）

序号	编号	项目名称	申报地区或单位
215	Ⅴ－11	评词	济南市
216	Ⅴ－12	山东渔鼓	汶上县
			单县
217	Ⅴ－13	东路大鼓	安丘市
			滨州市滨城区
			沾化县
218	Ⅴ－14	西河大鼓	无棣县
			阳信县
219	Ⅴ－15	小曲子	东明县
220	Ⅴ－16	枣木杠子乱弹	广饶县
221	Ⅴ－17	临清时调	临清市

六、传统体育、游艺与杂技（19项）

序号	编号	项目名称	申报地区或单位
222	Ⅵ－8	东阿杂技	东阿县
223	Ⅵ－9	梅花拳	山东梅花拳学会
			梁山县
224	Ⅵ－10	文圣拳	汶上县
225	Ⅵ－11	子午门	梁山县
			东平县
226	Ⅵ－12	徐家拳	新泰市
227	Ⅵ－13	孙膑拳	青岛市市北区
			青岛市李沧区
			安丘市
228	Ⅵ－14	大洪拳	菏泽市牡丹区
			郓城县
			滕州市
229	Ⅵ－15	二洪拳	鄄城县
			曹县
230	Ⅵ－16	佛汉拳	东明县
231	Ⅵ－17	二郎拳	巨野县
232	Ⅵ－18	崂山道教武术	青岛市崂山区
233	Ⅵ－19	济南形意拳	济南市
234	Ⅵ－20	青州花毽	青州市
235	Ⅵ－21	傅士古短拳	青岛市城阳区
236	Ⅵ－22	临清肘捶	临清市
237	Ⅵ－23	临清潭腿	临清市
238	Ⅵ－24	吴式太极拳	莱州市

239	Ⅵ－25	戚家拳	蓬莱市
240	Ⅵ－26	牛郎棍	乳山市

七、传统美术（9项）

序号	编号	项目名称	申报地区或单位
241	Ⅶ－30	济南面塑	济南市
242	Ⅶ－31	泰山泥塑	泰安市岱岳区
243	Ⅶ－32	曹县木雕	曹县
244	Ⅶ－33	威海剪纸	威海市
245	Ⅶ－34	茌平剪纸	茌平县
246	Ⅶ－35	黄县窗染花	龙口市
247	Ⅶ－36	莱芜吕家泥塑	莱芜市
248	Ⅶ－37	高密半印半画年画	高密市
249	Ⅶ－38	鲁绣	济南市 文登市

八、传统技艺（41项）

序号	编号	项目名称	申报地区或单位
250	Ⅷ－23	崔字小磨香油传统技艺	潍坊市
251	Ⅷ－24	棒槌花边技艺 （临淄花边、青州府花边大套）	栖霞市 淄博市临淄区 青州市
252	Ⅷ－25	微山渔家虎头服饰	微山县
253	Ⅷ－26	五莲割花技艺	五莲县
254	Ⅷ－27	枣庄民间缝绣技艺	枣庄市薛城区
255	Ⅷ－28	曹县戏文纸扎	曹县
256	Ⅷ－29	长岛木帆船制造技艺	长岛县
257	Ⅷ－30	潍坊仿古铜铸造技艺 （潍坊仿古青铜器铸造技艺、潍坊市奎文区仿古铜印铸造技艺）	潍坊市 潍坊市奎文区
258	Ⅷ－31	曹县龙灯制作技艺	曹县
259	Ⅷ－32	曲阜大庄绢花制作技艺	曲阜市
260	Ⅷ－33	威海锡镶技艺	威海市环翠区
261	Ⅷ－34	即墨大欧鸟笼制作技艺	即墨市
262	Ⅷ－35	聊城牛筋腰带制作技艺	聊城市东昌府区
263	Ⅷ－36	高密菜刀工艺	高密市
264	Ⅷ－37	德州古埙制作技艺	德州市
265	Ⅷ－38	济南石家老陶烧制技艺	济南市槐荫区
266	Ⅷ－39	曲阜尼山砚制作技艺	曲阜市
267	Ⅷ－40	桑皮纸制作技艺	曲阜市 临朐县
268	Ⅷ－41	柳编编织技艺	博兴县

			曹县
269	Ⅷ－42	胶南泊里红席编织技艺	胶南市
270	Ⅷ－43	草编编织技艺（枣庄市薛城区庞庄麦秸手编技艺、垦利县黄河口民间草编技艺、博兴草编）	枣庄市薛城区 垦利县 博兴县
271	Ⅷ－44	曲阜琉璃瓦制作技艺	曲阜市
272	Ⅷ－45	青州井塘村石砌房民居建筑技艺	青州市
273	Ⅷ－46	黄县民居雕刻技艺	龙口市
274	Ⅷ－47	武定府酱菜制作技艺	惠民县
275	Ⅷ－48	成武酱菜制作技艺	成武县
276	Ⅷ－49	蠓子虾酱制作技艺	荣成市
277	Ⅷ－50	强恕堂白酒传统酿造技艺	桓台县
278	Ⅷ－51	兰陵美酒传统酿造技艺	苍山县
279	Ⅷ－52	玉堂酱菜制作技艺	济宁市
280	Ⅷ－53	王村醋传统酿造技艺	淄博市周村区
281	Ⅷ－54	通德醋传统酿造技艺	平原县
282	Ⅷ－55	仲宫白酒传统酿造技艺	济南市
283	Ⅷ－56	宏源白酒传统酿造技艺	寿光市
284	Ⅷ－57	扳倒井白酒传统酿造技艺	高青县
285	Ⅷ－58	清梅居香酥牛肉干手工技艺	淄博市博山区
286	Ⅷ－59	聊城铁公鸡制作技艺	聊城市东昌府区
287	Ⅷ－60	济南油旋制作技艺	济南市
288	Ⅷ－61	糖瓜制作技艺	文登市 莱芜市莱城区
289	Ⅷ－62	滕州张汪竹木玩具制作技艺	滕州市
290	Ⅷ－63	淄博陶瓷烧制技艺	淄博市

九、传统医药（7项）

序号	编号	项目名称	申报地区或单位
291	Ⅸ－2	宏济堂中医药文化	济南市
292	Ⅸ－3	赵培印面瘫膏药制作工艺	淄博市张店区
293	Ⅸ－4	扈氏鼻炎药膏制作工艺	淄博市
294	Ⅸ－5	接骨膏制作工艺（全鸡接骨膏、活血接骨膏）	曹县
295	Ⅸ－6	安驾庄梁氏正骨疗法	肥城市
296	Ⅸ－7	董家骨科正骨疗法	安丘市
297	Ⅸ－8	健脑补肾丸制作工艺	临清市

十、民俗（10项）

序号	编号	项目名称	申报地区或单位
298	X－14	千佛山庙会	济南市
299	X－15	仿山山会	定陶县
300	X－16	桃源花供	曹县
301	X－17	长岛显应宫妈祖祭典	长岛县
302	X－18	宁阳斗蟋	宁阳县
303	X－19	周村古商城商贸习俗	淄博市周村区
304	X－20	章丘铁匠习俗	章丘市
305	X－21	转秋千会	莒县
306	X－22	胶东花饽饽习俗	烟台市 文登市
307	X－23	淄博花灯会	淄博市张店区

附件2：

第一批省级非物质文化遗产扩展项目名录

（共计21项）

一、民间文学（1项）

序号	编号	项目名称	申报地区或单位
2	I－2	孟姜女传说	济南市长清区 莱芜市莱城区 莒县

二、传统音乐（3项）

序号	编号	项目名称	申报地区或单位
19	II－2	鲁西南鼓吹乐	巨野县 单县
26	II－9	海洋渔号（荣成渔民号子）	荣成市
27	II－10	运河船工号子（枣庄运河号子）	枣庄市

三、传统舞蹈（1项）

序号	编号	项目名称	申报地区或单位
32	III－1	鼓子秧歌	阳信县

四、传统戏剧（7项）

序号	编号	项目名称	申报地区或单位
53	Ⅳ－1	柳子戏	定陶县

序号	编号	项目名称	申报地区或单位
		（马堤吹腔）	夏津县
54	Ⅳ－2	五音戏	章丘市
55	Ⅳ－3	茂腔	胶南市
60	Ⅳ－8	吕剧	滨州市
62	Ⅳ－10	山东梆子（汶上梆子）	汶上县
67	Ⅳ－15	两夹弦（北词两夹弦）	郓城县
68	Ⅳ－16	大平调	成武县

五、曲艺（5项）

序号	编号	项目名称	申报地区或单位
76	Ⅴ－1	山东大鼓	夏津县
77	Ⅴ－2	山东琴书	枣庄市山亭区 郓城县
79	Ⅴ－4	胶东大鼓	栖霞市
80	Ⅴ－5	山东八角鼓（青州八角鼓）	青州市
81	Ⅴ－6	山东落子	金乡县 巨野县

六、传统体育、游艺与杂技（1项）

序号	编号	项目名称	申报地区或单位
92	Ⅵ－7	螳螂拳	栖霞市 青岛市崂山区

七、传统技艺（3项）

序号	编号	项目名称	申报地区或单位
123	Ⅶ－2	彩印花布印染技艺	嘉祥县
124	Ⅶ－3	蓝印花布印染技艺（苍山县大仲村蓝印花布、东明县大屯镇蓝印花布、滨州市博兴县北关村蓝印花布、嘉祥县仲山乡山屯村蓝印花布）	苍山县 东明县 滨州市 嘉祥县
125	Ⅶ－4	鲁锦	聊城市东昌府区

省文化厅 省财政厅 省国家税务局 省地方税务局关于转发《文化部 财政部 国家税务总局关于印发〈动漫企业认定管理办法（试行）〉的通知》的通知

2009年1月20日 鲁文〔2009〕3号

各市文化局、财政局、国税局、地税局：

现将《文化部 财政部 国家税务总局关于印发〈动漫企业认定管理办法（试行）〉的通知》（文市发〔2008〕51号，以下简称《办法》）转发你们，并依照《办法》对山东省动漫企业认定管理工作做如下补充规定，请一并遵照执行。

一、认定管理。根据《办法》第八条，省文化厅、财政厅、国税局、地税局共同负责山东省内享受国家财税优惠政策动漫企业、动漫产品的认定初审及已认定动漫企业的监督检查和年审工作等。日常工作由设在省文化厅的山东省扶持动漫产业发展联席会议办公室（以下简称《省漫联办公室》）承担。

二、报送材料。企业认为符合《办法》第十条、第十一条标准，申请认定为动漫企业的，可向省漫联办公室提出认定申请，并按照《办法》第十四条提交申请材料（可参借《山东省动漫企业备案标准及管理办法》附件中的表格及格式，全国动漫企业认定管理工作办公室对申请材料表格、格式有要求的，按其要求报送材料）。

联系方式：省文化厅 济南市和平路59号

传 真：0531－86568862

邮政编码：250013

省漫联办公室电话：0531－86568879

E－mail： sdmanlian@hotmail.com

附件：文化部 财政部 国家税务总局关于印发《动漫企业认定管理办法（试行）》的通知

附件：

文化部 财政部 国家税务总局关于印发《动漫企业认定管理办法（试行）》的通知

2008年12月18日 文市发〔2008〕51号

各省、自治区、直辖市、计划单列市文化厅（局）、财政厅（局）、国家税务局、地方税务局：

现将《动漫企业认定管理办法（试行）》印发给你们，请遵照执行。

特此通知。

附件：动漫企业认定管理办法（试行）

附件：

动漫企业认定管理办法（试行）

第一章 总　则

第一条 为扶持我国动漫产业发展，落实国家对动漫企业的财税优惠政策，根据《国务院办公厅转发财政部等部门关于推动我国动漫产业发展的若干意见的通知》（国办发〔2006〕32号，以下简称《通知》）规定，制定本办法。

第二条 按照本办法认定的动漫企业，方可申请享受《通知》规定的有关优惠和扶持政策。

第三条 动漫企业认定管理工作坚持为动漫企业服务、促进动漫产业发展的宗旨，遵循公开、公平、公正的原则。

第四条 本办法所称动漫企业包括：

（一）漫画创作企业；

（二）动画创作、制作企业；

（三）网络动漫（含手机动漫）创作、制作企业；

（四）动漫舞台剧（节）目制作、演出企业；

（五）动漫软件开发企业；

（六）动漫衍生产品研发、设计企业。

第五条 本办法所称动漫产品包括：

（一）漫画：单幅和多格漫画、插画、漫画图书、动画抓帧图书、漫画报刊、漫画原画等；

（二）动画：动画电影、动画电视剧、动画短片、动画音像制品，影视特效中的动画片段，科教、军事、气象、医疗等影视节目中的动画片段等；

（三）网络动漫（含手机动漫）：以计算机互联网和移动通信网等信息网络为主要传播平台，以电脑、手机及各种手持电子设备为接收终端的动画、漫画作品，包括Flash动画、网络表情、手机动漫等；

（四）动漫舞台剧（节）目：改编自动漫平面与影视等形式作品的舞台演出剧（节）目、采用动漫造型或含有动漫形象的舞台演出剧（节）目等；

（五）动漫软件：漫画平面设计软件、动画制作专用软件、动画后期音视频制作工具软件等；

（六）动漫衍生产品：与动漫形象有关的服装、玩具、文具、电子游戏等。

第二章 认 定 管 理

第六条 文化部、财政部、国家税务总局共同确定全国动漫企业认定管理工作方向，负责指导、管理和监督全国动漫企业及其动漫产品的认定工作，并定期公布通过认定的动漫企业名单。

第七条 全国动漫企业认定管理工作办公室（以下称办公室）设在文化部，主要职责为：

（一）具体组织实施动漫企业认定管理工作；

（二）协调、解决认定及相关政策落实中的重大问题；

（三）组织建设和管理“动漫企业认定管理工作平台”；

（四）负责对已认定的重点动漫企业进行监督检查和年审，根据情况变化和产业发展需要对重点动漫产品、重点动漫企业的具体认定标准进行动态调整；

（五）受理、核实并处理有关举报。

第八条 各省、自治区、直辖市文化行政部门与同级财政、税务部门组成本行政区域动漫企业认定管理机构（以下称省级认定机构），根据本办法开展下列工作：

（一）负责本行政区域内动漫企业及其动漫产品的认定初审工作；

（二）负责向本行政区域内通过认定的动漫企业颁发“动漫企业证书”；

（三）负责对本行政区域内已认定的动漫企业进行监督检查和年审；

（四）受理、核实并处理本行政区域内有关举报，必要时向办公室报告；

（五）办公室委托的其他工作。

第九条 各级认定机构应制订本辖区内的动漫企业认定工作规程，定期召开认定工作会议。推进认定工作电子政务建设，建立高效、便捷的认定工作机制。

动漫企业认定管理工作所需经费由各级认定机构的同级财政部门拨付。

第三章 认定标准

第十条 申请认定为动漫企业的应同时符合以下标准：

（一）在我国境内依法设立的企业；

（二）动漫企业经营动漫产品的主营收入占企业当年总收入的60%以上；

（三）自主开发生产的动漫产品收入占主营收入的50%以上；

（四）具有大学专科以上学历的或通过国家动漫人才专业认证的、从事动漫产品开发或技术服务的专业人员占企业当年职工总数的30%以上，其中研发人员占企业当年职工总数的10%以上；

（五）具有从事动漫产品开发或相应服务等业务所需的技术装备和工作场所；

（六）动漫产品的研究开发经费占企业当年营业收入8%以上；

（七）动漫产品内容积极健康，无法律法规禁止的内容；

（八）企业产权明晰，管理规范，守法经营。

第十一条 自主开发、生产的动漫产品，是指动漫企业自主创作、研发、设计、生产、制作、表演的符合本办法第五条规定的动漫产品（不含动漫衍生产品）；仅对国外动漫创意进行简单外包、简单模仿或简单离岸制造，既无自主知识产权，也无核心竞争力的除外。

第十二条 申请认定为重点动漫产品的应符合以下标准之一：

（一）漫画产品销售年收入在100万元（报刊300万元）人民币以上或年销售10万册（报纸1 000万份、期刊100万册）以上的，动画产品销售年收入在1 000万元人民币以上的，网络动漫（含手机动漫）产品销售年收入在100万元人民币以上的，动漫舞台剧（节）目演出年收入在100万元人民币以上或年演出场次50场以上的；

（二）动漫产品版权出口年收入100万元人民币以上的；

（三）获得国际、国家级专业奖项的；

（四）经省级认定机构、全国性动漫行业协会、国家动漫产业基地等推荐的在思想内涵、艺术风格、技术应用、市场营销、社会影响等方面具有示范意义的动漫产品。

第十三条 符合本办法第十条标准的动漫企业申请认定为重点动漫企业的，应在申报前开发生产出1部以上重点动漫产品，并符合以下标准之一：

（一）注册资本1 000万元人民币以上的；

（二）动漫企业年营业收入500万元人民币以上，且连续2年不亏损的；

（三）动漫企业的动漫产品版权出口和对外贸易年收入200万元人民币以上，且自主知识产权动漫产品出口收入占总收入30%以上的；

（四）经省级认定机构、全国性动漫行业协会、国家动漫产业基地等推荐的在资金、人员规模、艺术创意、技术应用、市场营销、品牌价值、社会影响等方面具有示范意义的动漫企业。

第四章 认定程序

第十四条 动漫企业认定的程序如下：

（一）企业自我评价及申请

企业认为符合认定标准的，可向省级认定机构提出认定申请。

（二）提交下列申请材料

1. 动漫企业认定申请书；

2. 企业营业执照副本复印件、税务登记证复印件；

3. 法定代表人或者主要负责人的身份证明材料；

4. 企业职工人数、学历结构以及研发人员占企业职工的比例说明；

5. 营业场所产权证明或者租赁意向书（含出租方的产权证明）；

6. 开发、生产、创作、经营的动漫产品列表、销售合同及销售合同约定的款项银行入账证明；

7. 自主开发、生产和拥有自主知识产权的动漫产品的情况说明及有关证明材料（包括版权登记证书或专利证书等知识产权证书的复印件）；

8. 由有关行政机关颁发的从事相关业务所涉及的行政许可证件复印件；

9. 经具有资质的中介机构鉴证的企业财务年度报表（含资产负债表、损益表、现金流量表）等企业经营情况，以及企业年度研究开发费用情况表，并附研究开发活动说明材料；

10. 认定机构要求出具的其他材料。

（三）材料审查、认定与公布

省级认定机构根据本办法，对申请材料进行初审，提出初审意见，将通过初审的动漫企业申请材料报送办公室。

文化部会同财政部、国家税务总局依据本办法第十条规定标准进行审核，审核合格的，由文化部、财政部、国家税务总局联合公布通过认定的动漫企业名单。

省级认定机构根据通过认定的动漫企业名单，向企业颁发“动漫企业证书”并附其本年度动漫产品列表；并根据本办法第五条、第十一条的规定，在动漫产品列表中，对动漫产品属性分类以及是否属于自主开发生产的动漫产品等情况予以标注。

动漫企业设有分支机构的，在企业法人注册地进行申报。

第十五条 已取得“动漫企业证书”的动漫企业生产的动漫产品符合本办法第十二条规定标准的，可向办公室提出申请认定为重点动漫产品，并提交下列材料：

1. 重点动漫产品认定申请书；

2. 企业营业执照副本复印件、税务登记证复印件，“动漫企业证书”复印件；

3. 符合本办法第十二条规定标准的相关证明材料：经具有资质的中介机构鉴证的企业财务年度报表（含资产负债表、损益表、现金流量表）等企业经营情况，并附每项产品销售收入的情况说明；获奖证明复印件或版权出口贸易合同复印件等版权出口收入证明；有关机构的推荐证明；

4. 认定机构要求出具的其他材料。

办公室收到申报材料后，参照本办法第十四条第三款规定的程序予以审核。符合标准的，由办公室颁发“重点动漫产品文书”。

第十六条 已取得“动漫企业证书”的动漫企业符合本办法第十三条规定标准的，可向办公室提出申请认定为重点动漫企业，并提交下列材料：

1. 重点动漫企业认定申请书；

2. 企业营业执照副本复印件、税务登记证复印件，“动漫企业证书”复印件，“重点动漫产品文书”复印件；

3. 符合本办法第十三条规定标准的相关证明材料：经具有资质的中介机构鉴证的企业近两个会计年度财务报表（含资产负债表、损益表、现金流量表）等企业经营情况或版权出口贸易合同复印件等版权出口收入证明；有关机构的推荐证明；

4. 认定机构要求出具的其他材料。

办公室收到申报材料后，参照本办法第十四条第三款规定的程序予以审核。符合标准的，由文化部会同财政部、国家税务总局联合公布通过认定的重点动漫企业名单，并由办公室颁发“重点动漫企业证书”。

第十七条 动漫企业认定实行年审制度。各级认定机构应按本办法第十条、第十三条规定的标准对已认定并发证的动漫企业、重点动漫企业进行年审。对年度认定合格的企业在证书和年度自主开发生产的动漫产品列表上加盖年审专用章。

不提出年审申请或年度认定不合格的企业，其动漫企业、重点动漫企业资格到期自动失效。

省级认定机构应将对动漫企业的年审情况、年度认定合格及不合格企业名单报办公室备案，并由办公室对外公布。

重点动漫企业通过办公室年审后，不再由省级认定机构进行年审。

第十八条 动漫企业对年审结果有异议的，可在公布后20个工作日内，向办公室提出复核申请。

提请复核的企业应当提交复核申请书及有关证明材料。办公室收到复核申请后，对复核申请调查核实，由文化部、财政部、国家税务总局作出复核决定，通知省级认定机构并公布。

第十九条 经认定的动漫企业经营活动发生变化（如更名、调整、分立、合并、重组等）的，应在15个工作日内，向原发证单位办理变更手续，变化后不符合本办法规定标准的，省级认定机构应报办公室审核同意后，撤销其“动漫企业证书”，终止其资格。不符合本办法规定标准的重点动漫企业，由办公室直接撤销其“重点动漫企业证书”，终止其资格。

动漫企业更名的，原认定机构为其办理变更手续后，重新核发证书，编号不变。

第二十条 经认定的动漫企业、重点动漫企业，凭本年度有效的“动漫企业证书”、“重点动漫企业证书”，以及本年度自主开发生产的动漫产品列表、“重点动漫产品文书”，向主管税务机关申请享受《通知》规定的有关税收优惠政策。

第二十一条 重点动漫产品、重点动漫企业优先享受国家及地方各项财政资金、信贷等方面的扶持政策。

第五章　罚　　则

第二十二条 申请认定和已认定的动漫企业有下述情况之一的，一经查实，认定机构停止受理其认定申请，或撤销其证（文）书，终止其资格并予以公布：

（一）在申请认定过程中提供虚假信息的；

（二）有偷税、骗税、抗税等税收违法行为的；

（三）从事制作、生产、销售、传播存在违法内容或盗版侵权动漫产品的，或者使用未经授权许可的动漫产品的；

（四）有其他违法经营行为，受到有关部门处罚的。

被撤销证书的企业，认定机构在3年内不再受理该企业的认定申请。

第二十三条 对被撤销证书和年度认定不合格的动漫企业，同时停止其享受《通知》规定的各项财税优惠政策。

第二十四条 参与动漫企业认定工作的机构和人员对所承担的认定工作负有诚信以及合规义务，并对申报认定企业的有关资料信息负有保密义务。违反动漫企业认定工作相关要求和纪律的，依法追究责任。

第二十五条 对违反本办法规定的省级认定机构，由办公室责令整改。

第六章　附　　则

第二十六条　“动漫企业证书”、“重点动漫产品文书”、“重点动漫企业证书”等证书、文书，由办公室统一监制。

第二十七条　按照本办法认定的动漫企业及其自主开发生产的动漫产品享受的财税优惠政策的具体范围、具体内容由财政部、国家税务总局另行发布。

第二十八条　本办法中涉及数字的规定，表述为“以上”的，均含本数字在内。

第二十九条　本办法由文化部、财政部、国家税务总局负责解释。

第三十条　本办法自2009年1月1日起实施。

省文化厅　省财政厅　省国家税务局　省地方税务局转发《文化部　财政部　国家税务总局关于实施〈动漫企业认定管理办法（试行）〉有关问题的通知》的通知

2009年8月18日　鲁文〔2009〕27号

各市文化局、财政局、国税局、地税局：

现将《文化部　财政部　国家税务总局关于实施〈动漫企业认定管理办法（试行）〉有关问题的通知》（文产发〔2009〕18号，以下简称《通知》）转发你们，并就落实《通知》和《关于转发〈文化部　财政部　国家税务总局关于印发动漫企业认定管理办法（试行）的通知〉的通知》（鲁文〔2009〕33号）要求，确保我省动漫企业认定管理工作顺利进行，提出如下意见：

一、切实加强对我省动漫企业认定管理工作的领导

为加强领导和协调，成立山东省动漫企业认定管理工作领导小组（简称省认定领导小组）。

省认定领导小组由省文化厅、财政厅、国税局、地税局4个部门组成。领导小组下设办公室，承担认定领导小组的日常工作（认定领导小组及办公室成员名单附后）。办公室设在省文化厅。

省认定领导小组的主要职能是，在全国动漫企业认定管理工作办公室（简称全国认定办公室）的指导下，负责山东省内享受国家财税优惠政策动漫企业的认定初审及已认定动漫企业的监督检查和年审工作；协调解决我省动漫企业认定管理工作中的问题；指导、督促、检查我省各地动漫企业认定管理的各项工作；落实和承办全国认定办公室和山东省扶持动漫产业发展联席会议议定的有关事项；就相关问题向全国认定办公室提出建议。

二、尽快建立健全工作机制，加快认定进程

各市应按要求抓紧成立市级动漫企业认定机构，健全工作机制，在严格执行认定工作原则和规范的情况下，对符合国家动漫企业认定条件的我省企业尽快开展认定推荐工作。认定推荐工作中遇到问题请及时上报省动漫企业认定机构。省文化厅、财政厅、国税局、地税局将对全省动漫产业税收政策执行情况进行

监督检查。

三、工作要求

省市认定机构要按照各自职责，主动研究解决动漫企业认定管理工作的有关问题，创新工作机制、服务动漫企业，认真落实全国认定办公室部署的工作任务；各成员单位要相互协作，密切配合，积极参加有关会议，提高工作效率，把我省动漫企业认定管理工作做好。

有关我省动漫企业认定管理工作的实施细则，由省认定办公室另行制定。

附件：1. 文化部　财政部　国家税务总局关于实施《动漫企业认定管理办法（试行）》有关问题的通知

2. 山东省动漫企业认定管理工作领导小组及办公室成员名单

3.《山东省动漫企业认定管理工作领导小组成员单位认定审查意见书》和《山东省动漫企业认定管理工作领导小组成员单位认定年审意见书》

附件1：

文化部　财政部　国家税务总局关于实施《动漫企业认定管理办法（试行）》有关问题的通知

2009年6月4日　文产发〔2009〕18号

各省、自治区、直辖市、计划单列市文化厅（局）、财政厅（局）、国家税务局、地方税务局：

为贯彻落实《动漫企业认定管理办法（试行）》（文市发〔2008〕51号，以下简称《办法》），做好动漫企业认定管理工作，确保动漫企业认定工作顺利推进，推动我国动漫产业的健康快速发展，现就有关事项通知如下：

一、尽快建立健全工作机制，加快认定进程。

各省、自治区、直辖市文化行政部门与同级财政、税务部门要抓紧成立省级认定机构，健全工作机制，在严格执行认定工作原则和规范的情况下，对符合条件的企业尽快开展认定初审和材料上报工作。省级认定机构办公室设在各省、自治区、直辖市文化行政部门。认定工作中遇到问题请及时研究解决和上报全国动漫企业认定管理工作办公室。文化部、财政部和国家税务总局将对动漫产业税收政策执行情况进行监督检查。

二、严格把握认定标准。

《办法》所称动漫企业，不包括漫画出版、发行，动画播出、放映，网络动漫传播以及动漫衍生产品生产、销售等为主营业务的企业。

企业拥有的自主知识产权是指企业近3年内（至申报日前）获得的自主知识产权。

企业营业场所产权证明或者租赁意向书（含出租方的产权证明），营业场所为企业自有产权的，提供房产证复印件加盖企业公章；营业场所为企业租赁的，提供产权方房产证复印件加盖公章或房主签字，并提供房屋租赁合同加盖企业公章。

企业申请动漫企业资格，应提供具有资质的中介机构鉴证的企业财务年度报表（含资产负债表、损益表、现金流量表）等企业经营情况，以及企业年度研究开发费用情况表，并附研究开发活动说明材料，并加盖具有资质的中介机构的公章。各地认定机构应认真核验申请材料。

三、动漫企业认定年审受理申请时间为每年的5月1日至7月31日。

四、计划单列市所在省文化厅本着方便、快捷原则，可根据本地实际情况制定计划单列市动漫企业认定工作的具体办法。

五、《办法》第十四条规定的动漫企业认定申请材料格式见本通知附件1，申请认定的企业应填写动漫企业认定申请书，格式见本通知附件2。

特此通知。

附件：1. 动漫企业认定申请材料

2. 动漫企业认定申请书

附件1：

动漫企业认定申请材料

企业名称：

初审部门：

填报日期：　　年　　月　　日

全国动漫企业认定管理工作办公室监制

填表说明

填表前请仔细阅读

一、申请认定为动漫企业的，应向省级认定机构提交下列文件：

1. 动漫企业认定申请书；

2. 企业营业执照副本复印件、税务登记证复印件；

3. 法定代表人或者主要负责人的身份证明材料；

4. 企业职工人数、学历结构以及研发人员占企业职工的比例说明；

5. 营业场所产权证明或者租赁意向书（含出租方的产权证明）；

6. 开发、生产、创作、经营的动漫产品列表、销售合同及销售合同约定的款项银行入账证明；

7. 自主开发、生产和拥有自主知识产权的动漫产品的情况说明及有关证明材料（包括版权登记证书或专利证书等知识产权证书的复印件）；

8. 由有关行政机关颁发的从事相关业务所涉及的行政许可证件复印件；

9. 经具有资质的中介机构鉴证的企业财务年度报表（含资产负债表、损益表、现金流量表）等企业经营情况，以及企业年度研究开发费用情况表，并附研究开发活动说明材料；

10. 认定机构要求出具的其他材料。

二、说明：

1. 经办人是指持有合法有效的企业委托证明的代理人。

2. 经办人提交的文件、证明应当是原件，不能提交原件的，其复制件应当由认定机关核对。

3. 经办人应当使用签字笔、钢笔、毛笔认真填写表格或签字。

4. 需要由股东或相关人员签署的文件，自然人的由本人签字；法人或其他组织的，由其法定代表人（负责人）签字并加盖公章。

5. 股东是自然人的，填写自然人姓名；是法人或其他组织的，填写法人或其他组织的名称。股东资格证明指股东营业执照，事业单位法人登记证书，社团法人登记证等。

6. 企业类型填写全民所有制企业、集体所有制（股份合作）企业、个人独资企业、合伙企业、有限公司、股份有限公司、外资企业等。

7. 企业未规定经营期限的，企业经营期限一栏可以不填。

8. 经办人在填写申请书中“主要的经营场所”、“住所”栏时，应填写所在省、市、县、乡（镇）及村、街道门牌号码。

9. 填写股东名录及出资情况时，股东以货币出资的，出资方式填写“货币出资”；股东以非货币财产出资评估作价的，出资方式填写“实物、知识产权、土地使用权或其他财产权利”；股东以劳务出资的，出资方式填写“劳务”。

表一：企业基本信息

企业名称					
注册地址				邮　编	
联系地址				邮　编	
企业网址				E - mail	
法定代表人		移动电话		身份证号	
企业负责人		移动电话		传　真	
联系人		移动电话		传　真	
企业性质		工商注册号			
企业注册日期		企业经营期限			
企业注册资本（金）		实收注册资本（金）			
企业主管税务机关（国税）		税务登记证号			
企业主管税务机关（地税）		税务登记证号			
其他许可证		其他许可证号			
经营范围					
企业员工情况	从业人数	管理人员人数	研发人员人数		销售人员人数

表二：企业股东名录及出资情况

股东名称或姓名	住　所	证件名称及号码	出资方式	实缴出资额	认缴出资额

股东签字（盖章）：　　　　　　　　　　申请日期

股东的主体资格证明或者自然人的身份证明复印件

股东的主体资格证明 或者自然人的身份证明复印件粘贴处

表三：法定代表人（个人独资企业投资人、合伙企业执行事务合伙人）基本情况

企业名称				一寸免冠近照粘贴处
姓名		性别		
证件名称及号码		国籍		
户籍登记住址		民族		
学历		政治面貌		
学位		专业		
出生日期		联系电话		
个人简历（注：应自具有完全民事行为能力至今，并不得间断）				
起 止 年 月	单 位	职 务		职 称
身份证复印件粘贴处			兹证明该任职人具有完全民事行为能力，产生程序符合有关法律、法规和章程的规定，经任命（选举）出任企业的法定代表人（执行事务合伙人）。 盖 章 年 月 日	

表四：主要研发人员基本情况

企业名称				一寸免冠近照粘贴处
姓名		性别		
证件名称及号码		国籍		
户籍登记住址		民族		
学历		政治面貌		
学位		专业		
出生日期		联系电话		
个人简历（注：应自具有完全民事行为能力至今，并不得间断）				
起止年月	单 位	职 务		职 称
主要研发成果及获奖情况				
身份证复印件粘贴处			兹证明该任职人为我公司员工，具有完全民事行为能力。 盖 章 年 月 日	

表五：企业上年度经营情况

企业当年总收入（万元）			
经营动漫产品的主营收入（万元）		经营动漫产品的主营收入/总收入（%）	
自主开发生产的动漫产品收入（万元）		自主开发生产的动漫产品收入/经营动漫产品的主营收入（%）	
动漫产品的研究开发经费（万元）		动漫产品的研究开发经费/企业当年营业收入（%）	
企业经营账号			
企业财务负责人（签字） 企业财务章 年 月 日		企业法定代表人（签字） 企业公章 年 月 日	

表六：企业主营业务及产品

主营业务方向	□ 漫画产品；□ 动画产品；□ 网络动漫产品；□ 手机动漫产品；□ 动漫舞台剧；□ 动漫软件；□ 动漫衍生产品研发设计；□ 其他（依其主次程度写出排列序号：1，2，…）

序号	主要动漫产品名称	属性分类（漫画、动画等）	书刊号/许可证号等	动漫产品的市场情况	获奖情况

表七：　企业动漫开发环境

开发场地面积（平方米）					
大中小型机	台数		服务器	台数	
	型号			型号	
工作站	台数		PC 机	台数	
	型号			型号	
笔记本	台数		动作捕捉系统	套数	
	型号			型号	
三维扫描仪	台数		广播级录像机	台数	
	型号			型号	
胶—磁转换设备	台数		监视器	台数	
	型号			型号	
录音、混音、监听设备	台数		磁盘阵列	容量	
	型号			型号	
备注					

表八：申报企业人员构成情况

职工总数				大专以上学历者占职工总数的百分比				
动漫技术人员数				动漫技术人员数占职工总数的百分比				
职工学历构成	大专		本科		硕士		博士	
动漫专业人员构成	研究开发人员数		工程和项目管理人员数		市场推广与技术服务人员数			

表九：　省级认定机构初审意见

省级认定机构初审意见	签　章 年　月　日

附件2：

动漫企业认定申请书

________省（自治区、直辖市、计划单列市）动漫企业认定管理机构：

经对照《动漫企业认定管理办法（试行）》自我评价，我单位认为符合动漫企业认定标准，自愿向认定机构提出认定申请。我单位承诺，所提交的全部申请材料都是真实、合法、有效的，如有不实，我单位愿意承担由此引发的一切法律责任及其他后果。

特此申请。

（企业盖章）

年　　月　　日

附件2：

山东省动漫企业认定管理工作领导小组及办公室成员名单

组长：亢清泉　省文化厅厅长
成员：谢治秀　省文化厅副厅长、省文物局局长
　　　庞敦之　省财政厅副厅长
　　　郭吉毅　省国税局副厅长
　　　赵洪波　省地税局副厅长

山东省动漫企业认定管理工作领导小组办公室成员名单

主任：谢治秀（兼）
成员：孙猛建　省文化厅文化市场处处长
　　　孙天波　省财政厅教科文处副处长
　　　钱　梅　省国税局所得税管理处处长
　　　李广进　省地税局税管二处副处长
　　　孙秋晔　省文化厅文化市场处调研员
　　　孔　进　省财政厅教科文处主任科员
　　　张文波　省国税局所得税管理处科长
　　　陈艳艳　省地税局税管二处副处长

附件3：

山东省动漫企业认定管理工作领导小组成员单位认定审查意见书

省认定领导小组成员单位审查意见	企业名称	
	（单位公章） 年　月　日	

山东省动漫企业认定管理工作领导小组成员单位认定年审意见书

（　　　年度）

企业名称	
省认定领导小组成员单位审查意见	（单位公章） 年　月　日

省文化厅　省财政厅　省国家税务局　省地方税务局关于动漫企业认定申报工作的通知

2009年10月26日　鲁文〔2009〕44号

各市文化局、财政局、国税局、地税局：

有关动漫企业认定管理工作一系列文件下发之后，各地各有关部门在宣传、调研和组织申报等方面做了大量工作。为了更有利于动漫企业的认定申请和认定推荐工作，依据国家有关规定和我省动漫企业认定管理工作实际，经省动漫企业认定管理工作领导小组（以下简称《省级认定机构》）研究，现就我省动漫企业认定申报工作的有关问题通知如下，请在动漫企业认定管理工作中贯彻执行。

一、受理申请时间

山东省动漫企业认定初审工作每年一般进行两次，集中受理申请时间为每年6月1日至7月31日、10月1日至11月30日。2009年企业认定申请时间为即日至11月10日止（之前企业的认定申请材料按照本《通知》要求重新整理并申报），各市申请材料上报省级认定机构办公室的时间截至11月30日。

二、申报条件

在我省行政区域注册的企业，且符合《文化部　财政部　国家税务总局关于印发〈动漫企业认定管理办法（试行）〉的通知》（文市发〔2008〕51号，以下简称《办法》）第十条和《文化部　财政部　国家税务总局关于实施〈动漫企业认定管理办法（试行）〉有关问题的通知》（文市发〔2009〕18号，以下简称

《实施办法》）“二、”等有关规定。

三、申报材料

（一）材料内容

请申报企业按照《办法》和《实施办法》的要求，向市级认定机构（尚未成立机构的向市级文化行政部门）提供如下材料：

1. 动漫企业认定申请书；

2. 动漫企业认定申请材料（表一至表九，保持表格原样）；

3. 提供具有资质的中介机构鉴证的企业财务年度报表（含资产负债表、损益表、现金流量表）等企业经营情况，以及企业年度研究开发费用情况表，附研究开发活动说明材料，并加盖具有资质的中介机构的公章。

4. 提交相关证明材料：（1）企业营业执照副本复印件、税务登记证复印件；（2）法定代表人或者主要负责人的身份证明材料；（3）企业职工人数、学历结构以及研发人员占企业职工比例说明；（4）企业营业场所产权证明或者租赁意向书（含出租方的产权证明），营业场所为企业自有产权的，提供房产证复印件加盖企业公章；营业场所为企业租赁的，提供产权方房产证复印件加盖公章或房主签字，并提供房屋租赁合同加盖企业公章；（5）开发、生产、创作、经营的动漫产品列表、销售合同及销售合同约定的款项银行入账证明；（6）自主开发、生产和拥有自主知识产权（指企业近3年内，至申报日前，获得的自主知识产权）的动漫产品的情况说明及有关证明材料（包括版权登记证书或专利证书等知识产权证明的复印件）；（7）由有关行政机关颁发的从事相关业务所涉及的行政许可证件复印件；（8）企业年度研究开发费用情况表，并附研究开发活动说明材料；（9）认定机构要求出具的其他材料。

（二）编制要求

1. 申报企业按照《办法》和《实施办法》有关要求，如实填报《动漫企业认定申请书》并与其他证明材料合订成册。

2. 所有申报材料应按装订顺序逐页编制总页码，并在每份申报材料内提供材料总目录和相应的页码范围。

3. 材料装订顺序为：

（1）动漫企业认定申请书；

（2）动漫企业申请材料（表一至表九）

（3）企业营业执照副本复印件、税务登记证复印件；

（4）法定代表人或者主要负责人的身份证明材料；

（5）企业职工人数、学历结构以及研发人员占企业职工比例说明；

（6）企业营业场所产权证明或者租赁意向书（含出租方的产权证明），营业场所为企业自有产权的，提供房产证复印件加盖企业公章；营业场所为企业租赁的，提供产权方房产证复印件加盖公章或房主签字，并提供房屋租赁合同加盖企业公章；

（7）开发、生产、创作、经营的动漫产品列表、销售合同及销售合同约定的款项银行入账证明；

（8）自主开发、生产和拥有自主知识产权（指企业近3年内，至申报日前，获得的自主知识产权）的动漫产品的情况说明及有关证明材料（包括版权登记证书或专利证书等知识产权证明的复印件）；

（9）由有关行政机关颁发的从事相关业务所涉及的行政许可证件复印件；

（10）经具有资质的中介机构鉴证的企业财务年度报表、企业年度研究开发费用情况表，研究开发活动说明材料；

（11）认定机构要求出具的其他材料。

四、认定程序

1. 企业按要求向当地市级文化行政部门提出申请，并报送相关申请材料（一式四份）；

2. 市级文化行政部门接到企业的认定申请材料后，于5个工作日内对申请材料是否完整（按照本《通知》三要求）进行审核，并及时将企业名单和相关材料送同级财政、国税、地税部门进行审核；

3. 各有关部门接到名单和相关材料后，应按照职能分工，重点对相关内容进行审核，一般应于15个工作日内完成，如有特殊情况，可向市级认定机构办公室说明原因，并适当延长审核时间；

4. 各部门审核完成，达成一致意见后，以正式文件上报省级认定机构（同时，将动漫企业认定推荐名单汇总表电子版发到 sdmanlian@ hotmail. com 省级认定机构办公室）；

5. 已取得“动漫企业证书”的动漫企业生产的动漫产品申请认定为重点动漫产品、动漫企业申请认定为重点动漫企业的应符合《办法》第十二条、第十三条、第十五条、第十六条规定，参照本《通知》准备申请材料，经省级认定机构出具推荐证明，然后向全国动漫企业认定管理工作办公室（以下简称《全国认定办公室》）提出认定为重点动漫产品、重点动漫企业的申请。

五、工作分工

各级认定机构按照以下分工，对申请认定为动漫企业（及其推荐为重点动漫产品、重点动漫企业）的申请材料及其相关证明进行审查。

（一）在我国境内依法设立的企业。文化主要负责，财政、国税、地税配合。

（二）动漫企业经营动漫产品的主营收入占企业当年总收入的60%以上。国税、地税主要负责，文化、财政配合。

（三）自主开发生产的动漫产品收入占主营收入的50%以上。国税、地税主要负责，文化、财政配合。

（四）具有大学专科以上学历的或通过国家动漫人才专业认证的、从事动漫产品开发或技术服务的专业人员占企业当年职工总数的30%以上，其中研发人员占企业当年职工总数的10%以上。文化主要负责，财政、国税、地税配合。

（五）具有从事动漫产品开发或相应服务等业务所需的技术装备和工作场所。文化主要负责，财政、国税、地税配合。

（六）动漫产品的研究开发经费占企业全年营业收入8%以上。国税、地税主要负责，文化、财政配合。

（七）动漫产品内容健康，无法律法规禁止的内容。文化主要负责，财政、国税、地税配合。

（八）企业产权明晰，管理规范，守法经营。文化主要负责，财政、国税、地税配合。

六、年审

1. 动漫企业认定实行年审制度。市级认定机构或文化、财政、国税、地税部门应按《办法》第十条、第十三条规定的标准和本通知的工作分工，对已认定并发证的动漫企业、重点动漫企业进行年审。对年度认定合格的企业在证书和年度自主开发生产的动漫产品列表上加盖年审专用章，并将年审结果以文件形式报省级认定机构办公室。

省级认定机构将对年审结果组织检查，并将年审情况、年度认定合格及不合格企业名单报全国认定办公室备案，并由全国认定办公室对外公布。

不提出年审申请或年度认定不合格的企业，其动漫企业、重点动漫企业资格到期自动失效。

重点动漫企业通过全国认定办公室年审后，不再由我省进行年审。

2. 动漫企业对年审结果有异议的，可在公布后20个工作日内，向全国认定办公室提出复核申请。

提请复核的企业应当提交复核申请书及有关证明材料。全国认定办公室收到复核申请后，对复核申请调查核实，由文化部、财政部、国家税务总局做出复核认定，通知省级认定机构并公布。

3. 动漫企业年审受理申请时间为每年的5月1日至7月31日。

七、其他

1. 请各市认定机构或文化、财政、国税、地税组织并指导好本地区动漫企业认定申报和年审工作，务必按照规定的时间要求报送材料。

2. 各级文化、财政、国税、地税等部门，加强对申报和年审工作的组织协调，加强对企业申请工作的指导，并要对申报企业和申报材料的内容进行严格把关。申报企业要对申报材料的真实性负责，若存在弄虚作假行为，一经发现并查实，省级认定机构将按照《办法》的相关规定提请办公室取消其认定资格，且今后3年内不再受理该企业的认定申请。

3. 企业在申报过程中的各种问题，可先咨询所在地认定机构或文化、财政、国税、地税部门，仍有疑问或特殊情况的，可直接咨询省级认定机构办公室有关成员单位。

附件：动漫企业认定推荐名单汇总表（山东省）

附件：

动漫企业认定推荐名单汇总表（山东省）

推荐单位＿＿＿＿＿＿＿＿＿　　　　　　　　年　月　日

序号	企业名称	注册时间	注册资金	联系方式	备注

省人力资源和社会保障厅　省财政厅关于省属事业单位改企有关问题的处理意见

2009年8月11日　鲁人社〔2009〕29号

省直各部门（单位），各高等院校：

为便于省属事业单位改革中改企单位改革工作的实施，根据《省委、省政府关于推进事业单位改革的意见》（鲁发〔2004〕15号）和《省委办公厅省政府办公厅关于省属经营开发服务类事业单位改企转制的实施意见的通知》（鲁厅字〔2005〕41号），现就有关问题提出如下处理意见：

一、关于改企单位在职职工身份转换问题

省属事业单位经批准改为国有企业后，原单位要正式行文通知解除其与在职职工的人事劳动关系。改企后的国有企业，应与在职职工按照《劳动法》、《劳动合同法》及有关法律、法规和政策规定订立劳动合同。改企单位须按规定填写《省属事改企单位转入企业人员一次性补贴审核表》，经主管部门审核后报省人力资源和社会保障厅核准，作为计发改企单位编制内在职职工一次性补贴的根据。

二、关于驻济省属事业单位改企后职工参保缴费问题

（一）养老保险

驻济省属事业单位改为企业后，其养老保险经办工作由省社会保险经办机构负责并专类登记和管理。改企单位凭成立、改企批文，登记申请，营业执照，组织机构代码，法定代表人身份证到省社会保险经办机构办理企业参保登记。改企前已为本单位合同制工人办理了省直管机关事业单位养老保险登记的，先注销原有登记，再办理企业参保登记，接续养老保险关系。

改企单位从改企基准日起按企业职工的有关规定缴纳基本养老保险费，并建立职工基本养老保险个人账户。单位缴费比例按 20% 执行，职工个人统一按 8% 缴纳。以全省在岗职工平均工资作为确定职工缴费基数上下限和改企后退休人员计算基本养老金的依据。

（二）医疗、工伤、生育保险

驻济省属事业单位改为企业后，改企前单位享受省直公费医疗和保健待遇的离退休（退养）人员，继续享受原待遇，资金按原渠道解决。改企前不享受省直公费医疗和保健待遇的，离休人员医疗待遇不变；退休（退养）人员随改制后单位在职职工一起按规定参加省直管基本医疗保险，享受相应医疗待遇。

驻济省属事业单位改为企业后，按规定参加属地的工伤、生育保险。

（三）失业保险

驻济省属事业单位改为企业后，其失业保险经办工作继续由省失业保险经办机构负责并专类登记和管理。改企前已在省失业保险经办机构参加失业保险的，变更为企业失业保险登记，其单位和职工继续按规定参加失业保险并继续缴纳失业保险费。

三、关于改企单位在职职工一次性补贴及个人账户问题

鲁厅字〔2005〕41 号文件规定的给予改企单位编制内在职职工一次性补贴，其补贴标准计算公式中的工作年限计算至改企基准日，为实足年限。如在机关事业单位、军队的工作时间 22 年 6 个月，其工作年限为 22.5 年。月基本工资按改企基准日当月的岗位工资和薪级工资计算。

给予改企单位在职职工的一次性补贴，由改企后的单位在首次缴纳基本养老保险费时，一次性交给省社会保险经办机构，全部计入职工基本养老保险个人账户。由企业调入事业单位的人员，原在企业的养老保险个人账户储存额与一次性补贴一并计入本人个人账户。职工在企业与机关事业单位之间流动的，原事业单位合同制工人转入企业的，按《山东省劳动和社会保障厅关于当前养老保险工作中若干具体政策问题的通知》（鲁劳社〔2001〕29 号）有关规定转移和接续养老保险关系。

四、关于改企单位改企前已离退休人员生活待遇及发放问题

鲁厅字〔2005〕41 号文件中规定的改企前已离退休人员的生活待遇，是指基本离退休费和增发离退休费。不属财政供养的改企前离退休人员的基本离退休费、增发离退休费及按国家和省政府及省政府授权人事、财政等部门规定的统一面向事业单位发放的下列津贴补贴纳入基本养老保险社会统筹项目，由基本养老保险统筹基金列支，实行社会化发放。具体津补贴项目为：①省人事、财政部门出台的面向机关事业单位人员发放、具有明确项目和标准的生活补贴、物价补贴、原职务补贴；②鲁人薪〔1997〕16 号文件简化归并建立的地方福利补贴；③鲁人薪〔1997〕15 号文件规定的驻济补贴；④〔1986〕鲁人老字第 2 号文件规定的离休干部特需补助费；⑤鲁人薪〔1997〕16 号文件规定的离休干部乘车费余额；⑥鲁老干通字〔2007〕8 号、鲁老干〔2008〕12 号文件规定的离休干部护理费。

住房、取暖补贴项目及按有关政策规定发放的其他补贴仍按原经费渠道解决。

改企单位原自主给离退休人员发放的补贴，由改企后的单位根据效益情况自行确定。

改企单位须按规定填写《省属事改企单位原离退休人员离退休费及统筹项目内津贴补贴核准表》，经离退休人员本人认可和主管部门审核后报省人力资源和社会保障厅核准，作为省社会保险经办机构办理有关待遇发放的根据。

按照国发〔1978〕104号文件规定办理退职人员的退职费、退职人员生活补贴，纳入基本养老保险社会统筹项目，由基本养老保险统筹基金列支，自改企基准日的下月起实行社会化发放；其他补贴按原经费渠道解决。

离退休人员死亡后，按规定发放的丧葬补助费、一次性救济费（抚恤金）、供养直系亲属生活困难补助费，按规定标准从基本养老保险统筹基金中列支。

五、关于内部退养问题

鲁厅字〔2005〕41号文件规定的内部退养，是为照顾工龄较长、年龄偏大的事业单位工作人员而出台的一项特殊政策，仅适用于改企的事业单位。内部退养条件中的工作年限为实足年限。符合内部退养条件的工作人员，须由个人书面申请，按干部管理权限批准，并由单位与个人签订内退协议书，双方认为必要时还可进行公证。

内部退养人员的工作年限和岗位任职时间计算截止于事业单位改企基准日。内退期间按退休人员对待，不列入改企单位的在职人员，不计发一次性补贴，不再参加考核和晋升岗位等级及工资，不计算工龄，不缴纳养老保险费和建立养老保险个人账户。内部退养人员到达法定正常退休年龄时由主管机关发给退休证。

改企单位要根据内部退养人员改企基准日当月的工资情况和计算出的工作年限，比照同等条件退休人员计算其内退期间的生活费，并按规定填写《省属事改企单位内部退养人员情况和内退期间生活费核准表》，连同个人书面申请和个人与单位签订的内退协议书，经主管部门审核后报省人力资源和社会保障厅核准，作为改企单位缴纳内退人员内退期间所需费用和发放其生活费的根据。不属财政供养的内退人员内退期间所需费用，以内退人员对应统筹项目内的生活费和距离法定正常退休年龄的年限计算，由单位改企时一次性交省社会保险经办机构，由省社会保险经办机构按月代为发放。内退人员内退期间按原事业单位退休人员增加退休费的规定调整待遇，由省社会保险经办机构发放。对应统筹项目外的津补贴等，按照本意见第四条关于退休人员的规定执行。

六、关于女性在职职工退休年龄问题

（一）在未实行人员聘用制度的事业单位中，对办理聘用制干部手续的人员，按山东省委组织部、省人事厅《关于企事业单位聘用制女干部退休问题的复函》（〔1997〕鲁人函16号）规定执行。即"对已达工人退休年龄的聘用制女干部，可根据工作需要决定是否继续聘用。继续聘用的，年龄到达55周岁，连续受聘满十年并仍在聘用岗位上工作的，可按录用制干部办理退休手续；予以解聘的，仍按工人办理退休手续"。

（二）在未实行聘用制度的事业单位中，没有办理聘用制干部手续，但以工人身份聘任专业技术职务的女职工，退休年龄按山东省委组织部、省人事局《关于干部退（离）休工作中几个具体问题的意见》中的有关规定执行。即"从工人中聘任的专业技术人员的退休年龄，被聘任为高级专业技术职务的，可按专业技术干部的退休年龄对待；被聘任为中级（含中级）以下专业技术职务的，仍按工人的退休年龄执行"。

（三）已实行人员聘用制度的事业单位，自工作人员与单位签订聘用合同之日起，按山东省人事厅

《转发人事部〈关于事业单位试行人员聘用制度有关工资待遇等问题的处理意见（试行）〉的通知》（鲁人发〔2007〕93号）规定办理退休。其中“对由工勤岗位受聘到专业技术或管理岗位的人员，在专业技术岗位或管理岗位聘用满10年（本意见下发前已被聘用的，可连续计算）且在所聘岗位退休（退职）的，可按所聘岗位国家规定的条件办理退休（退职），并享受相应的退休（退职）待遇”。

改企事业单位工人身份聘任（用）为专业技术、管理职务（岗位）的女职工内部退养条件，应根据单位是否开展了人员聘用制度改革和本人的情况，来选择执行上述政策规定。

七、关于改企单位在职人员辞去公职问题

改企单位改企时选择辞去公职的人员，本人须提交辞去公职申请书，按照人事管理权限批准；单位须按规定填写《省属事改企单位人员辞职补助金审批表》，经主管部门审核后报省人力资源和社会保障厅核准。准予辞职的人员，由原单位发给一次性辞职补助金，工龄每满一年发给一个月的基本工资（岗位工资、薪级工资之和），不满一周年的，不予发给。

改企单位辞职人员在机关事业单位的工作时间计算连续工龄，并按在职人的办法计算个人账户一次性补贴。改企单位将辞职人员个人档案、改企在职职工一次性补贴转交省职业介绍机构，待再就业持续养老保险关系时，由省职介机构将个人账户一次性补贴储存额转入社会保险经办机构。

八、关于费用支出问题

改企中处理人事劳动关系和衔接建立各项社会保险制度及改企后离退休（退养）人员生活待遇、医疗待遇所需费用，按原渠道解决，经审核，单位确有困难的，由主管部门统筹解决；主管部门难以解决的，由省财政调剂解决。

本意见仅适用于按照鲁发〔2004〕15号和鲁厅字〔2005〕41号文件规定实施改企的省属单位和人员。

省体育局　省机构编制委员会办公室　省教育厅　省公安厅　省财政厅　省人力资源和社会保障厅关于印发《山东省实施〈运动员聘用暂行办法〉细则》的通知

2009年9月9日　鲁体人字〔2009〕48号

各市（县、市、区）体育局、编办、教育局、公安局、财政局、人事局、劳动和社会保障局：

根据国家体育总局、教育部、公安部、财政部、人事部、劳动和社会保障部《关于印发〈运动员聘用暂行办法〉的通知》（体人字〔2007〕412号）、中央机构编制委员会办公室《关于加强和规范体育事业单位编制管理有关问题的通知》（中央编办发〔2007〕134号）和国家体育总局、财政部、劳动和社会保障部《关于进一步加强运动员社会保障工作的通知》（体人字〔2006〕478号）精神，结合我省实际，制定《山东省实施〈运动员聘用暂行办法〉细则》，现印发给你们，请遵照执行。

实行运动员聘用制，是事业单位实行工作人员聘用制的重要组成部分，是运动员培养制度的一项重要改革，对促进体育事业科学发展具有重要作用。各有关单位和部门要高度重视、认真落实，及时研究和解决实施过程中存在的实际问题，确保运动员聘用工作顺利开展。

附件：山东省实施《运动员聘用暂行办法》细则

附件：

山东省实施《运动员聘用暂行办法》细则

第一章 总 则

第一条 为规范我省运动员招聘、培养、保障和退役工作，加强省优秀运动队建设，促进体育事业科学发展，保障运动员合法权益，依据国家和我省有关规定，结合实际，制定本细则。

第二条 本细则适用于省属各体育训练单位所属的运动员。

第三条 本细则所称运动员，是指专业从事某项体育运动训练和参加比赛，且享受试训体育津贴或体育津贴的人员。

运动员包括试训运动员和优秀运动员。

第四条 运动员实行集训、试训、聘用、职业转换过渡期和退役制度。

第五条 省人力资源和社会保障厅是省属体育训练单位运动员聘用工作和运动员社会保险工作的主管部门。省体育局会同省教育、公安、财政、人力资源和社会保障等部门负责运动员的招聘、培养、保障和退役等工作。

第二章 运动员集训、试训

第六条 根据运动训练的特殊性，各体育训练单位在办理编制计划内优秀运动员聘用手续前，可组织一定规模人员进行集训、试训。

第七条 体育训练单位可根据运动项目特点组织青少年运动员选材集训。运动员选材集训由各体育训练单位制定集训工作方案报省体育局批准后组织实施。

第八条 根据运动员集训、考核情况研究确定试训运动员人选。试训运动员不占编制，人数一般控制在省优秀运动队优秀运动员编制数的20%，全运会结束后的下一年度试训运动员规模可视情况适当增加。

第九条 试训运动员通过集训定向选拔、基层体育训练单位推荐或面向社会公开招聘等方式产生。原则上从完成九年制义务教育的人员中择优招聘，个别项目根据项目特点可适当放宽。体育训练单位组织运动员试训测试、考核，经省体育局审核批准，由体育训练单位与试训运动员本人或其监护人（指未满16周岁的法定监护人）签订《试训协议书》。

第十条 试训时间一般为一年，根据选材需要，确需延长试训时间的，由训练单位提出申请，经省体育局研究后确定。试训运动员在试训期内享受国家规定的试训体育津贴，达到领取成绩津贴条件的，可领取相应的成绩津贴。

第十一条 试训运动员在试训期间按照国家和我省有关政策参加社会保险，并享受相关待遇。

第十二条 试训运动员应接受相应的文化教育，有关教育部门、单位协助做好教学组织工作。

第十三条 试训期满达到聘用标准的，按照省人力资源和社会保障厅关于公开招聘工作有关规定，办理优秀运动员聘用手续；试训期满达不到聘用标准的，不得办理聘用手续，由训练单位以书面形式通知试训运动员本人及原输送单位，终止试训及相关待遇，试训运动员回原输送单位或居住所在地。

第十四条 运动员试训期间所需经费由同级财政列入预算安排。

第三章　优秀运动员招聘

第十五条　优秀运动员的招聘应在编制计划内进行，一般每年进行1～2次。各体育训练单位提出招聘计划，经省体育局核准，报省人力资源和社会保障厅同意后，由省体育局按照事业单位公开招聘人员的有关规定分批组织实施。省人力资源和社会保障厅负责对优秀运动员招聘工作进行指导、监督和管理。

第十六条　优秀运动员招聘工作坚持公开、平等、竞争、择优、科学、规范的原则，根据聘用条件，采取考试、考核的方法进行。

第十七条　各体育训练单位招聘优秀运动员方案报省体育局批准并报省人力资源和社会保障厅备案。招聘工作由省体育局根据聘用条件及要求统一组织实施。其中，聘用未满16周岁的优秀运动员，需征得其监护人同意。

第十八条　省体育局对拟聘用的优秀运动员进行公示，公示结束报省人力资源和社会保障厅备案后，各体育训练单位与优秀运动员签订聘用合同，明确双方的权利、义务以及相关事项。

第十九条　试训期满，符合招聘条件、办理优秀运动员聘用手续的，不实行试用期。未经试训办理聘用手续的优秀运动员，试用期为6个月，试用期包括在聘用合同期内。

第二十条　跨地区或从农村聘用优秀运动员的，在签订聘用合同后，由训练单位向公安部门出具省人力资源和社会保障厅的调函或聘用通知书，办理优秀运动员户口迁移手续。

在我省聘用的优秀运动员，经本人同意，可以不办理户口转移手续，在体育训练单位所在地的公安派出所办理优秀运动员暂住户口登记。

第四章　优秀运动员在训

第二十一条　优秀运动员实行岗位管理。优秀运动员岗位与事业单位管理岗位、专业技术岗位、工勤技能岗位并列管理，不划分岗位等级，不控制内部结构比例。各体育训练单位按照岗位职责，建立健全优秀运动员管理、考核办法，督促优秀运动员认真学习、科学训练，按照岗位职责要求完成规定的训练比赛任务。

第二十二条　体育训练单位负责组织新聘用优秀运动员的岗前培训和入队教育，内容包括：法律法规、职业道德、职业规范、规章制度、工资福利、社会保障政策、安全知识等，使优秀运动员明确自身的权利和义务，牢固树立为省、为国争光的理想和信念。

第二十三条　体育训练单位应坚持科学训练的原则，会同体育科研、医疗部门，指导、监督教练员根据本项目训练竞赛规律和发展需要，合理安排优秀运动员的训练、比赛时间。

第二十四条　建立优秀运动员文化教育协调机制，省体育局、省教育厅负责统筹规划、组织实施、检查指导我省优秀运动员的文化教育工作。根据体育训练的特点，有针对性地开展文化教育工作，切实保障优秀运动员接受文化教育的权利。鼓励优秀运动员在训期间进入相应的高等院校学习。省内高等院校要积极招收优秀运动员在本校参加文化学习，根据体育训练、比赛任务情况，科学安排优秀运动员文化学习时间，建立符合优秀运动员教育特点的弹性学制，并利用各种教育手段切实保证优秀运动员的教育质量。实施普通学历教育的必须按国家有关政策通过省级招生部门统一办理录取手续，并将录取信息上报教育部，作为新生学籍电子注册的依据。

获得一级运动员、运动健将、国际健将及武术武英级（或以上）称号之一的优秀运动员，可以直接向招生院校申请参加招生院校组织的体育专项考核和文化课单独考试，合格者免予参加全国普通高校招生统一文化考试。聘用前未完成九年制义务教育的优秀运动员，由省体育局负责安排文化课学习，当地教育部门和单位要给予积极支持。

第二十五条 建立健全优秀运动员档案。优秀运动员档案包括：人事档案、运动技术档案、社会保险基础档案、文化学习学籍档案、健康体检档案。各体育训练单位负责做好优秀运动员档案管理工作，并与省体育科研、体育医疗、教育部门协调落实有关档案材料。

第二十六条 优秀运动员工资实行体育津贴奖金制。优秀运动员享受国家规定的工资待遇、住房公积金和住房补贴。

聘用合同期内，建立优秀运动员住房公积金账户，及时全额缴存。住房公积金的基数、比例和额度严格按照《建设部等部门关于住房公积金管理若干具体问题的指导意见》（建金管〔2005〕5号）规定执行。其中，由优秀运动员个人缴纳的部分，从优秀运动员的体育津贴中扣缴；由单位缴纳的部分，按照优秀运动员体育津贴及规定比例计算，并及时足额缴纳。

优秀运动员住房补贴的发放以其体育津贴为基数，参照优秀运动员所在事业单位其他工作人员比例执行，所需资金由同级财政按其他工作人员经费渠道给予安排。

第二十七条 优秀运动员签订聘用合同后，按照国家和我省有关政策参加社会保险，并享受相关待遇。

第五章 优秀运动员停训

第二十八条 优秀运动员因身体、技术、年龄等原因，不宜继续从事专业训练的，经省体育局批准后停止训练。聘用时间不满4年的优秀运动员，原则上不得无故停训、退役，特殊情况需要提前退役的，由省体育局审批。

第二十九条 优秀运动员擅自停止训练连续超过10个工作日或者一年内累计超过20个工作日的，训练单位可以解除聘用合同，并按照有关规定对其停训所造成的损失追究支付赔偿金。

第三十条 优秀运动员停止训练后，给予不超过一年的职业转换过渡期。具体期限由体育训练单位与优秀运动员协商确定。职业转换过渡期包括在聘用合同期限内。职业转换过渡期内，不计算运龄，体育津贴照发，参加年度考核，按国家和省有关规定享受有关社会保障等待遇。

第三十一条 未经批准，优秀运动员擅自停训，或因犯有违法违纪行为而停训的不享受过渡期待遇。

第三十二条 做好优秀运动员职业转换过渡期管理工作。省体育局负责组织、委托、协调优秀运动员职业转换过渡期内的体育专项理论知识、职业技能培训、就业推荐指导等工作。有关教育、人力资源和社会保障、公安等部门、单位积极支持，密切配合。将职业教育和培训内容纳入优秀运动员文化教育必修课程。引进专业化、社会化职业辅导、就业推荐等服务项目。各级公共就业服务机构应免费为优秀运动员提供职业介绍、职业指导服务。属于就业困难人员的，初次通过职业技能鉴定（限国家规定实行就业准入制度的特殊工种）、取得职业资格证书的，可申请一次性职业技能鉴定补贴。过渡期各项工作所需经费以财政投入为主，体育部门使用的彩票公益金、社会捐助资金等其他资金为辅。

第六章 优秀运动员退役

第三十三条 全省各级人力资源和社会保障、机构编制、财政、教育、体育部门应积极创造条件，努力拓宽退役优秀运动员就业渠道，关心退役优秀运动员的工作、生活。

第三十四条 对曾获得奥运会前六名、世界锦标赛（奥运会项目）前三名和全运会冠军的退役优秀运动员，原输送优秀运动员的市及其区、市、县企事业单位或省属企事业单位可直接考核聘用，其中事业单位应在人力资源和社会保障部门安排的增人计划内招聘。获得全国及以上各类比赛成绩的退役优秀运动员，每年由设区的输送市制定其辖区企事业单位岗位招聘计划，专门面向退役优秀运动员组织岗位招聘，其中，事业单位招聘退役优秀运动员，招聘人数不低于当年退役优秀运动员人数的50%。经招聘主管机关同意，可简化招聘程序。

取得上述成绩的退役优秀运动员职业转换过渡期满，仍未从省体育局系统转出人事关系的，所在单位按照自主择业经济补偿标准给予一次性经济补偿、并与其解除人事关系。未取得上述成绩的退役优秀运动员，在职业转换过渡期内，落实聘用单位的，按有关规定办理人事关系转移手续；未落实聘用单位的，所在单位按照自主择业经济补偿标准给予一次性经济补偿、并与其解除人事关系。如退役优秀运动员在职业转换过渡期满，本人未落实聘用单位、又不办理自主择业手续的，所在单位可与其解除人事关系，并将其人事档案转移到输送市政府人力资源和社会保障部门授权的人才中介、职业中介服务机构代理。

第三十五条 对退役优秀运动员就业聘用工作给予一定的经济补助，补助标准为每聘用一名退役优秀运动员补助所在市1.2万元，所需经费从省体育主管部门年度部门预算中解决。

第三十六条 各级体育、教育行政部门要为退役后有意从事体育教育工作的优秀运动员获取教师资格创造条件。优秀运动员具有《教师法》规定的教育行政部门认可的相应学历，符合教师资格认定条件的，可按照《教师资格条例》和《山东省教师资格条例细则》的有关规定和要求，向相应教师资格认定机构申请相应教师资格，各级教育行政部门按有关规定认定其教师资格。各类学校聘用工作人员，应为优秀运动员安排一定数量的招聘岗位。积极吸纳优秀运动员从事体育教学和训练工作。

第三十七条 各级体育部门使用彩票公益金资助建成的体育设施所在单位和各级财政投入建成的体育场馆招聘工作人员时，须安排一定比例岗位用于招聘退役优秀运动员。

第三十八条 在过渡期内顺利进入高等院校就学的优秀运动员，在办理入学手续的同时办理退役解聘手续。进入高等院校学习或自主择业的退役优秀运动员，按省人事厅、省财政厅、省体育局《退役运动员自主择业经济补偿暂行办法》（鲁人字〔2006〕17号）规定，办理自主择业手续，按规定领取一次性经济补偿费。

第三十九条 因工致残且被鉴定伤残等级的退役优秀运动员待遇，按工伤保险有关规定执行。其中，按照法律、法规规定不能解除聘用关系的，由各体育训练单位根据工伤等级和实际情况妥善解决其生活、工作等问题。

第四十条 职业转换过渡期结束后，优秀运动员聘用合同终止，不再占用优秀运动员编制，各体育训练单位与其解除人事关系，办理有关手续。公安、人力资源和社会保障等部门积极协助体育部门及时为退役优秀运动员办理人事档案、户口和社会保险关系的转移衔接手续。

优秀运动员退役后，应按规定办理住房公积金转移手续；自主择业退役优秀运动员未就业的，持有关材料，按我省住房公积金有关规定提取本人的住房公积金。

第四十一条 本细则下发之前人事关系仍在省体育局系统的待分配优秀运动员，给予不超过一年的职业转换过渡期，符合成绩条件的，可以在转换过渡期内参加设区输送市组织的专门面向退役优秀运动员的岗位招聘。期满后仍未转出人事关系的，所在单位按照自主择业经济补偿标准给予一次性经济补偿、并与其解除人事关系。

第四十二条 优秀运动员退役后执行新进入单位的工资和社会保险制度。进入全日制学校学习的，社会保险关系按照国家和我省有关规定执行。

第七章　纪律与监督

第四十三条 优秀运动员聘用工作要做到信息公开、过程公开、结果公开，接受社会及有关部门的监督。

第四十四条 各级政府相关部门要认真履行监管职责，对违反本实施细则有关规定的行为要予以制止和纠正。

第四十五条 严格招聘纪律，严禁弄虚作假、营私舞弊。对违反有关规定的，要严肃处理。构成犯罪的，依法追究刑事责任。

第四十六条 对违反招聘纪律的优秀运动员，取消聘用资格；对违反规定并已办理聘用手续的优秀运动员，一经查实，立即解除聘用合同，予以清退。

第四十七条 对违反纪律的工作人员，视情节轻重调离工作岗位或给予处分；对违反招聘纪律的其他相关人员，按照有关规定追究责任。

第八章 附 则

第四十八条 各市设有优秀运动队的，其优秀运动员聘用工作可参照本实施细则执行。

第四十九条 本实施细则自发布之日起实施。

七、

经济建设财务类

财政部 商务部关于做好支持搞活流通扩大消费有关资金管理的通知

2009年2月5日 财建〔2009〕16号

各省、自治区、直辖市、计划单列市财政厅（局）、商务主管部门、新疆生产建设兵团财务局、商务主管部门，有关中央企业：

《国务院办公厅关于搞活流通扩大消费的意见》（国办发〔2008〕134号）要求，从2009年起，要加大财政投入，支持商贸流通服务业发展，搞活流通扩大消费，为落实文件精神，经商供销总社，现将中央财政支持搞活流通扩大消费有关资金管理问题通知如下：

一、2009年中央财政增加农村物流服务体系发展专项资金和促进服务业发展专项资金，以后年度要继续加大投入。采取以奖代补和贴息方式，调动地方和社会投入积极性，支持农村流通体系和城市服务体系发展。

（一）农村物流服务体系发展专项资金，重点支持以下内容：

1. "万村千乡市场工程"建设。支持新建和改造农家店，加强农村商品配送中心建设，进一步扩大"万村千乡市场工程"覆盖面，提升商品配送能力，强化综合服务功能。

2. 农产品"农超对接"项目。支持大型连锁超市、农产品流通企业与农产品专业合作社对接，在农产品生产基地建设鲜活农产品冷链系统、快速检测系统、配送中心等项目。

3. "双百市场工程"建设。支持大型鲜活农产品批发市场对冷链系统、质量安全可追溯系统、废弃物处理系统以及仓储、分拣包装、加工配送等设施升级改造；支持县乡农贸市场对经营设施进行标准化改造。

4. 完善农业生产资料流通体系。继续推进农业生产资料连锁经营，重点培育大型农业生产资料流通企业，加强农业生产资料现代物流设施建设。加强农业生产资料市场监控和监管，引导和鼓励农业生产资料流通企业为农民提供技术、农机具租赁等多样化服务。

（二）中央财政促进服务业发展专项资金重点支持以下内容：

1. "双进工程"建设。支持地级以上城市建立家政服务网络中心，整合家政服务资源、培育重点示范服务企业，培训从业人员；支持地级以上城市进行社区菜市场标准化改造示范，改造经营设施、储藏设施、检测设施和废弃物处理设施等。

2. 再生资源回收体系建设。支持再生资源回收企业开展连锁经营，新建或改造标准化社区回收点和专业化分拣中心；支持再生资源集散市场建设，对排污、废弃物处理及劳动保护等设施进行新建或改造；支持再生资源回收体系系统平台建设。

3. 完善流通领域市场监管公共服务体系，加快"放心肉"服务体系建设。支持地级以上城市建立市场监管和举报投诉服务中心，支持建设病害猪无害化处理和肉品质量信息可追溯体系，支持符合条件的定点屠宰企业进行升级示范性改造。

4. 完善城乡市场信息服务体系。支持地方继续完善城乡市场信息服务体系，合理确定样本企业和监测商品范围，加强市场运行分析和信息发布，提高市场预测预警水平。

5. 早餐示范工程建设。支持大型龙头餐饮企业在地级以上城市建设或改造主食加工配送中心，依托配送中心以连锁经营方式建设标准化早餐网点，形成早餐供应网络。

6. 应急商品商业代储体系建设。引导和鼓励符合条件的应急必需品生产、流通企业保持适当库存水平，增强政府应对突发事件调控能力。

7. 二手车市场和报废汽车回收企业升级改造。支持二手车市场进行以信息服务系统建设为重点的技术改造和服务功能升级；支持有条件的报废汽车回收拆解企业进行技术改造示范。

（三）农村物流服务体系和中央财政促进服务业发展专项资金，对地方主要采取因素法方式切块分配，通过专项转移支付方式拨付；对中央企业根据项目申报及工作情况，由中央财政直接予以支持。

（四）根据上述原则，财政部将会同商务部等部门尽快修订农村物流服务体系发展专项资金管理办法和中央财政促进服务业发展专项资金管理办法。

二、中央财政设立中小商贸企业发展专项资金，支持符合条件的中小商贸企业发展。具体管理办法由财政部会同商务部等部门另行研究制定。

三、加大对汽车报废更新的资金扶持，提高补贴标准，增加补贴范围，促进汽车更新换代。具体办法另行制定。

四、各地财政部门要认真学习国办发〔2008〕134号文件精神，要根据本地财力情况和流通服务业的工作需要，加大对流通服务业的支持力度，并会同同级商务部门做好各项落实工作。

五、各省级财政、商务主管部门要根据修（制）订的资金管理办法，以及商务部会同财政部制定的业务指导文件，结合本地情况，制订工作方案，并报财政部、商务部备案。同时抓紧启动相关工作。

六、财政部、商务部将根据工作需要组织对各地搞活流通扩大消费有关资金使用情况的专项检查。

七、各地财政、商务主管部门要高度重视搞活流通扩大消费有关资金的管理，加强协调，密切配合，周密组织、认真实施，切实管好用好有关资金，充分发挥资金效益。执行中有何问题，请及时向财政部（经建司）、商务部（财务司）反映。

财政部　国家发展改革委　工业和信息化部　公安部　商务部　工商总局　质检总局关于印发《汽车摩托车下乡实施方案》的通知

2009年3月10日　财建〔2009〕104号

各省、自治区、直辖市、计划单列市及新疆生产建设兵团财政、发展改革、工业和信息化、公安、商务、工商、质量技术监督主管部门：

实施汽车摩托车下乡是国务院作出的重要决策，既是实现惠农强农目标的需要，也是拉动消费带动生产的一项重要措施。为组织实施好汽车摩托车下乡，财政部会同有关部门制定了《汽车摩托车下乡实施方案》，已经国务院批准，现予印发。请各省、自治区、直辖市、计划单列市财政厅（局），新疆生产建设兵团财务局会同相关部门抓紧制订具体操作办法，尽快组织落实。执行中有何问题，请及时反馈。

附件：汽车摩托车下乡实施方案

附件：

汽车摩托车下乡实施方案

根据《国务院关于印发汽车产业调整和振兴规划的通知》（国发〔2009〕5号）、国务院办公厅《关于搞活流通扩大消费的意见》（国办发〔2008〕134 号）及国务院第 51 次常务会议关于摩托车归入汽车下乡补贴渠道的决定，现制定汽车摩托车下乡实施方案如下：

一、政策目标

实施汽车摩托车下乡的宗旨是，提高农民购买能力，加快农村消费升级，改善农民生产生活条件，促进汽车摩托车产品技术更新换代，实现汽车摩托车产业结构优化升级，实现内外需协调发展。

二、政策内容

（一）补贴行为及对象。

1. 2009 年 3 月 1 日至 12 月 31 日，农民将三轮汽车或低速货车报废并换购轻型载货车（以下简称换购轻型载货车）。享受补贴的轻型载货车每户限购一辆。报废车辆车主与新购车辆车主为同一农民。

2. 2009 年 3 月 1 日至 12 月 31 日，农民购买 1.3 升及以下排量微型客车，享受补贴的微型客车每户限购一辆。

3. 2009 年 2 月 1 日至 2013 年 1 月 31 日，农民购买摩托车，享受补贴的摩托车每户限购两辆。

三轮汽车指原三轮农用车；低速货车指原四轮农用车；本方案所称的轻型载货车指总质量大于 1.8 吨但不超过 6 吨、至少四个车轮且用于载货的机动车辆；本方案所称的微型客车指发动机排量在 1.3 升及以下、至少四个车轮且用于载客的机动车辆（不含轿车）。

（二）补贴产品及企业的确定。

工业和信息化部公布的《车辆生产企业及产品公告》列明的符合上述条件且经过国家强制性认证的轻型载货车、微型客车以及摩托车，均可作为补贴车型；生产上述产品并且同意对产品质量、经销网点、售后服务、价格、销售统计和政策宣传等工作进行承诺并签订责任书的企业，可以参与汽车摩托车下乡产品生产和销售。

换购轻型载货车，需要按国家有关规定办理三轮汽车或低速货车报废。车主应当提供必备的要件，将报废的车辆交售给依法设立的汽车回收企业回收拆解，取得报废汽车回收证明和公安交通管理部门出具的机动车注销证明。

（三）补贴比例及金额。

1. 对将三轮汽车或低速货车报废并换购轻型载货车的，按换购轻型载货车销售价格 10% 给予补贴，换购轻型载货车单价 5 万元以上的，实行定额补贴，每辆补贴 5 000 元。同时，对报废三轮汽车或低速货车实行定额补贴。报废三轮汽车每辆给予补贴 2 000 元，报废低速货车每辆给予补贴 3 000 元。

2. 对购买微型客车，按销售价格 10% 给予补贴，购买微型客车单价 5 万元以上的，实行定额补贴，每辆补贴 5 000 元。

3. 对购买摩托车，按销售价格 13% 给予补贴，购买摩托车单价 5 000 元以上的，实行定额补贴，每辆补贴 650 元。

（四）补贴资金来源。

补贴资金由中央财政和省级财政共同负担。其中，中央财政负担 80%，省级财政负担 20%。

新疆、内蒙古、宁夏、西藏、广西等 5 个少数民族自治区以及国家确定的“5·12 汶川地震”51 个重灾县，地方财政应负担的补贴资金由中央财政全额承担。上述地区可根据财力情况，加大对汽车、摩托车下乡的补贴力度。

（五）补贴资金申报。

将三轮汽车或低速货车报废并换购轻型载货车的农民，向户口所在地乡镇财政部门申报补贴资金，申报时需提供以下材料：已报废车辆的报废汽车回收证明、机动车注销证明，新购车辆的机动车销售发票，公安交通管理部门出具的机动车行驶证或机动车登记证书，购买人本人的居民身份证、户口簿或公安部门出具的户籍证明，购买人储蓄存折（可以用粮食直补专用存折）。

购买微型客车、摩托车的农民，向户口所在地乡镇财政部门申报补贴资金，申报时需提供以下材料：公安交通管理部门出具的机动车行驶证或机动车登记证书，机动车销售发票，购买人本人的居民身份证、户口簿或公安部门出具的户籍证明，购买人储蓄存折（可以用粮食直补专用存折）。

乡镇财政部门审核补贴时，除上述证明材料外，还需核查随车附带的“中华人民共和国机动车整车出厂合格证”：“车辆型号”项第一位数字为“1”或“3”或“5”、“总质量（kg）”项大于1 800kg但不超过6 000kg的，确认为轻型货车；“车辆型号”项为第一位数字为“6”、“排量和功率（ml/kW）”项中排量不超过1 300ml的，确认为微型客车。

（六）补贴资金审核拨付。

补贴资金实行“乡级审核、乡级兑付”或“乡级审核、县级兑付”。在确保财政资金安全的情况下，尽量采取“乡级审核、乡级兑付”方式，乡镇财政部门对农民申报材料进行审核后，符合补贴要求的，应当在购买人提出申请的15个工作日内将补贴资金直接拨付到购买人储蓄存折账户；不符合补贴要求的，应在购买人申报时立即告知当事人。采取“乡级审核、县级兑付”方式的，乡镇财政部门对农民申报材料进行审核后，符合补贴要求的，报送县级财政部门；不符合补贴要求的，应在购买人申报时立即告知当事人；县级财政部门应当在购买人提出申请的15个工作日内将补贴资金直接拨付到购买人储蓄存折账户。

中央财政应负担的补贴资金实行“事先预拨、事后清算”。根据测算的各省补贴资金规模，财政部将中央财政应负担的补贴资金按80%的比例预拨到省级财政部门。省级财政部门收到中央财政拨付的补贴资金后，落实地方应负担的补贴资金，在15个工作日内下达补贴资金预算，根据预算及时将不少于50%的补贴资金拨付、其余补贴资金按需求进度拨付。补贴资金通过汽车摩托车下乡补贴信息系统进行审核，按国库集中支付有关规定办理拨款。

每年4月底前，省级财政部门核实汇总本地区上年度补贴资金使用情况，报财政部审核清算。

（七）监督管理。

发展改革部门要加强汽车摩托车价格监管，参与汽车摩托车下乡联合监督检查。工业和信息化部门要对汽车摩托车下乡产品及企业准入严格管理。公安交通管理部门要为享受补贴的车辆办理牌证提供方便、快捷的服务，按规定严格办理登记。商务部门要加强对汽车回收拆解企业的监督管理，防止虚假开具报废汽车回收证明等行为，规范和完善汽车回收拆解网点建设。工商行政管理部门依法加强对汽车摩托车销售市场秩序的监督管理，保护消费者合法权益。质检部门要对汽车摩托车下乡产品和企业加大监督检查力度，严格强制性产品认证管理，严格执行“三包”有关规定，加强缺陷产品召回工作。

享受财政补贴的汽车摩托车下乡产品销售价格，不得高于市场同期同类产品价格，享受财政补贴的汽车两年内不得过户。

地方各级财政、发展改革、工业和信息化、公安、商务、工商、质检等部门要协作配合，加强对补贴资金、车辆报废、购买、转让过户以及市场秩序、价格、产品质量等的管理与监督检查、防止骗取财政补贴资金行为的发生，切实保障农民合法权益，任何单位和个人不得以任何理由截留、挤占、挪用补贴资金，不得拖延兑付时间。

对违反上述有关规定的行为，一经查实，按《财政违法行为处罚处分条例》（国务院令第427号）等规定予以处理；涉嫌犯罪的，移交司法机关处理。

三、组织实施工作要求

实施汽车摩托车下乡是促进消费拉动内需，应对国际金融危机的一项重要决策，是促进汽车工业健康发展的重要举措，也是一项重要的惠农强农工程。各地要高度重视这项工作。要加强领导和组织工作，增进部门协作，建立工作责任机制，责任落实到人，把实施工作抓细抓实，统筹协调好各个环节。要根据本地区实际制订具体操作办法，指导基层有序开展各项工作。要落实好地方配套资金，并督促将补贴资金及时拨付到农民手中，要建立监督检查制度，及时发现问题，解决问题，及时改进相关工作。要加大政策宣传力度，让农民家喻户晓，要经常深入基层调研，了解实施情况，及时总结提出完善政策建议，把好事办好，全面落到实处。

财政部关于印发《家电下乡部际联席会议制度》的通知

2009年3月11日　财建〔2009〕116号

商务部、工业和信息化部、发展改革委、中宣部、公安部、农业部、环境保护部、供销总社、税务总局、工商总局、质检总局：

经国务院批准，财政部牵头建立家电下乡部际联席会议制度。为此，我们研究制定了《家电下乡部际联席会议制度》（以下简称《联席会议制度》），现予印发。请各联席会议成员单位按照《联席会议制度》要求，切实把家电下乡工作抓实抓好。

附件：家电下乡部际联席会议制度

附件：

家电下乡部际联席会议制度

“家电下乡”是当前运用财政政策工具扩大国内需求，改善民生，拉动消费带动生产，促进经济平稳较快增长的一项重要举措。为加强组织领导，增进部门间的协调配合，切实把家电下乡工作抓紧抓实，经国务院同意，建立家电下乡部际联席会议制度。

一、联席会议主要职能

（一）贯彻落实党中央、国务院关于全面推广家电下乡的重大部署，推进家电下乡工作。

（二）制定家电下乡阶段性工作目标，分解工作任务，落实工作责任。

（三）协调解决家电下乡组织实施过程中的重大问题。

（四）指导、督促、检查家电下乡工作。

（五）研究提出完善家电下乡政策建议。

二、联席会议成员单位

联席会议由财政部会同商务部、工业和信息化部、发展改革委、中宣部、公安部、农业部、环境保护部、供销总社、税务总局、工商总局、质检总局等11个部门组成。联席会议可根据工作需要，邀请中国家用电器协会、中国电子视像行业协会、中国计算机协会、中国五金制品协会、中国农村能源行业协会、中国摩托车商会、中国汽车协会摩托车分会等相关单位列席会议。联席会议召集人由财政部部长担任，第二召集人由财政部副部长、商务部副部长担任，各成员单位有关负责同志为联席会议成员（名单见附1）。

联席会议办公室设在财政部经济建设司，负责日常工作。联席会议设联络员，由联席会议成员单位有关司局负责同志担任（名单见附2）。联络员会议根据工作需要不定期召开，磋商并按部门分工落实家电下乡有关事宜，有分歧的或重大事项提交联席会议讨论。

三、联席会议工作规则

（一）联席会议每年召开1~2次会议。根据联络员会议提议不定期召开全体会议或部分成员单位会议。

（二）联席会议以会议纪要形式明确会议议定事项，印发有关单位，各成员单位按照部门职责分工负责，抓好贯彻落实。

（三）联席会议建立家电下乡监督检查机制，各成员单位可按职责提出对家电下乡产品生产、销售、服务、补贴发放开展监督检查的建议，经联络员会议讨论后组织实施。

（四）联席会议建立信息通报制度。各成员单位按职责定期提供家电下乡产品生产、销售及补贴等情况，经联络员会议审定后报送国务院领导，同时抄送联席会议成员单位及各省（区、市）家电下乡工作领导小组办公室。

四、联席会议成员单位职责

（一）财政部牵头会同有关部门制定并发布家电下乡实施方案；会同商务部、工业和信息化部组织制订下乡产品招标标准及流通企业入围条件，组织招标工作；统一管理和发布家电下乡产品生产、销售、补贴信息；负责家电下乡补贴资金筹集，指导地方财政部门做好地方配套资金筹集及补贴资金兑付工作；会同有关部门和单位开展家电下乡联合督查工作。

（二）商务部具体负责制订家电下乡产品招标标准及流通企业入围条件，参与招标工作；负责对企业产销衔接、销售的监督管理，指导地方商务部门和流通企业做好销售及售后服务工作；负责家电下乡产品销售和流通企业的信息统计工作；参与家电下乡联合督查工作。

（三）工业和信息化部参与制订家电下乡产品招标标准及流通企业入围条件，参与招标工作；会同有关部门对家电生产企业下乡产品的生产、售后服务进行监督管理；负责家电下乡产品生产信息统计，指导企业生产适农产品，指导地方工业和信息化部门监督企业做好家电下乡产品生产和售后服务；参与家电下乡联合督查工作。

（四）发展改革委参与研究家电下乡政策，依据宏观经济运行情况，就相关政策措施提出意见和建议；参与家电下乡联合督查工作。

（五）中宣部负责组织中央媒体积极报道家电下乡工作，对相关部委家电下乡阶段性重大行动集中报道；组织地方各级宣传部门及新闻单位，积极报道各地家电下乡工作进展及取得的成绩；引导相关报道坚持正确的舆论导向，大力宣传中央精神，同时对工作中出现的消极现象进行舆论监督，为家电下乡工作营造良好舆论氛围。

（六）公安部指导各地公安交通管理部门为下乡摩托车办理牌证提供方便、快捷的服务；参与家电下乡联合督查工作。

（七）农业部负责了解不同地区农民收入状况、农民家电消费需求以及农村家电消费环境状况，提出调整家电下乡产品品种及改进消费环境的建议；参与家电下乡联合督查工作。

（八）环境保护部参与制订家电下乡产品招标标准和流通企业入围条件；会同质检等部门监督下乡家电产品的环保性能，监督家电下乡企业的环保行为；参与家电下乡联合督查工作。

（九）供销总社参与制订家电下乡流通企业入围条件；负责对供销社系统企业产销衔接、销售的监督管理；负责供销社系统家电下乡流通企业的信息统计；参与家电下乡联合督查工作。

（十）税务总局研究解决经销家电下乡产品基层销售网点销售发票、税收征管等问题；参与家电下乡联合督查工作。

（十一）工商总局承担下乡产品市场行为监管职责，依法查处经销假冒伪劣商品和商标侵权行为，维护家电下乡市场秩序；参与家电下乡联合督查工作。

（十二）质检总局参与制订家电下乡产品招标标准；负责下乡产品质量的监督管理，承担下乡产品质量监督抽查和生产企业巡查工作；督促企业保证产品质量，贯彻落实售后服务国家“三包”规定；建立中标企业质量档案和信用记录网；严厉打击假冒伪劣下乡产品违法行为；参与家电下乡联合督查工作。

（十三）根据工作需要，请中国家用电器协会、中国电子视像行业协会、中国计算机行业协会、中国五金制品协会、中国农村能源行业协会、中国摩托车商会、中国汽车协会摩托车分会等单位对家电下乡产品招标标准和流通企业入围条件提供相关技术支持；研究提出家电下乡产品和价格等方面的建议；参与家电下乡联合督查工作。

五、工作要求

各成员单位应按照职责分工，认真组织实施家电下乡有关工作，全面落实联席会议议定的事项。充分发挥联席会议互通信息、相互配合、相互支持的作用。

附：1. 家电下乡部际联席会议成员名单
　　2. 家电下乡部际联席会议联络员名单

附1：

家电下乡部际联席会议成员名单

总召集人：谢旭人　财政部部长
召集人：　张少春　财政部副部长
　　　　　傅自应　商务部副部长
成　员：　娄勤俭　工业和信息化部副部长
　　　　　张晓强　发展改革委副主任
　　　　　李东生　中宣部副部长
　　　　　刘金国　公安部副部长
　　　　　陈晓华　农业部副部长
　　　　　吴晓青　环境保护部副部长
　　　　　赵显人　供销总社理事会副主任
　　　　　宋　兰　税务总局副局长
　　　　　刘　凡　工商总局副局长
　　　　　支树平　质检总局副局长

附2：

家电下乡部际联席会议联络员名单

总召集人：王保安　财政部经济建设司司长
召集人：　刘海泉　商务部综合司司长
成　员：　赵　波　工业和信息化部电子信息司副司长
　　　　　王宝伟　发展改革委经济贸易司司长
　　　　　葛　玮　中宣部新闻局副局长
　　　　　李江平　公安部交通管理局副局长
　　　　　隋鹏飞　农业部市场与经济信息司巡视员
　　　　　刘志全　环境保护部科技司副司长

邹天敬　供销总社经济发展与改革部部长
任荣发　税务总局征管科技司副司长
李文章　工商总局市场规范管理司副司长
王步步　质检总局执法督查司司长

财政部关于印发《中央财政促进服务业发展专项资金管理办法》的通知

2009年5月26日　财建〔2009〕227号

各省、自治区、直辖市、计划单列市财政厅（局），新疆生产建设兵团财务局：

为加快服务业发展，推进经济发展方式转变，中央财政设立促进服务业发展专项资金。为进一步加强资金管理，提高资金使用效益，根据预算管理要求及国家有关法律法规规定，我们修订了《中央财政促进服务业发展专项资金管理办法》。现印发给你们，请遵照执行。

附件：中央财政促进服务业发展专项资金管理办法

附件：

中央财政促进服务业发展专项资金管理办法

第一章　总　　则

第一条　根据《国务院关于加快发展服务业的若干意见》（国发〔2007〕7号）和《国务院办公厅关于搞活流通扩大消费的意见》（国办发〔2008〕134号）精神，为加快服务业发展，推进经济发展方式转变，促进和谐社会建设，中央财政设立促进服务业发展专项资金（以下简称专项资金）。为规范专项资金的管理，提高资金使用效益，根据《中华人民共和国预算法》及其实施细则有关规定，制定本办法。

第二条　专项资金坚持合理分配、着重民生、优化结构的原则。

（一）合理分配。专项资金采取因素法与项目法相结合的分配办法，以因素法分配为主。

（二）着重民生。专项资金重点支持与居民日常生活密切相关的民生类服务业。

（三）优化结构。通过专项资金的支持，提高服务业企业自主创新能力和品牌影响力，促进节能减排。

第二章　支持范围

第三条　专项资金重点支持服务业的技术升级、设施改造、网点建设、系统平台建设、人员培训、公共服务等方面，支持的主要行业包括：

（一）社区服务、副食品安全服务等与居民日常生活直接相关的服务业；

（二）商贸流通业、商务服务业、再生资源回收利用体系、废旧物资及旧货流通体系、业务外包和电子商务等与生产流通相关的服务业；

（三）市场信息服务、市场监测及预测预警、应急管理等公共服务业；

（四）财政部确定的其他需要支持的重点服务业。

第四条 根据国家服务业发展总体要求和专项资金的使用方向，财政部会同商务部、供销总社等部门明确年度专项资金支持的重点。

第三章 支持方式

第五条 专项资金采取以奖代补、贷款贴息和财政补助等支持方式。

（一）以奖代补。为了提高资金使用效益，对于能够制定具体量化评价标准的项目，采取以奖代补方式予以支持。在项目实施后，根据规定的标准，经审核符合条件的项目，安排奖励资金。

（二）贷款贴息。对于投资规模大、能够获取银行贷款的项目采取贷款贴息方式予以支持。贴息资金根据实际到位银行贷款、规定的利息率、贷款期限和实际支付的利息数计算。贴息年限一般不超过 3 年，年贴息率最高不超过当年国家规定的银行贷款基准利率。

（三）财政补助。对于盈利性弱、公益性强，难以量化评价不适于以奖代补方式支持的项目采取补助方式予以支持。项目承担单位自筹资金比例较高及地方财政给予支持的优先安排。

第四章 资金审核及拨付

第六条 专项资金管理根据支持对象及方式采取因素法与项目法相结合的办法，具体由财政部会同商务部、供销总社等部门确定。

第七条 按项目法管理的专项资金，各省、自治区、直辖市、计划单列市和新疆生产建设兵团财政部门（以下简称各省级财政部门）会同商务、供销等部门按照年度专项资金项目申报指南要求组织项目申报，经审核后报财政部。财政部会同商务部、供销总社等部门共同审核确定项目。根据审核确定的项目，财政部下达资金预算。

第八条 按因素法管理的专项资金，通过以下程序确定：

（一）财政部根据年度资金支持重点，按照各地相关发展指标并考虑地方财力等因素，将资金分配到各省级财政部门并下达资金预算指标，同时按国库支付管理的有关规定及时拨付资金。

（二）各省级财政部门会同同级商务、供销等相关主管部门制定资金使用管理具体操作办法，根据国家规定的年度专项资金支持重点和分配的专项资金预算指标，提出具体项目安排意见，在规定时间内报财政部、商务部、供销总社等部门备案后组织实施。

第九条 财政部及省级财政部门可委托相关机构或组织专家对申报专项资金的项目进行评审。评审费用在专项资金中列支，按照不超过专项资金额度的 1% 掌握，从严控制支出范围。

第十条 各地可根据当地财力情况，安排资金支持服务业发展，并与中央财政专项资金统筹使用。

第十一条 省级财政部门按照规定程序办理专项资金划拨手续，及时、足额将专项资金拨付给项目单位。

第十二条 中央直属单位根据本办法的规定和当年专项资金项目申报指南向财政部申报，财政部按规定进行审核后，下达资金预算并拨付资金。

第十三条 专项资金的申报材料一般应包括：

（一）专项资金申请文件；

（二）项目可行性研究报告；

（三）项目承担单位法人营业执照复印件，地税、国税登记证复印件；

（四）申请银行贷款财政贴息的项目，需提供相关银行贷款合同和贷款承诺书等凭证；

（五）项目承担单位相关资质证书复印件；

（六）其他要求提供的材料。

第五章 监督管理

第十四条 财政部、商务部、供销总社等部门对专项资金管理使用情况进行不定期抽查。地方财政部门、商务部门、供销部门和中央直属单位应当加强对本地和本系统专项资金使用情况和项目执行情况的监督和检查。

第十五条 专项资金专款专用，任何单位或者个人不得滞留、截留、挤占、挪用专项资金。对以虚报、冒领等手段骗取和滞留、截留、挤占、挪用专项资金的，一经查实，财政部将收回已安排的专项资金，并按《财政违法行为处罚处分条例》（国务院令第427号）的相关规定进行处理。

第六章 附 则

第十六条 本办法自印发之日起施行。财政部印发的《中央财政促进服务业发展专项资金管理暂行办法》（财建〔2007〕853号）同时废止。

第十七条 本办法由财政部负责解释。

财政部关于印发《农村物流服务体系发展专项资金管理办法》的通知

2009年5月26日 财建〔2009〕228号

各省、自治区、直辖市、计划单列市财政厅（局），新疆生产建设兵团财务局：

为推进社会主义新农村建设，健全农村流通网络体系，中央财政设立农村物流服务体系发展专项资金。为进一步加强资金管理，提高资金使用效益，根据预算管理要求及国家有关法律法规规定，我们修订了《农村物流服务体系发展专项资金管理办法》。现印发给你们，请遵照执行。

附件：农村物流服务体系发展专项资金管理办法

附件：

农村物流服务体系发展专项资金管理办法

第一章 总 则

第一条 为推进社会主义新农村建设，健全农村流通网络体系，促进农民增收，拉动农村消费，根据《中共中央 国务院关于推进社会主义新农村建设的若干意见》（中发〔2006〕1号）和《国务院办公厅关于搞活流通扩大消费的意见》（国办发〔2008〕134号）精神，中央财政设立农村物流服务体系发展专项资金（以下简称专项资金）。为规范专项资金的管理，提高资金使用效益，根据《中华人民共和国预算法》及其实施细则有关规定，制定本办法。

第二条 专项资金的安排坚持公开透明、规范合理、突出重点的原则，确保资金的使用效益。

第二章 支持范围

第三条 专项资金的支持范围包括：

（一）支持新建和改造农家店、农村综合服务社，加快农村商品配送中心建设，提升商品配送能力；

（二）支持大型连锁超市、农产品流通企业与农产品专业合作社对接，在农产品生产基地建设鲜活农产品冷链系统、快速检测系统、配送中心、物流配送体系等项目；

（三）支持大型鲜活农产品批发市场对冷链系统、质量安全可追溯系统、安全监控、废弃物处理以及仓储、分拣包装、加工配送等设施进行升级改造；

（四）支持县乡农贸市场对经营设施进行标准化改造；

（五）支持农业生产资料连锁经营，重点培育大型农业生产资料流通企业，加强农业生产资料现代仓储物流设施建设；

（六）支持家电下乡、汽车摩托车下乡农村流通网络升级改造；

（七）支持农村物流信息公共服务平台、电子交易平台建设；

（八）财政部确定的其他支持方向。

第四条 根据国家农村经济社会发展总体要求和专项资金的使用方向，财政部会同商务部、供销总社等部门明确年度专项资金支持的重点。

第三章 支持方式

第五条 专项资金采取以奖代补、贷款贴息和财政补助等支持方式。

（一）以奖代补。为了提高资金使用效益，对于能够制定具体量化评价标准的项目，采取以奖代补方式予以支持。在项目实施后，根据规定的标准，经审核符合条件的项目，安排奖励资金。

（二）贷款贴息。对于投资规模大、能够获取银行贷款的项目采取贷款贴息方式予以支持。贴息资金根据实际到位银行贷款、规定的利息率、贷款期限和实际支付的利息数计算。贴息年限一般不超过 3 年，年贴息率最高不超过当年国家规定的银行贷款基准利率。

（三）财政补助。对于盈利性弱、公益性强，难以量化评价，不适于以奖代补方式支持的项目采取补助方式予以支持。项目承担单位自筹资金比例较高及地方财政给予支持的优先安排。

第四章 资金审核及拨付

第六条 专项资金主要采取因素法进行分配。

第七条 财政部根据专项资金年度支持重点，按照各地相关发展指标并考虑地方财力等因素，将专项资金分配到各省级财政部门并下达资金预算指标，同时按国库支付管理的有关规定及时拨付资金。

第八条 各省级财政部门会同同级商务、供销等相关主管部门制定资金使用管理具体操作办法，根据国家规定的年度专项资金支持重点和分配的专项资金预算指标，提出具体项目安排意见，在规定时间内报财政部、商务部、供销总社等部门备案后组织实施。

第九条 省级财政部门可委托相关机构或组织专家对申报专项资金的项目进行评审。评审费用在专项资金中列支，按照不超过专项资金额度的1%掌握，从严控制支出范围。

第十条 各地可根据当地财力情况，安排资金支持农村物流服务体系建设，并与中央财政专项资金统筹使用。

第十一条 省级财政部门按照规定程序办理专项资金划拨手续，及时、足额将专项资金拨付给项目单位。

第十二条 中央直属单位根据本办法的规定和当年专项资金项目申报指南向财政部申报。财政部按规定进行审核后，下达资金预算并拨付资金。

第十三条 专项资金的申报材料一般应包括：

（一）专项资金申请文件；

（二）项目可行性研究报告；

（三）项目承担单位法人营业执照复印件，地税、国税登记证复印件；

（四）申请银行贷款财政贴息的项目，需提供相关银行贷款合同和贷款承诺书等凭证；

（五）项目承担单位相关资质证书复印件；

（六）其他要求提供的材料。

第五章 监督管理

第十四条 财政部、商务部、供销总社等部门对专项资金管理使用情况进行不定期抽查。地方财政部门、商务部门、供销部门和中央直属单位应当加强对本地和本系统专项资金使用情况和项目执行情况的监督和检查。

第十五条 专项资金专款专用，任何单位或者个人不得滞留、截留、挤占、挪用专项资金。对以虚报、冒领等手段骗取和滞留、截留、挤占、挪用专项资金的，一经查实，财政部将收回已安排的专项资金，并按《财政违法行为处罚处分条例》（国务院令第427号）的相关规定进行处理。

第六章 附 则

第十六条 本办法自印发之日起施行。财政部印发的《农村物流服务体系专项资金管理暂行办法》（财建〔2006〕364号）同时废止。

第十七条 本办法由财政部负责解释。

财政部关于印发《中小商贸企业发展专项资金管理暂行办法》的通知

2009年5月22日 财建〔2009〕229号

各省、自治区、直辖市、计划单列市财政厅（局），新疆生产建设兵团财务局：

为支持中小商贸企业发展，中央财政设立中小商贸企业发展专项资金。为加强资金管理，提高资金使用效益，根据预算管理要求及国家有关法律法规规定，我们制定了《中小商贸企业发展专项资金管理暂行办法》。现印发给你们，请遵照执行。

附件：中小商贸企业发展专项资金管理暂行办法

附件：

中小商贸企业发展专项资金管理暂行办法

第一章 总 则

第一条 为促进中小商贸企业发展，扩大就业，便利居民消费，根据《国务院办公厅关于搞活流通扩大消费的意见》（国办发〔2008〕134 号）有关规定，中央财政设立中小商贸企业发展专项资金（以下简称专项资金）。为规范专项资金的管理，根据《中华人民共和国预算法》及其实施细则有关规定，制定本办法。

第二条 专项资金的管理和使用应当符合国家宏观政策导向，坚持公开、公正、公平的原则，确保专项资金使用的安全和效益。

第三条 本办法所称中小商贸企业是指从事批发和零售、住宿和餐饮、租赁和商务服务、居民服务和其他服务、屠宰、物流和仓储等行业的中小企业。

中小商贸企业的划分标准参照原国家经贸委、原国家计委、财政部、国家统计局联合发布的《中小企业标准暂行规定》（国经贸中小企〔2003〕143 号）执行，其中：批发和零售业、住宿和餐饮业的中小商贸企业标准按照国经贸中小企〔2003〕143 号文件规定执行；从事租赁和商务服务业、屠宰业的中小商贸企业标准参照国经贸中小企〔2003〕143 号文件规定的批发业标准执行；从事居民服务和其他服务业的中小商贸企业标准参照国经贸中小企〔2003〕143 号文件规定的零售业标准执行；从事物流、仓储业的中小商贸企业标准参照国经贸中小企〔2003〕143 号文件规定的交通运输业标准执行。

第二章　支持方向和支持方式

第四条 专项资金的支持方向，包括：

（一）提高中小商贸企业的融资能力，包括贷款信用担保、贷款利息补贴等；

（二）增强中小商贸企业的风险防范能力，包括支持中小商贸企业信用保险发展等；

（三）开展中小商贸企业培训和管理咨询服务等；

（四）提高中小商贸企业市场开拓能力，包括参加各类展会、加强品牌建设、应用新型营销方式等；

（五）提升中小商贸企业物流配送和经营辐射能力，升级改造信息系统和开发商贸技术等；

（六）财政部确定的其他支持方向。

第五条 专项资金采取财政补助、贷款贴息和以奖代补等支持方式。

（一）财政补助方式主要用于支持中小商贸企业贷款信用担保、信用保险，中小商贸企业市场开拓和品牌培育活动，以及面向中小商贸企业的培训和管理咨询服务等。

（二）贷款贴息方式主要用于支持符合规定条件且能获取银行贷款的中小商贸企业。贴息额根据实际到位贷款、规定的贴息率、贷款期限和实际支付的利息计算，贴息年限一般不超过 3 年，年贴息率最高不超过当年国家规定的银行贷款基准利率。

（三）以奖代补方式主要适用于能够制定具体量化评价标准的项目，在项目实施并按规定标准审核验收合格后，给予奖励。

第六条 财政部根据专项资金使用方向和中小商贸企业发展需要，会同商务部确定年度专项资金支持重点、支持条件和标准、资金管理模式和有关要求等。

第七条 专项资金主要采取因素法进行分配。

第八条 财政部根据年度资金支持重点，按照各地相关发展指标并考虑地方财力等因素，将资金分配到各省级财政部门并下达资金预算指标，同时按国库支付管理的有关规定及时拨付资金。

第九条 各省级财政部门会同同级商务主管部门制定资金使用管理具体操作办法，根据国家规定的年度专项资金支持重点和分配的专项资金预算指标，提出具体项目安排意见，在规定时间内报财政部、商务部备案后组织实施。

第十条 中央直属单位根据本办法的规定和当年专项资金项目申报指南向财政部申报，财政部按规定进行审核后，下达资金预算并拨付资金。

第十一条 各地可根据当地财力情况，安排资金支持中小商贸企业发展，并与中央财政专项资金统筹使用。

第十二条 省级财政部门按照规定程序办理专项资金划拨手续，及时、足额将专项资金拨付给项目单位。

第三章 监督管理

第十三条 财政部、商务部以不定期抽查等方式，对专项资金使用管理情况进行监督检查。各地财政、商务部门应加强对本地使用专项资金情况的监督和检查。

第十四条 专项资金专款专用，任何单位或者个人不得滞留、截留、挤占、挪用专项资金。对以虚报、冒领等手段骗取和滞留、截留、挤占、挪用专项资金的，一经查实，财政部将收回已安排的专项资金，并按《财政违法行为处罚处分条例》（国务院令第427号）的相关规定进行处理。

第四章 附则

第十五条 本办法自印发之日起施行。

第十六条 本办法由财政部负责解释。

财政部 交通运输部关于印发《车辆购置税用于一般公路建设项目交通专项资金管理办法》的通知

2009年5月15日 财建〔2009〕230号

各省、自治区、直辖市、计划单列市财政厅（局）、交通厅（局），天津市市政公路管理局、上海市城乡建设和交通委员会：

为进一步转变职能，改进和加强车辆购置税用于一般公路建设项目资金的预算管理、促进公路交通事业健康发展，根据《中华人民共和国预算法》、《交通和车辆税费改革实施方案》（国发〔2000〕34号）及《车辆购置税交通专项资金管理暂行办法》（财建〔2000〕994号）有关规定，特制定《车辆购置税用于一般公路建设项目交通专项资金管理办法》。现印发给你们，请遵照执行。

附件：车辆购置税用于一般公路建设项目交通专项资金管理办法

附件：

车辆购置税用于一般公路建设项目交通专项资金管理办法

第一章 总则

第一条 为了加强车辆购置税（以下简称车购税）用于一般公路建设项目交通专项资金的使用管理，进一步促进公路交通事业顺利发展，根据《中华人民共和国预算法》、《交通和车辆税费改革实施方案》

（国发〔2000〕34 号）及《车辆购置税交通专项资金管理暂行办法》（财建〔2000〕994 号）等有关规定，制定本办法。

第二条 车购税用于一般公路建设项目专项资金是指中央财政车辆购置税收入中专项用于国家重点公路建设项目之外的一般公路建设项目资金（以下简称专项资金）。

专项资金为中央补助地方的专项资金，实行专项转移支付，不得用于平衡一般财政预算。

第二章 使用原则和范围

第三条 专项资金使用应符合车购税交通专项资金管理的基本原则，达到切实改善地方公路交通状况的目的，突出重点、统筹安排、确保实效，适当向中西部地区、老少边穷地区倾斜，并保证专款专用。

第四条 专项资金的使用范围包括：农村公路改造工程（通畅工程）、通达工程、渡口改造和渡改桥、乡镇客运站、危桥改造、安保工程、干线公路灾害防治工程及财政部、交通运输部批准的其他一般公路建设项目。

第三章 预算编制和资金下达

第五条 交通运输部、财政部根据农村公路建设规划和专项资金年度支出规模，共同商定专项资金年度支出范围和对各省、自治区、直辖市、计划单列市的资金分配方案，并由财政部会同交通运输部于年初通知各省、自治区、直辖市、计划单列市财政、交通运输主管部门。专项资金的补助标准按国家有关规定执行。

第六条 年度补助资金分配方案确定后，由财政部商交通运输部根据车购税入库和支出情况，结合各地施工的季节性要求，将专项资金分批下达给有关省、自治区、直辖市、计划单列市财政厅（局），并抄送省级交通运输主管部门。

第七条 各省、自治区、直辖市、计划单列市财政厅（局）收到专项资金后，由省级交通运输主管部门会同财政主管部门以交通运输部、财政部规定的范围、标准为依据，结合当地公路交通发展规划和本级财政资金安排情况，将专项资金安排到具体项目、并于每年 10 月 31 日前将当年专项资金安排项目情况报交通运输部、财政部备案。项目监管以地方交通运输主管部门为主，资金监管以地方财政主管部门为主。

第八条 省级以下专项资金预算编制和批复程序由各省级财政主管部门会同同级交通运输主管部门确定。

第九条 专项资金项目预算一经批准，各有关单位要严格按照下达的项目名称和预算金额执行。在预算执行中，如确实需要对项目预算进行调整，应按本办法规定的预算编制程序重新报批，并报交通运输部、财政部备案。

第十条 各省、自治区、直辖市、计划单列市财政、交通运输主管部门要切实采取有效措施，保证专项资金得到科学、合理、安全、有效使用。在专项资金的管理过程中，既要符合国家财政预算管理及国库支付制度改革的要求，又要充分考虑当地公路交通建设发展的实际情况，确保专项资金能够及时拨付到位。具体拨付管理办法，由各省、自治区、直辖市、计划单列市财政主管部门商交通运输主管部门制定。

第四章 决算管理

第十一条 地方各级交通运输主管部门应按照预算安排级次和决算管理的相关规定编制专项资金年度决算，纳入部门决算报同级财政部门审批。

第十二条 专项资金项目支出预算如当年未执行完毕，可结转下年度继续使用、专项资金结余具体使用办法，由各省、自治区、直辖市、计划单列市财政主管部门商交通运输主管部门制定。

第十三条 专项资金项目竣工决算的报批，由各省、自治区、直辖市，计划单列市财政主管部门确定。

第五章 监督检查

第十四条 各地财政、交通运输主管部门，财政部驻各省、自治区、直辖市、计划单列市财政监察专员办事处要加强对专项资金管理和财务监督，确保专项资金专款专用，防止资金被截留、挤占和挪用。

第十五条 对部门、单位和个人违反国家方针政策、法律、行政法规和有关规定，截留、挪用或不按规定及时拨付专项资金的，财政、交通等部门应及时制止和纠正，并严格按照《中华人民共和国预算法》、《财政违法行为处罚处分条例》（国务院令第427号）及其他有关法规予以处理。

第十六条 财政部、交通运输部根据各省报送的项目备案情况对专项资金预算安排、资金拨付和使用情况进行不定期的联合检查。对未按规定时间将专项资金安排项目情况报交通运输部、财政部备案的，由财政部商交通运输部暂缓下达次年预算。对项目安排与备案情况不符，或未按照国家规定的范围、标准安排资金的，将责令其改正，情节严重的，将收回当年下达的专项资金或扣减次年专项资金，并予以通报批评。

第六章 附 则

第十七条 本办法由财政部商交通运输部负责解释。

第十八条 本办法自2009年1月1日起执行，此前有关规定与本办法不一致的，以此办法为准。

财政部 国家发展改革委 工业和信息化部 公安部 商务部 工商总局质检总局关于印发《汽车摩托车下乡操作细则》的通知

2009年6月4日 财建〔2009〕248号

各省、自治区、直辖市、计划单列市及新疆生产建设兵团财政，发展改革、工业和信息化、公安、商务、工商、质量技术监督主管部门：

实施汽车摩托车下乡政策是党中央、国务院应对当前国际金融危机、拉动内需作出的一项重要决策，不仅可以扩大农村消费，加快农村消费升级，提高农民生活质量，更是带动企业生产，均衡内外贸发展，促进经济平稳较快增长和社会主义和谐社会建设的重要举措。

为更好地执行《汽车摩托车下乡实施方案》（财建〔2009〕104号），进一步加大汽车摩托车下乡补贴政策的落实力度，财政部会同国家发展改革委、工业和信息化部、公安部、商务部、工商总局、质检总局制定了《汽车摩托车下乡操作细则》，在下乡企业认定、下乡产品销售、补贴条件及标准、补贴资金审核、监督管理等方面做了具体规定。各有关部门要高度重视汽车摩托车下乡工作，认真贯彻落实本细则，加强政策宣传，确保汽车摩托车下乡工作顺利实施，让农民切实得到实惠。

附件：汽车摩托车下乡操作细则

附件：

汽车摩托车下乡操作细则

第一章 总 则

第一条 为提高农民购买能力，加快农村消费升级，改善农民生产生活条件，促进汽车摩托车产品技术更新换代，实现内外需协调发展，根据《国务院关于印发汽车产业调整和振兴规划的通知》（国发〔2009〕5号）、国务院办公厅《关于搞活流通扩大消费的意见》（国办发〔2008〕134号）以及财政部、国家发展改革委、工业和信息化部、公安部、商务部、工商总局、质检总局《关于印发汽车摩托车下乡实施方案的通知》（财建〔2009〕104号）和《关于加大汽车摩托车下乡政策实施力度的通知》（财建〔2009〕247号）精神，为更好地实施汽车摩托车下乡补贴政策，特制定本细则。

第二条 汽车摩托车下乡补贴资金（以下简称补贴资金）是指农民购买或换购符合条件的汽车摩托车下乡产品后由国家财政给予的补贴，包括农民新购微型客车、微型载货车、轻型载货车、摩托车的补贴资金和报废三轮汽车、低速货车并换购微型载货车、轻型载货车的补贴资金。

第三条 本细则所称汽车摩托车下乡产品，包括：

（一）微型载货车：是指至少四个车轮且用于载货的机动车辆，其“中华人民共和国机动车整车出厂合格证”或由公安部门核发的“机动车登记证书”中“车辆型号”项第一位数字为“1”或“3”或“5”、“总质量（kg）”项不超过1 800kg的机动车。

（二）轻型载货车：是指至少四个车轮且用于载货的机动车辆，其“中华人民共和国机动车整车出厂合格证”或由公安部门核发的“机动车登记证书”中“车辆型号”项第一位数字为“1”或“3”或“5”、“总质量（kg）”项大于1 800kg但不超过6 000kg的机动车。

（三）微型客车：是指至少四个车轮且用于载客的机动车辆（不含轿车），其“中华人民共和国机动车整车出厂合格证”或由公安部门核发的“机动车登记证书”中“车辆型号”项第一位数字为“6”，“排量和功率（ml/kW）”项中排量不超过1 300ml的机动车。

（四）摩托车：是指两轮或三轮摩托车。

（五）三轮汽车：是指原三轮农用车。

（六）低速货车：是指原四轮农用车。

第四条 财政部会同国家发展改革委、工业和信息化部、公安部、商务部、工商总局和质检总局等有关部门按照部门职责分工和本细则的规定，共同组织实施汽车、摩托车下乡工作。

财政部负责制定并组织实施汽车摩托车下乡政策，负责补贴资金管理，会同工业和信息化部等部门确定下乡汽车摩托车生产企业、产品目录（以下简称产品目录）和授权经销商名单。

国家发展改革委负责对《产品目录》内下乡产品的价格进行监管。

工业和信息化部负责对《产品目录》内生产企业和下乡产品的组织管理，会同财政部确定下乡汽车摩托车的产品目录。

公安部负责对下乡汽车摩托车办理注册登记，对报废机动车办理注销登记进行指导监督。

商务部负责下乡汽车销售和报废汽车进行组织管理。

工商总局负责对产品目录内经销商经营行为的监督管理。

质检总局和工商总局依职能监督管理《产品目录》内的产品质量。

第五条 补贴资金的管理应遵循公开透明、直补农民的原则。

公开透明，指补贴政策、办法公开、补贴资金申请与发放透明、生产企业、产品目录和授权经销商的名单在全国公开；享受补贴资金的农民名单和补贴金额通过汽车摩托车下乡补贴信息系统进行公示，接受社会监督。

直补农民，指保证补贴资金全部直接补贴到农民，确保农民得到实惠。

第六条 汽车下乡政策的实施时间为2009年3月1日至2009年12月31日。摩托车下乡政策的实施时间为2009年2月1日至2013年1月31日。

第七条 地方各级财政、发展改革、工业和信息化、公安、商务、工商、质监部门应根据法律、法规及本细则的规定，加强对补贴资金、车辆报废、新车购买、所有权转移以及市场秩序、产品质量和价格等的管理与监督检查，防止骗取财政补贴资金行为的发生，切实保障农民合法权益。

第二章 下乡企业认定与下乡产品销售

第八条 下乡产品目录由汽车摩托车生产企业向财政部、工业和信息化部提出申请，经审核同意后由财政部、工业和信息化部联合发文确定，同时在财政部、工业和信息化部的网站上公布，下乡产品目录根据实际情况进行调整和完善。

第九条 汽车摩托车生产企业申请时应当在产品质量、授权经销网点、售后服务、价格、产品标识、销售统计和政策宣传等方面作出明确承诺，并与财政部、工业和信息化部签订协议书，明确权利和义务、并缴纳一定数量的履约保证金。

第十条 申请进入产品目录的汽车摩托车生产企业应具备下列条件：

（一）列入工业和信息化部《车辆生产企业及产品公告》并且产品通过国家强制性认证；

（二）在全国或部分省（含直辖市、自治区，下同）具备完善的销售、维修保养等售后服务能力、销售及售后服务能够覆盖相应省的县级行政单位以下；

（三）授权经销商均在工商行政管理部门登记注册并与生产企业或生产企业设立的销售公司签订了销售协议。汽车授权销售商已向商务部门备案，其中微型客车的授权经销商应为已在国家工商行政管理总局备案的汽车品牌销售企业；

（四）经销商和销售网点具备独立开具税务发票的能力；

（五）产品排放满足国家排放标准，在部分提前实施更严格排放标准的地区满足当地排放标准；

（六）无违规及不良记录；

（七）必须配备计算机联网设备和相关操作人员；

（八）财政部、工业和信息化部要求的其他条件。

第十一条 只有授权经销商销售的汽车摩托车才能享受补贴资金。

第十二条 汽车摩托车生产企业要通过商务政策加强对经销商终端销售价格的监督，保证经销商不得对农民用户采取差异性价格政策，同时要求经销商进行价格自律。

第十三条 享受补贴资金的汽车摩托车产品必须在车身外部显著位置标注汽车摩托车下乡标识。

（一）汽车生产企业应按规定制作“汽车下乡”标识，并随车提供给经销商。汽车经销商在将汽车销售给农民时，须在汽车尾部外表面显著位置上标注“汽车下乡”标识。

（二）摩托车生产企业应按规定制作“摩托车下乡”喷涂模板或强力胶标识，并随车提供给经销商。摩托车经销商在将摩托车销售给农民时，须在摩托车侧面显著位置用油漆喷涂模板或采用强力胶粘贴“摩托车下乡”标识。

对于2009年2月1日以后销售给农民的没有标注下乡标识的摩托车和2009年3月1日以后销售给农民的没有标注下乡标识的汽车，经销商应主动于2009年6月30日前为车主补加汽车摩托车标识，以便农民申请补贴资金。

第十四条 汽车摩托车生产企业承诺全面遵守《汽车摩托车下乡实施方案》及相关法律法规和政策规

定，如实宣传、履行汽车摩托车下乡政策，不得虚假宣传，误导消费者。

第十五条 经销商在向农民销售汽车摩托车下乡产品时，除遵守相关法律法规及政策规定外，还应严格履行生产企业与政府主管部门协议书中的承诺，禁止随意涨价，以次充好、以假充真、以不合格产品冒充合格产品、降低质量保证和服务标准。

第十六条 汽车摩托车生产企业及经销商应建立《产品目录》内车辆的销售数据库，并于每月 5 日前将上月数据报送当地县级（含）以上财政、工信、公安交通管理部门和商务主管部门。

第三章 补贴条件及标准

第十七条 农民申请补贴资金须满足下列条件之一：

（一）农民车主报废三轮汽车、低速货车后购买微型载货车、轻型载货车；

（二）农民购买微型客车（不含轿车）；

（三）农民购买微型载货车、轻型载货车；

（四）农民购买摩托车。

第十八条 农民申请汽车摩托车补贴资金时，须遵守以下规定：

（一）新购或换购微型载货车和轻型载货车，每户不能超过一辆，且报废车辆与新购车辆的车主为同一人；

（二）购买微型客车，每户不得超过一辆；

（三）购买摩托车，每户不得超过两辆；

（四）承诺享受补贴资金的汽车，购买后两年内不得转移所有权。

第十九条 农民以购买本细则规定的微型载货车、轻型载货车为目的而报废三轮汽车或低速货车的，按以下标准给予报废补贴：

（一）报废三轮汽车，每辆补贴 2 000 元；

（二）报废低速货车，每辆补贴 3 000 元。

第二十条 农民按规定报废三轮汽车或低速货车并换购微型载货车、轻型载货车，以及直接购买微型客车、微型载货车、轻型载货车或摩托车的，按以下标准给予购买补贴：

（一）微型载货车、轻型载货车和微型客车：销售价格每辆 5 万元及以下的，补贴销售价格的 10%；销售价格每辆 5 万元以上的，定额补贴 5 000 元；

（二）摩托车：销售价格每辆 5 000 元及以下的，补贴销售价格的 13%；销售价格每辆 5 000 元以上的，定额补贴 650 元。

第四章 补贴申请、审核和发放

第二十一条 报废三轮汽车、低速货车并换购微型载货车、轻型载货车的农民，在按规定办理完成报废和注册登记手续后，向户口所在地乡镇财政部门申请车辆报废和购买补贴，并提供以下材料：

（一）机动车整车出厂合格证（复印件）或公安交通管理部门出具的机动车登记证书（原件及复印件）；

（二）公安交通管理部门出具的机动车行驶证（原件及复印件）；

（三）机动车销售发票（原件及复印件）；

（四）报废汽车回收企业出具的“报废汽车回收证明”和公安交通管理部门出具的“机动车注销证明”（原件及复印件）；

（五）购买人身份证、户口簿等相关身份证明（原件及复印件）；

（六）购买人储蓄存折（可以用粮食直补专用存折）；

(七)《汽车摩托车下乡补贴资金申报表》(见附1,可从网上下载,下同)。

第二十二条 购买微型客车、微型载货车、轻型载货车或摩托车的农民,在按规定办理完成车辆登记注册手续后,向户口所在地乡镇财政部门申请购买新车补贴资金,并提供以下材料:

(一)机动车整车出厂合格证(复印件)或公安交通管理部门出具的机动车登记证书(原件及复印件);

(二)公安交通管理部门出具的机动车行驶证(原件及复印件);

(三)机动车销售发票(原件及复印件);

(四)购买人身份证、户口簿等相关身份证明(原件及复印件);

(五)购买人储蓄存折(可以用粮食直补专用存折);

(六)《汽车摩托车下乡补贴资金申报表》。

第二十三条 乡镇财政部门按本细则第三、六、八、十三、十七、十八、十九和二十条的相关规定,通过汽车摩托车下乡补贴信息系统对农民的申报材料进行审核,符合要求的,应当当场确认补贴资金数额,留存相关证明材料复印件,并及时建立下乡产品及补贴资金档案;不符合要求的,应当当场说明原因,并退回申请资料。在汽车摩托车下乡补贴信息系统投入使用前,应当采取纸质审核等办法,及时审核农民申报的补贴资金。

第二十四条 审核批准的补贴资金,由乡镇财政所或县级财政部门在15个工作日内将补贴资金拨付到农民的储蓄账户。

第五章 资金来源与结算

第二十五条 补贴资金由中央财政和省级财政共同负担,其中,中央财政负担80%,省级财政负担20%。对新疆、内蒙古、宁夏、西藏、广西等5个少数民族自治区以及国家确定的“5·12汶川地震”51个重灾县(见附2),省级财政应负担的补贴资金由中央财政全额承担。

第二十六条 中央财政应负担的补贴资金实行事先预拨,事后清算的方式进行管理。

财政部根据测算的各省补贴资金规模,将中央财政应负担的补贴资金按80%的比例预拨到省级财政部门。

省级财政部门要落实应负担的补贴资金,连同收到中央财政拨付的补贴资金,在15个工作日内下达补贴资金预算,并根据预算及时将不少于50%的补贴资金逐级拨付至县级财政部门和乡镇财政所,其余补贴资金按需求进度拨付。

第二十七条 补贴资金按国库集中支付有关规定办理拨款。

第二十八条 汽车摩托车下乡政策实施过程中,实际补贴资金超出预算的部分,由省级财政先行垫付。

第二十九条 每年4月底前,省级财政部门核实汇总本省上年度补贴资金使用情况及购买或换购汽车摩托车补贴电子档案资料,报财政部审核清算。

第三十条 经批复下达的补贴资金使用方案原则上不得变更。

第六章 保障措施

第三十一条 各地财政部门应当安排工作经费,用于加强汽车摩托车下乡政策宣传,业务培训、销售网点监管、乡镇财政所补贴审核兑付、监督检查、公示以及必要的设备购置等,中央财政安排工作经费,对地方予以适当补助。

第三十二条 各级财政部门要根据财力情况,支持汽车摩托车下乡流通网络的建设和完善工作,中央财政对各地建设和完善汽车摩托车下乡流通网络给予适当奖励。

第七章 监督管理

第三十三条 财政部会同国家发展改革委、工业和信息化部、公安部、商务部、工商总局和质检总局共同对汽车、摩托车下乡实施监督管理。

第三十四条 地方各级政府和相关部门应在各自职责范围内加强对汽车摩托车下乡补贴政策实施、下乡产品质量、企业售后服务、汽车销售价格等情况进行跟踪检查和监督管理，为农民购车提供技术、信息等服务，保证补贴资金全部、准确地发放给农民。

第三十五条 补贴资金必须专款专用，任何单位不得挤占、截留、挪用，各级财政部门应建立和落实工作责任制，加强对补贴资金使用情况的管理和检查，自觉接受财政、审计部门的监督。

第三十六条 地方各级政府不得在本细则规定之外对享受补贴产品实施其他限制，包括限制购车地区、品牌、车型、产地、经销商等，也不得对产品进行多次或重复检测，增加或变相增加企业和农民负担。

第三十七条 具有下列情形之一者，不予支付补贴资金：

（一）原三轮汽车或低速货车手续不全或未办理报废注销登记的；

（二）新购买的汽车摩托车不在《产品目录》内；

（三）申报的补贴资金材料不全，且经告知后仍不能补充齐全的；

（四）每年2月底前未申报上一年度补贴资金的；

（五）购买的汽车摩托车数量超过本细则第十八条规定数量的部分；

（六）采取欺骗、瞒报等不正当手段套取补贴资金的；

（七）法律法规规定的其他不符合享受补贴资金的。

第三十八条 汽车摩托车生产企业逾期未缴纳履约保证金的，财政部、工业和信息化部将取消其下乡资格。

第三十九条 汽车摩托车生产企业或销售商不履行申请承诺、违背与财政部、工业和信息化部签订协议书规定的行为，财政部、工业和信息化部或其授权人将依据情节轻重，采取以下一种或几种方式对该企业进行处理：

（一）通过媒体或其他形式对相关情况予以公告；

（二）部分或全部扣除履约保证金；

（三）从汽车下乡补贴产品目录中剔除相关产品；

（四）从汽车下乡补贴范围中剔除相关授权经销商；

（五）取消进入汽车下乡补贴范围资格；

（六）追究相关法律责任。

第八章 附　　则

第四十条 本细则自发布之日起执行。各地可根据本地区实际情况制定具体操作办法，并报财政部、工业和信息化部备案。

第四十一条 本细则由财政部会同国家发展改革委、工业和信息化部、公安部、商务部、工商总局、质检总局负责解释。

附：1. 汽车摩托车下乡补贴资金申报表

2. 5·12汶川地震51个重灾县名单

附1：

汽车摩托车下乡补贴资金申报表

新购车辆信息	新购产品类型	□微型载货车　□轻型载货车　□微型客车　□摩托车		
	是否满足限购要求	□是　□否	产品型号	
	车辆识别代码			
	生产企业		车牌号码	
	排量（ml）		总质量（kg）	
机动车销售统一发票信息	销货单位名称			
	开具发票日期		发票号码	
车主信息	车主姓名		车主联系方式	
	车主户籍所在地			
	车主身份证号码		车主开户行	
	车主储蓄账号			
	户口簿号		户主姓名	
	户主身份证号码		车主与户主关系	
报废汽车信息	车辆类型	□三轮汽车（原三轮农用车）　□低速货车（原四轮农用车）		
	车辆识别代码			
	车牌号码		回收企业名称	
	回收证明号		回收时间	
代办人信息	姓　　名		住　　址	
	身份证号码		联系方式	
补贴信息（财政所填写）	销售价格（元）		补贴比例（%）	
	购买补贴（元）		报废车补贴金额（元）	
	补贴金额合计（元）			
备注				

机动车车主及代办人对申请材料的真实有效性负责。

车主（代办人）：　　　　财政所经手人：　　　　财政所审核人：

申报日期：　　　　经办日期：　　　　审核日期：

附2：

5·12汶川地震51个重灾县名单

一、四川省（39个）

大邑县、都江堰市、彭州市、崇州市、德阳市旌阳区、中江县、罗江县、广汉市、什邡市、绵竹市、绵阳市涪城区、绵阳市游仙区、三台县、盐亭县、安县、梓潼县、北川县、平武县、江油市、广元市利州区、广元市元坝区、广元市朝天区、旺苍县、青川县、剑阁县、苍溪县、南江县、阆中市、汉源县、宝兴

县、芦山县、石棉县、汶川县、理县、茂县、九寨沟县、松潘县、小金县、黑水县

二、甘肃省（8个）

舟曲县、陇南市武都区、康县、文县、成县、徽县、两当县、西和县

三、陕西省（4个）

宁强县、略阳县、勉县、宝鸡市陈仓区

财政部　商务部　国家发展改革委　工业和信息化部　环境保护部　工商总局质检总局关于印发《家电以旧换新实施办法》的通知

2009年6月28日　财建〔2009〕298号

北京市、天津市、上海市、江苏省、浙江省、山东省、广东省、福州市、长沙市财政、商务、发展改革、工业和信息化、环境保护、工商、质检主管部门：

为进一步促进扩大消费需求，提高资源能源利用效率，减少环境污染，促进节能减排和循环经济发展，根据《国务院办公厅关于转发发展改革委等部门促进扩大内需鼓励汽车家电以旧换新实施方案的通知》（国办发〔2009〕44号），财政部、商务部、发展改革委、工业和信息化部、环境保护部、工商总局、质检总局制定了《家电以旧换新实施办法》。现印发给你们，请遵照执行。

附件：家电以旧换新实施办法

附件：

家电以旧换新实施办法

第一章　总　　则

第一条　为进一步促进扩大消费需求，提高资源能源利用效率，减少环境污染，促进节能减排和循环经济发展，根据《国务院办公厅关于转发发展改革委等部门促进扩大内需鼓励汽车家电以旧换新实施方案的通知》（国办发〔2009〕44号），制定本办法。

第二条　本办法所称“家电以旧换新”是指消费者废弃旧家电并购买新家电的行为。

第三条　家电以旧换新工作先试点再全国推广。

第四条　家电以旧换新工作遵循“手续简便、方便消费、直接补贴、安全高效、节能环保”的原则。

第二章　补贴政策

第五条　2009年6月1日至2010年5月31日，在北京、天津、上海、江苏、浙江、山东、广东、福

州和长沙等9省市试点，全国推广的工作安排，由财政部、商务部、发展改革委、工业和信息化部、环境保护部等部门研究提出具体方案报国务院批准后组织实施。

第六条 补贴方式及对象：

1. 凡在试点省市注册登记具有法人资格或具有试点省市当地户口，在规定时间内交售旧家电并购买新家电的单位和个人（以下简称购买人），在购买新家电时可享受家电补贴。交售旧家电与购买新家电的单位和个人必须一致。已享受“家电下乡”补贴政策的新家电不得重复享受以旧换新补贴。

2. 凡在规定时间内从购买人手中收购旧家电并交售给指定拆解处理企业进行拆解处理的中标家电回收企业（以下简称回收企业），均可享受运费补贴。

第七条 以旧换新补贴家电产品范围：电视机、电冰箱（含冰柜）、洗衣机、空调、电脑。补贴产品范围如需调整，由财政部会同商务部、工业和信息化部等部门研究提出具体意见报国务院批准后组织实施。

第八条 补贴标准为：

1. 家电补贴。按新家电销售价格的10%给予补贴，补贴上限为：电视机400元/台，冰箱（含冰柜）300元/台，洗衣机250元/台，空调350元/台，电脑400元/台；

2. 运费补贴。按回收企业交售旧家电的数量定额补助，具体补贴办法，由财政部另行研究确定。

第九条 以旧换新的新家电要符合国家有关安全、环保等标准要求。

第三章 操作流程

第十条 家电销售企业和家电回收企业由试点省市商务主管部门会同财政部门以招标方式确定，招标结果报商务部、财政部备案，并向社会公布中标家电销售、回收企业的名单和联系方式。拆解处理企业由试点省市废旧家电拆解处理主管部门从现有拆解处理企业中筛选，报政府确定，确定结果报环境保护部、财政部备案。具体操作办法由商务部、环境保护部分别制定。

第十一条 购买人选择中标回收企业，通过网络、电话及其他方式提出交售旧家电申请，回收企业及时上门收购旧家电，向购买人开具国家统一印制的家电以旧换新凭证。

回收企业要及时准确地将家电以旧换新凭证的所有信息，包括回收旧家电的类别、品牌、产品制造商、型号、机身序列号、购买人姓名和身份证件号码、旧家电回收价格、以旧换新凭证序列号等录入家电以旧换新管理信息系统。

第十二条 购买人选择中标销售企业，凭有效身份证件、家电以旧换新凭证，到家电销售企业购买新家电。对符合条件的，家电销售企业在销售新家电时直接向购买人垫付补贴资金，并将相关信息录入家电以旧换新管理信息系统。

第十三条 中标回收企业收购的旧家电一律交售给指定拆解处理企业进行拆解处理。对符合条件的，拆解处理企业向回收企业垫付运输费用补贴，并将相关信息录入家电以旧换新管理信息系统。

第十四条 家电销售企业凭新家电销售发票、以旧换新凭证和《家电以旧换新（家电）补贴资金申报表》等材料，经当地商务部门或地方政府确定的相关业务主管部门审核后，到同级财政部门申领补贴资金。

第十五条 拆解处理企业凭以旧换新凭证和《家电以旧换新（运费）补贴资金申报表》等材料，经当地政府确定的相关业务主管部门审核后，到同级财政部门申领已垫付的运费补贴。

第四章 家电回收企业

第十六条 为方便购买人交售旧家电，旧家电回收采取多元化回收的方式。家电生产企业（售后服务机构）、销售企业、专业回收企业和拆解处理企业等均可参加试点省市有关部门组织的家电以旧换新回收企业招投标活动。

第十七条 招标确定的家电回收企业应当具有相应的服务能力、信誉好并且具备以下基本条件：

1. 有布局合理、覆盖面广的回收网点；

2. 回收网点有通过家电以旧换新管理信息系统记录、查验以旧换新有关信息的能力；

3. 有符合环保要求的存储场地；

4. 有经过培训、具备一定专业技术知识的回收人员；

5. 近三年内经营资信状况良好。

第十八条 试点省市商务主管部门会同财政部门根据本地实际情况，在本办法规定的基本条件的基础上，制定家电回收企业招投标的具体条件。

第十九条 试点省市商务主管部门将中标家电回收企业及符合条件的回收网点报商务部、财政部备案。

第二十条 中标回收企业要签订承诺协议，保证及时按合理价格收购购买人交售的旧家电，规范发放以旧换新凭证，回收的旧家电全部交售给指定的拆解处理企业，不擅自拆解处理旧家电，不弄虚作假、不从事制售以旧充新等违法行为。

第五章　家电销售企业

第二十一条 专业家电连锁销售企业、综合性大型零售企业、家电生产企业（销售机构）等均可参加试点省市有关部门组织的家电以旧换新销售企业招投标活动。

第二十二条 招标确定的销售企业应当具有较强实力、信誉好、销售网络健全，并且具备以下基本条件：

1. 销售网点覆盖面广，试点省的销售企业网点覆盖到县一级；

2. 销售网点有通过家电以旧换新管理信息系统记录、查验以旧换新有关信息的能力；

3. 具有较强的仓储及配送能力；

4. 具备完善的家电送货、安装、调试、维修的售后服务体系；

5. 近三年内经营资信状况良好。

第二十三条 试点省市商务主管部门会同财政部门根据本地实际情况，在本办法规定的基本条件的基础上，制定家电销售企业招投标的具体条件。

第二十四条 试点省市商务主管部门将中标家电销售企业及符合条件的销售网点报商务部、财政部备案。

第二十五条 中标销售企业要签订承诺协议，保证按市场正常价格销售新家电，严把进货关，杜绝假冒伪劣、以次充好、以旧充新的产品进入市场流通。

第六章　拆解处理企业

第二十六条 试点期间，原则上每个试点省份选择1～2家拆解处理企业，试点城市选择1家。非指定的拆解处理企业不得收购和处理以旧换新的旧家电。

第二十七条 拆解处理企业应符合国家环境保护的有关法律法规的要求，并且具备以下基本条件：

1. 依据《电子废物污染环境防治管理办法》（原国家环境保护总局令第40号）列入电子废物拆解利用处置单位名录（包括临时名录）的独立法人单位，不包括个体工商户；

2. 具有相关环境、质量、安全等管理和技术人员；

3. 具有与拆解处理废旧家电相适应的分类、包装、贮存、拆解、处理的相关设施和设备；

4. 对不能深度处理的废旧家电及其拆解产物应具有妥善利用或处置方案；

5. 具有通过家电以旧换新管理信息系统记录、查验废旧家电拆解处理数据的能力；建立了废旧家电经营情况记录簿制度；

6. 近三年内未受到环境保护部门的相关处罚。

第二十八条 试点省市相关业务主管部门要根据本地实际情况、在本办法规定的基本条件的基础上，制定确定拆解处理企业的具体条件，保障废旧家电拆解处理能力。

第二十九条 拆解处理企业要签订承诺协议，保证不无故拒收回收企业交售的旧家电，不将收购的旧家电再流通，不从事制售以旧充新等违法行为，在试点省市相关业务主管部门规定的时限内将废家电拆解处理完毕。

第三十条 拆解处理企业在试点期间违反环境保护法律、法规的，所在地的省市人民政府相关业务主管部门应取消其拆解处理企业资格。

第七章 补贴资金申报、审核及兑付

第三十一条 购买人交售旧家电，从回收企业取得国家统一印制的家电以旧换新凭证。回收企业须在以旧换新凭证上注明旧家电的产品品牌、规格、型号、串号（产品生产编号）、购买人姓名及身份证件号等信息。

第三十二条 购买人购买新家电时直接申报家电补贴，由销售企业代财政部门进行审核。对符合补贴条件的，销售企业按销售价格向购买人开具发票，指导购买人填写《家电以旧换新（家电）补贴资金申报表》当场兑付补贴资金，按照新家电的正常销售价格减去补贴后的金额收取货款。不符合补贴条件的、应立即告知购买人，按销售价格收取货款。

第三十三条 购买人申报补贴时应当提供的资料：(1) 以旧换新凭证；(2) 购买新家电的发票；(3)《家电以旧换新（家电）补贴资金申报表》；(4) 购买人居民身份证件或相关法人单位的相关证明。

第三十四条 家电销售企业每半个月对购买人的申报资料进行整理，经当地商务部门或当地政府确定的相关业务主管部门审核后，到同级财政部门申领家电补贴。财政部门在接到申报的7个工作日内进行审核确认后，将补贴资金通过国库集中支付方式直接支付到家电销售企业在银行开设的基本账户。各级财政、商务部门要加强对家电销售企业代理审核兑付情况的监督检查，防止骗补行为的发生。

第三十五条 回收企业将收购旧家电销售给拆解处理企业，向拆解企业开具销售发票，发票要注明交售旧家电的产品类别、规格、型号、数量和价格等信息。

第三十六条 根据实际销售旧家电数量，回收企业直接申报运费补贴，由拆解处理企业代财政部门进行审核，对符合规定的，直接垫付运费补贴，同时指导回收企业填写《家电以旧换新（运费）补贴申报表》。不符合补贴规定的，应立即告知回收企业。

第三十七条 回收企业申报补贴时应当提供的资料：(1) 以旧换新凭证；(2) 销售旧家电的销售发票；(3)《家电以旧换新（运费）补贴申报表》。

第三十八条 拆解处理企业逐月对回收企业的申报资料进行整理，经当地人民政府确定的相关业务主管部门审核后，到同级财政部门申领家电补贴。财政部门在接到申报的7个工作日内进行审核确认后，将补贴资金通过国库集中支付方式直接支付到家电拆解处理企业在银行开设的基本账户。各级财政、环保和相关业务主管部门要加强对拆解处理企业代理审核兑付情况的监督检查，防止骗补行为的发生。

第八章 补贴资金来源、拨付及清算

第三十九条 补贴资金按照专项转移支付有关规定，实行国库集中支付。

第四十条 补贴资金的管理和使用遵循公开透明、分级负担、定向使用和动态监管的原则。

第四十一条 补贴资金由中央财政和试点省市财政共同负担。其中，中央财政负担80%，试点省市财政负担20%。

第四十二条 财政部会同商务部根据各试点省市废旧家电存量、家电拆解处理能力、经济发展水平等，测算补贴资金规模，将中央财政应负担的补贴资金按80%预拨到试点省市财政部门。

第四十三条 试点省市财政部门收到中央财政拨付的补贴资金后，应当落实地方应负担的补贴资金，在15个工作日内下达补贴资金预算分解文件，并根据预算文件，按需求进度和上述程序支付补贴资金。实施过程中，如实际需支付补贴资金超预算，由试点省市财政部门先行垫付。

第四十四条 试点省市财政部门会同商务部门在每年4月底前，核实汇总本地区上年度补贴资金使用情况，报财政部进行审核清算。

第九章 部门职责分工

第四十五条 财政部会同商务部、发展改革委、工业和信息化部、环境保护部、工商总局和质检总局等有关部门按照部门职责分工和本办法的规定，共同组织实施家电以旧换新工作。

财政部会同商务部、发展改革委、工业和信息化部、环境保护部等部门负责制定家电以旧换新政策并发布实施办法，负责财政补贴资金管理。

商务部会同财政部、发展改革委、工业和信息化部、环境保护部等部门组织实施家电以旧换新工作，会同财政部指导试点省市确定家电回收企业、销售企业，负责家电以旧换新管理信息系统开发和培训工作，负责印制和组织发放家电以旧换新凭证。

发展改革委负责加强以旧换新新家电的价格监管，规范经营者的价格行为，负责指导试点省市确定旧家电回收指导价格。

环境保护部负责废旧家电拆解处理的组织实施和监督管理，并会同财政部指导试点省市确定拆解处理企业。

工业和信息化部负责对家电产品生产企业的管理、督促指导生产企业提高和保障家电产品质量。

工商、质检等部门在各自职责范围内加强家电产品生产和市场监督管理。

第十章 试点组织实施

第四十六条 试点省市人民政府负责本地区家电以旧换新工作的组织实施。试点省市人民政府要成立家电以旧换新试点工作领导小组，组成工作班子，落实工作经费，精心组织，加强监管。

第四十七条 试点省市人民政府有关部门要按照国办发〔2009〕44号文件和本办法的要求，尽快制定具体的操作细则，包括购买人交旧购新流程，家电回收企业，销售企业和拆解处理企业的确定，补贴申报程序，补贴资金兑付，产品售后服务，市场秩序监督，政府保障措施等内容，并报财政部、商务部、环保部等部门备案。

第四十八条 试点省市人民政府有关部门负责督促家电生产企业及时公告以旧换新新家电的参考价格，监督中标的家电销售企业按市场正常价格销售新家电，做到公开透明、价格合理。

第四十九条 试点省市人民政府有关部门要充分考虑有关方面意见，指导中标回收企业合理制定废旧家电回收指导价格并及时予以公布，监督中标的家电回收企业按公平合理的价格回收旧家电。

第五十条 试点省市商务主管部门会同财政、环保等有关部门负责管理本地区家电以旧换新进程，通过建立与中标家电回收企业、销售企业和拆解处理企业的联系机制，建立顺畅的信息渠道，监督和管理家电回收，销售企业及网点和拆解处理企业，建立工作档案，及时掌握工作动态，督促企业做好以旧换新工作。

第五十一条 试点省市人民政府有关部门负责本地区家电以旧换新的政策宣传和培训工作。

第五十二条 试点省市商务主管部门会同财政、工信、环境保护部门建立工作报告制度，定期将试点工作进展情况、存在问题和建议向商务部、财政部、工业和信息化部、环保部等部门报告。

第十一章 试点监督管理

第五十三条 试点省市人民政府负责本地区家电以旧换新工作的监督管理。通过建立家电以旧换新工作监督管理制度，保障以旧换新工作有序开展。

第五十四条 试点省市各级财政部门加强对家电以旧换新补贴资金使用的监督和管理，确保补贴资金及进、足额发放。

第五十五条 试点省市各级商务主管部门建立中标家电回收、销售企业经营行为的监督制度。

第五十六条 试点省市各级环境保护部门加强对废旧家电拆解处理环节的监督管理。

第五十七条 试点省市各级工商行政管理部门要充分发挥12315消费者申诉举报网络的作用，及时受理和依法处理消费者对以旧换新家电产品的申诉举报，切实维护消费者的合法权益。

第五十八条 试点省市各级质监部门查处违反质量等法律法规行为，从源头上打击假冒伪劣产品违法活动。

第十二章 附 则

第五十九条 试点省市可根据本办法制订具体实施细则。

第六十条 本办法自发布之日起执行。

第六十一条 本办法由财政部、商务部、发展改革委、工业和信息化部、环境保护部、工商总局、质检总局按职责分工负责解释。

财政部 住房城乡建设部关于印发可再生能源建筑应用城市示范实施方案的通知

2009年7月6日 财建〔2009〕305号

各省、自治区、直辖市、计划单列市财政厅（局）、建设厅（委、局），新疆生产建设兵团财务局、建设局：

根据《可再生能源法》，为落实国务院节能减排战略部署，加快发展新能源与节能环保新兴产业，推动可再生能源在城市建筑领域大规模应用，财政部、住房城乡建设部将组织开展可再生能源建筑应用城市示范工作。为指导开展示范工作，我们制定了《可再生能源建筑应用城市示范实施方案》。现予印发，请遵照执行。

附件：可再生能源建筑应用城市示范实施方案

附件：

可再生能源建筑应用城市示范实施方案

为贯彻国务院关于节能减排战略部署，深入做好建筑节能工作，加快可再生能源在城市建筑领域应用，将开展可再生能源建筑应用城市示范（以下简称城市示范），现提出如下实施方案。

一、充分认识开展城市示范的重要意义

近年来，财政部、住房城乡建设部组织实施的可再生能源建筑应用示范工程，取得良好的政策效果，可再生能源建筑应用技术水平不断提升，应用面积迅速增加，部分地区已呈现规模化应用势头。为进一步放大政策效应，更好地推动可再生能源在建筑领域的大规模应用，将组织开展可再生能源建筑应用城市级示范。开展城市示范，有利于发挥地方政府的积极性和主动性，加强技术标准等配套能力建设，形成推广可再生能源建筑应用的有效模式；有助于拉动可再生能源应用市场需求，促进相关产业发展；有利于促进实现“保增长、扩内需、调结构”的宏观调控目标。

二、示范城市申请条件、申请程序及审核确认

（一）**申请示范城市应具备的条件**。申请示范的城市是指地级市（包括区、州、盟）、副省级城市；直辖市可作为独立申报单位，也可组织本辖区地级市区申报示范城市。

1. 已对本地区太阳能、浅层地能等可再生资源进行评估，具备较好的可再生能源应用条件。

2. 已制定可再生能源建筑应用专项规划。

3. 已制定近2年的可再生能源建筑应用实施方案（编写提纲见附1），详细说明在今后2年可以实施的项目情况，做到项目落实，并说明项目基本情况，包括工程应用的技术类型、应用面积、实施期限等，并填写《可再生能源建筑应用工程项目备案表》（详见附2）。

4. 在今后2年内新增可再生能源建筑应用面积应具备一定规模，其中：地级市（包括区、州、盟）应用面积不低于200万平方米，或应用比例不低于30%；直辖市、副省级城市应用面积不低于300万平方米。

新增可再生能源建筑应用面积包括新增的新建（含改扩建）建筑应用可再生能源的面积以及既有建筑改造中应用可再生能源的面积，具体将根据不同技术类型应用面积计算确定，计算公式为：新增可再生能源建筑应用面积＝太阳能热水系统建筑应用面积×0.5＋地源热泵系统建筑应用面积×1＋太阳能供热制冷系统建筑应用面积×1.5＋太阳能与地源热泵结合系统建筑应用面积×1.5。地源热泵包括土壤源热泵、淡水源热泵、海水源热泵、污水源热泵等技术。

可再生能源建筑应用比例指2年内新增可再生能源建筑应用面积与新建（含改扩建）建筑面积之比。

5. 可再生能源建筑应用设计、施工、验收、运行管理等标准、规程或图集基本健全，具备一定的技术及产业基础。

6. 优先支持已出台促进可再生能源建筑应用政策法规的城市。

（二）**示范城市申请程序**。

1. 申请示范的城市财政、住房和城乡建设部门编写实施方案，经同级人民政府批准后报送省级财政、住房和城乡建设部门。

2. 省级财政、住房和城乡建设部门对各市申报材料进行汇总和初审后，择优选择备选城市，并于每年5月31日前联合上报财政部、住房城乡建设部（2009年申报截止日期为8月31日）。每个省（自治区、直辖市）申请示范的地级市原则上不超过3个。

（三）**示范城市审核确认**。财政部、住房城乡建设部组织对各地上报的申报材料进行审查，综合考虑项目落实程度、今后2年内推广应用面积、技术先进适用性、城市能力具备条件、机制创新实现程度等因素，选择确定纳入示范的城市。对于逾期上报的城市示范申请，将不予受理。

三、中央财政支持“城市示范”的方式及有关要求

（一）**综合考量，切块下达**。对纳入示范的城市，中央财政将予以专项补助。资金补助基准为每个示范城市5 000万元，具体根据2年内应用面积、推广技术类型、能源替代效果、能力建设情况等因素综合核定，切块到省。推广应用面积大，技术类型先进适用，能源替代效果好，能力建设突出，资金运用实现

创新，将相应调增补助额度，每个示范城市资金补助最高不超过8 000万元；相反，将相应调减补助额度。

（二）**创新机制，放大效应**。各地应创新补助资金使用方式，立足引导社会资金投入，充分发挥市场机制，可综合采用财政补助、贷款贴息、以奖代补、资本金注入、设立种子基金等方式，放大资金使用效益。补助资金主要用于工程项目建设及配套能力建设两个方面，其中，用于可再生能源建筑应用工程项目的资金原则上不得低于总补助的90%，用于配套能力建设的资金，主要用于标准制订、能效检测等。

（三）**分批拨付，追踪问效**。中央财政补助资金分三年拨付，第一年，根据城市申报应用面积等因素测算补助资金总额，按测算资金的60%拨付补助资金；后两年根据示范城市完成的工作进度拨付补助资金。

（四）**加强考核，严格监管**。各地财政、住房城乡建设部门要切实加强对补助资金的管理，建立考核机制，确保资金使用规范、安全、有效。财政部会同住房城乡建设部对示范城市进行检查，对没有完成申报应用面积或节能效果未达到预期目标的，将相应扣减财政补助资金，对城市示范开展较好的省市，下一年度将予优先支持。

四、城市示范技术及管理保障措施

各地要切实履行职责，把实施城市示范作为建筑节能工作的重要内容，完善技术标准，推进科技进步，加强能力建设，逐步扩大应用规模，提高应用水平。

（一）**加强规划引导**。各地住房城乡建设主管部门要会同有关部门，对本地区太阳能及浅层地能资源分布和可利用情况进行充分论证或评估，制定专项发展规划，指导技术应用。对浅层地能热泵技术，要切实把握不同热泵技术推广的适用性和可行性，坚持适度发展，合理布局，避免盲目性和对资源的非合理利用。各地在实施既有建筑节能改造、城中村改造、棚户区改造等工作中，应统筹考虑可再生能源应用。

（二）**完善技术标准**。各地住房城乡建设主管部门要大力推动有关太阳能光热技术及浅层地能热泵技术应用的国家相关技术标准的贯彻和执行。省级住房和城乡建设部门要结合本地实际，积极研究制定相关的设计、施工、验收标准、规程及工法、图集。各太阳能光热产品生产企业应积极开发标准化、通用的太阳能光热系统组件，提高建筑一体化应用水平。各浅层地能热泵设备生产企业应积极研发高效率、具有自主知识产权的热泵设备。

（三）**加强产品设备质量监督**。各地住房城乡建设主管部门应会同有关部门规范太阳能光热及浅层地能产品、设备建筑应用市场，强化市场准入，研究建立相关应用产品、设备的认证标识体系，加大对产品、设备性能的检测力度，确保产品质量。

（四）**加强项目质量管理**。各地住房城乡建设主管部门要加强对太阳能光热技术及浅层地能热泵技术应用项目的质量管理，在项目的设计、施工、监理、验收等环节，依据国家法律法规和工程强制性标准加强监督检查和指导，对不符合现行有关标准或不能实现项目预期节能目标的要责令改正。北方采暖区新建及既有建筑节能改造应用可再生能源的项目，应同步推进分户供热计量。要建立项目评估机制，省级住房城乡建设部门要负责组织对辖区示范城市可再生能源建筑应用项目进行能效检测，住房城乡建设部将委托专门的能效测评机构进行抽检。要加强对项目的跟踪，指导项目加强运行管理，提高利用效率。

（五）**强化技术支撑服务**。各地住房城乡建设主管部门要充分依托相关机构，做好太阳能光热技术及浅层地能热泵技术应用项目的技术支撑工作，形成可大规模推广应用的技术、标准及产品体系，整合各方面力量，推动太阳能光热技术及浅层地能热泵技术生产、设计、施工三者有效结合，提高应用水平。要积极培育能源服务市场，采取合同能源管理等方式推进太阳能及浅层地能应用技术的推广。

附：1. 可再生能源建筑应用城市示范实施方案编写提纲

2. 可再生能源建筑应用工程项目备案表

附 1：

可再生能源建筑应用城市示范实施方案编写提纲

为了指导“可再生能源建筑应用城市示范”的实施，各申请城市应编制专项实施方案。实施方案应包括以下内容：

一、城市概况，包括面积、人口、自然环境条件、气候、太阳能、浅层地能等可再生能源资源条件、GDP、政府财政收入等。

二、城市建筑概况，包括既有建筑面积、近两年年新增建筑面积（居住建筑、公共建筑）、新增节能建筑面积、近期建设规划等。

三、“可再生能源建筑应用城市示范”实施目标（此目标将作为申请中央财政补助资金及考核的基本依据），包括预计实施的可再生能源建筑应用工程数量、技术类型、建筑面积、替代常规能源量、可再生能源建筑应用配套能力建设目标。

四、“可再生能源建筑应用城市示范”实施计划，包括可再生能源建筑应用工程项目年度实施计划、配套能力建设实施计划。

五、中央财政补助资金使用计划，包括使用方式、使用范围、资金支出计划、资金管理措施等。

六、配套能力建设，包括组织机构、法律法规、政策措施、标准规范、科技进步、产业配套、行政监管、考核评价、宣传推广等方面。

七、经济、社会、环境效益分析。

附 2：

可再生能源建筑应用工程项目备案表

填报单位：　　　　　　　　　　　　　（城市财政、住房和城乡建设部门签章）

序号	项目名称	建筑类型	建筑面积（平方米）	可再生能源应用形式	项目总投资（万元）	可再生能源部分投资（万元）	项目建设单位	项目实施起止时间

填表说明：

1. 建筑类型：[1] 居住建筑；[2] 公共建筑（填写相应序号即可）。

2. 可再生能源应用形式：[1] 太阳能光热建筑一体化应用；[2] 太阳能采暖空调；[3-1] 土壤源热泵技术应用；[3-2] 地下水源热泵技术应用；[3-3] 地表水源热泵技术应用；[3-4] 海水源热泵技术应用；[3-5] 污水源热泵技术应用；[4] 太阳能光热与地源热泵结合系统应用（填写相应序号即可）。

财政部 住房城乡建设部关于印发加快推进农村地区可再生能源建筑应用的实施方案的通知

2009年7月6日 财建〔2009〕306号

各省、自治区、直辖市、计划单列市财政厅（局）、建设厅（委、局），新疆生产建设兵团财务局、建设局：

根据《可再生能源法》，为落实国务院节能减排战略部署，加快发展新能源与节能环保新兴产业，深入推进建筑节能工作，财政部、住房城乡建设部将以县为单位，实施农村地区可再生能源建筑应用的示范推广，引导农村住宅、农村中小学等公共建筑应用清洁、可再生能源。为指导开展示范推广工作，我们制定了《加快推进农村地区可再生能源建筑应用的实施方案》。现予印发，请遵照执行。

附件：加快推进农村地区可再生能源建筑应用的实施方案

附件：

加快推进农村地区可再生能源建筑应用的实施方案

农村地区太阳能等可再生能源资源丰富，具备良好的建筑应用条件，建筑节能潜力巨大。为加快推进农村地区可再生能源建筑应用，现提出以下实施方案：

一、充分认识加快农村地区可再生能源建筑应用的重要意义

近年来，随着我国城镇化进程不断加快和居民生活水平的提高，农村地区建筑用能迅速增加，尤其北方地区农村建筑采暖以生物质能源为主的模式，正逐渐被以煤炭等化石能源为主的模式所替代，农村建筑节能形势严峻。广大的农村地区太阳能、浅层地能等可再生能源资源丰富、应用条件优越、发展空间巨大。在农村地区加快推进可再生能源建筑应用，可节约与替代大量常规化石能源；可以加快改善农村民房、农村中小学、农村卫生院等公共建筑供暖设施，保障与改善民生；可以带动清洁能源等相关产业发展，促进扩大内需与调整结构。

二、因地制宜，确定农村地区可再生能源建筑应用的重点领域

各地要结合当地自然资源条件、客观实际需要、经济社会条件等因素，因地制宜地确定推广应用重点。近阶段国家重点扶持的应用领域是：

1. 农村中小学可再生能源建筑应用。结合全国中小学校舍安全工程，完善农村中小学生活配套设施，推进太阳能浴室建设，解决学校师生的生活热水需求；实施太阳能、浅层地能采暖工程，利用浅层地能热泵等技术解决中小学校采暖需求；建设太阳房，利用被动式太阳能采暖方式为教室等供暖。

2. 县城（镇）、农村居民住宅以及卫生院等公共建筑可再生能源建筑一体化应用。

三、以县为单位，实施农村地区可再生能源建筑应用的示范推广

为积极稳妥地推进可再生能源在农村地区的推广应用，实行以县（含县级市区，下同）为单位整体推

进，并先行示范，分期启动，分批实施。示范县应满足相关条件，并按要求组织申报。

（一）示范县应具备的条件。

1. 具备较好的可再生能源应用条件，已制定本地区可再生能源建筑应用整体规划。

2. 已制定本地区可再生能源应用实施方案（编写提纲详见附1）。实施方案要详细说明今后两年内可再生能源推广应用的工作内容，要做到详实具体，项目落实，并说明建设项目的基本情况，包括可再生能源应用的技术类型、应用面积、实施期限等，填写《农村地区可再生能源建筑应用工程项目备案表》（详见附2）。

3. 今后2年内新增可再生能源建筑应用面积应具备一定规模，新增应用面积原则上不低于30万平方米。对于辖区人口较少、规模较小的县，可适当降低面积要求。

4. 以在农村中小学的推广应用为重点。推广应用可再生能源的学校应是在中小学布局结构调整中予以保留的学校，具备较完善的办学条件，校园布局规划合理，建筑保温隔热性能较好，有生活热水、采暖等需求。

5. 项目建设资金落实。详细说明项目建设资金需求、筹措渠道等情况。

6. 对可再生能源建筑应用项目的建设、运营及服务有成熟的解决方案。对在农村中小学等公共建筑推广应用可再生能源，鼓励依托技术力量较强的单位，采取建设管理运营一体化的模式，以确保工程质量和实施效果。

（二）示范县的申报。省级财政、住房和城乡建设主管部门负责本省示范县的申报组织工作。县级财政、住房和城乡建设主管部门编写本地区农村可再生能源应用申报材料，并向上级部门提出申请。省级财政、住房和城乡建设主管部门在对申报材料汇总和初审后，择优推荐示范县，并于每年5月31日前联合上报财政部、住房和城乡建设部（2009年申报截止日期为8月31日）。每年每省（自治区、直辖市）申报示范县原则上不超过4个。

（三）示范县审核确认。财政部会同住房和城乡建设部，根据前期工作开展情况、实施方案详实程度、建设资金落实情况、示范推广效应等因素选择确定示范县，将优先选择符合国家支持重点领域、项目落实情况好、推广应用面积大、推广技术类型先进适用的县。对于逾期上报的示范申请，将不予受理。

四、实施中央财政扶持政策

中央财政对农村地区可再生能源建筑应用予以适当资金支持。

（一）补助资金的核定。2009年农村可再生能源建筑应用补助标准为：地源热泵技术应用60元/平方米，一体化太阳能热利用15元/平方米，以分户为单位的太阳能浴室，太阳能房等按新增投入的60%予以补助。以后年度补助标准将根据农村可再生能源建筑应用成本等因素予以适当调整。每个示范县补助资金总额将根据上述补助标准、可再生能源推广应用面积等审核确定。每个示范县补助资金总额最高不超过1 800万元。

（二）补助资金的拨付。中央财政将上述核定的补助资金一次性拨付到省，由省级财政按规定拨付到示范县，示范县负责将补助资金落实到具体项目。

（三）补助资金的监管。各地财政、住房城乡建设部门要切实加强对补助资金的管理，建立考核机制，确保资金使用规范、安全、有效。省级财政、住房城乡建设部门要督促示范县严格按照上报的实施方案执行。财政部将会同住房城乡建设部对地方工作实施情况进行检查，对没有完成上报工作任务，或节能效果达不到预期目标的，将抵扣今后该省专项补助资金；对示范效果好的省份，下一年度将予优先支持。

五、切实加强对农村地区可再生能源建筑应用示范推广管理

各地要切实履行职责，财政、住房城乡建设部门必须高度重视，密切配合、统筹安排，扎扎实实地做好项目建设，确保示范工作顺利实施，达到预期效果。

（一）加强统筹协调。省级住房城乡建设、财政部门应对辖区示范县太阳能及浅层地能资源分布和可

利用情况、应用可再生能源的需求情况进行充分论证，制定专项规划，指导示范工作开展。在农村中小学推广应用可再生能源要与农村中小学布局调整规划、全国中小学校舍安全工程、农村中小学危房改造工程、农村寄宿制学校建设工程、中西部农村初中校舍改造工程等相结合，其他项目也要与现有政策充分结合，避免浪费。

（二）强化建设标准控制。示范推广工作要坚持“经济、适用、安全”原则，严禁不切实际的高标准超标准建设。各省级住房城乡建设主管部门应结合本地实际，推行标准化应用模式，提出系列应用技术方案，并配套制定相关标准规范、工法、图集，指导工程建设。

（三）加强项目质量管理。各地住房城乡建设主管部门要加强对工程建设的质量管理，在项目的设计、施工、验收等环节，依据国家法律法规和工程强制性标准加强监督检查和指导。要高度重视工程质量安全，确保建设与使用安全，设计、施工、监理人员应经过培训，技术水平应满足岗位要求。要建立项目评估机制，委托专门机构对应用效果进行评估。要加强对项目的跟踪，指导项目加强运行管理。相关设施建成后要采取有效措施，确保系统安全、高效和长久的运行。

（四）加强技术指导。各地住房城乡建设主管部门要充分依托相关机构，做好示范推广技术指导工作，整合太阳能、浅层地能应用设备生产企业、科研单位、勘察设计单位、施工企业等各方面专业力量，推动与示范推广工作相关的生产、勘察、设计、施工等环节有效结合，提高应用水平。

（五）认真总结经验。各级财政、住房城乡建设部门要及时总结示范推广工作经验，妥善解决示范推广过程出现的问题，完善相关政策，为下一步全面推广奠定良好基础。要广泛宣传示范推广工作取得的成效，扩大影响，努力营造有利于推进农村地区建筑节能和可再生能源应用的社会氛围。

附：1. 农村地区可再生能源建筑应用实施方案编写提纲

2. 农村地区可再生能源建筑应用项目备案表

附1：

农村地区可再生能源建筑应用实施方案编写提纲

申请农村地区可再生能源建筑应用示范县应编制专项实施方案，实施方案应包括以下内容：

一、示范县基本情况

包括本地区可再生能源资源情况、可再生能源利用需求情况、农村中小学、卫生院等公共建筑配套设施现状等。

二、技术方案

包括可再生能源应用技术类型及应用形式、设备及产品选型、建筑节能措施等。

三、资金筹集情况

包括可再生能源应用示范推广资金需求总额及分项预算，资金需求的计算方法。资金筹措情况，包括地方财政准备补助的资金额度、市场融资情况等。

四、项目建设情况

包括项目基本情况、建设运营模式的选择，项目建设起止时间、项目管理措施、技术依托单位等。

五、配套措施

包括配套政策、技术标准、技术研发、产业状况等。

六、节能目标及技术经济分析

包括节能效益、环境效益、社会效益及经济效益等。

附 2：

农村地区可再生能源建筑应用项目备案表

填报单位：（示范县财政、住房和城乡建设部门签章）

序号	项目名称	建筑类型	建筑面积（平方米）	可再生能源应用形式	项目总投资（万元）	可再生能源部分投资（万元）	项目建设单位	项目实施起止时间

填表说明：

1. 建筑类型：[1] 居住建筑；[2] 公共建筑（填写相应序号即可）。
2. 可再生能源应用形式：[1] 太阳能光热建筑一体化应用；[2] 太阳能浴室；[3] 被动式太阳能房；[4－1] 土壤源热泵技术应用；[4－2] 地下水源热泵技术应用；[4－3] 地表水源热泵技术应用；[4－4] 海水源热泵技术应用（填写相应序号即可）。

财政部　商务部　中宣部　国家发展改革委　工业和信息化部　公安部　环境保护部　交通运输部　工商总局　质检总局关于印发《汽车以旧换新实施办法》的通知

2009 年 7 月 13 日　财建〔2009〕333 号

各省、自治区、直辖市、计划单列市、新疆生产建设兵团财政、商务、宣传、发展改革、工业和信息化、公安、环境保护、交通运输、工商、质监主管部门：

为贯彻《国务院办公厅关于转发发展改革委等部门促进扩大内需鼓励汽车家电以旧换新实施方案的通知》（国办发〔2009〕44 号）精神，更好地实施汽车以旧换新补贴政策，特制定《汽车以旧换新实施办法》，现印发给你们，请遵照执行。

附件：汽车以旧换新实施办法

附件：

汽车以旧换新实施办法

第一章　总　　则

第一条　为贯彻《国务院办公厅关于转发发展改革委等部门促进扩大内需鼓励汽车家电以旧换新实施方案的通知》（国办发〔2009〕44号）精神，更好地实施汽车以旧换新补贴政策，特制定本办法。

第二条　本办法所称汽车以旧换新是指按本办法要求提前报废老旧汽车、“黄标车”并换购新车。

“黄标车”是指污染物排放达不到国Ⅰ标准的汽油车和达不到国Ⅲ标准的柴油车。

老旧汽车、“黄标车”和新车均不包括三轮汽车、低速货车。

第三条　本办法所称汽车以旧换新补贴资金（以下简称补贴资金）是指中央财政从一般预算安排的，专项用于汽车以旧换新的补贴资金。

第四条　商务部会同财政部、中宣部、发展改革委、工业和信息化部、公安部、环境保护部、交通运输部、工商总局、质检总局等有关部门按照部门职责分工和本办法的规定，组织实施汽车以旧换新工作，并指导地方相关部门开展有关工作。

商务部负责会同有关部门组织实施汽车以旧换新工作，指导各地商务主管部门开展报废汽车回收、新车销售的管理工作。

财政部负责补贴资金的筹集、分配、落实和监管。

公安部负责指导、监督各地公安交通管理部门办理新车注册登记，办理报废机动车注销登记并出具《机动车注销证明》。

环境保护部负责“黄标车”的认定和查验，并对报废机动车拆解处理实施环境监督。

中宣部、发展改革委、工业和信息化部、交通运输部、工商总局、质检总局等部门在各自职责范围内加强监督管理。

第五条　各省、自治区、直辖市、计划单列市、新疆生产建设兵团商务主管部门（以下简称省级商务主管部门）会同财政、公安、环保等部门负责汽车以旧换新的具体实施工作。

第二章　补贴范围和标准

第六条　补贴范围：在2009年6月1日~2010年5月31日期间，将符合下列条件的汽车交售给依法设立的指定报废汽车回收拆解企业，并换购新车的（报废汽车的车主名称与换购新车车主名称应一致）：

（一）使用不到8年的老旧微型载货车，老旧中型出租载客车；

（二）使用不到12年的老旧中、轻型载货车；

（三）使用不到12年的老旧中型载客车（不含出租车）；

（四）与《汽车报废标准规定使用年限表》（详见附1）中规定的使用年限相比，提前报废的各类“黄标车”。

“黄标车”可登录“机动车环保网”查询，网站地址：www. vecc-mep. org. cn。

使用年计算的起始和终止日期分别为车辆初次登记日期和注销日期。

第七条 同时符合下列条件的，车主只能选择申请一种补贴：

（一）既符合第六条第四项、又符合第六条第一至第三项规定条件之一的；

（二）既符合第六条第三项或第四项，又符合2009年老旧汽车报废更新补贴资金的车辆补贴范围及补贴标准公告（财政部 商务部公告2009年第20号）规定条件的。

第八条 提前报废"黄标车"并换购新车，新车已享受1.6升及以下乘用车减半征收车辆购置税政策的，不再享受补贴。

第九条 符合第六条规定提前报废老旧汽车、"黄标车"并换购新车的，按以下标准给予补贴：

（一）报废老旧汽车的补贴标准；

1. 报废中型载货车，每辆补贴人民币6 000元；
2. 报废轻型载货车，每辆补贴人民币5 000元；
3. 报废微型载货车，每辆补贴人民币4 000元；
4. 报废中型载客车，每辆补贴人民币5 000元。

（二）报废"黄标车"的补贴标准：

1. 报废中型载货车，每辆补贴人民币6 000元；
2. 报废轻型载货车，每辆补贴人民币5 000元；
3. 报废微型载货车，每辆补贴人民币4 000元；
4. 报废中型载客车，每辆补贴人民币5 000元；
5. 报废小型载客车（不含轿车），每辆补贴人民币4 000元；
6. 报废微型载客车（不含轿车），每辆补贴人民币3 000元；
7. 报废轿车、重型载货车、大型载客车、专项作业车，每辆补贴人民币6 000元。

省级财政部门会同商务主管部门可以根据本地区"黄标车"车型、年限、城市管理等实际情况，因地制宜，合理调整"黄标车"补贴标准，报经省级人民政府批准后，及时向社会公布，并向财政部、商务部备案。

第三章 车辆报废更新及补贴资金申请、审核和发放

第十条 承担汽车以旧换新车辆回收工作的企业应为依法设立、具备汽车以旧换新信息管理系统（以下简称信息管理系统）录入条件、能够出具由省（自治区、直辖市）商务主管部门印发的《报废汽车回收证明》的报废汽车回收拆解企业。

第十一条 拟申请汽车以旧换新补贴资金的车主应当将符合第六条规定的老旧汽车、"黄标车"交售给车籍所在地符合第十条规定的报废汽车回收拆解企业，报废汽车回收拆解企业应当在信息管理系统中录入车辆报废回收有关信息，按有关规定及时对车辆解体，向车主出具《报废汽车回收证明》，并自收到车辆之日起10个工作日内将机动车登记证书、号牌、行驶证和《报废汽车回收证明》副联等交公安机关办理注销登记，向车主交付《机动车注销证明》。

第十二条 报废汽车回收拆解企业出具的《报废汽车回收证明》应在备注栏中注明车辆初次登记日期、总质量、车长、乘坐人数等信息，并将副联报送所在地商务主管部门备案。

第十三条 车主在购买新车时，应取得新车购车发票等证明、凭据。

第十四条 各市（州）商务主管部门要会同财政、环保部门设立汽车以旧换新联合服务窗口，办理补贴资金申请。有条件的县也要设立汽车以旧换新联合服务窗口。联合服务窗口设置地点应尽量方便车主办理补贴资金申领手续。

商务主管部门是联合服务窗口的牵头单位，主要负责审核《报废汽车回收证明》的有效性，以及车主提交的《汽车以旧换新补贴资金申请表》（详见附2）等有关材料，核对信息管理系统中报废车辆回收有

关信息，录入申请、补贴信息，综合协调、汇总数据等工作。

财政部门负责审核车辆是否属于申领补贴范围及补贴标准，并对符合要求车主拨付补贴资金。

环保部门负责查验报废车辆是否属于“黄标车”。

第十五条 符合本办法第六条规定的老旧汽车、“黄标车”车主应在2009年8月10日至2010年6月30日期间，到报废车辆车籍所在地市（州）、县汽车以旧换新联合服务窗口申请补贴资金，并提供以下材料：

（一）《汽车以旧换新补贴资金申请表》（可在联合服务窗口领取，也可从商务部网站下载）；

（二）《报废汽车回收证明》原件；

（三）《机动车注销证明》原件及复印件；

（四）新车购车发票原件及复印件；

（五）机动车登记证书原件及复印件；

（六）车辆购置税完税凭证原件及复印件；

（七）有效身份证明原件及复印件；

（八）与车主同名的个人银行账户存折或单位基本账户开户证复印件。

对符合条件的报废老旧汽车、“黄标车”并购买新车的，财政部门应于受理后15个工作日内将补贴资金发放给车主；对不符合条件的，商务主管部门应退回申请并说明理由。

车主逾期提出补贴资金申请的，有关部门不予受理。

第十六条 信息管理系统启用前，各地可采取纸质表格审核等形式，开展补贴资金的审核发放工作。

第四章 补贴资金管理

第十七条 中央财政按照本办法第九条确定的补贴标准，对地方实行补贴资金包干。地方调整“黄标车”补贴标准差额所需资金，由地方财政安排。

第十八条 财政部参考各地“黄标车”保有量等因素向各省级财政主管部门预拨补贴资金。

第十九条 各省级财政、商务主管部门应当于2010年7月31日前将补贴资金发放情况上报商务部、财政部。财政部根据补贴资金实际发放情况与各地进行清算。

第二十条 补贴资金结余的使用由财政部会同商务部另行规定。

第五章 保障措施

第二十一条 省级商务主管部门要统筹规划，引导企业合理布局，完善报废汽车回收网络，支持有条件的企业向县延伸回收网点，鼓励企业开展上门服务，方便车主交车和办理相关手续，并及时向社会公布行政区域内承担汽车以旧换新车辆回收工作的报废汽车回收拆解企业及其回收网点名单。

地方商务主管部门要引导报废汽车回收拆解企业加大投入，按照《报废汽车回收拆解企业技术规范》（GB22128－2008）进行标准化改造，提高拆解水平。

第二十二条 各地商务主管部门要积极与财政等部门沟通和协调。各地财政部门应当安排工作经费，用于汽车以旧换新联合服务窗口设立、政策宣传、企业培训、相关单据印制以及必要的设备购置等。

第二十三条 鼓励各地根据实际情况，制定相关配套政策和措施，引导老旧汽车、“黄标车”提前报废。各地出台的相关政策应与汽车以旧换新政策一并执行。

第六章 监督管理

第二十四条 商务部会同财政部、发展改革委、工业和信息化部、公安部、环境保护部、工商总局、质检总局等部门指导地方相关部门对汽车以旧换新实施监督管理。

第二十五条 地方各级政府相关部门应在各自职责范围内加强对汽车以旧换新政策实施、汽车报废和换购新车、资金发放，信息统计上报等情况进行跟踪检查和监督管理，确保资金安全、及时发放、用好补贴政策。

第二十六条 省级商务主管部门要负责组织做好汽车以旧换新补贴申请办理资料存档和信息统计工作，并将每月办理情况按《汽车以旧换新补贴资金发放统计表》（详见附4）的要求于次月3日前报送商务部并抄送财政部、环境保护部。商务部适时将有关信息在网站上公布。

第二十七条 地方各级人民政府不得对换购新车的产地、品牌、型号等加以限制。

第二十八条 对买卖、伪造、变造《报废汽车回收证明》，拼装车以及将回收的报废车辆上路行驶或流向社会的，有关部门依据《报废汽车回收管理办法》（国务院令第307号）进行处理。

第二十九条 对挪用、骗取补贴资金的单位和个人，有关部门依据《财政违法行为处罚处分条例》（国务院令第427号）及其他有关法规进行处理。

第三十条 报废汽车回收拆解企业有违反本办法规定，不履行有关义务的，商务主管部门可依据其情节轻重、采取公告违规企业行为、从承担汽车以旧换新车辆回收工作企业名单剔除，以及收回或暂停发给《报废汽车回收证明》等措施进行处理。

第七章 附 则

第三十一条 本办法自发布之日起执行。各省级财政、商务主管部门可根据本办法并结合本地区实际情况制定汽车以旧换新具体实施细则，并报财政部、商务部备案。

第三十二条 财政部 商务部公告2009年第20号规定的老旧汽车报废更新补贴资金的申请和发放，按本办法有关规定执行。有关车主应按规定提交相关材料、并填写《“老旧汽车报废更新”补贴资金申请表》（详见附3），各地应按《“老旧汽车报废更新”补贴资金发放统计表》（详见附5）报送信息。

第三十三条 本办法由财政部、商务部会同有关部门负责解释。

附：1. 汽车报废标准规定使用年限表

2. 汽车以旧换新补贴资金申请表

3. “老旧汽车报废更新”补贴资金申请表

4. 汽车以旧换新补贴资金发放统计表

5. “老旧汽车报废更新”补贴资金发放统计表

附1：

汽车报废标准规定使用年限表

<table>
<tr><th colspan="5">车辆类型和用途</th><th>使用年限</th></tr>
<tr><td rowspan="8">载客车</td><td rowspan="6">营运</td><td rowspan="4">出租</td><td colspan="2">小、微型（含轿车）</td><td>8年</td></tr>
<tr><td colspan="2">中型</td><td>8年</td></tr>
<tr><td rowspan="2">大型</td><td>19座及以下</td><td>8年</td></tr>
<tr><td>19座以上</td><td>8年，可延4年</td></tr>
<tr><td colspan="3">旅游</td><td>10年，可延10年</td></tr>
<tr><td colspan="3">其他</td><td>10年，可延5年</td></tr>
<tr><td rowspan="2">非营运</td><td colspan="3">小、微型（含轿车）</td><td>15年，可延</td></tr>
<tr><td colspan="3">大、中型</td><td>10年，可延10年</td></tr>
<tr><td rowspan="2">载货车</td><td colspan="4">微型</td><td>8年</td></tr>
<tr><td colspan="4">重、中、轻型</td><td>10年，可延5年</td></tr>
<tr><td rowspan="2">专项作业车</td><td colspan="4">矿山作业专用车</td><td>8年，可延</td></tr>
<tr><td colspan="4">其他专门作业车</td><td>10年，可延</td></tr>
</table>

附2：

汽车以旧换新补贴资金申请表

报废车辆信息	车辆类型		车辆型号		车架号/车辆识别代码		使用性质		环保部门审核意见（专用章） 该报废车辆是否为黄标车：是（ ）/否（ ） 经办人： 年 月 日
	燃油种类		货车（含载重）总质量（千克）		客车长度（米）		客车乘坐人数（人）		
	初次登记日期		交售日期		注销日期				
	回收证明号				注销证明号				
更新车辆信息	车辆类型		车辆型号		车辆识别代码				商务主管部门审核意见（专用章） 该报废车辆符合补贴范围，申请材料齐全，补贴金额符合有关规定。 经办人： 年 月 日
	购车发票号		购车价格（万元）		购置税税率				
车主信息	车主		经办人		经办人身份证号				
	联系电话		身份证号（单位组织机构代码）						
	联系地址		邮政编码				车主或经办人签字（公章）：		财政部门审核意见（专用章） 该报废车辆属申领补贴范围，同意按补贴金额拨付资金。 经办人：
	车主开户银行								
	开户银行账号								
补贴金额		人民币： 万 仟 佰元整 ￥______元					年 月 日		年 月 日

提供材料：《报废汽车回收证明》原件，《机动车注销证明》、更新车辆发票、机动车登记证书、车辆购置税完税凭证、身份证明原件及复印件，与车主同名的个人银行账户存折或单位基本账户开户证复印件。

本表一式四联，一联商务主管部门存查，二联财政部门存查，三联环境保护部门存查，四联车主存查。

附3：

"老旧汽车报废更新"补贴资金申请表

报废车辆信息	车辆类型		车辆型号		车架号/车辆识别代码		使用性质		商务主管部门审核意见（专用章） 该报废车辆符合补贴范围，申请材料齐全，补贴金额符合有关规定。 经办人： 年 月 日
	燃油种类		货车（含载重）总质量（千克）		客车长度（米）		客车乘坐人数（人）		
	初次登记日期		交售日期		注销日期				
	回收证明号				注销证明号				
更新车辆信息	车辆类型		车辆型号		车辆识别代码				
	购车发票号				购车价格（万元）				
车主信息	车主		经办人		经办人身份证号				财政部门审核意见（专用章） 该报废车辆属申领补贴范围，同意按补贴金额拨付资金。 经办人：
	联系电话		身份证号（单位组织机构代码）						
	联系地址		邮政编码				车主或经办人签字（公章）：		
	车主开户银行								
	开户银行账号								
补贴金额		人民币： 万 仟元整 ￥______元					年 月 日		年 月 日

提供材料：《报废汽车回收证明》原件，《机动车注销证明》、道路运输证和运输管理部门出具的意见（报废农村客运车辆需提供）、更新车辆发票（报废城市公交车辆需提供）、身份证明原件及复印件，与车主同名的个人银行账户存折或单位基本账户开户证复印件。

本表一式三联，一联商务主管部门存查，二联财政部门存查，三联车主存查。

附 4：

汽车以旧换新补贴资金发放统计表

单位（公章）：　　　　　　　　20　　年　　　月份　　　　填写日期：　　　年　　月　　日

地区	补贴老旧汽车（辆）					补贴"黄标车"（辆）											购置新车金额合计（万元）	发放补贴资金合计（万元）
	合计	载客车	载货车			合计	载客车					载货车				专项作业车6 000元/辆		
		中型5 000元/辆	中型6 000元/辆	轻型5 000元/辆	微型4 000元/辆		大型6 000元/辆	中型5 000元/辆	小型4 000元/辆	微型3 000元/辆	轿车6 000元/辆	重型6 000元/辆	中型6 000元/辆	轻型5 000元/辆	微型4 000元/辆			
合计																		

备注：补贴老旧汽车。"黄标车"标中金额为补贴标准，如地方调整"黄标车"补贴标准，按调整金额修改。

填表人：　　　　　　　　　　　　　　　　联系电话：

附 5：

"老旧汽车报废更新"补贴资金发放统计表

单位（公章）：　　　　　　　　2009 年　　　月份　　　　填报日期：　　　年　　月　　日

地区	补贴车辆合计（辆）	农村客运10 000元/辆	载客车5 000元/辆	城市公交		载货车5 000元/辆	购置新车金额合计（万元）	发放补贴资金合计（万元）
				10 000元/辆	16 000元/辆			
合计								

备注：符合财政部、商务部2000 年第20 号公告内赛车辆填写此表。

填表人：　　　　　　　　　　　　　　　　联系电话：

财政部　交通运输部　国家发展改革委关于印发《取消政府还贷二级公路收费中央补助资金管理办法》的通知

2009年8月4日　财建〔2009〕490号

各省、自治区、直辖市财政厅（局）、交通厅（局）、发展改革委，天津市市政公路管理局、上海市城乡建设和交通委员会：

为做好逐步有序取消政府还贷二级公路收费工作，根据《国务院关于实施成品油价格和税费改革的通知》（国发〔2008〕37号）和《国务院办公厅关于转发发展改革委交通运输部财政部逐步有序取消政府还贷二级公路收费实施方案的通知》（国办发〔2009〕10号）等有关规定，特制定《取消政府还贷二级公路收费中央补助资金管理办法》。现印发给你们，请遵照执行。

附件：取消政府还贷二级公路收费中央补助资金管理办法

附件：

取消政府还贷二级公路收费中央补助资金管理办法

第一章　总　　则

第一条　为做好逐步有序取消政府还贷二级公路收费工作，根据《国务院关于实施成品油价格和税费改革的通知》（国发〔2008〕37号）和《国务院办公厅关于转发发展改革委交通运输部财政部逐步有序取消政府还贷二级公路收费实施方案的通知》（国办发〔2009〕10号）等有关规定，制定本办法。

第二条　本办法所称取消政府还贷二级公路收费中央补助资金（以下简称补助资金）是指中央财政从成品油价格和税费改革后新增的成品油消费税收入中安排的，用于补助地方开展取消政府还贷二级公路（含在二级公路上的隧道、桥梁，下同）收费工作的专项资金。补助资金每年定额安排260亿元。

第三条　补助资金应当专款专用，实行专项转移支付。按照“先撤先补、多撤多补、不撤不补”的原则，补助资金每年全额分配各地，实行包干补助。未取消收费的省（自治区、直辖市）不予补助，其补助资金在取消收费的省份间分配。

第四条　中央按照各省（自治区、直辖市）逐步有序取消政府还贷二级公路收费的实施情况和相应的补助标准对各地进行补助。各地应相应建立取消政府还贷二级公路收费配套资金，与中央核拨的补助资金统筹安排使用，按照与银行签订的协议及时偿还债务，确保取消政府还贷二级公路收费工作稳步、有序开展。

第二章　补助资金的分配办法和支出范围

第五条　准备下一年度取消收费的省份，其省级交通运输、财政主管部门于当年9月30日前，将本省

（自治区、直辖市）取消政府还贷二级公路收费实施方案、债务余额及专项审计报告、还贷协议等有关材料报交通运输部、财政部，同时抄报国家发展改革委。

第六条 交通运输部会同财政部、国家发展改革委根据各省（自治区、直辖市）逐步有序取消政府还贷二级公路收费的实施情况以及其提交的债务余额及专项审计报告、还贷协议等有关材料，制定补助资金年度分配方案，并由财政部会同交通运输部通知相关省级财政、交通运输主管部门。

第七条 根据资金分配办法不同，补助资金可分为“偿还债务阶段”和“未来发展阶段”，具体分配办法如下：

（一）偿还债务阶段。

中央财政对各地安排的补助资金实行封顶控制。

1. 补助资金封顶总额 = 锁定的债务余额 × 补助比例，其中：

“锁定的债务余额”指各地经审计锁定的政府还贷二级公路债务余额。

“补助比例”：东部地区为40%，中部地区为50%，西部地区为60%。

2. 某省份当年补助资金 = 当年全国补助资金总额（不含特殊地区）× 该省份当年综合分配系数 ÷ 当年分配补助资金的所有省份综合分配系数之和。

某省份当年综合分配系数 =（该省份收费金额占比 ×50% + 该省份取消收费里程占比 ×20% + 该省份所在地区系数占比 ×30%）× 该省份累计取消收费里程比例 × 该省份取消收费时间调整系数，其中：

“收费金额”指《2007 年收费公路情况汇总表》中反映的该省份 2007 年政府还贷二级公路的收费金额。

“收费里程”指各地经审计确定的政府还贷二级公路收费里程。

“地区系数”：东部地区为3，中部地区为4，西部地区为5。

某省份累计取消收费里程比例 = 该省份累计取消收费里程 ÷ 该省份应取消的收费公路里程合计；若该省份是一次性全部取消政府还贷二级公路收费，该系数为1。

某省份取消收费时间调整系数：若该省份于1月1日起取消收费，该系数为1；若该省份于年度中间取消收费，则根据实际取消收费时间进行调整。

（二）未来发展阶段。

对补助偿债资金安排达到封顶总额的省份，中央财政从次年起从补助资金中安排一定的公路养护和建设发展资金。具体资金的分配和使用管理办法由财政部会同有关部门另行制定。

第八条 补助资金支出范围包括：

（一）偿还债务补助支出：用于补助偿还政府还贷二级公路承担的银行贷款本息等债务支出。

（二）人员安置经费补助支出：用于补助取消政府还贷二级公路收费涉及的人员（含退休人员）工资、保险和部分解除劳动合同人员的安置补偿经费等。

（三）公路养护补助支出：用于补助地方普通公路的日常维护、小修保养、大中修等养护支出。

（四）公路建设发展支出：专项用于补助地方普通公路新建、改造工程等支出。

第三章 补助资金的下达和使用

第九条 财政部按照交通运输部、财政部、国家发展改革委共同制定的补助资金年度分配方案对取消收费的省份拨付资金。年初预拨资金，年终进行清算。

第十条 省级以下补助资金的预算管理方式由省级财政主管部门会同交通运输主管部门确定。资金支付管理按照财政国库管理制度有关规定执行。

第十一条 补助资金要按照规定的支出范围使用，当年如有结余，可结转下年继续使用。

第十二条 有关省级财政主管部门应会同交通运输主管部门汇总上一年度补助资金收支和结余情况，于每年4月底前报财政部、交通运输部备案。

第四章 监督检查

第十三条 各有关省级财政、交通运输主管部门要加强对补助资金使用的管理和监督，确保专款专用，防止补助资金被截留、挤占和挪用。

第十四条 补助资金的使用单位应自觉接受财政、审计和交通运输管理部门的监督检查。

第十五条 财政部将会同交通运输部、国家发展改革委等相关部门对各地取消政府还贷二级公路收费情况和专项资金的安排和使用情况进行不定期或重点监督检查。对于违反规定，虚报数据、截留挪用补助资金或其他违规行为，将相应扣减或取消其下一年度补助资金，并严格按照《中华人民共和国预算法》和《财政违法行为处罚处分条例》（国务院令第427号）等有关法规予以处理。涉嫌犯罪的，移送司法机关处理。

第五章 附 则

第十六条 各地可根据本办法的规定，结合各地实际情况，制定本地区的补助资金管理办法，并报财政部、交通运输部和国家发展改革委备案。

第十七条 考虑到北京市、天津市、上海市、海南省和西藏自治区的特殊情况，中央从补助资金中对上述五省（区、市）适当安排补助，具体分配原则由交通运输部、国家发展改革委和财政部另行确定，资金拨付及使用管理参照本办法执行。

第十八条 本办法由财政部商交通运输部、国家发展改革委负责解释。

第十九条 本办法自发布之日起执行。

财政部关于印发《家电以旧换新运费补贴办法》的通知

2009年8月21日 财建〔2009〕498号

北京市、上海市、天津市、江苏省、浙江省、山东省、广东省、福州市、长沙市财政厅（局）：

为规范家电以旧换新运费补贴管理，根据《促进扩大内需鼓励汽车家电以旧换新实施方案》（国办发〔2009〕44号）以及《家电以旧换新实施办法》（财建〔2009〕298号）有关规定，我们制定了《家电以旧换新运费补贴办法》。现印发给你们，请遵照执行。

附件：家电以旧换新运费补贴办法

附件：

家电以旧换新运费补贴办法

第一章 总 则

第一条 为规范家电以旧换新运费补贴管理，根据《促进扩大内需鼓励汽车家电以旧换新实施方案》

(国办发〔2009〕44 号)、《家电以旧换新实施办法》(财建〔2009〕298 号),特制定本办法。

第二条 本办法所称“家电以旧换新运费补贴”是指对家电回收企业从消费者手中收购废弃旧家电然后集中运至拆解处理企业的过程中发生运输费用的定额补贴资金。

第三条 本办法适用于家电以旧换新各试点省市。

第二章 补贴标准

第四条 家电以旧换新运费补贴根据回收旧家电类型、规格、运输距离分类分档给予回收企业定额补贴,具体标准详见附表。

第五条 回收旧家电运输距离是指回收企业实际所在地与拆解处理企业实际所在地间的公允距离,具体标准由试点省市相关主管部门核定并公布。

第三章 补贴资金申报、审核及兑付

第六条 回收企业将收购旧家电销售给拆解处理企业,向拆解处理企业开具销售发票,发票要注明交售旧家电的产品类别、规格、型号、数量和价格等信息。

第七条 拆解处理企业代财政部门进行审核,对符合规定的,直接垫付运费补贴,同时指导回收企业填写《家电以旧换新(运费)补贴申报表》。不符合补贴规定的,应立即告知回收企业。

第八条 回收企业申报补贴时应当提供的资料:(一)以旧换新凭证;(二)销售旧家电的销售发票;(三)《家电以旧换新(运费)补贴申报表》。

第九条 拆解处理企业逐月对回收企业的申报资料进行汇总整理,经当地政府确定的相关业务主管部门审核后,向同级财政部门申领补贴资金。财政部门在接到申报的 7 个工作日内进行审核确认后,将补贴资金直接支付到家电拆解处理企业在银行开设的基本账户。

第四章 补贴资金来源、拨付及清算

第十条 补贴资金按照中央财政专项转移支付有关规定,实行国库集中支付。

第十一条 补贴资金由中央财政和试点省市财政共同负担。其中,中央财政负担 80%,试点省市财政负担 20%。

第十二条 试点省市财政部门收到中央财政拨付的补贴资金后,应尽快落实地方应负担的补贴资金,在 15 个工作日内下达补贴资金预算分解文件,并根据预算文件,按需求进度和上述程序支付补贴资金。实施过程中,如实际需支付补贴资金超预算,由试点省市财政部门先行垫付。

第十三条 试点省市财政部门会同相关业务主管部门在每年 4 月底前,核实汇总本地区上年度补贴资金使用情况,报财政部进行审核清算。

第五章 监督管理

第十四条 试点省市各级财政部门应加强对家电以旧换新运费补贴资金使用的管理,确保补贴资金及时足额发放。

第十五条 试点省市财政部门要会同有关部门加强对回收企业、拆解处理企业的日常监督管理,防止弄虚作假、虚报冒领等行为,保证财政资金安全。

第十六条 对发现弄虚作假、虚报冒领的,要根据《家电以旧换新实施办法》及相关法律法规,除追缴补贴资金外，给予通报批评、取消资格等相应处理。

第六章 附 则

第十七条 本办法自发布之日起执行。

第十八条 本办法由财政部负责解释。

附：家电以旧换新运费补贴标准表

附：

家电以旧换新运费补贴标准表

品种	规格		标准（元）	
			150公里以内	151公里以上（含）
电视机	CRT电视	显示屏21吋及以下	20	30
		显示屏21吋以上	30	40
	平板电视	显示屏25吋及以下	20	30
		显示屏25吋以上	25	35
电冰箱	容积220升及以下		30	40
	容积220升以上		40	50
洗衣机	洗衣量5公斤及以下		30	40
	洗衣量5公斤以上		40	50
空　调	窗式空调		20	30
	挂壁式空调		30	40
	柜式空调		40	50
电脑	显示屏14吋及以下		20	30
	显示屏14吋以上		25	35

财政部关于印发《城镇污水处理设施配套管网建设以奖代补专项资金管理办法》的通知

2009年8月26日　财建〔2009〕501号

各省、自治区、直辖市、计划单列市财政厅（局），新疆生产建设兵团财务局：

为加快推进节能减排工作，进一步规范城镇污水处理设施配套管网建设以奖代补专项资金管理，提高资金使用效益，我部在充分听取中央有关部门和地方财政部门意见的基础上，重新制定了《城镇污水处理设施配套管网建设以奖代补专项资金管理办法》。现印发给你们，请遵照执行。

执行中遇到问题或有何建议，请及时向我部反馈。

附件：城镇污水处理设施配套管网建设以奖代补专项资金管理办法

附件：

城镇污水处理设施配套管网建设以奖代补专项资金管理办法

第一章　总　　则

第一条　根据《国务院关于印发节能减排综合性工作方案的通知》（国发〔2007〕15号）及国务院关于推进主要污染物减排工作的有关部署，为支持城镇污水处理设施建设，提高城镇污水处理能力，中央财政设立城镇污水处理设施配套管网建设以奖代补专项资金（以下简称专项资金）。为规范专项资金管理，提高资金使用效益，特制定本办法。

第二条　专项资金专项用于城镇污水处理设施配套管网建设，重点投向中西部地区，兼顾东部地区。

第三条　为明确责任，促进地方加快推进节能减排工作，中央财政对专项资金分配采取以奖代补方式，实行专项转移支付。

第四条　专项资金管理实行公开、公平、公正原则，接受社会监督。

第二章　以奖代补的范围

第五条　以奖代补范围：

1. 奖励范围为建成污水处理设施配套管网项目；

2. 补助范围为纳入《全国城镇污水处理及再生设施建设“十一五”规划》的城镇污水处理设施配套管网项目，以及根据国务院要求经财政部认定的城镇污水处理设施配套管网项目。

第六条　专项资金不得用于以下项目：

（一）不属于第五条范围的项目；

（二）属于第五条范围但未履行基本建设程序的项目。

第三章　以奖代补的核定原则

第七条　专项资金按因素法，采取以奖代补方式进行分配。本着鼓励快建、多建并早日投入使用的原则，多完成多奖励，少完成少奖励。

第八条　专项资金分配方案如下：

中央财政根据各地上一年度实际新增管网建设长度、新增污水处理量及主要污染物减排任务完成情况等计算奖励资金。奖励资金分配后，年度中央财政以奖代补专项资金若有余额，再按规划按因素法计算分配补助资金。东部地区只分配奖励资金，不分配补助资金。其中：

1. 实际新增管网建设长度奖励标准：中西部地区每公里奖励40万元、东部地区每公里奖励20万元。

2. 实际新增污水处理量奖励标准：每1万立方米/日奖励40万元。

3. 实际主要污染物减排任务完成情况奖励标准：与“十一五”规划主要污染物化学需氧量（COD）等减排目标挂钩，具体奖励系数设1、1.1、1.2三个档次。奖励基数为实际新增管网建设长度、新增污水处理量奖励之和。

4. 补助资金分配按“十一五”国家规划管网建设长度、新增污水处理能力两个因素分配。管网建设长度、新增污水处理能力占补助资金的权重分别为70%、30%。

第九条 专项资金分配公式如下：

东部地区分省（市）专项资金分配额

＝实际新增管网建设长度奖励＋实际新增污水处理量奖励＋COD等减排奖励

中西部地区分省（区、市、兵团）专项资金分配额

＝（实际新增管网建设长度奖励＋实际新增污水处理量奖励＋COD等减排奖励）＋[（规划内该地污水处理需配套管网总长度/规划内中西部地区污水处理设施需配套管网总长度合计）×（年度中央财政补助资金规模×70%）]＋[（规划内该地新增污水处理能力/规划内中西部地区新增污水处理能力合计）×（年度中央财政补助资金规模×30%）]

第十条 地方财政部门应会同相关部门将专项资金奖励、补助到第五条范围的具体项目。奖励、补助标准如下：

1. 配套管网已建成并使用的，中西部地区每公里奖励标准为40万元、东部地区每公里奖励标准为20万元。

2. 实际新增污水处理量每增加1万立方米/日奖励40万元。

3. 完成及超额完成"十一五"规划年度COD减排目标的地区，可适当提高奖励标准。

4. 采取上述奖励措施后，当年未用完的专项资金，用于第五条范围内的在建配套管网建设，中西部地区每公里补助20万元、东部地区每公里补助10万元。

5. 已享受在建管网每公里补助20万元或10万元的项目，建设完成投入使用后每公里再奖励20万元或10万元。

第十一条 地方财政部门应会同相关部门按照轻重缓急的原则，对第五条范围内的项目进行合理排序：

1. 优先考虑重点流域区域内污水处理能力大的设施配套管网建设。

2. 重点考虑水源地污水处理设施配套管网建设。

3. 兼顾废水排放量大的人口集聚地城镇的污水处理设施配套管网建设。

4. 已纳入"十一五"规划在"十一五"前已建成和已开工建设的污水处理厂的管网完善工程建设。

5. 第五条范围的其他污水处理设施配套管网建设。

第四章 专项资金的下达和使用

第十二条 中央财政按规定范围、标准将专项资金奖励和补助到省级财政部门，具体项目由各地确定。

第十三条 中央财政通过转移支付方式下拨专项资金。

专项资金拨付到省级财政部门后，省级财政部门应当会同相关部门做好相关工作，明确具体实施项目，并及时将资金按规定拨付到项目所在地市、县级财政部门。

第十四条 省级财政部门应在收到专项资金后2个月内将具体实施项目清单（或预算下达文件）报财政部备案。未按要求报财政部备案的，视同未将专项资金落实到具体项目处理，情节严重的，扣减专项资金。

第十五条 地方财政部门要将专项资金纳入地方同级财政预算管理。

第十六条 有关单位应严格按规定使用专项资金，任何单位和个人不得以任何理由、任何形式截留、挤占、挪用，也不得用于平衡本级预算。

第十七条 地方财政部门应与相关部门加强沟通配合，按照职责分工，各司其责，齐抓共管，形成合力，加快污水处理设施配套管网建设项目前期工作进度，完善项目审批（核准）手续，抓紧项目的组织实施。

第十八条 地方财政部门应会同相关部门积极筹措配套建设资金，建立健全地方政府对城镇污水处理设施配套管网建设资金投入的长效机制，确保规划目标稳步实施。

地方政府配套资金落实情况将作为下一年度专项资金分配依据之一。

第十九条 地方财政部门应统筹使用污水处理设施配套管网建设的各类资金，防止重复安排。

第二十条 地方财政部门应督促项目建设单位做好项目财务管理工作，加强财政资金管理，提高财政资金使用效益。

第二十一条 地方财政部门应会同相关部门研究深化污水处理运营和管理机制改革，促进污水处理设施建设、配套管网建设、收费制度、运行成本等各项政策综合配套协调，形成综合治理体系。

第五章 专项资金的绩效评价和监督管理

第二十二条 使用专项资金的相关省级财政部门应按要求定期向财政部报送专项资金预算执行情况报告（另发），并于年度终了1个月内向财政部汇总报送年度专项资金绩效评价报告（另发）。经审核确认的绩效评价报告将作为奖励资金分配的依据之一。

第二十三条 财政部将会同相关部门对专项资金使用效果进行不定期或重点监督检查。财政部授权驻相关省、自治区、直辖市财政监察专员办事处或委托财政投资评审机构对专项资金使用情况等进行核查。

第二十四条 地方财政部门应会同地方相关部门加强对城镇污水处理设施配套管网建设和运行的监管，建立健全监管制度，重点对资金到位及使用、工程进度、工程质量、建成项目运行、主要污染物减排等情况进行监督检查，建立健全污水处理各类信息报告和评估制度。

第二十五条 对于专项资金不能按规定时间落实到具体项目、地方配套资金不能及时到位，以及不能及时并按要求报送专项资金预算执行情况和绩效评价报告等的地方，中央财政将适当扣减其下一年度专项资金。

第二十六条 对于截留、挪用专项资金等违法行为，一经核实，财政部将收回已安排的专项资金，并按《财政违法行为处罚处分条例》（国务院令第427号）的相关规定进行处理。

第六章 附 则

第二十七条 本办法自印发之日起施行。财政部《城镇污水处理设施配套管网以奖代补资金管理暂行办法》（财建〔2007〕730号）同时废止。

第二十八条 各省、自治区、直辖市、计划单列市财政部门及新疆生产建设兵团财务局，可根据本办法，结合当地实际，制定具体实施办法，报财政部备案。

第二十九条 本办法由财政部负责解释。

财政部 国土资源部关于印发《中央地勘基金持有探矿权采矿权价款折股股权管理暂行办法》的通知

2009年9月27日 财建〔2009〕623号

国务院有关部委、有关直属机构，各省、自治区、直辖市、计划单列市财政厅（局）、国土资源厅（局），有关中央管理企业：

为规范以折股方式缴纳探矿权、采矿权价款所形成股权的管理，我们研究制定了《中央地勘基金持有探矿权采矿权价款折股股权管理暂行办法》。现印发给你们，请遵照执行。

附件：中央地勘基金持有探矿权采矿权价款折股股权管理暂行办法

附件：

中央地勘基金持有探矿权采矿权价款折股股权管理暂行办法

第一条 为规范以折股方式缴纳探矿权、采矿权价款所形成股权的管理，根据《中央地质勘查基金（周转金）管理暂行办法》（财建〔2006〕342号）、《以折股方式缴纳探矿权采矿权价款管理办法》（财建〔2006〕695号）和国家相关法律法规，制定本办法。

第二条 本办法适用于中央地勘基金持有股权的管理。

第三条 中央地质勘查基金管理中心（以下简称基金管理中心）受财政部、国土资源部委托，负责中央地勘基金持有股权的处置和收益等日常管理工作。

第四条 基金管理中心接到财政部、国土资源部批复探矿权、采矿权人以折股方式缴纳探矿权、采矿权价款的文件后，应与探矿权、采矿权人联系，办理股权相关手续，取得相关的证明文件。

探矿权、采矿权人在收到以折股方式缴纳探矿权、采矿权价款的批复后30日内，以书面形式向基金管理中心提供公司章程修改、产权变更登记、工商变更登记等工作的预计期限以及股权变动情况和需说明的事项等相关材料。

第五条 基金管理中心按照《公司法》等有关规定向以折股方式缴纳探矿权、采矿权价款的探矿权、采矿权人选派股东代表，依法履行股权管理职责。基金管理中心报经财政部、国土资源部批准，也可部分或全部委托专业机构管理股权。

第六条 对持股企业董事会、股东会决策的重大事项，在意见表决前基金管理中心须向财政部、国土资源部请示后决策。

重大事项包括以下内容：

（一）持股企业分立、合并；

（二）所持股权对外质押；

（三）变更公司形式、经营管理方式；

（四）企业清算、破产；

（五）企业的股权转让、置换；

（六）聘请外部人员担任董事、监事或股东代表；

（七）其他重大事项。

第七条 基金管理中心根据国家国有资产处置的有关规定，遵循依法、公开、公正、公平的原则，对中央地勘基金持有的股权进行处置。

（一）股权处置原则上应委托省级以上的产权交易机构，以挂牌交易、招标或拍卖的方式进行。

（二）采取协议转让的方式处置股权的，应报经财政部、国土资源部批准。

（三）上市公司股权的转让，按照国有资产转让管理相关规定，通过依法设立的证券交易所进行；并按照证券交易所的相关规定披露转让信息。

第八条 基金管理中心转让中央地勘基金所持股权时，应报财政部、国土资源部批准。

第九条 股权收益包括持股分红、股权变现收入、持股企业清算收入和其他收入。

（一）持股分红，指基金管理中心根据持股企业股东大会决议按照持股比例分取的红利；

（二）股权变现收入，指基金管理中心全部或部分转让中央地勘基金所持有的股份取得的变现收入；

（三）持股企业清算收入，指基金管理中心按照持股比例取得持股企业解散清算后的剩余财产。

第十条 基金管理中心应将中央地勘基金分得的股权收益，按有关规定上缴中央财政，具体收缴办法按《财政部关于国土资源部收入收缴管理制度改革试点有关事宜的通知》（财库〔2003〕6 号）等有关规定执行。

第十一条 股权收益专项用于补充中央地勘基金。由基金管理中心按“收支两条线”的规定纳入预算，按规定程序报批。

第十二条 基金管理中心应建立健全股权管理制度和报告制度，每半年向财政部、国土资源部书面报告折股企业经营管理、收益和股权处置等情况，同时接受国土资源部和财政部的检查与监督。

第十三条 本办法由财政部、国土资源部负责解释。

第十四条 本办法自发布之日起实施。

财政部关于印发《新农村现代流通服务网络工程专项资金管理办法》的通知

2009 年 9 月 23 日　财建〔2009〕630 号

供销总社，各省、自治区、直辖市、计划单列市财政厅（局），新疆生产建设兵团财务局：

为推进社会主义新农村建设，发挥供销合作社的引导作用，健全农村流通网络体系，中央财政从 2007 年起设立新农村现代流通服务网络工程专项资金，并制定了《新农村现代流通服务网络工程专项资金管理暂行办法》（财建〔2007〕821 号）。根据两年来的执行情况，为更好地发挥财政资金对新农村现代流通网络的促进作用，我们对《新农村现代流通服务网络工程专项资金管理暂行办法》作了修改，制定了《新农村现代流通服务网络工程专项资金管理办法》。现印发给你们，请遵照执行。

附件：新农村现代流通服务网络工程专项资金管理办法

附件：

新农村现代流通服务网络工程专项资金管理办法

第一章　总　　则

第一条 为推进社会主义新农村建设，健全农村流通网络体系，助农增收，便民惠农，拉动农村消费，根据《中共中央　国务院关于积极发展现代农业扎实推进社会主义新农村建设的若干意见》（中发〔2007〕1 号）和《国务院关于促进流通业发展的若干意见》（国发〔2005〕19 号）精神，中央财政设立新农村现代流通服务网络工程专项资金。为规范专项资金管理，提高资金使用效益，根据《中华人民共和国预算法》及其实施细则有关规定，制定本办法。

第二条 新农村现代流通服务网络工程专项资金（以下简称专项资金）重点用于支持供销合作社农资、农副产品、日用消费品和再生资源回收利用等服务体系的改造。

第三条 专项资金的安排遵循公开透明、规范合理、突出重点的原则，确保资金的使用效果。

第二章 资金支持范围

第四条 专项资金支持范围包括：

1. 农资经营企业农资配送中心、连锁经营网络体系、批发交易市场升级改造项目；

2. 农副产品经营企业农副产品配送中心、连锁经营网络、冷链物流系统、批发交易市场升级改造项目；

3. 日用消费品经营企业日用消费品配送中心、连锁经营网络体系升级改造项目；

4. 再生资源回收企业再生资源社区回收点、分拣加工中心和集散市场升级改造项目；

5. 供销合作社主管的专业合作社、行业协会、专业经济协会等各类组织以及供销合作社系统农资、农副产品经营企业农化服务体系、农副产品、农资市场信息收集与发布、质量安全服务体系等公益性服务项目；

6. 经财政部批准的其他项目。

第三章 资金支持方式

第五条 专项资金采取以奖代补、贷款贴息和财政补助等支持方式。

（一）贷款贴息。对于投资规模大、能够获取银行贷款的项目采取贷款贴息方式予以支持。贴息资金根据实际到位银行贷款、规定的利息率、贷款期限和实际支付的利息数计算。贴息年限一般不超过3年，年贴息率最高不超过当年国家规定的银行贷款基准利率的60%。

（二）以奖代补。对难以取得银行贷款，但能够制定具体量化评价标准的项目，在项目验收合格后，经审核符合奖励条件的项目，采取以奖代补方式予以支持。

（三）财政补助。对难以取得银行贷款，且盈利性弱、公益性强，量化评价困难，不适于以奖代补方式支持的项目，采取补助方式予以支持。项目承担单位自筹资金比例较高及地方财政给予支持的优先安排。

第四章 资金申报、审核和拨付

第六条 专项资金主要采取项目法进行分配。财政部每年印发专项资金申报指南，明确当年申报工作有关规定和要求。

第七条 符合本办法和当年申报指南规定的项目单位，供销总社所属单位通过供销总社向财政部申请，地方供销合作社所属单位通过省级供销合作社向省级财政部门提出申请。

第八条 专项资金的申报材料主要包括：

（一）供销总社或省级财政部门专项资金申请文件；

（二）项目承担单位项目可行性研究报告；

（三）项目承担单位法人营业执照复印件，地税、国税登记证复印件；

（四）项目承担单位相关资质证书复印件；

（五）申请银行贷款财政贴息的项目，需提供相关银行贷款合同和贷款承诺书等凭证；

（六）其他要求提供的材料。

第九条 供销总社或省级财政部门按专项资金申报指南规定的时间要求，将项目补助资金申请及按规定应提供的申报材料，一并上报财政部。

第十条 财政部会同供销总社对申报项目进行评审。根据评审结果及当年专项资金财政预算安排，财政部下达专项资金预算。专项资金拨付按照财政国库管理制度的有关规定执行。

第五章 资金监督与检查

第十一条 地方各级财政部门应当会同同级供销部门加强对项目的执行情况和专项资金使用情况的监督检查，追踪问效。财政部会同供销总社将不定期抽查。

第十二条 专项资金必须专款专用，严禁截留、挪用。对弄虚作假、截留、挪用等违反财经纪律的行为，一经查实，按《财政违法行为处罚处分条例》（国务院令第427号）等有关规定进行处理，同时将已经拨付的财政补贴资金全额收回上缴中央财政。

第六章 附 则

第十三条 本办法自印发之日起施行。财政部印发的《新农村现代流通服务网络工程专项资金管理暂行办法》（财建〔2007〕821号）同时废止。

第十四条 本办法由财政部负责解释。

财政部 商务部关于印发《家电下乡中标企业考核及管理办法》的通知

2009年10月16日 财建〔2009〕682号

各省、自治区、直辖市、计划单列市财政厅（局），商务主管部门，新疆生产建设兵团财务局、商务主管部门：

为进一步强化对参与家电下乡工作中标企业的管理，有序推进家电下乡工作，我们研究制定了《家电下乡中标企业考核及管理办法》，现印发给你们，请遵照执行。执行中有何问题，请及时反馈。

附件：家电下乡中标企业考核及管理办法

附件：

家电下乡中标企业考核及管理办法

第一章 总 则

第一条 为有序推进家电下乡工作，有效监督管理参与家电下乡工作的中标企业，依据《家电下乡操作细则》等有关规定，制定本办法。

第二条 本办法所称家电下乡中标企业考核及管理是指家电下乡工作主管部门依据家电下乡产品生产、销售、投诉处理等因素对各中标生产企业、销售企业（以下简称生产企业、销售企业）考核评价并进行表彰和处理的行为。

第三条 家电下乡中标企业考核及管理遵循“优胜劣汰、公开透明”的原则。

第二章 中标企业考核方式及内容

第四条 中标企业采取季度考核方式，次季度月初公告上季度考核结果。生产企业按产品类别考核排名，销售企业按地区（省、自治区、直辖市）考核排名。

第五条 生产企业考核的内容包括：标识卡申请有效率、产品销售率、产品销售量、产品退换货率、投诉处理率以及企业档案、产品资料等维护情况。

销售企业考核的内容包括：产品销售量、产品销售率、补贴通过率、投诉处理率、企业网点数量、企业档案维护情况。

第六条 考核内容相关指标均为考核当期季度数据，考核所依据的数据以家电下乡信息管理系统中的数据为准。

第七条 考核采用打分排名的办法，满分100分。具体考核指标及计分方法见附件。

第八条 财政部、商务部对考核优秀的企业进行表彰，对考核排名后5%的企业给予黄牌警示，连续2次考核排名后5%且得分均低于60分的企业，取消其中标资格。

第三章 产品标识卡管理

第九条 生产企业要指定专人负责产品标识卡申领工作。申请标识卡需填写《家电下乡产品标识卡申请单》，由企业相关负责人签字，并加盖公章。

第十条 生产企业要严格遵守产品标识卡使用要求，标识卡要粘贴在产品说明书封面指定位置，并随机装入包装箱内。

第十一条 生产企业对一台产品只能附一张标识卡，不允许对非家电下乡产品配标识卡。

第十二条 生产企业产品发货量低于申请标识卡数量的80%，不予发放标识卡号，直至达到80%以上方可申请。

第十三条 销售网点不得抽卡销售、一台产品附多张标识卡，或对非家电下乡产品配标识卡。

第四章 法律责任

第十四条 生产企业对一台产品附多张标识卡，或对非家电下乡产品配标识卡，取消该生产企业中标资格，并视情节轻重部分或全部扣除履约保证金，情节严重的取消该企业下一次家电下乡投标资格。

第十五条 生产企业所有中标产品自中标之日起3个月内没有生产，或6个月内没有实现销售，取消该生产企业的中标资格。

第十六条 生产企业中标产品未达到投标时确定的标准及要求、以次充好、擅自更换对安全或性能有影响的关键零部件的，视情节轻重取消该型号产品的中标资格直至取消该企业的中标资格及下一次家电下乡投标资格，并部分或全部扣除履约保证金。

第十七条 生产企业出现质量或安全等重大事故的，取消其中标资格。

第十八条 生产企业出现重大环境违法行为的，取消其中标资格。

第十九条 销售网点出现抽卡销售、一台产品附多张标识卡，或对非家电下乡产品配标识卡、盗用农民信息骗取国家财政补贴等行为，取消该网点销售家电下乡产品资格，并视情节轻重部分或全部扣除上级销售企业履约保证金。

第二十条 销售网点出现虚假宣传、超过中标价格销售中标产品等行为，取消该网点家电下乡产品的销售资格。

第二十一条 因销售网点没有及时开具发票或没有及时将销售信息录入系统，造成农民不能及时领取补贴引起投诉的，累计三次及以上，取消该网点家电下乡产品的销售资格。

第二十二条 对被取消家电下乡产品销售资格的销售网点半年内不予再次备案。家电下乡销售网点资格取消后所导致的补贴领取、产品退换、售后服务等有关问题，由其上级销售企业负责妥善处理。

第二十三条 对下属销售网点存在违规行为的销售企业，视情节轻重责令该销售企业限期整改、暂停或取消其中标资格，并部分或全部扣除履约保证金。

第二十四条 生产企业和销售企业中标资格取消所导致的经营损失由中标企业自行承担。剩余履约保证金一年后视该企业的善后处理情况予以相应返还。

第二十五条 对违反《家电下乡操作细则》、投标承诺及中标协议有关规定的企业及个人，将严格按照违约责任予以处理。

第二十六条 对销售网点违规行为的处理，由县级及以上商务、财政部门负责；对销售企业违规行为的处理，由省级商务、财政部门负责；对生产企业违规行为的处理，由国务院有关部门负责。

第五章 附 则

第二十七条 财政部、商务部负责中标企业考核及管理工作的组织实施。各地财政、商务部门可参照本办法制定本地区中标企业考核管理办法。

第二十八条 家电下乡部际联席会议各成员单位依据职责分工，分别负责调查、核实有关情况。

第二十九条 本办法自2010年1月1日起执行。

第三十条 本办法由财政部、商务部按职责分工负责解释。

附件：家电下乡中标企业考核指标及计分方法

附件：

家电下乡中标企业考核指标及计分方法

一、考核指标

标识卡申请有效率是指生产企业中标产品发货量占该企业产品标识卡生成数量的比例。

产品退换货率是指生产企业该中标产品的退换货量占该产品已销售总量的比例。

生产企业产品销售率是指该企业中标产品销售量占发货量的比例。

销售企业产品销售率是指该企业销售的中标产品数量占收货量的比例。

补贴通过率是指销售企业所销售的中标产品中已取得补贴的数量占申报补贴数量的比例。

生产企业产品销售量是指该企业某类别中标产品销售量。

生产企业产品最大销售量是指该区域某类别的中标产品销售量最大的生产企业的销售量。

销售企业产品销售量是指该区域该企业中标产品销售总量。

销售企业产品最大销售量是指该区域销售量最大的销售企业的销售量。

企业网点数是指该区域该销售企业备案网点数量。

最大企业网点数是指该区域备案网点数最多的销售企业的备案网点数。

投诉处理率是指季度内该企业已解决投诉的数量占该企业总有效投诉数量的比例。

企业档案维护情况是指家电下乡信息管理系统中关于企业简介、中标产品（生产企业）、销售网点（销售企业）、承诺书、售后服务、应急方案、工作组、投诉等信息的更新维护情况。

产品资料维护情况是指家电下乡信息管理系统中关于产品图片、产品型号属性设置的维护更新情况。

二、计分方法

生产企业考核总得分

$$=20\times Ir+20\times Sr+\frac{25}{n}\times\sum\frac{S_i}{S_i\max}+10\times(1-r)+15\times Cm+Fm+P$$

Ir：标识卡申请有效率

Sr：产品销售率

n：该企业该产品中标区域（省、区、直辖市）数量

S_i：该企业产品在 i 中标区域的销售量

$S_i\max$：i 中标区域中企业产品最大销售量

r：该企业产品退换货率

Cm：投诉处理率

Fm：企业档案维护更新情况（5分）

P：中标产品资料维护更新情况（5分）

销售企业考核总得分

$$25\times\frac{S}{S\max}+25\times Sr+10\times Ar+20\times\frac{Nn}{Nn\max}+15\times Cr+Fv$$

S：该区域该销售企业的销售量

$S\max$：该区域销售企业中的最大销售量

Sr：销售企业产品销售率

Ar：补贴通过率

Nn：该区域该企业的网点数

$Nn\max$：该区域销售企业中的最大网点数

Cr：投诉处理率

Fv：销售企业档案维护更新情况（5分）

财政部关于印发《中央财政新增农资综合补贴资金集中用于粮食基础能力建设暂行管理办法》的通知

2009年11月16日　财建〔2009〕786号

各省、自治区、直辖市财政厅（局）：

根据党的十七届三中全会作出的《中共中央关于推进农村改革发展若干重大问题的决定》和《中共中央　国务院关于2009年促进农业稳定发展农民持续增收的若干意见》（中发〔2009〕1号）等文件精神，农资综合补贴动态调整机制从2009年开始实施。按照动态调整机制的相关规定，经国务院同意，2009年新增农资综合补贴集中用于粮食基础能力建设。为加强新增补贴资金管理，完善使用机制，我们制定了《中央财政新增农资综合补贴资金集中用于粮食基础能力建设暂行管理办法》，现印发给你们，请认真贯彻执行。

附件：中央财政新增农资综合补贴资金集中用于粮食基础能力建设暂行管理办法

附件：

中央财政新增农资综合补贴资金集中用于粮食基础能力建设暂行管理办法

农资综合补贴动态调整机制从2009年开始实施，根据农资综合补贴动态调整机制要求，经国务院同意，今年中央财政为应对农资价格上涨而预留的新增农资综合补贴资金，不直接兑付到种粮农户，集中用于粮食基础能力建设，以加快改善农业生产条件，促进粮食生产稳步发展和农民持续增收。为加强新增补贴资金管理，完善使用机制，特制定本办法。

一、新增补贴集中用于粮食基础能力建设的总体原则

（一）农资综合补贴动态调整机制启动后，农资价格上涨的年份，预算安排的增量资金直接拨付种粮农民，以弥补增加的种粮成本；在农资价格不涨或下降的年份，中央财政预算安排的增量资金，则不直接兑付到种粮农户，而是集中用于与种粮农民直接相关的粮食基础能力建设，每次重点解决若干突出问题，逐步改善农民的粮食生产环境，促进粮食生产和粮食安全。

（二）新增补贴资金用于粮食基础能力建设应坚持“集中使用、省长负责；突出重点、一次性补助；农户受益、奖补结合”的原则。

集中使用、省长负责。新增补贴资金不直接兑付给种粮农民，集中用于与粮食生产直接相关、目前急需解决的区域性公共基础设施建设。中央财政按因素法将资金分配到省（区、市），由省级人民政府包干使用，按中央确定的原则和使用范围具体组织实施，并对资金安全和使用效果负责。

突出重点、一次性补助。在中央规定的使用范围内，省级人民政府选择本地最迫切需要解决的、短期内能完成见效的事项重点支持，支持事项不能过多、资金安排不能分散，对具体事项的支持以一次性补助为宜，凡有可能使补助长期化、固定化的事项不得纳入支持范围。

农户受益、奖补结合。新增补贴支持的事项要让农户受益，着力解决与农户粮食生产直接相关而单个农户又难以解决的问题，要坚持奖补结合，新增补贴可以集中用于工程项目建设，也可以奖励村级“一事一议”的粮食基础建设事项，调动农户、企业、社会等多方面支持粮食生产和促进粮食安全的积极性。

二、新增补贴资金集中安排使用的范围

（三）新增补贴专项用于粮食基础能力建设。2009年重点用于以下三个方面：

1. 支持小型农田水利等基础设施建设，重点支持乡村毛渠等田间沟渠疏浚、灌排泵站等抗旱排涝设施建设，以及大棚育秧、粮食晾晒烘干等设施建设。

2. 支持种粮大户，对种粮大户农田水利等基础设施投入予以适当奖励，引导、支持种粮大户加大田间基础设施投入。

3. 支持推广深松整地等保护性耕作方式，东北三省和有条件的省份，实施深松整地专项补贴。

在上述使用范围内，由省级人民政府根据本地实际情况，选择支持重点。以后年度新增农资综合补贴资金使用范围另行规定。

三、新增补贴资金的分配和使用

（四）中央财政对各省（区、市）按因素法测算分配新增补贴资金。分配因素以各省（区、市）粮食播种面积、产量、商品量等粮食生产方面的因素为主，体现对粮食主产区的支持，同时考虑财力状况，给中西部地区适当照顾。

（五）中央财政分配到省（区、市）的新增补贴资金由各省级人民政府包干使用。省级人民政府要根

据中央补助额度，统筹本省财力，科学规划。坚决防止出现项目过多、规划过大、资金不足而影响实施效果等问题。

（六）省级人民政府要统筹集中使用补助资金，支持事项的选择权和资金分配权不得层层下放，以防止扩大使用范围、资金安排“撒胡椒面”等问题发生，确保资金使用安全、高效。

（七）省级财政部门要根据本省（区、市）支持事项的规划，研究制定切实可行的奖补机制和具体实施意见，报财政部备案。

四、新增补贴资金的拨付与监管

（八）新增补贴资金通过粮食风险基金专户拨付，实行专户管理。不符合规定用途，新增补贴资金不出专户。新增补贴资金要与粮食风险基金专户管理的其他资金分开管理，专账核算。

（九）建立健全新增补贴资金使用的绩效考评制度。各省（区、市）确定的具体事项、实施方案及完成情况等要及时报财政部备案。财政部对补贴资金的使用情况、成效进行检查和考评，检查和考评结果将作为以后年度分配补贴资金的主要参考因素。

（十）进一步健全完善新增补贴资金管理和监督制度。省级人民政府要确保补贴资金的分配、使用公开透明，不被挪用。省级财政部门要健全完善项目档案管理等基础管理制度，及时跟踪项目进展情况，加强补贴资金监管。各省（区、市）确定的支持事项、实施方案、补贴办法等要公开、透明，自觉接受社会监督，切实防止截留挪用，以充分发挥新增农资综合补贴资金的使用效益。

（十一）本办法由财政部负责解释。

财政部关于进一步完善《对种粮农民直接补贴工作经费管理办法》的通知

2009年11月17日 财建〔2009〕801号

各省、自治区、直辖市财政厅（局）：

为进一步严格对种粮农民直接补贴工作经费的管理，深入贯彻落实党中央、国务院粮食直补及农资综合补贴政策，加快中国农民补贴网建设，全面推广对种粮农民补贴“一卡通”或“一折通”，建立健全农户补贴数据旬报制度，加强对农户补贴发放的监管，根据《国务院关于进一步深化粮食流通体制改革的意见》（国发〔2004〕17号）等有关文件规定及近年来实施粮食直补、农资综合补贴出现的新情况，我们对原来的《对种粮农民直接补贴工作经费管理办法》进行了修订完善，现印发给你们，从即日起执行。2008年11月28日财政部印发的《对种粮农民直接补贴工作经费管理办法》（财建〔2008〕892号）同时废止。

附件：对种粮农民直接补贴工作经费管理办法

附件：

对种粮农民直接补贴工作经费管理办法

根据《国务院关于进一步深化粮食流通体制改革的意见》（国发〔2004〕17号）、《财政部关于调整完善中国农民补贴网分户补贴数据资料上报方式等有关问题的通知》（财建〔2009〕112号）等有关文件规定，为进一步严格对种粮农民直接补贴工作经费的管理，特制定本办法。

一、对种粮农民直接补贴工作经费的内容

（一）对种粮农民直接补贴工作经费，包括贯彻落实粮食直补及农资综合补贴政策、推进农民补贴网络信息系统建设、实行农民补贴“一折通”或“一卡通”、向种粮农民兑付补贴资金、建立健全农户补贴数据旬报制度、加强对农户补贴发放的监管等相关工作经费。

二、对种粮农民直接补贴工作经费的筹措

（二）对种粮农民直接补贴工作经费，原则上由地方财政预算安排，中央财政适当补助。地方财政安排确有困难的，报经财政部批准后，可按批准额度在粮食风险基金中列支。

（三）按政策规定正常发生的对种粮农民直接补贴工作经费，地方财政预算要优先安排。用对种粮农民直接补贴工作经费中央财政补助款和在核准的额度内从粮食风险基金中列支后，工作经费仍有缺口的，地方政府负责及时足额筹措到位。

（四）对种粮农民直接补贴工作经费中央补助资金，由中央财政根据年度工作情况适当安排。补助资金的分配，坚持向粮食主产区倾斜原则，同时兼顾非主产区。

（五）对种粮农民直接补贴工作经费从粮食风险基金中的列支额度，根据地方财政困难程度，按照需要和从紧控制相结合的原则审批。地方财政列支数额不得突破中央财政批准的额度。

三、对种粮农民直接补贴工作经费的使用

（六）对种粮农民直接补贴工作经费的开支范围：（1）在人员经费、公用经费等预算正常安排的行政经费之外，确因工作需要额外增加的费用开支。（2）财政部布置的需地方财政整理、收集、报送的各类粮食财务报表及相关数据等信息资料所需的费用。

（七）对种粮农民直接补贴工作经费，由省级财政部门根据本省工作的实际情况，统筹安排，对县、乡财政部门等基层单位的工作经费，要优先保证。

（八）核实农户补贴面积等基础资料、规范补贴兑付程序、农民补贴网络信息系统应用软件培训及联网管理等方面的技术支持、实施“一折通”或“一卡通”、建立健全农户补贴数据旬报制度、实现对农户补贴发放的及时监管，是进一步加强对种粮农民补贴管理的基础，对种粮农民直接补贴工作经费要优先保证相关费用开支。

四、对种粮农民直接补贴工作经费的拨付

（九）对种粮农民直接补贴工作经费中央补助资金，纳入中央对地方的粮食风险基金补助，在年度预算执行过程中，一次性拨入省级粮食风险基金专户；地方收到中央补助的工作经费后，对下拨付必须经过粮食风险基金专户。

（十）地方财政安排的工作经费，原则上要求通过粮食风险基金专户拨付。

（十一）从粮食风险基金中列支的工作经费，对下拨付必须经过粮食风险基金专户。

五、对种粮农民直接补贴工作经费的监管

（十二）对种粮农民直接补贴工作经费中央补助资金、从粮食风险基金中列支的工作经费均纳入粮食风险基金监督管理，各省、自治区、直辖市要按照有关文件的规定，及时准确地报送月报和年报。地方财政预算安排的工作经费，从粮食风险基金专户拨付的，也要纳入监督管理范围，在粮食风险基金月报和年报中如实反映。

（十三）对各省（自治区、直辖市）农民种粮补贴工作、农民补贴网络信息系统建设、补贴资金兑付管理、农户补贴数据旬报等要制定全面的考评体系，实行严格的责任追究制度。考评实行分类评级，重点

考核填报数据的及时性、准确性、补贴落实到户情况，并在全国通报，考评结果直接与中央财政补助的工作经费挂钩，奖优罚劣。

（十四）各省、自治区、直辖市要按财政部的有关文件规定，及时上报财政部布置的各类粮食财务报表及有关信息资料。粮食财务报表的上报情况和有关上报信息的质量，作为分配中央财政补助工作经费的参考依据。

（十五）各级财政部门要加强对种粮农民直接补贴工作经费的管理和监督，严格按规定的范围使用，不得挪作他用。如发现违规违纪问题，要追究有关责任人的责任，从严从重处理。各省、自治区、直辖市要根据本省实际情况，制定本省、自治区、直辖市的具体管理办法。

（十六）本办法从印发之日起执行。由财政部负责解释。

财政部　交通运输部关于印发《农村老旧渡船更新专项奖励资金管理办法》的通知

2009年11月23日　财建〔2009〕837号

各省、自治区、直辖市、计划单列市财政厅（局）、交通运输厅（局）：

根据国务院加强船舶安全监管的有关要求，为改善农村渡船安全状况，经国务院批准，中央财政决定从车辆购置税中安排专项资金鼓励农村老旧渡船更新。为加强专项资金的管理，特制定《农村老旧渡船更新专项奖励资金管理办法》，现印发给你们，请遵照执行。

附件：农村老旧渡船更新专项奖励资金管理办法

附件：

农村老旧渡船更新专项奖励资金管理办法

第一章　总　　则

第一条　根据国务院加强船舶安全监管的有关要求，为改善农村渡船安全状况，经国务院批准，中央财政决定安排专项资金鼓励农村老旧渡船更新。为规范资金的管理、提高资金使用效益，特制定本办法。

第二条　本办法所称农村老旧渡船是指船龄达到或超过20年且仍在运营的用于农村渡口旅客渡运的船舶（不包括客滚船）。

第三条　本办法所称的专项资金，是指中央财政从车辆购置税中安排的，用于鼓励农村老旧渡船更新的专项资金。

第四条　为明确责任，充分调动地方政府做好农村老旧渡船更新的积极性，专项资金采取以奖代补的方式安排，实行专项转移支付。

第五条　专项资金实行专款专用，资金的管理按照公开、公正、公平的原则，接受群众和社会监督。

第二章　奖励对象及标准

第六条　农村老旧渡船更新按照地方政府和渡船经营人自愿的原则，由地方政府组织实施，更新所需资金由地方政府和渡船经营人共同承担。中央根据实际更新情况予以适当奖励。

第七条　专项资金的奖励对象为2009年12月1日至2011年12月31日完成农村老旧渡船拆解并更新的船舶所有人。

第八条　专项资金的奖励标准为新造农村渡船造价的50%（单船奖励资金原则上不超过10万元）。地方补助比例和资金来源由船舶所在地省（自治区、直辖市、计划单列市）财政部门商同级交通运输主管部门确定。

第三章　专项资金的申请和拨付

第九条　各省、自治区、直辖市、计划单列市交通运输主管部门会同同级财政部门，根据本办法的规定，审核汇总上年度本地区农村老旧渡船更新完成情况，于当年2月底前向交通运输部、财政部报送奖励资金申请文件和申请表（申请表式样见附表）。

第十条　交通运输部对各省级交通运输主管部门上报的奖励资金申请进行审核汇总并报送财政部。财政部审核确认后及时下达专项资金预算，并将专项资金支付到有关省（自治区、直辖市、计划单列市）财政部门。

第十一条　各级财政部门应根据同级交通部门提供的老旧渡船更新的相关资料和资金拨付申请及时将专项资金拨付至有关单位或渡船经营人。资金支付管理按照财政国库管理制度有关规定执行。

第四章　专项资金的监督管理

第十二条　交通运输主管部门要加强对农村老旧渡船更新工作的监督和管理，具体负责农村老旧渡船更新工作的单位或部门，要指派专人到现场监督旧船拆解，拍摄照片，并收回全部报废船舶资料和证件建档留存。新建渡船应达到各地按原交通部和国家安全生产监督管理总局《关于印发渡口渡船安全管理整治实施方案的通知》（交海发〔2005〕412号）要求制定的渡船标准。

第十三条　各级财政、交通运输主管部门要加强对专项资金使用情况的监督管理，明确相关责任。

第十四条　财政部、交通运输部对专项资金的安排和使用情况组织不定期的重点抽查。凡申报情况不真实或存在截留、挪用专项资金和其他违规行为的地区，中央财政将相应扣减或收回专项资金，同时，按照《财政违法行为处罚处分条例》（国务院令第427号）的规定进行处理，依法追究相关责任人的责任。

第五章　附　　则

第十五条　各省、自治区、直辖市、计划单列市财政、交通运输主管部门可依据本办法，结合当地实际，对专项资金的申请、发放程序和监督管理等事宜制定具体的实施办法，并报财政部和交通运输部备案。

第十六条　本办法由财政部会同交通运输部负责解释。

第十七条　本办法自发布之日起施行。

附表：____年农村老旧渡船更新中央专项奖励资金申请表

附表：

____年农村老旧渡船更新中央专项奖励资金申请表

省（自治区、直辖市、计划单列市）：　　　　　　　　　　　　　　　　　　　　　　　　单位：万元

拆解老旧渡船情况			新造船舶情况			申请中央奖励资金
拆解船舶名称	船舶类型	船龄	新造船舶名称	船舶类型	新造船舶造价	
合计						

注：船舶类型按船舶材质填列（如木质船、钢质船等）。

财政部　国家发展改革委　人民银行　审计署　银监会　国家粮食局　中国农业发展银行关于进一步做好国有粮食购销企业政策性粮食财务挂账管理和消化处理工作的通知

2009年12月2日　财建〔2009〕883号

各省、自治区、直辖市人民政府：

为积极稳妥地处理国有粮食购销企业粮食财务挂账，促进国有粮食企业改革，加快粮食流通体制市场化改革进程，根据国务院有关政策规定，各省级人民政府对国有粮食企业历史财务挂账进行了清理确认，政策性粮食财务挂账已从企业剥离。在这项工作基本结束后，为进一步加强政策性粮食财务挂账的管理，做好挂账处理工作，经国务院批准，现将有关后续政策通知如下：

一、严格核定挂账数额，坚决防止再发生新的政策性粮食财务挂账

（一）由省级人民政府负责清理确认的国有粮食企业粮食财务挂账，以2009年9月30日之前由各省级

人民政府报送国务院的挂账余额为准，不得随意更改。2009 年 9 月 30 日之后，原则上不再受理各省（区、市）上报调整清理确认的挂账数额。已经省级人民政府确认上报，但尚未从国有粮食企业剥离的政策性粮食财务挂账，要在 2009 年年底前完成剥离工作，对个别地方尚未处理完的市场化改革之前库存的保护价粮、陈化粮，要抓紧处理，销售后产生的差价亏损，按国务院有关政策规定确属政策性粮食财务挂账的，由省级人民政府负责进行清理确认，专报国务院批准后才能纳入，并尽快从粮食企业剥离。

（二）这次挂账清理确认之后，建立防止再挂新账的机制，坚决杜绝国有粮食企业再发生新的政策性粮食财务挂账。今后政府委托国有粮食企业从事粮食调控，要按照谁委托、谁拿钱的原则，及时支付调控支出。凡属中央调控事权的政策性业务，由中央财政支付调控支出；按粮食省长负责制原则，凡属地方人民政府调控事权的政府性业务，由地方财政支付调控支出。

二、保持现行粮食财务挂账处理政策总体稳定，积极稳妥地做好挂账消化处理工作

（三）政策性粮食财务挂账本金的消化从 2009 年起再给一个 5 年过渡期（2009～2013 年），过渡期内现行挂账处理政策总体保持稳定，政策性粮食财务挂账本金的消化责任不变，继续由地方政府负责，国家不出台强制性的消化政策。有关粮食财务挂账对企业停息、财政贴息政策及利息负担、结算办法等，继续按现行有关政策规定执行。

（四）继续鼓励有条件的省份主动消化政策性粮食财务挂账。过渡期内，有能力消化部分政策性粮食财务挂账本金的，可由省级人民政府与财政部签订责任书，明确消化计划，对省级人民政府承诺消化本金的挂账，根据挂账消化进度和年度挂账余额，在 5 年过渡期内，中央财政从地方开始消化挂账本金的年度起，全额负担挂账利息。明确挂账消化计划，要优先消化纳入中央财政和地方财政共同贴息的新增粮食财务挂账。

（五）继续做好部分政策性粮食财务挂账占用商业银行贷款的划转工作。纳入中央和地方财政共同贴息范围的新增粮食财务挂账占用商业银行贷款的，按经省级人民政府核实确定的政策性粮食财务挂账占用商业银行贷款的实际余额，从国有粮食购销企业剥离，同时将贷款等额划转到农业发展银行。由各省级人民政府负责，省级财政、粮食、农发行分行协调有关商业银行，限期清理划转，划转后贷款的偿还责任不变，从 2010 年 1 月 1 日开始，对没有划转到农业发展银行的贷款，中央财政和地方财政暂停贴息，待该省完成贷款划转工作后再补拨利息。

（六）经省级人民政府清理确认的未占用中国农业发展银行贷款的政策性亏损，与占用农业发展银行贷款的政策性粮食财务挂账分开，由地方政府负责消化弥补，具体实施方案由省级人民政府自主确定。

（七）经国务院有关部门批准划转上收的中国储备粮管理总公司直属库、中国华粮物流集团公司直属企业，在划转上收之前发生的粮食财务挂账，已纳入地方清理范围，经省级人民政府负责清理确认的政策性粮食财务挂账，划归地方管理，享受地方政府的消化、管理政策。

三、完善制度，进一步加强政策性粮食财务挂账的日常管理

（八）各省（区、市）政策性粮食财务挂账的日常监管，由省级财政部门会同同级粮食部门及中国农业发展银行分行负责。西藏自治区没有设农业发展银行、政策性粮食财务挂账从企业剥离，上划到县级以上（含县级）粮食行政管理部门集中管理后，政策性粮食财务挂账占用贷款由中国农业银行西藏分行负责管理。

（九）省级财政部门要设置“政策性粮食财务挂账”台账，明细反映其中“老粮食财务挂账”、“新增粮食财务挂账”、“陈化粮价差亏损挂账”、“保护价粮价差亏损挂账”、“其他政策性亏损挂账”的变化情况；设置“纳入中央财政和地方财政共同贴息范围的新增粮食财务挂账”台账，明细反映其中“政策性新增粮食财务挂账”、“经营性新增粮食财务挂账”，及其中“占用中国农业发展银行贷款的新增粮食财务挂账”、“原占用商业银行贷款的新增粮食财务挂账”变化情况；设置“未占用中国农业发展银行贷款的政策

性亏损”台账，反映政策性亏损的消化弥补情况。省级粮食部门和中国农业发展银行分行，也要设置相应的台账，加强日常管理工作。

（十）地方政府消化政策性粮食财务挂账本金、消化弥补未占用农业发展银行贷款的政策性亏损，要由省级财政部门会同省级粮食部门及农业发展银行分行及时报财政部、国家粮食局、中国农业发展银行备案。

（十一）健全完善政策性粮食财务挂账月报制度，月报表由中国农业发展银行按月汇总分省数据后，报送财政部、国家粮食局（西藏自治区挂账月报由西藏自治区财政厅会同区同级粮食部门、农业银行分行单独报送）。政策性粮食财务挂账月报表另行制定下发。

（十二）政策性粮食财务挂账利息补贴实行年度决算制度，年度终了后，由省级财政部门会同省级粮食部门、农业发展银行分行，在共同核实政策性粮食财务挂账分月余额的基础上，办理政策性粮食财务挂账利息补贴年度决算报告，报财政部、国家粮食局、中国农业发展银业备案。政策性粮食财务挂账利息补贴年度决算表另行制定下发。

（十三）加强政策性粮食财务挂账的管理，积极稳妥地解决好国有粮食企业的历史挂账包袱，是粮食省长负责制的重要内容。地方政府有关部门要加强协作，密切配合，认真做好政策性粮食财务挂账的日常监管工作。

（十四）其他未尽事宜继续按现行有关政策规定执行。

商务部　财政部关于印发《汽车家电以旧换新部际联席会议制度》的通知

2009年8月4日　商建发〔2009〕388号

中宣部，发展改革委，工业和信息化部，公安部，环境保护部，交通运输部，工商总局，质检总局：

实施汽车、家电以旧换新工作是促进消费拉动内需，保持经济平稳较快发展，提高资源利用率，减少环境污染，促进节能减排的一项重要决策。根据《国务院办公厅关于转发发展改革委等部门促进扩大内需鼓励汽车家电以旧换新实施方案的通知》（国办发〔2009〕44号）精神，为做好组织实施工作，我们研究制定了《汽车家电以旧换新部际联席会议制度》，现予印发。请各联席会议成员单位按照《汽车家电以旧换新部际联席会议制度》要求，切实把汽车家电以旧换新工作抓实抓好。

附件：汽车家电以旧换新部际联席会议制度

附件：

汽车家电以旧换新部际联席会议制度

汽车、家电以旧换新是拉动国内需求，促进节能减排，有效利用资源，稳定和扩大就业的一项重要举措。为加强组织领导，增进部门间的协调配合，切实把汽车、家电以旧换新工作抓紧抓实，建立汽车、家电以旧换新部际联席会议制度。

一、联席会议主要职能

（一）贯彻落实国务院关于实施鼓励汽车、家电以旧换新的政策措施，推进汽车、家电以旧换新工作。

（二）制定汽车、家电以旧换新阶段性工作目标，分解工作任务，落实工作责任。

（三）协调解决汽车、家电以旧换新组织实施过程中的重大问题。

（四）指导、督促、检查汽车、家电以旧换新工作。

（五）研究提出完善汽车、家电以旧换新政策建议。

二、联席会议成员单位

联席会议由商务部、财政部会同中宣部、发展改革委、工业和信息化部、公安部、环境保护部、交通运输部、工商总局、质检总局等10个部门组成。联席会议可根据工作需要，邀请中国汽车工业协会、中国汽车流通协会、中国物资再生协会、中国再生资源回收利用协会、中国家用电器协会等相关单位列席会议。联席会议召集人由商务部副部长、财政部副部长共同担任，各成员单位有关负责同志为联席会议成员（名单附后）。

联席会议在商务部分别设立汽车以旧换新工作办公室和家电以旧换新工作办公室，负责日常工作。办公室成员由联席会议成员单位有关司局负责同志担任（名单附后）。办公室会议根据需要不定期召开，磋商并按部门分工落实汽车、家电以旧换新有关事宜，如有分歧或遇重大事项提交联席会议讨论。

三、联席会议工作规则

（一）联席会议根据办公室会议提议不定期召开全体会议或部分成员单位会议。

（二）联席会议以会议纪要形式明确会议议定事项，印发有关单位，各成员单位按照部门职责分工负责，抓好贯彻落实。

（三）联席会议建立汽车、家电以旧换新监督检查机制，各成员单位可按职责提出对汽车、家电以旧换新报废、回收、换购、补贴发放开展监督检查的建议，经办公室会议讨论后组织实施。

（四）联席会议建立信息通报制度。各成员单位按职责定期提供汽车、家电以旧换新的报废、回收、换购、补贴等情况，经办公室会议审定后报送国务院领导，同时抄送联席会议成员单位。

四、联席会议成员单位职责

财政部会同商务部、发展改革委、工业和信息化部、公安部、环境保护部、交通运输部等部门制定汽车、家电以旧换新实施办法，商务部会同有关部门组织实施汽车、家电以旧换新工作，环境保护部负责废旧家电拆解处理的组织实施和监督管理，公安、工商、质检等部门在各自职责范围内加强监督管理，中央宣传部组织新闻媒体做好汽车、家电以旧换新政策宣传和舆论监督工作，各成员单位依据各自职责组织和参与汽车、家电以旧换新联合督查工作。

五、工作要求

各成员单位应按照职责分工，认真组织实施汽车、家电以旧换新有关工作，全面落实联席会议议定的事项。充分发挥联席会议互通信息、相互配合、相互支持的作用。

附件：1. 汽车家电以旧换新部际联席会议成员名单

2. 汽车家电以旧换新部际联席会议办公室成员及联络员名单

附件1：

汽车家电以旧换新部际联席会议成员名单

召集人：姜增伟　商务部副部长

张少春　财政部副部长

成员：李东生　中宣部副部长
　　　解振华　发展改革委副主任
　　　苗　圩　工业和信息化部副部长
　　　刘金国　公安部副部长
　　　张力军　环境保护部副部长
　　　冯正霖　交通运输部副部长
　　　刘　凡　工商总局副局长
　　　支树平　质检总局副局长
　　　房爱卿　商务部部长助理

附件2：

汽车家电以旧换新部际联席会议办公室成员及联络员名单

汽车以旧换新工作办公室

主　任：常晓村　商务部市场建设司司长
副主任：李文明　商务部市场建设司副司长
　　　　张学文　财政部经济建设司副司长
成　员：葛　玮　中宣部新闻局副局长
　　　　李　静　发展改革委环资司副司长
　　　　王富昌　工业和信息化部装备工业司副司长
　　　　李江平　公安部交管局副局长
　　　　汪　键　环境保护部污染防治司副司长
　　　　王水平　交通运输部道路运输司副司长
　　　　李文章　工商总局市场规范管理司副司长
　　　　严冯敏　质检总局执法督查司副司长
　　　　史跃进　商务部办公厅副主任
　　　　刘海泉　商务部综合司司长
　　　　徐加爱　商务部财务司副司长
联络员（处级）：
　　　　陈跃红　商务部市场建设司
　　　　马　敏　财政部经济建设司
　　　　冯　良　发展改革委环资司
　　　　唐献文　中宣部新闻局
　　　　佘伟珍　工业和信息化部装备工业司
　　　　刘雪梅　公安部交通管理局
　　　　任洪岩　环境保护部污染防治司
　　　　俞卫江　交通运输部道路运输司
　　　　陆万里　工商总局市场规范管理司
　　　　孔丽英　质检总局执法督查司
　　　　鲁　纹　商务部办公厅
　　　　郑书伟　商务部综合司
　　　　郭婷婷　商务部财务司

家电以旧换新工作办公室
主　任：邸建凯　商务部商贸服务管理司司长
副主任：门晓伟　商务部商贸服务管理司副司长
　　　　曾晓安　财政部经济建设司副司长
成　员：葛　玮　中宣部新闻局副局长
　　　　李　静　发展改革委环资司副司长
　　　　赵　波　工业和信息化部电子信息司副司长
　　　　李新民　环境保护部污染防治司巡视员
　　　　黄建华　工商总局消费者权益保护局副局长
　　　　董乐群　质检总局执法督查司副司长
　　　　史跃进　商务部办公厅副主任
　　　　刘海泉　商务部综合司司长
　　　　徐加爱　商务部财务司副司长
联络员（处级）：
　　　　张　斌　商务部商贸服务司
　　　　秦　斌　财政部经济建设司
　　　　冯　良　发展改革委环资司
　　　　唐献文　中宣部新闻局
　　　　梁　峰　工业和信息化部电子信息司
　　　　钟　斌　环境保护部污染防治司
　　　　吴　臻　工商总局消费者权益保护局
　　　　孔丽英　质检总局执法督查司
　　　　鲁　纹　商务部办公厅
　　　　郑书伟　商务部综合司
　　　　郭婷婷　商务部财务司

中国民用航空局　财政部关于修订民航中小机场补贴管理暂行办法的通知

2009 年 9 月 16 日　民航发〔2009〕75 号

民航各地区管理局，各机场公安局，有关省、自治区、直辖市、计划单列市财政厅（局）：

为进一步完善民航中小机场补贴政策，有效推动实现普遍服务，促进民航机场协调持续发展，对原《民航中小机场补贴管理暂行办法》（以下简称《办法》）进行修订，现将修订后的《办法》印发给你们，请遵照执行。《民航局、财政部关于印发民航中小机场补贴管理暂行办法》（民航发〔2008〕15 号）同时废止。

附件：民航中小机场补贴管理暂行办法

附件：

民航中小机场补贴管理暂行办法

第一章 总 则

第一条 为保障机场正常运营，推进社会普遍服务，实现东西部持续协调发展，根据《民航机场管理建设费征收使用管理办法》和《民航机场管理建设费财政财务管理暂行办法》，制定本办法。

第二条 民航中小机场补贴是指中央财政从机场管理建设费中安排的，对中小型民用运输机场（包括军民合用机场，下同）作为社会公益性基础设施提供普遍服务给予的补贴资金。国家鼓励地方人民政府根据实际情况对本地区机场给予支持。

第三条 中小机场补贴范围为本办法规定的年旅客吞吐量在一定规模以下的民用运输机场，对停航机场不予补贴。西藏自治区机场补贴办法另行规定。

第四条 中小机场补贴应遵循保障安全、普遍服务、均衡发展的原则。

第二章 补贴办法

第五条 中小机场补贴由固定补贴和变动补贴两部分构成。固定补贴根据机场所在类别的固定补贴标准确定；变动补贴根据机场所在类别的变动补贴标准和旅客吞吐量计算确定。

第六条 根据所在地区（3类）和生产规模（8档），将机场分成24类。

地区类别：根据各省（自治区、直辖市）经济发展水平，参照国家财政政策实施中的地区划分，将各省（自治区、直辖市）分为三类地区。

第一类东部地区包括北京、天津、上海、浙江、江苏、山东、福建、广东、辽宁。

第二类中部地区包括河北、山西、河南、湖北、湖南、安徽、江西、吉林、黑龙江、海南。

第三类西部地区包括内蒙古、广西、重庆、四川、云南、贵州、陕西、甘肃、青海、宁夏、新疆。

规模档次：

第一档：年旅客吞吐量400万~500万人次（含）的机场。

第二档：年旅客吞吐量300万~400万人次（含）的机场。

第三档：年旅客吞吐量200万~300万人次（含）的机场。

第四档：年旅客吞吐量100万~200万人次（含）的机场。

第五档：年旅客吞吐量50万~100万人次（含）的机场。

第六档：年旅客吞吐量30万~50万人次（含）的机场。

第七档：年旅客吞吐量10万~30万人次（含）的机场。

第八档：年旅客吞吐量10万人次及以下的机场。

第七条 中小机场补贴向欠发达地区倾斜，向小机场倾斜，向安全管理倾斜。据此原则确定各类机场固定补贴和变动补贴标准。

固定补贴标准　　　　金额单位：万元

	第一类地区	第二类地区	第三类地区
第一档	540	680	745
第二档	515	650	710

第三档	485	615	665
第四档	445	540	605
第五档	420	485	520
第六档	395	430	460
第七档	325	345	385
第八档	300	325	345

变动补贴标准　　单位：元/人次

	第一类地区	第二类地区	第三类地区
第一档	0.60	1.05	1.35
第二档	0.85	1.30	1.65
第三档	1.15	1.50	1.95
第四档	2.25	2.45	2.81
第五档	3.05	3.25	4.08
第六档	4.43	4.58	4.96
第七档	6.85	7.57	8.25
第八档	7.65	8.45	9.17

第八条　特殊补贴标准。

（一）藏区机场、新疆区内机场、高（高高）原机场和军民合用机场补贴标准按同类机场补贴标准分别上浮20%。

（二）客流量较大的旅游热点城市机场按同类机场补贴标准的50%执行。

执行特殊补贴标准的机场由民航局根据实际情况确定，并予以公布。

第九条　民航局、财政部根据补贴资金年度预算，参考上述标准，确定实际补贴金额。

第十条　机场旅客吞吐量以民航局统计机构的数据为准。

第三章　预决算审批及资金管理

第十一条　年初，民航局会同财政部根据机场建设费支出预算和机场运营情况确定年度补贴规模。

对民航局管理机场（集团）（以下简称"直属机场"）的补贴，列入民航局部门预算；对地方管理机场（集团）（以下简称"地方机场"）的补贴，待具体补贴方案确定后，由财政部下达给有关省（自治区、直辖市、计划单列市）财政主管部门。

第十二条　民航局根据本办法规定的补贴原则、范围、标准和上一年机场运营的情况编制补贴方案，报财政部审批。

第十三条　对直属机场的补贴，由民航局根据批复的具体项目支出预算向财政部请款；对地方机场的补贴，由财政部下达给有关省（自治区、直辖市、计划单列市）财政主管部门。资金支付管理按照国家和省级财政国库管理制度有关规定执行。

第十四条　补贴资金专项用于弥补机场提供普遍服务发生的支出，任何单位不得截留、挪用。

第十五条　机场收到补贴后应当作为企业当期收益处理。

第十六条　年终，对直属机场的补贴，由民航局汇总并入部门决算报财政部审批；对地方机场的补贴，由有关机场（集团）编制决算，报同级财政主管部门审批。

第四章　监 督 检 查

第十七条　财政部、民航局负责对补贴资金的拨付、使用情况进行监督检查。

各地财政主管部门、财政部驻各省财政监察专员办事处和民航各地区管理局负责对本辖区补贴资金的拨付、使用情况进行日常监督检查。

第十八条 任何单位不得截留、挪用民航中小机场补贴。对于违反国家法律、行政法规和有关规定的单位和个人，有关部门应当及时制止和纠正，并严格按照《中华人民共和国预算法》、《财政违法行为处罚处分条例》（国务院令第427号）及其他有关法律、法规予以处理。

第五章 附 则

第十九条 本办法由民航局商财政部负责解释。

第二十条 本办法自发布之日起施行。

山东省人民政府关于交通财务管理体制改革的意见

2009年6月29日 鲁政发〔2009〕78号

各市人民政府，各县（市、区）人民政府，省政府各部门、各直属机构，各大企业，各高等院校：

为适应燃油税费改革新形势要求，更好地贯彻落实《国务院关于实施成品油价格和税费改革的通知》（国发〔2008〕37号）精神，进一步促进全省交通事业健康发展，现就我省交通财务管理体制改革提出如下意见，请认真贯彻执行。

一、充分认识实施交通财务管理体制改革的重要性和必要性

近年来，全省各级认真贯彻落实省委、省政府部署，积极加强交通财务管理，努力筹措交通建设资金，不断加大交通建设投入，为推进我省交通事业发展提供了有力保障。截至2008年底，全省公路通车里程达到22.1万公里，其中高速公路4 285公里、一级公路7 048公里、二级公路2.4万公里，二级以上公路通车里程居全国第一位，等级以上公路密度达到每百平方公里140.83公里，交通港航、运输场站建设也取得很大成绩，交通现代化水平显著提高，为全省经济社会发展创造了良好条件。但随着交通事业快速发展和改革不断推进，现行交通财务管理也暴露出诸如管理体制不顺、事权与财权脱节、资金监管不力、债务累积较多、潜在风险较大等问题。特别是国务院决定取消公路养路费、航道养护费、公路运输管理费、公路客货运附加费、水路运输管理费、水运客货运附加费等六费和政府还贷二级公路收费，采取提高现行成品油税额的方式依法筹措交通建设资金，使交通建设的投融资方式和资金管理方式发生了根本变化，原有的筹资模式已不适应新形势下交通事业发展的需要，给交通财务管理工作提出了新的要求，进一步改革交通财务管理体制十分必要。各级、各部门一定要充分认识交通财务管理体制改革的重要性和紧迫性，紧紧抓住国家实施燃油税费改革这一难得机遇，结合我省交通财务管理实际，按照省里的统一部署，统一思想、提高认识、把握政策、扎实推进，确保改革顺利进行，为推动我省交通建设运输事业健康发展奠定良好基础。

二、交通财务管理体制改革的主要内容

交通财务管理体制改革要本着“权责统一、专款专用，控制债务、防范风险，加强管理、提高效

益”的原则实施，并确保燃油税费改革后形成的交通资金属性、资金用途、地方预算程序、地方事权“四不变”。

（一）下划收入基数。对原属市级预算的拖拉机养路费、公（水）路运输管理费收入，以2008年交通征收决算为基数，通过财政体制切块划归各市，纳入同级财政预算管理；对市、县（市、区）公路管理机构人员机构经费，以2008年全省公路养护会计决算养路费支出数为参考依据，在适当考虑人员状况并剔除非正常支出因素后，通过财政体制切块下放各市，纳入同级财政预算管理；对水路运输管理费和水运客货运附加费市级分成部分，以2008年实际执行数为基数，通过财政体制切块划归枣庄、济宁两市，纳入同级财政预算管理。收入基数下划后，财政部门要切实做好资金保障，确保各级交通运输、公路职工合理合规的工资福利等待遇不变。

（二）下划公路管理性事业资产。对公路系统房屋、土地和公务车辆等管理性事业资产，按照行政事业性资产管理有关规定，在组织搞好资产清查后下放各市，纳入同级财政管理。公路建设性事业资产所有权仍归省所有，委托各市公路局代管，具体管理办法由省财政厅会同省交通运输厅另行研究下达。

（三）改革交通资金管理办法。燃油税费改革后，交通建设资金来源渠道由按规定收费改为依法征税，管理方式由财政专户管理改为纳入财政一般预算管理。交通运输部门和公路管理机构的日常经费由同级财政给予保障，交通建设专项支出，按照事权划分分别纳入省和市级财政一般预算管理。国省道、港航等公共基础设施建设及养护资金属省级预算资金，要积极推行国库集中支付，减少资金拨付环节，规范预算执行管理，提高资金使用效益。

（四）妥善处理交通债务问题。为保障改革顺利实施，减轻各市还贷压力，对政府还贷二级公路债务，经清理核实和审计确认后，除中央财政负担40%外，其余部分全部由省级负担。今后，各级要本着既有利于公路建设，又要严格防范债务风险的原则，严格控制债务规模。从2009年1月1日起，各级交通运输和公路管理机构要按照“谁承借、谁还款”原则，加强债务管理，并将年度债务收支纳入同级财政预算管理，所需政府性贷款须经同级财政部门审核同意，报当地政府批准后实施。省交通运输厅、省公路局不再为下级业务主管部门提供任何形式和内容的债务担保。

三、加强领导，强化措施，确保改革顺利实施

交通财务管理体制改革关系到省与市财权调整及职责划分，对于充分发挥各级政府的投资作用，促进全省交通事业发展将会产生重大影响。各级、各部门要高度重视、加强领导，切实做好组织实施工作。

（一）切实加强组织领导。为确保交通财务管理体制改革顺利进行，各市要尽快建立由政府负责，财政、交通运输、人力资源社会保障等相关部门密切配合的交通财务管理体制改革工作机制，具体负责改革工作的组织领导与协调落实，及时研究解决出现的新情况、新问题。各有关部门要明确责任，密切配合，确保改革措施落实到位。

（二）进一步加强公路部门预算及资产管理。公路管理机构基本支出及管理性事业资产下放后，要按照预算管理要求，合理确定人员经费定额，加强部门预算管理。认真清理登记下划事业资产，纳入同级财政管理，防止资产流失。要按照预算管理级次制定交通资金管理办法，建立健全交通财务管理制度体系，切实加强交通资金预算管理，在国、省道建设及养护资金使用管理中，率先推行国库集中支付。在各市财政和交通运输、公路和港航部门（机构）开设专户，专门核算财政专项转移支付资金，从制度上防止挤占挪用现象，确保专款专用。要充分发挥审计和财政监督部门作用，加大检查监督力度，实行全过程监控。进一步完善公路项目法人责任制度、招投标制度、工程监理制度和合同管理制度，对纳入政府采购目录的工程和设备，按照规定实行政府采购，为交通资金国库支付奠定基础。

（三）逐步推进公路管理机构事企分开。各市要根据改革要求，明确公路管理机构职能，合理确定单位属性，研究解决公路管理机构事企不分问题。要区分政府与市场的关系，把适合市场承担的职能逐步剥离出去，实现监理企业化、工程建设市场化、施工养护社会化。逐步推行管养分离，建立统一开放、规范

有序、公平竞争的公路养护运行机制，积极推行大中修养护工程公开招标制度，鼓励具备资质条件的公路养护企业跨地区参与公路养护工程竞争。要按照政府主导、部门负责的原则，妥善做好养路费稽征和政府还贷二级公路收费人员安置分流工作，按照转岗不下岗、待安置期间级别不变、合规合理待遇不变的总体要求，切实保障经费供给，确保改革平稳顺利进行。

（四）积极探索建立多元化投资体制。要发挥好现有融资平台作用，继续按照国家“贷款修路、收费还贷”政策，对高速公路和一级公路通行费维持原财政管理体制不变，实行收支两条线，纳入部门预算管理。针对税费改革新特点，各级财政要积极支持交通融资平台建设和融资能力提升，并提供必要的资金周转和信用保障，以逐步化解政府还贷公路偿债风险。各级交通运输部门要进一步加大投融资力度，建立相应的交通融资平台，多渠道筹集交通建设资金。要积极推进收费公路建设市场化进程，对新建收费公路采取公开竞标方式，吸引社会资金和外资进入，发展经营性收费公路，减轻政府投资压力。对已建收费公路，积极创造条件，按照《收费公路权益转让办法》规定，采取招拍挂方式出让收费权益，筹措资金加大公路投入、偿还银行贷款。要逐步改变主要依靠省级投资建设公路的现状，充分发挥市县政府投资作用，形成省、市、县三级政府共同投资的新格局。要建立国、省道建设养护补助制度，制定具体补助标准，按建设和养护里程给予公开补助。要建立农村公路建设奖励制度，省里将通过以奖代投方式，鼓励各市加快农村公路建设，并对列入省级农村公路建设养护的项目实行定额补助。

山东省人民政府办公厅关于转发省财政厅等部门山东省新能源汽车示范推广财政扶持办法（试行）的通知

2009年12月17日 鲁政办发〔2009〕130号

各市人民政府，各县（市、区）人民政府，省政府各部门、各直属机构，各大企业，各高等院校：

经省政府同意，现将省财政厅、省交通运输厅、省科技厅、省经济和信息化委制定的《山东省新能源汽车示范推广财政扶持办法（试行）》转发给你们，请认真贯彻执行。

附件：山东省新能源汽车示范推广财政扶持办法（试行）

附件：

山东省新能源汽车示范推广财政扶持办法（试行）

第一条 为进一步推进新能源汽车的产业化，保护环境，节约能源，根据财政部《关于开展节能与新能源汽车示范推广试点工作的通知》（财建〔2009〕6号）和《山东省人民政府办公厅关于推进新能源汽车产业发展的若干意见》（鲁政办发〔2009〕64号）精神，自2010年起，省财政每年安排专项资金，支持新能源汽车研发生产和示范推广。为加强专项资金管理，提高资金使用效益，特制定本办法。

第二条 本办法所称新能源汽车主要指混合动力汽车、纯电动汽车和燃料电池汽车。

第三条 扶持资金分配坚持“科学合理、公开透明”的原则，接受社会各方面的监督。

第四条 财政扶持范围。

（一）承担新能源汽车整车及关键零部件研发的省内生产企业。

（二）在新能源汽车推广应用示范城市济南、淄博、潍坊、烟台、临沂、德州、聊城等进行试点，在公共交通、出租、公务、环卫和邮政等公共领域推广应用新能源汽车。

（三）在省内5A级旅游景区推广应用新能源观光车。

第五条 财政支持方式。

（一） 以财政奖励的方式，扶持新能源汽车高新技术产业化重大项目。主要支持混合动力汽车、纯电动汽车以及动力电池、驱动电机及控制系统等关键零部件的产业化。

（二）对购买使用新能源汽车给予一次性财政补贴。

补贴标准主要依据其与同类传统动力汽车的基础差价，适当参照财政部、科技部《节能与新能源汽车示范推广财政补助资金管理暂行办法》（财建〔2009〕6号）执行。

第六条 每年度由省财政厅会同省交通运输厅、省经济和信息化委、省科技厅等有关部门制定并发布《山东省新能源汽车示范推广资金申报指南》，依据国家相关政策，结合省内示范推广实际情况，明确扶持重点。

第七条 各示范城市要安排一定的资金对购买新能源汽车给予补贴，并对配套设施的建设和维护给予补助。

第八条 申请奖励的新能源汽车和关键部件生产企业应遵循国家产业政策，固定资产投资项目应通过国家和省投资主管部门核准或备案，并具备一定的生产规模。

第九条 新能源汽车必须符合下列条件：

（一）纳入国家《节能与新能源汽车示范推广应用工程推荐车型目录》。

（二）混合动力乘用车和轻型商务车与同类传统车型相比节油率必须达到5%以上，混合动力客车的节油率必须达到10%以上。

（三）混合动力汽车节油率和最大电功率比必须提供具备国家资质的第三方检测机构依据GB/T19753－2005《轻型混合动力电动汽车能量消耗量试验方法》、GB/T19754－2005《重型混合动力电动汽车能量消耗量试验方法》等检测报告。生产企业对动力蓄电池等关键零部件必须提供不低于3年或15万公里（以先到者为准）的质保期限。

第十条 购买新能源汽车必须采取招标方式择优采购，并确定示范推广的新能源汽车的车型、数量、价格以及售后服务等。

第十一条 新能源汽车整车研发生产企业，凭国家有关部门出具的推荐车型目录、产品公告证明和车辆检测报告等进行申请；对承担国家级项目的生产和示范推广新能源汽车生产企业，可凭国家部委下达的项目计划与合同申请。

第十二条 申请新能源汽车补贴的示范城市要向省财政厅、省交通运输厅、省科技厅报送新能源汽车示范推广规划方案，明确示范车型、数量及投放时间，以及地方财政配套落实及使用计划申请。

第十三条 购买使用新能源汽车的企业和单位，可根据购买的车辆型号、数量及规定的补贴标准，向同级财政、交通和科技部门提出购置补贴申请，并提供如下资料：

（一）与生产企业签订的中标协议、购置合同等有关凭证。

（二）车辆购置发票。

第十四条 各市对企业资金申请报告复核后，于每年5月30日前联合报省财政厅、省交通运输厅和省科技厅。

第十五条 省财政厅、省交通运输厅和省科技厅委托省汽车行业协会组织专家进行评审。对通过评审的申报材料，省财政厅会同省交通运输厅、省科技厅进行审查，核定具体的奖励及补贴金额，并按规定拨付资金。

第十六条 建立项目监督与评价体系，客观真实地评价研发、生产和示范推广成果。

第十七条 申请资金扶持的企业和单位要对申报材料的真实性负责，对弄虚作假、骗取财政扶持资金的，将扣回扶持资金，并取消以后年度申请资格。

第十八条 获得扶持的企业和单位，要切实加强管理，专款专用，提高资金使用效益。省财政厅将组织力量对资金使用情况进行重点检查，跟踪问效。对截留、挪用补贴资金的，严格按照《财政违法行为处罚处分条例》（国务院令第427号）规定，依法追究有关单位和人员的责任。

第十九条 本办法由省财政厅会同省交通运输厅、省科技厅负责解释。

第二十条 本办法自2010年1月1日起施行。

山东省人民政府办公厅关于转发省财政厅等部门山东省重点领域首台（套）技术装备财政扶持办法（试行）的通知

2009年12月17日 鲁政办发〔2009〕132号

各市人民政府，各县（市、区）人民政府，省政府各部门、各直属机构，各大企业，各高等院校：

经省政府同意，现将省财政厅、省经济和信息化委、省发展改革委、省科技厅制定的《山东省重点领域首台（套）技术装备财政扶持办法（试行）》转发给你们，请认真贯彻执行。

附件：山东省重点领域首台（套）技术装备财政扶持办法（试行）

附件：

山东省重点领域首台（套）技术装备财政扶持办法（试行）

第一条 根据《国务院关于加快振兴装备制造业的若干意见》（国发〔2006〕8号）和《中共山东省委山东省人民政府关于加快工业调整振兴的意见》（鲁发〔2009〕7号）等精神，为进一步落实山东省装备制造业调整振兴规划，省财政设立重点领域首台（套）技术装备发展专项资金，支持我省技术装备生产企业加快产业化进程，进一步提升全省装备制造业整体水平和企业核心竞争力。为加强我省重点领域首台（套）技术装备扶持及组织管理工作，特制定本办法。

第二条 重点领域范围。主要指重大关键成套装备、数控机床、工程机械、农业机械、纺织机械、电工电气机械、轻工机械、化工机械、内燃机、现代仪器仪表、汽车及关键系统部件、船舶制造、环保技术及设备、高效节能新能源设备、高端机电产品、基础关键部件及其他重点机械等领域。

第三条 首台（套）技术装备的界定。省内企业生产的成套设备、单台设备或关键部件具有以下特征属于首台（套）：

（一）通过原始创新、集成创新或引进技术消化吸收再创新，在原理、结构、性能等方面有重大创新突破。

（二）核心技术和自主品牌拥有自主知识产权。

（三）集机、电、自动控制技术为一体。

（四）具有显著节能和低（零）排放特征。

（五）成套设备价值在100万元以上，单台设备或关键部件价值在50万元以上。

首台（套）技术装备分为国内首台（套）和省内首台（套）两种类型。

第四条 申请扶持的首台（套）技术装备应具备以下条件：

（一）生产首台（套）技术装备的企业在山东省行政区域内注册，具有独立法人资格，企业所生产的产品符合本办法第三条规定。

（二）产品具有清晰的知识产权和自主品牌。申请单位经过其主导的技术创新活动，在我国依法拥有知识产权的所有权，以及依法通过受让取得知识产权的所有权或使用权。申请单位拥有该产品注册商标的所有权。申请单位未获得知识产权的，需通过省级新产品鉴定。

（三）申请单位具备产品设计及主要关键部件的制造、组装能力，产品市场前景好。

（四）产品创新程度高。申请单位掌握产品生产的核心技术和关键工艺或应用新技术原理、新设计构思，在结构、性能、材质、工艺等方面对原有产品率先进行根本性改进，产品具有节能、节材、环保等特征，主要技术性能指标取得标志性突破。

（五）产品技术先进。省内首台（套）产品在同类产品中应达到国内先进水平，国内首台（套）产品在同类产品中应达到国际先进水平。

（六）产品质量可靠，通过省级及省以上质量技术监督部门资质认定的检验机构的检测。属于国家特殊行业管理要求的产品（如：军工、医疗器械、计量器具、压力容器等产品），需具有相关行业主管部门批准颁发的产品生产许可证；属于国家实施强制性产品认证的产品，需通过强制性产品认证。

（七）必须是2008年以后定型生产并销售的首台（套）技术装备。

第五条 申请首台（套）技术装备扶持的程序。企业按属地化管理的原则向所在地经贸和财政主管部门提交申请报告，经审核后逐级联合行文上报省经济和信息化委、省财政厅。省国资委管理的企业直接向省经济和信息化委、省财政厅申报。

第六条 首台（套）技术装备生产企业申请扶持，需提交以下材料：

（一）山东省重点领域首台（套）技术装备项目报告书和申请表。

（二）申请扶持的国内首台（套）技术装备，要具有2名或2名以上相关专业高校教授、教授级高级工程师、研究员出具首台（套）技术装备推荐证明书，同时提交推荐专家简历。申请扶持的省内首台（套）技术装备，要具有2名及以上高级专业技术职称的相关行业专家出具首台（套）技术装备推荐证明书，同时提交推荐专家简介。

（三）需认定产品知识产权和自主品牌状况的有效证明文件。

（四）国家资质机构出具的产品查新报告、产品鉴定和检测报告，特殊行业产品生产许可证、强制性产品认证证书。

（五）质监部门出具的企业产品标准备案有效证明。

（六）产品销售合同和销售发票。

（七）近2年会计师事务所出具的企业年度审计报告。

第七条 首台（套）技术装备认定程序。省经济和信息化委会同省财政厅、省发展改革委和省科技厅组织专家对受理的首台（套）技术装备进行认定。

第八条 省财政厅根据专家评审意见会同有关部门确定首台（套）技术装备财政扶持名单。奖励标准另行制定。

第九条 对通过省认定获得扶持的首台（套）技术装备，由省经济和信息化委出具认定书并发布《山东省重点领域首台（套）技术装备产品公告》（以下简称《公告》）。

第十条 对列入《公告》的首台（套）技术装备，属于政府采购范围的，纳入政府采购目录。

第十一条 对购买列入《公告》首台（套）技术装备的，根据需要可由政府出资向保险公司投保。在产品试运行期间，如果发生不可预测故障，造成用户损失由保险公司给予赔偿。

第十二条 《公告》中首台（套）技术装备的研发人员，贡献突出者不受原有专业技术职称、任职年限、学历、资历、学术论文和著（译）作限制，免于外语、计算机考试，由用人单位推荐，可直接评定高级专业技术职务任职资格。

第十三条 省经济和信息化委会同有关部门对申请单位和认定专家进行信用记录和监督管理。各市要加强首台（套）技术装备的组织和管理工作，对推荐材料的真实性负责。对弄虚作假或采取不正当手段骗取首台（套）技术装备认定的单位，将撤销首台（套）技术装备认定，并在2年内取消申报资格。参与认定工作的专家如泄露认定产品的技术秘密、非法占有申请单位的科技成果、出现重大失误且造成重大损失的，依法追究责任。

第十四条 各级财政部门要切实加强资金监督管理，确保专款专用，提高资金使用效益。对套取、截留或挤占挪用首台（套）技术装备扶持资金的，按照《财政违法行为处罚处分条例》（国务院令第427号）及其他有关法规依法处理。

第十五条 办法中涉及的有关事项由省财政厅会同省经济和信息化委、省发展改革委、省科技厅负责解释。

第十六条 本办法自发布之日起施行。

附件：1. 山东省重点领域首台（套）技术装备项目报告书

2. 山东省重点领域首台（套）技术装备申报表

附件1：

山东省重点领域首台（套）技术装备项目报告书

一、报告书封面

（一）产品名称

（二）申报类型

（三）企业名称（盖章）

（四）法人代表

（五）联系人

（六）联系电话

（七）电子邮箱

二、报告书内容

（一）申请企业的基本情况

（二）申报首台（套）技术装备的理由

（三）申报产品的国内外发展现状和趋势

（四）申报产品的技术开发及产业化水平

1. 开发背景、人才和技术支撑

2. 开发过程及测试、鉴定情况

3. 重点关键技术及该技术的突破对推动本行业技术进步的作用和意义

4. 产品知识产权权益状况和品牌建设情况

5. 产品原理、结构、性能指标等方面与国内外同类产品的比较情况

（五）产品发展前景

1. 市场定位

2. 供需预测

3. 市场份额

4. 产品质量和档次

5. 竞争优势

（六）产品的经济效益和社会效益情况

（七）产品的技术经济总体评价

附件2：

山东省重点领域首台（套）技术装备申报表

单位：万元

<table>
<tr><td>单位</td><td colspan="5"></td></tr>
<tr><td>联系地址</td><td colspan="3"></td><td>邮编</td><td></td></tr>
<tr><td>企业性质</td><td colspan="5">□国有 □集体 □民营 □外资（其中中方比例______%）</td></tr>
<tr><td>企业规模</td><td colspan="2">□大型□中型□小型</td><td>申报类型</td><td colspan="2">□国内首台（套） □省内首台（套）</td></tr>
<tr><td>职工数</td><td></td><td>技术人员数</td><td></td><td>产品技术开发及产业化投入总额</td><td></td></tr>
<tr><td>联系人</td><td></td><td>联系电话</td><td></td><td>手机</td><td></td></tr>
<tr><td>技术中心建设水平（请打勾）</td><td>□国家级
□省级
□市级</td><td colspan="2">是否建立省外或海外研发机构（请打勾）</td><td colspan="2">□已建立省外研发机构
□已建立海外研发机构
□未建立省外或海外研发机构</td></tr>
<tr><td rowspan="5">上年度经营情况</td><td colspan="2">资产总额</td><td>负债</td><td colspan="2">销售收入</td></tr>
<tr><td colspan="2"></td><td></td><td colspan="2"></td></tr>
<tr><td colspan="2">出口总额</td><td>税金</td><td colspan="2">利润</td></tr>
<tr><td colspan="2"></td><td></td><td colspan="2"></td></tr>
<tr><td colspan="2">技术开发费/销售收入（R&D）</td><td></td><td colspan="2"></td></tr>
<tr><td rowspan="5">本年度经营情况（预计）</td><td colspan="2">资产总额</td><td>负债</td><td colspan="2">销售收入</td></tr>
<tr><td colspan="2"></td><td></td><td colspan="2"></td></tr>
<tr><td colspan="2">出口总额</td><td>税金</td><td colspan="2">利润</td></tr>
<tr><td colspan="2"></td><td></td><td colspan="2"></td></tr>
<tr><td colspan="2">技术开发费/销售收入（R&D）</td><td></td><td colspan="2"></td></tr>
<tr><td colspan="6">主导产品市场占有率</td></tr>
<tr><td colspan="2">国际市场（%）</td><td colspan="2">国内市场（%）</td><td colspan="2">本省市场（%）</td></tr>
<tr><td colspan="2"></td><td colspan="2"></td><td colspan="2"></td></tr>
<tr><td>申报产品名称及型号、规格</td><td colspan="2"></td><td>产品鉴定情况</td><td colspan="2"></td></tr>
<tr><td>所属领域</td><td colspan="2"></td><td>首台投放市场时间</td><td colspan="2"></td></tr>
<tr><td colspan="6">申报产品基本情况描述及申请首台（套）技术装备的主要理由：</td></tr>
<tr><td colspan="6">申报产品主要性能及重要指标、产量及销量、技术创新、专利和获奖情况：</td></tr>
<tr><td colspan="6">单位生产成本、单位销售价格、申请扶持金额：</td></tr>
</table>

申报日期：二〇〇　年　月　日

省财政厅关于印发《山东省家电下乡补贴资金管理暂行办法》的通知

2009年1月20日　鲁财建〔2009〕5号

各市财政局：

根据山东省政府办公厅《关于认真做好家电下乡推广工作的通知》（鲁政办发〔2008〕71号）规定，我省自2008年12月1日至2011年11月30日在全省范围内继续对农民购买补贴类家电实行财政补贴。为加强和规范家电下乡补贴资金管理，我们研究制定了《山东省家电下乡补贴资金管理暂行办法》，现予印发，请认真贯彻执行。

附件：山东省家电下乡补贴资金管理暂行办法

附件：

山东省家电下乡补贴资金管理暂行办法

第一条　为贯彻落实党中央、国务院关于扩大农村消费，提高农民生活质量、促进社会主义新农村建设的有关精神，我省在家电下乡试点的基础上，继续对农民购买补贴类家电实行财政补贴。为加强和规范家电下乡补贴资金管理，根据财政部对家电下乡推广工作的有关要求，结合我省实际，特制定本办法。

第二条　本办法所称家电下乡补贴资金（以下简称“补贴资金”），是指中央财政和省级财政安排的，专项用于对农民购买补贴类家电产品按一定比例给予补贴的资金。

第三条　补贴资金按照专项转移支付资金国库集中支付有关规定，纳入国库单一账户体系管理，实行国库集中支付。

第四条　补贴资金的管理和使用应当遵循公开透明、定向使用、科学管理和加强监督的原则。

第五条　补贴方式：凡本地农民在规定时间内购买补贴类家电产品、提出申请并经审核符合相关条件的，均给予财政资金直接补贴。

第六条　补贴标准：按补贴类家电产品销售价格的13%给予补贴。

第七条　资金来源：补贴资金由中央财政和省级财政共同负担，其中：中央财政负担80%，省级财政负担20%。青岛市所需的补贴资金，中央财政负担80%，其余由青岛市财政自行负担。

第八条　补贴对象：全省凡具有农业户口且购买补贴类家电的人员（以下简称“购买人”），均可享受财政补贴，每户每类补贴产品购买数量不得超过1台（件）。

第九条　补贴产品：包括彩电、冰箱（含冰柜）、手机、洗衣机，具体规格和型号按商务部、财政部规定执行。补贴产品如有调整，财政部、商务部将另行通知。

第十条　有效时间：凡在2008年12月1日至2011年11月30日期间，购买人在承担家电下乡销售业务的网点购买规定数量的补贴类产品（以申报补贴时提供的销售发票载明的时间为准），均可享受补贴。

第十一条　补贴资金实行事前预拨、事后清算的方式。省财政厅会同省经贸委，根据各市农业人口和农村家电普及情况，农民购买能力和消费意愿等，测算并下达各县（市、区）补贴资金规模。

第十二条 省财政厅根据测算的各县（市、区）补贴资金规模，通过国库单一账户体系将补贴资金拨付到各县（市、区）财政专项资金特设账户。各县（市、区）于10个工作日内将补贴资金直接支付到县级涉农补贴资金专户。实施过程中，实际所需补贴资金超出预算部分，由县（市、区）级财政先行垫付。

第十三条 各市财政局会同同级流通主管部门在每年3月20日前核实汇总本市补贴资金使用情况，报省财政厅进行审核清算。

第十四条 补贴资金的申报。

（一）家电下乡销售网点应当在农民购买补贴类家电后，在3个工作日内，把购买人基本资料等相关信息准确无误地录入到商务部、财政部家电下乡信息管理系统的销售网点终端。购买补贴类家电产品的购买人应按规定的时间要求，及时持有关材料到户口所在地乡镇财政所申报。

（二）申报时购买人应提供以下材料：

1. 购买产品的发票原件及复印件，发票在载明商品基本情况的同时，应加注购买人的姓名及身份证号码；

2. 能够证明购买人身份的居民身份证、户口本原件或公安户籍管理部门出具的证明；

3. 补贴类家电产品专用标识卡；

4. 购买人“涉农补贴一本通”专用存折（尚未开立专用存折的，应及时到相关金融机构开立涉农补贴账户和一本通存折）；

5. 管理部门需要的其他材料。

第十五条 补贴资金的审核及兑付。

（一）乡镇财政所按照本办法的规定，对申报材料进行审核，并按发票载明的产品销售价格的13%核定补贴资金总额。审核内容主要包括：

1. 购买人提供的身份证明与发票载明的是否一致；

2. 发票价格是否在该产品最高限价之下；

3. 产品标识卡与购买产品是否一致；

4. 其他应审核的内容。

（二）乡镇财政所核实确认有关材料后，对符合补贴要求的要及时报送县（市、区）财政局；对不符合补贴要求的，应在购买人申报时立即告知当事人。

（三）县（市、区）财政局对乡镇财政所上报的补贴申请，认真审核无误后，应在购买人提出申请的30个工作日内，通过补贴资金特设账户将补贴资金拨付到“涉农补贴一本通”开户银行，由其将补贴资金直接支付到购买人的补贴账户。

第十六条 省财政厅对补贴资金支付情况实行动态监管。各市财政局负责对补贴资金的财务管理进行监督检查，也可委托审计部门或社会审计机构进行财务审计和检查，并对违反财务管理规定的行为进行查处。省财政厅将不定期进行抽查。

第十七条 各级财政部门要会同同级流通主管部门精心组织，周密部署，科学安排，确保补贴资金及时足额兑付到购买人手中。

第十八条 任何单位和个人不得以任何理由截留、挤占、挪用补贴资金，不得拖延兑付时间，严禁骗取补贴资金行为的发生，否则将追回或停止拨付补贴资金。同时，对违反本规定的行为，一经查实，将按《财政违法行为处罚处分条例》（中华人民共和国国务院令第427号）予以处理，触犯刑律的移交司法机关处理。

第十九条 本办法由省财政厅负责解释。

第二十条 本办法自2008年12月1日起施行，鲁财建〔2008〕1号文件同时废止。

省财政厅　省经济贸易委员会关于修订《山东省太阳能集热系统财政补贴资金使用管理暂行办法》的通知

2009年1月21日　鲁财建〔2009〕6号

各市财政局、经贸委（经委）：

《山东省太阳能集热系统财政补贴资金使用管理暂行办法》实施以来，对推动公共领域节能、提高社会节能意识产生了积极的影响。为进一步加大对公共领域节能支持力度，我们在广泛征求意见的基础上，对该办法进行了修订，扩大了补贴范围。现印发给你们，请认真贯彻执行。执行中如有问题，请及时反映。

附件：山东省太阳能集热系统财政补贴资金使用管理暂行办法

附件：

山东省太阳能集热系统财政补贴资金使用管理暂行办法

第一条　为发挥财政政策和资金的引导作用，减少石化能源消耗，推动社会节能，我省决定以财政补贴的方式推广应用太阳能集热系统。根据《山东省节能专项资金使用管理暂行办法》等相关规定，制定本办法。

第二条　推广应用太阳能集热系统，旨在热水用量大的公共领域推广使用洁净、可再生的太阳能资源，全部或部分替代燃煤（油、气）锅炉及电热装置。

第三条　太阳能集热系统财政补贴资金（以下简称补贴资金），从节能专项资金中列支。

第四条　补贴资金坚持单位自愿、先建后补，突出重点、择优扶持，公开、公平、公正的使用原则。

第五条　申报范围：省内高等教育、中等职业教育、基础教育学校、三星级（含三星级）以上宾馆。

第六条　申报条件：

1. 具备安装相应太阳能集热系统的场地和施工条件；

2. 拟安装的太阳能集热系统由省经贸委、省财政厅联合公布的太阳能热水器生产厂家提供；

3. 太阳能集热系统产生的热水日温升30℃以上；

4. 学校拥有自有的教学场所，有规模寄宿学生。宾馆具有法人资格，财务独立核算；

5. 基础教育学校拟安装的太阳能集热系统日产生热水能力须在5吨以上，其他单位须在20吨以上；

6. 学校太阳能集热系统建成后，须设置醒目的“太阳能浴室”等字样。

第七条　补贴标准：

1. 基础教育学校按照新建太阳能集热系统投资的50%给予补贴；

2. 其他学校、宾馆按照新建太阳能集热系统投资的30%给予补贴。

同一个单位累计申请财政补贴资金最多不超过150万元。太阳能集热系统投资是指太阳能热水器、输水管道的购置费用以及太阳能集热系统设计安装费用。

第八条　申报要求：

1. 申报程序。

拟采用太阳能集热系统的单位按属地原则向所在地经贸委（经委）和财政局提出立项申请。经贸委

（经委）和财政局对受理的项目进行审查后，将符合条件的项目联合行文逐级报送上级经贸委（经委）和财政部门。

2. 申报材料。

（1）宾馆须提交以下材料：单位基本情况简介；法人资格证明；应用太阳能集热系统经济技术分析报告；中介机构出具的前两年度财务报告。

（2）学校须提交以下材料：学校基本情况简介；应用太阳能集热系统经济技术分析报告。

3. 申报时间。

每年3月底前，各市将拟申请省财政补贴的太阳能集热项目集中报送省经贸委、省财政厅。

第九条 项目立项。省经贸委会同省财政厅对受理的太阳能集热项目进行审核，并组织专家进行评审，必要时组织人员对项目进行实地查验。对符合条件的项目，省经贸委、省财政厅联合行文下达项目建设计划。

第十条 省经贸委会同省财政厅确定推广应用太阳能集热系统的产品标准和供货企业要求，通过招标方式，确定太阳能热水器供货生产厂家，并向社会公布。申报单位应在公布的范围内选择供货商。太阳能集热系统工程由中标生产厂家负责设计和安装。

第十一条 竣工验收。项目竣工后，项目单位应将工程结算报送市级财政部门和经贸委（经委），并提出项目验收和补贴资金申请。财政部门负责组织或委托有资质的中介机构对竣工项目工程结算予以审查，经贸部门负责组织人员实地核查集热系统建设及运行指标是否达到要求，并出具验收报告。

第十二条 安排补贴资金。通过项目验收的单位，由市财政局和经贸委（经委）提出补贴资金申请，并提交太阳能集热系统财政补贴资金申请表、竣工验收报告、中介机构出具的工程结算审计报告、集热系统竣工前后同角度全景对比照片、工程建设安装合同、工程结算发票等有效证明材料。

第十三条 各市经贸委、财政局要严格把关，认真审查，对申报材料的真实性、完整性负责。

第十四条 各市要加强对财政补贴资金使用的监督管理，省里将根据情况，对资金使用情况、项目建设运行情况进行检查。对虚报冒领、截留、挪用专项资金的，将追究有关单位和人员的责任，并视情况削减所在市下年度省级节能专项资金规模；触犯刑律的由司法机关追究刑事责任。

第十五条 本办法由省财政厅、省经贸委负责解释。

第十六条 本办法自发布之日起施行。鲁财建〔2007〕55号文件同时废止。

省财政厅　省科学技术厅关于认真落实《财政部科技部关于开展节能与新能源汽车示范推广试点工作的通知》的通知

2009年2月17日　鲁财建〔2009〕7号

济南市财政局、科技局：

根据《财政部　科技部关于开展节能与新能源汽车示范推广试点工作的通知》（财建〔2009〕6号，以下简称《通知》），你市被国家确定为节能与新能源汽车示范推广试点市。请你市按照《通知》要求，结合本地实际，抓紧制定节能与新能源汽车示范推广实施方案，并于2月底前报省财政厅、省科技厅。在试点期间，要加大工作措施，注意跟踪运行情况，定期上报推广工作进展信息。同时，请于每年3月10日和8月10日前，将企业资金申请报告及相关材料上报省财政厅、省科技厅。

附件：财政部　科技部关于开展节能与新能源汽车示范推广试点工作的通知

附件：

财政部　科技部关于开展节能与新能源汽车示范推广试点工作的通知

2009年1月23日　财建〔2009〕6号

北京市、辽宁省、吉林省、上海市、浙江省、安徽省、江西省、山东省、湖北省、湖南省、广东省、重庆市、云南省财政厅（局）、科技厅（委）：

根据国务院关于“节能减排”、“加强节油节电工作”和“着力突破制约产业转型升级的重要关键技术，精心培育一批战略性产业”战略决策精神，为扩大汽车消费，加快汽车产业结构调整，推动节能与新能源汽车产业化，财政部、科技部决定，在北京、上海、重庆、长春、大连、杭州、济南、武汉、深圳、合肥、长沙、昆明、南昌等13个城市开展节能与新能源汽车示范推广试点工作，以财政政策鼓励在公交、出租、公务、环卫和邮政等公共服务领域率先推广使用节能与新能源汽车，对推广使用单位购买节能与新能源汽车给予补助。其中，中央财政重点对购置节能与新能源汽车给予补助，地方财政重点对相关配套设施建设及维护保养给予补助。为加强财政资金管理，提高资金使用效益，我们制定了《节能与新能源汽车示范推广财政补助资金管理暂行办法》，现印发给你们，请遵照执行。

为保证试点工作的顺利进行，各试点省（市）财政部门要会同科技主管部门等切实加强组织领导，依据本通知及财政部、科技部有关文件规定，抓紧制定节能与新能源汽车示范推广实施方案报财政部、科技部。同时，试点城市要跟踪节能与新能源汽车示范运行情况，定期将实际节能效果、财政补助资金安排使用情况以及试点工作中发现的问题函告财政部、科技部。

附件：节能与新能源汽车示范推广财政补助资金管理暂行办法

附件：

节能与新能源汽车示范推广财政补助资金管理暂行办法

第一章　总　　则

第一条　根据《国务院关于加强节能工作的决定》（国发〔2006〕28号）、《国务院关于印发节能减排综合性工作方案的通知》（国发〔2007〕15号）和《国务院关于进一步加强节油节电工作的通知》（国发〔2008〕23号）精神，中央财政从节能减排专项资金中安排部分资金，支持国家节能与新能源汽车示范推广。为加强节能与新能源汽车示范推广财政补助资金（以下简称“示范推广补助资金”）管理，提高资金使用效益，特制定本办法。

第二条　本办法所称节能与新能源汽车主要指混合动力汽车、纯电动汽车和燃料电池汽车。

第三条　示范推广补助资金按照科学合理、公正透明的原则安排使用，并接受社会各方面监督。

第二章　支持对象和方式

第四条　根据节能与新能源汽车特点以及交通状况，在示范推广初期，主要选择部分大中城市的公交、出租、公务、环卫和邮政等公共服务领域进行试点。

第五条　中央财政对试点城市相关公共服务领域示范推广单位购买和使用节能与新能源汽车给予一次

性定额补助。

地方财政要安排一定资金，对节能与新能源汽车购置、配套设施建设及维护保养等相关支出给予适当补助。

第六条 示范推广补助资金专项用于购买节能与新能源汽车的相关支出。

第三章 支持条件

第七条 示范推广的节能与新能源汽车必须符合下述条件：

（一）必须纳入《节能与新能源汽车示范推广应用工程推荐车型目录》。

（二）混合动力乘用车和轻型商务车与同类传统车型相比节油率必须达到5%以上，混合动力客车节油率必须达到10%以上。

（三）混合动力汽车最大电功率比和节油率必须经具备资质的第三方检测机构依据GB/T19753－2005《轻型混合动力电动汽车能量消耗量试验方法》、GB/T19754－2005《重型混合动力电动汽车能量消耗量试验方法》等检测后确定。

（四）生产企业对动力蓄电池等关键零部件必须提供不低于3年或15万公里（以先到者为准）的质保期限。

（五）汽车生产企业和动力蓄电池等关键零部件生产企业必须具备一定的产能规模。

第八条 示范推广单位必须采取招标方式择优采购节能与新能源汽车，并确定示范推广的节能与新能源汽车车型、数量、价格以及售后服务等。

第四章 补助标准

第九条 补助标准主要依据节能与新能源汽车与同类传统汽车的基础差价，并适当考虑规模效应、技术进步等因素确定。公共服务用乘用车和轻型商用车示范推广具体补助标准见附表1，城市公交客车示范推广具体补助标准见附表2，特种车辆补助标准参照上述补助标准确定。

第五章 资金的申报和下达

第十条 示范推广单位根据购买使用的汽车车型、数量和规定的补助标准等提出资金申请报告（见附表3），并提供下述材料：

（一）与生产企业签订的中标协议、购销合同等有关凭证；

（二）车辆购进发票等有关凭证；

（三）第三方检测机构出具的检测报告；

（四）地方配套资金安排和使用情况；

（五）其他需要提供的材料。

第十一条 示范推广单位的资金申请报告按属地原则，经当地财政、科技部门审核后，报省级财政和科技部门。

第十二条 省级财政和科技部门对企业资金申请报告复核后，分别于每年3月30日、8月30日前联合上报财政部、科技部（见附表4）。

第十三条 财政部会同科技部组织对申报材料进行审查，核定具体补助金额，并按规定下达预算，拨付补助资金。

第六章 资金监督管理

第十四条 示范推广单位对申报材料的真实性负责。对弄虚作假、骗取财政补助资金的单位，将扣回补助资金，并取消示范推广单位的资格。

第十五条 示范推广补助资金必须专款专用，任何单位不得以任何理由、形式截留、挪用。对违反规定的，将依照《财政违法行为处罚处分条例》（国务院令第427号）等有关规定，依法追究有关单位和人员的责任。

第七章 附 则

第十六条 本办法由财政部、科技部负责解释。

第十七条 本办法自印发之日起施行。

附表：1. 公共服务用乘用车和轻型商用车示范推广补助标准

2. 十米以上城市公交客车示范推广补助标准

3. ______年节能与新能源汽车示范推广财政补助资金申请表

4. ______年节能与新能源汽车示范推广财政补助资金申请汇总表

附表1：

公共服务用乘用车和轻型商用车示范推广补助标准

单位：万元/辆

节能与新能源汽车类型	节油率	最大电功率比			
		BSG车型	10%～20%	20%～30%	30%～100%
混合动力汽车	5%～10%	0.4	—	—	—
	10%～20%		2.8	3.2	—
	20%～30%	—	3.2	3.6	4.2
	30%～40%	—	—	4.2	4.5
	40%以上			—	5.0
纯电动汽车	100%	—	—	—	6.0
燃料电池汽车	100%	—	—	—	25.0

注：最大电功率比30%以上混合动力汽车补助标准均含plug－in。

附表2：

十米以上城市公交客车示范推广补助标准

单位：万元/辆

节能与新能源汽车类型	节油率	使用铅酸电池的混合动力系统	使用镍氢电池、锂离子电池/超级电容器的混合动力系统	
			最大电功率比20%～50%	最大电功率比50%以上
混合动力汽车	10%～20%	5	20	—
	20%～30%	7	25	30
	30%～40%	8	30	36
	40%以上	—	35	42
纯电动汽车	100%	—	—	50
燃料电池汽车	100%	—	—	60

注：最大电功率比50%以上混合动力汽车补助标准均含plug－in。

附表3：

______年节能与新能源汽车示范推广财政补助资金申请表

节能与新能源汽车购买使用单位：______

车型	购买数量（辆）	实际运营数量（辆）	购车时间（年/月/日）	购进价格（万元）	补助标准（万元/辆）	申请补助资金（万元）	截至申请日运行时间（小时）	截至申请日运行里程（万公里）

示范推广单位 当地财政部门 当地科技部门
签章： 签章并加注意见： 签章并加注意见：
年 月 日 年 月 日 年 月 日
联系电话： 联系电话： 联系电话：

填表说明：1. 本表由购买使用节能与新能源汽车的单位填写。2. 申请财政补助资金 = 实际运营数量 × 补助标准。

附表4：

______年节能与新能源汽车示范推广财政补助资金申请汇总表

编制单位：______省（市）财政厅（局） （盖章）

单位	车型	购买数量（辆）	实际运营数量（辆）	购车时间（年/月/日）	购进价格（万元）	财政补助标准（万元/辆）	申请财政补助资金（万元）

联系人及电话： 年 月 日

注：省级财政部门上报财政部时应同时报送电子版（Excel）。

省财政厅 省发展和改革委员会 省物价局 省交通厅 省监察厅 省审计厅 省建设厅 省海洋与渔业厅 省林业局关于成品油价格和税费改革后进一步完善种粮农民、部分困难群体和公益性行业补贴机制的通知

2009年3月17日 鲁财建〔2009〕13号

各市财政局、发展改革委、物价局、交通局、监察局、审计局、建设局（建委）、海洋与渔业局、林业局：

近日，财政部等七部委联合下发了《关于成品油价格和税费改革后进一步完善种粮农民部分困难群体和公益性行业补贴机制的通知》（财建〔2009〕1号，以下简称《通知》），中央财政继续对种粮农民、部分困难群体和公益性行业给予油价补助支持（以下简称"油价补贴"）。为进一步完善我省现行油价补贴机制，现将有关事项通知如下：

一、油价补贴的基本原则

（一）程序公开透明。补贴政策、补贴对象、补贴标准等应及时、准确向社会公布；补贴资金的发放管理做到程序规范、公开透明；对个人补贴的兑付，坚持张榜公示制度。

（二）地方负责落实。油价补贴落实工作实行市长负责制。市级人民政府应制定本地区油价补贴具体实施方案，市、县级人民政府负责组织相关部门把补贴资金发放到受益对象。

（三）部门各司其职。省交通厅、省建设厅、省海洋与渔业厅、省林业局负责统计、核实、汇总、测算核定城市公交、农村道路客运、岛际和农村水路客运、城市出租车、渔业（含远洋渔业）、林业等相关行业用油数量等数据，并确保数据真实可靠。省财政厅对各部门提供的数据进行审核后确定补贴基数并测算补贴金额，及时下达补贴资金。各部门应积极与上级主管部门沟通协调，做好数据衔接等工作。

二、油价补贴的范围和对象

（一）种粮农民。当年成品油价格变动引起的农民种粮增支，继续纳入农资综合直补政策，统筹考虑给予补贴。对种粮农民综合直补只增不减，具体补贴办法另文下达。

（二）从事近海捕捞、内陆捕捞及养殖并使用机动渔船的渔民和渔业企业（含远洋渔业企业）；国有林业企业和林场苗圃；城市公交企业；农村道路客运、岛际和农村水路客运经营者。

（三）城市出租车司机。各地应进一步完善价格联动机制，根据油价变动情况，通过法定程序，及时调整运价或燃油附加。在运价调整前，中央财政给予临时补贴。

三、油价补贴机制的确定

（一）当国家确定的成品油出厂价高于2006年成品油价格形成机制改革实施补贴前的水平，即汽油高于4 400元/吨、柴油高于3 870元/吨时，国家启动油价补贴机制；当国家确定的成品油出厂价低于上述价格水平时，国家停止油价补贴。

（二）国家启动油价补贴机制后，油价补贴随成品油价格的浮动而调整。当成品油价格上涨时，增加补贴；当成品油价格下跌时，减少补贴。

（三）油价补贴资金按年度据实结算。

四、油价补贴的核定和拨付

（一）补贴标准的确定。以国家确定的成品油出厂价与 2006 年成品油价格机制改革前油价（汽油 4 400 元/吨、柴油 3 870 元/吨）之间的差价为基础，全年加权平均测算确定油价补贴的标准。

（二）补贴依据。城市公交、农村道路客运、城市出租车以车辆拥有量为补贴依据；林业、远洋渔业、岛际和农村水路客运以用油量为补贴依据；渔业以渔船功率为补贴依据。

（三）补贴基数的确定。2009 年补贴基数以 2008 年补贴基数为基础，考虑增、减变化因素计算确定，以后年度依次类推。每年 3 月 10 日前，省交通厅、省建设厅、省海洋与渔业厅、省林业局要将上年度城市公交、农村道路客运、岛际和农村水路客运、城市出租车、渔业（含远洋渔业）、林业等分行业车、船数量，营造、管护林面积，木竹生产量等基础数据增减变化情况，进行统计、核实、汇总，据此对上年度补贴基数进行增、减调整后，测算确定本行业上年度补贴基数。补贴基数测算确定并审核无误后，上报上级主管部门，函报省财政厅，同时抄报省监察厅、省审计厅。各行业主管部门应对所提供数据的真实性、完整性和可靠性负责。

（四）油价补贴的负担比例。中央财政负担比例维持现行政策不变，即对从事近海捕捞、内陆捕捞及养殖并使用机动渔船的渔民和渔业企业，国有林业企业和林场苗圃，城市公交企业的油价补贴，中央财政全额负担。

对农村道路客运、岛际和农村水路客运经营者、远洋渔业企业的油价补贴，当汽油出厂价在 4 400 ~ 5 480 元/吨、柴油出厂价在 3 870 ~ 5 070 元/吨时，中央财政负担 50%；汽油出厂价高于 5 480 元/吨、柴油出厂价高于 5 070 元/吨的部分，中央财政负担 100%。

对城市出租车司机的临时补贴，当汽油出厂价在 4 400 ~ 5 480 元/吨、柴油出厂价在 3 870 ~ 5 070 元/吨时，中央财政负担 40%；汽油出厂价高于 5 480 元/吨、柴油出厂价高于 5 070 元/吨的部分，中央财政负担 40%。地方负担的出租车临时补贴按现行规定执行。

（五）补贴资金的核定。省财政厅根据各行业主管部门提供的补贴基数和中央、地方财政负担比例，计算确定对各市以及省本级的补贴资金。

（六）补贴资金的拨付。中央油价补贴资金下达后，省财政厅在规定时间内将油价补贴资金下达到各市。省本级的油价补贴资金，由省财政厅按照财政国库管理制度有关规定及时拨付到省级单位和相关企业。

为了确保成品油价格和税费改革的顺利实施，2009 年上半年油价补贴资金由省财政厅对各市和相关单位、企业预拨，各地必须在 3 月底前发放到受益对象。

五、油价补贴的落实和管理

（一）要加强油价补贴工作的领导和协调。省级各部门要在省政府的领导下，扎实、认真开展各项油价补贴工作，并加强各部门之间的沟通与协调。市级人民政府应成立由市领导为组长，市级财政部门牵头、相关部门参加的补贴工作领导小组，负责本市补贴方案的制定、重大政策的协调以及对下级地方人民政府补贴工作的指导。

（二）各市人民政府应根据本通知规定，结合当地的实际情况，因地制宜地制定好具体补贴办法。尽量减少环节、降低成本、提高效率，确保将补贴资金及时足额地发放到受益对象。

（三）根据成品油价格和税费改革的总体思路，结合本地区实际情况，市级人民政府可以自行筹集资金，对本通知规定范围之外的对象予以补贴或提高补贴标准。

六、油价补贴资金的监管

为确保补贴资金落实到位，地方各级人民政府和有关部门应按照本通知的有关规定，建立健全各项规章制度，加强补贴资金管理。各市财政部门要及时下达补贴资金，加强补贴资金的监管力度，防止虚报冒领、截留挪用补贴资金的行为。省级财政、监察、审计和相关部门对补贴政策的落实情况进行监督检查，对违反补贴政策的单位和个人，依法严肃查处，情节严重的，追究行政主管领导和直接责任人的责任。

七、实施时间

本通知自2009年1月1日起实施。

省财政厅　省发展和改革委员会　省经济贸易委员会　省公安厅　省工商行政管理局　省质量技术监督局关于印发《山东省汽车摩托车下乡实施方案》的通知

2009年4月8日　鲁财建〔2009〕30号

各市财政局、发展改革委、经贸委（经委）、公安局、工商局、质监局：

实施汽车摩托车下乡是国务院做出的重大决策，既是实现惠农强农目标的需要，也是拉动消费带动生产的一项重要措施。为组织实施好我省汽车摩托车下乡，根据财政部等7部委、局《关于印发〈汽车摩托车下乡实施方案〉的通知》（财建〔2009〕104号）精神，我们研究制定了《山东省汽车摩托车下乡实施方案》，现予印发。请各市财政局会同相关部门抓紧制定具体操作办法，尽快组织落实。执行中如有问题，请及时反馈。

附件：山东省汽车摩托车下乡实施方案

附件：

山东省汽车摩托车下乡实施方案

根据《国务院关于印发汽车产业调整和振兴规划的通知》（国发〔2009〕5号）、国务院办公厅《关于搞活流通扩大消费的意见》（国办发〔2008〕134号）及财政部、国家发展改革委等部门《关于印发〈汽车摩托车下乡实施方案〉的通知》（财建〔2009〕104号）的规定和要求，结合我省实际，现制定山东省汽车摩托车下乡实施方案如下：

一、政策目标

实施汽车摩托车下乡，旨在提高农民购买能力，加快农村消费升级，改善农民生产生活条件，促进汽车摩托车产品技术更新换代，实现汽车摩托车产业结构优化升级，实现内外需协调发展。

二、政策内容

（一）补贴行为及对象

1. 2009年3月1日至12月31日，将三轮汽车或低速货车报废并换购轻型载货车（以下简称“换购轻型载货车”）的农民。每户限补贴一辆，且报废车辆车主与新购车辆车主为同一农民。

2. 2009年3月1日至12月31日，购买1.3升及以下排量微型客车的农民。每户限补贴一辆。

3. 2009年2月1日至2013年1月31日，购买摩托车的农民。每户限补贴两辆。

三轮汽车指原三轮农用车；低速货车指原四轮农用车；轻型载货车指总质量大于1.8吨但不超过6吨、至少四个车轮且用于载货的机动车辆；微型客车指发动机排量在1.3升及以下、至少四个车轮且用于载客的机动车辆（不含轿车）。

按照便民、就近原则，农民可在全省境内跨区域购买符合政策的汽车摩托车，但必须按规定到户口所在地财政部门申领补贴。

（二）补贴产品及企业的确定

享受补贴的车型为工业和信息化部公布的《车辆生产企业及产品公告》列明的、符合上述条件且经过国家强制性认证的轻型载货车、微型客车以及摩托车。享受补贴车型的生产企业必须是同意对其产品质量、经销网点、售后服务、价格、销售统计和政策宣传等工作进行承诺并签订责任书的企业。销售商销售符合政策的产品，要切实履行承诺的相关义务，自觉接受有关部门的检查和监督，并填写汽车摩托车下乡承诺书（仅限汽车，格式见附件1）。

换购轻型载货车，需要按国家有关规定办理三轮汽车或低速货车报废。车主应当提供必备的要件，将报废的车辆交售给依法设立的汽车回收企业回收拆解，取得报废《汽车回收证明》和公安交通管理部门出具的机动车注销证明。

各市公安部门对办理登记的下乡汽车摩托车，要严格审查手续，认真查验车辆，确保符合《车辆生产企业及产品公告》和机动车国家技术安全标准。

各市经贸主管部门要严格按照省经贸委《关于完善报废机动车回收网点的紧急通知》（鲁经贸函字〔2009〕69号）要求，切实加强机动车回收拆解企业监管，规范和完善报废机动车回收拆解网点建设，并公布便民电话，为农民就近交售报废的三轮汽车、低速货车、摩托车提供优质服务，出具报废回收证明。各市县（市、区）公安部门要严格审查机动车报废回收企业出具的报废回收证明，并按规定出具报废车辆注销证明。

（三）补贴比例及金额

1. 对于三轮汽车或低速货车报废并换购轻型载货车的，按换购轻型载货车销售价格的10%给予补贴，单价5万元以上的，实行定额补贴，每辆补贴5 000元。同时，对报废三轮汽车或低速货车实行定额补贴。报废三轮汽车每辆给予补贴2 000元，报废低速货车每辆给予补贴3 000元。

2. 对购买微型客车，按销售价格的10%给予补贴，单价在5万元以上的，实行定额补贴，每辆补贴5 000元。

3. 对购买摩托车，按销售价格的13%给予补贴，单价在5 000元以上的，实行定额补贴，每辆补贴650元。

（四）补贴资金来源、拨付及管理

补贴资金由中央财政和省财政共同负担，其中，中央财政负担80%，省财政负担20%（不含青岛）。补贴资金实行专户管理，严禁挤占和挪用。省财政将按照“事先预拨、事后清算”原则，根据测算的各市补贴资金规模预拨部分资金，并于年度终了后进行清算。实施过程中，各市、县（市、区）实际所需补贴资金超出预拨部分，可由各市或县（市、区）财政先行垫付，省财政也将视情况适当追拨。补贴资金通过汽车摩托车下乡补贴信息系统（另行部署）进行审核，并按国库集中支付有关规定办理拨款手续。

（五）补贴资金申报

将三轮汽车或低速货车报废并换购轻型载货车的农民，向户口所在地乡镇财政部门申报补贴资金，申报时需提供以下材料：1. 已报废车辆的报废汽车回收证明；2. 机动车注销证明；3. 新购车辆的机动车销售发票；4. 公安交通管理部门出具的机动车行驶证或者机动车登记证书；5. 购买人本人的居民身份证、户口簿或公安部门出具的户籍证明；6. 购买人储蓄存折（财政涉农补贴资金“一本通”）。

购买微型客车、摩托车的农民，向户口所在地乡镇财政部门申报补贴资金，申报时需提供以下材料：1. 公安交通管理部门出具的机动车行驶证或机动车登记证书；2. 机动车销售发票；3. 购买人本人的居民身份证、户口簿或公安部门出具的户籍证明；4. 购买人储蓄存折（财政涉农补贴资金“一本通”）。

乡镇财政部门审核补贴时，除上述证明材料外，还需由公安部门核查随车附带的“中华人民共和国机动车整车出厂合格证”：“车辆型号”项第一位数字为“1”或“3”或“5”、“总质量（kg）”项大于1 800 kg但不超过6 000kg的，确认为轻型货车；“车辆型号”项第一位数字为“6”、“排量和功率（ml/kW）”项中排量不超过1 300ml的，确认为微型客车。审查通过后由公安部门出具审查通过证明书（仅限汽车，格式见附件2）交由财政部门留存并作为申领补贴的依据。

（六）补贴资金审核拨付

补贴资金实行“乡级审核、县级兑付”办法。乡镇财政部门对农民申报材料进行审核后，符合补贴条件的，报送县级财政部门；不符合补贴条件的，应在购买人申报时立即告知当事人。县级财政部门应当在购买人提出申请15个工作日内将补贴资金直接拨付到购买人储蓄存折账户，同时出具已申领财政补贴通知书（仅限汽车，格式见附件3），集中交公安部门留存，并作审查“享受财政补贴的汽车两年内不得过户”的依据。为进一步提高补贴资金兑付工作效率，有条件的县（市、区）在确保资金安全的前提下，可以试行“乡级审核、乡级兑付”办法，并相应缩短补贴工作日。

各市财政部门要建立汽车摩托车下乡财政补贴资金月报制度（具体要求另行通知），并于每年4月10日前，核实汇总本地上年度补贴资金使用情况，报省财政厅审核清算。

（七）监督管理

享受财政补贴的汽车摩托车下乡产品销售价格，不得高于市场同期同类产品价格。享受财政补贴的汽车两年内不得过户。

各市发展改革委（物价部门）要加强对汽车摩托车价格监管，参与汽车摩托车下乡联合监督检查。经贸主管部门要对汽车摩托车下乡产品及企业准入严格管理，对生产商、销售商履行承诺义务及落实责任书情况实施监督检查；加强对汽车回收拆解企业的监督管理，防止虚假开具报废汽车回收证明等行为；规范和完善回收拆解网点建设。公安（交通管理）部门要为享受补贴的车辆办理牌证提供方便、快捷的服务，严格按规定办理登记。工商行政管理部门要依法加强对汽车摩托车销售市场秩序的监督管理，保护消费者合法权益。质监部门要对汽车摩托车下乡产品和企业加大监督检查力度，严格强制性产品认证管理，严格执行“三包”有关规定，加强缺陷产品召回工作。

各市财政、发展改革、流通、公安、工商、质检等部门要协作配合，加强对补贴资金、车辆报废、购买、转让过户以及市场秩序、价格、产品质量等的管理与监督检查，坚决防止骗取财政补贴资金行为的发生，切实保障农民合法权益。任何单位和个人不得以任何理由截留、挤占、挪用补贴资金，不得拖延兑付时间。

对违反上述有关规定的行为，一经查实，按《财政违法行为处罚处分条例》（国务院令第427号）等规定处理；涉嫌犯罪的，移交司法机关处理。

三、组织实施工作要求

实施汽车摩托车下乡是促进消费拉动内需，应对国际金融危机的一项重大决策，是促进汽车工业健康发展的重要举措，也是一项重要的惠农强农工程。各市要高度重视，周密部署，严格贯彻落实。要加强领导和组织工作，建立部门间联席会议制度，增进部门协作，统筹协调好各个环节的工作。要建立工作责任机制，将责任分解到岗、落实到人。要加大政策宣传力度，确保农民家喻户晓。要加强资金管理，并切实将补贴资金及时拨付到农民手中。要建立监督检查制度，及时发现问题，解决问题，改进相关工作。要深入基层加强调研，及时了解实施情况，总结提出完善措施，切实将国家汽车下乡补贴政策落到实处。

附件：1. 汽车摩托车下乡承诺书

2. 汽车摩托车下乡审查通过证明书

3. 汽车摩托车下乡已申领财政补贴通知书

附件1：

汽车摩托车下乡承诺书

（生产企业名称）承诺：（车辆型号）汽车（摩托车）车辆识别代号＿＿＿＿＿＿＿＿，符合国家汽车摩托车下乡政策，并切实履行承诺的关于产品质量、经销网点、售后服务、价格、销售统计和政策宣传等义务，自觉接受有关部门的检查和监督。

销售商（章）

二〇〇九年　月　日

（此承诺书由售车销售商填写。一式三联：①销售商留存②财政部门留存③车主留存）

附件2：

汽车摩托车下乡审查通过证明书

经审核：（车主）同志购买的（车辆型号）汽车（摩托车），符合国家汽车摩托车下乡政策，已办理注册登记。车辆识别代号：＿＿＿＿＿＿，号牌号码：＿＿＿＿＿＿。

县（市、区）公安局（交通管理部门）章

二〇〇九年　月　日

（此联由公安车管部门填写，提供给财政部门作为申领补贴依据。此证明书一式三联：①公安部门留存②财政部门留存③车主留存）

附件3：

汽车摩托车下乡已申领财政补贴通知书

（车主）同志购买的（车辆型号）汽车（摩托车），机动车辆识别代号：＿＿＿＿＿＿＿＿，号牌号码：＿＿＿＿＿＿＿，已按国家汽车摩托车下乡政策，办理了财政补贴申领，按规定两年内不得过户。

××县（市、区）财政局（所）

二〇〇九年　月　日

（此联由财政部门填写，提供给公安车管部门作为车辆过户管理的依据。此通知书一式三联：①财政部门留存②公安部门留存③车主留存）

省财政厅转发《财政部关于印发〈2009年地方政府债券资金项目安排管理办法〉的通知》的通知

2009年4月8日　鲁财建〔2009〕32号

各市财政局：

现将财政部《关于印发〈2009年地方政府债券资金项目安排管理办法〉的通知》（财建〔2009〕121号，以下简称《办法》）转发给你们，并提出以下意见，请一并遵照执行。

一、请严格按照《办法》规定的项目安排范围，管理和使用地方政府债券资金，并做好项目安排及资金拨付、监管工作。

二、地方政府债券资金在满足中央投资地方配套项目的配套要求后，可用于地方自行安排的项目。

三、根据财政部备案制度要求，各市要将地方债券资金项目安排文件及项目资金来源构成上报我厅（经济建设处）。

各地在贯彻落实工作中如有问题，请及时函告我厅。

附件：财政部关于印发《2009年地方政府债券资金项目安排管理办法》的通知

附件：

财政部关于印发《2009年地方政府债券资金项目安排管理办法》的通知

2009年3月18日　财建〔2009〕121号

各省、自治区、直辖市、计划单列市财政厅（局）：

为规范地方政府债券资金项目安排管理，促进扩大内需，提高资金使用效益，根据国务院有关规定，我部制定了《2009年地方政府债券资金项目安排管理办法》，现印发你们，请遵照执行。

附件：2009年地方政府债券资金项目安排管理办法

附件：

2009年地方政府债券资金项目安排管理办法

第一章　总　　则

第一条　为规范地方政府债券资金项目安排管理，促进扩大内需，提高资金使用效益，根据国务院有关规定，制定本办法。

第二条　本办法所称地方政府债券，是指经国务院批准，以省、自治区、直辖市、计划单列市政府为发行和偿还主体，由财政部代理发行并代办还本付息和支付发行费的2009年地方政府债券。

第三条　地方政府债券资金项目安排管理由财政部门负责。

第二章　项目安排范围

第四条　地方政府债券资金项目安排要充分体现科学发展观的要求，保持经济增长，积极促进经济结构调整和发展方式转变。

第五条　地方政府债券资金主要安排用于中央投资地方配套的公益性建设项目以及其他难以吸引社会投资的公益性建设项目。具体用于以下方面：

（一）保障性安居工程。包括：

廉租住房建设；

国有林区、垦区、煤矿棚户区改造工程；

少数民族地区游牧民定居工程；

农村危房改造扩大试点工程。

（二）农村民生工程和农村基础设施。包括：

农村沼气工程；

农村饮水安全工程；

农村公路建设改造工程；

农村电网完善工程；

农村邮政工程；

病险水库除险加固工程；

灌区节水改造工程；

优质粮食工程；

动植物防疫体系；

农产品质量安全检验检疫体系；

粮油储存设施和粮食烘干设备；

扶贫和以工代赈。

（三）医疗卫生、教育文化等社会事业基础设施。包括：

基层医疗卫生服务体系、计划生育服务体系和重点中医院建设；

中西部农村初中校舍改造；

中等职业教育和特殊教育发展；

乡镇综合文化站建设。

（四）生态建设工程。包括：

污水、垃圾处理设施，污水管网和重点流域水污染防治工程建设；

重点防护林工程；

天然林资源保护工程；

重点流域工业污染治理工程。

（五）地震灾后恢复重建。

（六）其他涉及民生的项目。

第六条　地方政府债券资金严格控制用于能够通过市场化行为筹资的投资项目，严禁用于以下支出：

（一）经常性支出；

（二）党政机关办公楼等楼堂馆所项目。

第七条　地方政府债券资金在满足中央投资地方配套项目的配套要求后，可用于地方自行安排的项目。

第八条　地方政府债券资金要与中央投资补助资金、地方预算内投资资金等其他政府投资资金统筹使用，以形成资金合力。

第九条 各省、自治区、直辖市、计划单列市财政部门要把地方政府债券资金项目安排情况及时报财政部备案。备案内容包括：

（一）地方债券资金项目安排文件；

（二）项目资金来源构成。

第十条 地方财政部门在安排地方政府债券资金项目时，应加强与发展改革部门和相关行业主管部门的沟通协调，共同做好项目安排和资金落实工作。

第三章 资金拨付和财务管理

第十一条 地方政府债券资金用于项目建设，执行基本建设财务制度。

第十二条 地方政府债券资金支付按国库管理制度有关规定执行。项目单位要确保工程进度、质量和尽早形成实物工作量。对不符合资金拨付条件的项目不予拨款，防止资金闲置和挪用，防止造成浪费和资金安全隐患。

第十三条 地方政府债券资金项目属于政府采购范围的，按政府采购制度有关规定执行。

第十四条 地方政府债券资金用于中央投资地方配套的项目时，要与中央补助投资按比例同步到位，防止形成“胡子工程”。

第四章 监督检查

第十五条 各级财政部门要加强对地方政府债券资金项目安排管理事前、事中、事后全过程的监督检查。

第十六条 财政部门加强对地方政府债券资金项目安排管理监督检查，重点要审核以下内容：

（一）项目是否属于规定范围；

（二）项目单位是否违反基本建设程序；

（三）是否存在虚报项目、提供虚假情况等，骗取地方政府债券资金；

（四）资金是否按规定与中央补助投资同步到位；

（五）项目单位是否依法实施政府采购；

（六）各级财政部门及项目单位是否截留、挤占、挪用资金；

（七）资金使用是否按规定进行财务处理。

第十七条 地方政府债券资金项目安排管理要自觉接受纪检监察部门、审计部门的监督检查。

第十八条 凡违反规定，存在弄虚作假，资金未用于规定范围，截留、挤占、挪用地方政府债券资金等问题的，按《财政违法行为处罚处分条例》（国务院令第427号）追究责任。其中，各省、自治区、直辖市、计划单列市财政部门存在问题的，由财政部负责追究责任；各省、自治区、直辖市、计划单列市下级财政部门或项目单位存在问题的，由各省、自治区、直辖市、计划单列市财政部门追究责任。涉嫌犯罪的，移送司法机关处理。

第五章 附 则

第十九条 本办法由财政部负责解释。

第二十条 本办法自印发之日起施行。

省财政厅 省建设厅转发《财政部关于印发〈太阳能光电建筑应用财政补助资金管理暂行办法〉的通知》的通知

2009年4月9日 鲁财建〔2009〕33号

各市财政局、建设局（建委）：

为加快太阳能光电技术在城乡建筑领域的应用，财政部制定了《太阳能光电建筑应用财政补助资金管理暂行办法》，现转发给你们。请按照财政部要求组织好项目申报工作，并于每年4月20日、8月20日前联合上报省财政厅、省建设厅。

附件：财政部关于印发《太阳能光电建筑应用财政补助资金管理暂行办法》的通知

附件：

财政部关于印发《太阳能光电建筑应用财政补助资金管理暂行办法》的通知

2009年3月23日 财建〔2009〕129号

各省、自治区、直辖市、计划单列市财政厅（局），新疆生产建设兵团财务局：

为贯彻实施《可再生能源法》，落实国务院节能减排战略部署，加快太阳能光电技术在城乡建筑领域的应用，我们制定了《太阳能光电建筑应用财政补助资金管理暂行办法》。现予印发，请遵照执行。

附件：太阳能光电建筑应用财政补助资金管理暂行办法

附件：

太阳能光电建筑应用财政补助资金管理暂行办法

第一条 根据国务院《关于印发节能减排综合性工作方案的通知》（国发〔2007〕15号）及《财政部 建设部关于印发〈可再生能源建筑应用专项资金管理暂行办法〉的通知》（财建〔2006〕460号）精神，中央财政从可再生能源专项资金中安排部分资金，支持太阳能光电在城乡建筑领域应用的示范推广。为加强太阳能光电建筑应用财政补助资金（以下简称“补助资金”）的管理，提高资金使用效益，特制定本办法。

第二条 补助资金使用范围：

（一）城市光电建筑一体化应用，农村及偏远地区建筑光电利用等给予定额补助。

（二）太阳能光电产品建筑安装技术标准规程的编制。

（三）太阳能光电建筑应用共性关键技术的集成与推广。

第三条 补助资金支持项目应满足以下条件：

（一）单项工程应用太阳能光电产品装机容量应不小于50kWp；

（二）应用的太阳能光电产品发电效率应达到先进水平，其中单晶硅光电产品效率应超过16%，多晶硅光电产品效率应超过14%，非晶硅光电产品效率应超过6%；

（三）优先支持太阳能光伏组件应与建筑物实现构件化、一体化项目；

（四）优先支持并网式太阳能光电建筑应用项目；

（五）优先支持学校、医院、政府机关等公共建筑应用光电项目。

第四条 鼓励地方出台与落实有关支持光电发展的扶持政策。满足以下条件的地区，其项目将优先获得支持。

（一）落实上网电价分摊政策；

（二）实施财政补贴等其他经济激励政策；

（三）制定出台相关技术标准、规程及工法、图集；

第五条 本通知印发之日前已完成的项目不予支持。

第六条 2009年补助标准原则上定为20元/Wp，具体标准将根据与建筑结合程度、光电产品技术先进程度等因素分类确定。以后年度补助标准将根据产业发展状况予以适当调整。

第七条 申请补助资金的单位应为太阳能光电应用项目业主单位或太阳能光电产品生产企业，申请补助资金单位应提供以下材料：

（一）项目立项审批文件（复印件）；

（二）太阳能光电建筑应用技术方案；

（三）太阳能光电产品生产企业与建筑项目等业主单位签署的中标协议；

（四）其他需要提供的材料。

第八条 申请补助资金单位的申请材料按照属地原则，经当地财政、建设部门审核后，报省级财政、建设部门。

第九条 省级财政、建设部门对申请补助资金单位的申请材料进行汇总和核查，并于每年的4月30日、8月30日前联合上报财政部、住房城乡建设部（见附表）。

第十条 财政部会同住房城乡建设部对各地上报的资金申请材料进行审查与评估，确定示范项目及补助资金的额度。

第十一条 财政部将项目补贴总额预算的70%下达到省级财政部门。省级财政部门在收到补助资金后，会同建设部门及时将资金落实到具体项目。

第十二条 示范项目完成后，财政部根据示范项目验收评估报告，达到预期效果的，通过地方财政部门将项目剩余补助资金拨付给项目承担单位。

第十三条 补助资金支付管理按照财政国库管理制度有关规定执行。

第十四条 各级财政、建设部门要切实加强补助资金的管理，确保补助资金专款专用。对弄虚作假、冒领、截留、挪用补助资金的，一经查实，按国家有关规定执行。

第十五条 本办法由财政部、住房城乡建设部负责解释。

第十六条 本办法自印发之日起执行。

附表：太阳能光电技术建筑应用财政补助资金申请汇总表

附表：

太阳能光电技术建筑应用财政补助资金申请汇总表

申请单位：　　　　　　　　　　　　（省级财政、建设部门签章）

项目名称	项目所在城市（区、县）	项目类型	光电产品应用形式	太阳能电池材料类型	光电装机容量（kWp）	项目总投资（万元）	申请中央财政补助资金（万元）	项目实施起止时间

续表

项目名称	项目所在城市（区、县）	项目类型	光电产品应用形式	太阳能电池材料类型	光电装机容量（kWp）	项目总投资（万元）	申请中央财政补助资金（万元）	项目实施起止时间

填表说明：1. 项目类型：［1］建筑工程项目；［2］城市广场、道路照明项目；［3］农村及边远地区光电利用项目。
2. 光电产品应用形式：［1］并网式；［2］离网式。
3. 光电产品：［1］单晶硅光伏电池；［2］多晶硅光伏电池；［3］非晶硅薄膜电池；［4］其他类型。（填相应序号即可）

省财政厅　省建设厅转发《财政部　住房城乡建设部关于加快推进太阳能光电建筑应用的实施意见》的通知

2009 年 4 月 13 日　鲁财建〔2009〕34 号

各市财政局、建设局（建委）：

为加快太阳能光电技术在城乡建筑领域的应用，财政部、住房城乡建设部印发了《关于加快推进太阳能光电建筑应用的实施意见》，现转发给你们，请遵照执行。

附件：财政部　住房城乡建设部关于加快推进太阳能光电建筑应用的实施意见

附件：

财政部　住房城乡建设部关于加快推进太阳能光电建筑应用的实施意见

2009 年 3 月 23 日　财建〔2009〕128 号

各省、自治区、直辖市、计划单列市财政厅（局）、建设厅（委、局），新疆生产建设兵团财务局、建设局：

为贯彻实施《可再生能源法》，落实国务院节能减排战略部署，加强政策扶持，加快推进太阳能光电技术在城乡建筑领域的应用，现提出以下实施意见：

一、充分认识太阳能光电建筑应用的重要意义

（一）推动光电建筑应用是促进建筑节能的重要内容。随着我国工业化和城镇化的加快和人民生活水平提高，建筑用能迅速增加。我国太阳能资源丰富，开发利用太阳能是提高可再生能源应用比重，调整能源结构的重要抓手。城乡建设领域是太阳能光电技术应用的主要领域，利用太阳能光电转换技术，解决建筑物、城市广场、道路及偏远地区的照明、景观等用能需求，对替代常规能源，促进建筑节能具有重要意义。

（二）推动光电建筑应用是促进我国光电产业健康发展的现实需要。近年来，我国光电产业呈现快速增长态势，目前已经成为世界第一大太阳能电池生产国，有一批具有国际竞争力和国际知名度的光电生产企业，已形成具有规模化、国际化、专业化的产业链条。但目前国内市场需求不足，过度依赖国际市场，加大了市场风险，在一定程度上影响了产业发展。推动光电建筑应用，拓展国内应用市场，将创造稳定的市场需求，促进我国光电产业健康发展。

（三）推动光电建筑应用是落实扩内需、调结构、保增长的重要着力点。推动光电在城乡建设领域的规模化、专业化应用，可以有效带动高新技术及节能环保领域的资金投入，可以促进建材、化工、冶金、装备制造、电气、建筑安装、咨询服务等多个产业实现调整升级，对于实现产业结构调整，促进经济增长方式转变，扩大就业，具有十分重要的现实意义。

二、支持开展光电建筑应用示范，实施“太阳能屋顶计划”

为有效缓解光电产品国内应用不足的问题，在发展初期采取示范工程的方式，实施我国“太阳能屋顶计划”，加快光电在城乡建设领域的推广应用。

（一）推进光电建筑应用示范，启动国内市场。现阶段，在条件适宜的地区，组织支持开展一批光电建筑应用示范工程，实施“太阳能屋顶计划”。争取在示范工程的实践中突破与解决光电建筑一体化设计能力不足、光电产品与建筑结合程度不高、光电并网困难、市场认识低等问题，从而激活市场供求，启动国内应用市场。

（二）突出重点领域，确保示范工程效果。综合考虑经济性和社会效益等因素，现阶段在经济发达、产业基础较好的大中城市积极推进太阳能屋顶、光伏幕墙等光电建筑一体化示范；积极支持在农村与偏远地区发展离网式发电，实施送电下乡，落实国家惠民政策。

（三）放大示范效应，为大规模推广创造条件。通过示范工程调动社会各方发展积极性，促进落实国家相关政策。加强示范工程宣传，扩大影响，增强市场认知度，形成发展太阳能光电产品的良好社会氛围；促进落实上网分摊电价等政策，形成政策合力，放大政策效应；将光电建筑应用作为建筑节能的重要内容，在新建建筑、既有建筑节能改造、城市照明中积极推广使用。

三、实施财政扶持政策

国家财政支持实施“太阳能屋顶计划”，注重发挥财政资金政策杠杆的引导作用，形成政府引导、市场推进的机制和模式，加快光电商业化发展。

（一）对光电建筑应用示范工程予以资金补助。中央财政安排专门资金，对符合条件的光电建筑应用示范工程予以补助，以部分弥补光电应用的初始投入。补助标准将综合考虑光电应用成本、规模效应、企业承受能力等因素确定，并将根据产业技术进步、成本降低的情况逐年调整。

（二）鼓励技术进步与科技创新。为激励先进，将严格设定光电建筑应用示范的标准与条件。财政优先支持技术先进、产品效率高、建筑一体化程度高、落实上网电价分摊政策的示范项目，从而不断促进提高光电建筑一体化应用水平，增强产业竞争力。

（三）鼓励地方政府出台相关财政扶持政策。将充分调动地方发展太阳能光电技术的积极性，出台相关财税扶持政策的地区将优先获得中央财政支持。

四、加强建设领域政策扶持

各级建设主管部门要切实履行职责，把太阳能光电建筑应用作为建筑节能工作的重要内容，完善技术标准，推进科技进步，加强能力建设，逐步提高太阳能光电建筑应用水平。

（一）完善技术标准。各级建设主管部门要大力推动建筑领域中有关太阳能光电技术应用的国家相关技术标准的贯彻和执行，并结合本地实际，积极研究制定太阳能光电技术在建筑领域应用的设计、施工、验收标准、规程及工法、图集，促进太阳能光电技术在建筑领域应用实现一体化、规范化。各光电企业也应要制定本单位产品在建筑领域应用的企业标准，提高应用水平。

（二）加强质量管理。各地建设主管部门要加强对太阳能光电技术应用项目的质量管理，在项目建设过程中，依据国家法律法规和工程强制性标准加强监督检查和指导，对不符合现行有关标准或不能实现项目预期节能目标的要责令改正。

（三）加强光电建筑一体化应用技术能力建设。各级建设主管部门要充分依托相关机构，做好光电建筑应用示范项目的技术支撑工作；要积极为光电生产企业、设计单位、施工企业提供公共服务，整合各方面力量，推动太阳能光电生产、设计、施工三者有效结合，提高光电建筑一体化应用能力。

各地应建立推进太阳能光电技术在建筑领域应用的工作协调机制，切实加强对推进光电建筑应用工作的领导。财政、建设等相关部门要加强组织领导和统筹协调，依托现有的建筑节能机构，由专门人员具体负责，抓紧制订光电建筑应用实施规划以及具体实施方案，协调项目实施工作，解决推进工作中的问题，及时总结经验进行推广。

省财政厅转发《财政部关于加强扩大内需投资财政财务管理有关问题的通知》的通知

2009年4月14日　鲁财建〔2009〕35号

各市财政局，省直有关单位：

现将《财政部关于加强扩大内需投资财政财务管理有关问题的通知》转发给你们，并提出如下贯彻意见，请结合实际，一并贯彻执行。

一、切实加强扩大内需项目前期管理。各级财政部门要加强与有关部门的协调配合，主动参与扩大内需项目的审核上报工作，重点审核项目投资来源结构是否合理，资金来源渠道是否畅通，尤其是对政府投资的公益性项目，要努力做好地方政府配套资金的衔接工作，切实履行好政府投资管理职责。

二、努力加快项目资金拨付进度。对国家安排的扩大内需投资，省财政厅将督促有关部门及时分解投资计划，下达项目支出预算。需各市、县（市、区）进一步分解的扩大内需投资，市、县（市、区）财政部门要积极协调和督促有关部门及时分解投资计划，下达项目支出预算，并根据国家和省有关规定，加快项目资金拨付进度，确保项目建设资金需要。

三、认真落实配套资金。各级财政部门要积极会同有关部门努力做好项目配套资金的落实工作，尤其是对政府投资的公益性项目，要按照项目申报时的承诺和国家及省明确的资金来源渠道，足额落实配套资金，确保不留缺口，保证项目建设顺利实施。

四、积极做好扩大内需投资相关信息工作。各级财政部门要高度重视扩大内需投资信息管理工作，做到上情及时下达，下情迅速上报。在做好《扩大内需投资落实情况月报表》编制工作的同时，还要注意做好扩大内需投资资金拨付、配套资金落实、项目进展等基础性信息的收集整理工作，以保证各级纪检监察、审计、财政监督等有关部门信息调度需要。

附件：财政部关于加强扩大内需投资财政财务管理有关问题的通知

附件：

财政部关于加强扩大内需投资财政财务管理有关问题的通知

2009年3月23日　财建〔2009〕133号

各省、自治区、直辖市、计划单列市财政厅（局）：

为认真贯彻落实积极财政政策，加强扩大内需投资财政财务管理，切实提高投资效益，根据《中华人民共和国预算法》、《中华人民共和国政府采购法》、国务院有关文件以及基本建设财务管理制度等法律、法规，现将有关事宜通知如下：

一、紧紧围绕扩大内需，加强财政经济形势分析预测

各级财政部门要加强调研，密切跟踪固定资产投资形势，分析预测宏观经济走势。在财政投资管理工作中早谋划、早准备，争取主动，提高财政投资管理工作前瞻性。要注重调研重点地区、重点行业经济运行，掌握扩大内需工作进展及政策落实情况，客观评价扩大内需促进经济增长的政策效果，适时提出完善扩大内需投资政策的措施和建议，并按要求及时准确报送扩大内需投资的相关信息。

二、落实国务院要求，建立扩大内需投资工作协调机制

为加强中央新增投资管理，国务院决定成立由国家发展改革委为组长单位、财政部为副组长单位，监察部、国土资源部等9部门参加的中央投资协调小组，负责加强对中央投资的统一领导、统筹协调和督促检查。各地财政部门应积极推动本地区相关部门比照中央建立相应工作协调机制，并以此为平台，积极参与落实中央扩大内需促进经济增长的政策措施，统筹协调相关规划、项目、资金和政策，核实、确认并督促相关部门落实项目配套资金，合理安排本地区地方政府债券资金及其他财政性资金，发挥财政部门在扩大内需投资管理中的应有作用。

三、积极履行财政职责，参与扩大内需投资项目管理

扩大投资是党中央、国务院进一步扩大内需促进经济增长的重要举措。各级财政部门要切实履行投资管理职责，积极配合有关部门，结合本地区经济社会发展需要和财力，做好项目落实工作。对已批准立项的建设项目，要抓紧安排项目前期费用，督促项目主管部门或单位做好项目前期工作；抓好项目审核把关，严格履行基本建设程序，按照工程进度需要安排投资；对中央切块下达地方的投资，在安排项目时，要优先安排项目库中的项目和规划内项目。

四、加大审核把关力度，做好投资预算下达工作

各级财政部门要加强对扩大内需投资的预算管理，严格投资预算下达审核把关，确保用于土建工程、设备购置安装、材料采购等规定的用途和范围。要按照预算管理规定，重点审核具体项目安排是否符合党中央、国务院确定的投向和范围；是否履行基本建设程序和报批手续；是否符合土地征用、环境评价、节能等管理要求；是否已具备下达投资计划和投资预算条件。凡不符合规定要求的项目，一律暂缓下达投资预算。

五、加快投资预算执行进度，确保尽早形成实物工作量

各级财政部门要采取措施，督促和指导有关部门或项目单位做好项目用款的各项准备，包括做好招投标工作、编制用款计划和政府采购计划等。一旦明确投资计划和投资预算，项目应及时开工建设。在保证依法合规的前提下，加快工程进度，加快预算执行，尽早形成实物工作量。要加强对预算执行进度的分析和跟踪，将预算执行进度管理工作制度化。

六、规范资金拨付管理，保证资金及时到位

各级财政部门要按照投资预算、财政国库管理制度规定、项目建设进度、供货合同等，加强对资金申请、拨付的审核把关。重点审核是否符合预算、用款计划、工程进度和规定程序等。中央扩大内需投资要尽量与其他配套资金同步拨付使用。投资项目资金拨付管理，按照财政国库管理制度有关规定执行。属于政府采购范围的，按政府采购制度执行。既要保证资金及时到位，又要依据规定审核拨付，避免因资金拨付过早而形成闲置、浪费。

七、积极落实配套资金，确保项目资金需求

地方政府配套资金，是保证中央投资项目顺利实施，实现扩大内需促进经济增长目标的重要条件。按国务院要求，各级财政部门要会同有关部门或单位，采取措施，切实做好以下工作：

（一）要统筹安排好各类可用财力。包括：财政预算内资金、各级政府土地出让收益等。

（二）要认真落实本地区地方政府债券发行和债券资金安排使用工作，优先保证中央投资项目地方配套的需要。

（三）利用现有融资平台，充分发挥企业债、公司债和中期票据等融资工具的功能，利用市场机制筹集配套资金。

（四）支持银行发放适量特定项目中长期贷款，解决项目资本金不足问题，对银行利率优惠部分给予适当财政贴息。

八、推进精细化管理，确保财政资金使用规范、安全和有效

各级财政部门要采取措施，切实加强对项目投资预（结）算、决算审核及跟踪问效，对重点项目实施全过程管理。严格投资预算编制，确保扩大内需投资符合党中央、国务院确定的方向；要严格投资预算执行，从严审查项目结算、竣工决算，确保财政资金使用的规范、安全和有效。督促和指导项目主管部门或单位，认真做好基本建设财务管理基础工作，严格执行基本建设财务制度，健全内控制度，执行规定标准，从严控制建设成本。同时，要积极推动投资预算绩效评价工作。

九、加大监督检查力度，规范投资行为

各级财政部门要充分发挥财政监督检查机构和投资评审机构的作用，加强对扩大内需投资监督检查，重点检查项目投资预算执行、资金拨付管理、项目财务管理，以及会计核算和竣工决算。同时，要积极配合中央检查组的检查工作，自觉接受监督检查。对监督检查发现的问题，要按《财政违法行为处罚处分条例》（国务院令第427号）的规定严肃处理，性质严重的要公开曝光，并追究有关责任人员的责任。涉嫌犯罪的，移送司法机关处理。

省财政厅 中共山东省委宣传部 省经济贸易委员会 省发展和改革委员会 省农业厅 省环境保护局 省国家税务局 省地方税务局 省工商行政管理局 省质量技术监督局 省供销合作社联合社关于印发《山东省家电下乡操作细则》的通知

2009年5月7日 鲁财建〔2009〕42号

各市财政、宣传、经贸、发展改革（物价）、农业、环保、国税、地税、工商、质监、供销主管部门：

为进一步加大家电下乡财政补贴政策落实力度，完善家电下乡操作办法，我们根据财政部等11部委（局）《关于印发〈家电下乡操作细则〉的通知》（财建〔2009〕155号）要求，研究制定了《山东省家电下乡操作细则》。现予印发，请各市财政局会同相关部门抓紧制定具体操作办法，切实搞好组织落实工作。执行中如有问题，请及时反馈。

附件：山东省家电下乡操作细则

附件：

山东省家电下乡操作细则

第一章 总 则

第一条 家电下乡是应对当前国际金融危机，惠农强农，带动工业生产，促进消费拉动内需的一项重要举措。为进一步贯彻实施好家电下乡补贴政策，根据财政部等11部委（局）《关于印发〈家电下乡操作细则〉的通知》规定，结合我省实际，制定本细则。

第二条 本细则所称家电下乡产品，包括彩电、冰箱（含冰柜）、手机、洗衣机、电脑、空调、热水器（含储水式电热水器、燃气热水器、太阳能热水器）、微波炉、电磁炉九类，摩托车已经纳入汽车下乡补贴渠道。

家电下乡产品最高限价如下：彩电3 500元，冰箱（含冰柜）2 500元，手机1 000元，洗衣机2 000元，壁挂式空调2 500元，落地式空调4 000元，储水式电热水器1 500元，燃气热水器2 500元，太阳能热水器4 000元，电脑3 500元，微波炉1 000元，电磁炉600元。

实施中补贴产品及最高限价如有调整，另行公布。

第三条 享受补贴的每类家电下乡产品每户农民限购2台（件）。

第四条 本细则所称家电下乡补贴资金（以下简称“补贴资金”），是指中央财政和省级财政安排的，对农民购买家电下乡产品给予产品销售价格13%补贴的资金。

第五条 补贴资金由中央财政和省级财政共同负担。其中，中央财政负担80%，省级财政负担20%。

省财政将补贴资金按比例预拨到县级财政部门，县级财政部门按比例将补贴资金及时转拨到各乡镇。省财政将与县财政定期清算。

第六条 家电下乡实施时间暂定4年，执行到2011年11月底。

第七条 省财政厅会省委宣传部、省经贸委、省发展改革委、省农业厅、省环保局、省国税局、省地税局、省工商局、省质检局、省供销社等有关部门按照本部门职责及本细则规定，共同组织实施家电下乡工作。

第二章 家电下乡产品生产

第八条 家电下乡产品通过公开招标方式确定。财政部会同商务部、工业和信息化部组织制定家电下乡产品标准和招标文件，产品标准包括质量、节能、环保、耐用、安全及农村适应性等内容，并在招标文件中予以明确。

第九条 生产企业投标时应当签署承诺书，在家电下乡产品生产、销售、服务等方面作出明确承诺，中标后应当与财政部、商务部、工业和信息化部签订协议书，明确权利和义务，并缴纳一定数量的保证金。

企业的产品投标价格，应当充分考虑生产、流通等各个环节的合理税费和利润，以利于调动销售环节的积极性。

第十条 中标生产企业应当切实履行承诺书和协议书规定的义务，严格按照国家有关标准以及家电下乡产品要求组织生产。严格控制生产流程，保证家电下乡产品质量。安排好生产进度，保证家电下乡产品充足供应。

第十一条 中标生产企业应当按规定对家电下乡产品逐一加制统一的产品标识卡及号码，保证产品与标识卡一一对应，并及时将生产、发货信息录入家电下乡信息管理系统（以下简称“系统”），确保各项数据真实、准确。

第十二条 各级工业和信息化管理部门要督促中标生产企业严格生产管理，加强质量控制和检验，确保家电下乡产品符合国家有关标准以及中标要求。督促企业建立完善的售后服务体系，履行质量承诺。

第十三条 各级质监部门要按照质检总局的统一工作部署，根据生产企业属地监督管理的原则，将家电下乡产品列入重点监督检查范围，加强对中标企业的巡查和中标产品的质量抽查，督促企业贯彻落实国家“三包”规定。及时受理举报投诉，严查生产企业各种以假充真、以次充好、以不合格产品冒充合格产品的违法行为；严厉打击借家电下乡之名制假制劣、翻新废旧家电产品、坑农害农等违法行为。

第三章 家电下乡产品销售

第十四条 家电下乡产品销售企业通过邀请招标方式确定，由省经贸委和省财政厅根据实际情况推荐销售企业。

第十五条 销售企业投标时，应当针对家电下乡制定完善的宣传、配送、售后服务、价格管理、监督等措施，确保家电下乡销售渠道顺畅。中标后应当与财政部、商务部签订协议书，明确权利和义务，并缴纳一定数量的保证金。

第十六条 中标销售企业所属销售网点，应当向所在地县级流通主管部门备案后，方可销售家电下乡产品。

销售网点备案的基本条件：（1）必须是中标销售企业的直营、加盟或授权的网点；（2）必须具备开具税务发票的条件并照章纳税；（3）必须具备销售信息审核录入系统条件；（4）销售规模及服务水平居所在地区的前列，具备送货、安装调试、维修保养等服务能力。

市级流通主管部门根据本地区实际，制订具体的销售网点备案标准和程序。对符合备案标准的，县级流通主管部门应当在接到备案申请的5个工作日内完成备案，同一网点不得重复备案，严禁以网点备案为条件向企业收费。

第十七条 中标销售企业要严格履行承诺，并对所属各销售网点销售家电下乡产品的行为承担责任。

中标销售企业要根据家电下乡产品市场需求，组织货源保证供应，杜绝假冒伪劣产品进入家电下乡流通体系。加强对销售网点的监管，指定专人负责，制定对销售网点统一的工作要求，杜绝乱涨价、虚假宣传等违规行为。

中标销售企业不得限制或禁止其他中标家电下乡产品进入本企业流通网络，不得以备案为条件向网点收费，要合理考虑销售各环节之间的利益分配。

第十八条 家电下乡销售网点必须为购买家电下乡产品的农民开具税务发票，并在发票上注明产品型号、价格、产品标识卡号、购买人姓名及身份证号等信息。

销售网点应当在显著位置悬挂统一的“家电下乡指定店”标识，张贴统一的家电下乡产品公示栏和农民购买须知，在产品公示栏中明确公布该网点销售家电下乡产品的具体型号和中标最高限价，设立专柜，并配备专销人员。积极向农民宣传中标产品型号、价格及申领补贴流程等政策。家电下乡产品销售价格不得高于产品中标价格以及市场同期同类产品价格，但可以随成本下降及供求因素按低于中标价格销售。

第十九条 中标销售企业及销售网点要在家电下乡信息管理系统中及时、准确录入发货、收货、销售等信息。对城镇居民购买家电下乡产品，销售网点也应当在系统中如实录入。

第二十条 各级流通主管部门要会同有关部门加强对中标销售企业及销售网点的监督管理，防止地方保护和市场垄断，协调中标生产企业的产品供应及中标销售企业的网点建设，维护家电市场流通秩序。

各级流通主管部门要加大对销售网点的检查力度，重点检查以下内容：（1）政策宣传的规范性与准确性，以及开展促销活动情况；（2）履行投标承诺和中标协议以及提供销售、服务等情况；（3）使用家电下乡信息管理系统和销售信息录入情况；（4）发票使用情况等。

各级流通主管部门均应当设立投诉电话和信箱，受理农民及企业的举报和投诉，接到对销售网点的举报投诉后，应当会同有关部门在7个工作日内查清事实并予以处理。

各级流通主管部门要建立公示公告制度，发挥群众监督作用。对销售网点违规信息以及举报投诉处理等情况，应当通过网络、媒体等向社会公告。

第四章 农民购买与补贴申报

第二十一条 农民购买家电下乡产品时应当注意以下事项：（1）到悬挂有“家电下乡指定店”标牌的销售网点购买家电下乡产品；（2）每个家电下乡产品都附有与产品唯一对应的“家电下乡产品标识卡”，粘贴在产品说明书封面的指定位置；（3）每个家电下乡产品都粘贴有专门的家电下乡产品标识；（4）应当索要正规发票；（5）查看要购买的家电下乡产品销售价格是否超过该产品的中标最高限价。

第二十二条 申领家电下乡补贴应当备齐以下材料：（1）购买产品的发票；（2）购买人居民身份证和户口簿（或公安户籍管理部门出具的证明）；（3）家电下乡产品标识卡；（4）购买人粮食直补专用存折。没有粮食直补专用存折的，由乡镇财政所负责联系粮食直补专用存折开户行，为其开户。

第五章 补贴资金审核与兑付

第二十三条 补贴资金由购买家电下乡产品的农民户口所在地负责审核兑付。

第二十四条 2009年5月1日至2009年7月31日，我省进行家电下乡补贴资金审核兑付改革试点，实行销售网点代理审核并录入补贴相关信息，乡镇财政所确认并兑付补贴资金的办法。

第二十五条 补贴资金的审核兑付程序：

（一）销售网点在农民购买家电下乡产品时应当查看其相关身份证明，对符合补贴条件的，在家电下乡信息管理系统中录入产品的销售及补贴备案信息。录入信息应当包括：购买产品发票号码、购买人信息（含户口簿户主姓名和身份证号、购买人姓名和身份证号、住址、联系方式）、产品标识卡号、粮食直补专用存折等。粮食直补专用存折银行账号姓名与购买人或户主姓名应当一致。暂时不能实行网上审核录入的，可以进行纸质表格审核登记，到具备条件的销售网点或乡镇财政所进行网上录入。

（二）销售网点必须留存产品标识卡、购买人户口簿（户主页及本人页）、购买人身份证、购买产品发票、储蓄存折等复印件，并在农民购买家电下乡产品之日起 3 个工作日内，将上述资料原件提交指定的乡镇财政所确认。审核无误后办理补贴兑付手续。

对于非农民消费者购买家电下乡产品，销售网点不得以任何借口索取和留存产品标识卡及其复印件。

（三）乡镇财政所对销售网点提交的相关材料，应当在 7 个工作日内确认完毕，并将补贴资金拨付到农民的粮食直补专用存折。相关复印件留存备查。

（四）县乡财政部门应当将补贴结果及时进行公示，同时加强对销售网点的监督检查，防止骗补行为的发生。根据补贴资金兑付情况，县、乡财政部门要会同流通、发展改革、宣传、农业、环保、供销、国税、地税、工商、质监等部门，对本行政区域内的销售网点代理审查情况进行抽查，并与家电下乡信息管理系统中相关数据进行比对，对于异常数据或疑似骗补行为应当及时核查。每个网点半个月至少抽查一次，抽查比例不小于兑付补贴资金的 10%。抽查内容包括家电下乡产品进销存情况、销售的真实性、发票的真实性及税收缴纳情况等。

第二十六条 为便于乡镇财政所兑付补贴资金，各县要在乡镇财政所设立“家电下乡补贴专户”。县级财政部门应当及时通过中央专项资金特设专户将预拨的家电下乡补贴资金拨付到“家电下乡补贴专户”。乡镇财政所审核兑付后，应当及时到县级财政部门报账。家电下乡政策执行到期后，应当撤销“家电下乡补贴专户”。

第二十七条 各地要积极开拓思路，本着既保障财政资金安全、又方便农民群众及时领取补贴的原则，创新补贴资金审核兑付办法，加快补贴兑付进度。

第六章 产品售后服务

第二十八条 中标生产企业要切实履行投标时关于售后服务的承诺，即售后服务“三包”规定、售后服务电话、5 日内解决家电产品故障、5 日内难以解决的应当提供备用机，对地域广大和农户分散的乡村开展巡回维修服务和集中培训服务等。

第二十九条 中标销售企业要增强网点的销售服务功能，严格履行流通企业承诺，严格执行国家“三包”规定，建立适应农村市场特点的物流配送体系，提供适合农民的售后服务，设立 24 小时免费服务热线；负责所售家电的安装调试、使用辅导，要做到包教包会；满足用户服务要求，实现县市用户 24 小时之内、乡村用户 48 小时之内、偏远乡村 72 小时之内上门服务。

第三十条 各级流通主管部门要督促中标销售和生产企业加强和改善售后服务，特别要做好贫困地区农村的售后服务工作。

第七章 市场秩序监管

第三十一条 各级工商行政管理部门要依法规范经营主体资格和经营行为，查处取缔无照经营家电下乡产品行为。

第三十二条 充分发挥工商行政管理部门“12315”消费者申诉举报网络以及商务部门“12312”举报

投诉中心的作用，进一步扩大消费者协会分会、消费者协会投诉站和“12315”申诉举报联络站（简称“一会两站”）的覆盖面，及时受理和依法处理消费者对家电下乡产品的投诉举报，切实维护农村消费者合法权益。

第三十三条 各级工商行政管理部门要加大对以“家电下乡”名义销售伪劣商品案件的查处力度，严厉打击商标侵权假冒行为，防止假冒商标家电商品流入农村市场，维护消费者和商标权利人的合法权益。

第三十四条 各级价格主管部门要依照《价格法》、《价格违法行为行政处罚规定》（国务院令第515号），切实加强价格监管，规范家电下乡产品经营者的价格行为，维护农民消费者权益。

第八章 政策保障措施

第三十五条 各级财政部门应当安排工作经费，用于加强家电下乡政策宣传、业务培训、销售网点监管、乡镇财政所补贴审核兑付、监督检查、公示以及必要的设备购置等。

第三十六条 对承担代理审核工作的销售网点，中央财政按代理审核产品数量，给予每个产品0.5元的定额补助。承担代理审核工作的销售网点不得向农民收取除产品本身以外的其他任何费用。

第三十七条 各级财政部门要根据财力状况，支持建立完善家电下乡流通网络。

第九章 法律责任

第三十八条 对产品质量不合格的企业，各级质监等部门应当立即责令限期改正，召回不合格产品，并及时向社会公布相关信息。

对不履行质量承诺、产品质量问题突出的中标生产企业，将实施扣缴保证金、暂停或取消中标资格等处罚。处罚决定由财政部、商务部、工业和信息化部商质检总局作出并公布。

对市级以上质量监督抽查不合格并经整改复查仍不合格、监督检查产品质量安全项目不合格，以及故意违法违规的生产企业，作为严重失信企业列入产品质量信用记录网，质监部门应当依法进行查处，吊销许可证或CCC认证证书，并及时报告当地政府。

第三十九条 对不履行投标承诺和中标协议、销售服务问题突出的销售企业，将实施扣缴保证金、暂停或取消家电下乡流通企业中标资格等处罚，处罚决定由财政部、商务部商工业和信息化部、工商总局作出并公布。

第四十条 销售网点出现下列第（一）项至第（三）项不良行为，地方流通主管部门应当立即责令限期改正；在规定限期内没有改正的，县级流通主管部门应当暂停其家电下乡销售网点资格。销售网点出现下列第（四）项至第（八）项严重不良行为，或出现不良行为累计超过三次，县级流通主管部门应当立即取消其家电下乡销售网点资格：

（一）店内没有家电下乡产品公示栏和农民购买须知。

（二）未在规定时间内给购买农民开具发票，未将家电下乡产品销售信息及时录入家电下乡信息管理系统，造成农民申领补贴延迟或无法申领补贴。

（三）对农民的服务要求不能及时响应，以各种理由拖延，违反国家关于家电产品“三包”规定。

（四）抽取产品标识卡，将家电下乡产品作为非家电下乡产品销售。

（五）擅自更换家电下乡产品型号，或以家电下乡名义销售非家电下乡产品。

（六）在家电下乡产品销售过程中虚假宣传，误导或欺骗农民。

（七）未遵守家电下乡产品价格规定，终端销售价格高于中标价格。

（八）私自留用标识卡，留取或复印农民户口簿、身份证等领取补贴的有关资料，录入虚假购买信息等，骗取补贴。

在家电下乡产品销售过程中，销售网点由于不良行为造成购买农民的损失，由相关中标销售企业全部承担。

第四十一条 代理审查家电下乡补贴资金的销售网点应当对购买人的户口簿、身份证及储蓄存折等基础信息严格保密，不得泄露。如因管理不当给购买农民造成经济损失的，按照有关法律法规规定，赔偿经济损失并追究相关责任。

第四十二条 家电下乡产品经营者违反价格法律法规的，由价格主管部门依法实施行政处罚。

第四十三条 骗取家电下乡财政补贴资金的，依据《财政违法行为处罚处分条例》（国务院令第427号）进行处理。

第十章 附 则

第四十四条 本细则自发布之日起执行。此前规定与本细则不符的，按本细则执行。各地可根据本细则制定具体实施办法。

第四十五条 本细则由省财政厅会同省委宣传部、流通、发展改革（物价）、农业、环保、国税、地税、工商、质监、供销等主管部门负责解释。

省财政厅 省环境保护局转发《财政部 环境保护部关于印发〈中央农村环境保护专项资金管理暂行办法〉的通知》的通知

2009年5月13日 鲁财建〔2009〕46号

各市财政局、环境保护局：

现将《财政部 环境保护部关于印发〈中央农村环境保护专项资金管理暂行办法〉的通知》（财建〔2009〕165号）转发给你们，请遵照执行。请严格按照《中央农村环境保护专项资金管理暂行办法》要求，切实加强中央农村环境保护专项项资金监督管理，确保发挥资金使用效益。执行中如有问题，请及时反馈。

附件：财政部 环境保护部关于印发《中央农村环境保护专项资金管理暂行办法》的通知

附件：

财政部 环境保护部关于印发《中央农村环境保护专项资金管理暂行办法》的通知

2009年4月21日 财建〔2009〕165号

各省、自治区、直辖市、计划单列市财政厅（局）、环境保护局（厅）：

根据全国农村环境保护工作电视电话会议精神，中央财政设立了农村环境保护专项资金。为规范资金管理，提高资金使用效益，我们制定了《中央农村环境保护专项资金管理暂行办法》，现印发给你们，请遵照执行。执行中如有问题，请及时反馈我们。

附件：中央农村环境保护专项资金管理暂行办法

附件：

中央农村环境保护专项资金管理暂行办法

第一章 总 则

第一条 为规范中央农村环境保护专项资金管理，提高资金使用效益，根据《中华人民共和国预算法》等有关法律法规规定，以及《国务院办公厅转发环境保护部等部门关于实行“以奖促治”加快解决突出的农村环境问题实施方案的通知》（国办发〔2009〕11号）要求，并结合农村环保工作特点，制定本办法。

第二条 中央农村环境保护专项资金（以下简称“专项资金”）是指中央财政为支持农村环境保护，鼓励各地有效解决危害群众身体健康的突出问题，促进农村生态示范建设而设立的专项补助资金。

第三条 专项资金对开展农村环境综合整治的村庄，实行“以奖促治”；对通过生态环境建设达到生态示范建设标准的村镇，实行“以奖代补”。

第四条 专项资金的管理实行“突出重点、注重实效、公开透明、专款专用、强化监管”的原则。

第二章 资金支持范围

第五条 实行“以奖促治”方式的专项资金（以下简称“‘以奖促治’资金”）重点支持以下内容：

（一）农村饮用水水源地保护；

（二）农村生活污水和垃圾处理；

（三）畜禽养殖污染治理；

（四）历史遗留的农村工矿污染治理；

（五）农业面源污染和土壤污染防治；

（六）其他与村庄环境质量改善密切相关的环境综合整治措施。

“以奖促治”资金主要用于符合以上内容的农村环境污染防治设施或工程支出。

第六条 实行“以奖代补”方式的专项资金（以下简称“‘以奖代补’资金”）重点支持通过开展生态示范建设，达到环境保护部有关生态示范建设标准的村镇。

“以奖代补”资金主要用于农村生态示范成果巩固和提高所需的环境污染防治设施或工程，以及环境污染防治设施运行维护支出等。

第七条 专项资金不得用于人员工资、津贴补贴及奖金和公务车辆、办公用房购建等支出。

第八条 项目前期经费以及考核验收、开展监督监测等工作经费由环境保护部门按照预算管理程序向同级财政部门申请列入部门预算安排。

第九条 各地在申请专项资金的同时，应通过地方财政和村庄自筹落实农村环境污染防治设施或工程建成后的运行费用，以确保环境综合整治的持续效果。

第三章 专项资金管理

第十条 建立专项资金考核奖励机制，由财政部会同环境保护部对各地专项资金和项目执行情况进行考核，考核结果作为专项资金安排的重要依据。

第十一条 省级财政部门应在中央财政下达资金预算后的20个工作日内，及时下达专项资金预算。

第十二条 专项资金实行县级财政报账制，县级财政、环保部门应加强专项资金拨付工作的审核和管理，确保专款专用、专项核算，不得截留、挤占和挪用。

第十三条 专项资金连续两年未动用的，未动用资金一律作为财政拨款净结余处理。

省级财政部门会同环保部门在申报下一年度专项资金预算时，应同时提出净结余资金安排建议，报财政部和环境保护部审批。

第四章 专项资金监督检查

第十四条 财政部将会同环境保护部或委托评审机构对专项资金的使用情况和项目实施情况进行监督检查。

第十五条 违反规定，截留、挪用专项资金或有其他违规行为的，依照《财政违法行为处罚处分条例》（国务院令第427号）的规定进行处理。

第十六条 地方财政部门应当会同环境保护部门建立健全监管制度，加强对专项资金的监督和考核，确保专项资金按规定使用。

第十七条 专项资金支持的村镇应当按照政务公开要求，将专项资金安排和使用详细情况、项目安排和具体实施情况等向受益地区农民张榜公布。有条件的地方应当将有关情况在财政和环境保护部门的政府门户网站上予以公布，以接受社会监督。

第五章 附 则

第十八条 省级财政和环保部门，可以根据本办法，结合当地实际，制定具体实施办法，报财政部和环境保护部备案。

第十九条 本办法自2009年5月1日起实施。

省财政厅 省国土资源厅转发《财政部 国家测绘局关于印发测绘生产成本费用定额及有关细则的通知》的通知

2009年5月18日 鲁财建〔2009〕48号

各市财政局、国土资源局，省直有关部门：

为了规范测绘事业单位预算编制和支出行为，加强国家基础测绘项目定额管理，提高资金使用效益，财政部、国家测绘局联合下发了《关于印发测绘生产成本费用定额及有关细则的通知》（财建〔2009〕17号），现转发给你们，请遵照执行。执行中如有问题，请及时反馈。

附件：财政部 国家测绘局关于印发测绘生产成本费用定额及有关细则的通知

附件：

财政部 国家测绘局关于印发测绘生产成本费用定额及有关细则的通知

2009年2月5日 财建〔2009〕17号

国务院有关部门，各省、自治区、直辖市、计划单列市财政厅（局）、测绘行政主管部门，新疆生产建设兵团测绘主管部门：

为了规范测绘事业单位预算编制和支出行为，加强国家基础测绘项目定额管理，提高资金使用效益，财政部、国家测绘局联合修订了《测绘生产成本费用定额》及《测绘生产成本费用定额计算细则》、《测绘生产困难类别细则》，现印发给你们，自印发之日起执行。对于执行中发现的问题，请及时向我们反映。

附件：1. 测绘生产成本费用定额（略）

2. 测绘生产成本费用定额计算细则（略）

3. 测绘生产困难类别细则（略）

省财政厅转发《财政部关于印发〈国家级风景名胜区和历史文化名城保护补助资金使用管理办法〉的通知》的通知

2009年5月21日 鲁财建〔2009〕53号

各市财政局：

现将《财政部关于印发〈国家级风景名胜区和历史文化名城保护补助资金使用管理办法〉的通知》（财建〔2009〕195号）转发给你们，请遵照执行。请切实加强国家级风景名胜区和历史文化名城保护补助资金的使用监督管理，确保发挥资金使用效益。执行中如有问题，请及时反馈。

附件：财政部关于印发《国家级风景名胜区和历史文化名城保护补助资金使用管理办法》的通知

附件：

财政部关于印发《国家级风景名胜区和历史文化名城保护补助资金使用管理办法》的通知

2009年5月4日 财建〔2009〕195号

各省、自治区、直辖市财政厅（局）：

为规范和加强国家级风景名胜区和历史文化名城保护补助资金的使用管理，提高资金使用效益，我们研究制定了《国家级风景名胜区和历史文化名城保护补助资金使用管理办法》，现印发你们，请遵照执行。

附件：国家级风景名胜区和历史文化名城保护补助资金使用管理办法

附件：

国家级风景名胜区和历史文化名城保护补助资金使用管理办法

第一条 为规范和加强国家级风景名胜区和历史文化名城保护补助资金的使用管理，提高资金使用效益，特制定本办法。

第二条 国家级风景名胜区和历史文化名城是国家宝贵的自然和文化遗产。根据《风景名胜区条例》（国务院令第474号）、《历史文化名城名镇名村保护条例》（国务院令第524号）有关规定，中央财政对国家级风景名胜区和历史文化名城保护安排专项补助资金，用于国家级风景名胜区和历史文化街区的规划编制等工作。

第三条 国家级风景名胜区和历史文化名城保护补助资金使用范围：

（一）国家级风景名胜区保护补助资金使用范围：

1. 风景名胜区规划编制、世界遗产保护整治和申报等工作。

2. 景区内绿化、林木植被、古树名木的保护。

3. 景区内古迹维修、休息场所、安全措施的修建；道路、路灯、环境卫生、导游标志、防灾避险等公共设施的维护与建设。

（二）历史文化名城保护补助资金使用范围：

1. 历史文化街区保护规划编制。

2. 历史文化街区核心保护范围内历史建筑的修缮。

第四条 国家级风景名胜区和历史文化名城保护补助资金申报程序：

（一）国家级风景名胜区保护补助资金申报程序：

1. 专项资金补助项目由风景名胜区管理机构或风景名胜区所在地人民政府会同当地财政部门向省级建设行政主管部门和财政部门申报。

2. 省级财政部门会同同级建设行政主管部门审核、汇总上报财政部和住房城乡建设部。

3. 申报的专项资金补助项目应附项目批准文件。

4. 各省（自治区、直辖市）申报的专项资金补助项目原则上每年不超过2个（国家级风景名胜区达10处以上的省份原则上不超过3个）。

（二）历史文化名城保护补助资金申报程序：

1. 专项资金补助项目由项目所在地县级以上城乡规划主管部门会同当地财政部门向省级建设行政主管部门和财政部门申报。

2. 省级财政部门会同同级建设行政主管部门审核、汇总上报财政部和住房城乡建设部。

3. 申报历史文化街区保护规划编制专项资金补助项目的，该街区已在历史文化名城保护规划中划定，经省（自治区、直辖市）人民政府确定公布；项目申报应附经依法批准的历史文化名城保护规划，并在规划图中标明申请资金补助的历史文化街区的位置和范围。

申报历史文化街区核心保护范围内历史建筑修缮专项资金补助项目的，该修缮设计方案应由具有相应资质的规划设计单位提出，且修缮设计方案经县级以上城乡规划主管部门组织专家审查通过；项目申报应附经批准的历史文化街区保护规划，并在规划图中标明拟修缮建筑的位置和范围。

4. 各省（自治区、直辖市）申报的专项资金补助项目原则上每年不超过1个。

第五条 国家级风景名胜区和历史文化名城保护补助资金申报时间：

各省（自治区、直辖市）财政部门和建设行政主管部门应于每年5月底前，将专项资金补助项目申报文件上报财政部和住房城乡建设部。

第六条 住房城乡建设部会同财政部组织有关专家对各省级财政部门和建设行政主管部门申报的专项资金补助项目进行审查，并提出审查意见。

第七条 住房城乡建设部根据专家组审查意见，分别提出本年度国家级风景名胜区和历史文化名城保护补助资金分配方案，并于7月底前报送财政部。

第八条 财政部根据住房城乡建设部报送的国家级风景名胜区和历史文化名城保护补助资金年度分配方案，审核并分别下达国家级风景名胜区和历史文化名城保护补助资金支出预算，同时抄送住房城乡建设部、财政部驻各省（自治区、直辖市）财政监察专员办事处。

第九条 各地财政部门应及时将专项补助资金核拨给项目单位。

第十条 专项补助资金支付管理按照财政国库管理制度有关规定执行。

第十一条 国家级风景名胜区和历史文化名城保护补助资金必须专款专用，同时应与地方财政部门安排的预算内资金及其他资金配套综合使用，以提高使用效益。

第十二条 补助资金项目单位要自觉接受上级有关部门的指导和监督检查。

专项补助资金项目由当地建设行政主管部门负责监督实施并组织验收；专项补助资金使用情况接受财政部驻各省（自治区、直辖市）财政监察专员办事处、地方财政部门、审计部门的检查监督。

第十三条 各省（自治区、直辖市）建设行政主管部门会同财政部门于每年1月底前，将上年度专项补助资金使用情况上报住房城乡建设部和财政部。

第十四条 本办法由财政部负责解释。

第十五条 本办法自印发之日起执行。

省财政厅　省住房和城乡建设厅关于印发《2009年山东省省级村镇规划建设专项资金管理办法》的通知

2009年6月15日　鲁财建〔2009〕55号

各市财政局、建委（建设局）、规划局：

现将《2009年山东省省级村镇规划建设专项资金管理办法》印发给你们，请遵照执行。执行中如有问题，请及时反映。

附件：2009年山东省省级村镇规划建设专项资金管理办法

附件：

2009年山东省省级村镇规划建设专项资金管理办法

总　则

第一条 为加强和规范山东省村镇规划建设专项资金（以下简称“村镇资金”）的使用和管理，努力提高资金使用效益，促进全省农房建设与危房改造及相关工作健康有序开展，结合我省实际，制定本办法。

第二条 村镇资金由省财政在省级年度预算中统筹安排。

第三条 村镇资金为政府补助性资金，通过补助方式引导各地加大农村住房建设规划及相关规划编制力度，确保按时完成规划编制任务。

资金补助范围

第四条 村镇资金主要用于对认真落实省政府《关于推进农村住房建设与危房改造的意见》（鲁政发

〔2009〕17号）要求、按时完成规划编制任务县（市、区）的补助。

第五条 村镇资金补助范围：

（一）县域村镇体系规划。主要是对各县（市、区）编制县域村镇体系规划进行补助。

（二）农村住房建设与危房改造规划。主要是对各县（市、区）编制农村住房建设与危房改造规划进行补助。

（三）农房集中建设改造详细规划。主要是对各县（市、区）编制农房集中建设改造详细规划进行补助。

第六条 项目要求：

（一）县域村镇体系规划项目。已经委托有资质的规划设计单位编制完成了相关规划，且已经审批并报省建设厅备案。

（二）农村住房建设与危房改造规划项目。已经委托有资质的规划设计单位编制完成了相关规划，且已经审批并报省建设厅备案。

（三）农房集中建设改造详细规划项目。2009年以来委托有资质的规划设计单位编制完成了相关规划，并已经审批实施。

资金分配与管理

第七条 村镇资金采用因素法进行分配，不再另行组织项目申报。

第八条 村镇资金分配主要根据各市县（市、区）数量和县域村镇体系规划、农村住房建设与危房改造规划以及三年确保完成的农房建设户数等因素确定，并适当向西部地区倾斜。

第九条 各市财政部门要加强对村镇资金使用情况的监管，建立事前、事中、事后全过程监督机制，跟踪问效，确保资金安全，切实提高资金使用效益。

第十条 省财政厅将会同省建设厅对各市资金使用情况进行检查，对发现有截留、坐支、挪用等违规违纪问题的，除全部追回有关资金并取消以后年度奖补资格外，将按照《财政违法行为处罚处分条例》（国务院令第427号）规定，给予严肃处理。

附　　则

第十一条 本办法由省财政厅、省建设厅负责解释。

第十二条 本办法自发布之日起施行，《山东省省级小城镇规划建设专项资金管理暂行办法》（鲁财建〔2008〕19号）同时废止。

省财政厅　省发展和改革委员会　省经济贸易委员会　山东省人民政府国有资产监督管理委员会　省金融工作办公室　省审计厅关于印发《山东省扩大内需重点建设项目调控资金管理暂行办法实施细则》的通知

2009年6月3日　鲁财建〔2009〕56号

各市财政局、发展改革委、经贸委（经委）、国资委（局）、金融办、审计局，山东省鲁信控股集团有限公司、山东高速集团有限公司、山东省国有资产投资控股有限公司：

现将《山东省扩大内需重点建设项目调控资金管理暂行办法实施细则》印发给你们，请认真贯彻执行。执行中如有问题，请及时反映。

附件：山东省扩大内需重点建设项目调控资金管理暂行办法实施细则

附件：

山东省扩大内需重点建设项目调控资金管理暂行办法实施细则

第一条 根据《山东省扩大内需重点建设项目调控资金管理暂行办法》（鲁政办发〔2009〕3号），制订本实施细则。

第二条 山东省重点建设项目调控资金（以下简称“调控资金”），是指根据山东省人民政府与有关商业银行签订的战略合作协议，由省政府确定的融资平台履行银行贷款手续，向有关银行借入再转贷，用于省政府确定的重点项目使用的长期贷款。

第三条 调控资金主要用于支持各级政府投资的项目和领域，优先用于中央补助我省扩大内需项目地方资金配套。主要包括以下几个方面：

（一）农业项目。包括水利设施建设、粮食工程配套、农村道路、农村沼气等项目。

（二）民生项目。包括棚户区和经济适用房建设，农村危房改造和教育条件的改善、新型农村合作医疗和城镇居民医疗保障体系建设、流行病防治等领域。

（三）节能减排和环保项目。

（四）基础设施项目。包括铁路、公路、港口、机场项目以及城市污水管网、天然气管道建设等。

（五）技术改造项目。包括对全省经济结构调整有重大影响、能够发挥带动作用的高新技术产业和先进装备制造业项目。

（六）服务业项目。包括公益性文化事业和旅游业项目。

（七）省委、省政府确定的对全省经济和社会发展有重大影响的项目，以及省属重点企业兼并重组项目。

第四条 调控资金的融入、借出、使用、回收必须符合国家法律法规和省政府有关规定，做到手续完备、合同要素齐全，借款主体、使用主体明确，还款责任主体和期限明晰。

第五条 调控资金贷款利率按同期人民银行规定的5年期以上基准利率下调10%执行，贷款期限不低于8年。

第六条 调控资金贷款本金从第6年开始偿还，前5年只付息，不还本金。

调控资金贷款利息原则上每年度计付一次，在协商一致的基础上，也可每半年计息一次。

第七条 调控资金由省政府统一管理使用。设立调控资金管理联席会议（以下简称“联席会议”）制度，省政府分管领导为联席会议总召集人，省发展改革委主任、省政府分管副秘书长为召集人。省发展改革委、省经贸委、省财政厅、省国资委、省审计厅、省金融办等部门分管领导为成员，有关融资公司和银行列席联席会议。

联席会议办公室设在省发展改革委，办公室人员从各成员单位抽调，负责调控资金使用管理的日常工作。

第八条 省政府授权山东省鲁信投资控股集团有限公司、山东高速集团有限公司和山东省国有资产投资控股有限公司为调控资金的融资公司（以下统称“省融资公司”）。省融资公司在省政府授权范围内承担调控资金统一融入、转贷、回收和偿还的具体工作。

第九条 调控资金的使用坚持“政府统一决策、融资公司对接、严格规范操作、依法加强监管”的原则，确保资金投向合理，管理责任明确，运作科学规范，切实发挥最大效用。

第十条 省政府根据全省重点项目建设需要，在与商业银行的战略合作框架下，确定调控资金规模。

联席会议具体研究资金融入的规模、期限、方式和用途等，提出意见并报省政府研究同意后，以融资平台为载体统一融入，分期、分步到位。

第十一条 调控资金融入、转贷的具体操作程序区分各市项目和省级项目设置，分别按本细则第十二条、第十三条规定办理。省政府另有规定的，从其规定。

第十二条 各市项目按下列程序安排调控资金：

（一）各市人民政府确定本市承担融入、转贷调控资金的融资平台。

（二）市级发展改革部门、财政部门向联席会议办公室申报资金使用计划（技术改造和节能项目，由市经贸委、财政局联合上报），同时，市级人民政府向省政府出具还款承诺书（见附件1）。

（三）联席会议办公室组织对各市资金使用计划进行审查，并将审查意见提交联席会议研究。

（四）联席会议提出研究意见报省政府常务会议研究审定。

（五）省政府同意后，由省发展改革委、省财政厅联合下达调控资金使用计划（技术改造和节能项目，联合省经贸委共同下达），分送联席会议成员单位，有关市、省融资平台，并通报有关银行。

（六）联席会议办公室根据调控资金使用计划，提出各融资平台对接的项目和贷款银行、各银行发放的调控资金贷款金额，并报联席会议研究确定后，以省金融办的名义发文公布。

（七）省融资公司根据省金融办公布的调控资金承接任务，与相关市融资平台进行对接，签订资金使用合同。

（八）省融资公司与银行签订借款合同。

（九）省财政厅根据调控资金使用计划，审验用款市人民政府向省政府出具的还款承诺函、省融资公司与银行签订的借款合同，审验合格后，向贷款银行出具还款承诺函（见附件2）。

（十）省融资公司根据与用款市融资平台签订的合同转贷调控资金。

第十三条 省级项目按下列程序安排调控资金：

（一）使用调控资金的省管企业，须是省人民政府国有资产监督管理委员会履行出资人职责的国有或国有控股企业。

（二）省管企业在省政府确定的调控资金使用范围内向省国资委提出调控资金使用计划，省国资委对其资金使用计划进行审查，审查合格的，由省国资委出具项目审查、推荐意见，向联席会议办公室申报资金使用计划。

（三）联席会议办公室组织对省国资委申报的资金使用计划进行审查，并将审查意见提交联席会议研究。

（四）联席会议提出研究意见报省政府常务会议研究审定。

（五）省政府同意后，由省发展改革委、省财政厅联合下达调控资金使用计划，分送联席会议成员单位、省国资委、省融资公司，并通报有关银行。

（六）联席会议办公室根据调控资金使用计划，提出各融资平台对接的项目和贷款银行、各银行发放的调控资金贷款金额，并报联席会议研究确定后，以省金融办的名义发文公布。

（七）省融资公司根据省金融办公布的调控资金承接任务，与用款单位进行项目对接，签订资金使用合同，合同需明确有效还款保证条款，包括但不限于担保、抵押、质押等方式。

（八）省融资公司与银行签订借款合同。

（九）承接省融资公司、省直用款单位分别向省国资委、省财政厅出具还款承诺函（反担保函）（见附件3、附件4）。

（十）省融资公司与用款省管企业为同一单位的，只按附件4格式向省国资委、省财政厅出具还款承诺函（反担保函）。

（十一）省国资委、省财政厅根据调控资金使用计划，审验省融资公司、用款省管企业还款承诺函、省融资公司与银行签订的借款合同，审验合格后，共同向贷款银行出具还款承诺函（附件5）。

（十二）省融资公司根据与用款单位签订的合同转贷或自用调控资金。

第十四条 按照“谁用款、谁还款”的原则，省融资公司为调控资金的第一还款人，按合同约定对金融机构履行还本付息责任。

第十五条 省融资公司根据与银行签订的借款合同、与用款省管企业签订的用款协议（合同），制定年度还款计划，确定还款方式与额度，报联席会议备案。

第十六条 用款单位为还款的直接责任人，依据还本付息通知书及资金使用协议，按时足额向省融资公司偿还本息，由省融资公司统一偿还银行。

第十七条 因用款单位原因造成拖欠利息的，由用款单位负责缴纳罚息及复利；因省融资公司原因造成拖欠利息的，由省融资公司负责缴纳罚息及复利，所需费用由省融资公司以自有资金承担。

第十八条 用款单位不能按时足额还本付息时，属各市项目的，由用款单位的同级政府负责偿还。同级政府不能偿还时，由省财政厅依据地方政府还款承诺书，通过体制结算直接扣缴借款本息偿还；属省级项目的，由省国资委依据用款单位还款承诺书，变现用款单位国有产权、股权、动产、不动产等方式偿还，如用款单位变现所有资产仍不足以偿还借款本息，差额部分，由省财政负责偿还。

第十九条 省融资公司使用调控资金对外实行股权投资的，投资收益首先用于偿还银行贷款本息。

第二十条 省融资公司要将承担的调控资金业务与自营业务和其他委托业务分开，设立专门机构和专用账户，独立核算。国有资产管理部门对省融资公司业绩进行考核时，不将调控资金运作业务纳入考核范围。

第二十一条 为保证省融资公司正常运营，对省融资公司调控资金运作中产生的税费，由省财政厅会同省有关部门研究制订优惠政策。

第二十二条 省融资公司要建立严密的资金运作管理制度，严格按照省政府确定的项目用款额度、期限和投向运作调控资金，保证资金安全运行，并定期将资金运用情况和相关财务报表报送联席会议办公室及有关职能部门。

第二十三条 用款单位要建立健全内部财务管理制度和会计核算办法，认真组织项目实施，并接受有关部门的监督检查，确保项目按期完成，发挥效益。

第二十四条 联席会议办公室要建立健全调控资金监管制度，加强专项检查与日常监管，对调控资金实行单独考核、全过程管理，确保资金规范运作。

第二十五条 加强对省调控资金项目监督检查。根据省政府决定，省调控资金的使用管理纳入省扩大内需检查工作范围。

第二十六条 省调控资金检查工作按项目隶属关系分别由省扩大内需检查组和省发展改革委负责。由各市承借，资金用于市和县（市、区）所属项目的检查工作，由省扩大内需检查组负责；由省融资公司承借，资金用于省级项目的检查工作由省发展改革委牵头组织。

第二十七条 调控资金检查的主要内容：

（一）检查调控资金投向。使用调控资金的项目是否为计划确定的项目；是否存在不按规定投向、不严格执行资金使用计划问题；是否存在调控资金用于党政机关办公楼、培训中心等楼堂馆所项目，以及“形象工程”和“政绩工程”。

（二）检查工程建设进度。项目是否按计划完成投资并迅速形成实物工作量；是否存在拖延工期、未及时开工建设问题。

（三）检查项目审批手续。项目是否按审批（核准、备案）权限审批核准或备案，执行程序是否合规；有关部门是否执按国家有关土地、环保、节能等方面的政策规定，相关手续是否完备；是否存在擅自改变建设规模、建设内容和建设标准等问题，是否存在随意扩大或缩小投资规模的情况。

（四）检查调控资金管理情况。市县融资平台是否建立了规范、通畅的资金拨付渠道，财务管理制度是否健全，是否及时拨付建设资金，有无滞留、截留、挤占、挪用资金问题；是否按照规定使用资金，其他配套资金筹集方案是否落实。资金来源是否正当，是否按比例足额到位、有无将调控资金用于偿还以往债务和拖欠款问题，确保资金真正用于资金计划下达的项目。

（五）检查管理制度和工程质量。项目是否执行了项目法人责任制、招标投标制、工程监理制和合同管理制；是否落实工程质量和安全生产责任制；工程监理是否到位，质量保证体系是否健全等。重点检查项目建设中是否严格遵守安全生产的各项规定，是否存在质量隐患问题，坚决防止出现“豆腐渣”工程、“烂尾楼”项目。

第二十八条 联席会议组成部门日常管理责任：

省发展改革委、经贸委负责项目的审查把关，确保使用调控资金项目符合国家产业政策，手续完备，证照齐全；省财政厅负责调控资金的财务与会计监督，政府信用手续办理；省审计厅负责项目建设资金合法合规使用和管理的审计，围绕资金安全和使用效率，对调控资金项目及时限时审计，加大监督力度；省国资委负责省融资公司、用款省管企业资产的监督管理，负责对用款省管企业申报资金使用计划的初步审查，配合省财政厅办理省直项目的政府信用手续；省金融办负责做好调控资金运作中的协调服务工作。

第二十九条 加大纪检监察力度，严肃查处调控资金运作过程中出现的违法违纪行为，并追究相关人员的责任。

第三十条 本实施细则由省财政厅会同联席会议成员单位负责解释。

附件：1. 使用省调控资金的市级人民政府向省政府出具的承诺函样式

2. 省财政厅向借款银行出具的承诺函样式（市级项目）

3. 省级融资平台向省财政厅、省国资委出具的反担保函样式（省级项目）

4. 省用款单位向省财政厅、省国资委出具的反担保函样式（省级项目）

5. 省财政厅、省国资委向借款银行出具的承诺函样式（省级项目）

附件1：

______市人民政府关于偿还省重点项目调控资金的承诺函

省政府：

______（市级具体融资平台名称，下称“借款人”）作为我市承接省政府调控资金的借款主体，承贷省政府调控资金本金________万元，负责按期归还本息。

为确保借款人履行还款义务，我市承诺，如借款人未能及时归还借款本息，我市保证在接到省融资平台书面通知后十日内，将省融资平台催款通知所载明数额的款项汇入省融资平台指定账户，代为偿还借款本息及相关债务。届时我市政府未能及时履行承诺事项，由省财政通过体制结算直接扣缴我市欠缴的借款本息。

本承诺自盖章之日起生效，至借款人全部偿还借款本息之日止。

二〇〇九年　月　日（公章）

附件2：

山东省财政厅关于偿还重点建设项目调控资金的承诺函

________银行股份有限公司山东省分行：

为落实国务院扩大内需“十项措施”，山东省人民政府决定采用信贷融资方式建立“重点建设项目调控资金”，确定以________（融资平台名称）作为重点建设项目调控资金的融资平台，具体办理在贵行融入和偿还调控资金的相关事宜。

鉴于________（融资平台名称），已与贵行签署了总额为________万元的借款合同，合同编号：________，为使银行贷款本息能够顺利偿还，承诺如下：

一、督促________（融资平台名称），认真履行与贵行签订的借款合同，履行相关义务。

二、上述借款合同项下贷款本息如________（融资平台名称）不能履行还款义务，由省财政承担还款责任，并承诺根据借款合同确定的还款计划将应偿还贷款本息于贷款到期前十五日内、结息日前十日内足额拨付至贵行指定账户。

三、贷款期内如发生融资主体撤销、变更等事项，将事先告知贵行，并负责落实债权。

四、本承诺自盖章之日起生效，至借款人全部偿还借款本息之日止。

二〇〇九年　月　日（公章）

附件3：

________集团有限公司关于偿还省重点项目调控资金贷款承诺函

山东省财政厅、山东省人民政府国有资产监督管理委员会：

根据省调控资金管理联席会议部署，________（融资平台名称）承接________（用款单位名称）________亿元的调控资金项目，该笔调控资金由我公司从________（银行名称）贷出后转借给________（用款单位名称）。为了加强对调控资金贷款的管理，顺利偿还贷款本息，我公司承诺如下：

一、督促________（用款单位名称）履行相关义务，按时偿还调控资金借款本息，并由我公司统一偿还银行。

二、为保证________（用款单位名称）按时偿还借款本息，我公司已采取必要的措施，包括但不限于在借款合同中约定有效的贷款担保或抵押、质押条款。

三、如果________（用款单位名称）不能按时还款，我公司将积极筹集资金先行偿还银行贷款本息，并通过一切合法途径向________（用款单位名称）追索所欠贷款本息、罚息。

二〇〇九年　月　日（公章）

附件4：

________集团有限公司关于偿还重点建设项目调控资金银行贷款本息的承诺函

省财政厅、山东省人民政府国有资产监督管理委员会：

我公司________项目共申请省调控资金贷款________万元。为安全高效地使用调控资金贷款，我公司承诺如下：

一、使用调控资金贷款的项目预期经营效益良好，有能力按时偿付贷款本息。

二、如项目即期效益低于预期，现金流量不足，我公司将及时筹集其他自有资金按时偿还调控资金贷款本息。

三、如果我公司不能按时归还上述贷款，省人民政府国有资产监督管理委员会、省财政厅可以变现________集团有限公司等值资产（资产包括但不限于国有股权（产权）、动产和不动产），以偿还调控资金贷款本息。

特此承诺。

二〇〇九年　月　日（公章）

附件 5：

山东省财政厅　山东省人民政府国有资产监督管理委员会
关于偿还重点建设项目调控资金的承诺函

________银行股份有限公司山东省分行：

为落实国务院扩大内需“十项措施”，山东省人民政府决定采用信贷融资方式建立“重点建设项目调控资金”，确定以________（融资平台名称）作为重点建设项目调控资金的融资平台，具体办理在贵行融入和偿还调控资金的相关事宜。

鉴于________（融资平台名称），已与贵行签署了总额为________万元的借款合同，合同编号：________，为使银行贷款本息能够顺利偿还，承诺如下：

一、督促________（融资平台名称），认真履行与贵行签订的借款合同，履行相关义务。

二、上述借款合同项下贷款本息如________（融资平台名称）不能履行还款义务，由省财政厅、山东省人民政府国有资产监督管理委员会承担还款责任。并承诺根据借款合同确定的还款计划将应偿还贷款本息于贷款到期前十五日内、结息日前十日内足额拨付至贵行指定账户。

三、贷款期内如发生融资主体撤销、变更等事项，将事先告知贵行，并负责落实债权。

四、本承诺自盖章之日起生效，至借款人全部偿还借款本息之日止。

山东省财政厅（公章）

山东省人民政府国有资产监督管理委员会（公章）

二〇〇九年　月　日

省财政厅关于印发《山东省家电与汽车摩托车下乡工作领导小组会议制度及职责分工》的通知

2009 年 6 月 15 日　鲁财建〔2009〕67 号

各市财政局，省家电与汽车摩托车下乡工作领导小组成员单位：

为切实加强组织领导，增进部门间的协调配合，进一步做好我省家电与汽车摩托车下乡工作，省家电与汽车摩托车下乡工作领导小组研究制定了会议制度及职责分工。经省政府同意，现予印发，请遵照执行。

附件：山东省家电与汽车摩托车下乡工作领导小组会议制度及职责分工

附件：

山东省家电与汽车摩托车下乡工作领导小组会议制度及职责分工

为切实加强组织领导，促进有关部门密切配合，推动我省家电与汽车摩托车下乡工作扎实有效开展，根据国家和省有关规定，现将领导小组会议制度及职责分工明确如下：

一、领导小组会议主要职能

（一）贯彻落实党中央、国务院和省委、省政府关于全面推广家电、汽车摩托车下乡的重大部署，推进家电、汽车摩托车下乡工作；

（二）制定家电、汽车摩托车下乡阶段性工作目标，分解工作任务，落实工作责任；

（三）协调解决家电、汽车摩托车下乡组织实施过程中的重大问题；

（四）指导、督促、检查家电、汽车摩托车下乡工作；

（五）研究提出完善家电、汽车摩托车下乡政策建议。

二、领导小组会议成员单位

领导小组会议由省家电与汽车摩托车下乡领导小组组长、副组长及成员组成。领导小组会议可根据工作需要，邀请省内相关单位（协会、商会）列席会议。

领导小组办公室设在省财政厅，各成员单位确定一名处室负责同志为联络员，负责日常工作的协调和联络。

三、领导小组会议工作规则

（一）领导小组根据工作需要，不定期召开全体会议或部分成员单位会议；

（二）领导小组会议以会议纪要形式明确会议议定事项，印发有关单位，各成员单位按照部门职责分工负责，抓好贯彻落实；

（三）领导小组会议建立家电、汽车摩托车下乡监督检查机制，各成员单位可按职责分工，提出对家电、汽车摩托车下乡产品生产、销售、服务、补贴发放开展监督检查的建议；

（四）领导小组成员单位建立信息相互通报制度。各成员单位按职责分工将工作开展情况及时报送领导小组及领导小组办公室。

四、领导小组会议成员单位职责

（一）省财政厅牵头会同有关部门制定并发布家电、汽车摩托车下乡实施方案；负责下乡产品补贴资金筹集、预拨和清算工作；指导各市财政部门通过家电、汽车摩托车下乡补贴信息系统审核补贴资金，做好补贴资金兑付工作；统一管理和发布家电、汽车摩托车下乡补贴信息，建立家电、汽车摩托车下乡财政补贴资金月报制度；参与家电、汽车摩托车下乡联合督查工作；

（二）省经济和信息化委员会参与研究家电、汽车摩托车下乡政策，依据宏观经济运行情况，就相关政策措施提出意见和建议；加强家电、汽车摩托车下乡组织管理工作，指导企业做好补贴产品销售网点的备案、销售、配送、维修、退换货等工作，加强农村家电、汽车摩托车销售服务网络建设，负责对企业产销衔接、销售的监督管理；负责家电、汽车摩托车下乡产品生产、销售和流通企业的信息统计工作；加强机动车回收拆解企业监管，规范和完善报废机动车回收网点建设；指导各市相关部门为农民就近交售报废的三轮汽车、低速货车提供优质服务；会同有关部门和单位开展家电、汽车摩托车下乡联合督查工作；

（三）省委宣传部负责组织有关媒体大力宣传中央和省家电、汽车摩托车下乡精神，积极报道家电、汽车摩托车下乡有关工作，集中开展对家电、汽车摩托车下乡阶段性重大行动的报道；组织地方各级宣传部门及新闻单位，积极报道各地家电、汽车摩托车下乡工作进展及取得的成绩，并对工作中出现的消极现象进行舆论监督，引导有关方面坚持正确的舆论导向，为家电下乡工作营造良好氛围；

（四）省公安厅指导各市公安交通管理部门加强对下乡汽车、摩托车的管理，严格审查手续，严格查验车辆，确保车辆符合《车辆生产企业及产品公告》和机动车国家技术安全标准；严格审查机动车报废回收企业出具的报废回收证明，按规定出具报废车辆注销证明；为下乡汽车摩托车办理牌证提供方便、快捷的服务；参与汽车摩托车下乡联合督查工作。

（五）省农业厅负责了解不同地区农民收入状况、农民家电消费需求以及农村家电、汽车摩托车消费环境状况，提出调整家电、汽车摩托车下乡产品品种及改进消费环境的建议；参与家电、汽车摩托车下乡联合督查工作；

（六）省国税局、省地税局负责研究解决经销家电下乡产品基层销售网点销售发票、税收征管等问题；参与家电、汽车摩托车下乡联合督查工作；

（七）省环境保护厅会同质监等部门监督下乡产品的环保性能，监督家电、汽车摩托车下乡企业的环保行为；参与家电、汽车摩托车下乡联合督查工作；

（八）省工商局承担下乡产品市场行为监管职责，依法查处经销假冒伪劣商品和商标侵权行为，维护家电、汽车摩托车下乡市场秩序；参与家电、汽车摩托车下乡联合督查工作；

（九）省质监局负责下乡产品质量的监督管理，承担下乡产品质量监督抽查和生产企业巡查工作；督促企业保证产品质量，贯彻落实售后服务国家"三包"规定；建立中标企业质量档案和信用记录网；严厉打击生产假冒伪劣产品及未进行国家规定的强制性认证等违法行为；参与家电、汽车摩托车下乡联合督查工作；

（十）省物价局负责加强家电、汽车摩托车价格监管；参与家电、汽车摩托车下乡联合督查工作；

（十一）省供销社负责对供销社系统企业产销衔接、销售的监督管理；负责供销社系统家电下乡流通企业的信息统计；参与家电、汽车摩托车下乡联合督查工作；

（十二）省农信社配合财政部门加强补贴资金的监督管理，指导基层单位及时将审查通过的补贴资金打入购买人储蓄存折（财政涉农补贴资金"一本通"）；参与家电、汽车摩托车下乡联合督查工作；

（十三）根据工作需要，邀请相关单位（协会、商会）对家电、汽车摩托车下乡产品招标标准和流通企业入围条件提供相关技术支持；研究提出家电下乡产品和价格等方面的建议。

五、工作要求

各成员单位要按照职责分工，认真组织实施家电、汽车摩托车下乡有关工作，全面落实领导小组会议议定事项，互通信息、相互配合、相互支持，促进我省家电、汽车摩托车下乡工作扎实顺利开展。

省财政厅　省经济和信息化委员会　省公安厅　省工商行政管理局　省质量技术监督局　省物价局关于印发《山东省汽车摩托车下乡操作细则》的通知

2009年6月22日　鲁财建〔2009〕70号

各市财政、经贸（流通主管部门）、公安、工商、质监、物价等主管部门，有关企业：

为进一步加大汽车摩托车下乡财政补贴政策落实力度，完善汽车摩托车下乡操作办法，根据财政部等七部委（局）《关于印发〈汽车摩托车下乡操作细则〉的通知》（财建〔2009〕248号）要求，结合我省实际，我们研究定了《山东省汽车摩托车下乡操作细则》，现予印发。请各市财政局会同相关部门，抓紧制定具体操作办法，并结合补贴政策的变化，及时调整宣传口径，进一步加大宣传力度，切实搞好组织落实工作。执行中如有问题，请及时反馈。

附件：山东省汽车摩托车下乡操作细则

附件：

山东省汽车摩托车下乡操作细则

第一章 总 则

第一条 为提高农民购买能力，加快农村消费升级，改善农民生产生活条件，促进汽车摩托车产品技术更新换代，实现内外需协调发展，根据财政部等七部委（局）《关于印发〈汽车摩托车下乡操作细则〉的通知》（财建〔2009〕248号）及《关于印发〈山东省汽车摩托车下乡实施方案〉的通知》（鲁财建〔2009〕30号）精神，为更好地实施汽车摩托车下乡补贴政策，特制定本细则。

第二条 汽车摩托车下乡补贴资金（以下简称补贴资金）是指农民购买或换购符合条件的汽车摩托车下乡产品后由国家财政给予的补贴，包括农民新购微型客车、微型载货车、轻型载货车、摩托车的补贴资金和报废三轮汽车、低速货车并换购微型载货车、轻型载货车的补贴资金。

第三条 本细则所称汽车摩托车下乡产品，包括：

（一）微型载货车，是指至少四个车轮且用于载货的机动车辆，其“中华人民共和国机动车整车出厂合格证”或由公安部门核发的“机动车登记证书”中“车辆型号”项第一位数字为“1”或“3”或“5”、“总质量（kg）”项不超过1 800kg的机动车。

（二）轻型载货车，是指至少四个车轮且用于载货的机动车辆，其“中华人民共和国机动车整车出厂合格证”或由公安部门核发的“机动车登记证书”中“车辆型号”项第一位数字为“1”或“3”或“5”、“总质量（kg）”项大于1 800kg但不超过6 000kg的机动车。

（三）微型客车，是指至少四个车轮且用于载客的机动车辆（不含轿车），其“中华人民共和国机动车整车出厂合格证”或由公安部门核发的“机动车登记证书”中“车辆型号”项第一位数字为“6”、“排量和功率（mL/kW）”项中排量不超过1 300mL的机动车。

（四）摩托车，是指两轮或三轮摩托车。

（五）三轮汽车，是指原三轮农用车。

（六）低速货车，是指原四轮农用车。

第四条 省财政厅会同省经济和信息化委等家电与汽车摩托车下乡工作领导小组成员单位，共同组织实施汽车、摩托车下乡工作。

第五条 补贴资金的管理应遵循公开透明、直补农民的原则。

公开透明，指补贴政策、办法公开，补贴资金申请与发放透明。下乡汽车摩托车生产企业、产品目录（以下简称产品目录）和授权经销商的名单在全省公开；享受补贴资金的农民名单和补贴金额通过汽车摩托车下乡补贴信息系统进行公示，接受社会监督。

直补农民，指补贴资金全部直接补贴到农民，确保农民得到实惠。

第六条 汽车下乡政策的实施时间为2009年3月1日至2009年12月31日。摩托车下乡政策的实施时间为2009年2月1日至2013年1月31日。

第七条 市级财政等有关部门应根据法律、法规及本细则的规定，加强对补贴资金、车辆报废、新车购买、所有权转移以及市场秩序、产品质量和价格等的管理与监督检查，防止骗取财政补贴资金行为的发生，切实保障农民合法权益。

第二章 下乡企业认定与下乡产品销售

第八条 下乡产品目录由汽车摩托车生产企业向财政部、工业和信息化部提出申请，经审核同意后由财政部、工业和信息化部联合发文确定，同时在财政部、工业和信息化部的网站上公布。下乡产品目录根据实际情况进行调整和完善。

第九条 汽车摩托车生产企业申请时，应当在产品质量、授权经销网点、售后服务、价格、产品标识、销售统计和政策宣传等方面作出明确承诺，并与财政部、工业和信息化部签订协议书，明确权利和义务，并缴纳一定数量的履约保证金。

第十条 申请进入产品目录的汽车摩托车生产企业应具备下列条件：

（一）列入工业和信息化部《车辆生产企业及产品公告》并且产品通过国家强制性认证；

（二）在全国或部分省（含直辖市、自治区，下同）具备完善的销售、维修保养等售后服务能力，销售及售后服务能够覆盖相应省的县级行政单位以下；

（三）授权经销商均在工商行政管理部门登记注册并与生产企业或生产企业设立的销售公司签订了销售协议。汽车授权销售商已向商务部门备案，其中微型客车的授权经销商应为已在国家工商行政管理总局备案的汽车品牌销售企业；

（四）经销商和销售网点具备独立开具税务发票的能力；

（五）产品排放满足国家排放标准，在部分提前实施更严格排放标准的地区满足当地排放标准；

（六）无违规及不良记录；

（七）必须配备计算机联网设备和相关操作人员；

（八）财政部、工业和信息化部要求的其他条件。

第十一条 只有授权经销商销售的汽车摩托车才能享受补贴资金。

第十二条 汽车摩托车生产企业要通过商务政策加强对经销商终端销售价格的监督，保证经销商不得对农民用户采取差异性价格政策，同时要求经销商进行价格自律。

第十三条 享受补贴资金的汽车摩托车产品必须在车身外部显著位置标注汽车摩托车下乡标识。

（一）汽车生产企业应按规定制作“汽车下乡”标识，并随车提供给经销商。汽车经销商在将汽车销售给农民时，须在汽车尾部外表面显著位置上标注“汽车下乡”标识。

（二）摩托车生产企业应按规定制作“摩托车下乡”喷涂模板或强力胶标识，并随车提供给经销商。摩托车经销商在将摩托车销售给农民时，须在摩托车侧面显著位置用油漆喷涂模板或采用强力胶粘贴“摩托车下乡”标识。

对于2009年2月1日以后销售给农民的没有标注下乡标识的摩托车和2009年3月1日以后销售给农民的没有标注下乡标识的汽车，经销商应主动于2009年6月30日前，为车主补加汽车摩托车标识，以便农民申请补贴资金。

第十四条 汽车摩托车生产企业应承诺全面遵守《山东省汽车摩托车下乡实施方案》及相关法律法规和政策规定，如实宣传、履行汽车摩托车下乡政策，不得虚假宣传，误导消费者。

第十五条 经销商在向农民销售汽车摩托车下乡产品时，除遵守相关法律法规及政策规定外，还应严格履行生产企业与政府主管部门协议书中的承诺，禁止随意涨价、以次充好、以假充真、以不合格产品冒充合格产品、降低质量保证和服务标准。

第十六条 汽车摩托车生产企业及经销商应建立《产品目录》内车辆的销售数据库，并于每月5日前将上月数据报送当地县级（含）以上财政、经贸（流通主管部门）、公安交通管理部门。

第三章 补贴条件及标准

第十七条 农民申请补贴资金须满足下列条件之一：

（一）农民车主报废三轮汽车、低速货车后购买微型载货车、轻型载货车；

（二）农民购买微型客车（不含轿车）；

（三）农民购买微型载货车、轻型载货车；

（四）农民购买摩托车。

第十八条 农民申请汽车摩托车补贴资金时，须遵守以下规定：

（一）新购或换购微型载货车和轻型载货车，每户不能超过一辆，且报废车辆与新购车辆的车主为同一人；

（二）购买微型客车，每户不得超过一辆；

（三）购买摩托车，每户不得超过二辆；

（四）承诺享受补贴资金的汽车，购买后两年内不得转移所有权。

第十九条 农民以购买本细则规定的微型载货车、轻型载货车为目的而报废三轮汽车或低速货车的，按以下标准给予报废补贴：

（一）报废三轮汽车，每辆补贴2 000元；

（二）报废低速货车，每辆补贴3 000元。

第二十条 农民按规定报废三轮汽车或低速货车并换购微型载货车、轻型载货车，以及直接购买微型客车、微型载货车、轻型载货车或摩托车的，按以下标准给予购买补贴：

（一）微型载货车、轻型载货车和微型客车：销售价格每辆5万元及以下的，补贴销售价格的10%；销售价格每辆5万元以上的，定额补贴5 000元；

（二）摩托车：销售价格每辆5 000元及以下的，补贴销售价格的13%；销售价格每辆5 000元以上的，定额补贴650元。

第四章 补贴申请、审核和发放

第二十一条 报废三轮汽车、低速货车并换购微型载货车、轻型载货车的农民，在按规定办理完成报废和注册登记手续后，向户口所在地乡镇财政部门申请车辆报废和购买补贴，并提供以下材料：

（一）机动车整车出厂合格证（复印件）或公安交通管理部门出具的机动车登记证书（原件及复印件）；

（二）公安交通管理部门出具的机动车行驶证（原件及复印件）、汽车下乡审查通过证明书；

（三）机动车销售发票（原件及复印件）；

（四）报废汽车回收企业出具的“报废汽车回收证明”和公安交通管理部门出具的“机动车注销证明”（原件及复印件）；

（五）购买人身份证、户口簿等相关身份证明（原件及复印件）；

（六）购买人储蓄存折（财政涉农补贴资金“一本通”，没有“一本通”的由乡镇财政所负责联系并为其开户）；

（七）《汽车摩托车下乡补贴资金申报表》（见附件）。

第二十二条 购买微型客车、微型载货车、轻型载货车或摩托车的农民，在按规定办理完成车辆登记注册手续后，向户口所在地乡镇财政部门申请购买新车补贴资金，并提供以下材料：

（一）机动车整车出厂合格证（复印件）或公安交通管理部门出具的机动车登记证书（原件及复印件）；

（二）公安交通管理部门出具的机动车行驶证（原件及复印件）、汽车下乡审查通过证明书；

（三）机动车销售发票（原件及复印件）；

（四）购买人身份证、户口簿等相关身份证明（原件及复印件）；

（五）购买人储蓄存折（财政涉农补贴资金“一本通”，没有“一本通”的由乡镇财政所负责联系并为其开户）；

（六）《汽车摩托车下乡补贴资金申报表》（见附件）。

第二十三条 乡镇财政部门按本细则第三、六、八、十三、十七、十八、十九和二十条的相关规定，通过汽车摩托车下乡补贴信息系统对农民的申报材料进行审核，符合要求的，应当当场确认补贴资金数额，留存相关证明材料复印件，并及时建立下乡产品及补贴资金档案；不符合要求的，应当当场说明原因，并退回申请资料。在汽车摩托车下乡补贴信息系统投入使用前，应当采取纸质审核等办法，及时审核农民申报的补贴资金。

第二十四条 审核批准的补贴资金，由乡镇财政所在7～15个工作日内将补贴资金拨付到农民的储蓄账户。

第五章 资金来源与结算

第二十五条 补贴资金由中央财政和省级财政共同负担（不含青岛），其中，中央财政负担80%，省级财政负担20%。

第二十六条 补贴资金按照事先预拨、事后清算的方式进行管理。省级财政部门在15个工作日内下达补贴资金预算，并根据预算及时将不少于50%的补贴资金逐级拨付至县级财政部门和乡镇财政所，其余补贴资金按需求进度拨付。

第二十七条 补贴资金按国库集中支付有关规定办理拨款。

第二十八条 汽车摩托车下乡政策实施过程中，实际补贴资金超出预算的部分，由当地市、县财政先行垫付。

第二十九条 每年4月底前，市级财政部门核实汇总本地区上年度补贴资金使用情况及购买或换购汽车摩托车补贴电子档案资料，报省财政厅审核清算。

第三十条 经批复下达的补贴资金使用方案原则上不得变更。

第六章 保障措施

第三十一条 各级财政部门应当安排工作经费，用于加强汽车摩托车下乡政策宣传、业务培训、销售网点监管、乡镇财政所补贴审核兑付、监督检查、公示以及必要的设备购置等。中央、省财政安排工作经费，对各市予以适当补助。

第三十二条 各级财政部门要根据财力情况，支持汽车摩托车下乡流通网络的建设和完善工作。中央财政对各地建设和完善汽车摩托车下乡网络给予适当奖励。

第七章 监督管理

第三十三条 省财政厅会同省家电与汽车摩托车下乡工作领导小组成员单位，共同对汽车、摩托车下乡实施监督管理。

第三十四条 各级政府和相关部门应在各自职责范围内，对汽车摩托车下乡补贴政策实施、下乡产品质量、企业售后服务、汽车销售价格等情况进行跟踪检查和监督管理，为农民购车提供技术、信息等服务，保证补贴资金全部、准确地发放给农民。

第三十五条 补贴资金必须专款专用，任何单位不得挤占、截留、挪用。各级财政部门应建立和落实工作责任制，加强对补贴资金使用情况的管理和检查，自觉接受财政、审计部门的监督。

第三十六条 各级政府不得在本细则规定之外对享受补贴产品实施其他限制，包括限制购车地区、品牌、车型、产地、经销商等，也不得对产品进行多次或重复检测，增加或变相增加企业和农民负担。

第三十七条　具有下列情形之一者，不予支付补贴资金：

（一）原三轮汽车或低速货车手续不全或未办理报废注销登记的；

（二）新购买的汽车摩托车不在《产品目录》内；

（三）申报的补贴资金材料不全，且经告知后仍不能补充齐全的；

（四）每年2月底前未申报上一年度补贴资金的；

（五）购买的汽车摩托车数量超过本细则第十八条规定数量的部分；

（六）采取欺骗、瞒报等不正当手段套取补贴资金的；

（七）挂本省以外牌照的下乡汽车、摩托车；

（八）法律法规规定的其他不符合享受补贴资金的。

第三十八条　汽车摩托车生产企业逾期未缴纳履约保证金的，财政部、工业和信息化部将取消其下乡资格。

第三十九条　对于汽车摩托车生产企业或销售商不履行申请承诺，违背与财政部、工业和信息化部签订协议书规定的行为，财政部、工业和信息化部或其授权人将依据情节轻重，采取以下一种或几种方式对该企业进行处理：

（一）通过媒体或其他形式对相关情况予以公告；

（二）部分或全部扣除履约保证金；

（三）从汽车摩托车下乡补贴产品目录中剔除相关产品；

（四）从汽车摩托车下乡补贴范围中剔除相关授权经销商；

（五）取消进入汽车摩托车下乡补贴范围资格；

（六）追究相关法律责任。

第八章　附　　则

第四十条　本细则自发布之日起执行。各市可根据本地区实际情况制定具体操作办法，并报省财政厅、省经济和信息化委员会备案。

第四十一条　本细则由省财政厅会同省经济和信息化、公安、工商、质监、物价等部门负责解释。

附件：汽车摩托车下乡补贴资金申报表

附件：

汽车摩托车下乡补贴资金申报表

新购车辆信息	新购产品类型	□微型载货车　□轻型载货车　□微型客车　□摩托车		
	是否满足限购要求	□是　□否	产品型号	
	车辆识别代码			
	生产企业		车牌号码	
	排量（ml）		总质量（kg）	
机动车销售统一发票信息	销货单位名称			
	开具发票日期		发票号码	
车主信息	车主姓名		车主联系方式	
	车主户籍所在地			
	车主身份证号码		车主开户行	
	车主储蓄账号			
	户口簿号		户主姓名	
	户主身份证号码		车主与户主关系	

续表

报废汽车信息	车辆类型	□三轮汽车（原三轮农用车）　□低速货车（原四轮农用车）		
	车辆识别代码			
	车牌号码		回收企业名称	
	回收证明号		回收时间	
代办人信息	姓名		住址	
	身份证号码		联系方式	
补贴信息（财政所填写）	销售价格（元）		补贴比例（%）	
	购买补贴（元）		报废车补贴金额（元）	
	补贴金额合计（元）			
备注				

机动车车主及代办人对申请材料的真实有效性负责。

车主（代办人）：　　　　财政所经手人：　　　　财政所审核人：

申报日期：　　　　经办日期：　　　　审核日期：

省财政厅转发《财政部〈关于印发厂丝收购贷款中央财政贴息资金管理办法〉的通知》的通知

2009年6月18日　鲁财建〔2009〕72号

各市财政局：

现将《财政部〈关于印发厂丝收购贷款中央财政贴息资金管理办法〉的通知》（财建〔2009〕240号）转发给你们，请遵照执行。

附件：财政部关于印发《厂丝收购贷款中央财政贴息资金管理办法》的通知

附件：

财政部关于印发《厂丝收购贷款中央财政贴息资金管理办法》的通知

2009年5月20日　财建〔2009〕240号

有关省、自治区、直辖市、计划单列市财政厅（局），财政部驻有关省、自治区、直辖市、计划单列市财政监察专员办事处：

为支持中央和地方骨干厂丝收购企业收购厂丝，遏制大面积砍桑毁桑现象发生，促进蚕农增收和农民就业，保持茧丝绸行业的平稳健康发展，根据《国务院关于印发纺织工业调整和振兴规划的通知》（国发〔2009〕10号）精神，中央财政对厂丝收购贷款实施临时贴息政策。为保证贴息政策落实，规范中央财政贴息资金管理，提高贴息资金使用效益，现将《厂丝收购贷款中央财政贴息资金管理办法》印发给你们，请遵照执行。

附件：厂丝收购贷款中央财政贴息资金管理办法

附件：

厂丝收购贷款中央财政贴息资金管理办法

为贯彻落实《国务院关于印发纺织工业调整和振兴规划的通知》（国发〔2009〕10号）精神，支持中央和地方骨干厂丝收购企业收购厂丝，遏制大面积砍桑毁桑现象发生，促进蚕农增收和农民就业，保持茧丝绸行业的平稳健康发展，中央财政对厂丝收购贷款实施临时贴息政策。为规范中央财政贴息资金管理，提高贴息资金使用效益，制定本办法。

第一条 厂丝收购贷款中央财政贴息资金是指中央财政预算安排的，对厂丝收购企业在国家规定计划内收购厂丝并获得银行贷款而给予的利息补贴。

第二条 纳入本办法的国家厂丝收购计划及厂丝收购企业名单由国家发展改革委、工业和信息化部、商务部会同有关部门另行确定。

第三条 本办法所称银行是指发放厂丝收购贷款的国家政策性银行、国有商业银行、股份制商业银行、城市商业银行、农村合作银行或农村信用合作联社等金融机构。

第四条 厂丝收购企业因收购厂丝获得银行贷款后，中央财政全额安排贴息资金，财政部根据经核实的厂丝实际收购量及银行贷款证明文件计算下达贴息资金。

第五条 贴息期限原则上为2009年5月1日至2010年4月30日。在此期间新增的厂丝收购贷款，贷款期限不长于12个月的，按实际期限贴息；贷款期限长于12个月的，按12个月贴息。

第六条 厂丝收购贷款贴息率按中国人民银行公布的1年期贷款基准利率为上限确定。实际发生的贷款利率低于1年期贷款基准利率的，贴息率为实际发生的贷款利率；实际发生的贷款利率为1年期贷款基准利率或高于1年期贷款基准利率的，贴息率为1年期贷款基准利率。

第七条 贴息期内，厂丝收购贷款借款人发生未按期偿还本金及其他违约行为，并由此产生的逾期贷款利息、加息、罚息，不在贴息范围内。

第八条 中央财政对按本办法第二条确定的符合贴息条件的厂丝收购企业进行审核后，分两次拨付贴息资金，按如下程序办理：

（一）地方厂丝收购企业分别于2009年9月10日和2010年5月10日前，凭经办银行确认的结息凭证、贷款合同等材料向所在地财政部门申请贴息。

（二）申请贴息企业所在地财政部门收到企业的贴息资金申请材料后，进行认真审核，逐级汇总，上报省级财政部门。

（三）省级财政部门将收到的贴息资金申请材料进行汇总，分别于2009年9月15日、2010年5月15日送财政部驻当地财政监察专员办事处（以下简称专员办）审核，专员办审核后，分别于2009年9月30日、2010年5月30日前向财政部申请拨付贴息资金，并附厂丝收购贷款中央财政贴息资金申请表（详见附1）。

（四）中央厂丝收购企业分别于2009年9月10日、2010年5月10日将贴息资金申请材料送收购地专员办审核，收购地专员办审核后，分别于9月30日、2010年5月30日向财政部申请贴息，并附厂丝收购贷款中央财政贴息资金申请表（详见附2）。

（五）财政部对中央厂丝收购企业报送的申请材料审核后，及时下达贴息资金预算，并按照财政国库管理制度有关规定及时支付贴息资金；财政部对省级财政部门报送的申请材料审核后，下达专项资金预算，向省级财政部门拨付中央财政贴息资金。

（六）省级财政部门收到中央财政拨付的贴息资金后，应及时支付资金，并由申请贴息企业所在地财政部门及时将资金支付到申请贴息企业。

第九条 厂丝收购贷款贴息申请应载明借款人名称和单位所在地、收购数量、收购金额、收购凭证、贷款支付凭证、品种规格、每笔贷款金额、发放时间、期限、合同利率、实际支付利息、申请贴息金额，并附贷款合同复印件、贷款发放凭单、结息凭证等内容。

第十条 为确保厂丝收购贷款贴息政策落实，各有关单位要认真履行贴息资金审核、拨付义务，切实加强贴息资金的监督和管理工作。

第十一条 厂丝收购贷款贴息资金是专项资金，各级财政部门、经办银行应确保贴息资金专款专用，不得以任何形式、任何理由截留、挪用贴息资金，保证贴息资金及时到位。违反上述规定的，按照《财政违法行为处罚处分条例》（国务院令第427号）追究有关人员的责任。

第十二条 各有关省、自治区、直辖市、计划单列市财政部门可会同专员办根据本地实际情况制定贴息资金的具体操作程序。

第十三条 本办法由财政部负责解释。

第十四条 本办法自印发之日起施行。

附：1. 厂丝收购贷款中央财政贴息资金申请表（地方企业）

2. 厂丝收购贷款中央财政贴息资金申请表（中央企业）

附1：

厂丝收购贷款中央财政贴息资金申请表（地方企业）

企业名称（盖章）： 单位：万元

收购时间	收购数量	品种规格	收购金额	贷款金额	贷款利息	申请财政贴息额

地（市）级财政部门意见： 年 月 日	省级财政部门意见： 年 月 日	经办银行意见： 年 月 日
财政部驻 省（区、市）财政监察专员办事处意见： 年 月 日		

附2：

厂丝收购贷款中央财政贴息资金申请表（中央企业）

企业名称（盖章）： 单位：万元

收购时间	收购数量	品种规格	收购金额	贷款金额	贷款利息	申请财政贴息额

财政部驻 省（区、市）财政监察专员办事处意见： 年 月 日	经办银行意见： 年 月 日

省财政厅 省国土资源厅关于印发《山东省地质勘查预算标准》的通知

2009年7月13日 鲁财建〔2009〕77号

各市财政局、国土资源局，省教育厅、省煤炭工业局、省国防科工办、省石化工业协会、省建材工业协会、省地质矿产勘查开发局、省煤田地质局，省冶金总公司、省黄金集团公司：

为进一步规范地质勘查项目预算编制和执行，加强地质勘查项目定额管理，提高资金使用效益，省财政厅、省国土资源厅联合制定了《山东省地质勘查预算标准》，现予印发，请遵照执行。

在执行本预算标准过程中如有问题，请及时向省财政厅、国土资源厅反映。

附件：山东省地质勘查预算标准（略）

省财政厅 省商务厅 省经济和信息化委员会 省环境保护厅 省工商行政管理局 省质量技术监督局 省物价局关于印发《山东省家电以旧换新实施办法（暂行）》的通知

2009年7月20日 鲁财建〔2009〕80号

各市财政、流通、经贸、环保、工商、质监、物价主管部门：

现将《山东省家电以旧换新实施办法（暂行）》印发给你们，请遵照执行。

附件：山东省家电以旧换新实施办法（暂行）

附件：

山东省家电以旧换新实施办法（暂行）

第一章 总 则

第一条 为进一步扩大消费需求，提高资源能源利用效率，减少环境污染，促进节能减排和循环经济发展，根据财政部、商务部等七部委《关于印发〈家电以旧换新实施办法〉的通知》（财建〔2009〕298号），结合我省实际，制定本办法。

第二条 本办法所称“家电以旧换新”是指消费者交售废弃旧家电并购买新家电的行为。

第三条 自2009年6月1日至2010年5月31日，在全省范围内进行家电以旧换新试点工作。

第四条 家电以旧换新工作遵循“手续简便、方便消费、直接补贴、安全高效、节能环保”的原则。

第二章 补贴政策

第五条 补贴方式及对象：

1. 凡在山东省行政区内注册登记具有法人资格或具有山东省户口，在规定时间内交售旧家电并购买新家电的单位和个人（以下简称购买人），在购买新家电时可享受家电补贴。交售旧家电与购买新家电的单位和个人必须一致。已享受“家电下乡”补贴政策的新家电不得重复享受以旧换新补贴。

2. 凡在规定时间内从购买人手中收购旧家电并交售给指定拆解处理企业的中标家电回收企业（以下简称回收企业），均可享受运费补贴。

第六条 以旧换新补贴家电产品范围：电视机、电冰箱（含冰柜）、洗衣机、空调、电脑。

第七条 补贴标准为：

1. 家电补贴。按新家电销售价格的10%给予补贴，补贴上限为：电视机400元/台，冰箱（含冰柜）300元/台，洗衣机250元/台，空调350元/台，电脑400元/台。

2. 运费补贴。按回收企业交售旧家电的数量给予定额补助。

第八条 以旧换新的新家电要符合国家有关安全、环保等标准要求。

第三章 操作流程

第九条 大型家电销售企业和家电回收企业由省商务厅会同省财政厅以招标方式确定；其他符合条件的家电销售企业和家电回收企业，由各市流通主管部门会同财政部门以招标方式确定，招标结果报省商务厅、省财政厅备案；招标结束后，由省商务厅向社会公布中标家电销售、回收企业的名单和联系方式，具体操作办法由省商务厅制定。拆解处理企业由省经济和信息化委会省环保厅从已备案公布的拆解处理企业中筛选1~3家，并向社会公布企业名单和联系方式。各市财政部门会同流通主管部门按“属地管理、方便快捷”原则，具体确定企业申领补贴的财政机关。

第十条 购买人选择中标回收企业，通过网络、电话及其他方式提出交售旧家电申请。回收企业及时上门收购旧家电，向购买人开具国家统一印制的家电以旧换新凭证。

各级政府部门、国有企事业单位用政府资金购买的家电，淘汰报废后应无偿交给经有关部门备案公布的处理企业，并凭处理企业开具的收购凭证办理资产核销手续，同时按交售本办法规定的品种取得以旧换新凭证。

回收企业要及时准确地将家电以旧换新凭证的所有信息，包括回收旧家电的类别、品牌、产品制造商、型号、机身序列号、购买人姓名和身份证件号码、旧家电回收价格、以旧换新凭证序列号等录入家电以旧换新管理信息系统。

第十一条 购买人选择中标销售企业，凭有效身份证件、家电以旧换新凭证，到家电销售企业购买新家电。对符合条件的，家电销售企业在销售新家电时直接向购买人垫付补贴资金，并将相关信息录入家电以旧换新管理信息系统。

第十二条 中标回收企业收购的旧家电一律交售给指定拆解处理企业进行拆解处理。对符合条件的，拆解处理企业按规定向回收企业垫付运输费用补贴，并将相关信息录入家电以旧换新管理信息系统。

第十三条 家电销售企业凭新家电销售发票、以旧换新凭证和《家电以旧换新（家电）补贴资金申报表》等材料，经当地流通主管部门审核后，到当地财政部门申领补贴资金。

第十四条 拆解处理企业凭以旧换新凭证和《家电以旧换新（运费）补贴资金申报表》等材料，经当地政府确定的相关业务主管部门审核后，到当地财政部门申领已垫付的运费补贴。

第四章　家电回收企业

第十五条　为方便购买人交售旧家电，旧家电回收采取多元化回收的方式。家电生产企业（售后服务机构）、销售企业、专业回收企业和拆解处理企业等均可参加省、市有关部门组织的家电以旧换新回收企业招投标活动。

第十六条　招标确定的家电回收企业应当具有相应的服务能力，信誉好并且具备以下基本条件：

1. 有布局合理、覆盖面广的回收网点；
2. 回收网点有通过家电以旧换新管理信息系统记录、查验以旧换新有关信息的能力；
3. 有符合环保要求的存储场地；
4. 有经过培训、具备一定专业技术知识的回收人员；
5. 近三年内经营资信状况良好。

第十七条　各市流通主管部门要将中标家电回收企业及符合条件的回收网点报省商务厅、省财政厅备案。

第十八条　中标回收企业要签订承诺协议，保证及时按合理价格收购购买人交售的旧家电，规范发放以旧换新凭证，回收的旧家电全部交售给指定的拆解处理企业，不擅自拆解处理旧家电，不弄虚作假，不从事制售以旧充新等违法行为。

第五章　家电销售企业

第十九条　专业家电连锁销售企业、综合性大型零售企业、家电生产企业（销售机构）等均可参加省、市组织的家电以旧换新销售企业招投标活动。

第二十条　招标确定的销售企业应当具有较强实力、信誉好、销售网络健全，并且具备以下基本条件：

1. 销售网点覆盖面广，原则上应覆盖到县一级；
2. 销售网点有通过家电以旧换新管理信息系统记录、查验以旧换新有关信息的能力；
3. 具有较强的仓储及配送能力；
4. 具备完善的家电送货、安装、调试、维修的售后服务体系；
5. 近三年内经营资信状况良好。

第二十一条　各市流通主管部门要将中标家电销售企业及符合条件的销售网点报省商务厅、省财政厅备案。

第二十二条　中标销售企业要签订承诺协议，保证按市场正常价格销售新家电，严把进货关，杜绝假冒伪劣、以次充好、以旧充新的产品进入市场流通。

第六章　拆解处理企业

第二十三条　除省经济和信息化委会省环保厅筛选确定的家电拆解处理企业外，其他拆解处理企业不得收购和处理以旧换新的旧家电。

第二十四条　拆解处理企业应符合国家环境保护的有关法律法规的要求，并且具备以下基本条件：

1. 依据《电子废物污染环境防治管理办法》（原国家环境保护总局令第40号）列入电子废物拆解利用处置单位名录（包括临时名录）的独立法人单位，不包括个体工商户；
2. 具有相关环境、质量、安全等管理和技术人员；
3. 具有与拆解处理废旧家电相适应的分类、包装、贮存、拆解、处理的相关设施和设备；
4. 对不能深度处理的废旧家电及其拆解产物应具有妥善利用或处置方案；

5. 具有通过家电以旧换新管理信息系统记录、查验废旧家电拆解处理数据的能力；建立了废旧家电经营情况记录簿制度；

6. 近三年内未受到环境保护部门的相关处罚。

第二十五条 拆解处理企业要签订承诺协议，保证不无故拒收回收企业交售的旧家电，不将收购的旧家电再流通，不从事制售以旧充新等违法行为，并在规定时限内将废家电拆解处理完毕。

第二十六条 拆解处理企业在试点期间违反环境保护法律、法规的，依法严肃处理并取消其拆解处理资格。

第七章 补贴资金申报、审核及兑付

第二十七条 购买人交售旧家电，从回收企业取得国家统一印制的家电以旧换新凭证。回收企业须在以旧换新凭证上注明旧家电的产品品牌、规格、型号、串号（产品生产编号）、购买人姓名及身份证件号等信息。

第二十八条 购买人购买新家电时直接申报家电补贴，由销售企业代财政部门进行审核。对符合补贴条件的，销售企业按销售价格向购买人开具发票，指导购买人填写《家电以旧换新（家电）补贴资金申报表》，当场兑付补贴资金，按照新家电的正常销售价格减去补贴后的金额收取货款。不符合补贴条件的，应立即告知购买人，按销售价格收取货款。

第二十九条 购买人申报补贴时应当提供的资料：（1）以旧换新凭证；（2）购买新家电的发票；(3)《家电以旧换新（家电）补贴资金申报表》；（4）购买人居民身份证件或相关法人单位的相关证明。

第三十条 家电销售企业每半个月对购买人的申报资料进行整理，经当地流通主管部门审核后，到当地财政部门申领家电补贴。财政部门在接到申报的7个工作日内进行审核确认后，将补贴资金通过国库集中支付方式直接支付到家电销售企业在银行开设的基本账户。

第三十一条 回收企业将收购的旧家电销售给拆解处理企业，向拆解企业开具销售发票，并要附注交售旧家电的产品类别、规格、型号、数量和价格等信息。

第三十二条 根据实际销售旧家电数量，回收企业直接申报运费补贴，由拆解处理企业代财政部门进行审核，对符合规定的，直接垫付运费补贴，同时指导回收企业填写《家电以旧换新（运费）补贴申报表》。不符合补贴规定的，应立即告知回收企业。

第三十三条 回收企业申报补贴时应当提供的资料：（1）以旧换新凭证；（2）销售旧家电的销售发票；(3)《家电以旧换新（运费）补贴申报表》。

第三十四条 拆解处理企业于每月3日前对上月回收企业的申报资料进行整理，经当地流通主管部门审核后，到当地财政部门申领家电补贴。财政部门在接到申报的7个工作日内进行审核确认后，将补贴资金通过国库集中支付方式直接支付到家电拆解处理企业在银行开设的基本账户。

第八章 补贴资金来源、拨付及清算

第三十五条 补贴资金按照专项转移支付有关规定，实行国库集中支付。

第三十六条 补贴资金的管理和使用遵循公开透明、分级负担、定向使用和动态监管的原则。

第三十七条 补贴资金由中央财政和省财政共同负担。其中，中央财政负担80%，省财政负担20%（不含青岛）。

第三十八条 省财政厅会同省商务厅根据各市废旧家电存量、家电拆解处理能力、经济发展水平等，测算补贴资金规模，预拨补贴资金。

第三十九条 补贴资金管理实行“事前预拨、事后清算”的办法。各市财政部门收到省财政拨付的补贴资金后，应在10个工作日内下达补贴资金预算分解文件，并按需求进度和上述程序支付补贴资金。实施过程中，如实际需支付补贴资金超预算，由各市财政部门先行垫付。

第四十条 各市财政部门会同流通主管部门在试点结束后，及时核实汇总本地区上年度补贴资金使用情况，报省财政厅进行审核清算。

第九章 组织实施及监督管理

第四十一条 省家电与汽车摩托车下乡工作领导小组负责全省家电以旧换新工作的组织实施及监督管理。各级要进一步加强领导，切实做好本区域家电以旧换新组织实施工作。

第四十二条 各级流通主管部门会同有关部门具体组织实施家电以旧换新工作；会同财政部门指导确定家电回收企业、销售企业；负责家电以旧换新管理信息系统培训工作；负责印制并组织发放家电以旧换新凭证；负责家电以旧换新的政策宣传。

第四十三条 各级财政部门要加强财政补贴资金管理，确保补贴资金及时、足额发放，防止各种骗取补贴行为的发生。

第四十四条 各级经济和信息化委（经贸委、节能办）负责家电产品生产企业的管理，督促指导生产企业提高和保障家电产品质量。负责废旧家电拆解处理的组织实施和监督管理。

第四十五条 各级环保部门负责对废旧家电拆解处理企业环境保护的监督和管理。

第四十六条 各级物价部门要加强以旧换新新家电的价格监管，规范经营者的价格行为。督促家电生产企业及时公告以旧换新新家电的参考价格，指导中标回收企业合理制定废旧家电回收指导价格并及时予以公布，监督中标的家电销售企业按市场正常价格销售新家电，监督中标的家电回收企业按公平合理的价格回收旧家电。

第四十七条 工商行政管理部门要充分发挥12315消费者申诉举报网络的作用，及时受理和依法处理消费者对以旧换新家电产品的申诉举报，切实维护消费者的合法权益。

第四十八条 质监部门要查处违反质量等法律法规的行为，从源头上打击假冒伪劣产品违法活动。

第四十九条 各有关部门要通过建立与中标家电回收企业、销售企业和拆解处理企业的联系机制，建立顺畅的信息渠道，监督和管理家电回收、销售企业及网点和拆解处理企业。要建立工作档案和工作报告制度，定期将试点工作进展情况、存在问题和建议向上级主管部门报告。

第十章 附 则

第五十条 各市可根据本办法制订具体实施细则。

第五十一条 本办法由省财政厅、省商务厅负责解释。

第五十二条 本办法自发布之日起施行。

省财政厅关于印发《家电与汽车摩托车下乡和以旧换新工作考核办法（试行）》的通知

2009年8月4日 鲁财建〔2009〕87号

各市财政局：

为进一步做好家电与汽车摩托车下乡和以旧换新工作，我们研究制定了《山东省家电与汽车摩托车下乡和以旧换新工作考核办法（试行）》，现予印发，请认真贯彻执行。执行中如有问题，请及时向省财政厅反映。

附件：家电与汽车摩托车下乡和以旧换新工作考核办法（试行）

附件：

家电与汽车摩托车下乡和以旧换新工作考核办法（试行）

为进一步推动国家惠农政策的落实，切实做好家电与汽车摩托车下乡和以旧换新等工作，根据家电与汽车摩托车下乡和以旧换新相关政策，以及《山东省财政经济建设工作效能考核办法》（鲁财建〔2008〕21 号），制定本办法。

一、指导思想

考核工作以全面推进我省家电与汽车摩托车下乡和以旧换新工作、促进扩大内需政策落实为目的，以现行政策为依据，以工作开展情况为基础，以实施效果为重点，促进各级财政部门进一步完善制度，规范兑付程序，建立科学、合理、有效的工作流程，不断扩大政策效果，提高工作效率。

二、考核对象

考核对象为各市、县（市、区）财政局、乡镇（街道）财政所。省财政重点对各市财政部门进行考核。

各市可参照本办法，制定对下考核办法，加强对各县（市、区）、乡镇（街道）工作的考核。

三、考核内容

考核实行基本分制度，上不封顶。基本分为 100 分，其中工作开展情况 60 分，报表汇制及数据录入情况 20 分，信息编报情况 20 分（其中每一项若有扣分扣到 0 分为止）。

（一）工作开展情况（60 分）

1. 制度建设（5 分）。制定本市家电与汽车摩托车下乡和以旧换新等相关管理办法，确保工作正常开展，得 5 分。结合本地实际，创新补贴机制、完善补贴方案并取得明显成效的，每项加 2 分，最高加 5 分；在全省推广应用的，加 10 分。同一项目不重复加分。

2. 补贴资金管理使用（10 分）。加强补贴资金监管，确保财政资金安全并能及时兑付的，得 10 分。在省级以上组织的检查中发现问题且属实的，每项扣 5 分；发现问题，未能及时纠正，并造成较大社会影响或被新闻媒体曝光的，每次扣 10 分。同一问题不重复扣分。

3. 重要指标完成情况（40 分）。

（1）家电下乡（20 分）主要以每百户销售数量、补贴兑付率等指标为基准考核依据；高于全省平均数的，每个百分点加 4 分；低于平均数的，每个百分点扣 4 分。

（2）汽车摩托车下乡（10 分）、家电以旧换新（5 分）、汽车以旧换新（5 分）主要以每百户补贴数量为基准考核依据。其中汽车摩托车下乡每百户补贴数量高于全省平均数的，每高出 1 个百分点加 2 分；低于平均数的，每低于 1 个百分点扣 2 分。家电、汽车以旧换新每百户补贴数量每个百分点分别加、扣 1 分。在此基础上，视销售量排名、地域差异等情况适当加减分。

4. 上访投诉（5 分）。无越级上访、投诉的得 5 分。越级上访、投诉且情况属实、确有过错的，每次扣 2 分；造成较大社会影响或被新闻媒体曝光的，本项不得分。

（二）报表汇制及数据录入情况（20 分）

按时完成数据录入、汇总并上报报表的，得 20 分。未按时汇总、上报报表的，每次扣 5 分；数据明显错误或严重缺失的，每处扣 5 分。随意编造数据造成恶劣影响的，本项不得分。

（三）信息编报情况（20 分）

平均每月报送2篇信息并被经济建设处网页采用的，得20分。少报的每篇扣5分。多报每篇加3分，多报多得分。

被《家电与汽车摩托车下乡工作简报》采用的，每篇加5分，同时被《财政情况》采用的，每篇再加5分；被《山东政务信息》采用的，每篇再加10分；厅领导批示的，每篇加10分；省级及以上领导批示的，每篇加20分；多次采用的，累计加分。被《财政情况》“调研版”采用的，每篇加20分。

四、表彰及奖励

省里将以《家电与汽车摩托车下乡工作简报》等形式，定期通报各市工作进展情况。年终对各市的得分情况进行汇总、评比，考核结果在全省通报，并适当与工作经费挂钩，对先进集体和个人给予表彰与奖励。

五、附则

本办法自2009年7月1日起试行。

省财政厅　省经济和信息化委员会　省公安厅　省环境保护厅　省工商行政管理局　省质量技术监督局　省物价局关于印发《山东省汽车以旧换新实施办法》的通知

2009年8月6日　鲁财建〔2009〕89号

各市财政、经贸、公安、环保、工商、质监、物价主管部门：

现将《山东省汽车以旧换新实施办法》印发给你们，请遵照执行。

附件：山东省汽车以旧换新实施办法

附件：

山东省汽车以旧换新实施办法

第一章　总　则

第一条　为切实做好汽车以旧换新工作，根据财政部、商务部等十部委《关于印发〈汽车以旧换新实施办法〉的通知》（财建〔2009〕333号），结合我省实际，制定本办法。

第二条　汽车以旧换新，是指按本办法要求，提前报废老旧汽车、“黄标车”并换购新车。

“黄标车”是指污染物排放达不到国Ⅰ标准的汽油车和达不到国Ⅲ标准的柴油车。

老旧汽车、“黄标车”和新车均不包括三轮汽车、低速货车。

第三条　本办法所称汽车以旧换新补贴资金（以下简称补贴资金），是指中央财政从一般预算安排的，专项用于汽车以旧换新的补贴资金。

第四条 省经济和信息化委会同省财政厅、省公安厅、省环保厅、省工商局、省质监局、省物价局等部门，按照部门职责分工和本办法的规定，组织实施汽车以旧换新工作，并指导地方相关部门开展有关工作。

省经济和信息化委负责会同有关部门组织实施汽车以旧换新工作，指导各地经贸主管部门开展报废汽车回收、新车销售的管理工作。

省财政厅负责补贴资金的筹集、分配、落实和监管。

省公安厅负责指导、监督各市公安交通管理部门办理新车注册登记，办理报废机动车注销登记，并出具《机动车注销证明》。

省环保厅负责“黄标车”的认定和查验，并对报废机动车拆解处理实施环境监管。

省工商局、省质监局、省物价局等部门在各自职责范围内加强监督管理。

第五条 各市经贸主管部门会同财政、公安、环保等部门负责汽车以旧换新的具体实施工作。

第二章 补贴范围和标准

第六条 补贴范围：在2009年6月1日~2010年5月31日期间，将符合下列条件的汽车交售给依法设立的指定报废汽车回收拆解企业，并换购新车的（报废汽车的车主名称与换购新车车主名称应一致）：

（一）使用不到8年的老旧微型载货车，老旧中型出租载客车；

（二）使用不到12年的老旧中、轻型载货车；

（三）使用不到12年的老旧中型载客车（不含出租车）；

（四）与“汽车报废标准规定使用年限表”（详见附件1）中规定的使用年限相比，提前报废的各类“黄标车”。

“黄标车”可登录“机动车环保网”查询，网站地址：www. vecc - mep. org. cn。

使用年计算的起始和终止日期，分别为车辆初次登记日期和注销日期。

第七条 同时符合下列条件的，车主只能选择申请一种补贴：

（一）既符合第六条第（四）项、又符合第六条第（一）至第（三）项规定条件之一的；

（二）既符合第六条第（三）项或第（四）项，又符合2009年老旧汽车报废更新补贴资金的车辆补贴范围，及补贴标准公告（财政部　商务部公告2009年第20号）规定条件的。

第八条 提前报废“黄标车”并换购新车，新车已享受1.6升及以下乘用车减半征收车辆购置税政策的，不再享受补贴。

第九条 符合第六条规定提前报废老旧汽车、“黄标车”并换购新车的，按以下标准给予补贴：

（一）报废老旧汽车的：

1. 报废中型载货车，每辆补贴人民币6 000元；
2. 报废轻型载货车，每辆补贴人民币5 000元；
3. 报废微型载货车，每辆补贴人民币4 000元；
4. 报废中型载客车，每辆补贴人民币5 000元。

（二）报废“黄标车”的：

1. 报废中型载货车，每辆补贴人民币6 000元；
2. 报废轻型载货车，每辆补贴人民币5 000元；
3. 报废微型载货车，每辆补贴人民币4 000元；
4. 报废中型载客车，每辆补贴人民币5 000元；
5. 报废小型载客车（不含轿车），每辆补贴人民币4 000元；
6. 报废微型载客车（不含轿车），每辆补贴人民币3 000元；
7. 报废轿车、重型载货车、大型载客车、专项作业车，每辆补贴人民币6 000元。

市财政部门会同经贸主管部门可以根据本地区“黄标车”车型、年限、城市管理等实际情况，因地制宜，合理调整“黄标车”补贴标准，报经市级人民政府批准后，及时向社会公布，并报省财政厅、省经济和信息化委备案。

第三章　车辆报废更新及补贴资金申请、审核和发放

第十条　承担汽车以旧换新车辆回收工作的企业，应为依法设立、具备汽车以旧换新信息管理系统（以下简称信息管理系统）录入条件、能够出具由省经济和信息化委印发的《报废汽车回收证明》的报废汽车回收拆解企业。

第十一条　拟申请汽车以旧换新补贴资金的车主应当将符合第六条规定的老旧汽车、“黄标车”，交售给车籍所在地报废汽车回收拆解企业，报废汽车回收拆解企业应当在信息管理系统中录入车辆报废回收有关信息，按有关规定及时对车辆解体，向车主出具《报废汽车回收证明》，并自收到车辆之日起10个工作日内将机动车登记证书、号牌、行驶证和《报废汽车回收证明》副联等交公安机关办理注销登记，向车主交付《机动车注销证明》。

第十二条　报废汽车回收拆解企业出具的《报废汽车回收证明》，应在备注栏中注明车辆初次登记日期、总质量、车长、乘坐人数等信息，并将副联报送所在地经贸主管部门备案。

第十三条　车主在购买新车时，应取得新车购车发票等证明、凭据。

第十四条　各市经贸主管部门要会同财政、环保部门设立汽车以旧换新联合服务窗口，定期办理补贴资金申请。有条件的县也要设立汽车以旧换新联合服务窗口。联合服务窗口设置地点应尽量方便车主办理补贴资金申领手续。

经贸主管部门是联合服务窗口的牵头单位，主要负责审核《报废汽车回收证明》的有效性，以及车主提交的《汽车以旧换新补贴资金申请表》（详见附件2）等有关材料，核对信息管理系统中报废车辆回收有关信息，录入申请、补贴信息，综合协调、汇总数据等工作。

财政部门负责审核车辆是否属于申领补贴范围及补贴标准，并对符合要求的车主拨付补贴资金。

环保部门负责查验报废车辆是否属于“黄标车”。

第十五条　符合本办法第六条规定的老旧汽车、“黄标车”车主，应在2009年8月10日至2010年6月30日期间，到报废车辆车籍所在地市、县汽车以旧换新联合服务窗口申请补贴资金，并提供以下材料：

（一）《汽车以旧换新补贴资金申请表》（可在联合服务窗口领取，也可从商务部网站下载）；

（二）《报废汽车回收证明》原件；

（三）《机动车注销证明》原件及复印件；

（四）新车购车发票原件及复印件；

（五）机动车登记证书原件及复印件；

（六）车辆购置税完税凭证原件及复印件；

（七）有效身份证明原件及复印件；

（八）与车主同名的个人银行账户存折或单位基本账户开户证复印件。

对符合条件的报废老旧汽车、“黄标车”并购买新车的，财政部门应于受理后15个工作日内将补贴资金发放给车主；对不符合条件的，经贸主管部门应退回申请并说明理由。

车主逾期提出补贴资金申请的，有关部门不予受理。

第十六条　信息管理系统启用前，各市可采取纸质表格审核等形式，开展补贴资金的审核发放工作。

第四章　补贴资金管理

第十七条　省财政按照本办法第九条确定的补贴标准，对地方实行补贴资金包干。各市调高“黄标车”补贴标准差额所需资金，由各市财政安排。

第十八条 省财政厅参考各地“黄标车”保有量等因素，向各市级财政主管部门预拨补贴资金。

第十九条 各市级财政、经贸主管部门应当于2010年7月15日前，将补贴资金发放情况上报省经济和信息化委、省财政厅。省财政厅根据补贴资金实际发放情况与各市进行清算。

第二十条 补贴资金结余的使用，由省财政厅会同省经济和信息化委另行规定。

第五章 保障措施

第二十一条 市级经贸主管部门要统筹规划，引导企业合理布局、完善报废汽车回收网络，支持有条件的企业向县延伸回收网点，鼓励企业开展上门服务，方便车主交车和办理相关手续，并及时向社会公布行政区域内报废汽车回收拆解企业及其回收网点名单。

经贸主管部门要引导报废汽车回收拆解企业加大投入，按照《报废汽车回收拆解企业技术规范》（GB22128－2008）进行标准化改造，提高拆解水平。

第二十二条 各市经贸主管部门要积极与财政等部门沟通和协调。财政部门应当安排工作经费，用于汽车以旧换新联合服务窗口设立、政策宣传、业务培训、相关单据印制以及必要的设备购置等。

第二十三条 鼓励各市根据实际情况，制定相关配套政策和措施，引导老旧汽车、“黄标车”提前报废。各市出台的相关政策，应与汽车以旧换新政策一并执行。

第六章 监督管理

第二十四条 省经济和信息化委会同省财政厅、省公安厅、省环保厅、省工商局、省质监局、省物价局等部门，指导各市相关部门对汽车以旧换新实施监督管理。

第二十五条 各市、县政府相关部门应在各自职责范围内，对汽车以旧换新政策实施、汽车报废和换购新车、资金发放、信息统计上报等情况进行跟踪检查和监督管理，确保资金安全、及时发放，用好补贴政策。

第二十六条 市级经贸主管部门要负责组织做好汽车以旧换新补贴申请办理资料存档和信息统计工作，并将每月办理情况（详见附件4）于次月3日前报送省经济和信息化委，抄报省财政厅、省环保厅。省经济和信息化委适时将有关信息在网站上公布。

第二十七条 各级人民政府不得对换购新车的产地、品牌、型号等加以限制。

第二十八条 对买卖、伪造、变造《报废汽车回收证明》，拼装车以及将回收的报废车辆上路行驶或流向社会的，有关部门依据《报废汽车回收管理办法》（国务院令第307号）进行处理。

第二十九条 对挪用、骗取补贴资金的单位和个人，有关部门依据《财政违法行为处罚处分条例》（国务院令第427号）及其他有关法规进行处理。

第三十条 报废汽车回收拆解企业有违反本办法规定，不履行有关义务的，经贸主管部门可依据其情节轻重，采取公告违规企业行为、从承担汽车以旧换新车辆回收工作企业名单中剔除，以及收回或暂停发给《报废汽车回收证明》等措施进行处理。

第七章 附 则

第三十一条 本办法自发布之日起执行。各市级财政、经贸主管部门可根据本办法并结合本地区实际情况制定汽车以旧换新具体实施细则，并报省财政厅、省经济和信息化委备案。

第三十二条 财政部、商务部公告2009年第20号规定的老旧汽车报废更新补贴资金申请和发放，按本办法有关规定执行。有关车主应按规定提交相关材料，并填写《“老旧汽车报废更新”补贴资金申请表》（详见附件3）。各市应按《“老旧汽车报废更新”补贴资金发放统计表》（详见附件5）报送信息。

第三十三条 本办法由省财政厅、省经济和信息化委负责解释。

附件：1. 汽车报废标准规定使用年限表

2. 汽车以旧换新补贴资金申请表

3. “老旧汽车报废更新”补贴资金申请表

4. 汽车以旧换新补贴资金发放统计表

5. “老旧汽车报废更新”补贴资金发放统计表

附件1：

汽车报废标准标定使用年限表

车辆类型和用途					使用年限
载客车	营运	出租	小、微型（含轿车）		8年
			中型		8年
			大型	19座及以下	8年
				19座以上	8年，可延4年
		旅游			10年，可延10年
		其他			10年，可延5年
	非营运	小、微型（含轿车）			15年，可延
		大、中型			10年，可延10年
载货车	微型				8年
	重、中、轻型				10年，可延5年
专项作业车	矿山作业专用车				8年，可延
	其他专门作业车				10年，可延

附件2：

汽车以旧换新补贴资金申请表

报废车辆信息	车辆类型		车辆型号		车架号/车辆识别代码		使用性质		环保部门审核意见（专用章） 该报废车辆是否为黄标车：是（ ）/否（ ）
	燃油种类		货车（含载重）总质量（千克）		客车长度（米）		客车乘坐人数（人）		经办人：
	初次登记日期		交售日期		注销日期				年 月 日
	回收证明号		注销证明号						
更新车辆信息	车辆类型		车辆型号		车辆识别代码				商务主管部门审核意见（专用章） 该报废车辆符合补贴范围，申请材料齐全，补贴金额符合有关规定。
	购车发票号		购车价格（万元）		购置税税率				经办人：
车主信息	车主		经办人		经办人身份证号				
	联系电话		身份证号（单位组织机构代码）						年 月 日
	联系地址		邮政编码		车主或经办人签字（公章）：				财政部门审核意见（专用章） 该报废车辆属申领补贴范围，同意按补贴金额拨付资金。
	车主开户银行								
	开户银行账号								经办人：
补贴金额		人民币： 万 仟 佰元整 ￥____元			年 月 日				年 月 日

提供材料：《报废汽车回收证明》原件，《机动车注销证明》、更新车辆发票、机动车登记证书、车辆购置税完税凭证、身份证明原件及复印件，与车主同名的个人银行账户存折或单位基本账户开户证复印件。

本表一式四联，一联商务主管部门存查，二联财政部门存查，三联环境保护部门存查，四联车主存查。

附件3：

“老旧汽车报废更新”补贴资金申请表

<table>
<tr><td rowspan="3">报废车辆信息</td><td>车辆类型</td><td></td><td>车辆型号</td><td></td><td>车架号/车辆识别代码</td><td></td><td>使用性质</td><td></td><td rowspan="5">商务主管部门审核意见（专用章）
该报废车辆符合补贴范围，申请材料齐全，补贴金额符合有关规定。
经办人：</td></tr>
<tr><td>燃油种类</td><td></td><td>货车（含载重）总质量（千克）</td><td></td><td>客车长度（米）</td><td></td><td>客车乘坐人数（人）</td><td></td></tr>
<tr><td>初次登记日期</td><td></td><td>交售日期</td><td></td><td>注销日期</td><td colspan="3"></td></tr>
<tr><td rowspan="3">更新车辆信息</td><td>回收证明号</td><td colspan="2"></td><td>注销证明号</td><td colspan="4"></td></tr>
<tr><td>车辆类型</td><td></td><td>车辆型号</td><td></td><td>车辆识别代码</td><td colspan="3"></td></tr>
<tr><td>购车发票号</td><td colspan="2"></td><td>购车价格（万元）</td><td colspan="4"></td><td rowspan="6">财政部门审核意见（专用章）
该报废车辆属申领补贴范围，同意按补贴金额拨付资金。
经办人：</td></tr>
<tr><td rowspan="5">车主信息</td><td>车主</td><td></td><td>经办人</td><td></td><td>经办人身份证号</td><td colspan="3"></td></tr>
<tr><td>联系电话</td><td></td><td colspan="2">身份证号（单位组织机构代码）</td><td colspan="4"></td></tr>
<tr><td>联系地址</td><td colspan="2"></td><td>邮政编码</td><td></td><td colspan="3" rowspan="3">车主或经办人签字（公章）：</td></tr>
<tr><td>车主开户银行</td><td colspan="4"></td></tr>
<tr><td>开户银行账号</td><td colspan="4"></td></tr>
<tr><td></td><td>补贴金额</td><td colspan="4">人民币：　万　仟　元整　￥______元</td><td colspan="3">年　月　日</td><td>年　月　日</td></tr>
</table>

提供材料：《报废汽车回收证明》原件，《机动车注销证明》、道路运输证和运输管理部门出具的意见（报废农村客运车辆需提供）、更新车辆发票（报废城市公交车辆需提供）、身份证明原件及复印件，与车主同名的个人银行账户存折或单位基本账户开户证复印件。

本表一式三联，一联商务主管部门存查，二联财政部门存查，三联车主存查。

附4：

汽车以旧换新补贴资金发放统计表

单位（公单）：　　　　20　年　月份　　　　填写日期：　年　月　日

地区	补贴老旧汽车（辆）					补贴“黄标车”（辆）											购置新车金额合计（万元）	发放补贴资金合计（万元）
	合计	载客车	载货车			合计	载客车					载货车				专项作业车6 000元/辆		
		中型 5 000元/辆	中型 6 000元/辆	轻型 5 000元/辆	微型 4 000元/辆		大型 6 000元/辆	中型 5 000元/辆	小型 4 000元/辆	轻型 3 000元/辆	辆车 6 000元/辆	重型 6 000元/辆	中型 6 000元/辆	轻型 5 000元/辆	微型 4 000元/辆			
合计																		
备注：补贴老旧汽车、“黄标车”栏中金额为补贴标准，如地方调整“黄标车”补贴标准，按调整金额修改。																		

填表人：　　　　　　　　联系电话：

附件5：

“老旧汽车报废更新”补贴资金发放统计表

单位（公章）： 2009年 月份 填报日期： 年 月 日

地 区	补贴车辆合计（辆）	其 中					购置新车金额合计（万元）	发放补贴资金合计（万元）
		农村客运 10 000元/辆	载客车 5 000元/辆	城市公交		载货车 5 000元/辆		
				10 000元/辆	15 000元/辆			
合 计								
备注：符合财政部、商务部2009年第20号公告内容车辆填写此表。								

填表人： 联系电话：

省财政厅 省国土资源厅关于印发《山东省国外矿产资源风险勘查专项资金管理暂行办法》的通知

2009年8月13日 鲁财建〔2009〕91号

各市财政局、国土资源局，有关省直地质勘查单位、矿业公司：

为加强国外矿产资源风险勘查专项资金的管理，提高资金使用效益，根据国家有关法律、法规和财政专项资金管理办法，我们研究制定了《山东省国外矿产资源风险勘查专项资金管理暂行办法》，现印发给你们，请遵照执行。执行中如有问题，请及时反映。

附件：山东省国外矿产资源风险勘查专项资金管理暂行办法

附件：

山东省国外矿产资源风险勘查专项资金管理暂行办法

第一章 总 则

第一条 为深入贯彻实施“走出去”战略，鼓励和引导地勘单位和矿业企业到国外勘查、开发矿产资源，加强对国外矿产资源风险勘查专项资金（以下简称专项资金）的管理，提高资金使用效益，制定本办法。

第二条 专项资金是指从省级分成的矿产资源补偿费、探矿权、采矿权使用费及价款中安排，专项用于国有地勘单位和矿业企业国外矿产资源勘查、开发项目的补助资金和贷款贴息资金。

第三条 本暂行办法所称国有地勘单位，是指在山东省行政区域内，经人力资源和社会保障行政主管部门登记为事业法人、以地质勘查生产活动为主业，执行地质勘查单位财务、会计制度的国有地质勘查单位。

本暂行办法所称矿业企业，是指在山东行政区域内经工商行政管理部门注册登记、经营范围中以矿产品开发利用、矿产资源勘查、采矿、选矿等为主营业务的国有（或国有控股）企业。

第四条 专项资金实行专款专用，任何单位和个人不得截留、挤占和挪用。

第二章 专项资金支持范围

第五条 专项资金主要用于支持我省战略性矿产资源和急需矿产资源的勘查、开发，现阶段主要支持富铁、铝、铜、铅、锌、钾盐、金、煤等矿种的勘查、开发。优先支持以下项目：

（一）属于国家和省境外投资产业指导政策中鼓励类矿产资源的勘查和开发项目；

（二）成矿条件或成矿背景较好，预估资源量大、品位高的项目；

（三）区位优势明显，所在国政策环境好、内外部条件优越的项目；

（四）勘查开发施工条件较好、前期工作比较完备，勘查成本相对较低，具有良好市场前景和较好经济效益的项目。

第三章 申请专项资金的条件

第六条 申请专项资金必须符合下列条件：

（一）项目的实施符合国家法律法规和产业政策，不危害国家主权、安全和公共利益，不违反国际法准则及项目所在国的法律；

（二）在国外投资开办企业已经商务部或省级商务主管部门核准；境外矿产资源勘查开发项目已在国家发展改革委或省级发展改革部门完成核准或备案手续，并在商务部和国土资源部完成备案手续；

（三）项目申请单位持有或与国外合资、合作单位共同持有项目的矿业权；

（四）实施项目已获得所在国矿产资源主管部门关于矿产资源勘查开发的许可证照或其他具有同等效力的书面许可文件，项目实施计划已经所在国批准；与外方企业合资、合作的，应当签订合同或协议（草签文本）；

（五）实施项目具备相应的保障条件（原材料、燃料、动力、主要设备及交通运输等）；

（六）勘查施工单位应具有甲级地质勘查资质；

（七）开发项目开采出的矿产资源（或粗加工制品）主要运回省内；

（八）省财政厅和国土资源厅要求的其他条件。

第七条 申请专项资金应提交以下材料：

（一）申请专项资金报告；

（二）可行性论证报告；

（三）项目设计；

（四）详细经费支出预算；

（五）企事业单位法人证书复印件或工商执照副本复印件；

（六）实施勘查项目的，须提供地质勘查单位资质证明；实施开发项目的，须提供经国家批准在项目所在国登记注册为法人实体的证明；

（七）项目所在国矿产资源主管部门颁发的矿产资源勘查或采矿许可证；与外方企业合资、合作的，应当提供签订的合同或协议（草签文本）复印件；

（八）商务部颁发或省商务主管部门代发的《中华人民共和国境外投资批准证书》；

（九）国家发展改革委或省发展改革部门出具的境外投资项目书面核准文件或备案证明；

（十）已经商务部和国土资源部备案的《境外矿产资源开发项目备案表》；

（十一）我国驻项目所在国使领馆经济商务参赞处（室）出具的对申报项目的书面意见；

（十二）属于申请贴息资金的，还应同时提供以下材料：

1. 山东省国外地质勘查（开发）项目贷款贴息申请表（见附件）；

2. 项目贷款合同；

3. 经中介机构验证的银行贷款到位凭证；

4. 经贷款经办银行签署意见的上年3月31日至当年3月3月31日银行贷款利息结算单证。

（十三）省财政厅、省国土资源厅要求提供的其他材料。

省财政厅、省国土资源厅可根据国家政策，对需要提供的资质证明材料提出要求。

第四章 项目申报审批

第八条 省财政厅、省国土资源厅每年根据国家和省实施“走出去”战略的具体要求，发布专项资金项目申报指南。

第九条 申请专项资金的地质勘查单位和矿业企业，应根据本办法规定和项目申报指南要求，组织编报项目申报材料，报送省财政厅、省国土资源厅。

第十条 省直企事业单位实施的项目，由其主管部门初审汇总后报送省财政厅、省国土资源厅；市及以下企事业单位实施的项目，由各市财政局、国土资源局审核汇总后，联合报送省财政厅、国土资源厅。

第十一条 省财政厅、省国土资源厅组织有关专家对申报项目进行论证评审。

第十二条 省财政厅根据当年财力情况，结合专家论证意见，下达项目经费预算。

第十三条 省国土资源厅根据项目经费预算，下达项目任务书。

第五章 项目预算管理

第十四条 省财政对在国外进行前期预查和普查阶段的项目，以财政拨款补助的方式予以支持。财政拨款补助金额原则上不超过项目预算的50%。

对在国外进行详查、勘探和开采阶段的项目，以提供国内银行贷款财政贴息的方式予以支持。

省财政对项目的贴息率不得超过当期银行贷款利率。财政贴息的贴息率由省财政厅根据年度贴息资金预算控制指标、项目当期银行贷款利率和项目对贴息资金需求一年一定。单个项目财政贴息金额原则上不超过 500 万元，安排贴息资金原则上不超过 3 年。

属于项目逾期贷款的利息、加息、罚息，省财政不予贴息。

第十五条 专项资金拨付按照财政国库管理制度的有关规定执行。

第十六条 专项资金的财务管理及账务处理按照现行国家有关规定执行。

第六章 项目实施管理

第十七条 项目承担单位及其上级主管部门要建立健全质量管理体系，对项目立项、设计、施工、成果编制的全过程进行实时质量监控。

第十八条 勘查施工必须严格执行下达的项目任务书及有关行业标准和规范。

第十九条 项目实施过程中，对项目的主要实物工作量、工作区域、工作期限和经费预算等需进行重大调整的，需报省财政厅、省国土资源厅批准。

第二十条 勘查、开发项目完成后，项目承担单位上级主管部门应当按要求及时组织验收。

第二十一条 勘查项目完成并经项目承担单位上级主管部门组织验收后，应按照有关规定、技术标准和要求，编写项目成果报告，报送省国土资源厅。

第二十二条 省国土资源厅在收到勘查项目成果报告后，组织有关专家对成果报告审查验收，下达成果验收意见。

第二十三条 勘查项目成果验收后，项目承担单位应当按《全国地质资料汇交管理办法》的有关规定，及时向省国土资源主管部门汇交成果资料。

第二十四条 开发项目的承担单位，在每一年度终了和项目结束时，按本暂行办法第十条规定的程序，向省国土资源部门报送项目总结报告。

第七章 监督检查

第二十五条 各级财政部门、国土资源部门要加强对专项资金使用情况、项目实施情况的监督检查，并对资金使用情况实行绩效考评。

第二十六条 各级财政部门、国土资源部门、省直企事业单位财务部门应当建立专项资金使用管理的监督约束机制，建立项目跟踪反馈制度，及时发现和纠正项目资金使用中的问题，重大事项要及时报告。

第二十七条 项目承担单位的上级主管部门应当加强专项资金管理，严格遵守有关财务会计制度，并积极配合有关部门进行监督检查。

第二十八条 对存在违法勘查、虚报工作量、制作假材料、瞒报或虚报资源储量等行为，或工程质量严重不合格的单位，一经发现，除限期整改外，两年内不得申报境外矿产资源勘查项目。

第二十九条 项目承担单位及其上级主管部门和有关人员，因渎职或其他违法行为造成专项资金被截留、挪用或流失的，依照《财政违法行为处罚处分条例》追究其责任。

第八章 附 则

第三十条 本暂行办法自发布之日起施行。

第三十一条 本暂行办法由省财政厅会同省国土资源厅负责解释。

附件：山东省国外地质勘查（开发）项目贷款贴息申请表

附件：

山东省国外地质勘查（开发）项目贷款贴息申请表

编制单位：

序号	贷款项目 按项目分别填列	项目建设期 （ 年 月至 年 月）	总投资（万元）		享受贴息的贷款余额（万元）	占用天数	贷款基数（万元/天）	申请贴息表	申请贴息额（万元）
			合计	其中：银行贷款					
1									
2									
3									
4									
5									
6									
7									
8									
9									
10									
11									
12									
13									
14									
15									
16									
17									
18									
19									
20									
21									
22									
23									
24									
25									

制表日期：

省财政厅 省住房和城乡建设厅关于印发《山东省风景名胜区和历史文化名城保护规划专项资金使用管理办法》的通知

2009 年 8 月 24 日 鲁财建〔2009〕97 号

各市财政局、建委（建设局、规划局）：

现将《山东省风景名胜区和历史文化名城保护规划专项资金使用管理办法》印发给你们，请遵照执行。执行中如有问题，请及时反映。

附件：山东省风景名胜区和历史文化名城保护规划专项资金使用管理办法

附件：

山东省风景名胜区和历史文化名城保护规划专项资金使用管理办法

第一条 为规范和加强山东省风景名胜区和历史文化名城保护规划专项资金（以下简称“专项资金”）的使用管理，提高资金使用效益，特制定本办法。

第二条 专项资金是指省级财政预算安排的风景名胜区和历史文化名城保护规划专项资金，主要用于山东省内国家级、省级风景名胜区、历史文化名城规划编制和其他保护工作等。

第三条 专项资金支持范围：

（一）国家级和省级风景名胜区规划编制；

（二）国家级和省级历史文化名城保护规划编制；

（三）涉及风景名胜区和历史文化名城的城镇体系规划、城乡建设发展区域规划和专项规划，以及跨行政区域的风景名胜区、历史文化名城规划编制工作；

（四）国家级、省级风景名胜区和历史文化名城其他保护工作。

第四条 专项资金申报程序：

（一）市级财政部门、城乡建设（规划）行政主管部门对辖区内的项目进行初审，并于每年 3 月 31 日前，将项目申报资料分别报送省财政厅、省住房和城乡建设厅。

（二）省统一组织的规划编制项目，由省住房和城乡建设厅将项目申报资料报送省财政厅。

各市申报的项目原则上每年不超过 1 个。

第五条 项目申报资料：

规划文本、图纸和规划成果。其中，已经审查的项目，要报送专家审查意见；已经审批的，要报送相关批复文件。

除报送项目申报文件外，其余材料只需报送电子版。

第六条 省财政厅、省住房和城乡建设厅联合审核各市上报项目，提出专项资金分配方案。

第七条 各级财政、城乡建设（规划）行政主管部门要加强专项资金使用管理情况的监督和检查。

第八条 对骗取、截留、挪用专项资金的，将依照《财政违法行为处罚处分条例》追究其责任。

第九条 本办法由省财政厅、省住房和城乡建设厅负责解释。

第十条 本办法自印发之日起施行。

省财政厅 省国土资源厅转发财政部 国土资源部关于印发《特大型地质灾害防治专项资金管理暂行办法》的通知

2009年9月24日 鲁财建〔2009〕109号

各市财政局、国土资源局：

现将财政部、国土资源部制定的《特大型地质灾害防治专项资金管理暂行办法》转发给你们，请结合当地实际，认真贯彻执行。执行中如有问题，请及时反馈省财政厅、省国土资源厅。

附件：财政部 国土资源部关于印发《特大型地质灾害防治专项资金管理暂行办法》的通知

附件：

财政部 国土资源部关于印发《特大型地质灾害防治专项资金管理暂行办法》的通知

2009年8月6日 财建〔2009〕463号

各省、自治区、直辖市财政厅（局）、国土资源厅（局）：

为加强地质灾害防治工作，中央财政设立特大型地质灾害防治专项资金。为规范专项资金管理，提高资金使用效益，我们制定了《特大型地质灾害防治专项资金管理暂行办法》，现印发给你们，请遵照执行。

附件：特大型地质灾害防治专项资金管理暂行办法

附件：

特大型地质灾害防治专项资金管理暂行办法

第一章 总 则

第一条 为加强地质灾害防治工作，根据《地质灾害防治条例》（国务院令第394号）等有关规定，中央财政设立特大型地质灾害防治专项资金（以下简称专项资金）。为规范专项资金管理，提高资金使用效益，制定本办法。

第二条 专项资金用于因自然因素引发危害公共安全的特大型地质灾害的防治。特大型地质灾害应当符合下列条件之一：

（一）造成人员死亡30人以上；

（二）造成直接经济损失1 000万元以上；

（三）威胁人员超过1 000人；

（四）潜在经济损失超过1亿元。

第三条 以下地质灾害防治不纳入专项资金的支持范围：

（一）应由铁路、公路、航道、水利、市政等相关主管部门负责治理的地质灾害；

（二）应由厂矿企业负责治理的地质灾害；

（三）因工程建设等人为活动引发的地质灾害。

第四条 专项资金采取因素法和项目补助两种分配方式，其中70%部分按照因素法分配给各省、自治区、直辖市（以下简称各省），由各省落实到具体项目；30%部分按照项目补助方式下达给各省。

第五条 专项资金专款专用，任何单位和个人不得截留、挤占或挪用。

第二章 按因素法分配专项资金的管理

第六条 按因素法分配的专项资金主要用于特大型地质灾害的调查评估、监测预警、应急处置、工程施工以及为实施治理工程所需的搬迁等支出。

第七条 专项资金分配的因素包括：地质灾害现状、地质灾害防治经费投入和工作绩效。各因素所占权重分别为70%、20%、10%。具体计算公式如下：

（一）地质灾害现状。以全国上一年地质灾害情况为依据，按以下指标核定：

1. 地质灾害隐患点数量及其占全国的比重（20%）。

2. 地质灾害威胁群众数量及其占全国的比重（20%）。

3. 山地丘陵区县数量及其占全国的比重（15%）。

4. 地质灾害损失数额及其占全国的比重（15%）。

分省测算数 A＝预算总指标×[（各省地质灾害隐患点数量/$\sum$各省地质灾害隐患点数量）×20%＋（各省地质灾害威胁群众数量/$\sum$各省地质灾害威胁群众数量）×20%＋（各省山地丘陵区县数量/$\sum$各省山地丘陵区县数量）×15%＋（各省地质灾害损失数额/$\sum$各省地质灾害损失数额）×15%]。

（二）经费投入。以各省上一年年度财政决算中地质灾害防治经费为依据，即各省地质灾害防治经费投入数额（不含中央财政专项转移支付的地质灾害防治经费）及其占全国的比重（20%）。考虑东、中、西部地区经济发展水平的差异，确定不同的调整系数，分别为1、1.5、2。

分省测算数 B＝预算总指标×[各省地质灾害防治经费投入数额×调整系数/$\sum$（各省地质灾害防治经费投入数额×调整系数）]×20%。

（三）工作绩效。指各省上一年地质灾害防治工作成效，按以下指标核定：

1. 地质灾害防治规划编制率（5%），指各省已编制地质灾害防治规划数量占应编制地质灾害防治规划数量的比重。省、市、县各级规划所占权重为4:3:3。

如某省辖20个市、100个县，已编制地质灾害防治规划的包括省本级、10个市和40个县，则地质灾害防治规划编制率为67%（即1×40%＋10/20×30%＋40/100×30%）。

2. 地质灾害群测群防监测率（5%），指各省已纳入群测群防监测的地质灾害隐患点数量占地质灾害隐患点数量的比重。

分省测算数 C＝预算总指标×[（各省地质灾害防治规划编制率/$\sum$各省地质灾害防治规划编制率）×5%＋（各省地质灾害群测群防监测率/$\sum$各省地质灾害群测群防监测率）×5%]。

各省按因素法分配的专项资金＝A＋B＋C。

财政部、国土资源部可根据需要适时对上述分配因素和权重进行调整。

第八条 每年3月31日前，各省级国土资源部门会同财政部门将本省上一年地质灾害防治经费投入及项目执行情况、地质灾害防治工作绩效、中央财政按因素法分配的专项资金及项目执行情况以及本年度计划安排项目情况，以正式文件上报国土资源部，同时抄报财政部。

各省对上报的数据负责，确保数据的真实性和准确性，严禁弄虚作假。

第九条 国土资源部对各省上报的数据进行核实后，于当年4月30日前将相关数据报送财政部，作为按因素法分配专项资金的依据。

第十条 财政部根据国土资源部报送的数据测算按因素法分配给各省的专项资金数额，并与国土资源部联合下达预算。

第十一条 各省级国土资源部门会同财政部门负责具体落实地质灾害防治项目，并组织实施。

在财政部、国土资源部下达预算之日起60日内，各省级国土资源部门会同财政部门将项目安排情况报国土资源部、财政部备案。

第三章 按项目补助专项资金的管理

第十二条 按项目补助的专项资金主要用于对当年因汛期降雨等因素引发或可能引发特大型地质灾害的监测预警、应急处置、勘查设计以及工程施工等支出进行补助。

第十三条 每年9月30日前，各省级财政部门会同国土资源部门将本省特大型地质灾害防治项目情况以及上一年中央财政按项目补助的专项资金执行情况以正式文件上报财政部、国土资源部。

申报文件应包括项目名称、灾害规模、威胁对象、主要工作量、总经费及资金来源、项目承担单位等，并附有关预算申报表和可行性研究报告等文本。

第十四条 国土资源部会同财政部对各省申报的项目进行评审。根据项目评审情况，国土资源部提出项目立项建议报送财政部，财政部审核后按预算管理有关规定下达预算。

第四章 监督检查

第十五条 财政部、国土资源部对各省上报的有关数据及专项资金使用情况进行稽核和监督检查。

第十六条 对各省上报的有关数据经查实确属弄虚作假或未按有关规定管理使用专项资金的，财政部、国土资源部可视情况扣减或取消该省当年或下一年专项资金预算指标，并按照《财政违法行为处罚处分条例》（国务院令第427号）的规定进行处理。

第十七条 对未按第八条和第十一条的规定及时报送有关数据和项目情况的，财政部、国土资源部可视情况扣减该省当年或下一年10%左右专项资金预算指标。

第五章 附 则

第十八条 各省级财政、国土资源部门可根据本办法制定具体的实施管理办法，并报财政部、国土资源部备案。

第十九条 汶川地震灾区和长江三峡库区地质灾害防治所需资金按照现有资金渠道安排。

第二十条 本办法自2009年9月1日起施行。

省财政厅关于印发《山东省家电以旧换新运费补贴办法》的通知

2009 年 9 月 15 日　鲁财建〔2009〕111 号

各市财政局：

现将《山东省家电以旧换新运费补贴办法》印发给你们，请遵照执行。

附件：山东省家电以旧换新运费补贴办法

附件：

山东省家电以旧换新运费补贴办法

第一章　总　　则

第一条　为规范家电以旧换新运费补贴管理，根据《财政部关于印发〈家电以旧换新运费补贴办法〉的通知》（财建〔2009〕498 号）和《关于印发〈山东省家电以旧换新实施办法（暂行）〉的通知》（鲁财建〔2009〕80 号）有关规定，制定本办法。

第二条　本办法所称“家电以旧换新运费补贴”是指对家电回收企业从消费者手中收购废弃旧家电，并运送至拆解处理企业过程中发生运输费用的定额补贴资金。

第三条　拆解处理企业是指由省经济和信息化委、省环保厅从已备案公布的拆解处理企业中筛选确定，并向社会公布的 3 家企业（见附件 1）。

第二章　补 贴 标 准

第四条　家电以旧换新运费补贴根据回收旧家电类型、规格、运输距离分类分档给予回收企业定额补贴（具体标准详见附件 2）。

第五条　回收旧家电运输距离是指回收企业实际所在地与拆解处理企业实际所在地间的公允距离。我省公允运输距离是指废旧家电回收企业所在地市政府距拆解处理企业所在地市政府之间的高速公路距离（见附件 3）。

第三章　补贴资金申报、审核及兑付

第六条　回收企业要按照“就近”原则，将收购的旧家电销售给拆解处理企业，向拆解处理企业开具销售发票，并附注交售旧家电的产品类别、规格、型号、数量和价格等信息。

第七条　根据实际销售旧家电数量，回收企业直接申报运费补贴，由拆解处理企业代财政部门进行审核。对符合规定的，直接垫付运费补贴，同时指导回收企业填写《家电以旧换新（运费）补贴申报表》；

不符合补贴规定的，应立即告知回收企业。

第八条 回收企业申报补贴时应当提供的资料：（1）以旧换新凭证；（2）销售旧家电的销售发票；（3）《家电以旧换新（运费）补贴申报表》。

第九条 拆解处理企业于每月3日前对上月回收企业的申报资料进行整理，经当地环保部门审核后，到指定财政部门申领补贴资金。财政部门在接到申报的7个工作日内进行审核确认后，将补贴资金以国库集中支付方式直接支付到家电拆解处理企业在银行开设的基本账户。

第四章 补贴资金来源、拨付及清算

第十条 补贴资金按照财政专项转移支付有关规定，实行国库集中支付。

第十一条 补贴资金管理实行“事前预拨、事后清算”的办法。拆解企业所在地财政部门要按需求进度和上述程序支付补贴资金。实施过程中，如实际需支付补贴资金超预算，由市财政部门先行垫付。

第十二条 拆解企业所在地的市财政部门会同环保等有关部门在试点结束后，及时核实汇总本地区试点期间补贴资金使用情况，报省财政厅进行审核清算。

第五章 监督管理

第十三条 拆解企业所在地的市财政部门应加强对家电以旧换新运费补贴资金使用的管理，确保补贴资金及时足额发放。

第十四条 拆解企业所在地的市财政部门要会同流通、经济和信息化委、环保等部门加强对回收企业、拆解处理企业的日常监督管理，防止弄虚作假、虚报冒领等行为，保证财政资金安全。

第十五条 对弄虚作假、虚报冒领补贴资金的，根据《山东省家电以旧换新实施办法》及相关法律法规，除追缴补贴资金外，给予通报批评、取消资格等处理。

第六章 附 则

第十六条 本办法由省财政厅负责解释。

第十七条 本办法自发布之日起施行。

附件：1. 省经济和信息化委员会 省环境保护厅关于公布家电以旧换新废旧家电拆解处理企业名单的通知（鲁经贸循字〔2009〕368号）

2. 家电以旧换新运费补贴标准表

3. 家电以旧换新回收—拆解企业运输距离分类表

附件1：

省经济和信息化委员会 省环境保护厅关于公布家电以旧换新废旧家电拆解处理企业名单的通知

2009年8月6日 鲁经贸循字〔2009〕368号

各市经贸委（经委、青岛市发改委）、节能办，环保局：

根据《山东省家电以旧换新实施办法（暂行）》（鲁财建〔2009〕80号）的有关规定，我们筛选了3家已备案公布的废旧家电拆解处理企业作为我省家电以旧换新废旧家电拆解处理企业，现将企业名单予以公布（附件）。

附件：山东省家电以旧换新废旧家电拆解处理企业名单

附件：

山东省家电以旧换新废旧家电拆解处理企业名单

1. 青岛新天地废旧家电及电子产品回收处理有限公司
企业地址：莱西市姜山镇宋家泽口村
法定代表人：韩清洁
备案登记编号：鲁经贸循第1号
联系方式：电话：4006580055
网站：www. qdxtd. com. cn

2. 山东中绿资源再生有限公司
企业地址：山东省临沂市河东区工业园
法定代表人：江博新
备案登记编号：鲁经贸循第3号
联系方式：电话：0539－8388979　8388863（传真）

3. 烟台绿环再生资源有限公司
企业地址：烟台资源再生加工示范区
法定代表：黄尚渭
备案登记编号：鲁经贸循第2号
联系方式：电话：6977100　6977125

附件2：

家电以旧换新运费补贴标准表

品　　种	规　　格		标准（元）	
			150公里以内（含）	150公里以上
电视机	CRT电视	显示屏21吋及以下	20	30
		显示屏21吋以上	30	40
	平板电视	显示屏25吋及以下	20	30
		显示屏25吋以上	25	35
电冰箱	容积220升及以下		30	40
	容积220升以上		40	50
洗衣机	洗衣量5公斤及以下		30	40
	洗衣量5公斤以上		40	50
空调	窗式空调		20	30
	挂壁式空调		30	40
	柜式空调		40	50
电脑	显示屏14吋及以下		20	30
	显示屏14吋以上		25	35

附件3：

家电以旧换新回收—拆解企业运输距离分类表

拆解处理企业所在市	150公里以内（含）	150公里以上
青岛	青岛、潍坊	济南、淄博、枣庄、东营、烟台、济宁、泰安、威海、日照、莱芜、临沂、德州、聊城、滨州、菏泽
烟台	烟台、威海	济南、青岛、淄博、枣庄、东营、潍坊、济宁、泰安、日照、莱芜、临沂、德州、聊城、滨州、菏泽
临沂	日照、莱芜、临沂	济南、青岛、淄博、枣庄、东营、烟台、潍坊、济宁、泰安、威海、德州、聊城、滨州、菏泽

省财政厅 省住房和城乡建设厅关于印发《山东省既有居住建筑节能改造专项资金使用管理暂行办法》的通知

2009年9月28日 鲁财建〔2009〕116号

各市财政局、建委（建设局、市政局、城管局）：

现将《山东省既有居住建筑节能改造专项资金使用管理暂行办法》印发给你们，请遵照执行。执行中如有问题，请及时反映。

附件：山东省既有居住建筑节能改造专项资金使用管理暂行办法

附件：

山东省既有居住建筑节能改造专项资金使用管理暂行办法

第一章 总 则

第一条 根据省政府《关于印发节能减排综合性工作实施方案的通知》（鲁政发〔2007〕39号）、住房和城乡建设部 财政部《关于推进北方采暖区既有居住建筑供热计量及节能改造工作的实施意见》（建科〔2008〕95号）等文件要求，为加强既有居住建筑供热计量及节能改造专项资金（以下简称“专项资金”）管理，制定本办法。

第二条 本办法所称专项资金，是指省财政安排的既有居住建筑供热计量及节能改造资金。

第三条 专项资金管理按照“公开、公平、公正”原则，重点用于对既有居住建筑节能改造工作成绩突出市进行奖励。

第二章 资 金 分 配

第四条 专项资金按照各设区市的既有居住建筑供热计量及节能改造总体实施情况等因素进行分配。

第五条 各设区市符合以下基本条件时，方可获得专项资金：

（一）已与所属县（市、区）签署既有居住建筑供热计量及节能改造目标责任书；

（二）已完成与省所签订目标责任书规定的改造任务量；

（三）已完成三项改造（建筑围护结构、室内采暖系统热计量及温度调控、热源及供热管网热平衡改造）的项目占年度所签署目标责任书中规定改造任务量的比重，原则上要高于30%。

第三章 资金使用

第六条 专项资金使用范围：

（一）既有居住建筑供热计量及节能改造示范项目；

（二）建筑节能检测设备购置，以及建筑节能改造宣传、培训、调研、验收等；

（三）经省财政批准的其他既有居住建筑供热计量及节能改造支出。

第七条 经核查符合奖励条件的，由省财政对各市进行专项转移支付。

第八条 各市财政部门收到专项资金后，要会同市建设等相关部门及时制定具体资金使用方案。

第九条 专项资金支付管理按照有关财政财务管理制度规定执行。

第四章 监督管理

第十条 各市要认真组织既有居住建筑供热计量及节能改造工作。要及时将专项资金落实到位，并于收到专项资金两个月内，将资金分配、使用情况报省财政、住房城乡建设部门备案。省财政、住房城乡建设部门将对专项资金落实使用和项目实施情况进行监督检查。

第十一条 各市财政、建设等相关部门要切实加强专项资金的管理，确保专款专用。对弄虚作假，冒领、截留、挪用、滞留专项资金的，一经查实，除收回专项资金外，还要依照《财政违法行为处罚处分条例》（国务院令第427号），对有关责任人进行严肃处理。

第五章 附则

第十二条 本办法由省财政厅、省住房和城乡建设厅负责解释。

第十三条 本办法自印发之日起施行。

省财政厅关于印发《山东省无线电频率占用费管理办法》的通知

2009年9月25日 鲁财建〔2009〕118号

各市财政局，省无线电管理办公室：

现将《山东省无线电频率占用费管理办法》印发给你们，请认真遵照执行。

附件：山东省无线电频率占用费管理办法

附件：

山东省无线电频率占用费管理办法

第一章 总 则

第一条 为进一步规范无线电频率占用费管理，提高资金使用效益，促进无线电事业健康发展，根据《财政部 工业和信息化部关于印发〈无线电频率占用费管理办法〉的通知》（财建〔2009〕462号）等有关规定，结合我省实际，制定本办法。

第二条 无线电频率占用费是指中央、省通过无线电管理机构收取并安排用于支持无线电事业发展的专项资金。

第三条 省财政根据中央拨付的无线电频率占用费、省级无线电管理机构征收的无线电频率占用费和其他非税收入，统筹安排无线电频率占用费支出预算，并加强监督管理。

第四条 省级无线电管理机构应当根据省级财政预算管理要求，结合无线电管理事业发展实际，编制省级无线电频率占用费收支预算，并纳入同级财政预算，经省财政批准后实施。

第五条 无线电频率占用费实行“收支两条线”管理。

第六条 无线电频率占用费的征收、分配、使用和监督管理适用本办法。

第二章 征 收

第七条 无线电频率占用费属于国家资源行政事业性收费，必须严格按照规定的范围和标准收取，未经财政部、国家发展改革委批准，任何部门或单位不得擅自调整或减免。

第八条 国家无线电频率占用费由国家无线电管理机构征收；省市级无线电频率占用费由省市级无线电管理机构按审批权限征收，及时、足额上缴同级国库，并纳入预算管理。

第九条 省级无线电管理机构应根据工作进度向无线电频率（频谱）资源使用者征收无线电频率占用费。

第十条 省市级无线电管理机构对无线电频率占用费的征收工作按照省财政厅对非税收入收缴管理的有关规定执行，使用财政厅统一印制的“山东省非税收入缴款书”。

第三章 资金申请

第十一条 无线电频率占用费的使用实行申报审批制度。省以下单位使用无线电频率占用费，由各市财政局和无线电管理机构以正式文件的形式提出申请，上报省财政厅和省无线电管理办公室。

省无线电管理机构根据自身业务职责、工作实施计划和事业开展需要，于每年9月25日前向省财政厅提出下年度无线电频率占用费支出计划，包括构成基本因素、动态因素、其他因素的各项数据、信息，并抄报国家无线电管理机构，省财政厅对资金使用计划进行审核后于当年12月31日前报送财政部。

省无线电管理机构根据本年度人员工资、公用经费、业务专项等支出，于每年编制部门预算时提出下年度无线电频率占用费支出计划。

第十二条 基本因素、动态因素及其他因素的数据等信息由省财政厅商省无线电管理机构上报。

第十三条 动态因素和其他因素部分的无线电频率占用费支出实行项目管理。其中，基础设施建设及技术设施建设项目参照基本建设项目管理规定和程序要求执行。

省财政厅商省无线电管理机构建立项目库，对项目库中的项目实行滚动管理。

第十四条 分配因素包括：基本因素、动态因素和其他因素。

基本因素主要包括：房屋及建筑物（含办公用房和业务用房）、车辆（含一般公务用车和业务用车）及无线电管理专用设备（含专业设备和辅助设备）账面现值等。

动态因素主要包括：辖区面积及所辖地（市）数目、辖区内无线电台（站）数量、管理设施建设投资需求规划（含基础设施和技术设施）等。

其他因素主要包括：省级无线电管理机构为保障当年辖区内重大活动顺利开展而组织实施的无线电重大专项活动、无线电技术设备研究开发和特殊通信保障等。

第四章 使　用

第十五条 无线电管理机构使用的无线电频率占用费主要用于无线电管理基础设施、技术设施建设，无线电技术设备研究开发以及重要无线电监管任务实施。具体包括：

（一）无线电管理基础设施和技术设施的建设及其运行、维护；

（二）无线电频率的国际、国内协调；

（三）无线电监测、检测和干扰查找；

（四）无线电应急管理和重大活动无线电安全保障；

（五）无线电技术设备的研究开发；

（六）无线电管理法制建设和行政执法；

（七）弥补省无线电管理办公室的经费不足，以及用于宣传、培训和奖励支出；

（八）特殊通信保障；

（九）经财政部批准与无线电管理相关的其他支出。

第十六条 各级无线电管理机构利用无线电频率占用费购置专用设备和软件，应当实行政府采购制度。同等条件下，应优先采购我国自行研制生产的专用设备和软件。

第十七条 年度终了，省无线电管理机构应当编制无线电频率占用费年度决算，并在规定时限内纳入相关部门的部门决算报送省财政厅审批。

第十八条 无线电频率占用费结余资金，按照省级预算财政拨款结余资金管理办法安排使用。

第五章 监 督 管 理

第十九条 省财政厅对无线电频率占用费使用情况实施定期监督检查、跟踪问效，并于每年3月底前将上年度无线电频率占用费使用管理情况上报财政部。

第二十条 无线电频率占用费属于专项资金，必须专款专用，严禁挤占、截留、挪用。对弄虚作假或蓄意挤占、截留、挪用等违反财经纪律的行为，除按照《财政违法行为处罚处分条例》（国务院令第427号）等有关规定处理外，将收回当年已下达资金。

第六章 附　　则

第二十一条 本办法由省财政厅负责解释。

第二十二条 本办法自发布之日起施行。《省财政厅关于印发〈山东省无线电管理费使用管理暂行办法〉的通知》（鲁财建〔2003〕17号）同时废止。

省财政厅 省住房和城乡建设厅转发财政部 住房和城乡建设部《关于加快开展可再生能源建筑应用示范项目验收评估工作的通知》的通知

2009年9月29日 鲁财建〔2009〕123号

各有关市财政局、建设局（建委）：

现将财政部、住房和城乡建设部《关于加快开展可再生能源建筑应用示范项目验收评估工作的通知》（财办建〔2009〕116号）转发给你们，同时提出以下要求，请一并抓好贯彻落实。

一、尽快确定可以进行验收评估的项目名单。可再生能源建筑应用示范项目所在地财政、建设部门要对项目进展情况进行集中调度，尽快确定可以进行验收评估的项目名单，并指导项目参建各方做好验收评估工作。

二、抓紧做好验收评估相关准备工作。项目建设单位在项目验收评估前，要按照财办建〔2009〕116号文件要求，认真准备验收评估材料，并做好验收评估相关准备工作。

三、及时提出验收评估申请。对已完成相应建设内容，并委托指定能效测评机构完成能效测评，具备验收评估条件的项目，项目建设单位要报告财政部驻山东省财政监察专员办事处，并向省财政厅、省住房和城乡建设厅提出验收评估申请。

四、项目验收评估。省住房和城乡建设厅、省财政厅将根据各市项目评估申请，派出验收评估专家组，对项目进行验收评估，相关单位要积极配合。

附件：财政部办公厅 住房和城乡建设部办公厅关于加快开展可再生能源建筑应用示范项目验收评估工作的通知

附件：

财政部办公厅 住房和城乡建设部办公厅关于加快开展可再生能源建筑应用示范项目验收评估工作的通知

2009年9月2日 财办建〔2009〕116号

各省、自治区、直辖市、计划单列市财政厅（局）、住房和城乡建设厅（委、局），新疆生产建设兵团财务局、建设局，财政部驻各省、自治区、直辖市、计划单列市财政监察专员办事处：

根据《建设部 财政部关于推进可再生能源在建筑中应用的实施意见》（建科〔2006〕213号）、《财政部 建设部关于印发〈可再生能源建筑应用专项资金管理暂行办法〉的通知》（财建〔2006〕460号）、《财政部 建设部关于加强可再生能源建筑应用示范管理的通知》（财建〔2007〕38号）及住房城乡建设部《关于试行民用建筑能效测评标识制度的通知》（建科〔2008〕80号），为规范可再生能源建筑应用示范项目（以下简称示范项目）验收管理，加快示范项目验收评估工作的开展，现将有关事项通知如下：

一、认真组织开展示范项目验收评估工作

示范项目验收评估工作是检验项目实施效果、确保示范成效的重要措施。验收评估结果将作为拨付剩

余50%补助资金的基本依据。各地要高度重视示范项目验收评估工作，积极组织技术力量，加快启动相关工作，对已竣工示范项目申报方案执行、项目质量效果、能效测评、能耗监测措施以及财政资金使用等情况进行全面验收评估。各地要通过示范项目验收评估，总结示范经验，建立完善相关技术、产品标准体系，加快示范成果推广。

二、关于示范项目验收评估程序

示范项目建设单位完成相应建设内容，并委托相关能效测评机构完成能效测评后，报告财政部驻当地财政监察专员办事处（以下简称专员办），并向省级财政、建设主管部门提出验收评估申请。省级住房城乡建设、财政主管部门组织专家对示范项目进行验收评估，出具验收评估报告（相关格式详见附件1），并报财政部、住房城乡建设部审核，同时抄送专员办。住房城乡建设部、财政部组织专家对示范项目验收评估情况进行复核。

三、关于示范项目验收评估的要求

（一）示范项目验收评估应具备以下条件：

1. 完成示范项目申请报告中相应建设内容；

2. 按照示范项目监测指标要求，完成监测系统安装（项目监测指标详见附件2）；

3. 工程建设报批手续、工程质量验收和竣工验收文件、可再生能源建筑应用设计专项审查报告完整齐全；

4. 完成示范项目能效测评（测评报告格式见《国家可再生能源建筑应用示范项目测评报告（模版）》，请在住房城乡建设部网站下载）；

5. 北方采暖地区示范项目应按要求安装供热计量和温控装置。

（二）示范项目建设单位向省级住房城乡建设、财政主管部门提出验收评估申请时应提供以下材料：

1. 示范项目概况；
2. 示范项目申报书、申请报告；
3. 示范项目能效测评报告；
4. 示范项目预验收报告；
5. 示范项目竣工决算；
6. 施工图专项审查文件；
7. 示范项目资金拨付审核文件；
8. 分项工程验收资料；
9. 施工质量验收记录；
10. 试运行调试记录（含竣工总结报告）；
11. 可再生能源建筑应用管理制度、操作规程和建筑能耗监测方案。

（三）请各地财政、住房城乡建设主管部门于每年的3月31日、7月31日前将行政区域内示范项目验收评估报告汇总报送至财政部、住房城乡建设部。2009年验收评估报告报送截止日期为9月30日。

四、关于示范项目补助资金使用情况的核查

请各地专员办按照财建〔2007〕38号文件相关规定，加强示范项目补助资金管理、使用情况核查，在受理示范项目建设单位报告后及时组织开展核查工作，在20个工作日内完成补助资金使用情况核查，并于每年的3月31日、7月31日前将核查结果汇总报送至财政部。2009年核查结果报送截止日期为10月下旬。

附件：1. 财政部、住房和城乡建设部可再生能源建筑应用示范项目验收评估报告（模版）

2. 可再生能源建筑应用示范项目监测指标

附件1：

财政部、住房和城乡建设部可再生能源建筑应用示范项目验收评估报告（模版）

验收项目名称：________________

申请验收单位：________________（盖章）

申请验收日期：________________

组织验收单位：________________

组织验收日期：________________

住房和城乡建设部建筑节能与科技司

二〇〇九年 月制

填写说明

1. 此表用于财政部、住房和城乡建设部可再生能源建筑应用示范项目验收评估。规格为标准 A4 纸、竖装，必须打印或铅印并装订成册：一式三份，其中第七项的附件材料提供一份即可。

2. 此表封面用 3 号仿宋字体填写，表格内容用 5 号宋体填写。

3. 此表封面由申请验收单位填写并盖章，其中“组织验收单位”应为地方住房城乡建设、财政主管部门；“验收项目名称”必须填写全称，并与公示（或公示期间更正后）项目名称一致。

4. 此表第一项至第七项内容由申请验收单位填写、提供。

5. 此表第八项内容由地方住房城乡建设、财政主管部门组织专家对示范项目验收评估之后进行填写，其中“验收评估表”和“专家组验收意见”由专家组经过充分论证之后填写，“验收意见”由当地住房城乡建设、财政主管部门填写并盖章。

一、项目基本信息					
项目类型	□新建　□既有　（选项打√）				
	□居住　□公建　□居住、公建都有　□工业　（选项打√）				
项目造价	项目总投资	万元	增量成本决算	元/m^2	
项目规模	占地面积	万 m^2	建筑面积	万 m^2	
项目示范概况（多种技术类型时分别填明对应的“示范面积”及“增量成本”）	技术类型				
	示范面积	□____技术____万 m^2；____技术____万 m^2；□光电____kWp			
	增量成本	____技术____元/m^2；____技术____元/m^2；光电：____技术____元/kWp			
项目申报单位					
	地　址			邮编	
	联系人		电话	传真	
项目设计单位					
	地　址			邮编	
	联系人		电话	传真	
项目施工单位					
	地　址			邮编	
	联系人		电话	传真	
项目监理单位					
	地　址			邮编	
	联系人		电话	传真	
项目审图单位					
	地　址			邮编	
	联系人		电话	传真	
项目技术支撑单位					
	地　址			邮编	
	联系人		电话	传真	
二、项目概况、示范内容及技术经济指标（纸不够可附页）					
1. 项目概况（根据申请报告填写，若实际工程与申请报告的不符，请注明“不符”并填写实际工程的项目概况）					

续表

2. 示范内容及技术经济指标（根据申请报告填写，填写完整的技术经济指标。如太阳能光热系统：全年太阳能保证率、集热系统得热量、全年系统常规能源消耗量、贮热水箱热损系数、集热系统效率；太阳能光电系统：光电转换效率、费效比（元/千瓦时）；热泵系统：室内温湿度、机组能效比（COP）、系统能效比。所有示范技术均须填写“全年系统常规能源替代量”、“年节约费用”、“CO_2、SO_2、粉尘减排量”和“静态投资回收年限”。）
三、项目执行情况（纸不够可附页）
1. 申报方案执行情况（是否存在变更，若变更请注明并简要叙述变更情况） **2. 项目完成质量情况** （应包括：①实际工程进展；②工程质量：太阳能利用系统应注明与建筑结合的措施及效果等，地下水源热泵系统应注明地下水回灌情况等，土壤源热泵应注明土壤热平衡监测情况等，污水源、淡水源、海水源等其他水源热泵系统应注明水源取/回水情况等，复合系统应注明系统控制措施等内容）
四、项目测评（纸不够可附页）
1. 形式检查结果：（依据测评机构提供的《形式检查报告》） **2. 性能检测结果**：（依据测评机构提供的《性能检测报告》） **3. 能效评估结果**：（依据测评机构提供的《能效评估报告》）

续表

五、能耗监测（是否建立相关指标的计量装置，通过数据采集器进行实时数据采集，与本地计算机进行连接，通过监测软件系统能够实时查看、分析、统计等）（纸不够可附页）

六、项目取得的经济、社会、环境效益和项目管理经验

七、提供验收的附件清单

附件材料应包括：
1. 该示范项目的《测评报告》，其中包括《形式检查报告》、《性能检测报告》、《能效评估报告》；
2. 项目施工图审查文件及地方建设部门同意拨付前50%补贴资金的审核同意意见等相关文件；
3. 项目立项审批文件、建设项目选址意见书、建设用地规划许可证、建设工程规划许可证、土地使用证和建筑工程施工许可证；
4. 分项工程验收资料；
5. 施工验收记录复印件；
6. 试运行调试记录（含竣工总结报告）；
7. 可再生能源建筑应用的管理制度、操作规程和建筑能耗监测方案等。

八、验收评估表

序号	验收内容	验收项	验收标准	验收结论	备注
1	项目测评	建筑是否达到当地节能设计标准	检验《测评报告》中的“测评指标汇总表”与申报要求的一致性	通过☐ 不通过☐	
		实施量（万 m^2/kWp）		通过☐ 不通过☐	
		太阳能光热利用系统：全年太阳能保证率（%）		通过☐ 不通过☐	
		太阳能光电系统：项目费效比（元/千瓦时）		通过☐ 不通过☐	
		地源热泵系统：系统能效比（COP_s）		通过☐ 不通过☐	
	监测措施	建筑能耗监测措施	能耗监测措施是否符合要求	是☐ 否☐	

续表

序号	验收内容	验 收 项		验 收 标 准	验 收 结 论	备 注
2	技术先进	太阳能光热利用系统	集热系统得热量	检验测评结果与申请报告内容的一致性	通过□ 不通过□	
			系统常规能源消耗量		通过□ 不通过□	
			贮热水箱热损系数		通过□ 不通过□	
			集热系统效率		通过□ 不通过□	
		太阳能光电系统	光电转换效率		通过□ 不通过□	
		地源热泵系统	机组能效比		通过□ 不通过□	
			室内温湿度		通过□ 不通过□	
3	适用可行	技术路线		是否符合当地可再生能源等相关规划及政策要求	通过□ 不通过□	
		产品、设备		是否经过产品检测，是否达到系统设计要求	通过□ 不通过□	
		运行调试数据记录		依据《形式检查报告》相关内容	是□ 否□	
4	经济合理	单位面积增量成本		是否合理及结果计算的准确性	是□ 否□	
5	示范推广	区域和建筑代表性		是否具有推广意义及可复制性	是□ 否□	
		其他资源节约措施		是否具有节水、节地、节材等措施，如有，请在备注栏说明	是□ 否□	
		管理制度		是否建立可再生系统的管理制度、操作规程等	是□ 否□	

专家签字：________________ 日期：________

专家组验收意见：（可附页）

专家组签字：________________ 日期：________

省、自治区、直辖市、计划单列市住房城乡建设厅（委、局）、新疆生产建设兵团建设局验收意见

盖章

年 月 日

省、自治区、直辖市、计划单列市财政厅（局）、新疆生产建设兵团财务局验收意见

盖章

年 月 日

附件2：

可再生能源建筑应用示范项目监测指标

系统类型	监测内容	计算指标
太阳能热水系统	太阳能日总辐射量 环境温度 集热系统进口温度 集热系统出口温度 集热系统流量 辅助热源耗能量	集热系统得热量 集热系统效率 太阳能保证率 全年常规能源替代量 费效比 二氧化碳减排量（吨/年） 二氧化硫减排量（吨/年）
太阳能供热采暖系统	太阳能日总辐射量 环境温度 采暖房间室内温度 集热系统进口温度 集热系统出口温度 集热系统流量 辅助热源耗能量	集热系统得热量 集热系统效率 太阳能保证率 全年常规能源替代量 费效比 二氧化碳减排量（吨/年） 二氧化硫减排量（吨/年）
太阳能供热制冷系统	太阳能日总辐射量 环境温度 制冷房间室内温度 集热系统进口温度 集热系统出口温度 集热系统流量 制冷机冷冻水进水水温 制冷机冷冻水出水水温 制冷机冷冻水流量 辅助热源耗能量 泵和机组的耗电量	集热系统得热量 集热系统效率 太阳能保证率 太阳能制冷 COP 冷源系统 COP 全年常规能源替代量 费效比 二氧化碳减排量（吨/年） 二氧化硫减排量（吨/年）
太阳能光伏系统	水平、斜面太阳辐照度 环境温度 电流、电压 故障记录	太阳能日辐射量 功率 发电量 系统效率 全年常规能源替代量 费效比 二氧化碳减排量（吨/年） 二氧化硫减排量（吨/年）
地源热泵系统	室内温度 机组热源侧流量 机组用户侧流量 机组热源侧进出口水温 机组用户侧进出口水温 机组输入功率 机组耗电量 水泵耗电量 辅助热源耗能量（如有）	热泵机组制热/制冷性能系数 系统能效比（典型季节） 全年常规能源替代量 二氧化碳减排量（吨/年） 二氧化硫减排量（吨/年）

省财政厅转发《财政部关于加快落实中央扩大内需投资项目地方配套资金等有关问题的通知》的通知

2009年10月23日　鲁财建〔2009〕135号

各市财政局：

现将财政部《关于加快落实中央扩大内需投资项目地方配套资金等有关问题的通知》（财建〔2009〕631号，以下简称《通知》）转发给你们，并提出如下意见，请一并贯彻执行。

一、及时足额落实地方配套资金。各级财政部门要根据中央和省委、省政府要求，认真履行职责，积极会同有关部门，统筹安排资金，明确责任任务，严格资金管理，努力做好扩大内需中央投资项目配套资金的落实工作，确保配套资金及时足额落实，不留缺口，确保项目建设顺利实施。

二、严格规范地方政府债券资金使用。各级要按照《2009年地方政府债券资金项目安排管理办法》（财建〔2009〕121号）规定，严格遵循地方政府债券资金的使用次序，安排使用好地方政府债券资金。只有在满足中央扩大内需投资公益性项目地方政府配套资金需求后，方可用于其他难以吸引社会投资的公益性建设项目。对于没有按规定安排使用的，要立即整改。

三、认真做好扩大内需投资相关信息工作。各级财政部门要高度重视扩大内需投资信息管理工作，按时编制上报《扩大内需投资落实情况月报表》，并确保各期上报数据及表内勾稽关系逻辑性衔接一致，真实准确。同时，要注意做好扩大内需投资资金拨付、配套资金落实、项目进展等基础性信息的收集整理工作，以保证各级纪检监察、审计、财政监督等有关部门信息调度工作需要。

四、抓紧开展地方配套资金落实情况自查工作。各市财政部门要按照《通知》要求，立即对本地区中央扩大内需投资项目地方配套资金落实情况开展自查。务于2009年10月30日前，将自查情况（表格）、详细文字说明以及整改处理意见等加盖公章后报省财政厅（经济建设处），电子文档同时上报。

附件：财政部关于加快落实中央扩大内需投资项目地方配套资金等有关问题的通知

附件：

财政部关于加快落实中央扩大内需投资项目地方配套资金等有关问题的通知

2009年10月12日　财建〔2009〕631号

各省、自治区、直辖市、计划单列市财政厅（局）：

按照推进财政科学化精细化管理的要求，为了确保中央扩大内需投资项目地方配套资金的落实，更好地发挥扩大内需投资对经济增长的拉动作用，根据国务院有关规定，现将有关事项通知如下：

一、要督促有关部门和单位，加快落实地方配套资金

地方各级政府是落实本地区中央扩大内需投资项目地方配套资金的责任主体。各级财政部门要认真履

行职责，采取措施，加大力度，督促有关部门和单位，加快落实地方配套资金。对于配套资金不落实的地区，要相应扣减或暂缓下达该地区后续中央扩大内需投资预算。

二、要统筹地方财力，确保地方政府配套资金落实到位

地方各级财政部门要统筹安排财力，切实保证中央扩大内需投资项目地方政府配套资金及时落实到位，推动实现扩大内需促进经济增长战略目标。地方政府配套资金可通过以下渠道筹集：

一是地方各级政府一般预算资金；

二是地方各级政府土地出让收益等各类政府性基金；

三是中央财政代理发行的2009年2 000亿元地方政府债券资金；

四是利用政府融资平台通过市场机制筹措的资金；

五是地方政府其他可用财力。

三、要按照有关规定，严格地方政府债券资金安排使用

2009年为解决地方政府配套资金不足问题，中央采取了代理发行地方政府债券的办法，并明确规定了用途。地方各级财政部门要严格遵循地方政府债券资金的使用次序，确保中央扩大内需投资项目地方政府配套资金的落实。

一是地方政府债券资金要优先用于中央扩大内需投资公益性项目地方政府配套。

二是地方政府债券资金在满足中央扩大内需投资公益性项目地方政府配套需求后，可用于其他难以吸引社会投资的公益性建设项目。

三是地方政府债券资金严格控制用于能够通过市场化行为筹资的投资项目，严禁用于经常性支出以及党政机关办公楼等楼堂馆所项目。

地方政府债券资金具体安排使用请按照财政部制定的《2009年地方政府债券资金项目安排管理办法》（财建〔2009〕121号）执行。对于没有按规定安排使用的地区，要限期整改。

四、抓紧开展地方配套资金落实情况自查工作

地方各级财政部门要立即对本地区中央扩大内需投资项目地方配套资金落实情况开展自查。自查内容包括：本地区中央扩大内需投资项目地方配套资金需求情况、配套资金筹措及落实情况、地方政府债券资金安排使用情况、地方配套资金实际到位情况等。请各省、自治区、直辖市、计划单列市财政部门按附表（详见附件）所列自查内容据实汇总填列。对于存在以下问题的，应说明原因并提出整改处理意见：

一是中央扩大内需投资项目地方政府配套资金来源有缺口的；

二是地方政府债券资金未主要用于中央扩大内需投资项目地方政府配套，且地方政府配套资金来源有缺口的；

三是地方政府债券资金用于国务院要求严格控制或禁止安排领域的；

四是地方政府配套资金实际到位率偏低的。

请于2009年11月5日前将自查情况（表格）、说明以及整改处理意见等材料报我部。

附件：1. 中央扩大内需投资项目地方配套资金落实情况自查表

2. 2009年2 000亿元地方政府债券资金安排使用情况自查表

附件1：

中央扩大内需投资项目地方配套资金落实情况自查表

制表单位：________省（区、市）财政厅（局）　　　　单位：万元

项　　目		合计	2008年第四季度新增1 000亿元中央建设投资（第一批）	2009年中央建设投资		
				第二批	第三批	第四批
中央建设投资						
地方配套资金需求						
其中：地方政府配套资金需求						
社会配套资金需求						
已筹集地方配套资金						
其中：已筹集地方政府配套资金（A）						
已筹集社会配套资金						
实际到位地方配套资金						
其中：实际到位地方政府配套资金						
实际到位社会配套资金						
已筹集地方政府配套资金（A）构成：	省级财政预算内资金					
	市、县等财政预算内资金					
	土地出让金					
	政府性基金					
	地方政府债券资金					
	其他资金					

注：数据截至10月底，并将电子版同时上报。

附件2：

2009年2 000亿元地方政府债券资金安排使用情况自查表

制表单位：________省（区、市）财政厅（局）　　　　单位：万元

项　　目	金　额
地方政府债券发行额	
已落实到具体项目地方政府债券资金	
已落实到具体项目地方政府债券资金中：	
一、用于中央扩大内需建设投资项目地方政府配套	
（一）公益性建设项目	
（二）准经营性建设项目（如铁路、高速公路、城市轨道交通等）	
（三）经营性项目（如产业化项目等）	
二、用于其他中央投资项目地方政府配套	
（一）公益性建设项目	
（二）准经营性建设项目	
（三）经营性建设项目	
（四）经常性支出或非建设性支出	
三、用于地方自行安排项目	
（一）公益性建设项目	
（二）准经营性建设项目	
（三）经营性建设项目	
（四）经常性支出或非建设性支出	

注：数据截至10月底，并将电子版同时上报。

省财政厅 省环境保护厅关于调整空气质量改善奖考核办法的通知

2009 年 11 月 3 日 鲁财建〔2009〕139 号

各市财政局、环保局：

为进一步完善环保激励约束机制，准确考核各城市空气质量改善情况，我们在征求各市意见的基础上，经研究，现对《山东省污染物减排和环境改善考核奖励办法（试行）》（鲁财建〔2007〕81 号）中设区城市建成区空气质量改善奖的考核办法作如下调整：

一、根据全省上年度各设区城市空气质量的实际状况，将全省 17 个城市分为两类分别进行考核。第一类为青岛、烟台、威海、日照 4 个城市；第二类为济南、淄博、枣庄、东营、潍坊、济宁、泰安、莱芜、临沂、德州、聊城、滨州、菏泽 13 个城市。

二、以上年实际空气质量为基数（2008 年以 4 ~ 12 月份的空气为基数），第一类城市，用污染天数减少率 ×50% + 一级天数增长率 ×50% 计算分数和排名；第二类城市，用污染天数减少率排名。

其中：污染天数减少率 =（上年度污染天数 – 当年污染天数）÷ 上年度污染天数 ×100%；

一级天数增长率 =（当年度一级天数 – 上年度一级天数）÷ 上年度一级天数 ×100%。

三、第一类城市，设一等奖 1 个，二等奖 1 个；第二类城市，设一等奖 2 个，二等奖 2 个，三等奖 3 个。奖金数额不变（一等奖 600 万元，二等奖 300 万元，三等奖 100 万元）。

本通知自下发之日起施行。

省财政厅 省经济和信息化委员会转发《工业企业能源管理中心建设示范项目 财政补助资金管理暂行办法》的通知

2009 年 11 月 23 日 鲁财建〔2009〕146 号

各市财政局、经贸委（经委）：

现将财政部、工业和信息化部《工业企业能源管理中心建设示范项目财政补助资金管理暂行办法》（财建〔2009〕647 号）转发给你们，请认真贯彻执行。执行中如有问题，请及时反馈省财政厅、省经济和信息化委员会。

附件：财政部 工业和信息化部关于印发《工业企业能源管理中心建设示范项目财政补助资金管理暂行办法》的通知

附件：

财政部　工业和信息化部关于印发《工业企业能源管理中心建设示范项目财政补助资金管理暂行办法》的通知

2009年10月14日　财建〔2009〕647号

各省、自治区、直辖市、计划单列市财政厅（局）、工业和信息化主管部门，新疆生产建设兵团财务局、工业和信息化主管部门：

为加快推进工业化和信息化融合，提高工业企业能源管理水平和能源利用效率，推动工业企业节能减排，财政部、工业和信息化部决定，在工业领域开展能源管理中心建设示范工作，中央财政安排资金对示范项目给予适当支持。为加强财政资金管理，提高资金使用效益，我们制定了《工业企业能源管理中心建设示范项目财政补助资金管理暂行办法》，现印发给你们，请遵照执行。

附件：工业企业能源管理中心建设示范项目财政补助资金管理暂行办法

附件：

工业企业能源管理中心建设示范项目财政补助资金管理暂行办法

第一条　根据《国务院关于加强节能工作的决定》（国发〔2006〕28号）和《国务院关于印发节能减排综合性工作方案的通知》（国发〔2007〕15号），中央财政安排资金对工业企业能源管理中心建设示范项目给予适当支持。为加强示范项目财政补助资金（以下简称补助资金）管理，提高资金使用效益，特制定本办法。

第二条　本办法所称工业企业能源管理中心，是指采用自动化、信息化技术和集中管理模式，对企业能源系统的生产、输配和消耗环节实施集中扁平化的动态监控和数字化管理，改进和优化能源平衡，实现系统性节能降耗的管控一体化系统。

第三条　根据我国工业企业节能及节能新技术发展等情况，在钢铁、有色、化工、建材等重点用能行业开展能源管理中心建设示范工作。

第四条　工业和信息化部、财政部将根据重点用能行业特点制定下发相关行业能源管理中心建设实施方案，明确目标任务、支持范围、技术要求等内容。

第五条　申请享受补助资金支持的能源管理中心建设示范项目应满足以下条件：

（一）符合工业和信息化部、财政部制定的能源管理中心建设实施方案要求；

（二）项目已经审批、核准或备案；

（三）主要建设条件基本落实；

（四）符合财政部、工业和信息化部的其他要求。

已享受中央财政其他资金支持的项目，补助资金不再支持。

第六条　补助标准原则上根据示范项目投资规模并综合考虑节能效果、技术先进程度等因素确定。

第七条　符合条件的能源管理中心建设示范项目，由企业提出资金申请报告，按属地原则报项目所在地财政、工业和信息化主管部门。企业对上报材料的真实性负责。

第八条　省级财政、工业和信息化主管部门对企业的资金申请报告进行审核汇总，报财政部、工业和信息化部。

第九条 财政部、工业和信息化部组织专家对上报的资金申请报告进行审核，确定支持项目和补助资金。

第十条 财政部将补助资金预算下达省级财政部门，并抄送工业和信息化部。补助资金拨付按照财政国库管理制度有关规定执行。

第十一条 地方工业和信息化主管部门要会同财政部门采取有效措施，落实相关政策，督促示范项目实施，保证项目按时完工，并实现节能效果。

第十二条 对弄虚作假、骗取补助资金的地方，财政部、工业和信息化部将追回相关项目的补助资金，责令地方财政部门、工业和信息化主管部门整改，并视情况对相关省份给予一定处罚。

第十三条 补助资金必须专款专用，任何单位和个人不得以任何理由、任何形式截留、挪用。对违反规定的，按照《财政违法行为处罚处分条例》（国务院令第427号）等有关规定，依法追究有关单位和人员的责任。

第十四条 本办法由财政部、工业和信息化部负责解释。

第十五条 本办法自印发之日起实施。

附：工业企业能源管理中心建设示范项目资金申请报告编制要点

附：

工业企业能源管理中心建设示范项目资金申请报告编制要点

一、项目的背景和必要性

二、项目承担单位的基本情况和财务状况

包括所有制性质、主营业务、近三年来的销售收入、利润、税金、固定资产、资产负债率、银行信用等级、项目负责人基本情况及主要股东的概况。

三、建设方案

项目建设的主要内容、建设规模、采用的工艺路线与技术特点、设备选型及主要技术经济指标、产品市场预测、建设地点、建设工期和进度安排、建设期管理等。

四、预期节能效果

企业应编制项目节能评估报告，包括企业能源管理情况、项目实施前用能状况、节能措施、节能量测算和检测方法等。

五、各项建设条件落实情况

包括环境保护、资源综合利用、原材料供应及外部配套条件落实情况等。

六、投资估算及资金筹措

七、项目财务分析、经济分析及主要指标

内部收益率、投资利润率、投资回收期、贷款偿还期等指标的计算和评估，项目风险分析，经济效益和社会效益分析。

八、资金申请报告附件

（一）项目可行性研究报告；

（二）项目的备案、核准或审批文件；

（三）项目资金落实情况及相关证明材料；

（四）环境保护部门对项目环境影响报告书（表）的批复；

（五）节能、土地、规划等相关文件；

（六）企业对资金申请报告内容和附属文件真实性负责的声明。

省财政厅 省住房和城乡建设厅关于印发《山东省城镇污水处理设施配套管网建设以奖代补专项资金管理办法》的通知

2009年12月2日 鲁财建〔2009〕149号

各市财政局、建委（建设局、城管局、市政局）：

为加快推进节能减排工作，进一步规范城镇污水处理设施配套管网建设以奖代补专项资金管理，提高资金使用效益，根据财政部《城镇污水处理设施配套管网建设以奖代补专项资金管理办法》（财建〔2009〕501号），结合我省实际，我们研究制定了《山东省城镇污水处理设施配套管网建设以奖代补专项资金管理办法》，现印发给你们，请遵照执行。执行中如有问题，请及时向省财政厅、省住房和城乡建设厅反映。

附件：山东省城镇污水处理设施配套管网建设以奖代补专项资金管理办法

附件：

山东省城镇污水处理设施配套管网建设以奖代补专项资金管理办法

第一条 为加强国家补助我省的城镇污水处理设施配套管网建设以奖代补专项资金（以下简称专项资金）的使用管理，提高资金使用效益，根据财政部《城镇污水处理设施配套管网建设以奖代补专项资金管理办法》（财建〔2009〕501号）规定，结合我省实际，制定本办法。

第二条 专项资金来源为中央财政下达我省的城镇污水处理设施配套管网建设以奖代补专项资金。

第三条 为明确责任，促进地方加快推进节能减排工作，专项资金分配采取以奖代补方式，实行专项转移支付。

第四条 专项资金主要用于奖励上年度建成的污水处理设施配套管网项目；补助纳入《全国城镇污水处理及再生设施建设“十一五”规划》的城镇污水处理设施配套管网项目，以及根据国务院要求经财政部认定的城镇污水处理设施配套管网项目。

第五条 专项资金不得用于未履行基本建设程序的项目。

第六条 专项资金采取以奖代补方式进行分配。本着鼓励快建、多建并早日投入使用的原则，省财政厅、省住房和城乡建设厅按各地污水管网长度增量和污水处理能力增量，确定以奖代补额度。

第七条 专项资金奖励和补助标准如下：

省财政厅和住房和城乡建设厅根据各地上一年度实际新增管网建设长度、新增污水处理量及主要污染物减排任务完成情况等计算奖励和补助资金。其中：

1. 实际新增管网建设长度奖励标准：上年度新增管网每公里最高奖励20万元。

2. 实际新增污水处理量奖励标准：上年度新增污水处理量每1万立方米/日最高奖励40万元。

3. 完成及超额完成“十一五”规划年度COD减排目标的地区，可适当提高奖励标准。

4. 采取上述奖励措施后，当年未用完的专项资金，用于补助纳入《全国城镇污水处理及再生设施建设“十一五”规划》的城镇污水处理设施配套管网项目建设，以及根据国务院要求经财政部认定的城镇污水处理设施配套管网项目建设，标准为每公里污水管网补助10万元。

5. 在建管网已享受每公里补助10万元的项目，建设完成投入使用后每公里再奖励10万元。

第八条 中央财政专项资金下达我省后，省财政厅、省住房和城乡建设厅按规定范围、标准将专项资金预算指标额度先行分配到各市。2009年后，省直管县项目资金由省财政厅、省住房和城乡建设厅直接下达。

第九条 各市财政、建设行政主管部门在收到专项资金分配指标文件后10个工作日内，将预算指标分解落实到具体实施项目，并按本办法第十二条、第十三条、第十四条的要求，将项目有关材料联合上报省财政厅、省住房和城乡建设厅审查批复。

第十条 各市财政、建设行政主管部门应根据本办法第七条的标准，向省财政厅、省住房和城乡建设厅申报具体项目，并按项目实施的轻重缓急，对申报的项目进行合理排序。

（一）优先考虑重点流域区域内污水处理能力大的设施配套管网建设；

（二）重点考虑水源地污水处理设施配套管网建设；

（三）兼顾废水排放量大的人口集聚地城镇的污水处理设施配套管网建设；

（四）已纳入“十一五”规划，并在“十一五”前已建成或已开工建设的污水处理厂的管网完善工程建设。

第十一条 各市财政、建设行政主管部门在确定各地上年度新增污水管网长度和污水处理量时，要根据上年度和前年度《山东省城市建设统计年报》中的有关数据进行校核。

第十二条 各市上报省财政厅、省住房和城乡建设厅的项目材料，具体包括：

（一）各市财政、建设行政主管部门申请专项资金的正式文件（省直管县项目纳入各市申报范围，但须单独列示）；

（二）项目立项批复文件；

（三）当地财政部门出具的地方配套资金证明；

（四）城镇污水处理设施配套管网建设以奖代补专项资金项目申报汇总表（附件1）；

（五）城镇污水处理设施配套管网建设以奖代补专项资金分项目申报表（附件2）。

省财政厅、省住房和城乡建设厅对各市申报项目材料的完整性、真实性进行审查。在确定各地上年度新增污水管网长度和污水处理量时，将根据《山东省城市建设统计年报》对有关数据进行校核。

第十三条 省财政厅、省住房和城乡建设厅依据对各市申报项目的审查情况，做出同意实施或调整项目计划的批复。

第十四条 各级财政部门要根据省财政厅、省住房和城乡建设厅的批复，及时向项目建设单位拨付资金，任何单位和个人不得以任何理由、任何形式截留、挤占、挪用，也不得用于平衡本级预算。

第十五条 各级财政、建设行政主管部门要积极筹措配套资金，建立健全对城镇污水处理设施配套管网建设资金投入的长效机制，确保规划目标稳步实施。地方配套资金落实情况将作为下一年度专项资金分配依据之一。

第十六条 各级财政、建设行政主管部门要加强沟通配合，按照职责分工，加快污水处理设施配套管网建设项目工作进度，完善项目手续，组织好项目实施。并于年度终了后20日内，将专项资金使用情况以及项目实施情况，报送省财政厅、省住房和城乡建设厅。

第十七条 各级财政、建设行政主管部门要督促项目建设单位做好财务管理工作，加强财政资金管理，提高资金使用效益。

第十八条 各级财政、建设行政主管部门要加强对城镇污水处理设施配套管网建设和运行的监管，建立健全监管制度，重点对资金到位及使用、工程进度、工程质量、建成项目运行，以及主要污染物减排等情况，进行监督检查，建立健全污水处理各类信息报告和评估制度。

第十九条 项目单位要严格执行国家有关财政政策、财务规章制度和招投标管理规定，安排使用专项资金。项目建设单位对取得的专项资金，应当按照国家和省有关财政、会计制度规定进行相应的财务、会计处理。

第二十条 省财政厅和省住房和城乡建设厅要对专项资金支持项目进行绩效评价，并委托省财政厅驻有关市检查办事处具体实施。年度终了，有关办事处要向省财政厅、省住房城乡建设厅报送年度专项资金绩效评价报告。经审核确认的绩效评价报告，将作为奖励资金分配的依据之一。

第二十一条 中央、省有关部门将对专项资金使用效果进行不定期或重点监督检查。对于不能在规定时间内将专项资金拨付到项目、地方配套资金不到位，以及不能及时报送专项资金预算执行情况和绩效评价报告的，将适当扣减其下一年度专项资金。

第二十二条 项目建设单位经查实有下列情形之一的，财政部门应当按照有关规定停止拨付或追回已拨付的资金，并取消该项目建设单位申报专项资金项目的资格：

（一）弄虚作假，骗取专项资金的；

（二）地方配套资金不到位的；

（三）截留、挪用专项资金的；

（四）项目建设成未达到预期效果的。

第二十三条 本办法由省财政厅、省住房和城乡建设厅负责解释。

第二十四条 本办法自发布之日起施行。

附件：略。

省财政厅关于印发《山东省交通预算及财务管理暂行办法》的通知

2009年12月7日 鲁财建〔2009〕155号

各市财政局，省交通运输厅：

根据省政府《关于交通财务管理体制改革的意见》（鲁政发〔2009〕78号）要求，我们研究制定了《山东省交通预算及财务管理暂行办法》，现印发给你们，请遵照执行。执行中如有问题，请及时反映。

附件：山东省交通预算及财务管理暂行办法

附件：

山东省交通预算及财务管理暂行办法

总 则

第一条 根据省政府《关于交通财务管理体制改革的意见》（鲁政发〔2009〕78号）和有关法律法

规，为加强和规范全省交通预算及财务管理，制定本办法。

第二条 凡纳入财政预算管理范围和使用财政资金的各级交通、公路、港航等单位（以下简称交通部门）执行本办法。

第三条 财政安排用于交通的一般预算资金以及交通行业的行政事业性收费、收费公路债务、事业收入和其他收入纳入本办法管理范围。

第四条 交通财务管理应遵循权责统一、专款专用、防范风险、科学管理、效益优先、促进发展的原则。

预算及决算管理

第五条 预算管理范围。包括交通一般预算资金、行政事业性收费、事业收入和其他收入（包括政府收费公路广告收入、服务区收入等）等。

第六条 预算资金划分。年度预算确定后，要根据管理需要，将预算资金分别纳入部门预算和财政专项资金管理。

第七条 部门预算管理。交通部门行政事业单位要按照同级财政部门要求，认真编制部门预算。财政部门要按照部门预算编制原则、标准和程序进行审核，报经同级人大会议审议通过后下达。部门预算一经批复下达，具有法律效力，必须严格执行，不得随意更改或变通。预算执行过程中因政策变动或遇到特殊因素确需进行调整的，需报审批部门审批。

第八条 决算管理。交通部门要按规定编报年度决算，报同级财政部门审批。专项资金项目竣工决算，由同级财政部门委托财政投资评审中心或有资质的中介机构审计后，按程序批复。

第九条 资金结转。预算资金当年未执行完毕，可结转下年度继续使用。未经批准，建设性专项资金不得调整用于行政事业单位部门预算支出。

专项资金管理

第十条 专项资金来源。包括中央财政转移支付专项资金、地方财政安排的一般预算资金和纳入财政预算管理的行政事业性收费。

第十一条 专项资金设立。各级财政会同交通部门，根据本地交通发展规划和重点，结合当地财力情况，设立交通发展专项资金。

第十二条 专项资金使用范围。包括公路等重点项目建设资本金、国省道建设及养护、农村公路建设及养护、港航建设及养护、客货运场站建设、偿还政府还贷公路债务、交通科研以及财政部门批准的支出项目。

第十三条 专项资金使用程序。实行项目管理的省级专项资金，每年由省交通运输厅、省财政厅根据当年专项资金设立情况，联合下达专项资金项目申报指南。各市、省直管县交通部门、财政部门根据当地交通发展规划共同确定项目，联合行文逐级上报省交通运输厅、省财政厅。实行切块管理的专项资金，省财政厅和省交通运输厅将根据因素分配法安排使用。市、县专项资金比照上述方式管理。

第十四条 专项资金安排。各级财政部门按照预算资金管理的有关规定，安排使用专项资金。省交通运输厅、省财政厅对各市、省直管县申报的项目计划，根据专家审查意见确定具体项目及资金安排规模。燃油税费改革后形成的财政转移支付专项资金，除国库集中支付资金外，所有在下级实现支出的，都要按照一般预算资金管理要求，通过财政逐级拨付到项目单位。

第十五条 专项资金管理。实行办法与资金“一对一”管理模式，即一项资金一个办法，建立健全专项资金管理制度体系。积极推行国库集中支付制度。从2009年开始，先在国省道改扩建和大中修专项资金使用中实行省级国库集中支付，并逐步扩大支付范围。实行工程公开招标和政府采购制度，提高透明度。加强工程定额管理，对公路建设及养护按标准给予补助。

政府性债务管理

第十六条 融资。在国家政策范围内，继续执行收费公路“贷款修路、收费还贷”的政策，加快公路建设。鼓励各级以市场手段吸引社会和外资投资公路建设。

第十七条 债务控制。交通部门政府性债务年度收支要纳入同级财政预算监管，年度所需政府性贷款须经同级财政部门审核同意，报同级政府批准实施。要建立完善债务预警机制，防范债务风险。

第十八条 严格债务主体管理。各级交通部门要按照“谁承贷、谁还款”的原则，加强政府性债务管理。对2009年1月1日前的债务，要进行锁定，理清关系、明确责任，不得擅自变更债务主体；对燃油税费改革后的债务，要进一步规范管理，切实化解债务风险。省交通运输厅和省公路局不再为下级业务主管部门提供任何形式和内容的债务担保。

第十九条 加强政府二级收费公路债务管理。对经国家确认的政府二级收费公路债务，除中央财政补助40%外，其余部分由省级承担，实行统筹管理，逐步消化债务。省交通运输厅可利用优惠信贷政策，优化贷款结构，尽快化解债务、减少风险。

第二十条 实行偿债计划管理。各级交通部门要制定中期债务偿还计划，并报同级财政部门备案。省级政府二级收费公路债务应在7年内偿清，省交通运输厅据此编制政府二级收费公路债务偿还总体计划和年度计划，省财政厅根据偿债计划安排预算偿还债务。

第二十一条 加强通行费管理。按照收费公路“贷款修路、收费还贷”的政策，公路通行费除安排用于收费公路维修养护和必需的管理支出外，要全部用于偿还收费公路债务，不得另行安排他用。

监督检查

第二十二条 各级财政部门要按照国家和省有关规定，采取切实有效措施，加强资金管理，确保资金专款专用。任何部门、单位和个人不得截留、挤占和挪用。

第二十三条 资金拨付管理。各级财政部门要加快资金拨款进度，确保资金及时到位。对大型工程性支出，根据基本建设资金管理程序，按进度拨款。

第二十四条 监督管理。各级交通部门要自觉接受审计、财政部门的检查监督。省财政厅定期委托驻各市财政监督检查办事处或省财政投资评审中心，对专项资金使用情况进行跟踪检查。对资金使用管理中出现的问题，严格按照《财政违法行为处罚处分条例》（国务院令第427号）等有关规定进行处理。

附　则

第二十五条 各级财政部门可根据本办法制定具体实施细则。有关专项资金管理办法由省财政厅另行制定。

第二十六条 本办法由山东省财政厅负责解释。

第二十七条 本办法自印发之日起施行。我省涉及交通预算及财务管理的有关规定，凡与本办法有抵触的，一律按本办法执行。

省财政厅关于印发《山东省实施新增农资综合补贴资金集中用于粮食基础能力建设暂行管理办法》的通知

2009年12月18日　鲁财建〔2009〕161号

各市财政局：

根据财政部《中央财政新增农资综合补贴资金集中用于粮食基础能力建设暂行管理办法》（财建〔2009〕786号）规定，我们研究制定了《山东省实施新增农资综合补贴资金集中用于粮食基础能力建设暂行管理办法》，现予印发，请认真贯彻执行。执行中如有问题，请及时向省财政厅反映。

附件：山东省实施新增农资综合补贴资金集中用于粮食基础能力建设暂行管理办法

附件：

山东省实施新增农资综合补贴资金集中用于粮食基础能力建设暂行管理办法

根据财政部《中央财政新增农资综合补贴资金集中用于粮食基础能力建设暂行管理办法》（财建〔2009〕786号）精神，2009年中央开始实施农资综合补贴动态调整机制，中央财政为应对农资价格上涨而预留拨付我省的新增农资综合补贴资金（简称新增补贴资金，下同），不再直接兑付到种粮农户，集中用于粮食基础能力建设，以加快改善农业生产条件，促进粮食生产稳步发展和农民持续增收。为加强新增补贴资金管理，完善使用机制，特制定本办法。

一、总体原则

（一）启动农资综合补贴动态调整机制后，在农资价格上涨的年份，中央预算安排的新增补贴资金直接兑付到种粮农民，以弥补增加的种粮成本；在农资价格不涨或下降的年份，新增补贴资金，不再直接兑付到种粮农户，集中用于与种粮农民直接相关的粮食基础能力建设。

（二）新增补贴资金用于粮食基础能力建设坚持以下原则：

1. 集中使用，市、县（市、区）长负责。新增补贴资金由市、县（市、区）人民政府按省确定的原则和使用范围具体组织实施，并对资金安全和使用效果负责。

2. 农户受益，奖补结合。新增补贴支持事项坚持让农户受益原则，着力解决与农户粮食生产直接相关而单个农户又难以解决的问题。

二、新增补贴资金集中安排使用的范围

（三）新增补贴资金专项用于粮食基础能力建设。省财政按中央要求，视年度情况确定当年支持方向和支持重点，并体现对粮食主产区的支持。

按照省政府《山东省千亿斤粮食生产能力建设规划2009~2020年》（鲁政发〔2009〕105号）要求，2009年，中央财政拨付我省的新增补贴资金全部用于粮食基础能力建设，主要用于小型农田水利等基础设

施建设，重点支持乡村毛渠、打井、电路改造等田间沟渠疏浚、灌排泵站等抗旱排涝设施建设，全面提升我省粮食生产能力，确保粮食安全，促进农民增收，实现农业可持续发展。

三、新增补贴资金的申报审批及组织实施

（四）按照年度确定的资金使用方向和范围，省财政发布资金申报指南，组织市县申报；在专家评审的基础上，选择确定支持对象。2009年，按省政府确定的原则，省财政直接选择确定支持对象。

（五）按确定的支持对象和当年财力情况，省财政分配补贴资金。

（六）市人民政府要加强项目实施的组织领导；县（市、区）人民政府要根据省补助额度，统筹各方面财力，科学规划，具体负责项目实施工作，并将实施方案报省财政厅备案。

四、新增补贴资金的拨付与监管

（七）新增补贴资金通过粮食风险基金专户拨付，实行专户管理。不符合规定用途，新增补贴资金不出专户。新增补贴资金要与粮食风险基金专户管理的其他资金分开管理，专账核算。

（八）建立健全新增补贴资金使用的绩效考评制度。各市、县（市、区）要科学安排、认真组织实施，及时向省报告项目完成情况。省财政厅对补贴资金的使用情况、成效进行检查和考评，检查和考评结果将作为以后年度分配补贴资金的主要参考因素。

（九）进一步健全完善新增补贴资金管理和监督制度。市、县（市、区）人民政府要确保补贴资金的分配、使用公开透明，不被挪用。财政部门要健全完善项目档案管理等基础管理制度，及时跟踪项目进展情况，加强补贴资金监管。确定的支持事项、实施方案、补贴办法等要公开、透明，自觉接受社会监督，严禁截留挪用，充分发挥新增农资综合补贴资金的使用效益。

（十）本办法由省财政厅负责解释。

省财政厅　中国农业发展银行山东省分行　关于剥离省级粮食企业政策性粮食财务挂账问题的通知

2009年12月25日　鲁财建〔2009〕168号

省粮食局，中国农业发展银行山东省分行营业部，有关粮食企业：

根据财政部、中国农业发展银行等7部门《关于进一步做好国有粮食购销企业政策性粮食财务挂账管理和消化处理的通知》（财建〔2009〕883号）要求，决定将经省政府确认纳入中央和地方财政共同贴息范围的省级粮食企业新增粮食财务挂账贷款本金3 879万元及其所欠利息70万元，全部剥离划转到山东省粮食局集中管理。其中，山东省粮油收储有限公司2 475万元、山东齐河国家粮食储备库694万元、山东省饲料公司32万元、山东省粮食贸易公司8万元、山东省粮油食品供应公司521万元、山东省粮油工业公司149万元。从剥离之日起，政策性挂账利息应由省财政负担部分，由省财政厅直接拨付省粮食局。

请省农发行营业部及各相关企业密切配合，于12月29日前完成挂账剥离工作，并及时上报剥离结果。

省环境保护局　省财政厅转发《环境保护部　财政部关于印发〈中央农村环境保护专项资金环境综合整治项目管理暂行办法〉的通知》的通知

2009 年 5 月 15 日　鲁环发〔2009〕55 号

各市环保局、财政局：

现将《环境保护部　财政部关于印发〈中央农村环境保护专项资金环境综合整治项目管理暂行办法〉的通知》（环发〔2009〕48 号）转发给你们，请遵照执行。请严格按照《中央农村环境保护专项资金环境综合整治项目管理暂行办法》要求，切实规范中央农村环境保护专项资金环境综合整治项目管理，解决农村突出环境问题，改善农村环境质量。

附件：环境保护部　财政部关于印发《中央农村环境保护专项资金环境综合整治项目管理暂行办法》的通知

附件：

环境保护部　财政部关于印发《中央农村环境保护专项资金环境综合整治项目管理暂行办法》的通知

2009 年 4 月 28 日　环发〔2009〕48 号

各省、自治区、直辖市、计划单列市环境保护局（厅）、财政厅（局），新疆生产建设兵团环境保护局、财务局：

为规范中央农村环境保护专项资金环境综合整治项目管理，有效解决农村突出环境问题，改善农村环境质量，根据有关法律法规，我们制定了《中央农村环境保护专项资金环境综合整治项目管理暂行办法》，现印发给你们，请遵照执行。

附件：中央农村环境保护专项资金环境综合整治项目管理暂行办法

附件：

中央农村环境保护专项资金环境综合整治项目管理暂行办法

第一章　总　则

第一条　为规范中央农村环境保护专项资金支持的农村环境综合整治项目管理，确保项目顺利实施，制定本办法。

第二条　农村环境综合整治项目是指为有效解决农村突出环境问题、改善农村环境质量而开展的环境污染防治设施建设和综合性污染治理项目。

第三条　农村环境综合整治项目的管理和实施，坚持“中央引导、地方推动”，遵循“统筹规划、突出重点，因地制宜、分类指导，公开透明、追踪问效”的管理原则。

第四条 各地应加大农村环保投入力度，建立健全管理体制和机制，加强各部门之间的协同配合；建立农民参与制度，充分调动农民参与的积极性，鼓励农民投工投劳。

第五条 农村环境综合整治项目由县级人民政府负责申报和组织实施，市级以上环保、财政部门负责组织申报和监督管理。

第二章 项目申报和审批

第六条 环境保护部、财政部根据农村环境综合整治规划和年度预算安排原则及重点，联合发布农村环境综合整治项目申报通知，规定申报具体事宜。

第七条 农村环境综合整治项目由县级人民政府申报，经市级环保和财政部门审核（已实行省直管县的除外，下同），由省级环保和财政部门审查汇总，联合报送环境保护部和财政部。申报材料主要包括资金申请报告、项目申报方案以及相关证明材料等。

项目申报方案内容包括：村庄基本情况，存在的突出环境问题，治理方案（预期实现目标、拟采取的主要措施、进度安排、效益分析）、资金需求和筹措方案、项目实施后运行保障措施等。

第八条 各地环保部门应结合当地特点，选取农村环保适用技术指导项目申报，保障农村环境综合整治效果。

第九条 省、市级环保和财政部门对县级人民政府申报的项目按照以下原则进行审查：

（一）符合中央财政资金年度支持重点。申报的项目应与农村环境综合整治项目年度申报通知所支持重点保持一致。

（二）符合规划要求。各地应在全国农村环境综合整治规划范围内，统筹安排项目，逐年申请，分阶段实施。

（三）位于污染防治重点流域、区域。各地应根据农村环境综合整治项目支持的重点流域、区域范围，结合本地农村环保实际，针对各类问题区域分布特征，选取重点地区优先开展治理。

（四）项目实施条件成熟、资金筹措方案可行。申报的项目应根据当地经济发展水平、自然生态环境条件、污染现状、环境综合整治实际需要和投资可能，合理确定治理技术和规模，做到经济上合理、技术上可行，杜绝重复投资和形象工程。

第十条 环境保护部会同财政部对各地报送的项目组织审查，确定支持项目清单。

第三章 项目组织实施

第十一条 农村环境综合整治项目实行报备制度。省级财政下达资金预算后的20个工作日内，县级人民政府应组织完成项目实施方案的修改完善工作，经市级环保、财政部门审批后，报省级环保、财政部门备案。

第十二条 农村环境综合整治项目内容一经审查批准，原则上不得调整，不得降低治理目标要求、压缩投资规模等。如确需调整的，须报省级环保和财政部门批准同意后方可执行。省级环保和财政部门要将有关调整情况随同年度项目执行情况报告报环境保护部和财政部备案。

第四章 考核验收和监督检查

第十三条 省级环保部门会同财政部门应加强项目的考核验收工作，考核验收办法应结合各地情况自行制定，报环境保护部、财政部备案。

第十四条 省级环保部门会同财政部门在项目结束后的2个月之内完成验收工作。项目验收合格后，县级人民政府应督促项目所在地的村镇，明确农村环境污染防治设施的管理主体，制定管理措施，建立健全工程维修、养护、运行等各项规章制度，确保项目充分发挥效益。

第十五条 省级环保和财政部门应于每年2月底之前将上年度项目执行情况报告报环境保护部和财政部，项目执行情况报告的内容包括项目实施进展和成效、中央和地方资金到位情况、资金使用情况、管理措施、考核验收情况等。

第十六条 环境保护部会同财政部对农村环境综合整治项目的实施情况进行抽查，在各地项目执行情况报告和抽查情况的基础上进行考核。抽查和考核的重点主要包括：治理目标完成情况、资金到位和使用情况以及取得的实效等。

第十七条 建立农村环境综合整治项目公示制度。农村环境综合整治项目的管理办法、申报指南、考核验收办法，以及专项资金的安排情况、项目考核验收情况等应及时在各级环保和财政部门政府门户网站上予以公开，接受社会监督。

第十八条 对于违反本办法及相关要求的，环境保护部和财政部将视情况采取通报批评、取消申报资格以及停止资金安排或追缴已拨付资金等措施予以处理，并追究有关人员责任，构成犯罪的，依法追究刑事责任。

第五章 附 则

第十九条 省级环保和财政部门可根据本办法，结合当地实际，制定具体实施办法，报环境保护部和财政部备案。

第二十条 本办法自2009年5月1日起实施。

八、

农业财务类

财政部关于印发《中央财政现代农业生产发展资金绩效考评试行办法》的通知

2009年2月4日　财农〔2009〕4号

各省、自治区、直辖市财政厅（局），新疆生产建设兵团财务局：

为规范和加强中央财政现代农业生产发展资金和项目管理，建立健全激励和约束机制，切实提高资金使用效益，特制定《中央财政现代农业生产发展资金绩效考评试行办法》。现印发给你们，请认真遵照执行。

附件：中央财政现代农业生产发展资金绩效考评试行办法

附件：

中央财政现代农业生产发展资金绩效考评试行办法

第一章　总　　则

第一条　为规范和加强中央财政现代农业生产发展资金和项目管理，建立健全激励和约束机制，切实提高资金使用效益，特制定本试行办法。

第二条　本试行办法所称现代农业生产发展资金绩效考评（以下简称绩效考评），是指县级以上财政部门运用一定的评价方法、量化指标和评价标准，对中央财政安排的支持现代农业生产发展资金绩效目标实现程度进行综合性的考核和评价。

第三条　绩效考评应当遵循的原则：

（一）客观、公正、科学、规范原则。按照“公开、公平、公正”的要求，采用科学、规范的考评程序和操作方案，准确、合理地衡量项目的绩效情况。

（二）有利于推动支农资金整合原则。在绩效考评的内容、考评指标以及计分权重设计方面，应当充分体现支农资金整合的要求。

（三）权责统一原则。绩效考评应当有利于促进资金分配、管理、使用权的行使，与承担相应责任相统一。

（四）定性考评与定量考核相结合原则。绩效考评应当在对考评内容确定量化测定分值的基础上，结合项目实施效果和管理工作情况进行综合分析评价。

第二章　考核依据和内容

第四条　绩效考评的依据：

（一）国家相关法律、行政法规和各级财政部门制定的现代农业生产发展资金管理规章制度；

（二）现代农业生产发展资金项目实施方案、资金申请文件、资金拨付文件、项目实施和资金使用情况总结等有关文件资料；

（三）财政部关于以现代农业生产发展资金项目为平台整合相关支农资金的要求、各地申请立项时制定的资金整合方案；

（四）统计部门公布的有关农业统计数据和财政部门反映资金管理的有关数据；

（五）县级以上财政部门的有关批复文件、检查结论，财政部驻当地财政监察专员办事处出具的有关检查结果，审计部门出具的有关审计报告或委托中介机构出具的有关项目评审或竣工验收报告、考评意见等；

（六）其他相关资料。

第五条 绩效考评的内容：

（一）实施方案制定：主要考核主导产业优势、支持重点环节、保障措施与机制创新、实施方案内容以及方案报送情况。

（二）支农资金整合：主要考核地方财政部门特别是省级财政部门整合相关资金的渠道、资金规模以及资金到位情况。

（三）资金项目管理：主要考核制度建设、资金拨付进度、政策宣传、信息报送以及部门协作配合情况。

（四）项目实施效果：主要考核项目实施方案任务完成情况以及取得的经济效益和社会、生态效益。具体考核指标由各省级财政部门自定。

（五）违规违纪行为：主要是对被审计、财政监察机构等部门查出或被新闻媒体曝光并经查实的违纪行为进行处理。

第三章 组织实施工作

第六条 绩效考评工作由财政部统一组织，分级实施。必要时可邀请有关部门、专家或委托中介机构进行。参与考评的机构或个人要对所做结论的真实性负责。

第七条 财政部的主要工作职责：

（一）统一组织实施绩效考评工作；

（二）制定中央财政绩效考评办法；

（三）对省级财政部门进行绩效考评；

（四）根据绩效考评结果，落实相关奖惩措施；

（五）加强对省级财政部门绩效考评工作指导。

第八条 省级财政部门的主要工作职责：

（一）组织实施本省绩效考评工作；

（二）指导和监督项目所在县县级财政部门绩效考评工作；

（三）及时向财政部反馈考评经验等相关信息；

（四）按规定向财政部报送省级绩效自评报告；

（五）对考评中发现的问题认真研究并及时整改。

第九条 绩效考评以年度为周期，每年4月15日前，省级财政部门对本省项目所在县的县级财政部门管理使用上一年度现代农业生产发展资金的情况进行考评，并结合省级财政工作情况特别是支农资金整合情况形成本省自评报告送财政部。财政部于5月31日前对省级财政部门进行考评。

第十条 省级财政部门对本省绩效自评结果的真实性负责。经查实，在自评过程中有违规违纪行为的，财政部将扣减该省现代农业生产发展资金的分配额度，在全国范围内通报批评，并按有关规定严肃处理。

第四章 考核办法与结果运用

第十一条 绩效考评实行百分制，计分采用量化指标，满分为100分（具体考评量化指标见附表）。

根据得分的不同情况将考评结果划分为四个等级：总分在90分以上（含90分）为优秀；80～89分（含80分）为良好；70～79分（含70分）为合格；70分以下为不合格。

第十二条 绩效考评结果是对现代农业生产发展资金管理工作的综合评价，将作为中央财政资金分配的重要依据。中央财政对绩效突出的省份采取适当的方式予以奖励；对资金使用管理过程中出现的违规违纪行为，根据国家相关规定进行处理。

第十三条 财政部对绩效考评结果以适当方式公布，接受社会监督。

第十四条 各级财政部门应当根据绩效考评结果，及时总结经验教训，完善项目资金管理办法，提高管理水平和资金使用效益。

第五章 附 则

第十五条 新疆生产建设兵团、中央直属垦区现代农业生产发展资金绩效考评工作参照本试行办法执行。

第十六条 各省、自治区、直辖市财政厅（局）以及新疆生产建设兵团财务局、中央直属垦区可以参照本试行办法，制定绩效考评实施细则。

第十七条 本办法自2009年2月1日起施行。

附：现代农业生产发展资金绩效考评量化指标表

现代农业生产发展资金绩效考评量化指标表

考评对象：

考评内容	考评指标	省级财政自评得分	财政部考评得分	考评说明
一、实施方案制定（20分）	1. 产业优势和支持环节（10分）			主导产业符合当地实际且优势突出的得3分；集中连片开发或以县为单位整体推进的得3分；支持环节集中在一两个的得4分。否则不得分。
	2. 方案内容（3分）			按要求内容全面编制的得3分；缺少内容的不得分。
	3. 方案报送情况（3分）			按规定时间报送方案的，得3分；否则不得分。
	4. 保障措施与机制创新（4分）			保障措施健全有力、操作性强的得2分；工作有创新，并总结出先进管理经验的，得2分。否则不得分。
二、支农资金整合（25分）	1. 整合资金的渠道（10分）			从预算编制环节整合相关专项与中央补助资金统筹使用的，得4分；整合其他部门专项的，得4分；采取打包、拼盘等形式集中投入的，得2分。
	2. 整合资金的规模（7分）			以中央财政下拨的补助资金为基准，省级整合资金每超过20%加1分，最高得7分。
	3. 整合资金到位率（8分）			按资金整合方案足额安排并到位的得8分；到位率每减少5%，扣1分，扣完为止。
三、资金项目管理（20分）	1. 管理制度建设（8分）			申报管理制度、资金管理制度、绩效考评制度、检查验收制度各2分，每少一项扣2分。
	2. 资金拨付进度（4分）			省级财政部门收到财政部拨款文件在一个月内将资金拨付到项目县财政部门得4分，每迟一周扣1分，扣完为止。
	3. 政策宣传与信息报送（5分）			每上报一篇信息或材料得0.3分；每上报一篇经省级以上媒体采用的宣传材料得0.6分；每上报一份由厅级以上领导批示的信息得0.8分（其中省级领导批示的得1.5分）。最高得5分。
	4. 部门协作（3分）			部门密切配合、反映良好的得3分，一般不得分，部门有不良反映的，扣3分。

续表

考评内容	考评指标	省级财政自评得分	财政部考评得分	考评说明
四、项目实施效果（35分）	1. 方案完成情况（15分）			按项目实施方案完成100%的，得15分；完成81%～99%的，得13分；完成70%～80%的，得10分；低于70%的，不计分。
	2. 项目经济效益（10分）			主要考核带动农产品产量、农业产值以及农民收入和就业增加情况。具体由各省根据实施方案设立指标并考核，中央财政进行抽查。
	3. 社会和生态效益（10分）			主要考核促进生态改善等社会生态方面的情况。具体由各省根据方案设立指标并考核，中央财政进行抽查。
五、违规违纪行为（-20分）	1. 重大违纪			经审计、财政监察机构等部门检查出存在重大违纪行为并在全国造成恶劣影响的，一票否决，按有关规定处理。
	2. 一般违纪（-20分）			被各种渠道检查出存在违纪行为，或经群众举报、新闻媒体曝光，并查实存在其他违规行为的，扣20分。
总分				

财政部　国家林业局关于印发《中央财政林业科技推广示范资金管理暂行办法》的通知

2009年9月22日　财农〔2009〕289号

各省、自治区、直辖市、计划单列市财政厅（局）、林业厅（局）：

为支持林业科技推广与示范工作，规范林业科技推广示范资金的管理和使用，提高财政专项资金的使用效益，财政部、国家林业局联合制定了《中央财政林业科技推广示范资金管理暂行办法》。现印发给你们，请遵照执行。执行中有何问题，请及时反馈财政部、国家林业局。

附件：中央财政林业科技推广示范资金管理暂行办法

附件：

中央财政林业科技推广示范资金管理暂行办法

第一条　为规范和加强中央财政林业科技推广示范资金（以下简称科技推广资金）管理，提高资金使用效益，根据《中华人民共和国预算法》、《中华人民共和国农业技术推广法》等法律、法规，制定本办法。

第二条　科技推广资金是指中央财政预算安排的支持林业科技成果推广与示范的补助资金。

第三条　科技推广资金支持对象为承担林业科技成果推广与示范任务的林业技术推广站（中心）、科研院所、大专院校、林业专业合作社、国有森工企业、国有林场和国有苗圃等单位和组织。

第四条　科技推广资金使用范围主要包括林木新品种繁育、新品种新技术的应用示范、与科技推广和示范项目相关的简易基础设施建设、必需的专用材料及小型仪器设备购置、技术培训、技术咨询等方面的支出。

第五条 国家林业局会同财政部于每年3月31日之前发布立项指南（含项目申报文本格式），确定当年支持重点，明确各省（含自治区、直辖市、计划单列市，下同）科技推广资金控制规模。

第六条 对立项指南中确定的跨区域重点推广示范技术，由国家林业局负责项目的组织申报、评审和批复立项工作。国家林业局下达的项目立项批复文件抄送财政部。

对立项指南中确定的其他推广示范技术，由省级林业主管部门会同财政部门负责项目的组织申报、评审和批复立项工作。省级林业主管部门会同财政部门下达的项目立项批复文件，分别抄报国家林业局、财政部。

项目的申报单位对项目的真实性负责，评审和批复立项单位，对项目的合规性负责。

第七条 经过评审合格的项目列入科技推广资金项目库。当年未安排科技推广资金的项目滚动至下一年度，可直接作为下一年度备选项目。

第八条 科技推广资金支持的项目必须具备以下条件：

（一）符合国家林业生产建设和林业科技发展战略、规划和政策，有利于林业生态体系、产业体系建设，有利于提升林业建设的科技水平和生产水平，有利于增加林业生产经营者收入。

（二）推广的技术成果必须通过有关专门机构鉴定或认定（审定），技术先进成熟，应用范围广，辐射带动作用大。

（三）项目承担单位有较强的技术力量，有实施项目所需的设备设施等基本条件，具备筹措项目所需资金的能力。

（四）符合当年发布的立项指南的相关要求。

第九条 省级财政部门会同林业主管部门于每年4月30日之前，联合向财政部和国家林业局报送资金申请及评审确定的项目文本。

第十条 财政部会同国家林业局根据当年预算资金安排情况、指南中明确的资金控制规模、国家林业局和各省项目批复文件、项目优先顺序、资金申请报告、上年度绩效考评结果等，确定当年科技推广项目及资金分配方案，及时下达预算文件，并按照财政国库管理制度有关规定支付资金。

第十一条 承担林业科技推广示范任务的单位，要加强资金和项目管理，严格执行资金管理、项目管理、政府采购等有关规定。

第十二条 各级财政部门和林业主管部门要加强科技推广资金和项目的监督检查。

第十三条 国家林业局和各省林业主管部门作为项目批复单位，对已完成林业科技推广示范项目应及时组织验收。

第十四条 对违反资金使用规定，截留、挪用或造成资金损失的单位和个人，依照《财政违法行为处罚处分条例》（国务院令第427号）有关规定处理。对于违规使用资金的省，下一年度将减少或不安排科技推广资金。财政部会同国家林业局按照有关规定和程序，对相关违法违规情况进行通报。

第十五条 省级财政部门和林业主管部门可根据本办法制定实施细则。

第十六条 科技推广资金实行绩效考评制度，具体办法由财政部会同国家林业局另行制定。

第十七条 本办法由财政部会同国家林业局负责解释。

第十八条 本办法自2009年10月1日起执行。

财政部 国家林业局关于印发《林业国家级自然保护区补助资金管理暂行办法》的通知

2009年9月22日 财农〔2009〕290号

各省、自治区、直辖市财政厅（局）、林业厅（局）：

为支持林业国家级自然保护区的发展，规范林业国家级自然保护区补助资金的管理和使用，提高财政专项资金的使用效益，财政部、国家林业局联合制定了《林业国家级自然保护区补助资金管理暂行办法》。现印发给你们，请遵照执行。执行中有何问题，请及时反馈财政部、国家林业局。

附件：林业国家级自然保护区补助资金管理暂行办法

附件：

林业国家级自然保护区补助资金管理暂行办法

第一条 为规范和加强林业国家级自然保护区补助资金管理，提高资金使用效益，根据《中华人民共和国预算法》等法律、法规，制定本办法。

第二条 本办法所指林业国家级自然保护区补助资金（以下简称补助资金）是指中央财政预算安排的，用于林业部门管理的国家级自然保护区（以下简称保护区）的专项补助资金。

第三条 补助资金安排和使用遵循以下基本原则：

（一）地方投入为主，中央财政适当补助原则。

（二）突出重点，集中使用原则。

（三）有利于资金整合的原则。

第四条 补助资金主要用于以下方面：

（一）保护区自然资源本底调查、社会经济情况专项调查，以及自然保护区主要保护对象、典型生态系统、重点保护野生动植物资源等野外专项调查所需的专用材料费、小型设备购置费、人工费、燃料费等支出的补助。

（二）保护区主要保护对象、典型生态系统、重点保护野生动植物等自然资源及区内生态环境监测所需的专用材料费、小型设备购置费、人工费、燃料费等支出的补助。

（三）珍稀濒危野生动植物保护和救护所需的简易救护设施、药品器械、饲料、燃料费等支出的补助。

（四）与保护区保护、监测、管理等相关的设施维护，以及简易设施建设、小型设备购置费等支出的补助。

（五）保护区管理人员管理培训、业务人员技术培训所需的培训费，以及科普宣教等公众教育所需的印刷费等支出的补助。

第五条 补助资金不得用于保护区管理机构人员经费支出、日常办公设备购置费用支出及办公用房、职工生活用房等楼堂馆所建设费用支出。

第六条 各省（含自治区、直辖市，下同）财政部门会同林业主管部门，每年3月31日之前联合向财政部报送资金申请，抄送国家林业局。资金申请包括上年资金使用管理情况、年度任务计划（包括本年拟支持的保护区数量、名称、主要保护对象、重点支出内容等，下同）、预计整合地方资金数额及申请中央财政补助资金数额等。

第七条 国家林业局根据各省资金申请，结合保护区建设总体规划和当年支持重点，研究并向财政部提出全国保护区年度任务计划和资金分配建议方案。

第八条 财政部根据各省资金申请和国家林业局提出的全国保护区年度任务计划和资金分配建议方案，确定各省补助资金数额，及时下达预算文件，并按照财政国库管理制度有关规定支付资金。

第九条 保护区管理机构要加强资金管理，补助资金中涉及政府采购的支出应严格执行政府采购制度有关规定。

第十条 各级财政部门和林业主管部门要加强对补助资金使用的监督、检查和管理，确保专款专用。

第十一条 对违反补助资金使用规定，截留、挪用或造成资金损失的单位和个人，依照《财政违法行为处罚处分条例》（国务院令第427号）有关规定处理。

对于违法违规使用补助资金的省份，下一年度中央财政不再安排补助资金，同时对违法违规情况进行通报。

第十二条 各省财政部门和林业主管部门根据本办法，结合本省保护区实际情况，制定实施细则。

第十三条 本办法由财政部会同国家林业局负责解释。

第十四条 本办法自2009年10月1日起执行。

财政部 国家林业局关于印发《林业贷款中央财政贴息资金管理办法》的通知

2009年9月23日 财农〔2009〕291号

各省、自治区、直辖市、计划单列市财政厅（局）、林业厅（局），新疆生产建设兵团财务局、林业局：

为了充分发挥林业贷款中央财政贴息资金在推进集体林权制度改革、拓宽林业融资渠道等方面的重要作用，建立健全林业投入的引导激励机制，规范林业贷款中央财政贴息资金的管理和使用，财政部、国家林业局联合制定了《林业贷款中央财政贴息资金管理办法》，现印发给你们，请遵照执行。

各地和有关单位2009年度新增林业贷款项目以及2008年以前（含2008年）年度林业贷款余额项目申报中央财政贴息资金，一律按照《林业贷款中央财政贴息资金管理办法》执行。

附件：林业贷款中央财政贴息资金管理办法

附件：

林业贷款中央财政贴息资金管理办法

第一章 总　则

第一条 为切实加强林业贷款中央财政贴息资金（以下简称贴息资金）管理，提高资金使用效益，促进林业产业发展，根据《中华人民共和国预算法》等法律、法规，制定本办法。

第二条 本办法所指林业贷款是指各类银行（含农村信用社和小额贷款公司，下同）发放的符合本办法贴息条件的贷款。

第三条 本办法所指贴息资金是中央财政预算安排的，对林业贷款给予一定期限和比例的利息补贴。

第二章 贴息对象与贴息范围

第四条 中央财政对符合以下条件之一的林业贷款予以贴息：

（一）林业龙头企业以公司带基地、基地连农户的经营形式，立足于当地林业资源开发、带动林区、沙区经济发展的种植业、养殖业以及林产品加工业贷款项目。

（二）各类经济实体营造的工业原料林、木本油料经济林以及有利于改善沙区、石漠化地区生态环境的种植业贷款项目。

（三）国有林场（苗圃）、集体林场（苗圃）、国有森工企业为保护森林资源，缓解经济压力开展的多种经营贷款项目，以及自然保护区和森林公园开展的森林生态旅游项目。

（四）农户和林业职工个人从事的营造林、林业资源开发和林产品加工贷款项目。

第三章　贴息率与贴息期限

第五条　对各省（含自治区、直辖市、计划单列市，下同）符合本办法规定条件的林业贷款，中央财政年贴息率为3%；对大兴安岭林业集团公司和中国林业集团公司符合本办法规定条件的林业贷款，中央财政年贴息率为5%。

第六条　林业贷款期限3年以上（含3年）的，贴息期限为3年；林业贷款期限不足3年的，按实际贷款期限贴息。

对农户和林业职工个人营造林小额贷款，适当延长贴息期限。贷款期限5年以上（含5年）的，贴息期限为5年；贷款期限不足5年的，按实际贷款期限贴息。

农户和林业职工个人营造林小额贷款是指在贴息年度内（上年10月1日至当年9月30日，下同）累计额小于30万元（含30万元）的营造林贷款。

第七条　贴息资金采取分年据实贴息的办法。对贴息年度内贷款期限1年以上（含1年）的林业贷款，按全年计算贴息；对贴息年度内贷款期限不足1年的林业贷款，按贷款实际月数计算贴息。

第四章　贴息项目计划的申报与管理

第八条　林业龙头企业、国有林场（苗圃）、集体林场（苗圃）、国有森工企业、自然保护区和森林公园等的贴息贷款项目，由项目单位向当地林业主管部门提出申请。林业部门商同级财政部门同意后，逐级审核申报，由省级林业部门会同财政部门负责审核汇总。

第九条　农户和林业职工个人小额贷款项目，由县级林业部门（国有森工企业）统一汇总，并以县级林业部门（国有森工企业）作为申报单位，商同级财政部门同意后，逐级审核申报，由省级林业部门会同财政部门负责审核汇总。

第十条　省级林业部门会同省级财政部门负责本省林业贴息贷款项目计划的申请。经同级财政部门同意后，省级林业部门于每年12月31日之前，向国家林业局报送下年度林业贴息贷款计划申请和《林业贴息贷款项目计划备案表》（附表1）。

第十一条　国家林业局根据各省上报的林业贴息贷款计划申请和备案项目、上一贴息年度林业贴息贷款计划落实和贷款项目管理等情况，提出本贴息年度各地林业贴息贷款计划方案，经财政部同意后予以下达。

第五章　贴息资金的审核与拨付

第十二条　省级财政部门会同同级林业部门具体负责对申报贴息资金项目的贷款落实及其实施情况等进行审核，确定本省应向中央财政申请的贴息资金额，并于每年10月31日之前，向财政部报送本贴息年度贴息资金申请报告和《林业贷款中央财政贴息项目备案表》（附表2），并抄送国家林业局。

国家林业局负责对大兴安岭林业集团公司和中国林业集团公司申报贴息资金项目的贷款落实及其实施

情况等进行审核，确定应向中央财政申请的贴息资金额，并于每年10月31日之前，向财政部报送本贴息年度贴息资金申请报告和《林业贷款中央财政贴息项目备案表》。

第十三条 新疆生产建设兵团贷款项目比照第四条第（三）项执行；贴息率比照中央单位执行；贷款计划和贴息资金的申请按照第十条和第十二条相关规定执行。

第十四条 财政部根据省级财政部门、新疆生产建设兵团、国家林业局的贴息资金申请和林业贷款项目落实情况，国家林业局下达的林业贴息贷款建议计划和贴息建议，审核确定贴息资金，及时下达预算文件，并按照财政国库管理制度有关规定支付资金。

第六章 贴息资金的监督管理

第十五条 地方财政和林业部门要切实加强对贴息资金的监督管理，层层负责，严格审查，确保贴息资金安全有效运行，并对林业贴息贷款项目实行公告、公示制度。

第十六条 省级财政和林业部门于每年3月31日之前向财政部和国家林业局报告上年度林业贷款贴息项目的效益情况和贴息资金的使用管理情况，填报《林业贴息贷款项目效益情况表》（附表3）。

第十七条 贴息资金必须专款专用，对违反贴息资金使用规定，滞留、截留、挪用贴息资金，以及采用虚报、冒领等手段骗取贴息资金的单位和直接负责主管人员、其他直接责任人员，依据《财政违法行为处罚处分条例》（国务院令第427号）有关规定处理。

第七章 附　　则

第十八条 省级财政和林业部门要根据本办法联合制定本省实施细则，明确林业贷款贴息项目申报条件、申报程序、检查核实、效益评价和审核标准等，落实贷款项目监管主体和贴息资金申报材料审核与档案管理部门和管理责任等，并上报财政部和国家林业局备案。留存的档案资料包括：贷款经办行签章的借款合同、借款凭证复印件以及项目实施总体情况报告等。林业小额贷款需要留存林农和林业职工的身份证复印件、有效的贷款证明材料及付息凭证。留存材料一般保留不少于5年。

第十九条 地方财政可比照本办法制定相应的财政贴息政策和管理规定，所需贴息资金由当地财政预算安排。

第二十条 本办法由财政部会同国家林业局负责解释。

第二十一条 本办法自2009年10月1日起执行。财政部、国家林业局联合发布的《林业贷款中央财政贴息资金管理规定》（财农〔2005〕45号）同时废止。

附表：1. ________年度林业贴息贷款项目计划备案表

2. ________年度林业贷款中央财政贴息项目备案表

3. ________年度林业贴息贷款项目效益情况表

附表1：

________年度林业贴息贷款项目计划备案表

单位：　　　　　　　　　　　　　　　　　　　　　　　　金额单位：万元

序号	借款人全称	所有制性质	项目情况					法人情况（　　年年末数据）						申请贷款情况			
			项目规模与内容	新建或续建	总投资	自有资金率（%）	内部收益率（%）	企业信用等级	总资产	资产负债率（%）	利润总额	银行贷款余额	其中：不良贷款	申贷总额	当年申贷	贷款期限	贷款方式
	合计																
一	林业龙头企业项目小计																
1																	
2																	
3																	
二	工业原料林（含木本油料）及沙区石漠化地区种植业项目小计																
1																	
2																	
3																	
三	林场苗圃、森工企业、自然保护区、森林公园项目小计																
1																	
2																	
3																	
四	农户和林业职工个人项目小计																
1																	
2																	
3																	

附表2：

________年度林业贷款中央财政贴息项目备案表

单位：

序号	单位	项目用途及规模	借款合同号	借款凭证号	贷款期限（年 月一年 月）	应贴息年限（年）	贷款额（万元）	其中：		贴息额（万元）
								上年10－12月	当年1－9月	
一	合计									
二	年初贷款余额									
三	新增项目贷款额小计									
（一）	林业龙头企业项目小计									
1	** 单位小计									
	①									
	②									
2										
（二）	工业原料林（含木本油料）及沙区、石漠化地区种植业项目小计									
1										
2										
3										
（三）	林场苗圃、森工企业、自然保护区、森林公园项目小计									
1										
2										
（四）	农户和林业职工个人项目小计									
1										
2										

附表3：

________年度林业贴息贷款项目效益情况表

单位：　　　　　　　　　　　　　　　　　　　　　　　　金额单位：万元

项　目	行次	年度贷款计划		年度初贷款余额	年度实际贷款额	年度还款额	年度末贷款余额	年度完成总工作量	年度贷款付息总额	上年度实际贴息	本年度应贴息
		工作量	贷款额								
甲	乙	1	2	3	4	6	7	8	9	11	12
总计	1										
一、速生丰产林	2										
1. 新造（万亩）	3										
2. 抚育（万亩次）	4										
3. 整地未造林（万亩）	5										
二、经济林	6										
1. 新造（万亩）	7										
2. 改造（万亩）	8										
三、其他种植业（万亩）	9										
四、多种经营	10										
（一）未投产（含新建和续建）项目	11										
1. 项目个数	12										
2. 创产值	13										
3. 创利税	14										
4. 安置就业人员（人）	15										
5. 项目总投资	16										
（二）已投产项目	17										
1. 项目个数	18										
2. 创产值	19										
3. 创利税	20										
4. 安置就业人员（人）	21										
5. 项目总投资	22										
五、本年度贷款单位付息总额	23										
六、财政贴息总额	24										
1. 中央财政贴息	25										
2. 省级财政贴息	26										
3. 地级财政贴息	27										
4. 县级财政贴息	28										

财政部　水利部关于印发《中央财政小型农田水利设施建设和国家水土保持重点建设工程补助专项资金管理办法》的通知

2009 年 11 月 6 日　财农〔2009〕335 号

农业部，各省、自治区、直辖市、计划单列市财政厅（局）、水利（务）厅（局），新疆生产建设兵团财务局、水利局：

为进一步加强和规范中央财政小型农田水利设施建设补助专项资金、国家水土保持重点建设工程补助专项资金管理，财政部、水利部结合各地小型农田水利建设和水土保持重点建设工程实际情况，制定了《中央财政小型农田水利设施建设和国家水土保持重点建设工程补助专项资金管理办法》。现予印发，请遵照执行。

附件：中央财政小型农田水利设施建设和国家水土保持重点建设工程补助专项资金管理办法

附件：

中央财政小型农田水利设施建设和国家水土保持重点建设工程补助专项资金管理办法

第一章　总　　则

第一条　为加强和规范中央财政小型农田水利设施建设补助专项资金（以下简称小农水专项资金）、国家水土保持重点建设工程补助专项资金（以下简称水土保持专项资金）管理，提高资金使用效益，根据《中华人民共和国预算法》和有关法律法规，制定本办法。

第二条　本办法所称小农水专项资金，是指由中央财政预算安排的，采用“民办公助”等方式，支持农户、农民用水合作组织、村组集体和其他农民专业合作经济组织等，开展小型农田水利设施建设的补助资金。

水土保持专项资金是指中央财政预算安排的，由财政部、水利部根据国家水土保持重点建设工程有关规划，用于支持规划治理范围内的重点地区开展水土流失治理项目建设的补助资金。

第三条　本办法适用于小农水专项资金和水土保持专项资金的使用管理。

第四条　各省、自治区、直辖市、计划单列市（以下简称各省）财政、水利部门要建立有效工作机制，明确分工，落实责任，共同做好小型农田水利和国家水土保持重点建设项目的组织实施和指导工作。要科学编制项目建设方案，合理确定年度建设任务，认真开展项目评审，加强项目监督检查、绩效考核和验收工作，充分调动农民群众参与项目建设和管理的积极性，确保项目建设进度和工程质量。

第五条　小农水专项资金、水土保持专项资金支持建设的项目、工程或设施，必须严格按照批准的建设方案组织实施，并符合国家及水利行业的有关技术标准和规程、规范。

第二章　小农水专项资金使用管理

第六条　各级财政要坚持"政府引导、民办公助、以奖代补"等方式，充分利用农村劳动力资源丰富的优势，把加大政府投入与鼓励农户投工投劳结合起来，整合农田水利建设资金，引导社会资金投资，逐步建立小型农田水利设施建设多元化投入机制。

省级财政部门要按照中央不断加大对小型农田水利设施建设的投入力度等政策要求，设立小型农田水利设施建设专项资金，逐步扩大资金规模，增加投入。市、县两级财政也要切实增加对小型农田水利设施建设的投入。

第七条　各省财政部门要按照《财政部关于进一步推进支农资金整合工作的指导意见》（财农〔2006〕36号）的要求，努力创造条件，充分调动各方面积极性，切实加大农田水利设施建设资金整合力度。各省要采取有效措施，切实开展省级农田水利设施建设资金整合。同时，在县级以农田水利规划为依据，以小农水专项资金为引导，以重点县建设为平台，以提高资金使用效益为目标，按照"渠道不乱、用途不变、各负其责、优势互补、各记其功、形成合力"的原则，在不改变资金性质和用途的前提下，积极整合各级各类涉及农田水利设施建设资金，统筹安排，集中使用，进一步拓宽农田水利设施建设投入渠道。

第八条　小农水专项资金主要用于支持重点县建设和专项工程建设两个方面，其分配和安排必须科学合理、公正规范，并遵循以下原则：

（一）突出支持粮食主产区，夯实粮食增产和农民增收基础；

（二）突出工程设施续建配套改造，发挥集中连片建设的优势；

（三）突出节水灌溉技术的运用和推广，提高农业用水效率和效益；

（四）突出"民办公助"和产权制度改革，推进工程建管机制体制的完善和创新；

（五）兼顾东中西部地区差异，适当向中西部地区倾斜。

第九条　小农水专项资金用于重点县建设的，重点支持现有小型农田水利设施和大中型灌区末级渠系续建、配套、改造，因地制宜建设高效节水灌溉工程和适度新建小型水源工程。小农水专项资金用于支持专项工程建设的，主要解决小型农田水利设施最薄弱的环节，重点支持雨水集蓄利用、高效节水灌溉、小型水源建设，以及渠道、机电泵站等其他小型农田水利设施修复、配套和改造。主要包括：

（一）塘坝（容积小于10万m^3）、小型灌溉泵站（装机小于1 000kW）、引水堰闸（流量小于$1m^3/s$）、灌溉机井、雨水集蓄利用工程（容积小于$500m^3$）等小型水源工程；

（二）大中型灌区末级渠系（流量小于$1m^3/s$）、小型灌区渠系、井灌区输水管道、高效节水灌溉工程等；

（三）小型排水泵站（装机小于1 000kW）、控制面积3万亩以下的排水沟道等。

小农水专项资金具体年度补助对象或建设内容，由财政部、水利部根据上述范围和国家有关政策确定，并通过小农水专项资金项目立项指南发布。

第十条　小农水专项资金使用范围主要包括：

（一）项目建设材料费；

（二）工程设备费；

（三）施工机械作业费；

（四）项目管理费。重点县和专项工程项目的论证审查、规划编制、工程设计、技术咨询和信息服务支出。

各省可从中央财政安排的小农水专项资金中按不超过1%的比例一次性提取项目管理费，不得层层重复提取，不得用于人员补贴、购置交通工具、会议费等支出。项目管理费不足部分由地方解决。

第十一条　小农水专项资金根据因素法进行分配，包括自然因素、经济因素和绩效因素三类。"自然因素"包括耕地面积、有效灌溉面积、县级行政区划数；"经济因素"包括粮食总产量、人均粮食产量、农民人均纯收入、地方财政收入；“绩效因素”包括省级财政投入力度、资金整合、农民投工投劳、项目和资金管理等绩效考核结果。

中央财政根据小农水专项资金预算规模以及上述因素，测算确定分配给各省的资金补助额度。

新疆生产建设兵团、农业部直属垦区不纳入因素法测算范围，由中央财政根据新疆生产建设兵团、农业部直属垦区小型农田水利设施建设任务、上年度项目实施情况和资金使用管理情况等适当给予定额补助。

第十二条 中央财政对重点县建设和专项工程建设实行不同的资金补助方式：

（一）重点县建设实行定额补助。中央财政按照一定的补助标准和重点县名额，核定分配给各省的重点县建设资金补助额度，各重点县具体补助金额由各省自行确定。

（二）专项工程建设实行比例补助。中央财政按照项目总投资的一定比例，核定分配给各省及新疆生产建设兵团、农业部的专项工程补助额度。

重点县和专项工程的具体补助标准和比例，由中央财政根据有关政策和年度资金预算，在制定年度小农水专项资金项目立项指南时确定。

第十三条 财政部、水利部根据国家农业发展政策、小型农田水利建设总体要求以及当年小农水专项资金预算规模，及时制定和发布年度小农水专项资金项目立项指南，将重点县分配或调整名额、小农水专项资金补助控制指标、项目管理费提取比例等下达各省及新疆生产建设兵团、农业部。

第十四条 小农水专项资金的申报主体，包括专项工程申报主体和重点县申报主体。

（一）重点县申报主体为县级财政和水利部门。

（二）专项工程申报主体包括：

1. 农户或联户；

2. 农民用水合作组织；

3. 村、组集体；

4. 其他农民专业合作经济组织。

第十五条 重点县和专项工程建设项目依照自下而上的原则逐级申报。

省级财政、水利部门，根据财政部、水利部下发的年度小农水专项资金项目立项指南，组织开展重点县和专项工程的立项申报、资金申请等工作。

地方各级财政、水利部门共同对各自上报的申报材料的完整性、真实性负责。

第十六条 重点县建设项目，由县级财政、水利部门依据本地农田水利规划以及重点县的建设目标和要求，组织编制《小型农田水利重点县建设方案》、《小型农田水利重点县建设标准文本》等申请材料和文件，逐级联合向省级财政、水利部门申报。

专项工程建设项目，由符合条件的申报主体提出申报后，县级财政、水利部门负责归类汇总，以县为单位组织编制《小型农田水利专项工程建设方案》和《小型农田水利专项工程建设标准文本》等申请材料和文件，并逐级联合向省级财政、水利部门申报。

项目申报涉及筹资筹劳的应当按照有关规定“一事一议”，经村民民主议事取得同意，并提供村民会议有关决议，按程序提出申报，报县级财政、水利部门。项目申报主体为农民用水合作组织或其他农民专业合作经济组织的，须同时报送合作组织证书复印件。

第十七条 各省财政、水利部门负责组织专家对县级申报材料进行评审，确定重点县和专项工程建设内容、资金支持重点，归类汇总和编制省级申报材料及资金申请文件，连同省级专家评审意见联合上报财政部、水利部。

第十八条 新疆生产建设兵团和农业部有关部门，根据财政部、水利部制定的年度小农水专项资金项目立项指南，负责组织项目单位编制《小型农田水利专项工程建设方案》和《小型农田水利专项工程建设标准文本》，并负责组织专家对各项目单位申报材料进行评审。评审工作结束后，将有关申报材料、资金申请文件等报送财政部、水利部。

新疆生产建设兵团和农业部有关部门分别对各自报送的申报材料的完整性和真实性负责。

第十九条 小农水专项资金项目审查要严格执行有关评审标准与要求，应当遵循以下原则：

（一）农民自愿原则。项目立项、建设要充分尊重农民意愿，项目建设方案、筹资筹劳方案和管理运行方式要经过项目区农民同意或民主议事通过。

（二）规划指导原则。项目立项、设计应依据有关规划，以有关规划为基础；项目施工、建设应按照有关规划和要求组织实施。

（三）因地制宜原则。根据当地水资源条件、生产实际需要和投资可能，确定项目工程措施和类型，做到经济上合理，技术上可行。

（四）集中连片原则。项目安排要集中资金和技术，连片建设，形成规模，发挥工程的整体效益。

（五）项目统筹原则。县级要依据农田水利规划，按照资金整合的总体要求，统筹考虑各类相关项目的建设方案、项目建设能力等情况，合理安排项目布局、建设内容和规模。省级统筹考虑各项目区实际情况，合理安排重点县建设项目与专项工程项目的建设布局和资金规模。

第二十条 财政部、水利部组织专家对各省、新疆生产建设兵团和农业部上报的申报材料进行合规性审查。

合规性审查通过后，财政部根据各省、新疆生产建设兵团和农业部报送的立项和资金申请文件以及下达的资金控制额度，拨付小农水专项资金。各省财政、水利部门，新疆生产建设兵团和农业部有关部门按照报送财政部、水利部备案的项目建设方案，批复下达和组织实施。

第二十一条 地方各级财政、水利部门要积极推动小型农田水利设施建设项目管理体制改革、明确产权，落实管护责任，探索、创新和建立长效运行机制，确保工程发挥效益。按照谁受益、谁管护的原则，单户工程应明确产权归农户所有，管护归农户负责；联户工程可由受益农户建立农民用水合作组织，工程产权归其所有并负责管护。

第三章 水土保持专项资金使用管理

第二十二条 国家水土保持重点建设工程分期规划，分期实施，每期五年。

财政部、水利部根据国家政策和水土流失治理任务，确定规划范围和重点（简称治理区）。各省财政、水利部门根据国家规划编制省级水土保持重点建设工程五年实施规划，并联合上报财政部、水利部。

财政部、水利部组织专家对各省上报的五年实施规划进行审查和批复。

第二十三条 国家水土保持重点建设项目以政府投入为主。在中央财政增加投入的同时，省、市财政也应切实增加投入。规划治理区财政、水利部门要采取措施，按照筹资筹劳的有关规定，鼓励受益农户参与工程建设。

第二十四条 水土保持专项资金用于规划治理区内的坡改梯、淤地坝、小型水保工程以及营造水保林草和经果林等项目补助支出，主要包括：

（一）材料费。购买水泥、钢材、石材、砂石料、预制构件、炸药等费用。

（二）设备费。小型灌排设备、水土保持监测设备购置费。

（三）机械施工费。施工机械租赁费、台班费。

（四）种籽苗木费。营造水保林、经果林，种草及封禁治理中补植补种所需的苗木、种籽费用。

（五）苗圃基础设施建设费。苗圃土地平整、大棚、配套水利设施、配电设施费用。

（六）封禁治理费。设置围栏、封禁标志牌以及雇佣管护人员费用。

第二十五条 水土保持专项资金依据实施规划、年度治理任务、每平方公里水土流失综合治理单价以及中央财政补助比例进行分配。

中央财政补助比例不超过全省项目投资总额的70%。具体项目的补助比例由各省财政、水利部门确定。

第二十六条 国家水土保持重点建设工程项目按年度组织申报。省级财政、水利部门根据财政部、水利部批复的五年治理规划，确定年度治理任务，编写项目和资金申请文件，联合上报财政部、水利部。

第二十七条 水利部根据与财政部共同批复的五年治理规划，负责审核批复各省年度治理任务。

财政部、水利部根据批复的各省年度治理任务和资金预算，研究提出资金分配方案，按程序报批后，将水土保持专项资金拨付有关省级财政部门。

第二十八条 治理区内县级财政、水利部门依据批复的规划和年度治理任务，以小流域为单元组织编制初步设计，报省级财政、水利部门审批后组织项目实施。

第二十九条 治理区内各级财政、水利部门要明确落实项目工程产权和管护责任，确保建成一处，落实一处，省级财政、水利部门要发挥监督指导作用，推动工程产权的落实和管护机制的建立，促进长效运行管护机制建设。

第四章 资金监督检查

第三十条 小农水专项资金和水土保持专项资金的使用管理要公开透明，实行公示制。县级财政、水利部门要采取适当的形式，将项目建设情况在当地进行公示，资金使用、筹资筹劳等情况应及时向受益区群众张榜公布，接受监督。

第三十一条 各级财政部门要及时拨付小农水专项资金和水土保持专项资金，保证工程项目的顺利实施。要大力推行县级报账制、政府采购制度，具备条件的地方应积极实行国库直接支付制度。

第三十二条 各级财政部门要建立和健全资金监管体系，加强对小农水专项资金、水土保持专项资金的使用管理和监督检查，保证专款专用。积极配合有关部门做好审计、稽查等工作。

第三十三条 地方各级水利部门要做好项目规划、设计、建设管理和技术指导，落实工程建成后的运行管护责任。县级水利部门要逐步建立和完善由项目法人或业主负责的建设和管护机制，推进工程产权制度改革。

县级财政、水利部门要加强项目建设日常监管，掌握项目建设进度，发现问题及时纠正。各级财政、水利部门对项目建设情况采取随机方式进行抽查监督。

第三十四条 各省财政、水利部门，新疆生产建设兵团和农业部有关部门要建立健全项目管理和资金使用情况统计报告制度，于每年3月底前向财政部、水利部报送上年项目实施和资金使用情况。

第三十五条 各省财政、水利部门要建立绩效考核制度，将项目建设的组织管理、建设进度、工程质量、资金投入、资金整合、资金使用和监管，以及管护机制等因素纳入考核范围，中央对省进行考核，省对县进行考核。中央对省的考核结果作为下一年度分配资金的重要因素。

第三十六条 对在小农水专项资金和水土保持专项资金使用管理中违反财政资金拨付和预算管理规定的，依照《财政违法行为处罚处分条例》（国务院令第427号）及有关法律、法规给予处理、处罚、处分。

对小农水专项资金和水土保持专项资金使用不规范、项目建设管理混乱，存在违规违纪问题被省级以上审计机关、财政部驻各省财政监察专员办事处检查处理或通报，以及被媒体曝光并核实的，将核减以后年度中央对省小农水专项资金和水土保持专项资金分配额度、重点县名额。涉及重点县的，取消重点县资格，三年内不得重新申报；涉及专项工程的，取消该项目所在县申报小农水专项工程资格，三年内不予安排。

第五章 附 则

第三十七条 各省财政、水利部门，新疆生产建设兵团、农业部有关部门根据本办法并结合实际，制定实施细则，报财政部、水利部备案。

第三十八条 本办法自发布之日起施行。财政部、原水利电力部《关于发布〈小型农田水利和水土保持补助费管理的规定〉的通知》[（87）财农字第402号]，财政部、水利部《关于印发〈中央财政小型农田水利工程建设补助专项资金管理办法（试行）〉的通知》（财农〔2006〕124号）同时废止。

财政部关于印发《中央财政现代农业生产发展资金使用管理办法》的通知

2009年10月28日 财农〔2009〕342号

各省、自治区、直辖市、计划单列市财政厅（局），新疆生产建设兵团财务局：

为进一步规范和加强中央财政现代农业生产发展资金管理，提高资金使用效益，我部对《中央财政现代农业生产发展资金使用管理暂行办法》（财农〔2008〕236号）进行了修订。现将修订的办法印发给你们，请认真遵照执行。

附件：中央财政现代农业生产发展资金使用管理办法

附件：

中央财政现代农业生产发展资金使用管理办法

第一章 总 则

第一条 为加强和规范中央财政现代农业生产发展资金管理，提高资金使用效益，根据《中华人民共和国预算法》、国家发展现代农业的相关政策和财政资金管理的有关规定，制定本办法。

第二条 中央财政现代农业生产发展资金（以下简称现代农业生产发展资金），是指财政部设立的用于支持各地优势特色农业产业发展、促进粮食等主要农产品有效供给和农民增收的专项资金。

第三条 地方各级财政部门应当会同有关部门以现代农业生产发展资金为平台，积极整合相关支农资金，统筹用于支持现代农业发展。同时，积极推进机制创新，引导社会各方面增加投入。

第四条 现代农业生产发展资金安排要根据各地优势主导产业发展规划和区域布局，支持优势产业集中开发，推进集约化、标准化和规模化生产，培育发展优势主导农业产业带和重点生产区域，提高现代农业生产的示范引导效应。

第二章 资 金 分 配

第五条 现代农业生产发展资金分配遵循以下原则：

（一）公正规范，科学合理。根据客观因素和绩效因素，公平、合理、规范地分配资金，体现公平与效率。

（二）突出重点，统筹兼顾。集中资金重点支持关键环节，向优势产区倾斜，同时兼顾地区间的平衡。

（三）绩效评价，结果导向。建立项目实施和资金管理的绩效考评制度，实行以结果为导向的分配管理机制。

第六条 现代农业生产发展资金按照基准额度、客观因素以及绩效因素进行分配。“基准额度”根据每年现代农业生产发展资金预算安排规模的一定额度确定。“客观因素”包括农业总产值、粮食总产量、耕地面积和财政困难程度系数，前三项因素按照各省、自治区、直辖市前3年的算术平均数进行测算，第四项因素按上年数据进行测算。"绩效因素"为财政部对省、自治区、直辖市财政部门（以下简称省级财政部门）管理使用现代农业生产发展资金情况的绩效考评结果。

现代农业生产发展资金对北京、天津、上海三个直辖市，计划单列市，新疆生产建设兵团和农业部直属垦区给予适当的定额补助。

第七条 各省、自治区、直辖市农业总产值、粮食总产量和耕地面积等数据，以国家统计局发布的数据为准；财政困难程度系数以财政部测算的数据为准。

第三章 资金申请与拨付

第八条 财政部每年年初根据预算安排情况，对各省、自治区、直辖市下达现代农业生产发展资金控制规模，并明确扶持重点、工作要求等。

第九条 省级财政部门根据财政部下达的资金控制规模和工作要求，结合当地现代农业发展实际，会同相关部门，按照"看得见、可操作、有标准、能考核"的要求，确定资金使用的方向和支持的重点环节，编制项目实施方案。项目实施方案内容包括：主导产业发展状况、项目建设内容、资金投入情况、资金整合计划、资金具体用途、组织保障措施和项目预期效益等方面。省级财政部门要以正式文件提出资金申请并附项目实施方案报财政部备案。

第十条 财政部根据省级财政部门上报的项目实施方案备案情况和资金申请报告以及财政部下达的资金控制规模，及时下拨现代农业生产发展资金。省级财政部门应当会同有关部门按照报送财政部备案的项目实施方案，组织实施。

第十一条 地方各级财政部门应当及时拨付资金，保证项目顺利实施。

第十二条 除农业部直属垦区外，现代农业生产发展资金应按预算级次逐级下拨到财政（财务）部门，不得切块到有关主管部门。

第四章 资金使用管理

第十三条 地方各级财政部门应当会同有关部门紧紧围绕涉及国计民生的重要大宗农产品生产，突出本地优势和特色，确定现代农业生产发展资金扶持的主导产业。主导产业必须是优势特色农业的具体品种，不得笼统地将粮食、畜牧、水产、林业等综合性行业作为一个主导产业，也不能将几个品种"打包"成一个产业。现代农业生产发展资金扶持的同一主导产业一般要连续支持，按照集中连片的原则，推进产业带建设，形成规模效益。

第十四条 地方各级财政部门应当会同有关部门围绕本地优势特色主导产业发展，区分轻重缓急，针对制约现代农业发展的瓶颈问题，对每项主导产业选择一两个关键环节给予集中投入，重点支持。现代农业生产发展资金重点支持的关键环节是：

粮食类产业（主要包括水稻、小麦、玉米、马铃薯产业）：重点支持支渠以下的小型农田水利设施的修复、配套和改造。

畜牧类产业（主要包括养猪、养牛、养羊、养鸡产业）：重点支持养殖小区的改造。

水产养殖类产业（主要包括养鱼、养虾蟹贝产业）：重点支持养殖池塘建设和改造。

水果类产业（主要包括苹果、柑橘产业）：重点支持果园基础设施建设、优质种苗培育及推广。

其他经济作物类产业（主要包括油茶、茶叶、蔬菜、甘蔗、花卉产业）：重点支持种植基地建设、优质种苗培育及推广。

地方各级财政部门会同有关部门可结合当地实际，具体确定年度所支持的关键环节。

第十五条 地方各级财政部门应当会同有关部门并督促项目实施单位严格按照本办法和省级资金管理细则规定的用途安排和使用资金。

第十六条 地方各级财政部门对农民等项目受益主体给予直接补助的，应采取以奖代补、先建后补等方法，避免采用容易形成刚性支出和体制性补助的方式。

第十七条 地方各级财政部门对农业产业龙头企业的支持，必须遵循以农民为受益主体的原则，并且只对农业产业龙头企业直接带动农民增收的农产品生产基地的生产环节给予支持。支持方式原则上采用贴息的方式；采用直接补助的，比照本办法第十六条的规定执行。

地方各级财政部门对单个农业产业龙头企业支持额度超过100万元的，必须在项目实施方案中单独列示资金的补助方式及资金的具体用途等。

第十八条 财政部从现代农业生产发展资金中安排部分资金对开展支农资金整合的县给予奖励，获得奖励的县必须将奖励资金全部用于现代农业生产发展。

第十九条 现代农业生产发展资金不得用于平衡预算、偿还债务、建造办公场所、建设车间厂房、改善办公条件、购置车辆和大型设备以及通讯器材、发放人员工资补贴等与主导产业发展无关的支出，不得建设没有推广价值的"示范园区"等形象工程，不得用于项目管理工作经费。项目管理工作经费，可由地方各级财政部门根据工作需要予以适当安排。

第二十条 地方各级财政部门应当会同有关部门并督促项目实施单位遵循勤俭办事原则，降低项目工程建设成本，发挥资金的最大效益。项目工程因此而产生的结余资金，由省级财政部门按照"使用方向不变、主导产业不变、扶持环节不变"的原则，统筹管理使用。

第二十一条 地方各级财政部门应当会同有关部门并督促项目使用单位坚持建设与管理并重，立足本地实际，建立工程项目的管护机制，加强对已建工程项目所形成资产的管理，落实管护责任，发挥各项资产的最大效益。已建工程项目所形成资产具体的管理要求，由地方各级财政部门会同有关部门根据实际情况自行制定。

第五章　资金监督检查

第二十二条 现代农业生产发展资金应当规范管理，公开操作，实行公示公告制、报账制、国库直接支付、政府采购、招投标、工程监理等有效的监管制度，确保资金专款专用。

第二十三条 财政部建立现代农业生产发展资金绩效考评制度，并将对省级财政的上一年度绩效考评结果作为下一年度资金分配的重要因素。省级财政部门负责对行政区域内立项的优势主导产业项目进行绩效考评。

第二十四条 各级财政部门应当会同有关部门对项目实施和资金管理情况进行监督检查。对弄虚作假或挤占、挪用、滞留现代农业生产发展资金的，一经查实，应立即责令改正，追回资金，并按照《财政违法行为处罚处分条例》（国务院令第427号）和有关法律法规，追究有关单位和个人的责任。

第二十五条 对违规违纪使用现代农业生产发展资金并经查实的项目县，下一年度不得纳入现代农业生产发展资金的扶持范围；对违规违纪项目县所在的省（区、市），财政部在安排下年度资金时，按违规违纪金额1~3倍予以扣减，并予以通报。

第六章　附　　则

第二十六条 省级财政部门应当根据本办法，结合本地实际，制定现代农业生产发展资金的管理细则，并报财政部备案。

第二十七条 新疆生产建设兵团和农业部直属垦区的资金申请、拨付、使用管理、监督检查等执行本办法。

第二十八条 本办法自2010年1月1日起施行。《中央财政现代农业生产发展资金管理暂行办法》（财农〔2008〕236号）同时废止。

财政部　国家林业局关于印发《中央财政森林生态效益补偿基金管理办法》的通知

2009 年 11 月 23 日　财农〔2009〕381 号

各省、自治区、直辖市、计划单列市财政厅（局）、林业厅（局），新疆生产建设兵团财务局、林业局，解放军总后勤部财务部、基建营房部：

为进一步规范和加强中央财政森林生态效益补偿基金管理，提高资金使用效益，根据《中共中央　国务院关于全面推进集体林权制度改革的意见》（中发〔2008〕10 号）和中央林业工作会议精神，财政部、国家林业局对 2007 年印发的《中央财政森林生态效益补偿基金管理办法》进行了修订。现将修订后的《中央财政森林生态效益补偿基金管理办法》印发给你们，请遵照执行。

附件：中央财政森林生态效益补偿基金管理办法

附件：

中央财政森林生态效益补偿基金管理办法

第一条　为规范和加强中央财政森林生态效益补偿基金（以下简称中央财政补偿基金）管理，提高资金使用效益，根据《中华人民共和国预算法》、《中华人民共和国森林法》等法律、法规，制定本办法。

第二条　本办法所称森林生态效益补偿基金，是指各级政府依法设立用于公益林营造、抚育、保护和管理的资金。中央财政补偿基金作为森林生态效益补偿基金的重要组成部分，重点用于国家级公益林的保护和管理。

第三条　中央财政补偿基金的补偿范围是国家级公益林林地。

国家级公益林是指依据国家林业局、财政部联合印发的《国家级公益林区划界定办法》（林资发〔2009〕214 号）区划界定的公益林林地。

第四条　中央财政补偿基金依据国家级公益林权属实行不同的补偿标准。国有的国家级公益林平均补偿标准为每年每亩 5 元，其中管护补助支出 4.75 元，公共管护支出 0.25 元；集体和个人所有的国家级公益林补偿标准为每年每亩 10 元，其中管护补助支出 9.75 元，公共管护支出 0.25 元。

第五条　国有的国家级公益林管护补助支出，用于国有林场、苗圃、自然保护区、森工企业等国有单位管护国家级公益林的劳务补助等支出。

地方各级财政部门会同林业主管部门测算审核管护成本，合理确定国有单位国家级公益林管护人员数量和管护劳务补助标准。

第六条　集体和个人所有的国家级公益林管护补助支出，用于集体和个人管护国家级公益林的经济补偿。

第七条　公共管护支出由省级财政部门列支，用于地方各级林业主管部门开展国家级公益林监测、管护情况检查验收、森林火灾预防与扑救、林业有害生物防治、监测等工作。

第八条　各省（含自治区、直辖市、计划单列市、新疆生产建设兵团，下同）财政部门会同各省林业主管部门，在本办法规定的开支范围内，明确中央财政补偿基金的具体开支范围和要求。各级财政部门和林业主管部门发生的相关管理经费由同级财政预算另行安排，不得在中央财政补偿基金中列支。

第九条　林业主管部门应与承担管护任务的国有单位、集体和个人签订国家级公益林管护合同。

第十条 国有单位、集体和个人应按照管护合同规定履行管护义务，承担管护责任，根据管护合同履行情况领取中央财政补偿基金。

第十一条 各省财政部门和林业主管部门于每年4月30日之前，联合向财政部和国家林业局报送中央财政补偿基金申请，申请的内容包括上年度中央财政补偿基金使用管理情况，国家级公益林管理和征占用等资源变化情况等。

国家林业局于每年4月30日之前向财政部报送大兴安岭林业集团公司中央财政补偿基金申请，申请的内容包括上年度中央财政补偿基金使用管理情况、国家级公益林管理和征占用等资源变化情况等。

第十二条 财政部根据区划界定的国家级公益林面积和补偿标准以及各省、国家林业局的资金申请，确定各省、大兴安岭林业集团公司的中央财政补偿基金数额，及时下达预算文件。中央财政补偿基金的支付管理按照财政国库管理制度有关规定执行。

第十三条 各级财政部门应对中央财政补偿基金实行专项管理，分账核算。其他渠道筹集的用于国家级公益林的补偿资金可与中央财政补偿基金并账核算。各级财政和林业主管部门应分别建立健全中央财政森林生态效益补偿拨付、使用和管理档案。

国有单位和集体应建立健全财务管理和会计核算制度、对中央财政补偿基金实行分账核算。

第十四条 财政部根据各省、国家林业局报送的国家级公益林征占用等资源变化情况，相应调整中央财政补偿基金，国家林业局应对国家级公益林征占用情况适时抽查。

第十五条 各级财政部门和林业主管部门应加强对中央财政补偿基金的监督管理，对违反本办法规定，截留、挪用或造成资金损失的单位和个人，按照《财政违法行为处罚处分条例》（国务院令第427号）有关规定处理、处罚和处分。财政部会同国家林业局按照有关规定和程序，对相关违法违规情况进行通报。

第十六条 各省、大兴安岭林业集团公司存在下列问题的，财政部将在下年度一次性调减其中央财政补偿基金公共管护支出的20%：

（一）违反中央财政补偿基金使用和国家级公益林管护有关规定，问题严重的；

（二）上报征占用国家级公益林等资源变化情况弄虚作假的；

（三）连续两年逾期1个月以上不报送资金申请，或报送的资金申请内容不符合规定的；

（四）经财政部认定需调减资金的其他违法违规行为。

第十七条 各省、大兴安岭林业集团公司对中央财政补偿基金的使用管理规范、成效显著的，财政部可用因本办法第十六条原因调减的资金对其进行奖励。

第十八条 各省财政部门会同林业主管部门根据本办法制定实施细则，报财政部和国家林业局备案。

第十九条 军事管理区的中央财政补偿基金由解放军总后勤部财务部和基建营房部，根据本办法制定管理实施细则，报财政部和国家林业局备案。

第二十条 本办法由财政部会同国家林业局解释。

第二十一条 本办法自2010年1月1日起执行。2007年3月15日财政部和国家林业局联合发布的《中央财政森林生态效益补偿基金管理办法》（财农〔2007〕7号）同时废止。

财政部 农业部关于印发《中央财政农作物良种补贴资金管理办法》的通知

2009年12月14日 财农〔2009〕440号

各省、自治区、直辖市、计划单列市财政厅（局）、农业（农垦）厅（局、委），新疆生产建设兵团财务局、农业局：

根据国家支农惠农政策，中央财政设立了农作物良种补贴资金，支持农作物良种推广，提高农作物产品品质和产量，鼓励农民使用良种和调动农民生产积极性。为了加强资金管理，提高资金使用效益，适应全国农业生产中良种推广的需要和国家良种补贴政策变化的要求，财政部、农业部总结近几年农作物良种补贴资金管理使用中的情况，在对原有相关办法进行修订补充和完善的基础上，制定了《中央财政农作物良种补贴资金管理办法》。

现将《中央财政农作物良种补贴资金管理办法》印发给你们，请严格遵照执行，并将执行情况及时反馈到财政部、农业部。

附件：中央财政农作物良种补贴资金管理办法

附件：

中央财政农作物良种补贴资金管理办法

第一章 总 则

第一条 为了加强中央财政农作物良种补贴资金（以下简称良种补贴资金）管理，支持农民（含农场职工，下同）使用良种和调动农民生产积极性，加快农作物良种推广，提高农作物产品品质和产量，提高资金使用效益，制定本办法。

第二条 本办法所称农作物良种，是指经国家或省级农作物品种审定委员会审定，适合推广应用，符合农业生产需要和市场前景较好的农作物品种。

中央财政补贴的农作物品种包括水稻、小麦、玉米、大豆、油菜、棉花和国家确定的其他农作物品种。

第三条 财政部、农业部共同组织落实良种补贴政策，指导地方各级财政部门、农业部门（含新疆生产建设兵团财务、农业部门，下同）做好组织实施管理工作。各级财政、农业部门应当明确分工，落实责任，加强协调，密切配合。

财政部门负责落实良种补贴资金预算，会同农业部门制定资金分配方案，拨付补贴资金，监督检查补贴资金使用管理情况等。

农业部门负责良种补贴政策具体组织实施管理工作，编制实施方案，核定良种补贴面积，推介展示良种，组织生产管理、技术培训和提供咨询服务，监管实施过程，评估实施效果等。

第四条 农业部会同财政部下达年度实施指导意见，指导意见内容包括补贴农作物品种、补贴面积、补贴标准和补贴资金规模等。省级农业、财政部门组织编制年度实施方案，并按规定时限报送农业部、财政部备案。实施方案内容包括良种推介品种、良种种植面积、补贴资金数额、补贴资金发放方式、落实管理责任的具体措施及其他相关资料。

各垦区（农场）按照财务隶属关系向农业、财政部门报送年度实施方案。

第二章 良种的推介与管理

第五条 省级农业部门按照法律法规的规定和《全国优势农产品区域布局规划》的要求，推介适宜本地区种植的农作物良种，发布农作物良种补贴品种目录，随年度实施方案上报农业部备案。

第六条 各级农业部门按照尊重农民意愿、遵从品质优先、遵守市场公开的原则，积极引导农民在发布的品种目录内选择使用农作物良种。不得采取强制方式干预农民自愿选种。

第七条 各级农业部门会同工商、质检、公安等部门，加强农作物种子市场监管，做好良种的市场供应，监督检验种子质量，防止假冒伪劣种子进入生产领域，坚决打击坑农害农等违法行为。

第三章 良种补贴资金补贴的范围和方式

第八条 良种补贴资金的补贴对象是在农业生产中使用农作物良种的农民。

良种补贴范围是国家规定补贴品种的种植区域。全覆盖补贴品种的范围按补贴品种的实际种植面积核定；未全覆盖补贴品种的范围由农业部、财政部根据国家政策确定。

乡级农业管理机构、财政所组织全覆盖品种补贴面积的村级登记、核实、公示，汇总审核后上报县级农业、财政部门。县级农业、财政部门对乡镇上报的补贴面积审核确认后，汇总上报省级农业、财政部门。省级农业、财政部门对各县上报的补贴面积审核确认后，汇总上报农业部、财政部。

地方各级农业、财政部门应逐级分解安排农业部、财政部当年下达的未全覆盖补贴品种的种植面积。

第九条 良种补贴标准由财政部、农业部根据国家政策确定。补贴标准是：早稻10元/亩，中稻、晚稻15元/亩，小麦10元/亩，玉米10元/亩，大豆10元/亩，油菜10元/亩，棉花15元/亩。良种补贴标准如有调整，按新标准执行。

第十条 水稻、玉米、油菜采用现金直接补贴方式，具体发放形式由各省按照简单便民的原则自行确定。

小麦、大豆、棉花采用现金直接补贴或差价购种补贴方式。采用差价购种补贴的，由省级农业、财政等部门组织良种的统一指标，中标单位实行统一供种，供种单位登记销售清册，购种农民签字确认。

第十一条 全覆盖补贴品种的补贴资金，财政部根据农业部对各省上报的补贴资金使用情况、农作物实际种植面积的审核意见和国家统计局发布的相关统计数据拨付。地方财政部门应将补贴资金及时足额兑付到农民手中。形成的结余结转下年使用。

未全覆盖补贴品种的补贴资金，财政部按照当年确定的补贴品种、补贴面积和补贴标准拨付。

实行招标统一供种方式的，省级财政部门按中标单位的供种量预拨70%补贴资金。其余30%的补贴资金，省级财政部门根据农业部门审核确认的供种清册和无种子质量问题书面意见于播种后与中标单位结算。

第十二条 省级农业、财政部门年终前将当年补贴政策落实情况总结报送农业部、财政部。总结内容包括当年良种实际种植面积、实际补贴面积、补贴资金发放方式和补贴资金发放情况等，并对真实性、准确性负责。

第十三条 良种补贴资金发放实行村级公示制，公示的内容包括农户良种补贴面积、补贴品种、补贴标准、补贴资金数额等。乡级农业管理机构、财政所组织村级公示，公示时间不少于七天公示期间。应当听取农民群众的意见，接受群众监督，发现问题及时纠正。

第四章 良种补贴资金的监督和管理

第十四条 良种补贴政策实施范围内的县级农业和财政部门应当会同统计、监察等部门组成良种补贴政策实施领导小组，并设立办公室，具体负责农作物良种补贴政策的实施和监督工作，组织乡镇开展农作物补贴面积登记、公示和复查核实工作。建立农作物良种补贴信息管理档案，内容包括县、乡、村分户农作物补贴面积、补贴资金、补贴品种等信息。

各级农业部门和财政部门应设立并公布良种补贴政策监督电话，受理政策咨询、查证举报事项，对发现的违规违纪行为及时严肃查处。

第十五条 地方各级财政部门应安排必要的工作经费。主要用于补贴品种的推介展示宣传、补贴面积核实、补贴资金发放和补贴信息档案的建立和项目实施监督检查等管理支出。严禁挤占挪用中央财政补贴资金用于工作经费。

第十六条 任何地方、单位和个人不得虚报良种补贴面积，不得套取、挤占、挪用补贴资金。对违反本款规定的行为，依照《财政违法行为处罚处分条例》（国务院令第427号）等有关法律法规给予处理、处罚和处分。

第十七条 各地应当通过多种媒体向广大农民、基层干部以及社会公布、宣传农作物良种补贴政策，调动农民使用良种、发展粮棉油生产的积极性，营造良好社会氛围，推动良种补贴工作的顺利开展。

第五章 附 则

第十八条 省级财政、农业部门可根据本办法制定实施细则，并报财政部和农业部备案。

第十九条 本办法由财政部会同农业部解释。

第二十条 本办法自2010年1月1日起施行。2004年3月29日财政部、农业部发布的《农作物良种推广项目资金管理暂行办法》（财农〔2004〕16号）、2004年4月5日财政部、农业部发布的《水稻良种推广项目资金管理暂行办法》（财农〔2004〕17号）同时废止。

财政部 水利部关于印发《小型农田水利重点县建设资金绩效考评暂行办法》的通知

2009年12月28日 财农〔2009〕457号

各省、自治区、直辖市、计划单列市财政厅（局）、水利（水务）厅（局）：

为建立健全小型农田水利建设资金绩效考评体系，提高资金使用效益，促进小型农田水利重点县建设，财政部、水利部制定了《小型农田水利重点县建设资金绩效考评暂行办法》，现予印发，请遵照执行。

附件：小型农田水利重点县建设资金绩效考评暂行办法

附件：

小型农田水利重点县建设资金绩效考评暂行办法

第一章 总 则

第一条 为推进小型农田水利重点县（以下简称重点县）建设，建立健全重点县建设资金使用管理、激励和约束机制，切实提高资金使用效益，根据《财政部 水利部关于实施中央财政小型农田水利重点县建设的意见》（财农〔2009〕92号），制定本办法。

第二条 本办法所称重点县建设资金，包括中央财政小型农田水利设施建设专项资金用于重点县建设部分，以及地方各级财政对重点县建设的投入。

第三条 本办法所称重点县建设资金绩效考评（以下简称绩效考评），是指运用定性定量结合的评价方法、科学的量化指标和统一的评价标准，对重点县建设资金的绩效目标实现程度进行综合性的考核和评价。

第四条 绩效考评遵循以下原则：

（一）客观公正。按照“公开、公平、公正”的要求和科学、规范的考评程序，客观公正地衡量资金绩效情况。

（二）分级负责。采取自评和抽查相结合的方式，实行中央对省考评、省对县考评，省级和县级考评采用不同的考评指标。

（三）突出重点。重点对资金投入与整合、项目建设与管理等方面进行考评。

第二章 考评依据和内容

第五条 绩效考评的依据：

（一）中央和省级财政、水利部门联合颁布的相关管理制度；

（二）重点县建设方案、标准文本、资金申请文件、资金拨付文件、实施方案、总结报告等有关文件和材料；

（三）各级财政、水利部门反映资金管理、工程建设等有关统计数据；

（四）县级以上财政、水利部门的有关批复文件、检查结论，以及工程决算报告等竣工验收材料；

（五）其他相关资料。

第六条 绩效考评内容分为省级绩效考评和县级绩效考评两方面：

（一）省级绩效考评主要内容：

1. 项目组织与管理：主要考核省级财政、水利部门对重点县建设工作的组织领导、重点县产生与申报、管理制度建设、统计与总结、以及信息与宣传等情况。

2. 资金投入与整合：主要考核省级投入、省级资金整合等情况。

（二）县级绩效考评主要内容：

1. 项目组织：主要考核重点县建设工作的组织领导、统计与总结，以及信息与宣传等情况。

2. 项目管理：主要考核重点县申报材料、工程建设、项目验收、管护机制建设等情况，以及组织农民筹资投劳的规范性。

3. 资金管理：主要考核县级资金投入与整合，以及资金监管等情况。

4. 实施效果：主要考核项目预期效益完成情况，包括改善农业生产条件和新增农业生产能力两方面。

第三章 组 织 实 施

第七条 绩效考评工作实行统一组织，分级实施。

财政部、水利部：负责对省级进行绩效考评；根据省级绩效考评结果，采取相应奖惩措施，对考评中发现的问题督促整改；对省级绩效考评工作进行指导；对重点县绩效考评进行抽查。

省级财政、水利部门：负责对重点县进行绩效考评；根据县级绩效考评结果，采取相应奖惩措施，对考评中发现的问题督促整改；开展省级自评工作，对自评中发现的问题认真研究并及时整改；及时向财政部、水利部上报绩效考评相关信息。

重点县财政、水利部门：开展自评工作；对考评中发现的问题认真研究并及时整改；及时向省级财政、水利部门上报绩效考评相关信息。

第八条 绩效考评一年一次，每年3月31日前，省级财政、水利部门完成对上一年度重点县建设资金的绩效考评工作，形成自评报告，报财政部、水利部。

第九条 省级财政、水利部门，重点县财政、水利部门分别对本级绩效自评结果的真实性负责。

第四章 考评结果运用

第十条 绩效考评实行百分制，计分采用量化指标，省级考评和县级考评满分均为100分。（具体考评量化指标见附1、附2）

省级考评分数乘以权重系数，加上该省全部重点县的县级考评分数的算术平均值乘以权重系数，为该省考评总分。其中，省级考评权重系数为70%，县级考评权重系数为30%。

根据考评总分，将考评结果划分为四个等级：考评总分在90分以上（含90分）为优秀；76~89分为良好；60~75分为合格；60分以下为不合格。

第十一条 绩效考评结果是对重点县建设资金管理工作的综合评价，将作为下一年度重点县建设资金和名额分配的重要依据。

第十二条 省级财政、水利部门和重点县财政、水利部门在自评过程中有弄虚作假的，一经查实本年度绩效考评结果按不合格处理。

对绩效考评发现的违规违纪行为，各地要按照有关规定及时进行整改。

第十三条 因在重点县建设资金使用管理中违规违纪被省级以上审计机关和财政部驻各省、自治区、直辖市、计划单列市财政监察专员办事处检查处理或通报的，除按照有关规定处罚外，本年度绩效考评结果按不合格处理。

第十四条 省级财政、水利部门，重点县财政、水利部门应当根据绩效考评结果，及时总结经验教训，完善资金使用管理制度，提高资金使用效益。

第五章 附 则

第十五条 省级财政、水利部门要根据实际情况，制定相应的重点县绩效考评实施细则。

第十六条 本办法自颁布之日起施行。

附：1. 小型农田水利重点县建设资金省级绩效考评量化指标表

2. 小型农田水利重点县建设资金县级绩效考评量化指标表

附1：

小型农田水利重点县建设资金省级绩效考评量化指标表

_______省（自治区、直辖市）

考评内容	考评指标	考评说明	省级自评	中央考评	备注
（一）项目组织与管理（40分）	1. 组织领导（6分）	1. 制定了全省小型农田水利建设规划或全省重点县建设规划，得2分。 2. 建立了组织领导和工作协调机制，得2分。 3. 省级财政、水利部门按要求及时批复了重点县建设方案，得2分。			以请示、文件、会议纪要等为依据。
	2. 重点县产生与申报（10分）	1. 重点县产生过程规范，重点县名单及申报材料按时上报，得2分。 2. 申报材料合规性审查合格率为100%、90%以上、80%以上的，分别得8分、6分和4分。 3. 重点县未经公示或公示有异议仍上报，不得分。			以公示情况、申请材料报送时间和合规性审查结论为依据。
	3. 管理制度建设（6分）	1. 按照财政部、水利部要求，省级财政、水利部门联合制定了小型农田水利建设专项资金管理、重点县建设管理和绩效考评等办法的实施细则，得4分。 2. 省级财政、水利部门联合制定了本省小型农田水利建设的其他相关管理制度，得2分。			以颁布施行的相关制度文件为依据。
	4. 统计与总结（6分）	1. 按要求及时报送统计报表，得3分；未按要求及时报送，不得分。 2. 按要求及时报送总结报告，得3分；未按要求及时报送，不得分。			以统计数据、总结报告为依据。

续表

考评内容	考评指标	考评说明	省级自评	中央考评	备注
(一) 项目组织与管理 (40分)	5. 信息与宣传 (12分)	1. 及时上报重点县建设信息并获财政部或水利部采用，采用1次得2分，最多得8分。 2. 在省级以上媒体有报道，报道1次得2分，最多得4分。			以正式刊发的信息和报道为依据。
(二) 资金投入与整合 (60分)	6. 省级投入 (30分)	1. 省级财政小型农田水利建设专项资金达到当年中央财政补助规模，得20分；超出中央财政补助规模，按超出比例与20的积加分，直至计满30分。 2. 省级财政小型农田水利建设专项资金未达到当年中央财政补助规模，按实际比例与20的积计分。			以省级财政有关拨款文件为依据。
	7. 省级对重点县的投入 (20分)	1. 省级财政小型农田水利建设专项资金用于重点县建设部分，达到当年中央财政重点县补助规模，得20分。 2. 省级财政小型农田水利建设专项资金用于重点县建设部分，未达到当年中央财政重点县补助规模，高于50%的，按实际比例与15的积计分；低于50%的，计5分。			以省级财政有关拨款文件为依据。
	8. 省级资金整合 (10分)	1. 开展了省级农田水利资金整合工作，得3分。 2. 省级农田水利资金整合规模超过1亿元，得7分；不足1亿元，按实际比例与7的积计分。			以省级财政有关拨款文件为依据。
总分 (100分)					

注：

1. 各省（区、市）财政厅（局）应将安排中央和省级小型农田水利建设专项资金及农田水利资金整合的有关签报、请示、批示、文件等复印件报财政部备案；拨付上述资金时，应将拨款文件同时抄送财政部。以上作为对省级投入和资金整合额效考评的依据。

2. 考评各项打分时，均须提供相关书面依据。

3. 省级农田水利资金整合规模，是指除中央和省级小型农田水利建设专项资金外，投入重点县并按照县级农田水利规划用于农田水利建设的全部资金的总和。

附2：

小型农田水利重点县建设资金县级绩效考评量化指标表

省（自治区、直辖市）　　　　县（市、区）

考评内容	考评指标	考评说明	县级自评	省级考评	中央抽查	备注
(一) 项目组织 (16分)	1. 组织领导 (6分)	1. 制定了县级农田水利规划，得2分。 2. 县级农田水利规划经县人民政府或县人大批准，得2分。 3. 建立了组织领导和工作协调机制，得2分。				以请示、文件、会议纪要等为依据。
	2. 统计与总结 (4分)	1. 按要求及时报送统计报表，得2分；未按要求及时报送，不得分。 2. 按要求及时报送总结报告，得2分；未按要求及时报送，不得分。				以统计数据、总结报告为依据。
	3. 信息与宣传 (6分)	1. 及时上报重点县建设信息并获省财政厅或水利厅采用，得4分。 2. 在地市级以上媒体有报道，得2分。				以正式刊发的信息和报道为依据。
(二) 项目管理 (34分)	4. 申报材料 (8分)	1. 项目申报材料在规定期限内上报，得2分。 2. 项目申报材料经省级评审为优秀、良好和合格的，分别得6分、4分、2分。				以申请材料报送时间和省级评审结论为依据。

续表

考评内容	考评指标	考评说明	县级自评	省级考评	中央抽查	备注
（二）项目管理（34分）	5. 工程建设（12分）	1. 按年度建设方案计划进度，如实完成各项建设内容的100%、90%、80%、70%、60%，分别得12分、10分、8分、6分和4分；60%以下不得分。 2. 实际建设内容与建设方案不一致的，不得分（经省级财政、水利部门批准调整的建设内容除外）。				以经批准的重点县年度建设方案，及实际抽查情况为依据。
	6. 项目验收（4分）	1. 按有关要求及时组织验收，且验收合格，得4分。 2. 未按时完成验收或验收不合格，不得分。				以竣工验收报告和结论为依据。
	7. 管护机制建设（6分）	1. 已落实管护主体和建立运行管护制度的项目超过80%、70%和60%，且运行管护效果良好，分别得6分、4分和2分。 2. 已落实管护主体和建立运行管护制度的项目不足60%，或运行管护效果较差，不得分。				以管护组织建立的相关制度和随机抽查情况为依据。
	8. 农民筹资投劳（4分）	1. 农民筹资投劳参与工程建设，且筹资投劳符合“一事一议”等政策要求，得4分。 2. 农民未筹资投劳参与工程建设，或筹资投劳不符合“一事一议”等政策要求，不得分。				以农民“一事一议”相关材料为依据。
（三）资金管理（30分）	9. 县级资金投入（6分）	1. 县级财政安排了小型农田水利投入，得4分。 2. 县级财政小型农田水利投入达到中央和省级投入的10%以上，得2分。				以各级财政拨款文件为依据。
	10. 县级资金整合（14分）	1. 重点县制定的资金整合计划全部落实，得8分。 2. 重点县整合资金规模占年度总投资的30%以上、20%以上和10%以上，分别得6分、4分和2分。 3. 重点县制定的资金整合计划未全部落实，本项指标不得分。				以县级农田水利规划、项目申报文件、县级财政拨款文件为依据。
	11. 资金监管（10分）	重点县建设资金使用规范，未发现任何违规违纪行为，得10分，否则不得分。				以检查报告等相关材料为依据。
（四）实施效果（20分）	12. 改善农业生产条件（10分）	考查改善农业生产条件的6项预期效益指标的完成情况，按实现程度计分。其中：年新增供水能力2分、恢复和新增灌溉面积2分、改善灌溉面积2分、增加补灌面积1分、恢复新增和改善排涝面积1分、年新增节水能力2分，每完成1项取得该项分数，未完成项不得分。				以经批准的重点县年度建设方案的预期效益指标为依据。
	13. 增加农业生产能力（10分）	考查增加农业生产能力的2项预期效益指标的完成情况，按实现程度计分，其中：年新增粮食生产能力5分、年新增经济作物产值5分，每完成1项取得该项分数，未完成项不得分。				以经批准的重点县年度建设方案的预期效益指标为依据。
总分（100分）						

注：考评各项打分时，均须提供相关书面依据。

国家林业局　财政部关于印发《国家级公益林区划界定办法》的通知

2009年9月27日　林资发〔2009〕214号

各省、自治区、直辖市林业厅（局）、财政厅（局），内蒙古、吉林、黑龙江、大兴安岭森工（林业）集团公司，新疆生产建设兵团林业局、财务局，解放军总后勤部基建营房部、财务部：

为进一步规范国家级公益林区划界定工作，加强对国家级公益林的保护、经营和管理，国家林业局、财政部对《重点公益林区划界定办法》（林策发〔2004〕94号）进行了修订，形成了《国家级公益林区划界定办法》，现印发给你们，请遵照执行。

对依据《国家级公益林区划界定办法》的规定，确需补充申报或调出国家级公益林的，必须严格按照本办法的要求和规定程序开展补充区划工作，一次性集中申报。申报材料由省级林业主管部门会同财政部门于2010年3月31日前上报国家林业局和财政部。

附件：国家级公益林区划界定办法

附件：

国家级公益林区划界定办法

第一章　总　　则

第一条　为规范国家级公益林区划界定工作，加强对国家级公益林的保护，经营和管理，根据《中华人民共和国森林法》、《中华人民共和国森林法实施条例》和《中共中央　国务院关于加快林业发展的决定》（中发〔2003〕9号）、《中共中央　国务院关于全面推进集体林权制度改革的意见》（中发〔2008〕10号），制定本办法。

第二条　国家级公益林是指生态区位极为重要或生态状况极为脆弱，对国土生态安全、生物多样性保护和经济社会可持续发展具有重要作用，以发挥森林生态和社会服务功能为主要经营目的的重点防护林和特种用途林。

第三条　中华人民共和国境内国家级公益林的区划界定适用于本办法。

第四条　国家级公益林区划界定应遵循以下原则：

——生态优先、确保重点，因地制宜、因害设防，集中连片、合理布局，实现生态效益、社会效益和经济效益的和谐统一。

——尊重林权所有者和经营者的自主权，维护林权的稳定性，保证已确立承包关系的连续性。

第五条　国家级公益林以其林地为区划对象。

第六条　国家级公益林范围依据《全国生态环境建设规划》、《全国主体功能区规划》、《全国野生动植物保护及自然保护区建设工程总体规划》、《全国防沙治沙规划》、《中国湿地保护行动计划》、《全国生态公益林建设标准》以及水利部关于大江大河、大型水库的行业标准和《土壤侵蚀分类分级标准》

等划定。

第二章 区划范围和标准

第七条 国家级公益林的区划范围。

（一）江河源头——重要江河干流源头，自源头起向上以分水岭为界，向下延伸20公里、汇水区内江河两侧最大20公里以内的林地；流域面积在10 000平方公里以上的一级支流源头，自源头起向上以分水岭为界，向下延伸10公里、汇水区内江河两侧最大10公里以内的林地。其中，三江源区划范围为自然保护区核心区内的林地。

（二）江河两岸——重要江河干流两岸〔界江（河）国境线水路接壤段以外〕以及长江以北河长在150公里以上、且流域面积在1 000平方公里以上的一级支流两岸，长江以南（含长江）河长在300公里以上、且流域面积在2 000平方公里以上的一级支流两岸，干堤以外2公里以内从林缘起，为平地的向外延伸2公里、为山地的向外延伸至第一重山脊的林地。

重要江河干流包括：

1. 对国家生态安全具有重要意义的河流：长江（含通天河、金沙江）、黄河、淮河、松花江（含嫩江、第二松花江）、辽河、海河（含永定河、子牙河、漳卫南运河）、珠江（含西江、浔江、黔江、红水河）。

2. 生态环境极为脆弱地区的河流：额尔齐斯河、疏勒河、黑河（含弱水）、石羊河、塔里木河、渭河、大凌河、滦河。

3. 其他重要生态区域的河流：钱塘江（含富春江、新安江）、闽江（含金溪）、赣江、湘江、沅江、资水、沂河、沭河、泗河、南渡江、瓯江。

4. 流入或流出国界的重要河流：澜沧江、怒江、雅鲁藏布江、元江、伊犁河、狮泉河、绥芬河。

5. 界江、界河：黑龙江、乌苏里江、图们江、鸭绿江、额尔古纳河。

（三）森林和陆生野生动物类型的国家级自然保护区以及列入世界自然遗产名录的林地。

（四）湿地和水库——重要湿地和水库周围2公里以内从林缘起，为平地的向外延伸2公里、为山地的向外延伸至第一重山脊的林地。

1. 重要湿地是指同时符合以下标准的湿地：

——列入《中国湿地保护行动计划》重要湿地名录和湿地类型国家级自然保护区的湿地。

——长江以北地区面积在8万公顷以上、长江以南地区面积在5万公顷以上的湿地。

——有林地面积占该重要湿地陆地面积50%以上的湿地。

——流域、山体等类型除外的湿地。

具体包括：兴凯湖、五大连池、松花湖、查干湖、向海、白洋淀、衡水湖、南四湖、洪泽湖、高邮湖、太湖、巢湖、梁子湖群、洞庭湖、鄱阳湖、滇池、抚仙湖、洱海、泸沽湖、清澜港、乌梁素海、居延海、博斯腾湖、赛里木湖、艾比湖、喀纳斯湖、青海湖。

2. 重要水库：年均降雨量在400毫米以下（含400毫米）的地区库容0.5亿立方米以上的水库；年均降雨量在400~1 000毫米（含1 000毫米）的地区库容3亿立方米以上的水库；年均降雨量在1 000毫米以上的地区库容6亿立方米以上的水库。

（五）边境地区陆路、水路接壤的国境线以内10公里的林地。

（六）荒漠化和水土流失严重地区——防风固沙林基干林带（含绿洲外围的防护林基干林带），集中连片30公顷以上的有林地、疏林地、灌木林地。

荒漠化和水土流失严重地区包括：

1. 八大沙漠：塔克拉玛干、库姆塔格、古尔班通古特、巴丹吉林、腾格里、乌兰布和、库布齐、柴达木沙漠周边直接接壤的县（旗、市）。

2. 四大沙地：呼伦贝尔、科尔沁（含松嫩沙地）、浑善达克、毛乌素沙地分布的县（旗、市）。

3. 其他荒漠化或沙化严重地区：河北坝上地区、阴山北麓、黄河故道区。

4. 水土流失严重地区：

——黄河中上游黄土高原丘陵沟壑区，以乡级为单位，沟壑密度1公里/平方公里以上、沟蚀面积15%以上或土壤侵蚀强度为平均侵蚀模数5 000吨/年·平方公里以上地区。

——长江上游西南高山峡谷和云贵高原区，山体坡度36度以上地区。

——四川盆地丘陵区，以乡级为单位，土壤侵蚀强度为平均流失厚度3.7毫米/年以上或土壤侵蚀强度为平均侵蚀模数5 000吨/年·平方公里以上的地区。

——热带、亚热带岩溶地区基岩裸露率在35%至70%之间的石漠化山地。

本项中涉及的水土流失各项指标，以省级以上人民政府水土保持主管部门提供的数据为准。

（七）沿海防护林基干林带、红树林、台湾海峡西岸第一重山脊临海山体的林地。

（八）除前七款区划范围外，东北、内蒙古重点国有林区以禁伐区为主体，符合下列条件之一的。

1. 未开发利用的原始林。

2. 森林和陆生野生动物类型自然保护区。

3. 以列入国家重点保护野生植物名录树种为优势树种，以小班为单元，集中分布、连片面积30公顷以上的天然林。

本款所称禁伐区是指按照《全国重点地区天然林资源保护工程区森林分类区划技术规则》（林资发〔1999〕218号）区划的重点生态保护区。

第八条 凡符合多条区划界定标准的地块，按照本办法第七条的顺序区划界定，不得重复交叉。

第九条 按照本办法第七条标准和区划界定程序认定的国家级公益林，保护等级分为三级。

（一）属于下列范围的，划为一级。

1. 世界自然遗产地、国际重要湿地、国家级自然保护区、国家级森林公园、江河源头的林地。

2. 山体坡度长江以北36度、长江以南46度以上江河两岸的有林地、灌木林地。

3. 在重要水库周边和山体坡度长江以北36度、长江以南46度以下江河两岸，属于饮用水水源一级保护区（按照《饮用水水源保护区划分技术规范（HJ/T338－2007）》标准确定）内的有林地、灌木林地。

4. 西南高山峡谷和云贵高原区山体坡度46度以上地区的有林地、灌木林地。

5. 荒漠化和水土流失严重地区年均降雨量400毫米以下地区的有林地，以及覆盖度60%以上的灌木林地。

6. 沿海防护林基干林带，红树林，热带雨林。

7. 边境地区的有林地、灌木林地。

8. 东北、内蒙古重点国有林区未开发利用的原始林以及森林与陆生野生动物类型自然保护区。

（二）属于下列范围的，划为二级。

1. 山体坡度长江以北36度、长江以南46度以上江河两岸的疏林地、未成林地。

2. 在重要水库和山体坡度长江以北36度、长江以南46度以下江河两岸，属于饮用水水源一级保护区内的疏林地、未成林地，不属于饮用水水源一级保护区内的有林地、灌木林地。

3. 国家重要湿地的有林地、灌木林地。

4. 台湾海峡西岸的有林地、灌木林地。

5. 边境地区的疏林地、未成林地。

6. 西南高山峡谷和云贵高原区山体坡度46度以下地区的有林地、灌木林地，以及山体坡度46度以上地区的疏林地。

7. 除西南高山峡谷和云贵高原区外，其他荒漠化和水土流失严重地区，年均降雨量400毫米以上地区的有林地、灌木林地，以及年均降雨量400毫米以下地区的疏林地、覆盖度60%以下的灌木林地。

8. 东北、内蒙古重点国有林区，以列入国家重点保护野生植物名录树种为优势树种、连片面积30公顷以上的天然林。

（三）一级、二级以外的划为三级。

第三章 区划界定

第十条 省级林业主管部门会同财政部门统一组织国家级公益林的区划界定和申报工作。县级区划界定必须在森林资源规划设计调查基础上，由具有乙级以上林业调查规划设计资质的单位承担，并按照森林资源规划设计调查的要求和内容将国家级公益林落实到山头地块。要确保区划界定的国家级公益林权属明确、四至清楚、面积准确、集中连片。区划界定结果应当公示。

第十一条 国家级公益林区划界定成果，经省级人民政府审核同意后，由省级林业主管部门会同财政部门向国家林业局和财政部申报。东北、内蒙古重点国有林区由森工（林业）集团公司直接向国家林业局和财政部申报。

申报材料包括：申报函，全省土地资源、森林资源、水利资源等情况详细说明，林地权属情况，认定成果报告，国家级公益林基础信息数据库，以及省级区划界定统计汇总图表资料。

第十二条 区划界定国家级公益林应当兼顾生态保护需要和林权权利人的利益。在区划界定过程中，对非国有林，地方政府应当征得林权权利人的同意，并与林权权利人签订管护协议。

第十三条 地方各级林业主管部门对申报材料的真实性、准确性负责。国家林业局会同财政部对省级申报材料进行审核，组织开展认定核查，并根据省级申报材料和审核、核查的结果，对区划的国家级公益林进行核准，核准的主要结果呈报国务院，由国家林业局分批公布。省级以下林业主管部门负责对相应的森林资源档案进行林种变更。县级以上人民政府应当对已区划界定的国家级公益林及时进行林权证林种变更登记。

第四章 区划调整

第十四条 国家根据生态建设和国民经济发展需要，科学确定国家级公益林的规模和布局。国家级公益林稳定在全国林地总面积的30%～40%。

第十五条 符合本办法第七条规定，并具备下列条件之一的，可以补充申报国家级公益林。

（一）新批准森林和陆生野生动物类型国家级自然保护区。

（二）新建重要水库。

（三）国家退耕还林工程中退耕土地还林为防护林和特种用途林。

第十六条 在不影响整体生态功能、保持集中连片的前提下，符合下列条件之一的可以调出国家级公益林。

（一）集体林权制度改革过程中，已确权到户的国家级公益林，其林权权利人在与地方政府签订管护协议时，要求调出的。

（二）苗圃地。

（三）平原地区农田防护林、护路林。

第十七条 补进、调出国家级公益林的，由林权权利人向县级林业主管部门提出申请。县级林业主管部门审查同意后，将相关资料连同审查意见报省级林业主管部门。省级林业主管部门组织具有乙级以上林业调查规划设计资质的单位进行现地勘验，提出审核意见。审核同意的，须在国家级公益林所在地进行公示，由省级林业主管部门会同财政部门报经省级人民政府同意后，向国家林业局和财政部申报。国家林业局会同财政部进行年度集中核准。

东北、内蒙古重点国有林区补进、调出国家级公益林的，由森工（林业）集团公司向国家林业局和财政部申报，国家林业局组织现地勘验。

第十八条 占用征用国家级公益林地的，由省级林业主管部门分年度向国家林业局和财政部报告。国家林业局和财政部相应核减国家级公益林总量。

第五章 建档与核查

第十九条 县级林业主管部门负责建立落实到小班、地块的国家级公益林资源档案。要做到图、表、册一致，权属证明、管护协议齐全。

第二十条 省级林业主管部门会同财政部门负责组织建立国家级公益林资源及补偿基础信息数据库，准确反映国家级公益林小班、地块信息。国家林业局会同财政部统一组织开发国家级公益林管理信息系统。建立基础信息数据库的有关办法，由国家林业局另行制定。

第二十一条 省级林业主管部门负责开展辖区内国家级公益林管护情况检查验收，组织定期调查和动态监测工作，及时掌握国家级公益林动态变化情况，分年度更新国家级公益林资源档案和基础信息数据库。

第二十二条 省级林业主管部门会同财政部门于每年3月31日前向国家林业局和财政部报告上年度国家级公益林资源变化情况，提交资源变化情况报告、资源变化情况汇总统计表、更新后的国家级公益林基础信息数据库。

第二十三条 国家林业局负责组织对各地国家级公益林区划调整、管护效果、动态变化等情况进行年度核查。

第六章 附 则

第二十四条 2001年依据《国家公益林认定办法（暂行）》（林策发〔2001〕88号）区划界定并纳入中央森林生态效益补助资金试点，不属于《重点公益林区划界定办法》（林策发〔2004〕94号）区位范围，林权权利人要求调出的，按照本办法第十七条的程序调出。

第二十五条 本办法由国家林业局会同财政部负责解释。

第二十六条 本办法自2010年1月1日起施行，原国家林业局、财政部《重点公益林区划界定办法》（林策发〔2004〕94号）同时废止。

省财政厅 省农业厅 省海洋与渔业厅 关于印发《山东省现代农业生产发展资金绩效考评暂行办法》的通知

2009年3月3日 鲁财农〔2009〕13号

各市财政局、农业局、畜牧兽医局、海洋与渔业局：

现将《山东省现代农业生产发展资金绩效考评暂行办法》印发给你们，请遵照执行。执行中如有问题或建议，请及时向省财政厅、省农业厅、省海洋与渔业厅、省畜牧兽医局反映。

附件：山东省现代农业生产发展资金绩效考评暂行办法

附件：

山东省现代农业生产发展资金绩效考评暂行办法

第一章 总 则

第一条 为规范和加强财政现代农业生产发展资金和项目管理，建立健全激励约束机制，切实提高资金使用效益，根据财政部《中央财政现代农业生产发展资金绩效考评暂行办法》（财农〔2009〕4号），结合我省实际，制定本办法。

第二条 本办法所称现代农业生产发展资金绩效考评（以下简称绩效考评），是指县级以上财政部门会同有关农口主管部门运用一定的评价方法、量化指标和评价标准，对中央和省财政安排的现代农业生产发展资金绩效目标实现程度进行综合性的考核和评价。

第三条 绩效考评原则

（一）客观、公正、科学、规范原则。按照“公开、公平、公正”的要求，采用科学、规范的考评程序和操作方法，准确、合理地衡量资金和项目绩效情况。

（二）推动支农资金整合原则。在绩效考评内容、考评指标以及计分权重设计方面，充分体现支农资金整合的要求。

（三）权责统一原则。通过绩效考评，促进资金分配、管理、使用与所承担责任的统一。

（四）定性考评与定量考核相结合原则。根据产业实际，在对考评内容确定量化测定分值的基础上，结合项目实施效果和管理情况进行综合分析评价。

第二章 考评对象、依据和内容

第四条 绩效考评对象

中央和省财政现代农业生产发展资金项目县（市、区）。

第五条 绩效考评依据

（一）国家相关法律、行政法规以及中央和省级现代农业生产发展资金管理办法和项目管理办法；

（二）省级批复的现代农业生产发展资金项目实施方案以及市、县资金申请文件、资金拨付文件、项目实施和资金使用情况总结等有关文件资料；

（三）中央和省财政关于以现代农业生产发展资金项目为平台整合相关支农资金的要求，市、县申请立项时制定的资金整合方案；

（四）统计或其他权威部门公布的有关农业统计数据和财政、农口主管部门反映资金和项目管理方面的有关数据；

（五）县级以上财政、农口主管部门的有关批复文件、检查结论，财政投资评审和监督检查机构出具的有关检查结果，审计部门出具的有关审计报告或委托社会中介机构出具的有关项目评审或竣工验收报告、考评意见等；

（六）其他相关资料。

第六条 绩效考评内容

（一）实施方案制定。主要考核项目实施区域确定、支持重点环节选择、保障措施与机制创新、实施方案编制质量及报送情况。

（二）支农资金整合。主要考核市、县财政部门特别是县级财政部门整合本级和上级相关政府性支农资金的渠道、规模以及到位情况。

（三）资金项目管理。主要考核制度建设、资金拨付进度、政策宣传、信息报送、档案管理以及部门协作配合情况。

（四）项目实施效果。主要考核项目实施方案任务完成情况以及取得的经济效益、社会效益和生态效益。

（五）违规违纪行为。主要是对被审计、财政投资评审和监督检查机构查出，或被新闻媒体曝光并经查实的违纪行为进行处理。

第三章 考评组织与管理

第七条 绩效考评工作由省财政厅会同省直有关农口主管部门共同组织实施。必要时可邀请财政投资评审、监督检查机构、有关专家或委托社会中介机构进行。参与考评的机构或个人要对所做结论的真实性负责。

第八条 省财政厅和省直有关农口主管部门的主要工作职责

（一）研究制定全省绩效考评办法；

（二）统一组织实施绩效考评工作；

（三）对市、县绩效考评工作进行指导和监督；

（四）对项目县（市、区）进行绩效考评；

（五）向财政部报送绩效考评结果及相关材料；

（六）配合财政部做好对我省的绩效考评工作；

（七）根据绩效考评结果，落实相关奖惩措施。

第九条 市财政局和市级有关农口主管部门的主要工作职责

（一）组织指导所属项目县（市、区）开展自评，并对自评结果进行复核；

（二）按规定向省财政厅和省直有关农口主管部门报送项目县（市、区）自评结果和市级复评结果；

（三）及时向省财政厅和省直有关农口主管部门反馈考评经验等相关信息；

（四）督促有关项目县（市、区）对省、市考评中发现的问题进行整改。

第十条 项目县（市、区）财政局和县级有关农口主管部门的主要工作职责

（一）对本县现代农业生产发展资金绩效目标完成情况进行自评；

（二）及时向市级财政、有关农口主管部门报送工作总结、有关证明材料和自评结果；

（三）积极配合上级部门对本县进行绩效考评；

（四）对各级考评中发现的问题及时进行整改。

第十一条 绩效考评以年度为周期，按项目县（市、区）自评、市级复评、省级考评的程序进行。每年3月20日前，项目县财政部门会同农口主管部门完成自评工作，自评报告经市级财政和农口主管部门审查复核后，报送省财政厅、省直农口主管部门。省财政厅会同省直农口主管部门，采取集中评审、重点抽查等方式，于4月15日前完成考评工作，并将考评结果报送财政部。

第十二条 各市、县（市、区）对考评结果的真实性负责。对考评过程中存在弄虚作假或其他违规违纪行为的，一经查实，将扣减现代农业生产发展资金额度直至取消项目县资格，并在全省范围内通报批评。

第四章 考评办法与结果运用

第十三条 绩效考评指标分为通用指标和分产业指标，实行百分制考评，两类指标合计满分为100分。具体考评量化指标见附表。

第十四条 根据得分的不同情况将考评结果划分为四个等级。总分在90分以上（含90分）为优秀；80～89分（含80分）为良好；70～79分（含70分）为合格；70分以下为不合格。

第十五条 省财政厅和省直有关农口主管部门对绩效考评结果以适当方式公布，接受社会监督。

第十六条 绩效考评结果是对现代农业生产发展资金管理工作的综合评价，将作为省级选择、调整项目县（市、区）和分配资金的重要依据。省里将对绩效突出的项目县（市、区）采取适当方式予以奖励；对资金使用管理过程中出现的违规违纪问题，根据相关规定进行处理。

第十七条 各市、县（市、区）要根据绩效考评结果，及时总结经验教训，完善项目和资金管理办法，提高管理水平和资金使用效益。

第五章 附 则

第十八条 各市可以参照本办法，制定绩效考评实施细则。

第十九条 本办法自发布之日起施行。

附件：1. 现代农业生产发展资金绩效考评（通用）量化指标表

2. 现代农业生产发展资金绩效考评（粮食产业）量化指标表

3. 现代农业生产发展资金绩效考评（畜牧产业）量化指标表

4. 现代农业生产发展资金绩效考评（水产业）量化指标表

附件1：

现代农业生产发展资金绩效考评（通用）量化指标表

考评对象：

考评内容	考评指标	县级自评得分	市级复评得分	省级考评得分	考评说明
一、实施方案制定（20分）	1. 项目区域选择和支持环节（10分）				项目区域选择符合当地产业规划且优势突出、具有较强示范带动能力的得3分；项目实行整建制推进或连区连片建设的得4分；中央、省财政补助资金集中支持一两个环节的得3分。否则不得分。
	2. 方案编制质量（3分）				方案编制思路清晰、内容全面、重点突出的得3分；缺少内容的不得分。
	3. 方案报送（3分）				按规定时间报送方案（含各种文字材料、统计报表等）的，得3分；若为一次性上报方案的，迟报不得分；若分批次上报方案的，迟报一次扣2分，扣完为止。
	4. 保障措施与机制创新（4分）				建立领导小组、技术指导小组的得1分；定期或不定期加强项目建设督导，有督导调度、考察记录或会议纪要等文件得1分；能够体现省里总体方案要求，工作有创新，并总结出先进管理经验上报省里的，得2分。否则不得分。
二、支农资金整合（25分）	1. 整合资金的渠道（7分）				从预算编制环节整合相关专项与中央、省、市补助资金统筹使用的，得3分；整合其他部门专项的，得2分；采取打包、拼盘等形式集中投入的，得2分。
	2. 整合资金的规模（8分）				以中央、省财政补助资金为基准，市、县整合资金每超过15%的加1分，最高得8分。
	3. 整合资金到位率（10分）				按资金整合方案足额安排并到位的得10分；到位率每减少5%，扣1分，扣完为止。
三、资金项目管理（20分）	1. 管理制度建设（8分）				资金管理制度、项目管理制度、检查验收制度健全的得3分，每少一项扣1分；严格落实责任制，推行项目公示制、大宗物资政府采购制、工程建设招投标制、项目建设监理制等措施得3分；工作台账、项目建设阶段性总结、项目管理档案以及其他文件资料齐全得2分。
	2. 资金拨付进度（5分）				县级农口主管部门向财政部门提出报账申请后，经审查合格并于一周内拨付资金的，得3分，每迟一周扣1分，扣完为止。按规定用途和标准使用资金，实行专账核算，报账手续齐全得2分，不符合要求的每项扣1分，扣完为止。
	3. 政策宣传与信息报送（4分）				向上级部门每报送一篇信息或材料得0.1分；每上报一篇经县级以上媒体采用的宣传材料得0.3分；每上报一份由县级以上领导批示的信息得0.6分（其中省级领导批示的得1.5分）；最高得4分。

续表

考评内容	考评指标	县级自评得分	市级复评得分	省级考评得分	考评说明
三、资金项目管理（20分）	4. 部门协作（3分）				部门密切配合、反映良好的得3分，一般不得分。部门有不良反映的，扣3分。
四、违规违纪行为（－20分）	1. 重大违纪				经审计、财政投资评审、监督检查机构检查出存在重大违纪行为并在全省造成恶劣影响的，实行一票否决，并按有关规定严肃处理。
	2. 一般违纪（－20分）				被各种渠道检查出存在违纪行为，或经群众举报、新闻媒体曝光，并查实存在其他违规行为的，扣20分。
得分					

注：考核得分为通用量化指标表和分产业量化指标表得分之和。

附件2：

现代农业生产发展资金绩效考评（粮食产业）量化指标表

考评对象：

考评内容	考评指标	县级自评得分	市级复评得分	省级考评得分	考评说明
项目实施效果（35分）	1. 方案完成情况（15分）				按批复的农田生产条件建设、技术集成推广、服务体系建设和产业化经营四项实施内容及目标，完成100%得15分；完成80%以上，不足100%的，得13分；完成70%以上，不足80%的，得10分；完成不足70%的，不得分。
	2. 项目经济效益（10分）				由农业专家对项目区苗情考察后，预计达到产量指标要求的得5分，达不到的酌情扣分；项目实施方案规定的主推技术主导品种达到100%的，节本增效显著得3分，每少于5%扣1分，扣完为止；项目区小麦订单面积达到40%以上，带动农民增收明显得2分，每少于5%扣1分，扣完为止。
	3. 项目社会效益和生态效益（10分）				项目区玉米秸秆还田比例达到30%以上，有效解决秸秆焚烧堆积污染问题得4分，每少于5%扣1分，扣完为止；项目区100%实施测土配方施肥、完成核心示范区增施有机肥2 000吨以上得4分，不符合要求的酌情扣分；农技推广体系健全，建立规范的病虫害专业化防治队伍30支以上（核心示范区每乡镇不少于5支），对当地社会化服务体系建设有显著带动作用得2分。
得分					

附件3：

现代农业生产发展资金绩效考评（畜牧产业）量化指标表

考评对象：

考评内容	考评指标	县级自评得分	市级复评得分	省级考评得分	考评说明
项目实施效果（35分）	1. 方案完成情况（15分）				按批复的项目实施方案标准化养殖、良种繁育、社会化服务及产业组织化等四大体系建设完成100%的，得15分；完成80%以上，不足100%的，得13分；完成70%以上，不足80%的，得10分；完成不足70%的，不得分。

续表

考评内容	考评指标	县级自评得分	市级复评得分	省级考评得分	考评说明
项目实施效果（35分）	2. 项目经济效益（10分）	-			生猪出栏每提高2个百分点（奶牛存栏每提高1个百分点），得1分，最高得3分；畜牧业产值每提高1个百分点，得1分，最高得3分；农民增收每增加100元，得1分，最高2分；就业每增加100个岗位，得1分，最高得2分。
	3. 项目社会效益和生态效益（10分）				散养率每降低1个百分点，得1分，最高得4分；规模养殖场粪便实行无害处理的，得1分，最高得3分；基层动物防疫机构、队伍、体制达到国家规定及批复的实施方案要求的，得1分；无重大动物疫情发生的，得2分；发生重大动物疫情的，此项不得分。
得分					

附件4：

现代农业生产发展资金绩效考评（水产业）量化指标表

考评对象：

考评内容	考评指标	县级自评得分	市级复评得分	省级考评得分	考评说明
项目实施效果（35分）	1. 方案完成情况（15分）				标准化鱼塘整理开发面积、工程量完成项目实施方案批复计划100%的，得10分；完成80%以上不足100%的，得8分；完成70%以上不足80%的，得6分；低于70%的，不得分。疫病防治、质量检测等仪器设备按项目实施方案批复购置到位并发挥效能的，得3分，否则不得分；技术培训及推广完成项目实施方案批复任务的得2分，否则不得分。
	2. 项目经济效益（10分）				通过项目实施全县水产品产值、渔业经济总产值分别与上年相比增幅5%（含5%）和10%以上（含10%）的得6分，每降低1个百分点扣1分，扣完为止；项目县渔民人均纯收入比上年增收300元以上（含300元）的得2分，200~300元的得1分，200元以下的不得分。通过项目实施带动相关产业发展并安排转移农村劳动力，就业每增加200个岗位，得1分，最高得2分。
	3. 社会和生态效益（10分）				全县健康养殖（无公害水产品产地、健康养殖示范区、标准化示范区）面积达到全县养殖面积40%以上的得7分，每减少10%扣2分，扣完为止；全县水产技术推广、质量检测、病害测报体系健全，得3分，否则不得分。
得分					

省财政厅关于印发《山东省财政支持农民专业合作组织发展资金管理办法》的通知

2009年8月18日　鲁财农〔2009〕27号

各市财政局，省直有关部门：

现将《山东省财政支持农民专业合作组织发展资金管理办法》印发给你们，请认真遵照执行。执行过程中如有问题和建议，请及时向省财政厅反映。

附件：山东省财政支持农民专业合作组织发展资金管理办法

附件：

山东省财政支持农民专业合作组织发展资金管理办法

第一章 总 则

第一条 为规范财政支持农民专业合作组织发展资金管理，提高资金使用效益，根据《中华人民共和国农民专业合作社法》和财政部《中央财政农民专业合作组织发展资金管理暂行办法》（财农〔2004〕87号），结合我省实际，制定本办法。

第二条 财政支持农民专业合作组织发展资金是中央和省财政为支持农民专业合作组织发展、加强现代农业建设、促进农民增收而安排的专项资金。

第三条 财政支持农民专业合作组织发展资金的使用，严格实行标准文本申报、专家评审、择优安排、监督检查和总结验收的项目管理程序。

第二章 扶持对象和条件

第四条 财政支持农民专业合作组织发展资金支持的对象，须是立足农村、源自农民、真正服务于农民的各类农民专业合作组织，重点扶持农民专业合作社。

第五条 财政扶持的农民专业合作组织应符合下列条件：

（一）专业合作社。

1. 在工商部门注册登记一年以上，取得《农民专业合作社法人营业执照》，成员不少于100个，有固定的办公、服务场所以及必要的办公设施设备等。

2. 具有比较规范的财务管理制度，以及较为完善的自我发展机制、民主管理决策机制和利益分配机制。可分配盈余按交易量（额）比例返还给成员达到60%以上。

3. 具有较强的服务能力、健全的服务网络，与成员在市场信息、业务培训、技术指导和产品营销等方面具有稳定的联系，能有效地为成员提供专业服务。合作社成员主要生产资料统一购买率、主产品统一销售率和标准化生产率均达到60%以上。

4. 围绕主导产业或特色产业成立，符合我省优势农产品区域布局规划，具有良好的经营业绩、市场前景和预期效益。

5. 带动农民增收作用大，农户加入合作社后年收入比加入前、比当地未参加农户均有明显增加。

（二）专业协会，重点是合作组织联合会、行业协会和农民用水户协会。

1. 在民政部门登记注册2年以上。有单位会员的，单位会员不少于10个；会员全为个人的，个人会员不少于150个。农民用水户协会登记注册1年以上，会员条件可适当放宽。

2. 具有比较规范的财务管理制度，以及较为完善的自我发展机制、民主管理决策机制和利益分配机制。有固定的办公、服务场所以及必要的办公设施设备等。

3. 服务能力较强，能有效地为成员提供专业服务，维护行业、农民和企业的合法权益。

4. 农民用水户协会主要包括引黄灌区农民用水灌溉协会、山丘区水利联合体、村村通自来水工程涉及的供水协会，必须具有一定规模，其中灌溉协会管理和控制面积不少于2 000亩，供水协会团体会员（行政村）不少于5个。

第三章 扶持内容和方式

第六条 财政支持农民专业合作组织发展资金重点支持的范围：

1. 开展专业技术、市场营销、管理培训和提供信息服务；
2. 雇请专家、技术人员提供管理和技术服务；
3. 引进新品种和推广新技术；
4. 组织标准化生产；
5. 从事农产品粗加工、整理、储存和保鲜等生产经营活动；
6. 获得认证、品牌培育、检验检测、营销和行业维权等服务。
7. 开展贷款担保、资金互助、合作保险等业务；
8. 开展土地承包经营权流转，发展适度规模经营。

第七条 财政支持农民专业合作组织主要通过以奖代补形式给予直接补助。对合作社因自身业务发展贷款、合作社或协会作担保为成员农户贷款，以及合作社兴办的农产品加工龙头企业贷款，给予贴息补助。

第四章 项目申报与审批

第八条 县级财政部门组织农口行业主管部门、供销社选择申报项目，经专家评审论证后报市级财政部门，市级财政部门对拟申报项目进行评审论证和实地考察，择优排序向省财政厅申报；省直农口行业主管部门、供销部门对拟申报的省级专业合作组织项目进行评审论证和实地考察，择优向省财政厅申报。各市财政局和省直农口行业主管部门、供销部门对申报材料的真实性、客观性和准确性负责，并按项目指南要求以标准文本形式上报省财政厅。

第九条 省财政厅组织专家对各市和省直农口行业主管部门、供销部门上报项目进行评审论证，择优确定中央和省财政支持项目。

条件成熟时，省级将切块下达资金，市、县财政部门会同同级农口行业主管部门、供销部门通过专家评审择优确定项目，并报省级备案。

第五章 资金管理与监督

第十条 财政支持农民专业合作组织发展资金，要按照《农民专业合作社财务会计制度（试行）》等有关规定纳入财务核算，专款专用，定期向全体成员公开、公示资金使用情况。所形成的资产归农民专业合作组织成员共同所有。

第十一条 县及县以下项目严格实行县级报账制管理。各级财政部门和省直农口行业主管部门、供销部门要加强对财政支持农民专业合作组织发展资金使用情况的监督检查，对违反有关法律、法规和财务规章制度的，要按照有关规定严肃处理。

第十二条 项目所在市、县级财政部门和省直农口行业主管部门、供销部门要及时组织对项目进行验收和总结，形成项目验收总结报告，年终报省财政厅。省财政厅年底前对项目进行抽查复验。

第六章 附　　则

第十三条 各市可根据本办法，结合本地区实际制定实施细则，并报省财政厅备案。

第十四条 本办法自下发之日起执行。《山东省财政支持农民专业合作组织发展资金管理暂行办法》（鲁财农〔2004〕36号）同时废止。

第十五条 本办法由省财政厅负责解释。